동영상 강의 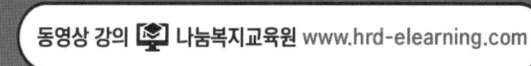 나눔복지교육원 www.hrd-elearning.com

 나눔Book

JN419188

2026 최신판

청소년 상담사

이론서 전과목 통합서

청소년 상담사 3급 필독서!

청소년상담사 3급 필기시험 합격을 위해 **최적화된 이론서!**

한국산업인력공단의 과목별 출제기준에 맞춘 이론 수록!

역대 기출문제의 핵심 중요내용 반영!

[실력 다지기], [심화학습], [기출 확인학습]_**학습 효율성 Up!**

저자 직강의 동영상 강의수강(유료) 및 Q&A 게시판 운영

학습 커뮤니티 : 네이버 또는 다음 카페 [김형준_나눔복지교육원]

김형준 / 유상현 공저

3급

PREFACE
이 책의 머리말

2026년 청소년상담사 3급 시험의 최종합격을 기원합니다.

청소년상담사 자격증은 청소년의 건강한 성장과 발달을 지원하는 전문 상담 인력을 양성하기 위한 국가공인 자격입니다. 급변하는 사회 속에서 청소년들이 겪는 다양한 심리적·정서적 어려움을 이해하고, 전문적인 상담을 통해 그들의 삶에 긍정적인 방향을 제시하는 역할을 수행합니다.

특히 3급 청소년상담사는 학교, 청소년복지시설, 상담센터 등 다양한 현장에서 실무를 담당하며, 청소년과의 직접적인 소통을 통해 실질적인 도움을 제공하는 중요한 위치에 있습니다. 상담·심리·교육 분야에 관심 있는 분들에게는 전문성과 실무역량을 동시에 갖출 수 있는 훌륭한 출발점이 되어줄 것입니다.

[2026 청소년상담사 3급 이론서]는 최근 5년간 기출문제를 중심으로 구성되어 있어, 실제 시험의 출제 경향을 파악하고 효율적인 학습을 도와줄 것입니다. 또한 선택과목의 경우 시험문제의 난이도 측면과 다른 필수과목과의 연관성 등을 반영하여 [청소년이해론] 과목을 선정하였으니 이 점 참고바랍니다.

[2026 청소년상담사 3급 이론서]의 특징은 다음과 같습니다.

첫째, 공개된 기출문제(2014년~2025년)의 핵심내용을 잘 반영하였으며, 특히 마지막 장(chapter)의 기타 내용에 2025년 기출내용에 대한 부분을 수록하였습니다.

둘째, 과목별 출제기준(한국산업인력공단 발표)에 맞추어 내용을 수록하였으며, [실력 다지기], [심화학습], [기출문제 확인학습] 등을 정리하여 학습 구조화와 학습 효율성을 제고하였습니다.

셋째, 나눔복지교육원 홈페이지(www.hrd-elearning.com)를 통해 저자 직강의 동영상 학습이 가능하도록 시험 합격에 최적화된 이론서입니다.

감사 말씀을 드립니다.

[2026 청소년상담사 3급 이론서] 교재작업을 함께 해 주신 유상현 교수님께도 감사드립니다. 또한, 편집과 제작을 해 주신 (주) 고시고시 최진만 대표님과 임직원 여러분께 깊은 감사를 드립니다.

2026년에 수험생 여러분이 면접시험까지 합격하여 명실상부한 청소년상담 전문가로서의 길을 잘 걸어가길 소망합니다.

편저자 대표 김형준 씀

청소년상담사 자격시험 합격률(2014~2025년)

자격	년도		필기시험			면접시험		
			응시자	합격자	합격률(%)	응시자	합격자	합격률(%)
1급	2014		286	29	10.13	29	22	75.86
	2015		257	72	28.02	77	62	80.52
	2016	14회	285	54	18.9	66	41	62.12
		15회	256	124	48.44	143	94	65.73
	2017		316	112	35.44	139	102	73.40
	2018		348	119	39.23	141	89	63.12
	2019		390	206	52.82	233	175	75.10
	2020		470	85	18.1	130	94	72.5
	2021		677	350	51.70	351	246	70.09
	2022		646	471	72.91	1,710	1,522	89.01
	2023		734	389	52.99	523	361	69.02
	2024		1,987	1,352	68.04	1,411	902	63.92
	2025		1,904	1,217	63.91	-	-	-
2급	2014		3,281	546	16.64	531	482	90.77
	2015		2,839	726	25.57	765	688	89.93
	2016	14회	3,148	1,066	33.80	1,100	930	84.54
		15회	3,302	1,011	30.62	1,145	980	85.59
	2017		3,876	1,181	26.78	1,119	938	83.80
	2018		3,937	1,962	50.29	2,039	1,713	84.01
	2019		4,128	1,769	42.85	2,024	1,721	85.00
	2020		4,468	2,050	45.9	2,191	1,725	78.4
	2021		4,485	2,802	62.47	3,052	2,582	84.6
	2022		4,047	2,859	51.74	2,794	2,342	83.32
	2023		4,189	2,253	53.78	2,375	1,959	82.48
	2024		5,479	3,870	70.63	3,996	3,041	76.10
	2025		4,713	2,742	58.17	-	-	-

3급	2014		6,207	2,384	38.41	2,294	2,079	90.63
	2015		5,780	1,814	31.38	1,959	1,716	87.60
	2016	14회	5,437	2,803	51.50	2,857	2,319	81.20
		15회	5,431	1,427	26.27	1,850	1,560	84.32
	2017		6,008	2,111	35.14	2,132	1,852	86.90
	2018		5,597	1,800	32.16	1,946	1,722	88.49
	2019		5,667	1,549	27.33	1,626	1,396	85.80
	2020		5,822	3,056	52.5	3,061	2,666	87.1
	2021		5,608	1,468	26.18	1,710	1,522	89.1
	2022		5,526	2,859	51.74	2,794	2,342	83.82
	2023		4,851	2,446	50.42	2,599	2,732	85.87
	2024		4,479	2,672	55.91	2,804	2,377	84.77
	2025		4,402	1,330	30.21	-	-	-

청소년상담사 자격시험 안내

1) 제1차(필기) 시험 과목(청소년 기본법 시행령 제23조제3항)

구분	시험과목	
	구분	과목
1급 청소년 상담사 (5과목)	필수(3과목)	• 상담사 교육 및 사례지도 • 청소년 관련 법과 행정 • 상담연구방법론의 실제
	선택(2과목)	• 비행상담·성상담·약물상담·위기상담 중 2과목

구분	시험과목	
	구분	과목
2급 청소년 상담사 (6과목)	필수(4과목)	• 청소년 상담의 이론과 실제 • 상담연구방법론의 기초 • 심리측정 평가의 활용 • 이상심리
	선택(2과목)	• 진로상담·집단상담·가족상담·학업상담 중 2과목
3급 청소년 상담사 (6과목)	필수(5과목)	• 발달심리 • 집단상담의 기초 • 심리측정 및 평가 • 상담이론 • 학습이론
	선택(1과목)	• 청소년이해론·청소년수련활동론 중 1과목

※ 시험과목 중 법령과목 출제 기준일은 시험 시행일 기준임

※ 청소년 관련 법이란 「청소년기본법」, 「청소년복지지원법」, 「청소년보호법」, 「아동·청소년의 성보호에 관한 법률」, 「청소년활동진흥법」, 「학교폭력
예방 및 대책에 관한 법률」, 「소년법」을 말하며, 그 밖의 법령을 포함하는 경우 여성 가족부장관이 고시

※ 성평등가족부장관이 고시한 그 밖의 법령은 「학교 밖 청소년 지원에 관한 법률」임

2) 제2차(면접) 시험 항목

면접시험의 평가 항목	비고
1. 청소년상담자로서의 가치관 및 정신자세 2. 청소년상담을 위한 전문적 지식 및 수련의 정도 3. 예의·품행 및 성실성 4. 의사표현의 정확성과 논리성 5. 창의력, 판단력 및 지도력	

3) 시험방법

구분			시험방법
1급 청소년상담사 (5과목)	제1차 (필기)	1교시(필수)	객관식(5지택일) [과목당 25문항(총 75문항)]
		2교시(선택)	객관식(5지택일) [과목당 25문항(총 50문항)]
	제2차(면접)		면접시험
2급 청소년상담사 (6과목)	제1차 (필기)	1교시(필수)	객관식(5지택일) [과목당 25문항(총 100문항)]
		2교시(선택)	객관식(5지택일) [과목당 25문항(총 50문항)]
	제2차(면접)		면접시험
3급 청소년상담사 (6과목)	제1차 (필기)	1교시(필수)	객관식(5지택일) [과목당 25문항(총 100문항)]
		2교시(필수 및 선택)	객관식(5지택일) [과목당 25문항(총 50문항)]
	제2차(면접)		면접시험

4) 시험시간

구분	제1차(필기) 시험					제2차 (면접)시험
	교 시	시험과목	입실시간	시험시간		
1급 청소년 상담사 (5과목)	1교시 (필수)	• 상담사 교육 및 사례지도 • 청소년 관련 법과 행정 • 상담연구방법론의 실제	09:00 까지	09:30~10:45 (75분)		1조당 10~20분 내외
	2교시 (선택)	• 비행상담·성상담·약물상담·위기상담 중 2과목	11:30 까지	11:40~12:30 (50분)		
2급 청소년 상담사 (6과목)	1교시 (필수)	• 청소년 상담의 이론과 실제 • 상담연구방법론의 기초 • 심리측정 평가의 활용 • 이상심리	09:00 까지	09:30~11:10 (100분)		1조당 10~20분 내외
	2교시 (선택)	• 진로상담·집단상담·가족상담·학업상담 중 2과목	11:30 까지	11:40~12:30 (50분)		
3급 청소년 상담사 (6과목)	1교시 (필수)	• 발달심리 • 집단상담의 기초 • 심리측정 및 평가 • 상담이론	09:00 까지	09:30~11:10 (100분)		1조당 10~20분 내외
	2교시 (필수 및 선택)	• 학습이론(필수) • 청소년이해론·청소년수련활동론 중 1과목(선택)	11:30 까지	11:40~12:30 (50분)		

응시자격

1) 응시자격 기준(청소년 기본법 시행령 제23조제3항 및 별표3)

구분	자격요건	비고
1급 청소년 상담사	1. 대학원에서 청소년(지도)학·교육학·심리학·사회사업(복지)학·정신의학·아동(복지)학·상담학 분야 또는 그 밖에 성평등가족부령으로 정하는 상담 관련 분야(이하 "상담관련분야"라 한다)의 박사학위를 취득한 사람 2. 대학원에서 상담관련분야의 석사학위를 취득한 후 상담 실무경력이 4년 이상인 사람 3. 2급 청소년상담사로서 상담 실무경력이 3년 이상인 사람 4. 제1호 및 제2호에 규정된 사람과 같은 수준 이상의 자격이 있다고 여성 가족부령으로 정하는 사람	1. 상담분야 박사 2. 상담분야 석사+4년 3. 2급 자격증+3년
2급 청소년 상담사	1. 대학원에서 청소년(지도)학·교육학·심리학·사회사업(복지)학·정신의학·아동(복지)학·상담학 분야 또는 그 밖에 성평등가족부령으로 정하는 상담 관련 분야(이하 "상담관련분야"라 한다)의 석사학위를 취득한 사람 2. 대학 또는 다른 법령에 따라 이와 동등한 학력을 인정받는 기관에서 상담관련분야 학사학위를 취득한 후 상담 실무경력이 3년 이상인 사람 3. 3급 청소년상담사로서 상담 실무경력이 2년 이상인 사람 4. 제1호부터 제3호까지에 규정된 사람과 같은 수준 이상의 자격이 있다고 성평등가족부령으로 정하는 사람	1. 상담분야 석사 2. 상담분야 학사+3년 3. 3급 자격증+2년
3급 청소년 상담사	1. 대학 및 「평생교육법」에 따른 학력이 인정되는 평생교육시설의 청소년 (지도)학·교육학·심리학·사회사업(복지)학·정신의학·아동(복지)학·상담학 분야 또는 그 밖에 성평등가족부령으로 정하는 상담 관련 분야 (이하 "상담관련분야"라 한다)의 학사학위를 취득한 사람 2. 전문대학 또는 다른 법령에 따라 이와 동등한 학력을 인정받는 기관에서 상담관련분야 전문학사를 취득한 사람으로서 상담 실무경력이 2년 이상인 사람 3. 대학 또는 다른 법령에 따라 이와 동등한 학력을 인정받는 기관에서 학사학위를 취득한 후 상담 실무경력이 2년 이상인 사람 4. 전문대학 또는 다른 법령에 따라 이와 동등한 학력을 인정받는 기관에서 전문학사학위를 취득한 후 상담 실무경력이 4년 이상인 사람 5. 고등학교를 졸업하고 상담 실무경력이 5년 이상인 사람 6. 제1호부터 제4호까지에 규정된 사람과 같은 수준 이상의 자격이 있다고 성평등가족부령으로 정하는 사람	1. 상담분야 4년제 학사 2. 상담분야 2년제 + 2년 3. 타분야 4년제 + 2년 4. 타분야 2년제 + 4년 5. 고졸 + 5년

※ 비고
1. 상담 실무경력의 인정 범위와 내용은 성평등가족부장관이 별도로 정하여 고시함
2. 고등학교, 대학, 전문대학 및 대학원이란 각각 「초·중등교육법」 제2조 제4호에 따른 고등학교, 「고등교육법」 제2조제1호·제4호에 따른 대학·전문대학, 「고등교육법」 제29조에 따른 대학원을 말함
3. 응시자격을 갖추었는지 여부는 자격검정 공고에서 정하는 서류제출 마감일을 기준으로 판단함

※ 상담관련 학과 인정 시 법령에 나열되어 있는 10개 '상담관련분야'(청소년학, 청소년지도학, 교육학, 심리학, 사회사업학, 사회복지학, 정신의학, 아동학, 아동복지학, 상담학)와 이에 포함된 10개 학과명의 조합일 경우 인정하고 조합된 학과명에 10개 학과명 이외의 추가적인 문구가 있을 때에는 인정 불가
  • 인정 예시 : 청소년 + 상담학, 아동 + 상담학, 교육 + 심리학 등
  • 상담관련분야 학과명 중에 '학'자는 빠져있더라도 인정됨

※ 상담관련 학과 인정 시 '학위'명이 아닌 '학과'명 또는 '전공'명으로 판단
  • 대학의 경우 : 학부명, 학과명, 전공명 중 하나라도 상담관련분야 명시
  • 대학원의 경우 : 학과명, 전공명 중 하나라도 상담관련분야 명시

2) 성평등가족부령이 정하는 상담관련분야(청소년 기본법 시행규칙 제7조)

성평등가족부령이 정하는 그 밖의 '상담관련분야'	제출서류
상담의 이론과 실제(상담원리·상담기법), 면접원리, 발달이론, 집단상담, 심리 측정 및 평가, 이상심리, 성격심리, 사회복지실천(기술)론, 상담교육, 진로상담, 가족상담, 학업상담, 비행상담, 성상담, 청소년상담 또는 이와 내용이 동일하거나 유사한 과목 중 **4과목 이상**을 교과과목으로 채택하고 있는 학문분야 ※ Q-Net 청소년상담사 홈페이지 - 공지사항(동일·유사교과목) 참조	성적증명서(전공명시) 또는 교학처장(학과장) 직인이 날인된 재학 중 전공학과 커리큘럼

※ 응시자격 참고사항
- 복수전공으로 상담관련분야 학과를 졸업한 경우 인정(학위 취득자)
- 연계전공 혹은 부전공으로 상담관련분야를 선택했을 경우 상담관련과목을 전공으로 4과목 이상을 이수한 경우에만 인정
    ☞ 일반선택과목, 교양과목, 교직과목, 계절학기과목을 이수한 경우 인정되지 않음
※ 동일(유사)교과목 인정여부 판단할 때 기존에 인정된 동일(유사)과목명(현재까지 인정된 과목은 공단 청소년상담사 홈페이지 공지사항 "동일유사교과목"에 첨부되어 있음)과 핵심키워드가 일치하면 과목명에 "~론", "~학", "~연구", "~과정", "~세미나", "~이론" 등이 포함된 경우나 "의", "및", "과", "Ⅰ·Ⅱ", "1·2" 등과 같이 조사나 숫자가 다른 경우에 동일(유사)과목으로 인정가능(위의 문구 이외의 추가적인 문구가 있을 경우 동일(유사)교과목 심사 필요)
※ 동일(유사) 교과목 신청 시 해당 "학과장 직인"의 확인서류를 공문으로 제출

3) 상담 실무경력 인정기관

- 청소년단체(청소년 기본법 제3조제8호)
- 청소년상담복지센터(청소년복지 지원법 제29조)
- 청소년복지시설 : 청소년쉼터, 청소년자립지원관, 청소년치료재활센터, 청소년회복지원시설(청소년복지 지원법 제31조)
- 학교 밖 청소년 지원센터(학교 밖 청소년 지원에 관한 법률 제12조)
- 각급 "학교"(초·중등교육법 제2조) / 각종 "대학"(고등교육법 제2조)
- 청소년상담사 자격검정위원회에서 인정하는 기관 (정부기관 · 공공상담기관 · 법인체상담기관 및 민간상담기관) : 예시내용 참조

※ 정부기관·공공상담기관·법인체상담기관
  예시) 법무부(보호관찰소, 소년원), 고용노동부(진로상담센터), 보건복지부(아동학대예방 센터, 성폭력상담센터, 종합사회복지관), 국방부(군상담 부대 및 기관), 성평등가족부 (성폭력상담센터), Wee프로젝트(Wee 스쿨, 클래스, 센터) 등
※ 민간상담기관 : 상담기관으로서 관할관청에 신고 또는 등록을 필한 후 상담활동(개인상담, 집단상담, 심리검사, 상담교육 등)의 실적을 제시할 수 있는 상담기관으로
  【 비영리 법인 : 고유번호증, 민간상담기관 : 사업자등록증명원 】사업자등록증명원의 단체명, 업태, 종목에 '상담, 심리, 치료, 정신의학'이 명시된 기관은 인정
  →인정여부 결정을 위해 기관실사 및 자격검정위원회에 회부를 할 수 있음

4) 응시등급별 청소년상담사 실무경력 인정기준(1년간 기준)

응시등급	상담유형	실시경력
1급 및 2급 청소년상담사	개인상담	대면상담 50회 이상 실시
	집단상담	24시간 이상 실시
	심리검사	10사례 이상 실시 및 해석
3급 청소년상담사	개인상담	대면상담 20회 이상 실시
	집단상담	6시간 이상 실시 및 참가
	심리검사	3사례 이상 실시 및 해석

※ 개인상담, 집단상담, 심리검사 경력을 모두 만족할 경우 1년 경력으로 인정 되며, 자세한 사항은 '[별첨] 2020년도 청소년상담사 자격검정 요강' 참조

5) 결격사유

다음 각 호의 어느 하나에 해당하는 사람은 청소년상담사가 될 수 없음(최종 합격 발표일을 기준으로 각 호의 어느 하나에 해당하는 사람은 청소년상담사 자격검정에 응시할 수 없음)

1) 미성년자·피성년후견인 또는 피한정후견인

2) 파산선고를 받고 복권되지 아니한 사람

3) 금고 이상의 형을 선고받고 그 집행이 끝나거나 집행을 받지 아니하기로 확정된 후 3년이 지나지 아니한 사람

4) 금고 이상의 형을 선고받고 그 집행유예의 기간이 끝나지 아니한 사람

4의2) 제3호 및 제4호에도 불구하고 다음 각 목의 어느 하나에 해당하는 죄를 저지른 사람으로서 형 또는 치료감호를 선고받고 확정된 후 그 형 또는 치료감호의 전부 또는 일부의 집행이 끝나거나(집행이 끝난 것으로 보는 경우를 포함한다) 집행이 유예·면제된 날부터 10년이 지나지 아니한 사람

  가. 「아동복지법」제71조제1항의 죄

  나. 「성폭력범죄의 처벌 등에 관한 특례법」제2조의 성폭력범죄

  다. 「아동·청소년의 성보호에 관한 법률」제2조제2호의 아동·청소년대상 성범죄

5) 법원의 판결 또는 법률에 의하여 자격이 상실되거나 정지된 사람

  ※ 자격증 취득 후라도 상기 결격사유에 해당하거나 거짓이나 그 밖의 부정한 방법으로 자격을 취득한 경우, 자격을 다른 사람에게 빌려주거나 양도한 경우에는 자격을 취소할 수 있음

6) 합격자 결정 기준(청소년상담사 자격검정 및 연수 등에 관한 고시 제11조)

(1) 제1차(필기) 시험

매과목 100점을 만점으로 하여 매과목 40점 이상, 전과목 평균 60점 이상 득점한 자

※ 제1차(필기) 시험 합격예정자는 응시자격 서류제출기관에 응시자격 서류를 반드시 제출하여야 하며, 정해진 기간 내 응시자격 서류를 제출하지 않거나 심사결과 부적격자일 경우 시험 불합격(무효) 처리함

청소년상담사(응시자격 서류심사 1회)

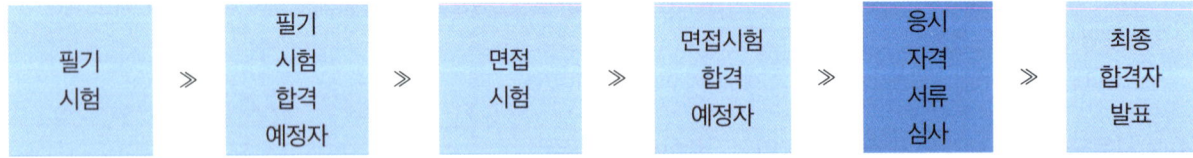

(2) 제2차(면접) 시험

면접위원의 평점의 합계가 각각 15점 이상을 얻은 자를 면접 시험 합격자로 함. 단, 면접위원의 과반수가 어느 하나의 평가 사항에 대하여 1점으로 평정한 때에는 평정점수 합계와 관계 없이 불합격으로 함

7) 시험의 일부면제

필기시험과 서류심사에 합격하고 면접시험에 불합격한 자에게 다음 회의 시험에 한하여 필기시험을 면제함

청소년상담사 3급 합격전략

1) 학습전략을 세울 때, 한국산업인력공단에서 발표한 출제기본방향과 문제출제 시 강조점을 잘 읽어보고 이에 맞추어 과목별로 학습하는 것이 중요하다. 수험생 여러분이 꼭 숙지해야 할 것은 한국산업인력공단의 출제영역에 따라 학습을 진행하되, 각 과목에서 알아두어야 할 개념을 철저하게 이해하고 이에 대한 사례문제로 응용할 수 있는 능력이 요구된다. 다시 말하면, 개념정리와 이에 대한 사례적용이 중요하다는 것이다.

2) 통상적으로 청소년상담사 시험문제는 기존에 출제된 많은 문제의 풀(pool)에서 선별하는 방식으로 이루어지며, 대개는 약간 수정하여 출제하거나, 새로운 문제를 출제하고 있다. 이에 대비하기 위해서 먼저 이론내용에 대한 학습을 체계적으로 철저하게 해야 한다. 이론학습 없이 문제를 푼다는 것은 매우 어려운 일이다. 모든 과목의 이론내용을 적어도 2회독 정도는 해야 자신감이 생길 수 있다. 이를 위해서는 학습계획에 따른 철저한 실천이 요구된다. 3개월 정도의 시간을 가지고 이론학습을 하면 충분할 것이다. 이론내용에 최적화된 전공교재는 교육학, 상담학, 심리학 전공교재가 좋다. 그 이유는 이제까지의 합격률은 교육학과, 심리학과, 상담학과의 졸업생이 높은 비율을 차지했을 가능성이 높기 때문이다. 기출문제에서 사용하는 용어나, 문제의 유형을 보아도 알 수 있다. 따라서 이와 관련된 교재와 수험서를 보는 것이 바람직하다.

3) 이론학습 후에는 문제풀이 연습을 해야 한다. 문제풀이의 기간은 2 ~ 3개월 정도가 바람직하다. 많은 문제를 풀어보는 것이 바람직하며, 문제를 풀더라도 기출문제 유형과 비슷한 유형의 문제를 풀어보는 것이 좋다. 각 과목당 25문제로 모두 150문제이며 문제풀이 연습을 할 때는 3회분(450문제) 이상 풀어보는 것이 바람직하다. 그리고 자신의 이론학습 검증을 위해 오엑스 문제와 같은 유형의 연습도 필요하다.

4) 예상문제로 연습이 끝났다면 최종 모의고사를 실전처럼 풀어보는 것이 좋다. 이것은 적어도 1회 정도는 풀어야 하는데, 실제 시험시간에 맞추어서 컴퓨터용 용지에 직접 마킹을 해보는 연습이 필요하다. 이는 실제시험에 대비하기 위한 좋은 예행연습이 될 것이다. 시기는 실제시험일 이전 1~2주일이 좋을 것이다. 최종 모의고사 후, 실제시험까지 남은 시간은 최종모의고사에서 틀린 문제에 대해 재차 점검하는 것이 바람직한데, 틀린 문제유형은 다시 틀리기 마련이기 때문이다.

5) 주의할 내용은 이론학습을 통한 정리를 할 때는 단순히 암기식보다는 이해 위주의 학습을 하는 것이 바람직하며, 문제풀이 학습을 우선적으로 하기보다는 이론학습을 우선적으로 하는 것이 좋다. 실제 문제유형은 일반적으로 쉬운 문제부터 어려운 문제까지 난이도가 잘 조절되어 출제되는 경향이 많기 때문에, 연습문제풀이도 난이도가 잘 조절되어 있는 문제로 풀어보는 것이 바람직하다.

필기시험 합격을 위한 최적의 학습전략 4가지

1) 모든 학습은 반복학습이 가장 중요하다.

이론이나 문제풀이 등 모든 학습은 2번 이상 학습하는 것을 원칙으로 하고, 예습보다는 복습을 통해 효과를 더욱 극대화해야 한다.

2) 학습은 서로 관련된 과목을 연계하여 진행하는 것이 좋다.

서로 관련된 과목을 연계하여 진행하면 진도도 잘 나갈 뿐만 아니라, 종합적인 사고를 할 수 있어서 시험에서 큰 도움이 된다. 학습순서를 간단히 소개하자면, 상담이론 → 집단상담의 기초 → 발달심리 → 청소년이해론 → 학습이론 → 심리측정 및 평가의 순서대로 권유하고 싶다.

3) 학습은 이론 → 문제풀이(기출문제-예상문제) → 최종 모의고사 점검의 순서대로 하는 것이 바람직하다.

80% 정도의 이론학습은 문제풀이 진도의 속도에도 도움이 되므로, 이론이 80% 정도 정리되면 문제풀이로 돌입하는 것이 좋다. 이론이 부족한 상태에서는 문제풀기가 어려우며, 오히려 시간낭비를 초래할 수 있다. 문제풀이는 기출문제를 통해 기출의 경향을 파악하고, 추후에 예상문제로 실력을 점검하는 것이 좋다. 시험일 1~2주 전에는 최종 모의고사로 실력을 테스트해 보길 바라며, 참고로 [나눔복지교육원]에서는 시험일 3~4주 전에 온라인 최종 모의고사를 서비스하고 있으니, 이를 활용하여 보는 것도 좋다.

4) 최적의 학습 콘텐츠를 선택하는 것이 중요하다.

시중에는 청소년상담사와 관련된 많은 수험서와 동영상 강의가 있다. 독학으로도 학습이 가능한 수험생도 있겠지만, 일반적으로 동영상 강의나 실강(오프라인 강의)의 도움을 받는 경우가 많다. 강의의 도움을 받고자 하는 수험생은 시간이 조금 걸리더라도 다양한 강의 콘텐츠를 잘 살펴보고 자신에게 맞는 콘텐츠를 선택하는 것이 좋다.

청소년상담사 3급 출제영역

주요항목		세부항목
1. 발달심리	발달심리학의 기초	발달심리학의 개념과 특징
		발달심리학의 연구방법론
		발달이론 및 발달심리학의 주요쟁점
	발달에 대한 전 생애적 접근	영유아기 발달
		아동기 발달
		청년기 발달
		성인기 및 노년기 발달
	주요 발달영역별 접근	유전과 태내발달
		신체 및 운동발달
		인지발달
		성격 및 사회성 발달
		정서 및 도덕성 발달
		발달정신병리
	기타	기타 발달심리에 관한 사항
2. 집단상담의 기초	집단상담의 이론	집단상담의 기초
		집단상담의 지도성 및 집단상담자의 기술
		집단상담의 계획 및 평가
		집단상담의 윤리기준
		집단상담의 제 이론 - 정신분석 접근 - 개인심리학 접근 - 행동주의 접근 - 실존주의 접근 - 인간중심 접근 - 게슈탈트 접근 - 합리정서행동 접근 - 인지치료 접근 - 현실치료/해결중심 접근 - 교류분석 접근 - 예술적 접근 등 기타 접근(심리극, 미술, 음악 등)
	집단상담의 실제	집단역동에 대한 이해
		집단상담의 과정(초기, 중기, 종결)
	청소년 집단상담	청소년 집단상담의 특징
		청소년 집단상담의 제 영역
		청소년 집단상담의 기술
	기타	기타 집단상담의 기초에 관한 사항

주요항목		세부항목
3. 심리측정 및 평가	심리측정의 기본개념	검사, 측정, 평가의 개념 - 검사개발의 원리 - 난이도/변별도/유용도
		표준화 검사의 개념과 개발 - 표준화의 개념과 개발 - 규준의 개념과 개발 - 검사점수의 해석 - 규준참조 해석 - 준거참조 해석
		통계의 기초 - 척도의 종류와 해설 - 명명/서열/동간/비율
		신뢰도 - 신뢰도의 개념 - 신뢰도의 종류와 특성 - 신뢰도에 영향을 주는 요인 - 신뢰도의 평가 및 적용
		타당도 - 타당도의 개념 - 타당도의 종류와 특성 - 타당도에 영향을 주는 요인 - 타당도의 평가 및 적용
	검사의 선정과 시행	검사의 종류 - 투사적 검사 - 정의적 검사 - 행동관찰 및 면접
		검사 선정 시 고려사항 - 측정학적 문제 - 의뢰목적
		검사 시행 시 고려사항 - 라포형성 - 피검자 변인 - 검사자 변인 - 검사상황 변인 - 검사시행 준비
		윤리적 문제 - 비밀보장 - 이중관계 - 검사결과 피드백 - 성추행 및 성관계 - 실시 및 해석자의 자격

	주요항목	세부항목
3. 심리측정 및 평가	인지적 검사	지능검사 - 지능의 개념 및 측정 - Wechsler식 지능검사 - 지능지수의 해석 - 집단용 지능검사 및 기타 사항
		성취도 검사 - 성취도(학습기능)의 개념 - 표준화 성취도 검사의 해석
	정의적 검사	MMPI - 실시 목적과 방법 - 채점과 타당도 척도의 해석 - 임상척도의 해석
		기타 성격검사 - 성격의 기본차원 - 객관적 성격검사 사용의 유의사항 - MBTI 검사의 활용 - PAI 검사의 활용
		적성검사 - 적성의 개념 - 표준화 적성검사의 해석방안
	투사적 검사	투사검사의 개관 - 투사검사의 특성 - 투사검사의 활용방안
		HTP 검사
		SCT 검사
		Rorschach 검사
		TAT 검사
	기타	기타 심리측정 및 평가에 관한 사항

	주요항목	세부항목
4. 상담이론	청소년상담의 기초	상담의 본질
		상담의 기능
		상담자의 자질
		상담자 윤리
	청소년상담의 이론적 접근	정신분석
		개인심리학
		행동주의 상담
		실존주의 상담
		인간중심 상담
		게슈탈트 상담
		합리정서행동 상담
		인지치료
		현실치료/해결중심 상담
		교류분석
		여성주의 상담
		다문화 상담
		통합적 접근
4. 상담이론	청소년상담의 실제	상담계획과 준비
		상담목표
		상담과정과 절차
		상담기술과 기법
	기타	기타 상담이론에 관한 사항
5. 학습이론	학습의 개념	학습의 정의, 개괄
		학습관련 연구의 장점
	행동주의 학습이론	고전적 조건학습이론
		조작적 조건학습이론
	인지주의 학습이론	사회인지이론
		정보처리이론
	신경생리학적 학습이론	신경생리학적 이론
	동기와 학습	동기와 정서
		동기와 인지
	기타	기타 학습이론에 관한 사항

주요항목		세부항목
6. 청소년이해론	청소년 심리	청소년 심리의 이해
		청소년의 심리적 발달(생물, 인지, 도덕성, 성격, 자아 정체감, 정서 등)
		청소년기의 사회적 맥락(성·성역할, 학업과 진로, 친구관계, 여가 등)
	청소년 문화	청소년 문화 관련 이론
		청소년 문화 실제(대중문화, 여가문화, 소비문화, 사이버 문화 등)
		가족·지역사회
		또래집단·학교
	청소년 복지와 보호	청소년 비행이론
		학교부적응·학업중단
		폭력, 자살, 가출
		중독(약물, 인터넷, 게임 등)
		청소년 보호
		청소년 복지 기초
		청소년 복지 실제
		청소년 자립지원
		청소년 사례 통합관리
		지역사회안전망 운영
		청소년 인권과 참여
	기타	기타 청소년이해론에 관한 사항

CONTENTS
이 책의 목차

청소년 상담사 3급 필기 이론서

2교시

memo

1교시

1과목

발달심리

나눔복지교육원 동영상 강의

발달심리학의 기초

제1절 | 발달심리학의 개념과 특징

1) 발달심리학은 인간의 전 생애에 걸친 모든 발달적 변화의 양상과 과정을 연구하는 학문이다.
2) 발달심리학은 유아나 아동과 같은 생의 초기의 연구가 집중되는 경향이 있다. 그러나 변화는 어떤 시점에서 중단되는 것이 아니라, 전 생애에 걸쳐 발달(life-span development)한다.
3) 발달심리학의 연구
   (1) 현상기술연구(phenomenal description): 발달심리학 연구의 일차적인 목적은 사람의 연령이 변화함에 따라 여러 영역의 심리적 특성이 변화해 가는 양상을 있는 그대로 기술하는 데 있다.
   (2) 발달기제연구(developmental mechanism) 아동의 연령에 따라 발달적 변화가 일어나는 원인과 그 과정을 추론하고 이론화하는데 주안점을 둔다.

1) 발달과 성장의 개념

(1) 발달(development)

① 발달은 인간의 전 생애에 걸쳐 생활주기에서 나타나는 신체적, 정신적, 사회적 그리고 경험적인 변화이다.
② 미리 예측 가능하지만, 그 변화속도는 일정하지 않고 각 개인마다 매우 달라 독특한 양상을 보이며 개인별로 차이가 있다.
③ 신체적, 지적, 정서적, 사회적 측면에서 조화와 균형을 유지하면서 발달한다.
④ 출생에서부터 죽음에 이르기까지 인생 전반에 걸쳐 단계적으로 연속성을 가지고 일어나는 변화의 과정이다.
⑤ 기능과 구조가 상승적 변화로만 성장 발달하는 것이 아니라, 이 기능이 약화되고 위축되는 현상도 나타나는데 이를 하강적 또는 퇴행적 변화라고 한다.

(2) 성장(growth)

① 신체적인 부분이 어느 단계에 이를 때까지 증가한다.
② 성장통의 개념에서 사용하는 것과 유사하게 뼈가 증가하고 근육이 많아지며 볼륨이 풍부해지는 신체적 측면의 양적 증가를 의미한다.

2) 인간발달에 영향을 미치는 요소

(1) 생물학적 요소

인간이 지배할 수 없는 기질이나 유전자 등이 주로 육체적 발달을 주도하는 요인인 생물학적 요소가 된다.

(2) 심리적 요소

① 심리적 기능은 일반인들에게 적용되는 내적 혹은 상호작용의 과정으로서 인생의 발달 단계를 통해 변화가 가능하다.
② 인간발달의 상호작용, 직접 및 간접적인 생활경험, 사회문화적 요소들의 영향을 받는다.

(3) 환경적 요소 또는 사회문화적 요소

① 학습[1] 및 사회화[2]와 관련된 가족, 학교, 직장과 같은 사회문화적 요소들의 영향을 받는다.
② 기본적인 사회문화적 요소는 인간의 학습(learning)과 사회화(socialization)에 영향을 준다.

3) 인간발달의 원리

(1) 발달은 변화과정을 포함한다.
→ 발달은 전 생애에 걸쳐 이루어지는 변화의 과정으로서 신체적, 심리적, 행동상의 변화를 모두 포함한다.
(2) 발달의 양상은 예측이 가능하다. 많은 학자들이 발달단계 이론에 대해서 이야기하고 있기 때문에 예측이 가능하다.
→ 출생 전후의 환경 조건에 의해 지체될 수도 있고, 부분적으로는 촉진될 수도 있다.
(3) 발달은 일정한 방향으로 진행된다.
→ 머리와 몸통부분에서 먼저 발달이 일어나고 사지부분은 나중에 일어난다. 즉 머리에서 아래쪽으로 발달이 이루어지고 몸 중심에서 몸 밖으로 발달이 이루어진다.
(4) 발달에는 민감적 시기(sensitive period)가 있다.
→ 발달은 어느 시기에나 가능한 것이 아니라 발달 영역에 따라 가장 용이하게 이루어지는 최적의 시기가 있다.

📌 심화학습

민감기 (sensitive period)
아동의 발달에서는 결정적 시기라는 개념보다는 민감기라는 개념이 더 적절하다고 제안되고 있다. 민감기란 특정능력이 발달하는 최적의 시기로서, 아동은 이 시기에 특정 자극에 대해 특히 민감하게 반응을 하는데, 이 시기를 놓치고 나면 그 이후에도 발달이 이루어질 수는 있지만, 시간이 더 오래 소요될 뿐 만 아니라 어렵다고 보는 견해가 지배적이다.

---

[1] 학습은 경험과 훈련에 의해 가치관, 태도 등을 형성하면서 기술을 습득하고 지식을 얻는 과정이다.

[2] 사회화는 개인이 자기가 속한 사회적 집단 즉 가족, 지역사회, 국가와 민족에 그 구성원으로서 자연스럽게 동화되어 가는 과정으로 그 안에서 통용되는 사회적 기대, 관습, 가치, 신념, 역할, 태도 등을 배우는 것이다.

(5) 모든 발달 단계 또는 발달 시기마다 그 시기에 대한 사회적 기대가 있다.

　　→ 사회적 기대를 갖고 있는 부모 및 교사들은 각 시기의 아동들이 환경에 잘 적응해 가기 위해 이루어야 할 발달적 변화 및 발달과업이 무엇인지를 알고 이들을 지도하는 과정에서 영향을 미치게 된다.

(6) 발달은 점성성(epigenesis)을 갖는다(점성의 원리 - 에릭슨).

　　→ 이전에 이루어진 발달의 기초 위에서 다음 단계의 발달이 이루어지게 되는데, 즉 발달은 특히 이전 단계의 발달들이 함축되어 전반적으로 영향을 미친다는 원리이다.

(7) 개개인의 발달 과정을 비교해 보면 개인차가 있다.

　　→ 개인차는 발달속도가 일정하지 않아서 나타나는 원리라고 할 수 있다.

(8) 인간발달의 원리는 분화와 통합의 과정을 이룬다.

　　→ 인간의 발달은 분화의 과정을 거쳐서 후에 통합의 과정에 이르게 된다.

(9) 인간의 발달은 유전이나 환경의 어느 하나에 의해서만 발달이 일어나지 않고 유전과 환경의 상호작용에 의해서 발달이 이루어진다.

(10) 인간발달은 연속적인 과정이다.

(11) 연령이 증가하면 발달의 경향을 예측하기가 힘든데, 이는 연령이 증가할수록 환경의 영향을 많이 받기 때문이다.

4) 발달단계와 발달과업

(1) 발달단계(stages of development)

① 발달상에서 어떠한 과제의 성취와 특정한 측면의 발달이 강조되는 삶의 기간이다.

② 각 발달단계는 고유한 특징이 있어서 그 이전이나 이후 단계로부터 구분이 된다.

③ 발달의 방향이 있고 새로운 단계는 그 이전의 단계까지 이루어진 발달을 통합한다.

④ 임상 현장에서 문제해결을 위해 프로그램이나 서비스를 고안할 때 발달단계에 입각해서 접근하는 것은 매우 유용하다.

(2) 발달과업(developmental tasks)

인간의 환경에 대한 지배를 증가시키는 기술과 능력으로 구성되며 신체적, 인지적, 사회적, 정서적 기술의 획득을 의미한다.

(3) 발달의 영역에 대한 구분(Craig, 1996)

영역	특징
신체적 발달	① 외적 변화: 신장, 체중 등을 들 수 있다. ② 내적 변화: 근육, 뇌, 내분비선, 감각기관 등을 들 수 있다. ③ 신체적 건강상태: 걷기, 달리기 등의 운동능력을 의미한다.
인지적 발달	사고와 문제해결에 관련된 정신적 과정을 포함하며 인식(perception), 기억, 추론, 창의성, 지능, 상상, 언어 등으로 이루어져 있다.
심리사회적 발달	성격과 대인관계 능력의 발달을 포함하며 자아개념, 정서(감정)와 더불어 사회성, 사회적 관계, 사회적 행동으로 이루어져 있다.

📁 기출문제 확인학습

발달의 개념과 연구

1) 발달이란 출생에서부터 노년기까지의 전 생애를 통해 이루어지는 모든 변화의 양상과 과정을 의미한다.
2) 최근의 추세 변화가 있었다면 어떠한 요인들이 어떠한 과정을 통해 변화를 일으켰는지 탐색하는 것이 발달기제 연구이다.
3) 발달기제 연구는 기술된 현상의 기저과정을 설명하는 것으로서, 무엇이, 왜, 어떻게 발달적 변화를 일으키는가를 알아봄으로써 인간의 발달과정을 보다 깊이 이해할 수 있다.
4) 발달적 변화과정을 탐색하는 것이 현상 기술적 연구(질적 연구)이다. 즉, 현상기술 연구는 사람의 연령이 변화함에 따라 여러 영역의 심리적 특성이 변화해가는 양상을 있는 그대로 기술하는 것으로 규준을 제공해 준다.
5) 변화의 과정을 설명하는 질적 연구 방법과 집단의 규준을 탐색하는 양적 연구방법과는 성격이 다르다.

📁 실력다지기

플라톤(Platon)과 아리스토텔레스(Aristoteles)

플라톤은 그의 국가론(the Republic)에서 인간발달에는 세 가지 국면이 있는데, 그것은 욕망, 정신, 신성(이성)이라고 하였다. 가장 낮은 수준의 욕망(desire)은 오늘날 본능, 욕구, 충동으로도 표현되며, Freud의 정신분석 이론에서 말하는 원초아의 개념과도 비슷하다. 플라톤에 의하면 욕망은 주로 신체적 욕구만족과 관련되어 있다. 그 다음 수준인 정신(spirit)은 용기, 확신, 절제, 인내, 대담과 같은 개념이며, 최고의 수준인 신성(divine)은 초자연적이고 영원하며 우주의 본질을 이루는 것으로 진정한 의미의 정신으로서 오늘날 이성으로 표현된다.

아리스토텔레스는 플라톤의 제자였지만 스승의 이론에 많은 도전을 하였다. 특히 육체와 정신을 분리해서 이해한 플라톤에 반대하여 정신과 육체는 분리될 수 없으며, 구조와 기능 면에서 서로 관련되어 있다고 주장하였다. 그러나 정신세계의 세 가지 다른 수준에는 동의하였는데 생물학적, 진화론적 관점에서 정신구조를 이해하였다. 그는 사고할 수 있는 능력과 더불어 논리 및 이성을 활용할 수 있는 힘이 인간발달의 궁극적인 목적이며 인간의 본질이라고 보았다.

학습과 성숙 및 성장

학습은 경험과 훈련에 의한 것이다. 즉, 학습은 경험과 훈련에 의한 것이며 경험과 훈련에 의하지 않는 것은 성숙의 개념이다. 위에서 언급했듯이 성장은 신체의 양적 증가를 나타내며 성숙은 경험과 훈련에 관계없이 유전적인 인자 등에 의해 나타날 수 있고 학습은 경험과 훈련에 의해서 나타나는 개념이다. 이 세 가지 개념은 확실히 구분해야 한다.

읽을 거리

게젤의 성숙이론

1940년대 미국에서 가장 유명한 소아과 의사이기도 하였던 Arnold Gesell(1880 ~ 1961)은 루소(Rousseau)의 사전결정론[3]의 영향을 많이 받았다.

게젤은 루소의 이러한 생각으로부터 성숙이론을 발전시켰다. 그의 주장은 아동발달은 유전적으로 규정되어 있어서 성숙이라는 특별한 프로그램에 따라 펼쳐나간다는 것이다.

따라서 성숙에 의해서 행동의 다음 단계들을 예견할 수 있으며, 걷기와 같은 특별한 과정은 아동이 준비될 때까지 기다려야만 하기 때문에 서둘러 훈련시킨다고 되는 일이 아니라는 것이다.

즉, 준비란 행동에 필요한 신체적 · 신경학상의 발달이 완성되어 있음을 말하는 것으로 아동이 준비가 되도록 기다려 주는 것이 최선의 교육일 때가 많이 있다는 것이다.

그는 1911년 예일 대학에 아동발달연구소를 설립하여 아동의 운동신경발달에 관한 광범위하고도 세부적인 연구를 통해 행동규준을 만들었으며, 그 외에도 유아의 지능검사개발, 필름 관찰을 통한 연구를 하였다.

게젤이 마련한 행동규준을 통해서 아이들이 어떻게 성장하며 발달하는지의 기준을 세우게 되었는데, 테스트는 네 가지 영역(적응, 언어, 개인적 영역, 사회적 영역)으로 되어 있다. 이 테스트는 1928년에 처음 만들어졌지만 그 후에도 큰 수정 없이 사용되었다.

---

3) 내적으로 통제되는 일련의 계열적 단계에 따라 모든 발달이 이루어진다는 주장으로, 환경에 최대의 허용적 분위기를 제공하여 제한적이고 왜곡된 영향을 주는 외적 강요를 줄이고 사전 결정된 성장의 결과가 이루어지도록 할 때 아동의 발달이 최대로 이루어지게 된다.

제2절 | 발달심리학의 연구방법론

1) 횡단적 접근법 (cross-sectional approach)

(1) 횡단적 접근은 연령이 다른 여러 개인(또는 집단)을 어느 시점에서 동시에 실험하거나 조사하는 방식이다.
　　　(**예** 아동의 자존감 연구를 위해 3, 6, 9, 12세 아이들 중 50명씩 표집해서 발달을 연구하는 경우)

(2) 횡단적 접근법은 연령이 다른 개인(또는 집단) 간에 나타나는 발달적인 차이를 단기간에 한꺼번에 비교하려고 할 때 사용된다.

(3) 종단적 접근은 시간이 너무 오래 걸리기 때문에 대부분의 발달연구가 횡단적 접근방식에 의존하고 있다.

(4) 선발된 개인이나 집단이 특정 연령층을 대표하기 때문에 연구대상을 표집할 때 대표성이 보장되어야 한다.

(5) 장점

　　동시에 여러 연령층을 연구할 수 있어 시간과 경비가 절감되어 경제성이 있다.

(6) 단점

　　① 연령차이 뿐 아니라 출생연대가 달라서 기인하는 상이한 시대적 배경이 혼합적으로 개입될 수 있다.

　　② 발달과정을 일관성 있게 이해하는데 어려움이 있다.

2) 종단적 접근법 (longitudinal approach)

(1) 종단적 접근이란 동일한 개인(또는 집단)을 장기간에 걸쳐서 계속 추적하여 연구하는 방식을 말한다.

(2) 이 접근방식은 개인(또는 집단)이 연령과 더불어 연속적으로 발달해가는 양상, 즉 연령변화(age change)를 밝히고자 할 때 사용된다.

(3) 동일한 연구대상을 선정하여 일정한 시간 간격을 두고 발달 양상이 어떻게 변화하는가를 연구한다.

(4) 장점

　　횡단적 접근법에서 밝힐 수 없는 연속적이고 진정한 발달과정을 알 수 있는데, 즉 발달의 연속성을 살필 수 있다.

(5) 단점

　　① 연구기간이 길고 경비가 많이 들어 비경제적이며 대상 집단을 추적하기 어렵다.

　　② 특정 집단을 대표하는 소수에게서 얻은 자료를 일반화하는 데 어려움이 있다.

　　③ 연구대상자의 이사, 사고, 사망 등에 의한 탈락이 나타나는 문제점이 있다.

　　④ 학문적 발전에 따른 새로운 이론과 측정도구를 적용하지 못하는 방법론적 문제가 있다.

　　⑤ 반복적인 검사도구의 사용으로 인한 신뢰성의 문제가 제기된다.

3) 횡단적 - 단기 종단적 접근법 (short - term longitudinal approach)

(1) 횡단적 접근법과 종단적 접근법을 절충한 방법이다.

(2) 3년 ~ 5년 동안 횡단적 설계의 대상 집단을 단기간 추적해서 종단적으로 발달 변화를 연구하는 것이다.
　　　예 3, 6, 9세의 3개 집단 아동들을 연구한 후, 3년 후에 연구했던 3개의 집단을 다시 연구하는 경우

계열적 접근법

1) 인간발달연구의 접근법으로는 각기 다른 연령의 사람들을 동시에 비교 연구하는 방법인 횡단적 접근법, 동일한 연구대상자를 오랜 기간 반복적으로 연구하는 종단적 접근법, 몇 개의 동시대 출생 집단을 몇 차례에 걸쳐 측정하는 계열적 접근법이 있다. 이 중 연령효과와 동시에 출생 집단 효과, 측정시기 효과를 분리해서 볼 수 있는 연구접근법은 계열적 접근법이다.

2) 계열 설계법 혹은 순차적 접근법(sequential design)

   (1) 몇 개의 동 시대 출생 집단을 몇 차례에 걸쳐 측정하는 연구방법이다.

   (2) 예 먼저 2세 아동과 5세 아동을 연구대상자로 선정(연령 효과)하여 두 개의 연령 집단(출생 집단 효과)의 의존성을 관찰한 다음, 3년 후(측정시기 효과)에 그들이 5세와 8세(연령 효과)가 되었을 때 재검사를 실시. 두 개의 연령 집단(출생 집단 효과)을 동시에 연구하였으며 3년 후(측정시기 효과)에 다시 재검사를 실시한다.

4) 발생과정 분석설계

(1) 매우 적은 수의 아동의 특정행동이 형성되고 변화해가는 과정을 면밀히 추적하여 분석하는 접근이다.

(2) 종단적 설계를 수정한 접근법으로 특수한 연구방법이다.

(3) 관심이 되는 순간순간의 행동을 녹화하고 반복 관찰하여 발생과정을 철저하게 규명하는 기법이다.

   예 또래집단에서 처음 인간관계를 시작하는 순간부터 대인관계 기술이 획득될 때까지 과정을 분석하는 경우

5) 시차설계법

(1) 시차설계법이란 연령은 같으나 출생연도가 다른 개인을 조사 시기를 달리해서 계속해서 조사, 연구하는 접근방식이다.

(2) 이 방식의 용도는 신체적 나이는 동일하지만 출생연도가 다른 개인이 둘 이상의 조사 시기에 따라 어떤 차이가 있는가에 관심이 있을 때 사용된다.

   예 1979년에 20세가 된 사람과 9년 후인 1988년도에 20세가 된 사람은 비록 신체적 연령은 동일하지만, 그들이 올림픽 경기에 대한 태도는 다를 수 있는데 이 경우 시차설계법을 사용한다.

(3) 출생연도와 조사 시기를 달리해서 연령의 효과를 검토해보는 것이 시차설계법의 특징이다.

(4) 시차설계법은 연령은 일정하게 고정시켜 놓고 시대적 변화에 따른 개인의 변화를 보고자 하는 것이다.

제3절 | 발달이론

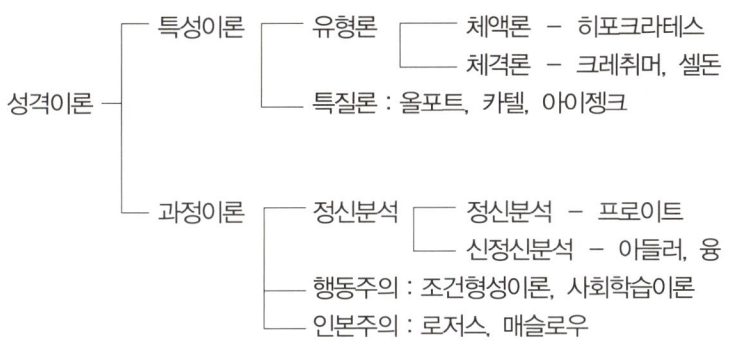

성격이론 개요

- 성격이론
  - 특성이론
    - 유형론
      - 체액론 – 히포크라테스
      - 체격론 – 크레취머, 셀돈
    - 특질론 : 올포트, 카텔, 아이젱크
  - 과정이론
    - 정신분석
      - 정신분석 – 프로이트
      - 신정신분석 – 아들러, 융
    - 행동주의 : 조건형성이론, 사회학습이론
    - 인본주의 : 로저스, 매슬로우

1 정신분석이론 (지그문트 프로이트)

1) 정신분석이론의 기본전제

(1) 인간의 정신은 다양한 에너지들이 상호작용하는 힘의 체계이다.

(2) 에너지 체계인 정신은 에너지를 방출하고 긴장을 완화시키는 작용을 한다.

(3) 긴장이 감소되면서 즐거움을 느낀다.

(4) 사회는 개인의 에너지 방출 모두를 허용하지 않고 일정한 제한과 통제를 한다.

(5) 에너지 방출로 인한 긴장에 대한 개인의 욕구는 통제를 가하는 사회 환경과 갈등을 경험하게 된다.

(6) 인간의 내부에 내적 심리적 갈등이 존재하면서 불안 요소가 나타난다. – 불안요소를 어느 정도 감소시키고 자아를 보호하기 위해서 나타나는 것이 방어기제이다.

(7) 정신분석은 심리적 결정론에 기초하며 무의식이 중요하고 이 무의식 동기 중 성적욕구가 가장 중요하다.

2) 주요개념 - 정신의 구조와 성격의 구조

정신의 구조 (지형학적 모형)	의식	① 의식은 개인이 현재 자각하고 있는 생각을 포함한다. 즉, 현재 자각하고 있는 부분이 바로 의식 부분이다. ② 프로이트는 우리가 자각하고 있는 부분(= 의식)은 빙산의 일각에 불과하다고 하였으며 우리가 자각하지 못한 부분(= 무의식)이 더욱 많다고 하였다.
	전의식	의식과 무의식의 중간 부분으로서 조금만 주의를 기울이면 의식영역으로 이끌 수 있는 정신의 부분이다.
	무의식	① 무의식은 정신의 가장 깊은 수준에서 작동하는 것이며 우리가 자각하지 못하는 경험과 기억으로 구성된다. ② 무의식은 본능에 의해 지배되며 억압된 사고와 감정이 그 내용을 이루고 있고 행동의 대부분은 무의식에 의해 결정된다.

성격의 구조 (구조적 모형)	원초아 (id)	① 완전히 무의식적이고 정신적 에너지의 저장소, 본능과 충동으로 구성된다. ② 근원적인 생물학적 충동을 저장하며 쾌락의 원리에 의한다. ③ 프로이트의 정신분석이론에서 가장 중요시하는 무의식 세계의 주요한 메커니즘이다.
	자아 (ego)	① 현실원리에 따라 작동하는 성격의 의사결정 요소이다. 사회규범, 규칙, 관습과 같은 사회적 현실을 고려해서 행동을 결정한다. ② 즉각적인 만족을 추구하려는 원초아와 현실을 중재하는 역할을 한다. ③ 행위에 대한 계획 수립과 원초아의 맹목적인 충동을 견제, 통제하는 지적 활동이나 합리성이 위치하는 자리이다. ④ 원초아의 충동적인 요소를 조절하고 견제하고 통제하는 역할을 자아가 담당한다.
	초자아 (super- ego)	① 초자아는 무엇이 옳고 그른가에 대한 사회적 기준을 통합하는 성격의 요소이다. ② 양심과 자아 이상으로 이루어진 정신구조 최고 단계로서 고등법원 판사 역할을 한다. ③ 도덕적 목표와 완전을 추구(완벽의 원리), 쾌락보다 완전을 추구하고 현실보다는 도덕적이고 이상적인 것을 추구한다. ④ 도덕성을 추구하지만 이러한 요구가 지나치면 죄책감을 느끼게 된다. 즉, 초자아가 너무 강해도 문제가 될 수 있다.

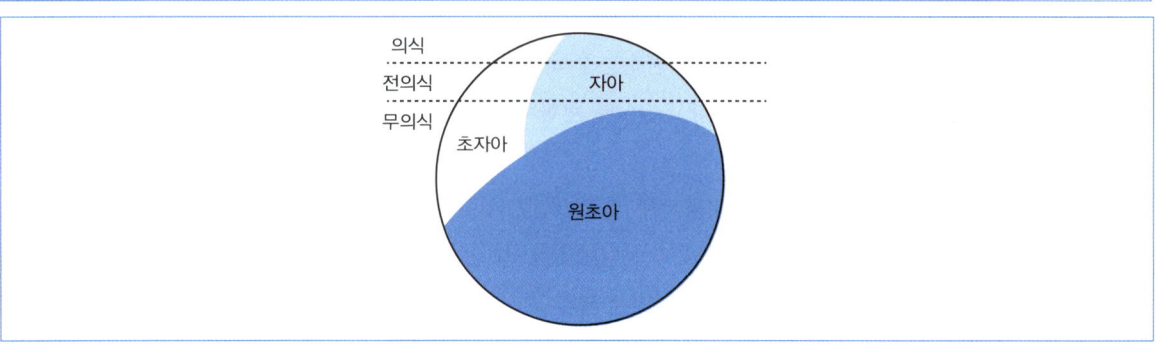

📁 **실력 다지기**

프로이트(S. Freud)의 성격 구조

1) 원초아

(1) 원초아는 성격의 원형이며 본질적인 체계이다. 출생 시부터 타고나는 것으로서, 정신에너지의 저장고이다. 원초아는 전적으로 무의식의 세계라고 할 수 있기 때문에 외부와 철저히 단절되어 시간이나 경험에 따라서 변화하지 않는다.

(2) 원초아의 두 가지 특성

① 쾌락원칙(pleasure principle)

이것은 고통을 피하고 쾌락을 추구하는 속성으로서 참을성 없이 즉각적으로 긴장을 감소하려는 특성을 의미한다. 원초아는 긴장해소를 통해 쾌감의 추구라는 목적달성을 위해 긴장을 경감시키는 데 필요한 대상을 생각나게 만드는 작업을 하게 된다.

② 일차적 사고과정(primary process)

일차적 사고과정은 성욕과 공격성과 같은 충동에 의해 나타나는 정신적 힘을 즉각적으로 방출하는 과정이다. 예를 들어 배가 고플 때 밥을 먹는 상상을 하는 것은 일차적 사고과정을 의미한다. 이와 같은 일차적 사고과정은 근본적인 긴장을 감소시킬 수는 없기 때문에 자아의 이차적 사고과정을 필요로 한다.

2) 자아

(1) 자아는 원초아에 비해 조직적이고 구체적인 정신구조로서, 우리가 흔히 이성 혹은 상식이라고 부르는 것들을 포함한다. 따라서 원초아로 하여금 충동을 지연시키고 현실을 반영하도록 하는 역할을 한다. 즉 배가 고플 때, 위의 원초아에서처럼 단순히 밥을 먹는 상상을 하는 것이 아니라 현실적으로 밥을 먹기 위한 방법을 찾기 위해 실제 방법을 모색하도록 한다.

(2) 자아는 성격의 조정자로서 인간의 생각과 행동을 통제하며, 개인이 객관적인 현실세계와 상호작용할 필요가 있을 때 원초아에서 분리된다.

(3) 자아의 두 가지 특성

① 현실원칙(reality principle)

본능적 욕구를 충족시킬 수 있는 현실적이고 바람직한 대상이 발견될 때까지 에너지를 맹목적으로 발산하지 않고 연기한다. 이것은 현실원칙으로 인해 쾌감의 원칙이 잠시 보류되는 것이지 포기되는 것은 아니다.

② 이차적 사고과정(secondary process)

이차적 사고과정은 현실적인 계획을 세울 때까지 만족을 지연하는 사고과정으로서, 예를 들어 배가 고프더라도 현실적으로 먹을 것을 구할 수 있을 때까지 기다리는 것을 말한다. 이차적 사고과정은 긴장 감소를 위해 세운 행동계획의 실현가능성을 판단하는데, 이를 현실검증(reality test)이라고 한다. 만약 정신적 현실검증 결과, 가능성이 낮으면 자아는 계속해서 다른 해결책을 찾게 된다.

(4) 이러한 자아는 생후 1년 경에 발달하기 시작하여 생애 초기부터 강하게 원초아를 통제하며 이와 갈등관계에 놓이게 된다. 이러한 갈등은 불안을 유발하는 긴장상태를 만들어 내며, 불안은 자아에 위험신호를 보냄으로써 미리 위험에 대비하도록 하게 하는데, 만일 불안을 적절히 해결하지 못하게 되면 신경증이 발생하는 것이다. 따라서 자아는 원초아, 자아, 초자아의 세 체계를 모두 관리할 뿐만 아니라 원초아의 쾌락원리와 초자아의 도덕원리 사이에 조화로운 관계를 유지하기 위해 노력하기도 한다.

3) 초자아(superego)

(1) 구조적으로 세 가지 중 가장 늦게 나타나는 초자아는 정신 구조의 최고단계로서, 우리가 흔히 말하는 '양심'이라고 한다. 이것은 아이가 부모의 사회적 가치와 이상을 동일시함으로써 발달한다. 초자아는 자아로부터 발달하며 쾌락이나 현실보다는 이상과 완전함을 추구하며 사회적 원칙에 따른다.

(2) 초자아는 성격의 '도덕'적인 부분이며 심판자로서 자아와 함께 작용하여 개인이 스스로 자신의 행동을 조절할 수 있게 해준다. 즉, 초자아는 죄의식을 불러일으키고 도덕의 검열 작용을 한다고도 볼 수 있는 것이다.

3) 불안의 개념 및 종류

(1) **불안의 개념** : 불안(anxiety)이란 위험이 가까이 있다는 신호를 자아가 느끼는 것이다.

(2) **불안의 종류**

① 현실적 불안 – 현실세계의 위협에 대한 자아의 불안을 의미한다.

  예 시험이 다가오면 불안해하는 경우

② 신경증적 불안 – 본능의 충동이 의식 속으로 들어옴으로 인해 느껴지는 불안이다.

  예 성적, 공격적 충동이 느껴지면 불안해하는 경우 (원초아와 자아 간 갈등)

③ 도덕적 불안 – 원초아의 충동이 부도덕한 방식으로 충족을 얻으려고 할 때, 죄책감이나 수치심을 통한 초자아의 처벌 위험을 느껴서 불안을 느끼는 경우 (원초아·자아와 초자아 간 갈등)

(3) **불안을 감소시키는 방법**

현실적 불안의 경우는 현실적인 문제에 적절히 대처하는 것이며 신경증적 불안 및 도덕적 불안은 방어기제(defense mechanism)를 사용한다.

4) 심리성적 발달단계 정리

심리성적 발달단계	구강기 (출생 ~18개월) (=1.5세)	① 입에서 쾌락을 얻고 수동적으로 부모의 보살핌을 받으며 유아는 의존적이고 다른 사람으로 분화되지 않은 상태이다. ② 이 단계의 수유경험은 후기 발달에 중요한 역할을 하며 특히 이유방식이 가장 중요하고 애착형성이 중요하다.

	항문기 (18개월 (=1.5세) ~3세)	① 리비도의 분포가 항문으로 이동하는 발달단계이다.
		 ② 부모에 의한 배변훈련은 후에 성격발달에 효과를 나타낸다.
		 ③ 잘못 발달된 성격
		  ㉠ 강박성, 완벽주의, 죄책감, 완고함, 인색한 성격 등 – 항문보유적 성격
		  ㉡ 양가감정, 더러움과 지저분함, 반항, 분노, 가학성, 피학성을 지닌 성격 –항문폭발적 성격

	남근기 (3~6세)	① 아동이 자신의 성기를 만지고 자극하는 데서 쾌감을 느끼는 시기이다. ② 남아는 어머니에 대해 성적으로 친근함을 느끼고 아버지를 경쟁상대로 보아 적대시한다.– 오이디푸스 콤플렉스(Oedipus complex): 거세불안 ③ 여아는 아버지에 대해 특별한 관심을 기울이고 남자 아이와 자신의 성기가 다르다는 것을 알고 부러워하는 남근선망(penis envy)을 경험한다. – 엘렉트라 콤플렉스(Electra complex) ④ 잘못 발달된 성격 욕구좌절이나 욕구충족이 너무 심했던 양극단의 경우를 겪는 남아의 경우 거세불안과 함께 웃어른을 두려워하고 여아는 유혹적이고 정서가 불안정한 히스테리 성격이 된다.
	잠복기 (6~12세)	① 성적인 관심이 잠시 잠복되는 시기이다. ② 전 단계까지 경험해 온 성적 욕망이나 성적 갈등 현상은 잠재되고 활발한 문화 활동과 또래에 관심을 보이는 것과 같은 '승화'현상이 가능해진다.
	생식기 (12세~성인기 이전)	① 사춘기부터 성적으로 성숙되는 성인기 이전의 시기이다. ② 이성에 대한 관심과 인식이 다시 증가하며 성적, 공격적 충동이 다시 나타난다. – 제2의 콤플렉스 시기 ③ 잘 발달된 성격 성숙한 이성 관계를 수립하게 되고 주체성 형성, 성숙과 주체성을 가진 성격을 가지게 된다. ④ 잘못 발달된 성격 과거 잘못된 발달단계에 사로잡혀 정체성에 혼란이 온다.

> 📁 실력 다지기

지그문트 프로이트의 심리성적 발달단계

암기문장 심리성적 발달 5단계는 <u>구항남잠생</u>

해설 구강기 - 항문기 - 남근기 - 잠재기 - 생식기

5) 리비도 (Libido)

(1) 인간이 태어날 때부터 갖추고 있는 성적 본능 에너지

(2) 자아본능에 대립하고 있는 성적 본능에 따른 성적 에너지로서 욕망이나 욕구의 뜻

6) 고착 (Fixation)

(1) 불안과 좌절감으로 리비도가 어떤 대상을 향해 정지하고 있을 때

(2) 인간발달단계에서 다음 단계로 진행하지 못하고 특정 단계에 머무르게 되는 것

(3) 종류

① **좌절** : 아동의 심리성적 욕구가 양육자에 의하여 지나치게 통제되고 방해받게 되어 아동 자신이 욕구를 만족할 수 없게 되는 것을 의미한다.

② **방임** : 부모가 아동에게 심리성적 욕구를 조절하는 훈련을 전혀 시키지 않고 아동이 자기 마음대로 욕구를 충족하게끔 하여 과잉만족을 추구하거나 과잉만족 상태에 이르게 하는 것을 의미한다.

> 📁 실력 다지기

에로스와 타나토스

프로이트의 주장에 의하면, 인간들은 살고 싶다는 생각을 가지고 있으면서도, 마음 깊은 곳에서 끊임없이 죽음을 생각하고 있다는 것이다. 프로이트는 이것을 죽음의 본능 '타나토스(Thanatos: 그리스 신화에 나오는 의인화된 죽음의 신)'라고 불렀다.

이 타나토스와 대립되는 존재가 바로 에로스인데, 이 에로스는 새로운 생명을 창조하는 원동력인 동시에 생존본능이다. 1920년에 저술한 <쾌감원칙의 피안>이라는 책에서, 프로이트는 인간에게 삶과 죽음의 본능이 있는데, 이 두 개의 대립된 본능이 인간의 정신을 지배하고 있다는 새로운 이론을 전개했다.

일반적으로 '에로스'와 '타나토스'는 서로가 굳게 융합되어 떼어 낼 수 없을 정도로 결부되어 있다. 이를테면 동전의 앞뒷면과 같은 것이라고 할 수 있다. 인간은 에로스에 이끌려 삶을 영위하고 있으며, 타나토스의 영향을 받아 죽음의 길을 향해 달려가고 있는 것이다.

지그문트 프로이트의 심리성적 발달단계와 특징

단계	연령	특징
구강기	출생~1.5세	리비도가 입에 집중되어 있으며 주로 빨기를 통해 쾌락을 얻고 원초아가 지배적이다.
항문기	1.5~3세	배변훈련(외부 현실)이 배변으로 인해 얻어지는 만족을 방해한다.
남근기	3~6세	근친상간에 관한 환상, 오이디푸스 콤플렉스, 불안, 초자아가 형성된다.
잠복기	6세~12세	동성친구에게 관심이 있으며 성적 본능의 승화단계이다.
생식기	12세~성인기 이전	이성에게 관심이 많으며 성역할 정체감과 성인으로서의 사회적 관계가 발달된다.

2 자아방어기제 이론 (안나 프로이트)

1) 자아방어기제 개념

개인이 이성적이고 직접적인 방법으로 불안을 극복하고 불안을 통제할 수 없을 때, 붕괴위기에 처한 자아를 보호하기 위해서 사용되는 사고 및 행동수단이다.

2) 특성

(1) 자아 방어기제는 병적 행동이 아니고 정상적 행동으로서 성격발달의 수준이나 불안의 정도에 따라서 여러 가지 형태로 나타난다.

(2) 적절한 방어기제의 사용은 불안을 감소시키고 긍정적인 적응을 유도하기도 한다.

📁 **실력 다지기**

방어기제 정상성과 병리성의 기준

1) 균형 - 방어기제를 사용하는 가지 수의 정도
2) 방어의 강도 - 방어기제를 사용하는 빈도의 정도
3) 연령의 적절성 - 연령에 적절한지의 여부
4) 철회 가능성 - 불안이 감소된 후에 철회되는지의 여부

---

3) 종류

(1) 억압(repression)

가장 흔하게 사용되는 무의식적 정신기제이다. 억압을 통해 자아는 고통스럽거나 위협적인 충동, 감정, 소원, 환상, 기억 등을 <u>무의식 속으로 추방시켜 의식화되는 것을 막아준다.</u>

(2) 반동형성(reaction - formation)

용납할 수 없는 욕구나 충동, 감정을 그와는 정반대의 강한 욕구나 감정으로 대체하여 표현하는 방어기제로서 무의식적 기제이다.

> **사례**
> ① '미운 놈에게 떡 하나 더 준다.'는 속담
> ② 자기를 학대하는 남편 앞에서 그를 매우 사랑하는 것처럼 행동하는 것

(3) 퇴행(regression)

실패가능성이 있거나 불안한 상황에 대한 해결책으로 초기의 발달단계나 행동양식으로 후퇴하는 것이다.

> **사례**
> ① 네 살 난 아이가 동생이 태어나면 대소변을 못 가리고 다시 젖먹이 때로 돌아가는 행동
> ② 중병에 걸려 입원한 환자가 간호사에게 아이같이 졸라대는 모습

(4) 동일시(identification)

다른 사람의 성격이나 역할을 따라서 자기의 일부로 삼는 과정이다.

> **사례**
> ① 아버지를 무서워하는 아들이 그 아버지를 닮는다.
> ② 강한 성적 욕망이 있는 여자가 화려한 여배우와 동일시하는 것

(5) 보상(compensation)

신체적 구조, 성격적 특성, 지적 성취 등에 대한 실제적 또는 상징적 결함을 그와 다른 측면을 잘 해냄으로서 그 결함을 극복하려는 심리기제이다.

> **사례**
> ① 자신의 친부모에게 효도를 못 한 사람이 이웃의 노인을 극진히 부양하는 경우
> ② 작은 고추가 맵다라는 것

(6) 합리화(rationalization)

아주 빈번히 사용되는 방어기제로서 의식하지 못한 동기의 결과로 어떤 행동을 하고 나서 이치에 닿는 <u>이유를</u>
<u>그럴 듯하게 대는 심리기제이다.</u>

> **사례**
> ① 신포도형(sour grapes)
>   어떤 목표를 달성하려 했으나 실패한 사람이 자신은 처음부터 그것을 원하지 않았다고 변명함
> ② 달콤한 레몬형(sweet lemon)
>   자기가 현재 가지고 있는 것이 남들이 볼 때는 별 볼일 없는 것이지만 본인은 바로 그가 원하던 것이라고 스스로 믿는 것
> ③ 투사형(projection)
>   자신의 결함이나 실수를 자기 이외의 다른 대상에게 책임을 전가시키는 것
> ④ 망상형(delusion)
>   원하는 일이 마음대로 되지 않을 때 자신의 능력에 대해 허구적 신념을 가짐으로써 실패의 원인을 합리화시킴

(7) 대치(substitution)

정서적으로 아주 귀중한 대상이지만 받아들일 수 없는 대상을 심리적으로 용납되는 <u>비슷한 다른 대상으로 무의식</u>
<u>적으로 대치하는 것을</u> 의미한다.

> **사례**
> ① 꿩 대신 닭
> ② 오빠에게 매력을 느끼는 동생이 그와 비슷한 용모를 가진 사람을 사귄다.

(8) 전치(displacement)

실제로 있는 어떤 대상에 향했던 감정 그대로를 <u>덜 위협적인 다른 대상</u>에 표현하는 것이다.

> **사례**
> 자신의 부도덕에 대한 죄책감으로 하루에도 몇 번씩 손을 씻는다.

(9) 투사(projection)

자신의 바람직하지 못하고 용납될 수 없는 생각이나 충동을 다른 사람 때문이라고 <u>남에게 책임을 전가시킴으</u>
<u>로써</u> 자신의 열등감에서 탈피하려는 기제이다.

> **사례**
> ① 자신이 누구를 미워할 때, 그가 자신을 몹시 미워하기 때문에 자신도 그를 미워한다고 말함
> ② 누구를 싫어할 때, 그가 미운 짓을 하기 때문이라고 말함

(10) 분리(isolation)

고통스러운 생각이나 기억을 그에 수반된 <u>감정 상태와 분리시키는 것</u>으로 고통스러웠던 사실은 기억하지만
감정, 정서는 억압함으로써 지각하지 못하게 된다.

(11) 부정(denial)

의식적으로 참을 수 없는 생각이나 욕구를 무의식적으로 부정하는 것으로 현실적인 사실을 없는 것처럼 생각하거나 자기가 바라는 대로 공상해 버리는 것이다.

사례
① 어머니가 사망했음에도 불구하고 며칠 여행을 떠나 있는 것처럼 생각하는 경우
② 암환자가 자기의 병을 부정하는 것

(12) 승화(sublimation)

원초적이고 용납되지 않는 욕구(id)를 적절히 억압할 수 없을 때 사회적으로 용납되는 윤리적이고 보다 보람 있는 행동 형식으로 전환하여 표출하거나 간접적으로 표현하는 기제이다.

사례
성적 충동이나 폭력에 대한 충동이 각종 예술, 종교, 문화, 과학 등을 통하여 나타난다.

(13) 해리(dissociation)

마음을 편치 않게 하는 근원적인 성격의 일부가 그 사람의 의식적 지배를 벗어나 마치 하나의 다른 독립된 성격인 것처럼 행동하는 경우를 말한다. - 이중성·양면성

사례
① 지킬박사와 하이드
② 이중인격자, 몽유병, 건망증 등

(14) 내면화(introjection) = 내사 = 투입

외부의 대상을 자기 내면의 자아체계로 받아들이는 기제이다.

사례
어머니를 미워하는 감정을 수용할 수 없기 때문에 자기 자신을 미워하는 것으로 대치

(15) 전환(conversion)

심리적 갈등이 신체 증상으로 바뀌는 것을 말한다. - 수의근·감각기관

사례
① 글을 쓰는 데 갈등을 느끼는 소설가가 원고를 쓰는 오른 팔에 마비가 오는 것
② 군에 입대하기 싫어하는 사람이 입영영장을 받아보고 시각 장애가 오는 경우

(16) 신체화(somatization)

심리적 갈등이 감각기관, 수의근계를 제외한 기타 신체 부위(불수의근)의 증상으로 표출되는 경우를 말한다.

> **사례**
> ① 사촌이 땅을 사면 배가 아프다.
> ② 오랫 동안 병원에 입원한 환자가 '앵 ~ 앵' 119 자동차 소리에 심장이 뛴다.

> **참고**
>
> 신체화와 전환
> **암기문장** 신 - 불
> **해설** 신체화는 불수의근, 전환은 수의근과 감각기관의 문제를 두고 이야기할 때 사용한다.

(17) 지성화(intellectualization) = 주지화

고통스러운 감정과 충동을 누르기 위해 그것들을 직접 경험하는 대신, 그것들에 대한 생각과 철학을 늘어놓는 것으로 문제해결에는 도움이 되지 않는 것을 말한다.

> **사례**
> 마음에 드는 이성에게 접근하기 어려운 남학생이 '사랑이란 무엇인가'의 토론을 벌이는 경우

🗂 기출문제 확인학습

안나 프로이트(Anna Freud)의 방어기제

1) Anna Freud에 따르면, 청소년기에는 잠복기에 억압되었던 오이디푸스 콤플렉스가 재등장하며, 외부적 요인 (거세불안과 그에 따른 동성부모와의 동일시)뿐 아니라 내적으로는 성적 충동(sexual drive)이 증가하면서 동시에 죄책감이나 자존감 상실과 같은 내적 갈등에 의해 성적 충동을 억제하게 된다고 주장하였다.

2) 원초아와 자아, 초자아 간의 불균형으로 인해 청소년들은 불안이 증가하는 불안정한 시기를 보내게 되며, 불안의 감소를 통해 원초아 - 자아 - 초자아 간의 균형을 이루기 위하여 방어기제의 필요성이 증대된다고 주장하였다.

3) Anna Freud는 금욕주의와 지성화(주지화)를 청소년기에 특히 중요한 방어기제로 보았다.

> (1) 금욕주의(asceticism)
> 성욕에 대한 두려움에서 나오는 것으로 철저한 자기부정을 의미한다. 청소년기의 금욕은 본능적 욕구에 대한 불신에 기인하는 것이며, 이 불신은 성욕뿐만 아니라 모든 욕망을 억제하고 원초아를 완전히 무시한다.
>
> (2) 지성화(intellectualization, 주지화)
> 종교나 철학, 문학 등의 지적 활동에 몰입함으로써 성적 욕망에서 벗어나고자 하는 방어기제이다.

3 심리사회이론(에릭슨)

1) 자아의 중요성

(1) 프로이트(S. Freud)가 삶의 원동력을 원초아(id)로 보는 데 반해, 에릭슨(Erikson)은 자아의 중요성을 강조한다.

(2) 생물학적인 힘보다는 인간관계에서의 경험을 중시한다.

(3) 인간을 확실히 파악하기 위해서는 개인과 사회와 시간성의 관계를 이해해야 함을 주장한다.

(4) 발달이란 개인의 심리적 발달과 개인이 만든 사회적 관계들이 병행하는 이중적 과정으로 본다.

(5) 각 단계마다 개인의 생리적 성숙과 더불어 사회적 요구가 있다.

(6) 하나의 위기로서 이 위기를 성공적으로 해결하면 더 성숙하지만 해결하지 못하면 성장이 왜곡되어 나타날 수 있다.

1단계	유아기	① 기본적 신뢰감 대 기본적 불신감(출생~18개월) - 희망 ② 인생의 초기단계 중 가장 비중 있게 취급하였으며 기본적인 신뢰감, 즉 엄마와의 신뢰감을 의미하며 애착관계가 중요하다.
2단계	초기 아동기	① 자율성 대 수치심과 의심(18개월~3세) - 의지 ② 신체 및 지적인 면이 빠르게 발달하여 언어와 사회적 기준을 배우기 시작한다. ③ 점진적인 대소변 가리기 훈련을 받은 아동은 자존감을 잃지 않으며 자기통제 감각을 발달시켜 자율성을 획득한다. ④ 외부의 통제가 엄격하면 자신의 통제력이 미약하고 무력하다고 느낌으로써 수치심과 의심을 갖게 된다. ⑤ 문제가 되는 성격은 절대적이고 고집이 세며 타인의 도움을 거절, 인색, 소심하고 자신의 행동에 대해 책임을 회피하려는 경향이 나타난다.
3단계	학령 전기	① 주도성 대 죄의식(3세~6세) - 목적 ② 아동행동은 목표 지향적이고 경쟁적인 성향을 갖게 되며 부모가 자녀의 호기심 및 환상적인 행동을 인정하고 금지하지 않았을 때 자기 스스로 행동하도록 격려된 아동은 자신의 행동에 목표와 계획을 세우는 주도성을 갖는다. ③ 너무 심한 꾸지람이나 체벌은 아동의 자신감을 상실하게 하고 죄의식을 갖게 한다.
4단계	학령기 (아동기)	① 근면성 대 열등감(6~12세) - 능력 ② 학교친구와의 관계에서 사회기술능력, 학습능력과 자신감, 근면성을 발전시킨다. ③ 학습결과나 도구를 다루는 기술이 친구들에 비해 뒤떨어져서 바람직한 결과를 나타내지 못할 때 열등감이 생긴다.
5단계	청소년기	① 자아정체감 형성 대 역할혼란(12~22세) - 성실 ② 주요 발달과업은 자신이 누구인지를 탐구하고 자신의 정체성을 형성하는 것이다. ③ 역할 혼란은 아동기에서 성인기로 옮겨가는 전환기이므로 자신의 다양한 역할을 통합하지 못하고 상충하는 역할들에 적응하는데 어려움을 겪고 방황하는 것이다. ④ 정체성을 형성하려면 자신의 내면성과 일관성을 이룰 수 있는 잠재적인 요소들을 선택해야 한다. ⑤ 에릭슨은 청소년기를 심리사회적 유예기간, 즉 청소년기는 심리사회적인 위기를 겪을 수 있는 나이이기 때문에 어느 정도 그것을 해결할 수 있는 시간을 허락하는 것, 허용해주는 시기라고 하였다.

6단계	성인 초기 (청년기)	① 친밀감 대 고립감(22~35세) - **사랑** ② 중요한 발달과업은 친밀감 형성이며 친밀감은 정체성을 희생하는 것을 두려워하지 않고 다른 사람과 주고받고 나누는 능력이다. ③ 친밀감이란 올바른 자아정체가 형성된 다음에 경험할 수 있는 것이며 친밀한 관계 형성은 자신이 가치 있고 의미 있는 존재라고 생각될 때에만 가능하다. ④ 청소년기에 긍정적인 자아정체감을 확립하지 못한 사람은 자신감을 갖지 못하므로 타인과의 사회적 관계에서 고립감을 느끼고 자신에게만 몰두하게 된다.
7단계	장년기 (중년기)	① 생산성 대 침체감(35~65세) - **배려** ② 정립된 자아를 통해서 이웃과 세계를 위해 의미 있는 일을 실천하는 단계로서 경제적으로 안정되어 있고 다양한 삶의 경험을 통해 지혜를 터득하며 가정과 사회에서 중요한 역할을 수행하는 인생의 황금기이다. ③ 생산성이란 다음 세대를 이끌어주고 돌봐주려는 일반적인 관심으로써 가장 중요한 예는 출산, 양육, 자손의 성취에 관한 개인의 만족감이다. ④ 이 시기의 심리사회적 위기를 잘 극복하면 타인을 돌보는 능력인 배려(care)라는 특질을 획득하게 되고 그렇지 못하면 타인에게 충분한 관심을 표현하지 못하는 거절(rejection)을 경험한다.
8단계	노년기	① 자아통합 대 절망감(65세 이후~) - **지혜** ② 이전의 7단계를 통합하는 기간으로 노년기는 신체적, 사회적 상실에 직면하는 시기이다. ③ 이 시기에 신체의 노화가 일어나고 상실감은 배우자나 동료들의 죽음으로 나타날 수 있다. ④ 발달과업을 완수하는 사람은 죽음을 두려워하지 않는 자아통합이 이루어지지만, 삶을 후회하며 죽음을 두려워한다면 절망감을 경험한다.

2) 심리사회 발달단계 8단계

📌 정리

에릭슨의 심리사회적 발달단계 정리

심리사회적 위기	시기	쟁점	자아 특질	병리	주된 대상	심리성적 발달단계
신뢰감 대 불신감	영아기 (출생 ~ 18개월)	희망과 자신감이 생긴다.	희망	위축	어머니	구강기
자율성 대 수치심	유아기 (18개월 ~ 3세)	의지가 생긴다.	의지	강박 행동	부모	항문기
주도성 대 죄의식	학령전기 (3 ~ 6세)	목표, 도덕적 개념이 생기고 초자아가 가장 많이 형성된다.	목적	억제	가족	남근기
근면성 대 열등감	학령기 (6 ~ 12세)	학습과 행동 강화 능력이 생긴다.	능력	무력	이웃, 학교	잠복기
자아정체감 형성 대 자아 정체감 혼란	청소년기 (12 ~ 22세)	주체성이 생기고 허무, 무력감이 생겨 일탈행위로 발전하기도 한다.	성실	거부	또래집단	생식기

친밀감 대 고립감	청년기 (22 ~ 35세)	사랑할 수 있는 능력이 생긴다.	사랑	배척	우정, 경쟁 대상자	
생산성 대 침체감	장년기 (35 ~ 65세)	부양 의무가 있다.	배려	거절	직장, 확대가족	
자아통합 대 절망감	노년기 (65세 이후 ~)	지혜가 생긴다.	지혜	경멸	인류, 동족	

4 분석심리이론 (칼 융)

▶ 융의 분석심리학과 지그문트 프로이트의 정신분석의 기본적인 차이는 첫째, 리비도와 연관되는데, 프로이트는 리비도를 성적 에너지라고 주장했고, 융은 일반적인 생활에너지로 간주했다.
▶ 두 번째 차이는 성격에 있어서 과거 어린 시절의 영향에 대해 프로이트는 결정론적 견해를 가졌으며, 반면 융은 성격은 생활 속에서 후천적으로 변할 수 있고 미래의 목표와 열망에 의해 형성된다고 믿었다.

1) 주요개념

(1) 원형(archetypes)

① 집단무의식을 구성하고 있는 인류역사를 통해 물려받은 정신적 소인이다.
② 원형은 형태를 가진 이미지 또는 심상이다.
③ 인간이 갖는 보편적, 집단적 심상들로 분석심리학에서 성격의 주요한 구성요소이다.
④ 융이 제시한 대표적인 원형은 페르소나, 아니마와 아니무스, 그림자, 자기(self)이다.

(2) 페르소나(persona) - 자아의 가면

① 페르소나는 환경의 요구에 조화를 이루려고 하는 적응의 원형이다.
② 페르소나는 가면을 뜻하는 희랍어로 개인이 사회적 요구들에 대한 반응으로서 밖으로 내놓은 공적 얼굴이다.
③ 페르소나를 통해 타인과 관계하면서 좋은 인상을 주거나 자신을 은폐시키기도 한다.

(3) 아니마와 아니무스(anima & animus)

① 인간이 태어날 때 본질적으로 양성을 가지고 태어났다는 양성론적 입장이다.
② 성숙된 인간이 되기 위해서 남자는 내부에 잠재해 있는 여성, 즉 사랑을 이해하고 개발해야 하며, 여자는 내부에 있는 남성, 즉 이성을 이해하고 개발하는 것이 필요하다.
③ **아니마**(anima) : 무의식에 존재하는 남성의 여성적인 측면
④ **아니무스**(animus) : 무의식에 존재하는 여성의 남성적인 측면

(4) 음영(= 그림자, shadow)

① 인간의 어둡거나 사악한 측면을 나타내는 원형의 형태이다.

② 인간의 양면성, 밝고 긍정적인 면과 어둡고 부정적인 면을 반영한 원형이다.

(5) 자기(self)

① 자기는 전체적인 관점으로 성격의 조화와 통합을 위해 노력하는 원형이다.

② 자기는 인생의 가장 결정적인 변화의 시기인 중년의 시기에 나타난다.

③ 인간의 자기실현은 자신에 대한 정확한 지각과 미래의 계획 및 목표를 수반한다.

④ 균형과 전체의 중요성을 강조하며 정신 내면의 잠재력 성장에 초월적 근원과 영적 차원의 인식이다.

(6) 의식(conscious)[4]

인간은 자아를 통해 자신을 외부에 표현하고 외부 현실을 인식한다.

(7) 개인무의식(personal unconscious)

① 개인무의식은 의식에 인접해 있는 부분으로 쉽게 의식화될 수 있는 경험이나 감각경험으로 구성된다.

② 프로이트의 전의식과 유사한 개념이지만 무의식까지 포함한 개념이라고 할 수 있다.

(8) 집단무의식(collective unconscious)

① 융의 분석심리학의 이론 체계에서 가장 핵심적인 개념이다.

② 집단무의식은 개인적 경험이 아니라 사람들이 역사와 문화, 종교, 신화 등을 통해 공유해 온 모든 정신적 자료의 저장소, 즉 개인적 경험과는 상관없이 조상 또는 종족 전체의 경험 및 생각과 관계된 원시적 감정, 공포, 사고, 원시적 성향 등을 포함하는 무의식이다.

③ 집단무의식은 직접적으로 의식화되지는 않지만 인류역사의 산물인 신화, 민속, 예술 등이 지니고 있는 영원한 주제의 현실을 통해 간접적으로 관찰될 수 있다.

(9) 콤플렉스

무의식 속에 하나의 공통된 주제에 관한 감정, 사고, 지각, 기억 등의 조작된 무리이다(무의식 속의 관념 덩어리).

---

4) 융은 정신의 구조를 의식과 개인무의식과 집단무의식으로 나누었다.

(10) 성격 유형(8가지)

① 태도(2가지) – 의식의 주체인 자기가 갖는 정신적 에너지의 방향이다.

ㄱ. 외향성은 의식을 외적 세계 및 타인에게 향하게 하는 성격태도이다.

ㄴ. 내향성은 의식을 자신의 내적·주관적 세계로 향하게 하는 성격태도이다.

② 심리적 기능(4가지)

ㄱ. 합리적 요소인 사고, 감정, 그리고 비합리적 요소인 감각, 직관으로 모두 4가지를 말한다.

ㄴ. 감각은 오감(五感), 직관은 육감(肉感)과 관련성이 있다.

2) 칼 융의 발달단계[5]와 발달과업

아동기 (출생~사춘기)	① 본능에 의해 지배되고 자아가 아직 형성되지 않은 시기이다. ② 자아(ego)는 아동기에 처음 원시적인 방식으로 발달하기 시작하나 독특한 자신(self)이나 주체의식은 없다.
청년 및 성인초기 (사춘기~ 40세 전후)	① 사춘기 시기는 많은 문제와 갈등, 적응의 시기이다. ② 생의 전반기로서 외적 및 신체적 팽창기이며 성숙에 따라 자아가 발달한다. ③ 외부세계에 대처하는 능력을 발휘, 의식이 지배적이고 인생의 목표는 세상에서 성공하여 자기의 위치를 공고히 다지는 것이다.
중년기의 성격 발달 - 융이 가장 중요하다고 강조한 시기	① 생애 발달과정에서 성격발달의 정점이며 정서적 위기를 수반하는 발달적 위기를 겪는다. ② 가정과 사회에서 중요한 위치를 차지하고 경제적으로 안정되기도 하지만 절망과 비참함을 경험할 수 있는 시기이다. ③ 외부세계에 쏟았던 에너지를 자기 내면으로 돌리면서 새로운 국면으로 접어들고 지금껏 실현하지 못한 잠재력을 일깨워 보고자 하는 충동이 일어난다. ④ 중년기의 개별화(individualization) 자아를 외적, 물질적 차원에서 내적, 정신적 차원으로 전환하는 것이다.
노년기	① 명상과 삶의 회고를 많이 하고 특히 내면적 이미지가 많은 비중을 차지한다. ② 죽음 앞에서 생의 본질을 이해하려는 시기로 인간다움의 이미지를 지니게 된다.

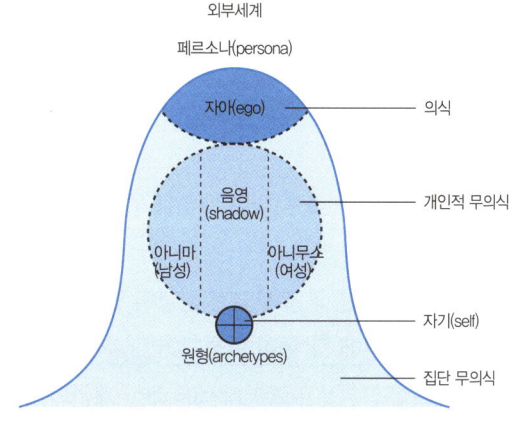

융 이론의 정신구조

---

5) 성격발달의 4단계 구분(아동기, 청년 및 성인초기, 중년기, 노년기)

5 개인심리이론 (아들러)

1) 개인심리이론과 특성

(1) 인간은 성적 만족보다 우월감을 추구하며 우월감은 타인에 대한 열등감에서 비롯되었다.

(2) 아들러는 잘못된 생활양식을 긍정적인 관점으로 변화시키고 사회적 관심을 발달시키면서 보다 나은 생활양식을 제시하고 연구 개발할 것을 강조하였다.

(3) 아들러는 가족 구성원의 생활양식과 가족구조, 출생서열 등에 관심을 쏟았다.

(4) 아들러는 가치, 신념, 태도, 목표, 관심, 개인의 현실적 지각과 같은 내적인 결정인자를 강조한 심리학의 주관적 접근의 선구자였으며 총체적, 사회적, 목표지향적, 인본주의적 관점을 강조한다.

> 📁 **실력 다지기**
>
> **개인심리이론의 인간관 부연 설명**
> 1) 총체적 인간관
>   (1) 아들러 심리학의 가장 중요한 기본전제로서 성격은 통합적이고 분리할 수 없는 전체로 보아야 한다는 것이다.
>   (2) 아들러는 이러한 자아 일치된 통합된 성격구조를 개인의 생활양식이라 부르고 있는데 개인의 성격은 생의 목표를 통해 통합되기 때문이다.
> 2) 합목적적이고 목표지향적인 행동
>   (1) 개인심리학은 모든 인간행동에는 목적하는 바가 있다고 가정한다.
>   (2) 인간은 자기 스스로 계획을 세우고, 행동은 그런 목표의 맥락 하에서 통합된다.
> 3) 우월성 추구
>   (1) 아들러는 완전성의 추구나 숙달을 통한 열등감의 극복은 선천적이며 인간은 원래의 열등감을 극복하고 우월을 추구하도록 되어있다고 강조한다.
>   (2) 우월, 능력, 완전의 추구는 인간의 무력감을 해결해 주며, 능력 추구의 고유한 형태는 개성으로 나타난다.

2) 생활양식 (Life Style)

(1) 인생목표 뿐 아니라 자아개념, 타인에 대한 감정, 세상에 대한 태도 등 스스로 설계한 한 개인의 독특한 특징으로서 생의 목표에 도달하기 위하여 스스로 설계한 독특한 좌표에 해당한다. 유형으로는 지배형, 기생형, 회피형, 사회적 유용형이 있다.

(2) 열등감과 무력감을 극복하고 우월성을 향해 노력하며 개인에게 의미를 주는 삶의 목표를 추구해 나가면서 자신만의 독특한 생활양식이 만들어진다.

(3) 생활양식은 5세 이전에 형성되어 일생을 통해 유지되는 경향이 있다. 즉 개인의 생활양식은 열등감과 이를 보상하려는 노력에 의해 형성되며, 4 ~ 5세경에 그 틀이 형성되어 그 후에는 거의 변화하지 않는다.

(4) 아동기 경험에 의해 수동적으로 형성되지 않고 외부사건에 대한 개인의 태도에 의해 형성된다.

(5) 종류 : 지배형, 기생형, 회피형, 사회적 유용형(가장 바람직한 형)

📁 실력 다지기

아들러의 개인심리이론에서 생활양식 유형

생활양식은 개인의 성격을 움직이는 체계적 원리로서 부분에 명령을 내리는 전체적 역할을 한다. 그리고 한 개인의 독특성, 즉 삶의 목적, 자아개념, 가치, 태도 등을 포함하는 것으로 삶의 목적을 달성하는 독특한 방법들이다. 아들러는 사회적 관심과 활동수준에 따른 생활양식을 네 가지, 즉 지배형(the ruling type), 기생형(the getting type), 회피형(the avoiding type), 사회적 유용형(the socially useful type)으로 설명하였다. 지배형, 기생형, 회피형은 바람직하지 않은 유형으로, 사회적 관심이 부족하다는 공통점이 있으나 활동수준에는 차이가 있다. 사회적 유용형은 바람직한 형으로 사회적 관심과 아울러 활동수준도 높다. 아들러는 이러한 생활유형은 가정에서 어린 시절에 부모의 영향 아래에서 주로 형성된다고 보았다.

1) 지배형

부모가 지배하고 통제하는 독재형으로 자녀를 양육할 때 나타나는 생활양식이다. 우리 사회가 오랫동안 가부장적 가족문화, 유교문화로 권위를 중시한 문화였기 때문에 아직도 아버지가 가정에서 힘을 행사하는 경우가 많다고 여겨진다. 부모가 막무가내로 힘을 통해 자녀를 지배하고 통제할 때 자녀의 생활양식은 지배형으로 형성된다.

2) 기생형

기생형의 주요한 생활양식의 특징은 의존성이다. 이러한 생활양식은 부모가 자녀를 지나치게 과잉보호할 때 나타나는 태도이다. 부모가 자식사랑이란 미명 아래 자녀를 지나치게 보호하여 독립심을 길러주지 못할 때 생기는 생활태도이다. 사랑하는 자녀가 원한다 하여 무엇이나 들어줄 때 자녀는 이러한 기생형의 생활양식을 배운다는 것을 명심할 필요가 있다. 새가 껍질을 깨고 나오는 아픔을 겪고 태어나 많은 시련을 통해 하늘을 나는 것을 배우는 것처럼 자녀가 스스로 어떤 일을 할 수 있도록 조력하는 것이 필요하다. 자본주의 사회에서 부모의 재산을 보고 빈둥대는 많은 사람들이 기생형의 한 예라 볼 수 있다.

3) 회피형

회피형의 생활양식을 가진 사람은 매사에 소극적이며 부정적인 특징을 가진다. 이러한 생활양식을 가진 사람은 자신감이 없기 때문에 적극적으로 직면하는 것을 피한다. 회피형의 사람은 한번 시도하지도 않고 불평만 하기 때문에 사회적 관심이 떨어져 고립되게 된다. 부모가 자녀교육을 할 때 자녀의 기를 꺾어 버리는 것이 이러한 회피형 생활양식을 갖게 할 수 있다. 기를 살려주는 자녀교육이 필요하다. 부모로서 사회적 관심을 갖고 매사에 적극적으로 참여하는 태도를 자녀에게 보여주는 것 또한 필요하다.

4) 사회적 유용형

사회적 유용형의 생활양식은 높은 사회적 관심과 높은 활동을 가지고 있다. 아들러이론에서 이 형의 사람은 성숙하고 긍정적이고 건강한 사람의 표본이 된다. 이들은 사회적인 관심이 많아서 자신과 타인의 욕구를 동시에 충족시키는 한편, 인생과업을 완수하기 위해 기꺼이 다른 사람들과 협동한다. 이들은 또 사회문제를 해결하기 위해서는 협동, 개인적인 용기, 그리고 타인의 안녕에 공헌하려는 의지가 필수적임을 인식하고 있다.

3) 열등감과 보상 [Inferiority and Compensation]

(1) 열등감

① 개인이 잘 적응하지 못하거나 해결할 수 없는 문제에 직면했을 때 생기는 것이다.

② 모든 인간으로 하여금 무엇인가를 추구할 수 있게 하는 동기이다.

③ 열등감은 누구에게나 있고 인간이 성숙해지고 자신의 잠재력을 실현하는 데 필요한 것이다.

④ 아들러는 열등감 콤플렉스의 세 가지 원천, 즉 생활양식을 왜곡할 수 있는 것으로 신체적으로 병약하거나 허약한 아동, 응석받이, 거부당하는 아동을 제시하였다.

(2) 보상

잠재력을 발휘하도록 인간을 자극하는 건전한 반응, 즉 열등감에서 우월감을 갖도록 어떤 것을 유발하는 건전한 반응이다.

4) 사회적 관심

(1) 각 개인이 이상적인 공동사회의 목표를 달성하고자 할 때 사회에 공헌하려는 성향이다.

(2) 가족관계와 경험에서 발달하고 어머니가 가장 큰 영향을 미친다.

5) 자아의 창조적인 힘 [창조적 자아]

자아의 창조적인 힘은 생(生)의 의미를 제공하는 원리로 작용하면서 풍요롭게 만들며 자신의 인생목표와 이를 추구하는 방법을 결정하고 사회적 관심의 발달에 영향을 미친다.

6) 우월성 추구/우월을 향한 노력 [will to power]

(1) 열등감을 보상하려는 욕구에서 출발한다.

(2) 인간생활의 궁극적 목적은 우월하게 되는 것이다.

7) 가상적 목표론

(1) 개인의 행동을 이끄는 마음 속의 중심 목표를 가상적 목표라고 한다.

(2) 가상적 목표는 미래에 실재할 것이라기보다는 주관적으로 또는 정신적으로 현재의 행동에 영향을 주는 이상으로 지금-여기에 존재하며, 어떤 상황에서 개인이 추구하는 안전한 상태의 자기상을 말한다.

(3) 인간의 모든 심리현상은 이 가상적 목적을 이해함으로써 설명될 수 있으며 이는 결국 우월성의 추구 및 생활양식의 지침이 된다.

8) 현실에 대한 주관적 지각

(1) 개인심리학은 현상학적인 관점을 수용하여, 개인이 자신과 자신이 적응해 나가야 하는 환경을 어떻게 보느냐에 따라 그의 행동이 결정된다고 하였다.

(2) 모든 개인은 그들 자신이 가진 개인적 신념, 관점, 지각, 결론 등의 도식과 일치하는 방향으로 그들 자신이 설계한 세계 속에서 산다.

9) 가족구조/출생순위에 따른 성격 형성

아들러는 가족구조와 출생순위가 생활양식 형성에 중요하다는 것을 강조한다.

출생순위	성격의 특징
첫째아이	① 부모의 사랑과 관심을 받지만, 둘째 아이가 태어나면 '폐위된 왕'이 된다. ② 첫째 아이는 권위의 중요성을 동생보다 더 잘 이해한다.
중간아이	① 둘째 아이의 가장 큰 특성은 '경쟁'이다. ② 아들러는 이들이 공통적으로 달리는 꿈을 꾼다고 하였다. ③ 둘째는 태어나면서 첫째와의 경쟁 그리고 막내가 태어나면서 막내와의 경쟁적인 관계에 있게 된다.
막내아이	① 막내는 과잉보호될 가능성이 크며 과잉보호 때문에 막내는 의존적이 된다. ② 특징으로는 응석받이 행동, 낮은 독립심, 열등감 등이 있다.
외동아이	① 독자는 가족 내에서 경쟁할 사람이 없기 때문에 경쟁 대상이 될 가능성은 약하다. ② 독자로서 이들은 관심의 중심이 되고 자신의 중요성에 대해 과장된 견해를 갖고 있다.

6 행동주의 이론 (파블로프, 스키너 등)

▶ 행동주의 이론의 특징은 내적인 인간의 동기와 욕구 등에 초점을 두지 않고 구체적으로 관찰할 수 있는 인간 행동에 관심을 기울이고 있다.

▶ 행동주의 이론은 인간행동이 학습되어 나타난 행동 양상이기 때문에 행동을 수정하도록 학습시키면 된다.

1) 인간에 대한 관점

(1) 인간행동은 내적 충동에 의하여 결정되기보다는 외적 자극(= 환경)에 의해 동기화 된다.

(2) 인간은 보상과 처벌에 의해 유지되는 기계적 존재이며, 인간행동은 결정론적 시각에 의해 결정된다.

(3) 예측 가능하기 때문에 통제가 가능하다고 할 수 있다.

(4) 인간의 행동은 환경의 자극에 의해 동기화 되고 있어 행동 양식에 따르는 강화에 의하여 결정되는 환경결정론에 따른다.

2) 고전적 조건형성 - 파블로프(Pavlov)의 실험(조건반사)

(1) 1단계

개의 입에 먹이를 넣어주면 타액을 분비하며 종소리를 들려주면 타액은 분비되지 않으나, 소리가 나는 쪽으로 머리를 돌린다.

(2) 2단계

종소리를 들려준 직후 개의 입에 먹이를 넣어주면, 먹이로 인해 타액을 분비한다. 종소리와 먹이를 짧은 시간 간격으로 짝지어 주는 것을 반복한다.

(3) 3단계

먹이 없이 종소리만 제시되어도 타액이 분비된다.

(4) 반응적 행동

고전적 조건화에 의해 나타나는 행동을 반응적 행동이라고 하며 이는 자동적으로, 수동적으로 나타나는 행동이다.

> 📁 실력 다지기
>
> **고전적 조건형성의 4가지 요소**
> 1) 무조건자극(unconditioned stimulus ; UCS) : 무조건 반응을 일으키는 자극이다. 침을 분비시키는 먹이를 의미한다. → 무조건 반사는 무조건자극에 대해 무조건반응이 일어나는 것이다.
> 2) 무조건반응(UnConditioned response ; UCR) : 유기체가 어떤 자극에 자동적으로 반응하는 것으로 학습되지 않은 자동적 반응이다. 실험에서 개는 먹이를 먹으면 자연적으로 침을 분비하는 반응을 한다.
> 3) 조건자극(conditioned stimulus ; CS) : 무조건자극(먹이)과 짝지어져서 새로운 반응(침 분비)을 유발하는 자극(종소리)이다. 종소리는 원래 침 분비를 유발하지 않는 중성자극이었으나 먹이와 연합됨으로써 먹이를 예고하는 신호로 작용한다.
> 4) 조건반응(conditioned response ; CR) : 조건자극(종소리)에 의해 새로이 형성된 반응(타액)이다. → 조건반사는 조건자극에 대해 조건반응이 일어나는 것이다.

고전적 조건형성과 혐오치료

1) 고전적 조건형성(classical conditioning)

파블로프(Pavlov)가 발견한 고전적 조건형성은 정서적 반응이나 심장박동이나 혈압 같은 자율신경체계와 관련된 반응을 변화시키고자 할 때 사용되는데 이 기법에는 "역조건화"시키는 방법과 "반응적 소멸"을 들 수 있다.

2) 혐오치료(aversion therapy)

혐오 치료란 바람직하지 못한 행동에 대해 혐오 자극(예 전기 쇼크, 화학적·시각적 혐오 자극)을 제시함으로써 "부적응 행동을 하지 않도록 하는 방법"이다. 이 중 시각적 혐오 자극의 예를 들면 담배를 피우는 것을 지나치게 좋아하는 사람에게 담배를 피워 폐결핵에 걸린 흉측한 폐 사진을 보여 주면 담배 피우는 것을 어느 정도 싫어하게 된다는 것이다. 우리 속담에 '자라보고 놀란 가슴 솥뚜껑 보고 놀란다.'는 말과 유사하다.

3) 조작적 조건형성 – 스키너(Skinner)의 실험

(1) 손다이크의 문제 상자보다 동물 행동을 관찰하기 쉬운 단순한 실험장치를 고안하였다.

(2) 쥐가 레버를 누르면 먹이통에서 먹이 알이 나오도록 스키너 상자를 고안하였다.

(3) 쥐가 상자 안에서 하는 여러 행동 중 레버 누르기에 대해서만 먹이를 주어 반응 빈도를 높였다.

(4) 스키너는 동물의 이러한 반응이 환경에 어떤 조작을 가하는 것이라는 의미에서 조작적 행동이라 한다.

(5) 조작적 조건화

조작적 조건화란 고전적 조건화와는 다르게 유기체가 원하는 결과를 얻기 위하여 실행하게 되는 자발적이면서 능동적인 행동 반응이다.

(6) 조작적 행동

① 조작적 행동은 제시되는 자극이 없이 자발적으로 방출되는 행동이다.

② 조작적 행동은 행동이 완성된 후에 일어나는 결과에 의존해서 일어나는 조건적 행동으로서 조작적 조건형성은 행동과 그것의 결과의 연합을 통해 조작행동을 형성하는 절차이다.

4) 강화와 처벌

(1) 강화(reinforcement)

특정 반응이 반복해서 나타날 가능성을 증가시키는 것으로 어떤 행동에 뒤따르는 사건이 그 행동을 다시 야기할 가능성을 증가시킬 때마다 일어나는 반응의 빈도를 증가 시키는 것이다.

(2) 처벌(punishment)

특정 반응이 반복되어 나타날 가능성을 감소시키는 것으로 사람에게 그가 원하는 어떤 것을 빼앗아 가거나 또는 원하지 않는 어떤 것을 줌으로써 반응을 약화시키는 것이다.

(3) 강화를 일으키는 자극은 강화인(reinforcer), 처벌을 일으키는 자극은 처벌인(punisher)이라고 한다.

(4) 강화의 종류

① 정적 강화(positive reinforcement)

반응 후에 유쾌하거나 바람직한 긍정적인 자극을 주는 것이다.

예 아이가 청소를 하는데 그 청소의 영역을 더 넓히기 위해서 긍정적인 강화물인(정적 강화물) 아이스크림을 사준다든지 컴퓨터를 할 수 있는 시간을 더욱 늘려주는 경우

② 부적 강화(negative reinforcement)

행동에 뒤따르는 혐오자극을 제거함으로써 반응의 빈도가 증가하는 것이다.

예 자녀의 방 청소행동 증가를 위해 개인 과제물을 면제해 주는 경우 등

(5) 처벌의 종류

① 정적 처벌(positive punishment)

반응 후에 혐오적인 자극이 제시되는 것이다.

예 동생을 때리면 엄마가 회초리로 때리는 경우

② 부적 처벌(negative punishment)

반응 후에 매력적인 자극이 제거 되는 것이다.

예 동생을 때리면 용돈을 주지 않거나 컴퓨터 게임을 못하게 하는 경우

(6) 처벌의 효과

① 그 행동을 하려는 강력한 동기를 가지고 있고 다른 방법으로 그 동기를 충족시킬 수 없을 경우의 처벌은 비효과적이다.

② 처벌은 일시적으로 행동을 억압할 뿐 영구적으로 약화시키지는 못한다.

③ 처벌의 효과를 높이려면 일관성 있게 처벌이 부여되어야 하고 처벌의 대상이 행동한 사람이 아니라 행동 자체라는 것을 분명히 하고 바람직하지 못한 행동 대신 다른 대안적 행동에 대한 정보를 제공하여야 한다.

5) 4가지의 간헐적 강화계획 - 간격과 비율 강화계획 전략(고정과 변동) 두 가지

강화계획에는 강화를 제공하는 간격(interval)을 고정 또는 변동시키느냐 하는 전략과 다른 강화의 비율(ratio)을 고정시키느냐 변동시키느냐 하는 두 가지 전략이 있다.

(1) 간격 계획

① 고정간격 강화계획은 매 3분 혹은 매 5일 등 일정한 간격을 정해서 학습자에게 강화를 제공하는 것을 말한다.

② 변동간격 강화계획은 정해진 시간 간격 없이 2분마다 또는 20분마다 불규칙적으로 강화를 제공하는 것을 말한다.

(2) 비율 계획

① 고정비율 강화계획은 예를 들면, 학습자가 10가지의 과제를 정확하게 해결할 때마다 강화를 주는 것을 말한다.

② 변동비율 강화계획은 일정한 반응수마다 강화를 주지 않고 불규칙적으로 강화를 주는 것으로 처음에는 5가지 과제를 맞추면 강화를 주다가, 다른 때에는 7가지 과제를 맞추면 강화를 주는 계획을 말한다.

(3) 일반적으로 간격강화보다 비율강화가, 그리고 고정적인 것보다 변동적으로 강화를 주는 것이 훨씬 강화 효과가 크며 형성된 학습행동이 더 오래 지속되는 경향이 있다.

(4) 반응률이 가장 높은 순부터 나열하면 변동비율 강화계획, 고정비율 강화계획, 변동간격 강화계획, 고정간격 강화계획의 순서이다.(암기법 변비 - 고비 - 변간 - 고간)

📁 실력 다지기

지간헐적 강화계획 종류와 개념 암기법

암기문장 고일 - 가평 / 수비 - 시간

해설 1) 고정간격 강화계획 - 일정한 시간마다
2) 변동간격 강화계획 - 평균시간마다
3) 고정비율 강화계획 - 일정한 수량마다
4) 변동비율 강화계획 - 평균적인 횟수마다

---

6) 변별자극

특정한 반응이 보상받거나 보상받지 못할 것이라는 단서 혹은 신호로 작용하는 것이다.

예 학생이 낙서를 할 때 선생님의 찌푸린 얼굴의 경우 보상받지 못할 것이라는 신호로 작용한다.

7) 소거 (관심중단, extinction)

(1) 어떤 자극이 있은 후에도 특정 행동이 일어나지 않는 것이다.
(2) 사람의 행동이 주위로부터 관심을 받지 않으면 저절로 도태된다는 강화의 원리를 역이용해서 아동이 문제행동을 보여도 철저하게 관심을 보이지 않는 기법이다.

8) 행동형성 (행동조성, shaping)

(1) 원하는 목표행동을 단계적으로 조작하여 최종적으로 하기를 바라는 반응에 점차적으로 근접해 가도록 하는 것이다.
(2) 기대하는 반응과 행동을 학습하고 목표로 삼는 바람직한 행동으로 강화시켜 점진적인 과정을 거쳐 나아가는 행동 양상이다.
  예 우편함에서 편지를 물어오도록 개를 조성하기
    우편함 근처에 다가가면 강화 → 우편함을 건드리면 강화 → 편지를 물면 강화 → 가져오면 강화

동물행동학

1) 동물 행동학적 입장에서는 경험에 무게를 두고 있으며 발달을 진화론적 관점에서 보면 많은 행동들이 생존적 가치를 가진 적응적 기능이 있는 것으로 여긴다.

2) 동물행동학자들은 생의 초기경험이 매우 중요하다고 믿었다.

3) 결정기는 발달 중인 유기체가 적응적인 발달패턴을 나타낼 생물학적 준비가 되고, 적절한 경험적 입력이 수용되는 제한된 시간 폭이며 이 기간을 벗어나서는 동일한 환경이나 영향이 지속적인 효과를 갖지 못하는 것이다.

4) 새의 각인 같은 동물발달의 특성 측면을 설명하는 '민감기(특정 능력, 행동의 발달에 최적인 시기)'는 특정능력이나 행동이 나타나기 때문에 최적인 시간이며, 사람이 환경의 영향에 특히 민감한 시간을 나타낸다.

5) 민감기 이외의 시간에도 발달이 일어나는 것은 가능하지만 더 많은 힘이 필요하다.

7 사회학습이론 (반두라)

1) 인간에 대한 관점

(1) 인간의 행동 또는 성격의 결정 요인으로 사회적 요소를 다루면서 대부분의 학습은 다른 사람을 관찰하고 모방한 결과에 의한 학습으로 이루어진다고 보는 견해이다.

(2) 반두라는 스키너와는 달리 인간 스스로 인지적 능력을 활용하여 사려 깊은 인지 활동을 함으로써 합리적 행동을 할 수 있는 능력이 있다고 주장한다.

2) 주요 개념

(1) 모델링(modeling) - 모델과 동일시하려는 성향

① 다른 사람이 행동하는 것을 보고 들으며 그 행동을 따라서 하는 것이다.

② 모델링의 효과는 모델과 관찰자의 유사성, 모델의 지위와 신분관계, 신뢰의 정도와 전문성 여부, 모델 학습의 횟수에 따라 다르게 나타난다.

③ 아이들에게 협조적이고 이타적인 태도를 갖게 하려면 그렇게 되라고 말하기보다는 협조적이고 이타적인 본보기를 보여주는 것이 더 효율적이다.

④ 모델링에 영향을 주는 세 가지 요인

　ㄱ. 모델의 특성

　　자신과 유사하다(예를 들어 나이, 성, 지위, 명예, 행동 유형 등)고 믿는 사람에게서 영향 받을 경향이 많다.

　ㄴ. 관찰자의 특성

　　자존감이나 자신감이 낮은 사람들이 특히 모델을 모방할 경향성이 높고 의존적인 사람이나, 이전에 모델링을 해서 보상받은 경험이 있는 사람이 모방할 가능성이 높다.

　ㄷ. 행동과 관련된 보상 결과

　　행동이 정적 강화를 가져온다고 믿으면 행동을 모방할 가능성이 높다.

(2) 인지

학습된 반응을 수행할 의지의 표현은 인지의 통제 정도에 따라 다르게 나타나기 때문에 사회적 학습은 인지행동적 학습이라고도 한다.

(3) 자기조정/규제(self-regulation)

① 수행과정, 판단과정, 자기반응의 과정으로 이루어진다.

② 성과를 평가하는 개인적 기준에 따라 좌우되며 또한 자기 평가적 반응에 관계된다.

③ 수행된 행동은 여러 보조적 과정들을 포함하는 판단과정을 통해 자기반응을 낳는다.

(4) 자기강화와 자기 효능감(자기 효율성)

① 자기강화는 스스로 자신의 감정과 인지사고를 통제하고 행동을 제한할 수 있는 능력이 있음을 믿고 그 능력으로 인하여 자신의 행동을 유지, 변화시켜 나가는 과정이다.

② 자기 효율성은 바람직한 효과를 기대하면서 산출적인 행동반경을 성공적인 방향으로 수행토록 인도하는 개인의 믿음, 즉 바람직한 효과를 낳는 행동을 성공적으로 수행할 수 있다는 개인의 신념을 말한다.

📌 정리

자기조정/규제(self-regulation)

개인은 자신의 행동 결과를 예견하고 통제하는 기준을 가지는데, 이에는 자기관찰, 자기판단, 자기반응 과정이 있다.

자기강화와 자기효능감(자기효율성)

자기효능감이란 자신이 바라는 목적을 이루기 위해 어떤 특정 행동을 성공적으로 수행할 수 있다는 신념이다. 자기효능감은 개인의 과거 성취경험, 대리경험, 신체적·정서적 상태, 언어적 설득으로부터 비롯된다.

📁 실력 다지기

자기효능감의 원천(근원)

이전 성취경험, 대리경험, 언어적 설득, 정서적 각성이 있다.

1) 성취경험 목표를 달성하기 위한 시도에서 비롯된 성공/실패에 대한 과거 경험은 자기효능감의 가장 중요한 결정요인이다.

> **사례** 과거에 "그 일을 하니까 되더라."라는 경험이 있으면 후에 다른 일에 대해서도 하면 된다는 믿음

2) 대리경험 타인의 성공/실패를 목격하는 것은 유사한 상황에서 개인의 유능감을 평가하기 위한 비교 근거를 제공한다.

> **사례** 다른 사람이 어떤 일을 성공하는 것을 보고 "저 사람도 하는데 나라고 왜 못해."라는 생각

3) 언어적 설득 타인으로부터 어떤 과제를 숙달할 수 있는지 혹은 숙달할 수 없는지에 관해 듣는 것은 자기 효능 감을 증가 혹은 감소시킬 수 있다.

> **사례** 칭찬받음으로 인해 나도 할 수 있다는 자신감이 생김.

4) 정서적 각성 개인의 자기효능감은 어떤 주어진 수행상황에서 개인이 느끼는 정서적 각성의 정도와 질에 의해 영향을 받는다.

> **사례** 적절한 긴장은 자신감을 가질 수 있도록 해 줌.

(5) 상호 결정론

인간이 행동하면서 환경이라는 개념을 사용하고 이들 요소 상호 간에 관계를 맺고 영향을 서로 주고받으면서 발전한다고 보는 이론이다. 즉, 인간의 행동 그리고 그 행동이 실행되는 환경의 특성들이 서로 지속적인 상호 작용을 하는 것이다.

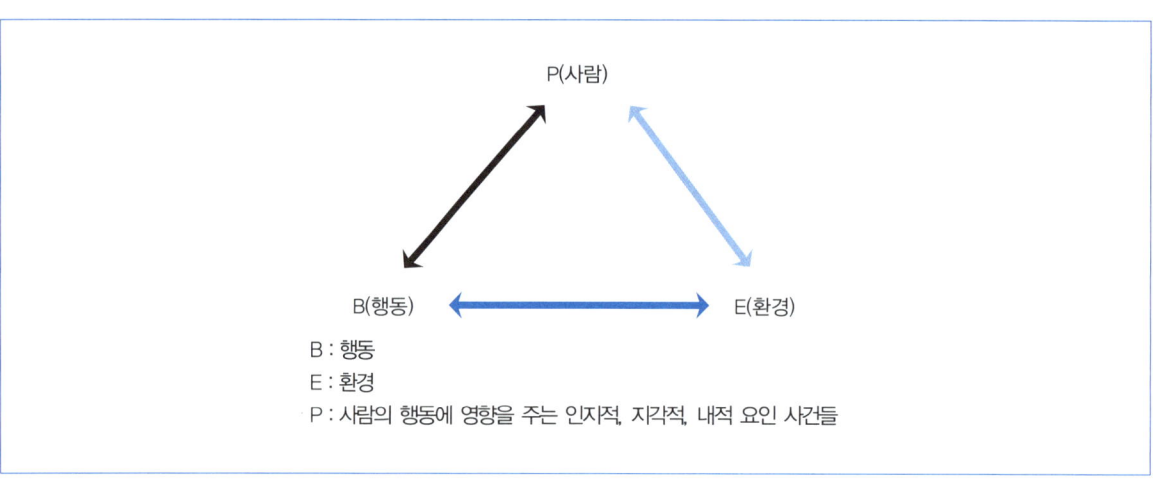

B : 행동
E : 환경
P : 사람의 행동에 영향을 주는 인지적, 지각적, 내적 요인 사건들

(6) 관찰학습(= 대리학습)

① 관찰학습이란 인간이 단순한 환경적 자극에 의존하는 반응이 아니라 타인들의 행동을 관찰함으로써 학습한 다는 것이다.

② 인간의 학습과정은 직접적인 강화에 의한 경험을 통하여 학습되는 행동도 있지만, 타인의 행동을 관찰하고 이를 모방함으로써 새로운 행동을 학습할 수 있다.

③ 관찰학습의 4가지 구성요소

ㄱ. 주의 집중(attention) 단계
- 어떠한 행동이 관찰을 통해서 학습되려면 그 행동이 관찰자의 주의를 끌어야 한다.
- 그러기 위해서는 모델에게 주의를 기울여야 한다. 그렇다면 무엇이 주의 대상을 결정하는지에 대해 생각해 볼 필요가 있다.

ㄴ. 기억(파지, retention) 단계

- 관찰을 통해 얻은 정보를 사용하기 위해서는 정보를 보유(기억)해야 한다.
- 정보가 상상이나 언어의 두 가지 방식으로 상징적으로 저장되어야 한다.
- 관찰 학습과 파지는 쉬운 형태로 저장되도록 정보의 대부분을 변형시키기 때문에, 상징적 부호에 의해 촉진된다.
- 정보가 인지적으로 저장되면, 관찰 학습이 일어난 후 오랫동안 내적으로 보유, 강화될 수 있다.

ㄷ. 운동 재생(motor reproduction) 단계

- 기억되고 있는 모델의 행동을 외형적으로 재생산하는 과정이 있어야 한다.
- 즉, 이 과정에서 학습된 것을 실행으로 전환시키는 정도가 결정된다.
- 반두라는 모든 신체적 기제가 반응을 하기에 적절하게 구비되어 있다 하더라도, 관찰자의 행동이 모델 행동과 일치되기 전에 인지적 반복 기간이 필요하다고 주장하였다.
- 모델링 경험을 상징적으로 보유함으로써, 이것은 자기 관찰과 자기 수정을 통해 자신의 행동과 모델의 행동을 일치시키는 데 사용될 수 있는 피드백 고리를 형성하게 한다.

ㄹ. 동기화(motivational processes) 단계

- 동기, 강화과정의 요소로, 이 요소는 처음에 모델의 행동에 주의를 기울이게 하는 요소로서도 중요하나, 관찰된 것을 행동으로 재현시키는 데에 필요한 요인으로서 동기와 강화가 중요하게 된다.
- 강화의 주된 기능은, 관찰자처럼 행동한다면, 모델이 강화를 받았듯이 자신들도 강화를 받으리라는 기대를 갖게 해준다는 점이다.
- 학습을 실행에 옮기게 하는 동기의 역할을 해 준다.

주의집중 단계 (제1단계)	파지(= 보존 = 기억) 단계 (제2단계)	운동재생 단계 (제3단계)	동기화 단계 (제4단계)
모델의 행동에 집중, 정확하게 지각하는 단계	관찰된 모델의 행동을 기억하는 단계	모델의 행동을 기억한 것을 새로운 반응 유형으로 나타내는 단계	만약 정적 강화가 주어지게 되면 모델의 행동을 수행하는 단계

3) 행동의 결과에 영향을 미치는 요소들

(1) 대리 강화

① 대리강화가 일어나려면 모델이 어떤 행동을 수행해서 강화 받아야 하고 그에 따라 관찰자의 행동수행 빈도도 증가해야 한다.

② 모델이 행동 후 강화 받는 것을 관찰하면 그 행동을 할 가능성이 증가하며 모델이 처벌받는 것을 보았다면 행동할 가능성이 낮아진다.

③ 대리강화의 효과 : 어떤 상황에서 어떤 행동이 적합한지에 관한 정보를 제공하고 관찰자에게 즐거움과 만족이라는 정서적 반응을 일으킨다.

(2) 대리처벌

① 모델이 행동 후 처벌받는 것을 관찰하면 그 행동을 할 가능성이 감소한다.
② **대리처벌의 효과** : 처벌받기 쉽거나 부적절한 행동에 관한 정보를 전달하며 공격적인 행동에 대한 모방을 억제하는 효과가 있다.

(3) 처벌의 부재

처벌에 대한 예상은 금지된 행동 모방을 억제하지만, 개인이 위반에 대해 처벌받지 않으면, 그 행동을 수용하게 되고 처벌의 부재가 공격적인 행동을 더 증가하게 한다.

(4) 자기강화

① 직접강화와 대리강화는 환경에 의해 주어지는 것이지만, 자기강화는 각 개인에 의해 의식적으로 만들어지는 것이다.
② 인간행동은 전적으로 외적인 영향에 좌우되는 것이 아니라, 개인이 자신의 감정, 사고, 행동을 통제할 수 있는 자기조절 능력을 가진다.

8 도덕성 발달이론(콜버그) - 3수준 6단계 [암기법] 벌욕 / 대법 / 계보

전인습적 수준 (9세 이전)	1단계	벌과 복종지향	복종해야 하는 불변의 규칙이 있고 그 규칙을 어겼을 경우 벌을 받게 되며 벌을 받는 것은 나쁜 것이라고 생각한다. 예 집단따돌림 가해자가 무서워서 그에 동조하는 청소년의 경우(2014년 12회 청소년이해론 기출)
	2단계	욕구충족 수단 = 상대적 쾌락주의	도덕적 행위가 자신과 타인을 만족시켜 주는 수단이지 더 이상 고정적이거나 절대적인 것이라고는 생각하지 않는다. 즉 도덕적 행위가 욕구충족의 수단이 되는 것이다.
인습적 수준 (9세 이후)	3단계	대인관계 조화 = 착한 아이 지향	동기와 감정이 정의로운가에 비추어 생각하며 결국 타인으로부터 얼마나 인정받을 수 있는가에 따라 판단한다. 즉, 타인으로부터의 인정 이 바로 대인관계인데 대인관계의 조화가 있는 것이면 도덕적으로 옳은 것이다.
	4단계	법과 질서 준수	사회질서에 대해 광범위하게 사고하며, 사회질서가 유지되기 위해서는 법에 복종해야 한다는 것을 강조한다.
후인습적 수준 (특별한 개인 등)	5단계	사회계약 정신	① 사람들이 필요로 하는 바를 충족시키지 못하면 동의나 민주적인 절차를 통해 변경시킬 수 있다고 본다. ② 4단계에서 법이 있는데 그 법에 의해서 필요한 바를 충족하지 못한다면 어떤 사항의 동의, 타인과의 상호동의라든지 민주적인 절차를 통해서 그것을 변경할 수 있다는 것이 사회계약정신이다.
	6단계	보편적 도덕 원리에 대한 확신	① 가장 높은 도덕단계로서 옳고 그름을 개인양심에 비추어 판단하여야 한다. ② 양심의 원리는 구체적인 규칙이 아니고 법을 초월하는 '인간의 존엄성'이나 '정당성'과 같은 보편적 원리에 대한 확신이다.

실력다지기

콜버그의 도덕성 발달에서 하인즈 사례

1) 가상적 갈등상황 제시

　콜버그는 아래와 같이 가상적인 갈등 상황을 청년들에게 들려주고 이때 어떻게 판단하느냐에 따라 도덕성 발달 수준을 3수준 6단계로 나누었다. 이때 갈등상황에 대한 청년의 응답 자체에는 관심을 두지 않고 오히려 그 응답 뒤에 숨어 있는 논리에 관심을 두었다. 즉, 두 응답자의 대답이 서로 다르더라도 그 판단의 논리가 비슷한 경우에는 두 사람의 도덕성 판단 수준을 같은 단계로 보았다.

> **하인즈의 갈등 상황**
>
> 어느 마을에 하인즈라는 가난한 사람이 살았다. 그에게는 암에 걸려 죽어 가는 아내가 있었다. 그는 아내를 살리는 길은 같은 동네에 사는 약사가 개발한 라튬이라는 약이었다. 그러나 그 약은 재료비도 비쌌지만 그 약사는 원가의 10배나 더 비싸게 약을 팔았는데 아주 적은 양의 약을 2,000달러나 받았다. 하인즈는 그 약을 사려고 이 사람 저 사람에게 돈을 꾸었지만 약값의 절반인 1,000달러밖에 구하지 못했다. 그래서 하인즈는 약사에게 가서 자신의 아내가 죽어가고 있으니 그 약을 조금 싸게 팔든지 아니면 모자라는 것은 나중에 갚겠다고 부탁하였다. 그러나 약사는 그 약으로 돈을 벌 생각이라면서 끝내 하인즈의 부탁을 거절하였다. 절망한 그는 아내를 살리기 위해 몰래 약국에 들어가 약을 훔쳤다.

　질문1 하인즈는 약을 훔쳐야만 했는가?

　질문2 만약 네가 이런 상황에 처하면 어떻게 할 것인가?

　질문3 약사는 약값을 그렇게 많이 받을 권리가 있는가?

　질문4 과연 어떻게 하는 것이 옳은 행동일까? 왜 그렇게 생각하는가?

2) 도덕성 발달의 6단계

　＊ 인습의 정의: 사회규칙, 기대, 관습, 권위에 순응하는 것을 말한다.

　(1) 수준 1. 전인습(前因習) 수준(전도덕기): pre-conventional level 이 수준에 있는 사람은 매우 자기중심적이어서 다른 사람의 입장을 이해하지 못하고 자신의 욕구 충족에만 관심이 많다.

　　① 제1단계, 벌과 복종의 단계: 벌과 복종에 의한 도덕성, 주관화

　　　[반응]

　　　　㉠ 아내를 죽게 내버려두면 신으로부터 벌을 받는다.

　　　　㉡ 이 단계의 사람은 결과만 가지고 행동을 판단한다.

　　　　㉢ 1단계에서는 부모나 교사에게 벌을 받느냐, 받지 않느냐가 판단의 기준

　　　　㉣ 아이는 벌이나 고통을 받지 않기 위해서 도덕적인 행동을 한다. 위와 같은 갈등 상황에서도 아이들은 약을 훔치면 벌을 받기 때문에 그렇게 해서는 안 된다고 말한다.

　　　　㉤ 다른 사람의 권리, 감정을 고려 할 줄 모름

　　　　㉥ 옳은 것은 벌을 피하고, 신체적·물리적 손상을 입히지 않고, 규칙과 권위에 충실하게 복종하는 것

　　　　㉦ 단순한 신체적·물리적 힘이나 복종이 판단의 기준이 된다.

　　② 제2단계, 개인의 목적과 상호교환 지향의 단계: 욕구충족수단으로써의 도덕성, 상대화

　　　[반응]

　　　약을 훔쳐서라도 자기 아내의 생명을 구하기만 하면 된다는 자기중심적이고 실리적 요소가 적용

(2) 수준 2. 인습 수준 : 역할 동조적인 도덕성

아동이나 청년은 다른 사람의 입장을 더 잘 이해하게 되고, 이제 도덕적 추론은 사회적 권위에 기초하며 더 내면화한다. 그리고 사회관습에 걸맞는 행동을 도덕적 행동이라 간주한다. 대부분의 청년과 다수의 성인이 이 수준에 해당된다.

① 제3단계, 착한 아이 지향의 도덕 : 대인관계에서의 조화를 위한 도덕성, 객관화

[반응]

약국을 부수고 약을 훔친 것은 잘못이다.

② 제4단계, 법과 질서를 준수하는 도덕성. 사회화

[반응]

훔친다는 것은 옳은 일이 아닐 뿐만 아니라 법은 환경과 관계없이 지켜야 한다.

(3) 수준 3. 후 인습적 수준(특별한 개인) 이 수준은 자신이 인정하는 도덕적 원리를 토대로 한 도덕성

① 제5단계, 사회계약정신으로서의 도덕성

[반응]

약을 훔친 것은 법률적으로 잘못이나 인명을 구한 일이므로 용서되어야 한다.

② 제6단계, 보편적 도덕 원리에 대한 확신으로서의 도덕성

[반응]

• 약을 훔친다는 것이 옳은 행동이라고 판단한다면, 하인즈는 자신의 부인이 아닌 어떤 사람이어도 그와 같은 처지에 놓였을 때에는 약을 훔쳐서 도와주어야 한다.

• 약사의 경우는 돈벌이보다 관습적인 도덕이나 법의 질서를 뛰어 넘어 생명이 더 귀중하기 때문에 약을 주어야 한다.

9 현상학적 이론 (로저스)

현상학적 이론

1) 인간에 대하여 긍정적이고 건전한 발달의 관점을 가지고 인간 스스로 문제를 인지하고 해결 하고자 하는 능력을 가지고 있다고 보는 인본주의에 기초한 이론이다.

2) 인본주의 이론은 무의식적 결정론에 근거한 정신분석이론과 환경결정론에 근거한 행동주의이론의 입장에 반대하는 제3세력의 심리학으로 분류된다.

3) 인본주의 이론은 실존주의 철학에 기원을 두고 있으며 치료자와 내담자의 관계를 중시한다는 공통점을 가지고 있다.

4) 인본주의이론은 인간의 자기실현 경향과 긍정적 면에 초점을 둔다.

> **인본주의 성격이론**
>
> 1) 행동주의적이며 자연과학적 방법을 강조하는 연합주의와 사람을 지나치게 분석적·결정론적으로 보는 정신분석학적 입장에 반대하는 심리학의 종류로서, 1940년대 이후 등장하여 제3의 심리학으로 불린다.
> 2) 인본주의 성격이론은 정신분석이론이나 행동주의 이론과는 달리, 각 개인의 내적 준거 틀을 바탕으로 개인을 이해한다.
> 3) 동물이나 문제가 있는 사람을 대상으로 하여 인간을 반응 객체로 파악하는 연합주의와 정신분석학적 입장을 비판하면서 등장하였다.
> 4) 인간의 잠재적 본성을 창조성이라고 보는 관점을 갖는다.
> 5) 인본주의 학자들은 인간을 자기실현을 향한 자연적 성향을 가진 존재로 본다.
> 6) Rogers, Maslow 등의 인본주의 학자들은 개인의 주관적 경험을 강조한다.
> 7) 개개인이 자기 자신과 주변 세계를 어떻게 지각하고 해석하는가에 따라 행동이 다르게 나타난다고 보는 이론으로, 일명 자기이론 또는 자기실현이론이라고 한다.
> 8) 인본주의는 인간을 이해하는 데 있어 문제의 역사보다 '지금 여기에'를 강조하므로 현상학적 성격이론이라고도 한다.

1) 인간관

(1) 인간은 자유로우며 자신의 행동에 책임을 지고 유목적적이며 합리적이고 건설적인, 긍정적인 방향으로 지속적으로 성장해 나가는 미래 지향적 존재이다.

(2) 선천적으로 잠재력을 발휘할 수 있는 존중과 신뢰의 기반으로 인간은 무한한 성장과 발전이 가능하다.

(3) 인간은 선천적으로 타고난 성장가능성을 실현하는 과정에서 자신의 인생목표와 방향을 스스로 결정하고 결정에 따르는 책임을 수용하는 자유로운 존재이다.

(4) 인간의 합리성은 자아실현의 경향이 강해지고 인간이 자유로워질 때 강하게 표출되며 자기실현 경향을 자기 성숙으로 지향하는 진보적인 추진력을 가지고 있다.

(5) 인간을 전체적, 통합적으로 이해한다.

2) 유기체

(1) 전체로서의 개인은 모든 경험의 소재가 되며 경험은 어떤 주어진 순간의 유기체 내에서 진행되는 잠재적으로 자각에 이용될 수 있는 모든 것을 포함한다.

(2) 경험의 전체가 현상학적 장을 구성한다.

3) 자기 (self)

(1) 로저스의 성격이론에서 핵심적인, 구조적이고 실체적 개념이다.

(2) 인간은 외적 대상을 자각하고 경험하면서 의미를 부여하는 존재임을 강조한다.

(3) 자기 또는 자기개념은 조직화되고 일관된 지각의 패턴을 의미한다.

4) 자기실현화 경향성

(1) 유기체는 기본적 경향성을 띠는데, 그것은 경험하는 유기체를 실현하고 유지하고 향상시키는 것이다.

(2) 실현화는 유기체가 단순한 실체에서 복잡한 실체로 성장해 나가고 의존성에서 독립성으로, 경직성에서 유연성으로 변화하고자 하며, 자유롭게 표현하고자 하는 유기체의 경향성을 포함하고 있다.

(3) 인간은 자기를 유지하고 향상시키고 실현화시킬 경향성에 의해 동기화되어 있다.

(4) 자기실현 경향성은 모든 생리적·심리적 욕구를 포함하는 유기체의 실현화 경향성을 의미한다.

5) 가치조건화

(1) 우리 각자는 경험을 통해 가치를 형성하는 것이 중요하다.

(2) 부모로부터 긍정적 자기존중을 받기 위해 자기가 하는 경험에 폐쇄적이 되어 실현화 경향성을 방해하게 된다.

6) 충분히 기능하는 사람(fully functioning person)의 조건

(1) 자신의 잠재력을 인식하고 능력과 자질을 발휘하여 자신에 대한 완벽한 이해와 경험을 풍부히 하는 방향으로 이동해 나가는 사람이다.

(2) 아래의 5가지 요소를 갖춘 사람이 충분히 기능하는 사람이라고 할 수 있다.

경험에의 개방성	가치의 조건에 아무런 제재를 받지 않는 상태로 자신의 감정과 태도를 자유로이 경험할 수 있다. 방어기제의 사용 없이 자신을 개방할 수 있다. (↔ 방어적인 삶)
실존적인 삶	경직성, 경험에 대한 의도적인 구조가 없는 삶이다. 모든 경험을 이전에는 결코 비슷한 방법으로 존재하지 않았던 것처럼 새롭게 느낀다. (↔ 전에 부모로부터 습득한 방식대로 삶)
자신의 유기체에 대한 신뢰	가장 만족스런 행동에 도달하는 믿을만한 수단이 자신의 유기체임을 믿는 상태이다. (↔ 유기체의 불신)
선택에의 자유 (행동·선택의 자유)	삶에 대한 개인적 지배를 즐기며 그것은 일시적인 생각이나 환경, 과거의 사건들에 의해 결정되는 것이 아니라 자기 자신에게 달려있다고 믿는다. (↔ 조작되는 느낌, 자유롭게 선택할 수 없음)
창조성	타인들로부터의 인정에 별 관심이 없기 때문에 자기 자신이 존재하는 모든 영역에서 창의적인 자세와 삶으로 스스로를 표현한다. (↔ 일상적이고 틀에 박힌)

10 욕구위계이론 (매슬로우)

1) 인간관

(1) 매슬로우의 이론 역시 인본주의에 입각한 이론이기 때문에 근본적으로 긍정적인 인간관을 지니고 있다.

(2) 인간의 본성은 원래 선하다.

(3) 인간은 자유롭고 자율적이며, 인간 행동은 내면으로부터 나오지만 무의식적 동기의 산물은 아니다.

(4) 인간행동을 연구하고 이해하기 위해서는 인간의 병리적 측면보다 건강한 사람의 행동과 지각에 대해서 탐구해야 한다.

(5) 사람은 능력 있는 존재이며 기본적인 욕구들이 충족되면 인간성을 성취하고 결국은 자아실현자가 된다.

2) 욕구 위계 (5단계설)

결핍동기	생리적 욕구	① 가장 강력한 욕구로서 유기체의 생존과 유지에 관련된다. ② 인간의 생존을 위해 필요한 음식, 물, 공기 등에 관한 생리적 욕구가 다른 욕구에 비해서 가장 기본적이고 강력하다.
	안전 욕구	① 질서 있고 안정적이며 예언할 수 있는 세계에 대한 유기체의 요구이다. ② 안전욕구의 만족을 위해 안전, 보호, 질서, 공포와 불안으로부터의 자유가 요구된다.
	소속감과 애정 욕구	개인은 다른 사람과의 친밀한 관계, 연인 관계를 맺기를 원하며 특별한 집단에 소속되기를 바란다.
	자기존중 욕구	① 자신으로부터의 존중과 타인으로부터의 존중을 필요로 한다. ② 자기존중을 이루기 위해 유능감, 자신감, 성취, 독립, 자유 등을 갖는 것이 요구된다. ③ 자기존중의 욕구를 충족시킨 사람은 자신의 힘, 가치에 대해 확신을 갖는다.
성장동기	자기실현 욕구	발달의 마지막 단계인 자기실현은 자신의 모든 잠재력과 능력을 인식하고 충족시키는 것으로 가장 높은 수준의 욕구이다.

3) 욕구의 특성

(1) 욕구위계에서 하위에 있는 욕구가 더 강하고 우선적이다.

(2) 욕구위계에서 상위의 욕구는 인생의 중년기에 나타난다.

(3) 욕구위계에서 상위의 욕구만족은 생리적, 심리적으로 생산적이고 유용하다.

(4) 심오한 행복감과 마음의 평안, 인생의 성취감을 제공한다.

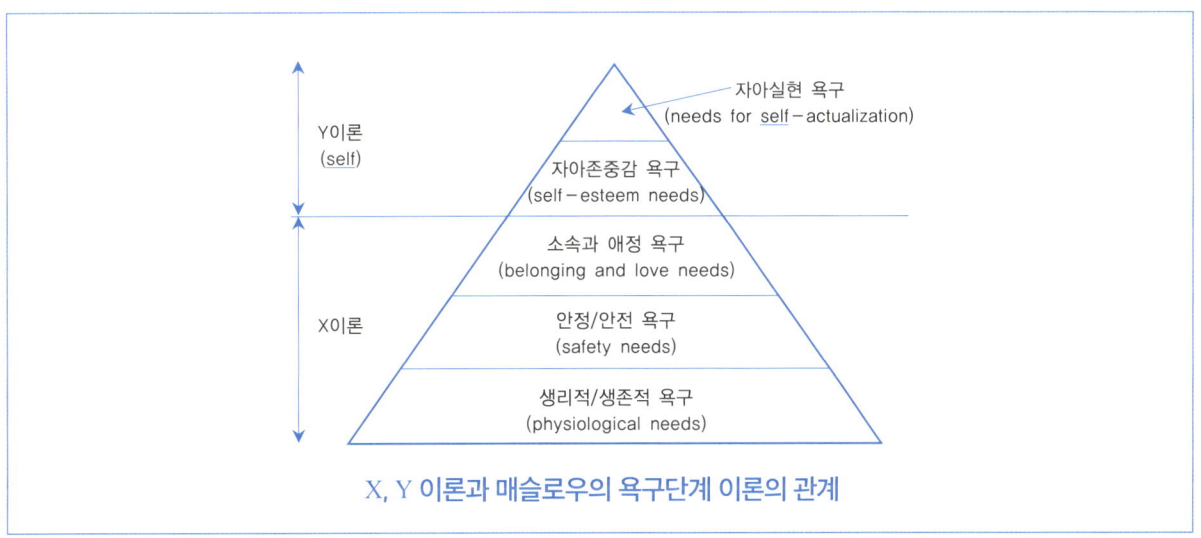

X, Y 이론과 매슬로우의 욕구단계 이론의 관계

4) 자기 실현 욕구를 충족한 사람의 특징

(1) 자기 주변의 세계를 명확하고 객관적으로 지각할 능력을 가진다. 즉, 객관적으로 지각할 능력을 가지고 있는 사람이다.

(2) 자신의 강점뿐만 아니라 약점까지도 왜곡하지 않고 있는 그대로 받아들이고 실패한 일에 대해서도 지나친 부끄러움이나 죄책감을 갖지 않는다. 즉, 자신의 약점까지도 발견하는 사람이다.

(3) 자기실현의 행동은 개방적이고 솔직하고 자연스럽다.

(4) 생각은 주관이 뚜렷하고 행동은 인습에 사로잡히지 않는다.

(5) 자신의 인생에 대한 사명감을 갖으며 외부의 일이나 자신의 범위를 벗어나는 일에 많은 에너지를 쏟는다. 즉, 자신 밖의 일에 에너지를 쏟는다.

(6) 열심히 일하면서 큰 기쁨과 만족감을 경험한다.

(7) 문화 또는 유행에 민감하지 않는다.

(8) 목적, 수단을 구분하고 선과 악을 구분한다.

(9) 유머가 있고 생산성이 풍부한 사람이다.

(10) 신비함을 경험한다.

제4절 | 영유아기 발달

1) 영아기 (출생 ~ 2세) 발달

영아기는 신체적 안정, 정신적·정서적 안정이 중요한 시기이며 양육자인 어머니와의 좋은 관계가 매우 중요하고 프로이트의 구강기, 에릭슨의 기본적 신뢰감 대 불신감, 피아제의 감각운동기에 해당한다.

(1) 신체적 발달[6]

① 주요 반사운동

ㄱ. 빨기 반사

무의식적으로 젖이나 입 주위의 것을 빤다.

ㄴ. 탐색반사(젖찾기 반사)

자극에 대한 자동적인 움직임으로서 입술과 입 근처 볼에 물건이 닿으면 자동으로 머리를 돌리는 등 자극이 있는 방향으로 입을 돌려 빨고자 한다.

ㄷ. 모로 반사(경악반사)

갑자기 놀라거나 큰 소리를 듣고 신체적인 충격을 받았을 때 아기가 팔과 다리를 벌리고 손가락을 펴며 몸 쪽으로 팔과 다리를 움츠리는 것으로, 큰 소리나 몸이 불안정하게 되어 놀라면 등을 구부리고 손과 발을 앞으로 뻗는 반사이다.

ㄹ. 걷기반사

아이를 들어 올려 발이 바닥에 닿게 되면 발을 번갈아 딛으며 걷는 것과 유사한 움직임을 나타낸다.

ㅁ. 쥐기 반사(파악반사)

손바닥을 누르면 꽉 쥔다. 이를 파악 반사(쥐기반사)라고도 한다.

ㅂ. 바빈스키 반사

아기의 발바닥을 간지럽게 하면 발등 위쪽으로 부챗살처럼 편다.

② 발달 이정표

ㄱ. 성장 - 지속적이고 순차적인 과정

ㄴ. 연령에 따른 구체적인 특징

ㄷ. 개인적 차이

ㄹ. 유전과 사회환경의 영향

---

6) 신체 발달원리는 대개 머리 쪽에서 아래쪽으로, 중심부에서 말초부로, 대근육에서 소근육으로 발달한다. (머리 → 몸통 → 팔, 다리 → 손, 발 발달)

반사 (Reflex)

신생아들이 주변 환경에 적응할 수 있도록 타고난 능력 중 하나는 반사이다. 이것은 생존의 의미를 갖는 것과 진화의 흔적만을 나타내는 것으로 나뉜다. 전자는 생존반사, 후자는 원시반사로 불린다.

진화적 의미를 갖는 원시적 반사인 비생존반사는 신생아의 생존과는 무관하지만 정상성을 판단하는 데 도움을 준다. 갑작스럽게 큰소리를 내거나 머리의 위치가 바뀌면 무엇을 껴안으려는 듯이 팔과 다리를 몸 쪽으로 움츠리는 모로반사 / 손바닥을 누르면 사물을 꽉 쥐는 파악반사 / 머리를 돌린 쪽으로 팔을 뻗고 반대편의 팔을 구부리는 긴장성 목 반사 / 발바닥을 자극하면 발가락을 부챗살처럼 펴는 바빈스키 반사 / 영아를 맨발로 세워놓고 붙잡아 주면 마치 걷는 것처럼 다리를 움직이는 걷기반사 / 물 속에 영아를 수평으로 놓으면 팔과 다리를 교대로 움직이며 입으로 숨을 쉬는 수영반사 등이 있다.

생존을 위한 반사로는 섭식과 관련된 반사들이 있다. 젖 찾기 반사, 빨기 반사, 삼키기 반사가 있으며 기침반사와 재채기 반사는 기도를 깨끗하게 하는 역할을 하며, 하품반사는 갑작스럽게 요구되는 산소를 공급하는 역할을 한다. 또한 혐오적 자극에 대한 철회반사, 빛의 양을 조절하는 동공반사 그리고 갑작스런 강한 자극에 대한 눈깜빡거리기 반사 등은 모두 아기의 생존에 관련된 중요한 반사들이다.

📁 **실력 다지기**

영아기의 반사와 신경계

영아의 반사기능

1) 생존반사 생존에 필요하며 지속적으로 유지되는 것으로 호흡반사, 눈 깜박이기 반사, 동공반사, 입술 내밀기 반사, 빨기 반사, 삼키기 반사가 있다.

2) 원시반사 - 정상성 여부에 판단을 돕게 된다. 종 특유의 반사기능으로 생후 일정기간이 지나면 사라지는 반사로서 바빈스키 반사, 모로반사, 쥐기반사, 걷기반사가 있다.

   (1) 바빈스키 반사(babinski reflex)

      아기 발바닥을 자극하면 발가락을 발등 위쪽으로 부챗살처럼 편다. 생후 6개월 이후 소멸

   (2) 모로반사/경악반사(moro/startle reflex)

      갑작스런 큰소리나 머리 위치 변화 시 팔과 다리를 벌리고 손가락을 펴며 무엇을 껴안으려는 듯 몸 쪽으로 팔과 다리를 움츠린다. 생후 3~4개월 이후 소멸

   (3) 파악반사(grasping reflex)

      손바닥을 손가락으로 누르면 손가락을 꽉 쥔다. 짧은 동안 자신의 체중을 실을 만큼 힘을 낸다. 생후 3~4개월 이후 소멸

   (4) 걷기반사(stepping reflex)

      맨발로 세워놓고 붙잡아주면 마치 걷는 것처럼 다리를 움직인다. 생후 2~3개월 이후 소멸

   (5) 수영반사(swimming reflex)

      물 속에 아기를 수평으로 엎어놓으면 팔과 다리를 움직이며 숨을 쉰다. 생후 4~6개월 이후 소멸

신경계의 주요개념

1) 뉴런

신경계의 단위로 자극과 흥분을 전달한다. 신경세포체(soma)와 동일한 의미로 사용하기도 하고, 신경세포체
와 거기서 나온 돌기를 합친 개념으로 사용하기도 한다.

2) 수초

신경섬유 주위를 초상으로 둘러싸고 있는 피막으로 절연체 구실을 한다. 수초는 일정한 간격으로 중단되어
있는데 그 부분을 랑비에 결절이라고 한다. 이 부분에서 신경섬유의 분지(分枝)가 나가거나, 이온 출입 등의
물질교환이 이루어지는 곳이라고 본다.

3) 시냅스

한 뉴런의 축색돌기 말단과 다음 뉴런의 수상돌기 사이의 연접 부위이다.

4) 뇌 신경가소성

뇌의 신경경로가 외부의 자극, 경험, 학습에 의해 구조 기능적으로 변화하고 재조직화 되는 현상이다. 일생을
통해 끊임없이 변하며, 새로운 언어나 운동기능의 습득이 왕성한 유년기 때 사용되는 새로운 신경경로의 활
동성이 최대치를 보인다. 성년기나 노년기에는 그 잠재성은 약간 감소하지만, 여전히 새로운 언어나 운동기술
을 어느 정도의 수준까지 습득할 수 있는 일정한 수준의 뇌신경 가소성을 일생동안 유지한다.

보충

習관화 방법

1) 개념 : 두 자극을 변별하는 능력을 알아보기 위하여 영아가 한 자극에 습관화될 때까지 그 자극을 계속 제시한 다음, 다
른 자극을 제시하는 방법이다. 자극이 반복적으로 제시됨으로 인해 그 자극에 친숙해져 더 이상 주의를 기울이거나 반
응하지 않다가, 자극이 제시되면 다시 주의를 집중하여 응시하는 경향을 말한다.

2) 판별 : 습관화 후 제시된 자극에 주의를 기울이거나 행동이 변화하면 두 자극간의 차이를 아는 것으로 해석한다.

---

(2) 인지 및 지적 발달

① 정보를 받아들이면서 다양한 감각을 배우는 시기이며 목적지향적 행동을 하며 추상적 사고는 매우 어려운
시기이다.

② 대상영속성을 이해하기 시작하면서 2세가 지나면서 볼 수 없고 들을 수 없었던 대상의 이미지를 생각하고
활용하는 능력으로 간단한 문제해결이 가능하다.

③ 언어발달이 되지 않아, 주로 지각과 환경탐색을 통해 개념이 형성되는 시기이다.

(3) 정서 발달

① 영아의 정서 사랑, 화냄, 공포의 세 가지 기본 정서를 가지고 있다.

② 애착형성과 발달 애착은 유아와 양육자 사이에 형성되는 애정적 유대관계로 어머니와 애착관계가 형성된다.

③ 애착발달 4단계

　　ㄱ. **제1단계(출생 ~ 3개월)** : 비사회적 단계 – 울음, 미소, 응시를 통해 양육자와의 접촉 시도

　　ㄴ. **제2단계(4 ~ 6개월)** : 비변별적인 애착단계 – 몇몇 친숙한 성인에게 반응이 한정

　　ㄷ. **제3단계(7개월 ~ 2세)** : 특정 애착단계, 낯가림, 격리불안(= 분리불안)

　　ㄹ. **제4단계(2세 이후)** : 다중 애착단계 – 양육자와 협력자 관계 형성, 사회적 관계에 대한 기본 이해 획득

📁 기출문제 확인학습

공동주의(joint attention)

1) 공동주의란 영아가 타인과의 상호작용이나 의사소통을 목적으로 외부 대상이나 사건을 타인과 함께 바라보고 자신의 주의를 집중하는 능력을 말한다(정윤경, 곽금주, 2005).

2) 공동주의(joint attention)를 위해 필요한 능력 3가지[7]

　(1) 타인의 주의관계에 대한 이해 능력

　　먼저 영아는 타인이 특정 대상에 주의를 집중하여 바라보고 있다는 것을 이해할 수 있어야 한다.

　(2) 사회적 상호작용에 관여하는 능력

　　영아는 타인이 주의를 기울이는 특정 대상에 자신의 주의를 이동시키거나, 타인의 주의를 자신이 흥미를 느끼는 대상에 끌어들일 수 있어야 한다.

　(3) 주의조절 능력

　　영아는 타인과 외부 대상에 자신의 주의를 집중하고, 이 사이에서 주의를 이동하고 억제할 수 있어야 한다.

　　다만, 주의력결핍 과잉행동장애 아동은 공동주의의 결함이 있는 것은 아니다. 주의력결핍 과잉행동장애 아동의 경우, 주의산만, 과잉행동, 충동성, 부주의로 인한 장애이다. ADHD아동은 어느 정도의 공동주의는 가능하다. 즉, 타인의 주의관계에 대한 이해 능력으로 영아는 타인이 특정 대상에 주의를 집중하여 바라보고 있다는 것을 이해할 수 있는 ADHD아동도 있기 때문이다.

📁 실력 다지기

유아기 애착형성 과정과 다인수(multiple) 애착

유아기 애착형성 과정 (보울비, Bowlby)

1) 애착 전 단계(출생 후~6주)

　(1) 애착이 형성되지 않고 특정대상 구분 없이 누구에게나 미소를 짓는 단계(반사적 미소)

　(2) 애착 대상과 낯선 사람과의 구분이 명확하지 않은 시기

2) 애착형성 단계(3~6개월)

　(1) 낯익은 사람과 낯선 사람을 구분하기 시작하는 단계

　(2) 아무나 보고 웃지 않고 부모나 낯익은 사람에게 미소를 짓거나 옹알이를 함

　(3) 애착대상과 떨어져도 분리불안이 나타나지 않음

3) 애착단계(6 ~ 18개월)

　(1) 애착을 느끼는 대상을 적극적으로 찾는 단계

---

7) **출처** : 김연수, 정윤경, 곽금주, 2009 ; 정윤경, 곽금주, 2005 ; Brune, 2004

　(2) 부모나 대리양육자 등 특정 대상에게 강한 집착을 보여서 애착 대상이 없으면 울어대며 찾음

　(3) 낯선 이에 대한 낯가림을 하고 애착대상과 멀어지면 불안해하는 분리불안을 보임

4) 상호관계 형성단계(18개월 ~ 24개월)

　(1) 양육자와 분리되더라도 양육자가 다시 돌아온다는 사실을 이해하게 되면서 분리불안 감소

　(2) 양육자와 협상하고 자신이 원하는 대로 엄마의 행동을 수정하려고 함

애착의 발달단계 (Schaffer & Emerson)

1) 비사회적 단계(0 ~ 6주)

　(1) 영아는 사람이나 물체 등에 특별한 반응을 보이지 않는다.

　(2) 이 단계가 끝날 무렵에는 사람의 얼굴과 웃는 표정에 더 반응을 보인다.

2) 비변별적 애착 단계(6주 ~ 6, 7개월)

　(1) 사람과 사회적 자극을 선호하며, 사람들에게 자주 미소 짓는다.

　(2) 사람과 떨어지는 것을 싫어하고 바닥에 내려놓거나 혼자 남겨두면 싫어하는 반응을 보인다.

3) 특정인 애착단계(약 7 ~ 18개월)

　(1) 아기들은 특정한 사람, 즉 주 양육자와 떨어졌을 때만 저항한다.

　(2) 낯가림이 시작되고 낯선 사람을 두려워하며 주 양육자와 떨어질 때 불안을 보인다.

4) 중다인(다수인)애착단계(18개월 이후)

　(1) 특정 애착단계가 시작되고 몇 주가 지나면 가까이 지내는 다른 사람들에게도 애착이 시작된다.

　(2) 대개의 경우 18개월 된 영아는 다섯 사람(5명)에게 애착관계를 갖는다.

다인수(multiple) 애착

다인수 애착은 어머니와 함께 다른 대상에게도 동시에 애착을 형성하게 되는 것이다. 다인수 애착은 아이에게 맞게 민감하게 반응해주고 관계의 질이 좋다면 걱정할 만큼 부정적인 영향을 미치지만은 않는다.

📁 실력 다지기

애착발달 단계

뉴만과 뉴만의 애착발달 5단계

단계	연령	특징
1	출생~3개월	빨기, 젖찾기, 쥐기, 웃기, 쳐다보기, 껴안기, 눈으로 따라하기 등을 사용하여 주요 양육제공자와 가까움을 유지하려고 한다.
2	3~6개월	낯선 사람보다는 친밀한 사람들에게 반응을 더 보인다. 낯가림이 시작되는 시기, 애착형성의 결정적 시기
3	6~9개월	애착의 대상에게 접근하여 신체적 접촉을 하려 한다.
4	9~12개월	애착의 대상에 대해 내부적 초상/표상(representation)을 형성한다.
5	12개월 이후	안전과 친밀감의 욕구를 채워줄 수 있는 방법을 사용하여 애착 대상에게 영향을 줄 수 있는 다양한 행동들을 한다.

④ 낯가림과 분리불안

　ㄱ. 영아가 낯선 사람에게 불안 반응을 보이는 낯가림의 행동은 대개 생후 5 ~ 15개월 사이에서 나타난다.

　ㄴ. 분리 불안은 영아가 애착 대상과 분리될 때 불안반응으로 나타나는 심리정서로서 대개 9개월경에 시작하여 15개월을 기점으로 절정에 도달하고 15개월 이후에 감소한다.

(4) 기질

① 기질이란 한 개인의 행동과 정서 반응유형을 의미하는 것으로 활동수준, 사회성, 과민성을 예로 들 수 있다.

　ㄱ. 기질은 타고난 것으로 유전의 영향을 많이 받는다.

　ㄴ. 기질은 유아기, 아동기, 심지어 성인기까지 지속성이 있는 것으로 알려져 있다.

　ㄷ. 기질은 유전의 영향을 많이 받지만, 환경의 영향에 의해 변화가 가능하다.

② 기질 종단연구

　ㄱ. 순한 아이

　　행복하게 잠에서 깨고 장난감 가지고 혼자 잘 놀며 잘 당황하지 않으며 규칙적인 수면을 취한다.

　ㄴ. 까다로운 아이

　　눈을 뜨기 전부터 울고 생물학적 기능이 불규칙하며 불행해 보이고 적대적이다.

　ㄷ. 반응이 느린 아이

　　수동적이고 새로운 상황에 대해 움츠러드는 경향이 있다.

📁 **실력다지기**

토마스와 체스의 연구 – 기질연구

1) 기질과 관련해 가장 널리 알려진 심리학 이론인 미국 토마스와 체스의 1977년 연구는 아이의 기질을 크게 순한 기질, 까다로운 기질, 더딘 기질 등 세 가지로 나누고 있다.

2) 전체 표본의 40%를 차지한 순한 기질의 아이는 새로운 환경에 개방적이어서 환경변화에 비교적 쉽게 적응한다.

3) 반면 10% 가량의 까다로운 기질의 아이는 변화에 매우 민감하게 반응하며 낯선 환경에 적응하는 데 어려움을 보인다.

4) 더딘 기질의 아이는 새 환경에 약간의 부정적 반응을 보이면서도 서서히 적응해가는 유형으로 전체의 15%로 나타났다.

5) 가장 문제가 되는 유형은 까다로운 기질이다. 이런 아이들은 매사에 좌절감을 쉽게 느끼고 화를 잘 내며 고집이 세다. 또 친구들에게 공격적 행동을 보이고 선생님의 지도에 잘 따르지 않아 문제아로 낙인찍힐 수 있다. 특히 낯선 환경에 부딪혔을 때 부정적 행동은 심해진다. 이 때문에 부모나 교사로부터 야단을 맞게 되고, 그 결과 고집과 반항심이 더욱 커지는 악순환에 빠져든다.

6) 더딘 기질의 아이도 초기 느린 적응속도 때문에 문제가 될 수 있다. 여유 있게 지켜봐줄 경우 서서히 적응해갈 아이가 어른들의 조급증 때문에 발달의 싹이 잘리게 될 가능성이 많다. 더딘 기질은 새로운 상황에서 금방 적응하지 못하는 점에서 까다로운 기질과 비슷하지만, 문제행동의 강도가 심하지는 않다. 또 친구나 선생님에게 쉽게 다가가지 못하고 매사에 주저하는 태도를 보이며 자신감이 부족하다.

7) 순한 기질은 낯선 환경에 어려움 없이 적응하므로 부모나 교사의 고민을 덜어준다. 다만, 편하고 쉽게 자란다고 방치될 경우 잠재력을 살려내지 못할 수 있는 만큼 꾸준한 관심이 뒷받침돼야 한다.

기질의 9가지 차원(Thomas와 Chess)

기질이란 개인의 성격을 구성하는 정서적·행동적 특성으로 사람마다 보이는 서로 다른 성격적 특성이다. Thomas와 Chess는 기질은 사람이 어떻게 행동하는가를 의미하는 것이라고 하였으며 Thomas와 Chess는 기질의 요소(Thomas와 Chess)로 9가지 차원을 설명하였다.

(**암기법** 기질 → 주의 - 산만 / 활동 - 규칙 / 식역 - 반응 / 기 - 적 - 접근)

1) 활동성 : 젖 먹기, 목욕하기, 옷 입기 등 일상에서 영아가 하는 신체활동량
2) 규칙성 : 수유시간, 수면주기, 배변습관 등의 예측 가능성
3) 접근 / 회피 : 새로운 사태나 장난감·음식 등 새로운 자극에 대한 기분·행동을 포함
4) 적응성 : 상황의 변화에 대한 적응의 용이성
5) 반응 강도 : 긍정 및 부정적인 반응의 에너지 수준
6) 식역 : 영아의 반응을 유발하는 데 필요한 자극의 양
7) 기분 특성 : 불행하거나 부정적인 행동에 대한 행복하고 기분 좋은 반응의 빈도
8) 산만성 : 외부의 사태나 자극에 의해 영아의 진행 중인 행동이 쉽게 방해 받는 정도
9) 주의 범위와 지속성 : 영아 활동의 지속기간과 장애에 직면했을 때 활동을 계속하려는 의지

③ 영아의 기질과 부모의 양육행동
- ㄱ. 영아의 기질은 부모와의 관계에 영향 미치는데, 예를 들어 까다로운 기질 영아는 부모를 좌절케 한다.
- ㄴ. 부모의 양육태도는 영아의 기질을 변화시키는데, 예를 들어 수줍은 기질을 타고나도 엄마에 따라 변화될 수 있다.
- ㄷ. 부모-자녀 상호작용을 통해 부모는 자녀가 타고 난 유전적 요인에 변화를 주는 역할을 하게 된다.

부모의 자녀양육 유형 (바움린드)

통제		애정	
		수용	거부
엄격		민주형 - 부모가 적절한 권위를 가지고 자녀와 양방적 의사소통 보임	전제형 - 부모가 권위에 의해 일방적으로 지시하고 주장함
허용		익애형 - 부모의 권위 없이 자녀의 욕구나 주장에 따라감	방임형 - 부모 역할에 무관심하고 방임적이며 자녀를 무시함

조화의 적합성

조화의 적합성은 개인의 기질과 환경적 요구가 조화를 이룰 때 최적의 발달을 이룰 수 있다는 개념이다. 즉, 조화의 적합성이란 아동이 까다로운 기질을 가졌더라도 부모가 그에 적절한 양육방법을 제공해 주면 원활한 발달이 이루어진다는 것으로 영아의 기질자체보다는 환경과의 조화가 아동발달에 중요한 요인이라는 것을 알 수 있게 한다.

(5) 지각발달

깁슨과 워크(Gibson & Walk)의 시각절벽(벼랑)(visual cliff) 실험
① 생후 6개월경 영아가 깊이 지각을 할 수 있는 능력이 있음을 보여준 실험이다.
② 기어 다닐 줄 아는 영아는 시각절벽(visual cliff)이 보이는 유리판 위로 기어가는 것을 피하는데, 이는 영아가 시각적 자극에 반응해서 깊이를 지각한다는 의미이다.
③ 너무 어려서 기어 다니지 못하는 영아도 시각절벽을 볼 수 있었다.

기출문제 확인학습

영아기 기억상실증

1) 우리는 어렸을 때의 많은 일들을 기억하지만, 사람들 대부분은 만 2～3세 전의 기억은 하지 못하는데 이를 '영아기 기억상실증'이라고 한다.

2) 영아기 기억상실증은 단순히 너무 오래 전의 일이기 때문에 기억하지 못하는 것과 다른 차원의 의미로 본다.

3) 우리는 왜 영아기 때 기억을 잃어버리는 것일까?

4) 영아기 기억상실증 원인에 대해서는 여러 설명이 존재한다.

  (1) 생리적 발달의 미숙 때문이라는 것이다. 영아기에는 전반적으로 뇌의 발달, 특히 기억과 관련된 해마와 전두엽의 발달이 미성숙하다. 따라서 영아기에 얻는 많은 지식과 경험이 아직 진행 중인 뇌 발달로 인해 공고화되지 않았기 때문에 이 시기를 잘 기억하지 못한다는 설명이다(Boyer & Diamond, 1992).

  (2) 언어 발달이 영아기 기억상실증의 원인을 설명할 수 있다는 것이다. 언어를 배우기 전에는 지식과 경험들을 지각적인 수준에서 저장한다. 그러나 언어를 배우면 지식과 경험이 '언어'로 표현되어 저장이 가능하며 이는 기억을 구체적이고 효과적으로 할 수 있게 만든다. 이렇게 저장의 형태가 시기에 따라 차이가 나기 때문에 우리는 지각적이고 추상적인 기억인 영아기의 기억을 하지 못한다는 설명이다.

  (3) 자기 자신에 대한 개념이 발달하기 전에는 자서전적인 기억을 잘 못한다는 설명이 있다. 자신에 대한 개념이 더 발달한 영아는 이전 경험을 더 잘 기억한다는 연구 결과가 있다(Harley & Reese, 1999).

[출처 : 심리학용어사전, 2014. 4, 한국심리학회]

평행놀이 (2세 경)

1) 평행놀이는 친구의 행동을 관찰만 하고 함께 놀지는 않는다.

2) 같은 또래의 아이들이 여러 명 있어도 각자 따로 혼자 노는 모습이 자연스러운 모습이다.

3) 아이들이 각자 따로 놀고 있지만, 아이들이 상상 속으로 같은 공간에 있는 아이들과 놀고 있다는 개념이다.

4) 서로 상호작용하고 대화를 직접적으로 하는 성장한 아기들과 반대로 평행놀이를 하는 아이들은 독립적 놀이를 하며, 다른 사람의 행동을 관찰한다.

5) 평행 놀이는 가족 이외의 사람과 사회적 관계를 형성하는 첫 번째 걸음이다.

실력다지기

사회놀이의 연령별 발달 : 파튼 (Parten)

1) 단독놀이(독립놀이) : 2～2세 반
   혼자 독립적으로 놀며 다른 아동에 대하여 관심이 없음

2) 병행놀이 : 2세 반～3세 반
   각자 독립적으로 놀지만 다른 아동과 가까이에서 유사한 놀잇감이나 유사한 활동을 옆에서 하는 것

3) 연합놀이 : 3세 반～4세
   반 다른 아동과 함께 놀이를 하면서 대화를 하거나 놀잇감을 빌리거나, 빌려주지만 놀이에 리더가 없는 상태

4) 협동놀이 : 4세 반
   여러 아동이 어울려 노는 놀이로 활동이 조직화되고 역할이 분화되며 보상적 활동이 나타남

교육학자인 밀드레드 파튼(M. Parten)은 사회적 놀이 유형을 단계별로 다음과 같이 분류하였다.

1) 비참여적 행동(놀이) : 만 0 ~ 1.5세

　이 단계는 놀이라고 부를 수 없는 순간적인 흥미에 따라 시선으로만 이 곳, 저 곳을 보는 단계이다.

2) 방관자적 행동(놀이) : 만 1.5세 ~ 2세

　이 단계 또한 놀이에는 직접 참여하지 않는 단계로, 놀고 있는 친구에게 가끔 질문을 하거나 제안을 하는 수준의 행동을 보인다.

3) 단독놀이 : 만 2세 ~ 2.5세

　이 단계는 주변 친구가 사용하는 놀잇감과 다른 놀잇감을 가지고 혼자 노는 수준의 놀이형태이다.

4) 평행놀이(병행놀이) : 만 2.5세 ~ 3.5세

　이 단계는 주변 친구가 사용하는 놀잇감과 같은 놀잇감을 가지고 놀긴 하지만 서로 상호작용 없이 독립적으로 하는 놀이 형태이다.

5) 연합놀이 : 만 3.5세 ~ 4.5세

　(1) 이 단계는 여러 명의 아이들이 비슷한 활동의 놀이를 하는 형태를 말하며, 자신의 놀잇감에 대한 이야기를 하거나 다른 아이의 놀잇감을 빌리기도 하고, 놀이행동을 따라 하기도 하지만 아동 사이에 리더는 없는 단계이다.

　(2) 평행놀이와의 차이점은 연합놀이의 경우 자신의 놀잇감이 따로 있지만 평행놀이는 놀잇감을 같이 공유한다는 점이다.

6) 협동놀이 : 만 4.5세 이후

　이 단계는 여러 명의 아동들이 공동의 목표를 달성하기 위해 한명 또는 두 명의 리더를 중심으로 협동하여 각자의 역할을 분담하여 조직적으로 진행하는 놀이 형태이다.

📌 보충

연지검사 (Rouge Test)

1) 자기인식 발달에 대한 여러 연구가 있지만, 그 중에서 영아의 자기인식 능력을 알아보기 위한 실험으로 연지검사 (Rouge Test)가 있다.

2) 연지검사란 다양한 연령의 아이들을 거울 앞에 앉혀놓고 거울에 비친 모습을 보고 어떤 반응을 보이는지 관찰한 실험이다.

3) 실험 사례 : 아이들을 거울 앞에서 놀게 한 다음 아이들이 눈치 채지 못하게 볼이나 이마에 빨간 점을 찍은 다음 거울을 보는 아이들의 반응을 살폈다. 실험결과 18개월 이전의 아이는 아무런 변화를 보이지 않았다. 자신의 얼굴에 빨간 점이 찍힌 것을 알아채지 못했기 때문이다. 반면 18 ~ 24개월 된 아이들은 얼굴에 찍힌 빨간 점을 보고 놀라서 점을 잡으려 했다. 이 시기의 아이들은 거울에 비친 모습이 자기 자신이라는 것을 아는 것이다.

4) 거울에 비친 모습이 자기 자신이라는 것을 인식할 정도로 자기인식 능력이 발달하면 아이는 다른 사람들을 독립적인 인격으로 인지한다.

2) 유아기 [2세 ~ 4세] 발달

(1) 특징

① 자유로운 보행이 가능한 시기로 끊임없는 지적 호기심을 가지고 많은 탐색을 하는 단계로서 걸음마기라고 도 한다.

② 부모로부터 사회화 교육을 받고 사회행동의 기준이 되는 가치관을 확립하는 시기이다.

(2) 발달 내용

신체적 발달	① 신체적 발달은 머리 부분에 집중되고 점차 신체 하부로 확산된다. ② 신체적 균형 – 그러나 불안정하다.
운동 발달	균형 있는 걸음걸이, 달리기, 대소변 훈련의 마무리 시기, 손과 눈의 협응능력이 발달하나, 미숙한 단계이다.
인지 및 지적 발달	① 대소변의 배변 훈련시기로 자아가 발달되는 시기이다. ② 초자아가 발달되기 시작하는 시기로 판단기준인 자아 이상과 양심의 체계화가 형성된다. ③ 지적 활동의 도식이 머릿속에 형성되기 시작하여 기호적 기능이 자리 잡게 되는 시기이며 상징놀이가 출현한다.
정서 및 사회성 발달	① 걸음마 단계인 유아기 때는 대개 엄마와의 관계 속에서 정서와 사회성이 형성된다. ② 이 시기에 점차 엄마와의 관계에서 분리되면서 주변 환경의 대상에게 눈을 돌리고 이 대상관계를 통하여 사회성이 형성된다. ③ 자기 통제 및 자율성도 형성되는 중요한 시기이다.

📂 기출문제 확인학습

자폐스펙트럼 장애 진단 기준 – DSM – 5

1) 다양한 맥락에 걸쳐 사회적 의사소통과 사회적 상호작용의 지속적인 결함, 다음의 내용들이 현재 나타나고 있거나 나타난 이력이 있다.

(1) 사회적-정서적 상호성에서의 결함, 예를 들어 비정상적으로 사회적 접근을 하고 보통사람들 수준으로 주고받는 대화에서의 어려움이 있는 범주이다. 보통 사람들보다 상대적으로 적은(reduced) 공유하기와 관심, 느낌, 또는 정동(affect). 사회적 상호작용의 개시 또는 응답의 부전(failure).

(2) 사회적 상호작용에서 사용되는 비구어적 의사소통 행위의 결함, 예를 들어 빈약한 통합적인 구어와 비구어적 의사소통이다. 눈 맞춤과 몸짓언어에서의 비정상적인 것들 또는 이해와 제스처 사용에서의 결손. 전체적으로 얼굴표정을 통한 표현과 비구어적 표현이 부족하다.

(3) 관계를 전개하고 유지하고 이해하는데 있어서의 결함, 예를 들어 다양한 사회적 맥락에 어울리는 행위를 조절(adjusting)하는데 어려움, 상상적인 놀이를 공유하거나 친구를 만드는 것이 어려움, 또래에 대한 관심의 결핍(absence)

2) 제한적이고 반복적인 패턴의 행위와 관심 또는 활동, 다음에 설명하는 것들 중에서 최소한 두 가지 이상이 현재 또는 과거에 나타난 이력이 있다.

(1) 사물 또는 언어의 사용에서 정형화된 또는 반복적인 근육 운동적 움직임(예 정형화 된 단순한 근육운동, 장난감 줄 세우기 또는 물건 뒤집기(flipping, 책장을 휙휙 넘기기 등), 반향어(echolalia), 특유의 정형구).

(2) 동일함에 대한 고집이나 규칙적인 순서와 반복적인 완강한 집착, 구어 또는 비구어적 행위에서의 의례적인 패턴(예 작은 변화에 극단적으로 흥분함, 전환의 어려움, 융통성 없는 사고패턴, 의례적인 것들을 환영함. 날마다 동일한 경로의 길 또는 동일한 음식을 요구함).

(3) 세기나 초점적 측면에서 비정상적인 매우 제한적이고 고정된 관심(예 평범하지 않은 사물에 대한 강한 집착 또는 그것에 대한 생각에 사로잡힘(preoccupation), 과도하게 국한되거나(circumscribed) 집요하게 반복하는 관심사).

(4) 감각적 자극에 대한 과대 운동성 또는 과소 운동성, 또는 어떤 환경에서 감각적인 측면에 대한 비정상적인 관심(예 고통이나 온도에 대한 명백한 반응의 차이점, 특정한 소리나 촉감에 부정적인 반응, 사물을 과도하게 냄새 맡거나 만짐, 불빛 또는 움직임에 시각적으로 사로잡힘).

3) 증상들은 초기 발달적 시기에 나타나야만 한다(그러나 사회적 요구가 능력을 초과하기 전까지 완전히 드러나지 않거나 이후에 학습된 전략으로 감추어져 있을 수 있다).

4) 증상들은 사회적이거나 직업적, 또는 현재 다른 중요한 기능 영역에서 임상적으로 뚜렷하게 중대한 손상을 일으킨다.

5) 이러한 장애들은 지적 장애(지적 발달장애)나 전반적 발달지체로 설명되기에는 적당하지 않은 것이다. 지적 장애와 자폐스펙트럼 장애는 동반되는 경우가 많다. 자폐스펙트럼 장애와 지적장애가 동시에 나타나는 것으로 진단하기 위해서는 사회적 의사소통이 일반적으로 기대되는 발달 수준 이하여야만 한다.

> 주의 DSM-Ⅳ에서 아스퍼거 장애 또는 비전형적 전반적 발달장애로 자폐성 장애로 확진된 사람들은 자폐스펙트럼 장애로 진단되어야만 한다. 사회적 의사소통에서의 결함이 뚜렷하지만 자폐스펙트럼 장애의 범주에 부합되지 않는다면, 사회적(화용적) 의사사통장애로 평가되어야만 한다.

🗁 기출문제 확인학습

신경발달장애(Neuro - developmental Disorders)의 하위유형

1) 지적 장애(Intellectual Disability, Intellectual Developmental Disorder) : 경도, 중도, 중등도 지적 장애

2) 의사소통장애(Communication Disorders)

3) 자폐스펙트럼장애(Autism Spectrum Disorders)

4) 주의력결핍 - 과잉행동장애(ADHD)

5) 특수 학습장애(Specific Learning Disorder) : 읽기장애, 쓰기장애, 산수장애

6) 운동장애(Motor Disorders) : 발달성 협응장애(Developmental Coordination Disorder), 상동증적 운동장애(Stereotypic Movement Disorder), 틱 장애(Tic Disorders, 뚜렛장애 등 포함)

📁 기출문제 확인학습

마음이론

1) 마음[8]이론(Theory of Mind)이란, 자신의 생각이나 마음이 타인의 생각이나 마음과 다를 수 있다는 것을 이해하고 타인의 상황, 생각, 의도, 감정, 사고 등 타인의 입장을 고려할 수 있는 능력을 뜻한다(손상희, 유연옥, 2011).

2) 이러한 능력은 사회적 상호작용이 끊임없이 이루어지는 세상에서 원만한 인간관계를 갖기 위해 필수적으로 요구되는 능력이다.

> 이러한 능력은 자폐 범주성 장애(autism spectrum disorders), 정신분열증(조현병, schizophrenia), 주의력 결핍 및 과잉 행동 장애(attention deficit hyperactivity disorder), 혹은 알코올의 신경독성(神經毒性)에 의해 뇌에 손상을 입은 알코올 중독자들에게서 결여되는 것이 발견된다.

3) 마음이론은 아동이 타인의 생각·욕구·감정 등을 정확하게 추론하는 능력과 이러한 추론을 바탕으로 특정 상황에서 타인의 행동을 정확하게 예언하는 능력의 발달 과정을 보여준다.

4) 유아가 마음이론을 갖게 되면 외현과 실체, 우발적인 행동과 의도적인 행동, 진실과 거짓 등을 구분할 수 있게 되며, 자신의 생각을 타인에게 효율적으로 전달하고, 타인이 의미하는 바를 더 정확하게 이해할 수 있게 되면서 사회적·인지적으로 더욱 적절하게 행동하고 반응할 수 있고 앞으로 일어날 상황에 대해 잘 예측할 수 있게 된다.

5) 마음의 이론은 크게 두 가지로 구성되는데 첫째, 아동의 내재적 상태를 정확하게 이해하는 능력이며, 둘째, 아동이 형성하는 타인의 신념에 대한 표상을 근거로 타인의 행동을 예언하는 능력이다.

6) 마음의 특성을 유아가 언제부터 이해하게 되는가에 대해서는 두 가지 입장이 있다.

(1) 첫째, 한 사물을 다른 것으로 가장하고 노는 가장 놀이를 시작할 때 마음의 표상적 특성을 이해한다고 본다.

(2) 둘째, 4세 경에 틀린 믿음, 즉 어떤 사건에 대한 한 사람의 생각은 사실과 일치하지 않는다는 개념을 이해하게 될 때 비로소 마음의 표상적 특징을 이해한다고 본다.

7) 위 2가지 입장의 공통점으로, 어린 아이들은 마음 상태가 행동에 어떻게 반영되는지에 대한 본래적인 민감성을 가지고 있어서 엄마나 주변의 가까운 다른 사람과 함께 살아가는 과정에서 스스로 마음이 행동에 어떻게 영향을 미치는지 알 수 있다는 것도 특별히 배우지 않아도 저절로 알게 된다고 본다.

> 대부분의 아동이 마음의 특성을 특별히 학습하지 않고도 저절로 이해할 수 있다고 해서 모든 아동이 그런 것은 아니다. 생물학적 요인 또는 환경적 요인에 의해 이러한 능력이 발달하지 못하는 아동이 있을 수도 있는데, 이러한 아동이 바로 자폐증 아동이다.

---

8) 마음은 사물과는 달리 겉으로 볼 수도 없고 만질 수도 없는 정신적이고 비(非)물질적인 것이며, 마음은 사적이고 개인적인 것이고, 마음의 가장 중요한 특징은 그것이 표상(어떤 대상물이나 상황을 특정방식으로 나타내는 것, 즉 표상 대상을 표상 내용으로 나타내는 것)이라는 점이다.

유아기 운동 이행 과정

1) 걷기

　대략 2세가 되면 거의 완전하게 이루어지며 걷는 시기와 자세는 지능이나 신경 및 근육조직 발달 정도에 많은 영향을 받는다.

2) 달리기

　달리기는 약 4 ~ 5세가 되면 어느 정도 속도를 낼 수 있다.

3) 뛰어오르기

　(1) 3세 경에 조금 높은 곳에서 뛰어내리기 시작하여 4세가 되면 넓이 뛰기, 높이뛰기 등의 뛰어넘기가 가능해진다.

　(2) 5 ~ 6세가 되면 한발로 뛰기를 할 수 있다.

4) 기어오르기 근력발달과 지구력이 있어야 가능하며 4세 이후 활발해진다.

5) 균형 잡기

　(1) 3세 이후 곧은 길을 걸을 수 있으나 꾸불꾸불한 길은 4세가 되어야 따라 걸을 수 있다.

　(2) 4 ~ 5세 이후 몸의 균형을 잡고 안전하게 속도를 내며 걸을 수 있다.

　(3) 5세가 되면 팔짱을 낀 채로 한쪽 발로 잘 서 있을 수 있다.

6) 공 던지기

　(1) 유아의 눈과 손의 협응 능력과 조정능력을 발달시키는 운동으로 3세의 유아는 팔목을 사용할 줄 모르고 어깨와 팔꿈치를 사용한다.

　(2) 4세 때는 높이 조절이 어렵다.

　(3) 5 ~ 6세 이전에는 공을 받는 것이 어렵다.

7) 자전거 타기

　(1) 세 발 자전거를 타면서 유아는 발을 젓고, 브레이크를 걸고 가속을 시키는 등의 경험을 할 수 있다.

　(2) 2 ~ 3세에 타기 시작하여 즐기지만, 4세가 되기 전에 더 빠르고 더 모험적인 두발 자전거를 선호하게 된다.

기출문제 확인학습

운동 이행 과정

1) 2 ~ 3세경 : 제자리에서 두 발로 깡충 뛸 수 있다.

2) 3 ~ 4세경 : 몸을 앞뒤로 흔들며 한 쪽 팔로 공을 던질 수 있다.

3) 4 ~ 5세경 : 곡선 길과 평균대 위를 걸을 수 있다.

4) 5 ~ 6세경 : 높이뛰기와 멀리뛰기를 할 수 있다.

📁 기출문제 확인학습

운동발달의 역동적 체계이론 (Dynamic System Theory)

1) 역동적 체계이론에서는 운동기술이 성숙과 연습기회에 따라 단순히 이루어지는 것이 아니라고 보고, 영아의 적극적인 의지를 더욱 강조하는데, 즉 인간의 운동발달에는 하나 이상의 많은 요인이 작용한다는 것이다.

2) 인간의 몸은 생물학적 체계의 복합체로 그 안에는 다양한 체계가 존재하며, 인간이 움직이기 위해서는 각각의 체계가 제대로, 그리고 조화롭게 작동해야 한다.

3) 이 체계는 역시 더 큰 체계인 문화나 사회적 체계에서 작동한다고 보며, 운동발달은 신경과 신체 그리고 사회체계 간의 역동적인 상호작용이 나타난다.

4) 영아가 기존의 운동능력을 새롭고 복잡한 행동체계로, 능동적으로 재조직한 결과 새로운 운동기술이 나타난다고 본다.

5) 흥미로운 사물과 사건은 영아들에게 일어나 앉고 기고, 걷고, 그리고 뛰고 싶게 만드는 이유를 제공해 주며, 새로운 운동 기술을 습득하고자 하는 영아의 적극적인 의지에 따라 각기 다른 발달 양상으로 나타나게 된다.

6) 역동적 체계이론은 이러한 맥락에서 영아들이 새로 습득해 가는 운동기술들을 왜 조금씩 다른 방식으로 발달시켜 가는지를 설명하고 있다(Thelenetal, 1993).

제5절 | 아동기 발달

1) 학령전기 (아동기 전기, 4세 ~ 6세) 발달

- 또래 집단과의 접촉을 통하여 사회기술을 본격적으로 습득하게 되고 사물에 대한 호기심이 증가하며 직관적 사고능력의 발달을 보인다.
- 부모와의 동일시를 통해 성인의 세계를 이해하고 이성 부모에게 애정이 각별한 시기로 스스로 무엇을 해보려는 독립심(주도성)이 생긴다.

(1) 신체적 발달

① 신체적 성장

신장은 출생 시의 2배, 체중은 5배 정도로 발달한다.

② 운동 기능

다각형을 그릴 수 있을 정도로 정교해지며 작은 공을 똑바로 던지고 받을 수 있게 된다.

③ 운동 능력의 발달

(2) 심리적 발달 및 인지발달

① 불완전한 분류능력을 보인다.

② 자아중심성의 경향을 보인다.

③ 사고적 측면에서 비가역성을 보인다.

(3) 도덕성 발달 - 자기중심적인 2 ~ 6세 동안의 전조작기에 존재하는 도덕적 수준(전인습적 수준)

(4) 정서 발달

① 5 ~ 6세가 되면 집 밖에서 일어나는 일로 질투심이 나타나 가정 내에서의 질투는 점차 감소한다.

② 5 ~ 6세 정도가 되면 자신의 감정을 감추는 등의 여러 가지 기제를 갖게 되므로 감정을 보다 능숙하게 숨길 수 있게 된다.

(5) 사회적 관점 수용능력 - 미약

3 ~ 6세가 되면 다른 놀이터에 가서 친구들과 자주 노는 시간 때문에 다른 사람의 관점을 수용할 수 있는 능력, 즉 사회적 관점을 수용할 수 있는 능력이 생긴다.

① 이 때 사회적 발달은 타인의 관점을 수용할 수 있는 능력발달과 관련되어 있다.

② 자신의 관점과 타인의 관점을 정확하게 구별할 수 없기 때문에 아동기 전기에는 사회적 관점 수용능력의 발달수준이 낮고 유아는 대인 관계상의 갈등을 객관적으로 해결하지는 못한다.

(6) 성역할 학습

① 성역할의 고정관념은 남성 또는 여성으로 귀착시키는 특성과 역할의 집합이다.

② 이 시기에는 성역할에 대한 인식이 생기며 전체적인 자아개념에 자신의 성을 연결시키게 된다.

③ 자신의 성과 그에 맞는 행동 및 사회적 관계에 관심을 갖게 되며 점차적으로 성 역할 기준을 자신과 친구들의 행동에 적용하려고 한다.

(7) 자아개념의 형성

① 자아개념은 한 개인이 가진 고유한 속성과 그 사람이 속한 환경의 속성, 그리고 그 사람과 환경 간의 상호작용을 반영한다.

② 자신이나 가족의 주요한 특징과 일치하지 않는 환경에 존재할 때 불안정하고 확실하지 못한 자아개념을 갖게 되고 자존감이 낮아진다.

(8) 사회화

① 사회화는 개인이 자신이 속한 사회집단에 적합하다고 생각되는 행동양식을 습득하는 과정이다.

② 사회화 과정에 가장 많은 영향을 미치는 집단은 가족이며 그 중에서도 부모의 양육행동이 사회화 뿐만 아니라 이후의 성격발달에도 중요한 영향을 미친다.

2) 학령기 (아동기, 아동기 후기, 7 ~ 12세) 발달

(1) 공식적 학교교육을 통하여 사회가 요구하는 기본적인 기술을 습득하는 발달단계이다.

(2) 프로이트는 이전 단계에서 오이디푸스 콤플렉스가 해결되고 성적, 공격적 충동이 억제됨으로써 중요한 발달적 사건은 일어나지 않는 '잠복기 = 잠재기'라 하였다.

(3) 피아제는 아동기 전기와는 다른 새로운 형태의 사고발달이 이루어지는 중요한 시기라고 하였다.

신체적 발달		어른들이 하는 거의 모든 운동을 할 수 있으며 이러한 게임에 참여하는 것은 운동 효과 이외에도 대인관계를 형성하고 게임의 규칙을 준수하며 팀의 구성원들과 상호 협력하는 방법을 배우는 등 사회적 기술의 학습 기회도 부여하게 된다.
심리적 발달	인지 발달	구체적 조작단계에서 성취하는 세 가지 개념적 능력은 보존기술, 분류기술, 조합기술 등의 개념적 기술들이 점차적으로 발달한다고 하였다. ① 보존의 개념 ② 유목화의 개념 ③ 조합 및 서열화의 능력
	감각 발달	① 지적 기능이 분화됨에 따라 객관적인 지각이 가능해진다. ② 유아기에 발달한 운동지각은 아동기에는 점차 공간지각으로 전환되어 간다.
	지능과 창의성 발달	① 지능은 인간이 유목적적으로 행동하고 합리적으로 사고하고 능률적으로 환경에 대처할 수 있는 총체적 능력이다. ② 인간의 지능발달은 11~12세까지는 거의 직선적으로 발달한 후부터 점점 완만하게 발달하여 17~18세경에 절정에 이른다.
	정서 발달	① 비교적 정서적으로 안정된 시기로 정서적 통제와 분화된 정서표현이 가능하다. ② 사회적 관계범위가 넓어지기 때문에 분노의 감정 표출 및 통제를 하며 정서를 표출하는 규칙에 대한 이해도 증가한다.
	자아 개념의 발달	① 자신의 존재에 대해 인지사고 체계에 의하여 형성된 것이 자아개념이고 자기 존재에 대한 느낌이 자아존중감(self-esteem)이다. ② 자아존중감은 3가지 첫째, 학업에 대한 자아존중감, 둘째 부모와의 관계 및 또래와의 관계로 인한 사회적 자아존중감, 셋째 신체적 자아존중감이 있다.
사회적 발달	학교와 사회적 발달	① 학교는 아동의 인지발달의 장이면서 아동의 사회적 활동의 현장으로서 사회적 발달에도 많은 영향을 미친다. ② 친구와의 상호작용을 통해 자아 중심적 관점이 감소되고, 협동, 경쟁 등 원리를 습득하게 되며, 사회적 규칙이나 압력에 반응하는 방법을 학습하게 된다.
	친구 관계의 경험	① 친구들에 의해 삶과 관련된 여러 측면에는 다양한 방식이 있다는 것을 안다. ② 또래집단 경험을 통하여 또래집단의 사회적 규범과 압력에 점점 더 민감해진다. ③ 동성의 친구와 친밀한 관계를 경험한다.
	단체 놀이와 사회적 발달	① 아동은 집단의 목표를 자신의 목표보다 상위에 놓는 것을 배우게 된다. ② 분업의 원리: 분업이 목적을 성취하기 위해 효과적이라는 것을 이해한다. 놀이를 통해서 어떤 놀이를 할 때에 어떤 부분은 내가 감당을 하고 다른 것은 다른 친구가 감당을 한다는 것이 바로 분업의 원리이다. ③ 경쟁의 여러 측면을 깨우치고 자신의 역할을 보다 상대적이고 상호관련성을 갖는 측면에서 개념화할 줄 알게 된다.

제6절 | 청소년기 발달[9]

1) 청소년기 자아 중심성

(1) 개인적 우화

① '나는 특별하고 독특한 존재로서 나의 감정이나 경험세계는 다른 사람과 근본적으로 다르다.'고 생각을 하는 것이다.

② 자신의 독특성에 대한 비합리적이고 허구적인 관념이다.

③ 다른 사람이 경험하는 죽음, 위험, 위기가 자신에게는 일어나지 않거나 피해를 안 입는다고 확신하는 것이다

　예 '나는 임신하지 않을 거야', 음주 운전, 마약 등

④ 개인적 우화는 청소년들의 자기 과신, 과도한 자의식에서 비롯된다.

⑤ 현실검증 능력이 생기면서 자신과 타인의 실체를 객관적으로 인식하는 가운데 사라진다.

(2) 상상의 청중

① '나는 타인의 집중적인 관심과 주의의 대상이 되고 있다'는 믿음을 갖는다.

② 상상적 청중을 즐겁게 하기 위해 힘을 들여 노력하고 타인이 눈치 채지 못하는 작은 실수로 번민하게 된다,

③ 과도한 자의식에서 비롯된다.

2) 청소년기(전기와 후기)의 발달 내용

청소년 전기 (12~18세)	신체적 발달	① 청소년기 전기의 특징은 급속한 성장과 생식능력의 획득이다. ② 청소년 전기의 급속한 신체적 변화는 자신을 더욱 성인에 가깝게 느끼도록 해주 며 성역할에 대한 동일시를 강화시킨다. ③ 성적 성숙에 따라 발생하는 현상들에 대해 양가감정을 갖는 등 심리적으로도 영향을 미친다.
	인지적 발달	① 청소년기에는 신체적 성숙과 더불어 인지적 능력도 확대된다. ② 자신의 지각과 경험보다 논리적 원리에 지배를 받기 때문에 좀 더 추상적인 사고가 가능하며, 경험하지 못한 사건에 대해 가설을 설정하고 미래를 예측할 수 있게 된다. - 형식적 조작기 ③ 형식적 조작사고는 자신의 사고를 비판적으로 검토할 수 있고 한 변수가 다른 변수에 미치는 영향에 대한 가설을 세울 수 있는 능력이 있다.
	심리 사회적 발달	① 또래집단 청소년기 전기의 청소년들은 또래집단에게서 인정받고자 하는 욕구가 매우 강하 며 심리적으로 어떤 집단의 성원이 되기를 원하는 경향이 있고 또래집단의 경험을 통해서 청 소년들은 집단의 조직을 평가하고 조직 내에서 자신의 위치를 평가하는 기술을 배우게 된다.
청소년 전기 (12~18세)	심리 사회적 발달	② 이성관계 청소년기 전기에는 아직은 동성의 친구관계가 중요하지만 성적 성숙과 사회적 기 대 결과로 이성관계가 새로운 관심의 대상이 되기 시작한다. ③ 정서적 발달 - 질풍노도의 시기 청소년기 전기는 감정이 격하고 기복이 심하며 그 표현도 과 격하고 낙관적, 비관적 감정이 교차하기도 하고 자부심과 수치심을 강하게 경험하기도 한다.

9)　청소년기의 발달내용은 (청소년이해론)에서 구체적으로 이해하길 바란다.

청소년 후기 (18~22세)	① 자신의 삶에 대해 결혼, 직업의 선택을 준비하는 시기이다. ② 개인적인 정체감을 확립하는 최종적인 단계이다.	
	신체적 발달	최상의 신체적 상태를 유지하며 활기, 힘, 건강이 높은 수준에 달한다.
	인지적 발달	지적 과제의 수행정도는 10대 후반에 가장 뛰어나며 판단, 추론, 창의적 사고 등 인지능력은 전 생애를 통해 발달하는 것으로 보는 견해가 대부분이다.
청소년 후기 (18~22세)	심리 사회적 발달	① 부모에게서 독립준비 - 청소년기 후기가 되면 사고와 행동이 더 자율적이 되면서 부모에게서 독립하기 시작한다. - 부모로부터 자율성을 획득한 청소년들은 자신과 부모 간의 상이성과 유사성을 확인하고 그것을 받아들일 수 있다. ② 성역할에 대한 정체감 - 아동기에 친밀한 동성 친구와의 경험으로 적절한 성역할 행동에 대한 친구 간의 규범을 알게 해준다. - 청소년기 초기에 일어나는 신체적 변화를 자신의 성역할에 대한 정체감에 통합하게 된다. - 청소년기의 성 호르몬의 변화가 생식능력과 더불어 성적 충동을 갖게 한다. - 청소년기 후기를 거치면서 성인 남자와 여자에게 주어지는 성 역할 행동에 대한 사회적 기대를 접하게 된다. ③ 직업에 대한 준비 - 청소년기 후기는 직업선택에 대한 준비를 하는 시기이며 이때 어떤 직업을 선택하느냐에 따라 성인기의 삶의 방식이 결정된다. - 직업선택에 신중을 기하고 자신이 원하는 직업을 갖기 위해 노력하게 된다. ④ 자아정체감 확립 - 청소년기 후기에는 자신의 본질적인 내용에 대한 의문을 갖게 되며 자신의 본질적인 것은 "나는 누구인가?"라는 정체성 질문에 대해서 인격에 대한 의문을 갖게 된다. - 자아정체감의 형성은 아동기의 동일시의 경험에서 시작된다고 볼 수 있다. - 에릭슨은 정체감을 실현할 때까지 자유롭게 실험하는 이 기간을 '심리사회적 유예기'라고 명명하였다.

📁 실력 다지기

성역할에 대한 정체감과 성적 사회화의 구성 요소

1) 성역할에 대한 정체감
    (1) 성적 대상의 선택하고 적절한 성역할을 학습하며 성행위에 대하여 이해하고 관련지식을 습득하면서 성 정체감이 확립되어 간다.
    (2) 아동기에서 청소년기 후기에 이르면서 자신의 성에 대한 정체감이 재개념화되고 확고해진다.
2) 성적 사회화의 구성 요소
    (1) 좋아하는 성적 대상을 선택하는 것
    (2) 성 정체감을 확립하는 것
    (3) 적절한 성인의 성역할을 배우는 것
    (4) 성행위에 대해 이해하고 그것에 대한 지식을 습득하는 것

3) 설리반의 발달단계[10]

발달시기	연령	대인관계 욕구
유아기	2, 3세	• 타인과의 접촉욕구와 양육자로부터 사랑 받고자 하는 욕구가 생김 • 기본적인 생존욕구를 양육자로부터 공급, 초기 대인관계 형성
아동기	6, 7세	• 놀이에 성인의 참여를 희망하고, 성인이 원하는 행동을 함 • 특정친구를 선택하지만, 관계는 가상적이며, 공상적임
소년/소녀기	10세	• 또래 친구를 얻고자 하며, 또래집단 참여하고 하는 욕구가 커짐 • 친구관계에서 보다 친밀한 진정한 첫 친구를 사귀고 학교를 통해 대인관계 폭이 넓어지게 됨
전 청소년기	14세	• 동성친구와 1:1의 관계를 갖고자 하는 욕구가 생김 • 폭넓은 대인관계에서 1;1의 친밀한 관계를 통해 생각, 느낌을 공유하게 됨
청소년 초기	18세	• 성적 접촉욕구가 생기며, 자신과 비슷한 생각을 가진 친구가 생김 • 이성친구와의 친밀 욕구와 본능적 욕구 충족에서 갈등함
청소년 후기	성인기 까지	• 성인사회에의 통합욕구를 가짐 • 성적욕구와 친밀감의 욕구가 통합됨 • 애정에 입각한 지속적이고 안정적인 관계 유지

📂 실력다지기

1) 설리반(Sullivan)은 대인관계 욕구를 총 6단계로 구분 지었다.
2) 어릴 때의 대인관계 욕구의 해결이 청소년기의 자아정체감과 자기 존중감 형성에도 중요한 역할을 한다는 점을 고려해서 청소년기의 대인관계 욕구를 알아보면 청소년기의 처음 시기인 전 청소년기(청소년 전기)는 12~14세에 해당하는 시기로써 동성 단짝 관계에서의 교감 확인 욕구가 대인관계 욕구의 중심을 이룬다.
3) 동성의 몇몇 친한 친구와 관계를 형성하며, 이를 '단짝 관계'라고 불렀다.
4) 단짝 관계는 서로 자기를 노출하고 서로의 사고, 감정 등을 공유하는 관계로 이를 통해 우정을 형성하고, 또 자기를 노출함으로써 자기 안의 문제에 대한 치유적 기능도 가능하게 하였다.
5) 설리반(Sullivan)은 전 청소년기(청소년 전기) 대인관계에서 부모와의 관계를 중요시하지 않고, 제한적으로 친구 관계에서만 그 영향력을 중요시하고 있다.

---

10) 청소년기 발달에 친구관계가 중요한 역할을 한다고 강조하였다.

성조숙증 등

1) 성조숙증[11]

(1) 성조숙증은 2차 성징이 빨리 나타날 때로 정의되며 일반적으로 2차 성징이 여자에서는 8세 이전(또는 유방발달이 8세 이전, 음모발달이 9세 이전, 초경이 9.5세 이전), 남자에서는 9세 이전에 나타나는 경우를 말한다.

(2) 성조숙증은 여아가 남아보다 3배 정도 더 많이 보인다.

(3) 실제 여아의 경우 체중이 40kg 정도일 때 생리를 시작하는데, 같은 연령이라도 마른 경우 2차 성징이 늦게 나타나기도 한다.

(4) 특별한 원인이 없는 성조숙증의 가장 큰 문제는 키와 관련되는데, 성장판이 빨리 닫혀 키가 더 안 자라게 된다.

(5) 성조숙증인 아이들은 어릴 때는 또래보다 키가 훨씬 크지만 일찍 사춘기가 찾아오고 이로 인해 뼈 나이가 실제 나이보다 많아지면서 성장판이 일찍 닫혀 성장이 일찍 멈춰버리는 것이다.

2) 조숙과 만숙

(1) 조숙한 남자 청소년 장점

① 비슷한 연령의 여자들이 신체적으로 유사하므로 여자들과 더 쉽게 어울릴 수 있다.

② 신체적 활동(운동)에 유리하므로 또래 친구들에게 인기가 많다.

③ 또래로부터 힘이 세고 용기가 있으며 성적으로 보다 적극적일 것이라고 기대를 받는다.

(2) 조숙한 남자 청소년의 단점

① 흡연, 음주 등과 같은 약물복용에 쉽게 노출된다.

② 학교폭력과 같은 비행행동에 보다 쉽게 노출된다.

(3) 조숙한 여자 청소년 - 남자 청소년에 비해 긍정적 효과가 적다.

① 여자 청소년에게 운동능력은 그리 중요하지 않다.

② 남자 청소년과의 교제에 도움이 되지 못한다.

③ 성숙하다고 하더라도 또래로부터 긍정적 기대를 더 받지는 않는다.

④ 비행, 약물 등과 같은 부적응 행동의 가능성이 더 크다.

⑤ 데이트에서 성관계의 압력을 더 받는다.

⑥ 또래와 비슷한 성장을 보이는 여자 청소년이 신체적 자아개념이 가장 긍정적이다.

(4) 조숙

① 책임성이 강하고 협동적이며 자기 통제력이 뛰어나다.

② 동조경향이 강하고 인습적이며 유머감각이 부족하다.

(5) 만숙

① 충동적이고 자기주장이 강하다.

② 통찰력이 강하고 창조적이다.

---

11) 출처 : 한의학적 실전 성장 치료, 변영휘, 초락당

📁 기출문제 확인학습

청소년기에 정체감 형성이 중요한 이유

1) 급속한 신체적, 정신적 성숙에 따라 내적 충동의 양적, 질적 변화 때문에
2) 아동도 성인도 아닌 주변인, 독립성과 의존성의 상반된 사회적 욕구를 경험하기 때문에
3) 사회는 청소년이 독립적인 존재가 되기를 요구하면서도, 청소년들의 본격적인 사회적 관심과 참여에는 제한을 가하기 때문에
4) 청소년기가 되면서 선택을 강요받는데, 특히 진로선택의 경우에는 그 결과에 대한 책임이 수반하고 미래의 삶의 방향이 좌우될 수 있기 때문에, 청소년들은 그에 대해 불안감과 초조감을 갖게 되기 때문에
5) 지적 능력의 급속한 발달로 자아에 대한 고민과 번민, 갈등이 증폭되기 때문에
6) 동일시 대상이 변화하기 때문에

청소년기 품행장애

품행장애는 남자에게서 훨씬 높게 나타난다. 청소년기의 여아에게는 성적 일탈이 두드러지며 남아는 폭력적 성향이 두드러진다. 주로 청소년 초기에 처음 발현된다. 소아기(10세 이전)에 발병되면 잘 낫지 않으며 청소년기에 발병하면 나이가 들어서 반사회적 행동이 줄어드는 경향이 있다.

DSM-5의 신경성 식욕부진증 진단 준거

A. 연령과 신장에 비해 최소한의 정상 체중을 유지하는 것조차 거부한다.
B. 체중이 적음에도 불구하고 체중 증가와 비만에 대한 극심한 두려움이 있다.
C. 체중과 체형에 대한 지각방식이 왜곡되고, 체중과 체형이 자기 평가에 지나친 영향을 미치며 현재의 낮은 체중의 심각성을 부정한다.
D. 월경이 시작된 여성에게 무월경, 즉 적어도 3회 연속적으로 월경 주기가 없다(만일 월경 주기가 에스트로겐과 같은 호르몬 투여 후에만 나타날 경우 무월경이라고 간주된다).
  1) 유형의 세분화
    (1) 제한형 : 신경성 식욕부진증의 현재 삽화 동안에 규칙적으로 폭식을 하거나 하제를 사용하지 않음(즉, 스스로 유도하는 구토 또는 하제, 이뇨제, 관장제의 남용이 없음)
    (2) 폭식 및 하제 사용형 : 신경성 식욕부진증의 현재 삽화 동안 규칙적으로 폭식하거나 하제를 사용함(즉, 스스로 유도한 구토 또는 하제, 이뇨제, 관장제의 남용)

청소년 자살의 특성

청소년 자살은 성인의 자살과 비교했을 때 매우 충동적이며 모방성 유형이 많고, 모멸감, 부당함, 스트레스 등과 같은 정상적 범주에 포함되는 특성을 보이고 있다.

1) 외부 자극 변화에 민감하여 충동적으로 일어나기 쉽다.

2) 사소한 일에도 쉽게 충격을 받아 단순하게 자살하는 경향이 많다.

3) 오랫동안 자살생각을 한 결과라기보다는 다분히 감정적이다.

4) 모방 자살이 많다.

5) 자신의 심적 고통을 외부에 알리고자 하는 호소형 자살이 많다.

6) 가정의 불화를 자신의 탓으로 생각하는 죄책감으로 인한 자살이 많다.

7) 성적 및 학교생활과 관련된 문제로 인한 자살이 많다.

8) 친구와의 동일시로 인한 집단자살이 많다.

9) 최근에는 이성교제와 그로 인한 비관 등의 문제로 자살하는 경우가 증가하고 있으며, 청소년 소비 증가로 인하여 카드와 핸드폰의 무분별한 사용과 그에 따른 경제적 문제로 자살하는 사례도 나타나고 있다.

청소년 자살의 원인

1) 청소년들이 자살을 생각하는 이유는 다양한데, 일반적으로 가정이나 학교에서의 관계 문제, 성적에 대한 압박감, 학업 스트레스, 개인의 성격 문제 등이 청소년 자살 생각을 하게 되는 요인들로 알려져 있다.

2) 개인적으로는 주위에 자살한 가족이나 친구가 있는 경우, 음주경험이 많거나, 학업성적이 낮고, 따돌림이나 폭력을 당한 경험이 많은 청소년, 우울하고 수동적인 삶의 자세를 가졌거나 적대감, 절망감, 부정적인 자기평가 등이 청소년의 자살행동과 큰 연관이 있는 것으로 나타났다.

📁 기출문제 확인학습

청소년기 두뇌 변화의 상징 '수초화'[12]

1) 청소년기에 나타나는 변화의 원인 가운데 하나가 '수초화(미엘린화 myelination)'이다.

2) 수초화란 피복을 입히지 않은 전선 상태의 축색돌기 표면을 슈반 세포의 세포막이 감싸면서 결과적으로 신경 전달을 신속하게 해주는 변화이다.

3) 뇌는 부위에 따라 수초화가 일어나는 시기와 정도가 다른데, 10대의 뇌에서 수초화가 일어나는 곳은 대상회 와 해마를 연결해주는 상수질판이다.

4) 이 부위는 순간적인 반응을 전후 맥락과 연결해주는 회로의 핵심 부분이다.

5) 이 부분이 수초화한다는 것은 좀 더 성숙한 행동을 하고, 충동을 잘 조절하고, 집중력이 향상된다는 것을 뜻한다.

6) 언어 기능에 관여하는 베르니케 영역의 왼쪽과 오른쪽을 연결하는 뇌량의 섬유세포도 대부분 13 ~ 14세 무렵 에 수초화가 진행된다.

7) 일기를 써도 간단한 단문만 쓰던 열 살 아이가 차츰 자신의 감정을 표현하고 구성도 풍부한 글을 쓸 수 있는 열세 살이 되는 것이다.

불균형한 도파민, '오버'하는 10대

1) 신경전달 물질인 도파민 분비의 변화도 청소년기의 특성을 형성하는데 일조한다.

2) 도파민이 분비되는 수치는 아동기에 최고치에 이르렀다가 청소년기를 거치는 동안 감소한다. 도파민이 분비 되면 짜릿한 쾌감을 느끼게 된다.

3) 청소년기에는 뇌의 도파민 분비가 점차 줄어드는데, 그런 와중에도 전전두엽 피질에서는 상대적으로 도파민 분비가 증가해 이로 인해 중격의지핵을 비롯한 보상회로에서 도파민의 수치가 떨어지게 된다.

4) 보상회로 부위에 도파민이 부족해진 10대는 이전에 경험한 만족감을 얻기 위해 보다 자극적으로 행동하게 되 는 것이다.

5) 전전두엽에서 도파민 분비가 증가함에 따라 10대는 자신이 경험하는 새로운 상황을 매우 중요하게 인식하게 되고, 그에 따라 바로 행동으로 표현할 확률이 높아진다.

6) 도파민 때문에 뇌로 들어오는 정보가 과장되고, 결과적으로 출력도 과장되게 나가는 것이다.

---

12) 출처 : http://kr.brainworld.com/PlannedArticle/15782₩

1) 청년기는 생애에 있어서 중요한 전환의 시기이다.
2) 청년기 이후에는 지금까지 준비한 것을 실현하고 구체화하는 시기이다.
3) 이 시기에 가장 큰 변화는 직업을 갖고 결혼하는 것이다.
4) 청년기 이후 발달은 신체적, 인지적 요소가 아닌 사회문화적 요소에 따라 이끌어진다.

1) 신체적 발달

청년기는 신체적 발달이 정점에 달하며 육체적인 힘은 25 ~ 30세 사이에 최고조에 이르며 그 후에는 점차 쇠퇴한다.

2) 인지적 변화

(1) 인지변화를 정확히 판단하기 위해서는 교육수준, 사회경제적 지위, 건강상태 등을 고려해야 한다.

(2) 청년기에는 대부분 새로운 지능발달은 거의 없고 인지기술 상실도 뚜렷하게 나타나지 않는다.

3) 심리사회적 발달 - 결혼

(1) 결혼에 대한 적응

결혼 초기에 결혼관계가 허용하는 한계를 깨달아야 하며 어느 정도의 자유를 느낄 수 있어야 한다.

(2) 자녀의 출산과 양육

① 자녀를 가짐으로써 부모가 아이와 애정을 나누며 어른들을 외로움에서 보호하여 준다.
② 자녀의 출산과 양육과정은 새로운 적응이 필요한 급격한 변화를 동반하게 되는데, 즉 자녀가 없다가 자녀가 있을 때에는 그 만큼 많은 변화적인 요소가 생기기 마련이다.
③ 부모로서 역할 변화에 대한 준비는 자녀 양육을 분담하는 것이 요구되고 육아에 대한 지식, 부부 간에 역할과 책임에 대한 재조정과 그에 대한 합의가 중요하다.

(3) 직업의 세계

① 직업을 구하거나 직업에 대해 준비하는 과정에서 자신의 개인저 능력과 특정한 직업이 갖는 다음의 요소들이 조화를 이루는지를 평가해야 한다.
② 고려해야 할 요소로는 자신 능력, 직장 직무 성격(전문지식, 기술), 지위, 권위, 직장위험 요소, 직장동료와의 화합 정도 등이 있다.

<참고문헌> <매직트리, 뇌 과학이 밝혀낸 두뇌성장의 비밀> 메리언 다이아몬드 외, <십대들의 뇌에서는 무슨 일이 벌어지고 있나> 바버라 스트로치, <의학 신경해부학> 이원택 외

제8절 | 성인기(중·장년기) 발달

1) 학자별 중년기 정리

융	① 40세경에 시작되는 중년기를 인생의 전반에서 후반으로 바뀌는 전환점으로 보고 매우 중요시했고 중년기는 새로운 변화의 길로 접어드는 시기이다. 외적 자아를 내적·정신적 차원으로 전환시키는 것을 '개별화(individuation)'라 하였다. ② 인간이 의식과 무의식을 모두 포함하는 정신에 의한 자기 인식을 통해 개별화를 향해 나아갈 때 중년의 위기가 해결될 수 있다. ③ 개인은 외부세계를 향하여 쏟았던 에너지를 전환하여 내적 자아에 초점을 맞추도록 자극 받으며, 지나간 생의 의미에 대해서도 의문을 제기하기 시작한다.
에릭슨	① 에릭슨은 중년기에 사회적 발달에 초점을 맞추어서 생산성 대 침체감으로 발달위기를 설정하였다. ② 에릭슨의 8단계 중 이 시기의 주된 관심은 부모됨과 직업에서의 성취를 통해 자신의 흔적을 영속적으로 남길 수 있는 무엇인가를 생산하는 것이다.
펙	▶중년기 발달 이슈 ① 지혜를 중요시할 것인가? 아니면 육체적 힘을 중요시할 것인가? 이 시기를 효과적으로 보내는 사람은 육체적 힘보다는 정신적 능력(= 지혜)을 평가의 기준과 문제해결의 수단으로 삼는 사람이다. ② 대인관계를 사회화할 것인가? 아니면 성적 대상화할 것인가? 갱년기의 변화는 남녀관계에서 상대방에 대하여 성적 대상으로 가치를 두기보다는 개인적인 인격에 가치를 두도록 한다. ③ 정서적 융통성 대 정서적 빈곤 정서적 융통성이란 정서적 투자를 한 사람 또는 한 활동에 집중하던 것으로부터 다른 사람, 다른 활동으로 전환할 수 있는 능력을 말한다. ④ 지적 융통성 대 지적 엄격성 중년기의 사람들은 견해나 활동에 융통성이 있어야 하고 새로운 사고에 대하여 수용적이어야 한다.
레빈슨	① 중년기 전환은 다음 단계를 보다 창의적으로 가능성 있게 맞이하느냐, 혹은 심리적 위축과 함께 절망감으로 맞이하느냐를 결정하는 결정적 시기라 할 수 있다. ② 레빈슨은 중년기 생애구조 형성을 위한 근거로 젊음과 노화(young & old), 파괴와 창조(destruction & creation), 남성성과 여성성(masculine & feminine), 애착과 분리(attachment & separateness)등 자아 내부에 공존하는 양극성을 통합해 나갈 것을 제안하였다. ┌─────────────────────────── **레빈슨의 성인의 인생구조 형성과정** (인생계절론) 1) 미성년기(22세 미만) - 청년기 말기까지의 형성기이다. 2) 성인초기(17세 ~ 45세 미만) - 자신의 정체성을 확립하고 취업, 결혼, 출산을 경험하며 가족부양자로서의 역할을 확립하는 시기이며 주 관심사는 가족보다 직업에 있다. 3) 성인중기(40세 ~ 65세 미만) - 생물학적 능력은 감소하지만 사회적 책임은 더 커지고 지혜나 판단력이 절정을 이루며 정력적으로 일에 몰두하는 시기이다. 4) 성인후기(60세 이후) - 신체적 노화와 죽음을 강하게 의식, 죽음을 준비하고 사회에 의무를 다하고 개인적 보상을 주는 활동을 하는 시기이다.

레빈슨(Levinson)의 성인발달 인생주기 모형

1) 인생 주기를 네 개로 나누고 각 주기 사이에 세 번의 전환기를 설정하였다.

2) 5년간의 전환기들은 이전 시기의 삶을 평가하고 통합하며 다음 시기를 설계하는 시기이다.

3) 각 시기에 한 개인의 삶의 기본양식을 뜻하는 인생구조[13]를 가정한다.

4) 각 시기의 인생구조는 3단계(초보인생구조 → 전환기 → 절정인생구조)로 이루어진다.

5) 레빈슨은 총 5번에 걸친 전환기를 설정하여 생의 과정에서 경험하는 동요와 위기의 중요성을 부각하였다.

6) 4단계의 주기와 3단계의 전환기

    (1) 성인 이전 시기(0 ~ 22세)

        → 성년기 전환기(17 ~ 22세)

    (2) 성인 초기(17 ~ 45세) : 초보 인생구조 - 30세 전환기 - 절정 인생구조

        → 중년기 전환기(40 ~ 45세)

    (3) 성인 중기(40 ~ 65세) : 초보 인생구조 - 50세 전환기 - 절정 인생구조

        → 노년기 전환기(60 ~ 65세)

    (4) 성인 후기(60세 이후)

7) 주요 단계별 특징

    (1) 성년기 전환기(17 ~ 22세)

        부모로부터 경제적, 정서적 독립으로 자신의 인생구조 변화

    (2) 성인초기 초보인생구조(22 ~ 28세)

        이성을 만나 가정 꾸리기, 직업선택 → 꿈과 스승(mentor)이 중요한 영향 미침

    (3) 30세 전환기(28 ~ 33세)

        지난 10년을 돌아보며 자신이 해온 일이 적합했는지 의문을 제기하며 위기 경험(결혼 위기)

    (4) 절정인생구조(33 ~ 40세)

        ① 30세 전환기를 통해 인생구조가 확립되면 가정과 사회에서 열성적으로 활동, 인생 뿌리내림

        ② 이전에 지녔던 꿈을 실현하거나 불가능한 부분 버리고, 모델로 삼았던 스승을 마음에서 버림 → '자기 자신이

            되기' 시기

---

13) '지금 내 삶은 어떠한 모습인가?'라는 의문에 스스로 제시하는 대답이다.

> ### ⊘ 부연
>
> **레빈슨(D. Levinson)의 성인발달이론[14]**
>
> 1) 레빈슨 등은 인생주기[15]진행을 자연의 사계절이 진행되는 과정에 비유하고 있다.
> 2) 여기서 인생주기(life cycle)는 출생에서 죽음에 이르는 과정(process) 또는 여정(journey)을 의미한다.
> 3) 그가 인생주기의 진행을 자연의 사계절에 비유한 이유는 우선 사계절의 질적 특징이 인생의 각 시대의 발달적 특징과 유사한 점에 있다.
> 4) 그러나 보다 큰 이유는 그 진행이 변화와 안정과정이 순환하면서 점진적으로 이루어지고 있으며, 그 변화과정이 과거와 현재와 미래를 연결하는 연속성이 있다는 점이다.
> 5) 그는 전 생애를 크게 성인 이전기, 성인초기(주요 과업은 꿈의 형성과 멘토 관계의 형성), 성인중기, 성인후기의 4개의 시대(Eras)로 구분하고 있으며, 각 시대는 4~5년 정도 지속되는 몇 개의 시기들(Periods)의 계열(sequence)로 이루어져 있다고 하고 있다.
> 6) 그런데 이러한 시기들의 계열이 진행되는 과정은 변화와 안정의 순환원리에 의해 진행된다.
> 7) 즉 혼돈과 갈등, 변화가 수반되는 '전환기(transition)'와 다음 시대를 적절하게 살아가기 위해 새로운 삶의 구조(life structure)를 형성하는 '안정기(settling down period)'가 교차되면서 인생주기가 진행된다.
> 8) 개인의 심리·사회적인 발달은 안정기보다는 주로 전환기에 이루어진다고 할 수 있다.

> ### 📁 실력다지기
>
> **빈 둥지 시기**
>
> 1) 자녀가 모두 성장해서 집을 떠나고 두 부부만 남게 되는 시기이다.
> 2) 만족도 증가 부부 - 경제적 부담 줄고 자유시간이 많아져서 결혼만족도도 증가한다.
> 3) 만족도 감소 부부 - 빈 둥지 위기시기로 결혼생활이 행복하지 못했던 부부들의 경우 자녀가 떠나고 난 빈 둥지에서 둘 사이에 공통점이 없음을 발견하고 공허감을 느낀다.
> 4) 빈 둥지 증후군 - 자신의 삶을 오로지 자식만을 위해 헌신해 온 어머니의 경우 고독감에 심한 우울증에 빠진다.

2) 신체적 변화

(1) 40대 초반에 신진대사의 저하가 일어나며 체중이 늘기 시작하여 건강상의 문제가 일어나기 쉽고 질병에 취약해진다.

(2) 감각기관의 능력도 감소하며, 특히 시각에서 원시가 되는 경향이 있으며 청각의 예민성을 상실하기 시작한다.

(3) 갱년기(여성)

폐경은 대개 40대 후반에 일어나지만 개인차가 있으며 폐경과 더불어 신체적 변화가 일어나는데 그 대표적인 증상이 얼굴이 붉게 달아오르는 홍조(flushes) 현상이다.

---

14) 출처 : 남자가 겪는 인생의 사계절, Levinson 저, 김애순 역[15]

15) 레빈슨(Levinson)은 이러한 인생주기의 진행과정이 계절(season)이라는 의미를 함축하고 있다고 한다. 한 해가 봄, 여름, 가을, 겨울이 있듯이 인생에도 아동, 청년, 장년, 노년의 계절이 있다. 또한 인생주기의 진행과정은 마치 사계절의 흐름과 유사하다. 사계절의 흐름이 계절에 따라 변화하는 과정이듯이 인생주기도 전환기(transition)와 안정기(settling down period)가 교차되면서 진행되는 순환과정이다.

이 시기는 이혼, 결혼 외의 관계, 직업의 전환, 사고(accident) 등이 일어나기 쉬우며, 자살시도의 위험까지도 존재한다.

3) 인지적 변화

(1) 단기적 기억능력은 장년기에 약화되기 시작하지만, 장기적 기억능력은 장년기에 변화를 보이지 않는다.
(2) 반응시간이 느려지고 속도와 민첩성을 요구하는 검사에서 젊은 사람들보다 낮은 점수를 얻으며 문제를 파악하고 해결하는 데 필요한 시간도 길어진다.

4) 심리사회적 변화

건강한 결혼관계를 유지하기 위한 세 가지 조건은 다음과 같다(뉴만).
(1) 부부는 각자의 개인적인 성장뿐만 아니라 부부로서의 성장에 헌신해야 한다.
(2) 부부는 효과적인 대화체계를 가지고 효과적인 대화체계를 개발해야 한다.
(3) 갈등을 창의적으로 활용하면서 각자의 독특성과 동등성을 인정하여야 한다.

5) 가정과 운영

(1) 가정은 인간의 성장과 정신건강을 조정하는 현장으로서 이러한 환경을 창출하는 것이 중요하다.
(2) 효과적인 가정의 운영을 위해 필요한 행정적 기술
① 가족성원들의 욕구와 능력을 평가하는 것인데, 이를 위해 각 성원의 고유한 욕구, 선호하는 것, 기술, 재능을 파악해야 한다.
② 의사결정, 즉 삶의 영역에서 결정을 내리는 능력이 효율적인 가정 운영에 요구된다.

6) 자녀양육

자녀 양육은 부모에게 많은 스트레스를 초래하지만, 자녀들의 성장을 위해 새로운 문제들을 해결하는 가운데 부모의 인격 발달을 촉진하는 구실도 한다.

> 🗂 실력다지기
>
> **결혼만족도 변화**
> 1) 결혼초기에 만족도가 높다가 자녀 양육기에 점차 만족도가 낮아진다.
> 2) 10대 청소년 자녀 양육기는 가장 스트레스 심한 시기로서 만족도가 최저상태를 보인다.
> 3) 자녀 독립 후 다시 만족도가 증가한다.

7) 직업관리

이 시기에 직업의 세 가지 측면이 개인의 발달과 적응에 영향을 미친다.

(1) 대인관계 기술로 자신을 신뢰할 수 있는 존재로 인식시키고 효과적으로 일할 수 있는 능력을 갖추며 타인에게 영향력을 발휘할 수 있는 기술이다.

(2) 직업에 존재하는 권력구조를 확인하고 그 구조 내에서 자신의 지위를 확립하여야 한다.

(3) 직업에 따라 필요로 하는 기술, 즉 직무기술이 요구되며 청년기에서 장년기에 걸쳐 종사하는 직업과 직장에서 맡은 업무는 그 사람의 지적 발달에 영향을 미친다.

8) 중년의 위기

(1) 4가지의 중년기 위기(마모어)

신체의 노화 문제, 경제적 스트레스의 증가 문제, 사회문화적 스트레스의 증가 문제, 이별과 상실감으로 인한 정신적 스트레스 문제

(2) 자녀들은 가정을 떠나기 시작하고 샌드위치 세대로 고령의 노부모를 모셔야 하는 책임을 맡는다.

(3) 남성들은 신체적 노화와 직업에서의 성패 여부, 여성들은 자녀의 독립과 폐경을 거친다.

(4) 부모역할의 감소와 함께 자신이 직면하는 노화와 죽음에 대한 지각을 하게 된다.

📁 **실력다지기**

이혼의 문제

1) 초등학교 입학 전의 아동들은 부모의 이혼책임이 자신에게 있다고 생각하고 죄책감과 괴로움을 느낀다.

2) 같이 살지 않는 부나 모의 지나치게 허용적이고 관대한 행동이 부모-아동 관계를 더욱 손상시켜 아동의 문제행동을 악화시킨다.

3) 일반적으로 어머니-남아 관계가 어머니-여아 관계보다 이혼에 의해 더 많은 손상을 받는다.

4) 이혼 후 약 2년이 경과하면 가족은 제자리를 찾기 시작한다는 연구가 있으나 부모가 이혼한 아동-청소년들은 성인이 되어서도 이성과의 사랑과 성적 친밀감, 결혼생활, 부모역할에 어려움을 겪게 된다.

5) 남아는 이혼 6년이 지나도 부모, 형제, 교사, 또래 관계에서 문제를 일으킨다.

6) 어머니가 재혼하면 남아들은 여아들보다 더 잘 적응한다.

7) 여아들은 부나 모의 재혼 후에 남아들보다 더 문제를 일으키고 적응하기 어려워한다.

8) 이혼은 남아에게 더 외상적이지만, 재혼은 여아들에게 더 외상적이다.

중년기의 특징[16]

1) 일반적으로 약 40 ~ 60세까지를 중년기로 보며 중년기를 정의하는 기간은 사람에 따라, 개인에 따라 크게 차이가 날 정도로 아주 임의적이지만, 중년 남녀가 겪는 생리적·심리적 변화는 매우 현저하다.

2) 이 시기의 중기 이후부터는 눈·치아·성(性)이 눈에 띌 정도로 현상이 나타나며 흰머리가 나거나 대머리가 되는 경우가 있지만, 기본적인 생리 기능은 크게 변하지 않는데 이는 신경계와 내분비계가 안정감 있게 작동하기 때문이다.

3) 심리적·생리적 반응은 신체적이거나 지적인 상실감, 죽음에 대한 자각에서 기인한다.

4) 중년기에는 시간 인식과 기억력이 재조직되며 미래를 예견하기보다는 과거의 회상이나 기억에 점점 의존하게 된다.

5) 인생의 후반부는 특히 대뇌에 부과되는 역할이 커지지만, 예전과 같은 의욕은 없어진다고 생각하는 사람들도 있지만, 오늘날 중년기의 사람들 중에는 여전히 자신의 계획을 수행하고, 책임질 만한 신체적 정력이 있다고 느끼는 사람이 많다.

6) 오랜 세월 동안 얻어진 경험과 기술에서 인생의 만족을 느끼는 사람도 많아서 중년의 문제는 위기로 변하기 전에 충분히 조절할 수 있다.

7) 건설적으로 중년기에 접근해 나간다면, 만족스럽고 생산적인 시간을 준비할 수 있을 것이기 때문에 노년에 대한 대비는 빠를수록 좋다.

8) 신체와 성(性)의 변화

   (1) 신체기능의 저하로 인해 감기와 같은 가벼운 질병의 회복에 많은 시간이 걸린다.

   (2) 신체적 특징으로는 외모변화, 감각기관의 변화, 육체적 힘과 반응시간의 변화, 성별에 따른 신체변화를 들 수 있다.

   (3) 직업상의 스트레스로 심신에 영향을 주어 성인병으로 대표되는 다양한 신체적·정신적 질병을 앓는 경우가 많다.

   (4) 여성 갱년기 증상으로 자궁, 질, 가슴의 위축으로 인한 현기증, 두통, 정신질환에 따른 불편 등이 있다.

   (5) 남성 갱년기 증상으로 남성다움을 상실했다는 느낌에서 오는 무력함, 불안 등의 심리적 고통과 전신의 아픔, 두통과 같은 신체적 고통을 들 수 있다.

9) 인지적 변화

   (1) 인지적 반응속도가 늦어지지만, 속도에 크게 의존하는 능력을 제외하고는 중년기에 인지 능력의 감소는 크지 않음을 보여주고 있다.

   (2) 일반적 지능은 60세까지 유지하다가 감소하지만, 추리능력이나 언어의 의미이해 능력은 대체로 70세까지도 건강하다.

---

16) 네이버백과사전 재구성

🗂 기출문제 확인학습

발달 이론가와 성인 발달에 관한 주장

1) 발테스와 발테스(P. Baltes & M. Baltes) - 성공적 노화를 선택, 최적화, 보상을 발달적 조절의 세 가지 중심적 과정으로 제안한다.

2) 에릭슨(E. Erikson) - 성인중기에 생산성을 확립할 방법을 찾지 못한 성인들은 침체감을 경험한다.

3) 해비거스트(R. Havighurst) - 사회적 활동수준을 유지하는 것이 성인후기 삶의 만족도를 높인다.

4) 레빈슨(D. Levinson) - 인생주기 중 모두 5번에 걸친 전환기(과도기)를 제안한다.

5) 라부비비에(G. Labouvie-Vief) - 성인기에는 가설적 사고에서 실용적 사고로 변화한다.

> **cf** 라부비비에(G. Labouvie-Vief)는 성인기에는 가설적 사고에서 실용적 사고로 변화한다고 하였는데, 실용적 사고에서 강조하는 창의성은 기존에 존재하지 않던(Unprecedented) 독창적(Unique)이고 실용적(Useful)인 산출물 혹은 프로세스를 비교 대상 집단보다 먼저 제시할 수 있는 능력을 말한다.

6) 하잔(C. Hazan)과 쉐버(P. Shaver)에 의하면, 아동기 애착유형은 성인기 낭만적 사랑 관계에서도 나타난다고 주장하였다.

7) 스턴버그(Sternberg)의 사랑의 삼각형이론은 사랑이 친밀감(intimacy), 열정(passion), 헌신(commitment)의 3가지 요소로 구성되며, 사랑의 유형은 시간과 함께 변화한다고 보았다.

8) 코스타(P. Costa)와 맥크래(R. McCrae)의 5요인 모델에 의하면, 성격의 안정성은 아동기보다 성인기에 더 크다.

9) 위트본(S. Whitbourne)은 정체감 과정이론을 주장하였으며, 성인기 동안 나타나는 다양한 변화에 대한 개인의 정체감 형성 과정을 설명하였고, 정체감 과정은 동화와 조절이 과정으로 균형을 이룰 때 원만한 정체감 형성이 이루어질 수 있다.

제9절 | 노년기[17]발달

1) 신체적 변화

(1) 외부자극에 대한 반응이 늦어지고 둔해진다.

(2) 이상 상태가 발생 시 정상상태로의 복구가 늦어진다.

(3) 신체적인 변화와 함께 나타나는 노인병은 만성 비전염성 질환이 대부분으로 60대 이후에 생긴다.

2) 지능의 변화

(1) 60세 이전까지는 지능검사 상 감퇴가 없지만, 70세 경부터 인지능력이 감소한다.

(2) 노년기 유동성 지능은 결정성 지능에 비해 큰 폭으로 감퇴한다.

(3) 반응속도의 둔화로 지능발달의 감퇴가 일어나며 개인차를 보인다.

(4) 노년기 지적 능력의 변화 양상은 건강, 성격, 교육수준, 문화환경에 따라 큰 폭의 개인차를 보인다.

(5) 기억력의 감퇴를 보인다.

(6) 단기기억의 감퇴는 새로 접하는 정보를 처리하는 능력이 감퇴되며 단기기억 감퇴는 의미과제보다 기계적 과제에서 더 크게 나타난다.

(7) 장기기억은 단기기억보다 감퇴 정도가 적게 나타난다.

(8) 최근에 일어난 일에 대한 기억보다 오래 전에 일어난 일을 회상하는 먼 기억을 잘한다.

3) 심리적 변화

(1) 우울증 경향의 증가

신체적 질병, 배우자의 죽음, 경제 사정의 악화, 사회와 가족들로부터의 고립, 일상생활에 대한 자기통제 불능, 지나온 세월에 대한 후회가 원인이다.

(2) 내적 성향 및 수동성의 증가

노화해감에 따라 사람은 사회적 활동이 점차 감소하고 사물의 판단과 활동방향을 외부보다는 내부로 돌리는 행동양식을 갖게 된다.

(3) 성역할 지각의 변화

노인은 이전과는 달리 일생동안 자기 자신에게 억제되었던 성역할의 방향으로 전환되어 간다.

(4) 경직성의 증가

동작성 지능검사나 학습능력의 저하라는 결과를 초래한다.

---

17) UN의 분류기준에 의하면 고령화 사회란 일반적으로 65세 이상의 노인인구가 전체 국민의 7% 이상 14% 미만일 때를 말하며, 14%이상 20%미만이 되면 고령사회, 20% 이상이 되면 초고령 사회 혹은 후기고령사회로 구분한다. 노년기는 65세 이후부터 사망에 이르기까지로 구분된다.

(5) 조심성의 증가

(6) 친근한 사물에 대한 애착심

(7) 유산을 남기려는 경향

(8) 의존성의 증가

신체적, 경제적 능력의 쇠퇴와 더불어 의존성이 증가한다. [18]

⊘ 참고

신체 노화

1) 시간이나 나이의 증가와 함께 신체의 기능과 적응성이 감소하는 생물학적 과정을 말한다. 즉, 시간이 흐름에 따라 생물의 신체 기능이 퇴화하는 현상이다.

2) 세포의 노화는 세포가 분열할 수 있는 능력을 잃어버리는 것으로 나타난다.

3) 노화는 일반적으로 스트레스에 대처하는 능력이 감소하고 항상성을 유지하지 못하게 되며 질병에 걸리는 위험이 증가하는 것이 특징이며 노화가 어느 정도 진행되면 사망에 이르게 된다.

노화 시계이론

1) 인체 내에 일정한 프로그램이 있어서 그에 따라 인간은 일정한 수명을 살고 죽게 된다는 것으로 세월이 흐르면 사람은 늙는다는 것이다.

2) 즉, 노화 시계가 염색체에 이미 프로그램되어 있어 정상 세포가 50번 정도 세포분열을 하면 더 이상 분열을 못하고 죽게 된다는 견해이다.

3) 세포의 DNA에 노화 및 생체의 수명이 결정되어 있음을 밝혀주고 있다.

4) 노화된 시상하부와 뇌하수체에서의 호르몬 분비가 저하되며, 이는 신체 각 기관의 퇴화를 가져오고 대사를 지연시키며 면역 체계의 기능을 저하시킨다.

5) 나이가 들면서 두드러지게 적어지는 멜라토닌은 뇌에 있는 송과선에서 유일하게 분비하는 호르몬으로 수면과 각성의 리듬을 조절하며, 활성산소를 제거하는 항산화 효과 및 항산화 물질 생성촉진 등 노화를 억제할 수 있는 물질로 여겨진다.

노화의 정의와 노화이론

1) 노화의 정의 노화는 질병이나 사고가 아닌 시간의 흐름에 따른 점차적인 생체의 구조적 변화로 궁극적으로는 생체기능이 손실되어 죽음에 이를 가능성이 증대되는 현상이다.

2) 노화이론[18] - 유전적 이론

(1) 예정 계획 이론

① 유전인자 속에 노화의 속성이 미리 프로그램화되어 있다가 유기체가 적절한 시간이 경과함에 따라 그 노화의 속성이 나타남으로써 노화현상이 생긴다는 주장이다.

② 노화는 세포의 생존과 죽음에 의해 일어나며 우리 인체 각 세포의 수명은 유전적으로 정해진 한계가 있다.

③ 살아있는 동안에도 세포는 크기의 증가, 염색체 수의 증가 또는 감소, 효소의 감소 등의 변화가 일어난다. 이와 같은 세포의 변화나 죽음이 곧 인체의 노화와 죽음을 유발하는 것으로 생각된다.

(2) DNA 작용 과오 이론

DNA가 단백질이나 효소를 결합시키는 과정에서 DNA에 맞지 않는 것을 생산하게 되는데, 이러한 단백질이나 효소가 축적되어 노화를 일으킨다는 것이다.

---

18) 2014년 12회 청소년상담사 3급 시험에서 출제되었다.

(3) 유전적 변이이론(genetic mutation theory)

노화를 DNA의 손상수선체계(damage repair system)의 쇠퇴에 기인한다고 생각하며 각종 세포는 여러 바람직하지 않은 환경의 영향에 의해 세포의 손상이 누적될 수 있다.

3) 노화이론 - 비유전자 세포이론

(1) 사용 마모 이론

① 장기간 인체를 사용함으로써 기능이 약화되고 구조가 와해되기 때문에 나타나는 현상으로 노화를 설명한다.

② 마모이론에서 보는 노화는 자동차의 사용기간이 늘어나면 각종 부품에 손상이 오며 급기야 폐차하게 되는 과정과 다를 바가 없다.

(2) 노폐물 축적이론

(3) 교차연결이론

세포 내의 단백질로 가장 많은 교원질(collagen)의 분자들이 서로 상대에게 부착되어 이들 분자들이 움직일 수 없게 되고, 따라서 이와 같은 상태는 화학적 반응을 유발하는데 이로 인하여 조직은 탄력성을 잃고 노화가 촉진된다는 이론이다.

(4) 활성 산소 이론

세포가 산소를 흡수하여 신진대사를 하는 과정에서 짝짓지 못한 전자를 하나 더 가진 불안정한 분자를 생성하게 되는 경우가 많은데, 이러한 불안정적인 분자를 활성산소라 한다. 활성산소의 생성은 DNA돌연변이, 분자의 교차 연결 촉진, 단백질 기능변화 등 부작용을 초래하게 되며 정상적 분자의 기능에 손상을 초래하고, 축적된 손상은 결국 조직의 기능 손상이라는 노화를 촉진하게 된다.

(5) 신체적 변이 이론

세포가 방사선이나 기타 원인에 의해 상해를 받게 되면 세포가 원래의 성질이 변하고 이 변이 세포가 축적되어 노화가 일어난다.

4) 면역이론

(1) 면역반응 이론

① 항체의 이물질에 대한 식별능력이 저하되어 이물질을 다 파괴하지 못하게 되어 미처 파괴하지 못한 이물질이 체내에 축적되면 부작용을 일으켜 결국은 노화를 촉진시킨다는 주장이다.

② 노년기에는 면역체계에 변화가 와서 감염 등 외부에서 오는 바람직하지 않은 요인들에 의해 인체가 손상당하기 쉬우므로 노화가 일어난다고 설명한다.

(2) 자동 면역 반응 이론 체내의 면역체계가 항체를 만들 때 정상세포까지 파괴하는 항체를 만들게 되고, 이러한 자동 면역 항체가 계속 증가하여 정상 세포를 파괴하여 노화가 진행된다는 이론이다.

5) 생리적 통제 이론

유기체 내의 내분비선, 신경조직 등과 같은 주요 통합 조정 기능의 상실이 노화를 진행시킨다는 주장이다.

📁 기출문제 확인학습

텔로미어 이론 (Telomere loss theory) : 노화이론 중 하나

텔로미어란 DNA 끝단의 일종의 완충 역할을 하는 더미 DNA를 의미한다. 텔로미어는 그리스어의 '끝'(telos)과 '부위'(meros)의 합성어이다. 텔로미어는 세포를 분화하면 할수록 점점 짧아지는데, 텔로미어 이론은 텔로미어가 점점 짧아져 더 이상 세포분화가 될 수 없을 정도로 퇴화되면 노화가 되어 죽는다는 이론이다. 다시 말해 텔로미어의 길이가 짧으면 세포 분화 능력이 낮아지기 때문에 텔로미어의 길이가 노화와 관련이 있다는 이론이다.

체세포 돌연변이 이론

생물의 체세포들에 점점 돌연변이가 일어나서 돌연변이 된 DNA를 가진 체세포들의 비중이 점점 늘어나는 것이 바로 노화이다.

교차결합이론

교체결합이론은 당화이론(Glycosylation)이라고도 하는데, 포도당(glucose)이 산소와 함께 단백질을 구속하여 포도당화를 시킴으로서 여러 문제를 일으키는 것으로 보고 있다. 눈에 백내장(cataract), 피부가 거칠고 단단해지는 것이 산소로 인한 포도당과 단백질의 교차결합으로 오는 것으로 본다.

4) 노년기 질환

(1) 노인성 치매

치매는 노년기에 인지적 기능을 상실하는 병리현상으로서 기억상실, 대화의 산만성, 장소와 시간 인지 상실, 성격 변화를 보인다.

(2) 치매진행 단계

① **가벼운 망각**

② **일반적 혼돈**

단기기억 결함, 집중력 결여, 같은 말 반복, 서성이고 다니기, 우울증, 대인 기피

③ **기억력 파괴**

생명을 위협하는 사태 초래, 분노와 편집증세, 의사소통 불가능, 얼굴 인지능력 불능

(3) 알츠하이머

① 전체 치매의 2/3를 차지하는 대표적인 치매증후로서 뇌의 피질부 특정 부위의 뉴런 퇴화로 나타난다.

② 서서히, 꾸준히 퇴화가 진행되는 특징이 있으며 노년기 발병 시 10년 이상 걸려서 천천히 진행된다.

③ 증상으로는 기억손상, 판단 능력 손상, 정서 통제에 심각한 손상, 언어 유창성 감퇴, 우울증 등이 있다.

④ 아세틸콜린은 또한 기억력과 학습 활동에 있어서도 중요한 역할을 하며, 뇌에 아세틸콜린이 정상인보다 적게 공급되면 알츠하이머병에 걸린다.

(4) 파킨슨 병

① 치매와 근육 손상이 함께 나타나는 노년기 질병으로 뇌의 뉴런 손상이 진행되면서 병의 중기에 치매가 나타난다.

② 파킨슨병은 이상운동장애의 하나로, 특징적으로 손발이 떨리고, 몸이 굳어지고, 행동이 느리며, 얼굴 표정이 없고, 걸음걸이가 이상해지며, 자꾸 넘어지는 현상을 나타낸다.

(5) 헌팅턴병(헌팅턴 무도병)

① 헌팅턴병이란 유전성 뇌질환의 하나로 대부분 성인(대개 35세에서 44세 사이)에서 시작되어 서서히 진행하는 이상 운동증(무도증, 보행 이상, 발음 장애, 음식물 삼키기 어려움), 성격변화와 치매를 보이는 질환이다.

② 최근까지 '헌팅턴 무도증'이라고 부르기도 했는데 특징적인 증상이 환자가 조절할 수 없는 이상한 운동증상으로 마치 춤을 추는 듯(무도) 보이기 때문이다.

③ 현재는 일반적으로 헌팅턴병이라고 불리고 있으며, 병을 최초로 기술한 의사가 헌팅턴이기 때문에 이를 따라서 이름 붙여졌다.

5) 죽음에 대한 비애 과정 [큐블러 로스]

(1) 부정

죽음을 선고 받으면 충격 받고 믿지 않으려 한다.

(2) 분노

더 이상 부정할 수 없게 되면 '왜 하필 나인가?'라는 분노를 품는다.

(3) 타협

생명 연장이나 고통 감소를 위해 여러 약속을 하는 단계이다.

(4) 우울

생명의 상실과 사랑하는 이들과의 이별을 앞두고 느끼는 감정을 가진다.

(5) 수용

평화롭게 죽음을 맞을 준비를 한다.

📁 **실력다지기**

큐블러 로스의 죽음 비애 과정

암기문장 큐블러 로스는 부분타우수

해설 부인(부정) - 분노 - 타협(협상) - 우울 - 수용

---

6) 노년기의 발달 과업

(1) 에릭슨에 따르면 이 시기의 발달과업은 자아통합성 대 절망감이다.

(2) 자아 통합성이 있는 노인은 성숙함을 보이며 과거의 생활유형을 수용하고 자아실현을 계속하며 죽음을 수용한다.

(3) 신체적인 노화와 직업으로부터 은퇴, 친한 친구나 배우자의 죽음 등으로 인하여 인생에 대한 무력감을 느끼게 되는 일이 많다.

(4) 지혜의 힘은 우리가 궁극적으로 죽음에 직면하면서 겪는 자아 통합성과 절망에 의해 생겨나며 지혜는 우리의 축적된 지식과 경험을 통합한다.

7) 펙(Peck)의 노년기 발달 이슈[19] (☞ 심리적 건강을 유지하는 세 가지 중요사항)

(1) 자아분화 대 직업역할 몰두: 자기 가치 재평가 필요

① 은퇴 이후 개인적인 가치에 대한 재평가가 필요하며 성공적인 노화에 필수적이다.

② 성인들의 주체성(정체성)과 가치감은 그 사람의 직업역할에 따라 많이 차이가 난다.

③ 자신의 정체성을 일과 역할에서 찾는 사람은 은퇴함에 따라 사회에서 일과 역할을 잃게 되어 자신이 무가치한 존재라는 경험을 할 수도 있다.

④ 자신의 역할을 직업역할과 동일시하여 직업에 대한 자존감의 원천으로 생각한다.

(2) 신체초월 대 신체몰두: 건강상태와 외모의 변화에 의연히 대처

① 만족스러운 인간관계나 창조적인 정신능력에서 행복을 정의하는 것을 배우는 것이다.

② 노화에 따라 신체능력이 저하되어가는 개인의 적응을 돕기 위해 요청한다.

③ 개인의 안녕을 유지하기 위해서도 필요하다.

④ 저하되어 가는 신체기능에 몰입하게 되면 삶에 대한 행복감과 만족감이 줄어든다.

(3) 자아초월 대 자아몰두: 죽음을 초월한 이상적인 삶, 종교적 생활

① 자아를 초월하여 인간의 문화를 영속화 하고자 열심히 활동함으로써 자신의 생활에 의미 있고 적극적인 참여가 가능한 것이다.

② 자아초월이란 피할 수 없는 자신의 죽음을 두려움과 공포 없이 받아들이는 것이다.

③ 수용에는 사후(死後)에 관한 생각도 포함된다.

④ 자아몰두는 삶에 집착, 자기만족감에 탐닉하게 되는 것이다.

---

19) 노화가 됨에 따라 신체적 능력과 기능이 감소되기는 하지만 정신적 능력과 사회적 능력은 인생후반기에 더 증가하는 경향이 있다고 생각하였다.

8) 조부모의 역할

(1) 공식적 유형(공식형)

조부모의 약 1/3이 이에 해당하며 이들은 손 자녀에게 관심을 갖고 때때로 필요할 때 돌봐주기도 하며 부모를 도와주지만 간섭하지 않도록 조심한다.

(2) 즐거움을 추구하는 유형(재미 추구형)

손 자녀들과 비공식적이고 재미있는 상호작용을 갖는 조부모이다.

(3) 대리부모의 역할을 하는 조부모(대리 부모형)

엄마가 집 밖에서 직업을 가진 경우에 아이의 양육을 책임 맡은 조부모들이다.

(4) 가족의 지혜 원천으로의 조부모(가족지혜 보존형)

조부모가 지혜, 기술, 자원을 베풀고 부모 및 손 자녀들은 이에 복종하는 다소 권위적 관계이다.

(5) 원 거리형(거리두기형)

생일 또는 명절 때나 방문하며 보통 손 자녀와 거의 접촉이 없는 유형이다.

📁 **기출문제 확인학습**

노년기 인지발달[20]

1) 툴빙(Tulving)은 기억 내용을 중심으로 장기기억을 일화 기억과 의미 기억으로 나누었다.
2) 일화 기억이란 개인이 경험하는 각종 사건들, 일화들에 대한 (그리고 그들 사이의 관계에 대한) 기억이다.
3) 일화기억은 계속하여 새로운 일화 경험이 쌓이기 때문에 사전 일화들은 비교적 쉽게 변화되고 망각된다.
4) 그러나 전에 일어난 사건들을 자주 생각하는 경우가 흔하기 때문에 일화 기억은 다른 기억에 비해 자주 인출 연습이 이루어져 기억이 잘 된다.
5) 한편 의미기억이란 일화적 경험이 쌓이고 이것이 추상화되어 이루어진 개념적 일반지식의 기억이다.
6) 이 지식은 각종 어휘, 언어적 개념들, 일반 세계사들 등에 대한 지식이다.
7) 이는 우리가 대상의 의미를 인식하고 사고를 하기 위해 필수적인 지식이다.
8) 이러한 의미기억은 일화 기억처럼 쉽게 변하거나 망각되지 않으며 비교적 영구적으로 남아있다고 본다.
9) 기억에서 일어나는 각종 정보처리는 우리가 의미기억에서 각종 지식 정보, 즉 의미 기억을 효율적으로 인출하여 사용할 수 있기에 가능한 것이다.

---

20) 출처 : 기억의 본질 : 구조와 과정적 특성, 이정모 외 139 ~ 140쪽, 인지심리학의 제 문제 (I) : 인지과학적 연관

📁 기출문제 확인학습

노년기의 성공적 발달과 적응

발테스(Baltes)의 보상과 선택의 최적화(S.O.C: Selective Optimization with Compensation) 이론

1) 발테스(Baltes, 1995)의 보상과 선택의 최적화 이론은 노인은 노년기의 변화들에 적응하기 위해 자신이 선택한 우선순위에 따라 활동범위를 제한하고, 제한된 범위의 역할수행을 최적화하며, 노년기에 발생하는 손실을 보상받기 위해 외부의 도움을 활용하게 된다는 것이다.

2) Baltes의 이론은 매우 명확하고 실용적이라는 장점을 가지기 때문에 노년기의 발달과 퇴화에 성공적으로 대처할 수 있는 전략들을 제공한다.

3) Baltes의 이론에 따르면, 노년기의 성공적인 삶은 선택과 최적화, 보상의 세 가지를 모두 필요로 한다.

   (1) 선택(selection)은 성공적인 삶을 위해서 개인은 자신에게 가장 중요한 활동에 집중적인 에너지를 사용할 필요가 있기 때문이다.

   (2) 최적화(optimization)는 자신의 삶에 중심이 되는 선택된 일에만 모든 노력을 기울이는 것이 성공적인 삶을 위해 필요하다.

   (3) 보상(compensation)은 자신에게 중요하다고 선택한 일들도 혼자서 수행할 수는 없는 일에 대해서 외부적 도움에 의존하는 것을 의미한다.

4) 노인은 자신의 능력의 감소를 깨닫게 됨에 따라 자동적으로 자신의 활동을 우선순위에 따라 제한하게 되는데, 이는 예전만큼 효과적으로 일을 수행할 수 없게 되기 때문이다. 따라서 자신의 삶에서 가장 중요한 부분에 더 많은 노력을 기울이게 된다. 그러나 이러한 과정에서 손실이 너무 커지게 되면, 자신의 잃어버린 기능을 보충해줄 수 있는 외부적 도움에 의존하게 된다. 이처럼 선택과 최적화, 보상의 과정은 노화(aging)가 발생하는 중년기, 노년기의 성공적인 삶을 위한 보편적이고 실용적인 적응방식이다.

1) 인간 발달은 연속적인가?, 아니면 비연속적인가? - 양적·질적 변화의 문제

(1) 발달은 연속적이다: 점진적 발달 - 에 어휘력의 축적, 경험의 축적 등

태어날 때부터 갖고 있던 기술을 점진적으로 축적, 발전시킨다고 보는 것이다.

(2) 발달은 비연속적이다.: 단계적 발달 - 에 인지적 능력, 도덕성의 발달 등

단계 간의 변화는 특정 시기에 발생하는 고유한 사고, 감정, 행동의 질적 변화를 의미하며 발달적 변화는 갑작스럽게 일어난다고 보는 것이다.

📁 기출문제 확인학습

연속성 이론과 불연속성 이론

1) 연속성 이론
   (1) 단계이론(또는 비연속이론)에 반대하는 주장을 연속이론(continuity theory)이라고 한다.
   (2) 인간의 행동발달은 기본적으로 자극-반응의 결합으로서 이루어지는 조건형성의 결과라고 주장한다.
   (3) 인간발달은 서서히 점진적으로 이루어지는 것이지, 어떤 특정한 연령단계에 가서 이제까지 없던 새로운 행동 특징이나 새로운 심적 구조가 돌연히 나타나는 것이 아니다.
   (4) 인간의 성장, 발달은 단계적으로 이루어지는 것이 아니라고 주장한다.
   (5) 연속성 이론은 주로 학습이론 및 관찰학습이론과 정보처리론을 지지하는 학자들에 의해 주장되고 있으며 행동주의 접근과 같이 학습과 경험을 강조하는 발달론자들은 발달을 점진적, 연속적 과정으로 본다.
   (6) 결론적으로 동일한 일반적 법칙이 발달의 연속선상에 있는 모든 과정에 적용된다고 보는 관점이다.
2) 불연속성 이론 = 단계이론(stage theory)
   (1) 발달이 일련의 독립적이며 질적으로 다른 단계들로 구성된다고 믿는 단계 이론가들은 발달을 불연속적인 과정으로 본다.
   (2) 변화가 갑작스럽게 일어나고, 앞선 변화들과 질적으로 상이하며, 발달적 변화에 대해 각기 다른 일반법칙이 적용된다고 본다.
   (3) 단계이론(stage theory)에 의하면, 인간은 질적으로 구분되는 몇 개의 단계를 거치면서 변화, 발달하는데 한 단계에서 다음 단계로의 이행은 갑자기 일어난다는 것이다.
   (4) 새로운 발달단계는 서서히 나타나는 것이 아니고 어느 특정 시기에 갑자기 나타나서 이전 단계와 후기 단계 사이에는 발달상의 간격이 있게 된다는 것이다.
   (5) 학자들로서는 Freud, Erickson, Piaget, Kohlberg 등을 들 수 있는데, Freud와 Erikson은 정신분석학적 입장을 취하고 있으며 Piaget와 Kohlberg는 인지론적 입장을 취하고 있다.
   (6) 어떤 특정한 심리적 특성들은 그것이 나타나도록 미리 정해진 시기, 즉 일정단계에 이르러서야 나타나, 어떤 특성이 점진적으로 발달되는 것이 아니라, 어느 단계에 이르러서 갑자기 발달된다는 것이다.
   (7) 발달곡선은 연속적인 곡선을 그리는 것이 아니라, 비연속적인 양상을 띤다는 것이다. 비연속이론(discontinuity theory)이라고도 부른다.

---

2) 발달은 하나의 경로를 통해 이루어지는가?, 아니면 다양한 경로를 통해 이루어지는가?

(1) 비연속적 발달을 주장하는 사람들 - 피아제의 인지발달, 콜버그의 도덕성 발달

세상의 모든 사람들은 일정한 순서의 발달단계가 있다고 주장한다.

(2) 유전과 환경의 독특한 조합 때문에 다양한 경로의 발달이 일어날 수 있다고 주장한다.

예 문화적 차이가 다양한 경로의 발달을 이끄는데, 문명화된 사회와 문명화되지 않은 사회에서의 성장경험은 다르다.

3) 천성과 양육은 어떤 상대적 영향력을 가지는가? - 천성 대 양육논쟁(nature vs. nurture dispute)

(1) 천성을 중시하는 이론: 유전을 중시함

생득적 능력을 중시하며 유전적 정보, 행동의 안정성으로 아동의 언어 능력, 성격, 지능 등이 성인기에도 유지될 것이라고 제안한다.

(2) 양육을 중시하는 이론: 환경을 중시함

인생초기의 발달환경이 평생의 발달과정에 영향을 미친다고 생각하여 물리적, 사회적인 세계의 복합적인 영향력을 중시한다.

4) 절충적인 견해 - 대부분의 발달심리학자들은 세 가지 주요 쟁점에 대한 절충적인 입장을 취한다.

(1) 연속적, 비연속적 발달이 모두 일어난다고 본다.

(2) 보편적인 발달과정, 개인 문화의 특징적 발달과정이 동시에 발생할 수 있다.

(3) 유전과 환경은 서로 상호작용하면서 발달적 변화를 유도한다.

유전 – 환경 상호작용의 개념적 모형

1) 반응의 범위 모형

사람의 발달은 선천적인 요소와 후천적인 요소가 복합적으로 작용한다는 이론이며 선천적으로 발달이 가능한 범위가 정해져 있고, 그 안에서 환경 풍요도에 따라 발달의 수준이 변한다. 즉, 유전에 의해 결정된 반응의 범위가 경험과 환경에 의해 얼마만큼 변화될 수 있는가를 보여주는 모형이다.

🔲 중간정도 신장의 유전인자를 가진 사람이 궁핍한 환경에서 자라면 평균 신장보다 신장이 작아지는 경향이 있다는 것이다. 그리고 풍요로운 환경에서 자라 영양상태가 좋으면 평균보다 신장이 커질 가능성이 많다. 그러나 환경이 아무리 좋다 하여도 단신의 유전인자를 가진 사람이 평균 신장을 능가하기는 어렵다.

2) 수로화 모형

(1) 아동이 발달하는 방향에는 여러 경로가 있으며, 유전과 환경이 상호작용하여 발달의 방향이 결정되고, 유전이나 환경 어느 쪽이든 다른 한쪽이 영향을 줄 수 있는 범위를 제한한다. 수로화는 운하를 파고 배출구를 만들어 흐름의 방향을 유도한다는 의미이며 인간의 특성도 강하게 수로화된 특성일수록 환경의 영향을 덜 받을 것이라고 한다.

(2) 초기 신체운동(앉기, 서기, 걷기), 언어능력(옹알이, 선천적 귀머거리)은 강하게 수로화(발달이 진행되면서 두개의 통로 중 다른 통로로 옮기는 것은 점차 더 어려워짐)한다.

(3) 후천적으로 물리·사회·교육적 환경에 의해 변화될 수 있는 지능은 덜 수로화된 특성을 가진다.

3) 거래적 상호작용 모형

유전과 환경요인은 양방향적인 과정[P(유기체) ↔ E(환경)]으로 설명하는 것이며 유전자형이 환경에 미치는 영향과 그러한 영향이 다시 유전자형의 발달로 송환되는 과정에 관심[활동적·적극적 기질은 환경요소에서 바람직한 자극을 유도해낼 것이며 보다 적극적·활동적이 된다(Baumrind, 1991).]이 있다.

(1) 수동적 유전 – 환경 상호관계 스스로 환경자극을 선택할 수 있는 능력이 없는 어린 아동들이 부모나 주위의 어른들이 제공하는 환경자극에 수동적으로 노출되는 경우에 해당된다.

(2) 능동적 유전 – 환경 상호관계 아동의 경험이 가족 이외의 학교나 이웃, 그리고 지역사회로 확대됨에 따라 자신의 유전적 성향과 가장 잘 맞는 환경을 능동적으로 선택하는 경우에 해당된다.

🔲 운동에 소질이 있는 아동은 특별활동 시간에 농구부에 들어 농구연습을 할 것이고, 그림에 소질 있는 아동은 미술반에 들어가 그림을 그릴 것이다.

(3) 유발적 유전 – 환경 상호관계 아동의 유전적 특성이 아동에 대한 다른 사람들의 행동에 영향을 미쳐 특정 환경을 유발하는 경우에 해당된다.

제1절 | 유전과 태내발달[1]

1 유전

1) 유전의 기제

(1) 유전인자

① 인간의 생식과정은 난자와 정자가 만나 수정이 이루어지면서 시작된다.

② 정자와 난자가 결합하는 순간 정자로부터 23개의 염색체가, 그리고 난자로부터 23개의 염색체가 각각 방출되어 새로운 46개의 염색체 배합이 형성된다.

③ 인간의 모든 유전적 잠재성은 46개의 염색체에 의해 결정된다.

④ 염색체 속에 유전의 기본 단위인 유전인자가 들어있다.

⑤ 유전인자는 DNA라고 하는 화학물질로 구성되어 있으며 DNA는 부모의 어떤 특성이 자손에게 전해질 것인가를 결정하고, 또한 일생을 통한 성장과 발달을 관리한다.

(2) 세포분열

① 유사분열[2] – 유사분열은 염색체가 스스로 복제하는 과정으로부터 시작된다.

　ㄱ. 1단계 – 모세포

　ㄴ. 2단계 – 염색체 복제

　ㄷ. 3단계 – 복제된 염색체는 모세포의 양쪽 끝으로 옮겨가서 분열을 시작한다.

　ㄹ. 4단계 – 분열이 완성되면 모세포와 동일한 2쌍의 염색체를 가진 자세포를 형성한다.

---

[1]　강문희 외(2003) 아동학의 이해, 양서원 ; 강경미(2005), 아동발달, 대왕사

[2]　유사분열(有絲分裂)은 두 개의 딸세포(daughter cell)가 모세포(mother cell)에서 완전히 동일한 모양과 수의 염색체를 이어받는 핵분열 과정이다. 핵분열 과정에서 방추사가 나타나므로 유사분열(有絲分裂)이라고 한다. 딸세포란 세포분열의 결과 새로 생긴 세포를 말하고, 모세포란 분열해서 생긴 딸세포에 대하여 원래의 세포를 말한다. 수정이 되면 하나의 수정란이 유사분열을 반복함으로써 성체를 이루게 된다.

② 감수분열[3]

ㄱ. 생식세포는 46개의 염색체를 복제한다.

ㄴ. 유전자 교환이 이루어진다.

ㄷ. 복제된 염색체는 두 개의 새로운 세포로 균일하게 나누어져서 네 개의 배우체를 형성하게 되며 이 염색체는 23개의 염색체를 갖게 된다.

2) 유전상담

(1) 태내진단

① 양수검사

ㄱ. 주사기로 태아를 보호하는 양막의 아랫부분에서 소량의 양수를 채취하는 방법이다.

ㄴ. 양수는 태아의 세포를 포함하고 있으므로 세포의 염색체를 분석하여 다운 증후군, 타이삭스병, 적혈구성 빈혈, 남포성 섬유증, 혈우병, 성염색체 이상 등 200여 종의 유전적 결함을 판별해 낼 수 있다.

ㄷ. 임신 14 ~ 16주 이전에는 양수검사를 할 수 없다.

ㄹ. 자연유산의 위험을 초래할 수 있다.

② 융모검사

ㄱ. 양수검사만큼 정확하지는 않다.

ㄴ. 임신 8 ~ 10주 전에 가능하다.

ㄷ. 질과 가중경부를 통해 카테터를 집어넣거나, 배에 주사바늘을 넣어 태아를 둘러싸고 있는 융모 막에서 태아세포를 추출하여 유전병 유무를 알 수 있다.

③ 초음파검사

ㄱ. 임신 14주 후에 할 수 있다.

ㄴ. 임부의 복부에 초음파를 통하게 함으로써 자궁내부의 사진을 찍어 태아의 영상을 볼 수 있게 해준다.

ㄷ. 초음파검사를 너무 자주 하게 되면 태아의 성장에 부정적인 영향을 미칠 수 있다.

④ 산모혈액검사

질병의 감염 여부 확인과 혈액을 통해 혈액형, 간염, 매독, 빈혈, 풍진, 에이즈 등의 감염 여부를 알 수 있다.

(2) 유전질환 치료

의학기술의 발달로 유전질환을 치료하거나 증상을 완화시키는 것이 가능하다.

---

3) 감수분열(減數分裂)이란 염색체의 수가 절반인 딸세포를 만드는 과정을 말한다. 염색체의 수가 반으로 줄어들기 때문에 감수분열(減數分裂)이라고 한다. 감수분열은 제1분열과 제2분열의 연속된 핵분열이 일어나는 점이 특징이다. 감수분열(減數分裂)은 처음에는 유사분열과 비슷하지만 제2의 감수분열(second reduction division)이 있다는 점에서 유사분열과 다르다. 생식조직 내에서 체세포분열(somatic cell division)을 반복하여 일정수 이상의 세포수가 되면 감수분열로 들어간다. 제2의 감수분열은 한 쌍의 염색체가 2개의 딸세포에 하나씩 전달된다. 그래서 도합 4개의 딸세포가 생긴다.

2 태내 발달

1) 태내발달의 단계

단계	내용
배종기	① 정자와 난자가 결합한 수정란이 자궁벽에 착상하는 2주까지의 기간을 배종기라고 한다. ② 정자와 난자의 결합으로 이루어진 수정란은 급속하게 세포분열을 하는데, 2일 후에는 4개, 3일 후에는 32개의 세포로, 그리고 수정 후 1주일이 지나면 약 100~150개의 세포로 분열한다. ③ 수정란은 세포분열을 하는 동안 난관 내부의 섬모운동과 난관이 수축작용으로 3~4일 후에 자궁에 이르게 된다. ④ 영양배엽으로 불리는 외세포 덩어리는 자궁벽에 정착하여 태아를 보호하고 태아에게 영양분을 공급하는 조직으로 발달한다. ⑤ 세포극으로 집결되는 내세포 덩어리는 이후에 자궁 내에 완전히 착상하게 되면 배아로 성장한다. ⑥ 착상이 완전히 이루어지는 데는 약 1주일이 걸리는데, 착상과 동시에 배종기는 끝난다.
배아기	① 수정란이 자궁벽에 착상한 후부터 8주까지를 배아기라고 한다. ② 배아기가 되면 자유롭게 떠다니던 수정란이 자궁벽에 착상하여 어머니와 의존적인 관계를 형성하게 되며, 이 때부터 발달은 매우 빠른 속도로 이루어진다. ③ 4주경에는 심장이 뛰기 시작하고, 8주경에는 얼굴에서 입, 눈, 귀가 뚜렷하게 분화되며, 팔, 다리가 형성된다. ④ 내세포 덩어리가 분화하는 동안 외세포 덩어리는 융모막과 양막이라는 두 개의 막을 형성하게 되는데, 자궁벽에서 형성된 막과 함께 태아를 감싸게 된다. ⑤ 양막은 양수로 가득차게 되며, 양수는 태아를 외부의 충격으로부터 보호하고, 적절한 온도를 유지해 주는 기능을 한다. ⑥ 배아기는 여성의 신체가 태아의 존재에 대해 적응하는 시기이다.
태아기	① 8주 이후 출생까지의 시기를 태아기라고 한다. ② 촉각적 자극에 대해 반응을 하며, 운동기능이 점차 분화되고 복잡해진다. ③ 12주경에는 인간의 형체를 닮기 시작하고 16주경에는 어머니가 태동을 느낄 수 있으며, 20주에는 태아의 움직임이 활발하게 나타나며, 28주경이면 태아는 미숙아로 태어난다 하더라도 인큐베이터에서 양육이 가능할 정도로 충분히 성장하게 된다.

2) 태내기 발달

(1) 태아의 성장

제1단계	① 임신초기, 임신 1~3개월 ② 가장 중요한 시기이며, 급속한 세포분열이 진행, 임산부의 영양상태가 중요하며 약물복용에 가장 큰 영향을 받는 단계이다.
제2단계	① 임신중기, 임신 4~6개월 ② 태아는 계속적으로 성장 하면서 손가락, 발가락. 피부, 지문, 머리털이 만들어 지면서 심장 박동이 규칙적으로 운동한다.
제3단계	① 임신말기, 임신 7~9개월 ② 태아 발달이 완성되는 시기로 중요한 것은 태아의 생존능력이다.

1) 임신 1개월

- 아직 특별한 증세는 없다.
- 자궁 내막이 부드럽고 두터워진다.
- 체온 - 조금 높게 고온기가 계속된다.
- 몸이 나른하고 한기를 느끼는 등, 감기 증세를 보이기도 한다.
- 아랫배가 아프거나 변비 증세를 보이는 경우도 있다.

2) 임신 2개월

- 고온기가 14일 이상 계속되고 월경이 멎는다.
- 아침 공복 시에 특히 입덧 증세가 심해진다.
- 쉽게 피로해지고, 감기 증세를 보이기도 한다.
- 소변이 자주 마렵고 질 분비물이 많아진다.
- 유방이 붓고 유두가 따끔거린다.

3) 임신 3개월

- 아랫배가 조금 부른 듯하다.
- 소변이 자주 마렵고 변비 증세를 보이기도 한다.
- 외음부의 색이 진해진다.
- 입덧이 심하다.
- 미열이 계속되고 두통 증세를 보이기도 한다.

4) 임신 4개월

- 아랫배가 눈에 띄게 불러온다.
- 입덧이 사라지고 식욕이 돋는다.
- 배가 당기고 다리가 저리는 등 임신 증세가 나타난다.
- 기초체온이 저온기로 이동한다.
- 태반이 완성되어 유산의 위험이 줄어든다.
- 손과 발이 따뜻하다.

5) 임신 5개월

- 아랫배가 눈에 띄게 불러온다.
- 태동을 느낀다.
- 유방이 커지고 유즙이 분비된다.
- 엉덩이와 몸 전체에 피하지방이 붙기 시작한다.
- 장이 압박되어 숨쉬기가 힘들다.

6) 임신 6개월

- 체중이 늘어 다리 근육에 부담이 간다.
- 태동이 제대로 느껴진다.
- 유두를 자극하면 크림색의 분비액이 나온다.
- 숨이 가빠지고 땀이 많이 난다.
- 붉은색 모반과 울혈이 나타난다.

7) 임신 7개월

- 임신선이 나타난다.
- 정맥류가 나타나기도 한다.
- 다리가 저리고 붓는다.
- 갈비뼈에 통증이 오고 소화가 안 된다.
- 태동이 심해지고 몸의 중심이 앞으로 쏠린다.

8) 임신 8개월

- 위가 쓰리고 가슴이 답답하다.
- 팔다리가 붓고 쉽게 피로를 느낀다.
- 임신선이 선명해진다.
- 초유가 만들어지고 색소 침착이 심해진다.
- 질 분비물이 많아지고 소변이 자주 마렵다.

9) 임신 9개월

- 자궁저가 명치 끝까지 올라간다.
- 배뇨 횟수가 늘어난다.
- 불규칙한 자궁수축이 잦아진다.
- 가슴이 울렁거린다.
- 다리에 쥐가 나거나 통증이 온다.
- 정신적으로 불안정하다.

10) 임신 10개월

- 자궁이 아래로 내려간다.
- 아랫배와 넓적다리 부분에 통증을 느낀다.
- 태동이 줄어든다.
- 자궁구가 부드러워지고 미리 열리기도 한다.
- 아랫배가 당기면서 통증이 있다.

(2) 태아에게 영향을 주는 요인

임산부의 영양상태	임산부의 영양결핍은 조산 및 저체중아 출산 그리고 신생아 사망률과 밀접하게 관련이 있다.
약물복용과 치료	아스피린, 카페인의 지나친 복용, 마약중독도 문제를 초래할 수 있다.
알코올	'이상한 얼굴 모양과 작은 머리와 몸의 이상, 정신 능력의 저하, 이상한 행동패턴' – 태아알코올증후군(FAS)
흡연	- 담배의 니코틴은 임산부의 체내를 통과하며 태아에게 영향을 미친다. - 자연유산, 사산, 저 체중아, 언청이의 출산과 관계가 있다.
임산부의 나이	45세 이상의 임산부는 20세 또는 21세의 임산부에 비하여 40배나 다운증후군의 아이를 출생할 확률이 높다.
정서상태	① 임산부의 신체 및 생리적인 변화를 겪는 우울증, 여러 가지 정서적인 스트레스를 의미한다. ② 임산부의 스트레스가 쌓이면 태아의 건강 위축, 태아에게 행동적인 문제를 야기한다.

🗂 기출문제 확인학습

태아기 기형발생물질(teratogen)의 작용 원리 중 수면자 효과(sleeper effect)

1) 문제에서 출제되었던 사례는 [임신 중 매일 알코올 30ml를 섭취한 산모의 아기들은 태어날 당시 아무런 신체적 기형을 나타내지 않았다. 그러나 이 아이들은 유아기 때 효과가 나타났다는 것]이다.
2) 기형유발 물질효과가 즉각적이지 않고 한참 후 발견될 수도 있는데, 예를 들어 2차 대전 때 기아로 의해 심각한 영양 결핍 상태로 태어난 아이들은 성인이 된 후 조현증(정신분열증)을 호소할 가능성이 더 높았다.
3) 태아기의 영양 결핍으로 야기된 미묘한 뇌 손상의 효과가 훨씬 시간이 지난 후에 나타난 것으로 이해된다 (Hoek, Brown, & Susser, 1999).
4) 이렇게 원인이 즉각적으로 결과를 야기하지 않고 상당한 시간이 지난 후 영향을 미치는 것을 수면자 효과 (sleeper effect)라고 한다.

🗂 실력다지기

태내발달에 영향을 미치는 요소

1) 모(母)의 영양상태
2) 모(母)의 질병
3) 모(母)의 정서상태(母의 분노 → 아드레날린 분비 → 母의 혈액을 통해 태반에 유입)
4) 모(母)의 연령
5) 약물
6) 환경공해 등

📁 기출문제 확인학습

태내 발달에 관한 설명

1) 태내기는 수정 순간부터 출산에 이르기까지의 약 9개월간으로, 출생 후 다른 어떤 발달 단계보다 빠른 발달 속도를 보인다.

2) 태아기는 8주 이후 출생까지의 시기를 말한다.

3) 배아기(2-8주)는 인간의 성장과정 중 성장 속도가 가장 빠른 시기로, 신체의 주요기관이 형성되며, 심장이 뛰기 시작하고 생식기가 형성된다.

4) 산모의 흡연은 임신율 저하, 착상장애, 유산율 증가 및 자궁외 임신의 증가, 선천성 기형, 조산 및 미숙아 출생, 저체중아 출생, 자궁 내 태아발육지연, 전치태반, 조기 태반박리, 유아 돌연사증후군 등의 빈도를 높이고, 생후 행동적, 정신적 장애를 초래하는 것으로 알려져 있다.

📁 실력다지기

다운증후군 등

다운증후군

1) 염색체 배열에서 21번 염색체가 3개일 때 나타나는 장애이다.

2) 지적 장애 : 지능지수가 50 정도의 심한 지체를 보인다.

3) 목이 짧고 머리가 작은 등의 신체적 장애와 외모에서 뚜렷이 장애의 징후가 일어난다.

4) 산모의 연령과 관련이 있고 모의 연령이 증가할수록 나타날 확률이 높다.

탈리도마이드 (thalidomide) – 사지 기형과 관련된 약물

1) 약 때문에 생긴 태아 기형의 가장 유명한 것은 탈리도마이드(thalidomide) 사건인데, 이 약은 1950년대 후반에 유럽에서 진정제 또는 최면(수면)(sedative hypnotic)작용을 하는 것으로 산모에게 치료적 용량의 투여로는 태아에게 독성이 없는 것으로 여겨졌다.

2) 그러나 이 약이 쓰인 후 1959년부터 1961년 사이에 독일을 비롯한 유럽에서 그 전까지는 보기 힘들었던 포코멜리아(phocomelia)라는 사지가 매우 짧은 기형아가 많이 태어났는데 한 의사의 세심한 관찰과 노력으로 이 기형아의 어머니들이 임신 5주 쯤에 탈리도마이드(thalidomide)라는 진정 수면제를 먹은 사실을 알아냈다.

3) 당시에 이 약은 안전한 것으로 알려져 많은 사람들이 진정 수면 작용을 기대하고 쓰고 있던 약이었다. 여러 과학자들의 철저한 연구를 통하여 이 약이 그러한 기형아의 원인임을 증명하게 되었다.

4) 이는 20세기 의학에서 최대 비극으로 기록되었으며 약의 부작용이 얼마나 무서운지 교훈을 주었다.

22쌍의 상염색체와 1쌍의 성염색체

아이를 만드는 난자와 정자(생식세포)를 제외한 모든 체세포에는 모두 46개의 염색체가 있다. 그 중 44개(22쌍)은 남성과 여성 모두 동일하여 상염색체라고 하고 가장 큰 크기부터 순서를 매겨 번호를 붙인다. 1번 염색체부터 22번 염색체까지 상동 염색체 2개씩 총 44개이다. 23번 염색체는 성염색체로 이루어져 있으며 여성은 XX, 남성은 XY이다.

상염색체 질환과 성염색체 질환

사람의 염색체는 2쌍씩 46개가 정상인데, 염색체 이상은 정상보다 많거나 적은 수적 이상과, 수는 정상이나 구조적 이상으로 생길 수 있다. 한 개 혹은 여러 개의 상염색체, 성염색체 또는 양쪽 모두에서 동시에 일어날 수 있다. 각 염색체는 여러 유전정보를 담고 있고 질병에 크게 관여하고 있다. 특히, 다운증후군 (Down's syndrome)은 21번 염색체가 3개가 있음으로서 야기되는 것으로 정신지체의 특징을 보인다. 그리고 성염색체 수적 이상으로는 여성스러운 남성인 클라인펠터 증후군(47, XXY), 그 외 남성스러운 여성인 터너증후군(45,X) 등이 있다.

1) 성염색체 이상 : 대표적인 것은 성염색체 구성이 XXY이며 정소기능 부전이 주된 특징으로 나타나는 클라인펠터 증후군이다. X염색체가 1개(XO)이며 난소가 발육되지 않는 터너 증후군 등이 있다.

2) 상염색체 이상 : 대표적인 것으로는 21번 염색체가 3 염색체성인 다운증후군, 18번 염색체가 3 염색체성으로 태생기의 발달장애를 일으키는 에드워드 증후군(18-트리소미증후군), 13번 염색체가 3 염색체성으로 고도의 기형을 수반하는 파타우(Patau) 증후군(13-트리소미증후군) 등이 있다. 고양이 울음 증후군은 특징적인 우는 소리를 내는 것으로 5번 염색체 부분결실이 원인이다. 그 밖에도 부분결실이나 부분 3 염색체성 등에 의한 선천성 이상은 많으며 그 표현형은 이상의 염색체 및 염색체의 영역에 따라 다르다.

📁 **실력다지기**

선천적 장애 (염색체의 이상)

1) 다운증후군 : 존 랭던 다운의 이름을 따서 지어졌으며, 몽골증이라고도 함
   (1) 염색체의 이상 : 21번째 염색체가 3개(2n + 1)
   (2) 장애 동반, 특히 지능발달에 지체 보임
2) 클라인펠터증후군 : 클라인펠터가 발견한 성염색체 이상 증후군
   (1) 성염색체의 이상
   (2) 성염색체 : XXY, XXXY 등
   (3) 외성기·체격·성징 등의 특징적인 면에서 완전한 남성이 결혼하여 성생활까지 하였으나 자식이 없자, 부부가 함께 병원을 찾아가서 염색체를 검사해 보고 이 증후군이 있음을 알게 되는 경우가 많다.
3) 터너증후군
   (1) 성염색체의 이상
   (2) 남성에서는 XY, 여성에서는 XX 이어야 할 성염색체가 X염색체 1개만으로 이루어지는 성염색체 결손에 의한 질병
   (3) 여성 출생 2500명에 1명의 비율로 나타난다.

📁 **기출문제 확인학습**

터너 (Turner) 증후군의 증상 (Symptoms)

1) 여성으로서의 2차 성징 결여가 특징이다.
2) 여성으로서 생식기관은 정상으로 태어나지만, 사춘기에 2차 성징이 나타나지 않거나 미약해서 성적 발달이 이루어지지 않는다. (예 유방이 자라지 않고, 월경을 하지 않는다. 음모와 겨드랑이 털이 자라지 않는다.)
3) 언어성 지능이 정상이지만, 심적 회전(mental rotation)과 같은 공간 추론 능력이 평균 이하를 보인다.
4) 이러한 특징이 나타나는 이유는 난소가 제대로 발달하지 않아서 여성 호르몬인 에스트로겐을 분비하지 못하기 때문이다.

🗂 기출문제 확인학습

XYY 증후군

XYY 증후군(영어: XYY syndrome)은 인간 남성이 Y 염색체가 하나 더 있어서 일반 46개의 염색체가 아닌 총 47개의 염색체가 있는 성 염색체 이수성 증후군이다. 야콥 증후군, 제이콥스 증후군으로도 불린다.

삼중X증후군(Triple X syndrome)

삼중X증후군(Triple X syndrome)은 삼 염색체성 증후군이라고도 하며 추가적인 X염색체가 여성의 세포에서 존재하게 된다. 삼중X증후군을 가진 여성일 경우 일반여성에 비해 키가 큰 편이 되나, 그 외에 뚜렷한 외모적 특징은 나타나지 않게 되며 성적발달도 정상적으로 이루어지고 임신도 가능하게 된다.

참고

상염색체와 성염색체

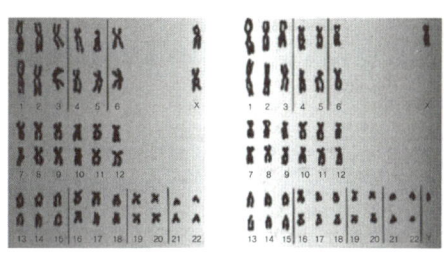

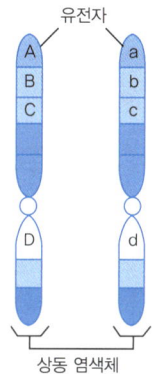

유전자

상동 염색체

난자와 정자(생식세포)를 제외한 모든 체세포에는 모두 46개의 염색체가 있다. 그 중 44개(22쌍)는 남성과 여성 모두 동일하여 상염색체라고 하고, 가장 큰 크기부터 순서를 매겨 번호를 붙인다. 1번 염색체부터 22번 염색체까지 상동 염색체 2개씩 총 44개이며 23번 염색체는 성염색체로 이루어져 있으며 여성은 XX, 남성은 XY이다.

각 염색체는 DNA를 따라 길게 배열된 여러 가지의 유전자를 포함하고 있다. 위 그림처럼 하나의 상동 염색체에 ABCD 등의 유전자가 존재하고 그와 동일한 옆의 상동 염색체에는 같은 위치에 abcd의 유전자가 존재한다. 이렇게 염색체에는 유전정보가 담겨 있기 때문에 자손에게 유전물질을 전달해 태어난 아이가 커가는 성장 과정에서 개인의 눈 색깔, 머리카락 색깔처럼 한 개인의 형질을 나타낸다. 또한, 염색체는 사람 개개인이 다 다르듯이 세대 간에 유전 물질이 다르게 조합될 수 있도록 한다. 즉, 아버지에게서 ABCD를 받고, 어머니에게서 abcd를 받은 자식은 AbCd, ABcd, ABCd 등과 같이 다양하게 유전자가 발현될 수 있게 한다. 각 46개의 염색체들이 포함하고 있는 유전 정보는 매우 다양하고 종류도 많은데, 유전인자가 건강과 질병 상태에 많은 영향을 미친다. 이러한 염색체들을 분석하면 다운 증후군처럼 흔한 질환을 비롯한 수많은 임상질환을 확인할 수 있다. 또 체세포에서의 염색체 변화는 여러 종류의 암의 개시 및 진행과도 관련이 있다. 염색체의 수와 구조의 변화를 현미경으로 관찰할 수 있으며, 정확한 진단과 유전 상담에 염색체의 분석이 쓰인다.

뇌의 구조와 기능(전배엽, 해마, 좌반구, 우반구, 대뇌피질) – 부위별 역할

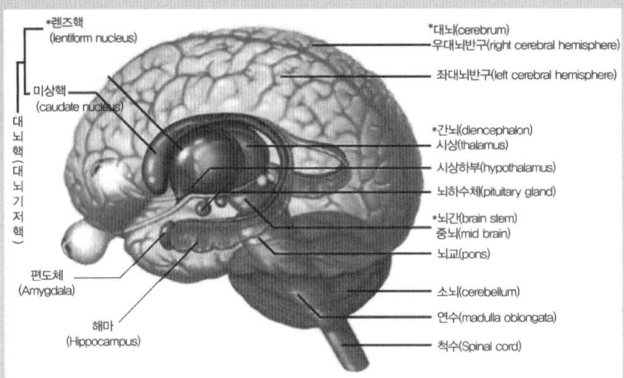

1) 전뇌(Forebrain)

대뇌(cerebrum), 간뇌(diencephalon), 시상(thalamus), 시상하부(hypothalamus), 송과선(pituitary gland)

2) 중뇌(midbrain)

(1) 대뇌각(cerebral peduncle) - 운동과 위치, 반사에 중요한 역할

(2) 사구체(corpora quadrigemina) - 시각, 청각관계, 소리 또는 광선 자극에 대해 머리나 눈을 돌리는 활동을 주관

3) 후뇌(hide brain) - 인체의 운동, 균형, 여러 가지 조절 담당

(1) 소뇌(cerebellum) - 신체의 평형, 근육의 긴장도, 섬세한 감각, 운동의 협응 기능

(2) 뇌교(pons) - 뇌의 다리 역할(중간 정거장)

(3) 연수(medulla oblongata) - 호흡, 심장박동, 혈관운동, 연하, 구토, 발한, 타액과 위액 분비 등 소화기능, 생명유지 및 비수의적 기능을 조절하는 중추가 있다.

(4) 망상체 - 연수를 통해 들어오는 여러 감각 신경세포로부터 입력 받으며 처리 결과를 전뇌 부분으로 보냄

4) 중추신경계

(1) 대뇌(Cerebrum) - 뇌량(Corpus Callosum)으로 연결된 2개의 반구로 나뉘고 뇌량은 반구 사이의 정보교환 촉진

① 전두엽(Frontal lobe) - 도덕적 행동과 신체운동 조절

㉠ 좌측 전두엽 - 우측의 신체운동 조절/동기유발 감소

㉡ 우측 전두엽 - 좌측의 신체운동 조절/윤리성이 낮아짐

② 두정엽 - 감각 해석(통증, 온도, 압력, 몸과 사지의 자세 인식, 신체상), 장소에 대한 지남력에 관여

③ 측두엽 - 듣기, 기억에 관계, 감정표현에 관계

④ 후두엽 - 시각적 해석, 언어생성을 조정

(2) 변연계(Limbic System) - 감정의 중심, 욕망, 기초적 생존 기능

① 정서 반응을 일으키고 조정하는 정서조절 중추

② 자극에 따라 다양한 정서반응이 나타남

㉠ 해마와 편도체 - 기억과 관련된 지각과 감정처리에 관여(행복, 슬픔의 표현을 유발)

㉡ 시상 - 활동 및 모든 감각과 감정 조절

㉢ 시상하부 - 생존과 직결된 위협으로부터 도망하는 행위, 싸우는 행위, 먹는 행위, 교미하는 행위의 4가지 행동을 주관 (체온 조절, 수분 균형, 성적충동 조절, 식욕 조절, 위장운동, 내분비 기능과 흥분, 조증 행동 또는 분노와 같은 충동적 행동과 관련됨)

(3) 뇌간(Brain Stem) - 망상체 활동계(Reticular activating system) : 수면 및 각성, 의식상태 조정

📁 기출문제 확인학습

뇌 발달의 특징

1) 뇌 발달의 가장 특징적인 패턴은 '과잉생성 후 솎아내기'이다.

2) 뉴런이라는 뇌 세포는 신체의 다른 부분의 세포와 달리 쉽게 재생되지 않기 때문에 출생을 전후한 시기에 가장 많고 그 이후로는 대체로 감소하는 것으로 알려져 있다.

3) 최근 성인이 된 후에도 일부 영역에서 새로운 뉴런이 만들어질 수 있다는 증거가 발견되었지만 뇌의 전체 영역의 특성은 아니라고 하겠다.

4) 즉 뇌의 원형은 발달이 완료된 성인의 뇌보다 훨씬 더 많은 수의 뉴런으로 구성되어 있는 것이다.

5) 유전자는 일단 이러한 뉴런과 뉴런 간의 연결인 시냅스를 과잉 생성하도록 명령한 후 사용되지 않거나 효율성이 떨어지는 부분은 소멸시키는 방식으로 회로를 정교화하고 형태를 가다듬는다.

6) 시냅스의 과잉형성 자체는 생득적인 프로그램에 따라 진행되며 환경 요인의 영향을 거의 받지 않는 것으로 알려져 있다.

7) 환경 요인은 뉴런이나 시냅스가 처음 형성될 때가 아니라 그 뒷단계인 시냅스의 선택적 소멸과정에서 특정 기능의 회로가 정교화할 때 중요한 역할을 한다.

8) 또 발달 초기의 시냅스 형성과 소멸 과정이 한 차례 끝나고나서 개인별 고유 경험이나 학습, 훈련 등에 의한 시냅스 형성 혹은 강화가 이루어질 때 환경요인이 작용하게 된다.

제2절 | 신체 및 운동발달[4]

▶ 아동은 다른 사람들과의 상호작용 속에서 다른 사람들이 자기를 어떻게 보고, 어떻게 반응하느냐에 따라 자아개념이 형성된다.

▶ 자기에 대한 이해는 다른 사람들뿐 아니라 그들과의 관계에 대한 이해와 연관되어 발달한다.

1) 영아기 신체와 운동기능의 발달은 두 가지 원리를 따라 순서대로 일어난다.

(1) 머리 쪽에서 아래쪽으로 발달한다.

(2) 몸의 중심부에서 말초부로 발달한다.

2) 운동 기능의 발달

(1) 생후 첫 몇 해 동안의 운동기능의 정상적인 발달은 신경계의 정상적인 기능을 보여주는 중요한 지표이다.

(2) 운동 기능의 발달은 인지발달이 정상적으로 일어나고 있는지와 밀접한 관련이 있다.

(3) 초기 운동기능의 발달은 대체로 이행운동 발달과 협응 기능 발달로 나누어진다.

(4) 이행운동(locomotor) 발달

① 출생에서부터 약 1년 반 사이에 영아는 가장 무력한 존재에서 스스로 걸어 다닐 수 있는 놀라운 이행운동 발달을 보인다.

② 이 시기 동안 이행운동 기능은 일정한 계열적 순서를 따라 발달한다.

③ 2세 이후부터 걸음마기에 들어서면서 이행운동 기능은 급격하게 발달한다.

④ 2세경까지는 급하면 비틀거리며 걷지만, 3세경이 되면 선을 따라서 똑바로 걷거나 달릴 수도 있게 된다.

⑤ 4세경에는 두 발을 모으고 뜀뛰기를 할 수 있고 한 발로 뛸 수 있으며, 5세가 되면 유아지방이 빠지고 근육이 발달하면서 자전거 타기 등 여러 가지 민첩한 운동기능 발달이 이루어지게 된다(Shaffer, 1993).

(5) 소(小)근육 및 협응 기능 발달

① 많은 운동기능은 시각, 청각 등 감각기능과 운동기능 간의 협응을 필요로 한다.

② 2세까지 영아는 자발적인 연습과 숙달을 통해 협응 기능을 발달시켜 나가며, 이와 함께 소근육 기술도 함께 발달하게 된다.

③ 유아기 동안에 협응 기능은 급격하게 발달한다.

④ 만 2세경이면 대부분의 유아들은 스스로 숟가락을 사용하여 밥을 먹으려하고, 3세에는 상당히 효율적으로 숟가락을 사용하게 된다.

⑤ 3세에는 스스로 옷을 벗으며 4세경에는 옷을 입고, 스스로 단추를 끼울 수 있게 된다.

⑥ 이러한 협응 기능의 발달은 아동의 자조기술의 수행에 중대한 영향을 미치며, 이 시기 유아의 자율성과 자아존중감 획득에 중요한 역할을 한다.

---

4) 출처 : 한국 아동발달심리센터 홈페이지

📁 기출문제 확인학습

영아기의 이행운동 기능

1) 3개월경에는 머리나 가슴을 들기 위해 팔을 사용한다.

2) 3 ~ 4개월경에는 혼자서 몸을 뒤집고 뒤를 받쳐주면 앉으며, 5개월경에는 양팔을 가슴 밖으로 빼고, 배에서 등으로 뒤집기를 한다.

3) 8개월경이 되면 배밀이를 통해 몸을 이동시킬 수 있으며, 혼자 앉기 시작한다.

4) 9 ~ 10개월경에는 혼자 일어설 수 있다.

5) 11 ~ 12개월경에는 두 손으로 가구를 잡고 옆으로 걷는다.

6) 13개월 정도 되면 혼자 걸을 수 있게 된다.

7) 24개월이 되면 난간 없는 계단도 혼자 오를 수 있게 된다.

1) 인지발달[5] - 피아제

(1) 주요 개념

① 피아제는 인지를 유기체가 환경에 생물학적으로 적응하는 한 형태로 보았으며 인지발달에 대해 유기체가 환경과 상호 작용하는 적응과정을 통하여 이루어진다.

② 적응과정

'동화(assimilation)'와 '조절(accommodation)'이라는 두 가지의 하위과정으로 나누어진다.

③ 동화

자기 나름대로 기존 이해의 틀에 맞춰 외계의 대상을 이해하고 해석하는 것으로서 예를 들어 '치와와'를 처음 본다면 기존의 '작은 개' 도식에 맞추어서 이해하는 경우이다.

④ 조절

외계의 대상이 기존의 틀로써 이해되지 않을 때 그 틀을 변화시키는 것으로 새로운 도식을 통해 인간은 외부세계에 대처하는 방법을 보다 효율적으로 구성할 수 있는 것이며 예를 들어 엄마 젖을 빨던 도식을 활용해서 젖병을 빨 때는 동화를 하지만, 컵으로 우유를 마시게 될 때는 기존의 젖 빨기 도식을 수정해서 조절해야 하는 경우이다.

(2) 도식(schema)[6]

① 유기체가 외계의 사물을 인지하고 대응하는 데 사용하는 지각의 틀 또는 반응의 틀이다.

② 인간이 환경을 이해하는 틀로서 인간이 환경을 접할 때 반복하는 행동과 경험이다.

인간의 첫 도식 : '빨기 도식'

(3) 인지 발달단계[7]

> 📁 **실력다지기**
>
> **암기문장** 감전구형
>
> **해설** 감각운동기(0~2세) - 전조작기(2~7세) - 구체적 조작기(7~12세) - 형식적 조작기(12세~성인기)

---

5) 인지발달이란 인간의 지적능력이 환경과의 상호작용을 통해 어떻게 발달되어 가는가의 과정이며 인간은 환경과의 적극적인 상호작용을 통해 자신의 인지구조를 재구성해 나간다.

6) 피아제는 유아의 인지발달이 스키마가 점차 추상적으로 되어가는 과정으로 보았는데 스키마가 실제적인 행동과 덜 연결되면서 보다 추상적인 사고와 연결되는 단계로 나아간다고 보았다.

7) 피아제는 이전의 단계에서 이루어진 스키마를 기초로 새로운 사고의 스키마가 형성되는 방식으로 인지발달이 이루어진다고 주장하였으며 각각의 단계를 거쳐야 다음 단계로 순서적으로 발달한다고 보고 각 단계의 인지구조는 질적으로 다르게 주장하였다.

인지 발달 단계	감각 운동기 (0~ 2세)	① 0~2세의 유아는 외부세계에 대해 빨기, 쥐기와 같은 신체적 행동양식을 조직화한다. ② 대상영속성[8]을 이해한다. ③ 감각운동기(출생~2세)의 하위 6단계 　이 시기 영아는 신체적인 활동과 움직임에 따라 감각을 조절하고 조직화하는 능력이 놀라울 정도로 발전하기 때문에 이 시기를 감각운동기라 한다. 　1) 반사운동기(출생~1개월) 　　이 시기의 영아는 세상에 대한 지식을 습득하는 일차적 자원으로 빨기, 잡기와 같은 반사적 행동에 의존한다. 　2) 1차 순환반응기(생후 1~4개월) 　　이 시기의 영아는 외부의 대상보다는 자신의 신체에 관심이 있으며, 빨기나 잡기와 같은 감각운동을 반복적으로 하므로 이 시기를 1차 순환 반응기라 한다. 　3) 2차 순환반응기(생후 4~8개월) 　　이 시기 영아의 관심은 더 이상 자신의 신체에 국한되지 않고 외부의 세계나 대상으로 관심을 옮겨가며, 우연히 행한 어떤 행동에 흥미를 느끼게 되면 계속적으로 그 행동을 반복적으로 하게 된다. 즉, 우연히 획득한 행동이 어떤 사건을 계기로 반복되는 가운데 다른 사건이나 자극에 대해서도 그런 반응이 나타나게 되어 이를 2차 순환반응이라고 한다. [예 우연히 머리위의 모빌을 잡아당겨 모빌이 움직이는 것에 흥미를 붙인 영아는 계속적으로 모빌이 움직이는 것을 보기 위해 줄을 잡아당기게 된다.] 　4) 2차 순환반응기의 협응기(생후 8~12개월) 　　(1) 이 시기의 영아의 관심은 계속적으로 주위의 환경과 대상에 있으며, 자신이 원하는 바를 얻기 위해 환경에 대해 직접 작용함으로써 효과를 시도하고, 두 가지 행동을 협응하기 때문에 이 시기를 이차 순환반응의 협응기라고 한다. 　　(2) 영아는 특정 목표를 성취하기 위해서 적절한 방법을 찾으려고 하고, 이 과정에서 이미 습득하고 있는 많은 인지구조들을 활용한다. 　5) 3차 순환반응기(12~18개월) 　　이 시기의 영아는 실험적 사고에 열중하며, 이전 단계에서 하지 못했던 새로운 행동유형을 만들어 내는 능력이 생긴다. 이 시기에 들어서면 영아는 환경 내의 사물 자체에 강한 호기심을 보이며, 여러 가지 형태로 사물의 속성을 탐색하게 된다. 이 시기의 영아는 매우 적극적이며, 목표 지향적이며 시행착오적인 행동특성을 보여준다. 　6) 정신적 표상(18~24개월) 　　이 단계의 영아는 눈앞에 없는 사물이나 상황들을 상징적으로 표상하며 이를 사용하여 문제를 해결하는 능력을 발달시킨다. 이 시기에는 영아가 모델이 없어도 내적 표상을 가지게 되어 지연모방(deferred imitation)이 가능해진다.

---

8) 대상영속성이란 어떤 대상이 우리 시야에서 사라졌다 하여도 그 존재가 소멸되지 않고 살아 있다는 것을 아는 것이다. 예를 들어 어머니가 시야에서 사라졌다 하여도 그 존재가 소멸되지 않고 살아 있다는 것을 의미하고 안다는 것이다.

인지 발달 단계	**감각 운동기 (0~ 2세)**	**📌 정리** 1) 빨기, 잡기 등의 반사행동으로 움직이다가(반사기능 단계) 2) 적응반응을 반복하게 되고(적응적 도식 발달) 3) 사물에 관심을 가지고 이들을 탐색하는 행동을 보이고 4) 그 후에는 원하는 목표를 지각하고 성취하려는 의도적인 행동을 하며 5) 실험을 하듯이 시행착오 과정을 거치며 적극적인 탐색으로 사물의 속성을 파악 6) 2세경에는 눈앞에 없는 사물을 내재적으로 표상하는 심상을 형성하며, 시행착오적 행동 없이도 문제를 해결하는 식으로 발달한다. 　**예** 성냥갑에 넣은 시곗줄 꺼내기가 가능하다. **📂 기출문제 확인학습** **지연모방** 지연모방이란 그 자리에서 모방하는 것이 아니라 일정한 시간이 지난 후 자발적으로 재현하는 모방을 의미한다. 피아제는 친구 집에서 친구의 딸이 방바닥에서 뒹굴며 트집을 부리는 모습을 지켜본 18개월 된 자신의 딸이 사흘 후에 그 행동을 그대로 모방하는 것을 관찰하고 이 무렵부터 지연모방이 획득된다는 사실을 확인하였다. 딸은 다른 아이의 행동을 보고 그에 대한 심적 표상을 형성하여, 저장하고 있다가 그 행동을 재현한 것이다.

	전조작기[9] (2~ 7세)	① 전조작기에 해당하는 아동들은 언어를 사용하게 되면서 사물이나 사건을 기억하고 표현하는 능력이 가능해진다. ② 전조작기는 변형된 경험을 논리적으로 환원시키지 못하는 논리적 사고가 힘들어진다.
		자아[10] 중심성 모든 것에서 자신의 관점과 다른 사람의 관점을 구별하지 못한다.
		상징 놀이 상징놀이는 감각운동기 6단계에서 최초로 나타나 전조작기에서 가장 많이 발달한다. **예** 베개를 아기라 하면서 업고 다니는 것
		물활론 생명이 없는 대상에게 생명을 부여하는 것이다. **예** ① 인형에 생명을 부여하여 인형이 다리가 부러지면 인형이 아프다고 생각한다. 　② 종이를 자르면 아포해~ / 해가 지면 해가 화가 나서 숨는 거야~
		도덕론 [11] 도덕론은 콜버그의 경우 1수준(전 인습수준)에 머무르고 피아제의 경우 타율적 도덕론의 시기이다.

---

9) 논리적인 조작이 가능하지 않으므로 전조작기로 부른다.

10) 어린 아동이 타인의 관점을 수용할 수 없어서, 다른 사람들이 보거나 아는 것이 자신이 보거나 아는 것과 반드시 같은 것이 아니라는 것을 깨닫지 못한다는 것이다.

11) 도덕론의 내용은 뒤에 나오는 도덕성 발달 부분에서 설명할 것이다.

		목적론적 사고	우연히 존재하게 된 현상의 원인을 찾아내려는 전조작기의 인과적 사고이다. 예 "복숭아 나무는 내가 복숭아 나무 따 먹으라고 존재하는 거야."
인지발달단계	**전조작기[9]** **(2~7세)**	그림	아동의 내적 표상이 표출되는 중요한 상징적 기능이다.
		언어발달	표상이 형성되기 시작한 후 표상을 언어라는 상징을 통해 표현한다.
		직관적 사고	대상이 가지는 한 가지의 현저한 지각적 속성에 의해 그 대상의 성격을 판단한다. 예 잔에 있는 우유를 좁고 높은 잔에 따르면, 높게 보인다는 지각적 속성 때문에 좁은 잔이 더 많다고 판단한다.
		전환적 추론	한 특정 사건으로부터 다른 특정 사건을 추론하는 것으로 이는 형식적 조작기의 추론과 다른 전조작기 특유의 인과 추론이다. 예 낮에 항상 낮잠 자던 아이가, 낮잠 자지 않은 어느 날 하는 말이 "내가 아직 낮잠을 자지 않았기 때문에 아직 낮이 아니에요."라고 하는 경우 → 낮잠이 낮의 원인이라고 추론하는 것이다.
		인공론적 사고	모든 사물과 자연현상이 사람의 필요에 따라 만들어졌다고 믿는 것이다. 해와 달도 집처럼 우리를 비추기 위해 사람이 하늘에 만들어 둔 거야~
	구체적 조작기 (7~12세)		① 논리적으로 사고할 수 있는 능력을 획득하는데 구체적 조작기의 사고는 관찰이 가능한 구체적 사건이나 사물에 한정되어 있기 때문에 구체적 조작기라고 명명하였다. ② 구체적 조작기에 나타나는 논리적 사고의 가장 중요한 특징은 가역성의 개념이며 이러한 가역적 사고가 가장 잘 드러나는 개념이 보존개념, 유목화, 서열화이다. ③ 자기중심성에서 벗어나 타인의 입장과 감정을 추론하고 이해하는 조망수용능력 습득이 가능하다.
		보존개념	① 보존개념은 물체의 외형상 변화에도 불구하고 그 물체의 특정한 양은 그대로 보존된다고 판단할 수 있는 능력이다. ② 보존개념의 획득에는 어떤 상태의 변화가 그 과정을 역으로 밟아 가면 다시 원상 복귀될 수 있다는 ⊙ 가역성(reversibility), 높이의 감소가 폭이라는 차원으로 보상된다는 ⓒ 보상성, 어떤 방법으로든 가감하지 않으면 양은 동일하다는 ⓒ 동일성이라는 세 개의 개념 획득을 전제로 한다. 📁 **실력다지기** **보존개념 획득 요소 3가지** 암기문장 성동일씨는 조작된 사건을 역조작하여 보상을 받아 인기를 보존하였다. 해설 동일성, 역조작성, 보상성
		유목화 = 분류	① 전체와 부분 간의 공통점과 차이점, 관련성을 이해할 수 있는 능력이다. ② 유목화 과정은 일반화와 변별을 통해 이루어진다.
		서열화	어떠한 대상물을 순서대로 나열할 수 있는 능력이다. 예 유아에게 길이가 다른 여러 개의 막대기를 주고 길이가 짧은 것부터 순서대로 나열해 보라고 할 때 할 수 있는 경우

인지 발달 단계	형식적 조작기 (12세~ 성인기)	① 이 시기의 아동은 구체적 조작기의 아동들과 달리 직접적으로 경험하지 않아도 추상적으로 사고하고 추론을 통해 가설을 세워 검증할 수 있다. ② 원대한 문제, 즉 미래 등에 대해 생각하면서 추상적 사고가 가능해진다. ③ 현재와 다른 사회를 상상하고 이를 현실적으로 검증해 보지도 않고 미래를 예측한다. 📌 **정리** **형식적 조작기** 1) 추상적 사고가 가능한 단계이다. 2) 눈앞에 보이지 않는 가상적인 가능성을 생각할 수 있고 실제로 경험하지 않았던 영역에서 논리적 행동을 계획할 수 있다. 3) 가설을 설정하고 검증하는 가설적·연역적 사고가 가능하다. 4) 피아제는 청소년과 성인의 인지작용에는 차이가 없다고 보았다. 5) 성인기는 형식적 조작 사고가 강화되고 공고화되는 과정이다.

📁 기출문제 확인학습

전조작기의 아동

1) 일반적으로 2세에서 7세 경까지에 해당되는 전조작기는 인지발달과정에 뚜렷한 전환점이 되며 먼저 이 시기의 아동은 언어를 사용함으로써 외계의 현상이나 사상(event)에 대한 표상을 형성하며, 이들 표상을 구조화하여 상징적 회상 등을 통해 내면의 표상구조를 행동으로 나타내기도 한다.

2) 예를 들어 만일 생일파티에 관한 아이들의 생각을 물었을 때 이들은 친구를 초대하고, 생일 케이크에 촛불을 켜고, 촛불을 끄고, 생일축하노래를 부르고 친구들과 놀이를 하는 등 일련의 시간적 순서에 따라 생일파티를 이해하고 행동의 원인과 결과관계를 구조화할 수 있는데, 이러한 시간계열적·인과적 구조를 스크립트(script)라 한다.

상징추론과 이중표상이론

1) 어린아이들이 나무 막대기를 칼이라고 하면서 휘두르는 것이 상징추론의 사례이다.

2) 또한, 오각형을 보면서 미국의 펜타곤을 떠올린다거나 달을 보며 떡방아를 찧는 토끼를 연상하며 연인의 얼굴을 상상하기도 한다.

3) 인간의 뇌는 상징적인 형상을 지닌 물체를 보면서 동시에 다른 어떤 것을 떠올린다.

4) 물론 여러 가지를 떠올릴 수도 있는데, 이러한 현상을 '이중표상 이론(Dual Representational Theory)'이라고 부른다.

5) 즉, 이중표상 이론은 어떤 사물이 실제로 소유하지는 않은 특성과 의미를 지녔다고 생각하는 인간의 능력을 설명하는 이론이다.

피아제 이론의 구체적 조작기

1) 초등학교 시기의 아동은 자아중심성을 탈피하여 사고의 진전을 나타낸다.

2) 자신의 관점 이외에도 여러 관점을 고려할 수 있게 되며, 상황의 두 가지 측면을 동시에 고려할 수 있게 된다.

3) 또한 구체적 사물을 다룰 때 한해서 그들 속성 간의 관계성을 고려할 수 있게 된다.

4) <u>보존개념의 획득</u>

    (1) 동일성의 원리: 물을 더 붓거나 덜지 않았으니까 물의 양이 같다.

    (2) 상보성(보상성)의 논리: 한 쪽이 더 높기 때문에, 그리고 다른 쪽이 더 넓기 때문에 같다.

    (3) 역조작성(가역성)의 논리: 다시 부을 수 있기 때문에 같다.

5) 탈중심화

    (1) 전조작기의 자아중심적인 아동들은 함께 있으면서도 사실은 따로 논다.

    (2) 구체적 조작기의 아동은 또래들과 상호작용을 하면서 자아중심성을 극복해간다.

    (3) 어떤 규칙을 정하고 협동적으로 하는 놀이가 가능해진다.

6) 자율적 도덕성

또래들과 상호작용하면서 아동들은 규칙이 절대적인 것이 아니라 협동을 위해서 사람들이 만든 것이며 서로 합의만 된다면 규칙을 바꿀 수도 있다고 생각하게 된다.

7) 관련성의 이해

    (1) 대상을 크기, 무게, 밝기 등의 특징에 따라 나열하는 능력을 서열화라고 하는데 구체적 조작기가 되면 아동은 서열화의 능력을 갖추게 된다.

    (2) 이것은 사물 간의 관련성을 이해하고 비교할 수 있기 때문이다. 이 시기에는 유목화(분류) 능력도 획득된다.

    cf 언어와 상징 같은 표상적 사고능력(**예** 어제 먹은 사과를 머릿속으로 떠올리는데 사과의 모양이나 색깔 등 그림이나 영상으로 떠올리는 것)의 발달은 전조작기의 특징이다.

형식적 조작사고의 일반적 특징

1) 청소년기는 <u>현실 지향적 사고에서 가능성 지향적 사고로의 변화</u>가 일어난다.

2) 청소년기는 <u>경험 귀납적 문제해결에서 가설 연역적 문제해결로의 발달</u>이 이루어진다.

3) 청소년기는 <u>2차적 추상화 수준에서 3차적 추상화 수준으로의 발달</u>이 이루어진다.

4) 형식적 조작기의 청소년들은 자신의 믿음, 즉 종교, 정치, 도덕, 교육 등에 대하여 논리의 일관성을 검토하게 된다.

(4) 피아제 이론의 비판

① 질적으로 다른 단계에 대한 명확한 증거가 부족하다.

피아제는 아동이 각 단계마다 질적으로 서로 다른 방식으로 생각하게 된다고 주장하였으나, 많은 연구결과들은 이런 예측과 일치하지 않는다.

예 대부분의 아동은 수의 보존과제는 5세경에 해결할 수 있지만, 물질의 보존개념은 8세까지도 획득하지 못한다.

② 도식(schema)과 행동의 불명확한 연결을 들 수 있다. 신체를 움직일 수 없는 아동도 정상적인 인지능력을 발달시키기 때문에 행동을 조작해서 도식을 발달시킨다는 피아제의 이론이 비판받을 수 있다.

③ 사회 환경의 역할에 대해 과소평가를 한 점이다. 사회문화적 영향을 주장하는 이론들은 인지발달은 자연과의 상호작용만으로 이루어지기보다는 주로 다른 사람과의 상호작용이나 문화적 영향에 의해서 일어난다고 주장한다.

예 과학 교육이 강조되는 사회에서 교육받는 아동은 형식적 조작이 빨리 이루어진다.

피아제 이후의 인지발달

1) 샤이에(Schaie)의 성인 인지발달 5단계 모형

   (1) 피아제의 인지발달은 지식 획득 과정을 설명하면서 지식 획득이 완성되는 청년기까지만 설명하였다.

   (2) 샤이에는 성인기는 청년기와 구별되는 지식 사용능력이 발달한다고 보았다.

샤이에(Schaie)의 성인 인지발달 5단계

단계	연령	특징(지적 기능 사용)
1단계 지식 획득	아동, 청년기	감각운동기~형식적 조작기까지 기본 인지구조 발달
2단계 성취 단계	성인전기 (20~30대)	- 직업선택, 가정의 설계 등 생애의 중요한 의미 갖는 실제적 문제 해결 - 관련된 맥락을 고려할 수 있어야 하고 독자적 의사결정
3단계 책임 단계	성인중기 (중년기)	- 배우자, 자녀, 동료, 지역사회에 대한 책임을 가지고 과업에 관여하고 의사결정 - 자신의 사고, 판단, 의사결정에 책임을 져야 함
4단계 실행 단계	성인중기 (일부)	- 기관 장이나 지도자가 지적기능을 어떻게 사용하느냐에 따라 기관이나 사회가 발전 또는 위기초래 - 보다 복잡한 조직적 위계와 책임을 갖는 문제해결
5단계 재통합단계	성인후기 (노년기)	- 사회적 책임의 감소 - 개인적 흥미, 가치에 적합한 문제 및 과제의 선택

2) 리겔(Riegel)의 변증법적 추론모형

   (1) 형식적 조작기에 도달해서 인지발달이 완성된다는 피아제의 주장에 반론을 제기하였다.

   (2) 성인기 특유의 사고 특징인 변증법적 추론을 주장하였다.

   (3) 변증법적 추론 다양한 상황과 대상물 또는 사람에 내재하는 모순을 인식하는 능력이다.

     예 자신이 속한 종교 및 관점의 문제와 한계점을 인식하고 모순을 깨달을 줄 아는 사고이다.

   (4) 피아제와 리겔의 비교

     ① 피아제는 개인과 문제 상황 간의 안정된 균형을 지향하는 인지구조 발달을 전제로 한다.

     ② 리겔은 문제 상황과 그 해결양상이 내포하고 있는 불완전성과 애매성을 강조한다.

     ③ 리겔은 갈등과 변화를 발달의 본질로 삼는다.

     ④ 리겔의 변증법적 추론은 형식적 조작기 이후의 독립적인 성인기 인지발달이 아니라, 피아제가 간과한 인지발달의 다른 측면을 부각시켜 주는 것이다.

3) 아를린(Arlin)의 문제 발견적 사고

   (1) 아를린은 피아제의 형식적 조작 사고는 문제해결에 국한되지만, 성인기 인지발달은 문제발견이 주(主)가 된다고 주장한다.

   (2) 아를린은 피아제의 형식적 조작기 다음에 문제발견의 단계가 있다고 주장한다.

   (3) 문제발견의 단계는 창의적 사고, 확산적 사고, 새로운 문제해결 방법의 발견 등이다.

     예 현재 직장에 남을까? 새 직장으로 옮길까? 등 두 가지 가능성을 선택한 후 발생 가능한 문제를 탐색한다.

4) 후(後) 형식적 사고능력의 발달
  (1) 피아제는 아동인지발달은 감각운동기, 전조작기, 구체적 조작기, 형식적 조작기의 단계를 거친다고 주장하였다.
  (2) 그러나 형식적 조작기(대략 청소년기) 이후인 성인기에는 사고의 발달이 이루어지지 않는가? 라는 의문을 갖게 되어 최근의 발달심리학에서는 후(後) 형식적 사고라는 형식적 조작기 이후의 사고발달 단계를 추가하였다.
  (3) 후(後) 형식적 사고는 개방적이고 현실적이며 객관적 접근과 주관적 접근이 결합된 사고를 하며 또한 모순, 불일치, 불완전성, 타협을 용인하고 양분법을 벗어난 회색지대를 인정하는 융통성 있는 사고를 하게 된다.

(5) 비고츠키의 인지발달이론(사회문화적 발달이론)

① 개관
  ㄱ. 비고츠키 이론은 아동이 타인과의 관계에서 영향을 받으며 성장하는 사회적 존재임을 강조하며 인간 이해에 있어서 사회, 문화, 역사적 측면을 제시하였다.
  ㄴ. 아동을 타인과의 관계에서 영향을 받으면서 성장하는 역사·사회적 존재로 보고, 인지발달은 사회학습의 결과로서 사회의 보다 성숙한 구성원들과 상호작용하는 동안 자신의 문화에 적합한 인지과정이 아동에게 전이된다.
  ㄷ. 따라서 언어발달은 인지발달을 위한 상호작용이 가장 중요한 변인이다. 또 아동이 혼자서는 해결할 수 없지만 타인의 도움을 받으면 해결할 수 있는 근접발달영역(zone of proximal development)이 있다.
  ㄹ. 이 개념은 아동의 인지발달에 부모나 교사의 도움을 유용하게 활용할 수 있다는 교육 및 학습의 중요성을 역설하고 있다.

② 주요 개념의 내용
  ㄱ. **근접발달 영역(The Zone of Proximal Development: ZPD)**
    독립적으로 문제를 해결할 수 있는 실제적 발달 수준(level of actual development)과 성인의 안내 혹은 유능한 동료와의 공동노력을 통한 문제 해결에 의해 결정되는 잠재적 발달 수준 (level of potential development) 간의 거리를 의미한다.
  ㄴ. 사적 언어(Prevate Speech)
    아동의 사고를 이끄는 역할을 하는 아동 자신의 혼잣말이다.
  ㄷ. **사회학습과 자기중심적 언어 비고츠키는 학습에 대한 사회문화적 성질을 강조하여, 학습이란 아동들이 그들의 근접발달영역(Zone of proximal development: ZPD) 내에서 작용할 때 일어난다고 하였다.**

③ 발달에 대한 비고츠키의 접근
  비고츠키 관점으로 보면 사고란 개인의 두뇌나 정신에 의해 제한받는 것이 아니다. 개인의 정신은 다른 사람들의 정신과 분리되어 있지 않고 결합되어 있으며, 인지는 하나의 심오한 사회적인 현상이라고 본다.

비계 설정 - 비고츠키(Vygotsky)

비고츠키는 상호지향적인 정신기능의 내부 지향적 정신 기능으로의 변화 과정에 초점을 두고서 인지 발달의 사회적 기원성을 강조하였고, 나아가 능력에서 차이가 있는 수직적 관계의 상호작용을 중요시하였다. 다시 말하면, 비고츠키는 근접발달영역 내에서 언어 등의 기호 체계의 사용을 통한 성인과 학생, 또는 보다 유능한 학생과 평범한 학생 간의 수직적 상호작용에 의한 문제해결과 개념의 발달을 강조하였다. 따라서 비고츠키 이론에 따른 연구들은 성인과 아이의 상호작용, 능력이 다른 두 학생 사이의 상호작용, 소집단에서의 상호작용에 주된 관심을 두었다.

비고츠키 이론을 토대로 근접발달영역 내에서 상호작용에 참여하는 사람들이 수직적 관계를 유지하면서 수평적 학습을 가능하게 해주는 교수 방법을 생각해 볼 수 있다. 그것이 학생의 근접발달영역 내에서의 비계설정(scaffolding)이다. 비계설정은 비고츠키 자신이 고안한 개념은 아니지만 그의 이론을 적용하여 효과적인 개별화 교수의 주요 요소를 파악하려 했던 Wood 등(Wood, Bruner & Ross, 1976 ; Wood & Middleton, 1975)에 의해 소개된 개념이다. 비계설정의 사전적 의미는 '건물을 건축하거나 수리할 때 작업원들이 건축 재료를 운반하거나 오르내릴 수 있도록 건물 주변에 세우는 장대와 두꺼운 판자로 된 발판을 세우는 것'이다. 이것을 교육 분야에서는 학생의 근접발달영역 내에서의 효과적인 교수-학습을 위해 성인이 학생과의 상호작용 등 도움을 적절히 조절하며 제공하는 것을 묘사하기 위해 은유적으로 사용하게 되었다.

비계설정은 보다 유능한 교사, 부모, 또래가 학습자에게 적절한 안내나 도움을 제공함으로써 학습에 도움을 주어 인지발달을 돕는 발판 역할을 하도록 하는 체계를 말한다. 그러나 교사가 도움을 제공할 때만 학습자가 문제를 해결하고, 도움을 중단하였을 때 다시 해결할 수 없는 상황으로 돌아간다면 그것은 진정한 도움이 될 수 없다. 교사의 도움을 통해 문제해결 방식을 익히고 내면화하여 추후 비슷한 문제 상황에 직면하였을 때에는 학습자 스스로 해결할 수 있어야 한다. 즉, 도움을 받아 높은 단계에 올라섰지만 도움이 제거되었을 때 다시 내려오지 않고 그 단계에 그대로 서 있게 되는 것, 그것이 진정한 비계설정이라고 할 수 있다.

2) 메타인지 (metacognition, 초인지, 상위 인지)

(1) '한 단계 고차원'을 의미하는 메타(meta)와 어떤 사실을 안다는 뜻의 인지(recognition)를 합친 용어로서, 자신의 생각에 대해 비판적 사고를 하고, 한 차원 높게 자신을 객관적으로 바라보는 능력이다.

(2) 포괄적인 의미에서 인지 그 자체를 대상으로 하는 지식이며, 인지 그 자체에 대한 이해라 할 수 있다.

(3) '자신의 인지 또는 사고에 관한 지식'과 '자신의 인지 또는 사고에 관한 조절, 조정'의 두 가지 측면을 포함하는 인지이다.

(4) '자신의 인지 또는 사고에 관한 지식'은 자신의 사고 상태와 내용, 능력에 대해 알고 있는 지식(메타인지적 지식)을 말하며, '자신의 인지 또는 사고에 관한 조절, 조정'은 문제해결 과정에 있어 계획하고 적절한 전략을 선택·사용하며 과정을 점검·통제하고, 결과를 반성·평가하는 사고 기능(메타인지적 기능)을 말한다.

귀인이론

1) **예** "음악회에 가지 말고 공부를 더 열심히 했어야 했는데…"

2) 설명 : 위의 사례는 노력을 의미하는 것이므로 내적, 불안정적 귀인에 해당한다. 그리고 실패에 대처하는 자세로서, 실패의 상황에 닥쳤을 때, 숙달지향적인 반응을 보이느냐, 혹은 무기력한 반응을 보이느냐에 따라 이후의 결과는 완전히 달라진다. "공부를 더 열심히 했어야 했는데"라는 글에서 숙달지향적인 반응을 보인 것이다.

3) 귀인이론의 3가지 차원

귀인	원인소재	안정성	통제 가능성
능력	내적	안정적	불가능
노력	내적	불안정적	가능
운	외적	불안정적	불가능
난이도	외적	안정적	불가능

성취목표이론

1) 성취목표이론의 특징은 학습자가 과제에 참여하는 이유에 대한 학습자의 지각에 가장 직접적으로 초점을 맞추고 있다.

2) 학습자의 성취목표는 숙달목표(mastery goal)와 수행목표(performance goal)로 구분한다.

  (1) 숙달목표를 지향하는 학습자의 특성 외적 보상보다는 학습과정 그 자체를 중요시 여긴다.

  (2) 수행목표를 지향하는 학습자의 특성 자신의 능력이 타인에 의해 어떻게 판단되는가를 중요시 여긴다.

3) 학습자가 어떤 목표를 지향하는가 하는 것은 다음 두 가지 측면에서 영향을 받는다.

  (1) 학습자 자신의 능력에 대한 지각 지능을 고정적인 것으로 보는가 / 유동적인 것으로 보는가

  (2) 학급 풍토나 학급구조에 대한 지각

    ① 숙달목표 : 향상 정도, 노력, 절대평가

    ② 수행목표 : 높은 점수, 높은 능력, 상대평가

4) 교육적 시사점

  (1) 학습자의 목표지향성은 과제 선정에 영향을 준다.

    ① 숙달목표 지향적인 학습자는 다소 어렵기는 하지만, 자신의 기능을 촉진시킬 수 있는 과제를 선택하는 경향이 있다.

    ② 수행목표 지향적인 학습자는 자신의 유능함을 보여줄 수 있는 과제나 자신의 무능함을 감출 수 있는 과제를 선택하는 경향이 있다.

  (2) 학습자의 목표지향성은 학습자의 귀인성향에 영향을 준다.

    ① 숙달목표 지향적인 학습자는 성공을 많은 노력과 효과적인 학습전략에 귀인하고, 실패 시에는 노력 부족으로 귀인하는 경향이 있다.

    ② 수행목표 지향적인 학습자는 실패를 능력부족에 귀인하는 경향이 있다.

  (3) 학습자의 목표지향성은 학습방법에 영향을 준다. 숙달목표 지향적인 학습자들이 수행목표 지향적인 학습자들보다 초인지 전략을 더 많이 사용하는 경향이 있다.

  (4) 대체로 수행목표보다는 숙달목표를 추구하는 것이 더 바람직한 동기형태이기는 하지만, 실제로 학습자들은 학습상황에서 두 가지의 목표 모두를 어느 정도 지향한다.

셀먼(Selman, 1980)의 자아 인지 발달단계

0수준 (영아기)	물리적 존재는 이해하지만 별개의 심리적 존재는 인식 못함 예 "나는 여자예요." – 0수준(영아기)
1수준 (아동 전기) (5~9세)	1) 내재적 심리 특성과 물리적 행동의 존재를 구분함 2) 내재적 생각과 감정이 외적 행동으로 직접 표출된다고 생각함 3) 타인이 자신을 관찰할 수 있다는 것을 인식하지 못함 예 "나는 멋진 신발을 가진 사람이에요." – 1수준(아동 전기)
2수준 (아동 중기) (7~12세)	1) 감정과 행동이 서로 다르다는 것을 이해함 2) 자신의 자아를 제대로 알 수 있다고 생각함 3) 자신의 행위를 타인이 관찰할 수 있음을 인식함 예 "나는 그림을 잘 그려요." – 2수준(아동 중기)
3수준 (아동 후기) (10~15세)	1) 자아를 안정적인 성격 특성의 표출로 이해함 2) 타인이 자신의 내적 자아를 관찰하고 평가할 수 있음을 인식함 예 "나는 수줍음이 심해요." – 3수준(아동 후기)
4수준 (청년기)	성격의 많은 부분들이 무의식적 수준에 머물러 있으므로 자아가 완전히 이해될 수 없다는 것을 이해함 예 "나는 어떤 사람이 되어야 할지 깨달았어요!" – 4수준(청년기)

제4절 | 성격 및 사회성 발달

1 성격 발달

1) 성격발달 - 성격의 정의와 특성

여러 성격 연구자들이 성격을 정의하는데 있어 공통적으로 강조하는 성격의 특성은 두 가지가 있다.

(1) 행동의 독특성

① 성격은 한 개인이 다른 사람과는 구별되는 점을 일컫는 말이다.

② 만약 어떤 상황에서 모든 사람이 동일하게 행동한다면, 우리는 그러한 외현적인 행동을 성격에 기초해 나타나는 행동이라고 생각하지 않으며 또한, 그러한 행동을 기초로 타인의 성격을 추론하지 않는다.

(2) 안정성과 일관성

① 성격은 시간과 공간의 변화에 따라 매 순간 바뀌는 것이 아니고, 어느 정도 안정적으로 일관되게 나타나야 한다.

② 성격이란 시간과 공간의 변화에도 불구하고 어느 정도 안정적이고 일관되게 나타나야 하는 특성 때문에 우리가 타인의 성격을 파악하기 위해서는 어느 정도의 시간이 요구된다.

③ 다만, 성격이 안정성과 일관성이 있어야 한다는 말의 의미가 결코 성격이 변화되지 않는다는 것을 의미하는 것은 아니며 인간은 의식적으로 때로는 무의식적으로 성격의 변화를 시도하기도 한다.

④ 이러한 변화가 결코 쉽게 이루어지지는 않지만 한번 변화된 성격은 또 일정 기간 안정적으로 그리고 일관되게 우리의 행동에 영향을 미치게 된다.

(3) 이상을 토대로 하여, 학자와 사람에 따라 서로 다른 성격의 특성들을 종합해보면, 성격이란, 개인이 환경에 따라 반응하는 특징적인 양식으로서, 타인과 구별되게 하는 독특하고, 일관성이 있으며, 안정적인 사고·감정 및 행동방식의 총체라고 할 수 있다.

2) 성격의 형성

성격과 관련된 이슈는 유전과 환경에 관한 관점이며 이는 개인들 간에 존재하는 성격의 차이는 유전에 의한 것인가? 아니면 환경의 차이, 즉 개인에게 주어지는 환경 자극의 차이에 기인하는 것인가? 현대 성격연구자들은 유전과 환경의 상호작용에 의해 성격이 형성된다고 생각한다.

(1) 유전적 요인

① 최근 과학의 발달로 성격 형성에 유전이 중요한 요인임이 드러나고 있다. 예컨대, 개인과 개인을 구별짓는 독특성은 인간이 가지고 태어나는 기질적인 특성에 근거한다는 증거가 많이 나오고 있다.

② 이란성 쌍생아에 비하여 일란성 쌍생아는 기질적인 특성이 매우 강하게 관찰되고 있으며 그러한 기질적인 유사성은 환경의 영향에도 불구하고 대체로 지속되고 있음이 증명되고 있다.

③ 일란성 쌍생아의 기질연구 결과를 보면, '정서성', '활동성', '사회성'에서 높은 유사성이 나타나고 있다(남아 : 68%, 73%, 65% / 여아 : 60%, 50%, 58%).

④ 이 외에도 신경생물학적인 연구 결과가 관심을 불러일으키고 있는데, 신경계통의 기능적인 특징이나 뇌의 신경전도 물질이 성격 형성 과정에 요인이 된다는 사실이 드러나고 있다.

(2) 환경적 요인

① 유전적인 측면들은 태어난 인간에게 있어서 하나의 가능성으로서, 이러한 요인들은 인간을 둘러싸고 있는 환경 안에서 복잡하고도 독특한 경험과 상호작용을 하면서 실현된다.

② 인간의 경험은 성격 형성의 후천적 요소로서 성격 발달에 중요한 역할을 하는데, 성격 형성의 한 요소인 경험은 개인이 속해 있는 공동체의 문화의 영향을 받는다.

③ 인간은 누구나 어떤 특정 문화나 집단에 소속되어 있게 마련이며 자신이 속해 있는 삶의 장에서 다른 구성원들과 함께 공통적인 경험을 하면서 살아간다.

④ 가정은 한 사람이 인간으로 조성되는 데 있어서 가장 최초로, 그리고 가장 지속적인 영향을 주는 곳이며 부모는 가정 문화를 만들고 유지해 가는 중심인물이다.

⑤ 부모의 가치관이나 생활양식, 양육 방식은 성격 발달에 절대적인 영향을 미치며 건강한 성격을 형성하는 데 핵심이라고 할 수 있는 기본적인 신뢰감, 안정된 정서, 자율성은 어머니와 아기가 맺게 되는 강한 애착관계와 밀접한 관계를 가진다.

(3) 이상의 연구를 종합해 보면, 성격은 타고나는 유전적인 요인과 태어난 이후에 한 개인이 성장하는 과정에서의 경험이 서로 상호작용하면서 형성된다는 점이다.

2 사회성 발달

1) 사회성 발달 - 애착을 중심으로

(1) 애착(attachment)[12] 발달

유아에게는 물리적 필요뿐 아니라 정서적 필요에 민감하게 반응해주는 성인과의 관계형성이 중요하다.

① 애착의 주요 요인 - 접촉위안(contact comfort)

ㄱ. 스피츠(R. Spitz) - 1940년대의 미국의 정신의학자

가. 1940년대 미국과 캐나다의 고아원에 있는 유아들의 발달을 연구하였다.

나. 고아원의 아이들이 충분한 음식과 청결에도 불구하고 1/3 가량이 첫 해에 죽는다는 것을 발견하였다.

다. 이들 중 많은 아이들이 신체적으로, 정신적으로 발달이 부진하는 것을 발견하였다.

---

12) 애착 - 한 개인이 자신과 가장 가까운 사람에 대해서 느끼는 강한 감정적 유대관계

ㄴ. 할로우(Harlow)의 어린 원숭이 대리모 실험

　　가. 새끼 원숭이들을 어미에게서 떼어내어 철사로 되어 있고 젖꼭지를 단 인형과 담요로 덮여있고 젖꼭지를 단 인형 대리모에게 각각 할당하였다.

　　나. 새끼 원숭이는 철사 인형보다는 담요로 된 인형에 매달려 있었다.

　　다. 먹이가 아닌 접촉위안(contact comfort)이 어미에게서 형성하는 애착에 더 중요한 변수가 되었다.

ㄷ. 필드(T. Field)와 그의 동료들

　　가. 접촉이 미성숙한 유아의 신체적 성장에 놀랄만한 효과를 가지고 있다는 것을 발견하였다.

　　나. 인큐베이터 속의 미숙아들을 나누어 한 집단의 미숙아는 손으로 마사지를 하고 다른 미숙아들은 마사지를 하지 않은 결과 마사지를 받은 유아가 몸무게 증가도 빠르고 더 활동적으로 발달하였다.

② 애착행동 측정 – 애착유형

ㄱ. 에인스워스(Mary Ainsworth)의 낯선 상황(strange situation) 검사 유아가 친숙하지 않은 상황에서 미리 계획된 방식으로 주 양육자가 같이 있거나 없거나 하면서 낯선 사람이 들어왔을 때와 나갔을 때의 유아가 보이는 불안 행동을 측정하였다.

　　가. 안정 애착

　　　　a. 엄마가 같이 있을 때는 활달하게 놀았으며 적극적으로 탐색하는 행동을 보였다.

　　　　b. 엄마가 없거나 낯선 사람과 함께 있을 때는 약간 놀라면서 탐색하는 것이 줄었으나, 엄마가 다시 돌아왔을 때 적극적으로 엄마에게 접근하여 접촉하려고 하였다.

　　나. 불안정 회피 애착

　　　　a. 엄마가 떠났을 때는 무관심한 것처럼 보였다.

　　　　b. 엄마가 돌아왔을 때는 적극적으로 회피하고 무시하였다.

　　다. 불안정 저항 애착

　　　　a. 엄마가 떠났을 때는 극심한 분리불안을 보였다.

　　　　b. 엄마가 돌아왔을 때는 화를 내지만, 엄마에게 다가가 안겼다가는 이내 화난 듯 밀쳐내는 반응을 보였다.

　　라. 혼란 애착

　　　　a. 회피애착과 저항애착이 결합된 것이다.

　　　　b. 엄마가 돌아왔을 때는 얼어붙은 표정으로 엄마에게 접근하고 엄마가 안아줘도 먼 곳을 쳐다보았다.

아버지 애착

1) Schaeffer와 Emerson(1964)에 따르면, 아버지와 영아 관계에 관한 애착안정성에서 일상적인 양육활동에 참여하지 않은 아버지에게도 아동은 애착을 보인다고 하였다.

2) 영아의 초기 사회적 발달과정에서 양육 그 자체보다 사회적, 감각적 자극활동이 영아 발달에 중요한 결정자임을 주장하면서 아버지와의 애착을 설명하였다.

3) 아버지의 양육 참여는 아동의 인지발달을 강화하며(Radin 1981), 아버지가 자녀 양육에 직접 참여했을 때는 인내심, 이해력, 사회적, 도덕적 성숙을 지닌 성인으로 발달하며, 아버지가 모-자 관계를 지지하고 정서적으로 표현력이 풍부한 경우 이런 아버지는 아들이 훨씬 더 긍정적 자아개념과 사회적 상호작용 패턴을 발달시킨다고 하였다(Biller 1993).

4) Parke와 동료 등은 아버지는 역할모델로써 자녀와의 상호작용을 통해 성 유형화 과정에 영향을 주며 이때 아버지가 보여주는 따뜻함과 보살핌이 무엇보다도 중요하다고 보았다.

5) 신지영(2002)은 아버지의 애착이 어머니의 애착보다 교류관계의 질에 중요한 영향을 미치고 있음을 보고하였고 김소라(2004)는 아버지는 자녀들을 사회라는 외부세계로 연결시켜주는 역할을 하며, 나아가 가정에서 사회로의 전환에 필요한 기술들을 제시해 주므로 자녀들이 사회 활동이 많아질수록, 즉 성인기로 접어들수록 아버지 역할이 더 큰 의미로 다가온다고 하였다.

6) 어머니의 양육태도 뿐만 아니라, 아버지의 양육태도가 긍정적일수록 대학생 자녀가 지각한 자기효능감이 높은 것으로 나타났다.

③ 각인(imprinting) - 로렌츠

ㄱ. 어떤 영아는 맨 처음 보거나 소리를 듣는 움직이는 대상에 자동적으로 각인 된다.

ㄴ. 각인은 발달의 결정기에 신속하게 일어나고 쉽게 변화되지 않는다.

ㄷ. 로렌츠는 인위적으로 사람에 의해 부화된 것처럼 실험을 한 결과, 어린 거위들이 사람에게 각인된다는 것을 증명하였다.

🗀 실력다지기

로렌츠(Lorenz)의 동물행동학적 이론 - 로렌츠의 각인설

1) 오스트리아의 동물학자 로렌츠는 진화과정과 적응행동 간의 밀접한 관계를 강조하였다.

2) 로렌츠는 인간의 모든 행동은 적응가치와 생존가치를 가지고 있다고 보았으며 발달의 어느 시점에서만 특수한 학습이 일어나며, 이러한 시기를 결정기라고 한다.

3) 로렌츠의 각인실험

(1) 거위새끼가 부화되면서 어미를 쫓아다니는 각인현상을 관찰하고 새끼들은 부화한 후, 첫 번째로 보게 되는 움직이는 물체를 따라 다니도록 선천적으로 계획되어 있다고 믿었다.

(2) 이 현상은 생의 초기 중 어떤 행동을 결정하는 시기가 있어 그 시기에 형성된 행동은 그 이후에는 지울 수 없는 행동을 하게 되는 강력한 작용을 하기 때문에 학습의 과정과는 다르다는 것이다.

(3) 이는 본능으로 설명될 수 있는 추종반응이 아니라, 그 이후의 사회적 행동도 결정한다는 이론이다.

④ 친사회적 행동[13]

　ㄱ. 종의 생존을 보장해 주는 것으로 유전이 강조되는 이론은 사회생물학적 이론이다.

　ㄴ. 친사회적 행동을 설명하는 이론은 정신분석(초자아), 인지발달이론(역할수용), 사회학습이론(관찰학습), 행동주의적 학습이론(강화, 처벌) 등이 있다.

📁 **실력다지기**

발달심리학 이론 중 동물의 행동에 영향을 받은 이론

1) 행동주의 학습이론

　비교적 단순한 동물을 대상으로 하여 자극으로서의 환경과 반응으로서의 행동과의 관계를 과학적으로 밝히고, 여기서 밝혀진 원리나 법칙을 인간의 행동에도 적용하여 인간의 행동을 연구하는 학문이라 할 수 있다.

2) 행동주의 학습이론의 네 가지 기본적 가정

　네 가지의 기본가정은 서로 독립적인 성격을 띠기보다는 서로 상호 긴밀한 연계관계를 갖고 상보적인 역할을 하고 있다.

(1) 모든 유기체의 행동은 환경적 자극에 대한 기계적 반응이라는 것이다. 행동주의 심리학자들은 인간 또는 동물의 행동을 어떤 자극에 의해 유발된 행동으로 보며 이 행위를 일으키는 자극이 무엇이며 어떻게 특정한 자극과 반응이 연결되는가를 규명하려 하였다.

(2) 복잡한 환경을 특수한 자극이라는 단위로 분석함과 동시에, 행동도 반응이란 단위로 분석할 수 있다고 본다. 이들은 환경은 여러 단위 자극으로 구성된 집합체이며 유기체의 어떤 특정한 행동을 야기시키는 것은 환경 전체가 아니라 환경에 내포된 특정한 자극이라고 보았다.

(3) 유기체의 행동에 관한 연구를 과학적으로 수행하기 위하여 관찰측정이 가능한 것을 연구의 대상으로 한다. 관찰이 가능한 자극으로서의 환경과 반응으로서의 행동만 연구대상이 된다.

(4) 인간과 동물의 질적인 차이를 거부한다. 인간과 동물의 차이는 양적인 차이에 불과하며, 근본적으로 똑같이 환경자극에 대한 반응으로서 행동하기 때문에 질적인 차이는 없고, 다만 인간의 신경구조가 좀 더 발달되어 있기 때문에 자극과 반응에 대한 관계가 더욱 복잡할 뿐이라는 것이다.

---

⑤ 에릭슨(Erikson)의 심리사회적 발달 이론

　ㄱ. 특징

　　정신분석이론에서 발전된 것이지만, 전 생애를 통한 발달이라는 점과 자아를 성격의 중심구조로 보고 있다는 점이 프로이트의 이론과 다르다.

　ㄴ. 자아의 중요성

　　가. 프로이트(Freud)가 삶의 원동력을 원초아(id)로 보는 데 반해, 에릭슨(Erikson)은 자아의 중요성을 강조한다.

　　나. 생물학적인 힘보다는 인간관계에서의 경험을 중시한다.

　　다. 인간을 확실히 파악하기 위해서는 개인과 사회와 시간성의 관계를 이해해야 함을 주장한다.

　　라. 발달이란 개인의 심리적 발달과 개인이 만든 사회적 관계들이 병행하는 이중적 과정으로 본다.

　　마. 각 단계마다 개인의 생리적 성숙과 더불어 사회적 요구가 있다.

　　바. 하나의 위기로서 이 위기를 성공적으로 해결하면 더 성숙하지만, 해결하지 못하면 성장이 왜곡되어 나타날 수 있다.

---

13) 친사회적 행동은 다른 사람을 이롭게 하는 행동(나누기, 돕기, 위로하기, 보살피기, 협조하기)이다.

제5절 | 정서 및 도덕성 발달

1 정서적 발달 - 청소년기를 중심으로

1) 심리사회적 자아발달과 정서적 발달

(1) 에릭슨(Erikson)은 '8단계 평생 발달 주기이론'에서 청소년기는 5단계 '정체감 형성 대 역할 혼란'의 시기로 본다.

(2) 이 시기에는 친구, 또래 학생들과의 관계에서 자아 정체감, 직업·전공에 대한 정체감에 대해 그 결정을 유예하는 기간이며 역할 혼란 가운데 청소년 비행이 생길 수 있다.

(3) 청소년기의 단계는 위기이면서 도전의 기회가 된다.

(4) 이 단계에서 친구와의 관계를 통해 자아 정체감이 형성되기 때문에 친구를 사귀고 우정을 나누는데 큰 가치를 두고 가족과의 관계는 점차 소원해지는 경향이 있다.

(5) 청소년기에는 정서적 변화를 경험하는데 긍정적 정서로서는 행복, 기쁨, 사랑과 애정의 감정이 있으며 부정적 정서로서는 우울, 공포와 불안, 죄책감, 분노 등의 정서들이 있다.

(6) 청소년기에 가장 조절이 힘든 정서는 성적 충동과 관련된 정서이다.

📂 기출문제 확인학습

수치심과 죄책감의 정의: 존재(being) 대 행위(doing) 중심의 구분

1) 역사적으로 초기에 수치심과 죄책감은 공적 경험(public experience), 사적 경험(private experience)으로 구분되었다(Ausubel, 1955; Benedict, 1946).

2) 이러한 견해에 따르면 수치심은 주로 다른 사람 앞에서 느끼는 감정으로, 만약 다른 사람이 없다면 수치심을 느낄 필요도 없기 때문에 수치심은 공적 경험이다.

3) 수치심은 주로 다른 사람의 칭찬이나 처벌 같은 외적 규제(external sanction)에 의해서 지배된다고 간주되었다.

4) 죄책감은 다른 사람이 없어도 자기 스스로 양심에 가책을 받는 경험인데, 이는 타인의 규제가 아니라 자신의 양심이라는 내적 규제(internal sanction)에 의해 조절되므로 사적 경험으로 간주되었다.

5) 이러한 사적-공적, 내적-외적 기준은 점차 비판을 많이 받았는데, 왜냐하면 수치심이 꼭 구체적인 타인을 필요로 하기보다 내재화된 타인이 필요한 것이며, 구체적인 타인 없이 혼자서 느끼는 수치심 경험도 얼마든지 존재하기 때문이란 비판이 제기되었기 때문이다.

6) 그 후 외적-내적 구분보다 점차 심리내적인 기제를 중심으로 하는 구분이 보다 우세해졌는데, 이러한 입장을 대표하는 학자가 Helen Block Lewis(1971, 1987)이다.

7) 수치심과 죄책감의 핵심적인 차이는 자기(self)이다.

(1) 수치심은 전체 자기(entire self)가 문제시되는 경험이고, 죄책감은 자기 일부(doing)가 문제시되는 경험이다.

(2) 수치심이 자기의 결함에 초점이 맞춰지는 반면 죄책감은 자신에게 책임이 있는 부정적 사건에 초점이 맞춰지는데, 똑같은 말이라도 수치심은 '내가' 그런 끔찍한 일을 저질렀다는 것이고(I did the horrible things), 죄책감은 내가 그런 끔찍한 일을 '저질렀다'는(I did the horrible things) 것이다.

(3) 수치심의 자기는 수동적이거나 무기력한 반면, 죄책감의 자기는 능동적이다. 수치심에서는 관찰하는 자기와 관찰당하는 자기가 갈라지므로(splitting) 자기 통합성이 상실되는 반면, 죄책감에서는 자기 평가가 좀 더 거리를 두고 일어나므로 자기 통합성은 온전하게 유지된다.

정서 조절 능력[14]

1) 정서조절능력의 발달

사람들은 성장하면서 주 양육자로서부터 정서조절기술을 학습하게 되며, 아동기에 정서조절기술을 학습할 기회가 충분하지 않았을 때 이후에 정서조절의 어려움을 느낄 수 있다.

2) 정서조절 어려움의 유형

정서 인식 및 명명의 어려움, 정서 예측의 어려움, 정서 조절 기술의 부족

3) 정서조절능력

알아차림 능력, 명명하는 능력, 조절능력(부정적인 정서를 낮추는 것과 긍정적 정서를 증가시키는 것), 효과적으로 표현하는 능력

정서조절 기술 훈련 : 정서 조절

1) 인지적 조절

긍정적 자기 진술문, 생각 바라보기, 상황에 대한 재평가, 편안한 장소 떠올리기, 자원이 될 수 있는 긍정적인 심상 떠올리기, 상황 기술하기, 비교하기, 주변 환경 기술하기 등

2) 신체적 조절

각성 수준 조절에 도움이 되는 몸자세 취하기, 호흡, 근육이완, 편안한 몸 부위에 주의집중하기, 스트레칭 등

3) 행동적 조절

타임아웃, 현재 감정과 반대되는 행동하기, 기여하는 활동(행동), 주의분산에 도움이 되는 활동하기(즐거움, 편안함, 성취감을 줄 수 있는 활동)

📁 기출문제 확인학습

스턴버그의 사랑 3요소

1) 열정(passion)

(1) 열정적인 감정, 신체적인 매력, 성적인 욕구를 증진시키는 동기를 포함하며 사람을 생리적으로 흥분하고 들뜨게 만든다.

(2) 그러나 열정은 강렬한 만큼 그리 오래 지속되지 못한다.

(3) 시간이 지나면 식어서 사라지거나 다른 형태로 발전하게 된다.

2) 친밀감(intimacy)

(1) 상대방과의 정서적인 연결감을 말한다.

(2) 친밀한 관계에서는 상대방과 함께 있으면 편안함을 느끼고 서로를 의지하고 잘 이해한다.

(3) 친밀감을 형성하는 데는 시간이 걸리나 일단 형성된 친밀감은 바로 사라지지 않고 서서히 사라진다.

3) 헌신(commitment)

(1) 사랑의 사고적이고 인지적인 측면을 말한다.

(2) 의식적인 결단을 통해서 상대방과의 관계를 유지하려는 결단과 책임감을 말한다.

(3) 헌신에는 상당한 시간이 걸리나, 일단 약속이 이루어졌다고해서 그 순간부터 구속력을 갖는 것은 아니다.

---

14) 출처 : http://richwnaak.tistory.com/179

2 도덕성 발달

1) 콜버그(L. Kohlberg)의 도덕성 발달 이론

전 인습[15]적 수준 (9세 이전)	1단계	(벌과 복종지향)	복종해야 하는 불변의 규칙이 있고 그 규칙을 어겼을 경우 벌을 받게 되며 벌을 받는 것은 나쁜 것이라고 생각한다.
	2단계	(욕구충족 수단)	도덕적 행위가 자신과 타인을 만족시켜 주는 수단이지, 더 이상 고정적이거나 절대적인 것이라고는 생각하지 않는다.
인습적 수준 (9세 이후)	\-인습적 수준에서는 사회적 승인과 사회질서를 염두에 둔 판단을 한다.-		
	3단계	(대인관계 조화)	동기와 감정이 정의로운가에 비추어 생각하며 결국 타인으로부터 얼마나 인정받을 수 있는가에 따라 판단한다.
	4단계	(법과 질서 준수)	사회질서에 대해 광범위하게 사고하며 사회질서가 유지되기 위해서는 법에 복종해야 한다는 것을 강조한다.
후 인습적 수준 (특별한 개인 등)	5단계	(사회계약 정신)	사람들이 필요로 하는 바를 충족시키지 못하면 동의나 민주적인 절차를 통해 변경시킬 수 있다고 본다.
	6단계	(보편적 도덕 원리에 대한 확신)	① 가장 높은 도덕단계로서 옳고 그름을 개인양심에 비추어 판단하여야 한다. ② 양심의 원리는 구체적인 규칙이 아니고 법을 초월하는 '인간의 존엄성'이나 '정당성'과 같은 보편적 원리에 대한 확신이다.

2) 콜버그 이론의 한계와 비판

(1) 3단계 이후 모든 사람들이 4단계에서 6단계에 이르는 것은 아니며 많은 성인은 5단계에 도달하지 못하고 소수만이 그 이상으로 진행한다.

(2) 도덕적 추론이 도덕적인 행동과 같게 나타나지 않을 수도 있다.

(3) 도덕적 퇴행이 나타날 수 있는데 예를 들어 대학생 시기에 4단계에서 5단계로 진전하는 대신 2단계로 퇴행하는 경향도 나타날 수 있다.

(4) 콜버그의 이론은 인지발달에 기초하기 때문에 도덕성 발달단계의 퇴보나 후퇴를 설명할 수 없다.

(5) 콜버그의 이론이 미국 중류 및 상류 백인들의 도덕적 가치를 반영해서 문화적으로 편향되어 있다는 것이 문제점이다.

3) 피아제(Piaget)의 도덕성 발달 이론

피아제는 도덕 발달의 기본골격을 마련하고 모두 두 가지의 단계가 있다고 주장하였다.

(1) 사실적 도덕성(= 타율적 도덕성)의 단계

모든 도덕적 문제에는 '옳은' 쪽과 '나쁜' 쪽이 있으며, 규칙을 따르는 것이 항상 '옳다' 여긴다.

① 6 ~ 10세의 아동은 규칙과 신념에 대한 강한 존중감을 발달시키고 그것에 항상 복종해야만 한다고 생각하게 된다.

---

15) 인습은 사회규칙, 기대, 관습, 권위에 순응하는 것을 말한다.

②타율적 도덕단계의 아동들은 규칙이란 권위적 인물이 일방적으로 부과하며 매우 신성하고 결코 변경될 수 없다고 여긴다.

③위급한 환자를 병원으로 데려가는 중에 '도로 규칙'을 위반했을 때에도 아동은 그 행동이 벌을 받아야 한다고 생각한다.

④타율적 도덕 단계의 아동들은 규칙을 절대시한다.

⑤아동들은 행위자의 의도보다는 행위의 객관적 결과를 가지고 옳고 그름을 판단한다.

　　예 우연히 컵 15개를 깨뜨린 아이가 잼을 훔치려다 컵 한 개를 깬 아이보다 더 나쁘다고 생각하는 경우

(2) 상대적 도덕성(= 자율적 도덕성)의 단계

규칙을 위반해도 항상 벌이 따르지 않는다는 것을 경험에 의해 알게 된다.

①10 ~ 11세가 되면, 도덕성 발달의 두 번째 단계가 시작된다.

②자율적 도덕단계의 아동들은 사회규칙들이 변경될 수 있으며 규칙이 사람들의 동의여하에 따라 바뀔 수도 있는 임의적 합의라는 사실을 깨닫게 된다.

③규칙이란 사람들의 욕구에 따라 위배될 수도 있는 것이라고 느끼게 된다.

④아동은 행동 자체의 객관적 결과보다는 의도에 의해 옳고 그른 것을 판단할 수 있다.

(3) 타율적 도덕성 단계에서 자율적 도덕성 단계로의 발달

①인지적 성숙과 사회적 경험이 중요한 역할을 한다.

②인지적 요소 – 자아 중심성의 감소와 역할 수용 능력의 발달이 이루어져야 한다.

③사회적 경험 – 또래와의 대등한 위치에서의 상호작용이 융통성 있는 자율적 도덕성 발달에 도움을 준다.

4) 길리건(Gilligan)의 도덕 추론설

(1) 콜버그의 이론에 대한 반론

남녀 성별에 따른 도덕적 추론의 차이를 설명하지 못하고 있음을 비판하였다.

(2) 남녀는 '정의'와 '타인에 대한 애정'의 서로 다른 방식으로 도덕적 딜레마를 추론한다.

①남성은 옳고 그름의 '정의'의 입장에서 도덕적 추론이 이루어진다. → 정의, 공정성, 공평성, 합리성을 강조한다.

②여성은 타인을 돌보고 사회적 관계의 조화를 중시하는 입장에서 도덕적 추론이 이루어진다. → 보살핌(배려), 책임, 애착, 희생을 강조한다.

제6절 | 발달정신병리[16]

1) 발달정신병리의 정의

(1) 정신발달의 역동적, 통합적 특성에 관한 지식을 이상발달 및 정신병리에 연결함으로써 인간의 행동을 전체적이고 역동적으로 기능하는 유기체로 이해한다.

(2) 발달적 맥락에서 아동기 병리적 장애를 이해하는 것이 과제인데, 즉 행동이 발달적 연속선상에서 언제 일어나느냐에 따라 정상적인지 병리적인지를 파악한다.

(3) 발달심리, 임상심리, 정신의학의 다학문적 접근과 종단연구의 입장을 강조한다.

2) 발달적 경로 (developmental pathways)

(1) 발달병리를 개념화하는 방법은 발달적 경로를 찾는 데 있다.

(2) 발달적 경로에 대한 이해는 정신병리의 예방과 치료, 교정에 있어 효과적이다.

(3) 발달적 경로에 대한 과제

경로가 어떻게 구성되는가? 그 때, 무엇이, 어떤 이유로 정상적 과정을 벗어나 발달하였는가? 정신병리적으로 장애를 갖게 된 위험이 무엇인가? 위험에 있는 모든 아동이 다 장애를 갖게 되는 것은 아니며 아동을 위험에 더욱 취약하게 만드는 요인은 무엇이며, 위험으로부터 그들을 보호하는 요인은 무엇인가?

3) 발달적 경로에 있어 중요한 3가지 요인[17]

(1) 위험요인(risk factors)

① 정신병리를 발달시킬 가능성을 증가시키는 직접적인 조건이나 상황으로 모든 맥락에서 망라된다.

② 기질적 맥락

출생 시 결함, 신경생리학적 손상, 부적절한 양육, 유전적 소인과 관련된다.

③ 개인 내적 맥락

낮은 지능, 낮은 자아 존중감, 자아통제력의 부족과 관련된다.

④ 대인관계적 맥락

부모로부터의 무시, 학대, 나쁜 또래관계와 관련된다.

⑤ 상위맥락 빈곤과 관련된다.

(2) 취약성(vulnerability)

위험에 대한 반응을 증가시키는 요인이다.

---

16) 출처 : 맑은 아이 상담센터 홈페이지(http : //www.paideia.co.kr)

17) 발달적 경로에 있어 중요한 3가지 요인은 Risk, Vulnerability and Protective Factors이다.

---

(3) 예방 - 보호요인(protective factors)

건강한 발달을 유지시키고 향상시키며 발달장애 유발 가능성을 감소시키는 요인이며 회복(resilience)이 강한 아동은 장애 위험에도 불구하고 높은 적응력을 지닌다.

4) 중다 결정주의(multi - determinism)와 상호작용

(1) 정신병리는 복합적인 원인을 가지며 그 원인은 시간에 따라 변할 뿐 아니라 다른 원인들과 상호작용한다고 본다.

예 개인 내적 맥락에서 고위험요인(high - risk factors)은 아동의 발달단계와 대인관계 맥락에서 무엇이 일어났는가에 따라 정신병리가 될 수도 있고 아닐 수도 있다.

(2) 상호작용 모델은 모든 변인이 모든 맥락에서 원인을 찾는데 유의미한 기여를 하는 것이 아니며 변인들의 관련성을 찾는 경험적인 문제가 중요하다고 본다.

(3) 중다 결정주의(multi - determinism)는 대인관계 영역에서 상호작용주의의 일방향 모델과는 다른 면을 지닌다.

(4) 중다 결정주의(multi - determinism)는 부모로부터 아동에게만 영향을 미친다는 방향성을 언급하는 모델을 대신해, 아동은 부모 행동에 대한 수동적 매개체가 아니라 자신의 선호도와 목적을 가지고 그 자신의 방법으로 기술을 빠르게 습득한다고 본다.

(5) 중다 결정주의(multi - determinism)와 대인 관계적 상호작용은 발달정신병리학의 일반적인 틀을 제공한다.

CHAPTER 03

기타

제1절 | 기타 발달심리에 관한 사항

1) 정체감 발달[1]

(1) 자아정체감

① 개별성 자신이 독특하고 특별하며 타인과 다르다는 인식이다.

② 총체성 자신의 욕구, 태도, 동기, 행동양식 등이 전체적으로 통합되었다는 의미이다.

③ 계속성 시간이 경과하여도 자신은 동일한 사람이라는 인식을 한다.

(2) 정체감의 형성과 발달

① 정체감 형성은 아동기의 경험과 동일시에 영향을 받는다.

② 구체적 조작기에서 형식적 조작기로 이행하는 과정이 자아정체감 발달에 영향을 미친다.

③ 청년기를 거쳐 성인기에 이르기까지 발달이 계속된다.

(3) 마르샤(Marcia)의 자아 정체감 수준 분류[2]

① 정체감 혼미(identity diffusion)

가장 낮은 성취지위로 직업계획이나 이념적인 세계관에 대한 강한 참여를 하지 않거나 쉽게 중단해 버리고 자아에 대해 안정되고 통합된 견해 형성을 실패한다.

② 정체감 유실(identity for closure) = 조기 완료

정체감 위기를 경험하지 않은 채로 바로 부모나 기타 권위주의에 의하여 주어진 가치관을 그대로 받아들여 동조하는 상태이다.

③ 정체감 유예(identity moratorium)

여러 가지 대상에 적극적인 참여를 보이지만, 참여의 안정성과 만족이 결핍되어 있고 대개는 위기를 경험하게 된다.

---

1) 청소년기의 정체성 발달은 [청소년이해론]의 과목에 대한 내용을 참고하길 바란다.

2) 마르샤(Marcia)는 자아정체감 수준을 성취지위에 따라 네 가지로 분류하였으며, 정체감 성취를 위해서는 정체감 유예 상태가 꼭 필요한 단계라고 주장하였다. 유예상태를 거치지 않은 사람은 정체감을 성취한 것 같지만, 외적 충격이 오면 쉽게 정체감 혼란에 빠진다고 보았다.

④ 정체감 성취(획득)(identity achievement)

이미 위기를 경험하고 비교적 강한 참여를 할 수 있게 되어 상황적 변화에 따른 동요 없이 성숙한 정체감을 소유하고 의사결정도 가능하다.

📁 **실력다지기**

마르샤(Marcia)의 자아정체감의 4가지 범주
1) 정체성 혼미(= 혼란) : 삶의 목표와 가치를 탐색하려고 하지 않는다.
2) 정체성 유실 : 자아정체성 탐색 없이 정체성 결정을 내리며 위기경험을 하지 않는다.
3) 정체성 유예 : 삶의 목표와 가치에 대해서 불확실한 상태이다.
4) 정체성 성취(= 형성) : 신념, 직업, 정치적 견해 등에 스스로 의사결정을 한다.

---

2) 언어·공격성·지능·성역할 발달

(1) 언어발달

① 학습이론 - 스키너(조작적 조건형성)

강화 등의 학습 기제를 통해 이루어진다고 본다.

② 사회학습이론 - 반두라

ㄱ. 주변 인물로부터 받는 강화뿐 아니라 모방도 언어학습의 중요한 기제라고 본다.

ㄴ. **문제점** : 언어습득을 부분적으로만 설명하고 있으며 강화를 받지 않아도 저절로 발달하는 것과 보이지 않는 문법적 오류를 설명할 수 없다는 것이다.

③ 생득이론

ㄱ. 어른을 통해 언어를 배우기보다는 아동 스스로 배울 수 있는 가능성을 선천적으로 타고났다고 보는 이론이다.

ㄴ. 언어습득 과정에서 환경적인 요인보다 생물학적 요인을 더 강조하는 이론이다.

ㄷ. 촘스키 - 아동은 언어습득 장치를 가지고 태어난다고 보았다.

가. 언어습득장치는 외부로부터 들어오는 언어자극을 분석하는 일단의 지각적 ·인지적 능력이다.

나. 언어습득장치를 통해 투입된 언어자료를 처리하고 규칙을 형성하여 문법에 맞는 문장을 이해하고 산출할 줄 안다.

다. 표면구조와 심층구조

a. 표면구조 : 언어의 문법적인 구조이며 문법과 어휘는 학습을 필요로 한다.

b. 심층구조 : 언어의 의미로서 심층구조를 이해하는 능력은 타고난다.

④ 상호작용이론

ㄱ. 언어발달에서 생물학적 성숙도 중요하지만, 언어능력은 사회적 상황(환경)에서 언어에 얼마나 노출되는가에 달려있다고 본다.

ㄴ. 브루너(Bruner) : 언어발달에서 사회문화적 맥락의 중요성을 강조하였다.

📂 실력다지기

언어발달단계

1) 언어 이전시기 : 10개월 또는 1세 이전에 소리를 내는 단계, 재잘거림(babbling), 구구(cooing) 등 이야기하는 순서를 배우며 몸짓과 비언어적 반응들을 보인다.

2) 일어문기(한 단어기) : '명명 폭발기'로 18개월 무렵까지, 사물의 이름에 급속히 관심을 가지면서 어휘가 확장되며, 한 단어 말은 문장은 아니지만 발화가 이루어지는 상황 속에서는 문장과 같은 기능을 한다. 예를 들어, [까까]는 [엄마, 과자 주세요]의 의미이다. 또한 <u>연결 오류, 과잉축소와 과잉확장의 오류</u>를 보인다.

(1) 연결 오류 : 새 단어를 상황에 적절하게 적용하지 못하는 경우

예 예전 것과 새로운 것의 구분이 잘 안 된다.

(2) 과잉 확대 : 단어의 의미를 더 넓게 확대하여 사용하는 경우

예 모든 동물을 개라고 부른다.

(3) 과잉 축소 : 단어의 의미 범주를 축소시켜 적용하는 경우

예 자신의 동생에게만 '아기'라고 부른다.

3) 두 단어기 : 생후 18 ~ 20개월 무렵, 두 단어를 사용하며 의미를 가진 단어만으로 말을 구성하고 언어 발달의 속도가 가속화됨. 전보식 표현을 사용하게 되는데 이는 조사, 접속사, 수식어 등 기능어를 생략하고 내용어를 주로 사용하여 표현함 (예 엄마 빵!)

4) 문장 사용기

(1) 생후 2년 6개월 무렵, 두 개 이상의 어휘 사용, 수식어와 접속어의 사용이 늘며, 보다 복잡하고 수준 높은 언어 사용

(2) 세상에 대한 이해가 높아질수록 그에 알맞은 표현 수단을 찾으려는 노력을 기울이게 됨

(3) 의사소통 능력의 발달 : 사회 상황에 맞게 말을 바꾸거나 화법에 맞는 말을 할 수 있는 능력이며 사회적 상호작용 과정에서 언어를 사용하는 능력이 발달한다.

📂 기출문제 확인학습

언어의 구성 지식

1) 형태

(1) 음운론적 지식 : 언어의 소리체계를 의미하는 것

(2) 형태론적 지식 : 수, 시제, 인칭, 능동태 등 문법적 표시에 관한 사용규칙

(3) 통사론적 지식(구문론적 지식) : 의미 있는 구와 절, 문장을 형성하기 위해 단어가 배열되는 방식

2) 내용

의미론적 지식 : 단어, 문장의 의미에 대한 규칙

3) 기능

화용론적 지식 : 의사소통의 목적을 위하여 상황 내에서 어떤 언어 사용의 적절성 여부를 밝히는 이론

사회적 언어(public speech)와 사적 언어(private speech)

1) 언어와 인지발달에 있어서도 피아제와 비고츠키의 이론에 약간의 차이가 있다.

2) 비고츠키는 언어를 사회적 언어(public speech)와 사적 언어(private speech)로 나누었다.

3) 사회적 언어는 다른 사람들과 의사소통을 가능하게 하는 것으로 아동은 이를 통해 사회적 지식과 사고체계, 태도를 내면화 하게 된다.

4) 사적 언어는 아동이 자신의 행동과 사고를 조절하기 위해 자기 자신과 의사소통을 하는 것을 의미하며, 이것은 혼잣말에서 시작하여 증가하다가 밖으로 들리지 않는 내적 언어로 발달해 간다.

5) 비고츠키는 성인들의 언어, 몸짓을 통해 행동을 조절하는 것을 학습하는 과정에서 발달하는 이 사적언어가 아동의 문제해결력을 돕고 행동을 조절할 수 있게 해준다고 보았다.

(2) 공격성 발달

① 보상이론(패터슨)

공격적 행동은 결과적으로 공격하는 자에게 보상을 가져다주기 때문에 공격성이 더 발달한다는 것이다.

② 모방이론(반두라)

타인의 공격성을 보고 따라하는 모방학습으로 공격성이 발달한다는 것이다.

③ 사회인지이론(도지, Dodge)

공격성은 잘못된 사회인지적 판단에 기인하는데, 공격적 아동은 자신에 대한 또래의 행동의 원인을 지나치게 적의적인 것으로 판단하는 경향에서 공격성이 나타나는 것이다.

예 길을 가다가 우연히 공에 맞은 아동은 '저 애들이 나에게 적의를 가지고 있다'고 생각하는 경우

남아의 공격성과 여아의 공격성 차이 (외현적 – 관계적)

1) 공격성의 발달

   (1) 개념 : 공격성이란 해로움을 피하려는 동기를 가진 생명체를 해치려는 의도가 있는 행동

   (2) 공격적 행위 2범주

      ① 적대적 공격성(hostile aggression)

         목적이 피해자를 해치려는 것

         예 남동생을 때림

      ② 도구적 공격성(instrumental aggression)

         다른 목적을 위한 수단으로 피해자를 해치는 것

         예 장난감을 빼앗기 위해 남동생을 때림

2) 영아기 공격성의 기원

   (1) 1세 후반에 이미 도구적 공격성이 뿌리 내려진다.

   (2) 이러한 영아의 공격성은 성인들의 중재(갈등해결의 조화로운 수단)를 통해 감소되고 힘을 사용하지 않고 목표를 획득하는 방법을 습득하게 된다.

3) 공격성의 발달적 경향

(1) 0 ~ 2세: 초점 없는 분노 폭발

(2) 2 ~ 3세: 좌절 혹은 공격을 당할 때 신체적 보복

(3) 3 ~ 5세: 언어적 공격(좋지 않은 별명 부르는 경우)

(4) 아동중기

① 신체적, 언어적 공격이 감소하고 원만한 방식으로 분쟁 해결

② 도구적 공격성이 감소되나, 적대적 공격이 증가함

4) 성차

(1) 생물학적 요인들이 기여(남성호르몬) + 사회학습에서 성유형화와 성차를 갖게 함

(2) 공격성에서 반사회적 행동으로 바꿈

(3) 외현적 공격성은 아동 중기부터 청소년기 동안 계속 감소

(4) 그러나 자신의 불만을 표현하는 방식을 다른 유형의 반사회적 행동으로 바꿈

(5) 관계적 공격성 - 적대자의 자존감, 우정이나 사회적 지위를 손상시키는 것을 목적으로 냉대하거나 배제하거나 승인을 철회하거나 소문을 냄

메 여성 - 관계적 공격성 / 남성 - 외현적 공격성(절도, 무단결석, 약물남용 등)

📂 기출문제 확인학습

1) 청소년기 남자보다 여자에게서 더 높은 수준으로 나타나는 공격 유형은 관계적 공격이며 이 공격성은 기존의 대인관계 맥락 내에서 발생하는 공격을 말한다.

2) 대부분의 청소년 공격성은 대인관계에서의 갈등이나 복수심으로부터 비롯되는데, 종종 가족이나 친구와의 관계에서 나타나기도 한다.

3) 청소년기는 가족의 범주를 넘어서서 친구와 이웃, 사회 등으로 대인관계의 폭을 넓혀 나가는 시기인데, 청소년들의 대인관계 기술이나 갈등협상 전략은 여전히 미숙하고 비합리적인 경우가 많다.

4) 갈등과 사소한 분쟁 등을 합리적으로 해결하지 못함으로써 많은 청소년들은 비합리적인 수단, 즉 공격성에 의존하게 된다.

---

(3) 지능발달[3] - 유동성 지능과 결정성 지능 중심으로(커텔)

① 유동성 지능

ㄱ. 타고난 지능으로서 생물학적으로 결정되고 새로운 정보를 처리하는 능력이며 경험이나 학습과는 무관한 지능이다.

ㄴ. 학습된 능력이 아니면서 모든 문화권에 보편적인 문제해결 능력을 의미한다.

ㄷ. 공간지각, 추상적 추론, 지각 속도, 언어적 유추능력, 단순 암기능력, 도형 간 관계 이해능력 등이 여기에 속한다.

ㄹ. 유동성 지능은 10대 후반에 절정에 도달하며 성년기에는 중추신경계의 점차적 노화로 인해 감소하게 된다.

ㅁ. 노년기에는 결정성 지능에 비해, 유동성 지능은 큰 폭으로 감퇴하게 된다.

---

3) 지능발달의 자세한 내용은 [심리측정 및 평가]의 과목을 참고하길 바란다.

② 결정성 지능

ㄱ. 학교학습이나 경험을 통해 획득된 능력이다.

ㄴ. 어휘 이해력, 수리력, 일반적 지식 등이 여기에 속한다.

ㄷ. 성인기에서의 교육 경험의 결과로 생의 말기까지 계속 증가하는 경향이 있다.

③ 지능의 발달

ㄱ. 2세 이전의 영아의 지능의 경우 그 후의 아동기나 청년기 지능과 일치하지 않는다.

ㄴ. 3세 이후 유아의 지능의 경우 청년기 지능과 상관관계가 있다.

ㄷ. 아동의 연령이 증가할수록 지능이 변화하는 폭은 줄어들며 안정성이 높아진다.

📁 기출문제 확인학습

이란성 쌍생아와 일란성 쌍생아 간 지능의 상관연구

1) 쌍생아는 유전자가 100% 동일한 일란성 쌍둥이와 형제처럼 유전자를 50%만 공유하고 있는 이란성 쌍생아가 있다.

2) 연구자들은 IQ 검사를 실시한 뒤, 상관관계라는 수치로 유전의 기여도를 평가했으며, 상관관계가 100%인 경우는 동일한 것을 나타내고 0%일 경우에 서로 전혀 닮지 않는 것이므로, 100%에 가까이 갈수록 더욱 많이 닮는 것을 뜻한다.

3) 한 가정에서 자란 일란성 쌍생아들의 지능의 상관관계는 86%로 동일인이 지능검사를 두 번 테스트한 결과 나타나는 87%와 별로 차이가 나지 않았다.

4) 한편, 이란성 쌍생아 사이의 상관계수는 55%로 일란성 쌍생아보다 훨씬 낮게 나타났다.

📁 기출문제 확인학습

플린 (Flynn) 효과

1) 미 육군은 제1차 세계대전이 일어나자, 참전할 군인을 선발하는데 IQ 검사를 활용했으며 당시 백인 신병 지원자의 경우 흑인보다 IQ가 평균 15점 정도 높게 나왔다. 일부 학자들은 그 결과를 인종학적인 관점으로 보면서 우생학의 증거라고 여겼다.

2) 이 같은 주장을 반박하기 위해 뉴질랜드의 심리학자 제임스 플린 박사는 미국 신병 지원자들의 IQ 조사 통계를 연구했다. 그 결과 플린 박사는 특이한 현상을 하나 발견했는데, 백인 신병이건 흑인 신병이건 10년마다 평균 3점씩 IQ가 올라가고 있었던 것이다.

3) '플린 효과'의 제임스 플린 박사

(1) 플린 박사는 1950년대부터 1980년대까지 유럽, 호주, 뉴질랜드, 일본 등 14개국으로 대상을 확대 실시한 조사에서도 비슷한 결과를 얻었으며 네덜란드, 벨기에, 이스라엘에서는 30년 만에 평균 20점이 올라간 것으로 나타났다.

(2) 2000년대 초반 플린 박사가 13개국 이상의 개발도상국을 조사한 결과에서는 증가 속도가 더 빨라진 것으로 확인됐으며 그 나라들에서는 10년간 평균 5 ~ 25점씩 IQ가 올라갔다는 사실을 확인했다.

(3) 학계에서는 이 현상을 '플린 효과(Flynn Effect)'라고 이름 붙였다.

(4) 무슨 요인이 플린 효과를 낳았을까? 라는 질문에 학자들은 반복해서 IQ 검사를 하면서 일어나는 연습효과, 태아 및 영유아기 때 뇌 발달에 필요한 영양상태 호전, 영화나 텔레비전 등 시각 매체의 증가설 등 다양한 의견을 제시했다. 물론 모든 요인이 복합적으로 상승했지만 학자들은 그 중에서도 특히 시각 매체의 증가설에 주목했다. 최근의 IQ 점수 증가 부분이 어휘력이나 수리력보다 도형의 해독력 분야에서 뚜렷하게 나타나는 바가 컸기 때문이다.

📁 실력다지기

골만이 제시한 정서지능
1) 정서지능이란, 자신과 타인의 감정과 정서를 점검하고 그것들의 차이를 변별하며 그 정보를 사고와 행동을 안내하는 데 이용할 줄 아는 능력이다.
2) 프로그램 중 정서지능 향상 프로그램은 모든 아동이 대상이 되며 사전검사 후 아동에게 다양한 활동을 통해 아동의 정서지능을 향상시키는데 목적을 둔다.
3) 골만이 제시하는 정서지능의 구성요소는 자기인식 능력, 감정이입 능력, 자기 동기화 능력, 자기조절 능력, 대인관계 능력이다. (암기법 정서 - 인감대동조)

(4) 성역할 발달

① 생물사회학적 이론

　ㄱ. 유전인자나 염색체 등 생물학적 요인이 성별 차이를 나타나게 하는 소인이다.

　ㄴ. 그러나, 실제로는 이를 촉진하거나 억압하는 환경적 요인들과 서로 영향을 주고받으며 성별 차이가 난다.

② 정신분석 이론

　남근기 때 남아는 오이디푸스 콤플렉스를 극복하고 아버지를 동일시하면서 성 역할유형이 형성된다.

③ 사회학습이론

　ㄱ. 성역할도 환경과 경험에 의해 획득된 후천적인 행동양식으로 본다.

　ㄴ. 부모가 몸 담고 있는 사회가 기대하는 역할과 일치하는 행동에는 강화를 준다.

　ㄷ. 성인의 성역할 행동을 모방하고 동일시하는 과정도 중요하다.

　ㄹ. 사회학습적 관점에서는 개인의 생득적인 성별 차이나 성역할 경향성은 무시한다.

④ 인지발달이론

　ㄱ. 성역할 발달의 주요 요인은 성역할 개념을 이해하고 스스로 맞추어나가는 아동의 인지능력 발달로 인한 것이다.

　ㄴ. 자신의 성에 적합한 지식들을 적극적으로 구성함으로써 성역할 발달이 이루어진다.

⑤ 성 도식 이론 - 벰(S. Bem), 마틴(C. Martin) & 할버슨(Halverson)

　ㄱ. 성역할 발달을 정보처리적인 관점에서 설명하는 이론이다.

　ㄴ. 성역할 발달은 성도식의 형성과 정교화의 과정으로 이루어진다.

　ㄷ. 성 도식 성에 관한 인지구조를 말하며 아동이 성에 관한 정보에 주의를 기울이고 조직화하며 관련 정보를 기억하는데 사용하는 일종의 신념이다.

📁 실력다지기

성도식화

1) 2 ~ 3세 경에 기본적 성정체성을 확립한다.

2) 성에 관한 정보를 학습한다.

3) 이들 정보를 성 도식에 통합한다.

4) 대상물과 행동을 '남자 것'과 '여자 것'으로 구분하는 성 도식이 발달한다.

5) 자기 성도식이 형성된다.

6) 자신의 성도식과 일치하는 대상과 활동에 흥미를 가진다.

7) 남성성과 여성성

(1) 남성성의 특징은 공격성, 독립성, 주도적, 객관적, 모험적, 야심적, 경쟁적인 품성이며 여성성의 특징은 정서적, 민감성, 표현적, 감정이입적, 동정적, 조용한, 부드러움이다.

(2) 연구에 따르면 남성성과 여성성을 고루 갖춘 사람은 융통성, 적응력, 자존감, 자아실현, 성취동기, 결혼 만족도, 자아발달 수준, 도덕발달 수준이 그렇지 않은 사람보다 크다고 한다. 너무 여성스러운 여성은 불안지수가 높고 사회적 성취도가 낮다. 너무 남성스러운 남성은 나이를 먹을수록 불안지수가 높아지고 자기수용도가 낮으며 신경과민을 보인다.

ㄹ. 성도식의 기능

　가. 아동의 성 관련 행동 선택과 통제에 영향을 미친다.

　　예 남아는 자신의 도식에 일치하는 놀이 선택, 인형놀이처럼 도식에 일치하지 않는 것은 배척하는 경우

　나. 자신의 도식에 맞는 성 관련 정보에 주의를 기울인다.

　　예 남아가 TV 볼 때 운동 중계를 보는 경우

　다. 환경 내의 여러 상황에 대한 추론을 가능케 한다.

　　예 엄마가 의사이더라도 남아는 의사는 남자 직업이고, 간호사는 여자 직업으로 구분하는 경우

3) 진로발달

(1) 긴즈버그의 진로발달단계 < **암기법** 긴즈버그 - 환잠현>

기간	연령	특징
환상기	유년기 (11세 이전)	① 현실적인 여건에 대해 고려하지 않고 주관적, 환상적이며 자신이 바라는 욕구와 행동을 직업선택과 동일시하는 단계이다. ② 놀이중심단계로서 다양한 직업역할이 놀이를 통해서 나타난다.
잠정기 (시험기)	초기 청소년기 (11세~ 17세 미만)	① 흥미: 좋아하는 것과 그렇지 않은 것에 대한 분명한 결정이 있고 자신의 흥미나 취미에 따라 직업을 선택하려고 한다. ② 능력: 자신의 능력을 깨닫게 되는 단계로서 자신의 능력을 시험해 보며 직업의 다양성과 직업에 따른 근로조건이 다르다는 것을 처음으로 인식하게 된다. ③ 가치: 자신의 직업 스타일에 대한 명확한 이해와 직업선택 시 여러 가지 다양한 요인을 고려해야 함을 인식하게 된다. ④ 전환: 직업선택에 대한 결정과 진로선택에 수반되는 책임의식이 생기며 현실적인 외부요인에 눈을 돌려 자신의 결정이 장래의 생활에 영향을 미칠 것이라는 현실인식을 하게 된다. ⑤ 현실적인 요인에 대해 적당하게 고려하여 희망하는 직업을 잠정적으로 선택하는 단계이다.
현실기	청소년 중기 (17세~ 성인 초기)	현실적 요인과 개인적, 주관적 요소와 타협이 이루어지는 단계이다. ① 탐색: 진로선택을 2~3가지 정도로 좁혀가며 취업기회를 탐색하고 취업하려고 노력한다. ② 구체화 단계: 자신의 직업목표를 구체화하고 직업선택의 문제에서 내외적 요인들을 고려하게 되며 이 단계에서는 타협이 중요한 요인이 된다. ③ 특수화(정교화) 단계: 자신의 결정을 구체화하고 보다 세밀한 계획을 세우고 고도로 세분화, 전문화된 의사결정을 하게 된다.

(2) 슈퍼의 진로발달단계 < **암기법** [4] 슈퍼는 성 - 탐 - 확 - 유 - 쇠>

① 성장기

　출생에서 14세까지의 시기로서 욕구와 환상이 지배적이지만 점차 흥미와 능력을 중시한다(환상기, 흥미기, 능력기).

- 환상기(4~10세): 아동의 욕구가 지배적이며 역할수행이 중시된다.
- 흥미기(11~12세): 진로의 목표와 내용을 결정하는데 있어서 아동의 흥미가 중시된다.
- 능력기(13~14세): 진로선택에 능력을 중시하며 직업에서의 훈련조건을 중시한다.

② 탐색기(**암기법** 잠 - 전 - 시)

　15세 ~ 24세까지의 시기로서 자아를 검증하고 역할을 수행하며 직업탐색을 시도한다(잠정기, 전환기, 시행기).

- 잠정기(15~17세): 개인은 자신의 욕구, 흥미, 능력, 가치와 취업기회 등을 고려하기 시작하고 잠정적으로 진로를 선택해 본다.
- 전환기(18~21세): 개인은 장래의 직업세계에 필요한 교육이나 훈련을 받으며, 자신의 자아개념을 확립하려고 한다. 이 시기에는 현실적 요인을 중시한다.
- 시행기(22~24세): 개인은 자신에게 적합하다고 판단되는 직업을 선택해 종사하기 시작한다.

---

4) 슈퍼의 경우는 성 - 탐 - 확 - 유 - 쇠이다. 즉, 성장기 - 탐색기 - 확립기 - 유지기 - 쇠퇴기이다.

③ 확립기

25세 ~ 44세까지의 시기로서 자신에게 적합한 분야를 발견해서 종사하고 생활의 터전을 잡으려 노력한다 (수정기와 안정기).

> • 수정기(25~30세): 개인은 자신이 선택한 일의 세계가 적합치 않은 경우에 적합한 일을 발견할 때까지 몇 차례 변화를 시도한다.
> • 안정기(31~44세): 개인의 진로유형이 안정되는 시기로서 개인은 그의 직업세계에서 안정, 만족감, 소속감, 지위 등을 갖게 된다.

④ 유지기

45세 ~ 64세까지의 시기로서 개인은 안정된 속에서 비교적 만족스런 삶을 영위하며 직업세계에서 자신의 위치가 확고해지며 자신의 자리를 유지하기 위해 노력하고 안정된 삶을 살아가는 시기이다.

⑤ 쇠퇴기

65세 이후의 시기로서 모든 기능이 쇠퇴함에 따라 직업세계에서 은퇴하게 되기 때문에 자신이 해 오던 일의 활동이 변화되고 또 다른 자신의 일에 대한 활동을 찾게 되는 시기이다.

✎ 심화학습

수퍼(D. Super)의 생애진로발달이론(직업적 자아개념이론)의 발달단계

1) 성장기 (growth stage, 4 ~ 13세)

'나는 무엇을 잘한다,' '나는 어떤 일을 좋아한다.' 등 자기에 대한 지각이 생겨나고 직업세계에 대한 기본적인 이해가 이루어지며, 환상기(4 ~ 10세: 욕구), 흥미기(11 ~ 12세: 취향), 능력기(13 ~ 14세: 능력)로 구분한다.

2) 탐색기 (exploration stage, 14세 ~ 24세)

(1) 미래에 대한 계획을 세우며, 잠정기, 전환기, 시행기로 이루어진다.

(2) 결정화(crystallization): 흥미, 욕구, 가치, 직업적 기회 등을 고려하고 직업적인 과업을 분명하게 한다.

(3) 구체화(specification): 취업과 교육, 훈련 등 현실적인 요인을 고려하기 시작한다.

(4) 실행(implementation): 직업을 선택하고 취업준비를 위한 학교와 학과를 결정한다.

3) 확립기 (establishment stage, 25세 ~ 44세)

(1) 정착: 자신이 선택한 직업이 자신의 자아개념을 적절히 나타낼 수 있는지 평가한다.

(2) 공고화: 보다 적절한 직업을 선택하고, 구체화 하는 과정을 거치게 된다.

(3) 발전: 자신의 속한 직업에서 신뢰받는 생산자가 되어가며, 높은 봉급과 승진을 위해 노력한다.

4) 유지기 (maintenance stage, 45세 ~ 65세)

(1) 보유: 지금까지 성취한 것을 유지한다.

(2) 갱신: 익숙했던 직업관련 기술과 지식을 새로운 내용으로 갱신하려고 한다.

(3) 혁신: 지금까지와 다른 방식으로 수행하려고 하며 새로운 과제에 도전한다.

5) 쇠퇴기 (disengagement stage, 65세 이상)

(1) 개인의 신체적 능력 저하, 직업 활동에 대한 흥미도 감소, 은퇴 준비, 은퇴 생활의 진로발달과업이 있다.

(2) 개인의 직무에 변화가 오며, 이를 수용하고 은퇴를 준비한다.

(3) 은퇴를 하게 되고, 은퇴 이후 생활에 적응하며, 은퇴 후 생활을 유지하려고 한다.

학자별 이론 및 검사 / 실험 내용

학자	이론 및 검사 / 실험 내용	학자	이론 및 검사 / 실험 내용
S. 프로이트	정신분석이론	톨만	잠재학습(인지도)
아들러	개인심리이론	앳킨슨, 쉬프린	기억 다단계 모형
A. 프로이드	자아 방어기제 이론	와이너	귀인이론
프릿츠 펄스	형태주의 상담(게슈탈트)	맥클리랜드	성취동기이론
에린 번	의사교류 분석 상담	데시	외재적 동기 & 내재적 동기
글래서 & 우볼딩	현실주의 상담	월피	상호제지 이론
앨리스 & 벡	인지적-정서적 상담	매슬로우	욕구의 위계 이론
스키너 등	행동주의 이론	거스리	습관(근접의 법칙)
로저스	인간중심상담, 현상학 이론	스톨러	마라톤 참만남 집단
프랭클	실존주의 상담	비네	지능검사의 시조
피아제	인지(발달)이론	스피어만	2요인 이론
샤이에	성인 인지발달 5단계 모형	써스톤	7가지 PMA
리겔	변증법적 추론 모형	길포드	3가지 지능구조이론
아를린	문제 발견적 사고	커텔	지능 위계이론
할로우	어린 원숭이 대리모 실험	가드너	다중지능이론
에인스 워드	낯선 상황 검사	스텐버그	삼원지능이론
로렌츠	각인 이론	웩슬러, 카우프만	지능검사
에릭슨	심리사회적 발달 이론	커텔	16성격 요인검사(16PF)
마르샤	청소년기 자아 정체감 수준	코스타, 맥크레이	NEO-PI-R
콜버그, 길리건	도덕성 발달이론	로샤	잉크블롯 검사
커텔과 혼	유동성 지능, 결정성 지능	머레이, 모간	주제통각검사(TAT)
반두라	사회학습이론	벤더	BGT
깁슨과 워크	시각절벽(벼랑) 실험	벅(Buck)	HTP
로크	백지설	에빙하우스	SCT(문장완성검사)
발테스	지혜의 모형	마이어-브릭스	MBTI
레빈슨	성인발달 인생주기 모형	헐	신행동주의(S-O-R모형)
브론펜브레너	생태체계 이론	가르시아	맛 혐오 학습
파블로프	고전적 조건형성	퀄러	통찰학습
손다이크	도구적 조건형성	스키너	조작적 조건형성

제2절 | 최신 기출내용

1 베일런트[G Vaillant]의 방어기제 4단계 분류

1) 1단계 - 정신병적 방어기제 : 망상적 투사, 부정, 왜곡, 분열

정신병적 방어기제는 서로 연결되어 현실에 적응할 필요성을 없애기 위해 외부의 경험을 왜곡한다. 아동에게 나타나거나 꿈속에서 발견되기도 하다.

2) 2단계 - 미성숙한 방어기제 : 행동화, 수동공격적 행동, 신체화, 투사, 공상

미성숙한 방어기제는 성인에게서 자주 발견된다. 미성숙한 방어기제의 과도한 사용은 방어자를 사회적으로 바람직하지 않고, 미성숙하게, 현실과 대면하기 어렵고, 현실과 거리가 멀어지도록 만든다. 이 방어기제들은 주요 우울장애나 인격장애들에서도 자주 발견할 수 있다.

3) 3단계 - 신경증적 방어기제 : 치환, 해리, 주지화, 반동형성, 억압, 취소, 정동의 고립, 합리화, 후퇴, 취소, 철수

신경증적 방어기제는 성인에게서 쉽게 발견된다. 이 방어기제들은 단기적으로는 필수적인 면이 있으나 세상과 관계하는데 중심적인 기제로 장기적으로 사용하면 인간관계, 직업 그리고 삶을 살아가는 데에 있어서 큰 문제가 될 수 있다.

4) 4단계 - 성숙한 방어기제 : 이타주의, 기대, 유머, 승화, 생각 억제

이 방어기제들은 보통 정서적으로 건강한 성인에서 발견된다. 그러나 미성숙한 단계에서도 발견할 수 있다. 이 방어기제들의 사용은 통제하고 있다는 느낌과 기쁨을 주고, 갈등되는 감정과 생각을 통합하는 데 도움을 준다. 이 방어기제를 사용하는 사람들은 보통 미덕이 있는 사람으로 간주된다.

2 언어발달 학자

1) 촘스키[N. Chomsky]

촘스키(N. Chomsky)에 의하면 인간은 유전적으로 언어습득 능력을 가지고 태어나며, 출생 후 언어의 세세한 면을 습득해야 한다. 언어습득이란 영유아가 어떤 환경에 노출되었을 때 생득적인 내재적 능력이 발동되어 주위의 언어자료를 스스로 분석하여 그 언어의 기본적 원리를 구성해 가는 능동적 과정이다. 이와 같이 문법의 이해를 가능하게 하는 생득적인 언어생성기제를 언어획득기제(Language Acquisition Device : LAD)라고 명명하였다. LAD는 사춘기 이전에만 작용한다.

2) 르네버그(E. Lenneberg)

르네버그(E. Lenneberg)는 촘스키와 마찬가지로 언어습득의 선천성을 주장했지만 보다 생물학적 입장을 취하였다. 그는 언어는 인간만이 갖고 있는 행동이며, 지각, 범주와 그리고 그 밖의 언어습득과 관련된 심리적 과정은 생물학적으로 결정된다고 주장하였다. 한편, 그는 인간의 언어습득에는 결정적 시기가 있다고 주장하였다. 다른 나라로 이민 간 가족의 경우 사춘기 전의 아이들은 그 나라 말을 쉽게 습득하는데 비해 어른들은 어려움을 겪는 이유가 바로 여기에 있다.

3) 브루너(J Bruner)

브루너(J Bruner)는 미국의 교육 심리학자로 발견학습이론을 주장하였다. 발견학습이란 학습자에게 학습내용을 최종적인 형태로 제공하는 것이 아니라 그 최종형태를 학습자 스스로 조직하도록 하는 학습법이다.

3 셀먼(R. Selman)의 조망수용이론

셀먼(R. Selman)의 조망수용이론에서 조망수용이란 다른 사람의 입장, 인지, 관점 등을 추론하여 이해하는 능력이다. 조망수용능력에는 공간조망(타인의 시각적 관점을 이해함), 감정조망(타인의 감정을 추론하고 이해함), 인지조망(타인의 사고과정을 추론하고 이해함)이 있다. 사회적 조망 5단계(0~4단계)는 다음과 같다.

1) 0단계(3~6세) : 미분화된 조망수용. 타인의 생각이나 기분을 인지하기는 하지만 자기중심적으로 해석함.

2) 1단계(4~9세) : 사회정보적 조망수용. 타인의 조망이 자신의 것과 유사하거나 다르다는 것을 인지하기 시작하지만 아직 정확하게 구별하지 못함.

3) 2단계(7~12세) : 자기반성적 조망수용. 자기와 타인의 조망을 이해하고 입장 바꾸어 생각할 수 있음.

4) 3단계(10~15세) : 제 3자적 조망수용. 중립적인 제 3자의 관점에서 자신과 타인의 행동을 고려할 수 있음.

5) 4단계(14세~) : 사회적 조망수용. 사회체계 속에 반영된 집단조망을 인식하고 법률과 도덕은 어떤 합의된 집단조망에 의존한다는 것을 이해함.

4 주의력 결핍 및 과잉행동장애(ADHD)의 진단 기준[5] : DSM-5

1) 부주의 및 과잉행동 - 충동성의 지속적인 패턴이 나타난다. 이러한 패턴은 개인의 기능과 발달 저해하며, 아래 1)항과 2)항 중 1가지 이상에 해당 되어야 한다.

(1) 부주의 : 다음 중 6개 이상의 증상이 6개월 이상 지속적으로 나타나고, 이러한 증상이 발달수준에 맞지 않으며, 사회적, 학업적/직업적 활동에 직접적으로 부정적인 영향을 미친다.

① 흔히 세부적인 면에 대해 면밀한 주의를 기울이지 못하거나, 학업, 직업, 또는 다른 활동에서 부주의한 실수를 저지른다(예 세부사항을 간과하거나 놓침, 작업이 정확하지 못함)

② 흔히 일을 하거나 놀이를 할 때 지속적으로 주의를 집중하는데 어려움이 있다(예 강의, 대화, 긴 독서 중에 집중을 유지하기가 어려움)

③ 흔히 다른 사람이 직접 말을 할 때 경청하지 않는 것으로 보인다(예 뚜렷하게 집중을 방해하는 것이 없는데도 정신이 다른 곳에 가 있는 것처럼 보임)

④ 흔히 지시를 완수하지 못하고, 학업, 집일, 작업장에서의 업무를 수행하지 못한다(예 과업을 시작하지만, 곧 초점을 잃고 쉽게 옆길로 빠짐)

⑤ 흔히 과업과 활동을 체계화하지 못한다(예 순차적인 과업을 처리하는데 어려움, 자료와 소지품을 정리하는데 어려움, 지저분하고 정리되지 않은 업무, 형편없는 시간관리, 마감기한을 맞추지 못함)

⑥ 흔히 지속적인 정신적 노력을 요구하는 과업에 연관되기를 피하고, 싫어하고 꺼린다(예 학업이나 숙제, 청소년기 후기나 성인기에 보고서 준비, 서식 작성하기, 긴 서류 검토하기)

⑦ 흔히 과업이나 활동하는데 필요한 물건을 잃어버린다(예 학교자료, 연필, 책, 도구, 지갑, 열쇠, 서류, 안경, 핸드폰)

⑧ 흔히 외부자극에 쉽게 산만해진다(청소년기 후기나 성인에게는 관련 없는 생각들이 포함될 수 있음)

⑨ 흔히 일상적인 활동을 잊어버린다(예 잡일, 심부름, 청소년기 후기나 성인에게는 회답 전화하기, 공과금 내기, 약속 지키기).

(2) 과잉행동 - 충동성 : 다음 중 6개 이상의 증상이 6개월 이상 지속적으로 나타나고, 이러한 증상이 발달수준에 맞지 않으며, 사회적, 학업적/직업적 활동에 직접적으로 부정적인 영향을 미친다. 청소년기 후기나 17세 이상은 최소한 5개의 증상이 요구된다.

① 흔히 손발을 가만히 두지 못하거나 톡톡 두드리고, 또는 자리에 앉아서도 몸을 옴지락거린다.

② 흔히 앉아 있도록 요구되는 상황에서 자리를 떠난다(예 교실, 사무실이나 작업장).

③ 흔히 부적절한 상황에서 뛰어다니거나 기어오른다(청소년이나 성인에서는 안절부절 못하는 느낌으로 제한될 수 있다).

④ 흔히 조용하게 여가 활동에 참여하거나 놀지 못한다.

⑤ 흔히 '끊임없이 활동하거나' 마치 '전동기에 의해 움직이는 것'처럼 행동한다.

⑥ 흔히 지나치게 수다스럽게 말을 한다.

⑦ 흔히 질문이 채 끝나기 전에 성급하게 대답한다(예 사람들의 문장을 자신이 끝맺음,대화 중에 자기 차례를 기다리지 못함).

---

5) 출처 : 김청송(2017). 사례중심의 이상심리학. 서울 : 싸이북스 출판사. pp. 99-101.

⑧ 흔히 차례를 기다리지 못한다(예 줄을 기다리는 동안).

⑨ 흔히 다른 사람의 활동을 방해하고 간섭한다(예 대화, 게임, 활동에 참견을 함, 허락을 구하거나 받지 않고 다른 사람의 물건을 쓰기도 함. 청소년이나 성인은 다른 사람이 하는 것을 함부로 침범하거나 탈취할 수도 있음).

2) 몇몇 부주의나 과잉행동 – 충동성의 증상이 12세 이전에 나타난다.

3) 몇몇 부주의나 과잉행동 – 충동성 증상이 2가지 이상의 상황에서 존재한다(예 집, 학교, 직장, 친구들이나 친척들과 함께 있을 때, 다른 활동 중에)

4) 이러한 증상들이 사회적, 학업적, 또는 직업적 기능을 방해하거나 그 질을 저하시킨다는 명백한 증거가 있다.

5) 이러한 증상들이 조현병(정신분열증)이나 다른 정신증적 장애의 경과 중에만 나타나는 것을 아니어야하고, 다른 정신장애(예 기분장애, 불안장애, 해리장애, 성격장애, 물질중독 또는 금단)로 더 잘 설명되지 않아야 한다.

어느 것인지 명시할 것

- 복합형 : 지난 6개월 동안 진단기준 1의 1) 부주의와 2) 과잉행동 – 충동성에 모두 부합되는 경우
- 부주의 우세형 : 지난 6개월 동안 진단기준 1의 1) 부주의에는 부합되지만, 2) 과잉행동 – 충동성에는 부합되지 않는 경우
- 과잉행동 – 충동성 우세형 : 지난 6개월 동안 진단기준 1의 2) 과잉행동 – 충동성에는 부합되지만, 1) 부주의에는 부합되지 않는 경우

현재의 심각도 구분

- 경도 : 증상이 사회적 또는 직업적 기능에 가벼운 손상 이상을 초래하지 않음
- 중등도 : 증상이나 기능적 손상이 '경도'와 '중증도' 사이에 존재함
- 중증도 : 특별히 심각한 여러 증상들이 존재하거나 또는 증상이 사회적 또는 직업적 기능에 뚜렷한 손상을 초래함

---

5 두뇌 및 신경계 발달

1) 변연계 중 편도체는 정서와 감정을 관장한다.

2) 시각피질의 시냅스 생성은 출생 후 1년까지 활발하게 진행된다.

3) 출생 이후 전전두엽 피질의 활성화로 인지적 통제기능이 점차 향상된다.

4) 투쟁 – 도피 반응은 교감신경계 활성화와 관계있다.

📁 실력다지기

투쟁 – 도피 반응(Fight or Flight Response)

1) 투쟁-도피 반응이란, 스트레스를 받거나 응급 상황에서 자율신경계의 교감신경이 활성화되어 자신이 어떻게 반응해야 할지 신체적으로 생리학적 반응을 일으킨다. 즉, 교감신경계가 스트레스나 응급 상황에서 공격, 방어, 도피에 필요한 신체 자원들의 에너지를 동원하여 반응하게 하는 것이다.

2) 투쟁-도피 반응은 미국 생리학자인 월터 캐넌(Walter Cannon, 1932)이 '정서적 반응이나 식욕 저하와 같은 신체적 반응'을 가리키는 용어로 처음 명명했다. 캐넌은 '투쟁-도피 반응이란 동물이 교감신경계를 사용해 위협에 반응하여 싸울 것인지, 혹은 도망갈 것인지 준비하는 것'이라고 했다.

교감신경계

교감신경계는 우리 몸이 에너지를 소비하는 강한 활동을 할 수 있도록 한다. 즉 소화관을 억제하고, 기관지를 이완시켜 더 많은 공기가 들어올 수 있도록 하며, 심장박동 수를 증가시킨다. 간에서는 포도당을 혈액 속으로 내보내며, 부신에서는 에피네프린과 노르에피네프린을 분비시킨다.

5) 베르니케 영역은 언어 이해를, 브로카 영역은 언어 산출을 담당한다.

> 언어생성은 주로 좌반구의 하전두엽 부분에 있는 <u>브로카 영역</u>을 포함하는 부위에서 관여하고, 언어이해는 주로 좌반구의 상측두엽 부분에 있는 <u>베르니케 영역</u>의 주변 부위에서 관여한다.
>
> **암기법** 브전(언어표현) / 베측(언어이해)

6 피아제(J. Piaget)의 감각운동기 하위단계 중 2차도식의 협응(10~12개월)

1) 2차도식의 협응 단계에서는 인지발달상의 두 가지 획기적인 사건이 발생한다.

   (1) 목적을 달성하기 위한 수단으로 이미 학습된 행동양식과 도식들을 사용한다. 피아제가 어린 딸이 성냥갑을 잡으려 하자, 손으로 가로 막았다. 처음에는 그것을 무시하거나 넘어서 돌아가려 애썼으나 며칠 후에는 손을 치우고 성냥갑을 잡았다. 즉, 치우는 것과 잡는 것이 협응되었다. 원인과 결과의 관계에 대한 이해를 갖지 못한 3단계의 유아라면 손으로 막았을 때 울거나 떼를 썼을 것이다.

   (2) 유아는 대상들이 자신과 분리되어 있으며 그것들은 별개의 성질을 갖고 있다는 것을 깨닫는다. 이러한 인식과 더불어 대상영속성(object permanence)이 발달한다. 이전에는 보이지 않는 것은 존재하지 않는 것으로 이해되었으나, 어떤 사물이 보이지 않게 되었더라도 반드시 사라진 것은 아니라는 것을 알게 된다(이불 속에 공을 감추는 경우처럼)

   (3) 2차도식의 협응(10~12개월) 시기의 아동들은 A-not-B 오류가 나타난다. A-not-B 오류는 '위치오류'라고도 한다. 감각운동기에는 앞에서 언급한 것처럼 대상영속성(object permanence)의 발달이 이루어진다. 이것은 대상이 더 이상 눈에 보이지 않거나 감각을 통해 더 이상 탐지될 수 없을 때도 계속 존재하고 있다고 생각하게 되는 성향을 말한다. 대상 개념이 출현하는 더욱 분명한 표시는 8개월~12개월쯤에 나타난다. 이 시기의 영아는 감추어진 대상을 마지막으로 보았던 장소보다 이전에 발견했던 장소에서 찾는 경향이 있다. 이를 A-not-B 오류(위치오류)라고 한다.

   (4) 다만, 지연모방은 불가능한데, 그 이유는 지연모방은 생후 18개월~24개월에 나타나기 때문이다.

지연모방(deferred imitation)

1) 스위스의 심리학자 피아제(Jean Piaget)가 1962년 처음 주장한 것으로, 지연모방이란 아동이 목격한 사태를 그 자리에서 모방하는 것이 아니라 일정한 시간이 지난 후 자발적으로 재현하는 모방을 뜻한다. 즉, 감각운동기의 마지막 단계(18개월 ~ 24개월)에 이르면 지연모방(deferred imitation)이 가능하게 된다.

2) 18개월의 유아들은 2주 후쯤, 24개월의 유아들은 2~3개월 후쯤까지 모방을 기억하였다가 표현할 수 있다고 한다. 일정 시기가 지나면 더 이상 외부를 모방하지 않고, 내면의 표현과 기억들을 조합하고 재구성하는 것이 가능해진다고 한다.

3) 사례

피아제(Piaget)는 친구 집에서 친구의 딸이 방바닥에 뒹굴며 트집을 부리는 모습에 놀라 지켜본 18개월 된 자신의 딸이 사흘 후에 그 행동을 그대로 모방하는 것을 관찰하고 이 무렵에 지연모방이 획득된다는 사실을 확인하였다. 지연모방이 가능하다는 것은 아이가 관찰한 사태를 표상의 형태로 저장하고 있음을 입증해주는 하나의 사례가 된다.

7 지적장애 진단기준(DSM-5)

지적장애는 개념적, 사회적, 실행적 영역에서 지적기능과 적응기능 양쪽 모두 결함을 나타내는 발달적 시기에 출현하는 장애이다. 다음의 세 가지 기준이 반드시 충족되어야 한다.

A. 임상적 평가와 표준화된 개인 지능검사에 의해 확인된 추론하기, 문제해결하기, 계획하기, 추상적 사고하기, 판단하기, 학교의 학습, 경험을 통한 학습과 같은 지적기능의 결함

B. 개인적 독립성과 사회적 책임감에 관한 발달적 표준과 사회문화적 표준에 충족되지 못하는 결과를 야기하는 적응기능에서의 결함. 지속적인 지원이 없을 경우, 적응결함에 의해 가정이나 학교, 일터, 공동체와 같은 복합적인 환경에 걸친 의사소통하기, 사회적 참여하기, 독립적인 생활하기와 같은 일상적 활동에서 하나 또는 그 이상의 기능이 제한된다.

C. 지적결함과 적응결함은 발달적 시기에 시작됨

　* 주의 : 지적장애란 진단적 용어는 ICD-11에 있는 지적발달장애와 동의어이다. 이 매뉴얼에서는 지적장애란 용어를 사용하고 있지만, 다른 분류체계와의 연관성을 분명히 나타내기 위해 제목에 두 용어가 모두 사용되어 있다. 더욱이 미국연방법령(111-256, 로사법)에서 정신지체란 용어를 지적장애로 대체되어, 학술저널에서도 지적장애란 용어가 사용되고 있다. 따라서 지적장애는 의학과 교육, 다른 전문분야와 일반대중과 시민단체에서 일반적으로 사용되는 용어이다.

　* 현재의 심각도를 명시할 것 :

　(F70) 경도

　(F71) 중등도

　(F72) 고도

　(F73) 최고도

8 혼(J. Horn)과 카텔(R. Cattell)의 지능이론

1) 유동성 지능 – 유전적, 선천적으로 타고난 지능(동작성 지능 : 공간지각 및 추론 능력)

(1) Wechsler 지능검사의 동작성 지능에 해당하며, 환경이나 문화에 따라 잘 변화되지 않는 선천적인 능력이다.

(2) 처음에 지적능력이 증가하다가 성인중기 전후에 퇴보하기 시작한다.

(3) 새로운 상황을 만났을 때의 문제를 해결할 수 있도록 하며 관계나 유사한 것을 찾아 비교하는 능력으로 뇌의 효율과 뇌손상 여부에 민감하다.

2) 결정성 지능 – 후천적 경험이나 교육에 의해 발달한 지적인 능력(언어성 지능 : 어휘력)

(1) Wechsler 지능검사의 언어성 지능에 해당하며, 유동성 지능을 바탕으로 하여 개인의 문화적, 교육적 경험에 따라 영향을 받는 후천적 능력이다.

(2) 40세까지 발달하지만, 환경에 따라서는 그 이후에도 발전될 수 있다.

9 주요 신경인지장애(Major Neurocognitive Disorder) 진단기준

A. 하나 또는 그 이상의 인지 영역(복합적 주의, 집행 기능, 학습과 기억, 언어, 지각–운동 또는 사회인지)에서 인지 저하가 이전의 수행 수준에 비해 현저하다는 증거는 다음에 근거한다.

　1. 환자, 환자를 잘 아는 정보제공자 또는 임상의가 현저한 인지 기능저하를 걱정

　2. 인지 수행의 현저한 손상이 가급적이면 표준화된 신경심리 검사에 의해, 또는 그것이 없다면 다른 정량적 임상 평가에 의해 입증

B. 인지 결손은 일상 활동에서 독립성을 방해한다(즉, 최소한 계산서 지불이나 치료약물 관리와 같은 일상생활의 복잡한 도구적 활동에서 도움을 필요로 함).

C. 인지 결손은 오직 섬망이 있는 상황에서만 발생하는 것이 아니다.

D. 인지 결손은 다른 정신질환(예 : 주요우울장애, 조현병)으로 더 잘 설명되지 않는다.

　* 병인에 따라 다음 중 하나를 명시할 것 :

　　– 알츠하이머병　　　– 전두측두엽 변성　　– 루이소체병

　　– 혈관질환　　　　　– 외상성 뇌손상　　　– 물질/치료약물 사용

　　– HIV 감염　　　　　– 프라이온병　　　　 – 파킨슨병

　　– 헌팅턴병　　　　　– 다른 의학적 상태　 – 다중 변인

　　– 명시되지 않는 경우

　* 부호화 시 주의점 : 병인이 되는 의학적 상태나 물질에 근거하여 부호화한다. 경우에 따라서 병인이 되는 의학적 상태의 부호를 부가할 필요가 있는데, 이는 다음과 같이 주요 신경인지장애의 진단부호 바로 앞에 기록한다.

　* 다음의 경우 명시할 것 :

　1) 행동장애를 동반하지 않는 경우 : 인지장애가 임상적으로 현저한 어떤 행동 장애도 동반하지 않는 경우

　2) 행동장애를 동반하는 경우(장애를 명시한다) : 인지장애가 임상적으로 현저한 행동장애

　　(예 정신병적 증상들, 기분장애, 초조, 무감동 또는 다른 행동증상들)를 동반하는 경우

* 현재의 심각도를 명시할 것:
1) **경도**: 일상생활의 도구적 활동의 어려움(**예** 집안 일, 돈 관리)이 있다.
2) **중등도**: 일상생활의 기본적 활동의 어려움(**예** 음식 섭취, 옷 입기)이 있다.
3) **고도**: 완전히 의존적인 상태이다.

10 청소년기의 생물학적 특징 – 수초화(myelination)와 전두엽을 중심으로 [6]

1) 청소년기에는 경험을 통하여 수상돌기, 시냅스 연결의 증가로 뇌의 발달이 빨라진다.
2) 수초화는 축색돌기 표면을 교세포가 감싸면서 뉴런과 뉴런을 격리하여 신경전달을 신속하게 하고 정보전달의 효율을 높여주는 현상이다.
3) 뇌량의 수초화가 이루어지기 이전인 4살 아동의 경우, 좌우 반구 간 신경전달 속도가 성인에 비해 4-5배나 느린데(Salamy, 1978), 뇌량의 수초화가 이루어지면 비로소 좌우 반구 간의 신경전달 속도가 성인 수준인 4~20ms에 도달하여 좌우 반구 간의 원활한 통합이 가능해진다.
4) 청소년기의 뇌에서 수초화가 일어나면 학습의 결정적인 시기와도 관련이 있다. 이러한 수초화 현상이 가장 늦게 일어나는 곳은 전전두엽으로 청소년기에는 사고의 질이 향상되어 추상적 사고, 합리적인 의사결정, 분석 능력의 향상 등 아동기와는 다른 논리적인 모습을 갖추어 나가게 된다.
5) 그러나 청소년의 전두엽은 아직 미성숙하기 때문에 어른 만큼의 종합적인 사고와 감정을 통제하고 조절하기는 어렵다(Sowell et al., 1999).

11 발테스(Baltes) – 전생애 발달적 조망

1) 규범적 연령관련 요인(연령 구분적 영향): 대부분의 사람들이 유사한 연령에서 공통적으로 경험하게 되는 생물학적, 환경적 요인들로부터의 영향을 의미한다.
2) 규범적 역사관련 요인(역사 구분적 영향): 개인이 속하는 특정 시대 사회의 역사적 특성으로부터 오는 영향을 의미한다.
3) 비규범적 영향: 특정 개인에게만 영향을 미치는 개인 특유의 생물학적, 환경적 결정요인을 의미한다.

12 품행장애 진단기준

1) 다른 사람의 기본적 권리를 침해하고 나이에 맞는 사회적 규범 및 규칙을 위반하는 지속적이고 반복적인 행동 양상으로서, 다음 가운데 3개(또는 그 이상) 항목이 지난 12개월 동안 있어 왔고, 적어도 1개 항목이 지난 6개월 동안 나타난 경우이다.
   (1) 흔히 다른 사람을 괴롭히거나, 위협하거나, 협박한다.
   (2) 흔히 육체적인 싸움을 도발한다.
   (3) 다른 사람에게 심각한 신체적 손상을 일으킬 수 있는 무기를 사용한다(**예** 곤봉, 벽돌, 깨진 병, 칼 또는 총).
   (4) 사람에게 신체적으로 잔혹하게 대한다.
   (5) 동물에게 신체적으로 잔혹하게 대한다.

---

6) 출처: 연세아이들 소아청소년과의원 블로그

(6) 피해자와 대면한 상태에서 도둑질을 한다(**예** 노상강도, 날치기, 강탈, 무장 강도).

(7) 다른 사람에게 성적 행위를 강요한다.

※ 재산의 파괴

(8) 심각한 손상을 입히려는 의도로 일부러 불을 지른다.

(9) 다른 사람의 재산을 일부러 파괴한다(방화는 제외).

※ 사기 또는 도둑질

(10) 다른 사람들의 집, 건물, 차를 파괴한다.

(11) 물건이나 호감을 얻기 위해 또는 의무를 회피하기 위해 거짓말을 흔히 한다(**예** 다른 사람을 속인다).

(12) 피해자와 대면하지 않은 상황에서 귀중품을 훔친다(**예** 파괴와 침입이 없는 도둑질, 위조문서).

※ 심각한 규칙 위반

(13) 13세 이전에, 부모의 금지에도 불구하고 밤늦게까지 집에 들어오지 않는다.

(14) 친부모 또는 양부모와 같이 사는 동안 적어도 2번 가출한다(또는 오랫동안 돌아오지 않는 1번의 가출).

(15) 13세 이전에 시작되는 무단결석

2) 행동의 장해가 사회적, 학업적, 또는 직업적 기능에 임상적으로 심각한 장해를 일으킨다.

3) 18세 이상일 경우, 반사회성 성격장애의 진단 기준에 맞지 않아야 한다.

memo

1교시

2과목

집단상담의 기초

나눔복지교육원 동영상 강의

CHAPTER 01 집단상담의 이론

제1절 | 집단상담의 기초

1) 집단상담의 의의

집단상담은 한 사람의 상담자가 여러 명의 참여자를 대상으로 집단을 구성하고 그 참여자들의 역동적 상호작용을 활용하여 참여자 개개인의 문제를 해결하거나 성장·발달을 촉진시켜 나가는 과정을 말한다.

(1) 집단상담자가 여러 명의 내담자를 대상으로 행동양식의 변화를 가져오게 하는 노력이다.

(2) 집단 역동성에 기초하여 자신에 대한 통찰력 및 타인에 대한 태도를 증진시키는 것이 목적이다.

(3) 허용적 분위기 속에서 자신의 감정과 태도 및 자신과 외부와의 관계를 이해하도록 하여 자신의 가능성을 최대로 개발시키도록 도와주는 과정을 말한다.

2) 집단상담의 목표

(1) 자기 이해

① 자신의 몸과 마음에 관한 모든 것을 사실 그대로 이해하는 것이다.

② 자신에 대한 이해는 다른 사람에 대한 이해를 촉진한다.

③ 자신을 정확히 볼 수 있는 능력이 생길 때 다른 사람도 정확히 볼 수 있게 된다.

(2) 건전한 자아개념의 발달

자아개념은 인간이 세상을 어떻게 느끼고 생활 경험을 어떻게 받아들이고 주위의 중요 인물들이 자기를 어떻게 본다고 느끼느냐에 따라 다르게 형성된다.

(3) 학습과정의 촉진

① 상담은 참여자로 하여금 자기의 능력과 취미를 발전시키며 잠재력을 최대한 활용할 수 있게 하여야 한다.

② 학습방법의 결함을 보완해 주고 장점은 더욱 발전시켜 줄 수 있어야 한다.

(4) 자기수용

① 이해한 그대로의 자신을 인정하고 받아들이는 것이다.

② 자기수용은 자기만을 수용하는 것만이 아니라, 다른 사람들도 수용할 수 있게 한다.

(5) 자기 개방

① 이해하고 수용한 자신을 그대로 나타내 보이는 것이다.

② 이해한 자신의 일면을 완전히 수용하지 못하면 자기개방도 어렵게 된다.

③ 자기개방은 타인의 개방을 촉진시켜, 상호 이해의 폭을 넓힌다.

④ 넓어진 이해와 신뢰를 근거로 더 깊은 자기개방을 하게 하는 연쇄반응으로 이어진다.

(6) 대인관계의 발달

참여자들은 상담을 통해 주위의 동료들과의 인간관계를 이해하고 보다 바람직한 태도를 배우게 된다.

(7) 정서적 문제의 해소

상담자의 지도를 요하는 개인적·정서적 문제인 수줍음, 자신감의 결여, 습관적인 걱정, 동료와의 갈등 등은 상담을 통해 수정할 수 있다.

(8) 자기주장

① 상대방에게 피해를 주지 않으면서 자신이 나타내고자 하는 바를 그대로 나타내는 학습된 행동이다.

② 자신의 권리, 욕구, 의견, 생각, 느낌 등을 직접 상대에게 나타낸다.

📁 **실력다지기**

집단상담

1) 집단상담은 정상 범위에서 심하게 일탈하지 않는 사람들을 대상으로 이루어지게 되고 심각한 정서적·성격적 문제를 가지고 있는 사람은 제외되며, 본격적인 치료보다는 성장과 적응에 강조점이 주어진다.

2) 집단상담의 상담자는 훈련받은 전문가이거나 상담에 대한 최소한의 지식과 자질을 갖추어야 한다.

3) 집단상담의 분위기는 신뢰로우며 수용적이어야 한다.

4) 집단상담은 집단 구성원들이 상호작용하는 역동적인 대인관계 과정이다.

5) 집단 응집력은 집단 내의 친밀감, 신뢰감, 온화함, 공감적 이해로 나타나며, 적대감과 갈등을 포함할 수 있다.

6) 응집력 있는 집단은 집단원으로 하여금 자기 개방, 위험 감수, 그리고 집단 내의 갈등에 대해 건설적으로 표현함으로써 성공적인 상담으로 나아갈 수 있다.

3) 집단상담의 장점과 단점

(1) 집단상담의 장점

① 개인상담에서는 내담자가 상담자와의 일대일 관계에서 오는 부담감이나 불안감을 느끼게 되지만 집단 속에서는 보다 편안함과 안전감을 가지게 된다.

② 집단상담 장면은 개인으로 하여금 어떤 외적인 비난이나 처벌에 대한 두려움 없이 새로운 행동을 검증해 볼 수 있는 실험실 역할을 하게 되어 새로 학습한 행동을 실제의 생활 속에서 실천할 수 있는지를 집단 안의 가상적 현실 속에서 검증할 수 있다.

③ 집단상담에서는 동료들 간에 서로의 관심사나 감정을 터놓고 이야기할 수 있기 때문에 구성원들은 쉽게 소속감과 동료의식을 발전시킬 수 있다.

④ 집단상담은 집단원들에게 넓은 범위의 다양한 성격(특히 연령, 성별, 흥미, 성장배경, 사회경제적 지위, 문제의 형태 등이 다양한 개인들)의 소유자들과 접할 수 있는 기회를 부여해 줌으로서 풍부한 학습 경험을 할 수 있다.

⑤ 서로 경청하고 수용하고 지지하고 대면할 수 있는 구성원이 많다는 점에서 집단상담은 개인상담에서 보다 학습효과가 더욱 클 수 있다.

⑥ 집단 속에서는 개인이 한편으로는 직접 참여하면서도 다른 한편으로는 물러서서 관망할 수도 있다.

⑦ 특정한 대화의 내용을 취급하는데 고통이나 위협을 느끼는 경우 그는 다른 구성원들을 관찰하면서도 함께 생각하고 느끼므로 자기 자신과 타인 이해에 도움이 될 수 있고 자신의 문제해결에 필요한 통찰을 얻을 수 있다.

⑧ 집단상담은 또한 개인 상담을 회피해 온 사람이 상담집단에서 용기를 얻어 개인 상담을 신청할 수 있게 한다.

(2) 집단상담의 단점

① 구성원 개개인에게 모두 만족을 줄 수 없다.

② 집단상담에서는 특정 내담자의 개인적인 문제가 충분히 다루어지지 않을 가능성이 많다.

③ 집단상담 경험에 흘러서 집단경험 그 자체를 목적으로 삼는 경우 집단이 현실도피의 기회가 되어버릴 수 있다.

④ 참여자들이 심리적으로 준비가 되기 전에 자기의 마음속을 털어놓아야 한다는 집단압력을 받기 쉽다.

⑤ 모든 사람이 집단상담에 모두 적합하지는 않다(예 많은 의심, 지나친 적대감, 심한 정서 장애 등).

⑥ 집단상담이 개인의 생활양식과 가치관에 변화를 초래할 경우, 개인이 안정감을 상실할 가능성이 있다.

⑦ 동료들과의 상담집단이 대체로 유리하지만, 그 반대의 경우도 생길 수 있는데 이는 비슷한 연령과 생활환경을 가진 참여자들로 구성되면 참여자들의 공통적인 문제가 주로 논의되기 쉬우며, 다른 다양한 성격과 수준의 참여자들로부터 자극을 받거나 배울 기회가 없게 된다.

4) 집단상담이 필요한 경우

(1) 사람들에 대한 깊은 이해가 필요하며 자신에 대해 객관적 시각을 배우고자 하는 내담자

(2) 자신과 다른 성격, 생활배경 등의 사람들에게 배려와 존경심을 배워야 하는 내담자

(3) 다른 사람과의 대화를 포함한 사회적 기술의 습득이 필요한 내담자

(4) 다른 사람과의 유대감, 소속감 및 협동심의 향상이 필요한 내담자

(5) 자기의 관심사나 문제에 관해 다른 사람의 반응, 조언이 필요한 내담자

(6) 동료나 타인의 이해와 지지가 도움이 되리라고 판단되는 내담자

(7) 자기 문제에 관한 검토, 분석을 기피하거나 유보하기를 원하고 자기노출에 관해 필요 이상의 위협을 느끼는 내담자

📁 실력다지기

개인상담이 필요한 경우

1) 문제가 위급하고 원인과 해결 방법이 복잡하다고 판단되는 내담자

2) 내담자 자신과 관련 인물들의 신상을 보호할 필요가 있는 경우

3) 자아개념 또는 사적인 내면세계와 관련해서 심리검사 결과를 해석해 주는 면담의 경우

4) 집단에서 공개적으로 발언하는 것에 대해 심한 불안공포가 있는 내담자

5) 집단상담의 동료들로부터 수용될 수 없을 정도로 대인관계(행동, 태도 등)가 좋지 못한 내담자

6) 자기 자신에 대한 탐색, 통찰력이 극히 제한되어 있는 내담자

7) 상담자나 다른 사람들로부터의 주목과 인정을 강박적으로 요구할 것으로 판단되는 내담자

8) 폭행이나 '비정상적'인 성적 행동을 취할 가능성이 보이는 내담자 등

5) 집단상담과 토의집단의 차이

(1) 내용과 과정

① **토의집단** : 해결해야 할 분명한 주제, 즉 토의될 내용을 중시한다.

② **집단상담** : 내용보다 집단의 과정을 중시한다.

(2) 양극성과 통일성

① **토의집단** : 몇 개의 분파가 생기고, 결국 승패나 옳고 그름의 시비를 가린다.

② **집단상담** : 상반된 의견들이 허용되고, 오히려 장려되기에 통일성을 이룬다.

(3) 형식성과 자발성

① **토의집단** : 상반된 의견이 용납될 수 없기 때문에, 강한 정서적 반응이 유발되고, 이는 토의 진행 방해, 규칙과 질서를 창조해야 하므로 형식적이다.

② **집단상담** : 형식이 필요 없고, 집단원들의 자발적인 참여가 강조된다.

(4) 객관성과 주관성

① **토의집단** : 객관적인 사실을 취급한다.

② **집단상담** : 주관적인 측면을 더 강조한다.

(5) 제한성과 솔직성

① **토의집단** : 정한 목적을 향해 토의를 진행해야 하므로, 언행에 항상 제약을 받는다.

② **집단상담** : 개인은 감정과 사고를 솔직히 언어로 표현하도록 격려된다.

(6) 지도성의 차이

① **토의집단** : 형식에 따른 지도자의 역할이 있고, 지도자는 목적달성을 위해 집단을 통제한다.

② **집단상담** : 리더가 할 형식상 정해진 역할은 없고 자신의 언행을 통해 집단 분위기를 자유롭게 조성한다.

6) 집단상담과 집단지도의 차이

(1) 집단상담

① 집단상담의 중심은 어떤 주제가 아니라 집단원 개개인 자체이다.

② 변화에 대한 정보제공이 목적이 아니라 개개인의 실제적 행동변화가 목적이다.

(2) 집단지도

① 정보제공을 포함한 교육적 경험의 내용을 주제로 다룬다.

② 정보제공의 모든 책임이 주로 교사에게 있다.

📁 **실력다지기**

집단지도, 집단상담, 집단치료의 비교

구분	집단지도	집단상담	집단치료
대상	정보, 방향 제시가 필요한 집단	비교적 정상적인 내담자 집단	임상적으로 비정상적인 내담자 집단
접근 방법	예방적 접근	예방적, 성장 촉진적 접근	교정적 접근
초점	토의되는 주제	참여자 개인의 발달적인 문제	참여자 개인의 증세 완화
집단의 목적	주로 교육적이고 직업적인 지식 습득	현재의 문제와 관련한 성숙 지향적 행동 변화	무의식적 동기를 주로 탐색, 해석하여 정서적 장애 치료
상담자의 역할	집단의 구조, 활동, 내용에 권위적인 책임	안내자, 민주적인 촉진자	정상적인 생활을 위하여 전문적으로 돕는 역할

기출문제 확인학습

집단상담의 유형

1) 참 만남 집단(성장 집단상담)

타인과의 보다 의미 있는 만남과 접촉을 통해 인간관계에 대한 경험적 통찰과 학습, 인간 실존에 대한 자각을 강조하며 건강하고 정상적인 청소년들이 그들 자신뿐만 아니라 다른 사람들과도 더 친근감을 갖고 만날 수 있도록 도움으로써 그들이 더욱 성장하고 발전할 수 있게 한다.

2) 가이던스 집단(지도 및 교육집단)

체계적 교육목표를 가지고 강의, 교수 등 구조화된 방법을 사용한다.

3) 상담집단

개인의 성장과 발달뿐만 아니라 성장에 방해요소를 제거시키거나 자기인식에 초점을 두는 집단상담으로, 일상생활에서 어려움을 경험하는 일반인들을 대상으로 대인관계문제, 자기 이해 증진, 부적응 행동의 극복 등에 도움이 된다.

4) 치료집단

주로 병원이나 임상장면에서 치료목적으로 장기집단 형태로 운영한다.

5) 자조집단

공통의 문제나 관심을 가진 사람들이 모여 문제를 효율적으로 대처해 나갈 수 있도록 동기를 갖게 하는 지지체제를 형성하는 집단이다.

6) T - 집단

중학교, 고등학교의 학급단위로 이루어지는 훈련 집단이나 대학생들을 대상으로 하는 인간관계훈련 집단 또는 잠재력 개발 훈련 집단 등으로, 소집단의 훈련을 위주로 형성된 집단을 훈련 집단, 일명 T - 집단이라고 한다.

7) 구조화 집단

집단원들이 특수한 기술을 개발한다거나, 어떤 특정한 주제를 이해하거나 또는 인생의 힘든 전환기를 헤쳐 나가도록 돕기위한 프로그램이다.

제2절 | 집단상담의 지도성 및 집단상담자의 기술

1 집단상담의 지도성

1) 집단상담자의 역할

(1) 집단 활동의 시작을 돕는다.

(2) 집단의 방향을 제시하고 집단 규준의 발달을 돕는다.

(3) 집단의 분위기 조성을 돕는다.

(4) 행동의 모범을 보인다. 집단원들에게 바라는 행동을 집단상담자 자신이 먼저 시범을 보여서 집단원도 그렇게 하게 돕는 것을 말한다.

(5) 의사소통 및 상호작용을 촉진한다. 집단원 간에 의사소통의 통로를 막고 있는 장애물을 찾아내도록 돕고, 원활한 상호관계를 촉진한다.

(6) 집단원의 권리를 보호한다.

① 집단의 압력으로 부당하게 어떤 행위를 강요하거나 압력을 가하는 시도를 막는다.

② 집단원들 중 어느 누구도 속죄양이 되어 인권을 침해당하는 일이 없도록 한다.

③ 참여를 원치 않거나, 개인적인 문제를 파헤치는 일을 꺼린다면, 집단원의 거절의 권리를 인정한다.

(7) 집단의 종결을 돕는다.

집단이 제 시간에 시작하여 정한 시간에 마치도록 한다.

(8) 자신의 개인적 가치 체계를 통하여 집단 구성원들에게 미칠 수 있는 영향력에 주의를 기울인다.

📁 **실력다지기**

집단상담에서 상담자의 역할[1]

집단의 목적과 설계, 기간의 장단(長短)과 조직 형태, 그리고 상담자의 철학과 이론적 배경 등 여러 가지 변인의 차이에 따라 상담자의 역할도 여러모로 달라질 수 있으나, 가장 기본적이고 공통적이라고 생각되는 몇 가지만 살펴보면 다음과 같다.

1) 집단활동의 시작을 돕는다.

상담집단을 처음 시작할 때, 집단원들은 서먹함을 느끼고 어떻게 할 바를 모른다. 이 때 상담자는 솔선하여 모범을 보이거나 느낌 표현을 장려하는 방법으로 집단원들로 하여금 상호작용을 시작하도록 이끌어 주어야 한다.

2) 집단의 방향을 제시하고 집단 규준의 발달을 돕는다.

상담자는 집단의 일방적인 목표를 제시함과 아울러 "'여기 - 지금'에 초점을 둔다.", "느낌 수준에 강조점을 둔다.", "정직한 피드백의 교환에 힘쓴다." 등의 규준을 제시하여 집단원들이 이에 따라 행동하도록 도와주어야 한다.

3) 집단의 분위기 조성을 돕는다.

상담집단의 주된 목적이 집단원으로 하여금 스스로의 문제를 스스로의 힘으로 해결함으로써 보다 생산적인 인간으로 성장, 발달하게 하는데 있으므로 집단지도자의 과업은 그러한 발달을 이룩하는데 도움이 될 수 있도록 자유롭고 허용적인 집단 분위기를 조성해 주는 것이다.

---

1) 한국상담연구원 상담연수 자료

4) 행동의 모범을 보인다.

집단원에게 바라는 그러한 행동을 상담자 자신이 먼저 시범을 보임으로써 집단원도 그렇게 하도록 돕는다.

5) 의사소통 및 상호작용을 촉진시킨다.

집단상담자는 항상 집단원 간의 의사소통의 통로를 막고 있는 장애물을 찾아내도록 도와주어 원활한 상호관계를 이루게 한다. 또 의문을 제기하거나 문제를 명료화하기도 하며, 모든 집단원이 가능한 한 모두 참여하도록 도와준다.

6) 집단원을 보호한다.

상담자는 집단원의 거절할 권리를 인정해 주어야 하며, 집단원 중 몇 사람 혹은 전원이 한 집단원에게 부당하게 압력을 가할 때 즉시 개입하여 그 집단원을 보호해 주어야 한다.

7) 집단활동의 종결을 돕는다.

집단은 정한 시간에 시작하여 정한 시간에 마쳐야 한다. 그리고 집단 전체의 종결 시에는 집단원들로 하여금 실제의 삶에 적용하는데 대한 가능성을 제시해 주어야 한다.

효율적인 집단상담자의 특성

집단원들과 정서적으로 함께 하고, 집단원과의 상호작용 속에서 진실된 모습으로 임하는 용기, 자신을 직면하는 기꺼움, 자기인식, 진실성, 진솔성, 정체성, 집단과정에 대한 신념과 열정, 창의성, 상담자 자신의 심리적 건강, 에너지 수준, 활기 등을 유지할 수 있는 힘, 삶의 중심 유지 능력 등을 갖는다.

2) 협동상담자 (공동상담자)

(1) 한 상담집단을 두 사람이 협동으로 상담하는 경우이다.

(2) 협동상담자는 이론적 배경이 같고 여러 면에서 상호보완적일수록 좋다.

　　예 동성보다는 이성이 더 효과적이다.

(3) 장점

　　① 한 상담자가 직접 집단 활동에 참여하거나 집단을 지도하고 있는 동안 다른 상담자는 집단 전체를 객관적인 입장에서 관찰할 수 있다.

　　　　ㄱ. 혼자서는 전 집단원을 한꺼번에 모두 관찰하고 그들의 비언어적 의사소통 메시지를 전부 파악하는 것이 어렵다.

　　　　ㄴ. 협동상담의 형태를 취하는 경우 두 상담자가 서로 마주보고 앉는 것이 바람직하다.

　　　　ㄷ. 각각 자기의 시야에 들어오는 반(半) 정도 이상의 집단원들의 거동을 파악할 수 있다.

　　② 필요한 경우 두 상담자끼리 상호작용을 함으로 집단원들에게 시범을 보일 수 있다.

(4) 문제점

　　① 두 집단상담자 사이에 협동이 잘 이루어지지 못하고 경쟁관계에 놓이게 되는 경우, 잘못하면 집단의 유지·발전에 지장을 초래한다.

　　② 문제점을 해결하기 위해서 이런 사실을 재빨리 자각하고 집단 앞에 솔직히 털어놓고 원만히 해결하면 경쟁이나 적대감도 좋은 집단활동의 자료가 될 수 있다.

　　③ 위 ②의 경우 두 상담자는 자신들의 행동을 통해 문제해결에 관한 실제 시범을 집단원에게 보여줄 수 있다.

공동상담자 활용의 장점

1) 한 상담자가 직접 집단 활동에 참여하거나 집단을 지도하고 있는 동안 다른 상담자는 집단 전체를 객관적인 입장에서 관찰할 수 있다.

2) 혼자서는 전 집단을 한꺼번에 모두 관찰하고 그들의 비언어적 의사소통 메시지를 전부 파악하는 것이 어려우며 협동상담의 형태를 취하는 경우 두 상담자가 서로 마주보고 앉는 것이 바람직하다.

3) 각각 자기의 시야에 들어오는 반 정도 이상의 집단원들의 거동을 파악할 수 있다.

4) 필요한 경우 두 상담자끼리 상호작용을 함으로써 집단원들에게 시범을 보일 수도 있다.

🗀 실력다지기

효과적인 집단상담자의 기본태도 – 인간중심상담에서 강조하는 내용 중심으로

1) 집단상담자의 진실성/솔직성

집단상담자가 진실하고 솔직하다는 것은 그의 내적 느낌과 외적인 태도, 자신의 언어적 표현과 비언어적 표현이 일치하는 것을 의미한다.

2) 집단상담자의 집단원들에 대한 긍정적 수용

효과적인 집단상담자는 집단상담에 참여한 각각의 구성원들을 하나하나의 독특한 개성을 가진 인간으로 존중하며, 그들의 사고, 감정, 행동을 판단하거나 평가하지 않고 그들을 있는 모습 그대로 "무조건적"이고 "긍정적"으로 받아들인다.

3) 집단상담자의 집단원들에 대한 공감적 이해

집단상담이 진행되는 동안의 대화에서 매 순간 순간 드러나는 구성원들의 사고와 감정 그리고 내면적 경험을 예민하고 정확하게 이해하는 것을 말한다.

🗀 기출문제 확인학습

집단상담 시 집단상담자의 행동

1) 집단상담자는 집단 활동의 시작을 도우며 집단의 방향을 제시하고 집단 규준의 발달을 돕는다.

2) 집단의 분위기를 조성하고 행동의 모범을 보이며 의사소통 및 상호작용을 촉진시킬 뿐만 아니라 집단원을 보호한다.

3) 집단활동의 종결을 도와야 한다.

4) 효율적인 집단상담자의 특성은 집단원들과 정서적으로 함께 하고 집단원과의 상호작용 속에서 진실된 모습으로 임하는 용기, 자신을 직면하는 기꺼움, 자기인식, 진솔성, 정체성, 집단과정에 대한 신념과 열정, 창의성, 상담자 자신의 심리적 건강, 에너지 수준, 활기 등을 유지할 수 있는 힘, 삶의 중심 유지 능력 등을 갖추어야 한다.

5) 집단원들의 진술에 일일이 반응할 필요는 없으며 필요할 경우 자기노출을 할 수 있다.

6) 질문을 자주하는 집단원의 행동은 집단에 오히려 방해가 될 수 있기 때문에 적절하게 통제하는 기술이 필요하며 소극적인 집단원이라도 적극적으로 참여할 것을 지속적으로 권하면 오히려 부담을 가질 수 있다.

3) 집단에서 발생하는 집단원의 문제행동들

(1) 대화 독점

끊임없이 다른 집단원과 동일시하는 경향이 있어서 다른 집단원과 관련된 상황을 자신과 연결시켜 자신의 일상생활에 대한 이야기를 장황하게 늘어놓는다.

① 문제점

ㄱ. 다른 집단원들과 집단 시간을 공유하는데 방해하며, 말을 많이 하는 사람이 바람직한 집단원이라는 잘못된 생각을 갖게 한다.

ㄴ. 대화를 독점하는 사람을 지켜보는 사람들을 피곤하게 만들어, 좌절을 겪게 되는 다른 집단원들은 그 집단원뿐 아니라 이를 방치하는 집단상담자에게도 분노를 느낀다.

② 대처방안

ㄱ. 집단상담자는 대화를 독점하는 집단원의 문제행동에 즉각적이고 적극적으로 개입해야 한다.

ㄴ. 문제 집단원 자신이 대화독점 행동에 대한 결과를 서서히 깨달을 수 있도록 유도한다.

ㄷ. 집단상담자는 집단내의 혼란 상태나 집단원들의 문제행동을 시의 적절하게 조절하는 중재기술을 갖추고 있어야 한다.

ㄹ. 자신의 행동에 대한 탐색기회를 제공하는 미완성문장을 사용하기도 하며 마음속에 가장 먼저 떠오르는 것을 적거나 말하게 하고, 발표할 때 집단원들 간에 피드백을 교환하게 함으로써, 이런 연습을 통해 대화를 독점하는 집단원에게 자신의 문제행동에 대한 통찰을 가지게 한다.

(2) 습관적 불평

거의 매 회기마다 집단에 대해 불평불만을 늘어놓거나 이로 인해 다른 집단원과 자주 논쟁을 벌이는 것으로 흔히 집단초기에 나타나는 경향이 있다.

① 문제점

한 집단원의 불평은 다른 집단원들의 불평으로 번져가게 되고, 그 결과 집단의 응집력 형성에 부정적인 영향을 미친다.

② 대처방안

ㄱ. 다른 집단원이 있는 상황에서 불평에 대해 정면으로 지적하는 것은 좋지 않고, 초점을 다른 사람이나 주제로 돌리고 집단이 끝난 다음 불평을 한 집단원과 면담기회를 가지는 것이 바람직하다.

ㄴ. 개별 면담을 통해 불평의 이유를 알아보고 생산적인 집단을 위해 정중하게 협조와 도움을 요청한다.

ㄷ. 집단에 활력소를 불어넣는 집단원에게 질문과 피드백의 기회를 제공함으로써 집단의 분위기를 고양시킨다.

ㄹ. 불평적인 집단원과 시선의 접촉을 피함으로써 나서지 않게 한다.

(3) 일시적 구원(반창고 붙이기 또는 상처 싸매기)[2]

다른 집단원의 상처를 달래고 고통을 줄여 사람들을 즐겁게 하고 자신도 안정을 취하려는 욕구의 표현이며, 타인의 고통을 지켜보는 것이 어려워 이를 사전에 봉쇄하려는 시도의 일환으로 가식적으로 지지하는 행위로 해석된다.

① 문제점

다른 집단원에 대한 보호나 배려 또는 관심으로 보이지만 진정한 의미에서 도움을 주는 행동과는 거리가 멀다.

② 대처방안

ㄱ. 다른 집단원이 고통스런 경험을 노출할 때 그의 느낌과 생각을 탐색해 볼 수 있는 기회를 제공하는 것이다.

ㄴ. 미해결 감정을 애써 회피하거나 억압했던 집단원은 일시적으로 구원하는 것보다 안전한 집단분위기 속에서 교정적 감정경험을 충분히 거치고 난 후에 집단의 지지와 격려를 받는 것이 좋다.

(4) 사실적 이야기 늘어놓기

자신의 느낌이나 생각에 대해 말하기보다 '옛날 이야기', 즉 과거에 있었던 사실 중심의 이야기를 늘어놓는 것이다.

① 문제점

ㄱ. 다른 집단원을 지루하게 하고 집단원들이 달리 도울 수 있는 방법을 찾지 못하게 해서 집단 역동에 부정적인 영향을 미친다.

ㄴ. 집단상담자의 공평하지 못한 시간 안배에 대해 다른 집단원들의 불만을 초래할 수 있으며, 사실적인 이야기만을 늘어놓은 집단원 자신도 공허함을 경험하고 자신이 집단의 분위기를 해치고 있음을 인식하게 되어 불필요한 죄의식을 가질 수 있다.

② 대처방안

ㄱ. 공감적 이해를 통해 해당 집단원이 '지금-여기'에 초점을 맞추고 과거의 경험에서 야기된 감정을 적절하게 표출할 수 있도록 도움을 준다.

ㄴ. 사실적인 이야기보다는 과거 사건이나 상황에 대한 느낌(감정)을 진솔하게 토로할 수 있도록 도움을 준다.

(5) 질문공세

다른 집단원에게 일련의 질문을 퍼붓는 것으로, 적절치 않은 시기에 끼어들어서 다른 집단원들이 답변을 하기도 전에 연속해서 질문을 던지는 특징이다.

① 문제점

ㄱ. 집단에서 이루어지는 질문공세는 집단원에 대한 호기심 충족을 위한 수단으로 잘못 사용될 수 있으며, 연속적인 질문은 집단원의 말을 가로막을 뿐만 아니라 답변을 해야 하는 부담감을 준다.

ㄴ. 경험에 대한 감정을 탐색해 볼 수 있는 기회를 잃게 되는 상황을 초래한다.

② 대처방안

ㄱ. 질문 속에 포함된 핵심 내용을 자신을 주어로 해서 직접적인 방식으로 표현해 보도록 돕는 방법을 사용한다.

---

2) 심하게 곪은 환부가 있을 경우 적절한 시기에 고름을 제거하기보다 일시적인 고통을 피하기 위해 단순히 반창고를 붙이는 것으로 대신하는 것을 일컬음

ㄴ. 집단원에게 질문을 하기 전에 마음속에 무엇이 진행되고 있는지를 말해보도록 제안할 수 있다.

(6) 적대적 태도

① 집단원 자신의 내면에 누적된 부정적인 감정을 직접 또는 간접적인 방식으로 집단상담자나 다른 집단원들에게 표출하는 것을 말한다.

② 적대적 태도를 보이는 집단원은 주로 간접적인 활동, 즉 비판적인 표현, 농담, 빈정거림, 치고 빠지는 식의 행동을 보이고, 집단회기에 빠지거나 늦게 출석하고 심지어 중도에 집단을 그만두고 떠나기도 한다.

③ 지나치게 예의를 차리거나 격식을 차리는 행동을 보이는 은근한 방식으로 적대감을 표현하기도 한다.

④ 지나치게 방어적인 태도를 보여 자신이 적대적 태도를 지니고 있다는 사실을 위장하는 경우도 있다.

⑤ 문제점

ㄱ. 다른 집단원들에게 또 다른 적대적 태도와 감정을 불러일으킬 수 있다.

ㄴ. 적대감을 표출하는 형태는 공격적인 행동을 보이는 것이지만, 직면상황에서는 당혹스러워 하면서 재빨리 후퇴하기도 한다.

ㄷ. 자신의 행동이 직면될 때 분노하면서 온갖 변명을 늘어놓으며, 다른 집단원들의 피드백을 경청하지 않고 방어적인 태세를 취함으로써 집단의 분위기를 해치고 응집력을 떨어뜨린다.

ㄹ. 집단원들이 서로 적대적인 감정을 갖게 될 경우에 안정감보다는 심리적으로 위협을 느끼게 되며, 자기개방을 어렵게 한다.

⑥ 대처방안

다른 집단원들이 그 집단원에게 받는 영향, 느낌, 원하는 행동에 대해 경청하게 한 다음 적대적 태도를 보이는 집단원이 집단에서 원하는 것이 무엇인지를 탐색하고 직접 확인한다.

(7) 의존적 자세

집단상담자나 다른 집단원들이 자신을 보살피고 자신에 관한 것을 대신 결정해 줄 것으로 기대하는 경향으로, 때로는 집단상담자와 다른 집단원들에게 필사적으로 해결책을 구한다.

① 문제점

ㄱ. 집단원 간의 상호작용에서 긍정적인 대답, 즉 '예'라는 대답을 반복하면서 다른 집단원의 피드백을 고려하기보다 '예, 그렇지만'식의 반응을 보이면서 교묘하게 집단원들의 제안을 회피하거나 무시하는 경향이 있다.

ㄴ. 충고나 조언을 받아들인다 하더라도 이를 올바르게 실천하지 못해 돕기 위해 여러 가지로 애쓴 집단원들은 허탈함을 경험하고 집단의 역동에 부정적인 영향을 미친다.

② 대처방안

ㄱ. 자신의 문제를 올바르게 인식하게 하여 타인에게 의존함으로써 얻을 수 있었던 욕구충족의 고리를 끊는 것이 필요하다.

ㄴ. 다른 집단원들의 주의를 집중시키거나 자신에 대한 책임을 회피할 수 있었던 강화요인들을 봉쇄하며, 동시에 상담자는 내담자가 타인에게 의존하려는 경향성이 있다는 점을 인식시켜야 한다.

(8) 우월한 태도

다른 집단원들보다 우월하다는 태도를 보이며 다른 집단원들 위에 군림하려는 자세를 나타내고, 자신의 능력이 탁월하거나 도덕적인 사람처럼 행동하면서 다른 집단원들의 행동에 대해 판단하거나 비판적인 태도로 일관한다.

① 문제점

ㄱ. 일상생활에서도 이러한 태도로 인해 인간관계에서 문제를 경험하게 되지만, 자신의 문제행동을 잘 깨닫지 못하는 경향이 있다.

ㄴ. 다른 집단원들에게 불필요한 적대감을 불러일으킴으로써 집단의 역동에 부정적인 영향을 미치게 된다.

ㄷ. 집단원들은 우월한 태도를 보이는 집단원에게 비판받지 않기 위해 자신들의 약점이 노출될 수 있는 자기개방을 삼가게 되면서 분위기는 위축되는 결과를 가져온다.

② 대처방안

자신의 느낌이나 집단을 통해 얻고자 하는 점을 탐색함으로써 자신은 문제가 없다는 입장을 방어적이지 않은 상태에서 스스로 점검하도록 기회를 제공한다.

(9) 충고 일삼기

다른 집단원에게 인지적인 사항, 즉 해야 할 것과 하지 말아야 할 것을 일러주는 것으로, 제공하는 사람은 승자인 반면, 제공받는 사람은 패자라는 미묘한 느낌을 주어, 집단과정과 역동에 부정적인 영향을 준다.

① 문제점

ㄱ. 자기방어나 저항의 형태일 수 있어, 다른 집단원의 감정표출이나 미결감정의 재 경험을 조기에 차단하는 결과를 초래한다.

ㄴ. 실제로 사람들은 충고를 귀담아듣지 않는 경향이 있으며, 충고 적용시 실패나 성공의 귀인을 타인에게 돌리게 된다.

② 대처방안

ㄱ. 그의 문제에 대해 깊이 탐색하고 자신의 문제와 갈등을 탐색하도록 돕고, 충고를 일삼는 행동의 동기를 탐색할 기회를 제공한다.

ㄴ. 섣부른(공허한) 충고보다는 보다 깊은 수준의 문제탐색과 자기탐색 기회를 제공한다.

(10) 하위집단(소집단) 형성

집단 내에 파벌(성별, 연령, 출신학교, 출신지역, 종교, 학력, 직업, 결혼유무, 사회경제적 지위, 민족, 인종 등 기준)을 형성하는 것으로, 일부 집단원들이 집단 내에 집단을 만들어 그들 나름의 세력을 형성하고 단합해서 다른 집단원들의 행동과 집단의 역동에 부정적인 영향을 미친다.

① 문제점

ㄱ. 일부 집단원들이 집단 밖의 모임을 계속한다면 다른 집단원과 친밀감에서 차이가 나게 되고, 공유된 정보의 차이로 괴리감을 조장하여 결국 집단의 응집력을 해치게 된다.

ㄴ. 소집단이 형성됨으로써 집단원들이 자신의 중요한 문제를 전체 집단 내에서 논의하기보다는 집단 밖에서 다루는 것을 선호할 수 있다.

ㄷ. 집단과정에서 같은 소집단에 속하는 집단원들은 옹호하는 반면, 속하지 않는 집단원들은 의도적으로 따돌리는 문제가 발생할 수 있다.

② 대처방안

ㄱ. 상담자는 집단원들에게 집단이 진정 효과적으로 기능하기를 바라고, 집단이 발전하는데 관심이 있는지를 확인할 필요가 있다.

ㄴ. 집단원들이 소집단 형성이 비생산적이고 집단 응집력에 저해가 된다는 사실을 인식하게 도와야 한다.

(11) 지성화(주지화)

집단과정에서 감정적으로 부담이 되는 내용을 다루게 되는 경우에 감정노출을 꺼리고 지적인 부분만을 언급하는 현상으로, 집단원 개인의 불안, 자아에 대한 위협, 불편한 감정과 충동을 억누르기 위해서 이와 관련된 감정을 직접 경험하는 대신에 궤변이나 분석적 사고와 같은 인지적 과정을 통해 해소하려고 노력하는 적응기제이다.

① 문제점

ㄱ. 집단의 신뢰감 형성을 저해하는데, 이는 감정표현을 억제하고 매사에 이성적으로 대하는 특성 때문이다.

ㄴ. 집단원들의 자기개방을 가로막는 역할을 하여, 다른 집단원들에게 관찰 또는 감시당하고 있다는 인상을 주어 집단의 분위기를 경직시킨다.

② 대처방안

ㄱ. 자신이 말하는 내용과 관련된 감정을 인식하고 직접 경험하고 정리하여 표현할 수 있는 기회를 제공한다.

ㄴ. 감정을 인식하고 통찰을 촉진하기 위해 역할놀이(역할극)를 한다거나 집단상담자가 감정표현 방법을 직접 시범 보이는 방법(모델링) 등이 있다.

(12) 감정화

지성화와 상대되는 개념으로, 인지적이고 이성적인 면은 철저히 외면하면서 마치 '감정 지상주의자'처럼 감정에만 초점을 맞추고 매사에 감정적으로 처리하여 집단의 흐름을 저해한다.

① 문제점

ㄱ. 감정화를 일삼는 집단원의 문제는 슬픈 감정 자체보다 다른 집단원들에게 관심을 얻지 못한다고 여긴다.

ㄴ. 강한 감정 표출을 통해 집단에 큰 기여를 하고 있다는 인상을 다른 사람들에게 심어 줄 수 있다고 믿는다.

ㄷ. 감정화하는 집단원에게 초점을 맞추고 관심을 집중시키느라 집단의 시간을 지나치게 소비할 수 있다.

② 대처방안

ㄱ. 반드시 시간을 염두해 두면서, 문제의 집단원에게 어떻게 반응을 보일 것인가를 결정한다.

ㄴ. 빈번하게 눈물을 동반한 감정표출을 한다면 상담자는 이러한 행동이 고통스러운 사건의 결과인지, 단지 주위 사람들의 동정을 얻기 위한 것인지를 분명하게 파악할 필요가 있다.

ㄷ. 둘씩 짝을 짓게 하여 서로의 생각과 감정을 나누도록 하는 것도 좋은데, 상담자는 감정화를 일삼는 집단원과 짝을 지어 그가 겪고 있는 고통에 대해 탐색하게 한다.

ㄹ. 그러한 집단원의 고통을 인정해 준 후, 집단 회기를 마친 다음 좀 더 이야기를 나누도록 권유한다.

(13) 소극적 참여

침묵으로 일관하거나 철수 행동을 하며, 적극적으로 참여하지 않는 형태이다.

① 문제점

ㄱ. 언어표현 능력 부족, 성격 특성, 저항감, 집단원 역할의 잘못된 이해, 열등감, 진행 방향에 대한 불확실성, 두려움, 자기노출을 해서는 안 된다는 신념 등의 원인이 있을 수 있다.

ㄴ. 자기노출을 감행한 집단원이 자기를 지켜만 보고 있는 것에 대해 불안, 염려, 의구심, 분노 등과 같은 복합적인 감정을 갖게 되어 자기개방을 꺼리게 되고, 집단의 응집력에 부정적인 영향을 미친다.

② 대처방안

ㄱ. 생산적인 침묵의 경우, 적극적으로 참여할 수 있는 기회를 제공한다.

ㄴ. 비생산적인 침묵의 경우, 소극적 집단원의 태도의 의미를 탐색할 기회를 제공한다.

4) 집단 성원 탈락시키기

다음에 해당하는 경우 집단 성원을 탈락시킬 수 있다.

(1) 특정 집단원의 요구가 집단의 목적에 상충되어 도움을 받을 수 없는 경우

(2) 집단원이 너무 파괴적이어서 집단의 기능을 방해하는 경우

(3) 해결 방안

① 다른 구성원 앞에서 힘겨루기가 일어나지 않도록, 한 회기의 끝에 요청하는 것이 이상적이다.

② 파괴가 너무 심각하면 집단을 재정비하고 구성원들이 도움을 받을 수 있도록 즉시 행동한다.

③ 전체 집단에서 설명하고 집단을 나가라고 말하는 것이 좋다.

📁 실력다지기

집단에서 떠날 자유(Freedom to Withdraw From a Group) - 코리

1) 집단원들이 집단을 떠날 권리를 갖고 있더라도 최종적인 결정을 내리기 전에 집단 리더와 집단원들에게 알려주는 것이 중요하다.

2) 리더가 중도에 집단을 떠나는 경우에 일어날 수 있는 위험성을 논의하는 것은 좋은 방침이다.

3) 집단을 떠나기 전에 집단원들은 그만 두고 싶은 이유를 일반적으로 논의해야만 한다.

4) 집단 리더는 다른 집단원들이 떠나려는 사람을 집단에 남아있도록 하기 위해 과도한 압력을 가하지 않도록 반드시 개입할 필요가 있다.

5) 적절한 준비와 모집 과정을 거친 경우에는 집단원이 중도에 그만 두는 위험부담을 감소시킬 수 있다.

📁 기출문제 확인학습

청소년 집단원의 문제행동과 그에 대한 집단상담자의 대처방법

1) 습관적 불평 – 불평 이유를 파악하되 논쟁이 유발되지 않도록 유의한다.

2) 소극적 참여 – 지루함으로 인해 침묵할 경우에는 지루함을 없앨 수 있도록 분위기를 조성하는 것이 필요하다.

3) 하위집단 형성 – 하위집단 형성에 따른 문제점을 전체 집단 내에서 개방적으로 다룬다.

4) 대화 독점 – 독점 행동을 통해 얻고자 하는 것이 무엇인지를 탐색할 수 있게 한다.

5) 지성화 – 집단원에게 자신이 말하는 내용과 관련된 감정을 인식하고 표현할 수 있게 한다.

2 집단상담자의 기술

집단상담자는 집단상담을 실시할 때 다양한 기술을 발휘하는데, 각각에 대한 내용을 정리하면 다음과 같다.

1) 자기노출하기

(1) 집단상담자가 적절한 때에 자기 자신에 대한 정보를 노출하는 기술이다.

(2) 자기노출을 통해 집단원에게 유사성과 친근감을 전달하고 집단상담자와 집단원 간의 보다 깊은 이해를 발달시킬 수 있다.

(3) 자기노출을 통하여 집단원들에게 보다 철저하고 깊이 있는 자기탐색의 모범을 보여주게 된다.

(4) 자기노출의 종류

① 집단상담자가 집단원과 대화하는 동안 경험하게 되는 '지금-여기'의 자신의 생각이나 느낌을 말해준다.

ㄱ. '지금-여기'의 관계에서 나 자신에 대해서 무엇을 어떻게 느끼고 있는가 말해준다.

ㄴ. '지금-여기'의 관계에서 집단원에 대한 나의 느낌은 어떠한지 진솔하게 말해준다.

② 과거에 있었던 나의 경험과 느낌이 현재 집단원이 경험하고 있는 것과 유사성이 있을 때 이에 대해 말해준다.

📁 기출문제 확인학습

자기노출의 중요성

1) 자기노출은 타인의 자기노출을 증가시켜서 상호 신뢰감을 높이고 인간관계를 촉진시켜 준다.

집단에서도 한 집단원의 자기노출은 다른 집단원의 자기노출을 촉진시키고 이것이 다시 또 다른 집단원의 자기 노출 수준을 더욱 깊어지게 하는 과정으로 이어지는데 이 과정에서 집단원의 자기노출과 신뢰감의 수준은 계속 높아진다고 볼 수 있다.

2) 자신의 일에 더욱 몰입할 수 있게 한다.

(1) 자기 노출이 적을수록 자신의 에너지 중 자기성장을 위해 사용할 에너지가 적어진다.

(2) 자신에 대한 비밀을 많이 가진 사람은 누가 그 비밀을 알까 두려워서 자신이 가진 에너지의 많은 양을 그 비밀을 숨기는 데 사용해야 하기 때문에 자신의 성장을 위해 사용할 에너지는 그 만큼 줄어들게 된다.

3) 자신감 또는 자유감을 갖게 한다.

자신을 더욱 자신되게 함과 아울러 당당하게 자신을 이끌어가게 할 수 있다.

4) 정화(Catharsis)효과를 가져오고 그것은 치료의 효과로 연결될 수 있다.

우리가 어떤 상황에 대한 분노와 같은 감정을 억누르고 있거나 죄책감을 가지고 있을 경우 이를 누구에게 말하고 나면 아주 편안함을 느끼게 되며 듣는 사람이 이해해 주면 더욱 편안해지고 속이 후련해진다.

2) 피드백 주고받기

타인의 행동에 대한 자신의 반응을 상호 간에 솔직히 이야기해주는 과정이다.

(1) 피드백을 주고 받을 때 유의할 점

① 사실적인 진술을 하되, 가치판단을 하거나 변화를 강요하지 않아야 한다.
② 구체적으로 관찰 가능한 행동에 대하여 그 행동이 일어난 직후에 해줄 때 효과적이다.
③ 변화 가능한 행동에 대해서 피드백을 하고 가능한 대안까지 마련해서 제시하는 것이 좋다.
④ 한 사람에게서보다는 집단의 여러 사람들에게서 온 피드백이 더욱 효과적이다.

(2) 다른 집단원에게 피드백을 주고자 하는 이유

① 다른 집단원의 행동에 대해 수정을 해 주기 위해서
② 다른 집단원이 자신을 변화시키는 것을 방해하는 마음 속의 바람직하지 못한 것을 제거하기 위해서
③ 다른 집단원이 얼마만큼 탁월하고 사려가 깊은지를 보기 위해서
④ 다른 집단원이 효율적인 방식으로 자신의 목표를 성취하도록 도와주기 위해서

(3) 사람들이 다른 집단원들에게 피드백 주기를 어려워하는 이유

① 우리 문화에서는 타인의 사적인 느낌에 대해 표현하는 것을 좋지 않게 생각하는 습관이 있기 때문에
② 솔직한 피드백을 주면 타인의 분노를 야기하여 결국 그 관계가 악화될까봐 두려워하기 때문에
③ 시간이 지난 후에 상대방으로부터 이에 대한 보복을 당할까봐 두려워하기 때문에
④ 좋은 의미로 주었던 피드백을 오해하여 자칫 좋은 대인관계를 해치게 될까봐 두려워하기 때문에
⑤ 피드백을 해 주었던 경험이 적고 자신의 동기도 확실하지 않아 피드백을 어떻게 줄지 모르기 때문에

(4) 도움을 줄 수 있는 피드백 종류

① 객관적 자료 – 외현적 행동의 관찰이나 용어로 현상을 기술하는데 국한되는 것이다.
② 주관적 자료 – 어떤 사람의 행동이 다른 사람의 느낌에 영향을 미치는 것이다.

📂 실력다지기

피드백 사용 시 주의할 점

1) 분명하고 직접적으로 주어지는 간결한 피드백이 효과가 크다.

2) 내용이나 비언어를 포함한 모든 집단의 전 과정에 대해 피드백을 주는 것이 좋다.

3) 포괄적인 피드백은 피하는 것이 좋다.

4) 피드백은 적절한 시기에 이루어져야 하고 비 판단적이어야 한다.

5) 피드백은 이를 주고받는 사람 간의 관계를 다룰 때 큰 의미를 가진다.

6) 피드백은 그 집단원에 대해 부정적으로 경험한 것과 마찬가지로 긍정적으로 경험한 것에도 관심을 가지는 것이 좋다.

7) 피드백을 통해 상대를 강제로 바꾸려 해서는 안 된다.

8) 생각이나 느낌을 나타내는 하나의 지각적 사실로 피드백이 주어져야 한다.

9) 변화가 가능한 행동에 대해서 피드백이 주어져야 한다.

10) 같은 피드백이라도 여러 사람이 주면 집단역동 때문에 영향력이 더 크다.

11) 서로가 잘못 이해하여 오해할 수 있는 소지를 파악하기 위해 피드백을 받을 때는 관심을 기울이고 상대방이 말한 내용을 확인해 본다.

✎ 심화학습

피드백[3]

1) 개념

피드백(Feedback)은 타인의 특정 행동이 자신에게 어떤 영향을 미치고 있는지에 대해 반응을 보이는 것이다.

2) 피드백의 종류

(1) 확인(Confirmatory) 피드백

상담자, 친지, 친구, 동료와 같은 중요한 타인들은 내담자가 제 길을 가고 있다는 것, 다시 말해 목표를 향해 행동 프로그램의 각 단계를 성공적으로 거쳐 가고 있다는 것을 알려준다.

(2) 수정(Corrective) 피드백

① 중요한 타인들은 내담자가 궤도에서 벗어나고 있기 때문에 제 길로 돌아올 필요가 있다는 사실을 일깨워 준다.

② 따뜻하게 배려하는 마음으로 확인하거나, 수정하거나, 확인 수정한다.

③ 간결하고 적절해야 하며 포착하기 어려운 내담자의 성격 특성보다 구체적인 행동에 초점을 맞추어야 한다.

④ 적절한 수준으로 해야 하며 내담자가 대안을 찾을 수 있도록 도와주어야 한다.

3) 효과적인 피드백 - 효과적인 피드백을 위해 선행되어야 할 조건들

(1) 구성원이 피드백을 받아들일 만한 준비가 되어 있어야 한다.

(2) 다른 집단원의 피드백을 자신의 새로운 면을 이해하는 단서로 사용하려는 태도를 갖고 있어야 한다. 이는 다른 집단원의 피드백을 완전히 무시하는 것도 아니고 완전히 받아들이지도 않는다는 것이다.

4) 피드백 사용 시의 주의점

(1) 분명하고 직접적으로 주어지는 간결한 피드백이 효과가 크다.

(2) 내용이나 비언어를 포함한 모든 집단의 전 과정에 대해 피드백을 주는 것이 좋다.

(3) 포괄적인 피드백은 피하는 것이 좋다.

---

3) 출처 : 심수명(2001), 평신도 상담자를 위한 집단상담, 서로사랑

(4) 피드백은 적절한 시기에 이루어져야 하고 비(非)판단적이어야 한다.

(5) 피드백은 이를 주고 받는 사람간의 관계를 다룰 때 큰 의미를 가진다.

(6) 피드백은 그 집단원에 대해 부정적으로 경험한 것과 마찬가지로 긍정적으로 경험한 것에도 관심을 가지는 것이 좋다.

(7) 피드백을 통해 상대를 강제로 바꾸려고 해서는 안 된다.

(8) 생각이나 느낌을 나타내는 하나의 지각적 사실로 피드백이 주어져야 한다.

(9) 변화 가능한 행동에 대해서 피드백을 하고 가능한 대안까지 마련해서 제시하는 것이 좋다.

(10) 같은 피드백이라도 여러 사람이 주면 집단역동 때문에 영향력이 더 크다.

(11) 서로가 잘못 이해하여 오해할 수 있는 소지를 파악하기 위해 피드백을 받을 때는 관심을 기울이고 상대방이 말한 내용을 확인해 본다.

(12) 구체적으로 관찰 가능한 행동에 대하여 그 행동이 일어난 직후에 해줄 때 효과적이다.

3) 행동을 제한하기

집단지도자는 집단원의 바람직하지 못한 행동을 제한할 책임이 있으며 집단원의 인간 자체를 비난하거나 공격함이 없이 그의 비생산적인 행동만을 제한할 수 있는 것이다.

(1) 바람직하지 못하거나 비생산적인 집단원의 행동을 제한하는 것이다.

(2) 상담자는 그 사람됨을 공격하지 않으면서 비생산적인 행동을 성공적으로 제한하거나 중재하는 것이다.

(3) 집단원의 행동을 제한해야 하는 경우

　① 지나치게 질문만 계속할 때 등 계속적인 질문 공세가 있을 경우

　② 제3자에 대해 험담을 할 경우

　③ 집단 외부의 이야기를 길게 늘어놓을 경우

　④ 다른 집단원의 사적인 비밀을 캐내려고 강요할 경우

4) 촉진하기

집단원들이 의사소통의 장애가 되는 것들을 극복하고 열린 마음으로 자신을 표현하도록 돕는 것이다.

(1) 집단원들이 그들의 두려움이나 기대하는 것 등을 솔직하게 표현하도록 돕는다.

(2) 안전하고 수용적인 분위기를 조성하기 위하여 적극적으로 활동한다.

(3) 집단원이 개인적인 문제를 탐색하거나 새로운 행동을 시도해 보려고 할 때 지지와 격려를 보낸다.

(4) 집단원들이 참여하도록 초대하고 도전함으로써 가능한 한 많은 집단원들을 상호작용에 참여시킨다.

(5) 집단상담자에 대한 의존성을 감소시키는 방향(상담자의 집단 개입의 최소화)으로 개입한다.

(6) 갈등이나 의견의 불일치를 공공연히 표현하도록 장려한다.

(7) 직접적으로 의사소통을 하는데 있어서 장애물을 극복하도록 돕는다.

📁 실력다지기

사례 촉진하기

• "다른 집단원 분들은 어떻게 생각하시는지 궁금하군요."
• "○○ 넘은 지금까지 계속 침묵만 지키고 있군요."
• "○○님이 눈물 흘리는 것을 보시고 어떤 생각이 드셨나 궁금하군요."

📁 기출문제 확인학습

집단과정 촉진기술

집단과정을 촉진하는 기술은 집단상담자가 집단과정에 영향을 미치려는 의도가 있을 때 사용한다.

1) 집단성원의 참여촉진

집단상담자는 소외되거나 침묵하고 있는 성원들을 토론에 참여시켜 자신의 생활경험을 나누고 문제해결방법을 찾도록 원조해야 한다.

2) 주의집중

집단상담자가 각 성원의 말이나 행동을 듣고 이를 이해하고 있다는 것을 나타내는 기술로, 성원의 발을 반복하거나 다른 말로 표현하거나 감정이입적으로 반응, 눈 맞춤을 함으로 관심을 전달한다.

3) 표현기술

성원들이 주요한 문제나 과업 등에 대해 자유롭게 표현하도록 원조해야 한다.

4) 반응기술

집단과정에 선별적으로 반응하여 다음에 이뤄질 집단과정에 영향을 미칠 수 있다

5) 집단 의사소통의 초점유지

초점유지 기술로는 명확한 특정 의사소통의 반복, 토론 범위의 제한 등이 포함된다.

6) 집단과정의 명료화

성원으로 하여금 그들이 어떻게 상호작용하고 있는가를 인식하도록 도와주는 기술을 말한다.

7) 내용의 명료화

성원의 의사소통을 원활히 하기 위해 성원이 자신을 분명히 표현하도록 원조하며, 또 특정한 메시지를 집단성원이 잘 이해했는지 검토한다.

8) 집단 상호작용의 지도

집단상담자는 집단의 상호작용을 특정 방향으로 인도할 수 있으며 지도를 통해 하위집단의 역기능적 측면을 수정하고, 과업성취를 위해 노력할 수 있는 상호작용을 촉진한다.

5) 관심 기울이기

(1) 대화할 때 서로 간의 시선을 부드럽게 마주친다.

(2) 관심을 보이고자 하는 몸짓과 얼굴표정이 중요하다.

(3) 간단한 말이나 동작으로 집단성원들에게 즉각적인 반응을 보인다.

6) 감정, 사고, 행동의 확인, 명료화 및 반영

(1) 집단원들이 정리되지 않은 생각과 감정으로 인해 문제에 포함되어 있는 혼돈과 갈등을 가려 내어 의미를 설명하는 것을 의미한다.

(2) 땀이나 심장박동의 증가, 위의 수축과 긴장 등의 생리적 지표들은 감정상태의 변화와 밀접히 관련되어 있다.

(3) 이러한 생리적 행동들은 쉽게 관찰되거나 판단하기 어려운 경우도 있겠지만 집단상담자는 집단상담의 과정에서 그러한 행동들 이면의 감정과 사고 상태를 감지하고 그 감정과 사고의 흐름을 명료화 해주고 필요에 따라 집단원이 가지고 있는 감정이나 행동의 본질을 스스로 볼 수 있도록 반영해주어야 한다.

📁 **실력다지기**

[사례] 명료화와 반영

감정의 명료화 및 반영 사례

"지금 이 모임에서 각자는 다루기 힘든 일이나 생각을 말하기를 꺼려하고 있는 것 같습니다. 가령, 태희가 자기 선생님과의 갈등을 이야기하면서 목소리가 떨리곤 했는데 아무도 반응이 없었습니다. 오히려 윤옥이는 다른 화제로 돌리고 말았습니다. 태희에게 반응을 보이지 않음으로써, 여러분은 태희가 고민하는 내용에 대해 말하기를 두려워한다는 사실을 드러낸 것이며, 태희의 문제를 같이 해결하기를 꺼리는 셈입니다. 아마 태희가 더 자세히 이야기해주는 것이 좋을지도 모르겠군요."

행동적 자료의 명료화 및 반영 사례

"지금 여러분이 보이고 있는 행동은 각자 서로를 감싸고 돌아가는 셈입니다. 가령 태희가 학교 수업이 지루해서 빼먹는다고 했을 때 윤옥이는 지루한 감을 느끼지 않도록 하는 책임은 학교에 있는 것이 아니고 태희 자신에게 있는 것처럼 말했고, 관희는 지루한 분위기를 요리하는 기술을 가르쳐 주는 것 같이 들렸습니다. 민성이만이 실력 없는 선생님들에 대해 솔직한 불평을 말했습니다. 태희! 네가 말하려는 기본 의미를 이해하지도 못하면서 너를 감싸기만 하려드는 동료들의 이런 태도를 눈치 챘습니까?"

인지적 자료의 명료화 및 반영 사례

"지난 모임에서도 다소 그랬지만, 오늘은 특히 다른 사람의 행동이나 감정을 서로 해석하고 설명하는 분위기가 되고 있습니다. 각자가 마치 청소년 문제의 권위자이거나 변호사의 입장에서 설명하기만 하고, 다른 사람이 신경을 쓰는 문제에 공감하거나 도와주려는 기색이 안 보이는 것 같습니다. 가령 윤옥이는 ……라고 했고, 관희는 ……라고 말했는데, 태희! 윤옥이와 관희의 이러한 설명들이 도움이 됐다고 생각합니까?"

📁 **기출문제 확인학습**

명료화 기법

1) 내담자가 표현을 분명하게 할 수 있도록 격려한다.

2) 장점으로는 상담자가 내담자의 이야기를 주의 깊게 경청하고 있으며 이야기에 중요성을 부여하고 있음을 보여주는 것이다.

3) 단점은 내담자가 부담을 느껴 면접의 흐름을 방해할 수 있다는 것이다.

4) 내담자의 말 속에 내포되어 있는 뜻을 내담자에게 명확하게 말해 주는 것이며 또한 내담자가 보다 분명하게 표현할 수 있도록 도와주는 것이다.

---

5) 내담자에게 언급해 주는 내용과 의미는 내담자의 표현 속에 포함되었다고 판단된 것이어야 하며, 명료화해 줄 것은 내담자가 미처 자각하지 못하는 의미와 관계가 있는 것으로 한다.

6) 내담자가 애매하게 느끼던 내용과 자료를 상담자가 말로 표현해 주기 때문에 내담자는 자신이 이해받고 있고 상담이 잘 진행되고 있다는 느낌을 갖게 해주는 장점이 있으며, 내담자가 미처 생각하지 못했던 측면을 분명하게 생각하도록 하는 자극제 역할을 한다.

7) 직면시키기 (Confronting)

(1) 맞닥뜨림, 지적하기, 직면하기는 집단상담자가 관심사(문제)에 대한 집단원의 사고, 감정, 행동반응의 모순, 비일관성, 비합리성을 확인하여 지적해주는 기술이다.

(2) 이러한 직면시키기는 흔히 무례하고, 불친절하고, 적대적인 행동으로 지각되기 쉽다.

(3) 그러나 효과적인 집단상담자는 그가 개인적으로 집단원을 싫어하거나 자기의 취향에 맞추기 위해서 지적한다는 인상을 주지 않는다.

📁 실력다지기

사례 직면적 태도의 촉진

1) "태희씨, 지난 모임에서는 입사 시험에 자신이 있다고 하고선, 오늘은 자신이 없다면서 떨어질 경우 무엇을 어떻게 해야 할지 막연하다고 말하는군요 ……."(전후 발언의 차이에 직면시킴)

2) "태희씨, 대개 무슨 일이고 해낼 능력이 있는 것으로 말하면서도 웃어른 앞에 가면 말하기가 무척 힘들다고 하니 …… 말하는 내용과 실제 행동 사이에는 거리가 있는 것 같은데 ……."(언행의 격차에 직면시킴)

3) "관희씨, 부모님들이 무척 좋은 분들이라고 강조하면서도 그 분들이 당신을 대하는 태도에 관해서 말할 때에는 다소 흥분이 되어 보입니다."(발언 내용과 감정의 차이에 직면시킴)

8) 마음으로 지지해주기

(1) 집단원이 위기에 직면해 있거나 미지의 행동을 모험적으로 할 때, 바람직하지 못한 행동을 고치고자 노력할 때 이를 민첩하게 감지하고 마음의 지지를 해준다.

(2) 이러한 집단지도자의 마음의 지지는 집단원에게 격려가 되고 자신감을 준다.

(3) 특히 나이 어린 집단원들에게 마음의 안정을 주게 되고 전체적으로 수용적인 분위기를 만든다.

9) 침묵에 대한 처리

(1) 경험이 부족한 집단상담자는 집단 내에서의 침묵에 매우 불안을 느낀다.

(2) 효과적인 집단상담자는, 침묵에는 그 원인이 있게 마련이고 그 원인은 집단원마다 다를 수 있다는 것을 알고 있으므로 집단원들이 침묵할 권리가 있음을 인정한다.

침묵에 대한 집단상담자의 대처 행동[4]

1) 침묵하는 집단원들은 자기가 말을 덜 한다고 해서 관여하지 않는 것은 아니라고 항변하기도 한다. 그들은 다른 사람들의 문제를 듣고 자신의 문제와 동일시함으로써 배우고 있다는 태도를 견지할 수 있다.

2) 집단상담자는 집단 내에서 그들이 자신의 침묵에 관해 논의하도록 격려해야 한다. 참여하지 않는 행동에는 많은 이유가 있을 수 있는데 이 이유들을 반드시 탐색해야만 한다.

3) 집단 상담자는 침묵하는 내담자에게 관심을 기울여야 하는데, 이런 참석자들은 자신의 반응을 내면화하고 집단에서 다루지 않음으로써 집단에 의해 상처를 입을 수 있기 때문이다.

4) 집단원들이 참여해서 말하지 않는 이유들은 다음과 같다.

   (1) 집단상담자가 부를 때까지는 기다리는 것이 예의라고 믿고 있음

   (2) 자신이 말할 만한 가치 있는 것을 가지고 있지 않다는 느낌

   (3) 자기 자신에 대해서는 말해서는 안 된다는 느낌

   (4) 적절한 말이나 행동을 모르고 있다는 두려움

   (5) 다른 집단원이나 집단리더에 대한 두려움

   (6) 시간이나 주의를 요청하기 거북함

   (7) 집단의 과정이 진행되는 방식에 대한 불확실성

   (8) 거절 당하거나 수용되는 것에 대한 두려움

   (9) 집단에 대한 신뢰의 결핍

5) 집단원이 침묵하는 데 대해 질책하지 않고 참여하도록 초청하는 것이 중요하다. 집단상담자가 그들의 침묵에 대해 판단하지 않고 배려하면서 접근했을 때 그 결과는 달라질 수 있다.

6) 집단상담자는 침묵하는 사람을 지속적으로 호명하는 것을 피하도록 유의해야 한다. 그렇게 하면 집단원은 상호작용을 먼저 시작해야 한다는 책임감에서 벗어나게 되기 때문이다.

7) 침묵하는 집단원들은 자신의 침묵이 의미하는 바가 무엇인지 탐색해 보도록 권유받을 수 있다. 그들이 말로 표현하지 않으면 다른 사람들이 그들이 관여하고 있다는 것을 모를 수 있다는 것을 가르쳐줄 수도 있다. 더 나아가, 이런 집단원은 집단에 있는 다른 사람들이 침묵하고 있는 그들에게 투사를 할 수도 있다는 것을 알아야만 한다.

8) 집단상담자는 집단에서 침묵하는 집단원이 그날 회기에 어떻게 반응했는가를 각 회기마다 이야기하기로 약속을 하자고 권해볼 수 있다.

9) 집단상담자가 이런 행동을 다루는 다른 방법은 대체로 말이 적은 집단원들에게 회기가 끝나갈 때 이 회기에 참석했던 것이 어땠는지 물어볼 수 있다. 또한 그들에게 이 회기에서 원하던 바를 얻었는지 물어볼 수 있다.

10) 연결 짓기 (연결하기)

(1) 집단원들이 제각기 말한 생각이나 느낌 등의 공통점을 찾아내어 집단의 주제와 관련하여 연관시켜 설명하는 것을 의미한다.

(2) 연결 짓기를 통해서 집단상담자는 한 집단원의 문제와 진술을 다른 집단원의 문제와 연결시켜 집단원 간의 상호교류를 격려하고 촉진한다.

(3) 집단상담자는 이러한 연결 짓기 기술을 통하여 집단원들이 자신의 문제를 보다 객관적으로 보게 하여 자기의 문제가 심각하다거나 비정상적인 것이 아니라는 생각을 갖도록 도와줄 수 있다.

---

4) 출처 : 통합접근 집단상담학술대회 원고 중에서, 호알상담연구회·고려대학교행동과학연구소 2005

📁 실력다지기

사례 **연결 짓기 (연결하기)**

• 순희가 불안감을 이야기 할 때 집단상담자는 이것을 철희가 앞에서 이야기 한 불행감과 연결을 지음으로 집단원 간의 공통된 경험을 지적해 줄 수 있다.

> **사례** 기출
>
> - 영희 : 오늘 우리 반 애들이랑 공놀이를 했는데, 미영이가 나만 빼놓고 다른 애들에게 공을 패스해 주는 거예요. 이젠 미영이랑 놀지 않을 거예요.
> - 상담자 : 그래, 지난 회기 때 철수도 다른 친구들로부터 그런 일을 당했다는 얘기를 한 것 같은데.
> - 철수 : 네, 저도 얼마 전에 우리 반 애들이랑 같이 축구한 적이 있는데, 그 때 그 애들이 나한테는 공을 주지 않는 거예요. 제가 키가 작고 빨리 달리지 못하니까 그랬던가 봐요. 속상했어요. 앞으로도 같이 놀지 않을 거예요.
> - 상담자 : 영희와 철수는 같은 반 친구들이 놀아주지 않아서 무척 속상했겠구나. 그래서 너희 둘이 반 친구들과는 다시는 놀지 않겠다고 마음먹게 되었구나.

11) 질문하기

집단원들로 하여금 새로운 시각에서 생각해 볼 수 있는 자극이 될 만한 질문을 던지는 것으로서 주로 개방적인 질문을 활용한다.

📁 실력다지기

집단상담에서 주의사항

1) 대화하는 동안의 주의사항

   (1) '우리가', '우리들', '그들은'과 같은 말 뒤에 자신을 감추지 말고 가능한 한 자신의 경험을 많이 나누라.

   (2) '나는 이렇게 생각해' 또는 '당신은 어떻게 생각하고 사는가?'라고 말함으로써 토의하지 마라.

   (3) '해야 한다.'와 같은 말로써 당신 자신 또는 다른 사람에게 설교하지 마라.

   (4) 당신의 생각 또는 말하기를 급하게 하지 마라.

2) 듣는 동안의 주의사항

   (1) 다른 사람의 경험과 느낌과 의견을 비난하지 말라.

   (2) 난처하게 할지도 모르는 것을 질문함으로써 철저히 조사하지 말고 대신 당신이 관심이 있다는 것을 나타내 주는 질문을 하라.

   (3) 너무 빨리 충고를 해 줌으로써 그것을 고정시키지 마라.

   (4) 당신이 그것을 고정시키는 것에 대해 생각하기 전에 발견한 것을 확실히 해라.

   (5) 당신이 도우려고 노력하기 전에 들어라.

   (6) 대화를 하는 사람이 천천히 생각하고 있을 때 침묵을 방해하지 마라.

   (7) 그들에게 말과 말 사이에 충분한 시간을 주라.

   (8) 훌륭한 대화는 시간이 걸린다.

   (9) 그들이 고통스러워한다 할지라도, '시간이 지나면 괜찮아질거야.'라고 말함으로써 감정의 긴장을 누그러뜨리려는 노력을 하지 마라.

12) 차례로 돌아가기

(1) 차례로 돌아가기는 한 집단원이 모든 집단원 앞에 다가가서 어떤 말이나 행동을 하게 하는 것이다.

(2) 집단원의 자기이해, 자기수용, 새로운 행동의 습득 및 내면화를 위해 효과적으로 활용할 수 있다.

13) 모험하기

(1) 모험하기는 많은 위험이 있어도 자신의 성장에 도움이 되는 행동을 기꺼이 실행하는 것이다.

(2) 집단상담에서는 다른 사람을 너무 의식하여 자신이 하고 싶은 것을 못하는 집단원에 대해 이러한 모험하기가 많이 활용된다.

(3) 모험하기는 싫으면서도 남에게 싫은 말은 물론 내색도 못하는 집단원에 대해 자신이 좋아하는 순서대로 집단원을 일렬로 세워 보게 하거나 집단원의 부정적인 측면에 대해 집단에 보고하게 하는 것이 좋은 사례이다.

(4) 이성의 신체적 접촉에 대해 너무 큰 부담을 느끼는 집단원일 경우는 가능한 한 많은 집단원에게 신체적 접촉을 경험해 보도록 하는 것이다.

14) 해석하기

(1) 해석은 단정적이거나 교리적으로 하지 않고 시사적으로 혹은 가설적으로 하며 내담자의 의향을 묻는 형식을 취하는 것이 바람직하다.

(2) 일반적으로 좁은 대인관계 문제보다는 전체 집단의 문제를 우선적으로 다룬다.

(3) 내담자가 무엇을 원하는가('요구하는 관계')?, 무엇을 회피하는가('후퇴하는 관계')?, 무엇을 두려워하는가('두려워하는 관계')? 등을 중점적으로 해석한다.

(4) 일반적으로 판단이나 주장보다는 느낌을, 과거보다는 '지금과 여기'에 중심으로, '사람들'보다는 '나와 너'를, 간접적인 것보다는 직접적인 것을, 일반적인 것보다는 구체적인 것을, 추측이나 가정보다는 스스로의 탐색(확인), 방어보다는 자기개방 등을 권장하는 지적 및 해석이 필요하다.

> 📁 **실력다지기**
>
> **해석** `사례`
> "동관씨, 다른 참여자들의 발언과 반응에 위축되어 있군요. 내 생각에는 당신이 적극적인 반응을 받을 때마다 뒤로 물러나서는 다른 사람들이 자신보다 강하기 때문에 양보해야 상처를 입지 않는 것으로 생각하고 있고, 또 그런 태도는 다른 사람에게 책임이 있기 때문에 고칠 필요가 없다고 믿는 것 같습니다."(그렇게 위험을 피하면 대인 관계가 향상될 기회가 줄어들까봐 걱정이 된다는 의미)

15) 감정적 환기법

(1) 집단원들의 핵심적 가치를 변화시키는데 도움을 주려는 노력이다.

(2) 역할놀이, 유머, 강한 설득 등의 방법을 사용하기도 한다.

집단에서의 감정표출(환기) 경험은 집단 내에서 집단원의 긴장을 완화하며 감정으로 인한 문제가 있을 경우 이를 치료하는 효과가 있다. 다만, 이는 집단 내에서의 효과이며, 이를 일상생활에서 그대로 적용해 보도록 권유하는 것은 일상적인 생활문제를 일으킬 수 있다. 즉 집단상담의 경험은 집단원들이 집단상담을 종결한 이후라도 주위 삶들에 대해서 지배나 경쟁보다는 조화를 추구하고, 감정의 발산보다는 절제를 통하여 자신의 수양과 성숙을 위해 더욱 노력하는 계기가 되어야 할 것이다.

📁 기출문제 확인학습

개인상담에 비해 집단상담 장면에서 활용도가 더 높은 상담기술

1) 차단하기 집단원이 다른 집단원의 말이나 행동에 방해가 될 때 적절히 차단하는 기술
2) 연결하기
   (1) 집단원들이 제각기 말한 생각, 느낌 등의 공통점을 찾아내어 집단의 주제와 관련하여 연관시켜 설명하는 것을 의미한다.
   (2) 집단원 간의 상호교류를 격려하고 촉진하는 기술이며 집단원들이 자신의 문제를 보다 객관적으로 보게 하여 자기의 문제가 심각하다거나 비정상적인 것이 아니라는 생각을 갖도록 도와줄 수 있다.

   > **cf** 반영하기(감정, 행동, 인지 등에 대한 기술), 직면하기(맞닥뜨림, 지적하기 기술), 해석하기(사실적으로 혹은 가설적으로 설명하는 기술)는 집단상담보다 개인상담에서 더 활용도가 높다.

집단상담 기술과 그 예시

1) 폐쇄적 질문 - "지금 기분이 슬픈가요?"
2) 직면하기 - "슬픈 이야기를 웃으면서 하네요."
3) 차단하기 - "잠깐, 다른 분들의 이야기도 들어야하니 가능한 1분 안에 마무리해 주세요."
4) 해석 - "다른 친구들이 고통스러웠던 이야기를 할 때 계속 달래려고 하는 것은 자신이 겪었던 고통스러운 기억이 되살아나는 것에 대한 두려움 때문이 아닌가요?"
5) 연결 짓기 - "아까 민준이도 송이처럼 친구사귀기가 힘들다고 이야기한 것 같은데 민준이 이야기를 들어볼까요?"

집단상담에서 표출된 갈등을 중재하는 기술

1) 부적절한 공격행동은 차단한다.
2) 갈등관계의 집단원들끼리 필요한 경우 직접 대면하여 갈등을 해결해 나가도록 한다.
3) 집단원들의 의사소통 내용을 명료화, 재진술 해준다.
4) 갈등과 관련된 느낌과 생각을 직접 표현하도록 한다.
5) 집단응집력을 기반으로 갈등을 직접 다루어야 한다.

초점화(초점 맞추기, focusing) 개입의 유형

초점이란 집단에서 논의되고 있는 주제를 말하며, 초점 맞추기는 초점 설정, 초점 유지, 초점이동, 초점 심화의 4가지 과정이 필요에 따라 앞뒤로 오가며 이루어진다.

1) 초점 설정 : 집단원들의 복잡한 관심사 중 주제설정을 하는 경우
2) 초점 유지 : 집단의 초점이 산만하지 않도록 유지하는 경우
3) 초점 이동 : 기존의 초점을 더 이상 유지할 필요가 없는 경우
4) 초점 심화 : 적극적으로 팀원들 간의 깊은 나눔이 이루어지는 경우

집단상담의 기법

1) 과정적 기법

(1) 구조화 집단을 시작하면서 집단원들에게 집단상담 참여에 필요한 제반 규정과 한계에 대해 설명하는 것이다.

(2) 진단의 용도와 목적 진단은 문제행동을 평가하는 것은 물론, 문제를 해결하기 위한 적절한 개입 전략을 선택하는 능력도 포함된다. 목적은 집단원들의 목적 달성을 돕고 위급한 상황에 있는 집단원이 있으면 적극적인 조치를 취하기 위해서이며, 집단상담에 부적절한 집단원이 있다면 다른 전문적 도움을 선택하도록 안내하기 위함이다.

(3) 연결 특정 집단원의 행동이나 말을 다른 집단원의 관심사와 연결시키는 데 사용되는 집단상담자의 통찰력 표현의 기법이다.

(4) 차단 집단 과정에 부정적인 영향을 주거나 집단원의 성장을 저해하는 의사소통에 집단상담자가 직접 개입하여 집단원의 말을 중지시키는 기법이다.

(5) 피드백 긍정적 피드백은 특히 학생 집단에 경우에 긍정적 변화를 유발하는데 강력한 촉매 역할을 한다. 부정적 피드백은 집단원의 문제행동이나 비생산적인 사고 또는 사고방식을 드러내어 언어적 및 비언어적 행동으로 되돌려 주는 것이며, 집단원에게 왜곡과 잘못을 교정하기 위한 정보를 제공해 주는 것이다.

(6) 보편화 집단원이 다른 집단원들과 상호작용하게 되면서 그들도 자신과 유사한 감정과 관심을 가지고 있다는 사실을 깨닫게 함으로써 변화를 촉진하는 요소이다.

(7) '지금 - 여기' 상호작용 촉진 '그때 - 거기'의 진술은 집단의 역동을 저해하는 경향이 있으므로 집단원들이 안고 있는 문제나 관심사를 해결할 수 있는 때와 장소는 '지금 - 여기'이기 때문에 현재에 맞추는 것이 가장 생산적인 선택이다.

(8) 지지와 격려 집단원들이 새로운 환경에 적응하게 되면서 생기게 되는 불안에 대처하고 자신의 생각이나 감정을 다른 집단원들과 나눌 수 있도록 돕는 역할을 한다.

(9) 종결과 평가 마지막 회기 2 ~ 3주 전에 종결을 알려야 하며 평가는 각 회기의 내용과 과정을 검토 후 다음 회기의 목표와 상담 전략을 미리 구상해 보는 일이다.

2) 내용적 기법

(1) 불명확한 진술의 명료화 집단원의 모호한 진술 다음에 사용되는 질문형태의 반응 기법이다.

(2) (정보의) 재진술 어떤 상황, 사건, 사람, 생각을 기술하는 집단원의 진술 중 내용 부분을 집단상담자가 다른 동일한 말로 바꾸어 기술하는 기법이다.

(3) (감정의) 반영 집단원의 느낌이나 진술의 정서적인 부분을 집단상담 자가 그 느낌의 원인이 되는 사건, 상황, 사람, 생각과 함께 다른 동일한 의미의 말로 바꾸어 기술하는 방법이다.

(4) (정보와 감정의) 요약 집단원 둘 이상의 언어적 표현들을 서로 묶어서 진술의 내용 부분을 다른 동일한 의미의 말로 바꾸어 기술하는 재진술과 반영의 확대 기법이다.

(5) (적절한) 질문 집단원들에 관한 정보와 자료를 수집하고 그들의 생각이나 감정을 탐색하기 위한 상담 기법이다.

(6) 직면 집단원의 언어적 진술 내용과 비언어적 행동이 불일치되는 경우나 언어적 진술 내용들 사이에 상충되는 면이 있는 경우에 집단상담자가 이러한 모순점을 진술하는 기법이다.

(7) 해석 집단원이 자신의 행동에 대해 통찰하도록 돕기 위해 집단상담자가 행동의 원인에 대한 설명이나 연관성 여부를 잠정적인 가설의 형태로 기술하는 것이다.

(8) 정보제공 집단원들이 필요로 하는 자료나 사실적인 정보를 구두로 전달해 주는 것이다.

(9) 자기 표현법 자기 자신을 주어로 하여 집단원의 행동으로 인한 집단상담자 자신의 의사와 감정을 전달하는 방법이다.

제3절 | 집단상담의 계획 및 평가

1) 집단상담의 계획

(1) 집단 회합장소와 분위기

① 집단상담이 열리는 환경은 집단의 분위기와 집단 내 상호작용에 영향을 미치게 되기 때문에 매우 중요하다.

② 집단 회합 공간의 크기는 집단원 간의 관계에 영향을 미칠 수 있다.

③ 집단원들의 비밀이 보장되고 편안함을 느끼며 방해를 받지 않는 장소라면 어디에서든 이루어질 수 있다.

(2) 집단의 크기

① 집단의 크기는 집단 구성원의 수를 의미하며 나이가 어릴수록 보다 적은 수로 구성하는 것이 바람직하다.

② 보통 6명에서 15명의 범위 정도인데, 8명이 가장 이상적이며 공동의 집단리더가 있을 경우 15명까지도 무방하다.

③ 집단의 크기는 모든 집단원이 원만한 상호작용을 할 수 있을 정도로 커야 한다.

④ 동시에 모든 집단원이 정서적으로 집단 활동에 관여하여 집단에서 감정을 느낄 수 있을 정도로 작아야 한다.

 ㄱ. 집단원 수가 너무 많을 경우

  가. 개인적 문제를 다룰 시간이 줄어들기 때문에 서로 이야기하려는 경쟁이 치열하여 문제가 발생한다.

  나. 자기주장이 강하지 못한 집단원들은 그들의 생각을 표현하기가 더욱 어려워지게 된다.

 ㄴ. 단원 수가 너무 적을 경우

  가. 집단으로서 기능하지 못하며 개인 상담을 하는 경우가 종종 생기게 된다.

  나. 집단에서 일어나는 집단 역동성을 활용할 수 있는 기회가 줄어들어 문제가 발생한다.

  다. 집단원들이 말을 하지 않고 조용히 앉아있고 싶어도 그렇게 하기가 어려워서 심리적 압박을 받게 된다.

📂 실력다지기

집단상담을 위한 기본조건

1) 자기 투입과 참여

 (1) 교재나 과제가 별도로 없으며 다만 참여자들 스스로가 집단에서 자신들의 상호작용을 관찰하고 분석하는 것만으로 학습이 이루어지기 때문에 참여자 개개인은 심신을 투입하여 적극적으로 참여해야 한다.

 (2) 집단지도자는 침묵을 지키는 집단원들로 하여금 자신의 의견을 발표하도록 자극하고 격려하며 지나치게 능동적인 참여자는 보다 자기성찰에 치중하도록 도와주어야 한다.

2) '지금-여기' 중심의 활동

 (1) '지금-여기', '나와 너' 사이에서 일어나고 있는 느낌, 생각, 행동을 관찰, 분석, 지적하는 것으로 진행되어야 한다.

 (2) 집단 밖의 제3자적 또는 일반적인 이야기로 방향을 돌려서 상담이 진행된다면 소기의 성과를 얻지 못한다.

3) 피드백 주고받기

 (1) 피드백이란 상대방의 행동이 나에게 어떤 반응을 일으키고 있는가에 대하여 그 상대방에게 직접 솔직하게 이야기해 주는 것을 말한다. 따라서 자기성장을 위한 학습에 필수적인 한 요소이다.

(2) 상대방의 기분을 상하게 할 우려가 있기 때문에 상대방을 공격하거나 판단하는 태도는 삼가야 한다.

4) 허용적인 분위기와 심리적 안정감

징벌이나 도덕적 판단의 위험 없이 비교적 자유롭게 행동할 수 있는 허용적 분위기를 조성하고 집단지도자를 포함한 모든 참여자들 상호 간에 신뢰할 수 있는 분위기를 형성하며 발달시켜야 한다.

(3) 집단의 구성

① 동질적 집단 대 이질적 집단

ㄱ. 사회적 성숙도, 성(性), 지적 능력, 교육수준, 성격 차이, 문제영역, 사회경제적 수준 등 요인들과 관련되어 동질 또는 이질로 구성할 수 있다.

ㄴ. 청소년 대상 집단상담에서는 혼성적인 집단이 동성적 집단보다 더 바람직하다.

ㄷ. 다만, 15세 이전의 청소년들은 성적 정체감에 몰두하여 다른 동성 또래들과 비교하려는 욕구가 강한 시기이기 때문에 동성 집단이 더 바람직하다.

② 동질집단의 장점과 단점

ㄱ. 장점

가. 출석률이 높고 보다 쉽게 공감이 이루어지며 상호 간에 즉각적인 지지가 가능하다.

나. 상호 간 갈등이 적고 응집성이 빨리 발달하며 집단 소속감의 발달이 쉽게 이루어진다.

ㄴ. 단점 상호 간에 피상적인 관계에 머무르며 영속적인 행동의 변화 가능성이 낮다.

③ 이질집단의 장점

ㄱ. 다양한 대인 간의 상호작용이 가능하기 때문에 상호 간에 의미 있는 자극을 주고받을 수 있다.

ㄴ. 서로 간의 차이점을 발견하고 이해하게 되며 현실 검증[5]의 기회도 더 풍부하게 된다.

④ 구조화 집단 대 비구조화 집단

ㄱ. 구조화 집단

가. 상담자에 의해 통제되며 정해진 절차에 따라 지시적으로 진행되는 집단이다.

나. 고도의 조직성을 띠며 조직화된 역할연습을 통해 구성원들 사이의 친밀관계를 형성하는데 도움이 된다.

ㄴ. 비구조화 집단

가. 집단원들이 중심이 되는 집단으로 비조직적인 형태를 띠게 된다.

나. 지나치게 비조직적인 집단은 혼란스럽게 보내는 시간이 많을 수 있어 시간과 에너지를 낭비할 수 있는 문제점이 있다.

다. 집단원들의 불만과 욕구 좌절로 집단 활동 및 개인 성장에 방해 요인이 될 수 있다.

라. 또한 말 수가 적고 수줍어하는 사람은 소극적으로 가만히 있기 때문에 변화를 기대하기 어려울 가능성이 있다.

---

5) 내담자는 흔히 자신의 상상이나 투사를 현실과 혼동해서 어려움을 겪는데 상담자는 현실이 내담자가 상상하는 것과는 다를 수 있다는 것을 알게 해줌으로써 현실 감각을 키워 주는 것이다.

구조화된 집단

1) 구조화된 집단을 시작할 때 참여자들은 그들이 문제영역에 얼마나 잘 대처하는지에 관한 질문지를 작성하는 것이 일반적이다.

2) 어떤 집단은 구조화된 연습, 읽기, 숙제, 계약을 사용한다.

3) 집단이 종결하게 될 때 또 다른 질문지가 종종 참여자들의 성장을 평가하기 위해 사용된다.

⑤ 집단의 개방성 여부에 따라

ㄱ. 개방집단 집단이 허용하는 한도 내에서 중도에 탈락하는 집단원의 자리를 새로운 구성원이 대치할 수 있다.

가. 장점

　a. 새로운 자극을 집단에 제공할 수 있다.

　b. 새 집단원은 기존 집단원을 모방하여 집단의 과정과 집단기술에 대하여 배울 수 있다.

　c. 새로운 아이디어의 도입으로 분위기 조성에 좋은 경우가 있다.

나. 단점

　a. 너무 많은 집단원들이 나가거나 새로이 들어오는 경우 집단 응집력이 발달하기 어렵다.

　b. 새로운 집단원이 들어옴으로써 분위기가 흐트러지기 쉽다.

　c. 새로운 집단원은 이미 토의한 내용과 집단 기능에 대해 생소해서 갈등을 초래할 소지가 있다.

📁 기출문제 확인학습

개방집단

1) 개방집단은 집단이 허용하는 한도 내에서 중도에 탈락하는 집단원의 자리를 새로운 구성원으로 대치할 수 있다.

2) 개방집단의 장점으로는 새로운 자극을 집단에 제공할 수 있으며 새 집단원은 기존 집단원을 모방하여 집단의 과정과 집단기술에 대하여 배울 수 있다.

3) 새로운 아이디어의 도입으로 분위기 조성에 좋은 경우가 있다.

4) 단점으로는 너무 많은 집단원들이 나가거나 새로이 들어오는 경우 집단 응집력이 발달하기 어려우며 새로운 집단원이 들어옴으로써 분위기가 흐트러지기 쉬우며 새로운 집단원은 이미 토의한 내용과 집단 기능에 대해 생소해서 갈등을 초래할 소지가 있다.

ㄴ. 폐쇄집단 집단상담의 시작 시 참여했던 구성원들만으로 끝까지 유지되는 집단이며 도중에 탈락자가 생겨도 새로운 집단원을 받아들이지 않는다.

가. 장점

　집단의 안정성과 집단응집력이 강하며 회합을 준비하기가 쉽고 협력이 잘 나타난다.

나. 단점

　a. 새로운 아이디어, 정보의 제공이 어렵다.

　b. 장기집단으로 유지하기 어렵고 집단적 사고에 빠지기 쉽다.

c. 새로운 아이디어의 도입이 불가능하고 비효율적인 집단이라고 하더라도 순응할 수 밖에 없다.

📁 기출문제 확인학습

집단상담 계획서에 포함되어야 할 내용

집단 목적, 집단 유형, 집단 활동내용, 기대효과 및 평가계획 등이다.

> **cf** 집단규칙은 집단상담계획서에 포함되지 않는다.

📁 실력다지기

집단의 상호작용 유형

1) 기둥형 : 지도자가 중심인물이며 성원과 지도자 양자 간에 의사소통이 이루어지는 상호작용 유형이다.
2) 순번형 : 지도자가 중심에 있기는 하지만, 각 성원이 돌아가면서 이야기하는 상호작용 유형이다.
3) 뜨거운 자리형 : 다른 성원이 지켜보는 가운데서 지도자와 한 성원만이 의사소통하는 유형이다.
4) 자유부동형 : 모든 성원이 의사소통 할 책임을 지니는 유형으로, 성원들이 주도권을 가지므로 집단 중심의 상호작용 유형이다.

📁 실력다지기

집단상담의 준비

1) 구성원 선발

   성(性), 연령, 과거의 배경, 성격 차이, 개인의 배경과 성격에 주의를 기울여야 한다.
2) 집단의 크기

   집단의 목표, 내담자들에게 기대하는 몰입 정도 고려, 일반적으로 6 ~ 7명에서 10 ~ 12명의 수준이 보통이다.
3) 모임의 빈도

   일 주일에 한 두 번이 적당하며 문제의 심각성이나 집단의 목표에 따라 모임의 빈도를 증감시킬 수 있다.
4) 모임의 시간

   1주일에 한 번 만나는 집단은 한 시간에서 한 시간 반 정도로 지속되는 것이 필요하며 2주일에 한 번 만나는 집단이라면 한 번에 두 시간 정도가 바람직하다.
5) 물리적 장치

   효과적인 참여를 위해서는 모든 집단원이 서로 잘 볼 수 있고 잘 들을 수 있어야 한다.
6) 집단 참여에 대한 준비

   가능하다면 개별면담을 통해 비현실적인 기대와 불안을 줄이고 적극적인 자세로 참여하도록 준비시키는 것이 좋다.
7) 폐쇄집단과 개방집단

   집단의 목표에 따라 집단의 운영을 폐쇄적으로 할 것인가 혹은 개방적으로 할 것인가를 미리 정해야 한다.

2) 집단성원 선발 절차 (모집공고)

   (1) 집단의 유형

   (2) 집단의 목적

   (3) 만나는 시간과 장소

   (4) 집단에 가입하는 절차

   (5) 집단상담자로부터 집단원들이 기대할 수 있는 것

   (6) 집단상담자의 자질과 배경에 대한 진술

   (7) 집단에 적합한 사람들을 결정하는 지침

   (8) 가입비

   (9) 집단에서 사용될 기법이나 절차

   (10) 회기의 기록(녹화, 녹음) 여부

   (11) 집단 리더와 집단 구성원들의 권리와 책임(집단과 관련된 개인적인 위험) 등

3) 집단원 선발을 위한 예비 면담

   (1) 성공적으로 집단상담을 이끌기 위해서 집단원 선발에 유념해야 한다.

   (2) 예비 면담의 목적

     ① 특정 예비성원과의 집단상담을 통해 도움을 받을 수 있겠는가를 결정하기 위함이다.

     ② 상담에 대한 동기와 관심도 및 특별히 도움 받고자 하는 문제들을 살피기 위함이다.

4) 집단상담의 평가

   (1) 집단 활동을 통해 어느 정도의 목표가 달성되었으며 얼마만큼의 진전이 이루어졌는가에 대하여 알아보는 과정이다.

   (2) 집단상담 전(全) 과정이나 한 번의 모임이 끝나기 전에 그 결과에 대해 평가하는 것이 중요하다.

   (3) 평가의 내용 자체가 바로 하나의 풍부한 집단 활동의 자료가 될 수 있다.

   (4) 집단상담의 평가에 있어서 가장 중요한 요소의 하나는 정직성이다.

   (5) 집단 평가의 시기

     ① 매 모임이 끝날 때

     ② 집단상담 기간의 중간과 마지막 때 – 전체 집단과정의 중간에 한 번의 모임을 가져 평가에 활용할 필요가 있다.

     ③ 추후평가

       ㄱ. 집단상담의 전(全) 과정이 끝나고 2 ~ 3개월이 지난 후에 사후관리 차원에서 추후평가를 실시한다.

       ㄴ. 집단경험이 일상생활에 어떤 결과를 가져왔는지, 변화가 어느 정도 계속되는지, 집단상담의 효과가 어느 정도인지 등에 대해 평가하는 것이다.

       ㄷ. 부작용이나 문제점이 있다면 이에 대한 해결책도 모색해주는 적극적인 활동이다.

집단상담 평가의 순서

1) 평가계획 : 집단상담 평가계획 수립

2) 정보수집 : 집단상담 내용과 방법에 대한 정보수집

3) 현상기술 : 수집된 정보를 통해 집단 내용에 대한 현상을 기술함

4) 현상설명 : 기술된 현상을 설명함

5) 대안제시 : 평가 결과에 대한 보완점에 대한 대안 제시

6) 재과정 : 대안을 반영하여 집단을 다시 진행함.

제4절 | 집단상담의 치료적 요인

1) 희망 심어주기

(1) 집단상담을 통해 자신에게 변화가 일어나고 문제가 해결될 수 있다는 희망을 가지게 되는 것이다.

(2) 집단은 내담자에게 그들의 문제가 개선될 수 있다는 희망을 심어주고 이러한 희망은 그 자체가 치료적 효과를 갖는다.

2) 보편성

(1) 다른 사람들도 자신과 유사한 생각과 고민을 가지고 있음을 알게 되는 것이다.

(2) 내가 그렇게 이상하지만은 않다는 것을 알게 되는 것이다.

(3) 내담자는 종종 자기만이 유독 끔찍하거나 용납될 수 없는 문제, 생각, 충동 등을 가지고 있다고 생각한다.

(4) 집단을 통해 다른 사람들도 자기와 비슷한 갈등과 생활경험 또는 문제를 가지고 있다는 것을 알고 위로를 얻는다.

3) 정보 전달

(1) 유사한 문제에 대해 다른 집단원들이 어떤 방식으로 그 문제를 극복했는지에 대한 정보를 얻는다.

(2) 내담자는 집단상담자의 강의를 통해서 자신의 문제를 보다 명확하게 할 수 있으며 또한 집단성원으로부터도 직·간접적인 제안, 지도, 충고 등을 얻게 된다.

4) 이타주의

(1) 다른 집단원들에게 도움을 주는 경험을 통해 개인의 자긍심이 고양된다.

(2) 집단성원들은 위로, 지지, 제안 등을 통하여 서로 도움을 주고받으며 자신도 누군가에게 도움을 줄 수 있고 타인에게 중요할 수 있다는 발견은 자존감을 높여준다.

5) 일차 가족집단의 교정적 반복발달

(1) 집단은 가족과 유사한 점이 있기 때문에 집단상담자는 부모역할, 그리고 집단성원은 형제자매 역할을 할 수 있다.

(2) 내담자는 부모 형제들과 상호작용하는 방식으로 상담자 및 집단성원들과 상호작용을 재연하는데 그 과정을 통해서 그 동안 해결되지 않은 가족갈등에 대해 탐색하고 도전한다.

(3) 집단원들이나 집단상담자로부터 일차 가족 구성원에게 가졌던 감정을 다시 경험하게 될 수 있다.

(4) 일차 가족 구성원과 가졌던 부정적 대인관계 패턴과 감정을 해결할 기회를 갖는다.

6) 사회화 기술의 발달

(1) 다른 집단원들과 사회적 관계를 형성하면서 다양한 사회화 기술을 습득한다.

(2) 집단성원으로부터의 피드백이나 특정 사회기술에 대한 학습을 통해 대인관계에 필요한 사회기술을 개발한다.

7) 모방행동

(1) 다른 집단원들이나 집단상담자를 모방하여, 바람직한 생각, 행동, 그리고 감정을 습득한다.

(2) 집단상담자와 집단성원은 새로운 행동을 배우는 데 좋은 모델이 될 수 있다.

8) 대인관계 학습

(1) 집단원들과의 대인관계에서 집단원이 가지고 있는 대인관계 문제를 해결하고 새로운 패턴을 습득한다.

(2) 내담자는 집단성원 간의 다양한 상호작용 속에서 자신의 대인관계에 대한 통찰을 얻게 되고 자신이 원하는 관계형성에 대한 아이디어를 가질 수 있다.

9) 집단응집력

(1) 집단원들이 집단에 계속해서 참여하도록 하는 모든 요인의 합이다.

(2) 신뢰, 따뜻함, 공감적 이해, 수용, 하나됨을 의미하고, 집단원에게 소속감과 안정감을 제공한다.

(3) 집단성원들이 느끼는 소속감과 친밀감, 존중감 등으로 표출되는 집단 응집력은 치료의 가치를 지닌다.

10) 정화

(1) 내면에 억압된 여러 가지 감정과 생각들을 집단상담을 통해 노출하는 것이다.

(2) 노출된 감정과 생각들이 다른 집단 구성원들에게 수용되면 정서적 변화가 생긴다.

(3) 신뢰할 수 있고 존중받는 집단의 분위기 속에서 성원들은 억눌리고 불편했던 감정을 자유롭게 표현함으로써 문제해결의 효과를 얻을 수 있다.

11) 실존적 요인

(1) 인생이 때로는 부당하고 공정치 않다는 것을 알고 인생의 고통과 죽음은 피할 길이 없음을 인식하고, 자신의 인생에 스스로 책임이 있음을 배우게 된다.

(2) 집단성원들은 각자의 경험들을 공유함으로써 각 집단성원들의 행동은 독자적인 특성을 지니고 있음을 인정하게 되고, 자신의 문제는 스스로 결정하는 것이 중요하다는 것을 알게 된다.

☞ 정리

얄롬의 집단에 존재하는 11가지 치료적 요인

1) 희망고취 : 자신의 삶에 대한 희망을 느낌

2) 보편성 : 혼자가 아니라는 느낌(동병상련)

3) 정보 공유 : 정보 습득 및 정보의 전달(정보 전달 자체의 의미와 나눔 자체에 대한 따뜻함을 느끼게 함)

4) 이타주의 : 다른 사람들을 위해 나누어 줌(객관적 시각)

5) 일차가족 집단의 교정적 요약 : 마치 한 가족과 같은 느낌을 갖게 되고, 경험에서 학습이 일어남(가족갈등 → 집단 내에서의 역할과 관계의 탐색 → 미해결된 과제 해결)

6) 사회화 기술의 개발 : 성숙한 사람들의 특성으로 나타나는 사회 기술을 습득(솔직한 피드백 → 자신의 부적응적 사회행동에 관한 정보를 얻음)

7) 모방행동 : 후기보다 초기에 더 중요하며 다른 집단원들이나 집단상담자의 행동을 관찰하여 필요한 것을 자신의 것으로 취함

8) 대인학습 : 다른 집단원들과의 관계를 통해 배움(축소된 사회 → 지나치면 집단압력을 받음)

9) 집단 응집력 : 다른 집단원들과 서로 연결되어 있다는 느낌(신뢰, 온화함, 공감, 수용에 의해 좌우되며 개인 상담의 관계와 유사한 개념)

10) 감정 정화 : 감정과 정서를 방출(환기, 정화)

11) 실존적 요인 : 현실을 이해하고 직시하게 됨(자신의 삶의 궁극적인 책임은 자신에게 있음을 이해함).

📂 기출문제 확인학습

얄롬(I. Yalom)의 치료집단의 갈등에 관한 진술

1) 일차가족과의 관계에서의 경험은 개인에게 (관계왜곡)의 원인을 제공하여 집단상담자에 대한 태도와 집단에서의 역할 결정에 영향을 미친다. - 일차가족과의 관계에서의 경험이므로 관계왜곡의 원인을 알게 한다.

2) 집단상담자는 집단에서 발생하는 (적개심)에 작용하는 집단원, 대인관계, 집단역동을 확인해야 한다. - 관계왜곡으로 인한 갈등은 상대방에 대한 적개심과 관련이 있다.

3) 이러한 감정의 일부는 집단원의 자기 경멸의 (투사)로 인해 발생하는 것이기 때문이다. - 적개심은 자기 경멸의 원인을 타인에게 전가시키는 투사로 인한 것이다.

다른 학자들이 언급하는 집단상담의 이점

집단상담에서 치료적 변화의 요인

집단상담은 개인상담과 그 역동이 다르고 개인상담과 구별되는 독특한 치료적 요인들이 있다. 얄롬(Yalom)과 코리(Corey), 홍경자 등은 다음과 같은 요인들이 중요하다고 했다.

얄롬(1985)	코리(1995)	홍경자 등(1996)
희망의 주입	신뢰와 수용	모방행동
보편성	공감과 배려	이타심
정보교환	희망	보편성
이타주의	실험을 해보는 자유	변화를 시도하는 자유
일차적 가족관계 재현	변화하겠다는 결단	안정감과 긴장감
사회화 기법 발달	친밀감	피드백
모방행동	감정 정화	정보교환
대인관계 학습	인지적 재구조화	인간관계 형성의 습득
집단의 응집성	자기개방	
카타르시스	직면(맞닥뜨림)	
실존적 요인들	피드백	

집단상담의 이점 (말레코프, 1997)

1) 상호 지지 : 집단 성원 서로 지지하는 역할

2) 일반화 : 어떤 성원이 문제를 이야기할 때 그 문제를 듣고 '나만 이런 문제가 있는 것이 아니구나 ~'라고 생각 하고 동기부여를 받을 수 있다.

3) 희망 증진 : 집단 활동을 통해 많은 경험을 하기 때문에 개인대상으로 하는 것보다 더욱 희망을 가질 수 있는 계기가 된다.

4) 이타성 향상 : 남을 생각하고 배려하는 마음

5) 새로운 지식과 기술 습득(정보제공)

6) 집단의 통제감 및 소속감 : 집단규범 준수와 응집력으로 인한 효과

7) 정화의 기능 : 카타르시스라고도 하며 성원이 가지고 있는 감정을 다른 성원에게 충분하게 표현하는 등 생각 이나 느낌 등을 서로 교환한다.

8) 재경험의 기회 제공 : 집단경험을 한 후 성원은 문제해결 활동, 즉 집단 활동의 결과물을 통해 실제적인 현장 에서 재경험의 기회를 갖는다.

9) 현실 감각의 테스트효과 : 집단 프로그램의 내용들을 치료 세팅 내에서 벗어난 실제적인 생활현장에서 다른 집단과 실제적이고 현실적인 감각을 시험해 보는 효과를 의미한다.

제5절 | 집단상담의 구조와 형태

1) T-집단 (훈련 집단)

(1) 개념 및 특징

① 소집단의 훈련을 위주로 형성된 집단을 훈련 집단(T-집단)이라고 하며 실험실 교육프로그램의 방법을 활용하고 있기 때문에 실험실적 접근이라 불리기도 한다.

② 모호성 & 사회적 공백상태

ㄱ. 구성원들은 합의된 절차나 특정의 의제, 기대, 지도자 없이 비조직적으로 구성원들이 집단에 참여하여 스스로의 활동과 상호작용을 평가한다.

ㄴ. 실습훈련을 목적으로 하는 T-집단은 일상생활에서 원만하고 건전한 인간관계를 형성하고 유지할 수 있는 기술을 강조한다.

③ 새로운 행동 실험

ㄱ. 실습을 해보고 결과를 분석하며 새로운 방안을 탐색하는 등 새로운 결정을 내리는 경험적 교육과정이다.

ㄴ. 집단원들은 무엇이든지 자기가 원하는 새로운 행동을 시험 삼아 해 볼 수 있으며 지금-여기에 초점을 두고 심리적으로 허용적인 분위기에서 안정감을 갖고 참여하게 한다.

④ 피드백 주고받기

상대방의 행동이 자신에게 어떤 반응을 일으키는지에 대해 그 상대방에게 직접 이야기해 주는 것이다.

⑤ 집단규칙의 발달

집단규칙은 집단상담자에 의해 미리 정해지지 않고 집단 내에서 집단원들에 의해 서서히 발전시켜 나가는 것이 바람직하다.

(2) 집단상담자의 역할

① 집단상담자는 집단원들에 의해 정해지기도 하고 경험 많은 집단원이 집단상담자가 되기도 한다.

② 집단상담자는 학습경험의 촉진자이자 집단원이기도 한다.

ㄱ. 학습이 일어날 수 있는 분위기를 조성한다.

ㄴ. 집단과정 분석법이나 피드백 주고받는 법, 감정과 생각을 표현하는 법 등에서 시범을 보인다.

ㄷ. 집단규칙의 발전과 유지를 솔선해서 돕는다.

ㄹ. 의사소통의 통로를 열어준다.

(3) T-집단의 학습목표

① 학습하는 방법에 대한 학습이 이루어지도록 한다.

② 성원의 자기 이해력를 증진시킨다.

③ 집단 기능에 대한 통찰력의 증진과 효과적인 집단원 역할에 대한 학습이 이루어지도록 한다.

④ 의사소통 기술이나 피드백 기술과 같은 구체적인 행동기술을 습득하도록 한다.

2) 참 만남 집단 (엔카운터 집단, Encounter) - 로저스 등의 집단상담 접근 중심으로

(1) 특징과 목적

① T-집단을 보완하는 특징이 있다.

　T-집단의 집단상담자들이 기존의 인간관계 훈련 집단 모형들이 가지는 유용성에 대한 한계를 보완하기 위해 실존적이고 인도주의적 사상을 기초로 발전시킨 집단 모형이다.

② 집단상담의 목적

　집중적인 고도의 친교적인 집단경험을 통해 타인과 더 친근감을 갖고 만날 수 있도록 도움으로써 더욱 성장하고 발전할 수 있게 한다.

③ 참만남 집단(Encounter Groups)유형에는 인간관계 집단·잠재력 집단·T-집단·성장집단 등의 그 성격에 있어서 약간씩 다른 집단들이 포함되지만, 공통적으로 자신과 타인과의 보다 의미 있는 만남과 접촉을 통해 인간관계에 대한 경험적 통찰과 학습 및 인간의 실존에 대한 자각을 강조한다.

④ '지금-여기'의 경험을 통해 집단원들의 느낌이나 자각을 중심으로 자유롭고 솔직한 대화가 중요한 집단 활동의 기제가 된다.

⑤ 성장 중심의 집단 참여자들에게 타인과의 교류능력을 개발하게 할 뿐만 아니라 자신의 내적 가치·자기 가능성 및 잠재력 등을 증진하는 효과를 가질 수 있다.

(2) 집단상담자의 역할

① 집단의 과정을 중시한다. 특정한 집단 기술보다는 집단과정 그 자체를 더 중요시한다.

② 지금-여기 '지금-여기'에 초점을 두고 개방성과 솔직성, 직면, 자기 노출, 직접적인 정서적 표현을 격려하는 것이 바람직하다.

(3) 로저스(Rogers) 모형

① 특징

　ㄱ. 집단 내에 어느 정도 촉진적인 분위기만 조성된다면 집단은 그 자체의 잠재적인 가능성과 함께 집단원들의 잠재적 가능성을 계발시킬 수 있다고 가정한다.

　ㄴ. 집단을 위한 특수한 목적도 없으며 사전에 꾸며진 진행계획도 없다.

　ㄷ. 집단상담자는 집단이 자체의 활동방향을 발전시킬 수 있도록 돕는 역할을 한다.

② 집단상담자 역할

　ㄱ. 집단상담자의 태도와 신념을 중요하게 여긴다.

　ㄴ. 태도 - 집단이 자체의 방향을 개발하도록 안내하는 태도가 중요하다.

　ㄷ. 신념 - 상담촉진적인 분위기가 형성되면 집단과 집단원들의 잠재적 가능성이 계발된다는 신념을 형성한다.

③ 집단 과정

ㄱ. 습관화된 지각방식이나 역할행동을 지양하고 자신의 행동이나 가치관에 스스로 책임지게 한다.

ㄴ. 분노나 적개심을 포함한 감정과 사고를 솔직하게 그대로 표현하게 하는데 강조점을 두며 건설적 공격을 장려하고 행동변화를 위해 집단이 개인에게 압력을 가하기도 한다.

ㄷ. 집단 초기에는 거북한 침묵과 피상적 의사소통, 자기노출에 대한 저항감이 나타날 수 있다.

ㄹ. 점차 자신의 부정적 감정도 표현하게 되고 집단에서 느끼는 대인적 감정을 즉시 표현하게 한다.

ㅁ. 자기 수용적 태도와 행동의 변화를 위해 개방적이고 솔직해지게 하고 맞닥뜨림의 위험을 감수한다.

ㅂ. 결과적으로 기본적인 만남이 이루어지고 긍정적 감정과 친밀감을 표현하면서 행동의 변화가 나타난다.

(4) 스톨러(Stoller) 모형

① 마라톤 참 만남 집단이라 불리며 24시간이나 48시간 동안 집중적으로 활동하는 집단과정이다.

② 피로나 시간적 집중성 그 자체가 집단원이 기존에 고수하던 역할 가면을 벗겨주어 있는 그대로의 자신을 드러내 주는 개인 발달의 촉진제가 된다고 본다.

③ 시간적 집중성 외에는 로저스의 모형과 비슷하게 이해를 하면 될 것이다.

📁 기출문제 확인학습

집단의 구조 또는 형태에 관한 설명

1) 구조화집단

(1) 상담자에 의해 통제되며 정해진 절차에 따라 지시적으로 진행되는 집단이므로 목적달성이 용이한 결과중심의 집단에 해당하며 집단의 목표, 과정, 내용, 절차 등을 체계적으로 구성해 둔다.

(2) 고도의 조직성을 띠며 조직화된 역할연습을 통해 구성원들 사이의 친밀관계를 형성하는데 도움이 된다.

(3) 구조화된 집단을 시작할 때 참여자들은 그들이 문제영역을 얼마나 잘 대처하는지에 관한 질문지를 작성하는 것이 일반적이다.

(4) 어떤 집단은 구조화된 연습, 읽기, 숙제, 계약을 사용한다. 집단이 종결하게 될 때 또 다른 질문지가 종종 참여자들의 성장을 평가하기 위해 사용된다.

2) 폐쇄집단은 집단의 안정성이 높아 집단응집력이 강한 편이다.

3) 마라톤집단은 심화된 상호작용의 활성화를 꾀하기 위한 집단이다.

4) 자조집단은 지도자의 전문적 도움 없이 집단원들 간에 서로를 돕는 특성이 강한 집단이다.

제6절 | 집단상담의 윤리기준

집단상담의 윤리규준에는 집단참가자의 권리, 참가자와 집단지도자 간의 관계 윤리, 집단지도자의 행동 윤리, 참가자들 간의 사회적 관계 윤리 등이 있다.

1) 집단 참가자의 권리

(1) 자신이 기대하거나 원하는 것이 나타나지 않았을 때 집단을 떠날 권리

(2) 집단 기록이 참가자의 참여를 제한한다는 생각이 들 때에는 기록을 하지 못하게 할 권리

(3) 드러내기 수준이나 내용에서 참가자의 사생활 존중받을 권리

(4) 비밀보장 받을 권리

(5) 집단 활동에의 참여, 의사결정, 다른 참가자가 제안한 것 수용하기 등에 대해 부단한 집단 압력을 받지 않을 권리

(6) 성장을 위해 집단의 자원을 사용할 수 있는 기회를 가질 권리 등

(7) 다만, 집단상담자는 집단 참여에 대한 권리뿐만 아니라, 집단에 규칙적으로 참석하고 위험을 감수하고, 다른 사람들에게 피드백을 주고, 비밀 보장하는 등의 책임이 따른다는 것을 알려주어야 한다.

2) 참가자와 집단상담자 간의 관계 윤리

(1) 집단상담자와 참가자 간의 개인적·사회적 관계에서의 적절성이 문제가 될 수 있는데, 기준은 그러한 사회적 관계가 치료적 관계를 방해하느냐의 여부이다.

(2) 집단상담자는 집단에 참여하고자 하는 참가자의 능력을 손상시키거나 자신의 객관성과 전문가적 판단을 방해하는 참가자들과의 이중관계는 피해야 한다.

3) 집단상담자의 행동윤리

(1) 집단상담자의 가치관이 집단에 영향을 미칠 수 있는데, 집단상담자는 자신의 가치관을 명확히 인식하고 집단상담에서 적절할 때에 솔직히 표현할 수 있어야 하지만, 집단상담자는 가치중립적이어야 하고 자신의 가치관을 지도력과 구분해야 한다.

(2) 집단상담자가 개인의 의도대로 집단을 이끌어 가거나 참가자들의 희생을 통해 자신의 욕구를 충족시킬 때 문제가 된다.

(3) 집단상담자는 자신의 가치관이 집단과정을 어떻게 방해하는지 인식하고 있어야 한다.

(4) 집단상담자가 집단에서 사용한 기법들은 이론적 근거를 바탕으로 해야 하는데 집단상담자가 친숙하지 않은 기법을 사용하거나 기법을 기법만으로 사용하거나 자신의 의도대로 집단을 이끌기 위해 사용할 때 이러한 기법들이 오용될 수 있다.

(5) 상담기법들은 참가자의 이익을 위해 사용되어야 하며 정서를 잘 표현하도록 하기 위해 사용되어야 하며 참가자들이 새로운 행동을 시도해볼 수 있도록 도움을 주기 위해, 참가자들을 존중하면서 섬세하고 적절하게 사용되어야 한다.

4) 참가자들 간의 사회적 관계

(1) 참가자들이 집단 내에서 소집단을 만들거나 다른 참가자들에 대한 소문을 만들거나 집단상담 시간에 탐색해야 될 문제에 대해 외집단에서만 논의하고 원 집단에서는 꺼리는 경우 이러한 것이 윤리적인 문제가 될 수 있다.

(2) 이 때에는 원 집단에서 얘기하는 것이 집단의 응집력에 도움이 된다는 것을 가르쳐야하고 이 문제에 대해서 토론하는 기회를 가지는 것이 좋다.

(3) 문화적으로 다양한 참가자를 상담할 때 상담자는 참가자의 문화적, 윤리적 배경에 맞게 기법을 수정하여 사용해야 한다.

(4) 집단상담자 직업윤리 조항에 따라 치료하고 법을 지켜야 하는데, 전문적 치료에 영향을 주는 법률을 숙지해야 한다.

5) 집단상담 윤리

(1) 집단에 관한 충분한 사전 안내와 양해

① 집단에 참여하는 내담자들은 참여 여부를 결정하기 전에 자기가 어떤 집단에 관여하게 되는지를 알 권리가 있다.

② 상담자는 집단 참여를 고려하는 내담자들에게 그들의 권리와 책임이 무엇인지를 분명히 알게 할 책임이 있다.

③ 집단의 목적과 참여자의 역할 등에 관해 설명을 해주고 함께 토론의 시간을 갖는 것이 필요하다.

④ ④ 이러한 조치는 집단 구성원들이 보다 적극적이고 협조적으로 집단 과정에 참여하도록 만들 것이며 상담자에 대한 존경심과 집단에 대한 신뢰감을 증진시킨다.

(2) 개인 정보를 보호 받을 권리

① 개인 정보의 보호는 집단상담에 참여하는 내담자들이 가장 관심을 갖는 것이다.

② 상담자는 집단에 참여 의사를 밝힌 내담자들과의 사전 개별 면담에서 이 문제를 납득시켜야 한다.

③ 흔히 첫 단계에서 다른 '요망 사항'과 함께 개인 정보를 지킬 것을 당부하거나 마지막 단계에서 한두 마디로 다시 언급하는 수준에 머무는 수가 많다.

④ 비밀 보장의 책임이 각자에게 있음을 처음과 최종 단계에서는 물론 중간 과정에서도 자주 강조할 필요가 있다.

⑤ 집단상담자는 비밀 유지의 한계를 명시하고 외부에 공개해야만 하는 특수 상황에 관한 명세서나 상담자의 책임 사항에 관한 각서 같은 것을 각 내담자들에게 집단 과정에 들어가기 전에 나누어 주는 것이 유익하다.

(3) 내담자 이익을 위한 윤리 문제

① 집단지도자는 가능한 한 신체적 위험, 협박, 강제, 그리고 부당한 집단 압력으로부터 집단 참여자들의 권리를 보호해야 한다.

② 집단 참여자들은 각자가 집단 과정의 시간을 공정하게 나누어 가질 권리가 있다.

③ 집단 참여자들이 포함되는 어떤 연구 보고서는 실험적 활동이 있을 경우에는 그에 관련된 정보를 알려주되 참여 내담자들의 사전 동의를 받아야 한다.

④ 집단에 참여함으로써 경험하게 될지 모르는 심리적인 부담에 관해서 사전에 또는 그러한 부담요소의 발생 단계에서 해당 참여자들에게 경고해주는 일이다.

⑤ 집단 참여자들끼리 집단의 모임 밖에서 개별적인 만남이나 관계가 이루어질 경우, 이를 집단 모임에서 가능한 한 '보고' 하도록 권유할 필요가 있다.

(4) 집단지도자의 행동 윤리

집단상담자의 개인적인 가치관과 집단 장면에서 활용하는 기법이 집단 목적의 달성에 저촉되지 말아야 할 것과 집단을 자기의 이익에 맞게 이용하는 등의 부당한 행동을 삼가도록 해야 한다.

① 상담자의 가치관을 집단에 전혀 투영하지 않을 수 없기 때문에 특히 집단 참여자들의 가치관과 갈등이 발생할 경우에는 상담자 자신의 가치관을 공개하는 것이 필요하다.

② 집단지도자는 사용되는 집단 기법이 집단 과정을 촉진하고 참여자들의 이익에 부합하는가를 자각 또는 확인해야 하고 그 사용 결과에 대한 책임 의식을 지녀야 한다.

③ 윤리적 행동 지침

ㄱ. 상담자가 익숙하지 않거나 확신이 없는 기법을 집단에 부과하지 말아야 한다.

ㄴ. '게임'이나 '연습' 과 같은 기법을 필요 이상으로 투입하여 집단 참여자들 간의 충분하고 자연적인 의사 및 감정 소통을 방해하지 말아야 한다.

ㄷ. 실제 생활 장면과 갈등적이거나 내담자들의 인지·정서 기능에 부담이 되는 기법을 도입하지 않는다.

④ 집단지도자가 집단 참여자들과 부적절한 개인적 관계를 갖지 않는다.

(5) 이중관계

① 넓은 의미에서 상담자와 내담자 사이에 상담관계 이외에 다른 관계가 동시에 형성되어 있는 경우이다.

② 이중관계가 형성되어 있을 경우 상담관계를 시작하지 않는 것이 좋다.

③ 상담자들은 내담자에 대해 영향력을 가진 지위에 있는 경우가 많고 자칫 내담자로부터 받고 있는 신뢰나 의존성을 이용해서 착취할 가능성이 있기 때문이다.

④ 사례

㉠ 가족관계 ㉡ 경제적 채무관계
㉢ 사업관계 ㉣ 교수-학생관계
㉤ 상-하급자 관계 ㉥ 개인적 친분관계
㉦ 지도감독이나 평가가 개입된 상하관계 ㉧ 친구나 애인 등

제7절 | 집단상담의 제 이론

1 정신분석 이론

1) 특징

(1) 건강한 성격

① 자아가 초자아와 원초아의 기능을 조절할 능력이 있어서 적절한 균형을 유지하는 성격이다.

② 인생의 초기경험을 중시하므로 이에 따라 건강한 성격이 이루어진다.

(2) 집단상담 목적

① 집단원 개개인의 건전한 자아발달을 촉진시키는 것이다.

② 무의식에 숨어 있는 문제의 원인을 분석하여 의식화하고 자아기능을 강화한다.

③ 집단을 통해 과거의 일을 재경험하게 하여 무의식적 갈등을 의식화하고 갈등 해소의 경험을 제공한다.

④ 집단과정에서 일어나는 전이, 정화, 해석, 현실검증을 통해 자아의 강화가 이루어진다.

2) 집단상담자의 역할

(1) 적절한 때에 전이와 저항에 대해 해석해 주고 언어화를 통해 통찰하게 돕는다.

(2) 집단상담자는 자신을 향한 집단원들의 전이적 행동을 자각하고 잘 처리해야 한다.

(3) 집단원들이 집단상담자를 아버지나 권위자로 보고 나타내는 적개심이나 칭찬 등을 잘 활용하는 것이 요구된다.

3) 집단상담자의 4가지 기능

(1) 지도적 기능

집단이 뚜렷한 목적과 결론 없이 지나치게 피상적인 대화에 빠져 있을 때 밑바닥에 깔려 있는 숨은 주제를 지적하여야 한다.

(2) 자극적 기능

집단이 억압, 저항, 정서적 피로, 흥미 상실로 인해 무감각 상태에 빠졌을 때 집단이 활기를 되찾을 수 있도록 보다 능동적인 질문을 해야 한다.

(3) 확충적 기능

집단이 상호작용에서 한 영역에 고착되어 있을 때 이를 벗어날 수 있도록 이를 확장시켜야 한다.

(4) 해석적 기능

집단원이 상담자를 어떻게 지각하고 있는가를 살펴 적절한 해석을 실시해야 한다.

4) 집단상담기법

(1) 자유연상 (돌림 차례법)

집단 구성원들 중에 한 사람씩 택하여 모든 집단원들이 그 사람을 볼 때 마음에 연상되는 것은 무엇이든 이야기 하게 하는 것이다.

(2) 해석

① 집단에서 일어나는 여러 행동의 숨은 의미에 대해서 해석하여 통찰을 하게 한다.
② 집단상담에서는 집단원들이 남자, 여자, 노인 등 다양하기 때문에 모든 가족에 대한 전이가 가능하다.

2 인지적 이론

1) 합리적 - 정서적(REBT) 집단상담

(1) 비합리적 신념

정서적 문제는 비합리적 신념에 기인하기 때문에 비합리적인 것을 합리적으로 대치할 때 정서적 문제가 해소된다는 원리에 입각한다.

(2) 집단상담자의 역할

① 비합리적 신념의 대치 집단원들로 하여금 그들의 현재 상태와 행동들이 비합리적 사고에 기반하고 있기 때문에 자기 기만적이라는 사실에 맞닥뜨릴 수 있게 한다.
② 논박을 통해 보다 합리적인 것으로 대치하도록 돕는다.
③ 능동적이고 지시적이며 설득적, 철학적인 방법을 사용한다.
④ 집단원의 비합리적인 생각들을 재빨리 포착한 후 그것을 확인하기 위해 도전적으로 맞부딪쳐야 한다.
⑤ 그것들이 근거가 희박한 비논리적 생각들임을 밝혀주고 합리적으로 생각하는 법을 가르친다.

(3) 집단 기법[6]

① 인지변화를 이룩하는 데 도움이 되는 모든 방법을 동원해서 활용한다.
② 논박, 강의, 행동수정, 독서치료, 시청각적 자료, 활동중심 과제, 역할놀이, 자기주장 훈련 등

---

6) 자세한 것은 상담이론의 인지적 - 정서적 상담 부분을 참고하길 바란다.

📁 실력다지기

인지적 재구조화 & REBT 집단상담자의 역할과 기법

인지적 재구조화

비효과적 행동패턴이 나타나는 것은 인지구조 때문이라고 보고 관련된 인지구조를 바꾸면 효과적인 행동패턴이 나타날 수 있다고 보는 것이 인지적 재구조화이다.

REBT 집단상담자의 역할과 기법(Corey 2009)

1) 역할 : 집단원들이 비합리적 생각들에서 자유롭게 되고 그 생각들을 합리적인 것들로 대치하도록 돕는 것이다.
2) 기법 : 집단원의 인지변화를 이룩하는데 도움이 되는 모든 방법을 총동원한다. 여기에는 다음과 같은 세 가지 측면의 방법들을 사용한다.
   (1) 인지적 치료법 : 정보제공, 해석, 논박, 설득, 강의, 인지적 과제 활용, 토의, 설명, 독서치료, 시청각적 자료, 활동중심의 과제 등
   (2) 감정적 - 환기적 방법 : 역할놀이, 시범 보이기, 유머, 무조건적 수용, 합리정서 상상, 수치심에 도전하기 등
   (3) 행동치료 방법 : 행동수정, 자기주장 훈련, 강화, 소거, 조작적 조건화 등

📁 기출문제 확인학습

Lazarus가 개발한 다중양식치료의 핵심개념인 BASIC - ID

1) 개요
   (1) 이 치료법의 기본전제는 내담자들은 보통 여러 가지 특수한 문제들로 고통을 받고 있기 때문에 그 문제들을 다룰 때에도 여러 가지 특수한 치료법들을 동원해야 한다는 것이다.
   (2) 다중양식 치료에 있어서 상담자의 역할은 내담자의 특수한 문제들을 평가하여 그것에 적절한 치료기법들을 적용하는 것이다.
2) BASIC ID 확인
   (1) 다중양식 치료는 인간의 경험이 움직이기, 느끼기, 감지하기, 상상하기, 생각하기 및 서로 관계하기로 이루어져 있다고 본다.
   (2) 이 치료이론에 따르면 한 개인의 진행 중인 두드러진 행동(B), 감정적, 정서적 과정, 반응(A), 감각(S), 심상(I), 인지(C), 대인관계(I) 및 생물학적 기능, 성향(D)에 대해 상세하게 파악할 수 있다면 그 사람의 성격과 심리적 특성에 대한 완전한 이해가 가능해지게 되는 것이다.
   (3) 라자루스(Lazarus)는 진행 중인 행동(Behavior), 감정적 과정(Affect), 감각(Sensation), 심상(Imagery), 인지(Cognition), 대인관계(Interpersonal) 및 생물학적 기능(Drugs/ Diet)들 각각을 '양식'이라 불렀다.
   (4) 다중양식 치료에서는 내담자의 문제를 이러한 BASIC -ID에 의거해서 평가한다.
   (5) 내담자들은 이러한 7가지 양식들이 관련되어 있는 정도와 그것들이 서로 관련되는 순서에 있어서 차이가 날 수 있다.
   (6) 실제 상담에서 다중양식 치료자는 각 내담자마다 독특한 BASIC -ID의 형태를 파악하여 내담자 문제를 평가할 수 있게 된다.

3) 치료기법들

(1) 행동: 소거, 역조건 형성, 긍정적 강화, 부정적 강화 및 처벌

(2) 정서: 소유하고 수용하는 감정

(3) 감각: 긴장이완, 감각적 쾌감

(4) 심상: 자기상(셀프 이미지)의 변화, 대처 심상

(5) 인지: 인지적 재구성, 자각

(6) 대인관계: 모델링, 불건전한 공포를 분산시키기, 역설적인 책략

(7) 약물 또는 생물학: 의학적 치료, 운동의 이행, 영양섭취, 물질남용 중지

📌 정리

BASIC – ID의 내용

1) B(Behavior, 행동): 얼마나 활동적인가?

2) A(Affect, 정동, 정서): 얼마나 정서적인가? 사물들을 얼마나 깊이 느끼는가? 감정적이거나 영혼을 감동시키는 내적 반응을 하는 성향이 있는가?

3) S(Sensation, 감각): 얼마나 감각으로부터 오는 쾌락과 고통에 초점을 맞추는가? 신체적 감각(성, 섭식, 음악, 예술 등)에 얼마나 주의를 기울이는가?

4) I(Imagery, 심상): 생생한 상상을 하는가? 환상을 하고 백일몽을 꾸는가? '그림으로 생각'하는가?

5) C(Cognition, 인지): 어느 정도의 '사색가'인가? 일을 분석하고 계획을 세우는 것, 즉 일이 되는 과정을 추론하기를 좋아하는가?

6) I(Interpersonal relationships, 대인관계): 얼마나 사교적인가? 타인들이 자신에게 얼마나 중요한 존재인가? 타인의 호감을 사는가? 타인과 친밀하기를 원하는가?

7) D(Drugs/diet, 약물/섭식): 건강한가? 건강한 의식을 가지고 있는가? 마음과 신체를 돌보는가? 과식, 불필요한 약물과 과잉복용, 폭음, 해로운 다른 물질의 복용을 피하는가?

8) 상담자가 다중양식치료 방법을 사용하지 않더라도 BASIC – ID는 내담자에 관한 정보를 보다 종합적이고 다차원적으로 수집한다는 점에서, 상담자가 내담자의 문제를 파악하고 내담자의 다양한 욕구에 대응하는 데 유용하게 사용할 수 있다.

☞ 심화학습

인지행동치료

1) 인지행동치료를 Aaron Beck 계열에서는 'Cognitive Therapy'라는 용어를 선호하고, 일반적으로는 'Cognitive Behavior Therapy'라고 표현한다. 인지행동치료가 확장되고 진화하면서, 기존의 인지행동치료를 보완하고 혁신하는 치료방법들이 소개되고 있다.

2) 즉, Young의 심리도식치료(Schema Therapy), Linehan의 변증법적 행동치료(DBT: Dialectical Behavior Therapy), Teasdale의 마음 챙김에 기초한 인지치료(MBCT: Mindfulness-Based Cognitive Therapy), Hayes의 수용전념치료(ACT: Acceptance and Commitment Therapy) 등이 대표적이다.

3) 리네한의 변증법적 행동치료의 핵심은 우리 자신을 비참하게 느끼게 하고 정신적으로 고통을 주는 모든 행동적, 감정적, 인지적 양식을 바꿀 수 있는 기술을 배우고 다듬어 나가는 것이다. 이에 속하는 기술 훈련은 크게 네 가지 영역으로 나눌 수 있는데, 핵심 마인드 풀니스(전통적 명상훈련을 심리학적, 행동학적으로 해석한 관점, mindfulness) 기술, 감정 조절 기술, 대인 관계 효율성 기술, 고통 감내 기술이다.

4) 내담자는 치료자와 함께 줄여가야 할 행동과 늘려가야 할 행동의 목록을 만들고, 각각의 기술을 익혀 나가기 시작한다. 이를 통해 충동적이거나 자기 파괴적인 행동을 줄이고, 감정을 효과적으로 조절하며, 사람들과의 따뜻한 관계를 나눌 수 있다.

📂 기출문제 확인학습

수용전념치료(Acceptance Commitment Therapy ; ACT)

1) 수용전념치료(Acceptance Commitment Therapy ; ACT)는 행동치료의 '제3의 동향'으로, 생각과 느낌을 수용하고, 현재에 존재하며, 가치 있는 방향을 선택하고, 행동을 취하는 것이다.

2) ACT의 목적은 우리가 필연적으로 겪게 되는 고통(불안, 걱정, 스트레스 및 더 큰 문제들)을 받아들임으로써 풍부하고 충만하며 의미 있는 삶을 창조하는 것이다.

3) 수용전념치료(ACT)는 수용과 마음 챙김 과정 그리고 전념, 행동의 변화 과정을 경험함으로써 심리적 유연성을 증진시키는 것에 목적을 둔 인지적이고 행동적인 중재라고 할 수 있다(Kim NJ, 2013).

4) 수용전념치료(ACT)는 원하지 않는 감정, 사고 등을 유발하는 특정한 상황을 경험함으로써 이후에도 심리적인 부적응을 야기한다는 기능적 맥락주의를 기반으로 한다.

5) 수용전념치료(ACT)는 언어적이고 인지적 과정의 융합의 결과로써 긴장이나 불안을 야기하는 '인지적 융합'과 특정 사건들을 회피하려는 '경험 회피'를 해결하는 것을 치료적 첫 걸음으로 여긴다.

6) 인지적 융합을 변화시키거나 통제하는 방법이 아닌, 여섯 가지 핵심기제(수용, 탈융합, 맥락적 자기, 현재에 존재하기, 가치, 전념 행동)를 사용하여, 인지적 왜곡을 완화시키고 심리적 경직성에서 탈피해 심리적 탄력성을 증가시키도록 한다.

3 행동주의 이론

1) 상담 목표

집단원이 가진 문제는 학습 과정을 통해 습득된 부적절한 행동이기 때문에 부적절한 행동을 제거하고 보다 적절한 새로운 행동을 학습하도록 하는 것이다.

2) 집단상담자의 역할 및 과정

(1) 행동주의적 상담에서 상담자는 과학적 연구자, 강화자, 코치, 교사로서의 역할을 담당한다.

(2) 활동적이고 능동적인 역할을 하며 집단역동성보다는 집단원 개개인에게 직접 관여하게 된다.

(3) 상담이 집단에 의해 이루어지는 것이 아니라 집단 속에서 이루어지게 한다.

(4) 집단상담 전(前)에 개인 면접을 실시하는 것이 좋다.

(5) 각 구성원의 수정되어야 할 사고방식(인지), 스트레스(긴장)를 경험하는 상황의 조건들, 문제의 해결을 촉진할 수 있는 개인적 자원(자질, 능력 등), 환경(지지적 인물 등)을 알아보며 필요한 심리검사를 실시한다.

(6) 목표를 설정한다. 집단원이 수정하고자 하는 행동이 무엇인가를 분명히 밝히고 목표를 설정한다.

(7) 구성원이 수립한 목표 설정을 위해서 습득해야 할 구체적 행동이나 제거시켜야 할 행동을 선정하여 객관적인 용어로 정의한다.

(8) 행동의 기초선을 측정한다. 행동 수정에 들어가기 직전까지의 행동이 얼마나 빈번하게 또는 오랫동안 일어나고 있었는가를 측정한다.

(9) 적응 행동의 증가와 부적응 행동의 약화가 나타난다. 기초선을 측정한 이후에는 상담 과정에서 정적 강화, 부적 강화, 벌 또는 소거 등의 기법을 적용해서 바람직한 행동을 증가시키고 부적응 행동은 약화시키거나 제거시켜 나간다.

(10) 행동 수정된 효과의 일반화를 이룬다. 어떤 바람직한 행동이 획득된 다음에는 그 행동이 구성원의 생활환경에 확대되어 유지되도록 하게 한다.

📁 **실력다지기**

행동연습

1) 행동연습(behavioral Rehearsal)은 행동주의 기법을 적절히 결합하여 행동을 습득하고 습관화시키기 위해 사용하는 기법이다.

2) 이를 위해 제일 먼저 해야 할 것은 역할 연기를 통해 시범을 보이는 것이다.

3) 어느 정도 행동이 습득되면 행동계약을 하고 행동과제를 내 준다.

4) 행동계약은 일정 수준 또는 빈도를 정해서(목표설정) 그 목표가 달성되면 집단원들이 그에게 강화물을 제공하고 목표가 달성되지 못했을 경우는 벌을 주도록 계약을 하며 이 계약을 집단에서 일관성 있게 시행하도록 한다.

5) 습득한 행동을 습관화하기 위해 스스로 자기 지도를 한다.

6) 자신의 비효과적인 행동패턴을 잘 수정하지 않고 상대방 입장에 대한 이해가 부족한 경우는 역할 바꾸기를 한다.

4 현실치료 이론

1) 집단상담 목표

내담자의 기본적 욕구를 현실적으로 충족하는 방법을 통해 자신과 대상에 대한 통제력을 습득하도록 도와주는 것이다.

2) 집단상담자의 역할

(1) 우리 자신의 인생을 통제할 뿐이지, 통제받기를 원하지 않는 타인은 통제할 수 없다는 것을 학습시킨다.

(2) 타인의 욕구를 방해하지 않는 범위 내에서 자기의 욕구를 충족시키며 타인이 자기를 통제하지 않도록 가르친다.

(3) 치료자는 내담자에게 자신의 정신적, 신체적 건강 유지에 유익한 활동을 찾아서 긍정적인 현상에 몰입하도록 요청한다.

(4) 집단상담자는 내담자와 함께 WDEP(Want, Doing, Evaluation, Planning)의 단계를 거친다.

① 집단원의 심리적 사진첩에 각인된 개인의 바람(Want)과 욕구를 탐색한다. 집단원이 원하는 것이 무엇인가를 질문하여 마음 속에 새겨져 있는 기대치를 찾아내게 한다.

② 전(체)행동을 지각한다. 집단원이 자신의 욕구 충족을 위해서 현재 어떠한 태도로 임하는가(Doing)를 이야기하게 한다.

예 "당신은 지금 무슨 행동을 취하고 지내십니까?"

③ 집단원에게 평가(Evaluation)를 요청한다.

ㄱ. 집단원이 지각한 자신의 현재 행동에 대해 스스로 가치 판단을 내리도록 안내한다.

ㄴ. 자신의 행동이 자기의 욕구 충족을 위하여 과연 효과적인가를 검토하도록 한다.

④ 집단원이 새로운 행동을 시도하도록 계획 수립(Planning)하는 것을 돕는다.

계획과 실행 과정으로서 집단원이 긍정적인 행동 계획을 세우고 그 계획을 실천하겠다고 약속을 받는 것으로 이루어진다.

3) 집단 기법

(1) 기술적 질문

① 거의 모든 단계에서 질문이 집단 기법으로 활용된다.

② 질문의 4가지 주요 목표

ㄱ. 집단원의 내부 세계로 들어가기 위해

ㄴ. 정보를 모으기 위해

ㄷ. 정보를 주기 위해

ㄹ. 집단원 삶의 효과적인 통제를 위한 도움을 위해

(2) 언어 충격 기법

① 긴장을 유발하는 기법이다.

예 '당신은 미친 사람입니다. 왜냐하면 책임을 지지 않으려고 하니까요.'

📁 기출문제 확인학습

현실치료 집단상담에서 집단원의 바람이나 욕구 충족에 효과적인 계획의 특징

1) 집단원이 새로운 행동을 시도하도록 하고 계획수립하는 것을 돕는다.
2) 계획과 실행 과정으로서 집단원이 긍정적인 행동 계획을 세우고 그 계획을 실천하겠다고 약속을 받는 것으로 이루어진다.
3) 따라서, 효과적인 계획의 특징은 이해하기 쉽고 간단하며 즉각적인 실행이 용이하다.

현실치료 집단상담 인간관

1) 현실치료 집단상담은 인간본성에 대한 결정론적 철학에 의존하지 않고 인간은 궁극적으로 자기 결정을 하고 자기 삶에 책임을 갖고 있다는 가정에 근거한다.
2) 이것은 실존적이고 현상학적인 전제에 기초한다.
3) 글래서는 인간은 자유롭고 자신의 목표를 스스로 선택하고자 하는 욕구를 지닌다고 가정하고 있다.
4) 사람들이 다른 사람들의 자유를 침해하려는 결정을 한다면 그들의 행동은 무책임하다.
5) 집단원으로 하여금 다른 사람들이 그 과정에서 고통을 당하지 않게 하면서 자신의 자유를 성취할 수 있는 방법을 배우도록 하는 것이 필수적이다.

현실치료에서 '불행의 근원'은 관계

1) Glasser는 불행의 가장 주된 근원을 중요한 사람과의 관계라고 보았다.
2) 즉, 배우자, 부모, 자녀, 친구, 동료와 같은 중요한 사람들이 부재하거나 그들과 갈등할 경우에 불행해진다는 것이다.
3) 여러 발달단계에서 나타나는 대부분의 심리적 문제는 관계에 뿌리를 두고 있으며, Glasser는 현재의 관계가 행복과 불행의 주요한 근원이라고 보았고, 그는 특히 결혼과 부부관계가 중요함을 강조했다.

📁 실력다지기

현실치료(현실주의 상담)의 진행 절차

현실치료는 크게 상담환경 가꾸기와 내담자를 행동변화로 인도하는 과정으로 구성된다. 현실치료의 실행은 진실되고, 따뜻하고, 관심 어린 관계를 만들려는 노력과 함께 시작된다.

1) 상담환경 가꾸기 - 내담자의 행동변화를 촉진하는 환경을 만드는 상담자의 태도와 관련됨
   (1) 주의 기울이기 (Use Attending Behaviors)
      다른 상담에서와 같이 현실치료에서 유익하게 사용되는 주의를 기울이는 기술들, 즉, 얼굴표정, 수용적 자세, 언어적/비언어적 행동, 바꾸어 말하기 등은 상담자와 내담자간의 관계를 증진시키는데 도움을 준다.
   (2) ABs법칙을 실시하기(Practice the AB-CDEFG) - 내담자와의 지속적인 우호관계를 형성해 나아가는데 도움이 되는 지침
      ① 항상 침착하고 예의 바를 것(Always Be Calm & Courteous)
      ② 항상 신념을 가질 것(Always Be Determined)

③ 항상 열성적일 것(Always Be Enthusiastic)

④ 항상 확고할 것(Always Be Firm) - 상담자들은 분명한 가치판단을 요구하고 강조한다.

⑤ 항상 진실할 것(Always Be Genuine)

(3) 판단을 보류하기 (Suspend Judgement)

내담자의 어떠한 행동도 내담자 자신의 욕구를 충족시키려는 최선의 선택으로 일단 보아야 한다는 것을 의미한다. 즉, 상담자는 판단하거나 비난하지 않고 내담자의 행동을 이해하여야 한다.

(4) 예상하지 않은 행동하기 (Do the Unexpected)

상담자와 내담자 간의 우호적 환경을 조성하는 데 도움이 되는 지침은 때로는 예상치 않은 행동을 하는 것이다. 상담자는 내담자가 그의 또 다른 내적 바람을 보게 하여 잠시나마 고통을 제쳐두도록 도와준다.

(5) 유머를 사용하기 (Use Humor)

유머는 적당한 시기에 사용되어야 한다. 내담자와 상담자 양쪽 모두 웃고 학습하는 데 도움이 되어야 한다. 유머를 통해 '삶이 아름다울 수 있고', '희망이 있고', '웃음이 가장 좋은 약'이라는 것을 내담자에게 가르치는 것이다.

(6) 자기스럽게 상담하기 (Be Yourself)

상담자가 자기의 인성에 맞게 진취적이면 진취적으로, 부드럽고 조용하면 조용하게, 가장 자기답게 상담하는 것이다.

(7) 자기 자신을 개방하기 (Share Yourself)

상담자는 자신의 부족한 점도 보일 수 있어야 한다. 상담자가 내담자와 자기 자신을 나누려는 것이 필요하다.

(8) 은유적 표현에 귀 기울이기 (Listen for Metaphors)

내담자가 이미 알고 있는 것을 더 많이 이해하도록 하고, 분명하게 알려지지 않았던 것에 대해 통찰력이 생기게 하고 심미적이고 정서적인 강도를 표현할 수 있게 하기 위한 것이다.

(9) 주제에 귀 기울이기 (Listen for Themes)

상담자가 다시 반영시켜 주어 주제로부터 이탈되지 않게 효과적으로 방향을 설정해 나갈 수가 있다.

(10) 요약하기와 초점 맞추기 (Use Summaries and Focus)

상담자는 내담자가 하는 이야기들을 요약하여 진실로 원하는 것에 초점을 맞출 수 있도록 도와준다.

(11) 자기선택에 대한 결과를 책임지게 하기 (Allow Impose Consequences)

이것은 내담자의 바람직하지 않은 행동에 대해 책임을 지게 하는 기술이다.

(12) 침묵을 허용하기 (Allow Silence)

내담자가 침묵하는 동안 자신의 생각을 모으고 자신의 내면의 심리적 사진과 지각을 명료하게 하고 문제해결을 위한 계획을 세울 수 있도록 도와주고 내담자에게 책임을 지게 하는 것이다.

(13) 윤리적이기 (Be Ethical)

내담자 자신이나 타인의 안녕을 침해하는 것이 명백한 경우, 상담자는 합법적이고 적절한 행동을 취하거나 보호관찰기관이나 내담자의 위반활동을 감독할 권한이 있는 기관에 알려야 할 의무가 있다.

2) 행동변화를 위한 상담 과정

우볼딩(Wubbolding)은 상담절차 요소의 중요한 핵심으로 'WDEP구조'를 들고 있다.

(1) W (Want) 찾기 : '좋은 세계' 욕구, 바램, 지각 탐색하기

(2) D (Doing) 찾기 : 전 행동(total behavior)을 탐색하고 평가하는 과정

(3) E (Evaluation) : 내담자에게 행동의 평가를 요청하기

(4) P (Plan) 찾기 : 활동에 대한 긍정적 계획 짜기

5 인간중심 이론 - 로저스

인간중심적 집단상담

1) 인간중심 집단상담에서 인간은 완전성과 자아실현을 지향하는 존재이며 집단상담자의 최소한의 도움으로 자신들의 방향을 찾을 수 있다는 것을 전제한다.

2) 인간중심 집단상담은 인간의 자기잠재력을 실현하려는 경향성에 대한 기본적인 신뢰감과 스스로 건설적인 방향으로 움직여 갈 수 있는 가능성을 가진 집단 능력에 대한 신뢰를 바탕으로 하고 있다.

3) 따라서 집단이 지향하는 바로 나아가기 위해서 구성원들은 자신들의 감추었던 부분을 드러내고 새로운 행동을 시도할 수 있는 신뢰롭고 수용적인 분위기를 발전시켜야 한다.

4) 인간중심 집단상담의 기본이론은 " if ∼ then"의 가설 [만약(if) 상담자의 태도에서 어떤 조건이 나타난다면, 그 때 (then) 내담자에게 긍정적인 변화가 일어날 것이다] 로 설명될 수 있다.

5) 여기서 어떤 조건이란 진솔성, 무조건적 긍정적 배려, 공감적 이해라는 필요충분조건을 말한다.

📁 **기출문제 확인학습**

인간중심 집단상담자의 개입방식

집단과정에 대해 많은 의견을 제시하는 것이 아니라 파트너의 역할을 하며 집단원의 동기와 행동을 지속적으로 해석해 주기보다는 집단원 자신이 스스로 찾아갈 수 있도록 도와주며 어떤 정서를 이끌어 내기 위해 계획된 방법을 사용하기보다는 집단과정 그 자체를 더 중요시한다.

1) 문제

(1) 인간은 성장하면서 다른 사람들의 가치기준들을 알아가게 되고 이에 따라 이 가치에 맞춰 살아가려는 자신의 자아개념과 유기체 경험 간의 불일치가 생겨나게 된다.

(2) 즉, 인간은 타인에게서 충족 받으려고 하는 긍정적인 자기 관심의 욕구 또는 자기 존중의 욕구 때문에 자신의 경험과 자아개념 사이에 불일치가 커지게 되고 그 결과 불안을 경험하게 되는데 이것이 심리적 부적응 상태이다.

2) 목표

(1) 인간중심 집단상담의 목표는 각 참가자와 집단 전체에 기본적 실현 경향성이 자유롭게 표현되는 분위기를 창조하는 것이다.

(2) 인간중심 집단상담에서는 참가자의 자아개념과 유기체적 경험 사이의 불일치를 제거하고 그들이 느끼는 자아에 대한 위협과 그것을 방어하려는 방어기제를 해제함으로써 참가자들이 스스로 충분히 기능하는 사람이 되도록 하는 것을 목표로 한다.

(3) 상담자는 참가자로 하여금 치료목표를 스스로 세우도록 하고, 상호 신뢰로운 분위기 속에서 참가자가 거리낌 없이 자기를 노출하도록 함으로써 자신의 내면세계를 이해하고 자신의 문제를 제대로 파악할 수 있도록 돕는다.

(4) 참가자는 자신이 처한 환경에 대한 왜곡된 지각을 수정하고 현실적 경험과 자아개념 간의 조화를 이룩하며 궁극적으로는 자신의 능력과 개성을 최대로 발휘하여 자아실현을 촉진하게 되어 충분히 기능하는 사람으로 성장한다.

(5) 참가자가 잠재력의 발휘를 가로막는 불안과 의심으로부터 자유로워져야 하는데, 여기서 상담자의 조력이 필요하며 상담자의 진솔성, 무조건적 긍정적 존중, 공감적 이해와 같은 태도는 내담자의 변화를 이끄는 촉매 역할을 한다.

(6) 인간 중심 집단상담에서는 어떤 특별한 행동의 변화에 상담의 목적을 두기보다는 참가자 모두가 자신의 전체적이고 계속적인 성장의 방향으로 향하게 하도록, 궁극적으로 충분히 기능하는 사람으로 성장하도록 돕는 것을 목적으로 삼는다.

(7) 결론적으로 참가자 모두가 자신의 '자아실현 경향성'의 발현과 '완전히 기능하는 인간'이 되도록 조건을 조성하는 것이다.

3) 기법

(1) 인간중심에서는 특정한 상담기법이나 방법보다는 상담자의 인격이 상담 장면에서 중요한 역할을 한다.

(2) 즉, 내담자의 자기실현경향성을 이루도록 도와주기 위한 상담자의 진실성, 무조건적 긍정과 수용, 공감 등의 태도가 일종의 상담기법이 되는 것이다.

4) 집단상담자의 역할

(1) 인간중심 접근에서는 상담자의 가장 중요한 역할이 집단 내에서 참가자들이 서로 솔직하고 의미 있는 방식들로 상호작용할 수 있는 생산적이고 치료적인 분위기를 만드는 것이므로 기법보다는 상담자의 인간적 자질이 더 요구된다.

(2) 치료적 분위기는 상담자가 정확한 공감적 이해 수용, 비소유적인 온정, 관심, 진솔성과 같은 태도에 기초한 관계를 만들 때 형성된다.

(3) 상담자가 이러한 태도와 수용, 애정을 보여주면 내담자들은 자신의 방어벽을 누그러뜨릴 것이고, 개인적으로 의미 있는 목표를 이루기 위해 노력할 것이며 그 과정 속에서 적절하고 유용한 행동변화를 할 수 있게 되는 것이다.

(4) 로저스는 인간의 자기실현 경향성을 촉진시키는 상담자의 3가지 태도로 진실성, 무조건적 긍정적 존중, 공감을 주장하였다.

6 게슈탈트 이론

1) 특징

(1) 집단 속의 개인 상담

① 상담자가 중심이 되어 한 번에 한 집단원의 문제를 집중적으로 다루며 집단원의 현재 경험에 중점을 두고 그것에 대한 집단원의 자각이 이루어지도록 돕는다.

② 집단에서 어떤 활동을 할 것이며 누구와, 또 언제 그러한 상호작용이 이루어질 것인가가 대부분 집단상담자에 의해서 결정되고 인도된다.

(2) 게슈탈트 집단상담의 목적

① 부모 상에 복종하고자 하는 마음과 반항하는 마음의 두 가지 모습을 깨닫도록 인도함으로써 전경과 배경이 동시에 지각되어 게슈탈트가 형성되도록 한다.

② 집단원들이 '지금-여기'의 실존을 경험하여 자각에 이르도록 돕는다.

③ 자기 수용을 통한 성격의 통합을 이루도록 원조한다.

📁 **기출문제 확인학습**

게슈탈트 상담이론의 8가지 인간관

1) 인간은 통합된 부분들로 이루어진 복합물이다.
2) 인간은 환경의 한 부분이며 환경과 분리하여서는 인간을 이해할 수 없다.
3) 인간은 내·외적 자극에 대해 반응할 방법을 선택하며 세계에 대한 행위자이다.
4) 인간은 모든 감각, 사고, 정서, 지각을 충분히 인식할 수 있는 잠재력을 가지고 있다.
5) 인간은 인식력을 가지고 있기 때문에 선택할 수 있다.
6) 인간은 자기 자신의 삶을 효과적으로 영위할 수 있는 능력을 가지고 있다.
7) 인간은 과거와 미래를 경험할 수 없으며 현재에서만 자기 자신을 경험할 수 있다.
8) 인간은 기본적으로 선하지도 악하지도 않다.

📁 **실력다지기**

지금-여기 (Here and now)

지금-여기는 실존주의 철학에 근거를 두지만 게슈탈트 창시자인 펄스(Perls)에 의해 확산되었다. 펄스는 상담자가 과거 사건에 초점을 두는 상담방법을 사용하게 되면 내담자가 자신의 현재 문제를 정당화하는 이유를 제공함으로써 오히려 증상 완화를 방해한다고 믿었다. 우리의 일상적인 삶도 과거나 미래에 집착하는 경향이 많은데 이것은 현재를 직면하지 않으려는 태도에서 비롯된다. 우리의 실존적 삶이란 이미 지나버린 과거도 아니고 아직 다가오지도 않은 미래도 아니며 단지 현재에서만 가능한 것이다.

'지금 - 여기'의 개입이 집단상담에 주는 효과

1) 집단원에 대한 가장 타당한 자료수집의 방법이 된다.

2) 개인적 자각을 증가시키고 집단에 관여하도록 한다.

3) 집단원 자신의 문제를 대인관계 문제로 바라볼 수 있도록 한다.

4) 집단원 간의 합의적 타당화와 자기 관찰을 통해 자신이 다른 사람과 상호작용하는 방식을 알아차리게 된다.

5) 과거나 미래에 머물면서 집단 상호작용에 저항하는 집단원들로 하여금 집단 상호작용에 참여케 한다.

---

2) 집단상담자의 역할

(1) 집단 안에서 한 사람의 문제를 상담자와 1 : 1로 집중적으로 다루고 나서 다른 구성원의 문제를 다루어 나간다.

(2) 집단원들은 집단 속의 참여적 관찰자이면서 청중이 되는 것이다.

(3) 집단원들의 자각을 돕기 위해 여러 가지 기술, 게임, 활동 등을 책임지고 계획하고 지도한다.

3) 집단 기법

(1) 뜨거운 자리

① 집단원 중에 자기 문제를 해결하고 싶으면 누구든지 한 사람만 나와 집단상담자의 자리와 마주보고 있는 빈 자리에 맞으라고 한다.

② 자기를 괴롭히는 구체적 문제를 이야기하게 하고 집단상담자는 직접적으로 공격하고 맞닥뜨린다.

③ 집단원과 집단상담자 사이에 어떤 결론에 도달했다고 느낄 때까지 그 문제에 대한 상호작용이 이루어진다.

④ 다른 집단원들은 특별한 허락 없이는 그 집단원과 집단상담자의 상호작용을 방해하지 않게 하도록 한다.

(2) 차례로 돌아가기(= 한 바퀴 돌기 = 순회하기)

뜨거운 자리에 앉아 있는 집단원이 다른 집단원들에게 한 사람씩 차례로 돌아가면서 자신의 감정을 이야기하거나 특정한 행동을 하게 한다.

> **사례**
> "저는 사람들을 잘 믿지 못해요." → 모든 집단원들에게 돌아가며 이 말을 표현하게 시킴 → 각성을 촉진하는 기법

(3) 현실검증

내담자는 흔히 자신의 상상이나 투사를 현실과 혼동해서 어려움을 겪게 되는데 치료자는 현실이 내담자가 상상하는 것과는 다를 수 있다는 것을 알게 해줌으로써 현실적인 감각을 키워 주어야 한다.

> **사례**
> 타인이 자기를 비웃을지 모른다고 생각하는 사람에게 집단원들에게 돌아가면서 그들이 자기에 대해 어떤 생각과 감정을 갖고 있는지 물어보게 하거나 표정을 살피게 해서 자신에 대한 그들의 태도를 직접 확인하도록 해 주는 것이다.

게슈탈트 집단상담

게슈탈트 집단상담은 게슈탈트(형태)의 형성과 해소라는 일련의 과정을 거치며, 집단상담자에 의해 주도적으로 진행되고, 지금-여기, 접촉, 각성 등을 강조하며 뜨거운 자리, 순회하기(차례로 돌아가기, 내담자로 하여금 집단을 순회하면서 집단의 개개인에게 자신이 보통 때는 언어적으로 의사소통하지 않는 것을 해보게 하는 것으로, 주 목적은 혼자 힘으로 모든 것을 하는 것이 어떠한지 자각하게 하는 것임) 등의 기법을 사용한다.

실존주의 집단상담

1) 실존주의 상담에서 인간 존재의 불안 원인은 본질적인 시간의 유한성과 죽음 또는 존재하지 않는 것에 대한 불안에서 기인하며 이 문제해결방법은 인간 존재의 참된 의미를 발견하는 것이다. 따라서 집단원들을 불안의 원천인 죽음이라는 실존적 조건 속에서 살아가는 존재로 본다.

2) 실존주의 집단상담은 정신병리의 원인에 대한 체계적인 이론을 기초로 집단원을 범주화하지 않는다. 정신병리의 원인에 대한 체계적인 이론을 기초로 집단원을 범주화하는 것은 정신분석 집단상담에 해당한다.

3) 불안을 집단원들의 실존에 대한 대표적인 정서반응으로 간주한다.

4) 집단원의 일중독 문제를 실존적 불안 회피를 위한 방어적 노력이라고 여긴다. 실존주의 집단상담은 불안, 죄책감, 좌절, 외로움, 소외에 대해 새로운 관점을 제시하였다.

5) 실존주의 상담은 집단원들의 현재에 관심을 갖는다.

7 의사교류분석 이론 (교류분석적 집단상담) - 대인관계, 의사소통 문제에 적용

1) 집단상담 목표

구성원들이 각자의 자아 상태 교류 양식의 특성을 이해하도록 분석을 시도한다.

(1) 집단원들로 하여금 자아 상태의 오염을 제거하도록 돕는다.

(2) 생활 장면의 요구에 따라 모든 자아 상태를 고르게 활용할 수 있는 능력을 개발하도록 돕는다.

(3) 각 개인이 부적절한 생활각본(= 인생각본)을 버리고 생산적인 생활각본을 지니도록 돕는다.

2) 집단상담자의 역할

(1) 상담자-집단원들 간의 계약, 집단에서 집단원들이 각자 이루어야할 목표를 구체적으로 진술한다.

(2) 교류 분석에 대한 소개를 해 준다.

(3) 집단원 교류 분석[7]의 종류: 구조분석, 교류분석, 게임분석, 각본분석

① 구조분석

과거의 경험적 자료들 때문에 형성된 자아구조의 혼합이나 배타 현상의 여부를 파악하고 자유롭게 각 자아 상태들에 대한 현실검증을 할 수 있도록 돕는다.

---

7) 자세한 것은 상담이론의 교류분석적 상담 부분을 참고하길 바란다.

② 의사교류 분석

구조적 분석을 기초로 하여 집단원 각 개인이 집단지도자나 다른 집단원과의 관계에서 행하고 있는 의사교류 혹은 의사소통의 양상과 성질을 파악하는 분석이다.

③ 게임분석

ㄱ. 숨겨져 있기는 하지만, 세련된 보상 행동으로 보이는 일련의 암시적 혹은 이중적 의사교류를 분석한다.

ㄴ. 특히 생산적인 방법으로 그들의 시간을 조직하는 데 실패한 사람들이 인정 자극을 받기 위해 얼마나 게임에 의존하는가를 분석한다.

④ 생활각본 분석

생의 초기에 있어서 개인이 경험하는 외적 상태들에 대한 자신의 해석을 바탕으로 결정하여 형성된 생활각본을 분석한다.

8 개인심리 이론 (개인심리 집단상담) - 아들러, 개인주의 집단상담

1) 중요 개념 및 특징

(1) 사회적 관심

인간은 사회적 속성을 지니고 있고 인간 행동은 사회적 맥락에서 발달하기 때문에 사회적 관심의 맥락에서 인간 행동을 연구한다.

(2) 상담목표

① 열등감과 그릇된 생활양식의 발달과정에 대한 이해를 통해 잘못된 생활 목표를 변화시키는 것이다.
② 새로운 생활양식을 구성하게 하고 사회적 관심을 가지도록 촉구한다.
③ 집단상담은 서로에게서 배우고 학습하는 일종의 교육과정으로 이해된다.

2) 집단상담자의 역할

(1) 지금-여기의 강조

집단 내에서 일어나는 개인들의 지금-여기의 행동에 주목하고 집단원들 스스로 그 행동의 목적과 결과에 대해 이해하도록 격려한다.

(2) 역동의 분석과 이해

① 현재의 갈등상태에 근간이 되는 역동을 이해하기 위해 개인에 관한 행동 자료를 수집한다.
② 집단원들이 겪는 갈등의 원인에 대한 가설을 수립한다.

(3) 재교육 실시

① 집단원들의 그릇된 생활양식을 변화시키기 위하여 대안을 찾고 달리 행동할 수 있게 돕는다.

② 재교육 수준에서 효과가 있었는가를 알아내기 위해서 초기 경험에 관한 회상을 시켜 본다.

③ 회상의 내용에 변화가 있다면 집단원의 삶에 대한 생활양식이 변화되었다는 것을 의미하는 것이다.

📁 기출문제 확인학습

개인심리적 집단상담의 기술

1) 역설기법(역설적 의도)

(1) 문제 또는 증상에 대한 집단원의 저항에 대항하지 않고 문제에 편승하게 하는 기법으로 내담자 자신을 나약하게 만든다는 생각이나 행동에 의도적으로 관심을 두고 과장하는 것을 말한다.

(2) 이 기법의 핵심은 내담자가 저항에 의해서라기보다는 내담자의 편이 되는 것이다.

2) 단추 누르기(버튼 누르기)

(1) 집단원에게 행복한 경험과 불행한 경험을 번갈아 가면서 생각하도록 하고, 각 경험과 관련된 감정에 관심을 두도록 하는 기법이다.

(2) 내담자가 유쾌한 경험과 유쾌하지 않은 경험을 번갈아 가면서 생각하도록 하고 각 경험과 관련된 감정에 관심을 두도록 하는 것이다.

3) 수프에 침뱉기

집단원의 행동 뒤에 숨겨진 의도나 목적을 드러내어 집단원이 문제행동을 하는 것을 꺼리게 하는 기법이다.

4) 마치 ~ 인 것처럼 행동하기

(1) 상담자는 내담자가 자신의 바람을 이룬 자신으로 상상하고 행동하도록 역할놀이 상황을 설정한다.

(2) 내담자가 "만약 내가 …을 할 수 있다면"이라고 말하면 최소한 일주일 동안 그 환상 속의 역할을 실제로 행동해 보고 무슨 일이 일어났는지를 보도록 한다.

(3) 따라서 내담자는 긍정적인 방향으로 기대를 변화시킴으로써 자신의 계획을 성공시킬 수 있도록 돕는다. 만약 실패했다면 실패한 이유에 대해서 논의한다.

5) 악동피하기(악동의 함정 피하기)

(1) 내담자가 일상생활에서의 자기 패배적 행동양상을 상담 장면에 가져오는데 잘못된 가정도 사실로 인정받을 수 있는 기회가 있기 때문에 잘못된 가정에 매달려 있는 것인지도 모른다.

(2) 따라서 상담자는 함정에 빠지지 않도록 하며 내담자의 행동을 강화하지 않도록 주의해야 한다.

아들러(A. Adler) 집단상담의 역동성의 탐색 단계 (상담과정 중 2단계)

1) 집단원의 역동성의 탐색은 두 부분으로 나누어지는데, 치료자는 집단원의 생활양식을 이해하고자 하며 집단원의 생활양식이 현재의 삶을 어떻게 발휘하고 있는가를 이해한다(주관적인 상황).

2) 집단원의 생활양식을 이해하기 위해 치료자는 집단원의 감정, 동기, 신념, 목표 등에 세심한 관심을 기울인다.

3) 이 단계의 목표는 사람들로 하여금 '만약 ~하기만 하면(as if)'의 성격을 벗어나게 하는 것이며 탐색하기 위한 조사는 면접의 첫 순간부터 시작된다.

4) 탐색단계의 주요목표는 집단원으로 하여금 자신의 우선적 욕구의 순위를 알도록 하여 그 순위가 무엇이든 수용하고 그 대가가 실제로 치를 만한 가치가 있는 것인지 판단하도록 도와 집단원의 잘못된 신념과 목표를 평가할 수 있으며 집단원에게 좀 더 합당한 대안들을 고려할 수 있다.

5) 집단원에게 남아있는 어린 시절에 대한 기억을 떠올리게 하여 그 기억에 담겨있는 감정과 사고도 표출하게 한다.

6) Adler학파는 초기회상을 개인 생활양식을 이해하는 중요한 자료로 보고 있다.

> **cf** 행동하는 방식의 이면에 숨겨진 동기를 다루는 단계는 [자기이해와 통찰] 단계에서 이루어진다. 3단계에서는 통찰과 자기이해의 독려가 중요한데 이때 해석기술을 사용한다. 해석은 현 시점에서 내담자의 행동에 대한 모호한 동기를 다루는 기술이다. 집단원의 숨겨진 동기를 다루는 것도 같은 맥락에서 생각하면 된다. 즉, 숨겨진 목적이나 목표(동기)에 대한 통찰은 잠정적인 가설로써 치료자에 의해 적시에 주어지는 통찰에서 뿐 아니라 격려와 도전의 과정을 통해서 나타나게 된다.

9 해결중심 집단상담이론(이하 해결중심모델)의 원리와 철학

1) 해결중심모델의 생성

(1) Steve de Shazer와 Insoo Kim Berg가 1978년 Milwaukee에 Brief Family Therapy Center(BFTC)를 설립하여 단기치료모델로서 해결중심치료를 개발하였다.

(2) 탈근대주의와 사회구성주의 영향

치료자에 대해 전문가로서가 아니라 가족들이 자신의 신념을 가지고 문제를 해결해 가도록 돕는 협조자로서 역할을 강조하였다. 즉 치료자의 역할은 문제에 새로운 의미를 만들고 해결방안을 구축해 나가도록 내담자와 협동하는 것이다.

2) 해결중심모델의 기본 원리

(1) 해결중심치료의 기본원리의 전제는 내담자가 이미 문제해결을 위한 자원을 가지고 있으며, 문제를 해결할 수 있는 능력을 갖고 있다는 것이다.

(2) 병리적인 측면 대신에 건강한 것에 초점을 둔다.

긍정적인 것, 내담자의 성공적인 경험, 장점, 강점을 발견하고 이를 치료에 활용한다.

(3) 내담자는 이미 문제를 해결할 수 있는 자원을 갖고 있다.

내담자는 자원, 지식, 믿음, 행동, 사회적 관계망, 성공적 경험 등 자원이 많으며, 내담자가 원하는 결과를 성취하기 위해 이를 활용한다.

(4) 탈이론적이고 비규범적이며 내담자의 견해를 존중한다.

내담자가 경험하는 문제에 대해 어떠한 가정도 하지 않을 뿐 아니라, 내담자에 관한 것을 특정한 이론적 틀에서 해석하거나 평가하지 않는다.

(5) 작은 변화는 큰 변화를 이끌어낸다.

작은 변화가 시작되면 큰 변화가 일어날 것으로 믿기 때문에 치료목표는 내담자가 달성할 수 있는 작은 것으로 세운다.

(6) 변화는 항상 일어나며 불가피한 것이다.

인간의 삶 속에서 변화는 끊임없이 일어난다. 어떠한 문제라도 문제가 발생할 때가 있고, 문제가 발생하지 않을 때가 있다. 해결중심모델은 문제가 발생하지 않는 예외상황을 확대해 나가고자 한다.

(7) 현재와 미래를 지향한다.

내담자의 과거를 깊이 연구하지 않으며, 내담자가 현재와 미래에 적응하는 것을 돕는 것에 관심을 둔다.

(8) 해결중심치료에서는 내담자가 가져온 문제의 전문가는 내담자 자신이며, 치료자는 협력자이다. 따라서 치료자가 내담자가 문제에 대해 생각하는 바에 대해 많은 정보를 얻을 필요가 있으며, 이를 위해서는 문제에 대해 '알지 못함의 자세'를 취해야 한다.

📌 **심화학습**

이야기 치료 목표와 기법

1) 목표 : 사람들이 구성한 삶의 이야기를 경청하고, 부정적인 내용을 새로운 언어로 재구성하도록 촉진한다.

2) 기법

(1) 문제의 외재화 : 이야기의 힘을 분해하여 문제와 내담자를 분리하는 과정이다.

　예 "이 문제가 당신의 삶에 어느 정도 영향을 미친다고 생각하는가?"

(2) 구체적 결과 찾기 : 외재화 질문 이후에 문제가 내담자에게 어떤 영향을 미치고 있는지 구체적인 결과를 질문을 통해 확인한다.

　예 "그 문제가 당신을 지배하려고 한 적이 있는가?", "그것 때문에 당신이 알아야 하는 것은 무엇인가?"

(3) 대안 이야기와 재창작 : 예언되지 않은 구체적 결과를 통해 내담자가 새로운 이야기를 재창작하도록 한다.

　예 "당신이 그때 그것을 알고 있다면 무엇을 할 것인가?"

(4) 증거자료 : 재창작된 이야기를 지지하는 증거를 통해 변화를 강화한다.

　예 치료적 편지쓰기 방법

---

10 심리극 (사이코 드라마)

1) 특징

일정한 대본 없이 등장인물인 집단원에게 어떤 역할과 상황을 주어 그가 생각나는 대로 연기를 하게 하여 그의 억압된 감정과 갈등을 표출하게 하여 치료하는 집단치료 접근이다.

(1) 갈등을 말보다는 행동으로 직접 표현하여 드러내게 한다.

(2) 이 과정을 통해 과거의 상처받은 마음을 치료하며 보다 깊이 있게 자신을 이해하고 새로운 모습으로 변화하도록 한다.

(3) 아이들이나 정신질환자들처럼 언어 표현에 불편을 느끼거나 잘 표현하지 못하는 사람들까지도 신체적 동작을 통해 자신을 표현하도록 해 준다.

(4) 특정한 의상을 입을 필요도 없으며 무대도구도 필요하지 않고 단지 장면을 상상만 하면 되는 것이다.

2) **심리극 구성 [5대 요소]**

주인공, 연출가, 보조자아, 관객, 무대로 구성되며 모두가 참여하여 하나의 드라마를 연출하게 된다.

(1) 주인공

심리극의 연기 주체가 되는 사람으로서 심리극에 참여한 관객 중 한 사람이다.

(2) 연출가

주인공이 그의 문제를 탐구하도록 심리극을 이끌어 주는 전문가이다.

(3) 보조자아

전문적인 훈련을 받은 사람 또는 관객 중에서 담당하도록 한다.

① 주인공의 또 다른 모습이 되기도 하며 주인공에게 중요한 인물(부모, 형제, 의미 있는 물건 등) 역할을 하기도 하며 주인공이 심리극에 집중하도록 돕는다.

② 주인공이 전에 몰랐던 자신의 모습을 볼 수 있게 하며 마음 속에 담아두고 잘 표현하지 못했던 감정을 표현할 수 있게 한다.

(4) 관객

① 심리극의 관객은 주인공과 같은 문제를 가진 사람들로 구성되는 경우가 많다.

② 심리극을 보며 극에 참여함으로써 각자의 심리적 어려움을 해결하도록 한다.

(5) 무대: 심리극이 이루어지는 공간

3) **진행과정: 준비작업(warming-up), 행동, 종합**

(1) 준비과정

① 간단한 역할극, 상황극, 상상의 표현 등을 통해 마음의 긴장을 풀고 자신의 마음을 행동으로 표현해 보고자 하는 참여의식을 높여주는 과정이다.

② 이 과정에서 스스로 자신을 표현해 보고자 하는 동기가 강한 한 사람이 주인공으로 선정된다.

(2) 행동

① 주인공이 선정되면 보조자아가 연출자의 지시에 따라 주인공과 같이 행동하며 서로의 행동을 통해 주인공이 자신의 문제를 표현하도록 돕는다.

② 관객들은 주인공의 행동을 보면서 자신도 주인공의 감정을 함께 느끼게 된다.

③ 주인공이 자신의 갈등을 충분히 행동으로 표현하면 마음의 정화가 이루어지고 자신의 모습을 볼 수 있게 된다.

(3) 종합

① 주인공이 자기가 원하는 새로운 행동을 충분히 연습할 수 있게 하며 심리극 중에 깨달은 것을 지속할 수 있게 한다.

② 관객들이 자신의 느낌을 서로 토론하여 서로의 느낌을 공유하고 주인공을 격려한다.

4) 기본정신 - 창조성, 자발성, 즉흥성

(1) 창조성 - 새로운 것을 만들어 낼 수 있는 능력이다.

(2) 자발성 - 다양한 여러 상황에서 여러 가지 형태의 다른 반응으로 능동적으로 대처하는 것이다.

(3) 즉흥성 - 사전연습이나 대본 없이 즉흥적으로 역할과 상황을 연출하는 것이다.

5) 집단상담자(연출자)의 역할

(1) 무대에서의 경험을 현실처럼 느끼고 심리극의 진행을 위해서는 주인공의 몰입이 중요하다.

(2) 심리극의 성공과 실패를 좌우하는 것은 주인공의 몰입정도에 달려 있다.

(3) 연출자와 보조자아는 주인공이 가지고 있는 고정관념과 두려움을 벗어나 용기를 갖게 돕는다.

(4) 연출자는 집단의 내담자가 갖고 있는 문제를 미리 알고 있어야 하고 심리극이 문제의 핵심에서 벗어나는 경우 즉시 시정해 주어야 한다.

6) 심리극 기법

(1) 마술 상점(Magic Shop) 기법

① [마술 가게]라는 상상적인 장면을 설정해서 거기에서 어떤 물건이라도 사거나 팔 수 있게 한다.

② 심리극 준비단계에서 사용되는 것으로서 극을 워밍업(warming-up)시키고 집단원 개개인의 문제에 접근하기 위해 활용한다.

③ 주인공이 자신의 목표에 대해 혼동하고 있거나 자신들의 가치에 대한 우선순위를 정하는 데 어려움을 겪는 경우에 목적과 가치를 분명히 하기 위해 활용한다.

④ 연출자는 구성원에게 무대에 작은 가게가 있다고 상상하게 하고 가게 주인은 보조자아나 연출자가 맡으며 이 때 상점 선반에 있는 물건의 구매를 원하는 지원자가 고객이면서 주인공이 된다.

(2) 역할 바꾸기(Role Reversal) 기법

① 주인공이 상대역을 하고 상대방이 주인공의 역할을 하는 식으로 역할을 교환하여 전개하는 기법이다.

② 타인이 자기를 보는 것처럼 객관적 입장에서 자신을 볼 수 있으며 통찰하기 쉬운 기법이다.

③ 역할 바꾸기를 통해 주인공이 자신의 삶에서 중요한 사람들을 공감할 수 있게 한다.

④ 주인공의 인간관계에 대한 왜곡된 인식은 표면화되고 탐색되며 행동을 통해 교정될 수 있다.

(3) 이중 기법(Double Technique)

① 보조자아가 주인공의 또 다른 자아가 되어서 주인공을 대변하고 표현하는 기법이다.

② 보조자아는 주인공 옆에 바짝 붙어 주인공이 여러 가지 원인으로 언어화하지 않은 감정을 발견하여 그것을 큰 소리로 이야기를 해 준다.

③ 자아를 이중화하는 이중 기법(Double Technique)의 목적은 주인공의 내적인 갈등과 억눌린 감정에 대한 이해를 증진시키고 이를 표현하도록 하는 것이다.

(4) 거울 기법(Mirroring)

① 보조자아가 주인공이 연기를 하는 동안 보여준 몸짓, 말, 자세 등을 비춰주는 역할을 하는 기법이다.

② 보조자아가 거울 역할을 하는 동안 주인공은 다른 사람에 의해 반영된 자기 자신의 행동을 관찰하게 되는데 이것은 다른 사람들처럼 자신의 행동을 바라볼 수 있게 된다.

③ 타인의 눈에 자신이 사회적으로 어떻게 보이는가를 직면하게 하는 기법이다.

📁 **기출문제 확인학습**

심리극(사이코드라마)의 기본개념[8]

1) 자발성(spontaneity)

기존 상황에 새롭게 반응하고 새로운 상황에 적절히 반응하는 타고난 경향이다. 즉 자발성은 행동하고 반응하려는 준비성이며 한 개인이 그 순간의 요구에 따라 대처하기 위해 생리적, 정서적, 사회적으로 워밍업 될 때 발생된다.

2) 창조성(creativity)

인간 개개인의 개성의 전달 수단을 통해 장면의 목적에 대한 돈독한 감각을 표현하는 사람들의 중요성을 강조한다. 창조성은 최고의 자발성, 매 순간 신선해지고자하는 원형적인 행위의 힘이다. 즉 창조성은 역할연기의 바탕으로 역할수행을 하는데 과거의 경험이나 기억만의 고정된 반복이 아니라, 개성적이고 창조적으로 역할연기를 하게 하는 것이다.

3) 카타르시스와 통찰

카타르시스는 억제된 감정이 마침내 표출되었을 때 일어난다. 사이코드라마에서 주인공은 억제된 상황들을 행위화를 통해 카타르시스를 경험한다. 통찰 또는 문제 상황에 대해서 많은 인식을 얻는 것은 종종 카타르시스의 과정을 따른다. 사이코드라마의 참가자들이나 관중들 모두는 카타르시스를 경험할 수 있고 통찰을 하게 된다.

4) 역할이론(role theory)

역할이란 '자아의 실제적이며 측정가능한 형태로서 특정 시간과 장소에서 타인이나 대상에 반응해 나타나는 인간행동의 기능적 형태'라고 정의하였다(Moreno). 역할의 범주로는 신체적 혹은 생리적 역할인 정신 신체적 역할, 가정과 같은 특정 집단이나 사회에서 공통된 역할인 사회적 역할, 개인에게 특별한 정신 내적 역할인 사이코 드라마적 역할 등으로 구분하였다.

---

8) (사) 한국예술치료학회 광주지부 홈페이지 참조

역할은 역할 상호간의 역동적인 갈등을 겪는다는 특성을 지니고 있다. 역할수행양식인 역할행위를 분류하면, 그 누구도 역할의 존재에서 빠져나갈 수 없는 기본적 역할행위인 역할살기(role living), 역할의 형성이 이미 끝나고 어떤 변형도 허용되지 않는 거의 기계적으로 고착된 역할수행을 의미하는 역할취하기(role taking), 어느 정도의 자유가 허용되는 융통성이 있는 역할 행위로서 어린아이에게 자아발달의 기본적인 힘이 되는 역할놀이(role playing), 최고의 자발성으로 자유롭고 창조적으로 자신의 역할을 수행 하는 것을 의미하는 역할창조(role creating) 등이 있다.

5) 잉여현실(surplus reality)

충분히 표현되지 않은 무형의 정신세계의 현실이며 상상에 의해 변형, 축소, 확대된 현실이다. 잉여현실의 내용들은 꿈, 백일몽, 환상, 망상과 같은 상상적 요소들, 영감, 영혼, 영원성, 초월성과 같은 초월적 요소들, 두려움, 수치심, 유치함, 절망감, 불안, 죄의식과 같은 부정적 혹은 긍정적 요소들, 원시성, 야만성, 성적 본능, 광기적인 요소, 생명력과 같은 본능적 요소들, 그리고 애매모호한 것들, 충족되지 않는 것들, 금지된 영역들이 포함된다.

6) 행위 갈증(act hunger)

행위 하고자 하는 타고난 욕구, 자신이 근원적인 자발성을 향한, 무의식적 요소들을 의식화시키려는 행위화의 동기이다. 행위갈증을 나타내는 내용들에는 의식적, 무의식적 욕망, 욕구, 소망들, 행위를 완료하고자 하는 생각, 느낌, 충동들, 정신적 상처를 극복하고자 하는 욕망(desire) ; 관계상의 욕구 ; 충동을 충족시키고자 하는 욕구(drive), 경험하고자 하는 내적 요구(need) 등이 있다.

7) 행위화(acting-out)

치료 장면에서 표현되는 모든 행위를 말한다. 어떤 종류의 행동이든 행동으로 옮겨가는 모든 것을 뜻하며, 충동이 구체화되고 실현되는 것을 말한다.

8) 지금-여기(Here & Now)

인간에 대한 실존적 접근방식으로 최고의 창조성이 작용하는 순간이다.

9) 참 만남(encounter)

참 만남이란 인격적으로 독립된 두 개체가 서로 자신의 정체성을 유지하면서, 동시에 두 개체가 함께 알려지지 않은 새로운 세계로 나아가는 것이며, 또한 그것에 대한 내맡김이다.

10) 놀이정신

as-if 세계, 즉 부조화의 불가능의 현실에서 상상력의 힘이다. 심리극이 놀이와 다른 점은 한 인간의 갈등에 관한 정서적인 문제의 해결을 위해 연기를 한다는 점이다.

11) 워밍업(warming-up)

개인이나 집단의 자발성을 높이고 기꺼이 행위 하고자 하는, 다음 작업에 대한 의지와 준비성을 유발, 촉진시키기 위한 방법이다. 즉 능동적으로 참여하여 마음의 준비를 하고 극으로 표현하는 문제에 몰입할 수 있는 분위기를 조성하는 단계이다.

12) 사회측정학(sociometry)

사회측정학이란 집단내의 숨겨져 있는 관계들의 구조를 탐색하는 비교적 특정한 방법이다. 끌림, 반발, 무관심, 중립 등 집단의 형성과 구조화를 연구하며, 모든 사회적, 인간관계에 대한 자료를 측정하는 것이다.

13) 사회원자(social atom)

더 이상 나누어 질 수 없고 상호의존적인 관계를 갖고 있는 가장 작은 사회생활의 단위로, 대개 가족의 경우가 해당되지만 어떤 무형의 존재도 사회원자가 될 수 있다.

14) 텔레(tele)

텔레(tele)란 사람들 사이에서 서로 끌리고 반발하는 무형의 힘이다. 즉 타인에 대한 전체적인 인상을 만들어 내는 기초감정이라고 할 수 있다. 이것은 개인에게 일종의 감각, 느낌, 지각, 직관 등으로 표현되고, 관계에서는 호혜성, 상호성, 친근성 등으로 표현된다.

11 예술적 접근방법[9](미술, 음악치료 등)

1) 미술치료

(1) 미술치료는 놀이, 음악, 무용, 레크리에이션, 심리극, 문학(시)치료와 같은 예술치료의 한 영역이다.

(2) 그림이나 조소, 디자인의 기법 등과 같은 미술활동을 통해서 심신의 어려움을 겪고 있는 사람들의 심리상담이나 치료를 하고 심리적으로 건강한 사람들을 대상으로 한 자아성장 프로그램으로도 활용할 수 있어 예방적, 발달적 기능도 갖고 있다.

(3) 미술치료는 심리치료 과정에서 미술을 매개체로 이용하는 방법이라는 측면(Art in Therapy)과, 작품을 만드는 과정 자체를 중시하는 치료로서의 미술(Art as Therapy)이라는 입장, 양자를 통합하는 입장 등이 있으나 목적과 대상에 따라 선택할 수 있다.

(4) 어떤 입장을 취하든 간에 미술치료는 인간의 조형 활동을 통해서, 개인의 갈등을 조정하고 자기표현과 승화작용을 통해서 자아성장을 촉진시키며, 개인의 내적 세계와 외적 세계 간의 조화를 이룰 수 있도록 조장해 준다.

(5) 미술치료의 장점

① 미술은 심상의 표현이며, 그 심상은 성격형성에 중요한 역할을 하게 되며 미술은 비언어적 수단이므로 통제를 적게 받으며, 자신의 작품을 통해서 자신도 모르게 자신의 감정을 느낀다.

② 개인이 만든 작품의 변화를 직접 눈으로 확인함으로써 자신의 감정을 회상하거나 새로운 통찰이 일어나기도 한다.

③ 미술에서는 언어와 같은 규칙이 필요 없으며 공간 속에서의 연관성들이 발생하기 때문에 개인의 경험을 이해하기 쉽다.

(6) 미술작업은 단순한 신체운동이 아니라 창조적 에너지를 발산하는 것이라 할 수 있다. 그래서, 각종 심신 부적응자들의 심리치료 과정에서 미술을 매개체로 이용하기도 하고, 미술작업 자체를 중요시하여 창작활동을 통해 치료해 나가게 된다.

2) 음악치료

(1) 음악치료는 음악을 통하여 심신의 기능 상실상태를 재확립(Restoration)하고, 유지(Maintenance)하고 개선(Improvement)시키고자 하여 부정적 심리와 행동을 바람직하고 만족한 상태로 변화시킨다.

(2) 음악치료법에는 먼저 음악을 연주하는 것(Music Preforming)이 있는데, 노래 부르기, 악기 연주, 음악 작곡, 즉흥 연주 등이며 내담자가 자유자재로 쉬운 리듬악기를 통해 자신의 감정을 표현하는데 이때 몸짓이 매우 중요하다.

---

9) 예술치료는 음악이나 미술, 무용, 연극, 레크리에이션 및 문학(시) 등과 같은 창작예술을 통해서 심신에 어려움을 겪고 있는 사람들의 심리상담이나 치료, 또는 일반인들의 정신건강을 위해 활용되고 있다.

(3) 즉흥연주는 인간관계에 도움이 되며, 노래 부르기는 가사내용을 활용하면 치료에 효과적이며 음악청취(감상)를 통한 정신치료와 음악과 동작을 통한 치료, 레크리에이션 음악치료, 긴장이완 등의 치료법을 들 수 있다.

(4) 음악치료의 단계를 보면 활동중심 음악치료 단계(사회적 상호작용효과), 통찰 및 과정중심 단계(감정의 언어화), 분석적 카타르시스 단계(무의식 표출) 등이 있으며, 상담에서는 라포 형성으로 음악을 사용하기도 한다.

3) 놀이치료

(1) 놀이치료는 놀이를 통해 대인관계 개선, 공격성, 욕구 불만, 집착성, 억제 등을 치료한다.

(2) 놀이의 생리적인 면과 내적인 욕구, 상호관계적인 면. 사회문화적인 면 등의 기능을 활용한 것이며, 여기서도 정신분석학, 인본주의, 행동주의, 발달심리 등의 이론을 바탕으로 하고 있다.

(3) 놀이치료에는 모래상자 놀이치료와 게임 놀이치료 등이 있다.

4) 레크리에이션 치료

(1) 레크리에이션(recreation)은 휴양, 기분전환, 오락, 원기회복 등의 의미를 지니고 있으며, 스트레스 해소와 리더십과 협동심, 적극적인 생활 등의 효과를 거둘 수 있다.

(2) 레크리에이션을 통해서 신체적, 정신적, 정서적, 사회적 행동의 변화와 개인의 성장과 발전, 증진을 이루는 과정이 치료 레크리에이션이다.

(3) 치료 레크리에이션 과정은 평가(정보수집·사정), 계획, 이행, 평가 등의 순으로 이루어지며, 치료 레크리에이션의 모델은 크게 치료, 여가교육, 레크리에이션 참여 등의 세 가지 구성요소가 포함되고 있다.

① 치료(treatment)

기능이나 행동수정을 목적으로 하는 것으로서 정신지체의 경우는 움직임 발달, 사회성 증진, 주의력 집중 등의 효과를 얻는다.

② 여가교육(Leisure Education)

여가 참여와 여가 생활에 관련된 지식, 태도, 기술을 익히게 하며 여가에 대한 인식, 사회적 상호작용능력, 여가활동기능, 여가자원에 대한 지식과 이용 등이 중심내용이다.

③ 레크리에이션 참여(Recreation Participation)

레크리에이션을 즐기거나 자기를 표현할 수 있는 기회를 제공하기 위한 집단 레크리에이션의 장을 마련하는 것이다.

📁 **기출문제 확인학습**

표현예술치료

1) 성장, 치료, 자아 발견의 마지막 단계에서 다양한 예술적 형태를 이용한다.

2) 움직임, 드로잉(그림), 페인팅, 조각, 음악, 글쓰기, 즉흥성과 같은 요소들을 말한다.

3) 나탈리 로저스(1993)는 사람 내면의 깊은 신뢰는 그 사람 자체가 표현예술의 밑바탕이 되게 해 준다고 하였다.

4) 인간중심적 이론과 통합적 표현, 창의적 예술을 내적 성장의 토대로 정립하였다.

CHAPTER 02 집단상담의 실제

| 제1절 | 집단 역동에 대한 이해 - 집단 역동성 이해 영역

1) 집단 역동의 정의

(1) 집단 역동은 집단 구성원들 간의 전체적 상호작용이다.

(2) 집단상담은 상담자와 10명 내외의 집단 구성원들의 상호작용이 활동적이고 활기 있게 끊임없이 변하며 일어나기 때문에 역동이라는 용어를 사용한다.

(3) 집단 역동은 집단 과정을 분석하기 위하여 일반적인 체계이론을 적용하는데, 체계이론이란 한 사람의 행동을 집단 체계 내의 한 부분으로 이해하는 방법이다.

(4) 집단 체계이론의 관점에서 볼 때 집단상담은 각 구성원들에게 미치는 집단의 힘이 있는데, 상담자의 임무는 집단 과정에 영향을 미치는 주요 요인들을 규명하고 분석하며, 집단상담의 목표를 달성할 수 있도록 통제하는 것이다.

2) 청소년상담 집단 역동의 구성 요소

(1) 의사소통과 상호작용

언어적, 비언어적 의사소통은 상호작용의 구성요소가 된다.

(2) 집단매력

① 청소년들이 집단에 남아 있어 집단 역동을 일으키게 하는 모든 힘의 결과이다.

② **개인적 차원의 관계(매력)** : 과업보다 친구관계에 치중한다.

③ **과업중심의 매력** : 과업을 빨리, 효율적으로 완수하기를 원하며, 과업과 관련된 대화를 주로 한다.

④ **집단에서 얻은 지위의 매력** : 집단 내에서의 지위에 손상을 받을 수 있는 모험을 하지 않는다.

(3) 집단응집력

집단 역동을 위해서는 무엇보다도 그 집단의 응집성과 집단성원들을 서로에게 혹은, 집단 자체에 연결시키는 관계의 강도를 고려하는 것이 중요하다.

(4) 사회적 통제

청소년들을 순응, 복종하게 하는 힘이며 이는 집단규범과 관련이 있다.

(5) 집단문화

① 청소년들이 공통적으로 가지고 있는 가치, 신념, 관습, 전통 등을 의미한다.

② 집단의 가치는 청소년들이 일반적 속성, 문화, 인종, 민족 등에 따라 달라진다.

③ 유사한 문화를 갖고 있는 청소년들이 집단을 이룰 때, 집단역동의 힘은 높아진다.

참고

집단 역동성을 이해하기 위한 영역

1) 의사소통과 상호작용

   🔅 정서적 유대, 하위집단, 집단크기, 물리적 환경 등

2) 집단응집력

   집단 구성원들이 그 집단에 머물고자 하는 소속감으로 집단의 영향력이다.

3) 집단문화

   집단성원들이 공통적으로 가지고 있는 가치, 신념, 관습, 전통 등을 말한다.

4) 집단지도력

   집단 활동에 참여하는 모든 성원이 가능한 한 최대의 만족감을 가지고 효과적인 목표 달성을 위해 행동하도록 하는 작용이다.

5) 집단규범

   집단에서 중요하게 생각하는 것에 대하여 행동의 표준을 일반화한 것이며 가치 판단으로 구체화 되고 집단 내에서는 주요한 통제의 수단이 된다.

6) 집단구조화

   집단에서 형성되는 지위와 역할 등의 구조화는 역동성을 이해하는 영역 중 하나이다.

7) 피드백(환류)

   집단상담자와 집단성원 간, 집단성원들 간의 상호작용, 즉 피드백이 잘 일어날 때 집단의 역동성이 활발하게 일어날 수 있는 것이다.

8) 긴장과 갈등

   어느 정도의 긴장과 갈등은 집단 성원 간 상호작용의 힘을 증가시킨다.

📁 실력다지기

집단역동의 요소

집단상담은 크게 내용적 측면과 과정적 측면으로 구분된다.

1) 내용적 측면

   (1) 현재 집단의 이야기 주제

   (2) 현재 집단의 이야기 주제와 집단 과업 및 목표와의 일치성

2) 과정적 측면

   (1) 집단의 소통방식

   (2) 집단 구성원간 소통의 빈도나 대상

   (3) 집단 발달의 단계

   (4) 집단 구성원간 작용하는 치유적 요소

제2절 | 집단상담의 과정

집단상담의 과정은 **집단 준비단계, 초기단계**(initial stage), **과도기적 단계**(transitional stage), **작업단계**(working stage), **종결단계**(final stage), **추수작업의 여섯 단계로 구분된다.**

1) 집단 준비단계는 집단구성원들에게 집단의 목적과 운영방식 등을 알려주고 이 집단을 통해 어떤 경험과 도움을 받을 것인지 미리 생각하게 한다.

2) 초기단계는 오리엔테이션과 탐색이 이루어지는 시기로 침묵이 많고 서로 어색하게 느끼며 혼란스러워하는 단계이다.

3) 과도기적 단계는 집단원의 불안감과 방어적 태도가 두드러지며 집단 내에서 힘과 통제력을 놓고 갈등이 일어나며 저항이 다양한 형태로 표현되는 단계이다.

4) 작업단계는 집단에 응집력이 생기고 생산적인 활동이 이루어지는 시기이다. 이 단계에서 상담자는 집단의 응집력을 강화하고 맞닥뜨림과 공감 같은 적절한 반응에 대해 모범을 보이며, 집단 전체와 개인이 보이는 패턴에도 관심을 가지고 자신이 관찰한 것을 개방한다.

5) 종결단계는 종결과 헤어짐에 대한 감정을 다루고, 지금까지 집단이 집단원 각자에게 주었던 영향을 평가하며 서로에 대한 피드백과 해결되지 않은 주제를 마무리하고 앞으로 개인의 성장을 위해 어떻게 살 것인가를 전망하는 활동이 전개된다.

6) 추수작업은 지금까지 해 온 집단의 효과를 재검토하고 집단이 어떤 부정적인 영향은 없었는지, 집단이 일상생활에 어떤 긍정적 영향을 끼치고 있는지, 집단의 효과가 지속되고 있는지 등을 돌아보는 단계이다.

다만, 본 교재에서는 4단계로 구분하여 설명하고자 한다.

📁 실력다지기

집단의 발달단계[1] (코리)

집단의 단계는 예비 모임, 초기 단계, 전환 단계, 작업 단계 그리고 종결 단계로 나눌 수 있다. 전체적인 기간 동안 집단의 특성을 결정짓는 단계들이 있는데, 이 단계들이 한 번 모이는 회기에서도 명백하게 다 나타나는 것처럼 보일 수도 있다. 처음 구성원들이 집단에 들어올 때, 이것을 초기라는 초점으로 볼 수 있다. 집단의 회기 내에 간략한 전환기간이 있을 수 있고 생산적인 탐색과 주제에 관한 작업, 그리고 개인적인 관심사들이 뒤따라올 수 있다. 마지막으로 회기가 끝나기 전에 집단원들은 그 회기가 그들에게 어떤 의미를 지니고 있는지 되돌아 볼 수 있고 몇 가지 간략한 언급을 할 수 있다.

1) 예비단계(pregroup stage)

(1) 집단의 형성에 관련된 모든 요인들을 다 포함하고 있다. 어떤 집단이든지 단단한 토대를 형성하기 위해서는 신중한 생각과 계획이 있어야 한다.

(2) 집단이 모이기 전에 집단을 위한 목적, 집단원들의 유인가, 집단원들을 선별하고 선발하는 것, 그리고 오리엔테이션 과정들의 설계를 미리 해야 하는 과제가 있다.

(3) 집단을 형성하는 데 있어 실질적으로 고려해야 할 사항을 따라가려면 대단히 많은 시간이 소요되지만 이 예비 단계에 참석하는 것은 생산적인 집단이 될 수 있는 기회를 향상시켜 준다.

---

1) 코리(Gerald Corey, Ph. D) 초청 집단상담 세미나 원고 중에서, 고려대학교, 2004

2) 집단의 초기 단계(initial stage)

    (1) 오리엔테이션과 탐색의 시기이다. 초기 회기에서 집단원들은 사회적으로 수용될 만하다고 생각되는 자신의 측면만을 진술하는 경향이 있다.

    (2) 이 단계는 일반적으로 집단의 구조에 대한 어느 정도의 불안과 불확실성으로 특징 지어진다. 집단원들은 한계를 깨닫고 테스트해보고 있는 중인데, 자신이 수용될지 여부에 의문을 품고 있기 때문에 주저하게 된다.

    (3) 일반적으로 집단원들은 어떤 기대와 관심사와 불안을 집단에 지니고 오게 되는데 여기서 대단히 중요한 것은 그런 관심사들을 공개적으로 표현하는 것이 허용되어야 한다는 점이다.

    (4) 집단원들이 서로를 알게 되고 집단이 어떻게 기능하는가를 알게 되면 집단을 지배하는 규범을 발달시키게 되고, 집단에 속해있는 두려움과 기대를 탐색하게 되고, 개인적인 목표를 정립하며 탐색하기를 바라는 개인적인 주제를 명료화하게 되고, 이 집단이 안전한 장소인지 아닌지를 결정하게 된다. 리더가 그들의 반응에 대처하는 태도에 따라 집단원들은 신뢰감의 정도를 결정하게 된다.

3) 전환단계

    (1) 집단원들이 감당할 수 있을 만큼 심각한 정도로 상호교류하기 전에 일반적으로 집단은 다소 힘든 전환 단계(transition stage)를 거치게 된다.

    (2) 이 단계에서 집단원들은 불안, 거부감, 방어, 갈등에 접하게 되고 리더의 과업은 그들이 집단에 오게 된 관심사에 대한 작업을 어떻게 시작할 것이지 배우도록 도와주는 것이다.

    (3) 집단원들의 과업은 자신의 생각, 느낌, 반응, 활동을 잘 살펴보고 자신을 언어로 표현하는 법을 배우는 것이다.

    (4) 리더는 집단원들이 자신의 두려움과 방어를 깨닫고 수용하도록 도와주는 동시에 그들이 경험하고 있을지 모르는 불안과 거부감을 헤쳐 나가도록 격려한다.

    (5) 집단원들은 자신에 대한 생각, 혹은 다른 사람들이 자신에게 지닐 수 있는 생각 때문에 감추고 있는 것들을 위험을 감수하고 공개할 것인가를 숙고한다.

전환(과도기)**단계에서 집단상담자의 역할**

Corey(1981)는 전환(과도기)단계 동안에 저항과 갈등양상이 발생한다고 하면서 이때 집단상담자가 해야 할 일을 다음과 같이 지적하였다.

1) 집단원들에게 불안을 인식하고 표현하는 것이 중요하다는 사실을 가르친다.

2) 집단원들이 방어적으로 반응하는 방식을 깨닫도록 돕고 저항 심리를 공개적으로 다룰 수 있는 분위기를 형성한다.

3) 저항현상을 포착하고 그러한 저항은 자연스런 것이며 건강한 것이란 점을 참여자들에게 알려준다.

4) 집단에서 일어나는 갈등을 인식하고 그것을 공개적으로 다루는 것이 필요하다는 점을 집단원들에게 알린다.

5) 통제하고자 투쟁하는 행동적 징후를 지적하고 집단의 발달에 대한 공동의 책임을 받아들이도록 가르친다.

6) 인간으로서 또는 전문가로서의 집단상담자에 대한 도전의 문제를 직접적으로 그리고 솔직하게 다루는 모범을 보여준다.

7) 자율적이고 독립적인 집단원이 될 수 있는 능력에 영향 미칠 문제들을 다룰 수 있도록 돕는다.

---

    (6) 집단 리더는 집단원들 간의 우려가 미치는 영향을 이해하고 집단 참석에 대해 지닐 수 있는 거부감을 모두 탐색해 보도록 고무시켜야 한다.

4) 작업단계(working stage)

(1) 이 단계는 초기단계와 전환단계에서 효율적으로 이루어진 작업의 기반 위에 세워진다. 상호관계와 자기-탐색이 증가하고 집단은 이제 행동의 변화를 가져오는데 초점을 두게 된다.

(2) 실제 상황에서는 전환 단계와 작업단계가 서로 섞여 들게 된다. 작업 단계에서 집단은 초기의 테마였던 신뢰, 갈등, 참여에 대한 거부감으로 되돌아 갈 수도 있다. 새로운 도전을 집단이 받아들일 때 더 깊은 수준의 신뢰가 구축될 수 있다. 집단이 전개되면서 새로운 갈등이 표출될 수 있고 앞으로 나가려는 어려운 작업을 위한 헌신이 필요하다.

(3) 모든 집단원들이 똑같이 집중해서 작업하지 못할 수도 있고 어떤 집단원들은 여전히 겉돌고, 감추고 위험을 감수하는 것을 더 두려워하는 상태에 남아 있을 수도 있다.

(4) 실제로, 집단의 모든 단계를 지나갈 때 집단원 사이에 개인적인 차이점이 있다. 집단의 모든 단계에서 생산적인 작업이 일어나고 있어 작업단계만 생산적인 것은 아니며 집단의 다양한 단계에서 작업의 질과 깊이는 다른 형태로 나타난다.

(5) 여러 가지 이유들 때문에 결코 작업 단계에 이르지 못하는 집단도 있다. 그러나 이런 경우에도 종종 중요한 점을 배울 수 있어서 개인들은 이런 집단 경험을 통해서도 여전히 도움을 받을 수 있다.

5) 종결단계(final stage)

(1) 집단에서 무엇을 배웠으며 이 새로운 배움을 어떻게 일상적인 삶의 한 부분이 되도록 연결할 수 있을 것인가에 대해 결정하게 된다.

(2) 집단 활동에는 종결, 요약, 미해결상태를 다루기, 서로 집단 경험을 통합하고 해석하는 과정 등이 포함된다.

(3) 집단이 끝나갈 때에는 집단의 경험을 개념화하고 종결시키는 방향에 초점을 맞추게 된다.

(4) 종결 단계에서 집단은 분리의 느낌, 집단원들의 해결되지 않은 관심사를 언급하기, 집단 경험의 회고, 일상적인 삶에서 집단원들이 새로운 행동을 실습하는 약속, 활동 계획 짜기, 퇴보할 경우에 대처할 전략 짜기, 그리고 지지적인 네트워크 형성하기 등을 다루게 된다.

📁 기출문제 확인학습

집단 형성 시 고려사항

1) 집단의 장소와 분위기

2) 집단의 크기

대개 7~8명이 가장 적당하지만 5~15명의 범위에서 적당히 조절하면 된다. 10명이 넘으면 보조 상담자의 도움을 받는 것이 좋다.

3) 집단의 구성

집단을 동질로 구성하느냐 이질로 구성하느냐 하는 문제가 여기에 해당된다.

4) 집단의 개방성

집단이 구성된 후에는 끝날 때까지 개방하지 않는 것이 좋을지 그 반대가 좋을지가 여기에 해당된다.

5) 집단상담의 시간

30분에서 120분까지 여러 가지로 정할 수 있으나 학교장면에서는 학생들의 연령을 고려하여 초등학생은 40~60분, 중학생은 60~90분, 고등학생은 90~120분 정도가 적당할 것이나 여건에 따라 적당하게 정할 수 있을 것이다. 그런데 마라톤 집단의 경우는 12~48시간 동안 계속 활동하는 것이 도움이 되기도 한다. 집단상담은 비록 한 사람이 왔더라도 정한 시간에 끝나는 것이 좋다.

6) 집단상담의 기간

사전에 그 기간을 분명히 명시하고 그대로 실시하는 것이 좋다. 중·고등학교의 경우는 학기, 방학기간, 집단 상담 공고기간, 그리고 시험기간 등을 고려하여 1주 1회로 10~15주가 적당하다.

7) 집단의 조직성

집단 중심적인 집단에서는 비조직적인 형태를 취할 것이고, 상담자 중심적인 집단에서는 상담자가 사전에 정한 절차에 따라 지시적으로 진행되는 고도의 조직성을 띠게 될 것이다. 학교장면에서는 나이가 어릴수록 조직성에, 나이가 많을수록 비조직성에 더 중점을 두는 것이 좋을 것이다.

8) 집단경험 보고서

매번의 모임이 끝난 후 집단원으로 하여금 그날의 집단경험에 대하여 보고서를 써서 다음 모임 때 제출하고 그에 대해 상담자의 피드백을 주는 것이 집단의 발달과 개인의 성장에 도움이 된다고 보고 있다.

1) 참여단계

(1) 신뢰감 형성

예상불안을 감소시키며 긴장을 풀어주어 신뢰감을 형성한다. 안정된 집단 분위기의 조성이 필수적이다.

(2) 집단의 구조화

① 집단의 성격과 목적에 대한 설명이 이루어진다.

② 집단상담자의 주된 역할에 대해 언급을 한다.

③ 집단의 기본 규칙과 유의사항(**예** 지금-여기 느낌에 초점두기, 비밀보장 등)을 전달한다.

📁 **실력다지기**

집단이 성공하기 위해 구성원들이 지켜야 할 규준 (규칙)

1) 집단 안에서 일어나는 모든 일과 이야기의 비밀 유지하기
2) 다른 사람의 이야기나 일반적인 이야기보다는 자신의 이야기에 초점 두기
3) 솔직한 자신의 느낌과 생각들을 나누고 타인의 이야기를 경청하기
4) 지각이나 결석이 불가피할 경우 미리 집단지도자와 다른 구성원들에게 알리기
5) 집단상담 과정 중에 인간 대 인간의 참 만남을 경험할 수 있도록 노력하기
6) 집단에서 결정되는 사항은 구성원들 모두가 논의하고 동의된 것으로 삼기

(3) 행동적 목표의 설정

① 과정적 목표 과정상 지금-여기 초점, 자기 노출, 모험 시도, 피드백, 통찰 실험, 새로운 행동 적용 등을 목표로 둔다.

② 개인적 목표 집단성원 각자가 개인적 목표설정을 하도록 돕는다.

📌 정리

참여단계

1) 집단상담은 서로 어느 정도 친숙해지고 아는 것에서부터 시작된다.

2) 인사를 하고 소개하는 과정은 모든 집단과정에서 필요한 일이다.

3) 상담자는 집단의 분위기를 형성하고 유지시키는 책임이 있다.

4) 첫 번째 모임은 다른 어떤 모임보다도 중요하다.

5) 상담자는 집단상담을 위한 사전 준비를 철저히 한 후 첫 번째 모임을 시작한다.

6) 상담자는 각 구성원들에게 왜 이 집단에 들어오게 되었는가를 분명히 해 주며 수용과 신뢰의 분위기를 형성하여 집단상담에서 새롭고 의미 있는 경험을 가지도록 이끌어 준다.

7) 구성원들이 자유로이 각자의 의견과 느낌을 나누도록 격려한다.

8) 상담자의 적극적인 참여가 필요하지만, 그렇다고 교사와 같이 가르치는 역할을 하는 것이 아니다.

9) 상담자는 내담자들로 하여금 스스로 집단의 규범을 지키고 상호 협력적인 자세를 갖추도록 함으로써 효율적인 집단 분위기를 만들 수 있다.

10) 상담자 자신의 말과 행동은 집단상담의 분위기를 만들고 유지하는 데 도움이 되는 것이어야 한다.

11) 집단상담을 시작하는 방법이나 집단 구성원들이 서로 경험을 나누도록 하는 '최선의 방법'이란 없으며 부단한 자기노력이 요구된다.

12) 상담자 자신의 경험과 개인적 특성을 살려 나름대로 자기 것으로 개발해야 한다.

2) 과도기적 단계 [암기법] 의 - 저 - 갈 - 응]

(1) 안정되고 신뢰가 느껴지는 집단 분위기를 조성해서 이어지는 작업 단계를 준비하는 단계이다.

(2) 과도기적 단계에서 다룰 내용들

① 의존성

ㄱ. 집단상담자가 집단을 주도하고 지시 및 충고를 하며 평가해 주기를 기대하는 의존성을 다루어 준다.

ㄴ. 집단원 간 상호작용 시에도 집단상담자를 향해 말하면서 집단상담자의 시인과 수용을 기대하게 된다.

ㄷ. 집단상담자는 집단 활동의 책임을 점차로 집단에 이양하는 것이 바람직하다.

② 저항 – 집단상담자가 지도성의 책임을 이양하게 되면 집단은 저항할 수 있다.

ㄱ. 저항 반응들은 집단원들이 자기보호를 위한 노력이라고 생각하는 것이 바람직하다.

ㄴ. 집단원들이 집단에서 어떻게 처신할 것인가를 탐색하는 과정에서 나타난다.

ㄷ. 저항은 이것이 타인들에게 수용될 것인지, 아니면 무시나 배척을 당할 것인지에 대해 타진해 보는 노력이다.

ㄹ. 저항의 양상

가. 침묵, 상호 간 어색한 웃음 교환, 관찰자 자세, 말을 많이 하거나 잦은 질문과 충고

나. 대체로 안전한 문제나 집단 밖의 이야기를 늘어놓기, 지적인 내용 등에 호소

다. 자기를 개방하는 대신에 배우자, 자녀나 직장 사람들 문제점을 제시하고 해결책에 열중

라. 자신은 도움 받을 문제가 없는 것처럼 행동

마. 상호 간에 너무 조심스럽게 지지적이고 예의 갖춘 행동

바. 의사소통의 내용과 스타일은 대체로 피상적이고 제한적이며 틀에 박힌 것들

집단에서의 저항

저항은 집단운영에 방해될 수도 있지만 그것을 잘 활용하면 매우 효과적일 수도 있다.

1) 침묵

    (1) 집단에서의 침묵은 상담자에 대한 불만, 타 집단원이나 상담자의 반응에 대한 불만, 집단에 제시된 정보나 자료에 대한 각 개인의 처리과정 등이 될 수도 있다.

    (2) 상담자는 침묵의 의미를 정확히 파악하고 반영이나 해석 등을 통해 명료화시키는 것이 필요하다.

2) 독점

    한 사람이 타인의 이야기를 듣지 않고 자신의 이야기만 하거나 집단을 주도하는 것을 의미한다.

3) 지나친 의존

    집단 초기에 집단원은 상담자가 자신들에게 무엇인가를 지시하고 문제를 해결해 주기를 기대하는 현상이 자주 나타난다.

4) 집단의 양립화나 소집단화

    집단이 두 개, 또는 그 이상으로 분리되어 집단 전체적인 역동이 이루어지지 않고 소집단별로 전체와는 다른 주제에 대해 이야기하거나 때에 따라서는 전혀 집단에 참여하지 않고 침묵하기도 하는 현상이다.

5) 주지화(= 지성화)

    집단에서 자신의 내면적인 세계를 개방하기보다는 지적인 토론을 벌이는 현상이다.

6) 역사가 출현

    집단에서 옛날에 일어났던 일, 또는 떠난 사람에 대해 이야기하는 것 등이다.

7) 지도자의 동일시

    특정 집단원이 상담자의 역할을 맡아 다른 집단원에게 질문하고 충고하는 현상이다.

③ 갈등(지배, 통제, 권력을 갖고자 하는 노력)

    ㄱ. 저항이 처리되고 집단원들이 집단에 참여하기 시작하면 처음으로 나타나는 '지금-여기'의 상호작용이 집단상담자나 다른 집단원들을 향한 부정적 감정의 표출로 이어지게 된다.

    ㄴ. 갈등기에는 지배할 것인가, 지배당할 것인가에 주된 관심을 두게 된다.

    ㄷ. 집단원들이 집단상담자에게 도전

        가. 집단의 목적과 효과에 대해 의문을 제기한다.

        나. 냉담하고 무관심하며 자신을 개방하지 않고 너무 권위적이라는 등으로 집단리더에게 도전한다.

        다. 타 집단원을 판단하고 비난하는 반응을 보인다.

        라. 집단원 상호 간 또는 집단상담자와의 사이에 힘겨루기를 하면서 경쟁적, 갈등적 모습을 보인다.

        마. 갈등 관계의 집단원들은 상대방을 사실과 다르게 지각하고 상호 간에 불신하는 반응이 나타난다.

④ 응집성

    ㄱ. 저항과 갈등을 생산적으로 처리하고 나면 집단은 점차 응집성이 발달한다.

    ㄴ. 응집성이란 집단원들이 경험하는 집단에의 매력, 소속감, 결속감 그리고 일치감을 뜻한다.

    ㄷ. 부정적 반응과 갈등의 표현이 허용된다면 지금부터는 상호 간에 믿고 가까워져도 되겠다는 생각을 하게 된다.

    ㄹ. 자기노출이 긍정적인 반응을 수반함에 따라 집단원 상호 간에 신뢰감이 발달한다.

ㅁ. 집단상담자는 응집성을 높이기 위해 스스로 모범을 보이고 응집성을 높이려는 집단원 반응을 강화한다.

ㅂ. 응집성은 집단상담에서 작업단계를 위한 전제조건이기 때문에 그것 자체가 목적이 되어서는 안 된다는 것을 유념해야 한다.

ㅅ. 응집성이 집단 발달에 장애가 되는 경우

　가. 집단원들이 응집성을 저해한다고 생각하는 부정적인 감정의 표현을 자제할 경우

　나. 유쾌한 대화나 상호작용에 빠져들어 거짓 형태의 응집성이 발달되는 경우

　다. 갈등 뒤에 얻은 응집성이기 때문에 이를 즐기는 나머지 다음 단계로 나아가기 싫어하는 경우

📌 정리

과도기적 단계

1) 과도기적 단계는 참여 단계와 엄격히 구분되지는 않는다. 말하자면 참여 단계에서 생산적인 작업단계로 넘어가는 '과도기적 과정'이라고 볼 수 있다.

2) 과도기적 단계에서의 주요 과제는 집단 구성원들로 하여금 집단에 참여하는 과정에서 일어나는 망설임이나 저항, 방어 등을 자각하고 정리하도록 도와주는 것이다.

3) 이 단계의 성공 여부는 주로 상담자가 집단 구성원들에게 얼마나 수용적이고 신뢰로운 태도를 보이며 상담 기술을 어떻게 발휘하느냐에 달려 있다.

---

3) 작업단계 (생산단계)

(1) 행동적인 변화를 촉진하는 단계

① 집단원들은 집단상담자에게만 의존하지 않는 분산적 지도성의 패턴을 발달시킨다.

② 자기노출, 피드백, 맞닥뜨림을 생산적으로 취급할 수 있을 정도의 신뢰관계가 형성된다.

③ 집단원들이 각자의 삶에서 겪고 있는 심각한 문제를 내어놓고 취급할 수 있게 된다.

(2) 작업단계의 과정

① 자기 노출과 감정의 정화

ㄱ. 집단원들이 부정적 정서의 토로 등으로 의미 있는 자기노출을 시도한다.

ㄴ. 사무친 감정적 응어리가 충분히 정화하도록 촉진한다.

② 비효과적인 행동패턴 취급

ㄱ. 당면문제와 감정의 응어리가 충분히 정화되어 집단원이 심적 여유를 가지게 된다.

ㄴ. 집단원이 자신에게 시선을 돌려 문제와 관련된 비효과적인 행동패턴을 탐색하고 이해하며 수용하게 돕는다.

ㄷ. 집단상담자는 집단이 그 집단원의 행동패턴에 대해 효과적으로 피드백 하도록 돕는다.

③ 바람직한 대안 행동의 취급

집단원이 자신의 비효과적 행동패턴을 깨닫고 인정한 후, 바람직한 대안행동을 탐색하고 선택하여 학습하게 된다.

작업단계

1) 작업단계는 집단상담의 가장 핵심적인 부분이다.

2) 앞의 단계들이 잘 조정되면 작업 단계는 매우 순조롭게 진행되고 집단지도자는 집단으로부터 한 걸음 물러나서 집단구성원들에게 대부분의 작업을 맡길 수도 있다.

3) 집단이 작업단계에 들어서면 구성원들은 집단을 신뢰하고 자기를 솔직하게 공개한다.

4) 대부분의 구성원들이 자신의 구체적인 문제를 집단에 가져와 활발히 논의하며 바람직한 관점과 행동 방안을 모색하게 된다.

5) 작업단계에서는 집단 구성원들이 높은 사기와 분명한 소속감을 갖는 것이 특징이다.

6) 이 단계에서 구성원들은 '우리'라는 느낌을 갖는다.

7) 다만, 집단에 대한 자부심이 점차로 커지고 집단이 결속되어 감에 따라 집단에서 부정적 감정의 표현을 오히려 억제하는 경향이 생길 수도 있으므로 지도자는 이 점에 유의해야 할 필요가 있다.

8) 작업단계에서의 통찰만으로는 행동을 변화시키기에 부족하며 행동 실천이 필요한데, 특히 어려운 행동을 실행해야만 하는 처지의 집단원에게는 집단원들과 함께 강력한 지지를 보내주는 식으로 그들에게 실행을 위한 용기를 주도록 한다.

9) 집단상담에서는 한 개인이 직면한 문제를 다른 동료가 이해하고 공감해 주며 각자의 비슷한 경험에 비추어 문제를 해결하려는 노력이 자연스럽게 이루어진다.

4) 종결단계

(1) 비효과적인 행동패턴을 버리고 새로운 대안행동을 학습해서 목적을 달성하면 종결단계에 진입하게 된다.

(2) 종결단계의 특징

　① 집단원들이 자신의 문제를 해결하게 되어 자기노출을 줄인다.

　② 이제까지 맺어 온 유대관계에서 분리되어야 하는 아쉬움을 경험한다.

(3) 종결단계의 과제

　① 학습 결과의 적용문제

　　집단원들이 학습결과를 잘 정리하여 이를 실천하겠다는 의지와 희망을 갖게 도와야 한다.

　② 이별 감정의 취급

　　아쉬움의 감정을 표현하고 상호 간에 공유할 수 있게 돕는다.

　③ 집단 경험의 개관과 요약

　　전체 집단과정에서 자신에게 특별한 의미가 있었거나 도움이 되었던 경험을 나누게 한다.

　④ 집단원의 성장 및 변화 평가

　　집단원들 각자의 변화를 집단 시작 시점과 종결의 현재를 비교하여 살펴보게 한다.

　⑤ 미해결 과제의 취급

　　ㄱ. 집단에서 마무리 짓지 못한 채 남겨진 안건을 확인한다.

　　ㄴ. 집단원 상호 간에 부정적 감정을 가지고 있지 않은지 확인한다.

　　ㄷ. 집단원 중 개인적 문제해결을 마무리하지 못해 아쉬운 사람은 없는지 확인한다.

　　ㄹ. 미해결 과제를 새롭게 취급하는 것이 아니라, 이를 집단에서 토로할 기회를 제공하고 공감해 준다.

⑥ 피드백 주고받기

    ㄱ. 종결단계의 피드백은 지금까지 관찰한 집단원의 행동변화를 최종적이고 종합적으로 하고자 하는 특징이 있다.

    ㄴ. 마무리 단계의 피드백은 부정적인 것보다는 긍정적인 측면에 초점을 두고 실시한다.

⑦ 지속적 성장 촉구

    ㄱ. 집단의 경험은 하나의 계기가 되며 학습한 것을 소화하기 위해 지속적 노력이 필요함을 언급해 준다.

    ㄴ. 학습한 행동을 가정과 사회에서 실행할 때 주위의 오해를 사거나 배척될 수 있는 가능성을 언급해 준다.

📌 정리

종결단계

1) 집단상담의 종결 단계는 어떤 면에서 하나의 '출발'을 의미한다고 볼 수 있다.

2) 상담자와 집단 구성원들은 집단 과정에서 배운 것을 미래의 생활 장면에 어떻게 적용할 것인가를 생각해야 한다.

3) 집단 구성원 각자의 첫 면접 기록과 현재의 상태를 비교한 후, 일정한 정도의 진전이 있다면 집단상담자는 종결을 준비한다.

4) 종결에 대한 판단은 적어도 집단에 참여할 때 약정했던 목표가 달성되었을 경우 가능하다.

5) 종결해야 할 시간이 가까워지면 집단 관계의 끝맺음이 가까워 오는데 대한 구성원들의 느낌을 토의하는 것이 필요하다.

6) 종결의 시기를 미리 결정하지 않았던 집단에서는 언제 집단상담을 끝낼 것인가를 결정해야 한다.

7) 청소년들로 이루어진 집단에서는 집단상담이 종결될 때쯤에 정도의 차이는 있지만, 거의 예외 없이 거부당했다는 느낌을 받기 쉬우며 집단상담자가 아무리 노력을 하더라도 청소년들이 경험하는 이러한 부정적인 느낌을 막을 수는 없을 것이다.

8) 청소년들에게 진정한 관심이 있다는 것을 보여주고 이 후에라도 집단 구성원들 간에 서로 돌보아 주도록 해 줄 필요가 있다.

9) 집단상담이 종결된 후에도 집단 구성원들 간의 유대 관계가 지속되도록 노력하는 것이 필요하다는 점을 집단 구성원들이 이해하도록 해야 한다.

10) 집단상담자와 차후에 연락할 수 있는 방법을 알려 주는 것도 한 방법이 된다.

cf 생산적인 종결의 촉진

1) 집단상담의 전 과정을 종결할 때는 마지막 모임에서 집단원들이 서로 전체 진행과정에 대한 종합적 평가를 하도록 하고 집단상담이 끝난 뒤에 각자가 어떤 실제적인 개선노력을 계획하고 있는지 등에 관하여 이야기를 나눈다.

2) 집단상담자는 집단원 간의 상호 연락 등 유대감의 유지 노력을 격려할 필요가 있다.

📁 기출문제 확인학습

집단발달단계의 특징

1) 집단원들 간의 낮은 신뢰감, 높은 불안감(초기단계) → 집단상담자에 대한 도전, 저항과 방어적 태도 형성(과도기적 단계) → 강한 집단응집력, 피드백교환의 활성화(작업단계) → 복합적 감정, 소극적 참여, 양가감정 다루기(종결단계)의 순서로 이루어진다.

2) 집단의 과정은 집단준비단계 → 초기단계 → 과도기적 단계 → 작업단계 → 종결단계 → 추수작업으로 이루어진다.

3) 종결단계의 과업 종결계획하기, 양가감정 다루기, 의존성 감소시키기, 변화된 것 확인하기, 변화 유지시키기, 변화된 내용 적용시키기, 집단경험 나누기, 미해결과제 취급하기, 피드백 주고받기, 사후관리계획 수립하기 등

청소년 집단상담

제1절 | 청소년 집단상담의 특징

1) 청소년 집단상담의 의미

한 명의 상담자와 여러 명의 청소년들이 함께 모여 일정기간 동안 정기적으로 만나면서 생활 과정에서 직면하는 문제나 사건 등 그들의 관심사에 대하여 각자의 느낌, 반응행동, 생각들을 대화로 서로 교환하는 가운데 허용적, 현실적, 감정 정화적, 상호 신뢰적, 수용적, 지원적인 집단의 응집력과 치료적 분위기를 통해 상호 이해를 촉진함으로써 긍정적 변화를 모색하는 목적을 가진 집단 활동이다.

> 📁 **기출문제 확인학습**
>
> **청소년 내담자의 특징**
> 1) 상담동기가 부족하여 자기 스스로 상담실의 문을 두드리기보다는 의뢰된 내담자가 많다.
> 2) 상담동기가 낮은 청소년 내담자는 여러 회기의 상담에서 요구되는 지구력이 부족하여 청소년의 집중력의 한계를 가지고 있으며 큰 변화와 재미없이 상담시간에 꾸준하게 자발적으로 참여하는 것을 힘들어한다.
> 3) 청소년 내담자들은 상담자를 학교 지도부 선생님의 표상을 갖는 위치로 파악하는 경우가 많아 오해가 있을 수 있어, 상담자를 부정적으로 지각하는 경향이 있다.
> 4) 청소년들은 동시다발적인 관심을 가지기 때문에, 한 가지에 지속적인 관심을 가지지 못한다.
> 5) 청소년들은 감각적이고 빠른 흐름을 추구하기 때문에 감각적 흥미와 재미를 추구한다.
> 6) 청소년은 연령적으로 피아제의 구체적 조작단계에서 벗어나 형식적 조작단계에 있지만, 인지적 능력이 부족한 상태이다.
> 7) 청소년들은 환경으로부터 지배적인 영향을 받는다.
> 8) 언어 표현력이 부족하다.
> 9) 신장 등이 가장 급격한 발달을 이루는 시기, 즉 왕성한 변화를 이루는 발달시기이다.
> 10) 청소년 문제는 복합적이고 종합적인 특성을 지니기 때문에 종합적 이해와 대책이 요구되어 상담자는 청소년 내담자의 문제는 자기 자신과 가족의 배경, 학교생활 배경, 친구 배경, 미래에 대한 생각이나 방향 등을 총체적으로 살필 수 있는 틀과 방법을 확보하고 있어야 한다.

2) 청소년 집단상담의 목표

(1) 청소년들이 성장, 발달하고 변화하도록 돕는다.
(2) 청소년들이 각자의 환경을 수용하고 이에 적응하도록 돕는다.

(3) 청소년들이 그들의 발달과정에서 발생하는 다양한 요구를 충족시키고, 그들의 느낌과 태도를 점검하는 것을 배우고, 그들의 행동을 동기의 측면에서 이해하고, 자신의 능력에 자신감을 갖도록 돕는다.

(4) 청소년들이 집단 상호 인간관계를 통하여 다른 사람들을 이해함으로써 새로운 관점으로 자신과 타인을 보며, 일상생활의 문제해결과 의사결정에 도움이 되는 가치 체계를 발견하도록 돕는다.

(5) 청소년들이 자신에게 관심 있는 문제를 해결하는 과정에서 새로운 관점을 발달시키고, 자유롭고, 충분히 융통성이 있도록 돕는다.

3) 청소년 집단상담의 특성

(1) 자존심의 회복

열등감을 극복하고 자신감과 자존심을 높이기 위하여 다양하고 폭넓은 경험을 하는 가운데 자신의 느낌을 인식하고 수용하며, 주변의 많은 사람들과 자신의 경험, 생각, 느낌, 희망, 신념 등을 자유롭게 교환하는 기회를 가져야 한다.

(2) 성적 갈등의 해소

사춘기에 접어들면서 이성에 호기심과 관심이 많으며 이성과 친밀한 관계 형성을 원하면서도 이성과의 접촉을 두려워할 수 있는데, 상담을 통해 성적 갈등의 해소를 도모할 수 있다.

(3) 외로움과 고립감의 극복

신체적, 심리적, 사회적으로 급격한 발달과 성장에 따른 변화를 경험하면서 외로움과 고립감에 빠지기도 한다. 자신의 삶의 목표를 발견하기 위해서 고통스런 과정이 있어야 하고, 그 과정에 직면해야 한다.

(4) 새로운 가치 추구

집단 내의 다른 사람에 대한 관심과 이해는 자기주관에 빠지기 쉬운 청소년들에게 귀중한 사회경험을 가능케 하며 부모나 교사의 일방적 주문에 의한 가치와 생활양식이 그들 자신의 삶의 목표라는 기준에 맞추어 재정립되어야 한다.

(5) 자아의 발견과 진로 결정

청소년들은 부모로부터 심리적, 물리적 독립을 준비하여야 하며 이는 직업을 선택하고 진로결정을 하는 과정에서 가능해지고, 가장 바람직하고 만족스런 진로결정은 자아정체감의 발달이 이루어질 때 가능해진다.

(6) 자아정체감의 발달

청소년기의 주요 발달 과업인 자아정체감은 과거, 현재, 미래에 걸쳐 일관성 있는 자기 자신의 모습에 대한 느낌이며 발견인데, 자기이해를 통한 변화를 추구함으로써 자기 자신의 삶의 목표와 삶의 방식을 추구하며 일상생활에서 직면하는 발달상의 각종 문제에 대한 생각, 느낌, 행동의 변화를 모색한다.

4) 청소년 집단상담 참여자의 권리와 책임

(1) 집단상담에 참여하기를 희망하는 청소년들의 선발은 집단상담의 성공을 위해서 뿐만 아니라 변화를 희망하는 청소년 참여자들의 권리를 보호해야 하는 윤리적인 측면에서도 아주 중요하다.

(2) 어떤 청소년들은 다른 참여자들에게 심리적 부담을 주기 때문에 집단 참여자를 선발하는 과정은 신중을 기해야 한다.

(3) 집단 참여를 희망하지 않는 청소년을 무리하게 참여시키려는 상담자는 무책임하며 비윤리적이며 집단상담의 과정에 이러한 활동과 내용이 부분적으로 포함되어 있다면, 참여자들이 미리 알고 있어야 한다.

(4) 흔히 집단상담에서 참여자들은 그들의 관심 사항의 하나로 성적 느낌에 대해 터놓고 얘기하도록 고무될 수 있는데, 청소년 혼성 집단에서는 실제 성적 접촉으로 발전되지 않도록 조심해야 한다.

(5) 참여자들 사이에 알게 모르게 서로 인격과 권리를 침해할 수 있는 사항에 대하여 미리 참여자들 모두 약속하는 형태의 규범을 만드는 것이 좋다.

5) 청소년 집단상담의 윤리

(1) 집단 참여자들은 집단상담의 목표를 분명히 알 권리가 있다.

(2) 집단상담에서 가장 중요한 윤리 문제가 비밀 보장이며 상담 과정에서 상담자는 집단과 관련된 구체적 사항을 집단 밖에서 논의하지 않도록 구성원들에게 상기시켜야 한다.

(3) 청소년 집단상담에 참여한 청소년들이 심리적 혼란을 느끼는 경우가 발생하는데, 즉 치료적 기능이 강한 청소년 집단상담은 긍정적 변화에 효과적이지만 그들의 본래 모습을 혼란시킬 수 있다. 이럴 경우 상담자가 이런 위협의 가능성을 참여자에게 알려주는 것이 중요하며 이러한 위협이 상담 초기에 논의되어야 하며 상담자는 이러한 위협을 줄이기 위한 방안을 참여자들과 논의해야 한다.

(4) 상담자는 참여자들이 자신을 위해 무엇을 탐색하고 어떻게 대처할 것인지 결정할 권리가 있음을 강조해야 한다. 상담자는 집단의 압력에 민감하고, 참여자들이 다른 사람이 원하지 않는 어떤 것을 하도록 하려는 어떠한 시도도 차단해야 한다.

(5) 집단 경험 후 참여자들은 그들의 삶뿐만 아니라 가족들의 삶에도 영향을 미치는 성급한 결정을 내릴 수 있다.

(6) 참여자들에게 또 다른 위협은 집단 내의 활동을 바깥으로 옮기려는 시도에서 나타날 수 있다. 외부에서 만나는 것을 거부하는 것이 집단 경험의 가치를 완전히 저하시킬 수 있다.

6) 청소년 집단상담의 규범

(1) 집단 내에서 이야기된 어떤 구성원에 관한 내용도 집단 밖에서 말하지 않는다. 단, 자기 자신에 관한 사항은 말해도 좋을 것이다.

(2) 지각이나 결석이 불가피할 경우 사유를 미리 상담자나 다른 참여자들 중 누구에게 알리도록 한다.

(3) 집단에서 빠지고 싶을 땐 집단에 참석하여 다른 사람들에게 이유를 밝히고 빠진다.

(4) 가능한 한 솔직하고, 정직한 느낌과 진지한 마음으로 내 자신에 대해 말하고 남의 말에 공감하며 듣도록 노력한다.

(5) 우리는 누구에게나 귀 기울여, 말하는 사람의 진실된 느낌을 듣고 이해하도록 노력한다.

(6) 우리의 궁극적 목표는 진지한 만남에 있다. 그 밖의 것은 다 함께 논의한 후 결정한다.

(7) 집단에 들어오고 싶어 하는 새로운 참여 희망자가 있을 때 집단 참여자 모두 함께 논의한 후 결정한다.

(8) 집단 구성원 중 누가 위기 사항에 직면할 때에는 서로 연락하여 바깥에서 개별적으로 만날 수 있다. 그러나 그와 같은 사실을 다음 모임에서 꼭 보고한다.

(9) 집단에서 결정되는 사항은 참여자들 모두가 논의한 후 동의하여야 하며 이렇게 결정된 사항은 누구나 어떻게든 지키도록 한다.

참고

청소년 집단상담의 규범

1) 청소년 집단상담에는 집단의 목표가 있고 집단 참여자들 각자의 목표가 있으며, 집단상담자의 목표도 있다.

2) 이러한 각각의 목표들이 어느 정도 달성되는가가 집단상담의 성패를 가름한다.

3) 청소년 집단상담의 목표를 달성하는 데 필요한 참여자들의 협력 사항이 있다.

4) 이 협력사항을 참여자들이 지키기로 서로 약속한 것이 규범이다.

5) 규범은 집단 참여자들의 책임을 강조함으로써 집단상담의 목표를 달성하는 데 중요할 뿐만 아니라, 집단의 응집력을 향상시키며, 동시에 참여자들의 인권 침해를 예방하는 한편 권리를 보장한다.

---

7) 청소년에게 집단상담이 적합한 이유

(1) 청소년들은 부모나 상담자와 같은 사람들로부터 이질감을 느끼고 또래 친구들에게는 많은 영향을 받기 때문이다.

(2) 집단상담에서 다른 또래 참여자들의 피드백은 청소년들이 자신을 이해하는 데 큰 영향을 미치기 때문이다.

(3) 집단상담이 청소년의 공통 관심사이며 발달 과업인 자아정체감에 크게 기여할 수 있기 때문이다.

8) 청소년에게 있어서 집단상담의 장점

(1) 청소년들의 '자신만이 특이하다.'는 생각에 또래 집단에서 감정과 경험을 나눔으로써 도전의식을 제공한다.

(2) 상담자가 제공하는 안전한 구조 속에서 독립적 행동을 연습한다.

(3) 개인상담 시 성인과의 관계에서 오는 불편함을 감소시켜 준다.

(4) 청소년기의 자기애적 사고에 도전하게 한다.

(5) 감정이입, 존중, 상대방에 대한 관심 등 새로운 사회적 기술을 연습시킨다.

(6) 집단원들의 자아 강도를 높일 수 있는 기회를 제공한다.

9) 청소년 집단상담의 기능

청소년 집단상담은 집단에 참여한 청소년들의 자아개념, 대인관계, 생활양식을 변화시키는 4가지 기능이 있다.

(1) 자신과 타인을 이전과 다르게 보고 느낄 수 있는 유일한 경험을 제공한다.

(2) 이전과 다르게 행동하도록 격려하고 지원한다.

(3) 일상생활에서 경험하는 문제들을 점검하고 이러한 문제들에 대응하는 다양한 방법들을 서로 교환할 수 있는 기회를 제공한다.

(4) 서로 영향을 주고받는 경험과 함께 다른 사람에게 미치는 자신의 영향력을 분석하도록 만든다.

제2절 | 청소년 집단상담의 제 영역

청소년 집단상담의 제 영역을 주제별 프로그램으로 설명한다면 아래의 도표와 같이 설명할 수 있다.

📁 실력다지기

주제별 청소년 집단상담 프로그램

1) 현재 청소년들을 위한 집단상담 프로그램들이 많이 연구 개발되어 적용되고 있다.

2) 그 중에서 자주 시행되고 있는 집단상담 프로그램을 주제별로 살펴보면 다음과 같다.

주제	프로그램
사회성	① 부끄러움 극복을 위한 집단상담 ② 친구 사귀기 프로그램 ③ 대인관계 향상을 위한 집단상담 ④ 갈등관리 프로그램
학습	① 집중력 향상을 위한 집단상담 ② 학습습관 향상을 위한 집단상담 ③ 시험불안 극복을 위한 집단상담
진로	① 진로탐색 프로그램 ② 진로의사결정 훈련 프로그램
정서	① 대인 불안 극복을 위한 집단상담 프로그램 ② 분노조절을 위한 집단상담 프로그램 ③ 스트레스 대처 훈련을 위한 집단상담
부적응	① 우울과 자살관념 학생들을 위한 집단상담 ② 비행청소년을 위한 집단상담 ③ 약물남용 청소년을 위한 집단상담 ④ 부적응 학생을 위한 적응력 강화 프로그램
성장	① 가치명료화를 위한 집단상담 ② 성취동기 육성을 위한 집단상담 ③ 자아성장 프로그램 ④ 또래상담자 프로그램 ⑤ 마음의 대화 프로그램 ⑥ 도덕성 증진 프로그램
기타	① 성교육 ② 말더듬을 위한 집단상담 ③ 섭식장애아를 위한 집단상담 프로그램 ④ EQ 향상을 위한 집단상담 ⑤ REBT 집단상담

제3절 | 청소년 집단상담자

1 청소년 집단상담자의 성격과 기본자세

1) 청소년 집단상담자의 바람직한 성격 특성

 (1) 다양한 상담이론과 기법을 자신의 개성에 맞는 생활 철학과 삶의 방식으로 활용한다.

 (2) 자신의 가치와 능력에 대한 자부심을 갖고, 다른 사람들과 도움을 주고받으며 대등하고 긍정적인 인간관계를 맺는다.

 (3) 집단 참여자들의 무기력함이나 의존적 삶의 방식에서 벗어나도록 자신의 건전한 생활 방식과 능력을 보인다.

 (4) 변화에 적극적이며 기꺼이 새로운 것을 시도한다.

 (5) 명확성이 결여된 불확실성을 기꺼이 수용한다.

 (6) 자신이 누구인지 어떤 사람이 될 수 있는지 삶에서 무엇이 본질인지 알며 추구한다.

 (7) 다른 사람의 경험을 함께 나누며 이해할 수 있고 공감하며 동일시 할 수 있다.

 (8) 생기 있고 활동적이며 감정적인 삶을 살며, 삶을 긍정적으로 향유한다.

 (9) 진실하고 솔직하며 모순되지 않고 정직하다.

 (10) 순수하고 진실된 사랑을 주고받으며 공허감이나 무력감을 느끼지 않는다.

 (11) 과거나 미래보다는 현재의 느낌과 생각과 행동에 충실하며 다른 사람들과 인간관계를 맺는다.

 (12) 자신의 실수를 기꺼이 인정하며, 실수에 대한 죄책감에 빠지지 않고 그것으로 배우려 한다.

 (13) 자신의 일에 깊이 몰두하며 창의적 과제에 삶의 의미와 가치를 둔다.

 (14) 삶의 의미와 형태를 원하는 방향으로 새롭게 결정할 수 있고 그에 따라 생활하려고 노력한다.

 (15) 자신의 감정과 정서적 체험을 다른 사람들에게 털어놓으며 고통과 즐거움을 함께 나눈다.

2) 청소년 집단상담자의 기본자세

(1) 용기내기	(2) 모범을 보이기
(3) 심리 상태에 동참하기	(4) 선의의 관심 갖기
(5) 집단상담의 효과에 대한 신념 갖기	(6) 개방적인 자세 취하기
(7) 공격에 대응하는 능력 함양하기	(8) 자신감 갖고 영향력 발휘하기
(9) 자아를 인식하기	(10) 창의적 태도 지니기

청소년 집단상담자가 갖추어야 할 전문적 자질

1) 청소년마다 발달적인 접근이 다르기 때문에 치료적·예방적·발달적 집단을 다른 관점에서 이끌어간다.

2) 청소년의 부모와 협력할 수 있는 기술을 갖는다.

3) 각 연령집단의 발달과업을 이해한다.

4) 청소년 집단원에게 적합한 의사소통 기술을 갖춘다.

5) 자신의 가치관이 다문화 청소년에게 미칠 수 있는 영향을 인식한다.

6) 자신과 타인을 이전과 다르게 보고 느낄 수 있는 유일한 경험을 제공하며 이전과 다르게 행동하도록 격려하고 지지한다.

7) 더 나아가 일상생활에서 경험하는 문제들을 점검하고 이러한 문제들에 대응하는 다양한 방법들을 서로 교환할 수 있는 기회를 제공한다.

8) 청소년 집단상담은 서로 영향을 주고받는 경험과 함께 다른 사람에게 미치는 자신의 영향력을 분석하도록 만들어주는 기능이 있다.

집단상담자의 전문성

1) 개인상담 경험
   (1) 내담자로서의 경험 - 개인상담을 통해 상담자가 되고자 하는 동기에 대해 탐색하고 내담자로서 상담의 효과를 몸소 체험
   (2) 상담자로서의 경험 - 집단원들과의 효과적인 의사소통 기술을 연마할 수 있는 기회뿐만 아니라 상담자와 내담자 사이의 역동성을 이해하는데 촉매역할을 하며 집단을 이끄는 데 자신감을 심어줌

2) 집단경험
   (1) 자기탐색 집단 - 자신의 문제를 모색함으로써 집단원들과의 상호작용에 장애가 되는 요소를 제거하고 집단원의 입장에서 집단을 조망해 볼 수 있음
   (2) 교육지도 실습 집단 - 수련감독자와 함께 참여함으로써 예비 집단상담자의 집단 과정에 대한 통찰력과 이해력을 길러주며 치료집단이나 상담 집단에 집단원으로 참여하여 자신을 탐색하고 이해할 수 있는 기회를 가져야 함
   (3) 집단 실습 - 시행착오를 통해 더욱 많은 것을 배울 수 있는 귀중한 기회이며 실습을 위한 유형과 크기는 교육집단이나 상담집단이 적합하며 인원수는 4~5명 정도

3) 집단 계획과 조직 능력
   집단의 전체 회기뿐만 아니라 각 회기별로 구체적인 계획을 수립할 수 있고 집단을 생산적으로 이끌 수 있으며, 집단원 개개인이 집단 참여 목적을 달성할 수 있도록 도울 수 있는 기법과 전략을 갖추어야 함

4) 상담이론에 관한 지식
   필수적인 지식이며 전문가의 책무에 해당함

5) 인간에 관한 폭넓은 지식과 경험
   주위 사람들의 행동과 사고의 의미와 영향에 대해서도 보다 잘 이해할 수 있는 민감성을 체득하게 되며 일상생활에서도 자신감을 갖게 됨

효과적인 집단상담자의 인간적 특성

1) 집단원에 대한 선의와 관심 : 집단원들의 안녕과 행복을 위하여 진정한 관심과 선한 의도(선의)를 갖는 자질

2) 용기와 끈기 : 실수나 실패의 가능성에 구애받지 않고 새로운 행동을 모험적으로 시도하는 용기와 어려움과 압력에도 굳건히 버텨낼 수 있는 끈기의 자질

3) 자신감 : 자신의 유능성을 확신한 후, 자신감을 가지고 집단원들을 대하는 자질

4) 융통성과 포용력 : 자신이 계획한대로 또는 가치롭다고 여기는 방향으로 집단원들을 따라오게 강요하는 대신, 집단원들로 하여금 집단의 방향을 자발적으로 이끌어 가도록 허용하는 자질

5) 진실성과 개방성 : 집단원들을 대할 때 마음속으로 느끼고 생각하는 바와 일치되게 반응하며, 자신의 경험을 있는 그대로 진솔하게 표현하고 집단과정에서 신뢰할 수 있다고 표현하는 자질

6) 자각력과 수용력 : 집단상담자 자신의 정체감, 목표, 동기, 욕구, 장점과 단점, 가치관 등을 명확히 자각하고 인정하며, 수용을 위해 다양한 경험을 하면서 슈퍼비전을 받아야 하는 자질

7) 지각력과 민감성 : 집단원들은 다양한 언어 또는 비언어적 메시지를 통해 자신의 느낌과 생각을 나타내기 때문에 적시에 지각하고 민감하게 대처하는 능력의 자질

8) 창조성 또는 독창성 : 참신한 모습과 새로운 방법을 가지고 집단에 임함으로써 신선미를 유지할 뿐 아니라 진부한 모습을 미연에 방지하는 자질

9) 유머감 : 자신을 향해 웃을 수 있고 자신의 인간적 약점을 유머스럽게 받아들일 수 있는 능력의 자질

10) 지혜 : 인간 행동에 관한 이론과 기술의 학습에 추가하여 직관적 지혜를 터득해야 복잡한 집단의 역동까지 파악하고 대처할 수 있는 자질

2 청소년 집단상담자가 유의해야 할 사항

(1) 집단상담 기법의 사용뿐만 아니라 자신의 개인적 가치체계를 통하여 집단 구성원들에게 미칠 수 있는 자신의 영향력에 주의를 기울여야 한다.

(2) 집단상담에 참여하는 과정에 부수하는 심리적 부담에 주의를 기울여야 한다.

(3) 집단 구성원들의 목적을 분명하게 재정의 해야 한다.

(4) 집단 구성원들과 함께 비밀보장과 집단의 규범에 대해 논의해야 한다.

(5) 자신의 심리적 욕구충족을 위하여 집단 구성원들을 대하지 않도록 진지한 존중심을 보인다.

(6) 각 회기의 종결 단계에서 구성원들이 그들의 생각과 느낌을 말할 수 있도록 격려하고 충분한 시간을 할애해야 한다.

(7) 집단 구성원들이 집단에서 학습한 내용을 그들의 일상생활에 활용하려고 시도할 때 다른 사람들로부터 받을 수 있는 부정적인 반응에 효율적으로 대처하도록 도와야 한다.

(8) 자신의 집단상담자 기법과 효율성을 높이기 위해 집단상담의 효과를 평가할 수 있는 방법을 개발해야 한다.

(9) 집단 구성원들의 권리를 보호하기 위하여 첫째, 말하고자 하는 것만 말하도록 허용하고 둘째, 집단의 압력으로 어떤 행위를 강요하려는 시도를 막으며 셋째, 구성원들 중 어느 누구도 속죄양이 되어 인권을 침해당하는 일이 없도록 해야 한다.

법원의 수강명령으로 의뢰된 청소년 대상 집단프로그램 운영 시 유의사항

1) 집단원이 지각과 결석을 자주 한다면 이에 대한 제한이 가해질 수 있다. 그 이유는 법원의 수강명령으로 의뢰된 청소년이기 때문이다.

2) 집단과정 중에 언급된 내용에서 비밀이 보장되는 것도 있고, 한계가 있는 것도 있음을 고지한다.

3) 집단원에게 중도에 포기할 권리가 있음을 알린다. 집단원의 중도 포기의 권리를 의미한다.

4) 집단 참여가 집단원에게 가져다주는 유익을 강조하면서 적극적인 참여를 독려한다.

5) 법원에서 필요한 상담 내용을 요구한다면, 비밀보장 원칙의 예외가 적용되어 정보를 제공할 수 있다.

적대적 행동을 보이는 청소년 집단원에 대한 집단상담자의 대처방안

1) 적대적 행동이 집단 응집력 형성에 미치는 영향을 살핀다.

2) 다른 집단원이 적대적 행동으로부터 받은 느낌을 표현하고 적대적 집단원은 이를 경청하게 한다.

3) 적대적 행동 이면의 감정을 자각하도록 돕는다.

4) 적대적 행동을 집단에서 다루기 힘든 경우에는 개인상담을 병행한다.

5) 적대적 행동을 보이는 청소년 집단원의 문제가 심각할 경우 이에 즉각적으로 개입하는 것이 좋다.

쉼터에서 생활하는 청소년들을 대상으로 개방집단을 운영하는 경우 유의할 점

1) 한 회기 내에 다룰 수 있는 문제에 초점을 맞춘다.

2) 매 회기마다 회기 종결에 대한 느낌을 탐색할 수 있는 시간을 충분히 확보한다.

3) 꾸준히 참여하는 핵심 집단원들을 확보한다.

4) 개방집단에 들어온 신규 집단원에 대한 오리엔테이션은 반드시 회기 내에 실시할 필요는 없으며, 회기내가 아니더라도 집단상담자가 개별적으로 실시할 수도 있다. 그 이유는 쉼터에서 생활하는 청소년들을 대상으로 하였으므로 이미 서로에 대한 인식이 가능한 상태이기 때문이다.

5) 타당한 이유 없이 지각과 결석을 반복하는 집단원에게는 집단 참여의 제한을 고려한다.

학교폭력 가해자가 교칙에 따라 의무적으로 참여하는 청소년 집단상담에서 상담자의 역할

1) 집단원은 참여를 거부할 권리가 있다. 의무적으로 참여하는 청소년 집단상담이라도 보호자의 허락과 사전 동의 절차가 필요하며, 비밀보장의 예외사항에 대해서는 비밀보장이 지켜지지 않을 수 있다.

2) 부모나 법적 보호자의 허락을 확인하여야 한다.

3) 사전 동의 절차를 진행하는 것이 요구된다.

4) 비밀보장에는 예외가 있을 수 있다.

5) 집단원에게 집단이탈시 발생하는 결과에 대해 고지해야 한다.

CHAPTER 04 기타

제1절 | 최신 기출내용

1 코리(G. Corey)가 제시한 집단상담자의 인간적 특성

(1) '용기'는 상담자라는 역할 뒤에 숨지 않고, 실수를 인정하며 자신의 통찰과 신념에 따라 행동하는 것이다.

(2) '집단과정에 대한 신뢰'는 집단의 치료적 힘을 믿고 집단 내에서 발생하는 갈등을 조정하기 위해 노력하는 것이다.

(3) '유머감각'은 집단원에게 웃음을 주는 말이나 행동을 함으로써 문제를 새로운 각도에서 조망해 볼 수 있도록 한다.

(4) '함께 함'은 자신의 감정을 자각하고 표현하며, 집단원들과 마음을 함께 나누는 것이다.

(5) '개인적인 힘'은 자신이 타인에게 미치는 영향력을 인식하며, 집단원들의 역량을 강화시키는 자질이다.

(6) '창의성'은 참신한 모습과 새로운 방법을 가지고 집단에 임함으로써 신선미를 유지할 뿐 아니라 진부한 모습을 미연에 방지하는 자질이다.

2 성장집단의 3가지 하위 유형

성장집단은 다양한 집단 활동의 체험을 원하거나 자신에 대해 좀 더 알기를 원하거나, 자신의 잠재력 개발에 관심 있는 사람들의 성장과 발달을 촉진하기 위해 구성된 집단으로 크게 훈련집단, 참 만남집단, 마라톤집단 등 3가지 유형으로 구분된다. 성장집단의 기본가정은 구성원이 안전한 분위기 속에서 집단의 치료적 요소를 경험하게 되면, 자기 자신을 정직하게 평가하여 자신의 참모습을 깨닫는 한편, 사고, 감정, 행동의 변화를 꾀하게 되면서 궁극적으로 인간적 성장을 실현한다는 것이다.

1) 훈련집단(T집단, training groups)

성장집단의 세부유형으로, 집단에 참여하는 사람들이 대인관계에서 감성 혹은 민감성(sensitivity)을 높이는 한편, 인간관계 기술을 신장시키기 위해 고안된 집단이다.

→ 감수성훈련집단, 실험훈련집단

2) 참 만남집단(encounter groups)

성장집단의 세부유형으로, 모든 장면에서 성장할 수 있는 기회를 제공하기 위한 훈련 형태에서 발전된 집단이다.

3) 마라톤집단(marathon groups)

성장집단의 세부유형으로, 며칠 동안 연이어 회기를 가짐으로써 참여자들의 방어를 감소시키고, 친밀감을 창출하여 보다 집중적(intensive)이고 심화된 상호작용의 활성화를 기반으로 인간적 성장을 꾀하기 위한 집단이다.

3 응집력이 높은 집단의 특성

(1) 자기 자신을 개방하며 자기 탐색에 집중한다.

(2) 다른 성원들과 고통을 함께 나누며 이를 해결해 나간다.

(3) 자유로운 분위기에서 집단 활동에 적극적으로 동참한다.

(4) 자신의 생각과 느낌을 즉각적으로 표현한다.

(5) 서로를 보살피며 있는 그대로 수용한다.

(6) 보다 진실되고 정직한 피드백을 교환한다.

(7) 건강한 유머를 통해 친밀감을 느끼며 기쁨을 함께 한다.

(8) 깊은 인간관계를 맺으므로 중도이탈자가 적다.

(9) 집단의 규범이나 규칙을 준수하며 이를 지키지 않는 다른 집단성원을 제지한다.

(10) '지금-여기'에 초점을 맞추는 의사소통을 한다.

4 교류분석 집단상담에서 라켓(Racket)에 관한 설명

(1) 교류분석 집단상담에서 라켓(Racket) 또는 라켓감정(Racket feeling)은 개인의 일상적인 상호작용에서 자동적으로 나타나는 행동이나 정서반응이며, 무의식적이고 반복적이다.

(2) 라켓감정은 아동기에 금지되었던 '진정한 감정'에 대해 대체된 감정으로 자신의 의사와 다르게 표현된다. 라켓감정은 어린 시절에 격려 받고 학습되어진 친숙한 정서로써 다양한 상황에서 경험하게 된다.

(3) 심리적 게임은 라켓의 일종으로 개인의 사회적 상호작용의 패턴을 더욱 구체화시키는 것이다. 라켓은 게임 이후에도 사라지지 않고 개인의 정서와 행동 패턴에 영향을 미친다.

(4) 성인은 라켓을 인식하고 이해한 후 라켓을 사용하는 것이 아니라 라켓이 자주 발생하는 상황에서 대응방법을 개발하거나 라켓을 중화시키는 방식을 사용하면 문제해결에 도움을 필요로 하지 않는다.

참고

(생활) 스크립트

1) 아이의 부모가 허용했던 감정을 다른 감정으로 대체한 것을 (생활) 스크립트라고 한다. 즉, 사람들에게 어디로 가고 그 곳에서 무엇을 할 것인지를 말해주는 청사진을 (생활) 스크립트라고 한다.

2) (생활) 스크립트는 개인의 무의식적인 믿음, 기대, 감정, 행동 패턴으로 이루어진 생활이야기나 대인관계 패턴으로 과거의 경험, 부모의 메시지, 환경, 문화적 영향 등이 결합되어 개인의 (생활) 스크립트를 형성하게 된다.

5 라자루스(Lazarus)의 다중양식치료(인지행동 치료기법) : BASIC-ID

1) 다중양식치료의 기본전제는 내담자들은 보통 여러 가지 특수한 문제들로 고통을 받고 있기 때문에 그 문제들을 다룰 때에도 여러 가지 특수한 치료법들을 동원해야 한다는 것이다.

2) **BASIC-ID 확인**

    (1) 라자루스(Lazarus)는 진행 중인 행동(Behavior), 감정적 과정(Affect), 감각(Sensation), 심상(Imagery), 인지(Cognition), 대인관계(Interpersonal), 및 생물학적 기능(Drugs / Diet)들 각각을 '양식'이라 불렀다.

    (2) 다중양식 치료에서는 내담자의 문제를 이러한 BASIC-ID에 의거해서 평가한다.

    (3) 내담자들은 이러한 7가지 양식들이 관련되어 있는 정도와 그것들이 서로 관련되는 순서에 있어서 차이가 날 수 있다.

3) **치료기법들**

    (1) **행동(B)** : 소거, 역조건 형성, 긍정적 강화, 부정적 강화 및 처벌

    (2) **정서(A)** : 소유하고 수용하는 감정

    (3) **감각(S)** : 긴장이완, 감각적 쾌감

    (4) **심상(I)** : 자기상(셀프 이미지)의 변화, 대처 심상

    (5) **인지(C)** : 인지적 재구성, 자각

    (6) **대인관계(I)** : 모델링, 불건전한 공포를 분산시키기, 역설적인 책략

    (7) **약물 또는 생물학(D)** : 의학적 치료, 운동의 이행, 영양섭취(섭식), 물질남용 중지

6 심리극의 구성요소와 단계

1) 심리극의 구성요소는 주인공, 연출가, 보조자아, 관객, 무대이며, 진행단계는 ① 워밍업(준비)단계, ② 행위화(행동화)단계, ③ 마음 나누기(공유 및 통합)단계이다.

2) 워밍업 단계에서는 심리극이 시작되기 전 집단의 목표, 한계 등을 안내하고 연출자의 준비, 신뢰감 형성 등의 활동이 포함된다.

3) 시연단계는 행위화 단계로, 연출자가 다양한 기법을 활용하여 주인공의 무의식 속 욕망, 갈등 등이 드러나게 한다. 또한 연출자의 지시에 따라 보조자아가 주인공과 같이 행동하며 서로의 행동을 통해 주인공이 자신의 문제를 표현하도록 돕는다.

4) 마음 나누기(공유 및 통합)단계는 종결단계로, 연출자는 참여자들이 심리극 과정에 참여하면서 느낀 소감을 주인공과 함께 나누도록 돕는다.

7 집단역동 3가지 차원(얼리, 2000)

1) **개인 심리내적 역동** : 개인상담에서 탐색하는 심리적 역동

    집단원의 생각, 감정, 태도 / 집단원의 동기, 방어, 어린 시절의 기원

2) **대인 간 역동** : 집단 내 둘 이상 사람 간 관계에서의 역동

    정서적 반응, 친밀함, 경계심 / 집단 내에서 발생하는 갈등, 연합, 동맹

3) **전체로서 집단 역동** : 하나의 단위로서의 집단역동

    집단의 발달단계, 집단규범, 집단역할, 리더십 유형, 희생양 만들기, 집단 수준의 저항

memo

1교시

3과목

심리측정 및 평가

나눔복지교육원 동영상 강의

CHAPTER 01 심리측정의 기본개념

제1절 | 검사·측정·평가의 개념

1 검사개발의 원리

1) 심리검사의 의미

(1) 인간의 행동적 특성이나 심리적 특성을 측정하는 방법으로 응용 가능성을 가지고 수많은 영역에서 다양하게 실시되고 있는데 간단한 검사에서부터 특수한 검사까지 아주 다양하다.

(2) 인간의 성격, 능력 및 그 밖의 그 사람이 갖고 있는 심리적 특성의 내용과 그 정도를 밝힐 목적으로 일정한 조건 하에 이미 마련한 문제 혹은 작업을 제시한 다음 그 사람의 행동 또는 행동의 결과를 어떤 가정의 표준적 관점에 비추어 질적 혹은 양적으로 기술하는 조직적 절차를 의미한다.

(3) 인간의 행동의 모든 것을 완전하게 설명해 주는 도구가 아니라, 단지 인간의 행동을 이해하는 보조도구이기 때문에 너무 과신하거나 불신하는 것은 바람직하지 않다.

> #### 📁 기출문제 확인학습
>
> **심리평가 (Psychological assessment)**[1]
> 1) 심리평가는 심리검사, 면담, 행동관찰, 개인력 등 개인에 관한 정보를 종합적으로 통합하는 과정이다. 즉, 심리평가란 개인의 심리적 특성을 이해하기 위한 일련의 전문적인 과정으로서, 심리검사, 면담, 행동관찰, 전문지식의 여러 다른 방법에 의해 이루어진다. 즉, 다양한 평가결과를 종합하여 최종적으로 해석을 내리는 보다 복잡하고 전문적인 과정이다.
> 2) 임상가가 개인의 심리적 특성을 평가하기 위해서는 심리검사결과, 면담, 행동관찰, 기타의 기록 등을 전문적 지식을 토대로 종합하여야 한다.
> 3) 심리평가가 의뢰되면 먼저 의뢰된 문제를 분석하여 적절한 평가절차와 검사를 결정하고, 검사를 시행, 채점하여 결과를 해석한다.
> 4) 심리검사결과를 가장 중요한 해석의 근거로 사용하지만, 이 결과만으로 개인을 평가할 수 없으며, 심리검사과정의 행동관찰과 면담자료를 토대로 검사결과를 해석하는 것이 바람직하다.

---

1) ① 심리평가는 개인의 심리적 특성을 이해하기 위한 일련의 전문적인 과정으로서 심리검사, 면담, 행동관찰 등 여러 다른 방법에 의해 이루어진다(Goldstein, 1990).
② 심리평가는 심리검사 수행이 기본 요소로서 주요하지만 그 외에도 면담, 자연적 상황이나 체계적 상황에서의 행동관찰, 기타 다양한기록 등을 포함한다.
③ 심리평가는 다양한 평가결과를 종합하여 최종적으로 해석을 내리는 보다 복잡하고 전문적인 과정이라고 볼 수 있다.
④ 심리평가 과정은 일차적으로 자문이 의뢰된 문제를 분석하고 난 다음 적절한 평가 절차와 심리검사를 결정하고 검사를 시행, 채점하며, 심리검사 결과를 해석하고 그 외 다른 자료와 종합하며 심리평가를 자문한 의뢰처나 인접 전문가 또는 피검사자에게 이러한 결과를 효율적으로 전달해주는 일련의 절차를 거치게 된다(Newmark, 1985).

> 5) 또한 이러한 결과들은 심리학, 정신병리학과 같은 전문적 지식과 임상적 경험이 바탕이 되어야 한다.
>
> 6) 심리평가란 심리검사결과, 행동관찰, 면담, 전문적 지식이 종합된 일련의 과정이라고 할 수 있다.

2) 심리검사의 목적

(1) 한 개인의 행동을 예측하는 것이다.

학업성취도의 예측이나 특정 활동에서 개인의 행동을 예측하는데 유용하며 심리검사의 결과는 개인 간의 상호 비교에 그 근거를 두어 앞으로 한 개인이 수행할 행동을 상대적으로, 확률적으로 예측할 수 있도록 한다.

(2) 한 개인의 행동상의 원인적인 요인을 진단하는 것이다.

적절한 심리검사의 사용을 통해 행동에서 나타나는 결함이나 결점뿐만 아니라, 그 원인을 찾을 수가 있다.

(3) 검사를 통하여 집단의 일반적인 경향을 조사 또는 연구하여 기술하거나 규명하려는 목적으로 사용하기도 한다.

(4) 개성과 적성의 발견을 통하여 자신의 발전을 도모하고 인력의 적재적소 배치를 위해 검사를 사용하기도 한다.

> 📂 실력다지기
>
> **검사, 측정, 평가의 개념 비교**
> 1) 검사(test) : 대답될 일련의 질문과 과제를 제시해 놓은 것으로 적성 검사, 학업성취도 검사, 성격 검사, 흥미 검사 등이 있다.
> 2) 측정(measurement) : 물체나 인간이 가지고 있는 어떤 속성을 수량화하는 과정으로 무게, 길이, 심리적 특성의 측정 과정을 들 수 있으며 측정은 검사보다 광의의 의미를 지닌다.
> 3) 평가(evaluation) : 인간, 프로그램, 사물의 속성과 특성을 측정한 결과를 가지고 가치를 판단하는 행위이며 평가는 필요한 정보를 결정하고 수집하여 가치를 판단하는 과정으로서 측정과 검사를 모두 포함하는 개념이다.

3) 상담초기 내담자 평가의 내용

(1) 상담에 대한 준비도

상담에 대한 준비도란 상담을 통해 도움을 받을 수 있는 내담자[2]의 준비정도를 말하며 내담자들은 자기 문제에 대한 인식이나 문제에 대한 소유 의식에 있어서 차이를 보일 수 있다.

(2) 내담자의 귀인양식과 대처유형

상담자는 내담자의 문제 원인에 대한 귀인(attribution)양식과 문제해결에 대한 책임감의 소재에 대한 인식을 파악할 필요가 있다.

브릭맨 등(Brickman et al. 1982)은 내담자의 귀인양식과 대처양식에 따라 내담자를 크게 다음의 네 가지 종류로 구분하고 있다.

① 자조적 유형　　② 보상적 유형

③ 의존적 유형　　④ 의학적 유형

---

2) 밀러와 김인수는 상담실을 찾아오는 내담자를 크게 방문객형(Visitor type), 불평자형(Complainant type), 고객형(Customer type)으로 분류하였다.

내담자의 귀인양식과 대처유형

1) 상담자는 내담자의 문제 원인에 대한 귀인양식과 문제해결에 대한 책임감의 소재에 대한 인식을 파악할 필요가 있다.

2) 내담자의 귀인양식과 대처양식에 따라 내담자를 크게 네 종류로 구분하고 있다.

    (1) **자조적 유형**: 내적 귀인 / 자기 대처 - 문제원인을 자신에게, 해결도 자신이 해야 한다.

    (2) **보상적 유형**: 외적 귀인 / 자기 대처 - 문제원인은 자기 밖에, 해결은 자신이 해야 한다.

    (3) **의존적 유형**: 내적 귀인 / 타인 대처 - 문제의 원인은 자기에게, 해결은 타인이 도와주어야 한다.

    (4) **의학적 유형**: 외적 귀인 / 타인 대처 - 문제의 원인도 자신에게 있지 않고, 그 해결도 다른 사람이 해야 한다.

4) 문제해결양식 및 스트레스 대처양식

(1) **문제해결양식** : 마이어 - 브리그스 성격유형 척도(MBTI) 검사로 파악할 수도 있다.

    ① 외향성 대 내향성 - 집단구성원으로서 해결 대 개인적 해결

    ② 감각형 대 직관형 - 사실에 근거하여 문제 정의 대 가능성에 근거하여 문제 정의

    ③ 사고형 대 감정형 - 논리적으로 문제해결 대 가치 지향적으로 문제해결

    ④ 판단형 대 인식형 - 계획과 절차에 따른 문제해결에 중점 대 문제의 정의에 더 관심

(2) **스트레스 대처양식** : 헤프너 (Heppner, 1995)등은 스트레스 대처양식에 따라 세 유형으로 구분한다.

    ① **반성적 유형** : 문제해결의 논리적 과정을 중시한다.

    ② **억압적 유형** : 문제를 부인하거나 회피한다.

    ③ **반응적 유형** : 강한 정서적 반응과 충동성을 보인다.

5) 상담초기 내담자 문제 평가방법

(1) 상담 신청서

    내담자의 인적 사항, 호소 문제, 이전 상담경험, 상담의 긴급성 등을 질문하여 기록한다.

(2) 호소문제 목록화(체크리스트) 하기

(3) 접수 면접

    ① **목적** : 내담자 문제의 성격과 심각성을 평가하고 개입방법을 결정하기 위해 행하며 내담자의 문제를 가장 잘 해결해 줄 수 있는 상담자와 내담자를 연결시켜 주기 위함이다.

    ② **주제** : 호소문제, 현재 및 최근의 기능상태, 스트레스원, 사회적 및 생리적 자원, 외모 및 행동, 문제와 관련된 개인사 및 가족관계, 상담에 대한 기대와 동기 등을 파악하기 위함이다.

(4) 표준화 검사의 활용

표준화된 조건에서 피검사자들의 심리적 특성들을 측정하기 위한 관찰수단이나 도구를 말하며 이 때 표준화라는 말은 어떤 절대적인 기준(criterion)을 설정하는 것이 아니라, 검사 실시 상황이나 조건 및 검사의 내용과 자극을 모든 피검사자들에게 동일하게 함으로써 검사결과의 상대적 비교를 보다 타당하게 하도록 하는 규준(norm)을 설정하는 것을 의미한다.

2 문항 난이도

1) 난이도는 정답률이기 때문에 난이도 지수가 높을수록 그 문항은 쉽다는 의미이다.

2) 문항난이도 계산 공식은 (정답자 수 ÷ 전체 사례 수)×100이 된다.

3) 즉, 문항난이도(item difficulty)는 각 문항에 정확하게 답한 학생들의 비율을 조사함으로써 결정될 수 있다.

4) 만약 한 학급 40명 중 32명이 특정한 문항을 정확하게 답했다면 문항난이도는 0.80이 될 것이다.

5) 문항 난이도는 특정 문항을 맞춘 사람들의 비율로서 0.00에서 1.00의 값을 가지며 문항의 난이도는 신뢰도에 영향을 미치는데 어려울수록 신뢰도는 유사하게 나올 가능성이 낮아 신뢰도가 낮아진다.

6) 문항의 난이도가 0.50일 때 가장 이상적으로 검사점수의 분산도가 최대가 된다.

7) 이는 쉬운 문항과 어려운 문항이 적절히 포함되고 중간수준 난이도 문항이 다수이면 변별력이 높아지게 되어 이상적이고 변별력이 높아진다는 것은 곧 편차가 커진다는 것과 같기 때문에 분산도는 최대가 된다.

📌 정리

문항 난이도

1) 문항난이도(p)는 한 문항이 얼마나 어려운가를 나타내는 지수로서 정답률이라고도 함

2) 선다형 문항

$P = R/N \times 100$ (N: 총 피험자 수, R: 문항의 답을 맞힌 피험자 수)

3) 부분점수 부여되는 서술형 문항

$P = R/(N \times SA) \times 100$ (R: 어떤 한 문항에서 전체 응답자들이 받은 점수의 합, SA: 그 문항에 주어진 배점, N: 총 사례 수)

4) 난이도 0.25 이하는 '어려운 문항', 0.25 ~ 0.75는 '적절한 문항'으로 , 0.75 이상은 '쉬운 문항'으로 판단함

> **예제** **문항난이도**
>
> 100명의 학생이 시험을 치루었고(N = 100), 이 중에서 65명이 정답을 맞추었다(R = 65)고 가정하면 이 경우의 문항난이도의 계산은 아래와 같다.
>
> $$P = 65 / 100 = 0.65$$

3 문항 변별도

1) 한 검사에서 각 문항이 수검자의 능력 수준을 변별할 수 있는 정도를 나타내는 지수로, 즉, 문항변별도란 학생의 능력을 어느 정도 변별해 내느냐를 말한다.
2) 예를 들어, 변별력이 있는 문항은 능력이 높은 수검자가 답을 맞히는 확률이 능력이 낮은 수검자가 답을 맞히는 확률보다 높은 문항이다.
3) 문항변별지수는 –1.0에서 +1.0 사이의 값을 갖는다.
4) 이 값이 +1.0에 가까울수록 변별력이 높은 문항이고, 0에 가까울수록 변별력이 떨어지는 문항이다.
5) 일반적으로 규준참조검사에서는 문항변별지수가 적어도 0.30 이상이 되는 것이 좋다.

📁 **기출문제 확인학습**

문항 변별도

1) 문항이 능력에 따라 피험자를 변별하는 정도를 나타내는 것으로 문항난이도의 영향을 받음
2) 문항의 변별력이 높으면 검사의 신뢰도는 높아짐
3) 개별 문항 점수와 전체 점수 간의 상관이 높으면 문항의 변별도가 높아짐
4) 개별 문항의 총점이 높은 사람과 낮은 사람을 구분해 주는 정도를 의미함
5) 변별도 지수(DI) = (Ru-Rl)/f (Ru : 상위 집단의 정답자 수, Rl : 하위집단의 정답자 수, f : 상위 집단 및 하위집단 각각의 총 사례 수)
6) 전체 피험자의 점수를 기준으로 상위 27%를 상위집단으로, 하위 27%를 하위집단으로 나눔
7) 0.40 이상을 매우 좋은 문항, 0.30 ~ 0.39를 상당히 좋으나 개선될 여지가 있는 문항, 0.20 ~ 0.29를 약간 좋은 문항으로서 개선될 필요가 있는 문항, 0.19 이하를 별로 좋지 않은 문항으로서 버려야 하거나 수정되어야 하는 문항으로 본다.

문항 변별도의 해석기준

문항변별도	문항에 대한 해석
0.40 이상	변별력이 높은 문항
0.30 ~ 0.39	변별력이 있는 문항
0.20 ~ 0.29	변별력이 낮은 문항
0.10 ~ 0.19	변별력이 매우 낮은 문항
0.10 미만	변별력이 없는 문항

예제 지필검사의 응답 결과(총 4명 응시, 총 3문항)

이름	문항점수(X)			총점(Y)
	문항1	문항2	문항3	
김수진	1	1	1	3
이진영	1	1	0	2
박진수	0	0	1	1
배수현	0	0	0	0

위 표에 나타난 결과를 토대로 문항1의 문항 변별도를 구하려면 아래 표의 계산 절차를 거쳐야 한다.

문항 1에 대한 문항 변별도 단계별 계산

	X	Y	XY	X^2	Y^2
김수진	1	3	3	1	9
이진영	1	2	2	1	4
박진수	0	1	0	0	1
배수현	0	0	0	0	0
합계(Σ)	2	6	5	2	14

$r = (N \times \Sigma XY - \Sigma X \times \Sigma Y) / \sqrt{N \times \Sigma X제곱 - (\Sigma X)제곱} \times \sqrt{N \times \Sigma Y제곱 - (\Sigma Y)제곱}$

$r = \{(4 \times 5) - (2 \times 6)\} / \sqrt{(4 \times 2 - 4)} \times \sqrt{(4 \times 14 - 36)}$

$\quad = 8 / (2 \times \sqrt{20})$

$\quad = 8 / (2 \times 4.4721)$

$\quad = 0.8944$

[공식기호 r: 문항 변별도, X: 각 학생의 문항점수, Y: 각 학생의 총점수]

문항1에 대한 문항 변별도는 약 0.89인 것으로 나타났다. 이 값은 문항변별력이 매우 높다는 것을 나타낸다.

4 문항의 유용도

1) 문항유용도(실용도)란 가급적 최소의 노력, 최소의 시간, 최소의 경비로 유용하게 이용할 수 있어야 하는 것을 말한다.

2) 즉, 실용도는 한 마디로 쉽게 사용할 수 있는 정도를 의미한다.

3) 유용도의 사례로는 검사 문제가 적절할 것, 실시하기 용이할 것, 검사·채점이 객관적이고 용이할 것, 검사의 비교가 가능할 것, 경제적일 것 등을 들 수 있다.

4) 아무리 훌륭한 평가라도 노력과 비용, 시간 등이 많이 드는 평가는 실용도가 있는 평가라고 할 수 없다.

5) 평가의 원리나 그 방법을 항상 현실적 교육 여건에 맞게 조절하고 실제에 적용시켜 조화롭게 학습 평가를 수행해야 한다.

> ⊘ **부연**
>
> **문항유용도 (실용도)**
>
> 1) 평가도구의 실용적 가치에 관련되는 문제로서 문항 제작, 평가 실시, 채점상 비용, 시간과 노력을 적게 들이면서 소기의 목적을 얼마나 달성할 수 있느냐의 정도를 말하는 것이다.
>
> 2) 아무리 훌륭한 평가도구라 할지라도 채점이 복잡하다든지, 시간이 너무 많이 소요된다든지, 사용하기 매우 어려울 경우에는 문제가 발생한다.
>
> 3) 문항유용도(실용도)의 조건
>
>   (1) 실시의 용이성(시간 제한, 실시의 과정, 방법이 명료하고 간결하며 완전해야 함)
>
>   (2) 채점의 용이성
>
>   (3) 검사의 해석과 활용의 용이성
>
>   (4) 비용과 시간, 노력들이 절약되는 효율성

오답지의 매력도

1) 정답지와 오답지가 효과적으로 제 기능을 다하고 있는지를 나타내는 척도

2) 이 때 각 오답지의 응답 비율이 공식으로 계산된 오답지의 매력도 보다 높으면 매력적인 답지이며, 그 미만이면 매력적이지 않은 답지로 판단한다.

3) 오답지의 매력도(Po) = $1 - P / Q - 1$ (Po: 답지 선택 확률, P: 문항 난이도, Q: 답지 수)

📁 **기출문제 확인학습**

검사이론 중 문항반응이론

1) 검사이론의 개념

  (1) 검사이론은 심리적 구인을 측정하는 검사에 관련된 여러 측정학적 문제를 해결하기 위한 방법을 탐구하고, 검사와 이를 구성하는 문항을 분석하는 이론으로 고전검사이론(무선표집이론, random sampling theory)과 문항반응이론(Item Response Theory)으로 구분된다.

  (2) 고전검사이론은 문제를 무작위(random)로 출제하며, 문항별 배점을 단순히 더하여 합으로 평가하는 이론이다. 따라서 수검자의 능력, 문항의 난이도, 변별도에 따라서 결과가 달라질 수 있다.

  (3) 반면, 문항반응이론(Item Response Theory)은 수검자의 능력에 대응하는 문제를 출제하며, 문항곡선의 특성에 따라 평가하는 이론이다. 즉, 문항특성곡선으로 문항을 분석한다. 따라서, 수검자의 능력, 문항의 모수치(난이도, 변별도)에 영향을 받지 않는다.

2) 문항반응이론의 개념

  (1) 문항반응이론은 피험자의 검사 결과에 영향을 미치는 관찰할 수 없는 잠재적 특성이 있다고 가정하고 피험자의 검사 점수로부터 잠재적 특성을 추정하는 절차와 관련된 일련의 이론이다.

  (2) 문항반응이론은 피험자의 잠재된 능력수준과 문항에 대한 반응의 관계를 수학적으로 나타내며, 피험자의 능력에 따른 문항의 답을 맞힐 확률을 나타내는 문항특성곡선에 기초한 검사이론이다.

  (3) 문항특성곡선

    수검자의 능력수준에 따라 문항의 정답을 맞힐 확률을 표시하는 곡선이며, 문항특성곡선은 각 문항이 어떤 능력수준에서 기능하는가를 표현하는 위치지수와 수검자를 능력에 따라 변별하는 변별지수를 지니고 있다.

3) 문항반응이론의 기본 가정

  (1) 일차원성(uni-dimensionality) 가정

    ① 한 검사의 모든 문항들이 오직 하나의 잠재적 특성만을 재어야 한다는 가정이다.

    ② 문항반응이론에서는 검사자료에 큰 영향을 주는 중요한 하나의 요인이 존재할 때 일차원성 가정이 충족되었다고 본다(성태제, 2001).

  (2) 지역독립성(local independence) 가정

    ① 지역독립성(local independence)은 피험자의 능력 수준을 감안하여 한 검사의 문항들에 대한 반응은 각각 통계적으로 상호 독립적이라는 가정이다.

    ② 특정 문항에 대한 반응은 다른 문항에 대한 반응에 전혀 영향을 미치지 않으며, 능력과 문항특성에 의해서만 문항반응이 결정된다는 것이다.

(3) 불변성 가정

① 불변성 개념은 문항특성 불변성과 피험자 능력 불변성으로 구분한다.

② 문항 특성 불변성

문항의 특성인 문항난이도, 문항변별도, 문항추측도가 피험자 집단의 특성에 의하여 변화되지 않는다는 것으로, 문항반응이론에서는 어떤 문항의 특성은 피험자 집단의 능력에 관계없이 항상 똑같은 수준으로 문항을 평가할 수 있다는 것이다. 즉, 문항의 특성은 피험자의 집단의 특성에 의하여 전혀 영향을 받지 않는다.

③ 피험자 능력 불변성

피험자의 능력은 어떤 검사나 문항을 택함으로써 변하는 것이 아니라 고유한 능력 수준에 있다는 것으로, 문항반응이론에서는 어떤 피험자가 어려운 검사를 택하든지, 쉬운 검사를 택하든지 피험자의 능력은 변하지 않는다는 가정이다.

<고전검사이론과 문항반응이론의 비교>

관점	고전검사이론	문항반응이론
기본가정	관찰점수는 진점수와 오차점수	문항특성곡선에 근거
진점수 추정	반복측정 가능	반복측정 불필요
문항모수 설명	비교적 간편한 계산공식	복잡한 수리적 모형
문항특성 추정	수검자 특성에 의해 변함	수검자 특성에 영향받지 않음
수검자능력 추정	검사도구의 특성에 의해 변함	불변성을 지님
측정오차	수검자에 따른 측정오차 동일	수검자에 따른 측정오차 상이
신뢰도검증	오차점수의 분산과 관계있음	검사정보함수는 수검자 능력수준에 따라 다름

📁 실력다지기

문항특성곡선(item characteristic curve : ICC)

1) 정의 : 피험자 능력에 따른 문항의 정답률을 나타내는 곡선

2) 구성 : X축은 피험자의 능력을 나타내며, Y축은 정답률 P로 표현됨.

3) S자형태의 증가함수로 변별도, 난이도, 추측도에 의해 결정되며, 기울기가 클수록 변별력이 높음.

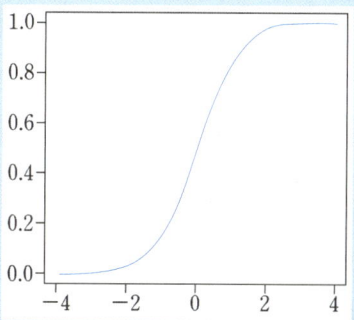

제2절 | 표준화검사의 개념과 개발

1 표준화의 개념과 개발

1) 심리검사의 개발과정

(1) 표준화검사

① 특정 행동특성을 측정하기 위해 표준화된 절차를 거쳐 작성된 검사를 말하며, 측정에 사용되는 검사, 절차, 채점방법 등이 표준화된 것을 뜻한다.

② 표준화검사의 가장 두드러진 특징은 여러 가지 조건이 다른 피험자에게 동일한 검사를 실시하여 얻은 점수를 의미 있게 상호 비교할 수 있도록 검사의 작성에서부터 실시에 이르기까지의 모든 조건을 표준화했다는 점에 있다.

(2) 규준참조 검사의 개발과정

과제	기법
• 가설개념 영역 규정 • 문항표집(문항제작) • 사전검사 자료 수집 • 측정도구 세련화 • 본 검사의 자료수집 • 신뢰도 평가 • 타당도 평가 • 규준개발	• 문헌연구 • 문헌연구, 사례에 대한 통찰 • 표본조사 • 문항분석/요인분석 • 표본조사 • 신뢰도계수 • 타당도계수 • 통계집단별 분포

2) 표준화검사의 제작과정

(1) 검사의 목적 및 대상을 구체적으로 결정한다.

(2) 합리적인 문항 형식을 선택하고 이에 따라 다수의 문항을 제작하되, 문항 수는 최후검사에 포함시키려는 문항 수의 두 배 이상은 되어야 한다.

(3) 제작된 문항으로 예비검사를 구성하고, 활용 대상 집단을 대표하는 표집을 대상으로 예비조사를 실시한 후 문항분석을 실시한다.

(4) 문항분석의 결과에 따라 선택된 문항을 가지고 최후검사를 완성하고 실시방법 및 채점법 등을 결정한다.

(5) 규준을 제작하기 위해 검사의 활용대상인 모집단을 대표하는 대단위 표집을 하여 검사를 실시하며 이 때 표집군이 모집단을 충분히 대표할 수 있어야 한다.

(6) 정해진 방법에 의하여 채점하고, 여러 가지 통계적 조작을 통하여 규준을 만든다.

(7) 검사 자체의 신뢰도와 타당도를 검증하며, 이러한 과정을 거쳐 제작된 검사는 검사지와 검사요강의 형태로 산출되는데, 검사요강에는 검사의 실시방법, 채점방법, 규준, 활용방법, 검사의 신뢰도나 타당도와 같은 정보를 수록한다.

2 규준[3]의 개념과 필요성

1) 심리검사 점수는 상대적인 것이며 상대적 점수 해석을 위한 기준이 필요한데 그것이 바로 규준이다.

2) 규준은 대표집단의 사람들에게 실시한 검사점수를 일정한 분포도로 작성한다.

3) 규준의 제작은 모집단에 대한 대표성을 확보할 수 있는 표본추출 방법을 이용하여 규준 집단을 구성하여 제작한다.

4) 심리검사에서 규준을 마련하는 것은 검사점수 해석을 위해 꼭 필요한 작업이다.

5) 원 점수를 어떤 상대적 측정치로 변환해서 사용함으로써 ① 대표집단 내 수치가 차지하는 위치를 쉽게 파악, ② 상호 비교가 가능하게 된다.

📁 기출문제 확인학습

원 점수 해석의 근거

1) 규준: 비교하고자 하는 집단의 검사 결과

2) 규준참조적 검사(norm-referenced test)

  (1) 규준을 기준으로 원 점수가 상대적으로 해석될 수 있는 검사

  (2) 상대평가를 위해 대상자 집단의 점수분포를 고려하며, 개인의 점수를 해당 분포에 비추어 상대적으로 파악함

  (3) 이 때 점수분포가 규준(Norm)에 해당함

3) 준거참조적 검사(criterion-referenced test)

  비교의 근거가 다른 대상이 아니라 숙달 기준에 있는 검사

4) 규준 집단

  (1) 표집 절차의 명확한 제시

  (2) 표집의 크기

  (3) 규준 집단의 특징을 명확히 정의

  (4) 검사 실시의 시기

  (5) 표집의 대표성

    ① 표집의 무선화 원리

    ② 전집 요소의 동일한 추출 가능성

    ③ 표집 도중 전집에 변화가 없어야 함

    ④ 한 요소의 표집이 다른 요소의 표집될 확률에 전혀 영향을 미치지 않아야 함

    ⑤ 표집의 오차가 적어야 함

    ⑥ 규준의 자료 분포와 전집의 자료 분포가 유사

---

3 검사점수의 해석

검사는 상담과 분리된 활동이 아니라, 상담의 한 과정이며 검사의 선정, 실시, 채점 및 해석은 상담자로서의 전문성이 요구된다.

---

3) 규준은 비교하고자 하는 집단의 검사 결과로서 객관적 검사에서 상대적인 해석에서 중요한 역할을 하는 것이다. 규준 설정 시 사용된 표본의 크기와 대표성이 있는지 확인해야 하며 표준화 검사의 경우 규준이 얼마나 최근에 제작되었는가도 확인해야 한다. 그리고 규준집단의 구성이 명확하게 규정되어야 한다.

1) 검사의 선정

(1) 내담자가 요구하는 경우

검사를 왜 받으려 하는지 탐색, 적합한 검사를 선정하고 검사의 일반적 특징에 대해 내담자에게 안내한다.

(2) 상담자가 필요로 하는 경우

① 가능하면 내담자와 의논하여 결정해야 하지만, 일반적으로 상담자가 일방적으로 결정하는 경우가 많으며 내담자의 검사에 대한 불안을 감소시키는 것이 중요하다.

② 검사의 목적은 내담자 스스로 자신을 더 잘 이해할 수 있도록 도와주기 위한 것이라고 인식시킴으로써 지능검사나 적성검사와 같은 능력검사에서 최대한의 능력을 발휘하게 하고, 흥미검사나 성격검사에서 솔직하게 응답할 수 있도록 하여야 한다.

③ 내담자가 검사를 선택하는 과정에 참여하게 되면 결과와 해석을 객관적으로 받아들일 가능성이 높아진다.

2) 검사의 실시

(1) 검사요강에 나와 있는 지침대로 실시한다.
(2) 기계적인 실시는 바람직하지 않으며 이러한 오류는 경험이 많은 조사실시자에게 종종 나타난다.
(3) 검사실시자의 전문적 능력을 보여줄 필요가 있다.
(4) 적합한 검사장소를 준비하여야 한다.

3) 검사의 채점

(1) 손으로 채점

채점판 활용[예 WISC, 미네소타 다면적 인성검사(MMPI) 등], 피검사자 스스로 자가 채점(예 MBTI 등)

(2) 컴퓨터로 채점

점수 또는 프로파일 뿐만 아니라 해석까지도 컴퓨터화되어 있는 경우도 있지만, 해석의 경우에는 아직 타당성이 확보되어 있지 못하다.

4) 심리검사 활용 시 유의점

(1) 검사의 선택

어떤 목적에서 분명하게 인식하고 검사요강을 필독하여 타당도와 신뢰도에 대해 검토한다.

(2) 검사의 실시

피검사자의 동의와 목적을 설명하고 어떤 이점이 있는지 충분히 설명한다.

(3) 검사의 채점

전문적 자격과 경험이 필요하다.

(4) 검사결과에 대한 비밀보장의 의무가 준수된다.

> 📂 **실력다지기**
>
> **심리검사의 윤리적 문제**
> 1) 심리검사 결과가 여러 분야의 의사결정에 중요한 증거로 활용된다는 것은 심리검사가 공정하고 정확하게 이용되지 않으면 수검자가 피해를 입을 가능성이 존재한다.
> 2) 윤리강령 기본정신은 심리검사가 수검자를 부당하게 차별하는 도구로 사용되어서는 안 된다는 것이며 심리학자들은 검사의 한계를 인식하고 끊임없이 검사의 질적 향상을 위해 노력해야 한다.

4 규준참조검사와 준거참조검사

검사는 사용목적에 따라 규준참조검사(norm - referenced test)와 준거참조검사(criterion - referenced test)로 구분할 수 있다.

1) 규준참조검사

(1) 상대적 규준을 이용하여 검사결과를 해석하는 검사로서, 한 검사에서 개인이 획득한 점수는 그 개인이 속해있는 집단의 구성원들의 점수와 비교하여 해석하는 검사이다.

(2) 대부분의 표준화 심리검사들은 규준을 이용하여 동일한 해석이 되도록 하므로 규준참조검사라 할 수 있다.

2) 준거참조검사

(1) 절대적 준거를 이용하여 검사결과를 해석하는 검사로서, 한 검사에서 개인이 획득한 점수를 미리 세워놓은 목표, 즉 준거에 도달한 정도로서 해석하는 검사이다.

(2) 대부분의 국가자격시험은 대표적인 준거참조검사이다.

(3) 이 때 기준 점수는 검사사용 기관이나 조직의 특성, 검사의 시기나 목적에 따라 달라질 수 있다.

제3절 | 통계의 기초

1 변수의 종류

변수는 서로 다른 수치를 부여할 수 있는 모든 사건이나 대상의 속성이다.

1) 연속변수와 불연속변수

무한히 많은 값을 취할 수 있는 변수와 한정된 수치만을 할당할 수 있는 변수

2) 양적 변수와 질적 변수

(1) 수치들이 양적인 차이를 나타내는 변수와 질적인 차이를 나타내는 변수
(2) 질적 변인 : 수량화할 수 없는 변인 (예 성별, 출신지, 직업의 종류 등)
(3) 양적 변인 : 수량화할 수 있는 변인 (예 지능지수, 성적, 키, 몸무게 등)

3) 독립변수와 종속변수

어떤 다른 변수의 원인이 되는 변수와 독립변수의 결과가 되는 변수

4) 예언변수와 준거변수

변수의 값을 통해 다른 변수의 값을 예언하려는 용도로 사용되는 변수와 예언변수로 예측하고자 하는 변수

2 척도의 수준

척도는 수치를 체계적으로 할당하는데 사용하는 측정도구이며 대상들을 산출한 수치들이 담고 있는 정보의 양에 따라 다음과 같이 나눈다.

1) 명명척도 (=명목척도)

정보 차이만을 담고 있는 척도 (예 성별, 지역, 눈 색깔 등)

2) 서열척도 (=순위척도)

상대적 크기, 순위 관계에 관한 정보도 담고 있는 척도 (예 석차, 만족도 등)

3) 등간척도 (=동간척도)

수치 차이가 반영하는 속성 차이가 동일하다는 등간정보도 포함 (예 지능지수, 온도 등)

4) 비율척도

수의 비율에 관한 정보도 담고 있는 척도로 절대영점이 있는 변수를 측정한 경우에 얻을 수 있음 (예 길이, 무게 등)

📁 실력다지기

측정수준과 통계방법

측정수준	속성	예시	산출통계량	통계방법
명명척도	분류	남, 여	최빈치, 빈도	비모수적 방법
서열척도	분류, 순위	상, 중, 하	중앙치, 사분편차	
등간척도	분류, 순위, 등간격	15℃, 30℃	평균, 표준편차, 가감	모수 및 비모수적 방법
비율척도	분류, 순위, 등간격, 절대 0점	10cm, 20cm	모든 통계, 가감승제	

3 척도법의 종류

1) 총화평정척도

응답자가 응답하는 여러 질문에 대한 응답의 총합을 계산하는 척도

2) 리커트 척도

하나의 개념에 여러문장을 사용하는 척도로 실용적이며 태도의 연속선상에서 위치를 파악할 수 있다.

3) 거트만의 척도분석법

누적척도법이라고 하며, 개별문항들을 서열화하여 누적하는 척도

4) 보가더스의 사회적 거리척도

인종의 편견강도를 측정하기 위해 제시한 서열적 척도.

5) 오스굿의 의미분화척도

어의차별법이라고 하며, 사물, 인간, 사건 느낌을 양극의 뜻을 갖는 대비 형용사를 구성, 다차원적인 개념을 측정하는데 사용됨

6) 써스톤 유사등간법

어떤 사실에 대한 양극단을 등간격으로 구분하여 점수를 매기는 척도.

7) 요인척도화

변수간에 존재하는 상호관계 유형과 연관된 변수를 묶어 몇 개의 적은 요인들로 축소하는 통계기법

측정척도와 통계 분석 방법

1) 측정척도는 양적 분석을 위한 통계 분석 방법을 결정하기 때문에 중요하다.

2) 즉, 명목척도와 서열척도로 측정된 변인은 비모수통계(non-parametric statistics)를 적용하고, 등간척도와 비율척도로 측정된 변인은 t검증이나 상관관계분석, 변량분석과 같은 모수통계(parametric statistics)를 적용한다.

3) 측정척도는 측정하고자 하는 변인의 속성에 따라 결정되는 것이 아니라 측정하는 방식에 따라 결정되기 때문에 동일한 측정변인에 대해서도 어떻게 측정하였는가에 따라 적용되는 통계 분석방법이 달라진다.

   예 학업성취를 성적(점수)으로 측정하였다면 모수통계가 적용되지만, 학업석차로 측정하였다면 비모수통계가 적용된다.

□ 실력다지기

모수통계와 비모수통계[4)]

1) 궁극적으로 알고 싶은 전체 집단을 모집단이라고 하며 전체 집단을 모두 조사하는 것은 현실적으로 불가능한데, 그 예로 고혈압 환자에게 A약을 투여해서 얼마나 효과가 있는지 알고 싶을 때 전 세계의 모든 고혈압 환자(모집단)를 대상으로 효과를 파악할 수는 없을 것이다.

2) 그렇다면 우리가 할 수 있는 것은 적절한 표본집단을 지정하여 이 표본집단에서 평균, 표준편차와 같은 통계량을 구한 뒤 이를 통해 모평균과 모표준편차를 추정하는 것이고 이렇게 추출된 표본의 평균, 표준편차, 분산 등을 통계량(statistics)이라고 하며 모집단의 모평균, 모표준편차, 모분산 등을 모수(parameter)라고 한다.

3) 통계적 검정을 위해 표본으로부터 계산된 검정통계량도 통계량의 일종이다.

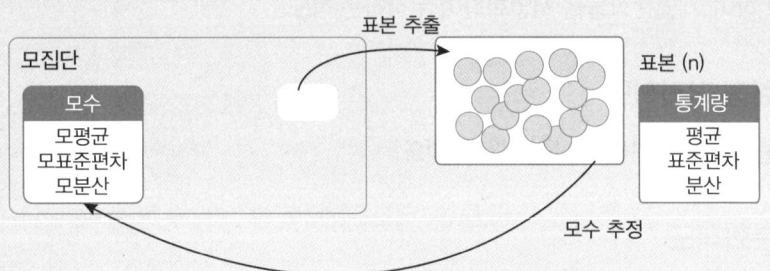

4) 모수적 방법

   (1) 중심극한정리에 의해서 본래의 분포에 상관없이 무작위로 복원 추출된 연속형 자료의 평균의 분포는 정규분포를 띤다는 것을 알고 있다.

   (2) 비교하고자 하는 두 집단이 모두 정규분포를 띤다면 그 두 집단은 평균을 비교함으로써 차이를 밝힐 수 있다. 이렇듯 정규성을 갖는다는 모수적 특성을 이용하는 통계적 방법을 모수적 방법(parametric method)이라고 한다.

---

4) 출처 : **http**://dermabae.tistory.com/147 - 수정 인용

(3) 그러면 중심극한정리에 의해 정규분포를 가정할 수 있는 최소한의 표본의 크기는 얼마나 될까? 모집단의 분포에 따라 차이가 있겠지만, 일반적으로 군당 30명 이상으로 구성된 표본의 경우에 정규분포를 따른다고 가정한다. 그리고 군당 10명 ~ 30명 규모인 경우에는 따로 정규성 검정을 통해 정규분포임이 확인되면 모수적 방법을 사용할 수 있다.

5) 비모수적 방법

(1) 정규성 검정에서 정규분포를 따르지 않는다고 증명되거나 군당 10명 미만의 소규모 실험에서는 정규분포임을 가정할 수 없으므로 모수적 방법을 사용할 수 없다.

(2) 이런 경우에는 자료를 크기순으로 배열하여 순위를 매긴 다음 순위의 합을 통해 차이를 비교하는 순위 합 검정을 적용할 수 있는데 이런 방법들은 모수의 특성을 이용하지 않는다고 하여 비모수적 방법(nonparametric method)이라고 한다.

(3) 또한 숫자로는 표현되지만 수량화할 수 없고, 평균을 낼 수도 없는 순위 척도의 경우에는 비록 연속형 자료는 아니지만, 순위의 합을 이용하는 비모수적 방법을 적용하는 것은 가능하다.

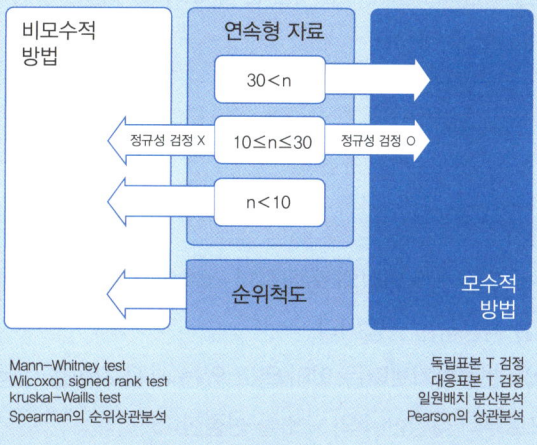

📌 정리

1) 일반적으로 위 그림과 같이 n > 30으로 충분히 크거나, n이 10이면서 정규성 검정에서 정규분포로 간주되는 연속형 자료의 경우 모수적 방법을 사용할 수 있으며, 그 외의 경우는 비모수적 방법을 사용한다.

2) 일반적으로 비모수적 방법보다 모수적 방법을 선호하는 이유는 모수적 방법이 검정력이 다소 높고, 두 군 사이에 크기의 차이가 있는 경우 차이의 정도를 함께 제시해 줄 수 있는 장점 때문이다.

3) 비모수적 방법은 검정력이 다소 떨어지고, 크기의 차이를 보여주지 못하는 대신에 표본수가 작은 경우이거나, 순위 척도인 경우를 비롯하여 숫자로 되어 있는 모든 경우에 적용을 할 수 있는 장점이 있다.

비모수적 방법	• 정규성 가정이 필요 없음	• 순위 척도도 적용 가능
모수적 방법	• 비모수적 방법보다 다소 높은 검정력	• 크기의 차이를 제시할 수 있음

4 기본개념의 적용

1) 확률 표본추출

(1) 단순무작위 표집(simple random sampling)

의식적인 조작이 전혀 없이 표본을 추출하는 방법으로 모집단의 모든 요소가 추출기회를 동등하게 가지며 어떤 요소의 추출이 계속되는 다른 요소의 추출 기회에 아무런 영향을 미치지 않는 방법이다.

예 난수표 이용법, 제비뽑기, 컴퓨터를 이용한 추출방법(컴퓨터 추첨)

(2) 계통적 표집(systematic sampling = 계층적 표집 = 체계적 표집)

① 모집단을 구성하고 있는 구성요소들이 자연적인 순서에 따라 배열된 목록에서 표집간격인 매 k번째의 구성요소를 추출하여 형성한 표집이다.

> **cf** 표집간격 = 모집의 크기/표본집단의 크기

② 첫 번째 요소는 반드시 무작위적으로 선정되어야 하고 목록자체가 일정한 주기성을 가지지 않아야 한다.

(3) 층화표집(유층표집, stratified sampling)

① 모집단을 일정한 기준에 따라 2개 이상의 동질적인 계층으로 구분하고, 각 계층별로 단순무작위 추출방법 또는 체계적 표집방법을 적용하는 방법이다.

② 전체 모집단에서 표본을 선정하기보다는 이미 알고 있는 사전 지식을 이용하여 모집단을 동질적인 부분으로 나누고 이들 각각으로부터 적정한 수의 요소를 선정한다.

③ 층화표집법의 유형에는 모집단에서 각 계층이 점하는 비례에 따라서 각 계층의 크기를 할당하여 추출하는 방법인 비례층화표집과 각 계층에서 각 계층의 크기와 상관없이 표본을 추출하는 방법인 비비례층화표집이 있다.

📁 기출문제 확인학습

유층표집 (층화표집)

1) 유층표집의 특징

(1) 유층표집이란 모집단을 동질적인 일련의 하위집단으로 나누고(유층화), 각 하위집단에서 적절한 수의 표본을 뽑아내는 방법이다.

(2) 유층화는 연구자의 연구목적에 따라 임의적으로 이루어지나, 유층에서의 표본추출은 단순무선으로 이루어진다.

(3) 동질성을 지닌 유층에서 표본을 추출하므로, 다른 확률적 표집방법보다 표집오차가 작다.

(4) 따라서 다른 표집방법보다 표본의 크기가 작아도 된다.

2) 유층표집의 절차

(1) 우선 모집단을 하위집단으로 구분한다.

(2) 하위집단에서 무선으로 표본을 추출한다.

---

3) 유층표집의 종류

(1) 비례유층표집 유층으로 나뉜 각 집단에서 같은 비율로 표집하는 방법으로, 예컨데, 전집의 10%를 표집한다고 했을 경우 우선 유층을 나누고, 유층별로 각각 10%씩 단순무선으로 표집하는 방법이다.

(2) 비비례유층표집 연구목적에 따라 의도적으로 표본의 수를 정하는 경우로서, 예를 들어 초등학교 남녀교사에 대한 비교연구에서 여교사 대 남교사의 비율이 7:3 일 경우, 남교사의 수가 너무 적어 통계상의 문제를 가져 올 경우 필요한 만큼의 적당한 수를 표집하는 방법이다.

(4) 집락표집(군집표집, cluster sampling)

① 모집단을 여러 가지 이질적인 구성요소를 포함하는 여러 개의 집락 또는 집단으로 구분한 후 집락을 표집단위로 하여 무작위로 몇 개의 집락을 표본으로 추출한 다음, 표본으로 추출된 집락에 대해 그 구성요소를 무작위로 표본추출하는 방법이다.

② 층화표집과의 비교

ㄱ. 층화표집은 각 계층의 구성요소들은 동질적이고, 계층과 계층 간에는 이질적인 경우에 적용하는 것이 바람직한 데 비하여, 집락표집의 경우에는 각 집락이 모집단의 구성요소를 대표할 수 있는 이질적인 요소로 구성되고, 집락과 집락들 사이에는 거의 차이가 없는 경우에 적용된다.

ㄴ. 층화표집은 모든 부분적 계층에서 표본이 선정되지만 집락표집은 추출된 부분계층에서만 표본을 선정한다.

📁 실력다지기

확률표집(확률 표본추출)의 종류

암기문장 단층집행계 확률!

해설 1) 단순무작위 표집   2) 층화표집(= 유층표집)
　　　 3) 집락표집   4) 행렬표집
　　　 5) 계통적 = 체계적 = 계층적 표집

2) 비확률 표본추출

(1) 편의표집(임의표집 = 우발적 표집, convenient sampling / accidental sampling)

① 모집단에 대한 정보가 전혀 없는 경우나, 모집단의 구성요소들 간의 차이가 별로 없다고 판단될 때 조사자가 임의대로 표본을 추출하는 방법이다.

② 연구자가 쉽게 이용 가능한 대상들을 표본으로 선택하는 방법이다.

③ 가장 비용이 적게 들고 시간을 절약할 수 있는 방법이지만, 표본의 대표성과 결론의 일반화에 한계를 가진다.

(2) 유의표집(판단표집 = 의도적 표집, purposive sampling)

① 모집단에 대한 정보가 많은 경우 연구자의 주관적 판단의 기준에 따라 연구목적 달성에 도움이 될 수 있는 구성요소를 의도적으로 추출하는 방법이다.

② 주관적 판단의 타당성 여부가 표집의 질을 결정한다.

③ 문제점으로는 표본의 대표성을 확신할 수 없고 모집단에 대해 상당한 사전지식이 필요하며 표집오차의 산정이 곤란하다는 점이다.

(3) 할당표집(quota sampling)

① 모집단의 어떤 특성을 사전에 미리 알고 추출된 표본에 같은 비율을 얻고자 할 때 사용되는 방법이다.
② 표본을 모집단에서 차지하는 범주의 비율에 따라 할당하고 할당된 수의 표본을 임의적으로 추출하는 것이다.
③ 확률표집인 층화표집과 유사한데 이의 차이점은 무작위방법과 인위적 방법의 차이이다.

(4) 누적표집(눈덩이 표집, snowball sampling)

① 연구에 필요한 소수의 사례 표본을 찾고 그 표본을 통해서 다른 사람을 추천받아 점차로 표본의 수를 늘려 가는 표집방법이다. 즉, 첫 단계에서 연구자가 임의로 선정한 제한된 표본에 해당하는 사람으로부터 추천받아 다른 표본을 선정하는 과정을 되풀이하여 마치 눈덩이를 굴리듯이 표본을 누적해 가는 방법이다.
② 연구자가 특수한 모집단의 구성원을 전부 파악하고 있지 못할 때에 적합한 표집방법이다.
③ 단점으로는 추천하는 사람의 주관에 의한 편견이 개입될 수 있다는 점이다.

📂 **실력다지기**

비확률표집의 종류

암기문장 누유임할 - 비확률

해설　1) 누적(= 눈덩이)표집　2) 유의(= 판단)표집
　　　　3) 임의(= 편의)표집　4) 할당표집

📂 **실력다지기**

확률표집과 비확률표집의 비교[5]

기준	확률표집방법	비확률표집방법
연구대상이 표본으로 추출될 확률	동등하다. 알려져 있을 때	동등하지 않다. 알려져 있지 않을 때
표집	무작위적	인위적
표본의 통계치로 모집단의 모수 추정	편의(bias)가 없다.	편의(bias)가 있다.
모치수 추정 가능성	추정 가능	추정 불가능
오차 측정 가능성	측정 가능	측정 불가능
시간과 비용	많이 소요	많이 소요되지 않는다.
모집단의 규모와 성격	명확히 모집단의 성격 규명	불명확 또는 불가능
종류	단순무작위, 계통, 층화, 집락	편의, 유의, 누적, 할당

---

5) 김귀환 외(2005), 사회복지조사방법론

3) 집중 경향

(1) 한 집단의 점수분포를 하나의 값으로 요약해 주는 지수를 말한다.

(2) 가장 대표적인 것이 산술평균[6]이 있으며 이외에 중앙치, 최빈치 등이 있다.

(3) 산술평균은 측정수준이 동간성이나 비율성을 가정할 수 있는 변인에 적절하며 중앙치나 최빈치는 서열변인이나 명명변인에 적절하다.

(4) 정상분포곡선 하에서는 평균치 = 중앙치 = 최빈치이다.

(5) 부적으로 편포되어 있는 경우(낮은 점수는 별로 없고 높은 점수만 많은 경우)에는 최빈치 > 중앙치 > 평균의 순으로 크고, 정적으로 편포되어 있는 경우(높은 점수는 별로 없고 낮은 점수만 많은 경우)에는 평균 > 중앙치 > 최빈치의 순으로 크다.

📁 **실력다지기**

중앙치와 최빈치

중앙치[7](median)

한 집단의 점수분포에서 전체 사례를 상위 1/2과 하위 1/2로 나누는 점을 말한다. 즉, 이 중앙치를 중심으로 전체 사례의 반이 중앙치 상위에, 나머지 반이 중앙치 하위에 있게 된다. 예를 들어, 12, 13, 16, 19, 20과 같이 5개의 사례가 크기 순서로 나열되어 있는 경우 그 중앙에 위치한 16이 중앙치가 된다.

엄격히 말하면 중앙에 위치한 16을 가진 사례가 중앙치가 되는 것이 아니라 전체 사례 5가지를 상위 2.5와 하위 2.5로 나누는 16.0이 중앙치가 된다. 만약 22라는 점수를 가진 사례가 하나 더 있다면 총 사례수는 짝수가 되므로 $(16 + 19)/2 = 17.5$, 즉, 17.5가 중앙치가 된다.

최빈치 (mode)

최빈치란 가장 많은 빈도를 지닌 점수를 말한다. 11개 사례의 값이 12, 12, 14, 14, 18, 18, 18, 18, 19, 20, 20인 경우, 18은 그 빈도가 4로 가장 많으므로 18이 최빈치가 된다. 빈도의 크기가 다 같은 경우에는 최빈치가 없다. 예를 들어 1, 8, 12, 13, 15의 경우이다.

---

4) 변산도

변산도란 한 집단의 점수분포의 흩어진 정도를 요약해주는 지수를 말한다. 변산도를 나타내는 지수로는 여러 가지가 있다.

(1) 범위(range)

① 범위는 점수분포에 있어서 최고점수와 최하점수까지의 거리를 의미한다.

② 범위를 R이라고 간단히 표현하면 R = 최고점수 - 최저점수 + 1로 나타낸다.

③ 여기서 + 1은 최고점수 정확상한계와 최저점수 정확하한계까지의 거리가 범위를 포함한 것이다.

④ 예를 들어 2, 5, 6, 8 네 점수가 있는 경우 이것의 범위는 8 - 2 + 1 = 7이 된다.

---

6) 한 집단에 속하는 모든 점수의 합을 사례수로 나눈 것이다.

7) 한 집단의 점수분포에서 전체 사례를 상위 50%와 하위 50%로 나누는 점을 말한다.

(2) 사분편차(interquartile range)[8]

① 사분편차는 범위가 양극단의 점수에 의해 좌우된다는 단점을 가지므로, 점수분포상에서 양극단의 점수가 아닌 어떤 일정한 위치에 있는 점수 간의 거리를 비교하고자 하는 것이다.

② 즉, 사분편차는 범위가 가지고 있는 단점인 양극단의 점수의 영향을 배제하기 위해 만든 것인데, 전체 사례를 '넷으로 나누는'(사분) 점수 중 백분위 75에 해당하는 백분위 점수에서 백분위 50에 해당하는 백분위 점수까지의 거리와 백분위 50에 해당하는 백분위 점수에서 백분위 25에 해당하는 백분점수까지의 거리를 합하여 2로 나눈 것이다.

③ 중앙치로부터 백분위 25가 되는 평균거리를 산출한 것이 바로 사분편차인데, 사분편차 역시 범위(range)의 일종이라고 할 수 있다.

📂 기출문제 확인학습

백분위수와 백분위

1) 백분위수는 백분위와는 역의 관계로 전체 자료의 빈도분포에서 각 백분위를 가지게 하는 등분점을 말한다.

2) 즉, 전체 자료의 분포에서 특정 백분위에 해당하는 등분점이 백분위수가 된다.

> **예** 어떤 검사에서 한 학생이 80점을 받았고, 그 점수보다 낮은 점수를 받은 사례수가 85%가 있다면, 점수 80점의 백분위는 85이고, 85번째 백분위수는 80점이 된다.

3) 백분위는 표준화집단에서 특정 점수 이하인 사례의 비율을 말한다. 예를 들어, 100명 중에 10위를 한 경우에 백분위는 90이 된다. 즉, 그 점수보다 낮은 사람의 비율이 전체의 90%라고 한다. 이는 서열척도의 하나이다.

---

(3) 평균편차

한 집단의 산술평균으로부터 모든 점수까지의 거리를 평균낸 것을 말하며 평균편차는 수리적인 조작에 한계가 있기 때문에 추리통계에서는 사용되지 않는다.

(4) 표준편차

① 통계집단 단위의 계량적 특성값에 관한 산포도를 나타내는 도수 특성값을 말하며 한 집단의 수치들이 어느 정도 동질적인지를 표현하기 위해 개발한 통계치 중 하나로서 집단의 각 점수들이 평균에서 벗어난 평균거리를 의미한다.

② 표준편차가 0일 때는 관측값의 모두가 동일한 크기이고 표준편차가 클수록 관측값 중에는 평균에서 떨어진 값이 많이 존재한다.

③ 표준편차는 관측값의 산포(散布)의 정도를 나타낸다.

---

8) 중앙치로부터 백분위 25가 되는 평균거리를 산출한 것이다.

5) 자료의 분석

(1) 분포도[9]

분포도란 사례들의 점수를 각 점수대별로 표현한 그림이며 대부분의 변수들은 사례수가 충분하다면 정규분포[10]를 이루게 된다.

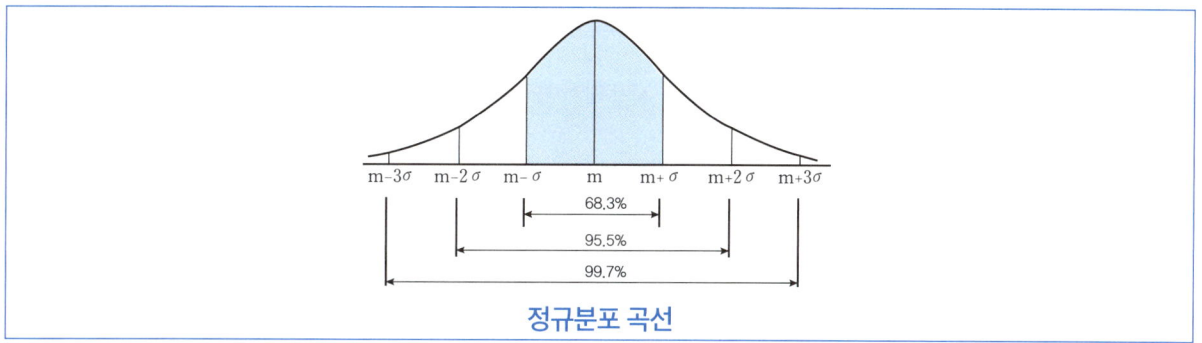

정규분포 곡선

(2) 평균

집단의 특성을 나타내는 하나의 대표치로서 각 점수들의 합을 사례수로 나눈 값이다.

(3) 분산

① 통계에서 각 변량의 값이 변량의 평균값과 차이를 말한다.

② 변량 X의 평균값을 $E(X)$라 할 때, $\{X-E(X)\}^2$의 평균값, 또는 σ의 제곱 = 0일 때 자료는 모두 평균값에 집중되어 있어서 흩어짐이 없다.

(4) 표준오차

① 추정량의 정도를 나타내는 척도로서 표준편차를 표본크기의 양의 제곱근으로 나눈 것이다.

② 표본추출을 여러 번 했을 때 각 표본들의 평균이 모집단 전체의 평균과 얼마만큼의 차이를 보이는가를 알려주는 통계량이다.

---

9) 자료를 정확하게 제시하는 가장 기본적인 방법이다.

10) **정규분포**: 도수분포곡선이 평균값을 중앙으로 하여 좌우대칭인 종 모양을 이루는 것으로 신장(身長)의 분포, 지능(知能)의 분포 등 그 예는 많다. K. F. 가우스가 측정오차의 분포에서 그 중요성을 강조하였기 때문에 이것을 가우스분포·오차분포라고도 하며, 그 곡선을 가우스곡선 또는 오차곡선이라 한다. 또한 A. J. 케틀레가 통계에 이용하였으므로 이것을 케틀레곡선이라고도 한다(네이버 백과사전).

표준편차와 표준오차 비교

1) 표준편차는 K. Pearson에 의해 1893년 소개된 통계량으로 각각의 데이터가 평균과 얼마만큼의 차이를 가지느냐를 알려주는 통계량이며, 분산의 양의 제곱근이다.
2) 반면에, 표준오차는 추정량의 정도를 나타내는 척도로서 표준편차를 표본크기의 양의 제곱근으로 나눈 것이다.
3) 표본추출을 여러 번 했을 때 각 표본들의 평균이 전체 모집단 평균과 얼마만큼의 차이를 보이는가를 알려주는 통계량이다.
4) 만약, 모집단의 표준편차를 알고 있다면, 이것을 사용해서 표준오차를 구할 수 있으며, 이 때, 표준오차는 표준편차보다 항상 작게 된다.
5) 표준오차를 구할 때 표준편차를 표본 크기의 양의 제곱근으로 나눠주기 때문이다.

측정의 표준오차 (standard error of measurement)

1) 측정의 표준오차는 주어진 피험자의 관찰 점수를 가지고 진점수를 추정하는 데 생기는 오차의 정도를 따지는 문제이다.
2) 일련의 피험자들에게 같은 검사를 두 번 실시하여 이들의 점수분포로 오차의 변산 정도를 추정하는데, 이 때 얻은 점수들의 차이를 측정의 오차로, 오차점수 분포의 표준편차를 측정의 표준오차라고 한다.
3) 측정의 표준오차는 다음과 같이 구할 수 있다.

측정의 표준오차 $=$ 관찰된 점수분포의 표준편차 $\times \sqrt{1 - 검사의 신뢰도}$

4) 측정의 표준오차에 대한 해석은 진점수를 중심으로 관찰된 점수의 분포를 알려 주는 유용한 지수이며, 이는 재검사시 기대된 검사점수의 분포의 크기(또는 변화의 크기)를 말해 준다고 할 수 있다.
5) 측정의 표준오차는 한 점수에 어느 정도의 오차가 있는지를 알려 줄 뿐 아니라, 검사점수를 확고 부동한 하나의 정확한 점수로 해석할 것이 아니라 점수의 범위로 해석해야 한다는 것을 알려준다.

> **예** 한 학생이 한국판 웩슬러 개인용 지능검사(KWIS)에서 IQ = 120점을 얻었으며 이때 측정의 표준오차 = 5(I.Q)라고 가정하면, 이 학생의 진짜 지능지수는 120±1.96×5 대략 110~130사이에 들어 있을 확률이 95%라고 말할 수 있다. 또한 이러한 정보는 다음 번 재검사를 할 경우 이 학생의 점수는 첫 번째 검사점수의 약 10점(1.96×측정의 표준오차 = 1.96×5 = 9.80) 범위 내에서 변화할 것이라고 95%의 신뢰수준에서 말할 수 있다.

(5) 표준 점수(Z점수)

① 평균이 0이고 표준편차가 1이 되도록 변환한 값으로서 원 점수에서 평균을 뺀 후 표준편차로 나눈 값이다.

② 서로 다른 체계로 측정한 점수들을 동일한 조건에서 비교를 가능하게 한다.

(6) 표준 점수(T점수)

① 표준점수에 상수를 더하거나 곱해서 친숙한 수치[11]들로 변환하여 만든 점수이다.

② 예를 들어 미네소타 다면적 인성검사, 웩슬러 지능검사 등을 들 수 있다.

---

11) T점수를 의미한다.

📂 실력다지기

표준점수

원 점수와 규준(표준)점수

1) 원 점수

    (1) 원 점수는 심리검사를 해서 우선적으로 채점되어 나오는 점수로서 소점(raw score)으로 부르기도 한다.

    (2) 원 점수는 그 자체의 점수로는 어떤 의미도 갖지 못한다.

    (3) 한 개인의 검사의 결과를 의미 있게 해석하려면 비교할 수 있는 집단의 검사결과인 규준이 있어야 하고 어떤 규준과 비교하느냐에 따라 검사결과의 해석은 매우 달라진다.

    (4) 원 점수 척도에는 의미 있는 의거점이 없고 서로 여러 가지 원 점수를 비교할 수 없으며 단위의 동간성도 없다는 단점을 가지고 있다.

    (5) 따라서, 원 점수를 비교할 수 있는 규준점수로 바꾸어야 하는 것이 바람직하다.

2) 규준(표준) 점수

    (1) 표준점수란 원 점수를 주어진 집단의 평균을 중심으로 표준편차 단위로 전환한 점수이다.

    (2) 표준점수는 비율척도에 해당되는 가장 유용한 척도로 원 점수와 달리 의거점이 있으며 동간성이 있다.

    (3) 상대적인 위치도 짐작할 수 있고 검사결과를 의미 있게 비교할 수 있다는 점에서 가장 뛰어난 점수이다.

    (4) 대표적으로 많이 사용되는 표준점수는 Z점수와 T점수가 있다.

Z점수와 T점수

영수는 국어 점수가 75점(평균 : 70점, 표준편차 : 5)이고 수학점수가 68점(평균 : 60점, 표준편차 : 4)이다. 이 두 점수로 Z점수와 T점수를 구하면,

> **풀이**   Z점수 공식 = 원 점수-평균/표준편차 - T점수 공식 = 10Z + 50
>
>   1) 영수의 국어 Z점수 = 75-70/5 = 1   T점수 = 60
>
>   2) 영수의 수학 Z점수 = 68-60/4 = 2   T점수 = 70

📂 기출문제 확인학습

규준점수 (Z)

이는 표준 점수(standard score)라고 하기도 한다. 표준 정상분포에서 $Z = (X-mean)/standard\ deviation$으로 구할 수 있다. 한 표집 자료에서 모든 Z점수의 평균은 0이고, 표준편차는 1이다.

Z점수 (Z – score)

1) 존재하는 모든 것의 속성이 정규 분포라는 가정 아래 원점수의 평균을 0으로 하고 표준편차를 1로 해서 개인이 얻은 점수가 평균으로부터 떨어진 거리(편차 : deviation)를 표준 편차로 나눈 값이다.

2) Z점수는 대부분의 점수가 + 3 ~ -3 사이에 분포되어 있고, -1 ~ + 1 사이에 전체 점수의 약 68%, 그리고 -2 ~ + 2 사이에 약 95%의 검사 점수가 분포되어 있다.

3) Z점수는 모든 표준 점수의 기본이 된다.

T점수 (T – score)

1) Z점수를 일반인이 쉽게 이해할 수 있도록 평균 50, 표준 편차 10인 단위로 변환한 점수를 말한다.

2) T점수는 대부분의 점수가 최대 80점, 최소 20 사이에 분포되어 있고, 40 ~ 60점 사이에 전체 점수의 약 68%가, 30 ~ 70점 사이에 약 95%가 분포되어 있다.

(7) 상관계수

① 두 변인이 서로 일정한 관련성 정도를 나타낼 수 있도록 개발된 통계치로서 검사의 신뢰도나 타당도를 분석할 때 널리 이용된다.

② -1에서 +1의 값을 가지며 절대값이 클수록 상관관계가 높다는 것을 뜻한다.

③ 산포도를 표현했을 때 사례들이 나타내는 점들이 직선에 가깝게 모여 있을수록 상관계수가 크고 점들이 퍼져 있을수록 상관계수가 작다.

④ 상관계수의 크기에 영향을 미치는 요인은 점수의 제한과 아울러 서로 다른 집단의 결합이다.

📁 실력다지기

상관관계

1) 상관(correlation)은 변인 간 상호관련성의 정도를 수리적으로 표현한 것이다.

2) 단순상관은 두 변인 간의 상관관계를 알아보는 것이며 중다상관은 여러 변인과 한 변인과의 상관관계이다.

3) 상관계수는 -1 ~ +1 사이의 값을 가지며 부호가 양수인 경우는 정적 상관, 음수인 경우는 부적 상관이라고 한다.

4) 정적 상관은 한 변인의 값이 증가하거나 감소하면 다른 변인의 값도 증가하거나 감소하는 경우를 말하고, 부적 상관은 한 변인의 값이 증가하거나 감소하면 다른 변인의 값이 감소하거나 증가하는 경우를 말한다.

📁 기출문제 확인학습

백분위점수

1) 백분위 점수는 모든 피검자의 점수를 1~100%로 환산한 것으로, 백분위 점수의 큰 이점은 계산하기 쉽고 이해하기 쉬우며 여러 종류의 원점수를 백분위 점수로 환산해 놓으면 서로 비교할 수 있다는 점이다.

2) 예를 들어 어떤 피검자의 원점수가 70점을 받았는데 이 점수보다 낮은 응시자가 전체의 75%라면 이 수험생의 백분위 점수는 75가 된다. 그리고 백분위는 95%이면 동일 연령대의 인구가 100명이라고 가정했을 때 상위 5명에 속한다는 것을 의미한다.

피어슨 적률상관계수

1) 피어슨 적률상관계수는 두 변수 간의 관련성을 구하기 위해 보편적으로 이용된다.

2) 상관계수는 두 변인을 측정했을 때, 한 변인의 변화에 따라 그에 대응하는 다른 변인이 어떻게 변화하느냐의 관계를 표시하여 주는 통계치로서, 상관의 정도를 일종의 지수로 표시한 값이다.

결정계수

1) 결정계수란 두 변수가 공유하는 분산의 비율을 말한다.

2) 결정계수는 상관계수의 제곱값(r^2)으로 하나의 변수의 변동이 다른 변수의 변동에 의하여 설명되는 정도를 의미한다.

제4절 | 신뢰도

1 신뢰도의 개념

1) 신뢰도는 얼마나 일관성 있게, 얼마나 오차 없이 측정하고 있느냐 하는 개념이다.

2) 한 현상을 반복적으로 측정하였을 때(동일한 도구로), 일관성 있는 측정결과가 나오는가에 관한 문제이다.

2 신뢰도의 종류와 특성

1) 조사자 간 신뢰도 [=상호관찰자 기법]

조사하는 사람마다 설문지에 대한 해석이 다를 수 있으므로 이들 조사자 간의 동질성을 확보하기 위해 서로 다른 조사자가 같은 도구를 거의 같은 시간에 같은 대상자에게 적용했을 때 얼마나 일관성 있는 점수를 얻는가를 보는 것이다. 즉, 조사자 또는 평가자가 2명 또는 여러 명 있다면 이들 간의 평가점수가 일치해야 신뢰도가 있다는 것을 나타낸다.

2) 검사-재검사법 [test-retest method]

(1) 개념

똑같은 측정도구를 가지고 똑같은 대상에게 시간적 간격을 두고 두 번 측정하고 그에 따른 점수들에 대한 상관관계를 계산한다(안정성 계수).

(2) 한계

두 번의 동일한 검사를 동일한 대상들에게 실시할 때 반복 응답하는 과정에서 친숙도가 있어 동일한 결과를 보여 신뢰도가 높게 나타날 수도 있고 시간 간격 동안 상황의 변화로 인해 응답자들의 성향이 변화하여 신뢰도를 떨어뜨릴 수도 있다.

3) 대안법 [=복수양식법, 평행양식법, 동형검사법]

(1) 개념

유사한 형태의 두 개 이상의 측정도구를 사용하여 동일한 표본에 적용한 결과를 비교하여 신뢰도를 측정하는 방법이다(동형성 계수).

(2) 한계

유사한 형태의 두 측정도구를 만드는 것도 어렵고 유사한 형태로 만든 서로 다른 두 양식이 얼마나 유사한 것인지를 확인할 수 없다.

4) 반분법

(1) 개념

측정도구를 임의대로 반으로 나누어서 각각을 독립된 척도로 보고 이들의 측정결과를 비교하는 방법을 말한다.

(2) 반분법은 구하기 쉽고 검사-재검사법이나 대안법과 달리 한 번 측정으로 신뢰도를 구할 수 있지만 항목을 두 부분으로 나누는 방법에 따라 신뢰도가 달라져서 항목들을 나누는 방식에 따라서 신뢰도 계수의 추정치가 달라진다는 단점이 있다.

📂 **기출문제 확인학습**

Spearman - Brown 공식
Spearman-Brown 공식은 검사의 길이를 변경시켰을 때 검사의 신뢰도를 예측하는 공식으로, 반분신뢰도를 추정하는데 사용된다.

---

5) 내적 일관성 방법 (=문항내적합치도)

(1) 동일한 개념을 측정하기 위해 여러 개의 항목으로 구성된 척도를 사용하는 경우, 신뢰도를 저해하는 항목을 찾아내어 측정도구에서 제외시킴으로써 신뢰도를 높이는 방법이다.

(2) 반분법이 지니는 문제점이 단일의 신뢰도 계수를 계산할 수 없다는 데 착안하여 가능한 모든 반분법 신뢰도를 구한 다음 그 평균값을 신뢰도로 추정하는 방법을 말한다.

(3) 현재 신뢰도를 측정하는 기법으로 가장 널리 쓰이는 방법이며 Cronbach α 계수라고도 한다.

(4) 크론바하 알파 계수는 0(신뢰도 전혀 없음)에서 1(완벽한 신뢰도) 사이의 값을 나타내며 대개 사회과학 영역에서는 Cronbach α = 0.7 이상이면 신뢰도가 높다고 인정한다.

📂 **기출문제 확인학습**

내적일관성 신뢰도(internal consistency reliability)
1) KR-20, KR-21, Hoyt 신뢰도, Cronbach'α는 검사를 한 번 실시하여 양분하지 않고 문항 간의 일치정도를 추정하여 검사의 신뢰성을 검증하는 방법이다.
2) KR-20과 KR-21은 Kuder와 Richardson(1937)에 의하여 제안된 방법이며, KR-20은 문항 점수가 0과 1일 때 사용하며(이분 문항에도 사용), KR-21은 문항 점수가 Likert 척도와 같이 1, 2, 3, 4, 5점과 같을 때 검사의 신뢰도를 추정하는 방법이다.

---

3 신뢰도에 영향을 주는 요인

특정한 신뢰도를 추정하는 방법에 따라서 신뢰도 계수는 영향을 받을 뿐만 아니라, 검사문항의 수, 집단의 동질성, 문항 곤란도, 개인차, 문항 반응 수(진위형이나 선다형의 경우 선다형이 더욱 신뢰도가 높다), 난이도, 검사시간, 검사시행 후 경과시간, 응답자 속성의 변화, 검사 후 재검사까지의 절차 등이 신뢰도 계수에 영향을 끼친다.

📁 **기출문제 확인학습**

신뢰도 계수의 크기에 영향을 미치는 요인

1) 검사의 길이(문항 수)
2) 문항의 반응 수(**예** 진위형 2가지, 4지택1형 4가지 등)
3) 문항의 난이도
4) 개인차의 정도(집단의 변산도, 집단의 동질성)
5) 신뢰도 계산(추정) 방법
6) 검사 후 두 번째 검사까지의 시간 간격

---

4 신뢰도의 평가 및 적용

1) 신뢰도의 평가기준

(1) 안정성(일관성)

서로 다른 시점에서의 측정결과가 안정된 값을 가지는 것이다.

(2) 동등성(등가성)

둘 이상의 측정 도구가 겉으로는 다르지만, 내용은 같아야 한다는 것이다.

2) 신뢰도의 제고방안

(1) 측정도구가 되는 항목을 누구나 동일하게 이해되도록 명백하게 구성해야 한다.
(2) 측정항목을 늘린다.
(3) 측정자의 태도와 측정방식의 일관성이 유지되어야 한다.
(4) 측정대상자가 무관심하거나 잘 모르는 내용은 측정하지 않는 것이 좋다.
(5) 사전에 신뢰도가 검증된 표준화된 측정도구를 이용하는 것이 좋다.

제5절 | 타당도

1 타당도의 개념

1) 신뢰도가 검사점수의 일관성을 보여주는 것이라면, 타당도란 한 검사 혹은 평가도구가 '측정하려고 의도하는 것'을 정확히 충실하게 측정하고 있느냐의 정도로 정의할 수 있다.

2) 타당도는 측정하려고 하는 바를 얼마나 충실하게 측정하였는가의 정도를 나타내는 것으로서, 특정의 개인 또는 집단에 관하여 그 도구가 평가하려고 계획하고 있는 평가목표를 놓치지 않고 명확하게 잴 수 있는 성질을 의미한다.

3) 결론적으로, 측정도구가 측정하고자 하는 구성체, 개념이나 속성을 얼마나 정확히 잘 측정하였는가의 정도 또는 측정도구가 실제로 측정하고자 하는 개념을 측정하고 있는지를 의미한다.

2 타당도의 종류와 특성

1) 내용타당도

목표로 삼고 있는 바로 그 내용을 얼마나 제대로 평가하고 있는가를 가리키는 것으로, 그 분야의 전문가들에게 물어 타당도(face validity)를 판단한다.

> 📁 **기출문제 확인학습**
>
> **내용타당도**
> 1) 대개 일반인에게 판단을 받는 안면타당도가 높을지라도 전문가에게 판단을 받는 내용타당도는 낮을 수 있다.
> 2) 내용타당도는 일반적으로 전문가들의 판단에 의존하며 통계치는 없다.
> 3) 그리고 내용타당도 분석에서 중요한 것은 내용 영역을 얼마나 정확하게 기술하느냐 하는 것이다.

2) 준거타당도

(1) 검사점수와 어떤 준거점수와의 상관을 구하여 타당도를 추정한 것이다.

(2) 예언적 타당도(predictive validity)

현재의 측정을 근거로 미래의 어떤 것을 예언하는 정도를 말한다.
예 대학입학능력검사가 대학에서의 학업성취를 정확하게 예언할수록 예언타당도는 높게 된다.

(3) 공인(동시적)타당도(concurrent validity)

예언적 타당도가 현재 측정된 점수가 미래 측정될 예정인 점수를 얼마나 사전에 정확하게 예측할 수 있느냐에 관심을 갖고 있다면, 공인타당도는 현재 측정한 점수가 기존의 공인된 다른 검사에서 얻은 점수와 얼마나 상관관계가 있느냐 하는 정도를 가리킨다.

3) 구인타당도

(1) 구인타당도는 특정 검사가 조작적으로 정의된 구인을 실제로 측정하고 있는지를 검증하여 나타내는 타당도를 말한다. 즉, 구인타당도(construct validity)는 어떤 평가에서 아직 조작적으로 정의하지 않은 어떤 특성(개념)이나 성질을 측정했을 때 그 평가가 과연 과학적 이론에 비추어 보아 어느 정도 의미 있게 측정하고 있는가를 가리키는 개념이다.

(2) 구인이란 지능, 동기, 태도, 학력 등과 같이 직접 관찰하거나 측정할 수 없는 특성 또는 현상을 이론적으로 개념화한 일종의 구성개념인데, 예를 들면, 창의력을 측정할 때 창의력이 민감성, 정교성, 독창성, 융통성으로 구성되어 있다고 한다면 이와 같은 것을 구인이라 하고, 그 검사도구가 이 구인들을 측정하고 있는지 밝히는 것과 같은 것이다.

(3) 구인타당도를 측정하는 방법에는 통계적 방법이 많이 쓰이는데, 대표적으로 상관계수 방법, 실험설계 방법, 요인분석 방법 등을 들 수 있다.

(4) 수렴적 타당도

동일한 특성(개념)이 여러 가지 다른 방법에 의해 측정될 때에 개념 간에 상관관계가 높다는 것을 나타내는 타당도를 말한다.

(5) 판별적 타당도

여러 가지 다른 특성(개념)이 동일한 방법에 의해서 측정되고 있다고 하더라도 다른 특성의 측정결과 간에는 서로 상관이 높지 않다는 것을 나타내는 타당도를 말한다.

📁 기출문제 확인학습

구성(구인)타당도 (construct validity)[12]

1) 구성타당도는 인간의 심리적 특성을 측정하는 검사들은 그 재고자 하는 개념들을 가설적으로 설정하는 것이다. 가상적 개념은 어느 정도 추상적이고 모호하여 명료하지 않은 경우가 대부분이며 구성타당도는 평가에서 아직 조작적으로 정의하지 않은 어떤 특성이나 성질을 측정했을 때 그 평가가 어느 정도나 의미 있게 측정하고 있는가를 가리키는 개념이다.

2) 구성타당도에 관한 정보를 수집하는 방법은 여러 가지가 있을 수 있는데, 검사 내적 관계를 연구한다든지[검사의 내용타당도 검토, 검사의 내적 합치도 산출, 검사문항에 대한 요인분석(factor analysis) 등], 검사 간의 관계를 연구하는 것[공인타당도 산출, 여러 검사에 대한 요인분석, 캠벨(Campbell)의 수렴적 타당도와 확산적(판별적) 타당도 산출 등] 등이다.

3) 다특성-다방법 타당도(multitrait-multimethod validity)은 둘 이상의 특성을 둘 이상의 방법으로 측정하는 방식이다. 다특성-다방법 행렬표 분석은 수렴적 타당도 및 식별적 타당도(변별타당도)를 검증하는 방법이다.

4) 구인타당도의 증거를 제시하는 것은 지속적인 과정이며, 구인타당도는 측정대상인 특징에 대한 이론적 배경에서 비롯된 다양한 예측에 따라 검사점수가 어느 정도 검사개발자의 예측을 만족하는가로 제시된다.

5) 구인타당도를 성취하는 과정은 다양한 조건에서 측정대상인 특징의 이론적 배경을 만족하는 경험적 증거들을 축적하는 과정이다.

---

12)　① 행복, 만족도와 같이 조사자가 측정하고자 하는 추상적인 개념이 측정도구에 의해서 제대로 측정되었는가에 관한 문제로 측정하고자하는 개념이 추상적일수록 구성 타당도를 확보하는 것은 더욱 더 어렵다.
　　② 이론적 구조의 타당도와 측정하려는 개념의 속성에 대해 초점을 두고 있어서 개념타당도라고 하며 구성타당도를 평가하는 방법은 일반적으로 측정도구가 연구자가 의도한 요인구조를 나타내는가를 분석을 통해 확인하는 것으로, 크게 ① 다중속성-다중측정 기법(다특성-다방법 행렬분석)과 ② 요인분석으로 나뉜다.

6) 일반적으로 검사개발자들이 구인타당도를 제시하는 방법은 상이한 피험자 집단 간의 차이, 검사점수의 변화에 대한 증거, 외적 준거와의 상관에 대한 증거, 검사문제 해결과정에 대한 증거 등이 이론적 예측과 일치하는가로 제시한다.

4) 처치타당도

(1) 위의 세 가지 타당도가 측정학적인 개념이라면, 처치타당도는 상담자와 임상가들이 고안한 개념으로서 검사결과가 처치에 어떤 변화를 일으키는가에 대한 타당도를 말한다.

(2) 만일 검사결과가 유용하고 상담과정에 변화를 주었다면 처치타당도는 높다.

3 타당도에 영향을 주는 요인

타당도가 양호하게 산출되려면 ① 신뢰도가 높거나, ② 문항 수가 적당히 많으며 ③ 대규모 표본에서 검증하는 경우이다. 그리고 ④ 검사의 유용성으로 검사결과에 의거한 결정이 선발되지 않은 집단에서 어떤 현상이 발생하게 되는 기본비율인 기본구성 비율(base rate)보다 더 정확한 결정률(민감도)을 보여야 타당도가 양호하다. 또한, ⑤ 실제 선발 여부와 유의한 관계가 있을 때, 선발확률을 낮추는 경우 내적 타당도의 위협정도가 낮아져 타당도가 양호하게 된다.

📁 기출문제 확인학습

타당도에 영향을 미치는 영향요인

표집의 특성		1) 집단의 크기, 집단의 대표성과 같은 표집된 집단의 특성 2) 대상집단 전체를 표집의 목표로 하여 타당도를 연구하는 경우: 전반적 적중률에 관심이 있는 경우에 더욱 타당한 표집 집단의 특성 3) 선발된 집단만을 대상으로 타당도를 연구하는 경우: 긍정적 적중률을 높이는 데 관심이 있는 경우에 더욱 타당한 표집 집단의 특성
기본구성 비율		1) 선발되지 않은 집단에서 어떤 현상이 발생하게 되는 기본비율 2) 검사의 유용성 = 검사결과에 의거한 결정이 기본구성비율보다는 더 정확한 결정률을 가져야 함 3) 예언하고자 하는 현상이 너무 흔하거나 너무 희귀할 때 기본구성비율에 의존하는 것보다 정확률이 낮을 수 있다.
선발비율		1) 전체 지원자 중에서 선발된 비율 2) 선발조건을 엄격하게 하면 선발비율 낮아져 적중률이 높아지게 되므로 타당도가 높아짐
신뢰도	검사의 길이	1) 검사의 길이를 충분히 늘리면 신뢰도 증가 → 타당도 증가 2) 신뢰도가 낮은 검사의 경우 검사의 길이를 늘림으로써(신뢰도의 증가와 더불어) 타당도를 높일 수 있다.
집단의 이질성		동질적 집단(homogeneous group)보다는 이질적 집단(heterogeneous group)을 통한 검사 결과의 신뢰도가 더 높으며, 따라서 보다 높은 타당도를 추정할 수 있다.

피험자반응특성	허위반응 (faking response)	1) 검사결과를 어떤 방향으로 변화시키고자 하는 피험자의 고의적 의도에 따른 반응 2) 허위반응은 검사 결과의 타당도를 낮추게 되므로 허위반응의 방지가 중요함 3) 솔직한 반응이 피검사자에게도 유리함을 숙지시키거나, 검사의 목적을 피검사자가 잘 알지 못하도록 하여 허위반응을 방지할 수 있다. 4) 허위척도(또는 타당도 척도)를 사용하여 허위반응 여부를 가려내는 기법도 있다.
	반응경향 (response tendency)	1) 피검사자가 제시된 답지 가운데에서 선택하기 어려울 때 일어날 가능성이 높다. 2) 추측하려는 경향 / 내용에 상관없이 '그렇다'고 대답하는 경향 / 어떤 것을 부정하거나 불찬성하는 경향 / 가능한 한 많은 문항에 응답하려는 경향 / 극단적 입장만을 취하려는 경향 / 항상 자신이 사회적으로 우수하다고 반응하는 경향 등 3) 반응 방법 및 문제의 제시를 명료하게 해 준다면 반응경향성을 줄일 수 있다.

📌 심화학습

타당도와 신뢰도와의 관계

1) 신뢰도가 검사점수의 안정성에 관한 것인 반면, 타당도는 외적 준거와 관련된 것이다.

2) 검사의 타당도 검증에서 중요한 일은 알맞고 신뢰할 수 있는 준거를 설정하는 것이다.

3) 어떤 검사의 신뢰도가 높다고 하여 타당도도 높은 것은 아니다.

4) 즉, 신뢰할 수 있는 검사는 이론적으로 타당하나 실제적으로 타당하지 않을 수 있다.

5) 타당도가 높은 검사는 신뢰할 수 있는데 이는 준거와의 상관(타당도)은 그 검사 신뢰도의 신뢰도 계수에 의해 제한되기 때문이다.

6) 신뢰도가 낮으면 타당도는 이에 비례해서 낮아진다.

7) 역으로 표현해서 신뢰도 없이 타당도가 높은 평가도구는 존재할 수 없다.

8) 이는 한 검사의 타당도는 그 검사의 신뢰도에 의해서 제한된다는 것을 의미한다.

4 타당도의 평가 및 적용 - 구인타당도를 중심으로

구성타당도를 평가하는 방법은 일반적으로 측정도구가 연구자가 의도한 요인구조를 나타내는가를 분석을 통해 확인하는 것으로, 크게 ① 다중속성 - 다중측정 기법, ② 요인분석으로 나뉜다.

1) 다중속성 - 다중측정 기법

(1) 이론적으로 서로 다른 두 가지 개념(다중속성)을 재는 두 가지의 척도(다중측정)가 동등한 수준이라고 가정하고, 동일 응답자에게 측정을 실시하여 측정치들 간의 관계를 검증함으로써 연구자의 척도가 타당한 것인가를 보여주는 방법이다.

(2) 이 기법에는 동시타당도와 비슷한 방법으로 ① 동일한 개념을 재는 관계가 높은지 여부로 타당도를 판단하는 방법인 수렴타당도와 ② 수렴타당도의 약간의 변형으로서 서로 다른 개념을 재는 두 가지 측정도구를 개발하고, 이에 측정도구에 의한 결과치들의 상관관계가 낮을 때 타당도가 높다고 판단하는 방법으로 변별타당도의 두 가지 방법이 있다.

다특성 중다방법 행렬표(MTMM)를 확인하는 절차

1) Campbell과 Fiske가 제안한 확인적 요인분석의 하나로서, 구성타당도를 경험적으로 확인하는 방법이다.

2) 이는 한 개념이 복수의 특징들과 복수의 방법으로 측정되면, 각 특징 내에서의 항목들 간 상관관계는 다른 특징 항목 들과의 상관관계보다 높아야 한다는 것이다.

3) 예를 들어 자아존중감의 개념 중 자긍심, 자신감, 자기노출, 개방성의 특징이 있는데 자긍심의 측정항목이 T1, T2, T3 의 3가지가 있고, 자신감의 측정항목이 T4, T5, T6의 3가지가 있는 경우 T1, T3의 경우는 상관관계가 높고, T1, T5 는 상관관계가 낮아야 한다는 것이다.

4) 이러한 경우 구성타당도가 확보된 것으로 여긴다.

2) 요인분석

각 여러 문항과 잠재적인 요인 간의 상관관계를 산출해서 상관관계가 높으면 같은 요인으로 묶고, 요인별로 상호 독립적이 되도록 하는 분석방법으로 요인분석을 통해 구성타당도를 측정하는 방법은 탐색적 요인분석과 확증적 요인분석이 있다.

(1) 탐색적 요인 분석

여러 문항들을 요인분석을 해서 연구자가 의도했던 바대로 요인이 묶여지는 것으로 나타나면, 타당도가 높다 고 판단하는 방법으로 아직 완전히 구성되어 있지 않은 개념을 탐색한다는 의미이다.

(2) 확증적 요인분석

LISREL이라는 통계프로그램을 이용하여 연구자가 제시한 전체 척도의 요인구성을 검증해주는 방법으로, 이 미 충분한 선행연구를 통해 해당개념을 구성하는 요인들에 대해 어느 정도 합의가 된 후에 이들 개념이 정말 타당한가를 확증한다는 의미이다.

CHAPTER 02 검사의 선정과 시행

| 제1절 | 검사의 종류

1 투사적 검사

1) 개념

사람들이 모호한 자극을 지각하고 그에 대해 반응하는 방식과 내용에는 그 사람의 무의식적인 사고방식, 감정 반응 양식, 대인관계 방식, 갈등 영역 등의 개인적이고 독특한 성격 특성이 반영되고 투사되어 나타난다.

(1) 장점

① 반응의 독특성

임상장면에서 보면 투사적 검사반응은 면담이나 행동관찰, 객관적 검사반응과 다르게 매우 독특한 반응을 제시해주며 이러한 반응이 개인을 이해하는데 매우 유용하다.

② 방어의 어려움

반응과정에서 피검사자는 불분명하고 모호하고 신기한 검사자극에 부딪혀서 적절한 방어를 하기가 어렵게 된다.

③ 반응의 풍부함

검사자극이 모호하고 검사 지시 방법이 제한되어 있지 않기 때문에 개인의 반응이 다양하게 표현되며 이러한 반응의 다양성이 개인의 독특한 심리적 특성을 반영해준다.

④ 무의식적 내용의 반응 – 정신분석이론의 영향

실제 투사적 검사는 자극적 성질이 매우 강렬하여 평소에는 의식화 되지 않던 사고나 감정이 자극됨으로써 이러한 전의식적이거나 무의식적인 심리적 특성이 반응될 수 있다.

(2) 단점

① 검사의 신뢰도

투사적 검사는 신뢰도 검증에 있어서 전반적으로 신뢰도가 부족하다.

② 검사의 타당도

대부분의 투사적 검사의 경우 타당도 검증이 매우 빈약하고 그 결과는 매우 부정적이다.

③ 반응에 대한 상황적 요인의 영향력

투사적 검사는 여러 상황적 요인에 의해 강한 영향을 받는데 예를 들면 검사자의 인종, 성, 태도, 검사자에 대한 피검자의 선입견 등이 검사 반응에 강한 영향을 미친다는 것이다.

2) 종류

로샤 검사, 주제통각검사(TAT), 문장 완성 검사(SCT), 집-나무-사람 그림검사(HTP : House, Tree, Person Drawing Test) 등

2 객관적 검사

객관적인 검사는 자기보고형의 형태를 띠고 있으며 검사 과제가 구조화되어 있고, 일정한 형식에 따라 반응하게 된다. 따라서 개인의 독특성보다는 개인마다 공통적으로 지니고 있는 특성이나 차원을 기준으로 하여 개인들을 상대적으로 비교하게 된다. 이런 특징들 때문에 객관적 검사는 구조적 검사(structured test) 등으로 불리기도 한다.

1) 장점

(1) 검사 실시의 간편성

객관적 검사는 시행과 채점, 해석의 간편성으로 인하여 임상가들에게 선호되는 경향이 있고 검사에 따라 차이가 있지만 시행시간이 비교적 짧다는 장점도 있다.

(2) 검사의 신뢰도와 타당도

투사적 검사에 비해 검사제작 과정에서 신뢰도와 타당도 검증이 이루어지고 신뢰도와 타당도가 충분한 검사가 표준화되기 때문에 검사 신뢰도와 타당도가 높다.

(3) 객관성의 증대

투사적 검사에 비해 검사자 변인이나 검사 상황변인에 따라 영향을 적게 받기 때문에, 그리고 개인 간 비교가 객관적으로 제시될 수 있기 때문에 객관성이 보장될 수 있다.

2) 단점

(1) 사회적 바람직성에 의한 측정오류 발생

문항의 내용이 사회적으로 바람직한 내용인가에 따라 문항에 대한 응답결과가 영향을 받는다.

(2) 반응 경향성

개인이 대답하는 방식에 일정한 흐름이 있어서 이러한 방식에 따라 결과가 영향을 받는다.

(3) 문항 내용의 제한성

객관적 검사문항이 특성 중심적 문항에 머무르기 때문에 특정 상황에서의 특성-상황 상호작용 내용이 밝혀지기 어렵다.

3) 종류

다면적 인성검사(MMPI), 캘리포니아 성격검사(CPI), 성격유형검사(MBTI), 16요인 성격검사 등이 있다.

📌 **정리**

투사적 검사 및 객관적 검사의 장점과 단점

	투사적 검사	객관적 검사
장점	1) 반응의 독특성 2) 방어의 어려움 3) 반응의 풍부함 4) 무의식적 내용의 반응	1) 검사 실시의 간편성 2) 검사의 높은 신뢰도 및 타당도 3) 객관성의 증대
단점	1) 검사의 신뢰도 부족 2) 검사의 타당도 부족 3) 반응에 대한 상황적 요인의 영향력	1) 사회적 바람직성 2) 반응 경향성 3) 문항내용의 제한성
종류	1) Rorschach Test 2) 주제통각검사(TAT) 3) 인물화 검사(DAP) 등	1) MMPI 등의 성격질문지 2) KEDI-WISC[1] 등의 지능검사 3) Holland 직업흥미 검사 4) 진로·적성검사 등

📁 **실력다지기**

심리검사의 분류 등

1) 검사의 실시방식에 따른 분류

구분	검사명	특징
실시 시간	속도검사	시간 내에 수행능력 측정, 문제해결력보다는 숙련도 측정
	역량검사	어려운 문제로 구성, 궁극적인 문제해결력 측정 (예 수학경시대회)
수검자의 수	개인검사	한 사람의 피검자에게 1대 1로 검사해서 심층적 연구
	집단검사	선다형 검사이며, 보통 컴퓨터로 한꺼번에 객관적으로 채점
검사의 도구	지필검사	종이에 인쇄된 문항에 연필로 응답하는 가장 일반적인 방식
	수행검사	수검자가 대상이나 도구를 직접 다루어야 하는 검사 (예 운전면허시험 2차)

---

[1] WPPSI), 아동용(WISC), 성인용(WAIS)

2) 내용에 따른 분류

대분류	중분류	직업상담에 적합한 심리검사의 예	특징 비교
인지적 검사 (능력검사 =성능검사)	지능검사	• 한국판 웩슬러 성인용 지능검사 • 한국판 웩슬러 지능검사	• 극대수행검사 • 문항에 정답 있음 • 응답의 시간제한 • 최대한의 능력발휘 요구
	적성검사	학업적성검사	
	성취도 검사	TOEFL, TOEIC	
정서적 검사 (성격검사 =성향검사)	성격검사	• 직업선호도 검사 중 성격검사 • 캘리포니아 성격검사(CPI) • 성격유형검사	• 습관적 수행검사 • 문항에 정답 없음 • 응답 시간제한 없음 • 최대한 정직한 응답요구
	흥미검사	직업선호도 검사 중 흥미검사	
	태도검사	직무만족도 검사	

3) 사용목적에 따른 분류

규준참조검사	준거참조검사
다른 대표적인 집단의 사람들의 점수와 비교해서 해석하며 비교 기준이 되는 점수들을 규준이라고 한다.	특정 기준을 토대로 해석하며 기준 점수는 검사사용 기관이나 조직의 특성 및 시기에 따라 달라질 수 있다.

4) 정의적 특성의 평가

    (1) 관찰법(observation)

    (2) 질문지법(questionnaire)

    (3) 응답방식에 따른 질문지의 종류 구조적 질문지(폐쇄적 질문지)와 비구조적 질문지(자유반응 질문지)

    (4) 평정법(rating scale)

    (5) 면접법 구조화된 면접과 구조화되지 않은 면접

3 행동관찰 및 면접

1) 행동관찰과 행동평가

(1) 전통적인 행동관찰

    ① 개인의 행동이 그 개인의 행동특성과 정서, 심리적 상태를 표현한다는 전제하에 행동을 이해하고 예측하기 위해 기본적인 성격특성에 대한 탐색을 하기 때문에 주관성이 나타날 수 있다.

    ② 언어적 표현보다는 비언어적 행동이 더 정확하고 의미 있는 단서를 제공한다.

(2) 행동주의적 행동평가 - 행동주의 이론에 근거를 두고 있는 평가법

    ① 성격특징이나 정서, 심리적 상태보다는 행동에 관심, 행동의 용어로 설명하고 기술한다.

    ② 행동의 원인으로서의 내적 갈등보다는 현재 환경에서의 유발자극 및 유지조건에 관심을 가지므로 객관성을 보장한다.

2) 행동관찰법

(1) 자연관찰법(naturalistic observation)

① 내담자의 집, 학교, 병원 등에서 자연스럽게 나타나는 문제행동을 관찰하는 것이다.

② 시간과 비용면에서 효율적이지 못하다(문제행동이 나타나는데 시간이 걸린다).

③ 생태학적으로 가장 완벽하고 많은 정보를 제공해준다.

④ 여러 상황에 걸쳐 관찰함으로써 문제행동의 리스트를 작성하고 문제행동의 기초자료를 수집하는데 도움을 준다.

(2) 유사관찰법(통제관찰법, analogue observation)

① 내담자가 문제행동을 보이는 상황을 조작해 놓고 그 조건에서의 문제행동을 관찰하는 것이다.

② 경제적이고 효율적인 방법이다.

(3) 자기관찰법

① 자신의 행동, 사고, 정서 등을 스스로 관찰하고 기록하는 것이다.

② 자신에 대한 기록과 관찰을 왜곡할 수 있다는 단점이 있다.

③ 비용이 저렴하고 자신의 행동에 대한 피드백으로 문제행동을 통제하는 장점이 있다.

(4) 참여관찰법

① 내담자와 자연스러운 환경에서 같이 생활하고 있는 사람(부모, 보호자, 교사)이 관찰하여 보고하도록 하는 것이다.

② 비용이 적게 들고, 광범위한 문제행동과 환경적 사건에 적용 가능하며, 자연적 상황에서 자료수집이 가능하다.

③ 관찰자의 훈련 문제, 정확한 기록이 어렵다는 등의 단점이 있다.

📂 기출문제 확인학습

행동관찰법

1) 관찰할 행동에 대한 조작적 정의가 명확해야 한다.

2) 자연적 상황의 관찰은 인위적 상황의 관찰보다 반응성 문제가 적다.

3) 행동관찰법 중에서 평정자가 한 번에 관찰해야 하는 표적행동의 개수는 적을수록 좋다.

4) 발생빈도가 높은 행동의 기록은 간격기록법을 사용한다. 간격기록은 관찰대상행동을 관찰기간동안 일정한 간격으로 여러 회에 걸쳐 관찰하여 기록하는 방법이다.

관찰기록의 종류

1) 표본기록법(specimen record)

   관찰자가 관찰 대상이나 장면을 미리 정해 놓고 그 장면에서 일어나는 아동의 행동과 상황, 말을 모두 일어난 순서대로 기록하는 방법

2) 일화기록법(anecdotal record)

   개인의 특성을 이해하기 위하여 구체적인 행동 사례나 어떤 사건에 관련된 관찰 기록을 상세히 기록하는 방법

3) 사건표집법(event sampling)

   어떤 행동이나 사건으로 명명된 행동의 발생을 기록, 관찰하고자 하는 특정 행동이나 사건이 발생할 때만 관찰하는 방법.

4) 시각표집법(time sampling)

   정해진 시간 간격을 두고 행동을 관찰하여 그 결과를 기록하는 방법. 일정한 시간 간격으로 비교적 짧은 시간 사이에 발생한 행동을 양적으로 측정하는 방법.

5) 행동목록법(check list)

   관찰자가 일련의 행동목록을 사전에 준비하고, 준비된 행동목록에 있는 행동이 관찰장면에서 나타나는지를 체크로 표시하는 방법.

6) 평정척도법(rating scale method)

   행동의 출현 뿐 아니라 특성, 빈도나 강도 등 행동의 질적인 특성을 평가하고자 할 때 사용하는 방법. 기술평정, 숫자평정, 도식평정, 표준평정 등이 있음.

3) 면접법

(1) 면접법(interview method)은 연구자가 참여자와 대면하여 언어적 질문과 응답을 통해 연구에 필요한 자료를 수집하는 방법이다.

(2) 면접법에는 연구질문의 제시방법이나 참여자 응답의 분류방법에 따라 구조화된 면접(structured interview), 반구조화된 면접(semi-structured interview), 또는 비구조화된 면접(unstructured interview)으로 나누어질 수 있다.

(3) 면접의 유형

　① 구조화 면접

　　연구자가 대상자로부터 정보를 얻기 위하여 기록된 설문목록, 즉 면접조사표를 가지고 질문을 하며 이는 연구자의 편향된 오류를 최소화하기 위한 것이다.

　② 반구조화 면접

　　정보를 얻기 위하여 처해진 상황에 따라 질문을 변화하는 경우로 면접지침만 존재하며 연구자는 연구대상자의 이해정도에 따라서 질문을 달리 할 수 있다.

　③ 비구조화 면접

　　가장 자유롭고 개방적인 형태의 면접으로서 면접에 대한 간단한 주제 목록을 가지고 질문을 하며 이 때 질문은 규칙적이지 않고 대체적으로 자유롭게 전개한다.

제2절 | 검사 선정 시 고려사항

1 측정학적 문제

1) 검사도구를 선정할 때 비용도 중요한 고려 사항이지만, 검사도구가 엄격하고 과학적인 기준에 근거하여 개발되었는지 여부가 중요하다.

2) 검사가 충분한 신뢰성과 타당성을 지녔는가? 양질의 심리측정적 요소를 지니지 않은 검사도구의 구매는 비용 낭비일 뿐이다.

3) 이용 가치가 없는 도구를 사용한다면 피검사자에게 불필요한 일을 하는 것이다.

4) 검사자는 표준화된 검사를 구입하기 전에 그 검사가 신중하고 과학적인 과정을 통해 개발되었는지를 살펴봐야 한다.

5) 신뢰도와 타당도 계수를 확인할 경우, 무엇을 재는 검사이든 어떤 검사의 신뢰도 계수가 0.70 이하라면 그 검사 점수는 신뢰하기 어렵다고 할 수 있다.

6) 다만, 타당도 계수는 신뢰도 계수보다는 낮다. 타당도 계수는 0.60 이상은 거의 없고 대부분 0.30 ~ 0.50 사이에 있는데, 0.10 ~ 0.20 정도로 낮더라도 타당도의 기준이 미래행동을 예언한다면 유용하다고 볼 수도 있다(탁진국, 2011, 재인용).

⊘ 부연

검사 선정 시 고려사항

1) 심리검사의 목적을 분명히 하고 그 목적달성에 적절한 검사를 선정해야 한다.

2) 표준화된 검사를 사용하는 경우 검사의 신뢰도를 검토해 보아야 한다.

3) 표준화된 검사일지라도 검사의 타당도가 검사 요강에 제시되어 있지 않은 경우가 있는데 이는 신뢰도 검증에 비해 타당도 검증이 쉽지 않기 때문에 타당도 검증을 거치지 않고 표준화검사로 사용되기 때문이다.

4) 검사의 타당도는 검사 결과를 다각적으로 검토함으로써 검증될 수 있는데, 실제로 타당도 조건이 충족되는 심리검사는 매우 드물다.

5) 심리검사의 실용성을 고려해 보아야 한다. 즉, 검사 시행과 채점의 간편성, 시행시간, 심리검사지의 경제성 등을 검토해야 할 것이다.

📁 기출문제 확인학습

심리학적 측정 (psychological measurement)

1) 개인의 행동을 특징짓는 성질, 즉 심리적 특성을 수량화하여 측정하는 과정이다.

2) 이러한 심리학적 측정은 물리학적 측정과는 다르게 직접적인 측정이 가능하지 않는 간접적인 측정이다.

3) 왜냐하면 심리적 특성은 추상적인 구성개념(construct)이기 때문이다.

4) 자아강도, 지배성, 엄격성, 사회적응과 같은 심리적 특성은 인간의 행동을 설명하기 위해 이론으로부터 도출된 가설적이고 추상적인 개념이다.

5) 이러한 구성개념이 측정 가능한 방식으로, 즉 조작적으로 정의되고 구성개념과 관련이 있다고 생각되는 행동을 바탕으로 하여 측정되기 때문에 심리적 특성을 측정하는 과정은 간접적인 것이다.

6) 이와 같이 심리학적 측정은 구성개념을 조작적으로 정의하고, 측정도구인 심리검사를 제작하고, 심리검사를 통하여 측정하고, 그 결과를 해석하는 일련의 과정을 거치게 된다.

7) 따라서 심리적 특성에 대한 정확하고 객관적인 측정결과를 얻기 위해서는 이러한 일련의 과정이 객관적 측정을 보장해 줄 수 있어야 한다.

8) 이와 같이 구성개념인 심리적 특성은 간접적으로 평가될 수밖에 없는 추상적 개념이므로 이러한 변인을 측정하기 위한 도구를 고안함에 있어서 어려운 문제점이 제기된다.

2 검사 전 면담에서의 의뢰목적

검사 전 면담에서는 심리검사가 의뢰된 상황에 대해 알아보는 것이 필요하며 검사자는 의뢰상황에 따라 검사에 대한 수검자의 인식, 동기, 태도, 검사목적에 있어서 차이가 있음을 인식하고 적절하게 대처할 수 있어야 한다.

1) 의뢰자가 구체적인 검사 동기와 목적을 갖고 의뢰하는 경우

(1) 수검자 당사자나 부모나 가족이 검사를 의뢰하기도 하지만, 대부분은 수검자와 관련되는 기관이나 관계자들이 의뢰한다.

(2) 법원에서 피의자의 정신감정, 학교나 기업체, 보험회사 등

2) 내담자나 그의 가족이 심리적 문제를 해결하기 위해 상담자나 치료자를 찾아왔다가 검사를 받도록 권유 받는 경우

(1) 심리검사를 통해 알아보고 싶어 하는 구체적인 질문을 갖고 있기보다는 내담자의 심리적 특성과 문제 발생의 원인 등에 관한 전반적인 정보를 얻고자 한다.

(2) 심리검사의 필요성을 인식하지 못해 동기가 낮고 소극적, 방어적일 가능성이 있다.

> **참고**
>
> 검사 실시 전에 시행되는 면담의 목적
>
> 1) 친숙한 관계 형성을 위함이다.
> 2) 검사 목적의 합의를 위함이다. 검사의 시행이 더 협조적으로 이루어지고, 검사 결과를 수검자의 상황에 맞게 구체적으로 제공할 수 있으며 수검자는 자신이 필요한 정보를 제공받아 문제 상황에 적용하여 적극 활용할 수 있는 기회를 가진다.
> 3) 검사 동기를 높이기 위함이다.
> (1) 수검자가 자신이 처한 상황을 분명하게 인식하고, 도움 받고 싶다는 기대를 갖고 있어야 한다.
> (2) 또한 검사가 제공해줄 수 있는 정보에 대해 알고 있을수록 동기는 높다.
> (3) 검사자는 수검자가 직면한 상황에 대해 다각적으로 질문함으로써 수검자가 처해 있는 상황을 객관적으로 볼 수 있도록 도움을 주게 된다.

제3절 | 검사 시행 시 고려사항

1 라포 형성

1) 라포와 상담자의 역할

(1) 라포(rapport)는 상담자와 내담자 또는 치료자와 환자 사이에서 '편안하며 동일한 목적을 갖고, 잘 소통하며 협력하는 관계'를 맺는다는 의미이다.

(2) 작업동맹은 협력적 관계, 상호관계, 연대적 관계를 의미하며 성공적인 상담이나 치료결과를 가장 잘 예측해주기 때문에 중요하다.

(3) 검사자는 수검자가 있는 그대로 반응할 수 있는 동기를 갖도록 격려한다.

(4) 검사자는 수검자에게 동기를 부여하고 검사시행에 대한 수검자의 참여도를 높일 수 있는 기술을 습득하도록 노력한다.

2) 라포 형성에 도움이 되는 태도

(1) 상담자의 얼굴 표정, 눈 맞춤, 말의 억양, 자세 등 비언어적 행동이 촉진적인 역할을 하여야 한다.

(2) 수검자의 동기 수준을 파악하고 동기 수준에 맞추어 수검자의 협조를 이끌어 내는 방법을 시도한다.

(3) 계속해서 수검자가 강한 거부감을 나타낼 경우 검사의 보류를 고려한다.

(4) 라포 형성이 적절하게 이루어질 수 있기 위해서는 수검자가 검사과정에서 경험할 수 있는 정서를 검사자가 충분히 이해하고, 적절하게 대처할 수 있어야 한다.

2 피검자 변인

1) 검사가 진행되는 동안 수검자의 정서상태, 신체적 상태에 대해 검사자는 알고 있어야 한다.

2) 검사자는 수검자의 저항과 두려움을 이해하고 검사를 받을 때 이러한 정서상태가 드물지 않게 일어날 수 있음을 수검자에게 설명해주고 수검자가 저항과 불안을 해소할 수 있도록 도와야 한다.

3) 준비과정을 거쳤음에도 불구하고 검사과정에서 특별한 심리적, 신체적 상태를 보인다면, 기록해 두었다가 해석과정에 이를 반영한다.

4) 수검자가 지나치게 긴장, 저항을 보일 시 검사를 중단하거나 보류하는 것이 바람직하고 재검사의 기회를 권하는 것이 좋다.

검사 시행 시 피검자 고려사항

1) 보통 지능검사나 적성검사의 경우 '일대일 개인 검사'를 많이 실시하지만, 경우에 따라서 주변인으로부터 응답을 받을 필요가 있다.

2) 내담자 스스로 본인의 검사도구에 직접 표시하는 자기보고에 기초한 '자기보고 데이터'와 타인의 보고에 기초한 '타인보고 데이터'로 구분할 수 있다.

3) 두 자료가 있어야 대상 내담자에 대한 완전한 평가를 할 수 있다.

4) '타인보고 데이터'는 자기 보고를 타당화하는 데 사용될 수 있고, '자기보고 데이터'는 타인 보고에서 얻을 수 없는 자기 지각에 관한 통찰을 제공해 준다.

5) 학생의 예를 든다면, 지능 및 적성 영역, 학업 영역의 도구는 주로 학생 본인이 스스로 검사에 응한 자료를 가지고 검사하지만, 정서·행동 영역의 도구인 '아동·청소년 행동평가척도(K-CBCL)'는 부모가 대상 아동이나 청소년의 사회능력 영역과 문제행동 증후군 영역에 대해 평정하도록 되어 있으며, 부모가 부재하는 경우 함께 거주하는 친척이 평정하도록 한다.

6) '한국 주의력결핍 과잉행동 진단검사(K-ADHDDS)'와 '코너스 척도'의 경우에도, 부모나 교사가 평상시에 아동을 관찰한 내용을 토대로 하거나, 검사자가 면담을 통해 검사지에 기록한다.

3 검사자 변인

1) 검사가 비구조화되거나 자극이 모호하거나 어렵거나 새로운 과제일수록 검사자의 영향이 크다.

2) 정서적으로 불안정하고 혼란된 수검자일수록 검사자의 영향이 크다.

3) 검사자의 연령, 성, 인종, 직업적 지위, 수련과 경험, 성격, 외모 등에 따라 영향을 받는다.

4) 검사시행 전이나 중간과정에서 검사자의 행동이 중요한 영향을 미친다.

5) 검사자와 수검자 간 상호작용도 영향을 미친다.

6) 검사자 자신의 기대가 반응 결과에 영향을 미칠 수 있다.

7) 검사자는 검사자 변인이 검사결과에 영향을 미친다는 점을 인식하고 어떤 수검자에게나 일관성 있게 라포 형성에 도움이 될 수 있는 태도를 보여주어야 하고 이러한 태도를 자연스럽게 익힐 수 있도록 노력하여야 한다.

8) 검사자는 심리검사가 매우 중요한 진단적, 치료적 과정임을 인식하고 심리검사를 통해 수검자를 도울 수 있다는 점을 스스로 확신하고 심리검사의 시행이 단순하고 기계적인 과정이 아니라 수검자에게 유익한 결과를 가져다줄 수 있는 과정이라는 점을 충분히 인식하여 진지한 태도를 가질 필요가 있다.

검사 시행 시 검사자 고려사항

1) 검사자는 검사 설명서에 검사를 토대로 한 이론적 근거, 심리 측정의 개발과정, 검사의 구체적인 사용목적, 검사 실시자의 자질, 검사의 실시, 채점, 해석에 관한 자세한 설명을 확인할 필요가 있다.

2) 검사의 합리성과 목적을 설명하는 부분은 도구가 최신 이론에 기초하여 개발되었는지 알려주는데, 어떤 경우는 검사자에게 검사의 시행 및 해석을 위한 훈련이나 배경지식을 요구하기도 한다(김민정, 한진순, 이혜란 역, 2011).

3) 설명서를 제대로 숙지해야 피검사자의 점수를 검사의 규준과 비교할 수 있으며, 정( )반응과 오( )반응을 상담자 개인의 기준에 따라 결정하면 안 되므로, 설명서에 제시된 자세한 채점 방법을 확인해야 한다.

4) 가령, 표준화된 학업적성검사는 비교적 조금만 훈련받고도 검사를 실시할 수 있는데, 개인 지능검사를 실시할 수 있는 지식과 기술을 습득하기 위해서는 강의도 듣고 임상 현장에서 실습도 해야 한다(김계현 외, 2012, 재인용).

📁 기출문제 확인학습

피그말리온 효과 (= 로젠탈효과, 자성적 예언, 자기충족적 예언)

1) 타인의 기대나 관심으로 인하여 능률이 오르거나 결과가 좋아지는 현상을 의미하는 심리학 용어이다.

2) 미국의 교육학자인 로젠탈과 제이콥슨이 밝혀낸 것으로 로젠탈효과, 자성적 예언, 자기충족적 예언이라고도 하며 그리스신화에 나오는 키프루스의 왕이자 조각가 피그말리온의 이름에서 유래했다.

3) 피그말리온은 아름다운 여인상을 조각하고, 그 여인상을 진심으로 사랑하게 되는데 여신(女神) 아프로디테는 그의 사랑에 감동하여 여인상에게 생명을 주었다고 한다.

> **피그말리온 효과의 메커니즘**
>
> [전제(가정)] : '교수자에게 학습자는 우수한 능력을 갖고 있다'라고 알려줄 경우
>
> 　　1) 교수자는 학습자에 대하여 긍정적 태도를 갖게 된다.
>
> 　　2) 이로 인해 교수자는 학습자의 능력향상을 위해 노력한다.
>
> 　　3) 학습자는 이러한 교수자의 노력에 동참하게 된다.
>
> 　　4) 결과적으로 효과적인 결과를 보이게 된다.

4 검사상황 변인

1) 검사상황 변인은 검사환경을 의미하며 심리검사실, 세부적인 검사 조건, 검사시행 시간과 수검자의 정서적 안정도 등이 있다.

2) 검사 시행이 표준절차에 따라 진행되도록 하며, 검사 반응에 영향을 미칠 수 있는 여러 조건들을 통제하려고 노력하고 표준절차에 벗어난 경우, 아무리 사소한 것이라도 기록하여 검사 결과 해석 시 고려하여야 한다.

3) **검사상황 변인**

(1) 심리검사실

지나친 소음과 자극으로부터 보호받을 수 있고 적절한 채광과 통풍, 안정된 좌석과 공간이 요구되며 심리 검사 중 외부간섭을 차단하는 것이 좋다.

(2) 세부적인 검사 조건

응답지의 종류, 응답방법의 차이, 검사받는 수검자의 수 등이 고려되어야 한다.

(3) 검사시행 시간과 수검자의 정서적 안정도나 피로도 등

5 검사시행 준비

1) 검사자는 심리검사를 편안하고 자연스럽게 시행할 수 있도록 검사시행에 대해 숙달되어 있어야 하고, 지시 내용이나 시행지침 등을 잘 숙지해 두어야 한다.

2) 검사를 시작하기 전에 검사도구가 잘 챙겨져 있는지 점검하고 부족한 도구가 없도록 주의한다.

3) 검사 의뢰목적에 따라 검사 계획을 세우고 검사를 선정한 결과에 따라 필요한 검사도구를 미리 갖추어 놓고 검사를 시작한다.

제4절 | 윤리적 문제

1 비밀보장 - 정보의 보호

1) 비밀보장

(1) 상담자는 사생활과 비밀유지에 대한 내담자의 권리를 최대한 존중해야 할 의무가 있다.

(2) 상담자는 내담자에 대한 상담 기록 및 보관을 윤리 규준에 따라 시행한다. 또한 상담자는 상담내용의 녹음 및 기록에 관해 내담자의 동의를 구해야 한다.

(3) 상담자는 내담자가 기록에 대한 열람이나 복사를 요구할 경우, 그 기록이 내담자에게 잘못 이해될 가능성이 없고 내담자에게 해가 되지 않으면 응하는 것이 원칙이다. 다만 여러 명의 내담자를 상담하는 경우, 다른 내담자와 관련된 사적인 정보는 제외하고 열람하거나 복사하도록 한다.

(4) 상담자는 상담과 관련된 기록을 보관하고 처리하는 데 있어서 비밀을 유지해야 하며, 이를 타인에게 공개할 때에는 내담자의 직접적인 동의를 구해야 한다.

(5) 상담자는 내담자 개인 및 사회에 임박한 위험이 있다고 판단되는 등의 비밀보호의 예외가 존재하는 경우를 제외하고는, 내담자의 서면 동의 없이는 제3의 개인이나 단체에게 상담기록을 공개하거나 전달해서는 안 된다.

2) 집단 및 가족상담의 비밀보장

(1) 상담자는 특정 집단을 대상으로 집단상담을 시작할 때 비밀보장의 중요성과 한계를 명확하게 설명한다.

(2) 상담자는 가족상담을 할 때 각 개인의 비밀보장에 대한 권리와 그 비밀보장을 유지해야 할 의무와 관련해 참여한 모든 사람으로부터 동의를 구하고 그 동의 사항을 문서에 기록한다.

(3) 상담자는 자발적인 동의 능력이 불가능하거나 미성년인 내담자를 상담할 때, 부모나 보호자가 참여할 수 있음을 알린다.

3) 전자 정보의 비밀보장

(1) 상담자는 컴퓨터를 사용한 자료 보관의 장점과 한계를 알아야 한다.

(2) 상담자는 내담자의 기록이 전자 정보의 형태로 보존되어 제3자가 내담자의 동의 없이 접근할 가능성이 있을 때, 적절한 방법을 통해 내담자의 신상이 드러나지 않도록 조치를 취한다.

(3) 상담자는 컴퓨터, 이메일, 팩시밀리, 전화, 음성메일, 자동응답기 그리고 다른 전자 테크놀로지를 사용해 정보를 전송할 때는 비밀이 유지될 수 있도록 사전에 주의를 기울인다.

4) 비밀보장의 한계

(1) 상담자는 상담 시작 전이나 상담 과정 중 내담자에게 비밀보장의 한계를 수시로 알리고 비밀보장이 불이행되는 상황에 대해 주지시킨다.

(2) 상담자는 아래와 같은 내담자 개인 및 사회에 임박한 위험이 있다고 판단될 때 매우 조심스러운 고려 후에, 내담자에 관한 정보를 적정한 전문가 혹은 사회 당국에 제공할 수 있다.

① 내담자의 생명이나 사회의 안전을 위협하는 경우

② 내담자가 감염성이 있는 치명적인 질병이 있다는 확실한 정보를 가졌을 경우

③ 내담자가 심각한 학대를 당하고 있을 경우

④ 법적으로 정보의 공개가 요구되는 경우

(3) 상담자는 만약 내담자에 대한 상담이 여러 전문가로 구성된 집단에 의한 지속적인 관찰을 포함하고 있다면, 그러한 집단의 존재와 구성을 내담자에게 알릴 의무가 있다.

(4) 상담자는 내담자의 사적인 정보의 공개가 요구할 때 오직 기본적인 정보만을 공개한다. 더 많은 사항을 공개하기 위해서는 사적인 정보의 공개에 앞서 내담자에게 알리고 동의를 얻어야 한다.

(5) 상담자는 비밀보장의 예외 및 한계에 관한 타당성이 의심될 때에는 다른 전문가나 지도감독자 및 학회의 윤리위원회의 자문을 구한다.

2 이중관계 (다중관계)

1) 상담자는 내담자와의 친밀한 관계를 인식하고, 내담자에 대한 존중감을 유지하며 내담자를 이용하여 상담자 개인의 필요를 충족하고자 하는 활동 및 행동을 하지 않는다.

2) 상담자는 상담 전에 상담관계에 영향을 줄 수 있는 상담의 목표, 기술, 규칙, 한계 등에 관해서 내담자에게 알려주어야 한다.

3) 상담자는 객관성과 전문적인 판단에 영향을 미칠 수 있는 다중 관계를 피해야 한다. 단, 내담자의 복지를 위해 상담자와 내담자가 사전 동의를 한 경우와 그에 대한 자문이나 감독이 병행될 때는, 상담관계를 맺을 수도 있다.

4) 상담자는 특별한 경우를 제외하고는, 내담자와 상담실 밖에서 사적인 관계를 맺지 않는다.

5) 상담자는 내담자와의 관계에서 상담료 이외의 어떠한 금전적, 물질적 거래관계도 맺지 않는다.

3 검사결과 피드백

1) 일반사항

(1) 상담자는 내담자의 환경(사회적, 문화적, 상황적 특성 등)과 개별적 특성을 고려한 후, 내담자를 조력하기 위한 목적에 적합한 심리검사를 선택해야 한다.

(2) 심리검사를 실시할 때에는 자격이 있는 사람이 표준화된 절차에 따라 실시해야 하며, 그 과정을 경시해서는 안 된다.

(3) 상담자는 검사 채점과 해석을 수기로 하건, 컴퓨터를 사용하건, 혹은 다른 서비스를 사용하건 상관없이 내담자의 요구에 적합한 검사도구를 적용, 채점, 해석, 활용한다.

(4) 상담자는 검사 전에 검사의 특성과 목적, 잠재적인 결과, 수령자의 구체적인 결과의 사용에 대해 설명한다. 이 때 상담자는 내담자의 개인적·문화적 상황, 내담자의 결과 이해 정도, 결과가 내담자에게 미치는 영향을 고려한다.

(5) 상담자는 피검자의 복지, 명확한 이해, 검사 결과를 누가 수령할 것인지에 대한 결정에서 사전 합의를 고려한다.

2) 검사도구 선정과 실시 조건

(1) 상담자가 검사도구를 선정할 때 도구의 타당도, 신뢰도, 실용도, 객관도, 심리측정의 한계를 신중하게 고려한다.

(2) 상담자는 제3자에게 내담자에 대한 검사를 의뢰할 때, 적절한 검사도구가 사용될 수 있도록 내담자에 대한 구체적인 의뢰 문제와 충분한 객관적인 자료를 제공한다.

(3) 상담자는 문화적으로 다양한 집단을 위한 검사도구를 선정할 경우, 그러한 내담자 집단에게 적절한 심리측정 특성이 결여된 검사도구를 사용하지 않도록 합당한 노력을 한다.

(4) 상담자는 검사도구의 표준화 과정에서 설정된 동일한 조건하에서 검사를 실시한다.

(5) 상담자는 기술적 또는 다른 전자적 방법들이 검사 실시에 사용될 때, 실시 프로그램이 잘 기능하고 있는지 그리고 정확한 결과를 제공하는지에 대해 점검한다.

3) 검사 채점 및 해석

(1) 상담자는 개인 또는 집단검사 결과 발표에 정확하고 적절한 해석을 포함시킨다.

(2) 상담자는 검사 결과를 보고할 때, 검사 상황이나 피검사자의 규준 부적합으로 인한 타당도 및 신뢰도와 관련하여 발생하는 제한점을 명확히 한다.

(3) 상담자는 연령, 피부색, 문화, 장애, 민족, 성, 인종, 언어 선호, 종교, 영성, 성적 지향, 사회경제적 지위가 검사 실시와 해석에 영향을 미친다는 것을 인식하고, 내담자와 관련된 다른 요인들을 고려하여 적절하게 검사 결과를 해석한다.

(4) 상담자는 기술적인 자료가 불충분한 검사도구의 경우 그 결과를 해석할 때 주의해야 한다. 그러한 도구를 사용하는 특정한 목적을 내담자에게 명확히 알린다.

(5) 상담자는 내담자에게 심리검사 결과의 수치만을 알리거나 제3자에게 알리는 등 검사결과가 잘못 통지되지 않도록 해야 한다.

4) 정신장애 진단

(1) 상담자는 정신장애에 대해 적절한 진단을 하도록 특별하고 세심한 주의를 기울인다.

(2) 상담자는 치료의 초점, 치료 유형, 추수상담 권유 등의 내담자 보살핌을 결정하기 위해 사용되는 개인 상담을 포함한 검사 기술을 신중하게 선택하고 합당하게 사용한다.

(3) 상담자는 정신장애를 진단할 때는 내담자의 문제를 규정하는 방식에 문화가 영향을 미친다는 것을 인식하고 내담자의 사회경제적·문화적 경험을 고려한다.

(4) 상담자는 어떤 개인이나 집단들에 대해 오진을 내리고 정신병리화 하는 역사적·사회적 편견과 오류에 대해 충분히 이해하고 이러한 편견과 오류가 발생하지 않도록 특별한 주의를 기울인다.

(5) 상담자는 심리검사의 결과가 내담자나 다른 사람들에게 해를 끼칠 수 있다고 판단되면 진단이나 보고를 해서는 안 된다.

4 성추행 및 성관계

1) 상담자는 내담자와 어떤 형태의 성적 관계를 갖지 않는다.

2) 상담자는 내담자와 성적 관계를 맺었거나 유지하는 경우 상담 관계를 형성하지 않는다.

3) 상담자는 상담관계가 종결된 이후에도 최소 2년 내에는 내담자와 성적 관계를 맺지 않는다.

4) 상담자는 상담 종결 이후 2년이 지난 후에 내담자와 성적 관계를 맺게 되는 경우에도 이 관계가 착취적이 아니라는 것을 철저하게 검증할 책임이 있다.

5) 상담자는 성적 유인, 신체적 접근 또는 성적인 성격을 지닌 성적 위협에 관여하지 않는다. 이를 알게 되거나 듣게 되었을 때 묵과하지 않고 적절한 조치를 취한다.

5 심리검사와 윤리

1) 심리검사의 실시

(1) 1단계 : 사전준비

(2) 2단계 : 검사조건

(3) 3단계 : 검사의 도입과 실시

(4) 4단계 : 채점과 해석

(5) 5단계 : 검사결과의 통보

2) 심리검사 사용자의 윤리

(1) 피검사자가 기법, 목적, 본질을 충분히 이해 받을 권리가 있다.

(2) 검사를 개발하고 표준화할 때 기존의 과학적 방법을 따라야 한다.

(3) 평가 결과의 해석을 타인이 오용하지 않도록 하며, 신뢰도와 타당도 높은 검사를 사용하고, 이에 대한 한계를 지적한다.

(4) 적절한 훈련, 교습, 훈련감독을 받은 사람만이 심리검사를 시행한다.

(5) 피검자의 사생활을 보호한다.

(6) 채점, 해석과정, 프로그램의 타당도에 대한 적절한 준거를 가지고 있어야 한다.

(7) 검사내용, 문항이나 자극들을 수검대상자에게 미리 알려준다.

미국심리학회의 '심리학자의 윤리원칙' - 평가기법에 관한 내용

1) 평가도구의 개발, 출판 및 이용에 있어 심리학자는 내담자의 복지와 이익을 증진시키기 위해서 최선의 노력을 기울여야 한다.

2) 심리학자는 평가결과가 잘못 사용되지 않도록 노력해야 하며, 검사결과와 해석 그리고 결론 및 제언의 근거에 대해 내담자들이 알려고 하는 권리를 존중해야 한다.

3) 심리학자는 법률이 정하는 범위 내에서 검사와 다른 평가도구의 기밀을 유지하기 위해 모든 노력을 기울여야 한다.

4) 다른 사람이 평가도구를 적절히 사용하도록 도와야 한다.

5) 평가기법을 이용할 때 심리학자는 내담자가 그 기법의 성질과 목적에 관해 이해할 수 있는 용어로 충분한 설명을 들을 수 있도록 하고 내담자의 권리를 존중해야 한다.

6) 다른 사람이 이를 대신해서 설명할 경우 심리학자는 이러한 설명이 적절하다는 것을 보증해주는 절차를 마련해야 한다.

3) 심리검사의 윤리적 고려사항 4가지

(1) 검사의 질적 수준(타당도, 신뢰도)

(2) 검사 사용자의 능력과 자질 : 전문적 기술과 교육

(3) 피검사자의 권익보호(수검자의 복리에 기여, 피검사자의 문제에 관련된 검사만을 실시, 실시 시에 사전 동의, 비밀 유지, 검사자료의 보관, 정보 제공, 자료 폐기까지 책임짐)

(4) 검사의 사용 및 해석(결과 제공은 신뢰관계가 발달한 후에 하며 점수오차 범위를 고려하여 조심성 있게 기술하고 검사결과는 개인의 성장사, 생활사, 인구학적 변인 및 면접, 관찰 등에 의한 다양한 자료를 포함하여 통합적으로 해석해야 함)

4) 심리검사와 관련하여 준수해야 할 윤리강령이 있는데, 이 중에서 평가기법과 관련하여 준수해야 할 윤리강령 3가지

(1) 검사 이용 시 피검사자가 그 기법의 목적과 본질을 충분히 이해 받을 권리가 있으며 사전에 문서로 동의를 받는다.

(2) 심리검사나 다른 평가기법을 개발하고 표준화할 때 기존의 잘 확립된 과학적 과정과 방법을 따라야 한다.

(3) 적절한 훈련이나 교습 후원이나 감독을 받지 않은 사람들이 심리검사 기법을 이용하는 것을 조장하거나 권장하지 않는다.

심리학자와 평가기법의 윤리적 측면

1) 심리학자는 평가기법을 이용할 때 의뢰인이 그 기법의 목적과 본성을 자신이 이해할 수 있는 언어로 충분히 설명을 받을 권리가 있음을 인정하며 이러한 권리를 제한할 때는 사전에 문서로 동의를 받는다.

2) 심리학자는 심리검사나 다른 평가기법을 개발하고 표준화할 때 기존의 잘 확립된 과학적 과정과 방법을 따라야 한다.

3) 심리학자는 평가결과를 보고할 때 평가 환경이나 수검자를 위한 규준의 부적절성으로 인한 그 해석을 다른 사람이 오용하지 않도록 노력한다.

4) 심리학자는 평가 결과가 시대에 뒤 떨어진 것일 수 있음을 인식한다.

5) 심리학자는 채점과 해석 서비스가 그러한 해석에 이르기 위해 사용한 과정과 프로그램의 타당도에 대한 적절한 증거를 갖출 수 있게 한다.

6) 심리학자는 적절한 훈련이나 교습, 후원 감독을 받지 않은 사람들이 심리검사 기법을 이용하는 것을 조장하거나 권장하지 않는다.

5) 심리검사 평가과정에서의 윤리성

(1) 검사자가 검사결과를 결정적, 획일적, 절대적인 것으로 해석하지 않는다.

(2) 검사 결과에 너무 의존하지 않는다.

(3) 검사의 한계와 특징, 범위 내에서 사용하고 해석한다.

(4) 검사자가 일방적으로 해석하기 보다는 피검사자 스스로 생각해서 자신의 진로를 결정하도록 돕는다.

(5) 피검사자에게 직업선택에 대한 동기를 부여하고 용기와 자신감을 주는 것이 필요하다.

(6) 피검사자의 희망 직업, 흥미를 느끼는 분야를 중요하게 여기고 각종 검사 결과가 서로 일치하지 않을 경우 어느 한 쪽도 부정하거나 강요하지 않는다.

6) 심리검사의 해석과정에서 유의점

(1) 전문적인 자질과 경험을 갖춘 사람이 검사결과를 해석해야 한다.

(2) 규준에 따라 해석되어야 한다.

(3) 다른 검사나 관련 자료를 함께 고려하여 결론 내린다.

(4) 피검사자를 명명하거나 낙인찍어서는 안 된다.

(5) 자기충족 예언을 해서는 안 된다.

(6) 검사결과를 악용해서는 안 된다.

7) 심리검사 결과 해석 시 유의점

(1) 해석에 대한 내담자의 반응을 고려하여 해석해야 한다.

(2) 검사결과에 대한 이해하기 쉬운 언어를 사용한다.

(3) 내담자에게 검사의 점수를 말해주기보다는 내담자의 진 점수의 범위를 고려하여 해석해주는 것이 좋다.
　　예 "어떤 부분이 극히 안 좋다"라고 하기보다는 "규준점수에 비해 상대적으로 낮다"라고 해석하는 것이 좋다.

(4) 내담자의 방어를 최소화하기 위해 검사결과에 대하여 중립적이고 무비판적이어야 한다.

(5) 일방적 해석보다 피검자 스스로 생각해서 자신의 진로를 결정하도록 돕는다.

(6) 검사지의 대상과 용도를 명확히 한다.

> **참고**
>
> 심리검사를 선정할 때 고려하여야 할 사항
>
> 1) 심리검사 선정을 위해서는 각 심리검사가 지니고 있는 검사로서의 기본 조건과 특징, 장점 및 단점을 이해하는 것이 요구된다.
>
> 2) 심리검사를 선정할 때 고려하여야 할 사항은 다음과 같다.
>
>   (1) 심리검사의 목적을 분명히 하고 목적달성에 적절한 검사를 선정해야 한다.
>
>   (2) 표준화된 검사를 사용하는 경우 검사의 신뢰도를 검토해 보아야 한다.
>
>   (3) 표준화된 검사일지라도 검사의 타당도가 검사요강에 제시되어 있지 않은 경우가 있는데, 이는 신뢰도 검증에 비해 타당도 검증이 쉽지 않기 때문에 타당도 검증을 거치지 않고 표준화검사로 사용되기 때문이다.
>
>   (4) 심리검사의 실용성을 고려해 보아야 하는데, 즉 검사 시행과 채점의 간편성, 시행시간, 심리검사지의 경제성 등을 검토해야 할 것이다.

📂 기출문제 확인학습

검사결과에 영향을 미치는 검사자 변인과 수검자 변인

1) 검사자 변인

    검사자의 인종적 배경, 검사자의 성별, 검사자의 연령, 검사자의 경험, 검사자의 외모, 검사자의 성격, 검사결과에 대한 기대효과(검사자가 어떻게 기대하는가에 따라 기대하는 방향과 유사한 검사결과가 나타나는 것), 수검자의 반응에 대한 강화(검사과정에서 수검자에 대한 강화는 특별한 의미가 있고 이런 강화는 검사점수에 결정적인 영향을 미칠 수 있음) 등

2) 수검자 변인

    심신상태(수검자의 신체적, 심리적 상태), 검사 불안(평가 장면이나 검사장면에서 개인이 자신의 수행이나 수행결과에 대해 느끼는 불안), 수검능력(수검자가 검사문항의 내용과 형식에 관한 특징을 이용하여 자신의 실력보다 더 높은 점수를 획득하는 능력), 수검동기, 검사경험과 코칭(어떤 검사를 받으려고 수검자가 그 검사나 유사한 검사로 검사내용과 방법에 대해 설명, 지시, 조언, 지도, 또는 훈련하는 행위), 위장반응(검사를 실시하기 전에 솔직하고 성실하게 답할 것을 지시하지만 수검자가 마음만 먹으면 실제 자신의 생각, 느낌, 행동, 태도와 다른 모습이 나타나도록 반응), 반응태세와 반응양식(수검자가 의식적이거나 무의식적으로 문항 자체의 내용이나 물음과는 관계없이 일정한 방향으로 일관성 있게 반응하는 경향) 등

제1절 | 지능검사

1 지능의 개념과 측정

1) 지능의 의미

지능의 의미는 임상적 입장과 이론적 입장이 있다.

(1) 임상적 입장

지능은 전체적인 잠재적 적응 능력으로서 지능의 구성요소에 대한 가설을 바탕으로 하여 지능검사를 제작하고 타당도를 검증하면서 개인의 전체적 능력평가를 위해 사용한다. 동기나 성격과 같은 비 지적 요소가 지적 기능의 수행에 영향을 미친다.

(2) 이론적 입장

지능의 개념을 과학적으로 정의하기 위해 개인이 아닌 집단을 대상으로 한 지능검사 결과와 개인의 성, 연령, 학력변인 등과의 상관관계를 연구하여 지능검사의 소 검사들에 대한 요인분석 연구를 바탕으로 지능의 개념을 발전시켜 왔다.

① 비네(Binet, 1905)

지능이란 잘 판단하고, 이해하고, 추리하는 일반적이고 기본적 능력으로서 그 구성요소는 판단력, 이해력, 논리력, 추리력, 기억력이며, 이러한 기본적 능력이 행동차원에서 평가될 수 있다.

② 스피어만(Spearman, 1904)

모든 지적 기능에는 공통 요인과 특수 요인이 존재한다는 2요인설을 제시하였다.

③ 손다이크(Thorndike, 1909)

추상적, 언어적 능력과 실용적 지능, 사회적 지능 등의 특수 능력을 분류하였다.

④ 웩슬러(Wechsler, 1939)

지능은 유목적적으로 행동하고, 합리적으로 사고하고, 환경을 효과적으로 다루는 개인의 종합적인 능력으로 성격의 다른 부분과 분리될 수 없으며 이러한 인지적, 정서적, 동기적 측면을 모두 포함하는 전체적 능력이다.

⑤ 써스톤(Thurstone, 1941)

지능의 다요인이론으로 기본정신 능력으로 7개 요인을 제시(7-PMA)하였다.

⑥ 커텔(Cattell, 1971)

유동성 지능(fluid intelligence)과 결정성 지능(crystallized intelligence)으로 구분하였다.

⑦ 가드너(Gardner, 1983)

독립적 9요인(언어적, 음악적, 논리 – 수학적, 공간적, 신체 – 운동적, 개인 간, 개인 내 요소, 자연탐구, 실존지능)을 제시하였다.

결론적으로 지능이란 유전적, 환경적 결정요인을 지니는 것으로 검사를 통해 측정되는 지능은 유전적 결정요인뿐만 아니라, 초기 교육적 환경, 후기교육과 작업경험, 현재의 정서적 상태 및 기질적, 기능적 정신장애, 검사 당시의 상황요인의 상호작용 결과로 나타나는 개인의 전체적인, 잠재적인 적응능력이다.

읽을 거리

19세기 후반 Binet와 Simon(1905)은 프랑스 정부로부터 일반 학급에서 정신지체아와 정상아를 구별할 수 있는 검사 개발을 위탁받았다. 그들은 아동들의 지능을 측정하여 초등학교 정규 교육 과정을 수학할 능력이 없는 지체 아동을 판별할 목적의 평가 도구인 Binet - Simon Test(1905)를 개발하였다. Binet는 '지능이란 잘 판단하고 이해하며 추리하는 일반적인 능력'이라고 정의하고, 그 구성 요소로 '판단력', '이해력', '논리력', '추리력', '기억력'을 제안하였다. Binet는 연령이 증가함에 따라 구조화된 과제에 대한 수행이 향상되므로 어떤 아동이 또래 아동보다 과제를 잘 해결하면 정신연령과 지능이 높다는 전제하에 정신연령(mental age)의 개념을 도입하였다. Binet - Simon Test는 3 ~ 13세 아동에게 실시되었으나, 1908년과 1911년에 재표준화를 거치면서 대상 연령이 15세까지 확장되었다. Terman(1916)은 미국 문화에 적절하도록 Binet - Simon Test의 문항을 수정하여 Stanford - Binet Test를 출판하였다.

📁 기출문제 확인학습

정신능력의 구성요소 또는 지능을 구성하고 있는 기본요인

1) 스피어만(C. E. Spearman)

지능을 일반요인(G요인)과 특수요인(S요인)으로 구분하고, 일반요인을 일반적인 능력 내지 지능을 지칭하는 개념으로 간주했으나 요인분석 이론과 기술의 발달로 이러한 일반요인론은 배격되고, 인간의 능력을 일반적인 것과 특수한 것의 연속선상에 놓여 있는 어떤 속성으로 생각하게 되었다.

2) 써스톤(L. L. Thurstone)

군집요인설에서 지능은 언어요인·수요인·기억력·공간관계·지각속도·언어유창성·추리력의 7개 요인으로 구성된다고 보았으며, 이들 능력 요인을 기본 정신능력이라 불렀다.

3) 길포드(J. P. Guilford)

지능은 조작차원(5), 내용차원(4), 소산 또는 산출차원(6)의 3차원적 구조를 가진 120개(4×5×6)의 영역으로 구성되어 있다는 지능구조의 가설적 모형(SI 모델)을 제시했다.

4) 커텔(R. B. Cattell)

경험이나 교육과는 다소 무관한 개인의 잠재력을 나타내는 유동성 지능과, 문화적 경험이 내포된 지식, 기능을 포함하는 결정성 지능

5) 젠센(A. R. Jensen)

기계적 학습이나 연상능력 같은 획득가능한 제1 수준의 능력과, 개념형성·분석·종합·문제해결 같이 비교적 복잡한 정신과정의 제2 수준의 능력으로 각각 구분했다.

6) 버논과 커텔의 위계적 요인설

(1) 영국의 심리학자 버논(P. E. Vernon)은 군요인들 간의 위계적 관계에 관심을 갖고, 일반적인 요인, 군요인, 특수요인을 제안하고 이들 간의 위계적 관계를 통해 지능의 요인들을 좀 더 구조화하였다.

(2) 버논은 일반요인 아래에 2개의 주요 군요인(group factor)을 설정하였다. 즉 언어적-교육적(vised)요인과 실용적-기능적(kim) 요인이다. 언어적-교육적 요인은 언어적 지능검사 결과와 교육요인이 관련된 단어의 조작, 활용 등을 재는 다른 검사 결과로부터 측정된다.

(3) 이 두 개의 대 군요인 아래에 다시 소군요인(예를 들면 언어, 수, 공간, 신체적, 기능적 능력)들이 있고, 다시 그 하위에 특수요인들이 구성되어 있다고 설명하였다.

2) 지능검사의 목적

(1) 개인의 지적인 능력 수준을 평가한다.

(2) 인지적, 지적 기능의 특성을 파악한다.

(3) 임상적 진단을 명료화한다.

(4) 기질적 뇌손상 유무, 뇌손상으로 인한 인지적 기능의 저하를 평가한다.

(5) 합리적인 치료 목표를 설정하는데 필요한 정보를 얻는다.

참고

지능검사의 개요

1) 지능검사의 발달과정

(1) 지능이란 용어를 처음 사용한 이는 Cattel이고, 1905년 Simon과 Binet에 의해, '비네-시몬 검사'의 지능검사가 처음으로 제작되었다. 이것은 정신지체아와 비장애아를 구별할 목적으로 제작된 것이다.

(2) 1916년 스텐포드 대학의 터만 교수는 비네검사를 개정해서 스텐포드 지능검사를 만들었는데, 이 검사에서 지능지수를 MA/CA×100으로 산출하였다.

(3) 개인 지능검사로 웩슬러의 성인 지능검사(WAIS), 아동용 지능검사(WISC) 등이 있다(편차 IQ = DIQ : 15Z + 100).

(4) 집단 지능검사로는 1차 세계대전 때 군인을 변별하기 위해 만든 군인 알파검사와 군인베타검사가 있다.

(5) 우리나라 최초의 지능검사는 1954년 정범모의 지능검사가 있다.

2) 지능검사의 유형

(1) 일반 지능검사와 특수 지능검사

(2) 언어검사(α검사)와 비언어검사(β검사) : 비언어검사는 취학 전 아동, 문맹자, 언어장애인, 노인, 외국인을 위해 개발한 검사이다. 특히 도형, 그림, 기호 등 실제의 작업을 통해 지능을 측정하는 것을 β검사라 한다.

(3) 동작검사와 필답검사 : 필답검사는 주로 집단검사에 이용한다.

(4) 개인 지능검사와 집단 지능검사

3) 지능이론

(1) 요인이론:지능을 구성하고 있는 요인이 무엇이냐에 관심이 있다.

① 스피어만(Spearman)

한 개의 일반요인(여러 가지 다양한 지적 과제를 해결하는 데 고르게 관여하는 일반적인 능력)과 여러 개의 특수요인(특정 과제를 해결하는 데에만 주로 활용되는 특수한 능력)으로 구성

② 써스톤(Thurstone)

56개의 지능검사 결과를 요인 분석한 결과 일곱 가지 기초 정신능력을 발견하였다. 일곱 가지 기초정신능력 (PMA : Primary Mental Ability)은 언어이해력, 추리력, 수리력, 공간지각력, 언어 유창성, 지각속도, 기억력이다.

③ 길포드(Guilford)

ㄱ. 내용(시각적, 청각적, 상징적, 의미론적, 행동적), 산출(단위, 유목, 관계, 체계, 변환, 함축), 조작(평가, 수렴적 사고, 확산적 사고, 기억파지(＝기억장치), 기억저장, 인지)의 세 차원으로 구성되어 있다.

ㄴ. 이 세 차원의 조합에 따라 180개의 능력으로 구성(초기에는 120개의 능력으로 구성되었다고 했다가 이후 150개의 능력이라고 수정하였으며, 가장 최근에는 180개 능력으로 구성되어 있다고 주장함)되어 있다.

ㄷ. 조작 차원 중 수렴적 사고는 하나의 정답을 찾아 가기 위해 생각을 모아가는 방식의 사고를 말하고 확산적 사고는 다양한 가능성 있는 대안을 찾기 위해 생각을 퍼뜨리는 방식의 사고를 말한다.

ㄹ. 길포드에 의하면, 창의력은 확산적 사고와 관련이 깊다고 한다.

(2) 위계이론

지능 요인 간에 공유되거나 중첩된 변인을 종합함으로써 보다 높은 수준의 요인을 가정하고 있는 이론이며 대표적으로 커텔(Cattell)은 유동성 지능과 결정성 지능으로 구분하였다.

(3) 가드너(Gardner, 1983)의 다중지능이론

① 언어적 지능

이것은 우리가 흔히 일컫는 언어분석력, 복잡한 어문자료를 이해하는 능력, 은유를 이해하는 능력을 포함한다(대표자는 시인 엘리어트).

② 논리 수학적 지능

산수연산이나 상징적 논리력은 모두 이 지능을 요구한다(대표자는 과학자 아인슈타인).

③ 공간적 지능

숨은 그림을 찾고 공간 속에서 사물을 머릿속으로 그 위치를 바꾸고 돌려서 그것을 진술할 수 있는 능력을 말한다(대표자는 화가 피카소).

④ 신체 운동적 지능

자신의 신체를 완벽하게 인식하고 조절할 수 있는 능력을 말한다(대표자는 무용가 마르샤 그래함).

⑤ 음악적 지능

음악과 관련된 모든 자질을 의미한다(대표자는 음악가 스트라빈스키).

⑥ 대인 간 지능

타인의 동기, 기분, 의도를 파악하고 구분 짓는 능력을 말한다(대표자는 정치가 간디).

⑦ 개인 내 지능

자신을 들여다보는 능력, 자기의 감정, 동기, 의식 등을 스스로 알고 분석하고 표현하는 능력을 말한다(대표자는 정신분석가 프로이트).

⑧ 자연탐구 지능

생존을 위해 자연에 적응할 때 감각을 사용하는 능력으로서, 자신의 환경에서 생존하고 적용할 수 있는 지능이다(찰스 다윈).

⑨ 실존 지능

처음에는 영적 지능(spiritual intelligence)으로 불렀던 것으로서, 인간의 존재 이유, 생(生)과 사(死)의 문제, 희로애락, 인간의 본성, 가치 등 철학적인, 어떤 의미에서는 상당히 종교적인 사고를 할 수 있는 능력이다. 다만, 가드너는 이를 완전한 지능으로 인정하지 않고 유보하였다.

(4) 스턴버그(Sternberg, 1986)의 삼원지능이론

① 성분적 요소

ㄱ. 지능을 원초적으로 구성하는 성분으로서 상위 성분, 수행 성분, 지식습득 성분이 있다.

ㄴ. 분석적 사고력이 높은 사람은 이 성분적 요소의 역할이 강하게 나타난 사람이다.

② 경험적 요소

경험을 통하여 생소한 과제를 통찰력 있게 다룰 줄 아는 것으로서 창의력이 높은 사람은 이 경험적 요소의 역할이 강하게 나타난 사람이다.

③ 맥락적 요소

ㄱ. 외부환경에 대응하는 능력, 즉 현실상황에의 적응력을 강조하는 것으로서 전통적인 지능검사로 측정한 지능지수나 학업성적과는 무관한 능력이다.

ㄴ. 어떤 상태에든 잘 적응하는 사람은 이 맥락적 요소의 역할이 강하게 나타난 사람이다.

4) 스탠포드 - 비네(Stanford - Binet) 검사

(1) Binet - Simon척도(1905, 1908, 1911)는 정상/정신지체 아동을 감별하기 위한 목적으로 최초 실용적인 지능검사를 제작하였다.

(2) 스탠포드 - 비네(Stanford - Binet) 검사는 1916년, 스탠포드 대학의 터먼(Terman)이 비네 검사를 개정한 것이다.

(3) 비율 지능지수(IQ) 도입 [IQ = 정신연령÷생활연령×100, 즉 IQ = $MA/CA \times 100$]

📁 **기출문제 확인학습**

비율지능지수

비네-시몬검사(Binet-Simon Scale)를 미국 문화에 맞게 스탠포드-비네검사(Stanford-Binet Intelligence Scale)로 수정한 학자는 터먼(L. Terman) 교수이다. 1916년 스탠포드 대학의 터먼 교수는 비네검사를 개정해서 스탠포드 지능검사를 만들었는데, 이 검사에서 지능지수를 MA/CA×100으로 산출하였다. 이것이 비율지능지수이다.

(4) 검사과제가 적절한 연령수준에 배치되었는지를 검토해 재표준화(1937)하였다.

(5) 재표준화 없이 1937년형으로 통합(1960)하였다.

(6) 검사의 재표준화(1972)가 이루어졌다.

5) 지적장애 수준에 따르는 기능영역 및 훈련가능 정도의 평가

(1) 지적장애(metal retardation)는 개인의 발달특성, 교육 및 훈련가능성, 직업적응도를 고려하여 분류할 수 있는데, 1차적으로 지능검사에 기초해 지체의 정도에 따라 분류한다.

(2) IQ가 낮아도 사회적응을 잘하는 사람이 있고 비교적 높은 IQ를 가지고도 수용시설 등에서 지내는 경우가 있어 IQ와 사회성숙도를 함께 고려한다.

① 가벼운 정도의 정신지체(IQ 50 ~ 70)

교육 가능한 부류로서 전체 정신지체의 80% 정도를 차지하며 학령기 전에는 최소의 감각운동 지연만 있어서 흔히 비장애아와 구별되지 않을 수도 있고 10대 후반까지 6학년 수준의 학습이 가능하며 성년이 되면 최소의 독립생활을 할 수 있는 사회적, 직업적 기술을 성취할 수 있다.

② 중간 정도의 정신지체(IQ 35 ~ 49)

훈련 가능한 부류로서 전체 정신지체자 중 약 12%가 이에 해당되며 학령기 전에 말하거나 의사소통이 가능하기도 하고 학령기에는 사회적, 직업적 기술훈련으로 도움을 받을 수 있으나 2학년 수준 이상의 학습은 곤란하며 성년이 되면 적절한 지도 하에 비숙련 또는 반숙련 노동이 가능하다.

③ 심한 정신지체(IQ 20 ~ 34)

전체의 약 7%를 차지하고 학령기 전에 빈약한 운동발달 및 최소의 언어구사를 보이고 의사소통이 거의 불가능하며 학령기가 되어야 말하는 것을 배울 수 있고 초보적인 위생습관의 훈련이 가능해지고 성년기에 완전지도를 통해 단순작업을 할 수 있다.

④ 극심한 정신지체(IQ 20 미만)

전체의 약 1% 미만에 불과하지만 성년이 되어서도 언어의 발달이 극소하여 훈련에 의하여 신변처리 능력이 겨우 이루어질 수 있고 생활 전반에 지속적인 간호 및 지도가 필요하다.

2 웩슬러(Wechsler) 지능검사

1) 웩슬러(Wechsler) 지능검사의 개요

(1) 웩슬러 검사의 기본적 입장

지능이란 효율적인 적응을 성취할 수 있는 잠재적 능력으로서

① 지능검사는 잠재력을 평가하는 표준화된 과제들로 구성된 정신기능 측정검사이다.

② 지능은 다요인적, 중다 결정적이며 전체적인 능력이다.

③ 지능은 인지적 요인뿐만 아니라 비인지적 요인도 평가하는 것이다.

(2) 비네(Binet) 지능검사가 언어와 언어적 기술에 너무 많은 비중을 두었다 생각하여 비언어적 지능을 측정하기 위한 수행검사를 개발하여 추가한 것으로서, 언어성 IQ와 동작성 IQ, 그리고 전체 IQ를 산출해낸다.

① **성인용**: 만 16 ~ 64세 대상 WAIS(Wechsler Adult Intelligence Scale)(1955) → WAIS-R(1981)

② **아동용**: 만 6 ~ 16세 대상 WISC(Wechsler Intelligence Scale for Children) → WISC-R(1974)

③ **유아용**: 만 4 ~ 6.5세 대상 WPPSI(Wechsler Preschool & Primary Scale of Intelligence) → WPPSI-R(1989)(개정판)

참고

웩슬러 검사와 스탠포드 - 비네 검사 비교

웩슬러 검사와 비네 검사는 둘 다 개별적으로 실시되는 지능 검사이며 두 척도 간에는 주요한 차이점이 많다.

1) 웩슬러 검사는 하위검사별로 배열 실시되며, 비네 검사는 연령수준별로 배열 실시된다.

2) 웩슬러 검사는 언어과제와 수행과제(동작성)를 포함하고, 비네 검사는 내용면에서 언어에 비중을 두고 있다.

3) 웩슬러 검사는 언어, 수행, 전체척도에 대한 지능지수와 하위검사 점수를 제공하는데, 비네 검사는 전체 지능지수 하나와 정신연령 점수를 제공한다.

4) 비네 검사는 주로 2 ~ 18세 어린이용으로 고안되고 성인용으로도 실시될 수 있다. 이에 비해 WAIS는 성인용(16세 이상)으로 고안되었으며, 6 ~ 16세 어린이용(WISC-R)과 4 ~ 6.5의 1/2세용(WPPSI) 척도들이 개발되었다.

5) 웩슬러 검사는 점수 척도이고, 비네 검사는 연령척도이다.

6) 웩슬러 검사의 경우 모든 대상에 동일한 하위검사들이 실시되고, 비네 검사의 경우 내용이 연령수준에 따라 다르다.

7) 웩슬러 검사는 진단용으로 더 적합하다.

🗂 실력다지기

웩슬러 지능검사의 개발과 발달

Wechsler 지능검사의 역사

출처 : Kaufman & Lichtenberger(1999). Essentials of WAIS-Ⅲ Assessment.

(3) 웩슬러 지능검사의 구성 - 오리지널 검사

① 11개 소 검사, 동작성(5)과 언어성(6) 지능으로 구분하였다.

② **편차 IQ의 개념 사용** : 동일 연령 대상으로 실시하여 평균 100, 표준편차 15를 적용하여 산출한다.

③ **언어성 검사**(verbal) 6가지 : 기본 지식, 숫자 외우기, 어휘문제, 산수문제, 이해문제, 공통성 문제

④ **동작성 검사**(performance) 5가지 : 빠진 곳 찾기, 차례 맞추기, 토막 짜기, 모양 맞추기, 바꿔쓰기

⑤ 웩슬러 지능검사를 실시하면 언어성 IQ(Verbal IQ), 동작성 IQ(Performance IQ), 그리고 전체 IQ(Full-Scale IQ)를 얻게 된다.

⑥ 언어성 검사는 고도로 조직화된 능력, 즉 아동기부터 축적된 경험과 지식을 요구하는 반면, 동작성 검사는 비교적 덜 조직화된 즉각적인 문제해결능력, 과거 축적된 지식의 활용, 즉각적인 대처능력을 요구한다.

(4) 한국판 웩슬러 성인지능검사의 구성

	하위 검사명	측정 내용
언어성 검사 암기법 어-이-공-산-지-수	공통성 문제 산수문제 기본지식 숫자 외우기 어휘문제 이해문제	유사성 파악능력과 추상적 사고능력 수 개념 이해와 주의집중력 개인이 가지는 기본 지식의 정도 청각적 단기기억, 주의력 일반지능의 주요지표, 학습능력과 일반개념 정도 일상경험의 응용능력, 도덕적, 윤리적 판단능력
동작성 검사 암기법 빠-차-토-모-바꿔 쓰기	차례 맞추기 토막 짜기 모양 맞추기 바꿔 쓰기 빠진 곳 찾기	전체 상황에 대한 이해와 계획 능력 지각적 구성능력, 공간표상능력, 시각-운동협응능력 지각능력과 재구성 능력, 시각-운동협응능력 단기기억 및 민첩성 시각-운동협응능력 사물의 본질과 비본질 구분능력, 시각 예민성

2) 웩슬러 지능검사의 시행 방법 및 주의할 점

(1) 표준 시행과 더불어 검사행동 관찰의 중요성을 고려한다.

(2) 결과의 의미 있는 해석을 위해 표준화 절차를 엄격하게 따라야 한다.

(3) 피검사자의 주의를 분산시키는 자극(조명, 환기, 소음)이 없어야 한다.

(4) 피검사자의 최대능력이 발휘될 수 있는 분위기에서 시행될 수 있도록 한다.

(5) 일반적으로 간단하게 설명해 준 다음에 질문하는 것이 바람직하다.

(6) 피검사자의 불완전한 반응에 대처할 수 있도록 채점의 원칙을 잘 알고 있어야 한다.

(7) 특별한 이유가 없는 한 1회에 전체 검사를 완성하는 것이 바람직하다.

(8) 유용한 정보를 제공하는 행동관찰에 대한 훈련이 되어 있어야 한다.

(9) 검사시행이 피검사자보다 중요한 목적이 되어서는 안 된다는 점을 숙지해야 하며 만약, 검사시행이 적절치 않은 경우 시행을 중단하거나 면담을 통해 상황을 극복하도록 시도한다.

(10) 철저한 채점원리의 파악으로 정확한 채점을 할 수 있어야 한다.

📁 **실력다지기**

웩슬러(Wechsler) 지능검사의 유의성

1) 웩슬러 지능검사-3판에서는 검사의 각 하위검사(소검사)에서 얻은 T점수 간의 차이가 3점 이상의 차이가 있으면 통계적으로 유의미한 차이가 있다.

2) 언어성 검사와 동작성 검사의 점수 차이는 연령과 유의수준에 따라 다르지만, 대개 13점 이상이면 통계적으로 유의미한 차이가 있다고 본다.

> cf 웩슬러(Wechsler) 지능검사-4판에서는 4가지 지표 내 소검사에서 얻은 T점수 간의 차이가 5점 이상의 차이가 있으면 통계적으로 유의미한 차이가 있다. 그리고 4가지 지표 간 점수 차이는 23점 이상이면 통계적으로 유의미한 차이가 있다고 본다.

경계선 지능 (Borderline Intelligence)

1) 경계선 지능은 웩슬러 지능검사 등의 표준화된 지능검사로 지능지수가 70~79점을 받은 경우를 지칭하는 말이다.

2) 즉, 경계선의 의미는 정상과 정신지체의 경계에 있다는 의미로서, 정상이 80이상이고, 70이 되지 않으면 정신지체이므로 그 사이에 있다는 것이다.

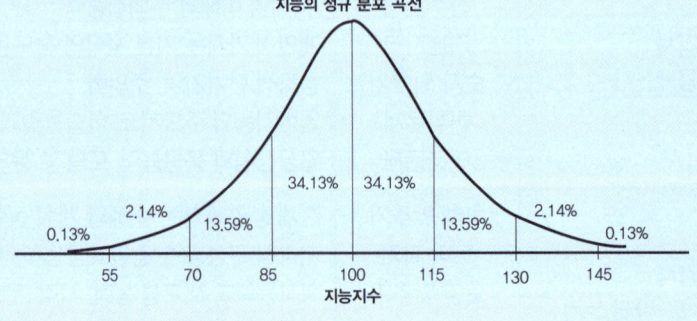

지능의 정규 분포 곡선

지능지수	분류	백분율(%)
130 이상	최우수	2.2
120 ~ 129	우수	6.7
110 ~ 119	평균 상	16.1
90 ~ 109	평균	50.0
80 ~ 89	평균 하	16.1
70 ~ 79	경계선	6.7
69 이하	정신지체	2.2

웩슬러 지능검사와 분류

1) 웩슬러 지능검사가 가장 많이 사용되고, 나이에 따라 유아용(K-WPPSI), 아동용(K-WISC-Ⅲ), 성인용 (K-WAIS)으로 나누어진다.

2) 웩슬러 지능검사의 항목은 주로 언어적 이해, 지각적 조직화, 주의집중력 등을 평가하는 문항으로 구성되어 있고, 학습을 통해 습득된 지식 정도를 평가하는 문항은 있지만, 기억력 측정 문항은 없는 것이 특징적이다.

3) 검사자의 기술이나 당일 아동의 상태에 따라 측정 오차는 존재하므로, IQ 지수 자체 보다는 어느 범위에 해당 하는지 보는 것이 중요하다.

4) 같은 연령대의 아동들의 지능 분포를 평균 100, 표준편차 15로 분포곡선을 그려서 어느 위치에 해당되는가로 아동의 IQ 지수를 계산하는데, 80 ~ 119를 평균이라 하고, 70 ~ 79를 경계선, 69 이하를 정신지체로 분류한다.

📁 기출문제 확인학습

웩슬러 (Wechsler) 지능검사에 관한 설명

1) 아동용 지능검사(K-WISC-IV)의 평균은 100이고, 표준편차는 15이다.

2) 아동용 지능검사(K-WISC-IV)의 실시 연령은 6세에서 16세 11개월이다.

3) 성인용 지능검사(K-WAIS-IV)의 실시 연령은 16세에서 69세 11개월이다.

4) 소검사 간 점수들의 분산을 통해 각 소검사가 표상하는 인지적 특성을 추론할 수 있다.

5) 지능의 분포에서 평균 상(High Average)에 속하는 지능지수(IQ)는 110에서 119이다.

병전지능 (웩슬러 검사)

1) 웩슬러 지능검사에서 병전지능이라는 것은 원래의 지능수준을 말하는 것이다. 병전지능은 지능검사를 시행한 후 피검사자의 원래의 지능수준을 추정하여 현재의 지능수준과의 차이를 계산해 봄으로써 급성적, 만성적, 병 적 경과, 지능의 유지나 퇴보정도를 파악하는데 도움이 된다.

2) 원래의 지능수준은 어휘문제를 기준으로 하여 추정되는 방식이 제안되었고 일반적으로는 기본 상식, 어휘 문제, 토 막 짜기 결과와 피검사자의 연령, 학력, 직업, 학교성적 등을 고려하여 추정한다. (암기문장 상 / 어 / 인구 / 토막).

WMS – R (또는 WMS – Ⅲ)

1) 개정판 Wechsler 기억 검사(Wechsler Memory Scale-Revised, WMS-R ; Wechsler, 1987)는 성인의 기억 기 능을 평가하는데 널리 사용되는 검사도구 중 하나로, 난치성 간질 환자에서도 수술 전과 후의 기억력을 평가 하는데 흔히 사용되고 있다.

2) WMS-R의 시각성 기억 검사가 지닌 한계점을 보완하기 위해 개발된 새로운 검사도구들이 제3판 Wechsler 기억 검사(WMS-Ⅲ ; Wechsler, 1997)에 제시되고 있다.

3 K-WAIS-IV (한국판 웩슬러 성인용 지능검사)

1) 개요

(1) 한국 웩슬러 성인용 지능검사-4판(K-WAIS-IV)은 16세 0개월부터 69세 11개월까지의 청소년과 성인의 인지능력을 개인적으로 평가할 수 있도록 만들어진 임상도구이다.

(2) K-WAIS-IV는 소검사들과 합성점수로 이루어져 있으며, 합성점수는 일반적인 지적 능력을 나타내주는 점수와 특정 인지영역에서의 지적 기능을 나타내 주는 점수로 구성되어 있다.

(3) 소검사는 언어성 검사와 비언어성 검사로 구분되며, 총 10개의 핵심 소검사, 5개의 보충 소검사로 구성되어 있다(보충 소검사의 실시 여부는 검사자의 판단에 따라 달라질 수 있음).

(4) 5개의 모든 보충 소검사를 실시할 필요는 없고, 꼭 필요한 검사만 선택적으로 실시한다.

(5) 검사를 통하여 측정할 수 있는 영역으로는 언어이해, 지각추론, 작업기억, 처리속도가 있으며, 측정 가능한 모든 영역을 합산하여 하나의 수치로 만든 것이 바로 전체 IQ가 된다.

(6) IQ가 높다는 것이 모든 영역에서 우수한 두뇌를 가졌다는 것을 의미하지는 않는데, 언어이해 능력이 뛰어나 전체 IQ는 높지만 작업기억, 처리속도 등의 이른바 동작성 검사에서 낮은 점수가 나올 수도 있기 때문이다.

(7) 지능지수는 연령 범주별 환산점수로부터 유도하며, 산출되는 지능지수의 범위를 IQ 40~160으로 확장하여 능력이 매우 뛰어나거나 매우 제한된 사람들의 지능지수 산출이 가능하다.

(8) 그 밖에 시범문항과 연습문항을 도입하고, 시각적 자극의 크기를 확대하며, 언어적 지시를 단순화하고, 시간 보너스의 비중을 줄이며, 검사의 수행과정에서 운동 요구를 감소시켜 전반적으로 실시를 간편화하고 실시시간을 단축시켰으며, 특히 나이든 집단의 과제 수행을 용이하게 하였다.

(9) K-WAIS-IV는 평균이 100점이고 표준편차는 15점의 분포를 지닌다.

2) WAIS-IV의 주요 구성

지표		소검사	
언어이해 지표(VCI)	핵심	공통성, 지식(상식), 어휘	**암기법** 공 / 상 / 어
	보충	이해	
지각추론 지표(PRI)	핵심	토막짜기, 퍼즐, 행렬추론	**암기법** 토 / 퍼 / 행
	보충	빠진곳 찾기, 무게비교	
작업기억 지표(WMI)	핵심	숫자, 산수	**암기법** 산 / 수
	보충	순서화	
처리속도 지표(PSI)	핵심	기호쓰기, 동형찾기	**암기법** 기 / 동
	보충	지우기	

※ 보충 소검사 **암기법** 이 / 빠 / 무 / 순 / 지

📁 기출문제 확인학습

K-WAIS-IV의 조합점수별 측정 내용

언어이해 지표(VCI)	언어적 이해능력, 언어적 정보처리능력, 언어적 기술 및 정보의 새로운 문제해결을 위한 적용 능력, 어휘를 이용한 사고능력, 결정적 지식, 인지적 유연성, 자기감찰 능력 등
지각추론 지표(PRI)	지각적 추론능력, 시각적 이미지에 대한 사고 및 처리능력, 시각-운동협응능력, 공간처리 능력, 인지적 유연성, 제한된 시간 내에 시각적으로 인식된 자료를 해석 및 조직화하는 능력, 유동적 추론능력, 비언어적 능력 등
작업기억 지표 (WMI)	작업기억, 청각적 단기기억, 주의집중력, 수리능력, 부호화 능력, 청각적 처리기술, 인지적 유연성, 자기감찰 능력 등
처리속도 지표(PSI)	시각정보의 처리속도, 과제 수행속도, 시지각적 변별능력, 정신적 수행의 속도 및 정신운동속도, 주의집중력, 단기 시각-운동협응능력, 인지적 유연성 등
전체지능 지표 (FSIQ)	개인의 인지능력의 현재 수준에 대한 전체적인 측정치로서, 언어이해지수, 지각추론지수, 작업기억지수, 처리속도지수 등 4가지 지수를 산출하는 데 포함된 소검사 환산점수들의 합으로 계산됨

3) 지표별 내용

(1) 언어이해 지표

① 공통성 검사

ㄱ. 두 단어에 대한 공통성을 추상적으로 표현할 수 있는 능력을 측정하는 검사이다.

ㄴ. 서로 반대의 개념을 가지고 있는 두 개의 단어에서 공통성을 찾아내는 검사이기 때문에 언어에 대한 이해가 없는 경우에는 조금 까다로울 수도 있다.

② 어휘 검사

일상생활에서 사용되는 단어에 대한 이해도를 측정하는 검사이다.

③ 상식(기본지식)

검사 후천적으로 습득한 지식의 정도를 파악하기 위한 검사이다.

> ※ 언어이해 지표의 점수는 후천적인 지식 습득을 통하여 충분히 높일 수 있다. 학력이 높을수록 언어이해 영역에서는 높은 점수를 받을 수 있다. 만약 웩슬러 지능검사에서 언어이해 영역의 점수가 낮게 나왔다면 꾸준한 책 읽기를 통하여 추후에는 어느 정도 높은 점수를 받을 수 있을 것이다.

(2) 지각추론 지표

① 토막 짜기 검사

ㄱ. 동일한 블록을 가지고 다양한 모양을 얼마나 빠른 시간에 만들 수 있는가를 측정하는 검사이다.

ㄴ. 이 검사는 시간제한이 있기 때문에 빠른 시간에 제시된 토막을 완성하는 경우에 높은 점수를 받을 수 있다.

② 행렬추론 검사

ㄱ. 몇 개의 도형 그림이 제시되었을 때 빠진 부분의 도형을 얼마나 정확하게 고를 수 있는가를 측정하는 검사이다.

ㄴ. 대중에 잘 알려져 있는 멘사 유형의 IQ 테스트라고 보면 될 것 같다.

③ 퍼즐 검사

ㄱ. 제시된 도형을 만들기 위하여 제한된 개수의 도형 조각을 얼마나 잘 고를 수 있는가를 측정하는 검사이다.

ㄴ. 도형 조각은 회전되어 있는 경우가 대부분이기 때문에 머릿속에서 도형을 회전하는 능력을 측정하는 검사로 보면 될 것 같다.

> ※ 지각추론 지표의 점수는 선천적인 지능을 보여준다. 물론 꾸준한 연습을 통하여 점수를 높일 수는 있겠으나, 선천적인 지능의 영향을 가장 많이 받는 영역이 바로 지각추론 영역이다.

(3) 작업기억 지표

① 숫자 검사

ㄱ. 검사자가 여러 개의 숫자를 불러주면 피검자가 순서대로 따라 말하는 검사이다.

ㄴ. 검사자가 불러준 여러 개의 숫자를 거꾸로 말하는 검사도 포함된다.

ㄷ. 이 검사는 검사자가 불러준 숫자를 얼마나 잘 기억하고, 주어진 정보를 머릿속에서 어떻게 조작할 수 있는지를 측정하는 검사이다.

ㄹ. 특히 숫자 거꾸로 말하기 검사는 숫자를 외우는 작업과 거꾸로 바꾸는 작업을 동시에 수행해야 하므로 굉장히 까다로운 검사이다.

② 산수 검사

ㄱ. 말 그대로 덧셈, 뺄셈, 곱셈, 나눗셈을 얼마나 정확하고 빠르게 할 수 있는지를 측정하는 검사이다.

ㄴ. 피검자는 문제를 볼 수 없으며 검사자가 불러주는 문제를 기억하여 암산해야 하는 검사이다.

> ※ 작업기억 지표의 점수는 단기기억과 관련된 지능을 보여주는데 사용된다. 인간의 뇌에는 어떠한 정보를 단기적으로 기억할 수 있는 공간이 있다. 이 공간의 용량은 개개인마다 다르다고 한다. 작업기억 영역에서 높은 점수를 받는다는 것은 선천적인 단기기억력이 좋다는 것을 의미한다. 하지만 인간의 뇌는 여러 가지 운동을 통하여 충분히 그 능력이 향상될 수 있기 때문에, 꾸준한 연습을 한다면 숫자 검사나 산수 검사에서 좋은 점수를 받을 수 있을 것이다.

(4) 처리속도 지표

① 동형 찾기 검사

여러 개의 도형 중에서 특정한 도형의 존재 여부를 얼마나 빠르게 판단할 수 있는가를 측정하는 검사이다.

② 기호쓰기 검사

제시된 숫자와 도형을 연계하여 옮겨 적는 검사이다.

> ※ 처리속도 지표의 이 두 개의 소검사는 육군, 해군, 공군 지각속도 검사에서도 사용하고 있을 정도로 두뇌의 처리속도를 측정할 때 가장 많이 사용되는 검사이다.

4 K-WISC-IV (한국판 웩슬러 아동용 지능검사)

1) 개요

(1) 한국판 웩슬러 아동용 지능검사(K-WISC-IV)는 6세 0개월 ~ 16세 11개월까지의 아동의 인지적 능력을 평가하기 위한 개별 검사도구이다.

(2) 전반적인 지적능력(전체검사 IQ)을 나타내는 합성점수는 물론, 특정인지 영역에서의 지적 기능을 나타내는 소검사와 합성점수를 제공한다.

(3) K-WISC-IV는 다섯 가지 합성점수를 얻을 수 있으며, 아동의 전체적인 인지능력을 나타내는 전체검사 IQ를 제공한다(15개의 소검사로 이루어져 있지만 합성점수를 얻기 위해서는 대부분 10개의 주요검사만 실시한다).

(4) 소검사는 주요 소검사와 보충 소검사로 구별되고 10개의 주요 소검사들은 언어이해 지표, 지각추론 지표, 작업기억 지표, 처리속도 지표로 총 네 가지 지표로 구성되고 있다.

(5) 다양한 인지기능 평가

인지능력이 평균 이하로 추정되는 아동, 아동의 인지기능을 재평가해야 하는 아동, 낮은 지적능력이 아닌 신체적·언어적·감각적 제한이 있는 아동, 청각장애아 또는 듣는 데 어려움이 있는 아동의 평가 등이 가능하다.

2) K-WISC-IV의 주요 구성

지표		소검사	
언어이해 지표(VCI)	핵심	공통성, 어휘, 이해	암기법 어이공 / 단지
	보충	상식(지식), 단어추리	
지각추론 지표(PRI)	핵심	토막 짜기, 공통그림 찾기, 행렬추리	암기법 토공행 / 빠
	보충	빠진 곳 찾기	
작업기억 지표(WMI)	핵심	숫자, 순차연결	암기법 수순 / 산
	보충	산수	
처리속도 지표(PSI)	핵심	기호쓰기, 동형찾기	암기법 동기 / 선
	보충	선택	

3) 지표별 내용

(1) 언어이해 지표 소검사

① 공통성

개념을 나타내는 두 개의 단어를 제시받고, 그들이 어떻게 비슷한지 설명 / 언어적 추론과 개념 형성을 측정

② 어휘

그림의 이름을 말하거나, 소리 내어 읽어주는 단어를 정의 / 아동의 언어지식과 언어적 개념 형성을 측정

③ 이해

일반적 원칙이나 사회적 상황에 대한 이해를 바탕으로 문항에 답변하도록 요구 / 언어적 추론과 개념화, 언어적 이해와 표현, 과거 경험을 평가하고 사용하는 능력, 실제적 지식을 발휘하는 능력을 측정

④ 상식(기본 지식)

일반적 지식 주제에 대해 답변 / 일반적이고 사실적인 지식을 획득하고 유지하고, 인출하는 능력을 측정

⑤ 단어추리

일련의 단서가 설명하고 있는 공통개념을 알아내도록 요구 / 서로 다른 유형의 정보를 통합 및 종합하는 능력, 대체 개념을 만들어내는 능력을 측정

(2) 지각추론 지표 소검사

① 토막 짜기

소책자를 보고 동일한 토막을 만들도록 요구 / 추상적 시각 자극을 분석하고 종합하는 능력을 측정

② 공통그림 찾기

그림을 제시받고 공통특성으로 묶을 수 있는 그림들을 각각 고름 / 추상화와 범주적 추론 능력을 측정

③ 행렬추리

반응 선택지에서 행렬의 빠진 부분을 선택 / 유동성 지능의 좋은 측정치

④ 빠진 곳 찾기

특정 제한시간 내에 중요한 빠진 부분의 이름을 말해야 함 / 시지각 및 시각적 조직화, 집중력, 사물의 본질적인 세부에 대한 시각적 재인을 측정

(3) 작업기억 지표 소검사

① 숫자

숫자를 반대로 혹은 똑바로 따라하게 함 / 청각적 단기기억, 계열화 능력, 주의력, 집중력을 측정

② 순차연결

순차적으로 불러주는 숫자와 글자를 듣고 순서대로 기억하고 말하게 함 / 계열화, 정신적 조작, 주의력, 처리속도 등을 측정

③ 산수

일련의 수학 문제를 암산 / 정신적 조작, 집중력, 주의력, 단기기억 및 장기기억, 수와 관련된 추론 능력, 기민함을 측정

(4) 처리속도 지표 소검사

① 기호쓰기

간단한 모양을 서로 짝지어진 숫자와 맞게 적음 / 처리속도와 단기기억, 학습 능력, 시지각, 시각 – 운동 협응 등을 측정

② 동형 찾기

시간 내에 표적 모양 중 하나라도 일치하는 기호가 있는지 찾음 / 집중력, 시각적 변별, 인지적 유연성 등을 측정

③ 선택

무선 혹은 일렬배열로 되어 있는 그림에서 목표 그림을 찾음 / 시각적 선택 주의, 각성, 시각적 무시를 측정

> ※ 낮은 지적 기능 그 자체로 정신지체라는 진단을 내릴 수 없는 것과 마찬가지로 지능검사에서 낮은 점수를 받았다고 해서 반드시 지적 기능이 낮음을 의미하는 것은 아니다. 그 이유는 낮은 IQ 점수는 대부분의 경우 지적 손상을 반영하겠지만, 다른 요인이 원인이 될 수도 있기 때문이다. 예를 들어 검사의 표준화 집단과 문화적·언어적인 이질성이나 아동의 주의산만 또는 낯선 환경에 대한 불안, 검사자에 대한 거부 등도 그 이유가 될 수 있다. 그렇기 때문에 더 정확한 결과를 얻기 위해서는 위와 같은 상황을 주의 깊게 관찰할 수 있고 볼 수 있는 검사자와 함께 검사를 진행해야 한다.

K-WISC-V (한국판 웩슬러 아동용 지능검사 V판)[1]

1) 개요

　(1) 한국 웩슬러 아동지능검사 V판 (K-WISC-V)은 만 6세 0개월~만 16세 11개월까지의 아동의 인지적 능력을 평가하기 위한 개별 검사도구로 K-WISC-IV 와 연령 대상은 동일하다.

　(2) 기존의 한국 웩슬러 아동지능검사(K-WISC-IV)를 개정한 것으로 지능이론, 인지 발달, 신경 발달, 인지신경과학, 학습과정에 대한 심리학 연구를 기초로 제작되었다.

2) K-WISC-V 검사의 특징

　(1) 검사의 체계

　　① 전체척도와 기본지표척도, 추가지표척도로 구성됨

　　② 전체척도는 FIQ(전체IQ)를 제공하며, 기본지표척도는 5개의 기본지표점수, 추가지표척도는 5개의 추가지표점수를 제공함

◎ 전체척도

언어이해	시공간	유동추론	작업기억	처리속도
공통성 어휘 **상식** **이해**	토막짜기 퍼즐	행렬추리 무게비교 **공통그림찾기** **산수**	숫자 **그림기억** **순차연결**	기호쓰기 **동형찾기** **선택**

◎ 기본지표척도

언어이해	시공간	유동추론	작업기억	처리속도
공통성 어휘	토막짜기 퍼즐	행렬추리 무게비교	숫자 그림기억	기호쓰기 동형찾기

◎ 추가지표척도

양적추론	청각작업기억	비언어	일반능력	인지효율
무게비교 산수	숫자 순차연결	토막짜기 퍼즐 행렬추리 무게비교 그림기억 기호쓰기	공통성 어휘 토막짜기 행렬추리 무게비교	숫자 그림기억 기호쓰기 동형찾기

---

1)　곽금주(2021). K-WISC-V 이해와 해석. 서울 : 학지사

③ WISC-V에 있던 보충지표척도(명명속도지표, 상징해석지표, 기억인출지표)는 한국 표준화 과정에서 포함시키지 않음

④ 전체척도의 구성(5개 영역) : 언어이해, 시공간, 유동추론, 작업기억, 처리속도
  - 총 16개의 소검사 : 10개의 기본 소검사 + 6개의 추가 소검사
  - 기본 소검사(10개) : 공통성, 어휘, 토막짜기, 퍼즐, 행렬추리, 무게비교, 숫자, 그림기억, 기호쓰기, 동형찾기
  - 추가 소검사(6개) : 상식, 이해, 공통그림찾기, 산수, 순차연결, 선택

⑤ 기본지표척도의 구성(5개 지표) : 언어이해지표, 시공간지표, 유동추론지표, 작업기억지표, 처리속도지표
  - 5개 지표로 구성되며, 각 지표는 2개의 기본 소검사를 포함하고 있음

기본지표척도	소검사
언어이해 지표	공통성, 어휘
시공간 지표	토막짜기, 퍼즐
유동추론 지표	행렬추리, 무게비교
작업기억 지표	숫자, 그림기억
처리속도 지표	기호쓰기, 동형찾기

※ K-WISC-Ⅴ 검사에서 달라진 지표와 소검사

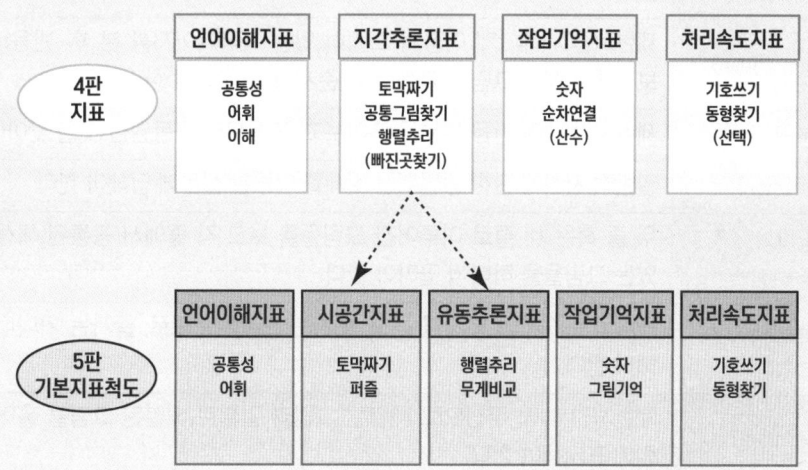

( )안은 4판의 보충 소검사

⑥ 추가지표척도의 구성 : 양적추론지표, 청각작업기억지표, 비언어지표, 일반능력지표, 인지효율지표
  - 5개의 추가지표로 구성되며, 각 지표는 기본 소검사와 추가 소검사의 조합으로 구성됨
  - 양적추론지표 : 무게비교, 산수
  - 청각작업기억지표 : 숫자, 순차연결
  - 비언어지표 : 토막짜기, 퍼즐, 행렬추리, 무게비교, 그림기억, 기호쓰기
  - 일반능력지표 : 공통성, 어휘, 토막짜기, 행렬추리, 무게비교
  - 인지효율지표 : 숫자, 그림기억, 기호쓰기, 동형찾기

※ K-WISC-Ⅴ 검사에서 달라진 지표와 소검사

지표	소검사
토막짜기(Block Design)	제한시간 내에 두 가지 색으로 이루어진 토막을 사용하여 제시된 모형이나 그림과 똑같은 모양을 만들어야 한다.
공통성(Similarities)	공통적인 사물이나 개념을 나타내는 두 개의 단어를 듣고, 두 단어가 어떻게 유사한지 말해야 한다.
행렬추리(Matrix Reasoning)	행렬이나 연속의 일부를 보고, 행렬 또는 연속을 완성하는 보기를 찾아야 한다.
숫자(Digit Span)	수열을 듣고 기억하여 숫자를 바로 따라하고, 거꾸로 따라하고, 순서대로 따라해야 한다.
기호쓰기(Coding)	제한시간 내에 기호표를 사용하여 간단한 기하학적 모양이나 숫자에 상응하는 기호를 따라 그려야 한다.
어휘(Vocabulary)	그림 문항에서는 소책자에 그려진 사물의 이름을 말하고, 말하기 문항에서는 검사자가 읽어 주는 단어의 뜻을 말해야 한다.
무게비교(Figure Weights)	제한시간 내에 양쪽 무게가 달라 균형이 맞지 않는 저울 그림을 보고 균형을 유지할 수 있는 보기를 찾아야 한다.
퍼즐(Visual Puzzles)	제한시간 내에 완성된 퍼즐을 보고, 퍼즐을 구성할 수 있는 3개의 조각을 찾아야 한다.
그림기억(Picture Span)	제한시간 내에 1개 이상의 그림이 있는 자극페이지를 본 후, 반응페이지에 있는 보기에서 해당 그림을(가능한 한 순서대로) 찾아야 한다.
동형찾기(Symbol Search)	제한시간 내에 반응 부분을 훑어보고 표적 모양과 동일한 것을 찾아야 한다.
상식(Information)	일반적 지식에 관한 광범위한 주제를 다루는 질문에 답해야 한다.
공통그림찾기(Picture Concepts)	두 줄 혹은 세 줄로 이루어진 그림들을 보고 각 줄에서 공통된 특성으로 묶을 수 있는 그림들을 하나씩 골라야 한다.
순차연결(Letter-Number Sequencing)	연속되는 숫자와 글자를 듣고, 숫자는 오름차순으로, 글자는 가나다 순으로 암기해야 한다.
선택(Cancellation)	제한시간 내에 무선으로 배열된 그림과 일렬로 배열된 그림을 훑어보고 표적 그림에 표시해야 한다.
이해(Comprehension)	일반적인 원칙과 사회적 상황에 대한 이해에 근거하여 질문에 답해야 한다.
산수(Arithmetic)	제한시간 내에 그림 문항과 말하기 문항으로 구성된 산수 문제를 암산으로 풀어야 한다.

⑦ 처리점수의 구성

- 토막짜기, 숫자, 그림기억, 순차연결, 동형찾기, 기호쓰기, 선택 소검사에서 총 18개의 처리점수 제공

※ 처리점수의 종류

처리점수	원어(약자)
시간보너스 없는 토막짜기	Block Design NO Time Bonus (BDn)
토막짜기 부분점수	Block Design Partial Score (BDp)
토막짜기 공간크기 오류	Block Design Dimension Errors (BDde)
토막짜기 회전 오류	Block Design Rotation Errors (BDre)
숫자 바로 따라하기	Digit Span Forward (DSf)
숫자 거꾸로 따라하기	Digit Span Backward (DSb)
숫자 순서대로 따라하기	Digit Span Sequencing (DSs)
가장 긴 숫자 바로 따라하기	Longest Digit Span Forward (LDSf)
가장 긴 숫자 거꾸로 따라하기	Longest Digit Span Backward (LDSb)
가장 긴 숫자 순서대로 따라하기	Longest Digit Span Sequencing (LDSs)
가장 긴 그림기억 자극	Longest Picture Span Stimulus (LPSs)
가장 긴 그림기억 반응	Longest Picture Span Reponse (LPSr)
가장 긴 순차연결	Longest Letter-Number Sequence (LLNs)
동형찾기 세트 오류	Symbol Search Set Errors (SSse)
동형찾기 회전 오류	Symbol Search Rotation Errors (SSre)
기호쓰기 회전 오류	Coding Rotation Errors (CDre)
선택(무선배열)	Cancellation Random (CAr)
선택(일렬배열)	Cancellation Structured (CAs)

5 집단용 지능검사

1) 한 명의 검사자가 여러 명의 피검사자를 검사하는 것으로, 육군 알파(Army-α)검사와 육군 베타(Army-β)검사가 최초이며 이는 제1차 대전 시 미국에서 모병을 할 때 어느 정도의 지적인 능력이 있는 자원을 선발할 목적으로 제작하였다.

2) 알파 검사는 언어성 검사로 구성, 베타 검사는 글을 모르는 피검사자들을 위하여 비언어성 검사로 구성되어 있다.

3) 표준화된 검사이므로 검사의 시행조건이 균일화된다.

4) 한 명의 검사자가 여러 명의 피검사자를 검사하는 집단용 지능검사에서 피검사자 간 변량(분산의 측정, 표준편차의 제곱, 일련의 점수들에서 변산성의 정도를 반영하는 하나의 지표)이 커질 수 있다.

5) 개인적으로 실시하는 지능검사보다는 피검사자의 반응범위가 제한된다.

6) 정서상태가 불안정한 피검사자에게 권장되지 않는다.

7) 집단적으로 이루어지므로 수행을 방해하는 개인적 요인의 탐지가 어렵다.

제2절 | 성취도 검사

1 성취도(학습기능)의 개념

1) 학업성취(academic achievement)란 교육학 사전에 의하면 학습의 결과로서 지식과 기능을 습득하는 과정 또는 결과라고 하였으며[2] 다시 말하면, 학업성취란 학습에 의해 얻어진 교과 성적은 물론, 학교교육 활동에서 얻어지는 모든 교육성과까지 포함하는 것이다.

2) 많은 학자들의 견해를 종합해 볼 때, 학업성취란 학교가 설계 제공하는 교수학습과정을 통해 얻어진 교육목표의 달성도로서 지적인 특성뿐만 아니라 전인 교육적인 모든 것을 포함한다고 할 수 있다.

2 표준화 성취도 검사의 해석[3] - 국어과 평가 결과의 해석과 활용을 중심으로

1) 절대적 해석

(1) 이 방법은 평가 주체인 교사가 아동들에게 필요하다고 인정하는 어떤 수준을 지도 목표로 설정해 놓고, 여기에 어느 정도 도달했는가를 점수나 등급으로 표시하는 방법이다.

(2) 이러한 평가 결과가 숫자화되고 나면 그 기록에 절대적인 근거를 두게 되며 그 기호나 숫자로써 그 학습이나 학년의 평균 성적이나 그 분포의 변산도(變散度)가 어떤 것인가를 해석하는 것이다.

(3) 이 해석의 문제점은 문제의 난이도, 문항 수, 평균치 등이 고려되지 않을 뿐만 아니라 그 기준도 매우 빈약한 것과 다른 교과나 다른 검사의 결과와 상호 간 비교나 가감하기가 곤란한 점이 있다.

2) 상대적 해석

(1) 이 방법은 각 피검자의 성적을 급우나 동 학년 혹은 전국의 표준학력과 비교할 때에 이 해석이 가능하고 숫자로 표시되는 절대적 평가 해석의 결함을 보충하는 방법이다.

(2) 대체로 수·우·미·양·가의 5단계 평가제가 채택되고 있으며 이것은 숫자의 주관성에서 벗어나 그 집단에서의 위치로써 표시하는 방법이다.

(3) 평가제의 각 단계별 비율은 학자에 따라서 견해가 크게 다르지만, 일반적으로 '수'는 5 ~ 10%, '우'는 20 ~ 25%, '미'는 35 ~ 50%, '양'은 20 ~ 25%, '가'는 5 ~ 10% 정도에서 가감되고 있다.

(4) 상대적 해석의 문제점은 같은 집단 내에서의 순위에만 관심을 집중하게 된다는 점이다.

---

2) 서울대학교 사범대학 연구소(1975), 「교육용어사전」, p.613.

3) 학습 평가를 문제 삼을 때는 언제나 그 기록을 떠나서는 말할 수 없을 만큼 그 해석이나 활용에 앞서는 것이 곧 그 기록이다. 이러한 국어과 학습 평가의 기록에 따라서 어떤 새로운 해석이 가능하게 된다.

3) 개별적 해석

(1) 이 방법은 어느 피검자 개인의 평가 결과에 대해서 과거의 성적과 비교하여 그 진퇴의 정도를 파악하는 것이다.

(2) 즉, 한 피검자를 단위로 하여 그 현재의 평가 결과를 가지고 과거의 성적이나 그 학습 능력, 가정 환경과 같은 요인과 관련시켜서 판단해 보려는 것이다.

🖈 심화학습

성취도 검사의 일종인 기초학습 기능검사 평가영역

1) 기초학습 기능검사(KEDI - Individual Basic Learning skills test)는 학습능력과 수행정도를 평가하는 검사들 중 대표적인 것으로서 정보 처리, 셈하기, 읽기 I (문자와 낱말을 재인하고 발음하는 능력), 읽기 II (독해력), 쓰기(철자의 재인)의 5개 하위 소검사들로 구성되어 있으며, 유치원부터 초등학교 6학년 아동까지 실시가 가능하다.

2) 각 소검사 원 점수들은 연령규준과 학년규준에 따라 평가치로 전환되며 5개의 소검사 평가치 점수를 합산하여 전체 학년배치 수준 점수가 산출된다.

3) 이 때 지능지수(IQ)에 의해 산출된 조정된 정신연령을 구하여서 각 소검사들의 점수를 조정된 정신연령과 비교하여서 학습장애 여부를 진단한다.

4) 기초학습 기능검사의 검사대상 아동은 유치원부터 초등학교 6학년까지이며 능력이 부족한 장애아동을 대상으로 기초능력을 평가하는데 사용된다.

5) 이 검사는 학생의 학습 수준이 정상에 비해 어느 정도 떨어지는가를 알아보거나 학습 진단 배치에서 어느 정도 수준의 아동 집단에 들어가야 하는가를 결정하는데 도움을 주는 도구이며, 특히 학생들의 선수학습 능력이나 학습 결손상황의 파악, 학생들이 부딪히고 있는 학습장애의 현상이나 요인들을 밝혀내고 개별화 교육프로그램(IEP)을 작성하는데 기여할 수 있을 것이다.

6) 조기 취학의 가능여부 판별, 미취학 아동의 가능 여부 판별, 미취학 아동의 수학 여부 판별, 선수학습 능력과 학습의 결손 상황 파악, 학습장애 요인 분석, 아동의 학습수준이 정상과의 이탈 정도를 판정, 각 학년별·연령별 규준을 설정하여 학력 성취도를 쉽게 알 수 있다.

7) 기초학습기능검사의 검사명 및 측정요소

   (1) 정보처리

   정보에 대한 학습자의 <u>지각 과정</u>, 자극에 반응하는 <u>시각 - 운동과정</u>, 시각적 기억과 양, 길이, 무게 및 크기에 대한 <u>관찰능력</u>과 묶기, 분류하기, 공간적 특성과 시간에 따라 순서 짓기 등의 <u>조직 능력</u>, 학습자의 <u>추론 및 적용 능력</u>, 유추, 부조화된 관계 알기 등의 <u>관계 능력</u> 측정

   (2) 셈하기

   숫자 변별, 수 읽기 등 셈하기의 기초 개념부터 간단한 가, 감, 승, 제, 십진 기수법, 분수, 기하, 측정 영역의 계산 및 응용 문제 등 실생활에 필요한 기초적인 수학적 지식과 개념을 측정하는 문항으로 구성

   (3) 읽기 I(문자와 낱말의 재인)

   문자(낱자와 낱자군)를 변별하고 낱말을 다른 사람들이 이해할 수 있는 언어음으로 읽는 문항들로 구성되어 있으며, 읽기 능력을 측정하는 검사

   (4) 읽기 II(독해력)

   하나의 문장을 제시하고 그 문장의 의미, 즉 문장에 나타난 간단한 사실과 정보를 기억하고 재생하는 능력 평가

   (5) 쓰기

   아동들이 얼마나 낱말의 철자를 잘 알고 있는가를 측정하는 검사

CHAPTER 04 정의적 검사

제1절 | 다면적 인성검사(MMPI - 오리지널 척도)

1 실시 목적과 방법

1) MMPI 질문지형 성격검사인데도 상당히 투사법적 함축(projective implication)을 띤 550개의 문항을 포함하고 있다. 그 중 16문항이 중복되어 총 566문항으로 구성되어 있으며, 피검사자가 각 문항에 대하여 '그렇다' 혹은 '아니다'의 두 가지 답변 중 하나를 택하여 반응하게 되어 있다.

2) MMPI는 주요 비정상 행동의 종류를 측정하는 10가지 임상척도와 그 사람의 검사태도를 측정하는 4가지 타당성 척도로 구성되어 있다. 이 타당성 척도는 피검자가 얼마나 정확하게 검사를 실시했었는지에 대한 검사태도를 평가할 수 있다.

3) MMPI는 문항선정과 척도구성은 철저한 경험적 접근을 통하여 만들어졌다.

4) MMPI는 피검자의 심리적 상태 및 정상으로부터의 이탈을 매우 신뢰롭고 타당하게 반영해 준다.

5) 진단을 목적으로 하는 병원중심의 임상척도 뿐 아니라 일반인의 적응이나 성격특성을 이해할 수 있는 특수내용 척도가 있어 정상인의 적응과 성격을 예측, 이해하는데 효율적이다.

> **미네소타 다면적 인성검사** (MMPI : Minnesota Multiphasic Personality Inventory)
>
> 1) 1938년, 멕킨리와 헤서웨이(Mckinley & Hathaway)가 개발
> 2) 종류 : full form(566문항 = 550문항 + 동일문항 중복 16문항)/short form(383문항)
> 3) 4개의 타당성 척도와 10개의 임상척도로 구성

2 타당도 척도와 임상척도

1) 타당성 척도

(1) L(Lie) 척도(15문항) - 부인척도

① 자신을 지나치게 완벽하고 이상적으로 꾸며내는 것을 포착한다.

② 낮은 점수를 보인 사람은 자기 신뢰감이 높은 사람이라고 할 수 있다.

(2) ? 척도 - 무응답척도

① ? 척도는 다른 척도들처럼 정해진 특정문항으로 구성되어 있는 것이 아니므로 ? 점수의 크기는 다른 척도점수에 영향을 미치게 된다.

② 원 점수 100이상이면 임상척도 점수를 신뢰하기 어렵다.

③ 이러한 경우는 정신쇠약증, 우울증 등의 피검사자에게서 발견된다.

(3) F(inFrequency) 척도(64문항) - 비전형척도

① 응답이 얼마나 평균으로부터 벗어나 있는지(비전형적인지)를 측정한다.

② 높은 점수의 경우 정신병이나 실직, 이혼, 사별 등에 의한 혼란된 감정상태를 반영하는 것이다.

(4) K(correction) 척도(30문항) - 교정척도

① 자기옹호나 자기방어, 그 반대로 자신의 결점 및 약점 노출 정도를 측정한다.

② 높은 점수를 보인 사람은 자신에 대해 지나치게 방어적이고 긍정적인 면만 나타내 보이려고 하는 사람이다.

③ 중간 정도의 점수를 보인 사람은 자아강도가 높고 정서적 방어가 효과적이며 현실접촉이 좋으며 대처기술이 탁월한 사람이라고 평가할 수 있다.

2) 임상척도 : 성격특성 척도

(1) 건강염려증(Hypochondriasis)

① 높은 점수는 질병을 포함하여 신체에 대한 관심이 지나칠 뿐만이 아니라, 자기중심적, 미성숙, 염세적, 요구가 많고, 수동 공격적 경향을 나타낸다.

② 신체적 곤란에 대해 불평하는 목적은 타인을 조절하고 통제하기 위한 것이다.

(2) 우울증(Depression)

비관, 염세, 무의미, 자기무력감, 죽음과 자살의 편견을 측정한다.

(3) 히스테리(Hysteria)

전환 히스테리(신체적 징후를 수단으로 해서 어려운 갈등, 위기를 모면 또는 회피하려고 하는 것)를 측정한다.

(4) 반사회적 성격(Psychopathic Deviate)

사회적 규범 무시, 깊은 정서적 반응 결핍, 경험(특히 처벌)으로부터 학습하는 능력 부족을 측정, 높은 점수의 경우 범죄의 가능성을 의심해볼 수 있다.

(5) 남향성 - 여향성(Masculinity - Femininity)

① 본래 동성애 감정과 성정체성의 혼란이라는 문제가 있는 남성을 확인하기 위해 만들어졌다.

② 그러나 이것만으로 개인의 성적 흥미를 명확히 판단하기는 어렵다.

③ 대신에 이것은 전통적인 남녀의 역할과 흥미에 관련된 항목에 동의하는 정도를 측정한다.

(6) 편집증(Paranoid)

① 집착증, 의심증, 각종 망상(피해망상, 관계망상, 과대망상 등)을 측정한다.

② 높은 점수의 경우 대인관계가 원만하지 못하다.

(7) 정신쇠약증(Psychasthenia)

① 현재는 강박증 척도라고 불린다.

② 병적 공포, 근심 걱정, 불안, 강박행동, 우유부단, 지나친 완벽주의를 측정한다.

③ 건강한 일반인들이 점수가 높은 경우는 몹시 예민하고, 논리정연하고, 개인주의적이고 완벽주의적이며 도덕기준이 높다.

(8) 정신분열증(Schizophrenia) = 조현병

① 억압, 현실에 냉담하고 무관, 각종 망상, 환각(환청, 환시, 환미, 환촉, 환취), 사고와 행동의 전후 모순을 측정한다.

② 정신분열증으로 진단하기 위해서는 다른 척도 점수 및 임상 기록, 행동관찰 기록 결과를 함께 고려하여야 한다.

(9) 경조증(Hypomania)

'가볍게 날뛴다'는 한자어의 뜻에서 알 수 있듯이, 사고와 행동의 과잉, 지나친 정서적 흥분, 관념의 비약, 열광적, 과도한 낙천주의 등을 측정한다.

(10) 사회적 내향성(Social Introversion)

대인관계 회피, 비사회성을 측정한다.

실력다지기

MMPI 타당도 척도 및 임상척도

	척도명	기호	약자
타당도척도	무응답척도(?척도)		?
	부인척도(L척도)		L
	비전형척도(F척도)		F
	교정척도(K척도)		K
임상척도	건강염려증(Hypochondriasis)	1	Hs
	우울증(Depression)	2	D
	히스테리(Hysteria)	3	Hy
	반사회성(Psychopathic Deviate)	4	Pd
	남성특성-여성특성(Masculinity-Feminity)	5	Mf
	편집증(Paranoia)	6	Pa
	강박증(Psychasthenia)	7	Pt
	정신분열증(Schizophrenia) = 조현병	8	Sc
	경조증(Hypomania)	9	Ma
	내향성(Social Introversion)	0	Si

3) MMPI[1] 검사 실시 시 일반적 유의사항

(1) 검사를 실시·채점하는 데 있어서 표준화 과정에서 사용한 방법과 조금이라도 차이가 있으면 검사결과는 표준화 과정에서 나온 규준에 비추어 해석한다는 것은 무의미하게 된다.

(2) 검사자는 검사요강을 숙독하여 검사 실시방법 및 유의사항을 고려하여야만 피검사자의 인성요인을 정확히 측정할 수 있다.

(3) MMPI를 실시하기 전에 우선 고려해야 할 사항은 피검사자의 상태이다.

(4) 검사문항이 다른 심리검사에 비해 월등히 많아 많은 시간을 요구하기 때문에 피검사자가 피로에 지쳐 있지 않고 권태를 느끼지 않을 시간대를 선택하여 검사를 실시하는 것이 바람직하다.

(5) 피검사자의 독해력 여부를 확인하는 일이다.

① MMPI를 제대로 응답할 수 있느냐의 가장 중요한 요인의 하나는 독해력이다.

② 원래 MMPI의 문항제작 시 초등학교 6학년 수준의 문장으로 구성했으므로 초등학교 이상의 정규교육을 받은 사람이면 별 어려움 없이 MMPI를 할 수 있다.

---

1) MMPI는 검사내용, 실시방법 및 조건, 채점과정을 표준화한 검사이다.

(6) 피검사자의 연령과 지능수준을 고려해야 한다.

　① 원래 검사를 실시할 수 있는 피검사자의 연령 하한선을 16세로 잡았으나, 현재는 독해력만 인정되면 12세까지도 가능하다고 본다.

　② 재표준화된 한국판 MMPI에서도 중학생 이상의 규준치가 마련되어 있다.

　③ Wechsler 성인용 검사에서 언어성 검사 IQ가 80 이하인 사람들은 MMPI를 응답하기에 불가능한 것으로 본다.

(7) 검사 장소는 충분히 밝은 조명과 공간이 확보되어 있고 환기도 잘 되며 조용한 곳이어야 한다.

(8) 검사는 개인별로 할 수도 있고 집단으로 할 수도 있으며, 소요시간은 보통 60분에서 90분이다.

✿ 심화학습

MMPI – 2의 실시[2]

1) 검사자의 자격조건

심리측정에 대한 지식(통계적 의미 해석), 성격/정신병리에 대한 지식(임상적 의미 해석), 타 분야 전문가와의 효과적인 의사소통 능력이 있어야 함

2) 피검자의 조건

초등학교 6학년 수준 이상의 독해력 요구, 신체적/정서적 문제에 대한 고려

　(예 시력 저하, 중독/금단 상태, 기질성 혼미, 환각, 정신운동 지체 등), 19세 이상 성인

3) 소요 시간

약 50 ~ 90분, 시간제한은 없으나 가능한 빨리 읽고 빨리 답하도록 지시하고 가능한 한 번에 실시하지만, 임상적 상태에 따라 분할 실시 가능

4) 검사 실시

　(1) 검사자의 감독하에 실시하고 옳고 그른 답이 없으므로 자신의 생각을 솔직하게 응답하도록 지시함

　(2) **피검자들의 질문에 대한 답변**: 단어의 뜻을 질문하는 경우 간단한 정의를 말해주거나 구어적 표현으로 바꾸어 말해줄 수는 있으나, 그 이상의 언급은 피해야 함

　(3) 일반적으로 "본인이 생각하는 대로 답하시면 됩니다"라고 말하는 것으로 충분함

---

2) (주) 마음사랑에서 발표한 자료를 정리한 내용임

제2절 | 다면적 인성검사(MMPI-2)[3)]

1) Original MMPI 개정의 필요성

(1) 부적절한 문항: 성적인 문항, 특정 종교 편향, 시대에 맞지 않는 내용 등

(2) 새로운 내용 영역을 추가할 필요성 있음: 자살, 약물, 부부문제, Type A 행동 등

(3) 새로운 규준의 필요성

2) 재 표준화의 목표

(1) Original MMPI와의 '연속성' 유지

(2) 새로운 척도 및 보강된 정보의 제공: 재구성 임상척도(RC), 성격병리 5요인 척도(PSY-5)

3) MMPI-2 및 MMPI-A의 출간

(1) 1989년, MMPI-2 출간(567문항)

(2) 1992년, MMPI-A 출간(478문항)

읽을 거리

MMPI-2 제작

1) Butcher와 Owen(1978)은 MMPI가 지니고 있는 많은 문제점과 이에 대한 비판점을 지적했고 이에 따라 MMPI의 개정과 재표준화가 1982년부터 시작되어 1989년 MMPI-2가 출판되었다.

2) MMPI에, 당시 사용되고 있는 타당도, 임상척도 등을 유지하면서, 시대에 어울리지 않거나 부자연스러운, 그리고 남녀차별적인 문항들을 적절하게 개정했다.

3) 또한 새로운 내용을 추가시키기도 했고 새로운 규준을 만들기도 했으며 성인형과 청소년형으로 구분해서 만들고 청소년형은 이 연령층에 맞는 문항을 포함시켰다.

4) 이러한 과정을 통해 제작된 MMPI-2는 MMPI보다 유용하다는 사실이 밝혀지고 있는데 특히 MMPI의 해석은 새로운 MMPI-2 내용척도의 개발로 확장되고, 개선되고 있다.

5) 이러한 척도들은 개별 척도들의 동질성을 향상시키고 척도 간 상관성을 감소시키기 위한 통계적인 문항 선택 기법을 사용하는 단계를 거치면서 다단계적이고 다방법적으로 개발되었다.

6) MMPI-2는 기존의 문제점을 해결할 뿐만 아니라 새로운 내용분석을 통하여 진단이나 치료, 그리고 연구영역에서 유용한 자료를 제공하고 있다고 본다.

---

3) 개발 과정은 MMPI-2는 원판 MMPI의 개정판으로 1989년 미국에서 출판하였으며 표준척도의 변화를 최소한으로 하면서 기존 MMPI의 문제점(부적절한 문항, 새로운 내용 영역을 추가할 필요성, 새로운 규준의 필요성 인식)을 개선하였다.

미네소타 다면적 검사(MMPI)의 중요내용

1) MMPI-2는 검사의 적용범위와 유용성과 수용성은 확대시키면서 원 검사를 유지시키려는 목적 아래 개정작업이 시행되었다.

(1) 몇 가지 타당도가 추가되었다.

(2) 시대에 어울리지 않거나 부자연스럽고 남녀차별적인 문항들을 적절하게 개정한다.

(3) 새로운 내용을 추가시켰다. 예를 들면 치료에 대한 순응, 변화에 대한 수용, 대인관계문제, 작업태도 등을 알아보기 위해 154개의 문항을 추가하였다.

(4) 새로운 규준을 만든다. 원래의 '미네소타 정상인집단'은 지역적이고 편협된 소수의 표본들이었다.

(5) MMPI를 성인형과 청소년형으로 구분해서 만들고 청소년형은 이 연령층에 알맞은 문항을 포함시킨다. 즉, 기본적인 MMPI문항 이외에 치료 순응성에 관한 50문항과 청소년의 관심과 문제를 알아보기 위한 104개의 문항을 새로 첨가하였다.

2) MMPI-A의 내용척도

(1) MMPI-2의 반사회적 특성 척도(ASP)는 청소년에서도 높은 신뢰도를 보여주었지만 경험적인 타당도는 지지되지 않았다. → 청소년에게 더 적절한 문항으로 구성된 새로운 내용 척도로서 품행문제척도(A-con)를 개발하여 성인의 ASP척도를 대체하였는데, 이 A-con 척도는 ASP척도보다 훨씬 더 강력한 타당도를 입증

(2) MMPI-A의 가정문제 척도(A-fam)는 모두 35문항으로 이루어져 있는데, 같은 구성개념을 측정하는 MMPI-2의 가정문제척도(FAM)와는 단지 15문항만이 중복되며, 나머지 20문항은 청소년에게 고유한 새로운 문항이다.

(3) MMPI-A에서 내용 척도의 단축 명칭을 표기할 때는 청소년(Adolescent)를 뜻하는 'A-'가 앞에 붙고 척도 명칭의 약자를 뒤에 소문자로 표기한다(예 A-anx, A-obs, A-dep).

(4) MMPI-A의 15개 내용 척도들 중에서 4개 척도는 MMPI-A에만 존재한다. 소외척도(A-aln), 낮은 포부척도(A-las), 학교문제척도(A-sch)는 주로 MMPI-A를 위해 새롭게 선정된 문항들로 구성

(5) 품행문제척도(A-con)는 MMPI-2의 반사회적 특성 척도(ASP)를 대체하기 위해서 새롭게 개발된 척도

3) MMPI-A의 해석 시 검토해야 할 질문 검사 외 요인 - 반응 태도 - 증상과 행동 - 학교문제(학교생활) - 알코올 및 약물문제 - 대인관계 - 신체적·성적 학대 - 강점과 장점 등이다.

1 타당도 척도와 임상척도

1) 타당도 척도 (Validity scales)[4]

범주	척도명	측정내용
성실성	?(무응답)	빠짐없이 문항에 응답했는지, 문항을 잘 읽고 응답했는지에 대한 정보 제공
	VRIN(무선반응 비일관성)	
	TRIN(고정반응 비일관성)	
비전형성	F(비전형)	일반인들이 일반적으로 반응하지 않은 방식으로 응답했는지에 대한 정보 제공
	F(B)(비전형-후반부)	
	F(P)(비전형-정신병리)	
방어성	L(부인)	자기 모습을 과도하게 긍정적으로 제시하고자 했는지에 대한 정보 제공
	K(교정)	
	S(과장된 자기제시)	

(1) ?(무응답, cannot say) 척도

① ? 척도는 (1) 빠뜨린 문항과 (2) '그렇다'와 '아니다'에 모두 응답한 문항의 단순한 합산임

② 되도록, 한 문항도 빠짐없이 응답하도록 권유가 필요함

③ 원점수 30 이상이면 전체 결과가 무효일 수 있음

(2) VRIN(무선반응 비일관성) 척도

① 무선반응(random response)의 탐지하는 척도

② F(비전형) 척도와 함께 해석하면 유용함

③ T점수가 80 이상이면 무효임

(3) TRIN(고정반응 비일관성) 척도

① 모두 '그렇다' 혹은 모두 '아니다' 식의 편향 반응을 탐지하는 척도

② L, K, S와 함께 해석하면 유용

③ T점수가 80 이상이면 무효임

---

4) 타당도 척도는 ① 피검자가 문항을 주의깊게 읽고 내용을 파악한 뒤에, 솔직하게 응답해야만 신뢰성 있고 타당한 해석이 가능함 ② 수검태도 (test-taking attitude)의 탐지, 무선반응, 편향반응, 비일관 반응, 부정왜곡, 긍정왜곡, 방어반응, 과대보고, 과소보고 등 ③ 검사 외적 행동(성격, 정신병리)에 대한 유용한 정보 제공함

(4) F(비전형) 척도

① 검사 전반부의 비전형 반응 탐지(1 ~ 370번 문항에 분포)

② 한 사람의 생각이나 경험이 다른 사람들과 다른 정도를 측정

③ **F 척도의 상승요인** : 무선반응(VRIN), 고정반응(TRIN), 정신병리(F), 부정왜곡[F(p)]에 민감함

④ F가 높으면 특히 임상척도 상승에 영향을 줌

⑤ T점수가 80 이상이면 무효일 수 있음

(5) F(B)(비전형 - 후반부) 척도

① 검사 후반부의 비전형 반응 탐지(281번 문항 이후에 분포)

② 구성방법은 F 척도와 같음

③ 무선반응, 고정반응, 정신병리, 부정왜곡에 민감

④ 검사 과정에서 수검 태도의 변화를 알려줌

⑤ T점수가 90 이상이면 무효일 수 있음

(6) F(p)(비전형 - 정신병리) 척도

① 무선반응 및 부정왜곡(faking - bad) 가능성 높음

② F 척도에 비해 정신병리에 덜 민감함

③ F 척도 상승의 의미를 명확하게 해줌

④ 실제로 심각한 정신병리를 지니고 있는가, 아니면 정신병리를 왜곡해서 가장하고 있는가를 측정함

⑤ T점수가 100 이상이면 무효일 수 있음

(7) L(부인) 척도

① 방어적인 태도를 측정하기 위한 15개 문항으로 구성

② 대부분의 사람들이 인정하는 사소한 결점이나 인간적인 약점마저 부인하면서 자신을 좋게 보이려고 하는 긍정왜곡(faking - good) 경향을 측정함

③ 모든 문항이 '아니다'로 응답할 때 채점되므로, TRIN 척도를 함께 고려할 필요가 있음

④ T점수가 80 이상이면 무효임(주로 '아니다'로 응답하는 경향)

(8) K(교정) 척도

① 정상 프로파일을 보인 정신과 환자의 반응과 정상인의 프로파일 반응을 비교하여 변별력 있는 30개의 문항으로 구성함

② L 척도에 반영되는 것보다 조금 더 세련되고 교묘한 방어성을 탐지하는 척도

③ T점수가 75 이상이면 긍정왜곡(faking - good), 주로 '아니다'로 응답하는 경향이며 T점수가 40 미만이면 부정왜곡(faking - bad), 주로 '그렇다'로 응답하는 경향으로 무효일 수 있음

(9) S(과장된 자기제시) 척도

 ① 50문항, 검사 전 후반에 골고루 퍼져 있음

 ② '아니다'로 응답할 때 채점되므로 TRIN 함께 고려해야 함

 ③ T점수가 75 이상이면 긍정왜곡(faking-good), 주로 '아니다'로 응답하는 경향으로 무효일 수 있음

2) MMPI-2 추가된 타당도 척도 5가지

(1) 무선반응 비일관성 척도(Variable Response Inconsistency : VRIN)

문항 응답 시 무선적으로 반응하는 경향을 탐지한다. / 유사 또는 상반된 문항쌍에서 비일관성 보일 때 상승함.

(2) 고정반응 비일관성 척도(True Response Inconsistency : TRIN)

모든 문항에 '예(T)' 또는 '아니오(F)'로 반응하는 경향을 탐지한다. / 상반된 문항 20개의 쌍으로 구성함.

(3) 비전형-후반부 척도(Back infrequency : Back F, Fb)

검사 후반부에서 비전형 반응을 탐지한다.

(4) 비전형-정신병리 척도(Infrequency-Psychopathology, F(P))

비전형적 반응을 탐지하지만, F 척도에 비해 심각한 정신 병리에 덜 민감하고 F 척도의 점수 상승이 무선반응이나 고정반응으로 인한 것이 아닐 때 사용한다.

(5) 과장된 자기 제시 척도(Superlative Self-Presentation : S)

K 척도와 마찬가지로 방어성을 측정하지만, 검사의 전반부에 국한된 K 척도와 달리 검사 전반에 걸쳐 있다.

📌 정리

MMPI-2 타당도 척도

1) L : 바른 척하려는 태도, 심리적으로 세련되지 못한 부인(denial)의 방어기제

2) F : 비전형 척도로서 고립감과 소외감, 심리적 불편감에 대한 지표

3) K : 정상인의 경우는 성격적 통합성과 건강한 적응의 지표, 부적응을 겪는 사람에게는 방어성의 지표, L 척도에 비해 세련되고 은밀한 방어

4) VRIN : 응답이 심하게 일관되지 못한 경우, 부적응으로 일관성을 유지할 수 없는 경우

5) TRIN : 무성의한 응답자를 가려냄

6) F(B) : 특이한 비전형 척도가 문항 후반부에서도 발견되는지 가려내는 척도

7) F(P) : 정신병리가 있는 척하는 사람들을 가려내는 척도

8) S : 지나치게 완벽해 보이려 방어하는 사람을 가려냄

3) 임상척도 및 임상 소척도

번호	약어	척도 설명 및 임상 소척도
1	Hs	1) 건강 염려증 환자를 탐지할 목적에서 개발 2) 건강에 대한 과도한 걱정, 기질적 원인이 없거나 미미함에도 다양한 신체적 호소를 하는 사람들 3) 신체형 장애, 우울 장애, 불안 장애 범주의 진단을 받은 환자들에게서 흔히 상승함
2	D	1) 다양한 형태의 우울 징후를 탐지할 목적에서 개발 2) 슬픈 기분, 우울감, 불행감, 불만족감, 불쾌감, 무망감, 절망감, 일상생활에 대한 흥미 저하, 주의집중의 어려움, 의사 결정력 약화, 과민하고 짜증스러운 기분, 사소한 근심, 걱정, 죽음에 대한 생각 증가, 자살 사고 및 자살 가능성 증가 등 3) D1: 주관적 우울감, D2: 정신운동 지체, D3: 신체적 기능 장애, D4: 둔감성, D5: 깊은 근심
3	Hy	1) 심인성 감각 장애 또는 운동 장애를 보이는 히스테리 환자 집단을 탐지할 목적에서 개발됨 2) 신체적 불편감, 신체 기능 저하, 특정 신체 증상 호소가 많음 3) 스트레스 증가 시 신체 증상 악화, 애정, 인정 및 의존 욕구 강함, 적대감, 분노감 등을 부인하며 우회적인 방식으로 드러냄 4) Hy1: 사회적 불안 부인, Hy2: 애정 욕구 Hy3: 권태-무기력, Hy4: 신체 증상 호소, Hy5: 공격성 억제
4	Pd	1) 반사회적 성격 장애 환자들 탐지할 목적에서 개발됨 2) 감각적, 자극적 활동을 선호하며 모험적, 충동적, 보편적 가치 규범에 대해 저항적인 태도, 욕구 지연이나 좌절에 대한 내구성이 약함, 타인에 대한 공감 및 배려가 부족함 3) 소소한 규칙 위반이나 위법 행동 연루 가능성 높아짐 4) Pd1: 가정 불화, Pd2: 권위 불화, Pd3: 사회적 침착성, Pd4: 사회적 소외, Pd5: 내적 소외
5	Mf	1) 사회적 성 역할 특성 탐지 2) 높은 점수의 남성: 섬세하고 민감하며 감수성 풍부함, 전통적인 남성적 역할이나 활동에 관심이 적을 수 있음 3) 낮은 점수의 남성: 전통적인 남성적 성역할을 중요하게 여기며 이를 과시하고자 함 4) 높은 점수의 여성: 진취적이고 성취 지향적이며 경쟁적, 자기 주장이 강함, 전통적인 여성적 역할에 거부적일 수 있음 5) 낮은 점수의 여성: 전통적인 여성적 역할에 만족감 경험
6	Pa	1) 편집성 상태 환자 집단을 탐지할 목적에서 개발함 2) 타인의 사소한 말이나 행동에 민감하고 과잉 경계함 3) 타인으로부터 부당한 처우, 무시, 모함, 괴롭힘을 당한다는 피해 사고 보임 4) 자신의 도덕적 정당성, 합리성, 공평무사함을 과도하게 강조하고 집착함 5) 융통성이 부족함, 투사, 부인, 합리화 등의 방어기제를 주로 사용함 6) 망상 장애, 조현병 진단을 받은 환자들에게서 척도 점수가 매우 높게 상승함 7) Pa1: 피해 사고, Pa2: 예민성, Pa3: 순진성
7	Pt	1) 강박 장애를 비롯한 불안 장애 환자들을 탐지할 목적에서 개발 2) 불안감, 긴장감, 초조감 경험, 정서적 동요와 불편감 증가 3) 강박사고 및 강박 행동, 불필요한 근심, 걱정 증가, 자신의 능력에 대한 의구심, 피로감이나 에너지 소진, 불면, 자율신경계의 각성과 관련된 신체 증상 호소 등

번호	약어	척도 설명 및 임상 소척도
8	Sc	1) 조현병을 비롯한 정신증적 장애 탐지할 목적에서 개발 2) 사고의 혼란, 판단력 손상, 부적절하고 와해된 행동, 충동 및 행동 통제력 약화, 정서적 부적절성, 대인 관계 기술 부족, 이질감이나 고립감, 소외감 경험, 주의 집중력 저하 및 산만함 등 3) 조현병, 망상 장애, 정신증적 장애의 가능성 증가 4) Sc1: 사회적 소외, Sc2: 정서적 소외, Sc3: 자아 통합 결여-인지적, Sc4: 자아 통합 결여-동기적, Sc5: 자아통합 결여-억제부전, Sc6: 기태적 감각 경험
9	Ma	1) 경조증 징후를 탐지할 목적에서 개발 2) 심신 에너지의 항진, 고양된 기분, 정서적 흥분성, 과민하고 짜증스러운 기분, 과장된 자기 지각, 과대 사고, 지나치게 긍정적, 낙천적 태도, 행동량 증가, 충동성 증가, 행동 통제력 약화 3) Ma1: 비도덕성, Ma2: 심신운동 항진, Ma3: 냉정함, Ma4: 자아 팽창
0	Si	1) 내향적 성향, 대인 관계에 대한 두려움, 불편함, 회피적 태도 등을 평가 2) 높은 점수: 내향적, 수줍음이 많음, 주위 평판에 민감함, 대인 관계 기술이 부족하거나 사회적 상황을 불편해함, 소극적이고 회피적 3) 낮은 점수: 외향적, 사교적, 활달함, 말수가 많고 자기 표현적, 대인 관계 욕구가 강함, 폭넓은 대인 관계 추구, 피상적일 수 있음 4) Si1: 수줍음/자의식, Si2: 사회적 회피, Si3: 내적/외적 소외

📁 실력다지기

Harris – Lingoes 임상소척도 요약

번호	약어	Harris-Lingoes 소척도
1	Hs	소척도 없음
2	D	D1: 주관적 우울감, D2: 정신운동 지체, D3: 신체적 기능 장애, D4: 둔감성, D5: 깊은 근심
3	Hy	Hy1: 사회적 불안 부인, Hy2: 애정 욕구 Hy3: 권태-무기력, Hy4: 신체 증상 호소, Hy5: 공격성 억제
4	Pd	Pd1: 가정 불화, Pd2: 권위 불화, Pd3: 사회적 침착성, Pd4: 사회적 소외, Pd5: 내적 소외
5	Mf	소척도 없음
6	Pa	Pa1: 피해 사고, Pa2: 예민성, Pa3: 순진성
7	Pt	소척도 없음
8	Sc	Sc1: 사회적 소외, Sc2: 정서적 소외, Sc3: 자아 통합 결여-인지적, Sc4: 자아 통합 결여-동기적, Sc5: 자아통합 결여-억제부전, Sc6: 기태적 감각 경험
9	Ma	Ma1: 비도덕성, Ma2: 심신운동 항진, Ma3: 냉정함, Ma4: 자아 팽창
0	Si	Si1: 수줍음/자의식, Si2: 사회적 회피, Si3: 내적/외적 소외

4) 임상척도 - 재구성 임상척도(9개의 척도) 중심으로 기술

(1) 12개 씨앗척도와 전체 567문항의 상관을 계산하여 추출함

(2) **문항 선정 기준**

　　① 12개 씨앗 척도 중에서 가장 높은 상관을 보이는 척도에 포함됨

　　② 최소한의 일정한 수치 이상의 상관을 보일 것

　　③ 다른 씨앗 척도와의 상관이 0.30보다 작은 경우가 일정한 비율 이상일 것

　　④ 위의 일정한 수치와 일정한 비율은 시행착오적으로 판단함

(3) 재구성 임상척도의 구성

척도명			내용
RCd	dem	Demoralization	정서적 혼란과 관련된 문항
RC1	som	Somatic Complaints	신체적 불편감
RC2	lpe	Low Positive Emotions	낮은 긍정적 정서
RC3	cyn	Cynicism	냉소성
RC4	asb	Antisocial Behavior	반사회적 행동
RC6	per	Ideas of Persecution	피해의식
RC7	dne	Dysfunctional Negative Emotions	역기능적 부정적 정서
RC8	abx	Aberrant Experiences	기태적 경험(망상, 환각 등)
RC9	hpm	Hypomanic Activation	경조증적 상태

📁 **실력다지기**

재구성 임상척도 중 의기소침(RCd) 척도

1) 임상척도 중 척도 2과 척도 7에 해당하는 문항을 합쳐서 요인분석 실시

2) 의기소침(Demoralization Marker) 23문항을 추출함.

3) 불쾌감, 불안, 무능력, 우유부단함과 스트레스 상황에서 쉽게 포기하는 경향을 반영함.

4) 주도성과 자신감이 없으며 효능감이나 역량이 감소된 수준에서 기능함.

5) 낮은 점수의 경우 만족, 낙천성, 일상적인 스트레스에 대한 자신감 등을 나타냄

6) A와 14문항, DEP와 11문항을 공유하고 있음.

---

5) 성격병리 5요인(PSY-5) 척도

(1) 주요 성격특성의 전체적 윤곽을 제공함

(2) 심리장애를 범주적(categorical)으로 분류하는 체계에 문제가 있음을 지적함

(3) 성격장애를 정상 성격기능의 연장선상에서 개념화할 필요성을 제기함

(4) 차원적(dimensional)으로 접근할 필요성을 제기함

(5) PSY-5는 정상적인 기능 및 임상적인 문제 모두와 관련되는 성격특질을 평가하기 위해 제작된 척도임

척 도 명			내용
AGGR	Aggressiveness	공격성	공세적이고 도구적인 공격성에 초점
PSYC	Psychoticism	정신증	현실과의 단절 평가
DISC	Disconstraint	통제 결여	위험추구, 충동적, 관습에 얽매이지 않는 성향 평가
NEGE	Negative Emotionality/ Neuroticism	부정적 정서성/신경증	부정적 정서를 경험하는 성격 성향
INTR	Introversion/ Low Positive Emotionality	내향성/낮은 긍정적 정서성	기쁨을 느끼고 즐거운 어울림을 경험하는 성향

6) 내용척도 (Content scales) - 15개

(1) MMPI-2 내용척도는 새로운 내용 영역에 대한 문항 추가함

(2) 15개 내용척도(65T 기준 점수)는 이성적 방법과 통계적 방법을 사용함

(3) 내적 일치도와 척도 간 독립성이 높음

(4) 내용척도의 구성_1

척 도 명			소 척 도
ANX	Anxiety	불안	
FRS	Fears	공포	FRS1(일반화된 공포) FRS2(특정공포)
OBS	Obsessiveness	강박성	
DEP	Depression	우울	DEP1(동기 결여), DEP2(기분 부전) DEP3(자기 비하), DEP4(자살 사고)
HEA	Health Concerns	건강염려	HEA1(소화기 증상) HEA2(신경학적 증상)
BIZ	Bizarre Mentation	기태적 정신상태	BIZ1(정신증적 증상) BIZ2(분열형 성격특성)
ANG	Anger	분노	ANG1(폭발적 행동) ANG2(성마름)
CYN	Cynicism	냉소적 태도	CYN1(염세적 신념) CYN2(대인 의심)

(5) 내용척도의 구성_2

척도명			소척도
ASP	Antisocial Practices	반사회적 특성	ASP1(반사회적 태도) ASP2(반사회적 행동)
TPA	Type A	A 유형 행동	TPA1(조급함), TPA2(경쟁 욕구)
LSE	Low Self-Esteem	낮은 자존감	LSE1(자기 회의), LSE2(순종성)
SOD	Social Discomfort	사회적 불편감	SOD1(내향성), SOD2(수줍음)
FAM	Family Problems	가정 문제	FAM1(가정 불화) FAM2(가족내 소외)
WRK	Work Interference	직업적 곤란	
TRT	Negative Treatment Indicators	부정적 치료 지표	TRT1(낮은 동기) TRT2(낮은 자기개방)

7) 보충척도 (Supplementary scales) - 15개

(1) MMPI-2의 문항군집을 문항분석, 요인분석, 직관적 절차를 통해 재조합하여 새로운 척도 개발함

(2) 연구 자료를 참조하여, 신뢰도와 타당도가 확보된 척도만을 MMPI-2에 포함시킴

(3) 보충척도의 구성_1

척도명			비고
A	Anxiety	불안	타당도 척도와 임상척도의 제1요인
R	Repression	억압	타당도 척도와 임상척도의 제2요인
Es	Ego Strength	자아강도	심리적 적응 지표 (방어성과 관련)
Do	Dominance	지배성	1:1관계의 강자, 자신감과 관련
Re	Social Responsibility	사회적 책임감	법과 규범, 관습의 존중
Mt	College Maladjustment	대학생활 부적응	대학생에 한해서 해석
PK	Post-Traumatic Stress Disorder	외상 후 스트레스 장애	극심한 심리적 혼란 측정 (PTSD 환자 이외에도 높은 점수)
MDS	Marital Distress	결혼생활 부적응	가까운 사람과의 관계에서의 불만족

(4) 보충척도의 구성_2

척도명			비 고
Ho	Hostility	적대감	냉소적 태도와 관련
O-H	Overcontrolled-Hostility	적대감 과잉통제	과도한 공격 반응 가능성
MAC-R	MacAndrew Alcoholism-Revised	MacAndrew의 알코올 중독	외향성과 위험추구 행동의 성격적 특성
AAS	Addiction Admission	중독 인정	13개의 명백문항으로 구성
APS	Addiction Potential	중독 가능성	제한된 연구결과
GM	Masculine Gender Role	남성적 성역할	대다수의 남자들과 여자들의 10% 미만이 응답한 문항
GF	Feminine Gender Role	여성적 성역할	대다수의 여자들과 남자들의 10% 미만이 응답한 문항

📌 정리

MMPI − 2의 보충척도[5]

약어	보충 척도명
A	불안 척도(Anxiety Scale)
R	억압 척도(Repression Scale)
Es	자아 강도 척도(Ego Strength Scale)
Do	지배성 척도(Dominance Scale)
Re	사회적 책임감 척도(Social Responsibility Scale)
Mt	대학생활 부적응 척도(College Maladjustment Scale)
PK	외상 후 스트레스 장애 척도(Post-Traumatic Stress Disorder Scale)
MDS	결혼생활 부적응 척도(Marital Distress Scale)
Ho	적대감 척도(Hostility Scale)
O-H	적대감 과잉 통제 척도(Overcontrolled-Hostility Scale)
MAC-R	맥앤드류 알코올리즘 척도(MacAndrew Alcoholism Scale)
AAS	중독 인정 척도(Addiction Acknowledge Scale)
APS	중독 가능성 척도(Addiction Potential Scale)
GM	남성적 성역할 척도(Masculine Gender Role Scale)
GF	여성적 성역할 척도(Feminine, Gender Role Scale)

5) 출처 : 심리학용어사전, 2014. 4, 한국심리학회

📁 실력다지기

MMPI - 2와 MMPI - A(청소년용)의 비교

구분	MMPI-2	MMPI-A
문항 수	567 문항	478 문항
문항 내용	중요 내용 영역의 문항 추가	청소년에 적합한 문항 내용 및 표현
규준 연령	(미국) 18~84세 / (한국) 19~78세	(미국) 14~18세 / (한국) 13~18세
타당도 척도	9개(?, VRIN, TRIN; F, F(B), F(P); L, K, S)	8개 (?, VRIN, TRIN; F, F1, F2; L, K)
임상 척도	10개	MMPI-2와 동일한 임상 척도 10개 Mf, Si 척도에서 문항수가 줄어듦
K 교정 점수	K 교정 점수 적용	K 교정을 적용하지 않음
재구성 임상 척도	9개의 재구성 임상 척도 개발(2003)	없음
내용 척도	15개의 새로운 내용 척도 개발	11개의 내용 척도는 MMPI-2와 동일 4개의 내용 척도 청소년용으로 개발
보충 척도	15개의 새로운 보충 척도 개발	3개의 보충 척도는 MMPI-2와 동일 3개의 보충 척도 청소년용으로 개발

📁 실력다지기

MMPI - A의 내용척도

MMPI-A에는 15개의 내용척도가 구성되어 있다. MMPI-A는 MMPI-2와 구별을 위해 청소년(Adolescent)을 의미하는 A-에 척도를 의미하는 영문자 소문자 3글자로 표시한다.

1) A-anx 불안 척도(Adolescent-Anxiety)

높은 점수일 경우, 긴장, 걱정, 수면장애, 주의집중의 어려움 등의 불안 증상을 호소함. 또한 전반적인 부적응과 높은 상관이 있음.

2) A-obs 강박성 척도(Adolescent-obsessiveness)

높은 점수일 경우, 과도한 걱정, 부정적 사고의 반추, 강박적 행동을 호소함. 또한 의사결정의 어려움이 나타나며, 남자 청소년에게는 의존적 행동, 여자 청소년에게는 자살 사고나 시도와 관련되어 있음.

3) A-dep 우울 척도(Adolescent-Depression)

높은 점수일 경우, 우울증상을 호소함. 무망감, 자기비하, 자살사고 등이 나타남.

4) A-Hea 건강염려 척도(Adolescent-Health Concerns)

높은 점수일 경우, 다양한 신체증상을 호소함. 소화기 증상, 신경학적 문제, 감각의 문제, 심혈관계 증상, 통증 또는 건강에 대한 걱정 등이 나타남.

5) A-biz 기태적 정신상태 척도(Adolescent-Bizarre Mentation)

높은 점수일 경우, 망상, 환청, 환시 등을 포함하는 이상한 생각과 경험을 호소함. 편집적 사고를 보이기도 하며, 정상 집단에서 부적응 또는 정신증을 시사함.

6) A-ang 분노 척도(Adolescent-Anger)

높은 점수일 경우, 분노 조절의 어려움을 호소함. 폭행이나 과격한 행동이 나타남.

7) A-cyn 냉소적 태도 척도(Adolescent-Cynicism)

높은 점수일 경우, 염세적인 태도를 나타내며, 다른 사람의 의도를 의심함.

8) A-lse 낮은 자존감 척도(Adolescent-Low Self-Esteem)

높은 점수일 경우, 자신에 대해 부정적인 견해를 보고함. 논쟁에서 쉽게 굴복하고, 칭찬을 불편해하기도 함.

9) A-sod 사회적 불편감 척도(Adolescent-Social Discomfort)

높은 점수일 경우, 수줍음이 많으며, 다른 사람들과 함께 있는 것의 어려움을 호소함. 사회적 불편감 및 사회적 위축감을 측정하는데 높은 타당도를 보고함. 여자 청소년의 경우 섭식문제와 정적상관를 보임.

10) A-fam 가정 문제 척도(Adolescent-Family Problems)

높은 점수일 경우, 부모 또는 가족과 문제가 있음을 호소함. 비행 및 신경증과 관련된 증상이 나타남.

11) A-trt 부정적 치료 지표 척도(Adolescent-Negative Treatment Indicators)

높은 점수일 경우, 자신의 문제를 인정하지 않고 치료자를 신뢰하지 않음.

12) A-aln 소외 척도(Adolescent-Alienation)

높은 점수일 경우, 다른 사람들과 정서적 거리를 느낀다고 호소함. 우울 및 불안과 높은 상관을 보임.

13) A-con 품행 문제 척도(Adolescent-Conduct Problems)

높은 점수일 경우, 절도, 거짓말, 기물 파손, 반항적 행동과 같은 품행 문제들을 호소함. 외적 타당도가 우수함.

14) A-las 낮은 포부 척도(Adolescent-Low Aspirations)

높은 점수일 경우, 성공을 기대하지 않고, 어려움을 회피하려고 함. 학업 수행이 저조하며, 가출, 무단 결석, 성적 문제 표출 등 반사회적 성향과 관련성이 보고됨.

15) A-sch 학교 문제 척도(Adolescent-School Problems)

높은 점수일 경우, 학교에서 문제가 있음을 호소함. 학업수행이 저조하며 교사나 학교에 대해 적대적임.

2 채점과 타당도 척도의 해석

1) MMPI-2의 해석전략

다음의 질문에 대한 해답을 찾으려고 노력하면서 결과를 해석한다.

(1) 피검사자의 수검태도는 어떠하며, 이러한 태도는 검사 결과를 해석하는 데 어떤 식으로 참고하여야 할까?

(2) 피검사자의 전반적인 적응수준은 어떠한가?

(3) 피검사자가 어떤 종류의 행동(예 증상, 태도, 방어)을 보일 것으로 추론/기대할 수 있는가?

(4) 결과를 보고 내릴 수 있는 가장 적절한 진단은 무엇인가?

(5) 치료에 대한 시사점은 무엇인가?

2) MMPI-2 해석의 단계

(1) 의뢰사유, 기초 신상자료의 검토

(2) 수검행동 및 수검태도의 검토

(3) 타당도 척도의 검토 : 타당한 프로파일인가?

타당하지 않다면? : 더 이상의 해석을 하지 말아야 하며 이유를 확인한 뒤, 가능하면 재검사 실시

(4) 전반적 적응수준의 검토

① 정서적으로 얼마나 편안한가? - [주관적 고통의 기준]

② 갈등/불편함을 느끼는지에 관계없이 일상생활의 책임을 잘 수행하고 있는가? - [부적응성의 기준]

③ 임상척도의 전반적인 상승 - [부적응의 지표]

    ㄱ. 8개의 임상척도에서 65T 이상의 척도 개수가 많을수록

    ㄴ. **A 척도 상승**: 주관적인 정서적 혼란감

    ㄷ. **Es 척도 하강**: 자아강도의 빈약

    ㄹ. **RCd 척도 상승**: 전반적인 정서적 불편감

(5) 프로파일 해석

① 개별 임상척도의 검토

② **상승된 척도가 있다면 재구성 임상척도 및 임상 소척도 검토, 척도의 연관성을 고려하여 해석적 가설 점검, 프로파일의 코드타입 검토**: 형태해석

③ 내용척도, 내용소척도, 보충척도의 검토

④ 결정적 문항의 검토

⑤ 통합적 해석

    ㄱ. **인지적 특성**: 자기관, 타인관, 미래관 / 평가적, 판단적, 피상적 등

    ㄴ. **정서적 특성**: 정서의 체험 및 표현

    ㄷ. **행동적 특성**: 부적응적인 행동, 과잉 발달된 행동, 과소 발달된 행동

    ㄹ. **대인관계적 특성**: 대인관계 장면에서 주로 구사하는 방략

    ㅁ. 생리적·신체적 특성

(6) 치료적 시사점

① 치료를 얼마나 필요로 하는가?

② 치료에 지속적으로 참여하고 바람직한 방향으로 반응할 것인가?

③ 어떤 치료가 가장 효과적인가?

④ 치료에서 고려해야 할 문제영역은 무엇인가?

⑤ 치료진행을 방해/촉진할 수 있는 개인적 자산/단점은 무엇인가?

⑥ 타당도 척도의 패턴이 특히 유용하게 활용될 수 있다.

    ㄱ. **방어적 유형(L, K, S > F)**: 자신의 문제나 증상에 대해 이야기하고 싶어 하지 않으며, 치료를 받지 않을 가능성이 높다.

    ㄴ. **호소적 유형(F > L, K, S)**: 자신의 문제나 증상, 정서적 고통을 인정할 가능성이 높음. 치료에 대한 동기도 높을 가능성이 크다.

⑦ 일반적으로 심리적 고통이 클수록 치료를 받아들일 가능성도 높으며 치료를 받는 데 드는 노력이나 불편을 견뎌내려고 할 것이므로 심리적 고통의 지표들을 확인할 필요가 있다.

⑧ 척도 4의 점수가 높을수록 자신의 고통/어려움에 대한 책임을 인정하려 하지 않으며 불쾌한 환경을 피하기 위해서만 치료에 동의하는 경향이 있다.

⑨ 2-7 / 7-2 코드타입[6]

정서적인 고통 때문에 치료에 동의하고 오랫동안 참여하는 경향이 있으며 느리지만 안정적인 진전을 기대할 수 있다.

🏋 심화학습

다면적 인성검사(MMPI)의 해석방식

1) MMPI 해석 방식

(1) 형태 해석(Configurational Interpretation)

① 임상척도 간 상관관계나 임상 증후 간 중복 때문에 피검자의 MMPI 결과는 몇 개의 척도가 동시에 하나의 형태를 이루면서 상승하는 경향이 있다.

② 형태 분석은 T점수가 65점 이상으로 상승된 임상척도들을 하나의 프로파일로 간주하여 해석하는 2-코드, 3-코드 방식이 있다.

③ 다시 말하자면 임상척도 가운데 척도 2와 척도 7이 T점수 65점 이상으로 상승되어 있으면 2-7코드형이 된다.

④ 또한 타당도 척도와 임상척도 가운데 의미 있게 점수가 상승하는 척도들을 묶어서 전체 형태로 보는 방식이 있다.

⑤ 그리고 전체 임상척도의 프로파일에 대한 형태적 분석방식도 있다.

⑥ 이러한 각 형태분석 방식은 서로 배타적이라기보다 보완적이며 단계적으로 진행하면서 해석할 수 있다.

(2) 내용에 근거한 해석(Content-based Interpretation)

MMPI에 대한 연구개발과 임상 적용을 프로파일들의 경험적 연구와 이를 근거로 한 내용적 해석을 강조한 것이며 내용 해석은 피검자가 검사 문항에 응답하는 과정에서 문항의 의미와 내용에 솔직하고 직접적으로 반응한다는 가정을 전제로 한다.

① 요인분석적 접근 MMPI 전체 문항들이나 특정척도에서 요인을 밝혀내는 접근인데, 그 대표적인 경우가 "불안", "억압" 척도로서, MMPI의 표준 임상척도 간 상관관계를 분석하여 요인척도 "A"(불안)와 "R"(억압)이 개발된 것이다.

② 내용해석에 대한 논리적 접근 논리적 분석에 따라 내용척도를 개발하려는 시도로 이루어졌으며 상승된 척도의 내용차원의 "의미"를 검토함으로써 척도에 대한 논리적이거나 직관적인 분석을 바탕으로 하여 이루어져야 한다.

③ 내용해석에 대한 '결정 문항' 접근

㉠ 이 접근은 피검자들이 문항에 대한 자신의 반응을 통해서 개인적인 문제를 드러낼 것이라는 가정을 전제로 하고 있으며, 어떤 문항들은 다른 문항들보다 더 중요하게 문제영역을 결정적으로 반영한다고 간주된다.

㉡ 이 방식은 단일 문항들의 낮은 신뢰도가 문제점으로 지적이 되지만 내용에 근거한 해석과정으로서 경험적인 해석 방법에 추가되고 있다.

(3) 특수척도의 해석(Special scale interpretation)

① 현재 MMPI에 대한 연구와 실시는 주로 타당도 척도, 임상척도, 내용척도, 그리고 다른 특정한 또는 실험적인 척도를 사용하고 있다.

② MMPI의 경우 지배성이나 편견과 같은 성격특성 혹은 행동특성을 측정하거나 약물남용이나 만성적 질병과 같은 다양한 증후군을 예측하려는 목적에 따라 부가적인 척도들이 개발되었다.

---

6) 코드타입(상승척도쌍)은 임상척도 중에서, 가장 높은 2개 혹은 3개의 척도(예 2-7, 1-3, 4-7, 2-4-9, 6-7-8), T점수가 65점 이상일 때 코드 타입으로 분류한다.

③ 이러한 부가척도 중 소수의 특정 척도는 널리 연구되고 임상적으로 활용되어 왔다. 자아강도 척도, 일반적 부작용, 불안측정 요인척도, 알코올 남용척도 등이 있다.

다면적 인성검사(MMPI)의 특수 척도 중 자아강도 척도 (ego strength scale)

1) 자아강도 척도(Es: Ego Strength scale)는 정신치료 성공 여부를 예측하기 위해 고안하였으며 개인의 전반적인 기능수준과 상관이 있다고 한다.

2) 높은 점수의 경우 효율적인 기능과 스트레스를 견디는 능력을 반영하며 개인들은 문제를 해결하는데 도움을 주는 심리적 자원(psychological resources)을 지니고 있다.

3) 자아강도(Es) 척도 - 68개 문항

   (1) 바론(Barron)은 환자들에게서 평정된 호전도와 의의 있게 높은 상관을 보이는 문항들을 골라내어 자아강도(Ego-strength) 척도라 명명하였다.

   (2) 성격 통합 능력이라는 일반적 요인, 즉 자아강도를 측정하는 것으로서 주로 신체적 기능, 사회적 회피성, 종교에 대한 태도, 도덕적 태도, 성격 적응능력, 공포 및 불안 등을 포함한다.

   (3) Es 척도가 높으면 자아강도가 높고, 치료가 진행됨에 따라 그 사람에게서 나타날 수 있는 자질이 있음을 의미한다.

   (4) Es 척도가 높은 환자들은 환경적인 스트레스를 크게 당면하고 있는 경우가 많고, Es 척도가 낮은 환자들은 만성적이며 성격적인 문제를 갖고 있을 가능성이 많을 것이라고 가정했다.

3) MMPI-2의 타당도 척도의 해석[7]

(1) 타당도 척도의 해석 1: '성실성'의 평가

① ? > 30점(원 점수): 전체결과가 무효일 수 있음

② VRIN > 80점(T점수)

의도적인 무선반응 가능성이 높으며 F 척도의 점수를 함께 고려해야 하며 F 척도가 상승했다면, 그 이유는 실제의 정신병리가 아닌 무선반응 때문일 가능성이 높기 때문이다.

③ TRIN > 80점(T점수)

의도적인 편향반응(고정반응) 가능성이 높으며 L, K, S 척도의 점수를 함께 고려해야 하는데 그 이유는 이들 척도는 '아니다'로 응답할 때 상승하는 경향이 있기 때문이다.

(2) 타당도 척도의 해석 2: '비전형성'의 평가

① F척도 상승의 의미, 즉 MMPI-2에서 비전형 반응을 하게 되는 이유(다른 사람들이 흔히 응답하지 않는 방향으로 응답하는가?)

② **무선반응**: VRIN 척도 고려

③ **고정반응**: TRIN 척도 고려

④ **부정왜곡**: F(p) 척도 고려

⑤ **심각한 정신병리**: 척도(F 척도)의 원래 목적에 부합함

---

7) **출처**: (주) 마음사랑

(3) 타당도 척도의 해석 3 : '방어성'의 평가

①L 척도의 모든 문항은 '아니다'로 응답한 경우[긍정 왜곡(faking-good)}에 채점된다.

②K, S 척도의 경우에도 '아니다'로 응답[긍정 왜곡(faking-good)}할 때 채점되는 경향이 크다.

③따라서, TRIN 척도와 함께 고려해야 한다.

④비 임상장면에서(특히 인사 선발, 보호관찰평가 등) 자신을 되도록 좋게 보일 필요성이 강할 때 상승하는 경향이 있다.

⑤K, S 척도와 함께 방어 성향을 탐지한다.

(4) ?(무응답, cannot say) 척도

원 점수	프로파일 타당성	점수 상승의 가능한 이유
30 이상	전체 결과가 무효일 수 있음	독해능력 부족, 심각한 정신병리 비협조적 태도, 강박적 태도
11~20	일부 척도들이 무효일 수 있음	선택적 문항 무응답
0~10	유효함	특정 피검자에게 적용되지 않는 문항

(5) L(부인, Lie) 척도

T점수	프로파일 타당성	점수 상승의 가능한 이유
80 이상	무효일 것임	긍정왜곡(faking good) 주로 '아니다'로 응답하는 경향
70~79	무효일 수 있음	긍정왜곡(faking good), 전통적인 성장배경 '아니다'로 응답하는 경향이 중간 정도
65~69	타당도가 의심스러움	지나친 긍정적인 자기표현
60~64	유효할 것임	세련되지 못한 방어
59 이하	유효할 것임	

(6) K(교정, Defensiveness) 척도

T점수	프로파일 타당성	점수 상승의 가능한 이유
75 이상	무효일 수 있음	긍정왜곡(faking-good) 주로 '아니다'로 응답하는 경향
65~74	무효일 수 있음	중간 수준의 방어성 '아니다'로 응답하는 경향이 중간 정도
40~64	유효함	
40 미만	무효일 수 있음	부정왜곡(faking-bad) 주로 '그렇다'로 응답하는 경향

(7) F(비전형, Infrequency) 척도

T점수	프로파일 타당성	점수 상승의 가능한 이유
80 이상	무효일 수 있음	무선반응/고정반응, 심각한 정신병리
65~79	과장된 것일 수 있음. 그러나 유효할 것임	문제를 과장하여 표현함
40~64	유효할 것임	
39 이하	방어적일 수 있음	문제를 부인하여 응답했을 수 있음

(8) F(B)(비전형-후반부, Back F) 척도

T점수	프로파일 타당성	점수 상승의 가능한 이유
90 이상	무효일 수 있음	무선반응/고정반응, 심각한 정신병리 증상 과장 응답, 응답 태도의 변화

(9) F(p)(비전형-정신병리, F-Psychopathology) 척도

T점수	프로파일 타당성	점수 상승의 가능한 이유
100 이상	무효일 수 있음	무선반응 부정왜곡(faking-bad)
70~99	과장된 것으로 보임. 그러나 유효할 것임	문제를 과장하여 표현함
69 이하	유효할 것임	

(10) VRIN(무선반응 비일관성, Variable Response Inconsistency) 척도

T점수	프로파일 타당성	점수 상승의 가능한 이유
80 이상	무효	독해능력 부족 혼란 / 반응 표기상 실수 의도적 무선 반응
65~79	유효함. 단 일부 비일관적 반응이 개입되어 있음	부주의, 집중력의 일시적 상실
64 이하	유효함	

(11) TRIN(고정반응 비일관성, True Response Inconsistency) 척도

T점수	프로파일 타당성	점수 상승의 가능한 이유
80T 이상	무효	'그렇다' 반응경향 강함
65T~79T	유효함. 단 프로파일이 부분적으로 '그렇다' 반응 경향에 영향 받음	부분적으로 '그렇다' 반응경향 있음
50~64(T or F)	유효함	
65F~79F	유효함. 단 프로파일이 부분적으로 '아니다' 반응 경향에 영향 받음	부분적으로 '아니다' 반응경향 있음
80F 이상	무효	'아니다' 반응경향 강함

(12) S(과장된 자기제시, Superlative Self-Presenta) 척도

T점수	프로파일 타당성	점수 상승의 가능한 이유
75 이상	무효일 수 있음	긍정왜곡(faking-good) 주로 '아니다'로 응답하는 경향
70~74	무효일 수 있음	중간 수준의 방어성 '아니다'로 응답하는 경향이 중간 정도
69 이하	유효함	

⚲ 심화학습

MMPI-2의 무응답 척도 해석법에 있어 주의할 점

1) 무응답 문항의 개수가 30개 이상이라면 검사결과 자체를 무효로 간주하지만, 결론을 내리기 전에 두 가지 사항을 신중하게 고려해야 한다.

2) 첫째, MMPI-2에서는 단축형 검사 실시를 쉽게 하기 위해서 원판 타당도 척도(L, F, K)와 임상척도들은 최초 370문항 안에 모두 배치하였기 때문에 대부분의 무응답 문항이 370번 문항 이후에 나타났다면, 단지 무응답 문항의 수가 많다는 이유만으로 전체 검사결과의 타당성을 의심할 필요는 없다.

3) 둘째, MMPI-2에서는 척도마다 전체 문항 중 몇 %의 문항이 응답되었는지를 표시해준다. 그래서 무응답 문항들이 각 척도에 실제로 영향을 미쳤는지, 영향이 있다면 어느 정도인지를 파악할 수 있다. 무응답 문항이 전체의 10% 이상인 척도는 해석을 해서는 안 된다.

4) V자형(L 척도와 K 척도 점수가 높고 F 척도 점수가 낮다.)

   (1) 바람직하지 못한 감정이나 충동 혹은 문제들을 회피하려 하며, 자신을 가능한 한 가장 좋게 보이려고 애쓰는 사람으로서, L, K 척도가 더 높아질수록 그런 경향이 더욱 강해진다.

   (2) 비교적 단순하고, 세상을 선과 악으로 양극단으로 보려는 경향을 보인다.

5) ∧형(삿갓형) : L 척도와 K 척도 점수가 낮고 F 척도 점수가 높다.

   자신의 신체적 및 정서적 곤란을 인정하고, 자신의 문제해결 능력에 자신이 없으며, 도움을 요청한다.

6) 부적 기울기(L > F > K) : ↘

   순박하고 덜 세련되어 있으나 좋게 보이려고 애쓰는 사람이나, 성공 못하고 신경증 척도 상승 경우 많고 자신의 문제를 인정하지 않으며 교육 수준이나 경제적 수준이 낮은 사람이다.

7) 정적 기울기(L < F < K) : ↗

   (1) 일상생활에서 당면하는 문제들을 해결할 수 있는 능력 있고 현재 갈등이나 스트레스를 겪지 않는 사람에게 나타난다.

   (2) 정교한 방어기제를 쓰고 있는 대학교육을 받거나 사회경제적 수준이 높은 사람, 좋게 보이려는 입사지원자에게서 보인다.

MMPI에서 긍정왜곡과 부정왜곡의 평가

반응문항	척도	긍정왜곡	부정왜곡
		'아니다'로 답하는 경향	'예'라고 답하는 경향
심리적 고통	F,F(b)	불인정	인정
방어성	L,K,S	높음	낮음
꾀병 가능성	F(p)	낮음	높음
무선반응	VRIN	낮음	높을 수 있음
고정반응	TRIN	높음(F)	높음(T)

3 임상척도의 해석

1) 임상척도의 프로파일 형태

(1) 표준적인 프로파일은 T점수 50점을 기준으로 하여 대체로 ±5의 범위 내에서 그려지게 된다.

(2) 척도가 T점수 30 ~ 70선의 범위 내에 있으면 대체로 통계적으로는 '정상'으로 보며 프로파일 전체가 이러한 범위 내에 있으면 그 수검자는 '정상'범위 내의 인성을 가진 것으로 해석된다.

(3) 그러나 정상범위라 하여도 T점수가 70에 가까울수록 정상범위에서의 일탈 정도가 심한 것으로 생각할 수 있으며, 70선을 넘을 경우에는 넘는 정도가 높을수록 이상 경향이 심하다고 볼 수 있다.

(4) T점수가 낮은 경우에는 일반적으로 높은 경우와는 달리, 소극적인 해석 경향을 보이고 있지만 척도에 따라서는 반드시 그렇지도 않으며 임상적으로는 정상의 범위를 65선과 35선의 범위로 보는 것이 좋을 것이다.

(5) 각 척도를 개별적으로 보는 것과는 달리, 검사에서 얻어지는 인성의 프로파일 형태는 개성의 표현으로 여러 가지 모양을 나타내기도 하는 것이므로, 이러한 프로파일을 유형화하여 보는 것도 판단에 도움을 줄 것이다.

(6) **정상형**

　① T점수 50선을 기준으로 하여 각 척도의 T점수가 ±5 이내에서 분포하는 형태가 통계적으로 가장 평균적인 모습을 보인다.

　② 임상적으로는 임상척도가 상한 55에서 하한 45의 범위 내에 각 척도가 분포하는 경우를 정상형으로 볼 것이다.

(7) **하강된 정상형**

　① 프로파일 전체가 대략 T점수 50 ~ 30범위 내에 있는 경우이다.

　② 형태의 배경을 이루는 특징은 최고점수의 척도가 일반인의 평균보다 그다지 높지 않을 것, 대부분의 T점수가 40선 또는 30선 부근에 있을 것 등이다.

　③ 이 같은 프로파일은 왜곡된 마음가짐 때문에 생기는 경우가 있으므로 해석 시에는 타당성 척도에 특별히 주의해야 한다.

(8) **경계선급형**

　대부분의 임상척도가 T 55이상의 값을 나타내고 몇 개의 척도는 70선 가까이에 육박하고 있는 모습을 말하며 임상적으로는 T 65선을 경계로 하는 것이 좋을 것이다.

(9) 고도상승형

2개 또는 3개의 척도가 현저하게 높고 기타의 척도는 중간 정도이거나 낮은 척도인 것을 포함한다.

(10) 신경증 3척도군

Hs, D, Hy의 3개 척도가 기타의 척도들보다 월등히 높은 형태를 말하며 3개 척도의 조합은 여러 가지가 있다.

(11) 정신병 4척도군

정신병적 징후와 관련이 있는 Pa, Pt, Sc, Ma의 4개 척도는 해석 시 하나의 범주로 묶어서 취급하면 편하며 Pa, Sc, Ma의 3개를 정신병 3척도군이라고도 한다.

(12) 비행성 성격척도군

Pd, Pa, Sc, Ma의 4개 척도군이 기타 척도보다 높은 형태를 취한다.

2) 개별 임상척도의 해석법 [오리지널 10가지의 임상척도를 중심으로]

(1) 척도 1: 건강염려증(Hypochondriasis, Hs)

① 높은 점수

ㄱ. 다양한 신체증상과 함께 만성적인 피로감, 통증, 무력감을 호소함

ㄴ. 자기중심적이고 외부세계에 대해 비관적이고 냉소적이며 스스로 불만스럽고 불행하다고 느낌

ㄷ. 신체증상을 통해 다른 사람을 조정하려고 하고 짜증나게 함

ㄹ. 의존적이고 미성숙한 경향이 있음

② 낮은 점수

ㄱ. 불특정한 신체적 증상이나 건강에 대한 걱정을 부인하는 사람

ㄴ. 보건직에 종사하는 사람이나 건강염려증 환자의 가족이나 병을 나약함과 동일시하여 부정적으로 생각하는 사람

ㄷ. 기민하고 낙천적이며 통찰력 있고 효율적임

(2) 척도 2: 우울증(Depression, D)

① 높은 점수

ㄱ. 불안하고 위축되며, 자신의 미래에 대해 비관적임

ㄴ. 어려운 문제를 해결해 나갈 자신감이 없고 자신은 쓸모없는 사람이라고 생각함

ㄷ. 말하기 거북해하고, 잘 울며, 기운이 없음

ㄹ. 혼자 있기를 좋아하며 간단한 결정도 내리기 힘들어하고 지나치게 자신을 억제하고 양보함

② 낮은 점수

지나치게 낮은 경우는 자신의 문제에 대한 부인이나 방어일 수 있고, 실제 이것이 그의 모습이라면 다른 사람으로부터 자제력이 부족하다는 평을 들으며, 때로 허세를 부리고 자기 과시적이어서 대인관계를 해치는 경우도 있음

(3) 척도 3 : 히스테리(Hysteria, Hy)

① 높은 점수
- ㄱ. 신체증상으로는 두통, 흉통, 무기력감, 심박항진, 급성불안, 발작 등이 많으며 스트레스와의 시간적 관계가 비교적 분명함
- ㄴ. 부인, 피암시성이 높고 신체적 증상을 통해 스트레스에 대처하거나 책임을 회피하려는 경향
- ㄷ. 미성숙하고 감정변화가 많으며, 자기중심적임
- ㄹ. 타인의 주의와 애정에 민감하고 이것이 채워지지 않으면 쉽게 기분이 상하지만 이를 직접적으로 표현하지는 않음

② 낮은 점수

대인관계에서 재치가 부족하고 인생이란 괴로운 것이라고 생각하며 냉소적인 태도를 가짐

(4) 척도 4 : 반사회성(Psychopathic Deviate, Pd)

① 높은 점수
- ㄱ. 충동성, 참을성 부족, 욕구좌절에 대한 인내심이 부족, 모험적, 경험으로부터 배우지 못함
- ㄴ. 권위나 규범에 대한 거부감, 분노감, 저항성
- ㄷ. 첫인상은 정력적이고 외향적이어서 좋을 수 있으나 오래 사귀면 무책임성, 신뢰성 결여 등을 알게 됨
- ㄹ. 주관적인 불안이나 우울감을 호소하는 것은 비교적 적음
- ㅁ. 이 척도가 나타내는 충동성은 반드시 행동이 외부적으로 표현되는 것을 의미하지는 않으며, 척도 8, 9가 같이 상승하면 비행률이 높고, 반대로 척도 1, 2, 7이 상승하면 비행률이 저하됨

② 낮은 점수
- ㄱ. 순응적, 수동적이고 비주장적이다. 타인들이 자기에게 어떻게 반응할 것인가에 관심이 많으며 대체로 대인관계에서 진실되고 신임이 두터움
- ㄴ. 자기 비판적이고 충고나 제안을 잘 받아들임
- ㄷ. 자기주장을 못하고 경쟁에 약하며 흥미범위가 좁고 독창적이거나 자발적인 면이 적음

(5) 척도 5 : 남성성 - 여성성(Masculinity - Feminity, Mf)

① 남성
- ㄱ. 높은 점수
  - 가. 광범위한 취미, 참을성이 많고 통찰력이 높으며 60 이상 상승한 경우 미술, 음악 등 심미론적 흥미가 많고 이는 교육수준과 비례함
  - 나. 행동특성으로는 공공연하고 직접적이기보다는 은밀하고 간접적으로 사물을 처리하는 성향
  - 다. 70 이상이면 성적 자아정체에 갈등, 자신의 남성적인 역할에 대하여 불안정하고 의존적이며 여성적인 행동을 보임
  - 라. 창조적이며 사회적 예민성, 따뜻한 감정

ㄴ. 낮은 점수

가. 강박적으로 남성적인 특성을 강조하는 경우 신체적인 힘이나 정력을 강조함

나. 공격적, 모험적, 거칠고 부주의함

다. 생각하기보다 행동하기를 좋아하고 흥미범위가 좁고 독창성이나 유연성이 없음

② 여성

ㄱ. 높은 점수

가. 여자로서 높은 상승은 드물며 여성으로서의 흥미에 관심이 없음

나. 공격적이고 불친절하고 경쟁적, 지배적임

다. 자유분방, 자신만만, 자발적

ㄴ. 낮은 점수

수동적이고 복종적이며 유순하며 극단적으로 낮은 경우 위축되고 자기연민에 빠져 있으며 흠잡기를 잘하고 의존적임

(6) 척도 6 : 편집증(Paranoia, Pa)

① 높은 점수

ㄱ. 명백한 정신병적 증상, 피해망상, 분노, 적개심, 원한

ㄴ. 의심이 많고 경계심이 많으며 지나치게 민감하고 논쟁을 많이 하고 남의 탓하기를 잘함

ㄷ. 주변의 떠도는 말이나 일어나는 일들을 특별히 자기를 겨냥한 것으로 생각함

ㄹ. 사소한 거부도 꼭 기억하며 경직성과 의심성 때문에 대인관계의 접촉이 어려움

② 낮은 점수

주로 '아니다'로 채점되는 순박성의 문항은 정상인의 경우 '그렇다'로 대답하는 경우가 많아서, 오히려 증상이 없이 단순하고 잘 속을 수 있는 사람은 중간 점수대를 얻을 것으로 보임

(7) 척도 7 : 강박증(Psychasthenia, Pt) = 정신쇠약증

① 높은 점수

ㄱ. 불안하고 긴장되며, 매우 사소한 일에 대해서도 걱정이 많고 겁이 많음

ㄴ. 자신감이 부족하고 긴장을 통제할 수 없는 상태가 된 사람들로 자의식이 강하고 완벽적이고 높은 행동기준을 요함

ㄷ. 대인관계에서 서투르고 타인의 반응에 민감하며 수줍음이 많음

ㄹ. 생각이 많고 이들의 생각은 불안정감이나 열등감에 집중됨

② 낮은 점수

ㄱ. 일반적으로 안정되고 자신만만한 사람

ㄴ. 정상적인 불안을 느끼지 못하고 동기가 부족하며 게으를 수 있음

(8) 척도 8 : 정신분열증(Schizophrenia, Sc) = 조현병

① 높은 점수

ㄱ. 정신병적 사고

ㄴ. 인간이면 갖추어야 할 근본적인 무엇이 결여된 듯한 경험, 소외감

ㄷ. 실제적인 대인관계보다 백일몽, 환상을 즐기고 열등감, 고립감, 자기불만감 경험

ㄹ. 자아정체감의 혼란, 괴팍함

ㅁ. 점수가 높아질수록 비논리적이며 주의집중력과 판단력의 장애 및 사고장애를 보임

② 낮은 점수

ㄱ. 순응적, 권위에 대해 지나치게 수용적임

ㄴ. 실용적인 현실주의자이며 사변적이고 철학적인 문제에는 별 관심이 없고 규칙적이고 짜여져 있는 것을 좋아함

ㄷ. 상상력이 부족하고 비창조적이며 세상을 자기와 다르게 지각하는 사람을 이해할 수 없음

(9) 척도 9 : 경조증(Hypomania, Ma)

① 높은 점수

ㄱ. 과잉활동, 정서적 흥분성, 사고의 비약

ㄴ. 경쟁적이고 말이 많고 자기도취적, 피상적인 사회적 관계, 화를 잘 내고 기분의 불안정

ㄷ. 외형적인 자신감과 안정에도 불구하고 이 척도가 높은 사람들은 자기가 인생에서 얻은 것에 대해 불만감이 많고 신경질적이며 긴장되고 안절부절 못하고 걱정이 많다고 말함

② 낮은 점수

ㄱ. 신뢰성 있고 성숙되며 남들이 보기에 겸손하고 진지함

ㄴ. 자신감이 부족하고 활동이 적으며 감정억제가 있음

ㄷ. 기운이 없고 의욕이 부족하며 비활동적임

ㄹ. 만성적인 피로감과 공허감을 호소함

(10) 척도 0 : 내향성(Social Introversion, Si)

① 높은 점수

ㄱ. 사회적 상황에서 불안하고 불편해짐

ㄴ. 자기억제가 심하고 감정표현을 못함

ㄷ. 관계형성에 냉담하고 자기비하적임

ㄹ. 내향적이고 수줍어하며 회피적임

ㅁ. 자신감이 부족하고 남의 눈에 잘 띄려하지 않음

② 낮은 점수

ㄱ. 외향적이고 사교적이며 사람을 좋아하고 다양한 사람과 잘 어울림

ㄴ. 활발하고 유쾌하고 말이 많은 편

ㄷ. 남 앞에 나서기 좋아하고 과시적이며 적극적이고 정력적이며 경쟁적 상황을 찾아 나섬

ㄹ. 충동억제가 부족하고 만족을 지연시키기 어려우며 다소 미숙함

ㅁ. 극단적으로 낮으면 피상적이고 진실한 친근성이 없고 변덕스럽고 다른 사람을 조정하고 기회주의적임

3) 임상척도의 형태적 해석 [상승 척도쌍(code type) - 코드타입]

(1) 임상척도 중에서, 가장 높은 2개 혹은 3개의 척도(예 2-7, 1-3, 4-7, 2-4-9 등)

(2) T점수가 65점 이상일 때 코드타입으로 분류

(3) 정의된(defined) 코드타입만 해석이 권장됨

(4) 척도 5와 0은 코드타입 분류에서 제외

4) 임상척도의 형태적 해석의 몇 가지 사례

(1) 1-2 / 2-1

신체형 장애, 수동·의존적, 모호한 신체증상 호소, 불안과 긴장 호소, 예민하고 신경질적이며 스트레스 상황을 신체적 증상을 통해 회피하고자 하나, 본인은 그에 대한 인식이 결여되어 있음

(2) 1-3 / 3-1

① 불안 억제의 노력이 효율적이지 못함

② 심리적인 문제를 회피하기 위해 신체적인 증상을 이용, 자신의 증상에 대한 불편감을 경험하지 않음

③ 1-3 형태에서는 건강염려증적 성향과 좀 더 관련되며 3-1형태는 히스테리적 전환증상과 좀 더 관련됨

④ 방어기제는 주로 부인, 억압, 전환 등이며 자기도취적, 이기적, 의존적, 미성숙함, 불안정감, 강한 애정욕구와 애정욕구 좌절 시 강한 분노감 경험, 분노의 과잉 억압과 피상적인 태도, 공감능력의 결여, 간접적인 분노의 표출 등의 특징을 지님

(3) 1-4 / 4-1

알코올리즘이 많으며, 짜증과 잔소리가 많고 비관적이며 불평, 불만이 많고 불안하고 우유부단함과 건강염려 증적 특성

(4) 1-9 / 9-1

① 여러 가지 신체적 증상을 보이며 높은 활동수준과 불안 경험, 긴장, 안절부절, 포부는 크나 확고한 목표가 없고 좌절감이 많음

② 외견상 외향적이고 공격적이지만 근본적으로 수동-의존적이고 자신의 동기에 대한 인식이 부족함

(5) 2-3 / 3-2

① 감정표현 불능증, 우울증, 히스테리적 방어기제가 제대로 작용하고 있지 않음

② 무감각, 무력감, 통제가 너무 심하며 만성적 문제에 적응되어 변화에 저항하고 불행을 참고 견디는 경향이 있음

③ 타인으로부터 보호본능을 유발시키는 경향, 사소한 비판에도 쉽게 상처를 받음

(6) 2-4 / 4-2

① 외적 상황에 의해 우울증을 겪는 경우(구속, 구금, 제한 등) 어떤 불법행위로 구속된 경우 일시적인 우울증을 나타내지만, 이러한 상황을 모면하면 바로 우울증상은 사라짐

② 범법행위 없이 만성적으로 우울감 경험 가정적 문제, 결혼생활의 갈등 등 아무 희망도 없게끔 만드는 외적 환경에 대한 심리적 고통 경험, 자기연민에 빠지거나 타인을 원망함

③ 청소년 집단은 권위적 대상 거부, 가출, 약물사용, 자살시도 등으로서 우울감을 벗어나려는 성향

(7) 2-6 / 6-2

① 우울감이나 분노를 타인에게 노골적으로 표현할 뿐 아니라 자신에게도 향해있을 정도로 강함

② 대인관계에서 소외되는 경향, 만성적인 성격특성

(8) 2-7 / 7-2

① 주관적 고통이 심함, 사소한 일들에도 예민하게 반응하며 스트레스를 경험, 문제해결능력에 자신감이 없으며 위축되고 만성적 긴장 경험

② 기능수준의 저하, 우울증, 인정욕구는 강하나 거부에 몹시 민감하며 자신에 대한 기대수준은 높지만, 그러한 수준에 못 미치면 자책, 자신에 대해 비관함, 우유부단하며 자신감이 없고 자발적이지 않으며 융통성이 없음

③ 심리치료에 대한 동기가 강하며, 치료예후가 비교적 좋음

> 1) 2-7-3 온순하고 수동적이며 의존적인 대인관계에서 가장 편안함을 경험, 불안 신경증이 많으며, 우울증이 기저에 잠재하고 있음
> 2) 2-7-4 만성적이고 뿌리 깊은 우울증, 자기경시적 태도, 자신의 약점이나 부적절성을 부각시킴으로써 다른 사람으로 하여금 우월감을 느끼게 만듦. 실패에 대해 지나친 두려움, 열등감, 자포자기 성향, 우울증, 수동-공격적 성향, 알코올리즘
> 3) 2-7-8 만성적이고도 다양한 신경증적 증상, 뿌리 깊은 양가감정, 사교기술 부족, 애정욕구는 강하나 그것을 충족시킬 수 있는 방법을 알지 못하며, 긴장과 불안수준이 높고 수줍어하고 강한 부적절감을 경험, 회피적, 내향적, 불안증, 강박증, 정신분열증

(9) 2-8 / 8-2

① 불안, 초조, 긴장, 안달하는 느낌

② 수면 곤란, 주의집중 곤란, 혼란된 사고, 잦은 망각(인지기능의 감퇴/저하)

③ 맡은 일을 효율적으로 완수하지 못함

④ 사고 및 문제해결 양상이 독창적이지 못함

⑤ 쉽게 화를 내고, 대부분의 시간동안 분노를 품고 지냄

(10) 2-0 / 0-2

우울증에 적응되어 있으며 변화에의 동기가 없으며, 직접적인 사회적 기술훈련이 필요함

(11) 3-4 / 4-3

① 만성적 분노, 적대적·공격적 충동을 품고 있으나, 적절한 방식으로 표현하지 못함

② **자신의 행동의 원인과 결과에 대한 통찰 결여** : 타인에 대한 과도한 비난, 책망

③ 관심·인정을 갈망하면서도, 타인에게 냉소적이고 의심하는 경향

④ 폭음, 폭발적 행동 이후에 자살시도

⑤ 성격장애, 특히 수동 – 공격성 성격장애, 물질남용/의존 보임

(12) 3-6 / 6-3

만성적인 분노와 적개심을 부인, 합리화하려고 노력하지만 타인에게 잘 드러남

(13) 4-5 / 5-4

① 비순응적이며, 강한 의존욕구를 가지고 있지만 지배당하는 것을 두려워하기도 함.

② 동성애적 충동을 많이 느낄 수 있음.

(14) 4-6 / 6-4

① 자기 도취적, 자기중심적, 충동 억제력이 부족하고 폭발적으로 반응할 소지가 있음

② 분노수준이 높고 비난에 대한 예민성과 의심성이 합해져서 폭력행사의 가능성 있음

③ 분노의 원인을 항상 외부에 투사시키며, 깊은 정서적 관계형성을 회피함, 성격장애와 정신분열증 망상형 가능성

(15) 4-7 / 7-4

① 자신의 행동이 초래할 결과에 무관심하게 신경을 쓰지 않는 기간과 그 행동이 타인에게 미칠 영향을 지나치게 걱정하는 기간을 번갈아 반복

② 일탈행동/방종행동의 시기가 지난 다음, 죄책감을 느끼며 자신을 비난하는 시기 도래

(16) 4-8 / 8-4

① 반사회적 인격장애, 정신분열형 인격장애, 정신분열증

② 사회에 대해 회피 또는 공격적으로 반응하지만 애정욕구는 강하고 뿌리 깊은 불안정성을 가짐

③ 기분 변동이 심하고 예측불허, 충동적인 행동을 보임

④ 외모나 행동에서 기이한 인상을 주고, 판단력 부족에서 잔인하고 기이한 행동을 저지를 가능성이 높음

(17) 4-9 / 9-4

반사회적 인격장애, 행동장애를 보임

(18) 6-8 / 8-6

① 가장 두드러진 특징은 정신분열증(망상형), 망상형 장애, 정신분열성 인격장애, 편집증적 성향과 사고장애
② 주의집중 곤란 및 지속적 주의력 곤란 호소, 판단력 장애, 심한 스트레스 상황에서 긴장과 우울증상, 친밀한 대인관계 회피, 사회적 고립, 의심성과 불신감을 보임
③ 실제로 정신병을 앓고 있지 않더라도 만성적이며 심한 부적응자
④ 체계화된 망상을 보이며 비현실감을 호소하고 많은 시간을 백일몽과 환상 속에서 보냄

(19) 6-9 / 9-6

① 정신분열증(망상형), 적응장애, 인격장애, 양극성 장애 등, 기분이 고양되어 있고 말이 많으며 공격적이고 적개심을 나타냄
② 감정을 적절히 조절해서 적응적으로 표현할 줄 모름
③ 사소한 스트레스에도 과도한 반응을 보임
④ 심하면 환상세계로 도피, 판단력의 장애, 투사가 주된 방어기제

(20) 7-8 / 8-7

① 만성적으로 걱정 많고 긴장되고 예민하며 안절부절하고 우울함
② 심한 주의집중 곤란, 판단력 장애, 내성적, 과잉 사고형, 타인과의 친밀한 대인관계 형성 곤란, 열등감, 신경증, 정신분열증, 다양한 증상을 보이는 초기 장애 진행 중인 환자

(21) 8-9 / 9-8

양극성 장애, 정신분열증, 망상과 정서적 부적절성, 환각, 심한 병적 현상, 사고와 행동 면에서 상당한 퇴행의 인상을 주며, 행동이 예측불허하고 정서적으로 흥분하기 쉽고 적대적, 충동적, 거부적임, 현실 검증력의 어려움

☞ 심화학습

다면적 인성검사(MMPI)의 타당도 및 임상척도 해석 시 고려사항

1) 각 타당도 및 임상척도에 대한 환자의 점수를 검토하는 일이다.

각 척도마다 상담사는 이 점수가 이 특성 환자에게 있어서 정상 범위에 속하는 것인가 아니면 비정상 범위에 속하는 것인가? 그리고 각 척도에 대한 이 범위의 점수가 무엇을 의미하는가를 잘 생각해보아야 한다.

2) 척도별 연관성에 대한 분석이다.

각 점수가 의미하는 바와 있을 수 있는 가설들을 종합하여 상담사는 어느 특정척도의 점수를 근거로 하여 다른 척도들에 대한 예측을 시도해야 한다.

3) 척도 간의 응집 또는 분산을 찾아보고, 그에 따르는 해석적 가설을 형성하는 일이다.

두 개 척도 간의 관계만을 대상으로 하는 해석법으로 만일 고려의 대상이 되는 두개 척도가 가장 높거나 또는 가장 비정상적인 임상척도들이라면 MMPI 해석체계의 핵심인 상승척도 쌍의 분석을 사용할 수 있다.

4) 매우 낮은 임상척도에 대한 검토이다.

낮은 점수에 주의를 기울이는 것이 그 환자가 방어하려 하고, 나타내 보이지 않으려고 하는 행동의 종류를 알 수 있는 방법이라고 주장하기도 한다.

5) 타당도 및 임상척도에 대한 형태적 분석이다.

대표적인 방법으로 세 쌍을 동시에 고찰하는 방법이 있다.

6) 전체 프로파일에 대한 형태적 분석이다.

전체적 형태분석에서 주로 고려하게 되는 프로파일의 특징은 척도들의 상승도, 기울기 및 굴곡이다.

🗀 기출문제 확인학습

MMPI – 2의 척도에 관한 설명

1) FBS : 2011년 7월부터 MMPI-2 타당도 척도 상에서 증상 타당도 척도(Symptom Validity, FBS)가 추가되었다. FBS(증상 타당도) 척도는 원래 부정왜곡 척도(Faking Bad Scale)로 개발되었으나, 척도 해석에 이론의 여지가 있어 현재 증상타당도 척도로 불린다. 이 척도는 개인적 상해소송 맥락에서의 꾀병을 탐지하기 위해 Lees-Haley 등에 의해 합리적인 방식으로 선정된 43문항으로 구성되어 있다.[8]

2) TRIN : 모든 문항에 대해 '그렇다' 또는 '아니다'로 반응하는 경향을 탐지

3) 척도 9 : 심리적 에너지와 열정, 활력, 과장된 자기지각 경향을 측정

4) 척도 0 또는 억압척도(보충척도) : 대인관계 상황에서 수줍음, 직업에 대한 흥미를 측정

5) 척도 1 : 신체기능에 대한 과도한 불안과 집착, 염려하는 경향을 측정

---

8) 임상심리검사의 이해 2판, 학지사

제3절 | 성격검사

1 성격의 기본차원

1) 성격의 의미

    (1) 성격은 겉으로 드러난 각종 사인(sign)을 관찰하여 그것으로부터 추론하여 추상화한 것으로 우리 안에 있는 어떤 가설적인 구조 또는 조직체이다.

    (2) 성격은 개인차가 있다.

    (3) 성격을 제대로 이해하기 위해서는 그 사람의 성장 역사, 생활사, 발달사를 살펴볼 필요가 있다.

    (4) 성격은 고정된 조직체이다.

2) 성격검사의 종류

(1) 투사형 검사

주제통각검사(TAT : Thematic Apperception Test), 로샤검사(Rorschach's Ink - blot Test) 등

(2) 자기보고형 검사

캘리포니아 성격검사(CPI : California Psychological Inventory), 미네소타 다면 인성검사(MMPI : Minnesota Multiphasic Personality Inventory) 등

3) 성격검사 개발 방법

(1) 논리적·이론적 방법

① 어떤 이론이나 모델을 바탕으로 검사문항을 구성하는 연역적 방법이다.

② 특정 성격이론이 제시하는 심리적 구인을 측정하기 위한 문항을 개발하고 검사결과가 이론과 일치하는지 구인타당도를 산출한다.

③ 잭슨(Jackson)의 성격조사 검사와 MBTI(Myers- Briggs Type Indicator)가 있다.

(2) 준거집단 방법

① 실제 임상자료를 바탕으로 성격검사를 개발하는 경험적 방법이다.

② 예를 들어, 임상적으로 정신분열증으로 진단된 사람에게서 특징적으로 나타나는 성격특성을 표집하여 검사문항을 구성한 후 정상적 집단의 사람에게 실시하여 이 두 집단을 지속적으로 잘 구별해주는 문항을 추려내어 검사를 제작하는 것이다.

③ MMPI(Minnesota Multiphasic Personality Inventory) 등이 있다.

(3) 요인분석 방법

① 성격특성을 기술하는 문항을 개발하여 요인분석이라는 통계분석방법을 사용하여 성격요인을 추출하고 그에 해당하는 문항들로 검사를 구성하는 것이다.

② 대표적인 검사로는 커텔(Cattell)의 16성격 요인검사(sixteen Personality Factors), NEO-PI 검사 등이 있다.

2 객관적 성격검사 사용의 유의사항

1) 심리검사 선정 시 유의사항

(1) 심리평가의 목적을 분명히 하여 목적에 맞는 적절한 검사를 선정한다.

(2) 표준화된 검사의 경우 반드시 신뢰도와 타당도를 검토한다.

(3) 검사의 실용성을 고려하는 것이 요구되는데, 이는 시행과 채점의 간편성, 시간, 경제성 등을 말한다.

2) 심리검사 실시 전 유의사항

검사의 목적 또는 검사의 이유, 결과의 용도, 누가 이 결과를 보게 되는가, 그리고 결과의 비밀보장 등에 관하여 솔직하고 성실하게 설명해 주고, 그 밖에 검사에 대한 제반 질문에 친절하게 답변하여 주는 일이 피검사자의 협조를 얻는데 대단히 중요하다.

3) 심리검사 실시 후 유의사항

피검사자에게 방해되지 않게 한두 번 정도 검사진행을 확인할 필요가 있으며, 특히 정신혼란이 있기 쉬운 피검사자일 경우에는 답지를 정확히 기재하는가를 확인할 필요가 있다.

3 검사의 활용

1) 마이어-브리그스 유형 지표[9] (MBTI, Myers-Briggs Type Indicator)

(1) 우리 각자가 가지고 태어난 선천적인 경향을 알아보고자 하는 것이다.

(2) 4개 차원(세상에 대해 어떤 태도를 갖는가, 무엇으로 인식하는가, 어떻게 결정하는가, 채택하는 생활양식은 무엇인가)으로 응답자를 분류(외향 / 내향, 감각 / 직관, 사고 / 감정, 판단 / 인식)한다.

(3) 현재 직업 불만족의 이유를 탐색하며 직업대안 및 적합한 직업 환경 탐색 및 직업을 좋아하는 이유 제시 등에 활용한다. - 직업적 차원에서

---

9) 융(C. Jung)의 성격유형이론을 차용한 지표이다.

마이어 – 브리그스 유형 지표 (MBTI)

1) MBTI는 마이어 – 브리그스 유형지표(The Myers – Briggs Type Indicator)의 약어이다.

2) 융(C. G. Jung)의 심리유형론을 근거로 하는 심리검사이다.

3) 1921 ~ 1975년에 브릭스(Katharine Cook Briggs)와 마이어(Isabel Briggs Myers) 모녀에 의해 개발되었다.

4) 개인이 쉽게 응답할 수 있는 자기보고 문항을 통해 각자가 인식하고 판단할 때 선호하는 경향을 찾아낸 뒤, 그 경향들이 행동에 어떤 영향을 끼치는가를 파악하여 실생활에 응용한다.

5) 성격유형은 모두 16개이며 외향형과 내향형, 감각형과 직관형, 사고형과 감정형, 판단형과 인식형 등 4가지의 분리된 선호경향으로 구성된다.

6) 선호경향은 교육이나 환경의 영향을 받기 이전에 잠재되어 있는 선천적 심리경향을 말하며, 각 개인은 자신의 기질과 성향에 따라 각각 네 가지의 한쪽 성향을 띠게 된다.

2) 마이어-브리그스 유형 지표(MBTI)의 네 가지 양극차원

(1) 세상에 대한 일반적인 태도(관심의 방향)

① **외향형**(E) : 사람과 사건들과 같은 외부세계에 관심이 있는가?

② **내향형**(I) : 관념과 내적 반응 같은 내부세계에 관심이 있는가?

(2) 지각적 또는 정보 수집적 과정

① **감각형**(S) : 정보를 오감(五感)을 통해 수집하고 사실과 자료에 초점을 맞추는가?

② **직관형**(N) : 직관을 거친 개연성과 육감(肉感)에 초점을 맞추는가?

(3) 정보 사정 스타일

① **사고형**(T) : 논리와 이성에 의거해서 정보를 사정하는가?

② **감정형**(F) : 개인의 가치에 따라 다른 사람에 대한 영향을 고려하면서 정보를 사정하는가?

(4) 의사결정 속도

① **판단형**(J) : 일을 종결하기 위해서 신속하고 확고한 의사결정을 하는가?

② **지각형**(P) : 정보를 더 수집하기 위하여 의사결정을 미루는가?

📂 실력다지기

MBTI의 선호 축

1) 외향 (I: Extraversion) / 내향(I: Introversion)

   • 주의집중의 방향과 에너지의 원천에 따라 구분됨

2) 감각 (S: Sensing) / 직관(N: iNtuition)

   • 정보수집(인식)기능에 따라 구분됨

3) 사고 (T: Thinking) / 감정(Feeling)

   • 의사결정(판단)기능에 따라 구분됨

4) 판단 (J: Judging) / 인식(Perceiving)

   • 행동(생활)양식에 따라 구분됨

📂 기출문제 확인학습

MBTI의 선호도별로 본 직업선택에 대한 기대

1) 외향성 : 사람들과 협력하여 밖에서 활동하는 일을 좋아한다.

2) 내향성 : 혼자서 조용히 집중할 수 있는 일을 원한다.

3) 감각형 : 세밀하게 주의와 관찰을 요하는 일을 잘한다.

4) 직관형 : 새로운 문제를 해결할 수 있는 일을 좋아한다.

5) 사고형 : 논리적 질서, 사상, 숫자, 물리적 대상과 관련된 일을 좋아한다.

6) 감정형 : 사람들에게 봉사하고 작업환경이 조화롭고 마음에 드는 일을 원한다.

7) 판단형 : 체계적이고 단계적인 일을 좋아한다.

8) 인식형 : 변화하는 상황에 적응하고, 상황을 이해하는 일을 좋아한다.

직업과 MBTI 선호도[10]

1) 외향성과 내향성의 직업선택을 파악하기 위한 일 처리 경향

외향성	내향성
• 변화와 행동을 좋아함	• 집중을 위해 조용한 분위기를 좋아함
• 급하게 일을 처리하는 경향이 있음	• 주의 깊게 일을 처리하는 경향
• 인사를 쉽게 잘함	• 이름과 얼굴을 기억하기 힘들어함
• 느리게 진행되는 일들을 못 참음	• 오랜 시간동안 한 가지 일을 수행함
• 일한 결과에 관심이 많음	• 일 뒤에 남는 관념에 관심이 많음
• 업무 시 전화응답도 상관없음	• 업무 시 전화방해를 싫어함
• 때론 생각하지 않고 행동함	• 행동하기 전에 많이 생각함
• 주위에 사람들이 있는 것을 좋아함	• 혼자 만족해하며 일을 함
• 자유롭게 의사소통을 함	• 의사소통 하는 데 불편해함

---

10) 고익한(1998), MBTI를 통해 분석한 독어독문학과 학생들의 성격유형과 진로지도 방안 모색, 독일언어문학연구회, 재인용

2) 감각형과 직관형의 직업선택을 파악하기 위한 일 처리 경향

감각형	직관형
• 해결법이 없는 문제를 싫어함 • 순서에 맞춰 일하기를 좋아함 • 배운 기술을 사용하길 즐김 • 현실적인 생각을 가지고 일함 • 단계적으로 결론에 도달함 • 틀에 박힌 일들을 잘 견딤 • 일이 복잡해지는 것을 못 견딤 • 육감, 영감을 탐탁지 않게 여김 • 사실에 대해 실수하는 일이 없음 • 정확성을 요하는 일을 잘함	• 새로운 문제를 푸는 것을 좋아함 • 반복되는 일을 싫어함 • 새로운 기술을 배우길 즐김 • 그 때 그 때에 따라 일 처리함 • 신속하게 결론에 도달한다. • 틀에 박힌 일들을 못 견딤 • 복잡한 상황을 잘 견딤 • 육감과 영감을 따름 • 종종 사실에 대해 실수를 함 • 정확성을 기하는 일을 싫어함

3) 사고형과 감정형의 직업선택을 파악하기 위한 일 처리 경향

사고형	감정형
• 쉽게 감정을 드러내지 않음 • 생각 없이 남의 감정을 상하게 함 • 분석하고 논리적인 것을 좋아함 • 결정을 내릴 때 비(非)개인적임 • 공평하게 대우받기 원함 • 필요하면 사람들을 해고함 • 사람들의 생각에 논리적 반응을 함 • 의지력이 강한 경향이 있음	• 사람과 사람의 감정을 잘 암 • 남의 기분을 맞추는 것을 즐김 • 조화를 좋아함 • 결정을 내릴 때 정에 영향을 받음 • 때때로 칭찬이 필요함 • 남이 싫어하는 것은 이야기하지 않음 • 사람들의 가치에 보다 쉽게 반응함 • 동정(동감)적인 경향이 있음

4) 판단형과 인식형의 직업선택을 파악하기 위한 일 처리 경향

판단형	인식형(지각형)
• 계획된 일을 잘함 • 일을 완결하고 끝내는 것을 좋아함 • 너무 빨리 일을 결정지을 수 있음 • 현재의 계획에 충실함 • 새로운 일에 관심을 갖지 않음 • 필요한 조건만 가지고 일을 원함 • 한번 내린 결정에 만족해함	• 변화되는 상황에 잘 적응함 • 다른 일도 대치되는 것을 개의치 않음 • 결정 내리는 것을 힘들어 함 • 많은 일들을 시작하나 끝내지 못함 • 마음에 내키지 않은 일을 미룸 • 새로운 일에 대해 알기를 원함 • 새로운 사실을 좋아하며 호기심을 가짐

MBTI 검사의 4가지 심리적 기능의 해석

1) SF 유형

- 인간적인 따뜻함을 가지고 있다.
- 응집력이 있는 작업관계를 만드는 능력이 있다.
- 사람들에게 관심이 있으며 그들을 위해서 일을 할 것이다.
- 사람들을 지원하고 도와주는데 익숙하다.
- 집단과정을 촉진시키는데 익숙하다.
- 기꺼이 경청하고 상담하고 타협한다.
- 사회적으로 그리고 대인관계에 대해서 잘 알고 있다.
- 타인에 대한 고마움과 칭찬을 기꺼이 그리고 쉽게 할 수 있다.

2) ST 유형

- 과제를 조직하고 지시하고 완성할 수 있다.
- 능률적이고 실질적이며 신뢰롭다.
- 그의 판단에 있어서 객관적이며 논리적이고 비개인적이며 공정하다.
- 정확하고 올바른 것을 좋아한다.
- 잘 정의된 또 연습이 잘 된 일을 수행한다.
- 바로 '회사를 위한 사람'이다.
- 사실과 이전의 경험을 가장 잘 다루는 사람이다.

3) NT 유형

- 자료를 조직하고 통합하는 능력
- 어려운 과제를 수행하는데 있어 인내할 줄 알고 지속적이다.
- 장기적인 계획을 세우고 해야 할 일을 구조화하고 조직의 목표를 달성하는 능력이 있다.
- 판단에 있어 객관적이며 편파적이지 않고 비개인적이다.
- 능력과 완벽을 추구한다.
- 이전에 배운 것을 새로운 상황에 적용하는 능력이 있다.

4) NF 유형

- 다른 사람들에게 필요한 변화에 대한 열정과 몰입을 이끌어내는 능력이 있다.
- 변화를 필요한 것으로 인식하며, 새로운 아이디어, 비범한 것, 비논리적인 것에도 개방적이며 전통의 구애를 받지 않는다.
- 사실과 세부사항들을 해석하여 보다 광범위한 사실로 수렴하는 능력이 있다.
- 다양한 방법으로 그리고 탐색적인 방법으로 과제에 접근한다.
- 규칙이나 지시가 최소한으로 있는 다소 애매하고 불분명한 상황에서도 편안한 마음으로 일을 한다.
- 인간의 복지문제를 해결하는데 관심이 있다.
- 계획을 완수하지 못하거나 문제를 현실적으로 다루는데 어려움이 있다.

ST 실제적 사실적	• 능률적이고 실질적이며 신뢰감을 준다. • 판단에 있어서 객관적이며 논리적이고 비개인적이며 공정하다. • 구조화된 환경을 선호하며, 정확하고 올바른 것을 좋아한다. • 과제를 조직하고 지시하고 완성할 수 있다. • 반면 매우 지시적이고 타인의 욕구를 무시한다.
SF 동정적 우호적	• 인간적인 따뜻함을 가지고 있다. • 사람들에게 관심이 있으며 그들을 위해서 일을 할 것이다. • 사람들을 지원하고 도와주는데 익숙하다. • 집단과정을 촉진시키는데 익숙하다. • 기꺼이 경청하고 상담하고 타협한다. • 다른 사람에 의하여 쉽게 상처를 받고 지나치게 감정적이다.
NF 열정적 통찰적	• 다른 사람들의 변화에 대한 열정과 몰입을 이끌어 내는 능력이 있다. • 변화를 필요한 것으로 인식하며, 새로운 아이디어, 비범한 것, 비논리적인 것에도 개방적이며 전통의 구애를 받지 않는다. • 다양한 방법으로 그리고 탐색적인 방법으로 과제에 접근한다. • 규칙이나 지시가 최소한으로 있는 다소 애매하고 불분명한 상황에서도 편안한 마음으로 일을 한다. • 인간의 복지문제를 해결하는데 관심이 있다. • 계획을 완수하지 못하거나 문제를 현실적으로 다루는데 어려움이 있다.
NT 논리적 창의적	• 자료를 조직하고 통합하는 능력 • 어려운 과제를 수행하는데 있어 인내할 줄 알고 지속적이다. • 판단에 있어 객관적이며 편파적이지 않고 비개인적이다. • 이전에 배운 것을 새로운 상황에 적용하는 능력이 있다. • 지나치게 비판적이다. 욕구와 감정이 둔하다. • 협동적으로 일하는 능력이 부족하다.

☞ **심화학습**

에니어그램[11]

1) 에니어그램

에니어그램(Enneagram)은 사람을 9가지 성격으로 분류하는 성격 유형 지표이자, 인간이해의 틀이다. 희랍어에서 9를 뜻하는 애니어(ennear)와 점, 선, 도형을 뜻하는 그라모스(grammos)의 합성어로, 원래 '9개의 점이 있는 도형'이라는 의미이다.

2) 9가지 유형

9가지 유형	특징	힘의 중심[12]
2유형(조력가)	타인에게 도움을 주려는 사람	가슴 (감정중추)[13]
3유형(성취자)	성공을 추구하는 사람	
4유형(예술가)	특별한 존재를 지향하는 사람	
5유형(사색가)	지식을 얻어 관찰하는 사람	머리 (사고중추)[14]
6유형(충성가)	안전을 추구하고 충실한 사람	
7유형(낙천가)	즐거움을 추구하고 계획하는 사람	
8유형(지도자)	강함을 추구하고 주장이 강한 사람	장 (본능중추)[15]
9유형(중재자)	조화와 평화를 바라는 사람	
1유형(개혁가)	완벽함을 추구하는 사람	

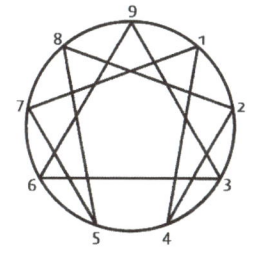

[에니어그램의 상징]

3) 도형

에니어그램의 상징은 세 가지 도형이 합쳐진 형상으로 이루어져 있다.

(1) 원

원은 하나의 선으로 이루어진 도형으로, 조화와 통일성을 의미하며, 모든 것은 한 가지로 귀결된다는 1의 법칙을 내포한다. 9가지 성격유형은 하나로 통합됨을 상징적으로 표현하고 있다.

---

11) **한국에니어그램교육연구소 홈페이지**(http://www.kenneagram.com), 위키백과 참조

12) 힘의 중심은 에니어그램의 성격유형을 나누는 가장 기본적인 기준이다.

13) 감정과 정서 중추. 과거중심적이며 심장을 비롯한 순환계에 무게중심이 있다.

14) 사고와 논리 중추. 미래중심적이며 뇌와 신경계에 무게중심이 있다.

15) 본능과 습관 중추. 현재중심적이며 식도에서 항문에 이르는 하복부와 소화계에 무게중심이 있다.

(2) 삼각형

9 - 6 - 3 … 으로 이어지는 삼각형은 3가지 힘이 균형을 이룰 때 가장 완벽해진다는 3의 법칙을 내포하며 이는 에니어그램의 삼분법을 의미한다. 3의 법칙으로써 이상적인 인간상에 다다를 수 있다는 것을 표현하고 있다.

(3) 헥사드(Hexad)

1 - 4 - 2 - 8 - 5 - 7 … 로 이어지는 이 도형은 헥사드라고 불린다. 헥사드는 방향성과 연속성을 의미하며, 9가지 성격유형이 항상 상호작용하고 변화한다는 것을 표현하고 있다.

📁 기출문제 확인학습

클로닝거(C. R. Cloninger)의 심리생물 인성모델(7가지의 기본척도)에서 기질과 성격의 구조 및 특징 – TCI (Temperament and Character Inventory)[16]

1) 기질은 자동적으로 일어나는 정서적 반응성향 행동조절 시스템에 대한 기초 신경시스템의 발달양상으로 유전적 요인이며 기질척도[17]로는 4개의 척도가 있는데 ① 자극추구, ② 위험회피, ③ 사회적 민감성, ④ 인내력이다.

   (1) 자극추구 척도

   새로운 자극, 보상 단서에서 행동의 활성화와 처벌과 단조로움을 적극적으로 회피하려는 유전적 성향에서의 개인차를 알 수 있다.

   (2) 위험회피

   처벌이나 단서 앞에서 수동적인 회피성향, 행동이 억제되거나 이전의 행동이 중단되는 유전적 성향에서의 개인차를 알 수 있다.

   (3) 사회적 민감성

   행동특성 중 사회적 보상 신호에 민감하게 반응하는 유전적인 경향성을 알 수 있다.

   (4) 인내력

   한번 보상된 행동을 일정한 시간 동안 꾸준히 지속하려는 성향이 있는지에 대해 알 수 있다.

2) 성격은 체험하는 것에 대한 개인적 해석과의 관계, 자기개념의 발달과 관련 기질과 환경의 상호작용의 결과이다. 성격척도에는 3개의 척도가 있는데 ① 자율성, ② 연대감, ③ 자기초월이다.

   (1) 자율성

   자신이 선택한 목표와 가치를 이루기 위하여 자신의 행동을 상황에 맞게 통제, 조절, 적응시키는 능력을 나타내준다.

   (2) 연대감

   사회의 한 일부분으로서의 자기로서, 타인에 대한 수용 능력 및 타인과의 동일시 능력에서의 개인차를 말해준다.

   (3) 자기초월

   우주의 일부로서의 자기로 우주만물과 자연을 수용하고 동일시하며 이들과 일체감을 느끼는 능력에서의 개인차를 말해준다.

3) TCI 프로파일 해석 - 개별 척도의 해석

---

16) TCI는 기존의 다른 인성검사들과는 달리, 한 개인의 기질과 성격을 구분하여 측정할 수 있다는 데 큰 장점이 있으며, 기질과 성격의 분리로인해서, 인성 발달에 영향을 미친 유전적 영향과 환경적 영향을 구분하여 인성 발달 과정을 이해하는 것이 가능하다.

17) 기질척도로 8가지의 기질을 구분할 수 있는데, 모험적 기질, 열정적 기질, 예민한 기질, 폭발적 기질, 꼼꼼한 기질, 독립적 기질, 신뢰로운기질, 조심성 많은 기질이다.

(1) 기질유형(Temperament type)의 해석

　　3가지 기질차원(자극추구, 위험 회피, 사회적 민감성)의 상호작용의 관점에서 가장 잘 이해된다.

(2) 성격 척도와 기질유형의 연계 해석

　　성격 척도들 중에서 특히 자율성과 연대감 차원의 발달정도를 평가하고, 성격발달의 정도가 기질유형에 미치는 조절적 영향을 이해한다.

(3) 성격유형(Character type)의 해석

　　3가지 성격차원들(자율성, 연대감, 자기 초월)의 조합에 의해서 이루어지는 성격유형을 분류하고 이를 해석한다.

1 적성의 개념

1) 적성이란 어떤 과제나 임무를 수행하는 데 있어서 개인에게 요구되는 특수한 능력이나 잠재능력을 의미한다.

2) 일반적으로 적성은 개인이 가지고 있는 일반 능력인 지능과 구분되는 특수한 능력을 말하는 것으로, 어떤 특수 부문에 대한 능력이나 능력의 발현 가능성을 말한다.

3) 적성은 개인이 어떤 직업에서 얼마만큼 그 직무를 성공적으로 수행할 수 있는지를 예측하게 해 주는 요인이다.

> 인지적 영역을 재는 심리검사는 인간의 지적 능력과 관련된 인지적 영역을 측정하기 위한 심리검사로서 지능검사, 적성검사, 성취검사, 학력검사 등이 해당된다. 반면, 정의적 영역을 재는 심리검사는 인간의 정의적인 경향성과 관련된 정의적 영역을 측정하기 위한 심리검사로서 성격검사, 흥미검사, 불안검사, 적성탐색 검사, 태도검사, 가치관검사 등이 해당된다. 특히, 적성은 지적 영역뿐만 아니라 비(非) 지적 영역의 측정에도 해당할 수 있다. 본 교재에서는 한국산업인력공단의 출제영역에 의거해 적성검사를 정의적 검사 영역으로 분류하였다.

🗀 기출문제 확인학습

적성검사

1) 적성검사는 특정 분야의 교육이나 직업과 관련되는 활동을 성공적으로 수행할 수 있는 능력의 소유 정도를 예언하기 위한 검사를 말한다.

2) 적성검사는 개인의 직무관련 인지적 능력을 밝혀주므로 선발 의사결정시 지원자들을 선별(screening)하는 기준으로 활용할 수 있으며 인성검사는 지원자들을 선별하는 것뿐 아니라 면접에서의 활용 자료로도 활용할 수 있다.

3) 또한 신입사원 교육 시 자신의 성격특성이 직무수행 시 갖는 장단점을 파악하여 보다 빠른 적응을 도울 수 있으며 자신의 경력개발 계획을 수립하는데 도움을 줄 수 있다.

4) 직무 수행과 관련된 언어력과 수리력·추리력·공간지각력 등의 기초지능 검사와 일을 수행할 때 부딪치는 여러 가지 상황에 대한 대처 능력을 평가하는 검사를 말한다.

5) 업무 능력과 대인관계 능력 및 사회생활을 하는 데 필요한 상식 능력 등을 중점적으로 파악하는 문항도 있다.

2 표준화 적성검사의 해석방안 – 커리어넷의 직업적성검사[18] 중심으로

1) 표준화 적성검사의 특징

(1) 검사과정 및 결과의 교육적 효과

① 본 검사는 검사를 치르는 과정이 교육적 경험이 되도록 구성되어 있다.

② 직업세계에서 중요한 다양한 능력들 및 각 능력에 포함되는 요소들, 나아가 각 요소와 관련된 긍정적 행동예시들을 접함으로써, 학생들로 하여금 그러한 능력들의 중요성 및 바람직한 행동 모델에 대하여 학습할 수 있다.

---

18) **개발자**: 임언(한국직업능력개발원 부연구위원), 정윤경(한국직업능력개발원 전문연구원)

③ 검사 결과, 제한된 직업을 제시하는 것이 아니라, 다양한 직업군에서 요구하는 능력과 각 직업군에 대한 개인의 적합성을 알려주는 방식을 택함으로써, 학생들의 직업세계 탐색의 폭을 넓히고 자기 발전의 가능성을 알려주고 있다.

(2) 다양한 적성 영역 포함

본 검사는 언어능력, 수리·논리력, 공간 시각력과 같은 인지능력만이 아니라, 신체운동능력, 손재능, 음악능력, 대인관계능력, 자기성찰능력, 자연 친화능력, 창의성을 적성 영역으로 포함하고 있다.

(3) 자기평가 방식에 의한 능력 평정

능력에 대한 자기인식이 개인의 진로선택 및 수행에 영향을 미친다는 연구결과에 기초하여 각 하위 영역에 포함되는 다양한 요소들에 대해서 자기평가 경험을 할 수 있도록 구성되어 있다.

(4) 행동고정 평정척도 방식에 의한 객관적 평정 유도

각 적성 요소별로 그 능력이 나타나는 행동 예시를 제시하고, 그 능력이 나타내는 수준을 제시함으로써, 학생들이 평정하기 쉽게 기준을 제시함으로써 자기 평정에서 오는 오차를 최소화하고 있다.

(5) 검사의 신뢰도 및 타당도에 대한 철저한 분석

본 검사는 검사의 신뢰도 및 타당도를 확인하기 위하여 최대한의 노력을 기울였으며, 그 결과 만족할 만한 신뢰도 및 타당도 근거들을 확보하였다. 신뢰도의 경우 내적 일치도 계수만이 아니라, 검사-재검사 신뢰도를 확인하였으며, 타당도는 내용타당도, 구인타당도, 공인타당도, 결과타당도 등을 검토하였다.

(6) 직무조사에 기초한 적성관련 직업분류

① 검사 결과에 따라 특정 능력이 요청되는 직업들과 연결하기 위해서는 직업에서 요청하는 능력에 따른 직업분류가 필요하다.
② **조사과정**: 1차 연도의 기초 연구에서 각 직업에서 요청되는 능력에 대한 면접조사를 실시하였으며, 이에 따른 직업분류체계를 2차 연도에 수정·보완하여 최종적으로 직업분류체계를 구성하였다.

2) 결과 해석 시 유의사항

(1) 능력만을 고려해 볼 때, 한 개인에게 적합한 직업은 단 한 개가 아니기 때문에, 이 검사에서는 검사 결과에 따라서 제한된 직업만 제시하는 것이 아니라, 총 26개 직업군 각각에 대하여 3가지 판정(충분함, 보완 필요, 많은 보완 필요) 중에서 하나를 판정한다.
(2) "충분"하다는 판정은 그 직업군에 해당되는 직업에 관련된 능력들이 충분히 높다는 뜻이다.
(3) "약간 능력 보완"의 경우는 해당 능력을 보완하기 위하여 노력을 기울이면 그 직업에 종사할 수 있다는 뜻이다.
(4) "많은 보완 필요"의 경우는 해당되는 능력이 많이 부족한 경우이며, 따라서 그 능력을 보완한다면 그 직업에 종사할 수 있다는 의미이다.

(5) 적성검사는 자신을 이해하기 위한 많은 방법 중의 하나일 뿐이므로, 적성검사 점수만을 믿고 자신의 소중한 진로를 결정하지 않도록 할 필요가 있다.

(6) 평소에 자신에 대하여 관찰한 것, 잘하는 과목, 좋아하는 일들이 무엇인지, 가치관 검사 및 흥미검사 결과 등을 검토하고, 관심 있는 직업들을 잘 알아본 후에 결정하도록 하는 것이 바람직하다.

참고

일반적성검사 (GATB)

GATB(General Aptitude Test Battery)는 처음에는 미국에서 개발된 일반적성검사로서 이것을 토대로 국내에서 개발한 것이다. 이는 한 개인이 어떤 적성을 가지고 있으며 어떤 직업에서 일을 성공적으로 수행할 수 있는지 파악하기 위한 검사이다.

1) 검사의 구성 : 11종의 지필검사와 4종의 동작검사로 구성되며, 15개의 하위검사를 통해 9가지 적성요인을 측정한다.

2) 검출되는 적성

(1)지능

일반적인 학습능력, 설명이나 지도능력과 원리를 이해하는 능력, 추리하고 판단하는 능력, 새로운 환경에 빨리 적응하는 능력을 말한다.

(2) 언어능력

언어의 뜻과 그에 관련된 개념을 이해하고 사용하는 능력, 언어 상호간의 관계와 문장의 뜻을 이해하는 능력, 보고 들은 것이나 자신의 생각을 발표하는 능력을 말한다.

(3) 산수능력

빠르고 정확히 계산하는 능력을 말한다.

(4) 사무지각

문자나 인쇄물, 전표 등의 세부를 식별하는 능력, 잘못된 문자나 숫자를 찾아 교정하고 대조하는 능력, 직관적인 인지능력의 정확도나 비교 판별하는 능력을 말한다.

(5) 공간적성

공간 상의 형태를 이해하고 평면과 물체의 관계를 이해하는 능력, 기하학적 문제해결 능력, 2차원이나 3차원의 형체를 시각적으로 이해하는 능력을 말한다.

(6) 형태지각

실물이나 도해 또는 표에 나타나는 것을 세부까지 바르게 지각하는 능력, 시각으로 비교 판별하는 능력, 도형의 형태나 음영, 근소한 선의 길이나 넓이 차이를 지각하는 능력, 시각의 예민도 등을 말한다.

(7) 눈과 손의 협응

눈과 손 또는 손가락을 함께 사용해서 빠르고 정확한 운동을 할 수 있는 능력, 눈으로 겨누면서 정확하게 손이나 손가락의 운동을 조절하는 능력을 말한다.

(8) 손가락 재치

손가락을 정교하고 신속하게 움직이는 능력, 작은 물건을 정확하고 신속하게 다루는 운동을 말한다.

(9)손 재치

손을 마음대로 정교하게 조절하는 능력, 물건을 집고 놓고 뒤집을 때 손과 손목을 정교하고 자유롭게 운동할 수 있는 능력을 말한다.

일반적성검사 (GATB) - 도표 정리

하위 검사명(15개)	검출되는 적성(9개)		측정방식
기구대조 검사	형태지각(P)		지필검사
형태대조 검사	형태지각(P)		지필검사
명칭비교 검사	사무지각(Q)		지필검사
타점속도 검사	운동반응(K)		지필검사
표식 검사	운동반응(K)		지필검사
종선기입 검사	운동반응(K)		지필검사
평면도 판단 검사	공간적성(S)	지능(G)	지필검사
입체 공간 검사	공간적성(S)	지능(G)	지필검사
어휘 검사	언어능력(V)	지능(G)	지필검사
산수추리 검사	수리능력(N)	지능(G)	지필검사
계수 검사	수리능력(N)		지필검사
환치 검사	손의 재치(M)		동작(수행)검사
회전 검사	손의 재치(M)		동작(수행)검사
조립 검사	손가락 재치(F)		동작(수행)검사
분해 검사	손가락 재치(F)		동작(수행)검사

CHAPTER 05

투사적 검사

제1절 | 투사적 검사의 개관

1 투사적 검사의 특성

1) 투사적 검 의미

(1) 성격검사의 하나로 엄격한 표준화가 되어있지 않아 임상적 해석이 필요한 검사이다.

(2) 로샤 잉크반점 검사와 주제통각검사 등이 해당되며 이는 비표준화된 검사이다.

2) 투사적 성격검사의 특징

(1) 글, 그림, 이야기 속에 한 사람의 성격이 투사되어 있다고 가정하고 그것을 분석한다.

(2) 검사자극이 불분명하고 모호하며 모호한 자극에 대한 반응의 종류가 다양하기 때문에 그것을 실시 및 해석하는 데에는 많은 훈련과 경험이 필요하다.

(3) 채점과정이 매우 복잡하고 주관적인 측면이 있어서 신뢰도 및 타당도가 낮은 편이다.

2 투사적 검사의 활용방안

1) 비표준화 검사(투사적 검사)는 표준화된 검사에 비해 신뢰도와 타당도가 떨어지지만, 기존의 심리검사에 의해 다루어지지 못했던 측면들을 융통성 있게 고려할 수 있다.

2) 상담에 쓰이는 많은 심리검사들은 검사 해석을 위한 대표적 규준집단, 검사 채점의 신뢰도 등의 기준을 갖추고 있지 않은 경우가 많고, 이러한 비표준화 검사에는 투사적 기법, 행동 관찰, 질문지 등이 포함된다.

3) 면접이나 투사적 기법, 행동 관찰 등의 경우, 평가절차 상 신뢰도는 낮지만 검사 대상자의 일상생활, 주관적인 생각 등 표준화 검사를 통해 얻기 어려운 정보를 제공해 준다(김계현 외, 2012; 김석우, 2009).

제2절 | HTP 검사(집, 나무, 사람 그림검사: House, Tree, Person Drawing Test)

1) 1948년 벅Buck)에 의해 처음 제창되었으며 1958년 햄머(Hammer)에 의해 크게 발전되었다.

2) 집, 나무, 사람은 누구에게나 친밀한 주제이기 때문에 이것을 그리게 하여 환경에 대한 적응적인 태도, 무의식적 감정과 갈등을 파악하려고 하였다.

3) 지시

용지 4매, 연필, 지우개를 준비하여 집, 나무, 사람을 각각 그리도록 하는데, 자신과 반대되는 이성을 그린 경우 용지를 한 장 더 주어 자신과 같은 동성의 인물화를 그리도록 하였으며 인물화의 경우 팔다리를 모두 갖춘 그림을 그리도록 지시하고 집, 나무, 사람의 그림마다 소요시간을 기록한다.

4) 형식 분석과 햄머(Hammer)식 해석법의 예

(1) 계열성

표현의 계속과정 속에 그린 자의 심리가 나타나 있는데 예를 들어, 집은 잘 그렸으며 나무는 피로한 인상을 주고, 사람의 머리만 그리면 우울증을 의심한다.

(2) 그림의 크기 : 그림에 나타난 인물의 크기는 자신감의 정도를 나타낸다.

(3) 선 화필의 압력 : 선이 강한 경우 적극적인 사람으로 볼 수 있으나, 간질과 뇌 장애자에게서 그러할 수 있고 선이 약한 경우 억제적, 억압적인 사람으로 볼 수 있다.

(4) 그림의 위치(용지 전체 중)

① **중앙** : 자신감 있는 자기중심적인 사람 / 감정적으로 행동함

② **중앙에서 이탈** : 자기 통제력이 없는 의존적인 사람

③ **오른쪽** : 안정, 통제적, 만족 연기, 지적 만족 추구

④ **왼쪽** : 강박적, 자기 욕구와 충동적인 정서적 만족 추구

⑤ **위쪽** : 노력가, 공상적, 비사교적

⑥ **아래쪽** : 우울하지만 야무진 근성

📁 **실력다지기**

HTP(집, 나무, 사람 검사)의 해석

1) 「집」 - 그의 가정환경이나 가정에서의 인간관계와 관련된 연상, 특히 아동에게 있어서 자신과 부모나 형제 사이와의 관계가 분명하다. * **필수 구성요소: 지붕, 벽, 창문, 문, 굴뚝**

2) 「나무」 - 무의식적이고 감추어진 감정이나 성격과 관련된 연상이다(내면 감정 투영). * **필수 구성요소: 나무 기둥, 가지, 잎새**

3) 「사람」 - 가장 의식적인 그림 내용이므로 피험자의 방어기제 사용을 최소로 하기 위해 제일 나중에 그리게 되는데 이는 자아상이나 이상적 자아상 또는 중요한 사람과 관련된 연상을 일으키며 그의 심리, 사회적 적응도를 나타나게 된다.

   * **필수 구성요소: 얼굴, 눈, 코, 입, 귀, 목, 몸체, 팔, 손, 다리**

4) HTP 해석
  (1) HTP 검사의 해석이란 그림에 의해 성격의 여러 면을 밝혀 나가는 것이며 전체적 평가, 형식적 분석, 내용적 분석을 종합하여 해석한다.
  (2) 개별 그림의 해석
    ① 집 - 내담자의 환상, 자아기능, 현실검증 능력, 가정 상황에 대한 지각 등에 대한 단서
    ② 나무 - 심층적이고 무의식적인 자기상을 대변, 가장 감정 이입적인 동일시를 느낌
    ③ 사람 - 심리적인 자화상으로서 의식적인 자기 모습(자기 개념이라는 성격의 핵심적 측면이 투사), 피검자로부터 가장 많이 거부당하는 검사이며 청소년기에는 이상적 자화상, 아동의 경우 부모의 이미지를 그림
  (3) 형식적 분석(그리는 방법과 스타일을 검토, 연구자마다 견해가 다름)
    순서, 크기, 필압, 선긋기와 선의 질, 세부묘사, 왜곡과 생략, 대칭, 투명성, 위치, 지우기 등으로 나눠볼 수 있다.
  (4) 내용적 분석(그림 가운데 강조되어 있는 부분을 다룸)

집 - 나무 - 사람(HTP)검사 해석 중에서

1) 집 그림의 '벽면'
  (1) 벽은 집을 지탱해주고 집의 내부와 외부의 경계를 제공하며 집의 내부를 보호하는 역할을 하므로 자아강도와 자아통제력, 자아붕괴의 정도를 나타낸다.
  (2) 적절한 수준의 자아강도와 자아통제력은 직선으로 그려진 벽, 선의 연결이 잘되어 있음, 입체적인 구조, 투시와 같은 병적인 요소가 없는 것으로 표현된다.
  (3) 견고해 보이는 벽은 강한 자아를 나타내지만 견고함이 지나치게 강조되어 있는 벽은 위협받는 자아에 대한 두려움, 자아통제에 대한 과도한 욕구를 나타낼 수도 있다.
2) 나무 그림의 '줄기(기둥)'
  (1) 줄기는 성장과 발달과정에서 획득한 힘, 활력, 생명력, 성격구조의 견고성, 자아강도에 대한 주관적인 느낌을 반영한다.
  (2) 줄기의 윤곽선을 지나치게 진하게 그릴 경우 자아가 혼란되고 분열되는 것에 대한 두려움과 이에 대한 방어적 경향성을 의미하며, 반대로 지나치게 연하게 그렸을 경우 자아붕괴에 대한 불안감이나 위험성을 의미한다.
  (3) 나무기둥을 안 그리는 것은 자아강도가 극도로 약화되어 있거나 와해되어 정신증적 상태에 있거나 심한 자기 부적절감, 지나친 억제 경향성, 수동성을 의미할 수 있다.
  (4) 줄기를 지나치게 넓게 그리거나 너무 높이 그리는 경우는 약한 성격구조와 자아강도에 대한 불안감의 보상으로 볼 수 있다. 너무 좁고 약한 줄기는 위축되고 무력해 있음을 의미한다.
3) 사람 그림의 '몸통'
  (1) 어깨 바로 밑의 쇄골부터 가랑이까지의 부분을 몸통으로 보며, 이는 그 사람이 내적인 힘을 보유하고 있는 부분이라고 할 수 있다.
  (2) 즉, 몸통부분은 세상에서 기능하는 '내적인 힘'을 가졌는가의 관점에서 스스로를 얼마나 유용하다고 경험하는가를 나타낼 수 있다.
  (3) 둥근 몸통은 여성적, 비공격적, 미성숙한 특징을 보이며, 가는 몸통은 신체적 허약을 나타내며 분열성 성격일 가능성이 높다.

기출문제 확인학습

집-나무-사람(HTP)의 검사

1) HTP는 종이와 연필을 사용해 쉽고 간편하게 실시할 수 있는 대표적인 투사 검사이다.

2) HTP의 효시는 구디너프(Goodenough, 1926)가 개발한 인물화 검사(Drawing A Person Test, DAP)인데, DAP는 본래 아동들의 지능을 간편하게 측정할 목적에서 사용되었지만 이후 투사적 성향 검사로서의 유용성이 확인되어 널리 사용되었다.

3) 벅(Buck, 1948)은 이를 HTP로 확장하고 양적인 채점 체계도 개발했다.

4) DAP, HTP 같은 그림 검사에서는 사람들이 그리는 그림에는 그 자신도 인식하지 못하는 내면의 욕구, 감정, 생각, 환경 또는 자신에 대한 경험 및 지각 등이 투사된다고 가정한다.

5) HTP에서는 수검자에게 '집', '나무', '사람'의 주제를 순차적으로 제시하여 자유롭게 그림을 그리도록 한 후 각 주제에 대해 몇 가지 질문을 하는 과정을 거쳐 검사 자료를 수집하고 이를 해석한다.

6) 이렇듯 HTP는 종이와 연필 외에는 별도의 검사도구가 필요치 않으며 짧은 시간 안에 쉽고 간편하게 실시할 수 있다는 점, 지적 능력이나 언어 및 문화적 제약이 적다는 점, 복잡한 채점 절차 없이 그림과 수검자의 반응을 토대로 즉석에서 해석이 가능하다는 점 등이 장점이며 폭넓게 사용되고 있다.

7) 실시방법

(1) 도화지 한 장을 가로로 제시하면서 '집을 그리세요.'라고 지시한다.

(2) 집을 다 그리고 나면 다시 도화지 한 장을 이번엔 세로로 제시하면서 '나무를 그리세요.'라고 한다.

(3) 나무를 다 그리고 나면 그 다음엔 도화지 한 장을 세로로 제시하면서 '사람을 그리세요. 단 사람을 그릴 때 막대 인물상이나 만화처럼 그리지 말고 사람의 전체를 그리세요.'라고 한다.

(4) 그 다음엔 다시 도화지를 세로로 제시하며, '그 사람과 반대되는 성(性)을 그리세요.'라고 지시한다.

(5) 다 그리고 나면 각각의 그림에 대해 20가지의 질문을 한다.

8) HTP의 집 그림

(1) 일반적으로 가족 구성원이나 가족 관계 및 가정생활에 대한 수검자의 생각, 감정, 소망 및 내적 표상 등이 반영되며 때로는 가족 관계에서의 자기 지각, 상징적인 의미에서의 자기 표상이나 내적 공상이 투영되기도 한다.

(2) 집 그림을 해석할 때에는 그림의 전반적인 구조 및 특성과 함께 필수 요소인 지붕, 벽, 문, 창문이 어떻게 묘사되었는지가 해석의 주안점이다.

(3) 또한 집 그림에 부가적으로 덧붙인 사물, 조망이나 원근감 등도 해석의 대상이다.

9) HTP의 나무 그림

(1) 인생과 성장에 대한 상징이 투사된다고 알려져 있다.

(2) 여기에는 무의식 수준의 자기 개념과 자기상, 적응 정도, 성취 및 포부 등이 반영된다.

(3) 나무 그림에서는 기둥, 잎을 포함한 수관(樹冠), 가지, 뿌리와 같이 나무의 구성 요소 각각에 대한 묘사와 함께 나무 그림에서 표현되는 내용 및 주제 등을 해석한다.

(4) 여기에는 나무의 종류, 나무의 상태 등이 포함된다.

10) HTP의 사람 그림

(1) 집과 나무에 비해 자기 개념, 자기 표상, 자기에 대한 태도 등이 좀 더 의식적인 수준에서 직접적으로 드러난다.

(2) 여기에서는 현재의 자기 지각이나 이상적인 자기상이 반영될 뿐만 아니라 부모, 배우자, 가족과 같이 중요한 타인에 대한 표상이 투영되기도 한다.

(3) 사람 그림에서는 머리, 얼굴, 팔과 다리, 이목구비 같은 신체의 각 부위와 복장 등의 구성 요소와 함께 전반적인 인상, 크기, 성별을 묘사하는 순서 등을 살펴봐야 한다.

(4) 또한 인물 각각에 대한 수검자의 언어적인 설명 역시 해석의 중요한 단서가 된다.

제3절 | SCT 검사

1) 문장완성검사(SCT : Sentence Completion Test)의 개요

(1) 문장완성 검사는 다수의 미완성 문장을 피검자가 자기 생각대로 완성하도록 하는 검사로 단어연상 검사의 변형으로 발전된 것이다.

(2) 문장완성 검사는 Rorschach, TAT에 비해 검사의 체계화가 구비되어 있어 검사자극이 보다 분명하며 피검자가 검사자극 내용을 지각할 수 있도록 구성되어 있다.

(3) 따라서 다른 투사적 검사들에 비하면 보다 의식된 수준의 심리적 현상들이 반응되는 경향이 있다.

(4) 문장완성검사는 문항이 매우 짧지만 몇 가지 기본적인 주제를 포함하고 있다.

(5) 단축형(40문항)의 경우 자기개념, 어머니, 아버지라는 세 가지 주제가 반복되어 있고, 수검자는 주제가 반복될 때마다 각 주제에 대해서 다양하게 자신을 표현할 수 있다.

(6) 물론 대부분의 문장완성검사는 이보다 훨씬 더 길고 주제도 다양하다.

(7) 적게는 40문항에서 많게는 100문항으로 구성된 문장완성검사도 있고 주제도 적게는 4가지에서 많게는 15가지를 포함하고 있다.

2) 문장완성검사의 장점과 단점

(1) 문장완성검사의 장점

① 반응의 자유를 들 수 있다.

피검사자는 '네', '아니요', '모릅니다' 식으로 단정적으로 답을 강요당할 필요가 없고 자기가 원하는 대로 답할 수 있다.

② 검사의 목적을 피검사자가 뚜렷하게 의식하기 어려움으로 비교적 솔직한 답을 얻을 수 있다.

③ 집단적으로 검사를 실시할 수 있어서 노력상 경제적이며, 또한 다른 투사법보다 그 시행·채점·해석에 소요되는 시간이 적다.

④ 이 검사는 극히 용이하게 작성할 수 있으며, 여러 특수 상태에 부합할 수 있도록 검사 문항을 수정할 수 있다.

(2) 문장완성 검사의 단점

① 그 결과를 어느 정도 객관적으로 채점할 수 있다고는 하지만, 표준화 성격검사에서와 같이 완전히 객관적으로 채점할 수가 없으며, 그 결과를 토대로 하여 성격을 임상적으로 분석하려면 상당한 지식과 훈련이 필요하다.

② 기타 투사법에서와 같이 검사의 목적이 완전히 은폐되어 있지 않으므로 약은 피검사자는 검사의 목적을 알아채서 자신에게 불리한 답을 안 할 수도 있다.

③ 피검사자의 언어 표현력이 부족하거나, 검사에 협조적이 아니면 그 결과가 만족할 만한 것이 못 될 우려성이 있어서 이 검사는 문장표현력이 부족한 초등학생에게는 적당치 못하다.

📁 기출문제 확인학습

성인용 : 삭스(J. Sacks)의 문장완성검사(SSCT)

현재 임상장면에서 널리 사용되고 있는 Sacks에 의해 개발된 것으로 50개의 문항이 현재 많이 사용된다. 가족, 성, 자기 개념, 대인관계라는 4가지 영역을 각각 세분화하여 최종적으로 15개의 영역으로 분류하였고, 각 영역에 대해서는 피검자가 보이는 손상의 정도에 따라 0, 1, 2점으로 평가하고 그 수치를 통해 피검자에 대한 최종 평가를 하도록 해석 체계를 구성하였다.

영역	내용
가족	어머니, 아버지, 가족에 대한 태도를 측정한다. 피검자가 회피적인 경향이 있더라도 4개의 문항 중 최소 한 개에서라도 유의미한 정보가 드러나게 된다.
성	이성관계에 대한 태도를 포함하고 있다. 이 영역의 문항들은 사회적인 개인으로서의 여성과 남성, 결혼, 성적 관계에 대하여 자신을 나타내도록 한다.
대인관계	친구와 지인, 권위자에 대한 태도를 포함한다. 이 영역의 문항들은 가족 외의 사람들에 대한 감정이나 자신에 대해 타인이 어떻게 느끼는지에 관한 피검자의 생각들을 표현하게 한다.
자기개념	자신의 능력, 과거, 미래, 두려움, 죄책감, 목표 등에 대한 태도를 포함한다. 이 영역에서 표현되는 태도들은 현재, 과거, 미래의 자기개념과 그가 바라는 미래의 자기상과 실제로 자기가 될 것 같다고 생각하는 모습에 대한 정보를 제공해 준다.

아동용 문장완성 검사

아동의 욕구상태와 부모 및 교사, 동성, 이성 친구에 대한 태도를 파악하기 위해 실시하며 성격 역동에 대한 심리진단 정보를 얻고 전반적인 심리적 적응을 판단하는 데 사용된다.

이 검사는 다음과 같은 4가지 영역으로 구성되어 있다.

1) 가족

이 영역은 어머니, 아버지, 가족에 대한 태도를 담고 있는 문항으로 구성되며 가족에 대한 지각, 정서적 관계 등을 파악할 수 있다.

2) 사회

또래와의 상호작용, 일반적인 대인관계 등에 대해 파악할 수 있다.

3) 학교

학교에 대한 지각, 성취와 욕구에 대한 지각 등을 파악할 수 있다.

4) 자기

미래 지향, 소원, 일반적인 정신건강 등의 개인내적 기능을 파악할 수 있다.

차원	평가영역	척도
가족	외부환경	가족에 대한 지각
사회	외부환경	또래와의 상호작용 또래에 대한 지각
		일반적인 대인관계
학교	자기지각	학교에 대한 지각
		욕구지향
자기	개인내적 기능	개인적인 평가
		미래지향
		일반적인 정신건강

> **참고**
>
> 단어연상검사
>
> 1) 1908년 융(Jung)이 단어빈도사전에 의거하여 최다빈도의 단어 100개의 자극어를 택해 만든 것이다.
>
> 2) 자극어를 듣고 제일 먼저 머리에 떠오르는 단어를 빨리 대답하도록 지시한다.
>
> 3) 의식적, 무의식적 콤플렉스를 파악하고자 만든 것이다.

제4절 | 로샤(로르샤흐, Rorschach) 검사 - 잉크반점 검사(Ink - blot test)

1 로샤 검사의 특성

1) 1921년 스위스의 정신과 의사인 로샤에 의해 최초로 소개되었다.

2) 처음부터 투사형 성격검사를 개발하려고 한 것이 아니었고 우연히 잉크반점에 대한 정신분열증 환자의 반응이 비장애인의 반응과 차이가 있다는 점을 발견하고 그것을 검증하기 위해 출발하였다.

3) 10장의 대칭형 그림이 있는 카드를 사용한다.

4) 로샤가 채점했던 주요 항목

(1) 그림의 어떤 위치를 보고 반응했는지 여부

(2) 어떤 요인을 보고 반응했는지 여부(예 모양, 색깔, 농도 등)

(3) 어떤 내용을 반응했는지 여부

📌 심화학습

로샤 잉크블롯 검사

1) Rorschach의 잉크블롯은 심리적 장애인을 분류하는데 긴요하게 사용된다.

2) 잉크블롯에 대한 Rorschach의 연구는 1911년에 시작되었으며 그의 유명한 저서 심리진단방법이 발간됨으로써 절정에 이르게 되었다.

3) 로샤 검사는 가장 대표적인 투사적 성격검사이다.

4) 이 검사는 1921년 Hermann Rorschach에 의해 처음 개발되었으며 여러 학자들에 의해 채점 및 해석 체계가 발전되었다.

5) 이 검사는 데칼코마니 양식에 의한 대칭형의 잉크 얼룩으로 이루어진 무채색 카드 5매, 부분적인 유채색 카드 2매, 전체적인 유채색 카드 3매로 모두 10매의 카드로 구성되어 있다.

6) 이 카드를 순서에 따라 피검자에게 한 장씩 보여 주고 이 그림이 무엇처럼 보이는지 말하게 한다.

7) 모든 반응은 검사자에 의해 자세하게 기록되며 10장 카드에 대한 피검자의 반응이 끝난 후에 검사자는 다시 각 카드마다 피검자가 카드의 어떤 점 때문에 그렇게 보았는지를 확인하게 된다.

8) 이러한 자료에 근거하여 각 반응은 채점 항목과 기준에 따라 채점되며 채점의 주요항목은 반응영역, 결정요인, 반응내용, 반응의 독창성 여부, 반응의 형태질 등이며 그 밖에 반응 수, 반응시간, 채점항목 간의 비율 및 관계 등이 계산되어 구조적 요약표에 정리된다.

---

2 엑스너 종합 체계 방식의 채점 항목

1) 반응 채점은 Rorschach 검사에 대한 반응을 Rorschach 부호로 바꾸는 과정이다.

2) Rorschach 반응을 부호로 바꾼 다음에는 각 부호의 빈도, 백분율, 비율, 특수 점수를 산출하여 이러한 자료들을 체계적으로 요약하고 해석을 시도하게 된다.

3) 종합체계의 반응은 9가지 항목으로 채점된다.

(1) 반응의 위치(반응영역) : 피검자가 블롯의 어느 부분에 반응했는가?

(1) W 반응 (whole response) : 전체 반응

(2) D 반응 (common detail response) : 부분 반응, 흔히 사용되는 영역

(3) Dd 반응 (unusual detail response) : 드문 부분 반응, 드물게 사용되는 영역

(4) S 반응 (white response) : 공백 반응, 공백 부분이 사용된 영역

(2) 반응 위치의 발달 질 : 위치 반응은 어떤 발달수준을 나타내는가?

(3) 반응의 결정요인 : 반응을 결정하는데 영향을 준 블롯의 특징은 무엇인가?

📁 기출문제 확인학습

로르샤흐(Rorschach) 검사의 결정요인(Determinants) = 결정인 기호

결정요인의 채점은 어떤 블롯의 특징이 지각 형성에 영향을 미쳤는지 알려준다. 결정 요인을 채점하는 목적은 반응을 일으킨 복잡한 지각-인지과정에 관한 정보를 얻기 위한 것이다. 다음과 같은 7가지 범주로 결정요인을 분류하고 있다.

1) 형태(Form)

F (형태 반응) : 브롯의 형태를 단독적으로 보고 반응하는 경우 채점된다.

2) 인간, 동물, 무생물의 움직임(Movement) - 운동

(1) M (인간의 움직임 반응) : 인간이 동작을 보이거나 동물이나 가공적 인물이 인간과 유사한 움직임을 보이는 경우에 채점된다.

(2) FM (동물의 움직임 반응) : 동물의 움직임을 지각한 반응에 대해 채점된다. 움직임은 동물의 자연적인 움직임이어야 한다. 만약 동물의 움직임이 그 동물의 자연적인 동작이 아닌 경우에는 M으로 채점된다.

(3) m (무생물의 움직임 반응) : 생명이 없는 사물의 움직임에 대해 채점된다.

3) 색채(Color)(chromatic) - 유채색

(1) C (순수 색채 반응) : 브롯의 색채만을 근거로 하여 반응했을 때 채점된다.

(2) CF (색채-형태반응) : 브롯의 색채가 일차적으로 주요 결정요인이며, 형태는 이차적인 결정요인으로 사용되었을 때 채점된다.

(3) FC (형태-색채 반응) : 브롯의 형태가 주요 결정요인이고 이차적으로 색채가 개입되었을 때 채점된다.

(4) Cn (색채 명명 반응) : 브롯의 색채에 대해 이름을 붙이는 경우에 채점된다. 이 경우 색채 명명이 단순히 위치를 지적하는 것이 아니고 실제의 반응으로 나타난 경우에 한하여 채점된다.

4) 무채색(Color)(achromatic)

(1) C'(순수 무채색 반응) : 브롯의 무채색, 즉 회색, 검정색, 흰색의 무채색이 반응을 결정하는 요인으로 작용한다.

(2) C'F (무채색-형태 반응) : 회색, 검정색, 흰색의 무채색이 반응을 결정하는데 일차적으로 작용하고 이차적으로 형태가 결정요인으로 개입한 경우 채점된다.

(3) FC'(형태-무채색 반응) : 일차적으로 형태에 의존하고 이차적으로 무채색이 결정 요인으로 사용되었을 때 채점되다.

5) 음영(Shading)

   5-1)음영-재질(Texture Shading)

     (1) T (순수 재질 반응): 브롯의 음영이 형태가 개입되지 않는 순수한 재질 현상을 나타낸다고 지각되는 경우 채점된다.

     (2) TF (재질-형태 반응): 브롯의 음영이 재질을 나타낸다고 일차적으로 지각되고 이차적으로 사물의 윤곽을 나타내거나 자세하게 묘사되는데 형태가 개입되는 경우 채점된다.

     (3) FT (형태-재질 반응): 기본적으로 형태에 따라 반응을 지각하고 이차적으로 음영의 특징이 재질을 나타내는 것으로 해석되는 경우 채점된다.

   5-2) 음영-차원(Shading Dimensionality)

     (1) V (순수 차원 반응): 음영의 특징이 형태를 개입시키지 않고 차원이나 깊이만을 나타내는 것으로 해석되는 경우 채점된다.

     (2) VF (차원 형태): 일차적으로 음영이 깊이나 차원을 나타내는 것으로 지각되고 이차적으로 형태가 지각되는 경우 채점된다.

     (3) FV (형태-차원 반응): 브롯의 형태에 근거하여 일차적으로 반응이 결정되고 음영이 깊이나 차원을 나타내는데 이차적 결정 요인으로 개입되는 경우 채점된다.

   5-3) 음영-확산(Diffuse Shading)

     (1) Y (순수 음영 반응): 형태를 개입시키지 않고 브롯의 밝고 어두운 특징에 따라서만 반응이 결정되는 경우 채점된다.

     (2) YF (음영-형태 반응): 브롯의 밝고 어두운 특징을 근거로 하여 일차적으로 반응이 결정되고 형태는 이차적으로만 개입되는 경우 채점된다.

     (3) FY (형태-음영 반응): 주로 브롯의 형태에 의존하여 반응이 결정되고 이차적으로 음영 특징이 반응을 결정하는 요인으로 작용하는 경우 채점된다.

6) 형태-차원(Form Dimensionality)

   FD (형태에 근거한 차원 반응): 깊이나 거리, 차원의 인상이 브롯의 크기나 모양을 근거로 하여 결정되는 경우 채점된다. 이러한 과정에 음영은 개입되지 않는다.

7) 쌍 반응과 반사반응(Pairs and Reflection)

   (1) (2) (쌍반응): 브롯의 대칭성에 근거하여 두 개의 동일한 사물을 지각하는 경우 채점된다. 사물들은 모든 점에서 동일해야 하며 반사나 거울에 비친 모습이라고 반응되는 경우 쌍반응이 아닌 반사 반응으로 채점된다.

   (2) rF (반사-형태 반응): 브롯이 대칭적인 성질에 근거하여 반사되거나 거울에 비친 모습을 나타낸다고 반응될 때 채점된다. 구름이나 그림자와 같이 원래 일정한 형태를 갖추고 있지 않은 사물로 반응된다.

   (3) Fr (형태-반사 반응): 브롯의 대칭성에 근거하여 반사되거나 거울에 비친 모습으로 지각되는 경우 채점된다. 이때 반응된 사물은 일정한 형태를 지니고 있다.

(4) **형태질** : 반응된 내용은 자극의 특징에 적절한가?

로샤(Rorschach) 검사의 형태질 채점기호와 기준

기호	정의	기준
+	superior - overelaborated	일반적인 형태 설명보다 수준이 높게, 우수하고 정교하게 설명함
O	ordinary	일반적인 형태 특징을 설명함
u	unusual	흔하지는 않지만 어느 정도는 그렇게 볼 수도 있는 반응
-	minus	전혀 맞지 않고 왜곡된 반응

(5) **반응 내용** : 반응은 어떤 내용 범주에 속하는가?

로샤(Rorschach) 검사의 반응내용(contents) 채점기호와 기준

분류	기호	기준
전체인간(Whole human)	H	전체 인간의 모습이 지각될 때
전체인간 (가공적이거나 신화적 인간) fictional or mythological	(H)	거인, 악마, 귀신, 천사, 이상한 나라의 앨리스와 같은 가공적, 신화적 전체 인간의 모습이 지각될 때
인간부분 (Human detail)	Hd	불완전한 부분적인 인간의 모습이 지각될 때, 사람의 머리, 팔, 다리 등이 지각된다.
인간부분 (가공적이거나 신화적 인간) fictional or mythological	(Hd)	가공적, 신화적 인간의 모습이 불완전한 부분적인 모습으로 지각되는 경우, 악마의 머리, 마녀의 팔, 천사의 눈, 공상과학소설의 캐릭터의 부분 등이다.
인간경험 (Human experience)	Hx	사랑, 우울, 행복, 소리, 냄새, 공포 등 인간의 정서나 지각경험이 반응된다. Hx로 채점되는 경우 특수점수로 AB가 채점되기도 하며, 추상적이지 않은 반응내용에서 이차반응으로 채점되기도 한다. 예를 들면 두 사람이 깊이 사랑하면서 쳐다보고 있다면 Hx는 이차내용이다.
전체동물(Whole animal)	A	전체 동물형태가 지각될 때
전체동물 (가공적이거나 신화적) fictional or mythological	(A)	용, 날아다니는 붉은 말, 유니콘, 마술개구리 등과 같이 가공적, 신화적 동물 형태가 전체적으로 지각된다.
동물부분(Animal detail)	Ad	불완전한 동물의 형태가 지각된다. 동물가죽이 포함된다.
동물부분 (가공적이거나 신화적) fictional or mythological	(Ad)	날개돋친 천마의 날개와 같이 신화적, 가공적 동물의 신체부분이 지각된다.

해부 Anatomy	An	사람이나 동물의 골격, 근육, 내부기관이 지각될 때, 예를 들면, 골격, 두개골, 갈비뼈, 심장, 폐, 위, 간, 척추
예술 Art	Art	추상적이든 구상적이든 그림이나 다른 예술작품, 가문의 문장 a family crest, 조각품 등. 예를 들면 보석류, 촛대, 뱃지 등
인류학 Anthrpology	Ay	특정한 문화역사적 배경을 지닌 유품, 토템기둥, 선사시대 도끼 등
피 Blood	Bl	동물이나 인간의 피 반응
식물 Botany	Bt	꽃, 나무, 숲, 해초와 같은 식물반응. 나뭇잎, 꽃잎, 나무둥지, 뿌리 등 부분반응도 포함됨.
의복 Clothing	Cg	모자, 장화, 벨트, 바지 등과 같은 의복반응
구름 Clouds	Cl	구름반응이 포함된다. 여기서 변형된 안개, 노을반응은 자연반응으로 분류되든지 독자적인 반응으로 기록된다.
폭발 Explosion	Ex	흔히 카드IX에서 나타나는 원자폭탄이나 폭풍에 의한 폭발반응, 불꽃놀이 반응이 포함된다. 대체로 m반응이 동반된다.
불 Fire	Fi	불과 관련된 반응으로 연기, 타오르는 촛대 등
음식 Food	Fd	음식과 관련된 반응. 아이스크림, 사탕, 스테이크 등
지도 Geography	Ge	특정한 또는 비특정한 지도, 섬, 만, 반도 등. 만약 이와 같은 내용이 실제로 지각 된다면 풍경으로 분류된다.
가구 Household	Hh	의자, 양탄자, 식기, 침대, 램프, 컵, 은그릇 등 가구반응(양탄자는 동물가죽인 경우 Ad로 채점된다).
풍경 Landscape	Ls	풍경이나 해저의 풍경반응 산, 산맥, 언덕, 섬, 동굴, 바위, 사막, 늪 혹은 산호초, 해저 풍경 등의 바다풍경
자연 Nature	Na	식물이나 풍경으로 분류되지 않은 자연환경의 다양한 내용들. 예를 들면, 해, 달, 유성, 하늘, 물, 대양, 강, 얼음, 눈, 비, 안개, 진눈개비, 무지개, 폭풍, 회오리바람, 밤, 빗방울
성반응 Sex	Sx	성기능과 관련된 성기관과 성행위 . 예를 들면 남근, 자궁, 가슴, 고환, 월경, 유산, 성교, 보통 성교는 이차반응으로 채점된다. 일차 내용은 H, Hd, An이다.
과학 Science	Sc	과학과 연관되거나 과학의 산물, 혹은 과학적 상상력의 산물. 예를 들면, 현미경, 망원경, 무기, 로켓트, 발동기, 우주선, 광선총, 비행기, 배, 기차, 자동차, 전구, TV 안테나, 전파탐지기
X-선	Xy	뼈, 내부기관의 X선 반응, Xy가 채점되면 An은 채점되지 않는다.
개인 특정적인 (idiographic)	Id	표준적 반응내용과 일치하지 않는 특이한 반응이다.

(6) **평범 반응** : 일반적으로 흔히 일어나는 반응인가?

로샤(Rorschach) 검사의 평범반응(P)으로 채점하는 내용

평범반응 정리 `암기법` 평범반응 : 나박 / 동인거 / 나박 / 동인동 / 괴인 / 게미

1) Ⅰ(위치 : W) : 박쥐 / 나비
2) Ⅱ(위치 : D1) : 동물의 전체 형태
3) Ⅲ(위치 : D1) : 인간의 모습
4) Ⅳ(위치 : W) : 거인
5) Ⅴ(위치 : W) : 나비 / 박쥐
6) Ⅵ(위치 : W) : 동물 가죽
7) Ⅶ(위치 : D1) : 얼굴(인간)
8) Ⅷ(위치 : D1) : 동물 전체
9) Ⅸ(위치 : D1) : 인간, 괴물
10) Ⅹ(위치 : D1) : 게 / 거미

(7) **조직(화) 활동** : 자극을 조직화하여 응답했는가?

로샤(Rorschach) 검사의 조직화 활동 채점기호와 기준

기호	기준
ZW	전체반응, 발달질이 +, v/+, o 인 경우
ZA	인접한 부분에서 2개 이상의 개별적인 대상을 지각하고 이러한 대상들이 서로 의미 있는 관계를 이루고 있는 경우
ZD	인접하지 않은 부분에서 2개 이상의 개별적인 대상을 지각하고 그 대상들이 서로 의미있는 관계를 이루고 있는 경우
ZS	반점의 공간과 다른 영역을 통합하여 반응했을 경우

(8) **특수점수** : 특이한 언어반응이 일어나고 있는가?

로샤(Rorschach) 검사의 특수점수 채점기호와 기준

기호	정의	기준
특이한 언어반응	DV	검사자에게 특이하다는 인상을 주는 반응
	DR	부적절한 언어 사용
	INCOM	반점의 부분이 부적절하게 하나의 대상으로 합쳐진 반응
	FABCOM	두가지 이상 대상이 부적절하게 관계를 맺는 반응
	CONTAM	두가지 이상 대상이 비현실적으로 하나의 반응에 중첩된 반응
	ALOG	비논리적 표현
반응반복	PSV	카드내 반응 반복, 내용반복, 기계적 반응 반복
통합실패	CONFAB	반점일부에 대한 반응이 반점 전체에 과일반화되는 경우

특수 내용	AB	추상적 내용
	AG	공격적 운동
	COP	협조적 운동
	MOR	병리적 내용
인간표상 반응	GHR	좋은 인간 표상
	PHR	나쁜 인간 표상
개인적반응	PER	개인적 반응
특수색채	CP	색채투사

(9) 쌍 반응 : 사물을 대칭적으로 지각하고 있는가?

4) 반응 채점의 주요 원칙

(1) 피검자가 자유연상단계에서 자발적으로 응답한 반응만 채점한다. 따라서 질문단계에서 검사자의 질문을 받고 유도된 반응은 원칙적으로 채점되지 않는다. 그러나 질문단계에서 응답되었다 할지라도 검사자의 질문을 받지 않고 자발적으로 피검자가 응답한 경우라면 채점에 포함된다.

(2) 반응단계에서 나타난 모든 요소들이 빠짐없이 모두 채점되어야 한다. 혼합반응에서처럼 피검자가 응답한 내용을 어느 부분도 빼놓지 않고 모두 채점해야 된다는 점은 채점과정에서 주의해야 하는 중요한 원칙이다.

3 구조적 요약 및 해석

(1) T : 결정요인의 음영 – 재질반응

순수 재질반응으로 브롯의 음영이 형태가 개입되지 않은 순수한 재질현상을 나타낸다고 지각되는 경우 채점된다. T(재질반응)는 애정과 의존욕구를 나타내준다는 많은 연구들이 발표되고 있으며, 높은 재질반응은 강한 애정욕구와 연관이 있고, 낮은 재질반응은 애정욕구나 의존욕구의 메마름을 의미함

(2) Y : 결정요인의 음영 – 확산반응

순수 음영반응으로 형태를 개입시키지 않고 브롯의 밝고 어두운 특징에 따라서만 반응이 결정되는 경우 채점된다. Y(확산반응)는 무기력하고 통제력을 상실하고 효율적인 대처행동을 하지 못하는 상황에서 유발되는 정서적 감정과 관련, 불안, 염려감, 긴장, 불편감 등을 나타냄

(3) MOR(Morbid content)

블롯의 특징과 관계없는 특징을 투사한 반응으로, 자아 중심성 지표와 부적 상관(자아이미지가 부정적이거나 손상된 경우, 자아나 환경에 대한 태도가 매우 비관적인 경우 높게 나타남)을 보이며 자기감에 대한 손상과 비관적이고 부정적인 자기상을 반영함

병적인 내용 MOR (Morbid content)

1) 파괴되고 손상된 사물 - 깨어진 유리, 부러진 날개, 부패한 잎사귀, 헤어진 장화, 닳아 빠진 외투, 죽은 개
2) 우울한 느낌을 주는 사물 - 음울한 집, 불행한 사람, 슬픈 나무, 울고 있는 사람
   ※ MOR은 위에 두 가지, 즉 파괴되고 손상된 사물과, 우울한 느낌을 주는 사물 중 한 가지 특징을 지니고 있을 때 채점된다.

(4) Lambda(람다)

타당도를 알아보는 것으로, 전체 반응에서 순수 형태반응이 차지하는 비율로서, 형태반응과 형태반응이 아닌 반응들의 비율로서 순수형태반응을 다른 결정인 반응으로 나누어서 구해짐

(5) D점수

① 이 점수는 스트레스 인내도와 통제요소와 관련이 있다. 반응의 대표성이 충분하면 D점수(개인이 사용할 수 있는 자원과 현재 개인에게 부과되고 있는 스트레스 정도와의 관계)를 평가한다.

② D = 0; 개인의 자원을 문제해결 방향으로 효율적으로 사용함

③ D > 0; 문제해결을 위해 사용할 수 있는 개인의 자원이 풍부, 스트레스 대응능력 높음

④ **산출식**: EA(M + WSumC) - es(FM + m + SumShd)

📁 **실력다지기**

경험형(the erlebnistypus : EB) 개인의 반응 스타일을 나타냄

심리적 자원을 조직하는 정도를 나타내는 지표로, 충분히 조직화되어 있고 신중하게 의도된 심리적 행동과 관계되며, 인간의 운동반응(M)과 유채색 반응(FC, CF, C)에서 얻은 가중치에 의해 얻어진다.

경험 실제(the experience actual : EA)

1) 산출식 : EA = M반응의 합 + 색채반응의 합(M + WSumC)

2) M반응의 비중이 높은 개인은 내적 생활을 더 많이 사용하는 경향이 있다.

3) 색채반응의 비중이 높은 개인은 기본적 충족을 위해 외적 세계와의 상호관계를 이용한다.

경험기초 (The Experience Base : eb)

1) 산출식 : eb = FM + m : C' + T + V + Y 반응비율

2) 대체로 왼쪽 값이 오른쪽 값보다 크지만(정상 성인의 80% 이상), 때로는 초조한 정서가 증가하면 오른쪽 값이 더 높아질 수 있는데, 즉, 성격장애, 조현병 환자집단, 우울장애 집단은 오른쪽 값이 왼쪽 값보다 큰 경향을 보인다.

경험자극 (The Experienced Stimulation : es)

1) 공식 : es = FM + m + SH

2) FM, m, SH 반응 모두 내적으로나 상황적으로 욕구자극에 의해 유발되므로 이를 합한 es점수는 현재 경험되고 있는 사고활동이나 정서반응이 욕구 자극에 따라 촉발된 수동적인 경험을 의미한다.

3) EB 반응과 비교, D점수 검토, es의 적응결과로 스트레스의 종류나 급성 또는 만성적 스트레스 여부가 평가될 수 있다.

---

(6) 특수지표(Special Indices)

아래의 특수지표들은 로샤검사(Rorschach test)의 대표적인 채점체계인 Exner 종합체계의 구조적 요약의 자료들의 빈도, 가산된 총점수, 비율 및 백분율을 계산한 지표들을 기초로, 각 특수지표의 기준을 충족시킬 때 유의하게 해석한다.

① PTI: PTI(지각적 사고 지표)는 왜곡된 사고와 부정확한 지각의 정도를 측정한다.

· XA% < .70 and WDA% < .75

· X-% > .29

- LV2 > 2 and FAB2 > 0
- R < 17 and WSUM6 > 12 or R > 16 and WSUM6 > 17
- M- > 1 or X-% > .40

② DEPI: DEPI(우울증 지표)는 정서적 및 인지적 우울증의 정도를 측정한다.

- (FV + VF + V > 0) OR (FD > 2)
- (Col-Shd Blends > 0) OR (S > 2)
- (3r + (2)/R > .44 and Fr + rF = 0) OR 3r + (2)/R < .33)
- (Afr < .46) OR (Blends < 4)
- (Sum Shading > FM + m) or (SumC' > 2)
- (MOR > 2) OR (2×AB + Art + Ay > 3)
- (COP < 2) OR ([Bt + 2×Cl + Ge + Ls + 2×Na]/R > .24)

③ CDI: CDI(대응결함 지표)는 환경적 요구나 스트레스 상황에 대한 대처기능의 손상을 측정한다.

- (EA < 6) OR (AdjD < 0)
- (COP < 2) and (AG < 2)
- (Weighted Sum C < 2.5) OR (Afr < .46)
- (Passive > Active + 1) Or (Pure H < 2)
- (Sum T > 1) or (Isolate/R > .24) or (Food > 0)

④ S-CON: S-CON(자살지표)은 자살가능성에 대한 정도를 측정한다. (주의: 14세 이상의 수검자에게만 적용)

- FV + VF + V + FD > 2
- Color-Shading Blends > 0
- 3r + (2)/R < .31 or > .44
- MOR > 3
- Zd > + 3.5 or Zd < -3.5
- es > EA
- CF + C > FC
- X + % < .70
- S > 3
- P < 3 또는 P > 8
- Pure H < 2
- R < 17

⑤ HVI: HVI(과잉경계지표)는 환경에 대한 예민성과 경계의 정도를 측정한다.

- (1) FT + TF + T = 0
- (2) Zf > 12
- (3) Zd > + 3.5
- (4) S > 3
- (5) H + (H) + Hd + (Hd) > 6
- (6) (H) + (A) + (Hd) + (Ad) > 3
- (7) H + A : Hd + Ad < 4 : 1
- (8) Cg > 3

⑥ OBS: OBS(강박증 지표)는 강박사고 및 행동의 정도를 측정한다.

- (1) Dd > 3
- (2) Zf > 12
- (3) Zd > + 3.0
- (4) Populars > 7
- (5) FQ + > 1
- (1) ~ (4) 중에서 2개 이상이 해당되고 FQ + > 3
- (1) ~ (5) 중에서 3개 이상이 해당되고 X + % > .89

📁 **기출문제 확인학습**

기타 로샤 검사의 해석

1) 형태질의 부호화 중 - (minus)의 의미 : 왜곡된

반응과정에서 블롯의 특징이 왜곡되고 인위적이며 비현실적으로 사용된다. 블롯의 특징을 완전히 혹은 거의 무시한 반응이 지각된다. 즉 반응과 블롯의 특징이 전혀 조화되지 않는다. 때로는 반응된 형태를 지각할만한 블롯의 특징이 없는 상태에서 독단적으로 형태가 지각된다.

2) 평범반응(P) 해석

정상 성인의 평범 반응 범위는 5 ~ 8개이며 이를 벗어날 때 관습적인 지각과 관련하여 의미가 있다고 제안하였으며 4개 이하의 경우 경제적이거나 관습적인 방식으로 지각하지 못하고 심각한 정신병리의 표현이거나 피검자의 독특한 인격 특징을 보인다.

3) 지각의 왜곡: X-%

X + %가 유의하게 낮고 이와 더불어 X-%가 높다면 피검자의 지각왜곡이 심각하며 X-%가 20%를 넘는다면 심각한 지각 손상을 보인다.

4) 소외지표(The Isolation Index : Isolate : R)

(1) 식물, 구름, 지도, 풍경, 자연반응으로 구성하며, 전체 반응수의 1/4 이상 차지하면 대인관계로부터의 소외, 현실접촉이 단절되어 있을 가능성이 높다.

(2) 산출식 : (Bt + 2CI + Ge + LS + 2Na) / R

제5절 | 주제통각검사(TAT: Thematic Apperception Test)[1]

1) 욕구이론을 펼친 머레이(Murray)와 모간(Morgan)에 의해 1935년 개발되었다.

2) 31장의 그림판이 있는데 모두 20매의 그림(11매는 공통, 성인 남자용 9매, 성인 여자용 9매, 소년용 9매, 소녀용 9매)을 제시하고 이 그림이 어떤 상황인지, 과거에 어떤 일로 인해 지금의 상황이 되었는지, 그리고 앞으로 이 일이 어떻게 진행되어 갈 것인지에 대해 상상력을 최대한 동원하여 이야기를 꾸며보라고 지시한다.

3) 피검사자가 꾸며낸 이야기에 그 사람의 성격이 투사되어 있을 것이라고 가정하고 그 이야기를 분석하여 성격을 진단하고자 한다.

4) 여러 가지 해석방법이 사용되고 있으나 '욕구(내적) – 압력(환경) 관계 분석법'이 가장 많이 사용된다.

5) 분석 내용은 주인공의 주요한 욕구, 갈등, 불안, 주위 인물에 대한 지각, 방어기제, 초자아의 적절성, 자아의 강도 등이다.

📁 **실력다지기**

주제통각검사(TAT) 해석

1) 해석방법

  (1) TAT 반응을 해석하기 전에 피검자에 관한 기본 정보(성, 결혼상태, 직업, 연령, 부친의 사망이나 이별 여부, 형제들의 연령과 성 등)는 검사자가 필수적으로 갖고 있어야 한다.

  (2) 해석의 타당성은 임상가의 훈련과 경험 그리고 역동심리학에 대한 이해에 의존한다.

2) 슈나이드만(Schneidman, 1951)이 제안한 다섯 가지 방식의 해석

  (1) 표준화법

   TAT해석을 수량화하려는 입장이며 각 개인의 검사기록에 의한 TAT 반응상 특징을 항목별로 분류하여 유사점과 이질점을 피검사자군에서 작성된 표준화 자료에 비교하여 분석한다.

  (2) 주인공 중심의 해석법

   가장 중요한 의의를 갖는 연구법으로 이야기에 나오는 주요 인물, 주인공을 중심으로 분석하는 방법으로서 이야기 속 인물 분석법, 요구-압력 분석법[90], 주인공 중심법이 있다.

  (3) 직관적 방법

   정신분석이론에 기초한 가장 비조직적 분석방법이며 해석자의 통찰적인 감정이입 능력에 의존하고 반응 내용 기저의 무의식적 내용을 자유연상법으로 해석하는 방법이다.

  (4) 대인관계법

   ① Arnold(1949)의 인물 등의 대인관계 상태분석법 : 이야기 중 인물 간 및 인물들에 대한 피검사자의 역할에 비추어 공격, 친화, 도피 감정을 중심으로 분석하는 방법이다.

   ② White(1944)방식 : 이야기에 나오는 여러 인물의 사회적 지각 및 인물들의 상호 관계를 중심으로 분석한다.

  (5) 지각법

   피검자의 이야기 내용 형식을 분석하며 도판의 시각 자극의 왜곡, 이야기 자체의 기묘한 왜곡, 언어의 이색적 사용, 사고나 논리의 특성 등을 포착, 분석한다.

3) 해석하는데 관련되는 기본 요인

  주인공, 환경자극의 압력, 주인공의 욕구, 대상에 대한 주인공의 감정(긍정적, 부정적), 주인공의 내적 심리상태, 주인공의 행동표현 방식, 결과

---

1) 현재 가장 많은 지지를 받고 있는 분석법으로서, 개인의 욕구와 환경 압력 사이의 상호작용 결과를 분석하여 심리적 상황을 평가한다.

아동용 주제통각검사 등

아동용 주제통각검사(CAT)

1) Bellak & Bellak이 개발하였으며 3 ~ 10세 아동용으로 활용된다.

2) TAT와 다른 점은 그림판에 동물이 등장한다는 점이며 표준 그림판 9매, 보충 그림판 9매 총 18매의 그림판으로 구성된다.

주제통각검사

1) 1935년에 Harvard대학교의 임상심리연구실에서 Murray와 Morgan에 의하여 제작된 투사적 검사이다.

2) 피검자가 쉽게 동일시 할 수 있는 인물과 상황을 묘사한 30매의 그림카드와 아무런 그림이 없는 1매의 공백 카드로 구성되어 있다.

3) 30매의 카드는 남성 성인용, 여성 성인용, 소녀용, 소년용, 겸용(공통)으로 분류되어 있는데 한 피검자에게 20 매를 제시하도록 되어 있다.

4) 피검자에게 각 카드를 보여주면서 현재 무슨 일이 일어나고 있는지, 카드 내에 나타난 인물들의 생각, 느낌, 행동은 어떤지 그리고 과거에는 어떠했고 미래에는 어떻게 될 것인지에 대하여 상상력을 발휘하여 이야기를 만들어 보라고 요청한다.

5) 이 검사는 모호한 그림에 대하여 이야기를 구성하는 과정에서 피검자가 자신의 개인적인 과거 경험, 상상 및 공상내용, 관심과 욕구를 투사하게 되며, 이러한 공상 속에서 피검자의 무의식적 충동, 방어 및 개인적인 갈등 이 표현된다는 가정에 근거하고 있다.

6) TAT는 임상장면에서 임상진단과 치료적 목적으로 활용될 뿐만 아니라 교육, 사회, 산업장면에서 폭넓게 활용 되고 있다.

주제통각검사(TAT)

1) 'G'는 소녀, 'F'는 성인여자, 'B'는 소년, 'M'은 성인남자에게 사용한다.

2) 숫자만 표시된 카드는 공통으로 실시한다.

3) 흑백사진으로 인쇄된 30장의 그림 카드와 한 장의 백지 카드로 구성되어 있다.

4) 주제통각검사(TAT)는 욕구이론을 펼친 머레이(Hurray)와 모간(Morgan)에 의해 1935년 개발되었다.

5) 주제통각검사(TAT)는 피검사자가 꾸며낸 이야기(사고의 내용)에 그 사람의 성격이 투사되어 있을 것이라고 가정하고 그 내용을 분석하여 성격을 진단하고자 한다.

제1절 | 기타 심리측정 및 평가에 관한 사항

1 심리검사의 분류[1]

1) 측정 영역에 따른 분류

(1) 지능검사[2]

① **개인용** : 비네 검사, 웩슬러 검사, 카우프만 검사 등

② **집단용** : 군대 알파, 군대 베타 검사, 각 학교에서 집단적으로 실시되는 지필 검사 등

> 📁 **실력다지기**
>
> **집단용 지능검사**
> 1) Yerkes 등은 1917년에 병사들의 적절한 배치를 위한 최초의 집단검사인 Army-a를 만들었고, 후에 문맹자를 위한 Army-β를 만들었다.
> 2) 이러한 집단검사가 개발되면서 적성검사, 성격검사, 흥미검사 등의 등장으로 개인의 적성, 성격, 흥미 등을 측정하는데 도움을 주고 있다.

(2) 학력 및 학업 관련 검사

(3) 적성검사 : 특수한 분야에서의 성공 가능성을 예언해주는 능력을 측정한다.

① 진학 적성검사 대 직업 적성검사

② 일반 적성검사(예 GATB, DAT 등) 대 특수 적성검사(예 사무능력 적성검사, 기계 이해검사, 음악 적성검사, 미술 적성검사 등)

(4) 성격검사

① **자기보고형** : MMPI, CPI, MBTI 등

② **투사형** : 로샤 검사, 주제통각검사(TAT), BGT, 문장완성검사(SCT), HTP검사 등

---

1) 검사내용에 의한 분류는 지능, 적성, 학력 등과 같이 개인의 능력적인 면을 측정하는 능력검사와 인성, 흥미, 태도 등을 알아내는 성향검사로 분류된다.

2) 검사대상자의 인원에 따라 일대일로 검사를 받는 개인검사와 검사자가 집단을 대상으로 실시하는 집단검사가 있다.

(5) 흥미검사

직업 흥미검사 대 학업 흥미검사

2) 측정방법에 따른 분류[3]

(1) 기구를 사용하는 검사 **예** GATB, WAIS, WISC 등
(2) 지필 검사(paper pencil test)
(3) 이 외에도 측정방법에 따라 검사시간을 엄격히 제한하는 속도검사와 제한하지 않는 역량검사가 있다.

3) 측정 목적과 용도에 따른 분류

진단용, 선발 배치용 등이 있다.

4) 평가절차에 따른 분류

표준화검사(제작, 실시, 채점, 해석의 표준화) 대 비표준화 검사

– 표준화 절차에 따라 제작된 표준화 검사와 표준화 절차를 거치지 않은 비표준화 검사가 있다.

5) 결과의 표현방식에 따른 분류

양적 검사(수량화하여 표현) 대 질적 검사(서술하여 표현)가 있다.

6) 기타

정신적 이상 유무를 진단하는 진단검사와 비진단검사가 있다.

2 기타 성격검사

1) 요인분석에 의한 성격검사

(1) 16PF (16 Personality Factor Questionnaire)

① 1949년 커텔(Cattell)과 그 동료들이 개발하였다.
② 사전을 통해 인간에게 적용되는 모든 형용사 목록을 추려서 4,500개의 성격특성 목록을 작성한 후, 이 중 인간 특성을 가장 잘 나타낸다고 생각되는 171개 단어 목록을 선정하였다.
③ 선정된 단어 목록을 얼마나 알고 있는지 대학생에게 평정하게 하고 요인 분석하여 16개 요인을 발견하였다.

---

3) 검사도구와 관련해 검사지와 필기도구만을 가지고 하는 지필검사와 특정한 기계나 기구를 가지고 하는 기구검사가 있다.

④ 16개 요인[4]

냉정성-온정성 / 낮은 지능-높은 지능 / 약한 자아강도-강한 자아강도 / 복종성-지배성 / 신중성-정열성 / 약한 도덕성-강한 도덕성 / 소심성-대담성 / 강인성-민감성 / 신뢰감-불신감 / 실제성-가변성 / 순진성-실리성 / 편안감-죄책감 / 보수성-진보성 / 집단의존성-자기 충족성 / 약한 통제력-강한 통제력 / 이완감-불안감

⑤ 16요인은 척도 점수 상 높은 것과 낮은 것에 각기 다른 이름을 붙이고 이 검사는 다양한 프로파일을 분석하여 그 사람의 성격특성을 이해할 뿐만 아니라 직업적 적성까지도 이해하려고 하였다.

⑥ 3개의 타당성 척도가 있는데 그것은 '무작위 반응 척도', '허세반응 척도'(faking good), '꾀병 척도'(faking bad)이다.

(2) NEO-PI-R(NEO-Personality Inventory-Revised)

① 올포트(Allport)는 주 특성, 중심 특성, 이차적 특성으로 구분하여 설명하고 있으며 아이젱크(Eysenck)는 그의 성격검사에서 정신병적 경향성, 외향성-내향성, 신경증적 경향성, 허위성(Lie) 척도를 제시하고 있다.

② NEO-PI-R은 1992년 코스타와 맥크레이(Costa & Mccrae)에 의해 개발된 것으로서, CPI, MMPI, MBTI 등의 성격검사들을 [결합요인 분석]을 하여 공통적으로 추출되는 요인을 발견하고자 한 결과의 산물이다.

③ 5대 성격요인이라는 용어는 골드버그(Goldberg, 1981)가 "개인차를 구조화하기 위한 모델은 Big Five 차원을 어느 수준에서든 포함해야 할 것"이라고 제안하면서 사용되기 시작하였다.

④ **코스타와 맥크레이(Costa & Mccrae)는 처음에는 신경증**(N: Neuroticism), 외향성(E: Extraversion), 개방성(O: Openness), 즉 "NEO"에 초점을 맞추어서 "새 성격검사"(NEO-PI)라고 하였다가, Big Five 모델을 취하여 수용성(A: Agreeableness), 성실성(C: Conscientiousness)을 추가하여 NEO-PI-R(개정판)을 만들었다.

⑤ 5대 요인은 각각 6개의 하위 척도로 구분되며, 각 척도 당 8문항씩 모두 240문항으로 구성되어 있다.

⑥ 5가지 요인(Big Five factor)의 6개 하위 척도

- 신경증(Neuroticism, 정서적 불안정성): 불안, 적대감, 우울, 자의식, 충동, 심약성
- 외향성(Extraversion): 온정, 사교성, 주장, 활동성, 흥분성, 긍정적 감정
- 개방성(Openness, 경험개방성): 공상, 심미, 느낌, 행동, 사고, 가치
- 수용성(Agreeableness, 호감성): 신뢰, 정직성, 이타주의, 순종, 겸손, 동정
- 성실성(Conscientiousness): 능력, 질서, 착실성, 성취, 자기규제, 신중함

⑦ 중학생 이상 한글을 해독할 수 있는 사람이면 누구나 응시가 가능하고 개인 또는 단체로 실시하며 소요시간은 30~40분 정도이나 엄격한 시간통제는 필요치 않고 원 점수를 구하고 규준표에 따른 환산점수(T점수 - 평균이 50, 표준편차 10)를 얻은 후 프로필을 작성한다.

⑧ 비장애인 성인용으로 개발되어 직업상담에 사용하기 적합한 것으로 평가한다.

---

4) 염태호, 김정규, 1990. [성격요인검사-실시요강과 해석방법]

볼티모어 장기종단연구 (The Baltimore Longitudinal Study) – 코스타와 맥크레이 (Costa & McCrae)

1) 1959년에 시작한 장기종단연구로서 중산층 남녀 2,000명 (20 ~ 90대) 이상이 자원하여 연구에 참여하였다.

2) 5요인 성격검사(FF; Five Factor Inventory)를 이용하여 연령증가에 따른 성격특질의 변화를 탐색하였다.

3) 5요인으로는 개방성(O; Openness), 신중성(C; Conscientiousness), 외향성(E; Extraversion), 친교성 또는 호감성(A; Agreeableness), 신경성 또는 정서적 불안정성(N; Neuroticism)이다.

4) 남녀 모두 20 ~ 30세 사이에 신경성과 외향성이 약간 낮아지고 친교성과 신중성이 약간 높아지는 경향 보였다.

5) 그 외의 성격적 변화는 별로 없이 비교적 안정성 보였다.

성격의 5요인 측정요소

1) 경험에 대한 개방성(Openness to experience) : 미적 감수성, 상상력이 풍부한, 창의적인, 호기심이 많은, 생각이 깊은

2) 성실성(Conscientiousness) : 조직적, 책임감 있는, 질서, 자기절제, 신중함

3) 외향성(Extraversion) : 따뜻함, 사교성, 자기 주장성, 활동성, 대담한

4) 우호성(Agreeableness) : 친절한, 솔직함, 겸손함, 온유함

5) 신경증 성향(Neuroticism) : 긴장, 불안, 분노를 수반하는 적대감, 상처받기 쉬운, 감정적인

📌 **정리**

성격의 5요인 이론 (Big five model) 암기법 **외 – 호 – 성 – 정불 – 경개**

요인	소 검 사	비고 (30개 소검사)
외향성	온정성, 사교성, 리더십, 적극성, 긍정성, 흥분성	6개 하위척도
호감성	타인에 대한 믿음, 타인에 대한 배려, 도덕성, 수용성, 겸손, 휴머니즘	6개 하위척도
성실성	유능함, 조직화 능력, 책임감, 목표지향성, 자기통제력, 완벽성	6개 하위척도
정서적 불안정성	불안, 분노, 우울, 자의식, 충동성, 스트레스 취약성	6개 하위척도
경험 개방성	상상력, 문화, 정서, 경험 추구, 지적 호기심, 가치	6개 하위척도

NEO – PI – R에서 평가하는 성격구조

1) 신경증(N : Neuroticism) - 불안(N1), 적대감(N2), 우울(N3), 자의식(N4), 충동성(N5), 심약성(N6)

2) 외향성(E : Extraversion) - 온정(E1), 사교성(E2), 주장(E3), 활동성(E4), 자극 추구성(E5), 긍정적 정서(E6)

3) 개방성(O : Openness to experience) - 상상(O1), 심미성(O2), 감정 개방성(O3), 행동 개방성(O4), 사고 개방성(O5), 가치 개방성(O6)

4) 친화성(A : Agreeableness) - 신뢰성(A1), 솔직성(A2), 이타성(A3), 순응성(A4), 겸손(A5), 동정(A6)

5) 성실성(C : Conscientiousness) - 유능감(C1), 정연성(C2), 충실성(C3), 성취 갈망(C4), 자기규제성(C5), 신중성(C6)

2) 홀랜드(Holland) 인성이론 - RIASEC 6각형 모형 [암기법 현탐예사진관]

(1) 홀랜드(Holland)의 직업적 성격 유형 6가지

영역	흥미 유형	선호하는/싫어하는 직업적 활동	대표적인 직업
R	실제형 (현실형)	- 분명하고 질서정연한 활동을 좋아한다. - 야외에서 하는 신체적인 활동을 좋아한다. - 손재주가 좋고 기계를 잘 다룬다. - 교육적인 활동이나 치료적인 활동을 꺼려하고 사회적 기술이 부족하다.	기술자, 자동차 및 항공기 조종사, 정비사, 엔지니어, 운동선수 등
I	탐구형	- 사물을 관찰하는 것을 좋아한다. - 깊이 생각하고 연구하는 활동을 좋아한다. - 과학적 현상을 창조적으로 탐구하는 활동을 좋아한다. - 사회적이고 반복적인 활동들에는 관심이 부족하다.	과학자, 생물학자, 화학자, 물리학자, 인류학자, 지질학자, 의사, 의료기술자 등
A	예술형	- 예술적이고 창조적인 활동을 좋아한다. - 변화와 다양성을 좋아한다. - 독립적이고 자유로운 활동을 좋아한다. - 명쾌하고 체계적이고 구조화된 활동에는 흥미가 없다.	예술가, 작곡가, 음악가, 무대감독, 작가, 배우, 소설가, 미술가, 무용가, 디자이너 등
S	사회형	- 다른 사람들의 문제를 들어주는 것을 좋아한다. - 다른 사람들을 도와주는 활동을 좋아한다. - 다른 사람들과 같이 활동하는 것을 좋아한다. - 기계, 도구, 물질과 함께 명쾌하고 체계적인 활동에는 흥미가 적다.	사회복지가, 교육자, 간호사, 종교지도자, 상담가, 임상치료가, 언어치료가 등
E	진취형 (설득형)	- 앞장서서 다른 사람들을 이끄는 활동을 좋아한다. - 다른 사람들에게 인정받는 것을 좋아한다. - 다른 사람들 앞에서 이야기 하는 것을 좋아한다. - 다른 사람들을 설득하는 활동을 좋아한다. - 관찰적, 상징적, 체계적 활동에는 흥미가 적다.	기업경영인, 정치가, 판사, 영업사원, 보험회사원, 판매원, 관리자, 연출가 등
C	관습형 (사무형)	- 자료들을 체계적으로 정리하는 일을 좋아한다. - 정해진 규칙을 따르는 것을 좋아한다. - 정확하고 꼼꼼하게 해야 하는 활동을 좋아한다. - 창의적, 자율적이며 모험적, 비체계적 활동은 매우 혼란을 느낀다.	공인회계사, 경제분석가, 은행원, 세무사, 경리사원, 컴퓨터 프로그래머, 사서 등

홀랜드(Holland) 6가지 모형에 해당하는 직업

현실적 (R)	밖에서 일하거나 도구를 가지고 일하는 것과 관련된 작업 **예** 자동차기술자, 조사연구원, 농부, 전기공
탐구적 (I)	과학적 활동이나 추상적 문제해결과 연관된 직업 **예** 생리학자, 디자인 기술자, 물리학자
예술적 (A)	창의성, 작문, 음악, 예술적 능력과 연관된 직업 **예** 작가, 인테리어 장식가, 작곡가
사회적 (S)	사람들과 어울려 작업하거나 사람들을 돕는 것과 연관된 직업 **예** 교사, 상담자, 목회직
진취적 (E)	설득, 지도자, 말하는 능력과 연관된 직업 **예** 판매원, 기업실무자, 변호사
관습적 (C)	숫자, 세부사항, 자료와 연관되어 일하는 직업 **예** 사무직 근로자, 은행원, 세무사

📌 심화학습

홀랜드의 이론

1) 이 이론은 각 모형형태에서 사람의 속성을 비교할 수 있도록 기술되어 있으므로 개인의 가장 유사한 형태를 결정할 수 있는데 개인이 한 가지나 그 이상의 형태를 갖고 있기 때문에 유사한 다른 형태의 것에 확대하여 결정한다. 개인의 가장 유사한 세 가지 형태는 부호로 기술되는데 예컨대 SAE 부호는 가장 유사한 사회적 형태(S)와 조금 낮은 정도의 예술적 형태(A), 그리고 진취적 형태(E)를 의미한다.

2) 각각의 부호는 6각형 모형을 사용하면 가장 쉽게 이해할 수 있다. 이 6각형 모형에서 각각 인접한 다른 유형끼리는 서로 맞은 편에 있는 유형보다 더 유사성을 가지고 있고, 또한 가까이 관련된 유형의 부호는 가까이 있지 않은 부호보다 더 자주 나타나는데, 예컨대 ESC와 RIC의 부호는 CSI와 IES의 부호보다 더 빈번히 나타난다는 것이다.

3) 성격형태와 환경을 서술하기 위하여 홀랜드가 사용한 언어는 개인의 심상을 주제논술로 전환하는 데 매우 유용하다. 이 모형은 개인이 어떻게 생각하고 그들 자신에 대해 이야기하는지에 대해 쉽게 관련지을 수 있다. 홀랜드의 모형은 개인의 결과를 해석하는 수단으로서 많은 흥미검사에서 사용된다.

홀랜드 (Holland) 적성탐색검사 검사결과 해석

1) RIASEC의 요약점수: 높은 순으로 3개의 코드

2) 희망직업과의 일치성: 전체유형과 희망직업 유형간의 일치성 정도

3) 일관성: 전체유형 간의 유사성을 의미하며, 육각형 모형에서 유형이 근접한 정도로 결정됨

4) 긍정응답률: 피검사자가 검사의 모든 영역에서 '좋아함' 또는 '예'에 표시한 비율로 흥미의 전반적인 수준을 보여줌.

5) 변별성: 성격이나 직업 프로파일이 변별되는 수준을 보여줌

3) 캘리포니아 심리 검사 [California Psychological Inventory: CPI]

CPI(Gough)는 준거–집단 전략에 의해 구조화된 성격검사로서, MMPI 다음으로 대중성이 높다. 1987년 개정판에서 20개의 CPI 척도들 중에서 11개에 대해서 준거집단들은(**예** 남자 대 여자 ; 동성 남자들 대 이성 남자), 3개의 주제로 범주화되는 성격의 측정치를 제작하기 위해 비교되었다.

(1) 범주 1: 내향성 - 외향성

(2) 범주 2: 규준을 따르는 데 있어서 전통적인 것 대 비전통적인 것

(3) 범주 3: 자기실현과 통합감(sense of integration)

MMPI와는 대조적으로, CPI는 정상적인 사람들의 성격을 평가하기 위해서 시도한다. 그 검사는 18개의 척도를 포함한다. 각각의 척도는 4개의 집단들 중에 하나에 속한다.

(4) 집단 I 척도

안정, 자기-확신(self–assurance), 상호 대인적 효능성(interpersonal effectiveness)을 측정한다. 이러한 부류(class) 내의 척도들에서 높은 점수를 얻은 사람들은 적극적이고, 기지가 있고, 경쟁적이고, 외향적이고, 자발적이며 자신감이 있는 경향이다. 그들은 사람을 대하는 상황을 편하게 느낀다.

(5) 집단 II 척도

사회성과 성숙, 그리고 책임감을 평가한다. 이 척도에서 높은 점수를 얻은 개인들은 양심적이고, 정직하고, 의존적이고, 조용하고, 실용적이고, 협조적이고, 윤리적이며 도덕적인 문제에 주의하는 경향이 있다.

(6) 집단 III 척도

성취 잠재성과 지적인 효능성을 측정한다. 이러한 척도에서 높은 점수를 얻은 사람은 조직적이고, 효능감이 있고, 진지하고, 성숙하며, 추진력 있고, 유능하고, 지식이 풍부한 사람인 경향이 있다.

(7) 집단 Ⅳ 척도

흥미 양식을 탐색한다. 이 척도에서 높은 점수를 얻은 사람은 다른 사람의 내적 요구에 반응하고 사회적 행동에서 융통성이 있다.

(8) CPI의 장점은 그 검사를 정상적인 피험자에 사용할 수 있다는 것이다. MMPI는 일반적으로 정상적인 대상에 적합하지 않다. 만일 대인관계 효능성과 내적 통제에 대해서 정상적인 사람들에게 적용하도록 의도된다면, CPI는 좋은 검사가 된다.

4) PAI(Personality Assessment Inventory) 검사

(1) Morey(1991)가 제작한 <u>객관형 성격평가 질문지 검사</u>로서, 성인의 다양한 정신병리를 측정하기 위해 구성된 성격검사로 임상진단, 치료계획 및 진단집단을 변별하는데 정보를 제공해 주고 일반인에게도 적용할 수 있는 성격검사이다.

(2) 심리측정적 관점에서 매우 타당한 성격검사이며 최근 진단 실제에서 차지하는 비중을 고려하여 임상증후군을 선정하고 이를 측정하는 22개 척도로 구성된다.

(3) 많은 성격검사들이 개발된 이후로 심리측정이론의 현재 상태를 잘 나타내주는 새로운 중요한 개념적, 방법론적 측면들을 고려하였다.

(4) **PAI의 장점**

① 정상과 이상의 구별뿐만 아니라 척도별로 3 ~ 4개의 구체적인 하위척도로 구성되어 있어서 현재 개인이 경험하고 있는 어려움이나 불편을 호소하고 있는 영역을 구체적이고 전반적으로 파악할 수 있다.

② 정신과적 관심이 되는 이상행동뿐만 아니라 개인의 성격적 특징과 행동적 특징을 동시에 파악할 수 있다.

③ 현대사회를 살면서 일반인들이 흔히 경험하는 대인관계 문제, 공격성, 스트레스, 알코올 문제 및 약물문제까지도 파악할 수 있다.

(5) **각 구성척도**

① 정신장애를 측정하는데 가장 타당하다고 보는 22개 척도에 344개 문항을 선별하여 구성하였고 4점 척도(0 ~ 3)로 이루어진다.

② 4개의 타당도 척도와 11개의 임상척도, 5개의 치료고려 척도와 2개의 대인관계 척도가 있다.

③ **타당도척도**(4) : 비일관성 척도, 저빈도 척도, 부정적 인상 척도, 긍정적 인상 척도

④ **임상척도**(11) : 신체적 호소 척도, 불안척도, 불안관련 장애 척도, 우울척도, 조증척도, 망상척도, 정신분열병 척도, 경계선적 특징 척도, 반사회적 특징 척도, 알코올문제 척도, 약물문제 척도

⑤ **치료고려 척도**(5) : 공격성 척도, 자살관념 척도, 스트레스 척도, 비 지지 척도, 치료거부 척도

⑥ **대인관계 척도**(2) : 지배성 척도, 온정성 척도

📁 기출문제 확인학습

성격평가척도(PAI)의 구성

척도		하위척도	내용
타당도 척도		비일관성 척도 (ICN)	경험적으로 도출한 척도로서 내용이 유사한 문항에 대한 수검자의 반응 일치성을 평가하기 위한 척도
		저빈도 척도 (INF)	정상집단과 임상집단의 수검자들이 그렇다고 반응할 시인빈도가 매우 낮다는 근거에서 문항이 선정되며, 수검태도를 알 수 있음
		부정적 인상 척도(NIM)	바람직하지 못한 인상을 과장하기 위해 반응을 왜곡하거나 또는 매우 기이하고 희한한 증상과 관련된 문항들을 포함함
		긍정적 인상 척도(PIM)	수검자가 매우 바람직한 방향으로 반응했거나 어떠한 사소한 결점도 부정하려는 내용으로 구성

척도		하위척도	내용
임상 척도	신체적인 호소 척도(SOM)	전환	감각적 또는 운동적 역기능과 관련된 증상에 기인하는 기능장애
		신체화	다양한 신체적 증상이나 건강이 좋지 않다거나 피로감과 같은 모호한 증상을 호소
		건강염려	전형적으로 자신의 건강상태나 신체적 문제에 집착
	불안척도 (ANX)	인지적	최근 자신이 직면한 문제에 대한 지나친 관심과 염려 및 이로 인한 주의력과 집중력의 저하
		정서적	불안과 관련된 긴장감, 두려움, 신경과민 측정
		생리적 (신체적)	스트레스를 신체적으로 경험하고 표현하는 경향
	불안 관련 장애 척도(ARD)	강박적 -충동	오염에 대한 공포나 의식적 행동과 같은 증상적 특징과 완벽주의나 사소한 것에 지나치게 신경을 쓰는 것과 같은 성격적 특징
		공포증	높은 장소, 폐쇄된 공간, 대중교통 및 사회적 노출 등과 같은 다양한 상황에 대한 일반적 두려움을 평가하기 위한 척도
		외상적 스트레스	과거에 있었던 외상적 사건에 대한 계속적인 불편과 불안. 이러한 외상적 사건 때문에 자신이 근본적으로 바뀌었고 장애를 받고 있다는 느낌
	우울척도 (DEP)	인지적	부정적 기대, 무력감, 인지적 오류 등의 평가
		정서적	우울증에서 흔히 볼 수 있는 불행감, 불쾌감, 무감동 등의 평가
		생리적	우울증이 있는 사람들에게서 흔히 관찰할 수 있는 생리적 증상과 수면, 식욕 및 성욕장애 등과 같은 생리적 특징의 평가
	조증척도 (MAN)	활동수준	점수가 높을 경우 활동과 에너지 수준의 현저한 증가
		과장 (과대)	점수가 높을 경우 자존감의 고양, 확대 및 과대와 관련된 사고가 특징적
		과민 (초조감)	욕구좌절이 있을 때 나타나는 초조성과 욕구좌절에 대한 참을성이 낮은 것을 측정하기 위한 문항으로 구성되어 있음

		지나친 경계 (과 경계)	다른 사람과의 관계에서 지레짐작하고 민감하고 경계적인 경향을 반영
	망상척도 (PAR)	피해의식	자신이 부당하게 취급받고 있다고 느끼고 다른 사람들이 자신의 이익을 빼앗기 위해 모의하고 있다는 믿음
		원한	다른 사람에 대한 증오와 질투심 및 다른 사람들이 자신에게 불공정하게 대한다는 느낌과 관련되어 있음
		정신병적 경험	조현병에서만 특징적으로 나타나는 증상을 기술
	조현병 척도(SCZ)	사회적 위축	사회적 무관심과 정서적 반응의 결핍에 초점을 두고 있음
		사고장애	사고과정의 명료성에 관한 문항으로 구성

척도	하위척도	내용

		정서적 불안정	갑작스럽고 극단적인 불안, 분노, 우울 또는 초조감의 형태로 나타나는 정서적 불안정을 반영
	경계선적 특징 척도 (BOR)	정체감 문제	정체감 문제나 자기감(sense of self)과 관련해서 자기개념이 불안정하고 일관성이 없음의 경향
		부정적 관계	양가적이고 강렬하고 불안정한 대인관계를 맺은 경험
		자기 상해 (자기 손상)	행동의 결과를 생각하지 않고 충동적으로 행동하려는 경향을 반영
임상 척도	반사회적 특징 척도 (ANT)	반사회적 행동	불법적인 직업에 종사할 수 있고 절도, 재물파손, 다른 사람에 대한 신체적 공격 등을 포함한 범죄행위와 관련
		자기 중심성	다른 사람과의 상호작용에서 정서적으로 냉담하고 공감할 수 있는 능력의 부족과 관련된 문항으로 구성되어 있음
		자극 추구	위험을 감수하면서 새로운 것을 추구하려는 의지와 관련된 문항으로 구성되어 있음
	알코올 문제 척도(ALC)		알코올 사용, 남용, 의존과 관련된 행동과 그 결과를 평가하기 위한 척도
	약물사용 척도(DRG)		약물 사용, 남용, 의존과 관련된 행동과 그 결과를 평가하기 위한 척도

치료 고려 척도	공격성 척도(AGG)	공격적인 태도	쉽게 화를 내고 분노표현을 통제하기 어려우며 다른 사람들은 이들을 적대적이고 자극적이라고 지각
		언어적 공격성	직면을 사용해서 위협하지 않고 감정을 자극하는 요인이 거의 없더라도 비판이나 모욕과 같은 언어적 방식으로 공격하려는 경향
		신체적 공격성	재물파손, 폭력, 위협 등을 통해 분노를 신체적으로 표현하려는 경향
	자살관념 척도 (SUI)		죽음/자살과 관련된 사고 및 아이디어를 평가하기 위한 척도
	스트레스 척도 (STR)		개인이 현재 경험하고 있거나 최근에 경험한 생활상황적 스트레스 요인을 평가하기 위한 척도
	비(非)지지 척도 (NON)		사회적 관계의 가용성과 질을 포함한 지각된 사회적 지지의 부족을 평가하기 위한 척도
	치료거부 척도 (RXR)		심리적, 정서적 변화에 대한 개인적 관심과 관련된 속성과 태도를 평가하기 위한 척도
대인 관계 척도	지배성 척도 (DOM)		개인이 대인관계에서 통제적, 순종적 또는 자율적 인정도를 평가하기 위한 척도
	온정성 척도 (WRM)		대인관계에서 관여하고 공감하는 정도와 거절적이며 불신하는 정도를 평가하기 위한 척도

📁 기출문제 확인학습

성격평가질문지(PAI)의 구성척도

1) 정신장애를 측정하는데 가장 타당하다고 보는 22개 척도에 344개 문항을 선별하여 구성하였고 4점 척도 (0~3)로 이루어진다.

2) 4개의 타당도 척도와 11개의 임상척도, 5개의 치료고려척도와 2개의 대인관계척도가 있다.

3) 이 중 10개 척도에는 해석을 보다 용이하게 하고 임상적 구성개념을 포괄적으로 다루는데 도움을 주는 3~4 개의 하위척도가 포함되어 있다.

   (1) 타당도 척도 : 비일관성 척도, 저빈도 척도, 부정적 인상 척도, 긍정적 인상 척도

   (2) 임상 척도 : 신체적 호소 척도, 불안 척도, 불안관련 장애 척도, 우울 척도, 망상 척도, 정신분열병 척도, 경계 선적 특징 척도, 반사회적 특징 척도, 알코올 문제 척도, 약물 문제 척도

   (3) 치료고려 척도 : 공격성 척도, 자살관념 척도, 스트레스 척도, 비(非)지지 척도, 치료거부 척도

   (4) 대인관계 척도 : 지배성 척도, 온정성 척도

5) 진로 성숙도 확인 - 스트롱의 진로탐색검사 중 진로성숙도 척도

(1) STRONG 진로탐색 검사는 학생들이 진로선택을 합리적으로 할 수 있는 진로 성숙 수준에 도달되어 있는지를 사전에 확인할 수 있도록 진로성숙도를 측정한다.

(2) 진로 선택을 위한 학생 자신의 흥미 이해, 그리고 직업 세계의 특성 이해에 앞서 학생들의 진로 정체감, 진로 준 비도 등 진로 성숙 수준을 평가하는 것이 선행되어야 할 과정이라 할 수 있다. 진로 성숙도는 다음과 같이 5가지 요인을 통해 측정한다.

(3) 진로 성숙 척도

① **진로 정체감** : 자신의 진로 선택에 관한 결정 확신 정도를 평가하는 척도이다. 진로에 대한 선택을 아직 못하였거나 불확실한 선택을 하였는지를 알아봄으로써 진로 상담의 필요성을 확인시켜 주는 척도이다.

② **진로 준비도** : 자신의 진로를 스스로 선택하기 위하여 시간과 노력을 경주하는 정도를 평가하는 척도이다.

③ **가족 내 일치도** : 가족 사이에 진로에 관한 의견의 일치도를 알아보는 척도이다.

④ **진로 합리성** : 타인의 합리적 조언이나 정보에 대한 수용성을 반영하는 척도이다. 청소년기의 지나친 냉소성이 진로 상담의 긍정적 효용성을 상쇄할 수 있으므로 진로 상담의 초기에 이를 평가하여 합리성 수준에 따른 개별적인 상담 접근에 활용할 수 있다.

⑤ **정보 습득률** : 구체적인 직업 정보 습득 및 진로 정보의 판단력을 알아보기 위한 척도이다.

> **STRONG 직업흥미검사**
>
> 1) STRONG 직업흥미검사는 세분화된 직업흥미 탐색을 통해 개인의 흥미영역 세분화에 초점을 두고, 보다 구체화된 직업탐색 및 진로계획, 경력개발 등에 효과적으로 사용하도록 만들어졌다.
> 2) STRONG 직업흥미검사는 미국의 STRONG 검사의 3가지 척도인 GOT(General Occupational Themes), BIS(Basic Interest Scales), PSS(Personal Style Scales)로 구성되었다.

6) 벤더 게슈탈트 검사 (BGT, Bender Gestalt Test) - 투사적 검사

(1) 벤더(L. Bender)가 1938년 개발한 것으로서 본래 Bender Visual - Motor Gestalt Test이었던 것을 1940년에 BGT로 개칭하였다.

(2) 형태주의 심리학의 창시자인 베르타이머(Wertheimer)가 형태 지각 실험에 사용한 여러 기하학적 도형 중 9단계를 선택하였다(도형 A, 도형 1 - 8).

(3) 지시

"9개의 도형을 보여줄테니, 가능한 한 그림과 똑같이 그려보세요."

(4) 채점(Pascal - Suttell식 채점)

오류, 즉 이탈을 채점 / 채점 항목이 미리 경해져 있음 / 교육정도(중등교육, 대학교육)에 따라 두 개의 규준표 있음 / 전적으로 객관적인 것은 아니다.

📌 **정리**

벤더 게슈탈트검사(BGT)

1) 벤더 - 게슈탈트 검사(이하 BGT)는 베르트하이머(Wertheimer, 1923)가 지각과 관련된 게슈탈트 심리학의 원리를 증명하기 위해 고안한 도형들에 착안하여 Bender(1938)가 개발한 심리학적 평가 도구이다.

2) BGT는 임상가들에 의해 가장 자주 사용되는 심리학적 검사의 하나로 원래 두뇌의 기질적 장애를 평가하기 위한 목적으로 제작되었으나, 현재는 뇌손상이나 시각 - 운동 협응에 대한 발달적 평가 외에, 성격평가를 위한 투사적 기법 등 다양한 목적으로 폭넓게 사용되고 있다.

3) BGT 심리검사기법은 9개의 도형을 제시하고 베껴서 그리도록 하는 검사로 휴대하기가 용이하며, 검사자체가 간편하고 그 실시와 채점 및 해석이 다른 심리검사기법들보다 쉽다.

4) BGT-II의 경우는 원판 9장에 자극카드 7장이 추가되어 16장으로, 저연령층(만 4세 ~ 7세 11개월)을 위한 자극카드 4장과 고 연령층(8세 ~ 85세)를 위한 자극카드 3장으로 구성되어 있다.

🗂 실력다지기

벤더 게슈탈트 검사 (BGT)[5] 해석

1) 벤더-게슈탈트 검사(이하 BGT)는 베르트하이머(Wertheimer, 1923)가 지각과 관련된 게슈탈트 심리학의 원리를 증명하기 위해 고안한 도형들에 착안하여 Bender(1938)가 개발한 심리학적 평가 도구이다.

2) BGT는 임상가들에 의해 가장 자주 사용되는 심리학적 검사의 하나로 원래 두뇌의 기질적 장애를 평가하기 위한 목적으로 제작되었으나, 현재는 뇌손상이나 시각-운동 협응에 대한 발달적 평가 외에, 성격평가를 위한 투사적 기법 등 다양한 목적으로 폭넓게 사용되고 있다.

3) BGT 심리검사기법은 9개의 도형을 제시하고 베껴서 그리도록 하는 검사로 휴대하기가 용이하며, 검사자체가 간편하고 그 실시와 채점 및 해석이 다른 심리검사기법들보다 쉽다.

4) 채점 및 해석

(1) 조직화 방식(배열순서, 도형 A의 위치, 공간 사용, 그림의 중첩, 가장자리 사용, 용지의 회전)

(2) 크기의 일탈(전체적으로 크거나 작은, 점진적으로 커지거나 작아지는, 고립된 큰 그림 또는 작은 그림)

(3) 형태의 일탈(폐쇄곤란, 교차곤란, 곡선 묘사 곤란, 각의 변화)

(4) 형태의 왜곡(지각적 회전, 퇴영, 단순화, 단편화, 중첩곤란, 정교화 또는 조잡, 보속성[6], 도형의 재묘사)

(5) 그려 나가는 방식(그려나가는 방식에서의 일탈, 그려나가는 방향의 비일관성, 선의 질)

BGT 검사[7]를 통해 알아볼 수 있는 증상

1) BGT 검사의 특징

(1) 기질적 장애를 판별하려는 목적에서 널리 사용

(2) 뇌손상 이외에 정신증, 정신지체, 그 밖의 성격적인 문제를 진단하는데 적용될 수 있음

(3) 시지각-운동 성숙수준, 정서적인 상태, 갈등의 영역, 행동통제의 특성이 드러남

2) BGT 검사가 유용한 내담자

(1) 언어적인 방어가 심한 환자 강박적이고 이지적이며 자기합리화를 하는 경향이 강한 사람들 또는 자신이 가지고 있는 증상 이상으로 병리적인 반응을 보이는 사람들

(2) 문화나 언어적인 배경을 뛰어넘기 때문에 언어적 능력이 제한되어 있는 사람이나 언어표현이 자유롭지 못한 환자(에 긴장성 정신분열환자)

(3) 뇌손상 여부가 의심스러운 사람들

(4) 정신지체를 좀 더 정확히 진단할 수 있음

---

5) BGT는 대표적인 투사 검사로 행동상의 미성숙을 검사하는 방법 중에서 가장 신뢰로운 검사이다. 로샤(Rorschach) 검사나 주제통각검사(TAT)와는 달리 비언어적인 검사로서 문화적인 영향을 적게 받기 때문에 비교적 피검사자의 나이나 문화와는 무관해서 실시, 해석될 수 있다는 장점을 가지고 있다. 또한 검사 실시, 채점, 해석이 다른 투사적 검사보다 쉽고 간편하면서도 투사적 기본이론에 일치하고 신뢰도 및 타당도가 충분하기 때문에 교육과 임상 장면에서도 활발히 사용되고 있다. 또한 BGT는 심리검사의 통합적인 면을 갖고 있어 시각-운동기능 성숙도, 지능, 성격구조, 정서문제, 학습장애, 학업성취도 등의 진단과 예언에 유용하게 적용될 수 있다.

6) 적절하지 않은 반응인지 알면서도 계속 동일한 반응을 하는 것이다.

7) 독일 형태심리학자인 베르트하이머(Wertheimer) 등이 제2차 세계대전이 발발하면서 다양한 문화배경에서 징집된 군인들을 진단할 필요가 생기면서부터 고안됨

BGT검사에서 도형 A의 위치(position of the first drawing)

1) 도형 A를 어디에 그리는가에 대해서 평가하는 것이다. 도형 A가 용지 상부의 1/3 이내에 있고 가장자리에서는 (어느 가장자리에 그리든) 2.5cm 이상 떨어져 있다면 정상적인 위치에 있는 것으로 볼 수 있다.

2) 용지의 왼쪽 또는 오른쪽 아래의 모서리에 A도형을 그리면 매우 병리적인 상태임이 시사된다. 소심하거나 겁이 많은 사람은 A도형을 극단적으로 왼쪽 위의 모서리에 배치하고 도형을 전체적으로 작게 그리는 경향이 많다.

3) 자기중심적이고 주장적인 사람은 용지의 중앙에 비치하면서 크게 그리는 경향이 있는데, 도형 하나에 용지 1매를 사용하는 경우도 있다.

📌 정리

전반적 검사 개념 정리

1) WISC - R

아동에게 개별적으로 실시되는 지능검사로 웩슬러의 아동용 지능검사이다.

2) K - WPPSI

만 3세부터 7세 3개월까지 실시하는 유아, 초등용 한국판 웩슬러 지능검사로 언어성, 동작성 검사를 한다.

3) K - ABC

카우프만의 아동평가 종합검사로 초등학교까지의 아동(2세 6개월부터 12세 6개월까지)에게 실시하는 지능검사로 순차처리 척도, 동시처리 척도, 인지처리과정 종합 척도, 습득도 척도의 4개의 하위척도로 구성되어 있다.

4) 다중지능검사

하워드 가드너의 이론으로 언어, 음악, 공간, 논리수학, 신체운동, 인간친화, 자기성찰 등 7개의 지능으로 구분되어 있다.

5) 비네 지능검사

정신지체 아동을 선별하기 위해 고안된 검사로 기억력, 상상력, 이해력, 미적 감식력 등과 같은 복잡한 심리과정을 측정하는 여러 가지 하위검사로 구성되어 있다.

6) 스탠포드 - 비네 검사

비네 - 시몬의 검사를 바탕으로 재구성된 검사이며, 2세부터 18세까지 실시한다.

7) VMI(Visual Motor Inventory)

만 4세 이상 13세까지 실시하는 시각 - 운동 통합발달검사로, 학습과 행동장애를 초기에 발견하도록 고안된 선별검사이다.

8) BGT(Bender Gestalt Test)

만 5세부터 성인을 대상으로 실시하는 벤더 게슈탈트 검사로 시각 - 운동 및 시지각 능력을 측정하는 검사이다.

9) HTP(House - Tree - Person Drawing Test)

만 3세 이상 실시하는 검사로, 집 - 나무 - 사람 그림화 검사로 아동의 성격적, 정서적 특성을 파악할 수 있는 투사검사이다.

10) KFD(Kinetic Family Drawing)

만 3세 이상 실시하는 검사로, 동작성 가족화 검사로 가족역동 및 아동의 가족에 대한 지각을 알 수 있는 투사검사이다.

11) 로샤 검사(Rorschach Ink blot test)

만 4세부터 실시하는 검사로, 대처양식, 감정, 자기개념, 대인관계양식, 정보처리 방식에 대한 정보를 제공해 주는 투사검사이다.

12) TAT(Thematic Apperception Test)

만 10세 이상 실시하는 주제통각검사로, 대인관계와 환경지각을 나타내는 성격의 역동성을 투사하는 검사이다.

13) SCT(Sentence Completion Test)

아동 및 성인을 대상으로 실시하는 검사로, 문장완성 검사로 자아개념과 대인관계 및 환경에 대한 지각을 나타내는 투사검사이다.

14) MMPI(Minnesota Multiphasic Personality Inventory)

만 15세 이상 실시하는 검사로, 다면적 인성검사로 객관적인 성격검사이다.

⚓ 심화/참고

정신상태 검사의 주요항목

외양, 행동과 정신운동 활동, 검사자에 대한 태도, 기분과 정서, 말(speech), 지각(perception), 사고(thought), 감각과 인지(sensorium and cognition), 각성과 의식수준, 지남력, 기억, 집중과 주의, 읽기와 쓰기 능력, 시공간 능력(visuospatial ability), 추상적 사고, 상식과 지능, 충동조절, 환각 유무 등

정신상태 평가[8]

1) 일반적 기술(general description)

(1) 외양

(2) 검사자에 대한 태도

(3) 행동과 정신운동 활동

환자의 운동행동의 질적, 양적 양상을 기술한다. 매너리즘, 틱, 제스처, 상동적 행동, 과다행동, 안절부절, 경직성, 민첩성 등이 포함된다. 계속 움직이는지, 손을 가만두지 못하는지 등 여러 가지 신체의 움직임을 기술한다. 또한 정신 운동성 지연이나 신체 움직임의 전반적 저조 상태가 있는지 기술하고, 목적 없는 행동이 있는지도 기술한다.

2) 기분과 정서(mood and affect)

(1) 기분

(2) 정서(감정반응성)

(3) 적절성

감정반응의 적절성은 환자가 하는 말의 내용과 대비하여 평가한다. 가령 피해망상을 이야기하고 있다면 환자는 당연히 화가 나거나 무서워할 것이고, 그런 감정반응은 적절한 것이다. 그런데 이야기의 내용이나 상황과 감정의 종류가 서로 맞지 않은 경우가 있는지 살펴보아야 한다.

3) 말(speech) - 언어

4) 지각(perception)

환각과 착각 같은 지각장애를 기술한다. 관여된 감각기관(청각·시각·후각·촉각)과 그 내용과 특징을 기술한다. 특히 지시하는 환청이 있는지 그리고 그 지시에 따라 실제로 행동을 하는지를 평가하는 것은 중요하다. 환각 경험의 때와 상황도 중요하다. 가령 입면환각과 출면환각은 다른 환각에 비해 정상 범주에서 관찰될 가능성이 크다.

5) 사고(thought)

(1) 사고의 고정 혹은 형태

(2) 사고의 내용

---

8) 출처 : 신경정신과학, 대한신경정신의학회 편, 하나의학사

6) 감각과 인지(sensorium and cognition)

    (1) 각성과 의식수준

    (2) 지남력

    지남력의 장애는 통상 시간, 장소, 사람에 대한 지남력으로 구분한다. 장애가 와도 통상 이 순서대로 오고, 호전될 때에는 역순을 따른다. 오늘이 며칠인지, 지금이 몇 시쯤인지 물어본다. 지금 있는 장소가 어딘지, 무엇 하는 곳인지, 주위에 있는 사람들이 누구인지, 그들과의 관계는 어떤 관계인지를 물어본다.

    (3) 기억

    (4) 집중과 주의

    (5) 읽기와 쓰기 능력

    (6) 시공간 능력(visuospatial ability)

    (7) 추상적 사고

    (8) 상식과 지능

7) 충동조절

8) 판단과 병식

자기가 병들었다는 사실에 대한 인식과 이해의 정도를 병식이라고 한다. 자기가 병들었다는 사실을 전적으로 부정할 수도 있고, 어느 정도는 알지만 그 원인이 신체질환이나 외부적 요인 혹은 타인에게 있다고 여길 수도 있다.

제2절 | 최신 기출내용

1 일반적인 심리검사 윤리

1) 수검자가 자해 위험이 있는 경우 비밀보장의 원칙을 지키지 않아도 된다.

2) 평가결과의 해석은 내담자가 그 내용을 이해할 수 있어야 한다.

3) 평가서를 보여주면 안 되는 경우, 사전에 수검자에게 이 사실을 인지시켜야 한다.

4) 가장 적은 시간과 노력을 들여 가장 타당하게 평가할 수 있는 검사를 선택한다.

5) 평가서의 의뢰인과 피검사자가 동일하지 않을 경우에, 평가서와 검사보고서는 의뢰인이 동의할 때 피검사자에게 열람될 수 있다

6) 수검자에게 비밀보장의 한계를 설명해 준다.

7) 검사결과에 대해 수검자가 설명을 요구할 권리를 존중한다.

8) 수검자의 문화적 배경을 고려한다.

9) 검사 동의를 구할 때에는 비밀유지의 한계에 대해 알려야 한다.

10) 자격을 갖춘 사람이 심리검사를 실시해야 한다.

11) 평가서를 보여주면 안 되는 경우에는 사전에 수검자에게 이 사실을 알려야 한다.

12) 동의할 능력이 없는 사람에게도 평가의 본질과 목적을 알려야 한다.

13) 자동화된 서비스를 사용할 경우에도 검사자는 평가의 해석에 대한 책임을 진다.

14) 검사자는 자신이 제시한 결과 해석에 대해 책임을 져야 한다.

15) 검사자는 실시하는 검사의 제작 방식에 대한 충분한 지식을 갖추어야 한다.

16) 검사자는 검사를 시행하기 전에 수검자에게 검사의 목적에 대해 설명해야 한다.

17) 심리평가에 관한 동의를 받을 때 비밀보장과 그 예외조항을 설명해야 한다.

18) 임상 수련생은 수련감독자의 지속적인 감독 하에 심리평가를 실시해야 한다.

19) 검사 목적에 맞게 검사를 선정하여 사용해야 한다.

20) 동의할 능력이 없는 수검자에게도 평가의 본질과 목적에 대해 알려야 한다.

21) 능력검사의 검사 자극이나 문항이 대중매체에 노출되지 않도록 해야 한다.

22) 검사규준 및 검사도구와 관련된 최근 동향과 연구방향을 민감하게 파악해야 한다.

23) 심리검사 결과 해석 시 수검자의 연령과 교육수준에 맞게 설명해야 한다.

24) 심리검사 결과가 수검자의 삶에 영향을 줄 수 있음을 인식해야 한다.

25) 컴퓨터로 실시하는 심리검사라도 특정한 교육과 자격이 있어야 한다.

26) 검사의 필요성과 검사 유형 및 용도를 설명해야 한다.

27) 윤리적 딜레마가 생길 경우, 피검사자 보호를 최우선으로 고려한다.

2 MMPI-A(청소년용)의 내용척도와 보충척도

1) MMPI-A에만 있는 내용척도

소외척도(A-aln), 낮은 포부척도(A-las), 학교 문제척도(A-sch), 품행문제 척도(A-con)이다.

2) MMPI-A에만 있는 보충척도

ACK 척도(Alcohol/Drug Problem Acknowledgment : 알코올/약물 문제 인정 척도), PRO 척도(Alcohol/Drug Problem Proneness : 알코올/약물 문제 가능성 척도), IMM척도(Immaturity : 미성숙 척도)이다.

> 1) ACK (Alcohol/Drug Problem Acknowledgment: 알코올/약물 문제 인정 척도)
> 알코올이나 다른 약물 사용과 관련된 문제를 인정하는 정도를 측정함 / 높은 점수는 알코올과 약물 관련 문제를 인정하며 의식적으로 자각하고 있음 / 감정을 자유롭게 표현하기 위해 알코올 혹은 약물에 의존한다든지 물질 남용 습관을 가지고 있을 가능성, 음주 중 싸움에 연루될 가능성이 높음.
> 2) PRO (Alcohol/Drug Problem Proneness): 알코올/약물 문제 가능성
> 알코올과 약물 문제를 보일 가능성을 측정 / 높은 점수는 알코올 및 약물 문제가 있음 / 학교나 가정에서 행동문제를 보일 경향성이 시사되지만 현재의 알코올 또는 약물 사용 패턴을 명백히 반영하는 것이 아니므로 주의가 필요함.
> 3) IMM (Immaturity): 미성숙 척도
> 대인관계 양상, 인지적 복합성, 자기 인식, 판단력, 충동조절 및 통제의 측면에서 미성숙을 반영함 / 높은 점수를 받는 경우 타인에게 신뢰감을 주지 못함 / 의존적이고 좌절에 대한 내성이 약하며 감정조절에 어려움을 보임 / 타인을 괴롭히고, 저항적·반항적 태도를 취해 학교생활이나 또래관계에 부적응을 보일 가능성이 큼.

3 MMPI-2의 임상척도 3(히스테리)에서 높은 점수의 해석

1) 척도 3 점수가 현저하게 높은 사람들은(T>80) 강하게 압도되는 느낌을 자주 경험하고, 스트레스를 받으면 신체적 증상을 나타내며, 스트레스가 가라앉으면 갑자기 사라지는 경향이 있다.

2) 척도 3 점수가 높은 사람들은 일반적으로 급성의 심각한 정서적 동요를 경험하고 있는 것처럼 보이지는 않으나, 그들은 때때로 슬프고, 우울하고, 불안한 느낌을 보고한다. 또한 그들은 활력 상실 및 지쳐서 녹초가 된 느낌을 보고할 수 있으며, 수면곤란을 호소하는 일도 흔하다. 임상 장면에서 척도 3이 높은 사람들에게 가장 자주 내려지는 진단은 전환장애와 신체형장애, 심인성 통증장애이다. 높은 점수를 얻은 사람들은 흔히 항우울제와 항불안제 처방을 받는다.

3) 척도 3 점수가 높은 사람들의 일상적인 기능에서 관찰되는 가장 두드러진 특징은, 자신의 증상을 초래했을 가능성이 있는 기저의 원인에 대한 통찰이 전혀 없다는 것이다. 아울러, 그들은 자신의 동기와 감정에 대한 통찰도 매우 부족하다.

4) 척도 3 점수가 높은 사람들은 흔히 심리적으로 미성숙하며 때로는 심지어 유치하고 유아적이라고 묘사된다. 그들은 매우 자기 본위적이고, 자기도취적이고, 자기중심적이며, 다른 사람들로부터 지대한 관심과 애정을 기대한다. 그들은 자신이 갈구하는 관심과 애정을 얻기 위해서 흔히 간접적이고 우회적인 수단을 동원한다. 다른 사람들이 이에 적절하게 반응하지 않을 때, 그들은 화를 내고 분개할 수 있다. 하지만 이런 감정들은 곧잘 부인되며, 공개적으로 혹은 직접적으로는 잘 표현되지 않는다.

출처 : MMPI-2 성격 및 정신병리 평가, John R. Graham 저, 시그마프레스

4 관찰자 간 일치도와 문항 간 신뢰도

1) 관찰자 간 일치도는 둘 또는 그 이상의 관찰자가 똑같은 개인 혹은 집단을 동시에 그리고 독립적으로 관찰하는 동안 얻어진 기록들을 바탕으로 평가된다.

2) 문항 간 신뢰도는 검사도구의 양호도를 나타내는 지표 중 하나이다. 문항들이 동일한 개념을 측정하는 정도를 나타내며, 문항들의 상관계수의 평균이나 비율로 계산할 수 있다.

3) 문항 간 신뢰도가 높을수록 검사도구의 신뢰성이 높고, 문항 간 신뢰도를 높이기 위해서는 문항 수, 문항 난이도, 문항 변별도를 고려해야 한다.

4) 결론적으로 관찰자 간 일치도와 문항 간 신뢰도는 동일한 개념이 아니다.

5 K-WISC-IV의 실시와 채점

1) 핵심 소검사 시행이 어려운 경우에 적절한 보충소검사로 대체할 수 있다.

2) 소검사 대체는 각 지표점수 내에서 단 한 번씩만 허용된다.

3) 시간을 초과하여 정답을 맞힌 경우에는 정답으로 채점하지 않는다.

4) 추가질문을 사용했을 때 기록용지에 Q로 표기한다.

5) 토막짜기 소검사는 연속하여 세 문항이 0점일 때 중지한다.

📁 **실력다지기**

K-WISC-IV의 토막짜기 소검사 실시방법

1) 수검자에게 소책자에 있는 모형을 가리키며 "이것처럼 한 번 만들어보세요. 최대한 빨리 만들고, 끝나면 알려주세요. 시작하세요."라고 말한다. 이때 검사자는 시간을 측정한다.

2) 지적결손이 의심되는 아동에게는 1번부터 실시한다.

3) 역순: 8~16세 아동이 처음 제시되는 두 문항 중 어느 한 문항에서 0점 또는 1점을 받을 경우, 역으로 검사 문항을 실시한다. 그리고 두 문항에서 연속적으로 만점을 받을 때까지 실시한다.

4) 중지: 세 문항 연속해서 0점을 받으면 중지한다.

5) 시간측정: 각 문항에서 지시의 마지막 단어를 말한 후부터 시간을 재기 시작한다.

---

6 MMPI-2 척도에 관한 설명

1) ES척도는 자아강도를 나타내는 보충척도이다.

2) F척도는 이상반응 경향성을 탐지하기 위한 척도이다.

3) L척도의 상승은 자신을 완벽하고 이상적으로 가장하려는 경향성을 나타낸다.

4) D는 우울 증상을 측정하는 임상척도이다.

5) PSYC는 정신증을 나타내는 성격병리 5요인척도이다.

PSYC(Psychoticism)는 정신증을 나타내는 성격병리 5요인척도이다. 높은 점수(T > 65)를 보이는 경우, 현실과 단절된 경험, 타인에게는 없는 신념이나 이상한 감각적 혹은 지각적 경험, 관계망상, 기태적 혼란, 사고장애(우원적 사고) 등의 특징을 보인다.

6) 재구성 임상척도는 RCd, RC1, RC2, RC3, RC4, RC6, RC7, RC8, RC9로 모두 9개이다.

> RC4는 반사회적 행동(Antisocial Behavior)을 나타내는 재구성 임상척도이다. 22문항으로 구성되어 있으며, 현재 혹은 과거의 반사회적 행동이나 가족갈등을 측정한다. 다양한 반사회적 행동(폭력, 거짓말, 사기), 공격적인 행동, 적대적 · 논쟁적 태도를 보일 경우 상승한다. RC4 점수가 높은 사람들은 과거에 학교생활을 잘 하지 못했고, 직장에서도 문제를 드러내는 경향이 있다.

7 MMPI-A 내용척도에서 높은 점수를 보인 청소년에 관한 설명

1) **A-dep** : 우울증상을 호소함, 자기비하, 자살사고 등이 나타남

2) **A-cyn** : 염세적인 태도를 나타내며, 다른 사람의 의도를 의심함

3) **A-con** : 절도, 거짓말, 기물 파손, 반항적 행동과 같은 품행 문제들을 호소함

4) **A-fam** : 부모 또는 가족과 문제가 있음을 호소함

5) **A-biz** : 기태적 정신상태, 매우 이상한 사고와 경험 보고

> **기태적 정신상태 척도**(A-biz : Adolescent-Bizarre Mentation)
>
> 1) 이 척도에서 높은 점수를 보이는 청소년들은 환청, 환시, 환후 등을 포함하여 이상한 생각과 경험을 보고한다. 이들은 자신의 경험을 이상하거나 흔치 않은 것으로 느끼고, 자신의 정신에 무엇인가 문제가 있다고 믿는다. 또한 이들 중에는 편집적 사고(예를 들면, 자신이 음모에 연루되어 있다거나 누군가 자신을 독살하려 한다는 믿음)를 보고하기도 한다. 이들은 다른 사람들이 자신의 생각을 훔치려 한다거나, 최면과 같은 방식을 통해서 자신의 마음을 조종하려 한다고 믿기도 한다. 또한 사악한 영이나 귀신이 자신에게 씌었거나 영향을 미치려 한다고 믿기도 한다.
>
> 2) 경험적 자료에 따르면, 이 척도는 정상집단에서 일반적인 부적응과 관련된다. 또한 이 척도 높은 점수를 받을수록 학교에서 어려움을 겪고 학업성적이 낮다는 것이 시사된다. 임상장면의 청소년의 경우, 이 척도의 높은 점수는 기태적인 감각경험이나 정신병과 관련된 다른 증상 및 행동을 시사하는 것으로 보인다.

8 삭스(J. Sacks)의 문장완성검사(SSCT)

1) 삭스(J. Sacks)의 문장완성검사(SSCT)는 자유연상을 이용한 투사검사이다.

2) 개인용-집단용 검사로 모두 사용할 수 있다.

3) 정답과 오답이 없으며, 검사시간은 약 30-40분 정도면 충분하다.

4) 검사자는 수검자가 검사를 시작한 시간과 끝낸 시간을 기록하고, 수검자가 검사를 완성한 후 가능하면 질문단계를 실시하도록 한다. 즉, 수검자의 반응에서 중요하거나 숨겨진 의도가 있다고 보이는 문항들에 대해서 "이것에 대해 좀 더 이야기 해 주세요."라고 지시하는 것이다.

5) 문장의 내용 중 강박증, 사고의 왜곡 등 임상적 증상과 관련된 내용들에 대해서는 자세한 질문을 통해 확인한다. 심하게 불안한 수검자에게는 문항을 읽어주고 검사자가 대신 받아 적기도 하지만, 일반적으로는 수검자가 스스로 작성한다.

9 의미변별척도(의미분화척도; Semantic differential scale)

의미변별척도(의미분화척도; Semantic differential scale)란 사물, 인간, 사건 등에 대한 개념이나 느낌의 양극의 뜻을 갖는 대비되는 형용사군을 만들어서 의미를 측정하는 방법이다.

1) 하나의 개념에 대해 여러 가지 의미의 차원에서 평가하는, 즉 다차원적인 개념을 측정하는데 사용한다.

2) 어떤 개념이 함축되어 있는 의미를 평가하기 위해 구성하는 척도로 쉽게 만들 수 있고, 비교적 적은 수의 문항으로 신뢰도를 확보할 수 있다.

3) 상반되는 두 형용사 간에 의미상의 연속선이 있고, 응답자의 반응을 그 연속선 위에서 등간 수준으로 정량화가 가능하다고 추가로 전제한다.

4) 측정에는 대개 7점 척도가 활용되며, 데이터 분석 시에는 1~7점 형태로 코딩하거나 -3~ +3점 형태로 코딩할 수 있다.

5) 측정된 데이터는 평균이나 중앙값 등을 분석할 수도 있다. 이때 응답자는 서로 상반되는 양극성 형용사 표현 사이에서 자신의 주관적 느낌에 따라 적절한 위치로 응답하게 된다.

예시) 청소년상담사에 대한 인지도를 묻는 의미분화척도

좋은(1점)	1, 2, 3, 4, 5, 6, 7	나쁜(7점)
능동적인(1점)	1, 2, 3, 4, 5, 6, 7	수동적인(7점)
유쾌한(1점)	1, 2, 3, 4, 5, 6, 7	불쾌한(7점)

cf 의미변별척도는 형용사 반응의 차이들을 제곱하여 합하는 방식이 아니라, 형용사 반응에 해당하는 값을 합하는 방식으로 때문에 특성에 대한 차이를 계산할 수 있다.

10 신뢰도에 영향을 주는 요인

1) **문항 수** : 적은 수의 문항보다 많은 수의 문항이 측정의 오차를 줄여준다.

2) **문항난이도** : 문항난이도가 적절할 때 신뢰도가 증가한다.

3) **문항변별도** : 문항변별력이 있고, 애매한 문장이 제외되면 신뢰도가 증가한다.

4) **측정 내용** : 검사도구의 측정 내용이 보다 구체적인 내용일 때 검사의 신뢰도가 증가한다.

5) **검사시간** : 검사시간을 충분하게 주면 응답의 안정성을 보장받을 수 있다.

6) **측정상황** : 측정상황의 일관성을 유지하는 것이 좋다. 즉, 측정도구의 표준화, 통제성을 통해 최대한 동일한 조건 하에서 측정한다.

7) **표본의 목록** : 최신의 표본목록을 확보하여 검사를 진행하는 것이 좋다.

8) **지시와 설명** : 표준화된 지시와 설명을 위해 조사자에 대한 사전훈련을 실시해야 한다. 불분명한 지시나 설명은 오차분산을 크게 만든다.

9) **집단의 특성** : 집단의 이질성 즉 개인차가 클수록 신뢰도는 증가한다.

10) **신뢰도 추정방법** : 신뢰도 추정방법에 따라 신뢰도가 달라진다.

11) **사례 수** : 사례 수가 많을수록 신뢰도는 증가한다.

11 문항반응이론에서 문항별 능력추정치(ability estimate)

문항반응이론(Item Response Theory)은 여러 사람들이 여러 문항에 응답한 데이터를 분석해 응답자의 능력, 개별문항(문제)의 난이도(문항곤란도), 변별력(문항변별도), 추측도(추측정답 가능성)를 측정하는 분석이론이다. 즉, 문항반응이론에서는 문항이 가지고 있는 특성을 기초로 피험자의 능력을 추정하는 데 그 값을 문항별 능력추정치(ability estimate)라고 한다. 여기에는 문항곤란도, 문항변별도, 추측정답 가능성이 있다.

12 CHC(Cattell‐Horn‐Carroll) 이론

1) CHC(Cattell‐Horn‐Carroll) 이론에서 지능을 일반지능 3층위, 소수의 넓은 인지능력 2층위, 몇 십 개의 좁은 인지기능 1층위로 구성된다고 본다.

2) Cattell‐Horn의 Gf‐Gc 이론과 Carroll의 '3층 인지능력 이론'이 결합하여 CHC 지능이론이 탄생하였다.

3) CHC 이론에서 지능은 최상층에 일반지능 g(3층)와 유동적 지능(Gf), 결정적 지능(Gc), 청각지각력, 장기기억력, 단기기억력, 속도처리능력, 결정/반응속도, 양적 지식, 시각‐공간지각력, 읽기와 쓰기 등 10개의 광범위한 인지능력(2층), 그리고 70여 개 이상의 세부적 특수능력(1층)의 위계모형으로 구성되어 있다고 설명한다[9].

CHC(Cattell-Horn-Carroll) 이론의 모형의 가장 아래인 1층위(first stratum)는 숙달정도와 수행속도 등을 가리키는 수많은 좁은 인지능력(narrow cognitive abilities)으로 구성되어 있고, 이 1층위 요인들은 서로 상관하는 정도와 요인 부하량에 따라 2층위(second stratum)의 넓은 인지능력(broad cognitive abilities)에로 수렴된다. Carroll은 2층위에 대략 8개의 넓은 능력, 즉 Gf, Gc, 일반 기억과 학습(general memory and learning, Gy), 넓은 시각적 지각(broad visual perception, Gv), 넓은 청각적 지각(broad auditory perception, Ga), 넓은 기억인출 능력(broad retrieval ability, Gr), 넓은 인지속도(broad cognitive speediness, Gs), 결정속도 및 반응 시간(decision speed/reaction time, Gt) 등을 제시하였다. 2층위 요인들은 다시 가장 꼭대기의 3층위(third stratum) 요인에 수렴되는데, Carroll은 이 3층위 인지능력을 Spearman처럼 일반 인지능력 g라고 불렀다[10].

13 청소년 성격평가 질문지(PAI‐A) [11]

청소년 성격평가 질문지(이하 PAI‐A)는 청소년을 위한 성격평가 질문으로, 알코올, 자살, 스트레스, 공격성 등과 같은 임상적인 영역도 측정하므로 비행에 대한 사전 예방과 적절한 지도에 도움이 된다. PAI‐A는 총 344문항으로 구성되어 있는데, 4개의 타당성척도, 11개의 임상척도, 5개의 치료고려척도, 2개의 대인관계척도로 이루어져 있다.

1) 타당성 척도(4가지)

(1) 비일관성(ICN) : 문항에 대한 학생의 일관성 있는 반응태도를 알아보기 위한 문항

(2) 저빈도(INF) : 부주의하거나 무선적인 반응태도를 확인하기 위한 문항

(3) 부정적 인상(NIM) : 지나치게 나쁜 인상을 주거나 꾀병을 부리는 태도와 관련이 있으나 임상집단에서는 이렇게 반응할 비율이 매우 낮음

(4) 긍정적 인상(PIM) : 자신을 지나치게 좋게 보이려 하며 사소한 결점도 부인하려는 태도

---

9) **출처** : 김도연 외(2021). K‐WISC‐V의 이해와 실제. 시그마프레스

10) **출처: 김상원 외(2011). 아동 인지능력 평가의 최근 동향: CHC이론과 K‐WISC‐Ⅳ. 한국심리학회.8(3)** : 337‐358

11) **출처** : 한국상담학회 자료실

2) 임상척도(11가지)

(1) **신체적 호소(SOM)** : 건강과 관련된 문제에 대한 집착과 신체화장애 및 전환증상 등의 구체적인 신체적 불편감을 의미하는 문항

(2) **불안(ANX)** : 불안의 여러 특징을 평가하기 위해 불안현상과 객관적인 징후에 초점을 둔 문항

(3) **불안관련 장애(ARD)** : 구체적인 불안과 관련이 있는 증상과 행동에 초점을 둔 문항으로 강박장애, 공포증, 외상적 스트레스 등 3개의 하위척도가 있음

(4) **우울(DEP)** : 우울의 증상과 현상에 초점을 둔 문항들. 인지적, 정서적, 생리적 우울 등

(5) **조증(MAN)** : 조증과 경조증의 정서적, 인지적, 행동적 증상에 초점을 둔 문항

(6) **망상(PAR)** : 망상의 증상과 망상형 성격장애에 초점을 둔 문항들. 과경계, 피해망상, 원한 등

(7) **정신분열병(조현병, SCZ)** : 광범위한 정신분열병의 증상에 초점을 둔 문항들로 구성되며, 정신병적 경험, 사회적 위축, 사고장애 등을 측정함

(8) **경계선적 특징(BOR)** : 불안정하고 유동적인 대인관계, 충동성, 정서적 가변성과 불안정, 통제할 수 없는 분노 등을 시사하는 경계선적 성격장애의 특징에 관한 문항

(9) **반사회적 특징(ANT)** : 범죄행위, 권위적 인물과의 갈등, 자기중심성, 공감과 성실성의 부족, 불안정, 자극추구 등에 초점을 둔 문항

(10) **알코올문제(ALC)** : 문제적 음주와 알코올 의존적 특징에 초점을 둔 문항

(11) **약물사용(DRG)** : 약물사용에 따른 문제와 약물 의존적 특징에 초점을 둔 문항

3) 치료고려 척도(5가지)

(1) **공격성(AGG)** : 언어적 및 신체적 공격행동이나 공격적 행동을 자극하려는 태도와 관련된 분노, 적대감 및 공격성과 관련된 특징과 태도에 관한 문항

(2) **자살관념(SUI)** : 무력감과 자살에 대한 일반적이고 모호한 생각에서부터 자살에 관한 구체적인 계획에 이르기까지 자살하려는 관념에 초점을 둔 문항

(3) **스트레스(STR)** : 가족, 건강, 직장, 경제 및 다른 중요한 일상생활에서 현재 또는 최근에 경험하는 스트레스와 관련된 문항

(4) **비지지(NON)** : 접근이 가능한 지지의 수준과 질을 고려해서 지각된 사회적 지지의 부족에 관한 내용

(5) **치료거부(RXR)** : 심리적 및 정서적 측면의 변화에 대한 관심과 동기를 예언하기 위한 척도로 불편감과 불만감, 치료에 참여하려는 동기, 변화의 필요성에 대한 인식, 새로운 아이디어에 대한 개방성 및 책임을 수용하려는 의지 등에 관한 문항

4) 대인관계 척도(2가지)

(1) **지배성(DOM)** : 대인관계에서 개인적 통제와 독립성을 유지하려는 정도를 평가하기 위한 대인관계척도로 대인관계적 행동방식을 지배와 복종이라는 차원으로 개념화하며, 점수가 높은 사람은 지배적이고 낮은 사람은 복종적임

(2) **온정성(WRM)** : 대인관계에서 지지적이고 공감적인 정도를 평가하기 위한 척도로 대인관계를 온정과 냉담 차원으로 개념화. 점수가 높은 사람은 온정적이고 외향적이지만 낮은 사람은 냉정하고 거절적임

14 엑스너(Exner)의 로샤(Rorschach) 검사 종합체계에서 결정인 채점기호

범주	기호	기준
형태	F	순수 형태반응
운동	M	인간 운동반응
	FM	동물 운동반응
	m	무생물 운동반응
		능동반응 a, 수동반응 p
유채색	C	순수 색채반응 전적으로 색채에 근거한 반응. 형태 없음
	CF	색채-형태반응 일차적으로 색채에 근거한 반응에 형태 부여
	FC	형태-색채반응 일차적으로 형태에 근거한 반응에 색채 부여
	Cn	색채 명명 반응 반점의 색채에 대해 색채명을 말하는 것
무채색	C′	순수 무채색 반응 전적으로 회색, 검정색 또는 흰색에 근거해 반응 / 형태 없음
	C′F	무채색-형태반응 일차적으로 무채색에 근거한 반응에 형태 부가
	FC′	형태-무채색 반응. 일차적으로 형태에 근거한 반응에 무채색 추가
음영-재질 (촉감)	T	순수 재질 반응 음영의 특징만으로 촉감 반응한 경우
	TF	재질-형태반응 촉감을 우선적으로 사용하고 형태반응으로 정교화
	FT	형태-재질반응 주로 형태에 근거하여 반응하고 촉감이 부가된 반응

음영-차원 (원근)	V	순수 차원 반응 음영을 근거로 깊이나 차원으로 반응 / 형태 없음	
	VF	차원-형태반응 음영 특징으로 깊이나 차원을 보고하고 형태 부가	
	FV	형태-차원반응 일차적으로 형태에 근거한 반응에 음영 부가	
음영-확산	Y	순수 음영 반응 음영에만 근거한 반응(재질 ×, 차원 ×) / 형태 없음	
	YF	음영-형태반응 음영에 일차적으로 근거하고 형태 부가	
	FY	형태-음영반응 형태에 일차적으로 근거하고 음영 부가	
형태차원	FD	형태에 근거한 차원반응 윤곽의 크기에 따른 원근에 근거한 반응(음영 ×)	
쌍과 반사반응	(2)	쌍 반응 반점의 대칭에 근거해 두 가지 동일한 대상 보고	
	rF	반사-형태 반응 형태가 없는 반사 반응(구름, 경치, 그림자 등)	
	Fr	형태-반사 반응 형태가 있는 반사 반응	

memo

1교시

4과목

상담이론

CHAPTER 01 청소년상담의 기초

제1절 | 상담의 본질과 의의

상담의 본질은 인간관계로서 내담자는 "교정적 정서체험"을 통해 자아의 강도를 증진시키면서 정화와 통찰이 이루어지는 과정으로서, 잘못 형성된 패턴을 재경험과 재구조화를 통해 재조건화하는 과정이다.

청소년 상담의 의의

1) 청소년상담은 성장기에 있는 청소년이 이 사회에 잘 적응하고 자신의 잠재 가능성을 최대한 실현할 수 있도록 도와주기 위한 전문적인 활동이다.
2) 청소년상담의 영역을 보다 포괄적으로 설정하여 청소년상담은 청소년 및 청소년 관련인과 청소년 관련 기관을 대상으로 하여 직접봉사, 자문활동, 그리고 매체를 통하여 청소년의 바람직한 발달 및 성장을 추구하는 활동으로 정의하기도 한다.
3) 청소년상담은 청소년이 겪고 있는 정서적 불안, 부적절한 행동, 정신질환 등을 치료하는 한편, 청소년이 발달과업을 충실히 달성할 수 있도록 적절한 프로그램을 개발하고 실시하여 청소년이 보다 적응적이고 창조적인 사회인으로 성장하도록 돕는다.
4) 청소년상담은 방법적인 면에서도 일대일 개인면접뿐만 아니라 소규모 혹은 대규모 집단으로 교육과 훈련을 하거나 매체를 이용하는 등 다양한 방법을 활용한다.

제2절 | 상담의 기능

1) 교육적 기능

상담이 내담자의 행동을 바람직한 방향으로 변화시키기 위한 전문적인 조력과정으로 정의된다는 점에서 교육적 기능을 포함한다.

2) 진단적, 예방적 기능

내담자의 적응력을 신장시키고 성장가능성을 촉진시키기 위해서는 내담자가 현재 당면하고 있는 부적응 행동의 원인을 정확히 진단하고 그 원인을 제거하기 위한 적절한 상담기법의 적용이 불가피하다.

3) 교정적 기능

어떤 내담자는 "나는 아무것도 할 수 없다"라는 그릇된 자아의식을 가짐으로써 성장이 지체되고 있는 경우가 많은데, 이와 같은 경우 상담은 '생각 바꾸기'와 같은 하나의 교정적 과정을 나타내게 된다.

4) 치료적 기능

상담의 목표가 '인간의 성장을 제거하는 장애물이 있을 때는 언제나 이를 제거하고 극복하여 인간자원의 최적발달을 성취하도록 개인을 도와주는 것'이라고 할 때 치료적 기능에 해당한다.

🗁 기출문제 확인학습

가필드(S. L. Garfield, 1995)가 제시한 상담과 심리치료의 치료 요소 13가지

1) 치료 관계(Therapeutic Relationship)

2) 해석, 통찰, 이해(Interpretation, Insight and Understanding)

3) 정화, 정서의 표현과 발산(Catharsis, Emotional Expression and Emotional Release)

4) 강화(Reinforcement)

5) 둔감화(Desensitization)

6) 직면(Confronting One's Problem)

7) 인지적 수정(Cognitive Modification)

8) 이완(Relaxation)

9) 정보제공(Information)

10) 안도와 지지(Reassurance and Support)

11) 기대감(Expectancies as a Therapeutic variable)

12) 시간(Time as a Therapeutic variable)

13) 위약 효과(Placebo response)

제3절 | 상담자의 자질

1 상담자의 자질

1) 상담자가 갖추어야 할 자질은 전문적 자질과 인성적 자질로 구분할 수 있다.
2) 전문적 자질은 상담이라는 전문 활동을 수행하는 데 필요한 지식과 기술을 의미하며, 인성적 자질은 상담자로서 갖추어야 할 기본적 태도나 품성과 같은 인간성이라고 할 수 있다.

3) 효과적인 상담자의 특성

(1) 효과적인 상담자는 자신의 감정과 경험에 대해서 개방적이고 수용적이다.

(2) 효과적인 상담자는 자기인식을 해야 한다.

(3) 효과적인 상담자는 자신의 가치와 신념을 인식한다.

(4) 효과적인 상담자는 개방적이다.

(5) 효과적인 상담자는 모험적이다.

(6) 효과적인 상담자는 온정적이고 깊은 인간관계를 발전시켜 나갈 수 있다.

(7) 효과적인 상담자는 다른 사람들에게 자신을 그대로 내보인다.

(8) 효과적인 상담자는 자신의 행동에 대해서 책임을 진다.

(9) 효과적인 상담자는 현실적인 포부 수준을 가지고 있다.

(10) 효과적인 상담자는 개인의 성격과 행동에 대하여 관심을 가지고 있다.

(11) 효과적인 상담자는 유머 감각을 가지고 있다.

(12) 효과적인 상담자는 통찰력을 가지고 있다.

2 청소년 상담자의 자질

일반적으로 상담자의 자질은 전문적인 자질과 인간적인 자질로 구분하며 전문적인 자질은 상담이라는 전문적인 활동을 함에 있어서 요구되는 각종 지식과 기술을 의미하며, 인간적인 자질은 상담자로서 갖추어야 할 사람됨을 특징으로 한다. 물론 이런 두 자질은 서로 밀접하게 관련되어 있다.

1) 전문적인 자질

(1) 전문가적 자질이란 상담이라는 전문 활동을 하는데 요구되는 각종 지식과 기술을 말한다.

(2) 전문가적인 자질이란 상담활동에 필요한 지식 및 기술과 상담지원 활동에 필요한 지식 및 기술로 나뉜다.

(3) 일반적으로 지식은 상담이론이나 내담자의 발달단계, 성격의 구조와 형성과정, 심리적인 역동 등과 같이 상담활동에 필요한 지식과 새로운 상담자를 양성하기 위한 사례지도의 방법, 교육자와 피교육자 간의 심리적 역동, 연구방법 등과 같이 상담지원활동에 필요한 지식으로 구분된다.

(4) 기술은 상담활동의 기법에 관한 지식을 토대로 하지만 단순히 아는 수준을 넘어서서 이론과 기법을 실제 상담 장면에 통합하여 가장 적절한 개입을 하고 상담과정에서 순간순간 내려야 하는 판단을 적절히 할 수 있는 능력이다.

(5) 지식과 기술은 상담활동과 상담지원활동을 하는 상담자들에게 필요한 자질을 이해하는 두 개의 중요한 축이 된다.

2) 인간적인 자질

  (1) 상담이 효과적으로 수행되기 위해서는 상담활동 및 지원활동과 관련된 전문적 자질 이외에도 상담자의 사람됨과 관련된 인간적인 자질이 갖추어져야 한다.

  (2) 상담자의 인간적인 자질이 밑받침되지 않으면, 상담과정이 잘못되어 내담자의 인간적인 성장을 저해할 수도 있다.

  (3) 상담자의 인간적인 자질은 대체로 자신에 대한 이해, 타인에 대한 태도, 상담에 대한 태도의 3가지 측면으로 구분할 수 있다.

📁 기출문제 확인학습

상담자의 자질 (Cormier & Cormier, 1985)

1) 지적 능력

  상담자는 다양한 조력 이론에 대한 지식을 갖추고 이러한 것을 배우고자 하는 의욕과 학습능력을 갖추어야 하며, 현실적으로 빠른 이해력을 갖추어야 한다.

2) 에너지

  상담은 정서적으로나 신체적으로 많은 에너지가 요구되는 활동이고, 상담자는 적극적인 자세로 상담회기에 임해야 하며, 많은 내담자를 연속적으로 면접할 수 있는 활동성을 유지해야 한다.

3) 융통성

  유능한 상담자는 특정한 반응 양식에 사로잡히지 않으며, 자신의 스타일을 내담자의 요구에 적응시킬 수 있어야 한다.

4) 지지

  상담자는 내담자가 스스로 결정할 수 있도록 지지하며, 구원자의 역할을 지양하고 내담자 안에 희망과 힘을 북돋워 준다.

5) 온정

  상담자는 내담자의 독립심을 키워주며 내담자의 이익을 추구하여야 한다.

6) 자기인식

  상담자는 자신의 태도, 가치관, 감정을 인식하고 어떤 요인이 이러한 자신의 내적 특성에 영향을 미치는지를 잘 이해하고 있어야 한다.

7) 문화적 경험에 대한 인식

  다양한 문화적 배경을 지닌 사람들에 대한 이해가 요구된다.

---

3 청소년 상담자의 역할

1) 청소년상담자의 활동을 크게 상담활동과 상담지원활동으로 구분한다.

2) 상담활동은 청소년의 문제해결 및 예방, 발달 및 성장을 촉진한 제반활동을 의미하며, 대상에 대한 직접적 개입활동과 관련인을 대상으로 한 자문활동으로 구분된다.

3) 상담지원활동이란 위의 상담활동을 효과적이고 효율적으로 수행하기 위한 제반활동으로 우수한 상담자를 양성하기 위한 상담자 교육활동, 상담활동의 질적 향상을 위한 상담연구 활동, 상담활동이 국가 및 사회적인 수준에서 서로 연관을 맺고 효율적으로 활용하도록 촉진하는 상담행정 및 정책 활동 등이 포함된다.

4) 다양한 활동에 근거하여 볼 때 청소년상담자는 상담자, 교육자, 컨설턴트, 연구자 및 프로그램 개발자, 정책제안자, 환경개선 지킴이 등의 역할을 수행하고 있다.

청소년 내담자의 특성

1) 상담동기가 부족하여 자기 스스로 상담실의 문을 두드리기보다는 의뢰된 내담자가 많다.

2) 상담동기가 낮은 청소년 내담자는 여러 회기의 상담에서 요구되는 지구력이 부족하여 청소년의 집중력의 한계를 가지고 있으며 큰 변화와 재미없이 상담시간에 꾸준하게 자발적으로 참여하는 것을 힘들어한다.

3) 청소년 내담자들은 상담자를 학교 지도부 선생님의 표상을 가지고 있는 경우가 많아 오해가 있을 수 있어 상담자를 부정적으로 지각하는 경향이 있다.

4) 동시다발적인 관심을 가져 청소년들은 한 가지에 관심을 지속적으로 가지지 못한다.

5) 청소년들은 감각적이고 빠른 흐름을 추구하기 때문에 감각적 흥미와 재미를 추구한다.

6) 청소년은 연령적으로 피아제의 구체적 조작단계에서 벗어나 형식적 조작단계에 있지만, 인지적 능력이 부족한 상태이다.

7) 청소년들은 환경으로부터 지배적인 영향을 받는다.

8) 언어 표현력이 부족하다.

9) 신장 등이 가장 급격한 발달을 이루는 시기, 즉 왕성한 변화를 이루는 발달시기이다.

10) 청소년 문제는 복합적이고 종합적인 특성을 지니기 때문에 종합적 이해와 대책이 요구되어 상담자는 청소년 내담자의 문제는 자기 자신과 가족의 배경, 학교생활 배경, 친구 배경, 미래의 생각이나 방향 등을 총체적으로 살필 수 있는 틀과 방법을 확보하고 있어야 한다.

심화/참고

단기상담이 적합한 내담자

1) 호소하는 문제가 비교적 구체적인 경우

2) 주 호소문제가 발달 과정상의 문제인 경우

3) 호소문제가 발생하기 이전에 비교적 기능적인 생활을 하였을 경우

4) 내담자 주위에 지지적인 대화 대상자가 있는 경우

5) 과거나 현재에 상호보완적인 좋은 인간관계를 가져 본 일이 있는 경우

6) 성격장애로 진단된 경우는 대부분이 단기상담에 적합하지 않다.

제4절 | 상담자 윤리[1]

1 전문적 태도

1) 전문적 능력

(1) 상담자는 상담에 대한 이론적 지식, 전문적 실습, 교수, 상담활동, 연구를 통해 전문성을 발달시키기 위해 지속적으로 노력해야 한다.

(2) 상담자는 자신의 능력 및 기법의 한계를 인식하고, 전문적 기준에 위배되는 활동을 하지 않는다. 만일, 자신의 개인 문제 및 능력의 한계 때문에 도움을 주지 못하리라고 판단될 경우에는 내담자에게 동의를 구한 후, 다른 동료 전문가 및 관련 기관에 의뢰한다.

(3) 상담자는 자신의 활동분야에 있어서 최신의 과학적이고 전문적인 정보와 지식을 유지하기 위해 지속적인 교육과 연수에 참여한다.

(4) 상담자는 윤리적 책임이나 전문적 상담 실시에 대해 의문이 생길 때 다른 상담자나 관련 전문가들에게 자문을 구하는 절차를 따른다.

(5) 상담자는 정기적으로 전문가로서의 능력과 효율성에 대해 자기반성과 자기평가를 해야 하며, 필요한 경우 자신의 효율성을 증진시키기 위해 지도감독을 받아야 한다.

2) 충실성

(1) 상담자는 내담자를 보다 효과적으로 도울 수 있는 방법에 관하여 꾸준히 연구·노력하고, 내담자의 성장촉진과 문제의 해결 및 예방을 위하여 최선을 다한다.

(2) 상담자는 자신의 능력 한계나 개인적인 문제로 내담자를 적절하게 도와줄 수 없을 때에는 상담을 시작해서는 안 되며, 다른 전문가에게 의뢰하는 등의 적절한 방법으로 내담자를 돕는다.

(3) 상담자는 자신의 질병, 사고, 이동 또는 내담자의 질병, 사고, 이동이나 재정적 한계 등과 같은 요인에 의해 상담을 중단할 경우, 이에 대한 적절한 조치를 취해야 한다.

(4) 상담자는 상담을 종결하는 데 있어서 어떤 이유보다도 우선적으로 내담자의 관점과 요구에 대해 고려해야 하며, 내담자가 다른 전문가를 필요로 할 경우에는 적절한 과정을 통해 의뢰한다.

(5) 상담자는 자신의 기술이나 자료가 다른 사람들에 의해 오용될 가능성이 있거나, 개선의 여지가 없는 활동에 참여해서는 안 되며, 이런 일이 일어난 경우에는 이를 시정하여야 한다.

2 정보의 보호

1) 비밀보장

(1) 상담자는 사생활과 비밀유지에 대한 내담자의 권리를 최대한 존중해야 할 의무가 있다.

(2) 상담자는 내담자에 대한 상담 기록 및 보관을 윤리 규준에 따라 시행한다. 또한 상담자는 상담내용의 녹음 및 기록에 관해 내담자의 동의를 구해야 한다.

---

[1] 한국상담학회 윤리강령을 기준으로 제시하였다.

(3) 상담자는 내담자가 기록에 대한 열람이나 복사를 요구할 경우, 그 기록이 내담자에게 잘못 이해될 가능성이 없고 내담자에게 해가 되지 않으면 응하는 것이 원칙이다. 다만 여러 명의 내담자를 상담하는 경우, 다른 내담자와 관련된 사적인 정보는 제외하고 열람하거나 복사하도록 한다.

(4) 상담자는 상담과 관련된 기록을 보관하고 처리하는 데 있어서 비밀을 유지해야 하며, 이를 타인에게 공개할 때에는 내담자의 직접적인 동의를 구해야 한다.

(5) 상담자는 내담자 개인 및 사회에 임박한 위험이 있다고 판단되는 등의 비밀보호의 예외가 존재하는 경우를 제외하고는, 내담자의 서면 동의 없이 제3의 개인이나 단체에게 상담기록을 공개하거나 전달해서는 안 된다.

2) 집단 및 가족상담의 비밀보장

(1) 상담자는 특정 집단을 대상으로 집단상담을 시작할 때 비밀보장의 중요성과 한계를 명확하게 설명한다.

(2) 상담자는 가족상담을 할 때 각 개인의 비밀보장에 대한 권리와 그 비밀보장을 유지해야 할 의무와 관련해 참여한 모든 사람으로부터 동의를 구하고 그 동의 사항을 문서에 기록한다.

(3) 상담자는 자발적인 동의 능력이 불가능하거나 미성년인 내담자를 상담할 때, 부모나 보호자가 참여할 수 있음을 알린다.

3) 전자 정보의 비밀보장

(1) 상담자는 컴퓨터를 사용한 자료 보관의 장점과 한계를 알아야 한다.

(2) 상담자는 내담자의 기록이 전자 정보의 형태로 보존되어 제3자가 내담자의 동의 없이 접근할 가능성이 있을 때, 적절한 방법을 통해 내담자의 신상이 드러나지 않도록 조치를 취한다.

(3) 상담자는 컴퓨터, 이메일, 팩시밀리, 전화, 음성메일, 자동응답기 그리고 다른 전자 테크놀로지를 사용해 정보를 전송할 때는 비밀이 유지될 수 있도록 사전에 주의를 기울인다.

4) 비밀보장의 한계

(1) 상담자는 상담 시작 전이나 상담 과정 중 내담자에게 비밀보장의 한계를 수시로 알리고 비밀보장이 불이행되는 상황에 대해 주지시킨다.

(2) 상담자는 아래와 같은 내담자 개인 및 사회에 임박한 위험이 있다고 판단될 때 매우 조심스러운 고려 후에, 내담자에 관한 정보를 적정한 전문가 혹은 사회 당국에 제공할 수 있다.
  ① 내담자의 생명이나 사회의 안전을 위협하는 경우
  ② 내담자가 감염성이 있는 치명적인 질병이 있다는 확실한 정보를 가졌을 경우
  ③ 내담자가 심각한 학대를 당하고 있을 경우
  ④ 법적으로 정보의 공개가 요구되는 경우

(3) 상담자는 만약 내담자에 대한 상담이 여러 전문가로 구성된 집단에 의한 지속적인 관찰을 포함하고 있다면, 그러한 집단의 존재와 구성을 내담자에게 알릴 의무가 있다.

(4) 상담자는 내담자의 사적인 정보의 공개가 요구될 때 오직 기본적인 정보만을 공개한다. 더 많은 사항을 공개하기 위해서는 사적인 정보의 공개에 앞서 내담자에게 알리고 동의를 얻어야 한다.

(5) 상담자는 비밀보장의 예외 및 한계에 관한 타당성이 의심될 때에는 다른 전문가나 지도감독자 및 우리 학회 윤리위원회의 자문을 구한다.

3 상담관계

1) 다중관계

(1) 상담자는 내담자와의 친밀한 관계를 인식하고 내담자에 대한 존중감을 유지하며, 내담자를 이용하여 상담자 개인의 필요를 충족하고자 하는 활동 및 행동을 하지 않는다.

(2) 상담자는 상담 전에 상담관계에 영향을 줄 수 있는 상담의 목표, 기술, 규칙, 한계 등에 관해서 내담자에게 알려주어야 한다.

(3) 상담자는 객관성과 전문적인 판단에 영향을 미칠 수 있는 다중 관계를 피해야 한다. 단, 내담자의 복지를 위해 상담자와 내담자가 사전 동의를 한 경우와 그에 대한 자문이나 감독이 병행될 때는, 상담관계를 맺을 수도 있다.

(4) 상담자는 특별한 경우를 제외하고는, 내담자와 상담실 밖에서 사적인 관계를 맺지 않는다.

(5) 상담자는 내담자와의 관계에서 상담료 이외의 어떠한 금전적, 물질적 거래관계도 맺지 않는다.

2) 성적 관계

(1) 상담자는 내담자와 어떤 형태의 성적 관계를 갖지 않는다.

(2) 상담자는 내담자와 성적 관계를 맺었거나 유지하는 경우 상담 관계를 형성하지 않는다.

(3) 상담자는 상담관계가 종결된 이후에도 최소 2년 내에는 내담자와 성적 관계를 맺지 않는다.

(4) 상담자는 상담 종결 이후 2년이 지난 후에 내담자와 성적 관계를 맺게 되는 경우에도 이 관계가 착취적이 아니라는 것을 철저하게 검증할 책임이 있다.

(5) 상담자는 성적 유인, 신체적 접근 또는 성적인 성격을 지닌 성적 위협에 관여하지 않는다. 이를 알게 되거나 듣게 되었을 때 묵과하지 않고 적절한 조치를 취한다.

> 📁 **실력다지기**
>
> **비밀보장**
>
> 비밀보장은 상담자의 윤리적 의무이지만, 제한이 가능하기 때문에 절대적인 의무는 아니다. - 윤리적 상대주의
>
> 1) 비밀 보호의 의무는 내담자의 가족과 동료에 대해서도 지켜져야 한다.
>
> 2) 비밀유지 예외사항[2]
>
>   (1) 내담자의 상담과 치료에 관여한 상담자와 의사 및 이들의 업무를 도운 보조자들 간의 의사소통을 위해 말할 수 있다.
>
>   (2) 내담자가 비밀노출을 허락한 대상에게 비밀을 말할 수 있다.
>
>   (3) 내담자를 대신해서 법적으로 권한을 부여받은 사람(예 후견인, 대리인 등)의 동의를 얻은 경우 비밀을 말할 수 있다.

---

2)   상담자가 비밀을 노출할 경우에도 가능한 한 실명노출을 삼가는 것이 바람직하다.

(4) 적절한 전문적 자문을 구하기 위한 슈퍼비전의 경우 비밀을 말할 수 있다.

(5) 내담자나 그 밖의 다른 사람들을 상해나 위험으로부터 보호하기 위한 경우 비밀을 말할 수 있다.

(6) 법률에 의해 위임되고 승인된 경우 비밀을 말할 수 있다.

📁 기출문제 확인학습

키치너(Kitchener) 윤리적 결정 원칙 (암기법 자선 / 무성 / 공정)

1) 자율성(autonomy)

내담자가 원하는 것을 선택하고 그것을 할 수 있는 권리를 인정하는 것

2) 선의(beneficence)

내담자의 안녕과 복지를 증진시키는 것

3) 무해성(non-maleficence)

내담자에게 고통이나 피해를 줄 수 있는 위험한 행동이나 활동을 하지 않는 것

4) 성실성(fidelity)

상담자는 전문가로서 지킬 수 있는 정직한 약속을 하고 신뢰관계를 형성하여 자신의 책임을 다해야 한다는 것

5) 공정성(justice)

내담자의 연령, 성별, 인종, 경제적 수준, 문화적 배경, 종교 등에 상관없이 모든 내담자에게 동등한 수준의 서비스를 제공하는 것

cf 진실성(veracity)

상담관계에서 내담자가 신뢰성을 갖도록 하는 것

📁 기출문제 확인학습

상담윤리 규정(강령)의 기능

1) 상담자가 직무수행 중의 갈등을 어떻게 처리해야 할지에 관한 기본 입장을 제공한다. – 상담에서 발생할 수 있는 윤리적 문제의 처리기준 제공

2) 내담자에 대한 상담자의 의무를 분명히 하고 이러한 의무를 이행하도록 함으로써 내담자를 보호한다. 즉 내담자의 복지를 증진시키고 내담자의 인격을 존중하는 의무기준을 제시한다. – 비전문적인 상담으로부터 내담자 보호

3) 각 상담자의 활동이 전문직으로서의 상담의 기능 및 목적에 저촉되지 않도록 보장한다.

4) 상담자의 활동이 사회윤리와 지역사회의 도덕적 기대를 존중할 것임을 보장한다.

5) 상담자로 하여금 자신의 사생활과 인격을 보호하는 근거를 제공한다. 즉 상담자는 내담자가 요구하는 과도한 상담요구 때문에 고통을 받지 않도록 윤리기준에 명시되어야 할 것이다.

6) 상담자 스스로 자신의 상담활동을 점검하고 향상시키기 위한 지침을 제공한다.

7) 내담자와 보호자가 상담에 관한 결정을 하는 데 필요한 정보를 제공한다.

CHAPTER 02 청소년상담의 이론적 접근

제1절 | 정신분석적 상담이론(지그문트 프로이트)

1) 상담 목표

정신분석적 상담의 목표는 무의식에 근거하고 있는 내담자의 무의식적 갈등이나 문제행동을 전이과정을 통해 의식화하여 내담자로 하여금 통찰을 얻게 하고 내담자의 자아 강화와 내담자를 보다 건설적인 방향으로 변화시킴으로써 환경에 잘 적응하는 개인으로 성장, 발달할 수 있도록 돕는 데 있다.

> 📁 **실력다지기**
>
> **정신분석적 상담 목적**
> 1) 내담자의 자각을 증진시키고 행동에 대한 지적인 통찰을 얻게 하며 증상의 의미를 이해한다.
> 2) 내담자와의 대화에서 정화(catharsis)로, 정화에서 통찰(insight)로, 통찰에서 무의식적인 문제를 다루며 노력하는 과정을 통해 성격의 변화를 유도하고 지적이고 정서적인 이해와 재교육을 이룬다.

2) 상담의 기법

(1) 자유연상 - 과거를 회상하는 기법

내담자는 일상생활의 상념과 선입견을 제거하고 어떤 감정이나 생각도 억압하지 않은 채, 마음에 떠오르는 것이면 무엇이든 즉시 말하도록 하는 기법으로 내담자가 최대한 자발적으로 참여하도록 해야 한다.
① 무의식적 소망, 동기, 갈등 등을 의식화시키는 데 사용한다.
② 내담자로 하여금 떠오르는 생각이나 느낌을 의식적으로 검열하지 않고 그대로 표현하게 한다.

(2) 해석

치료적 관계에서 나타나는 내담자 행동의 의미를 설명하고 때로는 가르치기도 하는 것으로서 행동에 대한 단순한 설명이 아닌 자아가 더 깊은 무의식의 내용을 탐색할 수 있도록 도와주는 기술이다. 이 때 너무 빠른 해석, 비현실적 해석은 바람직하지 않고 적절한 시기, 즉 내담자가 받아들일 수 있는 시기를 선택해서 적절한 해석을 해야 한다.
① 꿈, 자유연상, 저항, 전이 또는 치료관계에서 나타난 내담자의 행동의 의미를 치료자가 지적하거나 설명하는 것이다.
② 새로운 자료를 자아에 동화시켜서 더 깊은 무의식의 자료를 합하는 과정을 촉진시키는 것이다.

③ 해석의 시기

내담자의 반응을 통해 결정하게 되는데 시기가 적절하지 않을 경우 내담자에게 거부감을 주거나 저항을 불러일으킬 수 있다는 점을 유의해야 한다.

(3) 저항의 분석과 해석

저항은 참을 수 없는 불안에 대항하여 자아를 방어하려는 무의식적 역동으로 치료자는 이 저항을 지적하고 해석함으로써 내담자가 이에 대해 깨달을 수 있도록 한다.

① 치료의 진전을 저해하고 내담자가 무의식의 내용을 표현하는 것을 방해하는 모든 것을 저항이라고 한다.

예 지각, 결석, 무례한 행동, 중요치 않은 이야기를 오래 하기, 자유연상을 잘 못하는 경우 등

② 저항의 해석을 통해 내담자가 저항의 원인을 자각하고 그것을 계속 탐색하도록 촉진해야 한다.

(4) 전이의 분석과 해석

전이에 대한 분석은 내담자로 하여금 과거 자신의 해결되지 못했던 일이 현재 자신에게 어떻게 영향을 미치는지 통찰할 수 있는 기회를 부여하며 통찰된 미결사항을 적절히 해석하고 훈습[1](薰習)함으로써 내담자가 자신을 변화시킬 수 있는 기회를 갖게 한다.

① 내담자가 과거의 부모나 중요한 타인과 경험했던 감정이나 갈등을 치료자에게서 다시 경험하는 것이다.

② 무의식적으로 일어나기 때문에 내담자는 이를 모르고 보통 부적절한 감정이나 행동으로 나타난다.

③ 전이의 분석은 내담자로 하여금 과거의 영향이 어떻게 작용하는지 통찰하게 한다.

📁 **실력다지기**

전이, 훈습, 역전이

전이와 훈습

1) 전이 발달

내담자가 정서적으로 중요한 의미를 부여하는 감정을 치료자에게 전이하기 시작한다.

2) 통찰

치료자는 전이-해석을 통해 내담자가 현실과 환상, 과거와 현재를 구분하도록 해주며 아동기의 무의식적이고 환상적인 소망의 힘을 통찰하도록 한다.

3) 훈습(working through)

통찰 후 자신의 심리적 갈등을 깨달아 실생활에서 자신의 사고와 행동을 수정하고 적응 방법을 실행해나가는 과정이며 훈습과정은 반복, 정교화, 확대로 구성된다.

역전이 (counter-transference)

치료자가 내담자에게 하는 전이현상이다. 치료자의 무의식적 갈등이 내담자에게 전이된 것으로 바람직하지 않을 수 있다.

---

(5) 경청과 감정이입

경청의 자세와 이 모든 것을 관찰하고 상황을 정확하게 판단할 수 있을 때 정신분석적 경청이 가능해진다.

---

1)   **훈습**: 환자의 저항, 분석자의 저항에 대한 해석, 해석에 대한 환자의 반응

(6) 꿈의 분석(dream analysis)

① 수면 중에는 방어가 허술해져서 억압된 무의식적 욕구와 감정들이 꿈으로 표면화된다.

② 꿈을 해석하여 내담자 증상의 의미나 상태를 깨닫도록 한다.

(7) '버텨주기' 기법

정신역동적 상담의 부수적 기법 중 버텨주기는 내담자가 경험하고 있거나 혹은 막연하게 느끼기는 하지만, 감히 직면할 수 없는 깊은 불안과 두려움을 견딜 수 있는 힘을 제공하는 것이다.

(8) '간직하기' 기법

간직하기는 내담자가 두려워하는 모든 충동과 경험들을 간직하여 완화시켜 주는 것이다.

(9) 현실 검증 기법

현실 검증의 의미는 자아가 현실에 비추어 적절한 환경조건이 마련될 때까지 원초아의 욕구 충족과 긴장의 방출을 보류하며, 현실적이고 합당한 방법으로 만족을 얻을 수 있는 방법을 모색하고 계획하는 것이다.

📁 **기출문제 확인학습**

프로이트(S. Freud)가 제시한 꿈

프로이트(S. Freud)는 꿈을 발현몽(manifest dream)과 잠재몽(latent dream)으로 나누었다. 우리가 꿈으로 인식하는 내용이 발현몽이며, 이러한 발현몽의 무의식적 원인이 잠재몽이다. 잠재몽은 무의식의 소원이면서 의식에서 수용되기 어려운 것이기 때문에 형태를 바꾸지 않으면 의식으로 올라올 수 없고 소원성취도 불가능하다. 즉, 잠재몽은 압축, 치환, 상징화, 퇴행 등의 방어기제를 통해 왜곡되고 변형된 것이다.

---

3) 정신분석적 상담의 절차

(1) 내담자에게 자신에 관한 사례를 작성하게 한다.

(2) 내담자를 긴 의자에 눕게 하고 아무런 통제나 제지를 받지 않는 상태에서 연상되는 것을 자유롭게 말하게 한다.

(3) 상담자가 내담자의 자유연상이나 꿈 또는 저항을 분석하여 내담자의 무의식적 동기를 해석해준다.

(4) 내담자의 전이를 분석해 줌으로써 내담자의 자기이해를 돕는다.

(5) 내담자는 상담자의 해석에 의해 자신을 통찰하게 되고 억압된 갈등이나 욕망을 해소하여 적응력을 갖는다.

4) 정신분석상담의 유용성

(1) 심리 내적 상황에 대해 관심을 가져 무의식의 존재 및 무의식이 성격에 미치는 영향, 성격의 구조 및 무의식과 성격의 상관관계를 이해하도록 하기 위해 원초아, 자아, 초자아의 개념을 활용하며 자아와 방어기제의 역할 등에 관심을 갖는다.

(2) 가족관계의 심리적·성적인 측면을 중요시하며 심리적·성적 요인 분석을 통해 내담자의 행동의 이해에 역동성을 부여한다.

정신분석적 이론 (S. Freud)

1) 내담자의 문제는 인생초기의 경험에서 비롯된다.

2) 내담자가 과거에 무의식의 심연에 숨겨버린 갈등의 경험을 이해하는 것이 중요하다.

3) 의식의 수준(무의식, 전의식, 의식) - 정신의 구조

4) 성격의 구조(원초아, 자아, 초자아)

5) 심리성적 발달단계(구강기, 항문기, 남근기, 잠복기, 생식기)

6) 불안(현실적 불안, 신경증적 불안, 도덕적 불안)

7) 훈습(환자의 저항, 분석자의 저항에 대한 해석, 해석에 대한 환자의 반응)

8) 방어기제

9) 자유연상, 꿈의 분석, 정화, 전이, 역전이, 저항, 해석, 리비도 등

정신분석 상담

1) 인간의 정신은 다양한 에너지들이 상호작용하는 힘의 체계이며 에너지 체계인 정신은 에너지를 방출하고 긴장을 완화시키는 작용을 한다.

2) 긴장이 감소되면서 즐거움을 느낀다고 보며 심리적 결정론에 기초하며 무의식이 중요하고 이 무의식 동기 중 성적욕구가 가장 중요하다고 본다.

3) 정신분석이론의 주요개념은 인간 정신세계의 마음영역을 의식, 전의식, 무의식으로 본 것과 원초아, 자아, 초자아의 개념으로 구분하고 있다.

4) 정신분석적 상담의 목표는 무의식에 근거하고 있는 내담자의 무의식적 갈등이나 문제행동을 전이과정을 통해 의식화하여 내담자로 하여금 통찰을 얻게 하고 내담자의 자아 강화와 내담자를 보다 건설적인 방향으로 변화시킴으로써 환경에 잘 적응하는 개인으로 성장, 발달할 수 있도록 돕는데 있다.

항문보유적 성격

1) 부모가 지나치게 엄격하고 강압적으로 배변훈련을 하는 경우 아이들은 대변을 참게 되어 변비가 되며 이러한 억제경향이 심해지면 다른 행동에도 일반화되어 항문보유적(anal retentive)인 성격이 된다.

2) 고집이 세고, 돈에 있어 인색하며, 냉정하고, 복종적이고, 시간을 엄수하며, 지나치게 청결하게 된다.(부모의 배변훈련에 순종한 경우)

> **cf** 우유부단하고, 관대하고, 낭비벽이 있고, 충동적이며, 권위에 저항적이고, 지나치게 불결한 경향을 지닐 수 있다(부모의 배변훈련에 대한 기대에 저항한 경우). - 항문폭발적 성격

제2절 | 개인심리학적 상담이론[아들러]

1) 아들러[A. Adler]의 개인심리이론의 개념과 특성

(1) 인간이 성적 만족보다 우월감을 추구하며 우월감은 타인에 대한 열등감에서 비롯되었다.

(2) 잘못된 생활양식을 긍정적인 관점으로 변화시키고 사회적 관심을 발달시키면서 보다 나은 생활양식을 제시하고 연구·개발할 것을 강조하고 있다.

(3) 가족 구성원의 생활양식과 가족구조, 출생서열 등에 관심을 쏟았다.

> **아들러가 제시한 3가지 평생과제**
>
> 아들러는 세계와 개인의 관계를 일, 사회(사회적 관계, 가족관계), 성(우정)을 세 가지 평생과제로 구분하고 이 세 가지는 뒤얽혀 있어 분리될 수 없는 것으로, 하나가 변하면 다른 것도 변한다고 하였다. 또한 아들러의 5가지 평생과제는 위의 3가지와 '자신에 대한 감정', '정신적인 영역(생의 목표 등)'이 있다.

2) 주요 개념

(1) 생활양식(Life Style)

인생목표 뿐 아니라 자아개념, 타인에 대한 감정, 세상에 대한 태도 등 스스로 설계한 한 개인의 독특한 좌표로서, 4 ~ 5세경에 그 틀이 형성되어 그 후에는 거의 변화하지 않으며, 유형으로는 지배형, 기생형, 회피형, 사회적 유용형이 있다.

> **아들러의 생활양식 유형**
>
> 아들러는 사회적 관심과 활동수준에 따른 생활양식을 네 가지, 즉 지배형(the ruling type), 기생형(the getting type), 회피형(the avoiding type), 사회적 유용형(the socially useful type)으로 설명하였다. 지배형, 기생형, 회피형은 바람직하지 않은 유형으로, 사회적 관심이 부족하다는 공통점이 있으나 활동수준에는 차이가 있다. 사회적 유용형은 바람직한 유형으로 사회적 관심과 아울러 활동수준도 높다. 아들러는 이러한 생활유형은 가정에서 어린 시절에 부모의 영향하에서 주로 형성된다고 보았다.
>
> 1) 지배형
> 부모가 지배하고 통제하는 독재형으로 자녀를 양육할 때 나타나는 생활양식이다. 우리 사회가 오랫동안 가부장적 가족문화, 유교문화로 권위를 중시한 문화였기 때문에 아직도 아버지가 가정에서 힘을 행사하는 경우가 많다. 부모가 막무가내로 힘을 통해 자녀를 지배하고 통제할 때 자녀의 생활양식은 지배형으로 형성된다.
>
> 2) 기생형
> 기생형은 지나치게 과잉보호할 때 나타나는 태도이다. 부모가 자식사랑이란 미명 아래 자녀를 지나치게 보호하여 독립심을 길러주지 못할 때 생기는 생활태도이다.
>
> 3) 회피형
> 회피형의 생활양식을 가진 사람은 매사에 소극적이며 부정적인 특징을 가진다. 이러한 생활양식을 가진 사람은 자신감이 없기 때문에 적극적으로 직면하는 것을 피한다.
>
> 4) 사회적 유용형
> 사회적 유용형의 생활양식은 높은 사회적 관심과 활동수준을 가지고 있다. 이들은 사회적인 관심이 많아서 자신과 타인의 욕구를 동시에 충족시키는 한편, 인생과업을 완수하기 위해 기꺼이 다른 사람들과 협동한다. 이들은 또 사회문제를 해결하기 위해서는 협동, 개인적인 용기 그리고 타인의 안녕에 공헌하려는 의지가 필수적임을 인식하고 있다.

(2) 열등감과 보상(Inferiority and Compensation)

① **열등감** : 개인이 잘 적응하지 못하거나 해결할 수 없는 문제에 직면했을 때 생기는 것으로, 모든 인간으로 하여금 무엇인가를 추구할 수 있게 하는 동기이다.

② **보상** : 잠재력을 발휘하도록 인간을 자극하는 건전한 반응, 즉 열등감에서 우월감을 갖도록 어떤 것을 유발하는 건전한 반응이 바로 보상이다.

③ **인간관** : 총체적·사회적·목표지향적인 인간관 인간관에서 과거의 어떤 경험에 너무 치우치지 않았다는 것과 인간이 가지고 있는 능력을 강조했다는 것, 또한 열등감을 어떤 보상활동을 통해서 우월감으로 바꾸는 것, 어떤 환경이나 유전에 의한 영향보다 인간이 가지고 있는 능력을 더욱 강조하였다.

④ **사회적 관심** : 각 개인이 이상적인 공동사회의 목표를 달성하고자 할 때 사회에 공헌하려는 성향을 의미하며, 가족관계와 경험에서 발달하고, 어머니가 가장 큰 영향을 미친다.

⑤ **자아의 창조적인 힘** : 자아의 창조적인 힘은 생의 의미를 제공하는 원리로 작용하면서 풍요롭게 만들며 자신의 인생목표와 이를 추구하는 방법을 결정하고 사회적 관심의 발달에 영향을 미친다.

⑥ **우월성 추구/우월을 향한 노력**(will to power) : 열등감을 보상하려는 욕구에서 출발하며, 인간생활의 궁극적 목적은 우월하게 되는 것으로, 우월성 추구는 삶의 기초적인 사실로 모든 인간이 문제에 직면하였을 때 부족한 것은 보완하며 낮은 것은 향상시키고, 무능한 것은 유능한 것으로 만드는 경향성을 의미한다.

⑦ **가상적 목적** : 철학자 바이힝거(H. Vaihinger)의 영향을 받은 개념으로 개인의 행동을 이끄는 마음 속의 중심 목표이며, 가상적 목적은 미래에 실재할 것이라기보다는 주관적으로 또는 정신적으로 현재의 행동에 영향을 주는 이상으로 지금-여기에 존재하며, 어떤 상황에서 개인이 추구하는 안전한 상태의 자기상을 말한다.

📁 **기출문제 확인학습**

모삭과 마니아치(Mosak & Maniacci, 1999)의 개인심리학 기본가정

1) 전체론	2) 목적론
3) 창조적 자아	4) 유연한 결정론
5) 현상학	6) 사회적 장이론
7) 우월성 추구	8) 개체기술 지향
9) 사용의 심리학	10) '마치 ~처럼' 행동하기
11) 자기충족 예언	12) 낙관론

---

3) 상담 목표

(1) 일반적으로 잘못된 목표나 잘못된 가정을 규명하고 탐색하기 위한 계약을 체결하고 다음에 건설적인 목표를 설정하기 위해 내담자를 재교육한다.

(2) 기본목표는 내담자의 사회적 관심, 즉 잘못된 사회적 가치를 바꾸는 것이다.

(3) 행동수정보다는 동기 수정에 관심을 가지며 기본적인 삶의 전제들, 즉 생의 목표에 도전하려 한다.

4) 상담 과정 (4단계)

(1) 치료관계 형성

① 내담자의 삶에 책임감을 느끼도록 협동관계를 수립한다. – 격려와 지지를 통해 강점을 자각하도록 돕는다.

② 내담자의 주관적 경험과 욕구를 중심으로 상담을 진행한다.

③ 초기국면의 기법들

능동적 참여 유도, 경청, 내담자의 변화능력에 대한 기대와 믿음 표현, 목표의 확인과 구체화, 공감 등

(2) 개인 역동성 탐색

내담자의 목표는 자신의 생활양식을 이해하고 그것이 현재의 생활의 모든 문제에 있어서 어떻게 기능하는지를 이해하는 것이다.

① 가족 내에서의 개인의 위치를 탐색한다.

② 초기 기억(어린 시절의 회상)

내담자가 구체적으로 명확하게 기억할 수 있는 것들에 한하며 아들러 학파의 치료자들은 이러한 초기회상을 개인의 생애유형 발달과 개인 생활양식에 대한 중요한 단서로 본다.

③ 꿈

꿈은 현재의 관심이나 기분을 투사한 것으로서 꿈이 문제를 표면으로 가져오기 때문에 꿈은 치료의 방향을 제시한다.

④ 우선적 과제

내담자의 우선적 욕구를 평가하는 것은 그들의 생활양식을 이해하는 중요한 방법이며 상담자가 내담자의 가장 우선적인 일을 알아내는 방법은 내담자에게 그들의 전형적인 하루 일과를 자세하게 기술하도록 하는 것이다.

(3) 통합과 요약(자기 이해와 통찰)

① 개인의 가족 내에서의 위치와 초기회상, 꿈, 우선 과제 등에 대한 자료수집 후, 각 영역을 분리해서 요약한다.

② 마지막으로 전반적인 생활양식 질문지에 근거해서 자료를 통합, 요약하고 해석한다.

③ 요약된 내용은 내담자에게 보여주고 내담자와 토의하며 내담자와 상담자가 같이 구체적으로 수정한다.

④ 상담자는 내담자가 자신의 생활양식, 현재의 심리적인 문제, 잘못된 신념 등 기본적 오류를 깨닫도록 해주고 그것이 어떻게 내담자에게 문제가 되는지 해석해 준다.

⑤ 상담자는 내담자의 언행의 불일치, 이상과 현실 간의 불일치 등에 대해 내담자가 직면하여 자신에 대한 통찰을 얻을 수 있도록 해야 하며 해석을 통하여 내담자의 장점을 지적하고 격려해야 한다.

(4) 재교육(재정향)

① 해석을 통해 획득된 내담자의 통찰이 실제 행동으로 전환되는 단계이다.

② 내담자는 과거의 잘못된 신념, 행동, 태도를 버리고 새로운 생활양식을 갖고 사회적 관심을 갖도록 원조된다.

③ 상담자는 내담자에게 사회적 접촉을 시범으로 보여주고 내담자가 이를 다른 사람에게도 실시해 보도록 격려한다.

📌 정리

개인주의 상담 과정

1) 좋은 상담관계 형성: 동등하고 우호적인 관계

2) 생활양식 조사: 생활양식, 가족구조와 출생순위, 어린 시절 회상

3) 해석과 통찰: 해석을 통해 통찰할 수 있도록 격려

4) 재교육: 통찰이 행동으로 전환되게 하는 재교육

🗂 기출문제 확인학습

아들러 개인심리상담의 과정

`암기법` 초기단계(치료관계의 형성) → 탐색단계(내담자의 역동 탐색) → 해석단계(해석을 통한 통찰의 발달) → 재정향 단계(재정향과 새로운 선택)

1) 내담자의 역동성의 탐색

(1) 내담자의 역동성의 탐색은 두 부분으로 나누어지는데, 치료자는 내담자의 생활양식을 이해하고자 하며 내담자의 생활양식이 현재의 삶을 어떻게 발휘하고 있는가를 이해한다(주관적인 상황).

(2) 내담자의 생활양식을 이해하기 위해 치료자는 내담자의 감정, 동기, 신념, 목표 등에 세심한 관심을 기울인다.

(3) 이 단계의 목표는 사람들로 하여금 '만약 ~ 하기만 하면(as if)'의 성격을 벗어나게 하는 것이며 탐색하기 위한 조사는 면접의 첫 순간부터 시작된다.

(4) 탐색단계의 주요목표는 내담자로 하여금 자신의 우선적 욕구의 순위를 알도록 하여 그 순위가 무엇이든 수용하고 그 대가가 실제로 치를 만한 가치가 있는 것인지 판단하도록 도와 내담자의 잘못된 신념과 목표를 평가할 수 있으며 내담자에게 좀 더 합당한 대안들을 고려할 수 있다.

(5) 내담자에게 남아있는 어린 시절에 대한 기억을 떠올리게 하여 그 기억에 담겨있는 감정과 사고도 표출하게 한다.

(6) Adler학파는 초기회상을 개인생활양식을 이해하는 중요한 자료로 보고 있다.

2) 방향 재조정(재정향)을 위한 기법

(1) 아들러 학파의 상담자들은 행동변화보다는 동기변화를 더 강조한다.

(2) '~ 인 것처럼 행동하기': 상담자는 마치 내담자들이 두려워하는 어떤 일이 발생하지 않을 것처럼 행동하도록 격려하고 용기를 줄 수 있다. - 새로운 가능성을 위한 변화와 탐사

(3) 버튼 누르기: 내담자들에게 자신의 감정은 스스로 선택할 수 있다는 것을 알려주는 것이다.

---

5) 상담의 기술

(1) 일반적 상담기술

관심 기울이기, 경청하기, 공감, 구체성, 진실성, 자기 노출, 바꾸어 말하기, 직면, 해석, 즉시성

---

(2) 격려하기

불행, 우울, 분노, 불안의 심리 상태에 있는 사람은 성장할 수 있고 보다 자기 충족적인 방향으로 모험을 감행할 수 있는 내적 자원(resource) 개발 촉진과 긍정적인 방향으로 나아갈 수 있는 용기를 북돋아 주는 것이다.

(3) 행동적 기술

역할 연기(role playing), 빈 의자 기법[2]

(4) 시범 보이기

상담자는 내담자가 모방하려고 하는 가치를 행동으로 보여주어야 한다.

(5) 가상행동

내담자가 바라는 행동을 실제 장면이 아닌 가상 장면에서 '마치 ~ 인 것처럼(as if)'해 보게 하는 것이다.

(6) 역설적 의도

바라지 않거나 바꾸고 싶은 행동을 의도적으로 반복 실시하게 함으로써 역설적으로 그 행동을 제거하거나 벗어날 수 있게 하는 행동이다.

(7) 상상하기(creating images)

바람직한 자신의 모습을 상상함으로써 실제로 그렇게 되도록 하는 방법이다.

📁 기출문제 확인학습

개인주의 상담의 상담기법 정리

개인심리학에서는 내담자에게 스스로 변화할 수 있는 능력이 있다고 믿기 때문에 그러한 믿음을 그에게 보여줄 수 있는 상담 기법을 사용한다.

1) 일반적 상담기술

관심 기울이기, 경청하기, 공감, 구체성, 진실성, 자기노출, 바꾸어 말하기, 맞닥뜨림, 해석, 즉시성(상담 중에 나타나는 것이 일상생활에서 생기는 것의 표본이라는 사실을 내담자가 깨닫도록 돕는 것)

2) 언어적 기술

개인심리학에서는 충고를 사용하되, 내담자의 의존성을 부추기지 않도록 해야 하며 내담자의 자기 지도력과 자립 능력을 격려하도록 충고해야 한다.

3) 격려하기

불행, 우울, 분노, 불안의 심리 상태에 있는 사람은, 성장할 수 있고 보다 자기 충족적인 방향으로 모험을 감행할 수 있는 스스로의 능력에 대한 신뢰가 없기 때문이라고 생각한다. 따라서 이런 사람들의 내적 자원(resource)의 개발을 촉진하고 긍정적인 방향으로 나아갈 수 있는 용기를 북돋아 주는 것이 필요하다.

---

[2] 빈 의자에 자신이 생각하고 있는 사람이 앉아있다고 생각하고 이야기하는 기법이다.

4) 행동적 기술

역할 연기(role playing), 빈 의자 기법

5) 시범 보이기

(1) 상담자는 내담자가 모방하려고 하는 가치를 행동으로 나타내 보여야 한다.

(2) 상담자는 내담자에 대해 사회적 관심의 대표자로서, 그리고 진실한 인간, 실수할 수 있는 보통의 인간으로서의 역할을 보여주어야 한다.

(3) 상담자는 내담자가 모방하려 할 가치를 행동으로 나타내 보여야 한다.

6) 가상행동

내담자가 바라는 행동을 실제 장면이 아닌 가상장면에서 '마치 ~ 인 것처럼(as if)'해 보게 하는 것이다.

7) 역설적 의도

(1) 바라지 않거나 바꾸고 싶은 행동을 의도적으로 반복 실시하게 함으로서 역설적으로 그 행동을 제거하거나 벗어날 수 있게 하는 기술이다. - Victor Frankl

(2) 내담자가 두려워하는 행동이나 사고를 의도적으로 과장하여 하도록 하는 기법이다.

(3) 내담자로 하여금 이러한 행동이 얼마나 어리석은가를 명확하게 인식하도록 함으로써 만족스러운 생활양식으로 유도하게 되면 내담자는 그 행동을 변화시키거나 포기하게 될 것이다.

8) 상상하기(creating images)

바람직한 자신의 모습을 상상함으로써 실제로 그렇게 되도록 하는 방법이다.

9) 초인종 누르기(단추 누르기, push button technique)

(1) 내담자가 자신의 감정을 창조하는 것임을 깨닫도록 돕는데 사용하는 기법이다.

(2) 자신이 원하는 정서를 스스로 만들 수 있다는 사실을 알게 된다.

(3) 단추 누르기 기법은 내담자가 유쾌한 경험과 유쾌하지 않은 경험을 번갈아 가면서 생각하도록 하고 각 경험과 관련된 감정에 관심을 가지도록 하는 것이다.

(4) 이 기법의 목적은 내담자에게 그들이 무엇을 생각할지를 결정하여 자신이 원하는 감정은 무엇이든지 만들어 낼 수 있다는 사실을 가르치려는 것이다.

(5) 단추 누르기 기법을 통해서 아들러 학파는 내담자가 자신의 우울을 선택했으며, 우울은 자기 생각의 산물임을 인식하도록 도와준다.

(6) 따라서 상담자는 내담자가 겪는 사건에서 우울 단추와 행복 단추 중 선택하도록 자기가 통제할 수 있다고 인식시킨다.

10) 끓는 국에 찬물 끼얹기(= 수프에 침 뱉기)

(1) 집단원의 행동 뒤에 숨겨진 의도나 목적을 드러내어 집단원이 문제행동을 하는 것을 꺼리게 하는 기법이다.

(2) 상담자가 내담자의 어떤 행동의 목적과 대가를 인식하게 되면 상담자는 바로 그 행동이 총체적으로 손해되는 행동이라는 사실을 내담자에게 분명하게 보여줌으로써 내담자가 더 이상 손해되는 게임을 하지 못하도록 한다.

11) 자기 간파(자기모습의 파악)

(1) 내담자가 자기 비난을 하지 않으면서 자기 파괴적 행동 혹은 비합리적 사고를 인식하도록 한다.

(2) 내담자가 자신의 목표를 이해하고 변화하려고 노력함에 따라, 자신들이 열망하는 변화된 행동을 하기 위해서는 '자기 모습을 있는 그대로 파악해 보는 것'이 필요하다.

12) 과제부여

내담자에게 치료 장면 외에서도 과제를 주어 내담자가 상담에 적극적으로 참여하게 하는 기법이다.

13) 수렁(악동) 피하기

(1) 내담자가 일상생활에서의 자기 패배적 행동양상을 상담 장면에 가져오는데 잘못된 가정도 사실로 인정받을 수 있는 기회가 있기 때문에 잘못된 가정에 매달려 있는 것인지도 모른다.

(2) 그래서 상담자는 함정에 빠지지 않도록 하며 내담자의 행동을 강화하지 않도록 주의해야 한다.

14) 이러한 기법 외에도 마이더스 기법(Midas technique), 타인 즐겁게 하기, 스스로 억제하기 등 여러 기법들이 있다.

> cf 반대행동하기(= 반대로 하기) - 게슈탈트 상담의 기술 내담자가 보이는 행동은 근저에 있는 억압된 충동의 반대적 표현에 불과하다. 따라서 평소행동과 반대되는 행동을 해 보도록 요구함으로써 내담자가 억압하고 통제해 온 자신의 다른 측면을 접촉하고 통합할 수 있도록 도와 줄 수 있다. 평소에는 억압하고 차단해 왔던 자신의 측면들을 다시 사용해 봄으로써, 그 부분들을 다시 활성화시킬 수 있다.

📁 기출문제 확인학습

아들러(A. Adler) 개인심리학 공동체감[3]

1) 인간은 열등감 극복과 모든 정신과 문화의 발달은 공동체감 형성과 사회적 관심 없이는 절대로 불가능하다.

2) 공동체감은 개인의 완전에의 욕구가 완전한 사회로의 관심으로 대체된 것으로, 인간은 사회와 결속되어 있을 때 안정감을 갖게 되는데, 모든 문제는 사회적 관심이 부족하기 때문이라고 본다.

3) 공동체감은 인간이 사회적 존재로 살아가면서 해결해야 할 삶의 과제를 해결할 수 있는 동기를 제공한다.

📁 실력다지기

아들러(Adler)의 개인심리 상담이론

1) 인간은 열등감을 느끼는 존재이다.

2) 내담자의 문제는 인생초기에 형성한 생활양식에 의해 크게 영향을 받는다.

3) 내담자가 가진 긍정적 자질을 개발하고 뚜렷한 목적의식과 노력을 통해 새로운 방향으로 자신을 변화시킬 수 있다.

4) 내담자가 느끼는 열등감은 성취를 위한 동기가 된다.

5) 생활양식 조사(초기기억, 가족구조, 출생순위)

6) 4가지 생활양식(지배형, 기생형, 회피형, 사회적 유용형)

7) 인생과제(사회적 관심, 사랑과 결혼, 일과 직업, 자기지향, 영성)

8) 열등감과 보상, 우월성의 추구, 사회적 관심, 창조적 자아

'열등감'과 '완전함 추구 성향'은 후천적이 아니라, 선천적임을 강조하였다. 즉, 아들러는 완전성의 추구나 숙달을 통한 열등감의 극복은 선천적이며, 인간은 원래의 열등감을 극복하고 우월을 추구하도록 되어있다고 강조한다. 이러한 우월, 능력, 완전의 추구는 인간의 무력감을 해결해 주며, 능력추구의 고유한 형태는 개성으로 나타난다.

---

3) 아들러의 개인심리학에서 가장 특수한 위치를 차지하는 부분이다.

분석심리학의 대표적인 원형

집단무의식을 구성하고 있는 인류역사를 통해 물려받은 정신적 소인이며 융이 제시한 대표적인 원형은 페르소나, 아니마와 아니무스, 그림자, 자기(self)이다.

1) 페르소나(persona)

   환경의 요구에 조화를 이루려고 하는 적응의 원형으로 개인이 사회에 대한 이해를 바탕으로 사회에서 가정하는 자신의 역할을 말한다. 겉으로 표현된 페르소나와 내면의 자기가 불일치할수록 사회적 적응에 어려움이 생긴다.

2) 아니마와 아니무스(anima & animus)

   융은 인간은 본질적으로 양성성을 가지고 태어났다고 보았으며, 남성 내부의 여성성을 아니마, 여성 내부에 있는 남성성을 아니무스라고 하였다. 남성성의 속성은 이성이고, 여성성의 속성은 사랑이다. 따라서 인간은 이성과 사랑의 조화를 통해 성숙해진다.

3) 그림자(shadow)

   인간의 어둡거나 사악한 측면을 나타내는 원형이며, 인류역사를 통해 의식에서 억압된 무의식적 내용이나 원초적 동물적 욕망에 기여하는 원형을 의미한다. 즉 인간의 양면성을 반영하며, 상담 및 심리치료에서 가장 장애가 되는 원형이다.

4) 자기(self)

   인간이 실현하기 위해 타고난 청사진으로 자기(self)는 모든 의식과 무의식의 주인이다. 따라서 자기(self)는 전체로서 인간 성격을 통합하기 위해 노력하는 원형으로 융은 중년의 시기에 나타난다고 보았다.

제3절 | 행동치료(행동주의 상담이론 - 구스타인 등)

1) 행동주의 상담의 기본철학

(1) 인간 행동이란 학습과 환경조건에 의해 형성된다고 여기기 때문에 상담의 초점은 현재의 행동을 강조하고 과거의 심리적 작용이나 원인에 대한 접근은 중요시하지 않는다.

(2) 인간 행동은 거의 모두가 학습된 것이며 학습 과정을 통해 변화시킬 수 있다고 전제한다.

(3) 행동주의 상담은 학습이론에 기초하여 내담자로 하여금 이전의 바람직하지 못한 행동을 없애고 보다 적응적인 행동을 학습하게 돕는 것을 주목적으로 한다.

2) 인간관

인간은 본질적으로 그들의 사회 문화적 환경에 의해서 형성되고 결정되며 인간의 모든 행동은 학습된 것으로 본다. 즉, 인간을 환경적이고 유전적인 영향에 의해서 전적으로 결정되는 운명론적이며 기계론적인 존재로 본다.

(1) 인간의 행동이 일정한 법칙성을 가지고 있다고 가정한다.

(2) 행동의 변수를 알 수 있으면 행동을 예언하고 수정할 수 있다.

(3) 대부분의 인간 행동은 학습된 것이며 학습 원리를 통해 인간의 행동을 파악하려 한다.

3) 이론적 특징

(1) 실험연구에서 밝혀진 학습 원리를 심리치료에 응용한 것이다.

(2) 객관적으로 관찰할 수 있고 측정 가능한 행동을 치료대상으로 삼기 때문에 치료의 성과 및 진전 정도를 객관적으로 평가할 수 있다.

(3) 고전적 조건형성(파블로프) 원리 응용 : 체계적 둔감화, 혐오치료 등

(4) 조작적 조건형성(스키너) 원리 응용 : 긍정적 강화, 행동 조성, 자기주장 훈련, 토큰 강화 등

4) 행동주의 상담의 특징

(1) 명백하면서도 특징 있는 행동에 초점을 맞춘다.

(2) 상담목표가 정확하게 설명되어야 한다.

(3) 문제에 적합한 상담계획을 세운다.

(4) 상담결과에 대한 객관적인 평가를 한다.

(5) 겉으로 드러난 구체적 행동을 변화시키는 것이 중요하다.

(6) 현재의 행동을 강조하며, 과거사와 심리적 작용의 기원에는 많은 관심을 두지 않는다.

(7) 행동주의 상담자는 능동적이고 지시적인 역할을 한다.

5) 상담의 목적

(1) 부적응 행동을 제거하고 바람직한 새로운 행동을 강화시켜 이를 습득하게 한다.

(2) 상담의 목표는 분명한 말로 서술되어야 하며 내담자는 자기가 성취하고자 하는 것이 무엇인가를 명확히 인식해야 한다.

(3) 행동주의 상담은 내담자에게 적합하지 않은 행동을 제거하기 위해 새로운 행동을 습득시키며 그 행동을 계속 강화해 주어 행동수정에 의한 자기치료를 제공해 주는 것이 주요 목적이다.

(4) 행동주의 상담의 세 가지 목표

① 목표는 내담자가 기대하는 목표이어야 한다.

② 상담자는 내담자가 자신의 목표를 달성할 수 있도록 도와야 한다.

③ 내담자가 달성한 목표의 진전은 반드시 평가되어야 한다.

(5) 상담자의 기능과 역할

① 상담자는 능동적이고 지시적이며 내담자가 더 효과적인 행동을 학습할 수 있도록 훈련가와 교사의 역할을 한다.

② 내담자와 상담자 간의 인간적 관계는 강조되지 않지만, 매우 협조적인 관계가 행동적 절차를 수행하는데 있어서 기초가 된다.

6) 상담의 과정

(1) 변화시킬 행동을 밝혀내고 이를 행동 용어로 서술한다.

(2) 원하는 목표행동의 기초선(base line)을 정한다.

(3) 목표행동이 일어날 수 있도록 상황을 배열한다.

(4) 내담자에게 강화가 될 수 있는 자극과 사건들을 밝혀낸다.

(5) 원하는 목표행동이나 그 행동에 접근하는 행동을 강화한다.

(6) 목표행동에로의 변화를 기록함으로써 치료절차의 효과를 평가한다.

7) 치료 기법

(1) 체계적 둔감화(systematic desensitization)

인간은 느긋하면서 동시에 불안할 수 없다는 원리에 입각한 기법이다.

① 깊고 완전한 이완을 유지할 수 있도록 훈련한다.

② 내담자에게 불안을 유발하는 여러 상황들을 정도에 따라 위계적으로 배열하게 한다.

③ 이완을 유지한 상태에서 가장 낮은 불안을 유발하는 자극부터 상상하게 한다.

④ 불안의 위계에 따라서 단계적으로 불안을 극복하게 한다.

⑤ 체계적 둔감화의 적용 : 다양한 공포증과 불안과 관련된 문제들에 적용할 수 있다.

> **⊘ 보충**
>
> **체계적 둔감법**
> 1) Wolpe의 상호제지이론에서 치료자가 불안을 야기하는 장면을 점진적으로 묘사하는 것을 상상하면서 이완하는 것을 학습하여 공포 반응을 감소시킬 수 있다고 주장하였다.
> 2) 절차 (**암기법** 이 - 불 - 계)
>   근육이완훈련 → 불안위계목록 작성 → 단계적 둔감화
>   (1) 이완훈련
>   체계적 둔감화를 위해서는 복식호흡법이나 근육이완법을 먼저 훈련하도록 한다.
>   (2) 불안위계 설정
>   내담자가 두려워하는 사물이나 상황의 위계(hierarchy)를 만든다.
>   (3) 체계적 둔감화(낮은 강도 → 높은 강도)
>   체계적 둔감화 동안 내담자는 이완훈련을 받게 되고 집에서도 연습하는 것을 과제로 하게 된다. 이 기간 동안 치료자는 내담자에게 보다 더 이완되고 더 깊은 수준의 이완을 하도록 지지한다.

(2) 혐오치료(aversion therapy)

① 문제행동을 혐오자극과 연합시켜 문제행동의 빈도를 감소시키는 기법이다.

② 바람직하지 않은 행동이나 사고를 쇼크(공포)와 연결시켜서 그에 대한 혐오반응을 형성시킨다.

③ 약물중독, 알코올 중독, 성 도착증 등의 치료에 적용한다.

(3) 노출치료(홍수법)

① 내담자가 무서워하거나 위험을 느끼는 장면에 내담자를 실제로 노출시킨다.

② 내담자가 상상 속에서 생각했던 만큼 실제로 두렵지 않음을 직접 경험하게 한다.

③ 회피반응을 소거하기 위해 내담자가 자극 상황을 피하지 못하게 하는 것이 필요하다.

(4) 긍정적 강화

① 내담자가 바람직한 목표 행동을 했을 때 보상을 주어 강화함으로 목표행동을 증가시킨다.

② 강화물 - 생리적 욕구 충족물 (음식, 수면 등), 사회적 욕구 충족물 (미소, 인정, 칭찬, 돈, 선물 등)

③ 치료 절차 - 내담자에게 보상이 될 수 있는 것을 찾는다. - 바람직한 행동할 때마다 체계적으로 보상을 해 준다.

(5) 모델링(modeling)

① 내담자가 무서워하는 대상에 타인이 두려움 없이 대처하는 것을 보여주고 따라 하게 하는 것이다.

② 공포를 감소시키고 자기주장과 같은 새로운 기술을 가르치는데 성공적이라는 것이 입증되었다.

(6) 자기표현 훈련

① 주로 대인관계의 문제 해결에 좋다.

② 감정표현(분노, 불쾌한 감정, 애정, 호감, 거절 등)을 잘 못하는 사람이 주된 대상이다.

③ 상담자와 내담자가 문제 상황에 서로 역할 바꾸어 자유로이 자신의 감정과 의사를 표현하는 방법으로 역할 행동을 많이 활용한다.

(7) 토큰(token) 강화

① 바람직한 행동을 인정해 주는 것만으로 별 효과 없을 때 적용한다.

② 토큰을 주어 내담자가 원하는 물건이나 권리로 바꿀 수 있도록 하는 치료 기법이다.

📁 **실력다지기**

토큰 경제법 (환표 이용법)

1) 토큰법은 스키너의 강화 원리를 포함하여, 조작적 조건화의 원리를 적용시킨 행동주의의 기법이다.

2) 직접적으로 강화인자를 쓰는 대신에, 후에 내담자가 원하는 다양한 물건과 교환할 수 있는 토큰을 보상으로 제공하는 것이다.

3) 개인적으로 실시되기보다는 보통 교실에서나 빈둥거리는 청소년들이 있는 가정 그리고 정신과 병동과 같은 집단상황에 적용된다.

4) 이 토큰법은 토큰이라는 강화인자를 갖고 적응행동을 발달시키려는 목적을 갖고 있다.

5) 토큰을 뺏음으로써 바람직하지 못한 행동을 소거시키려는 목적으로도 사용된다.

6) 토큰법의 주요 구성요소는 동일시된 목표행동이며 또한 얻을 수 있는 광범위한 상품이나 이익들이라 기술하고 있다.

7) 토큰법은 칭찬이나 다른 무형의 강화인자를 쓸 수 없을 때의 행동수정에 적용될 수 있다.

8) 적절한 행동을 강화하기 위한 강화인자로서 토큰을 사용하는 것은 다음과 같은 여러 이득을 지닌다.

　(1) 토큰은 특수한 행동을 개선할 때 그 소득과 가치가 증가한다.

　(2) 토큰은 적절한 행동과 보상 간의 지연을 감소시킬 수 있다.

　(3) 토큰은 어떤 행동을 변화시키는 강력한 동기인자로 작용될 수 있다.

　(4) 토큰은 긍정적 강화인자이다.

　(5)번 토큰은 어떻게 사용할까 하는 것을 생각할 기회를 준다.

　(6) 토큰은 치료자와 내담자의 도덕성을 증가시킬 수 있다.

　(7) 토큰은 사회적 강화를 측정하는 데 사용할 수 있다.

　(8) 토큰은 제도와 제도 밖의 삶 사이의 틈에 다리를 놓아준다.

📁 실력다지기

행동주의적 상담이론

1) 인간의 행동은 환경적 사건에 의해 결정된다.

2) 내담자의 문제는 잘못된 학습에서 비롯된 습관이다.

3) 내담자가 원하는 행동을 형성하기 위해서는 강화가 필요하다.

4) 상담자는 내담자에게 문제가 되는 구체적인 행동을 파악·평가하여 체계적인 조작적 조건형성 과정으로 부적절한 행동을 바꿀 수 있다.

5) 조건형성(파블로프의 고전적 조건 형성, 스키너의 조작적 조건 형성)

6) 사회적 인지이론(반두라의 관찰학습)

7) 인지적 행동 수정(인지적 재구조화에 의한다).

8) 강화계획(고정간격 계획, 변동간격 계획, 고정비율 계획, 변동비율 계획)

9) 기법들: 자극통제, 혐오치료, 홍수법, 모델링 기법, 토큰 경제법, 타임아웃, 처벌 등

제4절 | 실존치료(실존주의 상담이론 - 메이, 프랭클 등)

1) 실존주의 상담이론의 개요 및 인간관

(1) 정신분석 치료와 행동주의 치료에 대한 반동에서 발달하였으며 성장과 자아의 건강을 개념화한 것이다.

(2) 인간 존재의 불안 원인은 본질적인 시간의 유한성과 죽음 또는 존재하지 않는 것에 대한 불안에서 기인하며 이 문제해결방법은 인간 존재의 참된 의미를 발견하는 것이다.

(3) 대표적 학자로는 롤로 메이(Rollo May), 얄롬(Irvin Yalom), 프랭클(Frankl) 등이 있다.

(4) 인간관에서 인간은 선택과 행위에 책임이 있다는 가정에 기초한다.

(5) 인간은 어떤 상황에서든지 자신의 태도를 선택하고 자신의 방식을 선택할 수 있으며 인간의 본질은 의미나 목적을 찾는데 있다.

2) 인간 실존조건의 기본적 차원

(1) **명제** 1 : 자기 인식의 능력

(2) **명제** 2 : 자유와 책임

(3) **명제** 3 : 정체감과 대인관계의 추구 - 존재에의 용기, 개인적 경험, 관계의 경험

(4) **명제** 4 : 의미의 추구 - 낡은 가치관을 없애는 문제, 무의미, 새 의미의 창조

(5) **명제** 5 : 삶의 조건인 불안 존재 - 불안은 생존하기 위한 욕구

(6) **명제** 6 : 죽음과 비존재에 대한 인식 - 죽음에 대한 인식은 삶에 대한 열정이나 창조성의 근원

3) 실존주의 상담의 목표

(1) 내담자가 자신의 행동에 대한 많은 자유와 책임 능력을 수용하게 하는 것이다.

(2) 새로운 자유는 불안을 초래하기 때문에 성장을 위해 자유에 대한 공포를 직면하게 한다.

(3) 가치 있는 존재를 창출하려는 진실한 목적에 기초한 행동을 하도록 돕는다.

(4) 소외된 내담자로 하여금 세계와의 관계 속에 있는 자신을 보게 하고 그가 보는 것에 따라서 행동하고 선택할 수 있도록 함께 내담자의 타고난 잠재력을 실현하게 하는 것이다.

(5) 인간의 부적응적 행동은 타고난 경향성을 실현하지 못한 결과이며 인간의 타고난 가능성 또는 경향성을 포함한 자신의 존재 의미를 찾고 자아실현에 도달하는 것이다.

4) 실존주의 상담의 유형

(1) 의미요법(프랭클)

① 의미 치료 - 내담자의 성격에서 무의식적이고 정신적인 요인을 자각하게 하는 것이다.

② 실존 분석 - 내담자로 하여금 자신의 책임의식을 갖게 하는 노력이다.

③ 현존 분석 - 내담자의 개인 내적 생활사를 밝혀 그 세계 내의 존재 구조와 세속적 존재를 분석하는 방법이다.

5) 실존주의 상담의 원리

(1) 비도구성의 원리

① 상담자와 내담자의 관계는 능률이나 생산성을 따지는 기술적 관계가 아니다.

② 상담은 도구나 수단이 아니며 기술적·지시적이어서도 안 된다.

③ 상담자는 경직되고 틀에 박힌 방식으로 행동해서도 안 된다.

(2) 자아중심의 원리 – '나 자신'과 같은 주관적이고 내면적인 것을 강조한다.

① 실존 상담의 초점은 내담자의 자아에 있다.

② 자아 중심성은 개인의 자아세계 내면에 있는 심리적 실체를 중심으로 하여 이루어진다.

(3) 만남의 원리

① 실존적 상담관계에서는 '지금 – 여기(here – now)'의 현실을 강조하고 지금 – 여기에서 상담자와 내담자의 만남을 중시한다.

② 지금까지의 인간관계에서는 알 수 없었던 것을 현재의 상담관계에서 알게 되는 것이 곧 만남이다.

③ 상담자와 내담자와의 관계는 문제해결을 위해 함께하는 친구이며 적극적으로 참여하는 역할이 필요하고 상담관계의 핵심은 존중이다.

6) 상담자의 역할

(1) 내담자가 새로운 선택을 할 수 있도록 돕기 위해 내담자의 주관적 세계를 이해하는데 초점을 둔다.

(2) 내담자가 제한된 실존(實存)으로 살아간다는 사실을 직면하도록 하고 스스로의 역할을 인식하게 돕는 것이다.

7) 상담기법과 과정

(1) 역설적 의도 – 내담자가 두려워하는 행동이나 사고를 의도적으로 과장하여 하도록 하는 기법이다.

> **예** 일을 미루기만 하고 끝내지 못하는 내담자에게 일을 더 미루도록 요구하는 것

(2) 정신분석적 기법과 인지적 행동치료에서의 기법을 혼용하여 사용한다.

(3) 치료자 자신을 치료에 사용하는 것이 실존주의 상담의 핵심이다.

(4) 상담과정

① 초기 단계 – 내담자가 세계에 관해 가지고 있는 가정을 확인하고 명료화한다.

② 중간 단계 – 자신의 가치체계에 대한 원천과 근거를 더 철저하게 검토하도록 격려한다.

③ 종결 단계 – 내담자가 자신들에 관해 배운 것을 행동으로 실천할 수 있도록 돕는데 초점을 둔다.

8) 실존적 접근의 공헌

(1) 인간을 관심의 중심으로 여긴 점이다.

(2) 죽음에 관한 긍정적인 관점을 제시한 점이다.

(3) 불안, 죄책감, 좌절, 외로움, 소외에 대해 새로운 관점을 제시한 점이다.

(4) 인간과 인간의 관계를 강조한 점이다.

(5) 인간의 자유와 책임을 강조한 점이다.

(6) 자기 스스로 인식하고 선택함으로써 자기 삶을 재설계하는 인간의 능력을 인정한 점이다.

📂 실력다지기

실존주의 상담(프랭클 등)

실존주의 상담
1) 내담자의 문제는 삶의 궁극적인 관심사인 죽음, 무의미성, 고립, 자유와 관련된다.
2) 내담자가 이러한 궁극적인 관심사에서 비롯된 불안을 어떻게 처리하느냐가 중요하다.
3) 내담자가 실존적 존재로서 자신의 궁극적 관심사를 지각하고 직면하여 삶의 원동력으로 삼는 것이 필요하다.

의미치료
1) 인간은 자기분리나 자기초월 능력을 가진 실존적 존재이다.
2) 내담자의 문제는 삶의 의미를 추구하는 의지를 상실한 데서 비롯된다.
3) 이러한 능력에 근거한 역설적 의도(불안이나 공포로부터 도피하지 않고 직면함)와 탈숙고(지나친 숙고를 상쇄하여 자발성과 활동성을 회복함)를 통해 불안과 공포의 악순환의 고리를 끊으면 심리적 문제를 해결할 수 있다.
4) 삶의 의미를 추구하는 것이 중요하다.

의미치료의 상담자 기법
1) 역설적 의도(paradoxical intention)
   내담자가 두려워하거나 회피하고자 하는 문제로부터 도피보다는 직면하도록 하여 해당 문제들로 인한 증세로부터 벗어나게 한다.
2) 탈 숙고(de-reflection)
   문제에 대한 지나친 숙고는 자발성과 활동성에 방해가 되므로 지나친 숙고를 지양하도록 함으로써 기대불안에서 벗어나게 하는 것으로, 즉 탈 숙고는 기대불안의 악순환에서 벗어나도록 내담자의 자발성과 활동성을 회복시켜 준다.

📁 기출문제 확인학습

실존치료에 관한 설명

1) "실존은 본질에 앞선다."라는 명제를 앞세운다.
2) 의미치료는 실존치료에 속한다.
3) 현상학의 영향을 받았다.
4) 내담자의 주관적인 세계를 중시하고 성장을 돕는다.
5) 역설적 의도는 실존치료에서 사용하는 기법이다.

　　실존주의 상담은 실존적 존재로서 인간이 갖는 궁극적 관심사에 대한 자각이 불안을 야기한다고 본다.

실존주의의 궁극적 관심사와 관련하여 중요하게 생각하는 주제

1) 자유와 책임 : 인간은 자신의 결단(자유 의지)과 책임을 통해 운명을 재창조한다.
2) 무의미성(= 삶의 의미) : '삶이 무엇인가'라는 질문에 대한 내적 갈등을 의미한다.
3) 죽음과 비존재 : 인간은 삶의 유한성, 죽음에 대한 인식을 통해 현재의 삶을 진지하게 살아가도록 자극을 준다.
4) 고립(소외) : 대인관계적 고립, 개인내적 고립, 실존적 고립이 있으며 가장 근본적인 것은 실존적 고립이다.
5) 미국의 실존주의 심리학자 얄롬은 인간의 궁극적인 관심사를 죽음, 자유, 고립, 무의미성이라고 보았다.

암기법 죽자고무)

실존치료에 적합한 내담자 사례

1) 발달적 위기를 느끼는 사람 **예** 정체성에 혼란을 느끼는 청소년
2) 슬픔과 상실의 경험으로 고통 받는 사람 **예** 남편과 사별한 중년 여성
3) 죽음에 직면한 사람 **예** 만성 질환을 앓고 있는 노인
4) 중요한 삶의 결정에 대한 직면에 대처하는 사람 **예** 명예 퇴직한 중년 남성

📁 기출문제 확인학습

상담자가 실존치료적 접근으로 시도할 수 있는 개입방법과 그 예

사례
중학생인 진우는 운동으로 근육을 단련하는 데에 지나치게 몰두해서 수업시간에도 책상 밑에서 운동기구로 운동을 하느라고 수업에 집중하지 못한다. 이 문제로 담임교사가 상담을 의뢰하였다.

1) 역설적 의도 : 진우는 운동으로 근육을 단련하는 데에 지나치게 몰두해서 수업시간에도 책상 밑에서 운동기구로 운동을 하느라고 수업에 집중하지 못하고 있는 경우 운동 외에 다른 활동은 절대 하지 않도록 한다.
2) 소크라테스식 대화법 : 실존치료인 의미치료에서 내담자와 치료자의 대화는 소크라테스 대화법의 형식을 따른다. 이것은 소크라테스가 학생들에게 많은 양의 지식을 전달하기보다는 자신들의 내면 깊숙이 알고 있는 것을 의식하도록 가르쳤던 방법이다. 소크라테스식 대화는 치료자와 내담자간의 너와 나의 관계에서 '의미'라는 제3자가 포함되어 이루어지는 대화이다.
3) 탈숙고(de-reflection) : 예기불안의 악순환에서 벗어나게 하기 위해 사용하며, 그릇된 능동성에서 올바른 능동성으로 대치시키기는 것으로, 자기의 주의를 자신으로부터 외부로 돌림으로써 자기의 증상을 무시하게 하는 것이다. 즉, 자기 문제에 지나치게 주의하고 자기를 지나치게 관찰하면 자발성과 활동성에 방해되므로, 주의/숙고를 밖(외부)으로 돌려 문제를 무시/방관하게 함으로써 지나친 숙고를 상쇄시킨다. 예를 들어, 불면증 환자가 자려고 애쓰는 대신, 음악 등의 흥미 있는 일을 하게 하는 것이다.

제5절 | 인간중심치료(인간중심 상담이론 - 칼 로저스)

1) 인간중심 상담이론의 개요

(1) 미국의 심리학자인 로저스(Carl Rogers)에 의해 1940년대에 체계화된 것으로 당시 개인 치료의 중심 기류였던 지시적이고 정신분석학적인 접근법에 대한 반동으로 생겨난 것이다.

(2) 비지시적인 이 상담모델은 기존의 정신분석학적이고 지시적인 접근법에서 상담자와 내담자 간의 위계적 관계를 수평적인 관계로 전환시켰다.

(3) 인간 본성에 대한 인본주의적인 낙관적 관점을 수용하여 상담자가 감정이입적이고 무조건적인 긍정적 관심을 가지고 내담자를 수용하고 진정한 관심(진실성)을 보이면 긍정적 변화가 일어난다고 본다.

(4) 인간중심상담에서는 상담의 기법보다 상담자와 내담자 사이의 관계의 본질이 치료에서 가장 핵심적인 부분으로 간주된다.

(5) 모든 인간이 자아실현의 욕구를 지녔다고 가정하며 자아실현 욕구는 자신을 유지하거나 향상시키는 방향으로 자신의 모든 능력을 개발하려는 인간의 타고난 성향이다.

(6) 자기개념과 개인의 경험 간의 불일치라는 것이 자아실현을 향한 유기체적인 힘과 그것들을 의식이나 활동으로 바꿀 수 있는 인간의 능력 사이에서 성장하는 것이라고 보고 개인에게 어떤 다른 조건이 주어지면 이를 극복해 나갈 수 있다고 본다.

(7) 인간에 대한 긍정적인 시각을 가지고 내담자의 능력에 대한 신뢰를 기반으로 하고 있다.

(8) 내담자에게 해석을 내리는 권위주의적 관계구조에 반대하며 내담자와 상담자와의 인간적인 관계를 중시한다.

(9) 이 상담은 내담자의 자기성장을 향한 잠재력이 발현될 수 있는 분위기를 조성하는 데 목적을 두고 있다.

(10) 개입방향에 대한 일차적인 책임이 내담자에게 있도록 내담자의 문제에 대해 과거사보다 '지금-여기'(here and now)를 강조한다.

✎ 심화학습

인간중심상담 - 자기개념

1) '자기'에 대한 개념을 간략하게 설명하기는 어렵지만 '진정한 자신의 모습'이다.

2) 인간중심 상담이론에서 모든 인간은 진정한 '자기'를 발견하고 자기실현을 할 수 있다고 본다.

3) 인간중심 상담에서 내담자의 중요한 목표는 '진정한 자기'를 발견하는 것이다.

4) 그런데 진정한 자신을 발견하고 잠재력을 발휘하는 것은 오로지 그 개인에게 달려 있는 것은 아니다.

5) 개인은 성장하는 과정에서 주위의 환경, 즉 사회적 환경의 영향을 받으며 자기를 이해하게 된다.

6) 영아가 거울 속에 비친 모습이 자신임을 알게 되는 최초의 자기인식 시점부터 자신에 대한 생각과 평가, 그리고 자신에 대한 태도인 자기개념을 형성한다.

7) 아동들은 이름, 나이, 성별, 소유뿐 아니라 신체적 특성, 성격 등 다양한 차원에서 타인과 자신을 구분하며 자신을 인식한다.

8) 자신을 두고 '나는 착해', '나는 힘이 세다' 등의 표현은 아동들이 자신을 인식하는 내용들이다.

9) 아동들의 이러한 자기인식과 자기개념 형성에 가장 큰 영향을 주는 것은 사회적 경험이다.

10) 특히 어린 시절, 부모와 같은 중요한 타인과의 관계 속에서 자신에 대한 그들의 반응이나 태도를 통해 자신을 알게 된다.

11) 즉, 타인에게 비춰진 자신의 모습인 사회적 거울을 통해 아동들은 '자신'이 어떤 사람인지를 인식하고 자신에 대한 태도와 생각을 형성하게 된다.

12) 아동에 대한 다른 사람들의 평가, 특히 부모로부터 얻게 되는 아동 자신에 대한 정보(평가)는 자기개념을 형성하는 중요한 요인으로 작용한다.

13) 따라서 유아기에 주위사람들로부터 충분한 사랑과 지지를 받는 아동은 심리적으로 잘 적응하며 충분히 기능하는 사람으로서 자기실현을 이룰 것이다.

14) 아동기에 타인으로부터 거부당하는 부정적인 경험은 결과적으로 부정적인 자기개념을 형성한다.

15) 부정적인 자기개념은 자신과 현실을 왜곡시키는데, 예를 들어, 부정적인 자아개념을 갖고 있는 아동은 새로운 환경에서 경험하는 교사의 칭찬이나 성취에 대해 '선생님이 일부러 칭찬했겠지', '우연히 잘한 것이야, 진짜 실력은 아니지'와 같이 왜곡된 방식으로 지각한다.

인간중심상담 – 자기와 경험의 불일치

1) 로저스는 긍정적인 존중에 대한 욕구가 지나치게 커질 때 자기와 경험 간의 불일치가 나타난다고 한다.

2) 아동이 무조건적인 수용과 존중을 받지 못하면 아동은 부모로부터 긍정적인 존중을 얻기 위해 부모의 신념, 판단, 태도, 인생목표를 자기의 것으로 받아들인다.

3) 부모의 가치와 일치하는 특정한 행동만이 부모로부터 인정될 때 아동은 자신의 가치조건을 무시하고 부모의 가치 조건에 맞춰 간다.

4) 아동은 부모가 가치를 두고 있는 '침착하고 인내하며 지적인 탐구에 집중하는 행동'이 자신의 모습이라고 생각할 수 있다.

5) 그러나 아동은 이렇게 부모의 요구나 사회적 경험을 통해 '이상적 자기'와 '현실적 자기' 간의 불일치를 경험한다.

6) 또한 부모의 기대에 맞춰 인생목표를 성취하려는 노력이 자기충족적인 경험을 제공하지 못함을 느끼는데, 예를 들어, 부모의 반대로 음대 대신 의대에 진학한 한 학생의 학업성취는 자기 충족적인 경험을 제공하지 못하며 오히려 학교생활과 학업에 부적응을 초래하기도 한다.

7) 또한 대학 진학 후 하고 싶었던 음악을 다시 시작하더라도 물심양면으로 지원을 아끼지 않았던 부모님에 대해 죄책감으로 갈등을 겪기도 한다.

📁 실력다지기

로저스 상담모델의 명명에 관한 발달 순서

로저스의 상담모델 등장배경을 살펴보면 다음과 같다.

내담자 중심모델은 미국의 심리학자인 칼 로저스에 의해 1940년대에 체계화 된 것으로 당시 개인치료의 중심기류였던 지시적이고 정신분석적인 접근법에 대한 반동으로 출현한 것이다. 초기에는 로저스의 접근법이 비지시적 치료라고 불리었으나, 1951년 [클라이언트 중심 치료(= 내담자 중심치료)]가 발간된 이후 클라이언트 중심(= 내담자 중심)으로 바뀌었다. 최근에는 로저스와 그의 동료들이 인간중심모델이라고 명명하고 있다. 즉, 비지시적 치료 → 내담자 중심치료 → 인간중심치료로 바뀌었다.

2) 인간관

(1) 인간은 사회적이고 미래지향적이며 자기실현의 의지와 아울러 선한 마음을 갖고 태어난다고 본다.

(2) 인간은 본래 부적응 상태를 극복하고 정신적 건강 상태를 되찾을 수 있는 능력을 갖고 있다.

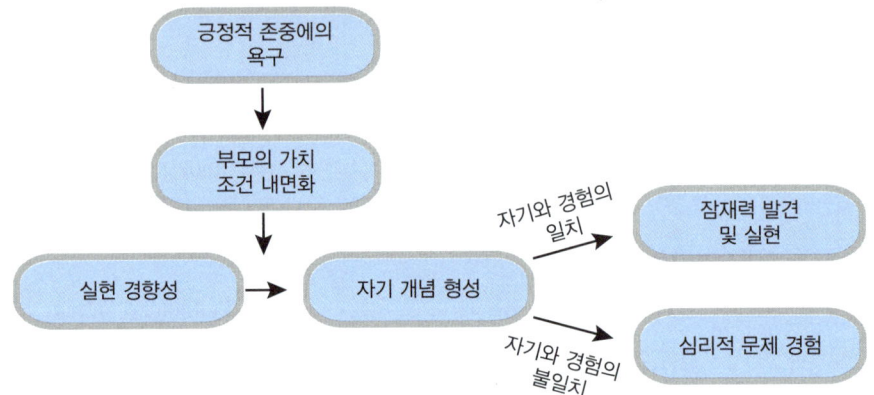

인간 중심적 이론에 따른 심리적 증상의 형성 과정(이장호 외, 상담심리학, 재인용)

3) 성격이론 - 현상학적 이론

(1) 유기체 – 개인의 신체, 행동, 정서를 모두 포함하는 전체로서의 한 개인을 의미한다.

(2) 현상학적 장 – 유기체가 경험하는 주관적 체험의 세계로서 개인의 실제 세계를 의미한다.

① 개인의 행동은 주어진 순간에 개인이 경험하는 모든 것(= 현상학적 장)에 의해서 영향을 받는다.

② 주관적으로 경험하는 현실은 서로 다르기 때문에 개인의 주관적 해석을 떠난 객관적 현실은 무의미하다고 본다.

(3) 자기(self)

① 자신에 대해 갖고 있는 조직적이고 지속적인 인식이다.

② 현상학적 장에서 분화하여 발달한 것으로서 현재 자신이 어떤 존재인가에 대한 개인의 개념을 말한다.

③ "나는 ~ 하다"라고 생각하는 자기 자신에 대한 신념이다.

　　예 나는 못난 존재다. 나는 부지런하다 등

④ 자기개념은 현실적 자기와 이상적 자기로 구성된다.

　ㄱ. **현실적 자기(real self)** : 현재 자신의 모습에 대한 인식이다.

　ㄴ. **이상적 자기(ideal self)** : 어떤 존재가 되기를 원하는가에 대한 인식이다.

4) 성격의 발달

(1) 로저스는 누구나 다 무조건적으로 사랑받고 존중되는 경험이 필요하다고 주장한다.

(2) 인간은 타인으로부터 긍정적 존중을 받고자 하는 긍정적 존중에의 욕구가 있다.

(3) 인간은 누구나 부모를 비롯한 중요한 타인들로부터 사랑받고 인정받고 싶은 강한 욕구를 지니고 있다.

(4) 긍정적 존중의 조건

　① 아동이 성장함에 따라 긍정적 존중은 특정 조건을 충족시켜야만 주어진다는 것을 알게 된다. 공부를 잘해야 인정받고 말을 잘 들어야 칭찬 받는다.

　② 이러한 조건 충족을 위한 행동은 사회화에 중요한 역할을 담당한다.

　③ 조건에 지나치게 집착하게 되면 부정적이고 왜곡된 자기개념을 갖게 되고 성장과 자아실현의 잠재력이 제한된다고 본다.

　④ 긍정적 또는 부정적 자기개념이 성격형성에 영향을 미친다.

5) 적응의 본질 - 자기와 경험 간의 일치

(1) 자기(Self)와 경험 사이에 일관성을 유지하려는 성향

　① 자기개념과 일치하는 생각이나 행동은 수용한다.

　② 자기개념과 일치하지 않는 생각이나 행동은 자기에게 위협을 주기 때문에 부정하거나 왜곡하려고 한다.

　③ 자기에게 일어나는 일들을 있는 그대로 경험하지 못하게 방해하여 현실대처를 못하게 한다.

　　예 자기개념이 "나는 부족하다"라는 사람은 타인이 "완벽하게 잘했다"고 피드백해도 이를 거부한다.

📁 **기출문제 확인학습**

인간중심상담 – OVP (Organismic Valuing Process, 유기체적인 가치화 과정)

1) 로저스의 성격발달이론에 의하면, 유아들은 자신의 경험을 어떻게 느끼는가에 따라 평가되는데 이를 유기체적인 가치화 과정(Organismic Valuing Process : OVP)이라고 한다.

2) 유아들의 행동이 OVP에 의해 지배받기 때문에 특별한 혼란 없이 있는 그대로 경험을 지각할 수 있다.

3) 어떤 특정 경험이 더 가치가 있다고 보지 않고 있는 그대로를 보며 또한 유아들은 유기체를 강화하거나 유지하느냐에 따라서 경험을 달리 평가한다.

4) OVP는 모든 사람들이 태어났을 때에 가지고 있는 내부의 안내서와도 같은데, 이러한 내부의 안내서를 믿을 때 그들을 강화하는 경험을 자유롭게 찾을 수 있다.

5) 자기 형성은 유아가 자기 안에서 비롯된 자기경험과 외부환경에서의 타인이나 사물이 겪는 경험을 구별하기 시작하면서 발달한다.

6) Rogers는 사람들이 자신에 대해 갖고 있는 조직적이고 지속적인 인식을 '자기(self)'라고 정의했다.

7) 자기의 발달은 자신이 세상에서 경험하는 것을 어떻게 지각하는가를 바탕으로 하여 변화하는 역동적인 과정이라고 볼 수 있다.

8) 건강한 자기의식을 가진 사람은 자신의 경험을 자기만의 경험으로써 정확히 상징화하거나 내재화 할 수 있다.

9) OVP에 의해 지배받을 때, 자기는 일관되고 통합적이며 자기방어가 적어진다.

6) 인간중심상담에서의 상담자의 태도 (=상담 촉진관계를 유지하고 형성하는 세 가지 태도)

(1) 진솔성(congruence) = 진실성 = 일치성

① 상담자가 자신의 내적 경험을 읽고 그 내적 경험에 솔직하게 따른다.

② 상담자가 자신의 진실된 반응을 신뢰하고 그러한 감정 또는 반응을 전달하는 능력을 말한다.

③ 진실성은 관계 속에서 허위나 방어적인 태도가 없는 참된 존재가 되도록 해준다.

(2) 공감적 이해(empathic understanding)

① 내담자의 입장에서 내담자가 생각하고 느끼는 것을 이해하고 이러한 이해를 전달하는 상담자의 능력이다.

② 이 과정을 통해 상담자는 내담자가 외부로 표현한 느낌이나 사고뿐만 아니라, 내담자가 표현하지 않은 내적 느낌이나 사고까지도 이해한다.

(3) 무조건적 긍정적 존중(unconditional positive regard)

① 상담자는 내담자가 표현하는 감정이나 사고의 유형에 관계없이 내담자를 완전하게 인정하게 한다.

② 상담자가 내담자를 충분히 수용하며 내담자에 대한 순수한 관심을 전달하는 것을 의미한다.

③ 내담자가 말하고 행동하는 것에 대해 '만약 ~ 하면' 이라는 조건을 달지 않고 내담자에 대해 관심과 보살핌, 호의, 수용, 온정, 존중을 표현하는 것을 의미한다.

7) 치료목표

(1) 방어적 행동을 해제하도록 도와서 내담자가 경험에 대한 개방성을 증대시킬 수 있도록 돕는 것이다.

(2) 그 결과로 자기개념과 경험 간의 일치 정도를 높일 수 있도록 돕는 것이다.

(3) 자아실현 경향성을 성취할 수 있도록 하고 완전히 기능하는 인간이 되도록 조건을 조성하는 것이다.

(4) 치료방법이나 기법보다는, 상담자의 철학이나 태도, 그리고 상담자의 언행보다는, 상담관계를 강조한다.

8) 로저스가 주장한 완전히 기능하는 사람(fully functioning person)의 특성

완전히 기능하는 사람(fully functioning person)은 자신의 잠재력을 인식하고 능력과 자질을 발휘하여 자신에 대한 완벽한 이해와 경험을 풍부히 하는 방향으로 이동해 나가는 사람이다.

경험에의 개방성	가치의 조건에 아무런 제재를 받지 않는 상태로 자신의 감정과 태도를 자유로이 경험할 수 있다. (↔ 방어적인 삶)
실존적인 삶	경직성, 경험에 대한 의도적인 구조가 없는 삶이다. (↔ 전에 부모로부터 습득한 방식대로 삶)
유기체에 대한 신뢰	가장 만족스런 행동에 도달하는 믿을만한 수단이 자신의 유기체임을 믿는 상태이다. (↔ 유기체의 불신)
자유 의식 (행동·선택의 자유)	삶에 대한 개인적 지배를 즐기며 그것은 일시적인 생각이나 환경, 과거의 사건들에 의해 결정되는 것이 아니라 자기 자신에게 달려있다고 믿는다. (↔ 조작되는 느낌, 자유롭게 선택할 수 없음)
창조성	타인들로부터의 인정에 별 관심이 없기 때문에 자기 자신이 존재하는 모든 영역에서 창의적인 자세와 삶으로 스스로를 표현한다.(↔ 일상적이고 틀에 박힌)

로저스의 충분히 기능하는 사람 조건 5가지

암기문장 충분히 기능하는 사람은/ 실존적이고 자유 개방적인 삶으로 신뢰성이 있고 창조성이 풍부한 사람이다.

해설 1) 실존적 삶   2) 자유로운 삶   3) 경험에 대해 개방적   4) 자신에 대한 신뢰   5) 창조성

📁 **실력다지기**

인간중심 상담이론 (로저스)

1) 자기실현은 인간의 선천적이며 기본적 동기이다.
2) 내담자의 문제는 긍정적 존중의 욕구를 충족시키려는 노력으로 유기체의 자기조절인 가치화 과정에 어긋나게 가치를 조건화하는데서 비롯된다.
3) 상담자로부터 진술하고 공감적이고 무조건적 긍정적 존중을 받는다면 내담자는 변화될 수 있다.
4) 주요개념으로는 유기체, 자기, 자기실현, 주관적 경험, 가치의 조건화, 완전히 기능하는 사람(fully functioning person) 등이 있다.
5) 상담자의 중요한 특성(진솔성 = 일치성, 공감적 이해, 무조건적 긍정적 존중)

제6절 | 게슈탈트 치료(형태주의 상담이론 - 프릿츠 펄스)

1) 게슈탈트 치료(이하 형태주의 상담이론)의 개요

(1) 형태주의 상담이론은 현상학, 실존주의에 영향을 많이 받았다.

(2) 인간은 인생에서 자기 자신의 길을 찾아내고 개인적인 책임감을 받아들여야 한다.

(3) 형태주의 상담이론은 내담자로 하여금 자신이 어떻게 여기 - 지금(here and now)의 현재의 현실에서 느끼고 경험하는 것을 방해하는지를 각성(awareness)하도록 돕는 접근방법이다.

(4) 게슈탈트 치료 상담은 지나치게 사회화되어 있고 차분하며 억제되어 있는 사람들, 신경증, 공포증, 완벽주의, 무력증, 우울증 등으로 기술되는 사람들에게 가장 효과적이다.

(5) 형태주의 상담이론 학자인 프릿츠 펄스(F. Perls)의 가장 중요한 공헌은 현재를 올바르게 인식하고 충분히 경험하는 데에 초점을 둔다는 것이다.

2) 형태주의 상담이론의 8가지 인간관

(1) 인간은 통합된 부분들로 이루어진 복합물이다.

(2) 인간은 환경의 한 부분이며 환경과 분리하여서는 인간을 이해할 수 없다.

(3) 인간은 내·외적 자극에 대해 반응할 방법을 선택하며 세계에 대한 행위자이다.

(4) 인간은 모든 감각, 사고, 정서, 지각을 충분히 인식할 수 있는 잠재력을 가지고 있다.

(5) 인간은 인식력을 가지고 있기 때문에 선택할 수 있다.

(6) 인간은 자기 자신의 삶을 효과적으로 영위할 수 있는 능력을 가지고 있다.

(7) 인간은 과거와 미래를 경험할 수 없으며 현재에서만 자기 자신을 경험할 수 있다.

(8) 인간은 기본적으로 선하지도 악하지도 않다.

3) 주요개념

(1) 알아차림(= 각성, Awareness)

'알아차림'이란 개체가 자신의 유기체 욕구나 감정을 지각하여 게슈탈트로 형성하여 전경[4]으로 떠올리는 행위 또는 그러한 능력이며 알아차림은 누구에게나 자연적으로 갖추어져 있는 능력이다.

① 개체가 자신의 욕구나 감정을 지각하고 그것을 게슈탈트로 형성하여 전경으로 떠올리는 행위이다.

② 개체가 자기조정 작용을 원활히 하기 위해서는 매 순간 자신의 사고나 감정, 욕구와 감각을 명확하게 알아차리는 상태를 유지하는 것이 중요하다.

③ 접촉 경계 혼란이 개입되면 개체는 알아차림을 차단하고 게슈탈트 형성에 실패하게 된다.

---

[4] 관심의 초점이 되는 부분을 전경이라 하고 관심 밖에 놓여있는 부분을 배경이라고 한다.
   ① 사람이 대상을 지각할 때, 지각의 중심부분에 떠올려지는 부분과 뒤로 물러나는 부분이 있는데, 이 때 지각의 초점이 되는 부분이 전경이고, 관심 밖의 부분이 배경
   ② 정서적 측면에 적용하면, 어떤 상징에서 사람의 욕구와 필요의 초점이 되는 부분이 전경, 그 밖의 부분이 배경

📁 **실력다지기**

알아차림 - 접촉 주기 (cycle) : 게슈탈트의 형성과 해소

1) 개체는 배경으로부터 분명한 게슈탈트를 형성해내어 전경으로 떠올리고, 이를 환경과의 상호작용을 통해 해결하여 배경으로 사라지게 하고, 다시 새로운 게슈탈트를 형성하여 전경으로 떠올리는 순환과정을 되풀이 한다.

2) 게슈탈트가 생성되고 해소되는 반복과정을 '알아차림 - 접촉 주기'라고 부르는데, Perls는 우리의 유기체적 삶은 바로 이러한 게슈탈트의 형성과 해소의 끊임없는 반복 순환이라고 하였다.

3) '알아차림(awareness)'은 개체가 자신의 유기체적 욕구나 감정을 지각한 다음 게슈탈트로 형성하여 전경으로 떠올리는 행위를 말하며 알아차림은 누구에게나 자연적으로 갖추어져 있는 능력이다.

4) 하지만 만약 여기에 '접촉경계 혼란'이 개입한다면 개체는 자신의 알아차림을 인위적으로 차단하고, 그 결과 게슈탈트 형성에 실패할 것이다.

5) '접촉'은 전경으로 떠오른 게슈탈트를 해소하기 위해 환경과 상호작용 하는 행위를 뜻한다.

6) 에너지를 동원하여 실제로 환경과 만나는 행동으로, 게슈탈트가 형성되어 전경으로 떠올라도 이를 환경과의 접촉을 통해 완결 짓지 못하면 배경으로 사라지지 않는다.

7) 따라서 접촉은 알아차림과 함께 서로 보완적으로 적용하여 게슈탈트 형성과 해소의 순환과정을 도와주어 유기체의 성장에 이바지 한다.

8) Zinker는 '알아차림 - 접촉 주기'를 아래의 그림과 같이 <u>여섯 단계</u>로 나누어 설명했다. 먼저 ① 배경에서 ② 어떤 유기체의 욕구나 감정이 신체감각의 형태로 나타나고 ③ 이를 개체가 알아차려 게슈탈트로 형성하여 전경으로 떠올리고 ④ 이를 해소하기 위하여 에너지(흥분)를 동원하여 ⑤ 행동으로 옮기고 ⑥ 마침내 환경과의 접촉을 통해 게슈탈트를 해소한다.

① 배경	⇨	② 감각	⇨	③ 알아차림
⇧				⇩
⑥ 접촉	⇦	⑤ 행동	⇦	④ 에너지 동원

9) 그러면 그 게슈탈트는 배경으로 물러나 사라지고 개체는 휴식을 취한다.

10) 그런데 잠시 후 다시 새로운 욕구나 감정이 배경으로부터 떠올라 이 과정을 반복하는 것이다.

11) '알아차림 - 접촉 주기'는 위에서 기술한 여섯 단계의 어느 곳에서나 단절될 수 있으며, 어느 단계에서든 차단이 되면 유기체는 게슈탈트를 건강하게 완결 지을 수가 없고, 따라서 미해결 과제가 쌓이게 되어 그 결과 현실 적응에 실패하게 된다.

게슈탈트 이론에서 알아차림 접촉 주기의 순서 (암기법 배감 / 알지 / 행접)

① 배경에서 ② 어떤 유기체 욕구나 감정이 신체감각의 형태로 나타나고 ③ 이를 개체가 알아차려 게슈탈트로 형성하여 전경으로 떠올리고 ④ 이를 해소하기 위해 에너지(흥분)를 동원하여 ⑤ 행동으로 옮기고 ⑥ 마침내 환경과의 접촉을 통해 게슈탈트를 해소한다.

(2) 게슈탈트(Gestalt)

'전체', '형태', '모습' 등의 뜻을 지닌 독일어로서 게슈탈트란 '개체에 의해 자각된 자신의 행동 동기'를 뜻한다. 즉, 개체가 자신의 유기체 욕구나 감정을 하나의 의미 있는 행동동기로 조직화하여 지각한 것을 뜻한다.

① 게슈탈트란 '전체', '형태' 등을 뜻하는 말로, 여러 부분들이 연결되어 형성하는 의미 있는 전체이다.

② 개인이 자신의 욕구나 감정을 하나의 의미 있는 행동동기로 조직화하여 지각한 것이다.

(3) 접촉

전경으로 떠오른 게슈탈트 해소를 위해 현재를 있는 그대로 경험하고 환경과 상호작용하는 것이다.

(4) 미해결과제(unfinished business)

① 개체가 게슈탈트를 형성하지 못했거나 형성된 게슈탈트가 적절히 해소되지 못하여 배경으로 물러나지 못한 상태이다.

② 미해결 과제는 계속 이에 대한 해결을 요구하며 전경으로 떠오르려고 하면서 전경과 배경의 자연스런 교체를 방해하여 개체가 환경과 접촉하고 적응하는 것을 방해한다.

③ 미해결 과제를 해결할 수 있는 방법은 '지금 - 여기(here and now)'를 알아차리는 것이다.

(5) 회피

① 사람은 미해결 과제 및 그것과 관련된 불편한 감정을 직면하지 못하고 회피하려는 경향이 있다.

② 이러한 회피 경향 때문에 자신의 문제를 해결하지 못하고 이러지도 못하고 저러지도 못하는 상황에 빠지게 된다.

(6) 한의 장벽

① 불편 때문에 개인들이 위협적인 감정들의 경험을 회피하는 지점이며 극도의 무력감과 아무 것도 아니라는 느낌을 자주 경험한다.

② 고통스러운 감정을 변화시키려 하지 않고 이를 피하려고 하면서 그에 대해 생각할 수도 없게 되어 성장의 가능성을 가로막는 것이 한의 장벽이다.

> **예** "내가 실은 온순한 것이 아니라, 단지 그렇게 믿고 있을 뿐이었다는 것을, 남들 앞에서 그렇게 보이려고 하는 것뿐이었다는 것을 깨달아도 세상을 살아가려면 어쩔 수 없어, 그래도 난 그렇게 살 수밖에 없어."라고 생각하는 경우

(7) 에너지와 에너지 차단

① 형태주의 상담에서는 에너지가 어디에 있고 어떻게 사용되고 있는지 그리고 어떻게 차단될 수 있는지에 대해 특별한 주의를 기울인다.

② 내담자가 에너지를 차단하는 방식을 알게 하며 차단된 에너지를 적응적으로 전환하게 도와준다.

4) 접촉을 방해하는 것

(1) 내사(내면화, 투입, introjection)

개체가 환경과의 접촉을 통하여 자신에게 필요한 것을 외부로부터 받아들일 때 무비판적으로 받아들여서 자신의 것으로 동화시키지 못한 채 남아있으면서 개체의 행동이나 사고방식에 악영향을 미치는 타인의 행동방식이나 가치관이다.

사례
자신이 스스로 "얌전해라. 착하게 굴어라. 부모님께 순종해라. 얕보이지 마라. 여자는 조신해야 한다." 등의 생각을 하는 경우

(2) 투사(projection)

개체가 자신의 생각이나 욕구, 감정 등을 타인의 것으로 지각하는 현상으로 개체가 자신의 욕구나 감정을 자신의 것으로 자각하고 접촉하는 것을 두려워한 나머지 그것에 대한 책임 소재를 타인에게 돌리면서 책임을 회피한다.

사례
조카의 응석부림이 너무 싫다 → 응석부리고 싶은 자신의 욕구가 투사되어 이를 싫게 여기게 되는 경우

(3) 융합(confluence)

① 밀접한 관계에 있는 두 사람이 서로 간에 차이점이 없다고 느끼도록 합의함으로써 발생하게 되며 공허감과 고독을 피하기 위해 시작되고 유지된다.
② 서로 지극히 위해주고 보살펴주는 것처럼 보이지만, 내적으로는 서로 독립적으로 행동 못하고 의존 관계에 빠진 경우

(4) 반전

① 개체가 다른 사람이나 환경에 하고 싶은 행동을 자기 자신에게 하는 것 또는 타인이 자기에게 해 주기를 바라는 행동을 스스로 자기 자신에게 하는 것이다.

사례
타인에게 화를 내는 대신에 자기 자신에게 화를 내는 경우, 타인에게 위로받는 대신에 스스로 자기 위로를 하는 경우

② 환경이 용납하지 않은 행동을 하지 않으면서 자신이 처벌이나 불이익을 받지 않으려는 것이다.
③ 대상이 자기 자신이기는 하지만, 반전행동을 통하여 부분적으로 욕구나 충동을 해소한다.

(5) 편향(deflection)

① 감당하기 힘든 내적 갈등이나 환경 자극에 노출될 때 이에 압도당하지 않으려고 자신의 감각을 둔화시켜서 환경과의 접촉을 피하거나 약화시키는 것이다.

② 이 때 개체는 환경과의 접촉에서 사용되어야 할 에너지를 철회함으로써 접촉을 피한다.

> **사례**
> 감정을 직접 표현하지 않고 빙빙 돌리거나 간접적으로 표현하는 경우

> 📁 **실력다지기**
>
> **개인이 경험하는 문제의 6가지 종류**
> 1) 인식의 결여 　　　　　　　2) 자기 책임성의 결여
> 3) 환경과의 접촉 상실 　　　　4) 게슈탈트를 완성하지 못하는 것
> 5) 욕구를 소유하지 못하는 것 　6) 자기를 양분하는 것

5) 상담의 목표

(1) 기본적인 목표는 참여자들로 하여금 자신의 인식에 대한 책임능력을 어떻게 회피하고 있는지를 인식시키고 외적인 지지보다도 내적인 지지를 찾도록 격려하는 것이다.

(2) 이러한 인식을 통하여 내담자들은 단절되었던 자신의 부분을 인지하고 재통합하여 전체적으로 된다.

(3) 개인들로 하여금 성숙하고 성장하도록 돕는 것이며 상담 목표는 통합[5](integration)의 성취라는 목표가 함축되어 있다.

> 📁 **실력다지기**
>
> **게슈탈트 상담의 목표**
> 1) 증상의 완화나 제거가 아니라, 개인의 성장을 방해하는 장애물을 제거해 개인의 성장을 돕기
> 2) 내담자의 감정, 지각, 사고, 신체가 모두 하나의 전체로서 통합된 기능을 발휘할 수 있게 돕기
> 3) 현재의 경험을 더 명료하게 하며 자각을 증진시켜 내담자가 지금-여기의 삶을 살게 돕기
> 4) 외부환경에 의존하던 내담자가 자기에게 방향을 돌려 자기의 책임을 받아들여 성숙하게 돕기
> 5) 자신의 욕구와 감정을 분명히 알아차리고 수용하며 환경과의 접촉을 통해 해소하게 돕기
> 6) 내담자의 알아차림을 증진시키기 위해 상담자는 자신의 감각을 최대한 활용해 내담자의 신체 행동이나 표정 등의 비언어적인 표현과 변화를 관찰하며 이 때 언어적 표현과 비언어적 표현의 불일치에 주의한다.

---

5) 통합이란 개인의 느낌, 지각, 사고 및 신체과정이 더 큰 전체의 부분임을 의미한다.

6) 상담자의 역할

(1) 관심과 감동의 능력

상담자는 내담자의 존재와 그의 삶의 이야기에 대해 진지한 흥미와 관심을 보일 수 있어야 하며 내담자의 이야기에 감동할 수 있는 능력이 있어야 한다.

(2) 존재 허용적인 태도

상담자는 내담자 스스로 자신의 삶을 살도록 허용해 주어 내담자의 존재를 허용하는 마음을 가져야 한다.

(3) 현상학적 태도

모든 치료행위에서 상담자는 내담자로 하여금 스스로 문제를 발견하게 하고 탐색과 실험을 통하여 스스로 문제를 해결해나가도록 도와주어야 한다.

(4) 창조적 대응

상담자는 위의 현상학적 태도에 따라 내담자의 현상을 따라가기는 하지만 내담자의 문제에 함께 빠져서는 안 되며 내담자가 갖고 있는 고정된 시각에 대안을 제시해 줄 수 있어야 한다.

7) 상담의 과정

(1) 형태주의 상담은 능동적이고 직접적인 경험에 관심을 가지고 시작한다.
(2) 상담자가 중심이 되어 상담활동을 정한다.
(3) 언제나 현재를 중심으로 각성시키는 것을 중요한 상담목표로 정한다.

> **자기 각성과 환경접촉 각성**
>
> 자기 각성은 신체구조와 그 작용을 감각과 느낌, 사고와 환상을 통하여 깨닫게 하는 것이며 환경 접촉 각성은 주위 환경과 접촉하고 있는 실제 상황에 대해 각성을 하는 것이다.

(4) 상담과정은 형태의 생성(= 형성)과 소멸(= 해소)을 방해하는 요인을 제거하는 모든 과정이 포함된다.

8) 상담 기법

(1) 욕구와 감정 자각

지금 여기에서 체험되는 욕구와 감정을 알아차리게 하는 경우이다.
예 "지금 어떤 느낌이시죠?", "지금 당신이 원하시는 것이 무엇입니까?"

(2) 환경 자각

① 주위 사물과 환경에 대해 자각하도록 해줌으로써 환경과의 접촉을 증진한다.

② 환경 자각은 내담자들의 공상과 현실에 대한 분별을 높여준다.

> 예 "지금 무엇이 보입니까?", "방안에 전에 없던 새로운 것들이 있습니까?"

(3) 언어 자각

① 말에서 행동의 책임 소재가 불명확한 경우 자신의 감정과 동기에 책임을 지는 문장으로 말하는 것이다.

② '나는' 이라는 말 대신 '그 사람이'라고 말하면, '나는'으로 바꿔 말하게 하기

(4) 신체 자각

① 보기, 듣기, 만지기, 맛보기, 냄새 맡기, 목소리 내기 등의 감각작용을 통해 환경과의 접촉을 증진한다.

② 정신작용과 신체작용은 서로 불가분의 관계에 있기 때문에 신체감각에 대해 자각하도록 함으로써 자신의 감정이나 욕구, 무의식적인 생각을 자각하게 한다.

> 예 "당신의 호흡을 자각해 보세요.", "당신의 신체감각을 한번 느껴보세요."

(5) 언어 연습

① 게슈탈트 치료에서는 언어를 사용하는 양상과 성격 간의 관계를 강조한다.

② 언어를 사용하는 양상은 개인의 느낌, 사고, 태도를 표현하며 이에 초점을 맞추게 되면 자기 인식을 증가시킬 수 있다.

> 예 인칭대명사의 사용, "나는 ~ 에 대해 책임을 집니다."

(6) 대화 실험

① 공상 대화를 통해 내담자로 하여금 내적인 분할을 인식하게 하고 궁극적으로는 성격 통합을 촉진시키고자 하는 것이다.

② 내담자로 하여금 자신이 거부해 왔던 감정이 바로 자신의 실제적인 일부분임을 깨닫게 함으로써 내담자가 이러한 자신의 일부분에서 떨어져 나가지 않도록 해준다.

(7) 투사놀이

① 어떤 내담자는 자신의 감정이나 동기를 부인하고 그러한 것을 다른 사람에게 돌리는데 너무 많은 에너지를 소비한다.

② 이처럼 내담자가 <u>무엇인가를 다른 사람에게 투사하고 있을 때 상담자는 내담자에게 그 사람의 역할을 해 보라고 요청할 수 있다.</u>

(8) 과장실험

① 게슈탈트 치료의 목표 중 하나는 내담자로 하여금 자신이 신체언어를 통해 보내고 있는 미묘한 신호와 단서를 좀 더 잘 인식하게 하려는 것이다.

②상담자는 어떤 특정한 행동과 관련된 느낌을 좀 더 강렬하게 경험하고 그 행동의 내적인 의미를 좀 더 잘 인식하게 하기 위해서 내담자에게 어떤 움직임이나 몸짓을 과장하도록 요청한다.

③감정을 체험하지만, 그 정도와 깊이가 약해서 감정이 명확하지 않으면 내담자의 행동이나 언어를 과장되게 표현하게 해서 감정 자각에 도움을 준다.

(9) 꿈 작업 – 주의할 것은 [꿈의 해석]은 정신분석적 기법이므로 구분하여야 함

게슈탈트 치료에서는 정신분석에서처럼 꿈을 해석하고 분석하지 않는다. 그 대신에 꿈을 현실화하고 재현시켜서 마치 지금 일어나고 있는 것처럼 꿈을 다시 체험하게 한다. 상담자는 내담자에게 자신의 꿈을 현재 시제로 재현하고 행동화하여 꿈의 중요한 요소들을 대화로 변형시키고 꿈의 일부분이 되도록 권한다.

①게슈탈트 치료에서는 꿈을 내담자의 욕구나 충동 혹은 감정이 외부로 투사된 것으로 보며 꿈에 등장하는 사람, 나무, 집 등 모든 것은 우리 자신의 투사물로 간주한다.

②이렇게 투사된 것들을 다시 찾는 방법은 꿈의 각 부분들과 동일시 해보는 것이다.

③살인자에게 쫓기는 꿈을 꾸면 살인자 역할을 해보도록 해서 공격적 욕구와 접촉하게 한다.

(10) 반대로 하기(역전기법)

평소 행동과 반대되는 행동을 해보도록 요구함으로써 내담자가 억압하고 통제해 온 자신의 다른 측면을 접촉하고 통합할 수 있도록 돕는 것이다.

(11) 머물러 있기

①자신의 미해결 감정들을 회피하지 않고 직면하여 견뎌냄으로써 이를 해소하도록 도와주는 기법이다.

②막힌 에너지가 발견되면 내담자로 하여금 거기에 머무름으로써 그 에너지와 접촉하도록 해 준다.

(12) 빈 의자 기법

치료 장면에 없는 사람과 상호작용을 할 필요가 있을 때 내담자로 하여금 그 인물이 맞은 편의 빈 의자에 앉아 있다고 상상하고 대화하는 방법이다.

(13) 자기 부분들 간의 대화(상전과 하인)

①내담자가 갈등을 느끼는 자기 부분들 간에 대화를 하게 해서 서로의 입장을 분명히 드러나게 하고 성격의 대립되는 부분들을 통합하게 하는 기법이다.

②대표적 기법은 상전과 하인의 대립이며 이는 두 가지 상반된 감정과 생각의 통합을 촉진하는 기법이다.

　예 애인이 아닌 다른 이성과 데이트를 할까 말까? → 데이트하려는 마음과 안 된다는 마음의 대화의 경우

게슈탈트 상담기법

1) 과장하기 - 자기 감정이나 욕구에 대한 내담자 이해 촉진

   (1) 게슈탈트 치료의 목표 중 하나는 내담자로 하여금 자신이 신체언어를 통해 보내고 있는 미묘한 신호와 단서를 좀 더 잘 인식하게 하려는 것이다.

   (2) 상담자는 어떤 특정한 행동과 관련된 느낌을 좀 더 강렬하게 경험하고 그 행동의 내적인 의미를 좀 더 잘 인식하게 하기 위해서 내담자에게 어떤 움직임이나 몸짓을 과장하도록 요청한다.

   (3) 감정을 체험하지만, 그 정도와 깊이가 약해서 감정이 명확하지 않으면 내담자의 행동이나 언어를 과장되게 표현하게 해서 감정 자각에 도움을 준다.

2) 꿈 작업 - 억압하거나 회피했던 충동과의 접촉 및 통합

   (1) 게슈탈트 치료에서는 정신분석에서처럼 꿈을 해석하고 분석하지 않는다. 그 대신에 꿈을 현실화하고 재현시켜서 마치 지금 일어나고 있는 것처럼 꿈을 다시 체험하게 한다. 상담자는 내담자에게 자신의 꿈을 현재 시제로 재현하고 행동화하여 꿈의 중요한 요소들을 대화로 변형시키고 꿈의 일부분이 되 도록 권한다.

   (2) 게슈탈트 치료에서는 꿈을 내담자의 욕구나 충동 혹은 감정이 외부로 투사된 것으로 보며 꿈에 등장하는 사람, 나무, 집 등 모든 것은 우리 자신의 투사물로 간주한다.

   (3) 이렇게 투사된 것들을 다시 찾는 방법은 꿈의 각 부분들과 동일시 해보는 것이다.

   (4) 살인자에게 쫓기는 꿈을 꾸면 살인자 역할을 해 보도록 해서 공격적 욕구와 접촉하게 한다.

3) 실험하기 - 문제 명료화와 새로운 해결책 모색 촉진

   (1) 게슈탈트 치료의 핵심적인 기법이며 가장 많이 사용되는 형태이다.

   (2) 치료자가 내담자의 문제를 명료화해주고, 자각을 증진시켜주는 동시에 또한 치료적 작업을 원활하게 하기 위해 내담자에게 특정한 장면을 연출하거나 시행해보도록 제안하는 것을 뜻한다.

   (3) 치료자는 실험을 창안할 때 내담자에게 최대한의 자유스런 분위기를 제공해 주어 내담자로 하여금 마음껏 새로운 행동을 실험해보고 선택할 수 있도록 해주어야 한다.

4) 빈 의자 기법 - 내면에 억압된 자기와의 접촉

   치료 장면에 없는 사람과 상호작용을 할 필요가 있을 때 내담자로 하여금 그 인물이 맞은 편의 빈 의자에 앉아 있다고 상상하고 대화하는 방법이다.

5) 자기자각 기법 중 환경 자각 : 명확하고 생생한 내담자 환경 자각

   (1) 주위 사물과 환경에 대해 자각하도록 해줌으로써 환경과의 접촉을 증진한다.

   (2) 환경 자각은 내담자들의 공상과 현실에 대한 분별을 높여준다.

   (3) 사례 : "지금 무엇이 보입니까?", "방안에 전에 없던 새로운 것들이 있습니까?"

📁 기출문제 확인학습

게슈탈트에서 강조하는 신경증 층

1) 사이비층 (피상층)

사람들이 형식적이고 의례적인 규범에 따라 피상적으로 만나는 단계로, 자신을 깊이 노출시키지 않아 진정한 변화는 일어나지 않는다.

2) 공포층 (연기층)

개체가 자신의 고유한 모습으로 살아가지 않고 부모나 주위 환경의 기대 역할에 따라 행동하며 살아가는 단계로, 모범생, 지도자, 구세주 역할 등이 있고, 자신의 실체를 드러내면 타인이 거부할 것이라는 비현실적 공포를 가지고 있다.

3) 난국층 (교착층, 막다른 골목)

지금까지의 역할연기를 그만두고 자립을 시도하지만 동시에 심한 허탈감과 공포를 체험하며 이를 지나면 새로운 돌파구가 열린다.

4) 내부 파열층 (내파층)

이 단계에 내담자는 자신이 억압하고 차단해왔던 욕구와 감정을 알아차리게 되고, 오래 차단해왔던 파괴적 에너지를 외부로 발산하면 타인과의 관계가 악화될 것이라는 두려움으로 자신 내부로 향하는 반전행동을 많이 보인다.

5) 폭발층 (외파층)

이 단계에 오면 개체는 자신의 감정이나 욕구를 더 이상 억압하거나 차단하지 않고 직접 외부 대상에게 표현하며 미해결과제도 전경으로 떠올려 완결 짓는다. 마침내 정신과 신체의 총체적 통합을 체험하기도 한다.

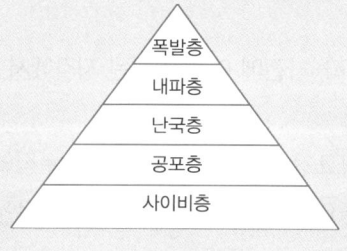

[성장에 이르는 5가지 층]

📁 실력다지기

펄스(Perls)의 형태주의 상담 (게슈탈트 치료)

1) 인간은 현상학적이며 실존적 존재이다.
2) 인간은 완성을 추구하는 경향이 있으며 자신의 현재의 욕구에 따라 게슈탈트를 완성한다.
3) 인간은 전경과 배경의 원리에 따라 세상을 경험하고 이러한 인간의 행동은 행동이 일어난 상황과 관련해서 의미 있게 이해할 수 있다.
4) 내담자로 하여금 그의 오감을 통해 현재 그가 경험하는 것을 자각하도록 하고 민감한 자각을 통해 게슈탈트의 순환을 원활히 하도록 하는 것이 중요하다.
5) 내담자로 하여금 둘로 나누어진 상반된 자기 간의 끊임없는 게임을 끝마치고 자신을 통합하도록 함
6) "전체는 부분의 합보다 크다."
7) 접촉, 지금-여기, 자각과 책임감, 미해결 과제와 회피
8) 접촉경계 장애(내사, 투사, 반전, 편향, 합류 = 융합)
9) 언어표현 바꾸기(책임감 주는 단어 사용)

제7절 | 합리정서행동치료(엘리스, 인지적-정서적 상담이론 중 하나)

인지적-정서적 상담은 자기 파괴적, 비합리적인 신념을 줄이고 현실적, 이성적, 생산적, 합리적 삶을 살아가게 도와주는 데 목적이 있으며 상담자와 내담자의 인간적 친밀함이 필수적인 것은 아니며 상담자는 교사와 같은 역할을 한다. 내담자는 자신의 문제에 대한 통찰력을 얻고, 자아-패배적인 행동을 변화시키는데 능동적으로 행동해야 한다. 인지적-정서적 상담의 대표적인 학자는 앨버트 엘리스와 아론 벡이 있다.

1) 인간관

합리적 정서행동치료(REBT)에서 인간은 선천적으로, 합리적으로 될 잠재성과 함께 비합리적으로 될 잠재성도 가지고 태어난다고 본다.

2) 특징

  (1) 인간의 인지나 생각이 심리장애의 주요 근원의 하나라는 개념에서 출발한다.

  (2) 인간의 사고과정을 수정·변화시킴으로써 정서적·행동적 장애를 없애는 접근방법이다.

  (3) 인간행동에 대한 과거 사건의 영향력보다는 현재에 초점을 둔다.

  (4) 엘리스는 상담이 내담자의 행동을 의도적으로 변화시킨다는 관점에서 상담을 교육방법으로 파악하였다.

3) 기본 가정

  (1) 정서장애는 생활사건 자체가 아니라, 사건에 대한 왜곡된 지각에서 비롯되며 이것의 뿌리에는 비합리적이고 자기지배적인 신념들이 깔려있다.

     ☞ 치료는 비합리적 신념을 합리적이고 생산적인 것으로 대치하는 작업이다.

  (2) 비합리적 사고를 유발하는 원인은 다양하며 유전적이거나 환경적인 것을 포함한 다양한 요인들이 비합리적 사고와 정신병리를 일으키는 원인이다.

  (3) 인간은 스트레스에 대처하기 위해 스스로 다짐하는 자기 독백(self-talk)을 배우게 되며 이것이 비합리적이고 패배적이면 당면한 문제를 더 복잡하고 어렵게 만든다.

  (4) 비합리적인 신념이나 자기 독백은 평소에 반복해서 학습된 것이며 이는 거의 자동적, 확산적으로 나타난다.

  (5) 자기 패배로 이끄는 비합리적 신념의 예

     ① 주위의 모든 사람들로부터 반드시 사랑과 인정을 받아야만 한다.

     ② 가치 있다고 여겨지기 위해서는 완벽할 만큼 유능하고, 적절하며, 성취적이어야만 한다.

     ③ 과거의 경험이나 사건은 현재의 행동을 결정하고 사람은 과거의 영향에서 결코 벗어날 수 없다.

4) 주요 개념

자기 독백 (self-talk)	모든 정서적 문제의 주요 원인이 그 상황에 대해 스스로 말하는 자기 독백(self-talk)에 달려 있다고 전제하고 자기 독백이라는 자체가 비합리적인 신념에 의해서 이루어졌을 때 문제가 될 수 있다.
합리적 신념	합리적 신념은 행동을 합리적이고 효과적으로 통제하는 것으로서, 다른 사람과의 불필요한 갈등을 피하고 편안한 감정을 느낄 수 있도록 하는 신념이다.
비합리적 신념	① 안정된 삶을 방해하고 정서적·사회적 문제를 야기하는 비합리적 요소이다. ② 항상 남으로부터 사랑과 인정을 받아야 하고 자신은 언제나 성공적이어야 한다는 당위적 사고는 비합리적 신념 중 하나이다. ③ 당위적 사고는 must의 개념으로 "~ 해야 한다.", "결코 ~ 할 수 없다." 등이 여기에 해당한다.
성격 형성	인간은 어떤 사건이 일어나면 자동적으로 익숙한 자기 독백(self-talk)을 보이게 되고 이것이 반복되면서 태도, 가치, 신념을 형성하게 되어 자아개념에 영향을 주고 전반적인 감정과 행동을 결정하게 되는 것이 성격이다.

5) 치료 절차 - 비합리적 신념을 먼저 규명한 후, 이를 보다 합리적인 생각으로 바꾸는 것이 중요하다.

(1) 절차

① REBT의 기본철학 및 논리를 내담자가 믿도록 하는 설명과 설득이 필요하다.

② 면접과정에서 내담자의 자기관찰 및 치료자의 반응을 통해 비합리적 신념을 규명한다.

③ 상담자는 내담자의 비합리적 신념을 직접적으로 논박하고 문제 / 좌절 장면에 대한 합리적 해석을 예시 또는 시범을 보인다.

④ 비합리적 신념을 합리적 자기 독백으로 대치시키기 위한 인지적 연습의 반복이 요구된다.

⑤ 합리적 행동 반응을 개발·촉진하기 위한 행동과제의 연습이 필요하다.

(2) ABCDE 모형

① A (Antecedents) : 내담자가 노출되었던 문제 장면 또는 선행사건

② B (Belief system) : 문제 장면에 대한 내담자의 관점 또는 신념

③ C (Consequences) : 선행사건 때문에 생겨났다고 내담자가 보고하는 정서적·행동적 결과

④ D (Dispute) : 비합리적 신념에 대한 상담자의 논박

⑤ E (Effect) : 내담자의 비합리적 신념을 직면 또는 논박한 효과

ㄱ. 내담자를 정서적으로 곤란하게 하는 것(C)은 선행사건(A)이 아니고 말로 표현되는 내담자의 신념(B)이다.

ㄴ. 내담자 개인을 논박하는 것이 아니고 내담자의 비합리적 신념이 직접적인 공격의 대상임을 강조하여야 한다.

ㄷ. 논박의 특성 : 논리성, 현실성, 실용성, 융통성, 파급효과

특징	합리적 신념	비합리적 신념
논리적 일치성	논리 모순이 없이 일치한다.	논리 모순으로 불일치한다.
현실적 실현가능성	현실적으로 실현가능하다	현실적으로 실현 불가능하다
목적달성의 효율성	원하는 목적을 달성하기에 효율적이다	원하는 목적을 달성하기에 방해가 된다.
사고의 융통성	생각이 융통성이 있으며, 경직되어 있지 않다	생각이 극단적, 파국적, 당위적이며, 경직되어 있다.
정서, 행동 파급효과	적절한 정서, 행동을 유발한다.	부적응적인 정서, 행동을 유발한다.
기능적 유용성(실용성)	실제적인 이득이 있다.	실용적이지 못하다.

📁 실력다지기

인지적 – 정서적 상담 (합리적 정서행동치료)

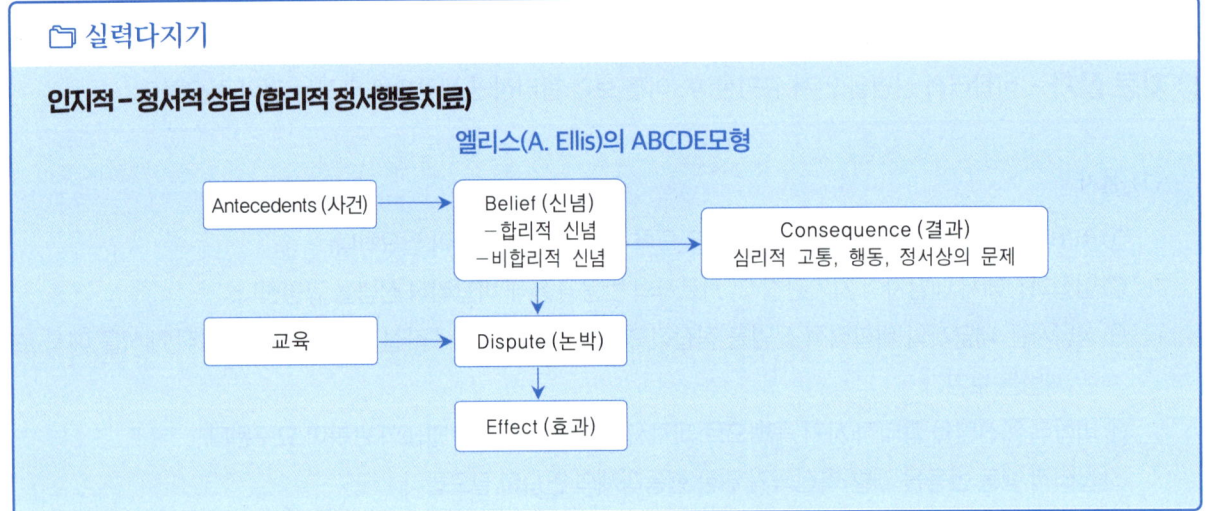

6) 상담 목표

문제행동의 제거보다는 문제행동의 원인이 되는 자기패배적 신념과 비합리적 신념을 극소화시켜서 현실적이고 융통성 있고 합리적인 가치관을 가지게 하는 것이다.

7) 상담 방법

(1) 치료는 내담자가 비합리적이고 부적절한 자기 독백(self-talk)을 인식하게 하고 보다 합리적이고 긍정적인 자기 독백(self-talk)으로 대체하도록 돕는 것이다. 다시 말해서 비합리적인 신념을 합리적인 신념으로 그리고 부정적인 자기 독백(self-talk)을 긍정적인 자기 독백(self-talk)으로 바꾸어 주는 것이다.

(2) 상담 기법에는 교수, 독서, 과제 등의 다양한 방법이 있는데 크게 인지적 기법, 정서적 기법, 행동적 기법이 있다.

(3) 인지적 기법은 내담자에게 비합리적 신념으로 인해 정서적 장애가 야기됨을 가르치고 내담자의 비합리적 사고가 비합리적인 이유와 근거를 교육하여 비합리적 사고를 논의하여 합리적 사고로 대치시켜 정신건강을 유지할 수 있도록 철학적 교육을 하는 방법이다.

(4) 정서적 기법은 내담자가 스스로를 정직하게 표현하도록 하고 자신의 부정적 경험을 인정하며 정서적 모험을 경험하게 하여 정서적으로 개방되도록 조력한다.

(5) 행동적 기법은 다양한 행동 기법을 활용하여 실제 생활 속에서 인지적, 행동적 과제를 이행하도록 하여 구체적이고 확고한 행동을 형성하도록 한다.

📁 **실력다지기**

합리적 정서행동치료 (REBT, Ellis)

1) 인간은 합리적 사고와 비합리적 사고의 잠재성을 가지고 태어난다.

2) 내담자의 문제는 일어난 사건이 아니라, 그의 비합리적 신념에서 비롯된다.

3) 인간은 불완전한 존재이며 당위적으로 기대하고 요구하는 생각이나 신념이 문제이다.

4) 내담자가 느끼는 정서적 장애를 해결하기 위해 냉정한 이성에 입각한 논박을 통해 이러한 비합리적 신념을 합리적 신념으로 바꾸어야 한다.

5) ABCDE 치료적 접근, 다양한 인지·정서·행동적 기법들

📁 **기출문제 확인학습**

합리적 정서행동치료에서 강조하는 비합리적 신념 사례

1) 모든 사람으로부터 사랑과 인정을 받아야 한다.

2) 가치 있는 사람이 되려면 완벽하게 일을 잘해야 한다.

3) 사악한 사람은 반드시 처벌을 받아야 한다.

4) 모든 문제에는 반드시 해결책이 있으며, 이를 찾지 못하는 것은 끔찍한 일이다.

5) 비합리적 신념은 안정된 삶을 방해하고 정서적·사회적 문제를 야기하는 비합리적 요소이며 항상 남으로부터 사랑과 인정을 받아야 하고 자신은 언제나 성공적이어야 한다는 당위적 사고는 비합리적 신념 중 하나이다.

6) 당위적 사고는 must의 개념으로 "~ 해야 한다.", "결코 ~ 할 수 없다." 등이 여기에 해당한다.

빈틈 메우기: 인지 – 정서적 상담의 기법

빈틈 메우기 기법은 스트레스 사건과 그 결과 경험하는 정서적 혼란 사이의 빈틈을 채우는 방법

📧 사람을 만났을 때 화가 나는 정서적 혼란을 경험했다면 '사람을 만났을 때 어떤 생각이 스쳐갔나요?', '그때 머리에 떠오른 생각은?'

제8절 | 인지치료(아론 벡, 인지적 - 정서적 상담이론 중 하나)

인지치료는 개인이 가지고 있는 자신과 세계에 대한 지각이 정서적·행동적 문제를 초래한다는 전제하에 인지적 왜곡을 수정하여 정서, 행동상의 문제를 해결하고자 하는 매우 적극적이고 직접적이며 시간 제한적이고 구조화된 접근방법이다. 사람들이 필요로 하는 바를 충족시키지 못하면 상호 동의나 민주적 절차를 통해 변경시킬 수 있다고 본다.

1) 이론적 근거

(1) 인간은 자기의 심리장애를 이해·해결할 수 있는 자각능력과 의식기능을 가진다고 본다.

(2) 우울증 환자 연구에 활용되며 자신과 자신의 미래, 환경(세상)에 대해 비현실적·비관적 생각을 가지고 있음을 발견한다.

📁 기출문제 확인학습

인지치료[6]

인지치료(1964년)는 전통적인 비지시적이고 통찰- 지향적인 정신치료의 대안으로 발전하여 왔다. 인지치료와 행동치료 역시 다양하기는 하지만, 이들 치료는 몇 가지의 실용적이고 이론적인 가정들을 공유한다.

1) 정신 교육적(심리 교육적 모델)인 면을 강조한다.

   즉, 내담자들이 지닌 문제의 본질을 알려주고, 치료 전략의 합리적 근거를 설명하여 준다.

2) 내담자들이 치료시간 외에도 치료적인 방법들을 실습할 수 있도록 과제를 할당한다.

3) 정신장애의 객관적 평가를 치료의 일부로 적용시킨다.

4) 치료방법이 일반적으로 구조화되어 있고, 지시적이며, 치료자의 활동을 많이 요한다.

5) 시간-제한적인 치료이다.

6) 치료 기법의 선택과 이론적 근거가 경험적으로 타당한 증거들 위에서 행하여진다는 것이다. 특히, 학습이론과 인지심리학의 원칙들이 인지행동치료의 근간을 이루고 있다. → 협동적 경험주의 관점

---

2) 특징

(1) 엘리스와는 달리 탐색적인 접근을 지향한다.

(2) 인지적 오류(= 인지적 왜곡)를 문제의 원인으로 파악한다.

📁 실력다지기

합리적 정서행동치료(REBT)와 인지치료(CT) 차이

1) 합리적 정서행동치료(REBT) 비합리적 신념에서 경직된 당위성과 평가적 신념을 문제시하며 판단적, 자기 파괴적 결론에 이른다.

2) 인지치료(CT) 당위성이나 평가적 신념보다 개인의 정보처리 과정에서 나타나는 오류가 심각하다고 파악한다.

---

6)   최영희, 인제의대 서울백병원

3) 주요 개념

(1) 도식

자신의 인지구조에 따라 특정 자극에만 선택적으로 주의를 기울여 반응하게 되는 인지구조이다.

(2) 자동적 사고

① 생활 속의 사소한 자극에 의해 매우 자동적으로 생성되는 사고이다.

② 한 개인이 어떤 상황에 대해 반응하여 떠 올리는 자동화된 사고로서 자동적 사고는 부정적일 수도, 긍정적일 수도 있다.

例 개를 보고 귀엽다고 쓰다듬는 사람을 볼 때마다 '더러워' 라는 생각이 들고 움찔하는 경우

(3) 인지적 오류의 유형 생활사건의 의미를 해석하는 과정에서 나타나는 추론 과정의 체계적 오류
암기법 이극과임개선파)

① 전부 아니면 전무의 사고(이분법적 사고)

생활 사건의 의미를 '이것 아니면 저것'이라는 식의 이분법적 범주로 나누어 둘 중의 하나로 생각하는 오류이다.

例 '완벽하게 성공하지 못하면 실패한 것이다.', '나를 좋아하지 않으면 싫어하는 것이다.'

② 과잉일반화

한두 번의 사건에 근거하여 일반적인 결론을 내리고 무관한 상황에도 그 결론을 적용하는 오류이다.

例 한두 번 시험에 떨어진 사람이 '나는 어떤 시험을 치든지 나의 노력이나 상황과는 상관없이 실패할 것이 뻔하다.'라고 일반화하여 생각하는 경우

③ 의미 확대와 의미 축소(극대화와 극소화)

어떤 사건의 의미나 중요성을 실제보다 지나치게 확대하거나 축소하는 오류이다.

例 불쾌한 감정을 자주 느끼는 사람은 자신의 단점이나 약점을 매우 중요한 것으로 확대해서 해석하여 심하게 걱정하면서, 장점이나 강점은 별 것 아닌 것으로 과소평가하는 경우

④ 정신적 여과 또는 선택적 추상화

어떤 상황에서 일어난 여러 가지 일 중에서 일부만을 뽑아 상황 전체를 판단하는 오류이다.

例 어떤 교수가 자신의 강의를 열심히 듣는 대다수의 학생보다, 졸고 있는 서너 명의 학생에 근거하여 '내 강의가 재미없나 보다, 나는 강의를 잘 못한다.'하고 결론 내리는 경우

⑤ 개인화

자신과 무관한 사건을 자신과 관련된 것으로 잘못 해석하는 것으로, 다른 사람의 행동에 대한 좀 더 타당한 설명을 고려하지 않고 자신이나 어떤 사람 때문에 다른 사람이 부정적으로 행동한다고 믿는 오류이다.

例 화장실에 갔다가 사무실로 들어오는데 동료들이 웃고 있는 모습을 보고서, '나에 대해 무엇인가 이야기하고 있었던 것 아냐?'라고 생각하는 경우

⑥ 재앙화(파국화)

미래에 대하여 좀 더 현실적인 다른 고려도 없이 부정적으로 예상하는 경우

예 화를 잘 내지 못하고 억누르는 사람들 중에는 '내가 한번 화를 내면 폭발하고 말거고, 그렇게 되면 난 전혀 제어하지 못하고 끔찍한 일이 일어나고 말거야.'라고 생각하는 경우

⑦ 임의적 추론

충분한 근거도 없이 막연히 느껴지는 감정에 근거하여 결론을 내리는 오류이다.

예 '내가 그렇게 느껴지는 것을 보니, 사실임에 틀림없다.', '불길한 느낌이 들어 일이 잘못된 게 틀림없어.'라고 생각하는 경우

📂 **기출문제 확인학습**

인지적 오류 암기법

1) 내담자가 두 번째 회기에 오지 않을 경우, 첫 회기에서 내가 뭘 잘못했기 때문이라고 강하게 믿는 것 - 개인화 (문제 원인을 자신 탓으로 여김)

2) 많은 사람들 앞에서 강의 후, 대다수의 긍정적인 반응보다 소수의 부정적인 반응에만 초점을 맞춰 강의가 실패했다고 단정하는 것 - 선택적 추론(일부만을 선택하여 부적절하게 추론함)

3) 남자 친구가 바쁜 일로 연락을 못하면 나를 멀리하려 한다고 결론 내리고 이별을 준비하는 것 - 임의적 추론 (충분하지 않은 근거로 자신이 마음대로 추론하는 것)

4) 한두 번의 실연당한 경험으로 누구로부터도 항상 실연을 당할 것이라고 생각하는 것 - 과잉일반화(한두 가지 사건에 의해 부적절하게 적용함)

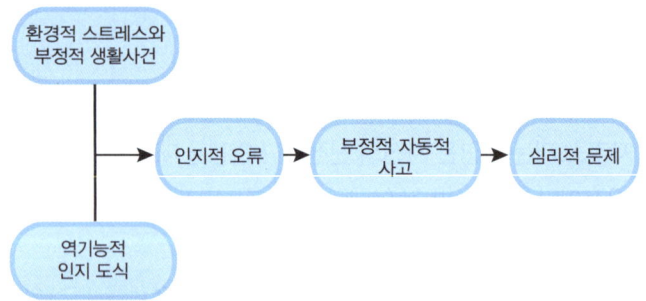

인지 치료 이론에 따른 심리적 문제의 발생 과정 (이장호 외, 상담심리학, 재인용)

4) 인지치료의 목표와 방법

(1) 인지치료의 목표는 내담자가 보다 건설적이고 목표 지향적인 활동에 참여하면서 자신의 능력에 대한 부정적이고 역기능적 사고를 변화시키는 것이다.

(2) 치료 초기에는 비교적 인식되기 쉬운 부정적 자동적 사고에 초점을 두어 스스로 이러한 자동적 사고를 식별하고 평가하여 수정할 수 있도록 돕는다.

(3) 역기능적 사고의 기초가 되고 있는 신념체계에 치료의 초점이 옮겨진다.

---

(4) 기법들

특별한 의미 이해하기, 절대성에 도전하기, 재귀인하기, 인지 왜곡 명명하기, 흑백논리 도전하기, 파국에서 벗어나기, 장·단점 열거하기, 인지적 예행 연습 등

5) 주요 절차

(1) 상담자는 내담자의 생각 중 왜곡된 부분을 발견, 시정하도록 돕고 생활경험을 보다 현실적으로 소화하는 대안적 안목 및 태도를 학습하도록 돕는다.

(2) 특징

① 비교적 단기간에 좋은 결과를 보인다.

② 내담자와의 관계를 중시한다.

③ 내담자 스스로 답을 찾는 소크라테스식 질문을 사용한다.

> **소크라테스식의 대화법의 의미와 원리**
>
> 1) 문답식 산파술의 '문답식'이라는 말이 제시하는 것처럼, 상담자는 질문을 하고 내담자는 대답을 하며 이 과정에서 내담자가 자신의 머릿속에 있는 생각을 스스로 탐색해 나가거나 자신이 막연하게 가지고 있는 신념들을 상담자의 예리하고 분석적인 질문을 통하여 통찰하고 사색하고 정리하게 된다.
> 2) 내담자는 자기 자신 내부에 이미 해답을 가지고 있음에도 불구하고 그것을 유도해 낼 수 있는 적절한 자극제가 없기 때문에 미처 찾지 못했던 해답을 상담자의 적절한 촉진적 자극에 의해서 깨닫게 된다.

④ 문제 중심적, 교육적·지시적, 숙제를 중요시한다.

(3) 내담자의 생각 중 잘못된 신념을 지적하고 교정하여 자기 충족적인 생활로 바꾸어 나가도록 한다.

① 내담자가 자기 생각이 무엇인지 자각하게 한다.

② 내담자가 자각한 생각 중 부정확하고 왜곡된 신념이 무엇인지 규명한다.

③ 부정확한(현실적 근거가 없는) 신념을 대치할 수 있는 정확하고 객관적인 인지 내용이 무엇인지 발견, 학습하도록 한다.

④ 상담자는 내담자의 인지적·행동적 변화에 대해 피드백과 강화를 한다.

📁 실력다지기

인지치료 (CT, Beck)

1) 인간은 복잡한 인지적 창조물로 개인의 성격은 개인이 학습해서 형성한 가치와 지각에 의해 형성되었다.

2) 내담자의 문제는 그의 인지적 왜곡에서 비롯된다.

3) 개인의 생각이 그의 감정과 행동을 결정하므로 개인은 자신, 미래, 세계(인지삼제)에 대해 올바른 가정에 기초한 견해를 갖는 것이 중요하다.

4) 우울과 같은 부정적 정서를 효과적으로 다루기 위해서 우리의 편견이나 인지적 왜곡을 제거하는 것이 필요하다.

5) 인지적 왜곡(임의적 추론, 선택적 추상화, 과잉 일반화, 극대화 또는 극소화, 개인화, 이분법적 사고 등)

6) 기법들: 특별한 의미 이해하기, 절대성에 도전하기, 재귀인하기, 인지적 왜곡 명명하기, 흑백논리 도전하기, 파국에서 벗어나기, 장·단점 열거하기, 인지적 예행 연습 등

사례 **인지적 오류**

1) 과잉 일반화

   한명의 청소년 내담자를 상담하는 과정에서 어려움을 경험한 후, 모든 청소년상담 분야에는 소질이 없다고 결론을 내림

2) 개인화

   복도에서 만난 친구가 인사를 하지 않고 지나간 것에 대해 나를 미워하기 때문이라고 생각함

3) 선택적 추상화

   발표를 한 후, 대다수는 칭찬을 했지만 소수의 사람들이 부정적 반응을 보인 것만 보고 자신의 발표가 실패한 것이라고 여김

4) 파국화

   (1) **예** 지난 주 사례회의에서 지적당한 것을 볼 때, 이제 곧 팀장자리도 내놓아야 하고 머지않아 상담실에서도 쫓겨나고 말 것이라고 생각함

   (2) 개념

   파국화는 개인이 걱정하는 한 사건을 지나치게 과장하여 두려워하는 오류를 말하며 자기 자신을 파국화시키면 이는 세상에 곧 종말이 닥칠 것이라는 두려움 속에서 살아가도록 하는 원인이 된다.

□ 실력다지기

라자루스(Lazarus)가 개발한 다중양식치료의 핵심개념인 BASIC-ID : 라자루스의 다중양식치료 (인지행동 치료기법)

1) 개요

   (1) 이 치료법의 기본전제는 내담자들은 보통 여러 가지 특수한 문제들로 고통을 받고 있기 때문에 그 문제들을 다룰 때에도 여러 가지 특수한 치료법들을 동원해야 한다는 것이다.

   (2) 다중양식 치료에 있어서 상담자의 역할은 내담자의 특수한 문제들을 평가하여 그것에 적절한 치료기법들을 적용하는 것이다.

2) BASIC-ID 확인

   (1) 다중양식 치료는 인간의 경험이 움직이기, 느끼기, 감지하기, 상상하기, 생각하기 및 서로 관계하기로 이루어져 있다고 본다.

   (2) 이 치료이론에 따르면 한 개인의 진행 중인 두드러진 행동(B), 감정적·정서적 과정, 반응(A), 감각(S), 심상(I), 인지(C), 대인관계(I) 및 생물학적 기능, 성향(D)에 대해 상세하게 파악할 수 있다면 그 사람의 성격과 심리적 특성에 대한 완전한 이해가 가능해지게 되는 것이다.

   (3) 라자루스(Lazarus)는 진행 중인 행동(Behavior), 감정적 과정(Affect), 감각(Sensation), 심상(Imagery), 인지(Cognition), 대인관계(Interpersonal), 및 생물학적 기능(Drugs / Diet)들 각각을 '양식'이라 불렀다.

   (4) 다중양식 치료에서는 내담자의 문제를 이러한 BASIC-ID에 의거해서 평가한다.

   (5) 내담자들은 이러한 7가지 양식들이 관련되어 있는 정도와 그것들이 서로 관련되는 순서에 있어서 차이가 날 수 있다.

   (6) 실제 상담에서 다중양식 치료자는 각 내담자마다 독특한 BASIC-ID의 형태를 파악하여 내담자 문제를 평가할 수 있게 된다.

3) 치료기법들

   (1) 행동 : 소거, 역조건 형성, 긍정적 강화, 부정적 강화 및 처벌

   (2) 정서 : 소유하고 수용하는 감정

   (3) 감각 : 긴장이완, 감각적 쾌감

   (4) 심상 : 자기상(셀프 이미지)의 변화, 대처 심상

   (5) 인지 : 인지적 재구성, 자각

   (6) 대인관계 : 모델링, 불건전한 공포를 분산시키기, 역설적인 책략

   (7) 약물 또는 생물학 : 의학적 치료, 운동의 이행, 영양섭취, 물질남용 중지

📌 심화학습

마음 챙김 기반 인지치료(MBCT)의 개요[7]

1) 마음 챙김(Mindfulness)에 기초한 인지치료(MBCT)는 우울증의 재발을 방지하기 위해 최근에 개발된 치료법이다.

2) Segal, Williams, 그리고 Teasdale은 기존의 인지치료는 우울증의 재발을 방지하는데 한계가 있다는 것을 깨닫고 그 문제의 해결을 Kabat - Zinn의 마음챙김 치료에서 찾았다.

3) 그들은 우울증 재발을 방지하기 위한 목적으로 기존의 인지행동치료와 Kabat - Zinn의 마음 챙김에 기초한 스트레스 감소 프로그램 (MBSR : Mindfulness Based Stress Reduction)을 통합하여 MBCT(Mindfulness Based Cognitive Therapy)를 개발하였다.

4) 기존의 인지치료는 우울증 환자들의 사고와 역기능적 태도를 바꿔주는 것이 핵심인데, 여기에는 생각이나 신념을 교정해도 슬픈 기분이 부정적인 사고나 역기능적 신념을 재활성화하게 하여 우울증을 재발시키는 문제점이 있다.

5) 마음 챙김에 기초한 인지치료는 부정적 자동적 사고를 보다 합리적인 사고로 바꾸도록 하는 시도를 하지 않는 대신, 사고에 대한 탈중심적인 접근을 강조한다.

6) 즉, 의식차원에서의 생각이나 신념을 발견하고 교정하려하기보다는 평상시 감지하지 못하던 심신의 느낌에 주목하고 집중하여 자신의 상태를 알아채고, 상태를 있는 그대로 받아들일 것을 강조한다.

7) 결론적으로, 우울이 재발하는 단계에서 이를 인식하고 악순환적인 생각 - 감정의 사이클을 제거할 수 있다고 본다.

8) 마음 챙김(Mindfulness)의 개념

   (1) 최근 명상은 심신의 고통을 치유하는 실제적인 방법으로서 인식이 확장되고 있으며 의학계나 심리학계에서 과학적 연구 대상으로서의 위치를 확보하게 되었다.

   (2) 특히 불교명상의 일종인 위빠사나 명상(Vipassana mediation)의 원리를 심리치료에 활용하려는 시도가 활발히 진행되고 있는데, 마음챙김은 위빠사나 명상의 핵심요소이다.

   (3) 마음 챙김은 팔리어 'sati'의 번역어인데, sati는 '현재에 대한 주의집중', '분명한 알아차림', '충분히 깨어있음', '주의 깊음' 등을 의미한다.

   (4) 즉, 마음 챙김은 '몸과 마음에서 일어나는 일체의 현상을 있는 그대로 즉각적이고 분명하게 알아차리는 것'이라 할 수 있다.

---

7) Segal, Z. V., Williams, J. M. G., & Teasdale, J, D. (2006). **마음 챙김 명상에 기초한 인지치료[Mindfulness - based Cognitive Therapy for Depression** : A new approach to preventing relapse]. (이우경, 조선미, 황태연 역). 서울 : 학지사.

1) 현실치료의 인간관

(1) 인간은 궁극적으로 자기 결정적이며 자신의 상(image)에 대한 책임과 능력이 있다고 가정하기 때문에 비결정론적이고 긍정적이다.

(2) 인간은 자유롭고 자신이나 환경을 통제할 수 있으며 자신의 목표를 스스로 선택하고자하는 욕구를 지니고 있다.

2) 인간의 기본 욕구

(1) 인간은 신뇌에서 유발되는 욕구인 소속감, 힘, 자유, 즐거움의 욕구와, 구뇌에서 유발되는 생리적 욕구가 있다.

(2) 인간은 태어날 때부터 이러한 욕구들에 의해서 움직여 왔고, 모든 행동은 매 순간 이러한 욕구들을 충족시키기 위한 최선의 노력이다.

① **소속** : 소속되고 사랑을 나누려는 속성

② **힘** : 경쟁하고 성취하고 중요한 존재이고 싶어 하는 속성

③ **자유** : 이동하고 선택하는 것을 마음대로 하고 싶어 하는 속성

④ **즐거움** : 새로운 것을 배우고 놀이를 통해 즐기고자 하는 속성

⑤ **생존** : 건강하게 생존하기 위해 생리적 기능을 하는 속성

3) 선택이론 (= 통제이론)

(1) 불행한 느낌을 포함한 모든 것을 우리가 선택한다는 것을 설명해 주는 이론이다.

(2) 우리가 인식하는 것보다 훨씬 더 많이 자신의 삶을 통제하고 있다고 주장하는 이론이다.

(3) 인간 생명체가 하나의 통제체제로서 뇌의 작용에 의해 어떻게 자신의 행동을 통제하는지를 설명한다.

(4) 자신의 삶에 성취감을 북돋아주고 자신의 삶을 통제하는 긍정적인 개념의 통제 개념이다.

> 📁 **기출문제 확인학습**
>
> <u>현실치료 상담은 내담자의 책임성 있는 행동과 스스로의 선택(통제)을 강조하여 자율성을 획득할 수 있도록 하는 상담이론이다.</u> 따라서 '우울해 하고 있는', '불안해하고 있는', '화를 내고 있는'이라는 동사 표현, 오늘 많이 불안하기로 선택했어요.', '그 사람이 나를 싫어한다고 생각하기로 선택했어요.'라는 표현은 행동, 사고뿐만 아니라 감정까지도 스스로 선택한 것이라는 책임의식을 강조하는 것이므로 현실치료와 관련된다.

① 지각세계

인간은 기본욕구를 충족시키기 위해 감각기관, 지각체계, 행동체계를 통해 환경을 통제한다.

> **과정**
>
> 현실세계의 것들 → 감각기관 → 지각체계(욕구 충족에 기대되는 것만 통과) → 총괄 지식 여과기(도움 된다고 여겨지는 것만 통과) → 가치화 여과기(긍정적, 부정적, 중성적 판단으로 욕구 충족에 도움 된다고 여겨지는 것만 통과) → 지각세계(가치화 여과기를 통과한 현실세계가 우리의 지각세계가 됨) → 사진첩(지각세계가 이전 경험에서 욕구충족에 도움 되었던 사진과 비교됨)

ㄱ. 개인의 원하는 사진이 지각세계와 일치하면 순수 즐거움을 경험한다.

ㄴ. 일치하지 않거나 일치 정도가 낮으면 순수 고통을 경험한다.

ㄷ. 순수 즐거움이나 순수 고통의 신호는 행동체계로 연결된다.

> **현실치료에서의 현실세계**(Pictures of Reality)
>
> 1) Glasser(1981)는 우리는 어느 정도로 현실 세계에 살지 않는다고 지적하였다. 즉, 개개인들은 현실을 지각할 수 있지만, 현실 그 자체를 알 수는 없다.
> 2) 예를 들어 당신이 의자에 앉아서 이 글을 읽고 있다는 것은 현실에 대한 지각이다.
> 3) 그럼에도 이는 분명한 인식이며, 사람들의 현실에 대한 인식은 서로 다르다.
> 4) Glasser(1981)는 그 예로 마리 앙뜨와네뜨의 예를 든다. 그녀는 프랑스 혁명기에 빵을 요구하는 농민들에게" 그들에게 케익을 주라"고 말한다. 마리는 농부들의 현실을 왕궁에서의 현실과 같은 것으로 인식하였으나, 농민들은 그들은 굶주리고 있으며, 어디에도 음식은 없다는 현실을 인식하고 있었다.
> 5)" 현실적으로 되라."," 현실을 직면하라"고 말할 때에는 내가 지각하고 있는 현실이 상대방이 지각하고 있는 현실과 다름을 의미한다.
> 6) 이러한 개념은 포스트모더니즘의 구성주의적 입장과도 비슷한데, Glasser는 현실에 대한 인식이 현실 그 자체보다 행동, 생각, 느낌과 같은 행위를 결정한다고 보았다.

② 행동체계

행동체계는 이제까지 욕구 충족에 도움 되었던 조직화된 행동(전체 행동)으로 구성되어 있다.

> **행동체계의 구성**
>
> 1) 전체행동(전 행동) : 활동하기, 생각하기, 느끼기, 생리적 기능 4가지로 구성된다.
> 2) 전체행동은 현실세계를 통제하여 기본적 욕구를 충족시킬 수 있도록 노력한다.
> 3) 전체행동이 욕구 충족에 도움이 되지 않을 것으로 보이면 새로운 행동을 재조직한다.
> 4) 활동하기(완전한 통제가능), 생각하기(어느 정도 가능), 느끼기(약간 가능), 생리적 기능(불능)

ㄱ. 통제 가능한 활동하기를 변화시켜 적극적인 활동에 많이 관여할수록 좋은 감정과 유쾌한 생각, 더 좋은 생리적 편안함이 수반될 것이라고 본다.

ㄴ. 활동하기를 위해서는 계획 등의 생각하기를 거쳐야 활동하기 변화가 가능하다.

4) 정체감

자기 스스로에 대해 가지고 있는 자아 상(image)이다.

(1) 정체감은 어릴 때부터 발달하는데 성공적 상(image)을 가지면 성공적 정체감을 형성시키고 패배적 상은 패배적 정체감을 형성시킨다.

(2) 성공적 정체감을 가진 사람은 효과적으로 자신을 통제하고 책임감이 강하며 기본욕구를 충족시킨다.

5) 현실치료의 특징

(1) 의학적 모델 거부

정신병적 행동은 우연히 일어난 것이 아니라, 개인이 선택한 것이다.

(2) 긍정적 탐닉

달리기, 명상 등의 삶에 있어 심리적인 힘의 자원을 얻는데 긍정적으로 탐닉할 것을 강조한다.

(3) 책임에 대한 강조

① 책임은 다른 사람의 욕구 충족을 방해하지 않는 범위에서 자신의 욕구를 충족시키는 노력이다.

② 정신건강과 책임을 같은 개념으로 보며 책임 있는 행동은 정신건강의 원인이 되고 불행은 무책임의 결과로 나타난다.

📁 기출문제 확인학습

현실치료의 세 가지 요소(3R)

3R은 현실치료의 세 가지 요소인 책임(responsibility), 현실(reality), 옳고 그름(right and wrong)을 의미한다.

1) 책임(responsibility)
   (1) 책임은 다른 사람의 욕구충족을 방해하지 않는 범위 내에서 자신의 욕구를 충족하는 능력
   (2) 자신의 행동에 대한 책임뿐만 아니라 자신의 욕구를 충족시켜야 하는 책임도 강조.
   (3) 정신건강과 책임을 동일한 것으로 간주함.

2) 현실(reality)
   (1) 책임은 곧 현실을 직면하는 것. 현실세계를 직면하고, 현실세계를 통제함으로써 자신의 욕구를 충족해야 함.
   (2) 기본욕구나 바람(wants)의 충족은 현실세계가 규정해 놓은 범위와 한계 내에서만 가능하다는 의미.
   (3) 정신병이란 곧 '나의 현실을 거부한다.'는 것으로 해석

3) 옳고 그름(right and wrong)
   (1) 가치판단은 현실적으로 주어진 상황에서 책임 있는 행동을 하는 사람에게 중요.
   (2) 욕구충족을 위한 합리적인 방법을 찾기 위해 가치판단이 필요함.
   (3) 다른 사람의 욕구충족을 방해하지 않는 범위 내에서 자신의 욕구충족을 추구하는 데 있어서도 가치판단은 필요함.

(4) 옳고 그름의 가치판단을 강조함으로 다른 상담접근과 달리 도덕성을 중요시하였다.

가치판단 없이 악한 행동을 하면 타인의 비난이나 처벌 등의 현실적 책임을 면하기 어렵다.

(5) 과거 탐색의 가치에 대한 과소 평가

지금-여기에 초점을 두고 보다 나은 선택을 함으로써 현실세계를 효율적으로 조정하게 된다.

(6) 전이 경시

전이는 상담자가 한 인간으로 숨어 있는 것으로 간주하며 이를 거부하였다.

(7) 통찰을 통한 변화보다는 적극적으로 욕구 충족을 위하여 새로운 방법을 교육시켜 주는 것을 강조한다.

6) 상담목표

내담자가 현실적이고 책임질 수 있는 행동을 하며 성공적인 정체감을 개발하여 자율성을 갖게 하는 것이다.

7) 상담과정

(1) 상담 관계 형성하기 - 상담자와 내담자가 친구 되기(라포 형성)

(2) 현재 행동에 초점두기 - 내담자가 자신의 욕구 충족을 위해 현재 어떤 행동을 하는지 알아보기

(3) 행동을 평가하기 - 현재의 내담자 행동이 욕구충족에 도움이 되는지, 방해가 되는지 내담자 스스로 평가하기

(4) 활동 계획 짜기 - 현재 행동 중 부정적인 것을 찾아 긍정적인 것으로 고치기 위한 계획 짜기

📁 실력다지기

효과적인 목표(SAMIC3)를 수립할 때 고려사항(Wubbolding, 1991)

1) Simple : 단순하고 쉬운

2) Attainable : 달성가능한

3) Measurable : 측정가능한

4) Immediate : 즉시 실행가능한

5) Controlled : 실행하는 사람에 의해 통제 가능한

6) Consistent : 지속가능한

7) Committed : 약속된

---

(5) 다짐을 받아내기 - 내담자가 계획한 활동을 그대로 실천하겠다는 다짐을 받아내기

(6) 변명을 받아들이지 않기 - 변명은 받아들이지 않고 실행하지 않은 잘못을 받아들이게 하기 (다시 계획 수립)

(7) 처벌을 사용하지 않기 - 처벌을 사용하면 더 패배적인 정체감을 가지게 되고 상담관계가 악화됨

(8) 절대 포기하지 않기 - 내담자의 변화 가능성을 끝까지 믿는 것이 중요함

8) 치료기법

유머, 맞닥뜨리기, 토의와 논쟁, 역설적 기법, 언어충격 등

> 📁 **실력다지기**
>
> **글래서(Glasser)의 현실치료**
> 1) 개인이 주관적으로 갖는 내적 욕구나 바람대로 행동한다(결정론적 입장 반대).
> 2) 내담자의 문제는 자신을 불행하게 하는 행동을 선택함으로 비롯된다(책임감 있는 행동 중요).
> 3) 내담자의 욕구에 따라 정말 그가 원하는 것이 무엇인가를 확인하는 것이 중요하고 내담자의 그러한 바람을 달성하도록 계획하고 실천하도록 한다.
> 4) 내담자를 행복하게 하는 현실적인 행동을 선택하여 실천하는 것은 전적으로 내담자의 통제 하에 있고 내담자의 책임이다.
> 5) 기본욕구(소속감, 힘, 자유, 즐거움, 생존)
> 6) 전체행동(행동하기, 생각하기, 느끼기, 생리적 기능)
> 7) 통제이론, 선택이론
> 8) 현실치료 과정(WDEP)
> 9) 상담자의 태도(변명 불수용, 처벌 금지, 포기하지 않음 등)
> 10) 기법 : 질문하기, 직면하기, 역설적 기법, 유머 사용하기

> 📁 **기출문제 확인학습**
>
> **WDEP 모형**
> WDEP 모형은 Want(욕구), Doing(수행), Evaluation(평가), Planning(계획)에 해당한다.
> 1) Want(욕구) : 내담자가 자신의 좋은 세계(quality world)를 탐색하여 자신의 바람을 명료하게 밝히도록 돕는 것
> 2) Doing(수행) : 내담자가 현재 어떤 행동을 하며 살아가고 있는지를 명확하게 인식하도록 돕는 것
> 3) Evaluation(평가) : 내담자의 전행동과 욕구나 바람과의 관계를 점검하여 생산적 행동과 비생산적 행동을 구분하는 것
> 4) Planning(계획) : 생산적 행동으로의 변화를 위한 계획수립을 돕는 것

제10절 | 교류분석 상담이론(에릭 번)

1) 개요

(1) 심리교류 분석 또는 의사거래 분석이라고도 한다.

(2) 교류분석이론은 초기의 인생결정 또는 과거의 전제에 근거하여 현재의 결정을 내린다는 가정에 근거를 둔 상호작용치료로서 인간관계 나누는 것을 분석하는 이론이다.

(3) 언어, 행동을 분석해서 자신의 자아 상태와 상대방의 자아 상태를 분석한다.

(4) 성격이론이 아니며 상담기법이다.

(5) 상담 목적은 내담자가 그의 현재 행동과 삶의 방향에 대한 새로운 결정을 내리는 것을 원조하는 것이며 자율성의 성취에 있다.

(6) 인간관은 과거에 이미 결정되었거나 형성된 자신의 행동양식들을 이해할 수 있고, 그러한 행동들을 새롭게 개선하기 위해 새로운 결정을 하고 자신을 변화시킬 수 있는 자율적 존재로 보며 인간은 자신의 사고, 감정, 행동에 대해 책임이 있고, 새로운 선택을 할 수 있는 자유의 존재이다.

> 📁 **실력다지기**
>
> **자율성과 자율적 존재**
>
> 개인의 과거 경험들이 그 개인의 성격발달에 어떻게 영향을 주었든지 상관없이, 내담자가 현재의 자신의 행동과 생활양식을 보다 적절한 것으로 다시 선택·결정할 수 있는 행동 특성을 의미한다.
>
> 1) 인간은 자율적인 존재로 태어났으며, 이러한 자율성은 생리적이며 생득적인 것이다.
> 2) 그러나 인생 초기(초기 5년)에 타인들, 특히 부모와의 관계에서 자율적으로 행동하기보다, 부모의 일방적 명령과 금지령에 복종하며 자신의 자율성을 유보하고 포기하는 행동양식을 학습한다.
> 3) 어린 시절 형성된 행동유형을 재검토하고 초기 결단이 더 이상 타당하지 않다고 판단될 때 새로운 결단이 가능하다.
> 4) 자신의 삶에 대해 책임지고 스스로를 지도하여 변화시키는 자율성을 지닌다고 본다.

2) 특징

(1) 계약과 결단의 중시

① 치료목표와 치료방향을 분명히 기술한 계약을 하며 이 계약은 내담자가 제안한다.

② 무엇을 변화시킬지를 선택하고 결단하는 것은 내담자의 책임 및 계약을 통한 변화가 핵심이다.

(2) 인지적 특성

① 이론발달의 초기에는 인지적 요인과 통찰에 치중 → 후기에는 정서에 관심 증가

3) 자아의 구성요소[8]

모든 사람은 부모 또는 어버이, 어른, 어린이의 세 가지 자아 상태를 가지고 있음을 관찰·분석하고 이 세 가지 중 어느 하나가 상황에 따라 한 개인의 행동을 지배한다.

(1) 부모 또는 어버이(Parent: P) 자아 - 학습된 생활개념

① 출생에서부터 5년 간의 경험이 주가 되며 주로 부모를 통하여 모방 또는 학습하게 되는 태도 및 기타 지각 내용과 그 행동들로 구성된다.

② 어버이 자아의 특징은 비판에 의하여 교정됨이 없이 받아들어져서 내면화된다.

③ 어버이 자아는 명령함으로써 영향을 미치는 기능을 할 수 있고 직접 부모의 행동을 해 보일 수 있으며 또는 양육적이고 보호적일 수도 있고 통제적이고 억압적일 수도 있다.

> 📁 실력다지기
>
> **부모 또는 어버이 (Parent: P) 자아**
>
> 1) 양육적 부모자아(NP)
>
>   자녀를 사랑하고 돌보는 부모의 말이 내면화된 요소, 원만한 대인관계에 필수이다.
>
> 2) 비판적 부모자아(CP)
>
>   '이래야 한다, 저래야 한다.' 등 윤리판단과 타인의 잘못을 비판하고 꾸짖는 요소이다.

(2) 어린이(Child: C) 또는 아동 자아 - 감정적 생활개념

① 인간 개체 내에서 자연히 발생하는 모든 충동과 감정들, 생의 초기에 경험하는 일들에서 느끼게 된 감정들과 감정에 대한 반응양식으로 구성된다.

② 어린이 자아는 때로는 창조적·직관적·정서적 때로는 반항적이거나 순종적이기도 하다.

③ 과거 발달단계에서는 적합한 경험과 감정이었으나, 현재의 발달단계에서는 부적합한 감정이나 경험을 나타낼 수 있다.

> 📁 실력다지기
>
> **어린이 (Child: C) 또는 아동 자아**
>
> 1) 순응적 아동 자아(AC)
>
>   부모나 어른의 관심과 주의를 끌려고 눈치 보는 자아, 소극적, 의존적, 타인 의식의 특성
>
> 2) 자유 아동자아(FC)
>
>   타인을 의식하지 않고 자유롭게 기능, 투정, 미숙, 자기 중심적, 본능적, 쾌락 추구, 감정적인 특성
>
> 3) 어린 교수 자아
>
>   선천적인 지혜. 인간 내부의 재치와 창의성, 탐구적인 특성

---

8) **Berne**은 그의 오랜 임상 경험에서 인간은 ① **어버이**(Parent: P) ② **어른**(Adult: A) ③ **어린이**(Child: C)의 세 가지 자아 상태를 가지고 있다는 사실을 관찰, 분석하였다.

(3) 어른(Adult : A) 자아 - <u>사고적 생활개념</u>

① 어른 자아는 18개월부터 발달하기 시작하여 12세경이면 정상적으로 기능하게 된다.

② 어른 자아는 사고와 합리적 행동이 그 특성으로, 내적 욕구와 외적 욕구를 중재하는 중재자이다.

③ 어른 자아는 객관적이며 자율적으로 자료와 정보를 처리하고 확률을 추정하는 것과 관련되어 있는 자아, 즉 객관적 논리, 분석적·합리적으로 현실을 파악하고 자료를 처리하는 자아이다.

④ 어른 자아는 현실적이고 논리적이며 자신과 환경에 관련된 정보를 분석하고 저장하고 인출하는 것처럼 전혀 정서적이 아닌 인지적 기능을 담당한다.

⑤ 어떤 것을 혼자서 해낼 수 있는 어린 아이의 능력의 결과 위에 형성된 자아이다.

(4) 이 세 자아 중에서 한 자아가 선택적으로 인간관계의 상황이나 의사소통 과정에서 주된 동력으로 작용하게 되며 어느 상태에서 어느 자아가 개인 동력으로 작용하느냐에 따라 의사소통 및 인간관계의 양상이 달라지고 동시에 문제를 낳을 수도 있다.

📂 실력다지기

자아상태의 양면성[9]

부정적 측면 (NOK)	자아상태	긍정적 측면 (OK)
• 비판적, 권위적, 도전적, 지배적 • 편견, 선입견	CP	• 예절, 전통 유지, 규범(질서), 이상 추구 • 신념, 선악의 판단
• 과보호, 과간섭, 맹목적인 애정 • 잔소리, 희생적	NP	• 보호, 육성, 친절, 지지 • 타인의 이해, 배려
• 인간미 결여, 계산적, 타산적 • 냉정, 기계적	A	• 이성적, 합리적, 객관적, 현실 지향 • P, C를 조정, 통제
• 반항, 공격적, 자유, 방종, 자기중심 • 충동적, 공포심	FC	• 애정 표현이 풍부하고 순수함 • 자발적, 행동적이며 호기심이 강함
• 우물쭈물 지연, 폐쇄적, 자폐적 • 가짜 반항, 과민적, 의존적	AC	• 감정 억제, 적응, 타협 • 겸손, 양보

---

4) 자아상태의 병리

(1) 오염(혼합)과 배타(배척)가 자아기능에 장애 초래

① 오염(혼합, contamination)

ㄱ. 성인자아가 부모자아, 아동자아와 충분히 구별되지 않고 오염(혼합)되는 상태를 말한다.

ㄴ. 성인자아의 경계가 견고하지 못하고 부모자아, 아동자아가 성인자아의 기능에 영향을 미친다.

　　예 부모자아(비판적)가 오염(혼합)되면 편견이 심해짐 → 여성은 남성에게 복종해야 한다.

　　예 아동자아가 오염(혼합)되면 망상, 환각이나 광장 공포 등의 아동적인 공포증을 보이게 되는 경우

---

9) 듀세이의 에고그램을 통해 알 수 있다. 참고문헌 : 이형득. 전게서, pp. 61 - 63.

② 배타(배척)(exclusion)

세 자아의 경계가 지나치게 경직되어서 심적 에너지 이동이 거의 불가능한 상태이다.

예 부모자아(비판적)가 배타(배척)된 상태에서는 물건을 훔쳐도 죄책감이 없다.

5) 교류분석에서의 심리적 욕구 - Berne의 3가지 심리적 욕구

(1) 인정 자극의 욕구(stroke hunger) - 스트로크

신체적 접촉과 심리적인 인정을 받고자 하는 욕구를 말한다.

(2) 시간 구조의 욕구(structure hunger)

인정 자극을 극대화 할 방향으로 삶의 시간을 활용하여 사회적 상황을 만들고자 하는 욕구를 말한다.

(3) 생활 자세의 욕구(position hunger)

① 개인이 전 생애를 통해 인생을 바라보는 어떤 확고한 심리적 틀을 갖고자 하는 욕구를 말한다.

② 개인이 자신, 세계, 타인과의 관계를 결정하는 중요한 기초로 생애 초기 5년간에 명확해진다.

③ 초기의 결정은 생활자세(life position) 형성의 기본이 되며 생활각본(life script)으로 발달한다.

④ 생활각본이 형성되면 인생에 대한 태도를 실행에 옮기기 위해 게임(game)을 하게 된다.

생활자세 욕구 → 초기결정 → 생활자세 형성 → 생활각본 발달 → 게임

6) 상담목표

(1) 내담자가 자신의 삶에 대해 책임지고 스스로 지도하는 자율성을 갖게 하는 것이다.

(2) 자기 패배적인 생활각본을 버리고 자신의 삶에 대한 인식과 자발성, 친밀감을 갖도록 하는 것이다.

(3) 자아상태의 오염(혼합)이나 배타(배척) 없이 P, A, C가 적절히 기능할 수 있게 하는 것이다.

(4) 게임과 라켓의 부정적인 영향에서 벗어나게 돕는다.

(5) 초기결단 및 이에 근거한 생활각본을 새로운 결단에 근거한 자기긍정 - 타인긍정으로 바꾸어 준다.

7) 상담진행 과정

관계형성 → 계약 → 구조분석 → 교류분석 → 게임분석 → 생활각본 분석 → 재결단

8) 상담의 단계

(1) 구조분석 : 자아 상태에 관한 구조분석

① 내담자의 자아 상태에 대한 이해와 과거 경험 때문에 성인자아가 기능을 못하는 원인을 찾는 것으로서 내담자의 부모자아, 성인자아, 아동자아의 내용과 기능을 인식하는 방법이며 내담자의 자아 상태에 오염(혼합)이나 배타(배척)가 있는지 분석 및 확인을 하며 자아기능 그래프(ego-gram)를 사용한다.

② 혼합성

하나의 자아 상태의 내용이 다른 자아 상태와 혼합되어 존재함으로써 각각의 자아 상태가 독립된 총체로서의 가능을 하지 못하는 것을 의미한다.

③ 배타성

3가지 자아 상태 중에서 하나 또는 두 가지만 사용될 때 나타나는 문제로서 어버이 자아 배제 시 가치감을 상실하고 어른 자아를 배제 시 외부세계 간의 중재를 할 수 없으며 어린이 자아 배제 시 상황에 대해 정서적으로 반응할 수 없게 된다.

④ 손상

자아 상태 중 어느 것이 완전히 성장하지 못하고 상처를 입게 되는 것으로서 비합리적이고 통제할 수 없는 행동이 나타나게 되며 특히 어린이 자아에서 더 많이 나타나는 경향이 있다.

⑤ 해이한 경계선

자아 상태 간의 에너지 흐름이 지나치게 자유로운 경우로서 어른 자아의 통제라는 것이 거의 없고 행동은 수시로 바뀌고 혼란되어 있는 것이 특징이다.

(2) 의사교류 분석(transactional analysis)

의사교류는 두 사람이나 혹은 그 이상의 사람들의 관계에서 일어나는 사회적 작용으로 자극 → 반응에 의한다.

① 구조분석을 기초로 하여 내담자가 다른 사람들과 맺고 있는 상호 의사교류(두 사람의 자아 상태에서 이루어지는 자극과 반응)를 이해하도록 하는 것이다.

② 내담자의 상호교류를 분석함으로써 상호보완적, 교차적, 암시적 상호교류 등을 학습시킨다.

ㄱ. 내면적 교류 자아 상태 간의 대화를 말하는 것으로서 어버이 자아의 금지령, 어른 자아의 사고 능력, 어린이 자아의 욕구가 관련된다.

ㄴ. 타인과의 교류

가. 상보적 의사교류

a. 특정한 자아 상태에서 메시지를 보냈을 때 예견되는 반응을 얻은 교류이다.

b. 의사교류의 자극과 반응이 평행을 이루는 의사교류로서 갈등이 없다.

c. 특정 자아가 보낸 메시지가 다른 특정 자아로부터 예상된 반응이 나올 경우이다.

사례

- 남편 : 내 서류봉투 어디에 있지?
- 아내 : 책상 두 번째 서랍에 있어.

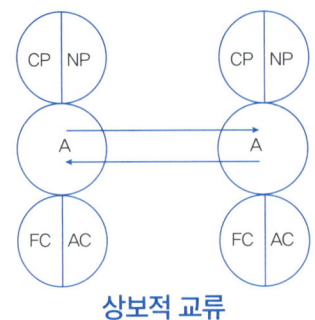

상보적 교류

나. 교차적 의사교류

    a. 개인이 보낸 메시지에 대해 타인이 기대하지 않았던 반응을 하는 교류이다.

    b. 의사소통의 방향이 서로 어긋날 때, 예상치 못했던 반응이 나올 때, 갈등이 유발된다.

> **사례**
>
> - 남편 : 내 서류봉투 어디에 있지?
> - 아내 : 자기 것은 자기가 잘 챙겨야지, 나한테 물어보면 어떡해요?

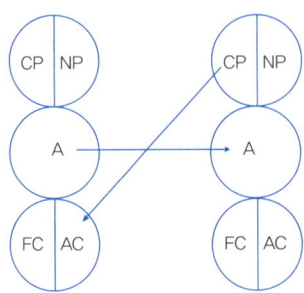

교차적 교류

다. 이면적(암시적) 의사교류 – 이중적 의사교류의 형태

    a. 언어적 메시지와 비언어적 메시지가 일치되지 않으며 한번에 3 ~ 4개의 자아 상태가 관련되는 교류

    b. 겉으로 표현되는 자아와 실제로 기능하는 심리적 자아가 다르다.

    c. 실제 의미를 숨긴 위장된 메시지가 교환될 경우이다.

> **사례**
>
> - 남편 (사회적 수준) : 몇 시에 저녁 먹을 거요?
> - 아내 (사회적 수준) : 6시에요.
> - 남편 (심리적 수준) : (배고파 죽겠는데, 왜 저녁 빨리 안차려 줘?)
> - 아내 (심리적 수준) : (저녁은 그냥 되나, 나도 피곤해 죽겠는데...)

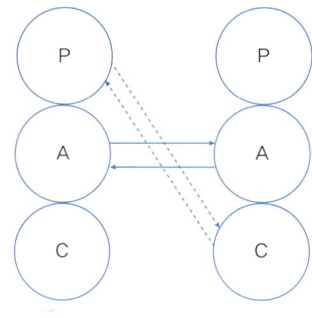

이면적 교류

(3) 게임 분석(game analysis)

① 게임은 어린 시절 형성된 초기 결정의 방식을 유지하고자 하는 의사교류의 한 유형으로서, 일련의 연속적 교류가 이루어진 결과로서 두 사람이 모두 나쁜 감정으로 끝나는 심리적 교류이다.

> **교류분석상담이론에서 게임**
>
> 1) 여가선용상의 즐거움이나 재미를 주는 활동을 의미하는 것이 아니라 두 사람 이상의 사람들 간에 일어나는 심리적 교류의 상태를 뜻한다.
> 2) 모든 게임은 기본적으로 속임수가 있고 결과는 극적이고 흥분된 감정을 갖게 하며, 또한 조직적이고 예측 가능한 결과로 발전되어 가는 이중적 교류 속에서 진행된다.
> 3) 두 사람 간의 악화된 관계를 개선하기 위해서는 두 사람 사이의 암시적 상호교류의 근원을 파악하는 것이 중요하다.

② 숨겨진 동기를 가진 일종의 암시적 의사교류이다.

③ 애정이나 관심 등 인정 자극(Stroke)을 받기 위한 수단이다.

④ 게임의 특징은 게임을 하고 있는 사람 자신이 게임을 하고 있다는 것을 거의 의식하지 못하며 게임에 관여하는 사람들은 최소한 한 사람에게 부정적인 감정을 불러 일으키고 의사소통을 저해한다.

⑤ 만성 부정적 감정(라켓 감정)

게임의 결과로 만성적인 부정적 감정인 라켓(racket)을 경험하는 데 불안라켓, 우울라켓, 자해라켓이 있으며 만성 부정적 감정은 인정 받으려는 숨은 의도가 있고 조금씩 쌓여 한풀이 행동의 근거가 된다.

⑥ 게임분석은 암시적 의사교류와 만성 부정적 감정 유형을 분석하는 것이다.

ㄱ. **상보적 교류**: 표면상 유쾌하게 보인다.

ㄴ. **이면적 교류**: 숨겨진 의도를 가지고 있다.

ㄷ. **결말**: 게임을 결론 내리고 불쾌감 또는 부정적 평가를 수반한다.

교류분석상담에서 시간의 구조화 암기법 **폐의 / 소활 / 게친**

1) 에릭 번은 특히 유아의 생존에 없어서는 안 될 조건을 연구한 미국의 소아과 의사 스피츠(R.A. Spitz)에게서 커다란 영향을 받아, 자극에의 욕구로서 스트로크(인정자극, Stroke)라는 생각을 전개하였다.

2) 스트로크(Stroke)란 친밀을 원하는 사람들 사이의 매개체로서 손길뿐만 아니라 말, 인상, 표정, 몸짓 등 감정을 일으키는 모든 행위를 말하며, 교류란 바로 스트로크를 주고받는 과정을 말한다.

3) 교류분석상담은 인간이 서로 스트로크를 주고받기 위해 사회생활을 영위하고 있다고 생각하며, 자신의 생활시간을 대인 교류에 둘러싸여 여러 가지로 프로그램화하는 것을 시간의 구조화라고 하는데, 한 마디로 사람들이 둘 또는 집단으로 모여 있을 때 시간을 보내는 방법을 시간의 구조화(time structuring)라 한다.

4) 시간의 구조화에는 폐쇄(withdrawal), 의례(rituals), 소일(pastime), 활동(activity), 게임(game), 친밀(intimacy)이라는 6가지 방법이 있으며, 시간을 보내는 방법에 따라 자아상태와 스트로크의 강도 또는 가치가 다르다.

5) 폐쇄에서 친밀로 나아갈수록 점점 더 개방적이고 깊은 대화가 가능하여, 스트로크의 강도 또는 '스트로크 가치(stroke value)'가 높아지는 것이다.

6) 폐쇄에서부터 대화가 진전될수록 '심리적 위험(psychological risk)'도 증대되는데, 이는 심리적 위험이란 스트로크의 불가예측성을 의미하기 때문이며, 스트로크를 보냈을 때 수용될지, 배척받을지 예측하기가 힘들 때 심리적 위험이 증대된다.

7) 그러나, 역설적으로 친밀에서는 이러한 위험이 가장 적다.

(4) 인생각본(생활각본) 분석

인생각본은 생의 초기에 있어서 개인이 경험하는 외적 상황들에 대한 자신의 해석을 바탕으로 하여 형성·결정된 환경에 대한 반응행동 양식이다.

① 이 세상을 하나의 무대로 본다면 개인이 무대에서의 연기를 위해 따르는 각본이 생활각본이다.

② 생활각본은 어린 시절 부모로부터 받아들인 각종 메시지와 이 메시지에 대한 본인의 반응에 의해 만들어진 초기 결정들로 이루어진다(예 승리자 각본, 패배자 각본).

③ 생활각본 분석을 통해 문제행동에 관련된 각본을 찾음 → 이에 정확한 정보와 활력을 불어넣음 → 내담자가 재 결단 하도록 함 → 자율적인 삶을 영위하게 함

📁 실력다지기

인생태도와 인생각본

1) 인생태도

자기 자신과 타인 그리고 세계에 대해 해석하고 있는 개인의 태도를 통칭하는 것으로 초기경험과 초기결정에 의해 형성된다. 인생에 대한 4가지 생활 자세는 다음과 같다.

(1) "I'm OK - You're OK"(자기 긍정 - 타인 긍정)

신뢰성, 개방성, 교환하려는 의지, 타인을 있는 그대로 수용하는 것이며 승자도 패자도 없고 가장 건강한 생활 자세이다.

(2) "I'm OK - You're not OK"(자기 긍정 - 타인 부정)

자신의 문제를 타인에게 투사하고 타인을 비난하며 그들을 끌어내리고 비판하며 자신의 우월성을 나타내고, 타인의 열등성을 비난하는 것이다.

(3) "I'm not OK - You're OK"(자기 부정 - 타인 긍정)

자신을 무력한 사람으로 생각하고 자신보다 타인의 욕구를 위해 봉사하고 타인의 권력을 지지하고 자신의 권력은 부정한다.

(4) "I'm not OK - You're not OK"(자기 부정 - 타인 부정)

인생의 모든 희망을 포기, 흥미 상실과 인생이 아무런 가망이 없다고 생각하는 관점으로 자기 파괴적이고 유아기적 행동과 타인이나 자신에게 상해를 입히는 공격적 행동을 보인다.

2) 인생각본

자신의 욕구를 충족시키기 위하여 초기에 결정한 인생계획으로 부모의 교육, 아동 자신이 내린 초기결정, 초기결정을 지속시키기 위한 게임, 결정을 정당화시키기 위한 라켓[10], 극본이 어떻게 전개되고 끝나야 하는지에 대한 자신의 기대 등이 포함된다.

(5) 재결단(재결정)

① 사람들은 대체로 각본에 맞추어서 살고 있으며 이 각본은 변경될 수 없는 것이라고 생각한다.

② 각본을 재결정할 수 있도록 도와주는 것이 의사교류분석의 목표이며 보다 적절하고 새로운 삶의 방향을 정해 줄 결정을 하도록 하는 것이다.

9) 치료기법

(1) 상담 분위기 조성 기법

① 허용

내담자가 부모의 금지에 근거해 행동하기 때문에 상담자는 허용적인 분위기를 창출한다.

② 보호

허용적인 분위기에서 그 동안 숨죽이던 아동 자아가 자유롭게 기능해서 내담자가 당황하게 될 수 있지만, 내담자의 이런 반응을 안심시켜 주고 지지해 주는 것이다.

---

10) 초기 결정을 확증하기 위하여 다른 사람을 조작하는 과정이며 조작적이고 파괴적인 행동과 연관된 감정을 라켓감정(racket feeling)이라 한다. 즉 자신의 의사와 다르게 표현되는 감정이다.

(2) 타 상담이론의 기법을 활용한 내용들: 심리극, 빈 의자 기법 등

📁 실력다지기

번(Berne)의 교류분석 상담이론

1) 인간은 자기를 발달시킬 능력과 자신을 행복하게 하고 생산적인 능력을 가지고 태어난다.

2) 내담자의 문제는 그가 과거에 받았던 어루만짐에서 비롯된다.

3) 내담자의 문제해결을 위해 자신의 성격을 이해하고 대인관계에서 주고받은 의사소통의 유형과 게임을 분석하도록 한다.

4) 타인과 의사소통을 하는데 있어 서로가 이만하면 괜찮다는 자세를 갖는 것이 필요하다.

5) 3가지 자아상태(부모 자아, 성인 자아, 아동 자아)

6) 교류의 유형(상보적 또는 상호보완적 교류, 교차적 교류, 암시적 교류)

7) 인생태도 또는 삶의 입장(자기 긍정 - 타인 긍정, 자기 긍정 - 타인 부정, 자기 부정- 타인 긍정, 자기 부정 - 타인 부정)

8) 4가지 분석방법(구조분석, 교류분석, 게임분석, 인생각본분석)

📁 기출문제 확인학습

교류분석에 관한 설명

1) 번(Berne)이 창시한 이론이다.

2) 심리적 욕구로 자극 욕구, 구조 욕구, 자세 욕구를 강조한다.

3) 성격의 구조는 부모 자아, 어른 자아, 어린이 자아로 구성되어 있다.

4) 의사소통의 질을 개선할 수 있는 구체적인 방법을 제시해 준다.

자아상태와 그 특징

CP(비판적 부모자아) - 설교적, 비판적, 권위적, 단조로운

NP(양육적 부모자아) - 차분한, 보살피는

FC(자유 아동자아) - 감정적, 개방적, 명랑한, 흥분된, 자유로운

AC(순응적 아동자아) - 조심스러운, 눈치를 보는

제11절 | 여성주의 치료(여성주의 상담이론)

1 여성주의 치료[11] [Feminist Therapy - 카삭(Kaschak) 등]

1) 자유주의적 여성주의 상담사의 입장

(1) 한 사람인 여성이 사회화 양상의 한계와 제약을 극복하도록 돕는 것에 관심이 있다.

(2) 여성과 남성의 기회평등을 돕는 것에 관심이 있다.

(3) 중요 치료 목표는 개별 여성의 권한, 존엄, 자기 충족, 평등 등을 찾는 것이다. 중요한 또 다른 목표는 성적 편견 및 전통적인 사회화에 기초한 심리치료 훈련을 반박하는 것이다.

2) 문화적 여성주의 상담사의 입장

(1) 사회가 여성의 장점과 가치, 역할을 평가절하하기 때문에 억압이 발생된다고 여긴다.

(2) 여성과 남성의 차이를 강조하며, 억압을 해결하기 위해 문화의 여성화가 이어진다면 사회는 더 양육적이고, 직관적이며, 주관적이고, 협동적이며, 관계 지향적으로 될 것이라 여긴다.

(3) 개인주의보다 상호주의의 가치를 강조한다.

(4) 치료목표는 협력적인 방식으로 사회의 가치를 융합시키는 것이다.

3) 급진적 여성주의 상담사의 입장

(1) 권위에 파묻힌 여성의 억압에 초점을 두고 활동과 평등의 힘을 통해 사회를 변화시키려 한다.

(2) 모든 영역에서 가부장제가 지배하는 방식에 대해 물음을 던진다.

(3) 중요 목표는 남성과 여성의 관계 변화, 사회 제도의 개혁, 여성의 성과 관련된 여성의 결정권과 창조적 결정권을 증가시키는 것 등이다.

4) 사회주의적 여성주의 상담사의 입장

(1) 급진적 여성주의 상담사와 함께 사회 변화라는 목표를 공유한다.

(2) 직업, 교육, 가족에서의 역할이 그들의 삶에 끼치는 영향에 대해 관심을 가진다.

(3) 중요한 치료목표는 사회관계와 제도를 개혁하는 것이다.

5) 여성주의 치료 원리

(1) 사람은 정치적이라는 것이다.

이 원리에서는 내담자의 문제가 사회적, 정치적인 맥락에서 발생한다고 본다.

---

11) 여성주의 치료는 전통적인 성역할과 남녀에 대한 성역할 고정관념이 여성문제에 있어서 중요한 원인이라고 보고 여성이 자신의 문제가 여성 자신의 개인 내적인 것뿐만이 아니라 사회구조적인 것에서부터 비롯됐다는 것을 깨닫도록 하여 성을 초월한 인간으로서의 자신을 개발하고 이해하도록 돕는 것이다.

(2) 사회적 변화에의 참여이다.

여성주의 이론의 목표는 개인의 변화뿐 아니라 사회변화도 추구한다고 보았으며 사회 변화를 위한 상담가의 직접 개입도 상담심리사의 중요한 역할로 생각한다.

(3) 여성주의에는 여성과 소녀의 의견과 지식은 가치가 있으며, 그들의 경험은 존경받아야만 하며 여기에서는 여성의 의견이 권위 있는 지식이나 가치 있는 정보로 인정받는다.

(4) 상담 관계는 평등하다.

여성주의 상담사는 내담자를 자기 인생의 전문가라고 생각하며 치료관계에서의 권력의 균형을 알고 평등한 관계를 위해 노력한다.

(5) 강점에 관심을 가지며, 심리적 스트레스에 대한 정의를 다시 형성한다.

① 여성주의 상담심리사들은 심리적 스트레스를 질병이 아니라, 공정하지 못한 체제의 표현으로 재 개념화하였다.

② 내담자의 문제를 병리적으로 해석하지 않고 대처 전략으로 보았다.

(6) 모든 압박은 인식되어야 한다.

여성주의 상담사는 내담자들을 사회문화적 환경 속에서 이해하였는데, 그들은 사회 정치적 불평등이 모든 사람에게 부정적인 영향을 끼친다고 말한다.

6) 여성주의 치료의 특성

(1) 여성주의적 가치관을 가져야 한다.

여성 내담자들의 심리에 내면화된 가부장적 가치관을 인식시키고, 여성주의적 가치관이라는 새로운 지평을 열어주는 데 초점을 맞추어야 한다.

(2) 개인의 변화를 넘어 사회적인 변화를 추구한다.

여성의 문제들이 개인의 문제가 아니라 성역할과 사회화로 인한 구조의 문제라고 보기 때문에 문제의 근본적인 해결을 위해서는 개인의 변화 뿐 아니라 사회구조의 변화가 반드시 수반되어야 한다.

(3) 상담자와 내담자는 평등하다.

여성주의 치료에서 상담자와 내담자는 함께 작업하는 평등한 관계로 나아가며, 경직되고 위계적인 거리감을 두기보다 보살펴주고 협조하는 사이이다.

7) 여성주의 치료의 기법

(1) 여성주의 치료는 내담자들의 여성주의 정체성 발달단계에 따라서 상담이 진행되어야 한다.

(2) 여성주의 정체성은 여성이나 남성이 고정적인 성역할에서 벗어나 여성과 남성을 서로 차별하지 않고 각각 독립된 인간존재로 자신을 인식하는 것으로서 다음 4단계로 구분할 수 있다.

① 1단계 : 수용성 (acceptance)

전통적인 역할을 수행하며 의심 없이 사회구조를 받아들인다.

② 2단계 : 폭로 (revelation)

여성이 여성으로서 자신의 역할과 자신에 대해 회의감을 가진다.

③ 3단계: 새겨둠 (embedness)

　　새로운 정체성을 받아들인다.

④ 4단계: 참여 (commitment)

　　여성주의 정체성을 수행한다.

📁 **실력다지기**

여성주의 상담 (여성주의 치료)

여성주의 상담

1) 젠더 균형적이다.

　(1) 심리학적으로 여성과 남성의 유사함을 밝히고 남성과 여성의 차이를 사회화, 자기표현 전략, 인지적, 감정적 진행의 발달적 양상으로 설명한다.

　(2) 사회적 역할과 대인관계 행동에서 성역할 고정관념을 줄이기 위한 변화를 증진시키고자 한다.

2) 유연하며 다(多)문화적이다.

　(1) 나이, 문화, 민족, 젠더, 계급, 성적 선호를 다양하게 지닌 개인이나 집단 모두에 적용 가능하다.

　(2) 변화를 위한 복합적 대인 관계적 질서와 선택 가능성을 제시한다.

3) 개인과 상황 간 상호작용(연대성)을 강조한다.

　개인(감정적, 행동적, 인지적)과 상황(제도, 문화, 권력, 장벽들) 사이의 연속선상의 중간지점에 머무는 경향이 있다.

📁 **기출문제 확인학습**

여성주의 상담기법의 원리

1) 개인적인 것은 정치적인 것이며 여성의 문제를 사회구조적인 것에서 찾아서 여성 스스로가 자신의 정체성을 갖도록 하는 것이다.

2) 평등한 관계로서 여성의 문제 중에 하나는 자신들을 스스로 종속관계에 놓이게 하는 것으로서, 상담자와 내담자는 평등한 관계로서 도움을 주어 내담자가 상담 장면에서 '평등한 관계'를 체험학습할 수 있어야 할 것이다.

3) 여성적 가치로 평가하기라는 원리는 성 개념을 재구조화하는 것으로서 여성에게 정형화된 특성들을 남성과 여성 모두에게 가치 있고 중요한 인간의 특성들(양성평등)로 재평가하는 것이다.

여성주의 상담의 목표

1) 적응이 아니라 변화를 위한 상담　　　2) 평등성의 강화

3) 수행성과 친교성의 균형　　　　　　4) 역량강화

5) 자기 양육　　　　　　　　　　　　6) 다양성 인정하기

콜버그와 길리건의 도덕론

1) 콜버그의 가장 상위단계인 보편적 도덕 원리는 권리의 평등성과 상호성을 보장하며 인간의 존엄성을 존중하고 보편적 정의의 원칙이 되며, 정의라고 하는 것은 개인이 결정을 내리는 데 있어 바탕이 되는 원리로서, 일반적이며 보편적인 원리에 근거해야 한다는 것이다.

2) 콜버그는 정의는 보편적인 원리이므로 남녀에 구분 없이 최고 단계에 이르는 것이 도덕적으로 성숙한 것이라 하였다.

3) 하지만, 여성 대부분이 감정에 휩싸여 제대로 된 판단을 내리지 못해 도덕적 수준이 3단계인 착한 소년·소녀 단계에 머무르고 있어서 여성들이 남성들보다 열등하며, 도덕적으로 성숙할 수 없다고 하였다.

4) 여성들 고유한 특성인 부드럽고 다른 사람의 감정을 배려할 줄 아는 이러한 여성적인 특성이 여성들을 열등하게 만들었다는 것이다.

5) 길리건(Gilligan)은 이러한 남성중심의 규범윤리학을 비판하고, 남성과는 다른 여성만의 특성을 강조하는 배려의 심리적 특성에 관련해 새로운 기준으로써 배려 윤리(ethics of care)를 제시하였다.

6) 콜버그의 정의의 도덕은 규칙, 법칙성, 공정성, 자아와 타인에 대한 권리 등을 도덕적 요소로 하며, 권리와 규칙에 대한 이해를 도덕발달의 중심에 두고 있는데, 즉 정서의 중요성이나 타인과의 관계가 중요한 역할을 하지 않는다고 보는 것이다.

7) 길리건은 이러한 인지적인 측면보다는 인간관계, 동정심, 조화, 상황 등을 중시하며, 여성이 남성과는 다른 이러한 도덕적 지향을 가지고 있으며, 여성의 보살핌(caring) 행위가 새로운 도덕적 성숙의 근거가 되어야 한다고 주장하였다.

8) 길리건은 여성의 도덕발달을 나타낼 수 있는 것으로 여성들의 관계와 그 관계 속에서 나타나는 반응에 중점을 둔 배려윤리를 제안하였다.

길리건 (C. Gilligan)

여성의 도덕성 발달은 콜버그(L. Kohlberg)의 모형으로 설명할 수 없다. 왜냐하면 여성의 돌봄과 책임의 도덕성은 관계체계에 근거하고 있기 때문이다.

밀러 (J. Miller)

여성의 정체감은 관계 맥락을 통해 확인할 수 있다. 그리고 종속집단에 해당하는 여성은 지배계층을 기쁘게 하기 위해 수동성, 의존성, 무능력 등의 특성을 형성해간다.

여성주의 상담의 창안자 가운데 관계적-문화적 이론을 발전시킨 밀러(J. Miller)

1) 밀러(1928 ~ 2006)는 보스턴 의과대학의 정신과 교수이자, 웰즐리대학의 스톤센터에 있는 장 베이커 밀러 연구소의 책임자이다.

2) 그녀는 「새로운 여성 심리학(Toward a New Psychology of Women)」을 저술했고 「치유적 관계: 여성의 관계 맺기(The Healing Connection: How Women Gorm Relationship in Therapy and in Life and Women's Growth in Connection)」를 공동 저술했다.

3) 밀러 박사는 다양한 학파와 동료들과의 공동작업으로 관계적-문화적 이론을 계속 발전시켰으며, 그녀는 이 이론을 치료나 그외 분야에서의 복잡한 문제에 적용하려고 시도하고 있는데, 여기에는 이혼, 사회운동, 직장환경 변화 등의 문제가 포함된다.

제12절 | 절충적 접근(=통합적 상담 - 에간 등)

1) 발달 역사

(1) 상담 및 심리치료의 절충적 경향은 1940년대 중반부터 그 기초가 형성되었다.

(2) 절충주의에 관하여 최초로 체계적인 관점을 전개했던 손(Thorne, 1950)은 기존의 모든 방법들에 대한 실증적 증거를 절충적 입장에서 수집하고, 평가할 것을 주장하였다.

(3) 브래머와 쇼스트롬(Brammer & Shostrom, 1968)은 절충주의적 입장을 취한 발달적 접근으로부터 자신들의 실현상담(실현치료 ; actualizing counseling or actualizing therapy)을 개발하였다.

(4) 브래머(Brammer, 1979)는 이론, 연구, 임상실제 및 관찰을 통해 치료적 관계기술들을 종합함으로써 관계기술, 가치명료화 및 체계적 의사결정에 중점을 두었다.

(5) 쇼스트롬(Shostrom, 1976)은 실현상담이 절충주의를 능가하는 것이라고 말하고 있지만, 절충적인 그의 실현치료를 소개하면서 '창조적 종합(creative synthesis)'이란 용어를 사용하였으며 정적(靜的)인 의미가 강한 '실현(actualization)'이란 용어 대신 동적(動的)인 의미가 강한 '실현화(actualizing)'란 용어를 사용하였다.

(6) 카커프와 베렌슨(Carkhuff & Berenson, 1977) 등은 효과적인 관계, 문제해결 및 훈련기술들을 예비상담자(조력자)의 준비교육 및 과학적인 선발과정과 결합시켜 종합적, 체계적, 통합적인 절충적 발달모형을 연구, 검증 및 발전시켜 나갔다.

(7) 에간(Egan, 1975)은 가장 널리 알려진 치료적 관계기법들을 목표지향적인 체계적 절충주의 모형으로 통합시켰는데, 이는 체계적 기술체계(systematic skills systems), 사회적 영향 이론(social influence theory) 및 행동주의 이론의 세 가지 주요이론을 근거로 하였다.

(8) 1980년대 초 아이비와 시멕다우닝은 다른 치료학파와 절충주의자들 및 비전통적인 중재접근 등의 연구에 의해 개발된 원리를 기초로 하여, 절충적 경향을 가지는 상담 및 심리치료의 일반이론(general theory of counseling and psychotherapy)을 개발하였다.

(9) 종합적인 체계모형은 "어떠한 조건 하에서, 어떤 내담자에게, 어떻게 치료할 것인가?"에 대한 해답을 추구하면서 더욱 발전할 것이다.

(10) 절충주의의 영향으로 인해 최근 순수학파 옹호자들의 저작에서도 더 많은 유형의 내담자들과 더 다양한 인간문제 및 더 많은 치료전략을 고안하기 위해 자신들의 이론적 관점을 확대해 나가는 경향을 볼 수 있다.

> **사례**
>
> 행동주의자들은 인지적 과정과 기법을 수용하고 적용하는 방향으로 나아가고 있으며, 전통적인 모형인 특성 - 요인 상담이론에서는 현실치료, REBT 및 인간중심적 상담의 기법들을 선택적으로 사용하고 있으며, 아들러학파 치료자들은 행동주의적 접근을 더 많이 사용하고 있다. 그리고 의사교류분석(TA) 상담가들은 게슈탈트 치료기법을 더 많이 받아들이게 되었다.

통합적 (절충적) 상담

1) 통합적 상담은 실용주의(pragmatism)에 근거하며, 세 가지 이상의 상담이론을 통합적으로 사용하고 다양한 이론적 접근들을 필요에 따라 선별적으로 적용한다.
2) 모든 내담자들에게 효과적인 단일 접근법은 없다고 믿기 때문에 한 가지 상담이론에 얽매이지 않으며, 모든 문제에 효과 있는 하나의 이론이나 기법은 없다고 가정한다.
3) 개별 내담자에게 최상의 심리치료가 어떤 것인지 알 수 없기 때문에 내담자에게 효과적인 상담방법을 탐색하고, 동일한 내담자에 대해 서로 다른 이론 적용을 허용한다.
4) 통합의 궁극적 목표는 치료의 효과와 유용성을 높이는 것이다.

2) 체계적 상담모델의 과정 - 길리랜드와 데이비스의 6단계 모델을 중심으로

체계적 상담모델의 과정은 6단계로 표현될 수 있는데, 이 단계들은 구분이 명확하거나 기계적인 것이라기보다 융통성 있는 하나의 과정으로 볼 수 있다.

(1) 1단계 : 문제 탐색하기[12]

라포(rapport) 형성하기, 내담자의 관심사를 경청하기, 내담자로 하여금 자신의 관심사를 보다 깊은 수준에서 탐색하도록 격려하는 방식으로 반응하기, 상호 신뢰의 발달, 내담자의 감정표출이 필요할 때마다 이를 허용하기, 언어적 및 비언어적 행동에 관심 기울이기, 말의 내용뿐 아니라 감정에도 관심 기울이기, 관계 속에서 가능한 한 순수하고 현실적이며 공감적이고 보호적이며 존중하며 무비판적이며 비소유적이며 수용적으로 되기 등이 포함된다.

(2) 2단계 : 두 가지 차원으로 문제 정의하기[13]

① 상담자는 내담자 문제의 정의적, 인지적, 신체적 측면에 대한 이해가 이루어질 때까지 문제의 '감정'적 측면과 '사실'적 측면을 언어화시킨다.
② 내담자와 상담자는 자세하고도 구체적인 용어로써 함께 문제를 정의해야 한다.
③ 문제의 정의는 내담자와 상담자로 하여금 문제의 원인에 대해 확실히 알 수 있도록 해준다.

(3) 3단계 : 대안의 확인[14]

① 신체적 및 정서적 안전을 고려하면서 현재 가능한 대안들을 확인하고 검토하기, 모든 합리적인 선택들을 제시하고 공개적으로 검토하기, 상담과정 중에 대안목록 작성하기, 내담자를 격려하여 가능한 한 많은 실행 가능한 대안들을 열거하고, 언어로 표현하도록 하기 등이 포함되는데, 이 대안들은 내담자 자신의 것이어야 하며 적절하고, 현실적인 것이어야 한다.

---

12) 1단계는 인간중심 상담과 실존상담(실존치료) 등에 근거를 두고 있다.

13) 2단계는 인간중심 상담과 실존상담(실존치료) 등에 근거를 두고 있다.

14) 3단계는 인간중심 상담, 현실요법, 정신분석 치료, REBT, 특성-요인 상담, 아들러식 치료, 게슈탈트 치료, 행동치료(인지적 행동치료 포함) 및 TA가 내담자에게 이용 가능한 대안을 검토하는 데 활용될 수 있는 체제들이다.

② 내담자의 선택을 명료화하기 위해 상담자는 개방형 질문을 사용하기, 내담자가 그 자신의 것으로 받아들일 수 있는 대안들을 더 추가해 줌으로써 내담자를 도울 수 있다.

③ 그러나 내담자에게 강요해서는 안 되며 더 많은 대안으로 발견하기 위해 내담자에게 숙제를 내 줄 수도 있으며 위탁과 자문을 구할 수도 있다.

(4) 4단계 : 계획[15]

① 확인된 대안들에 대한 비판적인 평가, 재연, 역할연기, 제안 및 내담자가 계획한 실행단계에 대한 정서적 심상법들이 포함될 수 있다.

② 내담자의 과거 성취수준과 현재의 위험감수 및 반응에 대한 준비도를 고려하여 적절하고, 현실적인 대안들은 무엇이며 또 얼마나 되는지 내담자가 결정할 수 있도록 돕는다.

③ 상담자는 계획과정에서 모든 문제들이 단계적으로 해결될 수 있는 것은 아니므로 치유되는 데 시간이 필요한 경우, 나쁜 영향을 감소시킴으로써 부분적으로 완화될 수 있는 경우 또는 "우리는 타인들의 행동이나 생각을 통제할 수 없을 뿐 아니라, 그들에 대해 책임질 수도 없다."같이 꼭 알아야 할 필요가 있을 경우 제안을 하거나, 직접 가르칠 수 있다.

④ 현실적이며 성공지향적인 실행가능한 계획들을 발전시키는 것이 이 단계의 주요 목표이다.

(5) 5단계 : 행동/헌신[16]

① 실행 가능한 행동단계에 대한 순수한 현실이 일차적 목표이며 현실성, 시간, 정서적 수용력 및 욕구 충족 차원에서 어떠한 행동단계를 시도할 것인지 결정하는 것은 내담자에게 중요하다.

② 상담자는 인간적인 관계에서 순수하게 지지적이지만, 내담자를 대신하여 행동단계를 수행할 수는 없다.

③ 내담자는 행동단계를 중요하며, 목표에 관련된 것으로서 기꺼이 시도할 의사를 보여야 한다.

④ 처음 시도에서 목적이 달성되지 않았거나, 부분적으로만 달성되었을 경우 이것이 재난이나 실패가 아님은 물론, 완전한 성공도 아니라는 것을 이미 알고 있는 내담자는 이러한 상황을 현실적으로 이해한다.

⑤ 헌신단계에서 상담자의 역할은 내담자가 최대의 성공을 달성하도록 조력하고, 진보를 평가하고, 계획을 정교화할 수 있도록 돕는 것이다.

(6) 6단계 : 평가 및 피드백[17]

① 내담자는 보통 앞 과정에서의 행동/헌신에 기초하여 목표달성에 이르는 진보상황을 요약한다.

② 내담자와 상담자는 내담자의 욕구, 느낌 및 현재의 대응수준에 비추어 목표달성 정도를 검토하고, 평가한다.

---

15) 4단계는 인간중심 상담, 현실치료, 정신분석적 상담, RET, 특성-요인 상담, 아들러식 상담, 게슈탈트 치료, 행동치료(인지적 행동치료 포함) 및 TA가 내담자의 행동계획단계에서 사용된다.

16) 5단계는 인간중심 치료, 현실치료, 정신분석적 상담, REBT, 특성-요인상담, 아들러식 상담, 게슈탈트 치료 및 행동 치료(인지적 행동치료 포함)와 TA는 내담자가 중요하고, 바람직한 것으로 보고 있는 현실적인 목표달성 또는 성공적인 행동을 위해 행동/헌신할 수 있도록 조력하는 데 사용될 수 있는 체제들이다.

17) 6단계는 인간중심 상담, 특성-요인 상담, TA, 행동주의 상담(인지적 행동주의 포함), 아들러식 상담, REBT 및 현실치료 등이 평가와 피드백 단계의 여러 다양한 요소들과 함께 이용될 수 있는 체제로서 권장된다.

③ 목표달성 수준이나 내담자의 현재 욕구에 대한 평가를 통해 필요하다면 계획에 대한 토의와 평가를 더 계속할 수 있다.

④ 내담자가 추가로 어떤 것을 원하거나, 또는 다른 문제를 다루고자 한다면 상담자와 내담자는 내담자의 욕구 및 필요에 의해 피드백과 평가 자료를 처리할 수 있을 것이다.

⑤ 상담자는 모니터링과 지지적 역할을 계속하면서 같은 목표에 대해 내담자를 조력한다.

3) 상담전략[18] - 절충적 상담에서 활용하는 상담전략

(1) 관계형성 전략

① 절충적 상담자들은 내담자와의 긍정적인 관계형성 및 유지를 매우 강조하며 내담자의 독립성과 책임감 증진 역시 중요한 목표가 된다.

② 상담관계의 질은 ㉠ 상담분위기 조성 기술, ㉡ 인간관계형성 기술, ㉢ 의사소통(언어적·비언어적 의사소통) 기술, ㉣ 경청하기 기술 등이 상담 장면에서의 상담자와 내담자 간의 정서적 유대관계를 형성하는 데 매우 중요한 영향을 미치게 된다.

(2) 면접전략

① 많은 상담자들은 구조화를 위한 면접을 초기 회기(initial session), 접수면접(intake interview), 사정 면접(assessment interview), 기본규칙 수립과정 등과 같은 여러 가지 다른 명칭으로 부르고 있다.

② 첫 면접과정을 통해 개방적이고, 자발적이며 신뢰로운 관계를 위한 기초가 구축되어야 한다.

③ 구조화는 상담의 초점이나 의도를 억제, 제한, 한정하거나 엄격하게 규정하는 것이 되어서는 안 된다.

④ 면접에서 상담자와 내담자의 역할과 책임을 규정하고 명료화하며, 내담자가 상담하러 온 이유를 확인하고 신뢰와 라포(rapport)를 형성하여야 한다.

⑤ 첫 면접을 통해 내담자는 상담관계가 가지는 기제, 윤리, 기대 및 제한점에 대한 시각을 얻게 될 것이다.

(3) 자료수집 전략(assessment strategies)

① 절충적 상담자의 자료수집 절차는 복합적이고, 체계적이며 지속적인 노력을 요구하는 과제이다.

② 자료수집이 그 자체만으로 분리해서 이루어지는 것은 아니며 종합적인 자료수집 절차는 내담자와 상담자가 핵심적인 문제를 확인하고 그 문제에 대한 환경적, 사회적 영향을 검토하는 데 도움을 준다.

③ 내담자의 발달적·환경적·문화적 자원 또는 결함을 고려하면서 내담자의 다양한 요구를 확인할 수도 있다.

④ 자료 수집을 위한 평가절차는 내담자의 생활양식, 세계관 및 정신건강을 평가하는 데 도움이 되며 내담자의 흥미, 적성, 능력 및 숙련수준에 대한 정보를 제공해 준다.

⑤ 수집된 자료는 대안을 확인하고 내담자가 현실적인 행동계획을 발전시키며, 상담자의 능력을 개선하는 데 도움이 되는 출발점이 될 수 있다.

---

18) ① 관계형성전략, ② 면접전략, ③ 자료수집전략, ④ 아이디어 생성전략, ⑤ 사례전략, ⑥ 통찰전략, ⑦ 행동관리전략, ⑧ 평가와 종결전략, ⑨ 인간적/전문적 성장전략, ⑩ 연구전략의 10가지 전략이 있다.

(4) 아이디어 생성 전략

① 절충적 상담자는 내담자가 대안을 생각하도록 돕거나 내담자가 자신의 대안목록들을 생각하는 방법을 가르칠 때 브레인스토밍(brainstorming)기법, 자기관리를 위한 내적 대안방법(self-managed covert alternative methods), 체계적 문제해결절차 등과 같은 많은 전략들을 사용한다.

② 아이디어 생성에서 가장 중요한 것은 선택이 내담자에 의해, 또는 상담자에 의해 강요된 것이 아닌 상담자와 협의 하에 이루어져야 한다.

③ 내담자가 주인의식(ownership)을 가질 수 있는 것으로서, 가능한 한 많은 대안들 중에서 적어도 하나를 선택하여, 합리적인 계획이 실제로 수행되어야 한다는 점이다.

(5) 사례 전략(case-handling strategies)

① 절충적 상담자와 심리치료자들은 타당하게 수집된 자료를 토대로 선택된 광범위한 사례전략들을 활용한다.

② 절충주의자들이 활용할 수 있는 기존의 사례전략은 매우 다양하고 방대하다. 이러한 '순수한' 절충적 접근방식 외에 절충적 상담자들은 심리교육적 전략, 발달적 전략, 체제적 전략, 위기 중재적 전략(상황적 위기를 맞은 내담자들이 균형을 회복하고, 정상적인 대처행동을 할 수 있도록 하기 위해 단기적인 응급조치가 필요할 때 사용) 등을 사용하기도 한다.

(6) 통찰 전략

① 절충적 상담자들은 내담자가 통찰을 얻도록 촉진시키는 데 필요한 절차들을 몇 가지 이론적 체제들로부터 선택할 수 있다.

② 프로이트(Freud)로부터 현재에 이르기까지 모든 정신역동적 접근법들은 통찰이 치료적 가치를 가진다는 신념에 근거를 둔 개념 및 과정요소를 포함한다.

③ 광범위한 인지적 행동치료기법에서 볼 수 있는 바와 같이, 인지적 요인에 중점을 두는 접근에서는 상담의 중요한 성과로서 통찰(인지)이라는 요소를 중요시 한다.

④ 실존치료에서는 자아의 지각적, 경험적 구조와 세계와의 계속적인 참 만남 속에의 통찰을 중요시한다.

⑤ 게슈탈트 및 TA의 모든 각성기법들은 내담자가 새로운 통찰을 얻도록 하는 데 직접 적용될 수 있는데, 이 두 가지 치료법들만으로도 내담자의 통찰을 자극하는 광범위하고 강력한 전략들을 제공해 줄 수 있다.

(7) 행동관리 전략

① 행동관리 전략에는 행동계약, 토큰경제 같은 외현적 기법에서부터 정서적 심상법, 스트레스 접종 같은 내재적 절차에 이르기까지 광범위한 방법들이 포함된다.

② 절충적 상담자는 내담자의 금연을 돕는 것으로부터 이성과 친밀감에 대한 태도를 개선하는 것에 이르기까지 수많은 다양한 조력상황에서 행동주의 기법을 선택, 활용한다.

(8) 평가 및 종결 전략

① 평가는 상담자와 내담자가 기대했던 성과를 어느 정도 달성했는가 결정할 수 있도록 돕고, 상담과정에서 요구되는 조정(개선, 변화)을 제대로 실행하기 위한 전략이다.

② 평가는 동일한 또는 유사한 내담자 상황에서 상이한 전략들과 접근방식들의 상대적 효과를 확인할 수 있도록 한다.

③ 평가는 연구, 저술, 전문활동 등을 통하여 상담자의 지식과 기술을 향상시키고, 다른 조력 전문가들과 타당한 결과들을 서로 공유할 수 있도록 한다.

④ 절충적 상담자들의 평가전략은 모든 타당한 체제와 접근에서부터 도출된 것들로서, 평가에서 나온 정보는 상담의 모든 단계에서 활용된다.

⑤ 평가는 전체적으로 통합되어 체제적으로 가능한 것으로서, 조력과정의 어느 한 특정 시점에서만 활용되는 몇 가지 분리된 기법들과는 비교된다.

⑥ 상담의 목적이 정상적인 진보과정에 의해 달성되었으면 상담자와 내담자는 명확하고 긍정적인 종결을 할 수 있다.

(9) 인간적/전문적 성장 전략

① 상담자의 효율성 발휘, 발달, 재훈련 및 소진에 대비한 충전 등은 적절한 전문단체나 활동에 가입하고 참여함으로써 증진될 수 있다.

② 상담자들은 기본적으로 끊임없이 전문서적과 논문을 읽고, 또 읽어야 한다.

③ 상담자들은 '소진'을 피하는 방법으로서 심리운동적인 활동(psychomotor activity)의 몇 가지를 매일 실천해야 한다.

④ 절충적 상담자들은 다양한 종류의 성장활동들을 활용할 수 있다.

(10) 연구 전략

① 상담자가 관심을 가지는 두 가지 종류의 연구는 상담과정에 대한 연구(process research)와 상담성과에 대한 연구(outcome research)이다.

② 과정연구는 내담자의 목표달성을 위해 상담에서 활용되었던 절차를 탐구하는 것인데, 여기에서는 상담성과에 영향을 미칠 수 있는 이론, 전략, 기법, 처치, 상담자 특성 등 모든 변인들을 탐구한다.

③ 성과연구에서는 상담의 결과로서 목표가 어느 정도 달성되었는가를 탐구하는데, 이는 특수한 처치에 노출되기 전에 일상적으로 나타났던 특정 행동의 빈도와 처치 후 일상적으로 나타난 행동의 빈도를 비교한다.

📁 기출문제 확인학습

절충적 상담에 관한 설명

1) 실용주의(pragmatism)에 근거한다.

2) 세 가지 이상의 상담이론을 통합적으로 사용한다.

3) 다양한 이론적 접근들을 필요에 따라 선별적으로 적용한다.

4) 모든 문제에 효과 있는 하나의 이론이나 기법은 없다고 가정한다.

5) 동일한 내담자에 대해 서로 다른 이론의 기법 적용을 허용한다.

절충적 상담과정

1) 체계적 모델 혹은 절충적 모델의 특징은 이론, 상담방식 및 기법에서 대단한 융통성을 발휘할 수 있다는 점이다.

2) 그러나 융통성이 많다고 해서 체계적 모델이 조직적이지 못하다거나 또는 자의적이며, 일관성 없는 모순되는 가정과 방법들이 뒤범벅된 조잡한 것이라고 생각해서는 안 된다.

3) 모든 절충적 모델과 마찬가지로 체계적 모델 역시 계획적이며 체계적이고, 일관성 있는 가정과 규칙 및 방법들을 기초로 하고 있다.

4) 비록 절충적 상담자들이 박식하고 숙련되어 있으며, 몇 가지 이론적 접근방식에 정통하다 하더라도 그들이 모든 방법에서 전문가가 될 필요는 없다.

5) 그들은 융통성 있고, 다재다능하며 민감할 뿐만 아니라, 적절한 방식으로 각 이론적 접근법들의 정수를 활용할 수 있는 능력이 있다.

6) 절충주의자들은 자신을 계속적인 학습자로 생각하며, 약점 있는 인간으로서 자신을 수용할 수 있다.

7) 절충적 상담에서는 완벽주의나 편협한 독단이론이 자리를 잡을 여지가 없다.

📁 기출문제 확인학습

통합주의 접근 관점

1) 기술적 통합(기법적 절충): 내담자와 문제에 대한 가장 좋은 치료기법을 선택하는 것을 목표로 한다. 이론적 기초 없이 다른 이론의 기법을 빌려온다. 기법이 특정이론이나 개념과 관계가 없어도 된다.

2) 이론적 통합: 단순한 기법의 결합을 넘어 개념과 이론을 재창조한다. 통합의 결과에 기초하여 이론들을 통합하는 것을 강조한다.

3) 공통적 요인접근: 각 이론들 간의 공통 요인을 찾는다. 이론들 간의 다양한 차이에도 불구하고, 치료적 핵심 요소는 모든 치료에 공통 요인으로 구성되어 있다. 이 공통요인에는 치료적 관계형성, 정화(카타르시스), 새로운 행동 연습하기, 내담자의 긍정적 기대 등이 있다. 이 관점은 매우 강한 경험적 증거를 가지고 있다.

4) 동화적 통합(흡수 통합접근): 특정 치료학파를 기초로 다른 치료접근을 선택적으로 통합한다. 단일 이론체제의 이점과 다양한 기법 사용의 유연성을 특징으로 한다.

혼합주의(syncretism) (Corey, 2015)

1) 합리적 근거 없이 기법들을 무계획적으로 취사선택하는 절충주의적 상담을 의미한다.

2) 상담자가 선택한 기법들이 실제로 효과가 있을지의 여부를 확인하지 않는다.

3) 무비판적이고 비체계적인 기법의 조합이다.

4) 이러한 혼합주의는 편협하고 독선적인 상담자적 태도일 뿐이다.

5) 따라서 이론 간의 혼란만 초래하며, 내담자를 성공적으로 상담하는데 방해가 된다.

CHAPTER 03 청소년상담의 실제

제1절 | 상담계획과 준비

1) 상담을 위해 필요한 물리적 공간 준비

(1) 상담실

방음장치, 외부 소음차단, 녹음시설, 비디오 녹화시설, 필기도구, 거울 등

(2) 대기실

조용한 음악, 편안함을 느낄 수 있는 의자 등

(3) 접수실

내담자가 가장 쉽게 찾을 수 있는 공간에 마련함

(4) 검사실

조용하고 쾌적한 공간

2) 상담실 가구 배치

3) 각종 서류의 준비

(1) 상담신청서, 내담자별 파일, 각종 검사도구의 구비 등

(2) 기록지 준비

상담준비	상담접촉과정	상담접수
• 상담을 위한 공간 상담실, 대기실 접수실, 검사실 상담파일 보관실 • 각종 서류 및 도구의 준비	• 상담실 접촉 =상담의 시작 전화이용 접촉 인터넷 통한 접촉 직접방문 접촉	• 상담신청서 작성 • 접수면접의 준비 • 접수면접자 역할 중요 • 접수면접시 유의사항 • 정보수집 • 본 상담자에게 인도

제2절 | 상담목표

1) 문제를 해결한다.

청소년기에 공통적으로 직면하는 문제를 해결하고 그것이 성장과 성숙에 도움이 되도록 조력하며 시대적 변화나 환경적 여건에 따라 청소년에게 발생하는 독특한 문제들을 다루고 해결하도록 한다.

2) 이상심리를 치료한다.

노이로제나 정신질환을 치료하는 것은 물론 성격장애나 발달 과정상에 나타나는 다양한 심리적 장애를 치료하는 것에 목표를 둔다.

3) 문제 발생을 예방한다.

학생 청소년의 경우 가출이나 중도탈락은 각종 부적응행동, 일탈행동, 범죄, 정신질환 등에 노출되는 경로로 작용할 수 있기 때문에 이러한 문제를 사전에 예방하는 것은 청소년상담의 중요한 목표가 된다.

4) 발달을 촉진한다.

청소년기 발달과업을 성취하여 성인기를 준비하는 기초를 확립하고 나아가 환경적 변화를 주도할 수 있는 능력을 신장시킨다.

5) 탁월성을 성취하도록 한다.

청소년이 각자의 잠재능력을 계발하여 과학, 스포츠, 예술, 정치, 문화, 경제, 종교 등 광범위한 영역에서 탁월성을 추구할 수 있게끔 새로운 전략을 마련하고 활동을 시도하도록 조력한다.

> **참고**
>
> **청소년 상담의 목표 (지오르지와 크리스티아니)**
>
> | | |
> |---|---|
> | 1) 행동변화의 촉진 | 2) 적응기술의 증진 |
> | 3) 의사결정 기술의 함양 | 4) 인간관계의 개선 |
> | 5) 내담자의 잠재력 계발 | 6) 내담자의 자아정체감 정립 |
> | 7) 긍정적 자아개념 형성 | 8) 건전한 가치관 정립 |
>
> **셜쪄(Shertzer)와 스톤(Stone)이 제시한 상담의 목표**
>
> 1) 행동의 변화 촉진
>
>   상담은 내담자로 하여금 보다 생산적이고 행복한 생활을 영위하며 만족한 삶을 누리는데 도움이 되는 행동을 형성하게 하거나 증가시키는 것을 목적으로 한다.
>
> 2) 적극적인 정신건강의 증진
>
>   상담은 정신질환의 원인이 되는 여러 가지 병리적인 요소를 제거하거나 수정하여야 할 문제를 제시하여 여러 가지의 고민이나 부적응 행동을 정상적인 방향(행동)으로 치료해줌으로써 적극적인 정신건강을 유지하는데 초점을 둔다.

3) 문제해결

상담은 무엇이든지 내담자가 당면한 문제를 하나하나 해결하여 나가는데 초점을 둔다. 어떠한 문제이든 내담자가 당면한 문제에 대해 현명하게 자기이해와 통찰, 자기지도와 자아현실에 이르도록 목적이 뚜렷한 전문적 대화를 통하여 개인을 도울 수 있도록 한다.

4) 내담자의 잠재적 촉진

상담은 내담자의 사고·결정·잠재력을 효율적으로 증진하는 목적이 있어야 한다. 생산적 사고를 증진하고 적응적인 인간관계를 형성하고 다양한 문제 상황을 효과적으로 대처하는 능력을 기르는 것이 목표를 두는 것이다.

5) 의사결정의 능력 함양

상담은 개인이 선택하고 결정하기 위하여 필요한 정보(교육·직업·개인·사회적)를 제공하고 의사결정에 개입하는 정보적 문제나 심리적인 특성을 확인하고 분석하며 장애가 되는 측면을 극복하도록 한다. 상담 선택과 결정의 필요를 내담자가 인식하여 이에 요구되는 정보를 수집·평가하는 긍정적이고 정서적인 태도를 함양할 것을 강조하게 된다.

상담의 원리

1) 내담자 존중의 원리 : 경청, 공감, 강점 활용, 성장 욕구 격려

2) 진실성의 원리 : 공감, 즉시성, 비밀보장

3) 공감

내담자의 입장에서 내담자가 생각하고 느끼는 것을 이해하고 이러한 이해를 전달하는 상담자의 능력을 말한다.

4) 동등하고 인격적인 관계

상담자와 내담자의 관계는 항상 동등해야 한다.

5) 경청

내담자가 하는 말을 주의 깊게 듣고 내담자의 비언어적 행동이나 자세를 관찰하며 내담자가 자유로이 표현할 수 있도록 격려하고 상담자와 내담자의 대화내용을 기억하는 것을 포함한다.

6) 관계의 즉시성

'지금 그리고 여기'에서 두 사람 간에 일어나고 있는 일에 대해 민감하고 직접적으로 반응하는 것이다.

제3절 | 상담과정과 절차

1) 접수면접

(1) 접수 면접자의 역할

막연한 기대를 하는 내담자에게 전문적인 능력과 기술을 지닌 사람이라는 인상을 심어 주는 것이 필요하다.

(2) 접수면접 시 유의해야 할 사항

① 희망을 불러일으키는 것이 요구된다.

② 비밀이 보장됨을 확실히 이야기를 하고 비밀보장의 한계도 설명해야 한다.

③ 상담에 대한 기대를 평가하여야 하는데, 상담관계에 대한 잘못된 개념, 왜곡된 기대 등을 안내해 줄 필요성이 있다.

④ 기본적인 정보를 수집한다. – 가족관계, 사회경제적 수준, 이전에 받았던 상담 경험, 주요하게 호소하는 문제, 정서적인 강도(양가감정의 정도), 인지적 기능, 대인관계 기술 등

⑤ 내담자가 상담실에 찾아오게 된 경위를 파악한다.

⑥ 행동적인 변화에 대한 동기를 파악하는 것이 요구된다.

> ### 📌 정리
>
> **접수단계의 면접**
> 1) 접수면접은 내담자의 현재의 문제, 일반적인 삶의 상황, 대인관계상의 기능에 대한 정보를 수집하기 위해 내담자와 함께 작업하는 단 한 번의 만남이다.
> 2) 접수면접에서는 내담자의 외모, 행동. 심리동작 활동, 접수면접자에 대한 태도, 정서와 기분, 언어와 사고, 지각장애, 현실에 대한 방향성과 의식, 기억과 지능, 신뢰성과 판단력을 평가하는 작업이 이루어진다.
> 3) 접수면접의 제한점
>   (1) 상담자와 내담자 간의 신뢰와 협력관계가 형성될 겨를도 없이 민감하고 고통스러운 정보를 논의해야 한다는 것이다.
>   (2) 상담자가 정해지면 자신의 문제를 다시 반복해야 하는 불편감이 있다.
>   (3) 내담자 감정과 비언어적 행동에 주의를 기울여 내담자를 편안하게 해 주어야 한다.
>   (4) 접수면접에서 수집된 자료는 정확하지 않을 수 있으며, 내려지는 진단은 항상 잠정적이다.

2) 상담의 초기

(1) 상담 초기에 중요하게 다룰 부분

① 내담자의 문제 이해

    ㄱ. 내담자가 도움을 청하는 내용과 직접적인 이유를 확인한다.

    ㄴ. 문제가 발생한 배경을 탐색한다.

        예 어떤 관계에서 불편한가?, 왜 지금 문제가 되는가?, 언제부터 불편이 시작되었나?, 과거에 비슷한 문제가 없었는가?, 성장을 해 오면서 결핍이 무엇이었는가? 등

ㄷ. 문제해결에 대한 동기와 의욕을 평가한다.

② 상담목표 및 진행방식에 대한 합의(계약)

ㄱ. 상담목표를 정한다.

ㄴ. 상담의 진행방식을 합의한다.

📕 상담 기간 및 시간에 대한 합의 과정에서 바람직한 내담자의 행동 및 역할에 대한 안내

③ 촉진적 상담 관계(라포)의 형성

ㄱ. 상담진행의 효과성을 위해 상담의 구조화를 이룬다.

ㄴ. 상담과정에 대한 오리엔테이션과 합의가 이루어져야 한다.

ㄷ. 상담의 특성, 한계, 조건, 앞으로 기대되는 결과, 내담자와 상담자의 의미, 상담의 목표, 비밀보장 등에 대해 언급한다.

ㄹ. 상담의 구조화를 통해 상담이 그 방향이나 초점을 잃지 않도록 하여 상담진행을 돕는다.

📁 **실력다지기**

상담의 구조화

1) 개념

내담자가 상담경험이 있고 상담과정에 대해 잘 알고 있지 않을 경우 상담에 대한 올바른 이해를 위해 안내가 필요한데, 이러한 안내를 상담 구조화라고 한다. 즉, 상담과정의 본질, 제한조건 및 방향에 대하여 상담자가 정의를 내려주는 것으로 내담자에게 상담과정의 바람직한 체계와 방향을 알려주는 것이다.

2) 상담구조화의 필요성

(1) 상담이 무엇인지, 상담에 대해 내담자가 기대하는 것이 무엇인지를 탐색한다.

(2) 상담시간에 무엇을 해야 하는지, 상담자는 무엇을 할 것인지에 대해 구체적인 대화가 필요하다.

(3) 내담자가 상담에 대해 가질 수 있는 애매모호함과 불안감을 줄일 수 있다.

(4) 상담에 대한 내담자의 잘못된 기대를 교정해 준다.

(5) 상담관계가 현실에 기반을 두고 합의된 목표를 추구해 나가는 실제적 관계로 발전시켜 나갈 수 있다.

3) 상담구조화의 내용

(1) 상담에 관한 구조화 - 상담시간, 빈도, 총 상담횟수, 연락방법, 상담 장소 등

(2) 상담관계에 관한 구조화 - 상담자 역할, 내담자 역할, 관계의 성격 등

(3) 비밀보장 다루기

4) 상담구조화의 종류: 상담의 구조화에는 두 가지 종류가 있다.

(1) 암시적인 구조화

이미 알려진 상담자의 역할과 내담자가 처해 있는 상황이 자동적으로 상담관계에 어떤 구조를 가하게 되는 것이다.

(2) 정규적인 구조화

내담자에게 상담과정에 대해 의도적으로 설명하고 제약을 가하는 것이다. 상담에서는 내담자가 자유롭게 자신의 행동과 결정을 하는 것이 원칙이지만, 선택방향을 제시하는 어느 정도의 참조체제가 필요한 것이다.

(2) 상담초기 체크리스트

기대목표	• 라포와 신뢰감 형성 • 호소문제 및 원인파악 • 사례개념화 및 상담목표 수립

과정		실행내용	체크
관계형성		• 라포 및 신뢰감 형성과 편안하고 허용적인 분위기 형성	
		• 상담에 대한 기대감 형성	
상담에 대한 자발성 정도 확인	자발적	• 명확한 비밀보장의 한계 제시	
	비자발적	• 내담자와의 라포 형성과 신뢰형성을 우선으로 함	
		• 내담자의 불편한 마음을 수용, 표현할 기회 제공	
		• 비밀유지 한계 결정 및 의뢰자에게 정보 제공 고려	
		• 교사, 학생부, 학부모가 의뢰한 이유에 대해 밝힘	
상담 구조화	상담	• 상담의 의미 설명 및 내담자의 상담의 의미를 살핌	
		• 상담시간, 빈도, 회기 등에 대해 설명	
	상담관계	• 상담자의 역할 설명	
		• 내담자의 상담자에 대한 기대 살피기	
	비밀보장	• 비밀보장 및 예외상황(한계)에 대해 설명	
문제이해 및 평가		• 내담자에 대한 이해(신체, 인지, 적성, 학업, 사회적 기능 등)	
		• 자아와 자기평가(현실검증 기능, 판단기능, 현실감, 사고, 대상관계, 충동통제, 적응적 퇴행, 방어기능, 자율 기능, 종합과 통합기능, 유능감 등)	
		• 담임교사, 교과 담당교사, 학부모 등의 행동관찰 정보	
		• 문제 해결에 도움이 되는 개인 내적 및 환경 특성	
		• 문제를 유지시키고 해결에 방해가 되는 환경 특성	
사례 개념화		• 상담자가 파악한 내담자 문제의 성격은 무엇인가?	
		• 문제가 생기게 된 경로나 원인은 무엇인가?	
		• 문제를 지속시키는 내적, 외적 역동은 무엇인가?	
		• 문제를 해결을 위하여 내담자에게 필요한 것은 무엇인가?	
		• 상담자는 상담 장면에서 무엇을 할 것인가?	
상담목표 설정		• 1단계: 목표설정의 목적과 필요성에 대해 설명	
		• 2단계: 내담자와 함께 목표 설정	
		• 3단계: 목표달성이 가져다 줄 이점과 손실 검토	
		• 4단계: 목표 달성에 장애가 될 수 있는 요인 파악	
		• 5단계: 필요한 경우 상담과정 중 수정하여 새로운 목표 설정	
유의사항		• 의뢰되어 온 경우 의뢰자의 의견보다는 내담자의 생각과 감정이 중요하고 관심이 있음을 표현할 것 • 사례개념화 시 내담자에게 반복적으로 나타나는 주제와 역기능적인 측면뿐만 아니라 기능적인 측 면도 파악하고 내담자의 환경적 특성(가족, 대인관계 등)에 대한 정보를 수집하고 활용할 것	

사례개념화 - 면접시험에서 중요함.

내담자의 문제, 원인 또는 관련 요인, 상담개입 방법을 체계적으로 설명하는 과정을 사례 개념화라고 한다. 사례 개념화는 내담자에 대한 정보를 모아서 조직화하고, 내담자의 상황과 부적응적 패턴을 이해하고 설명하며, 상담을 안내하며 초점을 맞추고, 도전과 장애를 예상하고, 성공적인 종결을 준비하기 위한 방법 및 임상적 전략이다 (Sperry, 2010).

사례개념화 요소

호소문제	호소하는 문제, 촉발요인에 대한 특징적인 반응
촉발요인	패턴을 활성화하여 호소 문제를 일으키는 자극
부적응적 패턴	지각, 사고, 행동의 경직되고 효과가 없는 방식
유발요인	적응 또는 부적응적 기능을 촉진하는 요인
유지요인	내담자의 패턴을 지속적으로 활성화하여 호소 문제를 경험하게 하는 자극
문화적 정체성	특정 민족 집단에 대한 소속감
문화: 적응과 적응 스트레스	주류 문화에 대한 적응 수준(심리사회적 어려움 등을 포함한 문화 적응 관련 스트레스)
문화적 설명	고통, 질환, 장애의 원인에 대한 신념
문화 대 성격	문화와 성격역동 간의 상호작용 정도
적응적 패턴	지각, 사고, 행동의 유연하고 효과적인 방식
상담목표	단기 - 장기 상담의 성과
상담의 초점	적응적 패턴의 핵심이 되는 상담의 방향성을 제공하는 중요한 치료적 강조점
상담전략	보다 적응적인 패턴을 달성하기 위한 실행 계획 및 방법
상담개입	상담목표와 패턴 변화를 달성하기 위해 상담전략과 관련된 세부 변화 기법 및 책략
상담의 장애물	부적응적 패턴으로 인해 상담과정에서 예상되는 도전
문화적 상담개입	해당 사항이 있을 경우, 문화적 개입, 문화적으로 민감한 상담, 개입의 구체화
상담의 예후	상담을 하거나 하지 않을 경우, 정신건강 문제의 경과, 기간, 결과에 대한 예측

3) 상담의 중기

(1) 문제를 해결하는 단계이다.

(2) 여러 가지 상담기법을 사용한다.

(3) 상담 중기의 과제

① 저항의 처리 – 저항하는 경우 이에 대한 내용을 점검하고 처리하여 주어야 한다.

② 구체적 탐색과 직면 – 문제에 대해 구체적인 탐색과 내담자의 불일치된 면이 나타나는 경우 이에 직면할 필요가 있다.

③ 다양한 기법을 활용하고 해결 대안의 발달을 촉진한다.

④ 내담자가 문제해결을 위해 실천할 수 있는 동기를 조성해 나가야 한다.

⑤ 실천과정을 유지하고 강화해 나가야 한다.

4) 상담의 종결

(1) 종결의 준비과정을 거쳐야 하며 점진적으로 내담자와 함께 정할 필요가 있다.

(2) 내담자의 불안을 다루어 주어야 한다. – 상담을 통한 변화와 발전을 재음미하고 요약하며 종결에 따른 불안을 다뤄 주는 것이다.

(3) 상담자를 향한 의존성을 극복할 수 있게 원조한다.

① 상담자와 내담자의 상담관계가 상담목표를 가지고 만난 일시적인 관계임을 상기시킬 필요가 있다.

② 내담자를 격려해 주고 상담관계가 내담자에게 의미 있는 관계임을 확인시켜 주어야 한다.

(4) 대처에 대한 면역력을 증대시킨다.

상담 종결 후의 생활을 예견해 보고 대처방안을 논의한다.

(5) 증상 재발시의 대처방법을 강구한다.

증상 재발 시 추가 만남에 대한 가능성을 제시한다.

제4절 | 상담기술과 기법

1) 경청

상담에서 가장 기본적인 기법으로서 상담자가 내담자의 말과 행동을 적극적으로 듣는 것뿐만 아니라, 선택적으로 주목해서 듣는 것을 의미한다.

> 📁 **기출문제 확인학습**
>
> **관심과 경청 그리고 이해(G. Egan)**
> 1) 관심과 경청은 상담을 포함하여 모든 커뮤니케이션에서 제2의 천성이 되어야 할 만큼 가장 기본적인 기술이다.
> 2) 관심을 기울인다는 것은 상담자가 신체적으로나 심리적으로 내담자와 함께 할 수 있는 방법을 일컫는 것이고 경청한다는 것은 내담자가 이야기를 할 때 그 메시지가 언어적으로 전달되든 비언어적으로 전달되든, 분명하게 전달되든 모호하게 전달되든, 내담자가 전달하려고 하는 메시지를 상담자가 포착하고 이해하는 능력을 가리킨다.
> 3) 관심을 기울이기 위한 미시적 기술(경청 기술, G. Egan)
>   (1) 내담자를 바로 바라본다.
>   (2) 개방적인 자세를 취한다.
>   (3) 가끔 상대방 쪽으로 몸을 기울인다.
>   (4) 좋은 시선의 접촉을 유지한다.
>   (5) 편안하고 자연스러운 자세를 취한다.

2) 재진술(=바꾸어 말하기=환언)

(1) 내담자의 말 중에 가장 중요하다고 생각되는 것을 재진술하여 바꾸어 말해주는 것이다.
(2) 내담자가 하던 이야기를 이어가고 자기탐색을 계속하게 한다.

> **사례**
> 내담자 : "어제 드디어 용기를 내서 그 친구에게 연락을 했어요."
> 상담자 : "그래, 용기를 내서 연락했구나."

3) 명료화(=명확화)

내담자가 표현을 분명하게 할 수 있도록 격려한다. 장점으로는 상담자가 내담자의 이야기를 주의 깊게 경청하고 있으며 이야기의 중요성을 부여하고 있음을 보여 주는 것이고 단점은 내담자가 부담을 느껴 면접의 흐름을 방해할 수 있다는 것이다.

(1) 내담자의 말 속에 내포되어 있는 뜻을 내담자에게 명확하게 말해 주는 것이며 또한 내담자가 보다 분명하게 표현할 수 있도록 도와주는 것이다.
(2) 내담자에게 언급해 주는 내용과 의미는 내담자의 표현 속에 포함되었다고 판단된 것이어야 한다.
(3) 명료화해 줄 것은 내담자가 미처 자각하지 못하는 의미와 관계가 있는 것으로 한다.

(4) <u>내담자가 애매하게 느끼던 내용과 자료를 상담자가 말로 표현해 주기 때문에 내담자는 자신이 이해받고 있고 상담이 잘 진행되고 있다는 느낌을 갖게 해 주는 장점이 있다.</u>

(5) 내담자가 미처 생각하지 못했던 측면을 분명하게 생각하도록 하는 자극제 역할을 한다.

> **사례**
>
> 내담자 : "저는 왜 그런지 어머니가 미워요. 저를 위해 고생하고 계시는 어머니를 미워하는 것이 괴롭고 두렵게 느껴져요."
> 상담자 : "어머니에게 미안하다는 감정과 또 고맙다는 감정이 동시에 느껴지나 보군요."

> **사례**
>
> • "아이들을 심하게 야단치신다고 하셨는데, <u>구체적으로</u> 어떻게 야단치신다는 얘기인가요?"
> • "모든 것이 다 끝났다고 하셨는데 무슨 말인지 잘 이해되지 않습니다. <u>구체적으로</u> 설명해 주시겠습니까?"

4) 감정 반영

(1) 내담자가 말한 내용에서 감정과 관련된 부분을 바꾸어 말하는 것이며 거울처럼 비추어준다고하여 감정반영이라고 하는 것이 대표적인 기법이다.

(2) 내담자의 말속에 흐르는 주요 감정을 전달해 주는 것이다.

(3) 내담자에게 이해받고 있다는 인식을 주게 되어 라포 형성에도 도움이 된다.

(4) 내담자의 자기이해를 도와준다.

> **사례**
>
> 상담자 : "당신은 그 여자를 사랑한다고 이야기했는데, 그 여자에 대해서 말할 때마다 <u>주먹을 꽉 쥐는군요.</u>"

5) 요약

(1) 내담자의 생각과 감정을 간략하게 묶어서 정리해 말해주는 기법이다.

(2) 내담자의 말에서 중요한 내용과 감정을 언급하는 것이 일반적이다.

(3) 대개 면접의 초반부터는 이전 면접의 내용을, 면접의 후반에는 당일 날 한 상담의 중요내용을 정리하여 주는 기술이다.

6) 질문

(1) 질문을 통해 생략된 정보를 보완하고 내담자 말의 의미를 구체화하고자 할 때 사용한다.

(2) 내담자가 자신의 내면세계를 더 깊이 탐색하고 자기이해를 높일 수 있게 돕는다.

(3) 유형에는 개방형 질문, 폐쇄형 질문이 있다.

> **사례**
>
> ① 개방형 질문 – 내담자가 이야기를 시작하도록 격려하고 자신을 탐색할 수 있도록 돕는다. [오늘은 무엇에 대해 얘기하고 싶으세요? / 요즘은 지내시는 게 어떠세요?]
> ② 폐쇄형 질문 – '예/아니요'로 답하거나 짧게 답하게 하는 질문으로 저항하는 내담자에게 적합하다. [어머니를 좋아하세요? / 잘 지내셨는지요?]

직접 질문과 간접 질문

1) 직접질문과 간접질문은 질문하는 형태의 차이이다.

2) 예를 들어, 동연이가 "어제 우리 집에서는 관악산에 놀러 갔었어요."라고 말했는데 교사가 "그 곳에 가서 무엇을 하며 놀았니?"라고 묻는 것은 직접 질문이며, "관악산에서 어떻게 놀았는지 궁금하구나."라고 묻는 것은 간접 질문이 된다.

3) 직접 질문은 상대방에게 자신이 심문받는다는 느낌을 주는 경우가 많고 질문을 계속해서 여러 번 하는 경우 특히 그러한 느낌을 주기 쉽다.

4) 이러한 경우에는 간접질문으로써 질문에 대한 저항감을 줄이면서 상대방의 표현을 촉진시킬 수 있다.

7) 직면 - 내담자의 언행 불일치(모순)의 경우 사용함

(1) 내담자가 자신도 모르고 있거나 인정하기를 거부하는 생각과 느낌에 대해서 주목하도록 하여 내담자의 탐색과 자각을 촉진하는 상담자의 직접적 진술이다.

(2) 내담자의 양가감정을 따뜻하고 공감적으로 직면해 주는 것이 필요하다.

(3) 직면은 내담자의 변화와 성장을 증진시킬 수도 있지만, 반대로 심리적 위협과 상처를 줄 수도 있다는 것에 유의해야 한다.

(4) 상담자가 직면할 때는 특히 상담 중기 때 시기적절하게 받아들일 준비가 되었는지를 면밀히 점검을 한 후에 직면 활용을 고려해야 한다.

> **사례**
>
> 상담자 : "좋은 성적을 내고 싶다고 말씀은 많이 하시는데, 대부분의 시간을 잠자는 데 쓰시는군요."

📁 **기출문제 확인학습**

직면

1) 맞닥뜨림, 지적하기로서 상담자가 내담자의 감정, 행동반응의 모순, 비일관성, 비합리성을 확인하여 지적해주는 기술이다.

2) 이러한 직면기법은 흔히 무례하고 불친절하고 적대적인 행동으로 지각되기 쉬우나 직면기법을 통해 내담자는 자신의 모습을 제대로 볼 수 있다.

3) 직면은 충분한 신뢰관계가 형성된 후에 사용하는 것이 좋다.

8) 해석

(1) 내담자가 자신의 문제를 새로운 각도에서 이해하도록 내담자의 생활경험과 행동의 의미를 설명해 주는 것이다.

(2) 내담자가 보이는 행동들 간의 관계 및 의미에 대한 가설을 상담자가 제시하는 것이다.

(3) 내담자가 과거의 생각과는 다른 새로운 각도에서 자신의 행동과 내면세계를 파악하게 하는 것이다.

> **사례**
>
> 상담자 : "당신이 지금 나에게 화를 내는 것은, 나를 붙잡으려는 마음의 표현이군요."

📁 실력다지기

해석의 유형(Hill, 1985)

1) 서로 분리된 진술, 문제, 사건 간에 연결을 형성하는 해석

2) 내담자의 행동이나 감정에 있는 주제나 패턴을 지적하는 해석

3) 방어, 저항, 전이의 해석

4) 현재의 사건이나 경험 혹은 느낌을 과거와 관련시키는 해석

5) 감정, 행동, 문제에 대한 새로운 틀을 제공하는 해석

9) 즉시성

'지금 그리고 여기'에서 두 사람 간에 일어나고 있는 일에 대해 민감하고 직접적으로 반응하는 것으로 상담자와 내담자의 상호작용을 내담자에게 보여주는 기법이다.

사례

상담자: 경수가 상담하는 내내 평소와 달리 고개를 푹 숙이고 있으니까 이 주제를 이야기 하는 것이 불편한 것 같구나.

경수: (망설이며) 선생님은 큰누나하고 동갑이잖아요. 어떻게 사춘기 남자 아이의 마음을 제대로 이해할 수 있겠어요. 선생님도 큰누나처럼 저를 야단만 칠까봐 불편해요.

📁 **기출문제 확인학습**

상담기술

1) 요약

산발적으로 드러나는 생각과 감정에서 초점을 찾을 기회를 제공한다.

2) 반영

내담자의 말을 참신한 다른 말로 되돌려 주는 시도이다.

3) 해석

(1) 치료적 관계에서 나타나는 내담자 행동의 의미를 설명하고 때로는 가르치기도 하는 것으로서 행동에 대한 단순한 설명이 아닌 자아가 더 깊은 무의식적인 내용을 탐색할 수 있도록 도와주는 기술이다.

(2) 이때 너무 빠른 해석, 비현실적 해석은 바람직하지 않고 적절한 시기, 즉 내담자가 받아들일 수 있는 시기를 선택해서 적절한 해석을 해야 한다.

4) 내담자의 자세, 몸짓, 어조 등도 반영해 줄 필요가 있다.

5) 직면은 내담자에게 상처를 줄 수 있다.

상담기술과 반응 예시

1) 감정반영 - "엄마의 그 말에 많이 실망했나 보구나."

2) 재진술 - "네 말은 엄마가 동생을 더 예뻐하신다는 말이구나."

3) 직면 - "너는 상황이 심각하다고 말하면서 웃는 표정을 짓고 있구나."

4) 자기개방 - "나도 네 나이 때는 사람들이 비웃을까봐 두려웠단다."

5) 간접질문 - "엄마의 말에 어떻게 대답했는지 궁금하구나."

상담의 목표 설정 및 진행상의 방식이 효과적이었는지를 검토할 참고 기준

1) 내담자로 하여금 구체적으로 이야기하도록 도와주었는가?

2) 내담자로 하여금 자기가 생각하는 상담의 목표를 말하도록 했는가?

3) 이러한 목표가 행동적 용어로 표현되었는가?

4) 상담의 목표를 달성하는데 장애가 될 만한 요소가 없다고 확신되는가?

5) 바람직한 상담 목표를 검토하는데 필요한 자료를 심리평가 등에서 얻었는가?

6) 내담자가 바라는 목표가 현실적이며 성취 가능한 것이었는가? 그렇지 않다고 생각될 경우, 그에 따른 적절한 조치를 취했는가?

7) 능력의 한계 때문에 당초의 목표를 달성하지 못한 것으로 생각되는가? 그렇게 생각되었을 경우 다른 전문가에게 의뢰하거나 목표를 재조정하는 등의 필요한 조치를 취했는가? 아니면 단순히 지지적이고 촉진적인 상담관계를 유지했는가?

8) 상담자의 전문적·윤리적 차원에서 내담자가 바라는 목표에 도달하도록 도왔는가? 그렇지 않았을 경우 상담자로서의 적절한 행동 및 조치를 취했는가?

9) 선택된 접근 방식이 적절하고 상담자 자신의 능력으로 가능한 것이었는가?

10) 내담자 쪽에서 상담의 접근 방식과 절차를 충분히 이해했는가?

11) 내담자가 상담의 방식과 절차에 참여의식과 책임감을 가지도록 했는가?

재구성(reframing)

두 사람 이상의 사람들이 서로에 대해 부정적인 생각을 하고 있는 경우, 이를 긍정적으로 전환하는데 목적이 있는 인지적 기술이다. 예를 들어, 친한 친구와 심하게 다퉈 헤어졌을 때, 이를 긍정적으로 전환하고자 이러한 상황을 자신의 의사소통이나 대인관계 방식에 대해 다시 생각해봄으로서, 되돌아볼 수 있는 기회로 삼아 관계를 개선하는 것이다.

사고중지(thought stopping) 기법

1) 사고중지(thought stopping) 기법은 내담자에게 비합리적 사고가 떠오를 때 '중지!'라고 크게 외침으로써 비합리적 사고를 일시적으로 중단시킬 수 있다.

2) 사고중지 기법은 원하지 않는 사고들을 막기 위해 사용되는 과정으로 예를 들어 '나는 변기를 만지고 반드시 손을 다섯 번 씻어야 한다'라는 생각이 들 때 마다 중지를 외치게 하는 훈련을 실시한다.

CHAPTER 04 기타

| 제1절 | 기타 상담이론에 관한 사항

1 자살상담에서 자신을 해칠 위험에 대한 평가

상담자는 내담자가 자신이나 타인에게 위한 일을 할 개연성이 있는지 알고 있어야 한다.

1) 위험요인

어떤 사람이 이미 알려진 자살 위험 특성을 보일 경우, 상담자는 언제나 그 내담자의 자살 위험성을 평가할 준비가 되어 있어야 한다. 상담자는 크고 작은 이유로 내담자가 자살할 수도 있다는 의심이 들 때마다 내담자의 자살 가능성에 대해 평가할 준비가 되어야 한다.

2) 자살 가능성 평가

자살의 가능성을 평가할 때 상담자는 세 가지 변인, 즉 자살에 대한 생각(자살을 하려는 일시적·장기적 생각), 의지(자살을 하려고 결정하고 계획을 세우는 것), 충동성(상담자가 미리 평가할 수 있는 시간이 거의 없기 때문에 가장 심각한 문제)을 평가한다.

3) 치명성 평가

자살 가능성이 얼마나 높은가를 평가할 때 상담자는 위험 요인과 자살에 대한 생각의 내용 및 빈도를 고려한다.

4) 상담자가 폭력을 당할 위험

폭력이 매우 빈번할 뿐 아니라 많은 전문가가 폭력을 당할 위험에 대한 평가는 일반적 평가나 배경정보 수집과정에 당연히 들어가야 한다고 주장하기 때문이다.

2 위기상황에서의 상담

상담자는 다양한 수준의 상황을 동시에 고려할 수 있어야 한다.

1) 면접의 초점 맞추기

위기상황에서 내담자는 자기조절이 되지 않는다고 느끼며 감정의 홍수에 휘말리는 경우가 많다.

2) 위기상황 이해하기

내담자가 '과민한 반응'이라고 지칭하는 것이 사실 내담자의 그간 경험에 비추어 보면 이해할 수 있는 것임을 지적하는 것도 도움이 된다.

3) 왜곡된 사고 교정하기

내담자가 어리석거나 자신의 비합리적임을 알지 못해서 그러한 사고를 하는 것은 아니다. 사실, 그들에게는 자신의 생각이 비합리적이라는 자각 자체가 더 많은 좌절을 낳는다. 왜냐하면 그러한 자각이 있었지만 자신의 반응을 바꿀 수는 없었기 때문이다.

4) 강한 감정에서 거리 두게 하기

내담자가 위기상황에 있을 때 특정 감정에 초점을 두는 것은 역효과를 초래할 수 있다. 왜냐하면 그러한 감정은 자살충동을 갖게 하거나 손목을 끊거나 다른 사람을 공격하거나 혹은 약물 남용 등의 파괴적인 대처전략을 취하게 할 수 있기 때문이다.

5) 폭력 행사 위협 다루기

어떤 위기상황은 내담자 혹은 다른 사람을 해칠 만큼 심각한 위협이 있기 때문에 상담자가 더욱 당황하고 두려워할 수 있다. 내담자가 파괴적인 행위를 할지 모르는 상황을 다룰 때마다 상담자는 내담자와 타인이 해를 입지 않도록 보호할 의무에 대해 이야기해야 한다.

6) 분석에서 문제 해결로 전환하기

상담자와 내담자가 작업할 문제에 대한 합의가 이루어지면 그 문제를 해결하는 전략을 세우도록 한다.

7) 위기상황에 처한 내담자에게 효과적인 방안을 마련할 때 상담자가 기억해야 할 몇 가지 전략은 다음과 같다.

(1) 성공적인 대응 전략 찾기
(2) 자신을 돌보게 하기
(3) 지지 체계 형성하기
(4) 실험적 행동을 해 보게 하기
(5) 구체적인 계획 세우기
(6) 낙관적인 태도 보여 주기
(7) 내담자 상태를 점검할 시점 계획하기
(8) 의뢰하기
(9) 질문할 기회 많이 제공하기
(10) 상담자 자신 돌아보기

위기에 개입한 후 상담자는 자신을 돌아보는 시간을 가지는 것이 도움이 된다.

> **📁 기출문제 확인학습**
>
> **외상 후 스트레스 장애를 경험한 내담자를 치료하기 위해 고안한 기법 – EMDR**
>
> 1) 안구운동 둔감화 및 재처리 요법(Eye Movement Desensitization Reprocessing-EMDR, F. Shapiro)는 외상 후 스트레스 장애를 경험한 내담자의 치료에 널리 사용된다.
>
> 2) 이는 안구를 수평으로 움직여 뇌를 자극해 과민 기억을 완화하는 것이다.
>
> 3) 보통 사건 당시에 왜곡된 사고나 정서는 충분히 처리되지 않은 채 처음에 입력된 감각정보 형태 그대로 저장된다.
>
> 4) EMDR은 노출치료의 한 형태로, 저장된 기억을 떠올리면서 동시에 안구 운동으로 이중자극을 주어 외상기억의 이미지를 약화시킨다.
>
> 5) 즉, 트라우마 기억을 떠올리며 안구 운동을 하면 부정적 정서가 감소되고, 기억 네트워크에서 새로운 연결의 생성이 촉진된다.

3 다문화 가족 상담 서비스 등[1] - 다문화 가족의 문제에 대한 대안중심으로

1) 한국 문화적응 프로그램

(1) 한국 사회에 새로이 유입되는 사람들은 한국의 언어, 문화에 익숙하지 않아, 생활에 많은 장애를 경험하게 된다.

(2) 한국문화 적응 프로그램을 통해서 좀 더 쉽게 정착할 수 있도록 도움을 줄 수 있다.

> **예** 한글교실, 한국어 말하기 대회, 한국 문화 유적지 등 관광, 요리교실, 노래교실, 예절교육

2) 가족보존 프로그램

(1) 새로운 가정을 위협하는 스트레스 요인들을 적절히 해결할 수 있어야 가족의 해체가 쉽게 일어나지 않는다.

(2) 배우자와 배우자 가족의 타문화에 대한 이해를 도울 수 있는 교육

(3) 부모교육 교실, 부부관계 증진을 위한 프로그램

(4) 가사지원 및 자녀양육 도우미

3) 법률 상담 프로그램

한국의 국적법은 복잡하며 법적인 권익보호에 관한 지식과 이해가 필요한데, 이를 접근하기 쉬우면서 적절하게 상담을 받을 수 있는 프로그램이 필요하다.

4) 상담 및 치료서비스

(1) 적응과정에서의 과도한 스트레스는 우울증, 불안, 음주나 폭력의 문제로 발전할 수 있다.

(2) 적절한 상담 및 치료서비스를 통해서 많은 적응을 도울 수 있고, 문제를 미리 막을 수 있다.

> **예** 외국인 배우자의 스트레스 관리에 대한 대책

---

1) 설동훈, 다문화 가족에 대한 사회적 인식. 전북대 사회복지학과

5) 연계 서비스 프로그램

(1) 이주 가정의 문제는 여러 요소가 복합적으로 일어날 가능성이 크다.

(2) 하지만 언어·문화적 차이로 인해 서비스 접근성이 열악한 실정이다.

(3) 연계서비스를 통한 서비스에 대한 접근성을 높여야 한다.

6) 아동 및 청소년 교육지원 프로그램

(1) 다문화 가족의 경우 자녀가 언어나 학습의 부분에서 어려움을 많이 겪는다.

(2) 다문화 가족의 자녀들의 부족한 학습에 대해 지원해 줌으로써 학교생활에 흥미를 잃지 않도록 하고 학교에서의 적응을 돕는다.

📁 **기출문제 확인학습**

다문화적 관점에서 각 상담이론의 장점 또는 단점에 대한 내용

1) 인간중심접근 : 소수민족의 내담자 위기를 다룰 때 필요한 구체적 대처기술이 부족하다.

2) 여성주의 : 관습의 힘과 불공평을 비판하는 이론으로, 어느 정도 민주화된 사회의 여성 내담자에게 적합하다.

3) 행동주의 : 행동 측면을 촉진하는 상담이론이므로, 바람직하지 못한 행동을 하는 내담자에게 적합하다.

4) 현실치료 : 선택이론에 의해서 내담자들 간의 세계관 차이는 고려하여야 한다.

5) 게슈탈트 : 형태실험은 자각(알아차림)을 강조하는 이론으로, 정서 또는 언어적인 표현을 억제하는 문화권의 내담자에게 부적합하다.

📁 실력다지기

Wee 프로젝트 관련 기관

1) Wee 클래스

학교 안에 설치된 상담실로 친구관계나 진로 등 다양한 고민을 상담 선생님과 함께 나눌 수 있는 소통 공간이다. 학교 적응 및 심리·정서적 안정을 위한 개인상담, 자존감 향상 및 사회성 증진을 위한 집단상담 등을 진행하는 기관이다.

2) Wee 센터

시·도 및 시·군·구 교육지원청에 설치된 Wee센터는 학교 안에서 해결되지 않는 근본적인 어려움을 해결하고, 지역사회 내 유관기관과의 연계를 통해 필요한 서비스를 제공한다. 개인 또는 집단 대상의 상담 서비스와 특별교육, 학업중단예방 등 다양한 맞춤형 프로그램을 운영하며 필요에 따라, 임상심리사에 의한 심리검사 및 해석과 사회복지사에 의한 지역사회 연계 지원 등 개별 학생들에게 적합한 전문화된 통합 서비스를 제공하는 기관이다.

3) Wee 스쿨

고위기 학생들을 대상으로 각 분야의 전문가와 함께 잃어버린 꿈과 재능을 키워나가는 기숙형 장기위탁교육 기관이다. 학년·학급이 구분되지 않은 통합교육과정으로 운영되며 교과교육 이외에도 상담활동, 심성교육, 진로직업교육, 사회적응력 프로그램 등을 함께 운영된다.

4) 가정형 Wee센터

가정적 돌봄과 대안교육이 필요한 학생들이 이용하는 돌봄, 상담, 교육이 어우러진 특화형 기관이다. 따뜻하고 안정적인 주거 환경 및 돌봄을 토대로 학생 개개인의 성격, 진로, 적성을 고려한 교과 운영, 가족 내 갈등을 개선할 수 있는 가족 개입 프로그램 등 건강한 자아상을 확립하고 사회적응력을 촉진시킬 수 있는 통합적인 서비스가 제공된다.

1 자동적 사고와 중간신념

1) 자동적 사고란, 주어진 상황에서 자동적으로 스쳐가는 생각이다. 자동적 사고는 대부분의 사람들이 자주 인식하지 못하지만, 찰나적으로 일어나며, 통제하기 어렵고, 논리적인 사고에서 일어나지 않기 때문에 분명하게 표현하기 힘든 경우가 많다. 자동적 사고를 찾는 방법은 감정의 변화 인식하기, 자동적 사고와 감정과 사고의 연계성에 대한 심리교육, 생각 기록하기, 심상 떠올리기, 역할극 하기 등이 있다.

2) 중간신념이란 핵심신념보다 더 변화하기 쉽고 특정 상황에서 경험하는 자동적 사고와 핵심신념을 매개한다. 중간신념은 엄격한 태도, 자기만의 규칙, 세상을 바라보는 방식에 대한 가정의 형태를 띤다. 중간신념은 "내가 완벽하지 않다면 나는 실패자다" 또는 "그 사람이 나를 좋아하지 않는 것은 내가 못났다는 증거이다." 와 같은 조건문의 형태를 띤다.

📂 **실력다지기**

핵심신념

개인은 스키마(schema, 인지도식)를 통해 자신의 경험을 분류하고 해석한다. 핵심신념은 개인이 절대적으로 옳다고 믿으며 변화가 불가능하다고 여기는 것이다. 핵심신념은 아동기 초에 형성된다. 부모와의 애착유형과 부모의 가치관, 또래 경험, 외상 경험, 성장 과정에서 성공과 실패의 경험들이 핵심신념의 형성에 영향을 미친다. 개인은 핵심신념을 지지하는 사건들에 대해서만 선택적인 주의를 하는 경향을 보이고 반대되는 정보는 무시하거나 평가절하 한다.

---

2 다문화상담자가 갖추어야 할 역량

1) 내담자의 문화적 배경에 대해 구체적인 정보와 지식을 학습한다.
2) 다양한 배경사이에 존재하는 공통 배경에 주의를 기울이는 것을 배운다.
3) 문화의 다양한 차원들과 그것이 치료에 어떤 영향을 미치는지 배운다.
4) 자신의 가치관이 다른 문화권의 내담자를 상담할 때 방해가 될 수 있음을 인식한다.
5) 다른 문화적 배경을 가진 내담자가 자신의 영적 멘토에게 자문을 구하도록 원조한다.
6) 내담자의 문화적 배경에 대해 구체적인 정보와 지식을 학습한다.
7) 다문화적 관점을 발전시키기 위해 일상에서 소수자들을 접할 기회를 갖는다.
8) 자신의 가치관과 편견이 다른 문화권의 내담자를 상담할 때 방해가 될 수 있음을 안다.

3 여성주의 상담

1) 여성주의 상담 이론가로는 밀러(J. Miller), 엔스(C. Enns), 에스핀(O. Espin), 브라운(L. Brown) 등이 있다.
2) 여성주의 상담은 관습의 힘과 불공평을 비판하는 이론으로, 어느 정도 민주화된 사회의 여성 내담자에게 적합하다.
3) 여성주의 상담은 젠더 균형적이고, 유연하며 다문화적이며 개인과 상황 간 상호작용과 연대성을 강조한다.

---

4) 여성주의 상담의 목표는 다양성의 중시와 지지, 남녀 평등성, 남성중심문화 탈피를 위한 노력, 독립성과 상호의 존성의 균형, 차별과 편견 배제 등이다.

4 비에스텍(Biestek)의 7가지 관계 원칙

1) **개별화의 원리** : 내담자의 상황에 맞게 독특성을 인정하고 상이한 방법을 적용함.

2) **수용의 원리** : 내담자를 하나의 인격체로 존중함.

3) **자기결정의 원리** : 내담자 스스로 문제를 해결하고 성장할 수 있도록 도움.

4) **의도적 감정표현의 원리** : 내담자가 감정을 솔직하게 표현할 수 있도록 도움.

5) **통제된 정서적 관여의 원리** : 상담자는 조절한 상태로, 내담자의 감정을 공감함.

6) **비심판적 태도의 원리** : 문제의 원인이 내담자에 있음을 심판하지 않음.

7) **비밀보장의 원리** : 개인에 대한 정보를 노출시키지 않고 사생활을 보호함.

5 상담의 통합적 접근

1) 통합적 상담이란, 다양한 체계에서 개념과 방법을 선택해 가는 과정이다.

2) 상담의 통합적 접근을 시도하는 방법은 다음과 같다.

(1) 기술적 절충(technical eclecticism)

기술적 절충은 차이점에 초점을 맞추고 많은 접근법으로부터 기법들을 모아가는 것이다. 이 방법은 특정한 이론적 입장에 동의하지 않고 다양한 학파에서 기술을 빌려 올 수 있다. 즉, 가장 효과적인 기법(검증된 기법)을 선택하며, 이론에 구애받지 않고, 필요한 기법을 사용하는 것이다.

(2) 이론적 통합(theological integration)

이론적 통합은 단순히 기법들을 혼합하는 것을 넘어서 개념적 혹은 이론적인 틀을 새롭게 창조하는 것을 말한다. 이 방법은 두 개 이상의 이론적 접근을 통합하여 포괄적인 개념적 구조를 만드는데 그 목적이 있다. 즉, 두 가지 이상의 치료이론을 통합하는 것으로, 개념과 이론을 창조적 모델로 재창조한다.

(3) 공통요인 접근

공통요인 접근은 서로 다른 이론체계에서 공통요인을 탐색한다. 즉, 특정한 이론에 근거하기보다 치료과정에서 공통요인을 찾아서 그 요인을 중심으로 이론체계를 구성한다.

(4) 동화적 통합(=흡수통합 접근)

동화적 통합(=흡수통합 접근)은 한 치료의 입장을 바탕으로 다른 치료의 관점이나 기법을 흡수 또는 통합하여 사용하는 방법이다.

상담의 통합적 접근

1) 기술적 통합

　다양한 접근 중에서 효과가 입증된 기법을 통합하는 것으로, 라자루스의 BASIC ID가 여기에 해당된다.

2) 공통요인 접근

　비록 서로 다른 심리치료 이론들이라 할지라도 치료를 성공적으로 만드는 것은 '치료에 도움이 되는 핵심적인 공통요인이 있다'는 입장으로 치료적 동맹, 공감적 경청, 감정 정화가 여기에 해당된다.

3) 이론적 통합

　다양한 접근의 최상의 개념을 종합하여 새로운 개념적 틀을 창조하는 것으로 변증법적 행동치료(DBT)가 여기에 해당된다.

4) 동화적 통합(=흡수통합 접근)

　특정 이론적 접근에 근거하여 다른 치료적 접근의 기법을 선택적으로 결합하는 방법으로 마음챙김기반 인지치료(MBCT)가 여기에 해당된다.

6 여성주의 상담

1) 여성주의 상담의 궁극적인 목표는 여성의 개인적 특성에 가치를 두고, 여성들이 가지고 있는 힘을 깨닫고, 스스로 자유로워지고, 불평등한 사회구조를 변화시켜, 인간을 존중하는 사회를 만들기 위함이다.

2) 여성주의 상담은 사회의 성차별 문제를 자각하고, 여성차별 철폐와 성(性) 평등한 사회 건설을 위해 노력하는 여성주의적 가치체계에 근거한 상담이다.

3) **여성주의 상담의 특징**

　(1) 상담자와 내담자의 평등한 관계를 지향한다.

　(2) 내담자의 문제를 유발한 사회·문화적 요인에 초점을 맞춘다.

　(3) 내담자가 힘을 회복하여 자신의 권리를 지킬 수 있도록 한다.

　(4) 남성과 여성의 성역할 및 행동의 차이는 사회화에 기인한 것으로 본다.

> **참고**
>
> 헤어머스틴과 마라섹(Hare-Mustin & Maracek, 1990)은 남녀 간의 차이를 과장하는 알파편견과 그 반대로 남녀 간의 차이를 무시하거나 최소화 하는 베타편견에 대한 이론을 제시하였다. 여성주의 상담이론에서는 여성과 남성의 차이점 또는 유사점을 지나치게 과장하는 것은 편견이나 힘의 불균형을 발생시키기 때문에 경계하는 입장이다.

7 여성주의 상담의 특성

1) **여성주의 가치관을 가져야 한다.**

　(1) 여성을 위한 상담은 두 가지 접근으로 정리할 수 있는데, 여성주의에 동의하며 상담을 하는 '여성주의에서의 접근'과 여성들을 상담하는 데 여성심리에 대한 연구들이나 여성주의를 전략적으로 사용하는 '상담에서의 접근'이 그것이다.

(2) '여성주의에서의 접근'은 여성 내담자들의 심리에 내면화된 가부장적 가치관을 인식시키고, 여성주의적 가치관이라는 새로운 지평을 열어주는데 초점을 맞추는 상담이다.

(3) 여성주의 상담은 여성주의적 접근에서 정의되어야 하는데, 이는 여성해방의 가치를 추구하는 '여성주의' 철학이 여성주의 상담에 본질적이기 때문이다.

2) 개인의 변화를 넘어 사회적인 변화를 추구한다.

(1) 여성주의 상담은 여성의 문제들이 개인의 문제가 아니라 성역할과 사회화로 인한 구조의 문제라고 본다.

(2) 따라서 문제의 근본적인 해결을 위해서는 개인의 변화 뿐 아니라 사회구조의 변화가 반드시 수반되어야 한다고 본다.

3) 상담자와 내담자는 평등하다.

(1) 여성주의 상담에서 상담자와 내담자는 함께 작업하는 평등한 관계로 나아가며, 경직되고 위계적인 거리감을 두기보다 보살펴주고 협조하는 사이임을 강조한다.

(2) 상담에서 내담자로 하여금 자신이 힘이 있다는 생각을 갖게 하려면 상담자에 대한 탈신비화 과정을 거쳐야 한다.

(3) 상담 탈신비화 전략(상담자의 자기 드러내기)은 내담자와 상담자의 권력 차이를 감소시켜 상담관계에서의 평등성을 증가시킨다.

(4) 내담자를 변화시킬 수 있는 힘은 내담자 자신에게 있다는 것을 깨닫지 않고서는 어떤 변화도 일어날 수 없다.

(5) 여성주의 상담자는 의식화된 여성으로서 여성들을 위한 사회활동에 참여하며, 여성주의 상담자는 내담자들이 사회에 한발을 내디디려 할 때 새로운 세계를 앞서 살아가는 삶의 모델이 되어야 한다.

8 행동주의 상담기법

1) 체계적 둔감법은 고전적 조건형성과 상호제지원리를 토대로 하였다.

2) 교통법규를 위반했을 때 내는 과태료는 반응대가에 해당한다.

3) 내현적 모델링은 모델을 관찰할 수 없을 때, 내담자가 모델의 행동을 시각적으로 떠올려 보도록 하는 기법이다.

4) 다이어트를 위해 친구들과 만나는 약속을 자제하는 것은 자극통제에 해당한다.

5) 타임아웃, 과잉교정은 처벌(바람직하지 못한 행동 감소)의 일종이다.

6) 홍수법은 불안이나 두려움을 발생시키는 자극들을 계획한 현실이나 상상 속에서 지속적으로 제시하여 극복하도록 하는 노출치료의 일종이다.

📂 실력다지기

1) 타임아웃은 문제행동을 중지시킬 목적으로 문제가 일어나는 상황으로부터 내담자를 일정기간 분리시키는 기법으로, 내담자의 바람직하지 못한 행동에 강화를 주지 않음으로써 반응의 강도 및 출현빈도를 감소시키는 일종의 소거기술에 해당된다.

2) 과잉교정은 잘못된 행동이 과도한 양상을 보이는 경우 또는 강화로 제공될 대안행동이 거의 없거나 효과적인 강화인자가 없을 때 유용한 기법이다. 예를 들어, 한 아동이 물건을 부수거나 친구를 때리는 등의 폭력적인 행동을 하는 경우 즉각적으로 제지하거나 다른 학생들에게 사과하도록 요구하는 것이다.

3) 처벌은 주로 부정적인 행동에 대해 피해를 주는 것을 의미한다.

→ 타임아웃은 시간적 처벌이며, 과잉교정은 행동적 처벌이다.

> **처벌의 종류**
>
> 1) 물리적 처벌 : 몸에 물리적인 피해를 입히는 형태(체벌, 학대)
> 2) 시간적 처벌 : 특정 행동의 결과로 시간에 제한을 두는 것(타임아웃)
> 3) 사회적 처벌 : 사회적 규범이나 규칙을 어겨서 나타난 행동에 대한 부정적인 평가나 대화를 통한 처벌(비판, 나쁜 평판, 격려 없는 피드백)
> 4) 행동적 처벌 : 원치 않는 행동을 수행했을 때 추가적인 과업을 주어 행동을 수정하도록 하는 것(과잉교정)
> 5) 금전적 처벌 : 특정 행동의 결과로 경제적 손실을 입히는 것(벌금, 손실, 과태료)
> 6) 심리적 처벌 : 행동자의 정서나 정신적 상태에 부정적인 영향을 주는 것(비방, 차별, 희롱, 조롱)

9 인간중심상담이론의 가치의 조건화 [2]

1) 자기 또는 자기개념의 발달은 개인이 세상에서 경험하는 것에 근거하여 변화하는 역동적인 과정이다.
2) 개인은 경험을 자신이 어떻게 느끼는가에 따라 평가하는데 이를 유기체적 가치화 과정이라 부른다.
3) 개인은 유기체적 가치화 과정을 따를 때 자기는 경험과 일치하는 것으로 여겨 방어할 필요성을 느끼지 않는다.
4) 그러나 타인과 상호작용을 통해서 자신이 소중하게 인정받는다는 느낌을 가지게 되는 가치의 조건을 습득하게 된다.
5) 타인을 통해 받는 긍정적 존중을 통해 자기존중감을 높이기 위해 타인이 원하는 가치의 조건을 받아들여 내면화한다.
6) 자신의 유기체적 경험보다 부여된 가치를 더 중요하게 생각한다.
7) 가치의 조건(화)은 어떤 경험이 유기체로서의 자신을 고양시키는지와 무관하게 타인에 의해 부여된 가치 때문에 그 경험을 긍정적 또는 부정적으로 평가하는 것을 의미한다.

10 해결중심상담의 기법 중 하나인 악몽질문(nightmare question)

1) 악몽질문(nightmare question)은 해결중심치료에서 기적질문과 유사하지만, 유일하게 문제 중심적 질문이다.
2) 목적 설정을 위한 상담 전 변화에 대한 질문, 예외질문 그리고 기적질문 등이 효과가 없을 때 이 질문을 사용할 수 있다.

> **사례**
>
> 오늘 밤에 잠자리에 들었다고 가정해 봅시다. 한밤중에 악몽을 꾸었어요, 오늘 여기에 가져온 모든 문제가 갑자기 더 많이 나빠진 거예요. 이것이 바로 악몽이겠죠. 그런데 이 악몽이 정말로 현실이 된 거예요. 내일 아침에 무엇을 보면 악몽 같은 인생을 살고 있다는 것을 알겠습니까?

---

2) **출처** : 권석만(2012). 현대 심리치료와 상담이론. 학지사

11 수용전념치료(ACT, Acceptance Commitment Therapy)[3]

1) 수용전념치료는 헤이즈(S. Hayes)가 창시한 제3세대 인지행동치료 중 하나로, 비합리적인 신념을 수정하거나 제거하는 기존 인지행동치료와 달리 이를 수용하고 기꺼이 받아들이며, 가치 중심적 행동에 전념하도록 하는 심리치료기법이다.

2) 수용전념치료는 기능적 맥락주의와 관계틀 이론을 토대로 6가지의 핵심 과정을 통해 심리적 유연성을 증진시키고자 하였다.

3) 핵심 치료과정

(1) 수용

수용전념치료는 삶의 고통은 회피하려고 해도 피할 수 없다고 말하며, 심리적 고통에 도전하기 위해 노력하기보다 그것을 기꺼이 받아들이는 것을 강조하였다. 수용전념치료의 수용은 단순히 체험하는 것이 아닌 적극적인 과정이며, 가치에 기반을 둔 전념행동을 증진하는 하나의 방법으로 키우는 것이다.

(2) 인지적 탈융합

수용전념치료는 인지행동치료 중 하나에 속한다. 하지만 수용전념치료는 인지행동치료와 달리 비합리적 신념을 적극적으로 수정하기 위해 노력하기보다 탈융합하여 그 영향력에서 점차 벗어나는 것을 목표로 한다.

(3) 현재에 존재하기

수용전념치료는 마음챙김에서 강조하듯이, 과거나 미래보다 현재 순간에 주의를 기울여 알아차림의 과정을 강조한다.

(4) 맥락적 자기

우울, 불안 등 심리적 어려움을 겪고 있는 내담자는 대부분 부정적인 자기 개념을 갖고 있다. 수용전념치료는 자신을 부정적인 언어 등으로 개념화하지 않고 전체적인 맥락 안에서 자신을 볼 수 있도록 안내한다.

(5) 가치

수용전념치료는 단순히 심리적 외상 사건 및 고통 등에 대해서 수용하는 것만을 노력하는 것이 아니다. 수용전념치료는 내담자가 자신의 가치에 맞는 삶을 찾아 살아갈 수 있도록 하는 것을 중요시했다. 이를 위해 수용전념치료에서는 자신의 가치를 찾을 수 있도록 다양한 기법 및 검사지 등을 활용하여 도와준다.

(6) 전념 행동

수용전념치료는 심리적 고통에 도전하는 것을 멈추고 수용하여 그 에너지를 자신의 가치에 맞는 행동에 전념하도록 하는 것을 목표로 한다. 이를 위해 자신의 행동이 가치에 얼마나 부합한지 점검하고 가치에 맞는 행동을 할 수 있도록 안내한다.

---

3) **출처**: 나무위키

4) ACT 치료 과정 변인의 육각형 모델(Hexaflex Model) [4]

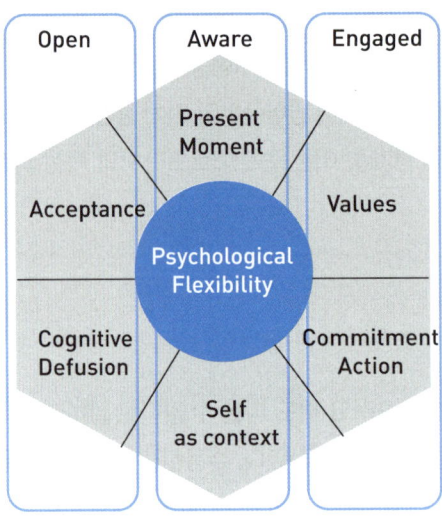

(1) ACT는 3개의 기둥 안(열려있기, 자각하기, 참여하기), ① 수용, ② 인지적 탈융합, ③ 지금 이순간과 접촉하기, ④ 맥락으로서의 자기, ⑤ 가치, ⑥ 전념행동의 6개 핵심 치료 과정의 육각형 모델을 통해 사례 개념화 및 치료가 이루어진다.

(2) 각 치료 과정에서는 심리적 유연성의 증진을 목표로 하여 다양하고 창의적인 ACT만의 경험적 실제를 통한 치료가 진행된다.

12 변증법적 행동치료(DBT, Dialectical Behavior Therapy) [5]

1) 변증법적 행동치료(DBT, Dialectical Behavior Therapy)는 미국의 마샤 리네한이 만든 인지행동치료의 새로운 접근이다. 원래 변증법적 행동치료는 반복적인 자살 및 자해 행동을 보이는 이들을 위해 만들어졌으며, 이러한 문제를 보이는 환자들의 대부분이 경계선 성격장애의 진단을 받았기 때문에 '경계선 성격장애를 위한 인지행동치료'로 개발되었다. 그러다 개발과 연구가 발전됨에 따라 현재의 명칭인 변증법적 행동치료로 변경되었다.

2) **변증법적 행동치료의 기술훈련모듈 4가지** [6]　　　　**암기법** 변증법적 행동치료 = 고대 / 마감

(1) 마음챙김 기술

마음챙김 기술은 변증법적 행동치료에서 가르치는 가장 중요한 기술 중의 하나이다. 마음챙김은 주의와 전략을 전환하고 과잉 경계를 감소시킬 수 있는 능력을 증대시킬 수 있다.

---

4)　**출처: 심리상담센터 연음 블로그(https**://yeonum.com/49)

5)　**출처**: 위키백과

6)　**출처: 진다슬(2013). 변증법적 행동치료(DBT) 기술훈련이 청소년의 공격성, 자아존중감 및 분노표현양식에 미치는 효과. 한국심리학회.**
　　32(4): 917-933

(2) 고통감내 기술

고통감내 기술은 순간의 고통을 경감시키는 것과 비슷하다. 일반적인 전략들로는 정서적 고통에 대해 좀 더 마음을 모으고, 정서적 고통과 관련된 괴로움을 감소시켜 주며 만성적이고 오래된 고통을 다루는 심리학적 대처 기술을 향상시키는 것이다. 이 기술은 자아존중감이 낮은 학생이 느끼는 무가치감을 다루는데 사용될 수 있으며, 이를 통하여 자신을 가치 있게 여기고 스스로를 위안할 수 있는 힘을 기르도록 한다.

(3) 정서조절 기술

정서조절 기술은 개인이 어떤 정서를 가지고 있고, 언제 그 정서를 가지게 되었고, 어떻게 그 정서를 경험하고 표현하는지에 영향을 미치는 과정이다. 정서조절 기술의 목표는 내담자들로 하여금 자신의 감정을 더 잘 이해하도록 돕는데 있다.

(4) 대인관계 효과성 기술

대인관계 효과성 기술은 대인관계 문제해결 전략과 자기주장 전략과 비슷하다. 효과성이란 원하는 것을 얻는 것, 대인관계를 원만하게 유지하는 것, 자아존중감을 유지하는 것을 뜻한다. 대인관계 효과성 기술은 자신의 자아존중감을 유지하면서 일관성 있고 유익한 관계를 유지하는 데 어려움을 지닌 사람들에게 도움이 된다.

3) 변증법적 행동치료(DBT)의 타당화 전략 [7]

(1) 변증법적 행동치료자는 5가지 목적으로 타당화 전략을 구사한다.
　① 변화와 수용의 균형을 추구한다.
　② 치료적 진전을 촉진한다.
　③ 내담자가 자신을 타당화하게 한다.
　④ 치료동맹을 강화한다.
　⑤ 내담자에게 피드백을 제공한다.

(2) 치료자는 타당화 전략을 통해서 변화와 수용의 변증법적 균형을 추구한다. 리네한(Linehan)에 따르면, 치료자가 무리하게 변화를 강조하면 내담자의 중도탈락 비율이 높아진다. 변화시킬 것이 너무 많기 때문에 내담자가 압도되는 것이다. 또한 치료자는 변화의 가능성이 없다는 내담자의 생각을 수정하려고 시도하는데, 이 과정에서 치료자가 내담자의 생각을 타당화하지 못하게 된다. 그러므로 변화와 수용을 함께 강조하는 변증법적 균형이 필요하다. 치료자가 변증법적 균형을 추구하면 내담자는 달라지라는 압박에 시달리지 않으면서 정서적인 고통을 감당할 수 있다.

---

7) **출처** : 변증법적 행동치료, Michaela A. Swales / Heidi L. Heard 공저, 학지사

memo

2교시

5과목

학습이론

학습의 개념

제1절 | 학습의 정의 등

1) 학습의 정의

(1) 학습(learning)이란 경험과 훈련에 의해 일어나는 행동상의 비교적 일관성 있는 변화를 의미한다. 다만, 성숙, 약물, 질병 등으로 인해 일어나는 행동 변화들은 학습에 의한 것이 아님을 유의해야 한다.

> 학습의 공식 : $L = A - (B + C + D)$
>
> > L : 학습, A : 개인에게 일어나는 모든 변화
> > B : 생득적 반응에 의한 변화, C : 성숙에 의한 변화, D : 일시적인 변화

(2) 자세한 개념적 정의는 아래와 같다.
① 학습은 행동의 변화로 본다. 학습의 결과는 관찰 가능한 외현적 행동으로 나타나기도 하지만, 내면적 행동의 변화로도 나타난다.
② 행동변화는 비교적 영속적으로 나타나야 한다.
③ 행동의 변화는 학습 경험에 바로 이어서 나타날 필요가 없다.
④ 행동의 변화(행동의 잠재력)는 연습을 통해 생겨난다.

🗀 기출문제 확인학습

학습의 개념

1) Gates - 학습은 경험이나 훈련을 통한 행동의 변용이다.
2) Gagne - 학습은 상당기간 지속되고, 성장과정에 그 원인을 돌릴 수 없는 인간의 특성 또는 능력의 변화이다.
3) Morgan & King - 학습이란 경험이나 연습의 결과로 발생되는 비교적·영속적인 행동의 변화이다.
4) Lewin - 학습은 인지구조의 변화, 즉 어떤 것이 다른 어떤 것으로 이끌려 가는지에 대해 아는 것이다.
5) Koffka - 학습은 지각과정과 그 흔적이 복잡한 구조 속에서 조직화되는 재체제화의 과정이다.
6) 일반적 정의
   (1) 학습은 경험이나 연습의 결과로 발생되는 비교적 영속적. 지속적인 행동의 변화이다.
   (2) 학습의 개념에는 변화, 연습, 자기 조절, 지속성이라는 개념적 특성을 가지고 있다.
   (3) 학습에는 생득적 변화, 성숙에 의한 변화, 일시적 변화는 제외된다.
7) 특징
   (1) 학습은 그 결과로서 행동의 변화를 가져온다.
   (2) 학습은 연습의 결과로써 일어난다.

(3) 학습은 비교적 영속적인 행동의 변화이다.

(4) 학습으로 일어난 행동의 변화를 직접 관찰하기 어렵다.

2) 학습의 종류

(1) 비연합학습

하나의 자극에 대한 유기체의 반응이 변화하는 것이다.

① 둔감화

동일 자극을 반복적으로 경험해서 그에 대한 반응이 감소되는 것이다.

② 민감화

한 자극에 대한 반응이 그 자극을 경험할수록 더 강해지는 것이다.

🗁 실력다지기

비연합학습

비연합학습은 한 자극에 반복적으로 노출될 때 일어나는 행동의 변화를 말한다. 대표적인 예로는 습관화와 민감화가 있는데, 습관화란 동물이 계속되는 부적절한 자극에 감소된 반응을 보이는 것이다. 예를 들어 갑자기 큰 소음이 나면 소리에 반응하지만 소음이 반복적으로 계속된다면 뇌가 그것을 무시하게 된다. 이에 반대되는 작용인 민감화는 유해한 자극에 계속적으로 노출될 경우 반응이 촉진되는 경우이다. 습관화와 민감화의 두 행동형태가 모두 존재함으로써 개체가 살아남을 기회가 증가한다고 볼 수 있다.

습관화와 민감화는 생존에 관계되는 것인데, 특히 민감화는 동물이 강한 유해자극을 경험하게 되면 그 자극이 위험하다는 것을 학습한 것이다. 그 결과 그 자극을 회피하게 되는 것이다. 습관화에서는 종래 동물을 흥분시켰던 자극이 별로 해를 입히지 않고 반복되면 동물은 그 자극을 무시해도 좋다는 것을 학습한다. 그래서 다른 자극에 주의를 돌리게 된다.

1) 자극과 자극, 또는 자극과 반응이 연합(association)되어 나타나지 않고, 단지 한 번에 하나의 고립된 자극만이 주어짐으로써 나타나는 학습이다.

2) 가장 간단한 형태의 학습이며, 행동과학 및 학습심리학에서 중요하게 다루고 있다.

3) 비연합학습의 반대 개념은 연합학습으로, 인터벌의 조정 또는 강화물의 제공을 근거로 자극과 자극, 또는 자극과 반응이 서로 연합된다는 것을 인식하는 상태에서 나타나는 학습이며 사례로는 다양한 종류의 조건형성 사례가 있다.

4) 비연합 학습의 종류 - 자극의 반복

(1) 습관화(habituation)

① 어떤 특정 자극에 반복하여 노출된 후 그에 대한 반응의 강도와 빈도가 감소하는 현상으로 반복적으로 제시되는 자극에 대하여 정향 반응이 감소하는 현상이다.

② 대표적인 습관화 사례는 쥐를 대상으로 한 청각적 놀람반사가 있는데, 갑자기 큰 소리를 들려주면 쥐는 펄쩍 뛰어오르지만, 동일한 소리가 계속 반복되면 쥐는 더 이상 이전처럼 놀라지 않게 되고 마침내는 아예 신경을 끄게 된다.

(2) 민감화(sensitization)

① 민감화는 습관화의 반대개념이다.

② 특정 반응을 유발하는 자극에 대한 반응의 강도 및 빈도가 증가하는 현상이다.

　　예 전기 충격을 받은 쥐에게 잠시 후 큰 소음을 들려주면 다른 쥐들보다 더 심하게 놀라는 반응을 보인다.

③ 쉽게 말해서 자라 보고 놀란 가슴 솥뚜껑 보고 놀라는 현상으로, 사람들도 풍선 터지는 소리에 한번 놀라고 나면 바닥에 책이 떨어지는 소리에도 놀라게 된다.

읽을거리

비연합학습은 한 자극에 반복적으로 노출될 때 일어나는 행동의 변화를 말한다. 대표적인 예로는 습관화와 민감화가 있는데, 습관화란 동물이 계속되는 부적절한 자극에 감소된 반응을 보이는 것이다. 예를 들어 갑자기 큰 소음이 나면 소리에 반응하지만 소음이 반복적으로 계속된다면 뇌가 그것을 무시하게 된다. 이에 반대되는 작용인 민감화는 유해한 자극에 계속적으로 노출될 경우 반응이 촉진되는 경우이다. 습관화와 민감화의 두 행동형태가 모두 존재함으로써 개체가 살아남을 기회가 증가한다고 볼 수 있다.

습관화와 민감화는 생존에 관계되는 것인데, 특히 민감화는 동물이 강한 유해자극을 경험하게 되면 그 자극이 위험하다는 것을 학습한 것이다. 그 결과 그 자극을 회피하게 되는 것이다. 습관화에서는 종래 동물을 흥분시켰던 자극이 별로 해를 입히지 않고 반복되면 동물은 그 자극을 무시해도 좋다는 것을 학습한다. 그래서 다른 자극에 주의를 돌리게 된다.

---

(2) 연합학습(associative learning)

두 사건 간의 연관성을 배우는 것이다.

① 고전적 조건형성 – 파블로프가 대표적 학자이며 두 자극 사이의 관련성을 배우는 것으로 유기체가 앞으로 일어날 사건에 대비하게 한다.

② 도구적 조건형성 – 손다이크가 대표적 학자이며 어떤 행동과 그 결과 사이의 관계를 배우는 것으로 행동의 결과를 통해 더 효과적인 행동을 습득하게 하는 것이다.

③ 인지학습 – 톨만이 대표적 학자이며 사고(인지)가 개입되는 더욱 더 고차적인 종류의 학습이다.

④ 관찰학습 – 반두라가 대표적 학자이며 타인의 행동을 보고 모방하고 학습하는 사회학습이론의 핵심개념이다.

📁 실력다지기

연합의 법칙 (laws of association)

1) 인접의 법칙

　(1) 함께 인접하여 경험하는 사상들은 서로 연합된다.

　(2) **예** 동해물 - 백두산, 책상 - 걸상 등

2) 빈도의 법칙

　두 단어가 자주 같이 일어날수록 서로는 보다 강하게 연합한다.

3) 유사성의 법칙

　한 대상에 대한 경험이나 재생은 그와 비슷한 대상을 재생시킨다.

4) 대비의 법칙

　반대되는 것이 재생된다.

5) 감정 강도의 법칙

　쾌·불쾌나 고통을 수반하는 것이 연합이 잘 된다.

1 학습이론의 구분 문제

1) 학습이론들은 학습의 성질과 이론 구축 과정을 포함하여 몇몇 기본 질문들에 답하는 방식에 따라 묶일 수 있다 (Hillner, 1978).

2) 이 질문에 대한 답은 이론의 세부 내용이 아니라 포괄적인 틀에서 그 이론이 시도하는 바와 그 방법을 보여 준다.

2 쟁점이 되는 여덟 가지 질문

1) **첫 번째 질문은 매개변수의 사용이다.**

  (1) 매개변수를 심리학에 소개한 톨만과 이를 가장 정교한 체계로 발전시킨 헐은 이 질문에 가장 긍정적으로 답을 한 사람들이었다.

  (2) 스키너의 학습이론은 거부하면서, 이 질문에 부정적인 답을 가장 분명하게 하였다.

  (3) 대부분의 학자들은 매개변수라고 불러 마땅한 요소들을 그들의 이론에 포함시켰지만, 매개변수라는 명칭은 붙이지 않았다.

2) 두 번째 질문은 매개변수나 이론에서 비슷한 역할을 하는 어떤 것이 연결주의자이어야 하는지, 인지적이어야 하는지이다.

  (1) 이것은 학습이론의 역사에서 그 어떤 문제보다 더 많은 논란을 불러일으킨 질문이다.

  (2) 학습분야의 역사를 통해서 인지적 입장에 대한 양보도 많았지만, 대다수의 이론이 연결주의자 입장이었다.

  (3) 그러나 최근에, 인지 접근은 전 분야를 지배하게 되었으며 이런 변화는 볼레스(Bolles)의 접근의 중요성, 새로운 기억 이론의 정립, 피아제에 대한 늘어난 존경, 반두라의 저서에서 나타나는 인지적 요소의 증가 등에서 드러난다.

3) 세 번째 질문은 강화인데, 문제의 핵심은 강화가 학습의 기본이고 중심 원리인가 또는 다른 방식으로도 적절하게 설명되는 어떤 현상을 말하는 것인가이다.

  (1) 손다이크, 헐, 그리고 스키너는 전자의 가장 강력한 지지자들이고, 윗슨과 거스리는 후자의 가장 강력한 지지자들이며, 다른 학자들은 다소 중간 입장을 취하고 있다.

  (2) 그러나 이 질문은 이것 또는 저것의 문제가 아니고, 행위의 결과가 후속 행동에 영향을 주는 방식에 관해 몇 가지 가능한 입장이 있음을 점차 분명하게 하였다.

4) 네 번째 질문은 학습이 대단위(molar) 또는 소단위(molecular) 중 어느 수준으로 분석되어야 하는가에 대해 연구하지만, 그들은 이러한 행위가 더 낮은 소단위 수준으로 분석하여 설명되어야 하는지에 관해서는 의견을 달리한다.

---

1) 출처 : 학습심리학 : Winfred F. Hill 저, 이영애 역, 을유문화사, 1998 (원서 : Learning : A Survey of Psychological Interpretations, 5th ed, HarperCollins, 1990)

(1) 톨만은 대단위 수준의 입장을 가장 뚜렷하게 밝혔고, 대부분의 학자들은 대단위 입장을 취하였다.

(2) 이를 생성시키기 위해 조합되는 작은 요소물의 조건 형성이며, 소단위 수준의 학습에서 유래한다고 생각하였다.

5) 다섯 번째 질문은 이론이 형식을 갖추어야 하는지 또는 비형식적으로 제시되어도 되는지의 문제이다.

(1) 대다수의 초기 이론은 형식성 척도의 연속선상에서 비형식성의 끝에 가까운 이론 체계들인데, 강한 논리적 이론 구조의 제안이 있었지만(**예** 거스리), 그들은 논리학의 형식적 장식과 과학 철학을 제대로 조화시키지 못했다.

(2) 헐은 이와 대조적으로, 형식 이론을 통하여 논리 구조를 뚜렷이 드러낸 대표적인 사람들이다.

(3) 톨만은 때로는 형식적이었으나 어느 한 특정 구조를 유지하지 못했다.

6) 여섯 번째 질문은 폭의 문제로서, 한 이론이 다루는 주제의 범위가 얼마나 넓어야 하는가이다.

(1) 다섯 번째 질문에 대하여 형식성을 강조해서 답하는 이론들은 이 질문에는 협소 쪽을 택하는 경향을 보인다.

(2) 한 이론이 형식적으로 진술될수록 그 이론은 더 엄격하고 정확하므로, 그 이론이 광범위한 주제들을 효과적으로 잘 다루지 못하게 됨은 필연적이다.

(3) 비형식적으로 진술된 이론은 일관성의 결여나 모호성에 빠질 위험이 적으면서 더 광범위한 주제들을 다룰 수 있다.

7) 일곱 번째 질문은 행동의 생득적 측면과 학습에 영향을 주는 생물학적 제약의 강조 문제이다.

(1) 이것은 지난 25년간 쟁점이 되어 왔으며, 지금까지 살펴본 대부분의 이론들에서 그 답은 '어느 쪽도 별로 강조하지 않았다.'는 것이다.

(2) 미국의 학습이론은 왓슨과 손다이크 이래 생득적인 것보다 획득된 것을 강조하였으며, 유전 요인에 대한 왓슨의 거부는 지나치지만 이것이 학습 분야의 분위기를 잡아 주었다.

(3) 그러나 점차로, 학자들은 이 문제를 깊이 생각하게 되어 볼레스는 유전을 강조하였으며, 스키너 학파들도 점차로 이 문제를 인정하게 되었다.

(4) 문제는 유전을 어느 정도까지 인정할 것인가인데, 초창기에 학습된 요인을 과잉 추정하였듯이, 지금 우리는 생득적 요인을 지나치게 강조하지 않는가? 학습과 행동에 영향을 주는 생물학적 제약이 실제로 어느 정도인지를 발견하기 시작한 정도가 아닌가? 이 문제는 최근에야 학자들이 지지를 표명하고 기울어지기 시작한 문제이다.

8) <u>여덟 번째, 실용성의 문제이다.</u>

(1) 학습이론은 실험실이나 의자에서 생각하기의 산물인가, 세상을 이해하는 지적 훈련인가 또는 세상을 다루고 어쩌면 변화시키는 어떤 장치인가?

(2) 때로는 학자들이 실용적 쓰임새를 위한 압력에 굴하지 않고 순수 과학을 위한 권리를 요구했지만, 그런 태도는 상당히 예외적이었다.

(3) 문제는 학습이론의 쓰임새보다는 누가 그 이론을 적용해야 하는가이다.

(4) 손다이크와 스키너처럼 어떤 학자들은 곧바로 응용으로 넘어갔다.

(5) 돌라드와 밀러, 톨만과 같은 사람들은 가능한 응용을 언급했지만, 실용화에는 아무런 역할도 하지 못하였다.

행동주의 학습이론

제1절 | 고전적 조건학습이론(파블로프)

1) 파블로프(Pavlov)의 발견 - 조건반사

(1) 파블로프의 실험

① 1단계

개의 입에 먹이를 넣어주면 타액 분비하며 종소리를 들려주면 타액은 분비되지 않으나, 소리가 나는 쪽으로 머리를 돌린다.

② 2단계

종소리를 들려준 직후 개의 입에 먹이를 넣어주면, 먹이로 인해 타액 분비하며 종소리와 먹이를 짧은 시간 간격으로 짝지어 주는 것을 반복한다.

③ 3단계

먹이 없이 종소리만 제시되어도 타액이 분비된다.

📁 **기출문제 확인학습**

학습실험에서 주로 동물을 대상으로 하는 이유

1) 실험에서 동물을 사용하면 유전의 영향을 통제할 수 있다. 유전은 행동 변화를 일으키는 중요한 원천인데 실험동물의 경우에는 유전의 영향이 통제된 전문적 회사에서 공급되므로 유전적 배경을 통제할 수 있다는 큰 장점이 있다.

2) 실험에서 동물을 사용하면 학습경험을 통제할 수 있다. 인간 피험자의 경우는 개인만의 독특한 학습경험이 연구결과에 큰 영향을 미치게 된다. 그러나 실험자는 실험동물을 통해 자신이 의도하지 않은 학습경험의 영향을 본질적으로 배제할 수 있다.

3) 실험에서 동물을 사용함으로써 윤리적 이유로 인간에게는 할 수 없는 여러 연구를 시행할 수 있다.

4) 실험에서 동물을 사용하면 유전의 영향과 학습경험을 통제할 수 있다.

> ### 학습 연구에서 인간 대신 동물을 대상으로 하는 이유
>
> 1) 동물은 선행학습에 의한 효과를 비교적 쉽게 통제할 수 있다.
> 2) 인간은 연구에 참여하기를 거부하거나 연구 결과를 왜곡할 수 있다.
> 3) 동물은 체계가 단순하여 단일한 변인의 효과를 분리해 내기가 더 쉽다.
> 4) 때로는 인간을 대상으로 하는 연구가 매우 어렵거나 윤리적으로 불가능하다.

(2) 고전적 조건형성의 4가지 요소

① 무조건 반응(UnConditioned response ; UCR)

유기체가 어떤 자극에 자동적으로 반응하는 것으로 학습되지 않은 자동적 반응이다.

→ 실험에서 개는 먹이를 먹으면 자연적으로 침을 분비하는 반응을 한다.

② 무조건 자극(unconditioned stimulus ; UCS)

무조건 반응을 일으키는 자극이다.

→ 침을 분비시키는 먹이를 의미한다.

→ 무조건 반사는 무조건 자극에 대해 무조건 반응이 일어나는 것이다.

③ 조건자극(conditioned stimulus ; CS)

무조건자극(먹이)과 짝지어져서 새로운 반응(침 분비)을 유발하는 자극(종소리)이다.

→ 종소리는 원래 침 분비를 유발하지 않는 중성자극이었으나, 먹이와 연합됨으로써 먹이를 예고하는 신호로 작용한다.

④ 조건반응(conditioned response ; CR)

조건자극(종소리)에 의해 새로이 형성된 반응(타액)이다.

→ 조건반사는 조건자극에 대해 조건반응이 일어나는 것이다.

2) 고전적 조건 형성의 기능

(1) 유기체가 조건 자극(CS)과 무조건 자극(UCS)의 두 사건들 사이의 관계성을 학습하여 앞으로 닥쳐올 일에 대한 준비를 할 수 있게 한다.

(2) 조건자극(CS, 종소리)이 무조건 자극(UCS, 먹이)보다 먼저 제시되기 때문에 학습 후에는 조건자극(CS, 종소리)이 무조건자극(UCS, 먹이)의 출현을 예고하는 신호가 된다.

→ 결과적으로 유기체는 무조건 자극에 대비할 수 있게 된다.

(3) 생존과 적응에 도움을 제공한다.

예 ① 번개(CS)가 치면 천둥소리(UCS)를 대비해 귀를 막게되는 경우

② 아프리카 영양들이 사자의 냄새가 흘러오면(CS) 사자의 출현(UCS)을 피해 미리 멀리 달아나는 경우

> 고전적 조건형성에 영향을 미치는 요인으로 조건 자극-무조건 자극 간격(시간), 무조건 자극 강도, 조건자극의 일관성, 조건자극의 계속성이다.

3) 고전적 조건형성의 주요 현상

(1) 습득(acquisition)

새로운 조건반응이 형성 또는 확립되는 과정이다.

① 연합 횟수가 많을수록 학습된 반응이 증가하게 된다.

조건자극(CS)과 무조건자극(UCS)이 빈번하게 짝지어질수록 조건자극(CS)이 조건반응(CR)을 유발하는 경향성이 증가한다.

② 조건자극(CS)과 무조건자극(UCS) 사이의 시간적 관계가 중요하다.

ㄱ. 동시 조건형성

조건자극(CS)과 무조건자극(UCS)이 동시에 제시되는 경우

ㄴ. 지연 조건형성

조건자극(CS)이 먼저 제시되어 무조건자극(UCS)이 제시될 때까지 지속되는 경우

ㄷ. 흔적 조건형성

조건자극(CS)이 먼저 제시되지만, 무조건자극(UCS)이 제시되기 전에 조건자극(CS)이 종료되는 경우

ㄹ. 역행 조건형성

무조건자극(UCS)이 먼저 제시되고 조건자극(CS)이 나중에 제시되는 경우

ㅁ. 조건자극(CS)이 먼저 제시되고 무조건자극(UCS)이 나중에 제시되는 지연 조건형성과 흔적 조건형성이 학습이 잘 된다. → 지연 조건형성이 가장 학습이 잘 된다.

ㅂ. 역행조건화의 경우 조건자극(CS)이 무조건자극(UCS)을 전혀 예측하지 못하기 때문에 가장 비효과적이다.

③ 근접성

조건자극(CS)이 제시된 후, 짧은 시간 안에 무조건 자극(UCS)이 주어져야 학습이 잘 된다.

예 개에게 종소리를 들려준 후, 10분 후에 먹이를 주면 학습이 안 됨

④ 수반성

조건자극(CS) 제시 후에, 얼마나 일관성 있게 무조건 자극(UCS)이 뒤따르는가의 여부가 습득을 좌우한다.

예 종소리를 들려주고 항상 먹이를 줄 경우와 종소리 들려주고 가끔씩 먹이를 안 줄 경우 중 종소리를 들려주고 항상 먹이를 줄 경우가 학습이 잘 된다.

⑤ 조건자극(CS)과 무조건 자극(UCS)의 종류에 따른 학습 속도 차이

ㄱ. 유기체에게 해로운 것일수록 조건형성이 달라진다.

ㄴ. 종소리와 먹이를 짝짓기할 경우와 불빛과 전기충격을 짝짓기하는 경우 전자(前者)가 더욱 학습이 잘 된다.

(2) 소거와 자발적 회복

① 소거(extinction)

ㄱ. 학습 후 조건자극(CS)이 무조건자극(UCS) 없이 되풀이 하여 제시되면 조건반응(CR)이 점차로 사라지는 것이다.

ㄴ. 조건자극(CS)이 더 이상 무조건자극(UCS)에 대한 신호가 아님을 학습하게 된다.

② 자발적 회복(spontaneous recovery)

　ㄱ. 추가적인 훈련 없이 어느 정도의 휴식 후에 소거되었던 반응이 다시 나타나는 현상이다.

　ㄴ. 소거된 반응이 완전히 상실된 것이 아니라, 잠시 억압되어 있었음을 의미하는 것이다.

　ㄷ. 이 때 반응의 크기는 처음 습득되었던 최고수준에 미치지 못하고 지속기간도 일시적인 경우가 많다.

(3) 역조건형성(counter-conditioning)

① 부적응적인 조건형성을 없애는 치료적 방법이다.

② **원리** : 자연적으로 조건형성이 소멸되는 소거와 달리, 역조건 형성에서는 부적응적인 조건반응(CR)을 일으킨 조건자극(CS)을 그 사람이 좋아하는 무조건 자극(UCS)과 짝지어 조건자극(CS)에 대한 새로운 조건반응(CR)을 학습시킨다.

　예 물에 빠져 죽을 뻔 한 사람의 경우 물을 내담자가 좋아하는 어떤 것과 짝지어 물에 대해 좋은 느낌을 학습시키는 것이다.

(4) 자극 일반화

① 특정 자극에 대해서 반응하는 것을 학습한 유기체가 원래의 자극과 유사한 자극에 대해서도 비슷한 방식으로 반응하는 것이다.

② 새로운 자극이 원래의 자극과 유사할수록 일반화의 가능성도 높아진다.

③ 실험 - John Watson의 실험

　ㄱ. 11개월 된 알버트(Albert)라는 유아를 대상으로 흰 쥐와 공포(큰 소리)를 연합시킨 경우

　ㄴ. 5일 후 알버트(Albert)는 흰 토끼, 흰 개, 흰 털 코트, 흰 마스크에 대해서도 공포반응을 보였다.

　ㄷ. 일반화 덕분에 학습이 여러 범위에 확장되어 적용이 가능하다.

(5) 의미 일반화

① 학습된 행동이 추상적인 특징에 기초하여 일반화되는 것이다.

② 자극의 물리적 특성(색깔, 크기, 모양, 음량 등)에 기초하여 이루어지는 일반화와 차이가 있다.

③ 실험

　ㄱ. 옥수수 등 농사와 관련된 단어를 전기충격과 짝지어서 농사와 관련된 단어들이 심장박동률을 증가시키게 조건화하였다.

　ㄴ. 조건자극과 의미상 관련 있지만, 전기충격과 짝지어진 적이 없는 단어들(소, 밭갈이 등)을 제시하였더니 심장박동이 달리 뛰었다.

　ㄷ. 반면, 농사와 의미상 관련 없는 단어들은 심박동을 빠르게 하지 않았다.

④ 인간의 경우 자극 일반화가 물리적 특성 뿐 아니라 추상적인 개념에 기반을 둘 수 있다.

　예 '일본'이라는 단어를 보면, 다른 나라와 달리 '쪽발이', '재수 없는' 등의 불쾌 반응이 나타나는 경우가 있다.

(6) 자극 변별

① 유사한 두 가지 자극의 차이를 식별하여 각각의 자극에 대하여 서로 다르게 반응하도록 학습하는 것이다.

② 유사한 자극에 대해서 처음에는 자극 일반화를 보이지만, 원래의 자극은 유지시키고 유사한 자극을 소거시키면 두 자극을 변별하게 된다.

　　예 종소리의 크기를 달리해서 특정 종소리에만 침 흘리게 하는 경우

(7) 고순위 조건형성(higher-order conditioning)

① 한 단계의 조건형성에서 조건자극(CS)이었던 자극이 다음 단계의 조건형성에서 무조건자극(UCS)으로 사용되는 경우의 학습이다.

② 실험

　　ㄱ. 종소리와 먹이를 짝지어 타액분비를 조건화시킨다.

　　ㄴ. 종소리를 불빛과 반복하여 짝지어 제시하면, 불빛에 대해서 타액분비를 나타낸다.

③ 인간의 경우 많은 조건반응은 고차 조건화의 산물인데, 예를 들어, 돈은 음식과 같은 무조건자극(UCS)과 짝지어져 있고 돈은 수표와도 짝지어지기 때문에 수표에 대해서도 조건반응(CR)이 나타나게 된다.

4) 생활 속의 고전적 조건형성과 고전적 조건형성의 응용

(1) 정서적 측면 - 공포와 불안 등

① 공포증(phobia)

　　ㄱ. 많은 공포는 고전적 조건화의 결과로 형성된 것이다.

　　ㄴ. 물에 빠져 죽을 뻔 했던 경우, 물이 조건자극(CS)으로, 죽음의 공포가 무조건자극(UCS)으로 작용해서 물을 피하게 된다.

② 실험적 신경증(experimental neurosis)

　　동물을 이용해 실험적으로 만들어진 신경증적 행동 이상이다.

　　ㄱ. Pavlov가 개의 조건반사 실험을 하면서 처음으로 발견된 현상이다.

　　ㄴ. 개에게 원과 타원을 구분하도록 훈련시킨 후에 타원을 원에 가깝게 만들어 갔다.

　　ㄷ. 과제가 어느 정도 이상 어려워졌을 때 개는 실수를 하면서 이상행동을 보였다. - 개가 갈등상황에 처할 때 나타나는 결과이다.

　　ㄹ. 인간의 경우 과중한 업무, 내적 갈등에 시달리거나 통제할 수 없는 스트레스를 받으면 건강에 유해한 결과를 보인다.

③ 유쾌한 정서반응도 고전적 조건화를 통해서 형성한다.

　　예 광고의 효과로서 상품(商品)을 정적 정서를 일으키는 무조건자극과 짝짓는 경우

(2) 면역학습 - 학습된 무기력과는 다름

① 신체의 면역계가 학습과정에 영향을 받을 수 있다는 것이다.

② 실험

    ㄱ. 실험집단 쥐들에게는 단맛 나는 사카린과 면역반응을 약화시키는 약물을 연합해서 주었다.

    ㄴ. 통제집단 쥐들은 사카린만 받았다.

    ㄷ. 차후 두 집단 모두 사카린만 제시받았을 때 실험집단 쥐들은 항체를 더 적게 생성하였다.

③ 학습된 연합만으로도 면역계의 억압을 유발하여 병에 취약하게 할 수 있음을 보여준다.

📂 **실력다지기**

고전적 조건형성

고전적 조건형성의 기본원리

1) 시간의 원리(time principle)

조건자극을 무조건자극보다 시간적으로 먼저 제시할 때 가장 효과적으로 조건형성이 이루어진다. 조건자극과 무조건자극 간의 제시 간격이 너무 길거나 짧으면 조건형성은 어려워지는데 가장 적당한 시간적 간격은 약 0.5초 이내여야 하고, 5초 이상 지연되면 조건형성이 이루어지지 않는다.

2) 강도의 원리(intensity principle)

무조건자극 다음에 제시되는 조건자극(종소리나 불빛)의 강도는 쉽게 지각될 수 있는 정도로 충분히 강력하게 제공되어야 한다.

3) 일관성의 원리(constancy principle)

조건형성을 이루기 위해 제시되는 조건자극이 처음부터 끝까지 일관성이 있어야 한다는 것이다. 즉, 처음에 조건자극으로서 종소리를 제시했다면 계속 종소리를 들려주어야 조건형성이 가능해진다.

4) 계속성의 원리(continuity principle)

조건반응이 나타날 때까지 조건자극을 계속적으로 충분히 제공해야 조건형성이 가능하게 된다는 원리이다.

고전적 조건형성에 의한 행동요법 - 정서 심상법 등

자기가 속한 문화, 환경에서 정상적인 감정, 태도를 학습하지 못한 자에게 재학습시키는 상담방법

1) 체계적 둔감법(systematic desensitization)

사람이란 느긋하면서 동시에 불안할 수 없다는 원리에 입각하여 공포, 긴장, 불안 반응에 유쾌한 감정을 넣어 이완시키는 자율 훈련법

    예 동물공포증 소년에게 동물을 보면서 맛있는 식사 제공

2) 주장 훈련법(assertiveness training)

정신분석에서 공격성의 외향화를 권하는 것과 같은 원리로 자기가 하고 싶은 대로 해보게 하는 훈련, 즉 자기 주장(주장행동)을 쓰는 방법

    예 자기의 욕구, 권리 등 마음 속에 있는 것을 상대방에게 직접 표출하도록 학습

3) 정서 심상법(emotive imagery)

자신의 긍지, 장래의 꿈, 동일화, 상대방의 실패 등 상상과 이미지를 떠올려 현재의 공포를 잊거나 완화시켜 주는 것

    예 빅터 프랭클린 : 강제수용소 노동을 하면서 전쟁 후 자기가 쓰고 싶은 책을 구상하면서 견딤

4) 성적 반응법(sexual response)

　성적 감정을 불러 일으켜 공포, 긴장, 불안을 극복하는 방법으로 성적 경험은 내담자를 유아화의 세계로 순진한 반응이 가능하게 하여 긴장해소, 내면적 화해를 맛보게 함

📁 기출문제 확인학습

고전적 조건형성의 원리를 적용한 연구사례

1) 파블로프(I. Pavlov) : 음식물과 결합하여 종소리에 대한 개의 소화액 분비를 유발하였다.

2) 월페(J. Wolpe) : 체계적 둔감화 절차를 이용하여 공포증 환자의 불안 증상을 해소하였다.

3) 왓슨(J. Watson) : 망치소리를 이용하여 흰쥐에 대한 어린 아동의 조건공포 반응을 형성하였다.

4) 로스바움(B. Rothbaum) : 가상현실노출치료(VRET)를 사용하여 환자의 고소 공포증을 치료하였다.

　cf 밀러(N. Miller) : 바이오피드백을 이용하여 자율적 내장 반응을 조건화하였다. - 자율적 반응과 관련되므로 이는 조작적 조건형성과 관련됨

레스콜라 - 와그너모델[1]

1) 레스콜라-와그너모델은 펜실베이니아 대학의 로버트 레스콜라와 예일 대학의 앨런 와그너가 1972년에 만들었다.

2) 레스콜라-와그너모델은 동물이 새롭게 일어나는 것을 예측하는 것과 실제로 일어나는 것 사이의 불일치로부터 학습하여 이론화되게 하는 고전적 조건형성의 모델이다.

3) 한 시행의 어떠한 지점에서 각각의 자극들이 존재하거나 존재하지 않는 시행 수준 모델로, 하나의 시행동안 무조건 자극에 대한 예측은 그 시행동안 조건자극이 나타난 모든 연합강도의 합으로 나타낼 수 있다.

4) 레스콜라-와그너 모델의 기본 규칙

　(1) 실제 US의 강도가 피험자의 기대 강도보다 더 크면, US와 짝지어졌던 모든 CS는 흥분성 조건형성을 일으킨다.

　(2) 실제 US의 강도가 피험자의 기대 강도보다 더 작으면, US와 짝지어졌던 모든 CS는 억제성 조건형성을 일으킨다.

　(3) 실제 US의 강도가 피험자의 기대 강도와 동일하면, 조건형성은 일어나지 않는다.

　(4) 기대 강도와 US 강도 사이의 격차가 클수록, 발생하는 조건형성은 더 강해진다.

　(5) 더 현저한 CS가 덜 현저한 CS보다 조건형성을 더 빠르게 일으킨다.

　(6) 둘 또는 그 이상의 CS가 함께 제시될 때, 서로 상쇄하는 경향이 있는 흥분성과 억제성 자극에 대한 피험자의 총 기대 강도는 동일하다.

---

1)　출처 : 위키백과

📂 기출문제 확인학습

A군의 심리를 설명하는 개념: 감각 사전조건형성(sensory preconditioning)

시험불안이 높은 A군은 시험 전 선생님이 시험지가 담긴 황색 봉투를 교탁 위에 '툭'내려놓는 소리에 소스라치게 놀랐다. 이것이 반복되면서 A군에게 있어서 시험 전 황색봉투와 이것이 내는 소리는 두려움의 대상이다. 이후 A군은 시험시간이 아님에도 불구하고 선생님이 출석부를 교탁 위에 '툭' 내려놓는 소리에 깜짝 놀란다.

감각 사전조건형성은 사전에 서로 조건화가 되어있던 두 자극(CS1: 시험지가 담긴 황색 봉투 / CS2: '툭' 내려놓는 소리) 중 CS1을 다른 자극(출석부)과 짝지었을 때 나머지 CS2('툭' 내려놓는 소리)도 그 다른 자극과 조건화가 이루어진다는 것이다.

> **내수용기 조건형성**(interoceptive conditioning)
>
> 내수용기 조건형성이란 인체 내부기관(심장, 위장 등)이 다양한 내적신호에 대해 조건형성 되는 것을 말한다. 예를 들어, 싫어하는 상사를 생각할 때마다 과잉 긴장하는 사람은 이전에 매스껍던 음식은 먹은 생각만 해도 배가 아픈 경우를 들 수 있다.

제2절 | 조작적 조건학습이론

1 조작적 조건학습 (스키너)

1) 조작적 조건화 개념

조작적 조건화란 고전적 조건화와는 다르게 유기체가 원하는 결과를 얻기 위하여 실행하게 되는 자발적이면서 능동적인 행동 반응이다.

2) 조작적 행동의 개념

(1) 조작적 행동은 제시되는 자극이 없이 자발적으로 방출되는 행동이다.
(2) 조작적 행동은 행동이 완성된 후에 일어나는 결과에 의존해서 일어나는 조건적 행동으로서 조작적 조건형성은 행동과 그것의 결과의 연합을 통해 조작행동을 형성하는 절차이다.

3) 스키너(Skinner)의 실험[2]

(1) 손다이크의 문제 상자보다 동물 행동을 관찰하기 쉬운 단순한 실험장치를 고안하였다.
(2) 쥐가 레버를 누르면 먹이통에서 먹이 알이 나오도록 스키너 상자를 고안하였다.
(3) 비둘기의 경우 부리로 쫄 수 있는 원반을 벽에 설치하였다.
(4) 쥐가 상자 안에서 하는 여러 행동 중 레버 누르기에 대해서만 먹이를 주어 반응 빈도를 높였다.
(5) 스키너는 동물의 이러한 반응이 환경에 어떤 조작을 가하는 것이라는 의미에서 조작적 행동이라 한다.

4) 강화와 처벌

(1) 강화(reinforcement)

특정 반응이 반복해서 나타날 가능성을 증가시키는 것으로, 어떤 행동에 뒤따르는 사건이 그 행동을 다시 야기할 가능성을 증가시킬 때마다 일어나는 반응의 빈도를 증가시키는 것이다.

(2) 처벌(punishment)

특정 반응이 반복되어 나타날 가능성을 감소시키는 것으로, 사람에게 그가 원하는 어떤 것을 빼앗아 가거나 또는 원하지 않는 어떤 것을 줌으로써 반응을 약화시키는 것이다.

---

2) 우리가 수행하는 대부분의 행동은 무엇을 하기 위한 '도구적인' 것이며, 환경을 '조작'하는 수의적(隨意的)인 것이며, 또한 그러한 행동에서 빚어지는 결과, 결말, 상태에 따라 영향받고 통제되는 것이다.

🗂 기출문제 확인학습

행동과 벌

1) 벌은 가능한 한 유기체가 바람직하지 못한 행동을 한 뒤에 즉각적으로 제공해야 한다.
2) 문제 행동이 일어날 때마다 벌을 제공해야 한다(주어지던 벌이 없으면 부적 강화로 여길 가능성이 있다).
3) 벌의 강도는 처음부터 가능한 한 강한 것을 사용해야 한다(벌에 대한 면역 현상이 생길 수 있다).
4) 바람직하지 못한 행동은 벌을 제공하되 대안적 행동을 확실히 알려주고, 제대로 강화해야 한다.

> **행동과 벌**
>
> 1) 행동과 벌 사이의 수반성(contingency)이 클수록, 벌 받은 행동은 더 많이 감소한다.
> 2) 벌의 강도가 강할수록, 벌 받은 행동은 더 많이 감소한다.
> 3) 벌보다 강화가 더 강력할 경우, 벌 받은 행동은 덜 감소한다.
> 4) 벌의 강도를 낮게 시작해서 단계적으로 높이는 것은 좋지 않고 벌의 강도는 처음부터 가능한 한 강한 것을 사용해야 한다(벌에 대한 면역 현상이 생길 수 있다).

처벌 사용 시 유의점

1) 처벌은 반응이 일어난 후 즉각적으로 주어질 때 가장 효과가 좋다.
2) 반응이 나올 때마다 매번 처벌이 주어지지 않는 경우는 오히려 강화를 받게 되므로 처벌은 문제 행동이 나올 때마다 매번 주어져야 한다.
3) 처벌의 강도는 처음부터 아주 강한 것이 좋다. 만약 처벌의 강도가 처음에는 약하다가 점점 강해지면 처벌에 적응하게 되는 현상이 생기므로 처음부터 강한 처벌을 줄 필요가 있다.
4) 처벌받는 행동에 대해 대안적 행동이 있을 때 처벌의 효과는 커진다. 다시 말하면, 어떤 특정 행동이 처벌을 받을 때 그 행동 이외의 다른 행동을 할 수 있는 기회가 있다면 처벌의 효과는 더 커진다고 할 수 있다. 즉, 문제 행동을 처벌함과 동시에 대안적 행동을 강화해 주면 처벌의 효과는 더 커질 수 있다.

반응대가

1) 반응대가는 어떤 특수한 행동을 했을 때 그 조건부로 정적 강화를 상실하게 하는 벌의 일종이다.
2) 즉, 바람직하지 못한 행동을 했을 때, 그 대가로 자기가 가지고 있는 정적 강화를 박탈당하는 것이다.

(3) 강화를 일으키는 자극은 강화인(reinforcer), 처벌을 일으키는 자극은 처벌인(punisher)이라고 한다.

(4) 강화의 종류

① 정적 강화(positive reinforcement)

반응 후에 유쾌하거나 바람직한 긍정적인 자극을 주는 것이다.

> 예 아이가 청소를 하는데 그 청소의 영역을 더 넓히기 위해서 긍정적인 강화물인(정적 강화물) 아이스크림을 사준다든지, 컴퓨터를 할 수 있는 시간을 더욱 늘려주는 경우

② 부적 강화(negative reinforcement)

행동에 뒤따르는 혐오자극을 제거함으로써 반응의 빈도가 증가하는 것이다.

> 예 시끄러울 때 창문을 닫으면 소음이 멈추는 경우, 전기충격을 받은 쥐가 레버를 누르면 충격이 멈추는 경우

(5) 처벌의 종류

① 정적 처벌(positive punishment)

반응 후에 혐오적 자극이 제시되는 것이다.

예 동생을 때리면 엄마가 회초리로 때리는 경우

② 부적 처벌(negative punishment)

반응 후에 매력적인 자극이 제거되는 것이다.

예 동생을 때리면 용돈을 주지 않거나 컴퓨터 게임을 못하게 하는 경우

📁 **실력다지기**

타임아웃 (time out)

소거의 한 개념으로서 타임아웃(time out)은 형이 동생을 때렸을 때 형이 좋아하는 장난감이나 컴퓨터가 있는 방에서 잠깐 방으로 들어오지 못하도록 일시적으로 타임아웃을 사용했을 때 형이 동생을 때리는 행위가 감소될 것이다.

부적 강화와 벌의 차이

1) 부적 강화와 벌을 혼동하는 경우가 있으나 이는 잘못된 것이다.
2) 벌은 어떤 자극의 제공에 의해 행동의 빈도가 감소되거나 강도가 약화된 것을 가리키나 부적 강화는 행동의 강도나 빈도가 높아지는 것을 가리키며 자극의 제공이 아니라 자극의 제거에 의해서 이루어진다.

📌 **정리**

강화와 벌

1) 강화의 개념 : 바람직한 행동의 발생빈도를 높이는 것
2) 적극적 강화와 소극적 강화

적극적 강화 (정적 강화)	강화(쾌자극)를 제시함으로써 반응의 빈도 증가를 유발하는 강화
소극적 강화 (부적 강화)	강화(불쾌자극)를 제거함으로써 반응의 빈도 증가를 유발하는 강화

3) 강화물

1차적 강화물	그 자체로 강화력을 갖는 것
2차적 강화물	1차적 강화물과 연계됨으로써 강화력을 갖게 되는 것

4) 벌 : 바람직하지 못한 행동의 발생 빈도를 낮추는 것

제1유형의 벌 (정적 처벌)	불쾌자극을 제시하여 행동의 발생빈도를 낮추는 것
제2유형의 벌 (부적 처벌)	쾌자극을 제거하여 행동의 발생빈도를 낮추는 것

(6) 처벌의 효과

① 그 행동을 하려는 강력한 동기를 가지고 있는데, 다른 방법으로는 그 동기를 충족시킬 수 없을 경우에 하는 처벌은 비효과적이다.

② 처벌은 일시적으로 행동을 억압할 뿐, 영구적으로 약화시키지는 못한다.

③ 처벌의 효과를 높이려면 일관성 있게 처벌이 부여되어야 하고 처벌의 대상이 행동한 사람이 아니라, 행동 자체라는 것을 분명히 하고 바람직하지 못한 행동 대신 다른 대안적 행동에 대한 정보를 제공하여야 한다.

5) 소거 (관심중단)

소거는 벌의 일종으로서, 어떠한 반응(바람직하지 못한 행동)이 일어난 경우 강화, 즉 관심을 중지(중단)하는 것을 말한다.

예 어떤 학생이 주위의 관심을 받기 위해 교실에서 떠드는 경우, 선생님이나 친구들이 떠드는 학생에게 관심을 주지 않음으로써 떠들던 학생이 더 이상 떠들지 않는 경우를 들 수 있다.

6) 학습된 무기력 (learned helplessness)

(1) 개념

① 반복되는 실패를 경험한 후에 환경에 대해 통제를 할 수 없다는 무기력을 학습하는 것이다.

② 우울의 원인에 대한 근거로 우울한 사람들은 무엇을 해도 소용이 없다고 믿는다.

(2) 셀리그만(Seligman)의 동물 실험

① 개들에게 피할 수 없는 고통스러운 전기충격을 주고 이후 전기충격을 피할 수 있는 환경으로 바꾸어 주었다.

② 피할 수 없는 전기충격을 경험했던 개들은 전기충격을 피할 수 있는 상황에 놓여도 피하려 들지 않는다.

(3) 초기의 학습된 무기력 이론은 귀인이론을 추가해서 우울증에 대한 설명을 확장한다.

(4) 통제가 불가능한 경험을 내적이고 안정적이며 전반적인 원인에 귀인시키면 우울해진다.

예 성적이 낮을 때, '시험이 어려웠어!'라고 외부 귀인하기보다는 '머리가 나빠서 그래'라고 내부 귀인을 하거나, '시험 볼 때 컨디션이 안 좋았어!'라고 특정 원인에 귀인하기보다 '원래 공부를 못해서 그래.' 라고 안정적이고 전반적인 원인에 귀인하는 경우

마우러의 회피 학습[3)

1) 회피학습은 혐오적인 결과를 미리 신호하는 자극을 단서로, 특정한 반응을 획득하는 것이다.

2) 즉, 사전에 어떤 주의신호가 있는 동안에 미리 효과적인 반응을 함으로써 불쾌함, 또는 위험한 자극을 피할 수 있는 것을 배우는 일이다.

3) 회피 학습에 대한 연구에서는 전기 충격을 제시하기 전에 이를 알리는 신호를 먼저 제시한다.

4) 예 셔틀 상자에서 불빛을 몇 초 동안 먼저 제시한 후 전기 충격을 제시한다. 동물은 처음에는 전기 충격을 받을 때만 다른 칸으로 달려가지만(도피 학습) 점차적으로 불빛이 전기 충격을 신호한다는 것을 알아차려 불빛이 제시되면 즉시 안전한 칸으로 도망치는 것을 학습하게 된다.

5) 예 방 안 중앙에 나직한 병풍 따위를 쳐서 방을 2등분 해 놓고, 그 한쪽에는 전기가 통하도록 장치해 둔다. 먼저 버저(주의신호)를 울린 다음 5초 후에 들여보낸 동물을 그 방에 전기 쇼크가 걸리도록 한다. 그러면 처음에는 그 동물이 쇼크를 받고서 병풍을 뛰어 넘어 안전한 방으로 도망치게 된다(도피학습). 그러나 이러한 훈련을 거듭하게 되면 나중에는, 버저 소리를 듣기만 해도 그 동물은 전기 자극을 받기 전에 벌써 옆의 방으로 뛰어가 버린다(회피학습). 이렇게 해서 일단 습득한 회피학습은 좀처럼 잊어버리지 않는 것이 특징이다.

> ### 도피-회피 학습(escape-avoidance learning)
>
> 1) O.H. 마우러는 회피조건 하에서 일차적 동인(動因 : shock)을 회피하는 학습은 강화에 의하고, 2차적 동인(공포)을 회피하는 학습은 접근에 의한 것이라고 생각하였다.
>
> 2) 도피-회피 학습(escape-avoidance learning)은 부적강화를 수반하는 혐오적 학습 절차이며, 피험자는 먼저 혐오자극으로부터 도피하는 것을 학습하고 다음에는 그것을 회피하는 것을 학습한다.
>
> 3) 회피행동은 도피(escape)와 회피(avoidance)로 구분하여 설명하는 것이 이해하기 쉽다. 도피란 혐오자극을 감소시키거나 제거하는 반응을 획득하는 것을 말한다. 어떤 사람을 만나면 기분이 상하기 때문에 모임에 나가지 않는 것도 도피이다. 그에 비해 현재 혐오자극이 존재하고 있지는 않지만, 미리 특정 행동을 함으로써 혐오적인 자극 혹은 상황이 발생하지 않게 되는 경우를 회피라고 한다.

올즈와 밀너(Olds & Milner, 1954) : 뇌의 쾌락중추(pleasure center)

1) 올즈와 밀너는 쥐의 뇌에 전극을 꽂고 레버를 누르면 전기 자극을 주도록 하였는데, 스키너 상자 실험과 같은 효과를 뇌 자극으로 간단히 훈련시킬 수 있었다.

2) 직접적인 뇌 자극으로 인한 강화의 특성

    (1) 훈련 이전의 박탈은 전혀 필요 없다.

    (2) 포만이 일어나지 않는다.

    (3) 다른 추동들에 대해 우선권을 갖는다.

    (4) 소거는 급격하게 일어난다.

    (5) 대부분의 강화 스케줄은 작용하지 않는다.

---

3) O. H. 마우러는 회피조건 하에서 일차적 동인(動因 : shock)을 회피하는 학습은 강화에 의하고, 2차적 동인(공포)을 회피하는 학습은 접근에 의한 것이라고 생각하였다(본문 출처 : 네이버 백과사전 및 박소현, 김문수 공역(2004). 학습과 행동. 시그마프레스).

2 조작적 조건학습과 고전적 조건학습에서 나타나는 현상

1) 조작적 조건형성과 고전적 조건형성에서 함께 나타나는 것들

(1) 소거

강화물을 제거하면 학습된 반응이 소거된다.

예 누군가에게 부탁을 할 때 계속 거절을 당하면 더 이상 부탁을 하지 않는 경우

(2) 자극 일반화

특정 자극에 대한 반응 결과로 강화를 받았다면 유사한 자극에서도 동일한 반응을 한다.

예 선생님에게 인사 잘해서 칭찬을 받으면, 다른 어른들에게도 인사를 하는 경우

(3) 변별

특정 자극에 대한 반응의 결과로 강화를 받았는데 다른 자극에 대해서는 반응을 하여도 강화를 받지 못하면 두 자극을 구분하여 상이한 반응을 나타내게 되는 경우에 나타난다.

2) 조작적 조건형성에만 있는 현상들

(1) 행동형성(행동조성, shaping)

① 원하는 목표행동을 단계적으로 조작하여 최종적으로 동물이 하기를 바라는 반응에 점차적으로 근접해 가도록 하는 것이다.

② 기대하는 반응과 행동을 학습하고 목표로 삼는 바람직한 행동으로 강화시켜 점진적인 과정을 거쳐 나아가는 행동 양상이다.

　　예 우편함에서 편지를 물어오도록 개를 조성하기

　　　우편함 근처에 다가가면 강화 → 우편함을 건드리면 강화 → 편지를 물면 강화 → 가져오면 강화

📁 **기출문제 확인학습**

행동연쇄법

1) 행동연쇄법은 마지막 강화 계획이 완결되어야만 일차 강화물이 주어지는 일련의 강화로서, 어떤 하나의 특정 계획이 시행 중임을 나타내는 것으로 이는 조작적 조건형성과 관련된다.

2) 아동이 주어진 단계를 강화에 의해서, 행동형성법 등에 의해서 성공적으로 학습한 뒤에는 그 단계를 다른 단계들과 적절히 연속적으로 결합해야 한다.

3) **예** 음식 먹기가 있는데, 강화자(음식)에 의해 초기 단계를 제일 먼저 가르치고, 나머지 부가적인 단계들(숟가락을 입까지 들어올리기, 숟가락을 입에 넣기, 숟가락을 접시에 되돌려놓기)은 아동이 그 연쇄의 모든 단위를 완수할 때까지 점진적으로 익혀야 할 단계들이다.

(2) 미신행동(= 징크스)

① 유기체의 반응이 실제로 특정 결과를 초래한 원인이 아님에도 불구하고 마치 그런 것처럼 그 반응을 계속하는 것이다.

② 보상과 아무런 관련이 없으면서 완전히 우연히 한 어떤 행동이 강화에 선행한 경우 그 행동이 고정적으로 계속되려는 경향이다.

(3) 강화물의 종류

① 일차 강화물(primary reinforcer)

음식물이나 물과 같이 선천적 욕구를 충족시키는 것이다.

② 이차 강화물 또는 조건 강화물

선천적 요구를 충족시켜주는 것이 아니지만, 일차 강화물과 짝지어져서 강화효과를 가지는 것이다.

    예 돈, 유아들에게 보여지는 어머니의 얼굴

③ 사회적 강화물

1차 강화물과 짝지어진 적이 없음에도 불구하고 강화력을 가진 것이다.

    예 칭찬, 타인의 관심 등

📁 실력다지기

강화물의 종류

1) 1차 강화물

어떤 반응을 학습시키는 데 필요한 강화물 중 음식이나 물, 전기충격의 종료 등은 유기체의 생물학적인 요구를 충족시켜 주는 것이므로 1차 강화물(primary reinforcer)이라고 불린다. 그런데 학습은 항상 1차 강화물에만 의존하는 것은 아니다.

> **무조건 강화물** (unconditioned reinforcement) - **구체적 강화물**
>
> 1차 강화물 또는 학습되지 않은 강화물이라고도 하는 것으로 인간의 생존이나 생물학적 기능에 중요한 자극이나 사건을 말한다. 예를 들면 굶주린 사람들에게 음식, 목마른 사람에게 물, 추위에 떠는 사람에게 온기 등을 들 수 있다.

2) 2차 강화물 또는 조건 강화물(conditioned reinforcer)

어떤 자극들은 유기체의 생물학적 요구와 전혀 상관없지만 1차 강화물과 짝지어짐으로써 강화력을 획득하게 된다. 이를 조건 강화물(conditioned reinforcer)이라고 하는데, 그 대표적인 예가 돈이다. 돈이란 쇳조각 또는 종이 조각에 불과하지만 음식 등 우리가 원하는 무엇인가와 짝지어져 왔기 때문에 마치 1차 강화물과 같은 힘을 갖게 된 것이다.

> ### 조건 강화물(conditioned reinforcer) - 비구체적 강화물
>
> 2차 강화물 또는 학습된 강화물이라고도 하는 것으로 원래는 강화를 주지 않는 자극이 다른 강화물과 짝지어지거나 결합되면서 강화물이 될 수 있다. 이러한 방식으로 강화물이 되는 자극을 조건 강화물이라 하고 결합되는 다른 강화물을 지원강화물(backup reinforcers)이라 한다. 조건 강화물의 예로는 사진, 읽고 싶은 책, 좋아하는 TV프로그램, 예쁜 옷 등이 있다.

3) 사회적 강화물

조건 강화물과 달리, 1차 강화물과 짝지어진 적이 없음에도 불구하고 강화력을 갖고 있는 다른 자극들도 있다. 예컨대, 교사는 단순히 고개를 끄덕여 주거나 "잘했어."라는 말만으로도 충분히 학생의 반응을 강화할 수 있다. 사람의 경우에는 타인에게서 인정이나 칭찬, 관심을 받는 것이 강력한 강화물로 작용하는데, 이를 사회적 강화물(social reinforcer)이라 한다.

(4) 강화계획

① 고정간격계획(fixed - interval schedule)

ㄱ. 반응 수에 관계없이 일정기간이 경과한 후에, 처음 나타나는 반응을 강화시키는 경우이다.

> **예** 매 월 일정 날짜에 용돈이나 월급을 받는 경우

ㄴ. 두 강화 사이에 수행되는 반응의 수는 강화물 획득에 영향을 미치지 않는다.

② 변동간격계획(variable - interval schedule)

ㄱ. 일정치 않은 시간간격을 두고 강화를 하는 경우로서 이 계획 전체를 통해 강화가 주어지는 시간 간격의 평균은 항상 일정하게 정해진다.

> **예** 일 년에 정해진 보너스를 불규칙한 날에 지급하는 경우

ㄴ. 이 계획 하에서는 안정적인 반응을 하지만, 반응의 속도는 느리게 나타난다.

③ 고정비율계획(fixed - ratio schedule)

ㄱ. 일정한 수의 정확한 반응이 나타난 후에 강화시키는 절차이다.

> **예** 실적에 따라 임금을 받는 경우

ㄴ. 반응이 빠르고 안정적으로 나타난다.

ㄷ. 강화물을 얻기 위해서 많은 수의 반응을 해야 하는 경우, 강화물을 받은 직후에 휴식기간이 존재한다.

> **사례**
>
> 학생들에게 일련의 연산 과제와 스티커를 제시하고, "10문제를 정확하게 마칠 때마다 자신이 좋아하는 스티커를 1개씩 가져도 좋아요."라고 말하는 교사는 "앞으로 30분마다 점검하여 10문제를 정확하게 맞힌 사람은 자신이 좋아하는 스티커를 1개씩 가져도 좋아요."라고 말하는 교사보다 높은 비율의 수행을 기대할 수 있다.

④ 변동비율계획(variable - ratio schedule)

ㄱ. 강화물을 받기 위해 요구되는 반응수가 시행에 따라 변화하는 경우로서 가장 반응률이 높다.

예 도박

ㄴ. 강화물을 받는 비율은 변동적이지만, 이들 반응 수의 합을 강화의 수로 나눈 평균값으로 예를 들어 주사위 3이 나와야 돈을 받는 도박에서 3이 나올 확률은 1/6이 된다.

ㄷ. 이 계획 하에 훈련받은 행동은 빨리 습득되고 높은 비율로 오래 유지되는 경향이 있다.

📁 실력다지기

간헐적(부분) 강화계획

강화계획

1) 연속강화

실험자가 바라는 반응이 나타날 때 강화를 주는 것이다.

2) 부분강화(partial reinforcement)

어떤 반응에 대해서는 반응이 주어지고 다른 반응에 대해서는 강화물이 주어지지 않는 것이다.

3) 부분강화 효과(partial reinforcement effect)

부분강화 계획 하에서 부분적으로만 강화를 받아서 습득된 반응이 강화가 주어지지 않아도 꽤 오랫동안 유지되며 연속강화로 습득된 반응보다 소거에 더 많이 저항하는 효과로서 사례로는 복권 사기, 슬롯머신 당기기 등이 있다.

부분강화 효과에 관한 좌절가설

1) 좌절가설(frustration hypothesis)에서는 이전에 강화를 받던 행동에 대한 비강화가 좌절을 준다고 주장한다.

2) 좌절은 회피하고픈 정서 상태이기 때문에 좌절을 감소시키는 것은 무엇이든 강화적일 수 있다.

3) 연속강화에서는 비강화가 없기 때문에 좌절이 전혀 없으며, 행동이 소거 계획상에 놓이면 좌절이 많이 생겨나, 강화를 받지 못할 때마다 좌절이 쌓이는 것이다.

4) 혐오적인 상태를 감소시키는 행동은 어떤 것이든 부적으로 강화가 되기 마련이고, 따라서 소거시에 소거될 행동을 수행하지 않음으로써 좌절이 감소될 수 있다.

부분강화 효과에 관한 순서가설

1) 순서가설(sequential hypothesis)은 훈련 시의 단서들의 순서 차이에 부분강화 효과(PRE)를 귀인하고 있다.

2) 순서가설에서는 훈련 도중 행동의 각 수행 다음에는 두 가지 사상 중 하나(강화 혹은 비강화)가 온다고 강조한다.

3) 소거시에는 레버를 눌러도 강화가 나오지 않고 따라서 레버 누르기에 대한 중요한 단서(강화의 존재)가 없어진다.

4) 좌절가설과 순서가설은 양자가 모두 소거가 능동적인 학습과정이라고 가정하는 것과 또 소거가 일종의 변별학습을 포함한다고 가정하는 것에 서로 공통점이 있다.

5) 두 가설 간의 주요한 차이는 좌절 가설은 유기체의 내부(좌절이라 불리는 생리적 반응)에서 단서를 찾는 반면에 순서가설은 유기체의 외부 환경(강화와 비강화의 순서)에서 단서를 찾는다는 점이다.

강화를 제공하는 간격과 비율강화계획 전략(고정과 변동) 두 가지

강화계획에는 강화를 제공하는 간격(interval)을 고정 또는 변동시키느냐 하는 전략과 다른 강화의 비율(ratio)을 고정시키느냐 변동시키느냐 하는 두 가지 전략이 있다.

1) 간격 계획

    (1) 고정-간격 강화전략은 3분마다 혹은 5일마다 일정한 간격을 정해서 학습자에게 강화를 제공하는 것을 말한다.

    (2) 변동-간격 강화전략은 정해진 시간 간격 없이 2분마다 또는 20분마다 불규칙적으로 강화를 제공하는 것을 말한다.

2) 비율 계획

    (1) 강화 제공의 준거로서 시간 간격이 아닌 학습자의 반응수에 따라 강화계획을 잡는 것을 말한다.

    (2) 고정-비율 강화계획은 예를 들면, 학습자가 매 10과제를 정확하게 해결할 때마다 강화를 주는 것을 말한다.

    (3) 변동-비율 강화 계획은 일정한 반응수마다 강화를 주지 않고 불규칙적으로 강화를 주는 것으로 처음에는 5과제를 맞추면 강화를 주다가 다른 때에는 7과제를 맞추면 강화를 주는 계획을 말한다.

3) 일반적으로 간격보다는 비율이, 그리고 고정적인 것보다 변동적으로 강화를 주는 것이 훨씬 강화 효과가 크며 형성된 학습행동이 더 오래 지속되는 경향이 있으며 변동비율 > 고정비율 > 변동간격 > 고정간격의 순서로 반응률이 나타난다.

비율 긴장 (ratio strain)

강화 비율을 너무 급격히 혹은 너무 길게 늘여서 반응의 패턴이 파괴되는 것으로 조작적 조건형성과 관련된다.

3) 생활 속의 조작적 조건화

    (1) 조작적 조건화의 원리는 원래 실험실에서 동물을 대상으로 연구된 것이었으나, 다양한 인간의 행동을 이해하는 데도 도움을 제공한다.

    (2) 행동수정(behavior modification)

        ① 인간의 행동을 변화시키는 데 사용하고 있다.

        ② 어떤 행동 목표를 설정하고 그 행동에 점차 가까워지도록 내담자의 반응을 강화한다.

    (3) 토큰경제(token economy)

        정신병원 등에서 환자들이 바람직한 행동을 했을 때 토큰을 지급해 모은 토큰을 여러 가지 보상이나 특권과 바꿀 수 있게 하는 방법이다.

    (4) 프리맥(Premack)의 원리[4]

        ① 가능성이 높은 활동이, 가능성이 낮은 활동에 대해 강화물이 될 수 있다는 원리이다.

        ② 새로운 행동(A : 숙제하는 것)은 그 행동을 한 후 학습자가 쉽사리 보이는 옛 행동(B : 야구경기 관람)이 즉각적으로 따를 때 학습이 된다는 것 즉, B행동이 A행동과 관련성이 있을 때 학습이 증진된다는 것이다.

          예 "네가 숙제를 끝내면 비디오 게임을 하게 해 줄게" / 숙제를 다하면 야구경기를 보여 주겠다.

---

4)   빈도가 높은 행동은 빈도가 낮은 행동에 대해서 강화력을 갖는다는 원리이다.

프리맥의 원리 (Premack Principle)

1) 개념

   (1) 1965년에 프리맥(D. Premack)이 체계를 세워 정리한 것으로 프리맥의 원리라고 불린다.

   (2) 그 요점은 사람들에게 어떤 한 가지 활동을 끝마친 후, 보다 더 바람직한 다른 활동을 할 수 있는 권리를 주겠다고 약속함으로써 그 활동에 몰두하도록 만들 수 있다는 것이다.

   (3) 학생들이 좋아하는 활동이 그들이 좋아하지 않는 일을 하도록 하는 데 사용되는 강화물로서, 싫어하거나 잘 하지 않는 행동을 촉진시키는 데 사용된다.

   (4) 흔히 교사들은 학생들이 어떤 공부를 끝낸 후 자유시간을 줄 때 이 원리를 이용하고 있다.

   (5) 바람직한 행동을 증가시키는 방법 중에 하나이며 행동의 빈도가 높은 행동을 이용해서 행동의 빈도가 낮은 행동을 강화하는 것으로 아동이 좋아하는 행동(빈도가 높은 행동)으로 부적응 행동, 즉 하기 싫어하는 행동이나 하지 않는 행동(빈도가 낮은 행동)을 증진시키는데 이용하는 방법이다.

2) 프리맥 원리 　예시

   (1) 어떤 아동이 글자공부는 싫어하면서 동물(특히 캥거루, 말 등) 그리기는 무척 좋아한다면, 아동에게 글자 5단어를 공부하고 나면 동물을 한 장 그릴 수 있게 해 주겠다고 약속을 하면 아동이 글자공부 하는 것을 늘린다.

   (2) 아동이 TV의 만화 등 재미있는 일에는 밥 먹는 것조차 잊고 열심히 몰두하는 반면 책읽기나 숙제하기를 싫어한다면 숙제를 열심히 마치면 TV나 컴퓨터 게임 등 아동이 좋아하는 행동을 할 수 있도록 해 준다.

   (3) 수학을 싫어하는 학생에게 수학 과제를 다 마친 후에는 그가 아주 좋아하는 책 읽는 시간을 주거나 축구할 시간을 준다.

유관계약 – 조작적 조건형성과 관련됨

1) 내담자의 바람직하지 않은 행동을 수정하는 방법에 초점을 맞추는 것이 아니라, 오히려 바람직하고 긍정적인 행동변화를 극대화할 수 있는 상호작용 강화에 초점을 맞추는 것이다.

2) 이를 수반성 계약(contingency contract)이라고도 하며, 학생이 성취할 일(도달점 행동)과 성공적인 수행에 대해 기대되는 결과(강화)가 무엇인지를 상술하는 교사와 학생 간의 협정이다.

자기통제

1) 행동강화 프로그램의 최대의 약점은 그 프로그램이 계속되지 않을 때 유지하는 데 어려움이 있을 수 있으며 또한 강화 프로그램이 강제적일 때 그 과제에 대한 관심이 원래보다 적을 수 있다.

2) 이런 문제점들에 대한 가능한 해결은 외부로부터 강화에 의존하기보다는 자기 자신의 행동을 통제하도록 훈련시키는 자기통제(self-control)이다.

자극통제 (stimulus control) – 행동을 유발하는 선행자극의 통제 방법

1) 자극통제 방법

   (1) 적절한 선행자극이 없어서 바람직한 행동이 일어나지 않는 경우

      → 바람직한 행동을 유발하는 선행자극을 제공하는 자극통제 방법 사용

   (2) 바람직하지 못한 행동을 유발하는 선행자극이 있는 경우

      → 선행자극을 변화시키는 자극통제 방법 사용

2) 교란(주의분산, distraction)

   예를 들어, 흡연갈망에 주의를 돌리기보다는 다른 대상이나 활동에 주의를 돌려보는 기법이다.

3) 행동을 수정하기 위해 사용할 수 있는 효과적인 세 가지 기법은 자극통제(stimulus control), 교란(distraction), 자기강화 (self-management)이며, 조작적 조건형성과 관련된다.

칭찬 – 무시 접근: 행동을 북돋아 주기 위한 방법

학생들에 대한 교사의 칭찬과 무시의 적절한 사용을 말한다. 칭찬은 '긍정적인 것을 강조'하기 위한 전략으로, 강화될 행동을 조건으로 하고 강화되고 있는 행동을 명백하게 구체화하여야 하며, 신뢰할 수 있어야 한다.

✄ 심화학습

도구적 조건형성

1) 도구적 조건형성의 개념과 고전적 조건형성과의 비교

 (1) 유기체가 자신의 행동과 그 결과 사이의 관계를 학습하는 것이다.

 (2) 어떤 행동이 학습될지의 여부는 그 행동의 결과가 무엇이냐에 좌우된다.

 (3) 인간은 좋은 결과를 가져다주는 것을 추구하고 반대로 나쁜 결과를 가져다주는 것을 피하게 된다.

2) 고전적 조건형성과 도구적 조건형성과의 비교

 (1) 고전적 조건형성은 불수의적(비자발적)인 것이지만, 대부분의 인간 행동은 수의적(자발적)이다.

 (2) 고전적 조건화는 동물로부터 어떤 반응을 인출(elicit)하지만, 도구적 조건화는 동물이 방출(emit)해 내는 반응에 의존한다.

3) 손다이크(Thorndike)의 법칙

 (1) 동물 지능이 있는지 알아보기 위한 실험

  ① 문제상자(puzzle box)를 만들고 고양이를 넣은 다음, 고양이가 지렛대를 밟고 밖으로 나올 때까지 소요된 반응시간을 측정하였다.

  ② 고양이는 상자 밖의 먹이를 얻기 위해 다양한 반응을 보이다가, 우연히 지렛대를 밟아서 문이 열렸고 먹이를 먹었다.

  ③ 그 다음에도 다양한 반응을 하지만, 조금 더 빨리 지렛대를 밟았다.

  ④ 시행이 반복됨에 따라 고양이가 지렛대를 밟고 바깥으로 나오는 반응시간이 짧아졌다.

 (2) 시행착오 학습(trial-and error learning) - 고양이의 문제해결 방법

  ① 여러 가지 반응들을 임의적으로 해 보다가, 그 중 어느 하나가 문제를 해결하게 되면 그 반응이 여러 시행에 걸쳐 점진적으로 습득되는 식의 학습을 의미한다.

  ② 고양이는 지렛대를 밟는 것과 문이 열리는 것 사이의 관계성을 획득한 것은 아닌데, 그 이유는 문제해결에 대한 통찰을 했다면, 그 후부터는 일정하게 문제해결 방법을 사용해야 하지만, 고양이의 문제해결 행위의 수행은 느리고 점진적으로 향상되기 때문이다.

  ③ 고양이의 다양한 반응은 약화되는 대신에, 정확한 반응이 강화됨으로 학습이 이루어지게 된다.

 (3) 효과의 법칙(law of effect)

  ① 반응 후에 수반되는 결과가 바람직한 것이면 그 반응이 나타날 확률이 증가되고 결과가 바람직하지 않으면 확률이 감소되는 것이다.

  ② 고양이(동물)는 문제해결을 위해 생각하거나 이해할 필요가 없고 어떤 반응 후에 보상이 오면 그 반응이 더욱 잘 수행될 뿐이다.

(4) 연습의 법칙(law of exercise)

연습의 횟수나 사용빈도가 많을수록 결합은 강화되고 횟수가 적거나 사용되지 않을 때에는 결합이 약화된다는 것이다.

(5) 준비성의 법칙(law of readiness)

학습하는 태도나 준비와 관련하여 그러한 준비 자세가 되어 있을수록 결합이 용이하고 그렇지 못하였을 때에는 결합이 약화된다는 것이다.

(6) 중다 반응(multiple response)

① 모든 학습에서 일어나는 첫 번째 단계, 첫 번째 반응이 문제해결을 하지 못하면 다시 다른 반응을 시도한다는 것이다.

② 어떤 반응이 문제를 해결할 때까지 유기체는 활동을 계속하는 경향이 있다.

🗂 기출문제 확인학습

헐과 손다이크, 스키너 – 기능주의적 관점의 강화이론가

1) 헐(신행동주의)은 강화란 욕구 감소이며 강화인이란 욕구를 감소시켜 줄 수 있는 자극이라는 구체적인 표현을 했다.

2) 손다이크(도구적 조건화)는 강화란 '만족스러운' 또는 '혐오적인' 상태라고 했다.

3) 스키너(조작적 조건화)는 강화인은 반응 비율을 증가시키는 어떤 것이라는 다소 추상적인 표현을 하였다.

기능주의 학습이론

1) 기능주의(functionalism) 학습이론은 William James의 기능주의로서, 의식의 기능과 작용에 초점을 둔다.

2) 의식을 요소로 환원할 수 없으며 의식은 환경과의 관계에서 끊임없이 생성, 소멸하는 과정이다.

3) 인간의 의식은 하나의 통일체로 기능하며 다윈의 진화론의 영향을 받았으며 인간의 환경에 적응해 나가는 정신적 기능을 연구대상으로 한 학습이론이다.

4) 내성법(자신의 마음속에 일어나는 것을 가만히 생각해 보게 하는 방법)을 어느 정도 인정하였다.

각 이론의 개요

1) 구조주의

마음의 구조, 즉 마음의 기본요소에 대한 연구를 중심으로 분트와 그의 제자(스피어먼, 티치너)가 주창하였다. 내성법과 실험만을 심리학의 방법으로 간주하였다.

2) 기능주의

의식경험의 기본요소보다는 마음의 사용 또는 기능을 강조하였다. 기능주의자들은 '정신과정과 외적인 행동의 목표(기능)는 무엇인가'에 초점을 두었다. 제임스, 듀이 등의 학자가 대표적이다.

3) 행동주의

심리학의 연구대상은 관찰 가능하고 측정 가능한 사건, 즉 외적인 행동으로 제한해야 한다고 주장하였다. 왓슨과 스키너가 대표적이다.

4) 형태주의

지각된 내용을 하나의 전체로 통합하고 분리된 자극을 의미 있는 유형으로 통합하고자 하는 경향을 강조하는 학파로, 베르트하이머, 코프카, 퀼러에 의해 창시되었다.

5) 정신분석

인간행동을 결정하는 요소로서 무의식에서의 동기와 갈등의 중요성을 강조하는 학파이다. 프로이트에 의해 시작되었다. 행동의 밑바닥에는 성격에 기인한 기본적 역동성이 있으므로 정신역학이라고도 부른다.

Skinner의 조작적 조건화이론

1) Skinner는 일찍이 심리학은 행동의 연구를 통해서만이 과학성이 보장될 수 있다는 Waston의 입장에 지지하여, '학습은 행동 변화의 과정'이라고 정의를 내렸다.

2) 학습된 행동의 특성에 관한 그의 신념은 학습자의 내적 상황은 거의 무시하고 외부로부터 제공되는 조작적 조건(operant conditioning)의 원리에 기초를 두고 있었다.

3) Skinner의 관점에서 볼 때 학습(learning)이란 곧 행동이다.

4) 즉, 어떤 주제에 대한 학습이 일어날 때는 반응의 비율이 증가하고, 학습이 일어나지 않을 때는 반응의 비율이 떨어진다.

5) 그러므로 학습이란 반응의 가능성이나 행동의 변화로 정의된다.

기능적 분석 (ABC 분석)

기능적 분석은 선행사건(antecedent), 행동(behavior), 후속결과(Consequent)를 의미하며, 기능분석(functional analysis)을 위한 4가지 일반적인 규칙은 다음과 같다.

1) 관찰 가능한 행동과 사건만 기록하고 관찰 대상에 대한 평가 진술이나 추정을 배제한다.

2) 언어적 행동과 비언어적 행동을 모두 기록한다.

3) 각각의 사건 발생 시간을 순서대로 기록하거나 매 5분 간격 등의 정해진 간격별로 시간을 표시한다.

4) 효율적인 기록을 위해 기호나 약어를 사용한다.

4) 헐(Hull)의 신행동주의

(1) S-O-R 모형

① 자극과 반응 사이에 직접 관찰할 수 없는 유기체라는 매개변인을 가정하는 모형이다.

② 매개변인 - 유기체의 내적 과정

③ 헐(Hull) 또한 학습을 '자극-반응' 연합 형성으로 보았으나, 다른 행동주의자와 달리 매개변인을 가정하였다.

④ 매개 변인이란 자극과 반응을 매개하고 중재하는 유기체 내의 관찰 불가능한 특성이나 상태를 의미한다.

⑤ 충동(drive)은 매개변인 가운데 하나로서, 음식이나 물과 같은 생물학적 욕구를 박탈하는 시간에 비례해서 커진다.

⑥ 충동이 증가하면 움직임이 늘어나고 주변을 자주 살피며, 먹고 마시는 행동을 많이 하게 된다.

(2) 행동유발 공식

반응 경향성 = 충동(drive)×습관 강도(학습의 강도)

추동감소 이론 (헐의 체계적 조건화설)

생리적 욕구가 생기면 신체가 각성 상태에 놓인다고 가정하는데, 이 상태가 곧 추동이다. 유기체가 추동을 경험하면 그 상태에서 벗어나 추동을 감소시키려는 강한 동기가 발생하고, 그러한 동기에 따라 특정 행동을 하게 된다는 것이다.

한 실험에서 연구자는 쥐가 어떤 정해진 행동을 하면 사카린이 들어 있는 물을 먹을 수 있게 하였다. 이 실험에서 사카린은 물에 단맛이 나게 하였을 뿐, 어떤 결핍 상태를 제거하거나 결핍으로 인한 긴장을 감소시키는 것은 아니었다. 그런데도 쥐는 사카린이 든 물을 먹기 위해 실험자가 요구하는 행동을 열심히 하였다. 또 다른 실험에서는 수컷 쥐가 암컷 쥐와 짝짓기를 하기 위해 전기가 흐르는 바닥을 가로질러 가야만 하는 상황을 만들었다. 그리고는 짝짓기를 위해 전기충격을 감수한 수컷 쥐가 오르가즘에 미처 이르기 전에 암컷 쥐로부터 떼어 놓음으로써 긴장 감소가 일어나지 못하도록 하였다. 그런데 이때에도 수컷 쥐는 여전히 짝짓기를 위해 전기가 흐르는 바닥을 가로질러 달려갔다. 이 이론은 배고픔이나 목마름, 고통 회피 같은 생존 욕구에 지나치게 집중되어 있다. 그러나 배고픔을 참으며 심미적인 가치를 추구하는 예술가도 있고, 생명의 위협과 신체적 고통에도 불구하고 험한 산을 오르는 산악인들도 있다. 이 이론이 비판받는 부분이다.

추동감소이론에 따른 동기화 과정

욕구[식욕, 성욕, 수면욕 등] ⇒ 추동[배고픔, 성적 흥분, 졸림 등] ⇒ 추동감소행동[섭식행동, 성 행위, 수면 등]

📁 기출문제 확인학습

최적 각성이론 – 벌린(D. Berlyne)[5]

1) 추동이론을 수정한 최적 각성(optimal arousal)이론을 여러 학자들이 제시하였는데, 대표적 학자는 벌라인과 매드슨 (Berlyne & Madsen, 1973)이다.

2) 최적 각성이론은 강화가 추동의 감소뿐만 아니라, 최적 수준을 향한 추동의 변화로 구성된다는 입장이다.

3) 만일 현재의 각성 수준이 최적 수준보다 더 높으면, 보통의 추동 해석에서처럼, 그 감소가 강화(호기심 유발)이다. 그러나 현재의 수준이 최적 수준보다 낮으면, 감소보다 증가가 강화(호기심 유발)이다.

4) 최적 각성이론은 사람들이 흔히 적은 자극보다는 많은 자극을 추구한다는 사실을 관찰해서 나온 이론이다.

5) 자극과 각성의 관계에 관한 추가 가정[또는 얼(R. Earl)의 말로는 공준]은 그 이론을 더 구체적으로 만드는 출발점을 나타낸다.

6) 이 가정에 의하면 각성 수준은 자극의 강도, 복잡성, 그리고 신기함에 대한 증가함수인데, 다시 말해서 더 강한 자극, 더 복잡한 자극, 그리고 더 신기한 자극은 더 약하거나 더 친숙한 자극보다 더 높은 각성을 일으킨다.

---

5) 학습심리학 : Winfred F. Hill 저, 이영애 역, 을유문화사, 1998(원서 : Learning : A Survey of Psychological Interpretations, 5th ed, HarperCollins, 1990)

📁 실력다지기

바람직하지 못한 행동 감소기법 등

바람직하지 못한 행동을 감소시키는 기타 방법들

1) 포화의 원리

부적절한 행동을 싫증이 날 때까지 수행하도록 허용 또는 강요한다. 즉, 한계효용의 법칙을 이용한 방법으로, 싫증날 때까지 실컷 하도록 하는 방법이다. 상담자가 바람직하지 않은 행동을 유발하는 강화(쾌자극)를 반복 제시하여 내담자로 하여금 불쾌자극으로 느껴지게 함으로써 행동을 수정하는 방법이다.

2) DRO(Differential reinforcement of other behavior) - 차별강화

학생이 바람직하지 못한 행동을 정해진 시간 동안 하지 않고 있을 때 강화하는 차별강화의 한 방법이다. 다시 말해서 한 아이의 여러 행동 종목 중 어느 하나만을 골라 선택적으로 강화하는 방법이다. 이는 학생이 바람직하지 못한 행동을 정해진 시간 동안 하지 않을 때 강화하는 타행동과의 차별강화(DRO : Differential Reinforcement of Other behavior)나 평균적으로 발생한 행동 수가 기준 수보다 적을 때 강화하는 저반응률 차별강화(DRL : Differential Reinforcement of Low rate of responding) 등이 있다.

> **사례**
> 김 선생님은 수업 중에 한 아이가 자주 의자에서 일어나 돌아다니는 행동을 목격하였다. 그는 그 아이가 자기 의자에 앉아 있을 때 일관되게 칭찬하여 앉아 있는 행동을 증가시킴으로써 돌아다니는 행동을 소거하였다.

3) 상호 제지법

(1) 불안을 일으키는 상황에서 그것과 양립할 수 없는 반응을 제시하고 불안반응을 감소시키거나 억압시키는 방법이다.

(2) 짜증나는 행동에 대한 음식섭취 행동

4) 혐오치료법

(1) 바람직하지 못한 행동에 혐오스러운 자극을 연합시켜 행동을 수정하는 방법이다.

(2) 지나친 흡연가에게 폐의 손상된 영상을 보여주는 것이다.

5) 부적 연습법

(1) 바람직하지 못한 행동을 반복 수행케 함으로써 신체적 피로감이나 심리적 권태를 생기게 하는 행동수정방법이다. 즉, 학습자 내지 내담자가 없애고 싶어 하는 습관적 행동을 적극적으로 의식하면서 연습함으로써 그 행동을 없애는 방법이다.

(2) 오락을 좋아하는 학생에게 하루 종일 오락을 시키는 것이다.

기타 행동수정 기법

1) 행동조형(Shaping behavior)

최종 목표행동을 여러 단계로 나누어 낮은 단계부터 하나씩 강화하여 점진적으로 목표행동에 접근시키는 방법이다.

2) 행동계약

사회에서 어떠한 계약을 맺고 그대로 이행하는 것과 비슷하게 교사와 학습자(상담자와 내담자)가 어떠한 행동을 어떻게 얼마나 할 것이며, 성공적으로 수행한 행동에 대하여 어떠한 보상을 주기로 계약을 맺고 교사와 학습자(상담자와 내담자)가 그대로 시행하는 방법이다.

3) 타임아웃(Time out, 잠시 소외시키기)

벌(제거성 벌) 또는 소거의 일종으로, 부적응 행동을 했을 때 긍정적 강화를 받을 수 있는 기회를 일시적으로 박탈하여 부적절한 행동을 줄이는 방법이다.

4) 상반 행동의 강화

바람직하지 못한 행동을 직접 수정하기보다는 상반되는 다른 바람직한 행동을 강화하는 방법이다.

5) 용암법(fading)

한 행동이 다른 상태에서도 발생할 수 있도록 그 조건을 점차적으로 변경해 주는 과정의 방법으로, 행동을 좌우하는 기존의 자극을 점차 줄여감으로써 변화하는 자극의 통제를 받도록 하는 자극통제의 변화를 의미한다.

6) 행동연쇄(chaining)

(1) 행동에 대한 일련의 순차적 반응을 분석하여 자극-반응의 연결과정을 통하여 행동 수정이나 행동관리를 실시하는 것이다.

(2) 연쇄의 각 행동이나 반응은 다음 반응에서 식별자극의 역할을 하게 되는데, 첫 반응은 두 번째 반응을 위한 식별자극을 산출하고, 두 번째 반응은 세 번째 반응을 위한 식별 자극을 산출하여 모든 반응이 끝날 때까지 차례대로 발생하며 행동 연쇄는 마지막 반응이 강화되는 결과를 가져올 때에만 계속된다.

(3) 행동 연쇄는 처음부터 과제를 단계별로 목표 행동을 설정하여 실천하는 전진 행동 연쇄(forward chaining)와 맨 마지막 과제부터 한 가지씩 역순으로 목표행동을 실천하는 역순 행동 연쇄(backward chaining)의 두 가지로 구분된다.

(4) 예 특정한 순서대로 수행되는 여러 행동들의 연속으로서, 골프에서 스윙을 하는 데 필요한 여러 동작들의 연속을 예로 들 수 있다.

3 고전적 조건형성 및 조작적 조건형성의 한계

고전적 및 조작적 조건 형성의 원리들이 동물과 인간의 모든 행동을 설명할 수 없는 현상들이 발견되어 한계가 존재한다.

1) 맛 혐오 학습(Garcia) 실험

(1) 쥐들에게 처음 맛보는 단물을 주고 X-ray를 쬐이면 X-ray 때문에 구토와 복통이 발생한다.

(2) 그 후 다시 단물을 주면 이 쥐들은 단물이 구토와 복통을 초래한 것처럼 마시기를 기피하게 된다.

(3) 단물은 조건자극(CS), X-ray로 인한 구토와 복통은 무조건 자극(UCS), 구토에 의한 고통은 조건반응(CR)인 고전적 조건형성에 해당한다.

(4) 다만, 고전적 조건형성 이론과의 차이는 다음과 같다.

① 조건자극(CS)과 무조건자극(UCS) 사이의 시간 간격이 아주 길어도 학습이 가능하다.

ㄱ. 쥐에게 단물을 제시한 후 몇 시간이나 하루가 지나서 구토와 복통을 일켜도 학습이 된다.

ㄴ. 조건자극(CS)과 무조건자극(UCS)의 시간간격이 짧을 때만 학습이 가능하다는 전통적 학습이론과 다른 현상을 보인다.

ㄷ. 생물학적 관점에서 잘못된 음식을 먹고 구토가 나기까지 시간이 오래 소요되는 점으로 이해된다.

② 어떤 조건자극(CS)이라도 모든 종류의 무조건자극(UCS)과 연합될 수 있다는 전통적인 학습이론과 상충된다.

ㄱ. 쥐에게 단물을 주고 X-ray 대신에 전기충격을 주고, 그 후에 단물을 다시 제시하면 쥐들이 단물을 피하지 않고 마신다.

ㄴ. 무조건자극(UCS)으로 X-ray를 사용하거나 전기충격을 사용하는 것은 고전적 조건형성의 절차와는 차이가 없다.

ㄷ. 쥐들은 맛을 구토나 복통과는 잘 연관시키지만 전기충격과는 잘 연관시키지 못한다는 것을 알 수 있다.

ㄹ. 쥐들이 먹이의 맛과 구토 사이의 관계를 학습하는 능력은 쥐의 생존과 직결되지만 맛과 전기충격을 연합시키는 것은 어렵다는 생물학적 관점의 이해로 설명이 가능하다.

③ 준비성

동물들은 모든 자극들 사이의 관계를 동등하게 잘 학습하지 않으며 그 중의 환경에 따라 특정 자극들 사이의 관계를 더 잘 학습하는 생물학적 소인을 가지고 있다.

📁 실력다지기

행동주의적 관점에 의한 학습원리

1) 학습자는 수동적인 시청자가 아니라 '능동적인' 시청자여야 한다.
2) S-R이론은 학습자의 반응을 중시하며 아직도 '행하면서 배운다.'라는 슬로건을 고수하고 있다.
3) '반복'은 기술습득과 파지를 보장하기 위한 과잉학습(over learning)을 위해 중요하다.
4) '강화'가 중요하다.
   바람직한 반응이나 정확한 반응이 보상을 받는 상황에서 반복이 이루어져야 하며 세부적인 사항에 대한 논쟁이 없는 것은 아니지만 일반적으로 부적 강화보다 정적 강화가 더 바람직하다.
5) '일반화'와 '변별'은 더욱 광범위한 자극에 대해서 학습이 이루어지기 위해서는 다양한 상황에서의 연습이 필요하다는 것을 시사해 준다.
6) '새로운' 행동은 모델의 모방이나 단서(cue), 조성(shaping) 등을 통해 길러지며 진보적인 S-R 학습 이론과 모순되는 것이 아니다.
7) '욕구 상태'(drive condition)는 학습에 중요하며 동기 상태가 학습에 중요한 요소가 된다.
8) 어려운 변별학습 과정이나 부적절한 동기가 유발되는 사회적 상황에서 '갈등'과 '좌절'이 일어나는 것은 불가피하므로 이와 같은 사실을 인정하고 이에 대한 해결 혹은 조정방안을 마련해야 한다.

📁 실력다지기

고전적 조건화와 조작적 조건화의 비교

고전적 조건형성	조작적 조건형성
S형 조건화설	R형 조건화설
자극이 반응 앞에 온다(S → R).	반응이 보상 앞에 온다(R → S).
반응은 추출(인출)된다 (elicited).	반응은 방출된다 (emitted).
환경에 대한 반응	환경에 따라 반응
소극적 반응 (불수의적 반응)	능동적 반응 (수의적 반응)
특수반응은 특수자극이 일으킨다.	특수반응을 일으키는 특수자극이 없다.
한 자극이 다른 자극을 대치한다.	자극의 대치는 일어나지 않는다.
불수의적 (비자발적)·정서적 조건형성	수의적 (자발적)·목적지향적 조건형성

CHAPTER 03 인지주의 학습이론

제1절 | 사회인지이론

1 형태주의 학습이론

1) 인지학습[1]의 개념

(1) 인지학습이란 유기체 내부에 일어나는 사건에 관심을 두고 자극과 반응 사이를 매개하는 인지과정을 의미하며 인지(사고)에 의해 학습이 일어난다고 보는 이론이 인지학습이론이다.

(2) 고전적 및 도구적 조건화를 지지하는 연구자들은 모든 학습을 사고가 필요 없는 단순연합으로 설명하려고 했으나, 인간은 강화 또는 처벌이 수반되지 않아도 학습이 가능한 것을 보면 이는 많은 한계점을 가지고 있다.

2) 형태주의 학습이론

(1) 이론의 기본입장

① 학습자는 학습 상황에서 각 부분을 관련이 없는 단편적인 것으로 지각하는 것이 아니라, 각 부분을 연결하여 조직된 전체나 형태로 지각한다.

② 모나리자의 그림을 볼 때 팔, 코 등의 순서로 안 보고, 전체로 파악하여 인상을 형성하게 된다.

(2) 학습에 대한 형태주의적 접근

① 형태주의 심리학자들은 학습을 지각의 특수문제로 인식한다.

② 유기체는 문제해결에 필요한 모든 요소를 하나의 전체적 관계로 고려하여 신중히 생각한 다음, 인지적으로 해결방안을 모색한다.

③ 이러한 과정을 통해 문제해결에 대한 통찰이 일어나 갑자기 해답을 얻는 지적 경험을 하게 된다.

④ 형태주의 접근에서는 인간을 능동적, 적극적인 존재로 인식하는 발판을 마련하였다.

⑤ 부분은 전체와 관련되어야 하고 전체적인 이해와 내적 강화 등을 중요시한다.

---

[1] 복잡한 형태의 학습을 연구하기 위해서는 지각의 역할과 인지과정에 주의를 기울여야 한다. 인지심리학적 견해를 가진 심리학자들은 학습, 특히 인간학습의 경우 조건화된 연합만으로 설명하는데 만족하지 못한다.

📂 기출문제 확인학습

인지주의 학습이론

1) 경험의 결과로서 일어나는 행동의 변화를 다루는 행동주의 이론과는 다르게 인지주의 학습이론은 정신적 과정에 초점을 맞추어 학습을 설명하는 이론으로, 행동의 변화를 보여줄 수 있는 가능성을 준비하는 개인의 정신적인 구조의 변화를 다룬다.

2) 학습에 관한 인지적 접근은 인간의 기억, 지각, 언어, 추리, 지식, 개념형성, 문제해결 또는 인간의 내재적인 심리과정과 정신적 구조를 설명하기 위한 접근으로, 처음에는 형태주의 이론이나 통찰에 관한 연구에서 비롯되는 인지심리학에서는 주로 인간의 정보처리 과정을 연구한다.

3) 인지주의 이론은 형태주의 심리학과 인지적 장(場) 이론이 근간이 되어 초기 인지심리학이 발전되었으며, 그 후 많은 교수이론가들이 인지이론의 발전에 기여한다.

4) 인지주의는 인간 행동의 습득·조형에는 복합적인 정신적 과정이 중요한 역할을 하며 인지란 우리 머릿속에 일어나는 일련의 지적 과정을 말한다.

5) 인지론자들은 행동주의자와 달리 우리 눈으로 직접 관찰 가능하지는 않지만 우리 두뇌 속에서 벌어지는 외부 감각적 자극의 변형, 기호화 또는 부호화(encoding), 파지(retention), 재생 또는 재인(recall)이라는 일련의 정보처리 과정을 연구한다.

6) 그들은 심리학의 연구 대상의 초점을 다시 행동에서 마음으로 바꾸어 놓은 셈이며 또한 학습을 인간이 새로운 통찰, 인지구조를 획득하는 상호작용 과정이라고 정의한다.

7) 다시 말하면, 학습은 인지구조를 습득하는 것이다.

행동주의 학습이론과 인지주의 학습이론의 비교

학습이론 구분	행동주의 학습이론	인지주의 학습이론
강조점	요소 강조(미시적 입장)	전체 강조(거시적 입장)
전체와 부분의 관계	부분들의 합 = 전체 (환원주의)	전체 = 부분들의 합 이상
학습기제	말초적 기제 / 자극–반응의 결합	중추적 기제 / 인지구조의 변화
학습의 과정	점진적·순차적인 과정	돌발적·비약적인 과정
문제해결	시행착오적 문제해결	통찰적 문제해결
이론의 특징	경험론적·객관적 입장	생득론적·주관적 입장
학습에의 적용	훈련·습관형성의 학습	개념 습득·사고활동의 학습
학습방법에의 공헌 / 상담방법에의 공헌	프로그램 학습법 / 행동수정	발견학습법, 구성주의적 학습모형 / 인지치료
교육관	통제 교육	열린 교육(open education)
이론적 배경	행동주의 심리학	형태심리학, 인지주의 심리학

근접성의 원리

인지주의 학습이론의 원리로서, 부분 간의 거리가 근접할수록 체제화가 쉽게 일어나며 학습되기 쉽고 파지와 재생이 쉽게 이루어진다. 학생들에게 새로운 학습내용을 설명한 후, 곧바로 학생들이 이미 알고 있는 것과의 관계를 설명하는 것이 좋은 사례가 된다.

비고츠키의 이론

1) 비고츠키가 구분한 발달수준은 실제발달 수준(actual developmental level)과 잠재발달 수준(potential developmental level)이다.

2) 실제발달 수준은 남의 도움 없이 아동 혼자서 어떤 과제를 수행할 수 있는 능력 수준으로 현재 발달이 완료된 수준을 의미한다.

3) 잠재발달 수준은 혼자서는 할 수 없으나 교사나 더 유능한 다른 아동의 도움을 받으면 과제를 해결할 수 있는 능력 수준을 말한다.

4) 비고츠키에 의하면 실제 발달 수준이 같은 아동들이라 해도 교사로부터 동일한 도움을 받았을 때 한 아동이 다른 아동보다 더 높은 성취를 보인다면 그 아동은 잠재적 발달 수준이 더 높다고 할 수 있다.

5) 실제 발달 수준과 잠재 발달 수준 사이의 영역을 근접발달영역(zone of proximal development, ZPD)라고 한다.

6) 근접발달영역에 포함되는 과제수행은 최대한의 지적 발달을 촉진한다.

7) 이미 혼자서 할 수 있는 일에서는 별로 학습할 것이 없지만 남의 도움이 있으면 가능한 일 즉 근접발달영역 안의 과제를 시도하는 데서는 많은 학습을 할 수 있다.

8) 교사와 부모 등 전문가가 힌트를 주고 격려하며, 시범을 보임으로써 아동을 돕는 것은 아동에게 과제를 시작할 수 있는 발판(scaffolding, 비계(飛階) 또는 출발점을 제공하는 것)을 제공하는 것으로 근접발달영역에 속한 과제의 수행을 돕고 과제 수행 능력이 커지면 점차 남의 도움이 덜 필요해진다.

브루너 (J. Bruner)

인지주의 교수이론의 대표자는 브루너(Bruner)이며, 피아제(Piaget)가 아동이 지적으로 어떻게 발달하는가에 관심을 가진 반면, 브루너는 지적 발달이 어떻게 학습과 수업에 관련되는지에 관심을 가졌다.

레빈 (K. Lewin)

레빈의 장(場)이론은 형태심리학(Gestalt psychology)의 기초 이론으로서 인간행동과 학습에 관한 인지주의적 관점의 이론이다.

1) 장(Field)이론(Lewin)의 주요 요소

(1) 생활공간 : 심리적 환경과 개인으로 구성한다.

어떤 순간이나 오랜 시간 개인의 행동에 영향을 미치는 요인들의 전체 형태를 의미하며, 심리적 환경은 지각된 대상과 사상들로 구성되며, 심리학적으로 해석되는 개인은 의식적으로 행동하는 자아를 의미한다.

(2) 위상(topology) : 지각이나 활동의 범위를 정의하는 형태로서 생활공간을 표현한다.

생활공간의 기능적 부분들의 배경이나 경계를 보여줄 때, 그리고 구조화나 의미화 시킬 때 사용하며, 생활공간에 있는 개인적 영역은 가족, 교회, 학교, 극장, 회사와 같은 공간적 의미를 말한다.

> 위상(topology) - 기출
> • 어느 순간에 어느 곳에 위치하고 있는가를 나타내는 순간적인 상태
> • 개인이 관심을 두고 의미를 부여함으로써 스스로 위치해 있는 공간

(3) 벡터(vector) : 방향과 강도를 의미한다.

벡터는 목표를 향해 가깝거나 멀어지는 심리적 운동에 영향을 미치는 힘을 의미한다.

(4) 행동 방정식 : $B = f(P, E)$[2]

행동이란 개인과 환경의 상대적 위치의 변화를 의미하며, 인간의 행동은 개인과 환경의 함수관계에 의해 결정된다.

---

2) B : behavior(행동) / P : person(개인) / E : environment(환경)

3) 쾰러의 통찰학습 (insight learning)

(1) 통찰

문제 상황에서 갑작스럽게 문제 해결이 이루어지는 현상을 깨닫는 것이다.

(2) 쾰러의 침팬지 실험

① 볼 수는 있어도 손이 닿을 수 없는 높은 곳에 과일을 매달아 둔 실험장면을 침팬지에게 노출하였다.

② 몇 번의 실패 후에 침팬지는 주변을 둘러 보고 막대기를 이용하여 과일을 가지거나 상자를 받침대로 삼아 올라가서 과일을 취하였다.

③ 침팬지는 일단 문제를 해결하고 나서는 효과가 없는 해결방안을 거의 시도하지 않았다.

④ 침팬지는 유사한 상황에서 그와 같은 경험을 해 본 것처럼 시도하여 문제를 즉각 해결하였다.

(3) 침팬지가 바나나를 따먹는 학습은 부분학습을 하나하나 한 것이 모여서 된 것이 아니라 학습의 장을 전체적으로 인식하고 해결하는 통찰, 아하! 경험에 의해 이루어진다.

(4) 통찰(insight)은 '관계(relationship)에 관한 기본적 감각 혹은 느낌', '전체적 관계를 파악하는 지능적인 행동'을 말하는데, 즉 상황을 구성하는 요소 간의 관계를 파악하는 것을 말한다.

(5) 통찰이 발달한다는 것은 개인의 생활공간에 관한 인지구조가 변한다는 뜻이다.

(6) 인지구조는 객관적인 것이 아니라 개인적·물리적·사회적 세계에 관한 주관적·심리적 지각으로 구성되어 있다.

(7) 통찰은 "a-ha" 현상이라고 부르며, Archimedes가 목욕탕에서 부력의 원리를 발견하고 'Eureka'를 부르짖던 그 순간의 정신작용이 통찰의 의미와 유사하다.

(8) 유기체는 가능한 해결을 생각하며 여러 가지 가설을 거치고 바로 전략이 발견되었을 때 통찰이 일어나 문제를 해결한다.

(9) 통찰학습은 문제해결은 문제 장면을 전체적으로 파악(요소 간의 관계 파악)하여 목적과 수단의 관계가 한꺼번에 해결된다(= a-ha 현상).

📌 정리

쾰러의 통찰설 (Insight theory)

1) 침팬지의 바나나실험
2) 학습 = 통찰 = 학습장면의 "전체적인 관계의 파악"
3) 학습 : 경험의 재구성에 의한 "인지구조의 전환 과정"
4) 학습 : 전체 장면의 파악을 통한 "비약적인 변화"

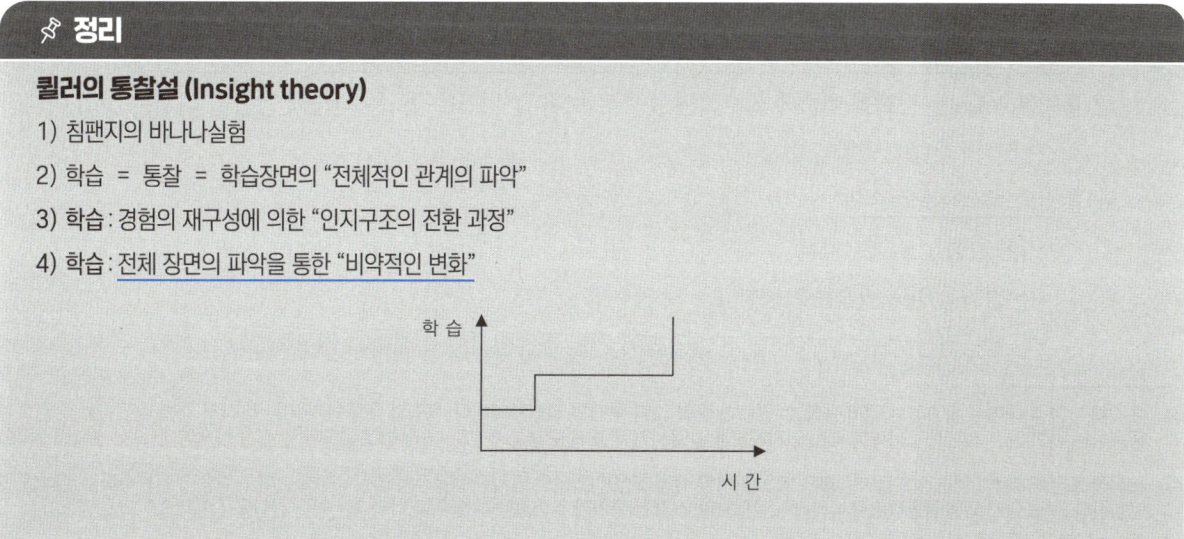

4) 톨만의 잠재학습

(1) 인지도(cognitive map)[3]

① 미로를 사용한 쥐 실험으로 학습의 인지적 요인을 강조한다.

② 사람이나 침팬지뿐만 아니라, 쥐도 인지학습을 할 수 있음을 실험을 통해 보여주었다.

③ 톨만은 동물이 미로에 대한 일종의 정신적인 지도인 인지도(cognitive map), 곧 미로가 어떻게 생겼는가에 대한 지식을 학습한다고 주장한다.

(2) 잠재학습[4]

① 학습에 대해 초기에 인지적으로 해석한 사람은 톨만(Tolman)이다.

② 쥐의 미로 학습

③ 톨만(Tolman)은 쥐가 미로를 통과하면서 학습하는 것을 인지도(cognitive map), 즉 미로에 대한 정신적 지도를 형성하는 것으로 보았다.

④ 톨만(Tolman)은 학습이 강화 없이도 가능하며 강화는 단지 학습한 것을 수행으로 나타나도록 하는데 도움을 준다고 주장한다.

⑤ 쥐의 미로 학습 - 세 집단의 쥐들을 매일 미로를 달리게 하였다.

    ㄱ. 미로의 끝 목표점에 도달하면 먹이를 준다. - 첫 번째 집단

    ㄴ. 목표점에 도달해도 먹이를 주지 않는다. - 두 번째 집단

    ㄷ. 처음 10일 동안은 목표점에 도달해도 먹이를 주지 않았다가 11일째부터는 먹이를 준다. - 세 번째 집단

    ㄹ. 세 번째 집단은 12일째부터 오류 수가 급격하게 줄어들어 첫 번째 집단과 비슷하게 나타났다.

    ㅁ. 이것은 세 번째 집단이 처음 강화를 받지 않을 때도 첫 번째 집단의 쥐들과 마찬가지로 학습이 되었는데 강화가 없었기 때문에 수행으로 나타나지 않았다.

    ㅂ. 그러나 강화를 받고 이미 학습한 것을 갑자기 사용하였는데 이것을 잠재학습(latent learning)이라고 한다.

⑥ 잠재학습

    이미 학습은 되었으나 보상이 주어질 때까지는 학습한 것이 나타나지 않고 잠재해 있는 것이다.

⑦ 톨만(Tolman)은 강화를 학습에 필수적인 것으로 보지 않았으며 강화는 학습에 영향을 미치는 것이 아니라 학습한 것의 수행에 영향을 미친다고 보았다.

⑧ 톨만의 목적적 행동주의[5]

    ㄱ. 기본 가정

        가. 강화 없이도 학습은 가능하다.

        나. 행동과정 연구 : S-R 연합, S-S연합에 의한 조건반사로 분해하여 연구하였다.

---

3) 유기체가 환경 내에서 활동하는 데 이용할 수 있는 일종의 그림 형태의 지식체계이다. 목표에 도달하기 위한 각각의 개별적인 반응을 일으켜 행동하는 것이 아닌 전체적인 상황에 대한 인지지도를 발달시켜 목표에 도달할 수 있는 가장 짧고 효과적인 길을 선택한다(최소 노력의 원리).

4) 조작적 조건화에서의 학습의 조건이 강화와 벌(스키너의 쥐의 실험)이었다면 인지적 행동주의에서는 강화 없이도 학습이 가능하다는 주장을 뒷받침한다. 학습 당시 외면 행동적으로 나타나지는 않지만, 적절한 동기가 주어졌을 때 행위로 나타나는 학습 현상을 잠재학습이라 설명한다.

5) 목적적 행동주의(purposive behaviorism)는 행동을 목적과 결부시켜 이해해야 한다는 행동주의 이론이다.

　　다. 학습의 결과가 반드시 외적 행동으로 나타나는 것이 아니다.

　　라. 학습에서 학습자의 욕구와 습관의 강도, 유인가 등과 같은 중재 변인을 고려하였다.

　　마. 행동에는 목적이 있다.

　　바. 일련의 반응들만을 습득하는 것이 아니라, 체계적인 정보도 습득 가능하다.

　ㄴ. 유기체는 목적 달성을 위해 새로운 환경으로부터 오는 자극(신호)과 이전에 접한 적이 있어서 자기에게 의미를 지니게 된 의미체(significate)를 연결하여, 문제를 해결해 줄 것으로 기대되는 가설을 세웠다.

　ㄷ. 가설을 적용하여 문제를 해결하는 과정에서 시행착오를 겪게 되고, 그 결과 인지지도를 구성하는데 이러한 인지지도의 구성이 바로 학습요소이다.

📂 기출문제 확인학습

지각학습

1) 지각학습은 잠재학습(인지학습)과 관련되는데, 지각학습은 지각에서 학습의 역할 또는 학습에서 지각의 역할이다.

예 침팬지를 출생 때부터 16개월간 암실에서만 기르면, 밝은 방에서 안면을 향하여 놀라게 하는 동작을 가해도 눈을 깜박이지 않는다거나, 물체를 천천히 접근시키면 얼굴에 닿을 때까지 반응이 없다가 닿는 순간 깜짝 놀라는 경우

2) 이와 같은 초보적인 지각에도, 밝은 곳에서의 여러 가지 자극을 보거나 접촉하거나 하는 경험, 즉 학습이 필요하다는 것을 알 수 있다.

3) 지각학습은 강화가 제공되지 않아도 학습이 일어나는 현상을 의미하는 개념이다.

📂 기출문제 확인학습

대리적 시행착오

실험에서 쥐가 미로 찾는 과정을 관찰한 다른 쥐는 자신이 실제 시행착오를 겪은 것이 아님에도 불구하고 실제 자신이 시행착오를 경험한 것과 같은 효과가 있었다.

톨만의 기호-형태설의 특징

1) 학습은 환경에 대한 인지지도를 신경조직 속에 형성시키는 것이다.

2) 학습은 자극과 자극 사이에 형성된 결속이라고 보기 때문에 톨만의 이론을 S-S(Sign-Signification)이론이라고 한다.

3) 학습하는 행동은 목적 지향적이며, 학습에 있어서 개인차를 인정하였다. 즉, 학습에 있어서 유전적 요인, 연령, 훈련, 내분비선의 개인차가 행동의 예측과 이해에 주요한 요인이다.

4) 학습의 형태에는 보수기대, 장소학습, 기대학습이 있다.

5) 학습은 어떤 동작을 배우는 것이 아니라 어떤 반응이 어떤 목표를 달성하게 하느냐하는 목적과 수단의 관계를 의미하는 기호를 배우는 것이다.

6) 톨만은 문제 상태의 인지를 학습에 있어서 가장 필요한 조건이라고 생각하였다.

7) 톨만은 학습의 목표를 의미체라고 하고 그것을 달성하는 수단이 되는 대상을 기호라고 부르고, 이 양자 간의 수단, 목적 관계를 기호-형태라고 칭하였다.

5) 형태주의 학습이론의 공헌점

(1) S-R 행동주의의 소 단위적 접근법, 즉 원자론적 접근법을 비판한 점이다.

(2) 지각과 학습은 모두 심리적 경험을 조직화하는 인지과정이 특징적임을 보여주었다.

(3) 행동주의적 연구자들에게 생산적인 도전을 제시하였다.

(4) 형태주의 심리학이 통찰학습에 초점을 둔 것이기 때문에 강화를 다르게 개념화하게 되었다.

(5) 발견이나 문제해결에서 따라오는 만족에 주목함으로써 형태주의 심리학은 외재적 강화에서 내재적 강화로 우리의 관심을 옮겨 놓았다.

📁 실력다지기

인지주의적 관점에 의한 학습원리

1) '지각적 특성'을 고려하여 학습자에게 문제를 제시하는 것이 중요한 학습조건이 되므로 학습의 기본적인 특징이 학습자의 눈에 잘 띌 수 있도록 학습문제의 제시형태를 재구조화 하여 제시해야 한다.

2) '지식의 구조'(the organization of knowledge)는 교사나 교육 계획자에게 특히 중요한 관심사가 되어야 한다.

3) 전체의 문제는 그 지식의 구조나 체계의 문제이기 때문에 복잡한 것이 어떻게 체계화 되는가에 관한 이론을 떠나서는 처리될 수 없다.

4) '이해를 통한 학습'(learning with understanding)은 기계적인 암기학습이나 공식을 통한 학습보다 더 영속적이고 전이가 잘 된다.

5) '인지적 피드백'(cognitive feedback)은 정확한 지식을 확인해 주고 틀린 학습은 교정해 준다.

6) 학습자에 의한 '목표설정'은 학습동기를 유발시킨다는 의미에서 중요하며 이 목표달성 여부는 미래의 새로운 목표설정에 중요한 요인이 된다.

7) 논리적으로 정확한 해답을 이끌어 주는 수렴적 사고뿐만 아니라, 문제의 창의적인 해결이나 새롭고 가치 있는 결과를 창조하게 해 주는 '확산적 사고'가 육성되어야 한다.

📁 기출문제 확인학습

목표설정이론 (Goal Setting Theory)

목표설정이론은 1968년에 로크(E. A. Locke)에 의하여 개념화된 인지과정 이론의 일종으로 목표가 실제행위나 성과를 결정하는 요인으로 보는 이론을 말한다.

1) 목표설정에 있어서 고려되어야 할 점

   (1) 너무 성취하기 쉬운 목표는 학습자에게 성취감을 주지 못하므로 관심의 대상이 될 수 없다.

   (2) 목표의 명확성이 중요하다.

   (3) 목표 자체를 학습자가 의미 있는 것으로 받아들여야 한다.

2) 성과에 영향을 주는 목표관련 변수들

   (1) 목표의 어려운 정도와 구체성

     ① 난이도: 학습자의 능력범위 내 경우라면 약간 어려운 것이 좋다.

     ② 구체성: 수량, 기간, 절차 등이 구체적으로 정해진 목표가 좋다.

   (2) 목표에 대한 동의와 참여

     ① 수용성: 일방적으로 지시한 것보다는 학습자가 동의한 목표가 좋다.

② 참여성 : 목표설정 과정에 학습자가 참여할수록 좋다.

(3) 상황적 요인

① 피드백 : 목표이행 정도에 대해 학습자가 아는 것이 좋다.

② 단순성 : 과업목표는 단순할수록 좋다.

③ 합리적 보상 : 학습자에게 목표달성에 준하는 보상을 주는 것이 좋다.

④ 경쟁 : 학습자 간 약간의 경쟁은 있는 것이 좋다.

⑤ 능력 : 학습자의 능력이 높을수록 어려운 목표가 좋다.

3) 목표설정이론에서는 난이도가 높고 구체적인 목표일수록 수행이 어려워지고 높은 목표를 달성하기 위해서 노력의 수준이 높아지게 된다고 주장한다.

인지주의 학습이론의 특징

1) 경험의 결과보다 정신적 과정을 중시한다.

2) 객관적 입장보다 주관적 입장을 강조한다.

3) 전체는 부분의 합 이상이다.

4) 분자 단위(molecular)보다 몰 단위(molar)[6] 행동에 더 많은 관심을 갖는다.

5) 몰 단위 행동의 주요한 특징은 그것이 목적적이라는 것이다. 즉, 그것은 항상 어떤 목표를 향하고 있다. 그리고 목적적 행동패턴은 행동적 형태(Gestalten)들로 볼 수 있다.

6) 시행착오적 문제해결보다 통찰적 문제해결을 강조한다.

> cf 행동주의 학습이론가들은 몰 단위(molar) 행동보다 분자 단위(molecular) 행동에 더 많은 관심을 갖는다. 즉, 행동주의나 S-R 이론가들은 행동 단위에 대해서 분자적 구조(molecular structure)로 기술되어야 하며, 동물이 학습하는 것은 특정 형태로 근육을 수축함으로써 주어진 자극에 반응하는 것이라고 보았다.

조형의 요소와 원리 – 통일성 : 게슈탈트 법칙[7]

1) 디자인 요소들 사이에 '눈에 보이는 시각적인, 형태적인' 유사성이 있어 보는 사람이 조화, 일관성 등을 느끼게 되는데, 이 때 이러한 유사성을 통일성(Unity)이라고 한다. 시각적 통일성을 주는 가장 쉽고 대표적인 방법은 게슈탈트 법칙을 이용하는 것이다.

2) 게슈탈트 법칙 (Gestalt Laws)

독일의 심리학자 베르트하이머가 1910년 여름, 기차 여행을 하는 동안에 영감을 얻어 발견하게 되었다. 그는 기차의 불투명한 벽과 창문 프레임이 부분적으로 자신의 시야를 가리고 있는데도 바깥의 경치를 볼 수 있다는 것을 깨달았다. 게슈탈트 심리학자들은 베르트하이머에 의한 최초 연구를 더욱 확장시켜 영상 인식은 감각적 요소와 형태를 다양한 그룹으로 조직한 결과라고 결론지었다.

---

6) 19세기 후반에 화학자들이 처음으로 몰(mol)이란 개념을 만든 이유를 간단하게 말하면, 분자 1개의 질량은 너무 작아 측정하기도 어렵고, 그렇다고 분자의 수가 너무 많아서 카운팅이 어려워, 연필 한 다스가 연필 12자루인 것처럼, 몇 개의 입자 전체를 1몰(mol)이라고 하였다.

7) 출처 : http://story.pxd.co.kr/218

(1) 폐쇄성의 법칙 (Law of Closure) - 기출

기존의 지식을 토대로 완성되지 않은 형태(open된)를 완성된 형태(close된)로 인지한다. 아래의 그림은 원도 삼각형도 아니다. 하지만 우리는 친숙한 형태와 이미지를 떠올리고 보이지 않는 선을 이어 삼각형으로 인식한다. 즉 무질서해 보이는 원들과 꺾쇠들 사이에서 삼각형을 떠올리고 거기에서 통일감을 느끼게 된다.

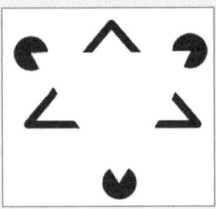

(2) 유사성의 법칙 (Law of Similarity)

유사한 자극 요소들을 함께 묶어서 지각하는 경향이 있다. 비슷한 요소들을 하나의 집합적인 전체나 총합으로 인식하는 것이다. 이러한 유사성은 형태, 색, 크기, 밝기 등의 관계에 따르게 된다. 아래의 그림에서 대부분의 사람들은 수직으로 규칙적으로 놓여있는 사각형 및 원과 같은 모양의 요소들끼리 묶어서 지각한다.

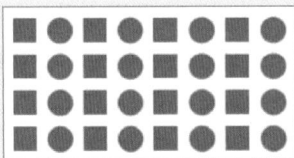

(3) 근접성의 법칙 (Law of Proximity)

시간과 공간 차원에서 근접해 있는 자극 요소들을 함께 묶어서 지각한다. 아래 그림에서 왼쪽의 그림은 모두 같은 거리상에 위치해 있기 때문에 함께 묶어 지각하지만, 오른쪽의 그림은 거리가 달리 구성되어 있기 때문에 세 개의 그룹으로 나누어 지각한다.

(4) 연속성의 법칙 (Law of Continuity)

우리의 뇌는 갑작스럽거나 급격한 움직임의 변화를 좋아하지 않는다. 즉 뇌는 가능한 한 선의 부드러운 연속을 추구하려고 한다. 그리고 부드러운 연속을 따라 함께 사물을 묶어서 지각한다. 이 원리는 시각뿐만 아니라 청각, 움직임에까지 적용된다.

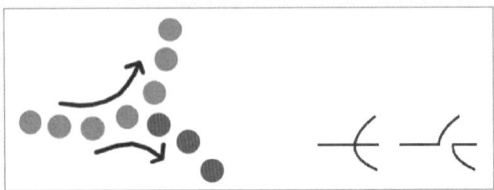

(5) 단순성의 법칙 (Law of Simplicity)

특정 대상을 주어진 조건 하에서 최대한 가장 단순하고 간결할 수 있는 방향으로 인식하려고 하는 법칙이다. 아래의 그림을 보면 사실 수많은 복잡한 형태로 지각할 수도 있지만, 우리는 4개의 원이 모여 있는 것으로 지각한다. 또한 원형이 3개 겹쳐진 그림에서 완전한 원 1개와 부분적인 원 2개가 있는데, 이것을 단순히 원형 3개라고 인식한다.

(6) 공동 운명의 법칙 (Law of Common Fate)

이것은 움직이는 요소들을 방향이 같은 것끼리 집합적으로 묶어서 한 요인으로 지각한다는 것이다. 한 퍼포먼스 공연에서 한 그룹의 무용수들은 왼쪽으로, 나머지 그룹은 반대로 뛰어가는 장면을 본다면 우리는 그것을 각기 두 개의 그룹으로 나누고 묶어서 지각할 것이다.

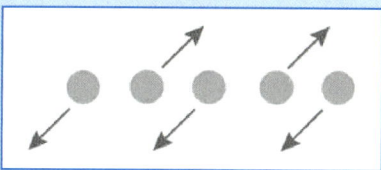

(7) 대칭의 원리 (Law of Symmetry)

대칭적인 것은 균형과 안정감을 느끼게 해주며, 좋은 모양으로 보인다는 원리이다.

2 사회학습이론

1) 사회학습 개념

인간의 습관은 다른 사람을 관찰 학습하여 배우게 된다는 이론으로, 이러한 사회학습의 경험들이 자신의 성격을 형성한다고 보는 견해이다.

2) 주요 개념

(1) 모델링(modeling) - 모델과 동일시하려는 성향

① 다른 사람이 행동하는 것을 보고 들으며 그 행동을 따라서 하는 것이다.

② 모델링의 효과는 모델과 관찰자의 유사성, 모델의 지위와 신분관계, 신뢰의 정도와 전문성 여부, 모델 학습의 횟수에 따라 다르게 나타난다.

③ 아이들에게 협조적이고 이타적인 태도를 갖게 하려면 그렇게 되라고 말하기보다는 협조적이고 이타적인 본보기를 보여주는 것이 더 효율적이다.

④ 모델링에 영향을 주는 세 가지 요인

ㄱ. 모델의 특성

자신과 유사하다(예를 들어 나이, 성, 지위, 명예, 행동 유형 등)고 믿는 사람에게서 영향 받을 경향이 많다.

ㄴ. 관찰자의 특성

자존감이나 자신감이 낮은 사람들이 특히 모델을 모방할 경향성이 높고 의존적인 사람이나, 이전에 모델링을 해서 보상받은 경험이 있는 사람이 모방할 가능성이 높다.

ㄷ. 행동과 관련된 보상 결과

행동이 정적 강화를 가져온다고 믿으면 행동을 모방할 가능성이 높다.

🗂 기출문제 확인학습

모델링의 기능

1) 반두라는 모델링의 주된 기능을 반응 촉진(response facilitation), 억제와 탈억제(inhibition and disinhibition), 관찰 학습(observational learning)의 세 가지로 구별하였다.

2) 반응 촉진

(1) 사람들은 많은 기능과 행동을 배우는데, 배운 것들을 행동으로 옮길 동기가 부족하기 때문에 실제로 수행하지 않는다.

(2) 반응 촉진이란 관찰자들이 적절하게 행동하게 하는 사회적 자극으로서의 역할을 수행하는 모델화된 행동을 일컫는다.

3) 억제와 탈억제

(1) 모델을 관찰하는 것은 이전에 학습된 행동에 대한 억제를 강화시키거나 약화시킬 수 있다.

---

(2) 억제(inhibition)

모델들이 어떤 행동을 수행한 것 때문에 벌을 받았을 때 일어나며, 결과적으로 관찰자가 그러한 행동을 그만두도록 하고 예방하는 데에 도움을 준다.

(3) 탈억제(disinhibition)

모델들이 부정적인 결과를 경험하지 않은 채 위협적이거나 금지된 행동을 수행할 때 일어나며, 관찰자들로 하여금 동일한 행동을 수행하도록 유도할 수 있다.

(4) 행동에 대한 억제, 탈억제 효과는, 모델의 행동이 관찰자들에게 만약 자신들이 모델화된 행동을 수행한다면 비슷한 결과를 가져올 것이라는 것을 전달해 주기 때문에 일어난다.

4) 관찰 학습

(1) 모델링을 통한 관찰 학습(observational learning)은 관찰자가 새로운 행동 패턴들을 보여줄 때 일어난다.

(2) 이 행동 패턴들은 관찰자의 동기 수준이 높더라도 모델화된 행동을 접하기 전에는 발생의 가능성이 전혀 없는 것이다.

(3) 핵심적인 과정은 새로운 행동을 산출하기 위한 방법들에 관한 정보가 모델로부터 관찰자에게 전달되는 것이다.

(4) 관찰 학습은 주의집중(attention), 파지(retention), 산출(production), 동기화(motivation)로 구성되어 있다.

사회인지 학습이론 (반두라)

1) 상호결정주의 원리를 적용하였다.

2) 상징적 모델링보다는 직접 모델링이 더욱 효과적이다. 살아있는 모델, 즉 개인이 직접 접촉하는 가족 구성원, 친구, 동료 등을 모방하면 직접 모델링이며, 행동의 생생한 묘사를 의미하는 TV같은 매스미디어 등을 활용하였다면 상징적 모델링이다.

3) 공포증, 불안감과 같은 정서는 모델링으로 학습될 수 있다. 모델링은 다른 사람(모델)을 관찰하는 것을 통해 발생하는 행동이나 사고, 정서 등에서의 변화를 야기한다.

4) 관찰학습은 주의집중, 파지, 운동재생, 동기화의 순서로 진행된다.

(2) 인지

학습된 반응을 수행할 의지의 표현은 인지의 통제 정도에 따라 다르게 나타나기 때문에 사회적 학습은 인지행동적 학습이라고도 한다.

(3) 자기조정(자기규제, self-regulation)[8]

① 수행과정, 판단과정, 자기반응의 과정으로 이루어진다.

② 성과를 평가하는 개인적 기준에 따라 좌우되며 또한 자기평가적 반응에 관계된다.

③ 수행된 행동은 여러 보조적 과정들을 포함하는 판단과정을 통해 자기반응을 낳는다.

(4) 자기강화(동기화)

자기강화는 스스로 자신의 감정과 인지사고를 통제하고 행동을 제한할 수 있는 능력이 있음을 믿고 그 능력으로 인하여 자신의 행동을 유지, 변화시켜 나가는 과정이다.

---

8) 개인은 자신의 행동 결과를 예견하고 통제하는 기준을 가지는데, 이에는 자기관찰, 자기판단, 자기반응 과정이 있다.

(5) 자기효능감(자기효율성)

① 자기효율성은 바람직한 효과를 기대하면서 산출적인 행동반경을 성공적인 방향으로 수행토록 인도하는 개인의 믿음, 즉 바람직한 효과를 낳는 행동을 성공적으로 수행할 수 있다는 개인의 신념을 말한다.

② 특정 과제의 해결을 위해 자신이 가지고 있는 인지적·사회적·행동적 기능들을 통합하고 적용하는 기제이다.

③ 총체적인 자기개념에 관련된 것이 아니라, 구체적인 장면에서 특정 과제를 일정 수준으로 수행할 수 있다는 자신의 능력에 대한 개인적 신념이다.

④ 특정 목적을 성취하는데 필요한 행동노선을 조직화하고, 실행에 옮기는 능력에 대한 개인적 판단이다.

⑤ 특정 과제에서 자신이 성공할 것이라는 상상은 그 과제에 대한 자기효능감에 의해 결정된다.

📂 실력다지기

자기효능감

자기효능감의 원천

이전 성취경험, 대리경험, 언어적 설득, 정서적 각성이 있다.

1) 성취경험

목표를 달성하기 위한 시도에서 비롯된 성공/실패에 대한 과거 경험은 자기효능감의 가장 중요한 결정요인이다.

(예 과거에 "그 일을 하니까 되더라."라는 경험이 있으면 후에 다른 일에 대해서도 하면 된다는 믿음)

2) 대리경험

타인의 성공/실패를 목격하는 것은 유사한 상황에서 개인의 유능감을 평가하기 위한 비교 근거를 제공한다.

(예 다른 사람이 어떤 일을 성공하는 것을 보고 "저 사람도 하는데 나라고 왜 못해."라는 생각)

3) 언어적 설득

타인으로부터 어떤 과제를 숙달할 수 있는지 혹은 숙달할 수 없는지에 관해 듣는 것은 역시 자기효능감을 증가 혹은 감소시킬 수 있다.

(예 칭찬받음으로 인해 '나도 할 수 있다.'라는 자신감이 생김)

4) 정서적 각성

(1) 개인의 자기효능감은 어떤 주어진 수행상황에서 개인이 느끼는 정서적 각성의 정도와 질에 의해 영향을 받는다.

(2) 개인이 느끼는 어려움, 스트레스 등 과제를 어떻게 해석하느냐에 따라 자기효능감에 영향을 준다.

(3) 과제를 접할 때 염려하고 걱정하거나 또는 흥분하느냐에 따라 자기효능감을 낮추거나 높인다.

(4) 예 실패에 대해 개선이 가능할 것이라는 긍정적인 마인드를 통해서 과제를 접하고 해석하려는 정서적 각성을 통해 불안에서 탈피해야 자기효능감이 높아진다.

지각적 자기효능감, 실제적 자기효능감

1) 반두라(Bandura)는 인간의 행동은 주로 자기조절된다고 주장한다. 인간이 직접적 또는 간접적 경험으로부터 배우는 것 중에는 수행기준이라는 것도 포함되는데, 이러한 기준은 일단 학습이 되면 자기평가의 기초가 된다.

2) 반두라는 자기평가로부터 오는 내적 강화가 남들이 분배해 주는 외적 강화보다 훨씬 더 영향력이 크다고 믿고 있다. 내면화된 수행기준과 마찬가지로 자기가 지각한 자기효능감은 자기조절 행동에 주요한 역할을 수행한다.

---

3) 지각된 자기효능감이란 자기가 무엇을 할 수 있느냐에 대한 자기 자신의 신념을 말한다. 자기효능감을 높게 지각하는 사람은 낮게 지각하는 사람보다 더욱 노력하고, 보다 성취하고, 과제에 보다 오래 집중하여 지속한다. 다만, 사람의 지각된 자기 효능감과 "실제적 효능감"은 서로 상응할 수도 있고 상응하지 않을 수도 있다.

(6) 상호 결정론

사람이 행동하면서 환경이라는 개념을 사용하고 이들 요소 상호 간에 관계를 맺고 영향을 서로 주고받으면서 발전한다고 보는 이론이다. 즉, 인간의 행동 그리고 그 행동이 실행되는 환경의 특성들이 서로 상호작용을 지속하는 것이다.

(7) 관찰학습(= 대리학습)

① 관찰학습이란 인간이 단순한 환경적 자극에 의존하는 반응이 아니라, 타인들의 행동을 관찰함으로써 학습한다는 것이다.

② 인간의 학습과정은 직접적인 강화에 의한 경험을 통하여 학습되는 행동도 있지만, 타인의 행동을 관찰하고 이를 모방함으로써 새로운 행동을 학습할 수 있다.

③ 관찰학습 과정[9] (**암기법** 주파운동)

ㄱ. 주의집중

관찰을 통해 학습하기 위해서는 다른 사람의 행동과 그에 따르는 결과에 주의집중한다.

ㄴ. 파지 과정

다른 사람의 행동을 관찰한 후 길게는 몇 년 동안 관찰한 반응을 사용할 기회가 없을 수 있는데, 정신적 표상을 기억 속에 저장한다.

ㄷ. 운동재생 과정

관찰한 행동을 필요할 때 스스로 행하기 위해서는 정신적 표상을 전환시킴으로써 반응을 실제로 수행하는 능력 또는 기술이다.

ㄹ. 동기화 과정(자기강화)

관찰한 반응이 자신에게 이익이 될 수 있는 상황이라고 판단될 때 자기강화(동기화)되는 것이다.

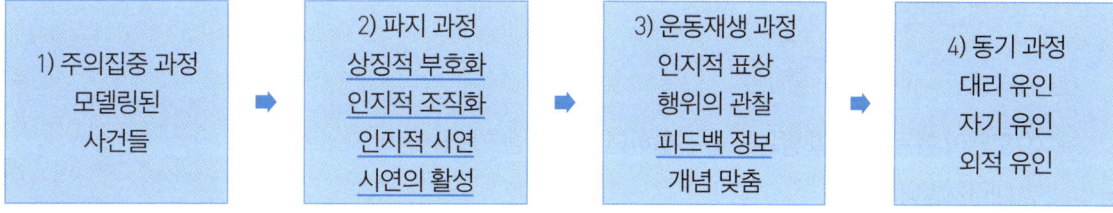

| 1) 주의집중 과정
모델링된
사건들 | ➡ | 2) 파지 과정
상징적 부호화
인지적 조직화
인지적 시연
시연의 활성 | ➡ | 3) 운동재생 과정
인지적 표상
행위의 관찰
피드백 정보
개념 맞춤 | ➡ | 4) 동기 과정
대리 유인
자기 유인
외적 유인 |

---

9) 학습심리학, 학지사

관찰학습의 효과

1) 모델링 효과

관찰자는 모델의 행동을 관찰하는 과정을 통해 새로운 행동이나 기능을 학습한다. 예를 들어 TV의 폭력장면을 통해 폭력적 성향을 배우는 것이다. 관찰학습은 성향이나 성격에도 영향을 미칠 수 있다.

2) 금지효과

모델이 특정행동에 대해 처벌을 받는 장면을 관찰 한 후, 그 행동을 금지, 억제하는 것이다. 예를 들어 친구가 지각하여 꾸중 듣는 모습을 보고 지각하지 않는 것이다. 이러한 행동이 반복이 되면 지각하지 않는 성격이나 성향이 몸에 밸 수 있다고 본다.

3) 탈제지 효과

모델이 금지된 행동을 한 후, 보상받거나 혹은 처벌과 같은 부정적 결과를 받지 않을 경우 평소 억제하던 행동을 수행하는 것이다. 예로는 친구가 거짓말을 하고도 처벌받지 않자 자신도 거짓말을 하는 것이다.

4) 기존 행동 촉진

모델의 행동은 관찰자가 이미 학습한 행동을 촉진하는 것이다. 위의 경우에서 언급한 거짓말하는 행동이 반복된다면 이러한 방향으로 성격이 형성될 수 있다. 또한 음악회가 끝난 뒤, 청중들(모델)이 박수칠 때 같이 박수치는 행동과 관련성이 있다.

3) 행동의 결과에 영향을 미치는 요소들

(1) 대리강화

① 대리강화가 일어나려면 모델이 어떤 행동을 수행해서 강화 받아야 하고 그에 따라 관찰자의 행동수행 빈도도 증가해야 한다.

② 모델이 행동 후, 강화 받는 것을 관찰하면 그 행동을 할 가능성이 증가하며 모델이 처벌받는 것을 보았다면 행동할 가능성이 낮아진다.

③ 대리강화의 효과

어떤 상황에서 어떤 행동이 적합한지에 관한 정보를 제공하고 관찰자에게 즐거움과 만족이라는 정서적 반응을 일으킨다.

(2) 대리처벌

① 모델이 행동 후, 처벌 받는 것을 관찰하면 그 행동을 할 가능성이 감소한다.

② 대리처벌의 효과

처벌받기 쉽거나 부적절한 행동에 관한 정보를 전달하며 공격적인 행동에 대한 모방을 억제하는 효과가 있다.

(3) 처벌의 부재

처벌에 대한 예상은 금지된 행동 모방을 억제하지만, 개인이 위반에 대해 처벌받지 않으면 그 행동을 수용하게 되고 처벌의 부재가 공격적인 행동을 더 증가하게 한다.

(4) 자기강화

① 직접강화와 대리강화는 환경에 의해 주어지는 것이지만, 자기강화는 각 개인에 의해 의식적으로 만들어지는 것이다.

② 인간행동은 전적으로 외적인 영향으로 좌우되는 것이 아니라, 개인이 자신의 감정, 사고, 행동을 통제할 수 있는 자기조절 능력을 가진다.

🗂 기출문제 확인학습

사회인지이론의 자기조절(self-regulation) 전략 중 자기점검 (self-monitoring)

1) 자기점검은 자기조절의 가장 중요한 요소로서 인지과정에 대한 계속적인 통제과정으로서, 그림 단서, 일정표, 또는 점검표 등을 이용해 이미 수행된 자신의 행동을 점검하는 것이다.

   (예 학생이 세수하기, 이 닦기, 옷 갈아입기 등이 기록된 일정표에 옷 갈아입기를 성공적으로 수행하고 스스로 표시하는 것)

2) 자기점검의 전략은 학습과정 및 자신이 선택한 문제해결 절차에 대한 일련의 재확인 및 검토과정을 수반한다.

3) 자기점검(self-monitoring)은 학생으로 하여금 스스로 자신의 과제 지향적 행동을 지속적으로 점검하여 기록하게 하는 직접 관찰 자료수집 형태이다.

4) 표적 행동이 드물게 발생하거나 아무도 없을 때만 발생하는 경우와 같이 다른 사람이 그 행동을 기록하기가 불가능할 때 사용하기 좋은 방법이다.

5) 또한 과제 참여시간, 학업 성과물, 적절한 사회적 상호작용의 증가를 위해서, 또는 과제에 대한 주의 집중 및 완수율과 정확도를 높이기 위하여 많이 사용된다.

6) 주로 주의 집중력이 떨어지고 산만한 학생들에게 효과적이며, 처음 배우는 학습 과제보다는 어느 정도 익숙한 과제를 반복 연습시킬 때 사용하는 것이 효과적이다.

반두라의 사회학습이론 (사회인지이론)

1) 동기화 과정 - 자기효능감이 가장 중요한 역할을 하는 과정

   (1) 관찰학습은 강화가 없이도 가능한데, 다시 말해 관찰만으로도 학습은 가능하며 관찰한 것을 재현할 수 있다. 그렇다고 동기과정이 중요하지 않다는 것이 아니다. 관찰로 배우는 것과 이 반응들을 수행할 의지를 구분하는 것은 중요하다.

   (2) 반두라의 연구결과는 강화가 관찰학습을 위해 필수적이지는 않으나 학습된 행동을 수행할 가능성을 증가시키는 것을 입증하고 있다.

   (3) 강화는 행동이 학습된 후 그 행동의 수행 여부를 결정하는 데 중요한 것이다. 행동은 실제로 주어지는 강화에 의해서만 결정되는 것이 아니라 예상된 강화에 의해서도 결정된다.

   (4) 반두라는 행동의 결과가 자동적으로 강화물이 되어 반응의 강도를 증가시키는 것이 아니라 정보 혹은 동기를 부여한다고 주장한다.

   (5) 즉, 행동의 결과를 정보로 제공하고 그 결과를 얻기 위해 어떤 방식을 취하도록 동기유발을 시킴으로써 행동을 통제한다는 것이다.

   (6) 사실상 이미 모델들에 주의를 기울이는 데서부터 이러한 동기의 영향을 받는다. 관찰한 것을 재현하는 여부도 동기의 영향을 받는다.

   (7) 동기가 없다면 주의, 보존, 재생과정이 잘 진행되지 않는 반면, 동기가 결합되면 복잡한 사회적 행동의 학습 및 수행이 원활하다.

   (8) 반두라는 직접적 강화와 대리강화가 학습된 행동의 수행을 결정한다고 결론지었으며 이 과정을 보면 관찰학습은 기계적인 모방이라기보다는 능동적으로 판단하고 구성하는 과정이라 할 수 있다.

2) 자기효능감

(1) 반두라는 자기효능감의 개념을 제안하였으며 자기효능감이란 바람직한 효과를 산출하는 행동을 성공적으로 수행할 수 있다는 개인의 믿음을 가리킨다.

(2) 자기효능감은 사회적 인지이론의 중요한 개념 중의 하나로서, 인간의 사고, 동기, 행위를 관장하는 데 있어 핵심적인 역할을 한다.

(3) 반두라가 제안했던 자기효능감의 주요한 원천으로 성취경험, 대리경험, 언어적 설득, 정서적 각성이 있다.

📁 기출문제 확인학습

밀러와 돌라드의 모방행동

1) 동일한 행동(= 동일행동)

2인 이상의 개인이 동일한 상황에서 동일한 방식으로 반응할 때를 말한다. 각 개인은 특정자극에 대해 특정한 방식으로 반응하는 것을 독립적으로 배우며, 자극이 환경 속에서 발생될 때 그들의 행동이 동시에 일어나게 된다.

2) 복사된 행동(= 모사행동)

그림을 그리는 학생에게 교사가 정확한 피드백과 지도를 할 때처럼, 다른 사람에 의해 다른 행동이 지도되는 것을 포함한다. 복사행동을 통해 마지막으로 '복사된' 행동이 강화를 받고 강화된다.

3) 조화된 의존 행동(= 맞춤 의존적 행동)

관찰자가 맹목적으로 모델의 행동을 반복함으로써 강화 받는 것을 말한다. 즉 '로마에 가면 로마사람처럼 하라'는 격언처럼 다른 사람의 행동을 보고 모방함으로써 문제유발을 막을 수 있는 것과 같다.

4) 일반화된 모방

밀러와 돌라드는 모방이 하나의 습관이 됨을 지적했는데, 즉 1인 또는 그 이상의 개인을 모방하는 학습된 경향성을 '일반화된 모방'이라고 부른다.

cf 1960년대 초 모방학습은 재검토되기 시작하는데 이때 Bandura가 행동주의 이론에서 벗어나 모방학습의 초기설명에 도전하게 된다.

제2절 | 정보처리이론

1) 기억과정(기억의 작용에 있어서 세 가지 의문점)

(1) 정보는 어떻게 기억 속으로 입력되는가?: 부호화[10]

(2) 정보는 어떻게 기억 속에서 유지되는가?: 저장(파지[11])

(3) 정보는 어떻게 기억에서 인출되는가?: 인출[12]

2) 앳킨슨과 쉬프린(Atkinson & Shiffrin)의 다단계 모형

정보(외부자극) → 감각기억 → 단기기억 → 저장 → 장기기억 → 인출 → 반응

📂 **기출문제 확인학습**

앳킨슨과 쉬프린(Atkinson & Shiffrin)의 이중기억모형과 크레이크와 록하트(Craik & Lockhart)의 정보처리의 수준모형

1) Atkinson과 Shiffrin(1968)의 이중기억모형은 단기기억과 장기기억을 강조하고 기억저장 공간의 구분과 정보의 순서적인 이동을 주장하였으며 그 이후에 개발된 여러 모형의 기초가 되었다.

2) 크레이크와 록하트(Craik & Lockhart)의 정보처리수준모형은 인간의 기억체제를 정보의 부호화, 저장, 인출과 같은 능동적인 일련의 정보처리 과정으로 보는 기억이론이다.

   (1) 정보처리수준모형 지지자들은 정보를 배우려고 의도하고 있을 때 더 철저하게 정보를 처리하지만, 학습의도 자체보다는 처리의 깊이가 학습 성공에 영향을 미친다고 주장한다.

   (2) 정보처리 수준모형은 이중기억 모형과 대조된다.

   (3) 정교화라는 개념이 첨가되었다.

   (4) 정보를 받아들일 때 분석 수준이 높을수록 기억이 잘 된다.

   (5) 정보처리수준의 깊이

      ① 지각: 환경에 대해 즉각적으로 깨닫게 해주며 보이는 형태 그대로만을 분석함

      ② 구조적 분석: 좀 더 깊은 수준에서 입력의 구조적 특징을 분석함

      ③ 의미적 분석: 입력의 의미를 분석하는 것으로서, 무엇인지를 깊게 분석함

   (6) 의미 수준의 분석이 최선의 기억을 하게 된다.

   (7) 결론적으로, 공부가 재미있어야 기억을 잘하며 재미있게 의미를 분석하면서 공부를 해야 정교화가 잘 되어 기억을 잘하게 된다.

3) 이중기억 모형과 정보처리의 수준모형의 차이점

   (1) 정보처리의 수준모형은 순서를 가정하지 않는다.

   (2) 처리의 유형이 기억에 미치는 방식 면에서의 차이

      ① 정보처리수준 모형은 처리되는 수준이 깊을수록 기억을 잘 한다.

      ② 이중기억모형은 많이 시연될수록 기억을 잘 한다.

---

[10] 외부에서 감각기관을 통해 들어오는 물리적 자극을 기억이 수긍하는 기호로 바꾸는 것이다.

[11] 부호화된 정보를 기억 속에 가지고 있는 것이다.

[12] 그러한 정보를 사용하기 위해 끄집어 내는 것이다.

정보처리수준모델 (Levels of dual memory) – 1972년 크레이크와 록하트가 제안

1) 정보처리수준 이론은 우수한 학습자가 주로 심층처리를 한다고 주장한다. 표층처리는 심층처리만큼 중요하지는 않다.
2) 하나의 기억저장소만을 가정한다. → 단일 기억체계 가정
3) 처리의 정도가 두 상황에서 동일하다면 비의도적 학습도 의도적 학습만큼이나 효과적이다. 처리수준모델 지지자들은 정보를 배우려고 의도하고 있을 때 더 철저하게 정보를 처리하지만, 학습의도 자체보다는 처리의 깊이가 학습 성공에 영향을 미친다고 주장한다.
4) 사람들의 정보처리능력이 제한되어 있기 때문에 정보처리수준에 따라 처리용량이 다르게 할당된다고 주장한다.
5) 정교화는 들어오는 정보가 기존 기억과 결합되거나 통합될 수 있도록 처리되는 정도로, 자극에 대해 우리가 알고 있는 지식을 동원하여 내용을 첨가하고 살을 붙여서 가다듬고, 관련내용을 의미 있게 조직화하는 등의 과정이며 처리수준 이론에서는 처리깊이에 따라서 얼마동안 기억하느냐가 결정되는 것이라고 주장한다.
6) 정교화 시연은 유지형 시연보다 심층처리가 잘 일어난다.
   (1) 유지형 시연(암송) : 기계적인 반복으로 단기기억을 유지하는 것이다.
   (2) 정교화 시연(암송) : 정보를 장기적인 기억으로 전환, 이미 기억하고 있는 지식과 연결시키거나 정보들을 모아 조직화하는 과정이다.

(1) 감각기억(sensory memory)

감각자극의 물리적 특징에 대한 정확한 표상을 잠시 동안 유지하는 것이다.

📁 **실력다지기**

부호화 등

부호화

1) 인지과정 혹은 정보처리 과정의 한 형태로, 청각, 시각, 촉각 등 감각을 통해 들어오는 정보를 처리하고 저장하기 위해 그 정보를 유의미하게 만들고, 장기기억에 저장되어 있는 기존의 정보와 연결하고 결합하는 과정이다.
2) 이러한 과정을 통해 새 정보는 작업기억에서 장기기억으로 전환된다.
3) 부호화가 안 되면 입수된 대부분의 정보는 일시적인 저장만 가능하게 된다. 부호화 전략으로는 시연(rehearsal), 매개, 심상, 기억법 등이 있다.

감각 등록기

1) 학습자가 환경으로부터 눈이나 귀와 같은 감각 수용기관을 통해 정보를 최초로 저장하는 곳이다.
2) 자극을 아주 정확하게 저장하지만, 매우 짧은 시간 동안 저장한다는 특징을 가지고 있는데 시각(視覺)은 약 1초 정도, 청각(聽覺)인 경우엔 약 4초 정도를 저장한다.
3) 수용량에 제한이 없지만, 투입되는 정보가 즉시 처리되지 않을 경우 그 정보는 유실된다.

(2) 단기기억(short-term memory : STM)

① 20초 ~ 30초 정도 정보를 가지고 있을 수 있는 제한된 능력의 기억 저장고이다.

② 감각기관에 수용된 자극 중 선택적 주의를 받은 자극이 단기기억으로 넘어간다고 본다.

(3) 시연(rehearsal)[13]

① 작동기억(단기기억) 안에서 이루어지는 처리과정으로서 정보를 소리내어 읽든지, 속으로 되풀이하든지, 그 것의 형태와 관계없이 계속적으로 반복하는 것을 의미한다.

② 작동기억 안으로 들어온 정보는 시연을 통해 파지(retention)가 되기도 하고 장기기억으로 전이가 이루어지기도 한다.

③ 작동기억 안에서 의도한 목적을 달성할 때까지만 시연을 하는 것이다.

> **예** 전화를 거는 경우 전화번호를 반복함으로써 머리에 담아두고 있지만, 일단 전화번호를 누르고 나면 더 이상 번호를 기억하는 데 관심이 없어진다.

(4) 단기기억의 용량

① 단기기억은 시간뿐만 아니라, 기억할 수 있는 정보의 항목 수에도 제한이 있다.

② 자극들을 더 크고 고차원적인 단위로 조합함으로써 단기기억의 용량이 증가할 가능성이 있다.

③ 청킹(chunking)

ㄱ. 청킹은 분리되어 있는 항목들을 보다 큰 묶음으로, 보다 의미 있는 단위로 조합하는 것을 의미한다.

ㄴ. 작동기억에 있어 청킹의 역할은 매우 중요한 의미를 갖는다.

> **예** 19451950198820022008

> **예** 'r, u, n'이라는 세 글자는 작동기억 속에서 세 개의 단위로 자리하지만, 'run'이라는 단어로 조합되면 한 개의 단위로 자리하게 된다.

ㄷ. 이와 같은 청킹의 적극적인 활용은 제한된 작동기억의 수용량을 증가시키는 좋은 방안이 되는 것이다.

⊘ 부연

단기기억과 청킹 ('마법의 수 7 ± 2')

1) 단기기억의 중요한 특징은 용량이 제한되어 있다는 점이다. 숫자를 몇 개 들려주고 나서, 들려준 숫자를 순서대로 회상하게 하면 단기기억의 용량을 알 수 있는데, 일반적으로 사람들은 아무 관련이 없는 숫자는 대략 일곱 개 정도를 들려준 순서대로 회상할 수 있다.

2) 그런데 여기서 중요한 것은 이 일곱 개가 절대개수가 아니라는 것이다. 낱자를 기억하게 하면 일곱 낱자 정도를 기억하지만, 단어를 기억하게 하면 일곱 단어 정도 기억한다. 이와 같이 우리가 기억할 때 어떤 단위로 부호화하느냐에 따라 절대 개수는 달라지지만, 처리 단위로 보면 비교적 일관되게 일곱 단위 정도로 그 용량이 제한되어 있다는 것이고, 이것이 조지 밀러의 유명한 구절 '마법의 수 7 ± 2'라는 것이다(Miller, 1956).

3) 낱자보다 단어일 때 훨씬 더 많은 철자를 기억할 수 있는데, 이와 같이 보다 큰 단위로 부호화하는 것을 청킹(chunking)이라 하며, 청킹을 통해 우리는 단기기억의 용량 제한을 어느 정도 극복할 수 있게 된다.

---

13) 획득한 정보를 반복적으로 생각하거나 말로 되뇌이는 과정이다.

단기기억(STM)의 특징

1) 용량이 제한되어 있으며, 20초-30초 정도 정보를 가지고 있을 수 있는 제한된 능력의 기억 저장고이다.
2) 망각의 일차적 원인은 간섭(interference)이 있으며, 순행간섭과 역행간섭이 그 것이다.
3) 음향부호와 암송 - 단기기억에 정보를 저장하는 효과적인 방법은 암송이다.
    음향혼동은 소리가 비슷하기 때문에 범하는 오류로서, 암송을 했을 때 g, z, d, b, c, v, t 비슷한 음향의 정보보다 m, j, y, f, h, r, q 같이 유별난 음의 정보가 기억에 훨씬 쉽게 남는다.

(5) 작업기억(working memory)

① 단기기억은 되뇌임을 하는 단순한 임시저장고가 아니며 주어진 정보를 처리하는 기능을 한다는 측면을 강조한 단기기억의 다른 이름이다.
② 단기기억을 작업기억(working memory)이라는 복잡한 모형으로 제안한다.
③ 작업기억의 세 구성요소
  ㄱ. 음운루프(phonological loop)
      언어정보를 일시적으로 처리하고 저장한다.
  ㄴ. 시공간 잡기장(visuospatial sketchpad)
      시각적 심상들을 일시적으로 처리하고 저장한다.
  ㄷ. 중앙 집행기(central executive)
      정보의 통합이나 의사결정에 관여한다.

(6) 장기기억(long-term memory)

장기기억은 무한한 정보를 영구적으로 저장할 수 있는 곳이며 장기기억으로의 정보를 전이하기 위해 시연[14] 하는 것이 좋고 장기기억은 일상기억과 의미기억이라는 두 부분으로 구성되어 있다.

① 일상기억(episodic memory)
  ㄱ. 주로 개인의 경험을 보유하는 저장소이며 일상기억에서의 정보는 주로 장소의 이미지로 부호화되며, 정보가 발생한 때와 장소를 기초로 조직된다.
  ㄴ. 일상기억은 기억되는 경험이 매우 의미있는 경우가 아닐 때에는 종종 인출에 실패하는 경향이 있는데, 이는 보다 최근에 발생한 정보로 인해 인출이 방해를 받기 때문이다.
② 의미기억(semantic memory)
  ㄱ. 의미기억에는 문제해결 전략과 사고기술, 사실, 개념, 일반화, 규칙 등이 저장된다.
  ㄴ. 학교에서 학습하는 대부분의 내용들은 장기기억 중 의미기억에 저장되는 것이다.
  ㄷ. 의미기억에 저장되는 정보들은 서로 연관을 맺으면서 체계적인 네트워크(network)를 구성하게 된다.

---

14) 획득한 정보를 반복적으로 생각하거나 말로 되뇌이는 과정이다.

감각등록기

1) 매우 짧은 시간 동안 정보를 잠시 보관하는 기억구조로서, 여러 감각기능을 통하여 주어진 외부 정보를 감지하여 운용기억으로 옮겨 주는 역할을 담당하고 있다.

2) 어떤 정보든지 감각기관을 거치지 않고는 두뇌에 입력될 수 없다.

3) 인간은 시각(visual), 촉각(tactile), 청각(auditory), 후각(olfactory), 미각(gustatory) 등 다섯 가지의 감각기를 갖고 있다.

4) 감각등록기는 이러한 감각을 통하여 각기 다른 형태로 정보를 감지하게 된다.

단기기억

1) 부호화와 파지

(1) 단기기억은 수명이 짧고 용량이 제한되어 있다는 점이다.

(2) 그래서 보다 큰 단위로 부호화하는 것을 청킹이라 하며 청킹을 통해 우리는 단기기억의 용량 제한을 어느 정도 극복할 수 있게 된다.

2) 인출과 망각

(1) 스턴버그의 기억탐사실험은 단기기억에 있는 정보는 한 번에 하나씩 순차적으로 처리되는 특징을 가지고 있다는 것을 보여 준다.

(2) 또한 단기기억에 있는 정보의 망각에 대해서는 다른 정보에 의해 대체된다고 보는 입장이 강하다.

3) 작업기억

최근에는 단기기억이라는 용어 대신 작업기억이라는 용어를 많이 사용하는데 단기기억에서는 저장이라는 측면이 강조되는데 반해, 작업기억에서는 주어진 정보를 처리한다는 측면이 강조된다.

장기기억

1) 부호화와 파지

(1) 관련된 정보들과 연결 지어 주는 정교화와 조직화가 장기기억의 부호화에 중요한 역할을 한다고 할 수 있다.

(2) 파지에서도 단기기억과 장기기억은 다른 특성을 보여주며 장기기억은 지속시간과 용량이 거의 제한이 없다고 알려져 있다.

2) 인출과 인출실패

(1) 장기기억에 있는 정보들은 일반적으로 아주 빨리 인출된다.

(2) 우리가 말을 하는 것은 단어의 발음, 뜻을 포함해 장기기억에 있는 정보를 사용하는 것인데, 모국어의 경우에는 상대방의 말을 듣자마자 곧바로 답을 한다.

(3) 또한 장기기억에는 많은 정보가 있다 보니, 내가 인출해야 하는 정보와 비슷한 정보들이 정확한 정보의 인출을 방해할 수 있다.

(4) 내가 찾는 정보보다 미리 학습한 정보가 방해를 하는 경우 순행간섭이라고 하고, 내가 찾는 정보보다 나중에 학습한 정보가 방해를 하는 경우 역행간섭이라고 한다.

3) 도식과 인출

우리가 인출해 내는 것은 기억에 있는 것만을 수동적으로 읽어 낸 것이 아니라 여러 가지 정보를 종합해서 재구성해낸 것일 수도 있다.

장기기억의 형성에 직접적 영향을 미치는 신경전달물질 아세틸콜린 (acetylcholine)[15]

1) 두뇌에서 신경세포들 사이의 신호전달은 아세틸콜린이라는 물질이 담당한다.

2) 아세틸콜린은 깨어있을 때나 렘수면 상태에서는 많이 분비된다.

3) 의사들은 기억력 상실이 아세틸콜린 분비량의 저하와 연관돼 있다고 보고, 알츠하이머병을 앓아 기억력이 약화된 환자에게 약물을 투여해 아세틸콜린이 분해되는 것을 억제한다.

4) '아세틸콜린은 기억이라는 기계를 작동시키는 오일'과 같아서 오일이 말라버리면 기계는 멈추고 만다.

단기기억에서 장기기억으로의 정보 전환

1) 정보를 옮기는 방법은 그 정보가 서술기억에 해당하는지 혹은 비서술 기억에 해당하는지에 따라 달라진다.

2) 비서술 기억의 몇몇 유형(예 점화와 습관화)은 안정성이 떨어지고 빨리 사라진다.

3) 다른 유형의 비서술 기억(예 절차 기억과 고전적 조건 형성)은 좀 더 잘 유지되는데, 특히 절차의 반복 연습과 반응의 반복 조건화에 의해 손쉬운 유지가 가능해진다.

4) 정보가 장기 서술 기억에 저장되기 위해서는 다양한 처리 과정이 일어나야 한다.

5) 한 가지 방법은 어떤 정보를 이해하기 위해 의도적으로 그 정보에 주의를 기울이는 것이다.

6) 이보다 더 좋은 방법은 우리가 이미 알고 있고 이해하고 있는 정보와 새로운 정보를 연결하거나 연합시키는 것이다.

7) 새로운 정보를 이미 저장된 정보의 기존 틀 안에 통합시키면 둘 간의 연결이 만들어지는데, 이처럼 새로운 정보를 저장되어 있는 정보에 통합시키는 과정을 공고화(consolidation)라고 한다.

8) 사람의 경우 서술 기억의 공고화 과정은 그 정보를 처음 경험한 때로부터 수년이 지난 후까지 지속될 수도 있다.

9) 공고화 과정 동안 기억의 통합을 유지하거나 증진시키기 위해 다양한 상위기억(metamemory) 책략을 사용할 수 있다.

10) 상위기억 책략에서는 우리의 기억을 향상시키기 위해 우리의 기억 과정(예 암송을 통해 새로운 정보를 장기기억으로 전이하는 과정)을 성찰한다.

11) 상위기억 책략은 상위인지(meta-cognition)의 한 가지 요소에 불과하며 상위인지란 우리의 사고 과정과 사고 능력 증진 방법에 대해 생각하고 이를 통제하는 능력이다.

장기기억에서의 지식의 표상

1) 이중부호이론(dual-code theory)에 의하면 정보를 언어부호와 시각부호로 약호화하여 저장한다.

   (1) 페이비오(Paivio)는 언어 및 시각정보가 분리된 표상을 가진다는 이중 부호론 (dual-code theory)을 오랫동안 옹호해 왔다.

   (2) 그의 증거 대부분은 그림 재료에 대한 기억이 언어 재료에 대한 기억보다 우수함이 자주 발견된 인간 기억 연구에서 왔다.

   (3) 다른 학자들도 언어 재료와 일치하는 시각 심상을 만들 경우 그 언어 재료에 대한 기억이 상당히 증가됨을 발견하였다.

      예 '개가 자전거를 쫓아갔다.'라는 문장을 받은 피험자들이 이 문장과 일치하는 심상을 만들게 되면 그 문장을 더 잘 기억하게 된다.

2) 서술적 지식은 심리학 용어와 같은 사실적 정보를 아는 것이다.

---

15) 아세틸콜린 : 근육운동과 학습 기억, 수면단계 통제에 관여하는 것으로 골격근과의 시냅스에서 방출되는 흥분성 신경전달물질이며 오작동 시 알츠하이머병(골격근, 학습 및 기억 손상)에 걸려 아세틸콜린을 생성하는 뉴런이 퇴화된다. 중추신경계에서 확인된 첫 신경전달물질로서 콜린성 신경경로는 추신경계 모든 부위, 기저핵, 뇌간, 시상부, 척수에 고농도로 분포하고 지각 기능, 특히 기억에 중요한 역할을 하며, 콜린성신경세포의 감소는 노인성치매(알츠하이머질환)와도 관련이 있다.

3) 절차적 지식은 인지활동을 수행하는 방법을 아는 것이다.

4) 조건적 지식은 서술적 및 절차적 지식을 언제 그리고 왜 채택해야 하는지 아는 것이다.

5) 새 정보가 기존 정보와 연합될 수 있을 때에만 유의미학습은 일어날 수 있으므로 선행지식은 필요하다.

기억중추

변연계는 주로 동기와 정서를 담당하는데, 이 중 일부(해마)는 학습과 기억에 더 관련 있는 것으로 알려져 있다. 다만, 비정서적 사건에 비해서 정서적 사건의 기억에 더 밀접하게 관여하는 뇌 부위는 편도체이다.

편도체(Amygdala)

1) 비정서적 사건에 비해서 정서적 사건의 기억에 더 밀접하게 관여하는 뇌 부위는 편도체이다.

2) 편도체(Amygdala)는 대뇌 변연계에 존재하는 아몬드 모양의 뇌부위이며, 감정을 조절하고, 공포에 대한 학습 및 기억에 중요한 역할을 한다.

3) 편도체(Amygdala)는 정서와 밀접하게 관련되며, 특히 공포와 관련된 학습이 주로 편도체와 관련되어 있다.

> **cf** 외현적 기억(Explicit memory)의 형성에는 주로 측두엽 안쪽(Medial Temporal Lobe)이 기여하는데, 여기에 '해마(hippocampus)'라는 기관이 있는데, 해마는 장기기억 중에서도 외현적 기억의 형성에 결정적인 역할을 한다.

해마(hippocampus)

1) 뇌 구조물들 중 해마는 장기기억의 형성에 매우 중요하며, 해마는 새로운 외현-서술기억을 장기기억으로 저장하는데 중요한 역할을 한다.

2) 해마는 외현기억, 공간기억에도 중요한 역할을 한다.

3) 해마에만 국한된 병변이 있는 경우에 신경 손상 이전의 일을 회상하는 것이 가능하므로 장기기억은 해마에 직접 저장되지 않는다.

4) 해마가 담당하는 기능은 생활에서 얻는 여러 경험이나 정보들을 한꺼번에 묶어서 창고나 서가에 장기간 보관할 때 정보를 저장한 곳의 위치를 알 수 있는 주소록을 만드는 것과 같은 일을 하는 것으로 생각된다.

5) 일단 학습이 되면 이 장기기억들은 대뇌피질의 여러 곳에 흩어져 분포한다.

6) 즉, 기억이 초기에는 해마에 의존하지만, 시간이 지나면 응고화 과정을 거쳐 해마와는 독립 되어서 피질에 퍼져서 분포하게 된다.

해마와 부신피질호르몬[16]

1) 뇌에서 기억과 함께 스트레스 조절에 중요한 역할을 담당하는 해마이다.

2) 미국 마크 길버트슨 박사팀은 강한 스트레스가 지속될 경우 해마가 작아지고, 결국 PTSD에 취약해진다는 사실을 발표했다.

3) 해마는 뇌하수체 전엽을 자극해 부신피질호르몬을 분비시키고, 그 결과 부신피질에서 스트레스에 대항하는 호르몬인 코티솔이 나온다. 이는 다시 해마를 자극해 코티솔 분비를 억제한다. 따라서 해마가 작아지면(손상) 스트레스 조절이 제대로 되지 않을 수 있다.

---

16) **부신호르몬 상승 시 나타나는 증상 - 코티솔 증가 상태** : 해마 손상 - 불면 등

신경전달물질 / 호르몬 정리

1) 기억과 관련된 신경전달물질

세로토닌(serotonin), 노르에피네프린(norepinephrine), 아세틸콜린(acetylcholine)은 기억에 관련된 뇌의 신경전달물질이다.

2) 코르티손(cortisone)

(1) 콩팥위에 존재하는 삼각뿔 모양의 부신피질에서 만들어지는 물질로 지방질, 당질, 단백질의 대사에 관계하는 호르몬이다.

(2) 지방질과 단백질을 분해하여서 당질을 만드는 역할을 하고 또 체내에 저장되어 있는 당질을 혈액 속으로 배출하는 역할을 한다.

(3) 대개 부신피질에서 생산되는 글루코크르티코이드는 코르티솔(cortisol)이고 코르티손은 이 코르티솔이 나오고 난 뒤에 변해서 된 것으로 생각된다.

3) 코르티솔(cortisol)

(1) 코르티솔하면 왠지 모르게 부정적인 인식을 가지고 되는데, 좌우 콩팥 위에 있는 내분비샘인 부신에서 합성, 분비되는 스트레스 호르몬이라고 불리우는 코르티솔은 근육량을 줄이고 복부 지방을 늘리고 몸에 지방을 쌓는 나쁜 호르몬이라는 생각들이 널리 퍼져 있는 것 같다.

(2) 코르티솔 호르몬은 근육 세포의 파괴를 자행한다.

(3) 스트레스 호르몬에는 코르티솔이라는 호르몬이 다량 함유되어있다.

(4) 화가 날 때 스트레스 호르몬인 코르티솔이 나온다고 한다.

(5) 지속적인 피로감, 근육통, 기억력 및 집중력을 떨어뜨리는 만성피로 증후군 발병이 코르티솔이라는 체내 스트레스 호르몬과 연관된 것으로 나타났다.

(6) 신체적이든, 심리적이든, 부정적이거나 심각한 심리적 상처는 코르티솔 수준을 높일 수 있으며, 높은 코르티솔 수준은 대사, 면역체계 및 두뇌에 영향을 준다.

(7) 코르티솔 호르몬은 육체적, 정신적, 감정적 스트레스가 지속적으로 가해지면 부신피질에서 부신피질 호르몬이 분비된다.

4) 노르에피네프린(norepinephrine)

(1) 시상하부와 변연계의 일부 영역에 많은 양이 함유되어 있으며 연접부위에서 신경전달물질의 역할을 하여 뇌의 여러 부위에 연락을 하는 복잡한 기능이 있다.

(2) 집중력, 자율신경계 조절을 담당한다.

5) 세로토닌(serotonin)

대뇌 전두엽, 변연계, 뇌간, 척수에 분포되며 체온조절, 식욕, 수면, 구토, 진토 등의 행동기능의 항상성 유지에 관련이 깊고, 불안/우울증과 관련이 깊다.

cf 정적 강화가 일어날 때 뇌의 보상중추에서 주로 분비되는 신경전달물질은 도파민이다.

📁 실력다지기

정보의 장기적 파지 전략

1) 초과 반복학습(overlearning)

친숙하지 않는 정보를 계속해서 학습을 할 때, 학습자는 정보를 단순히 반복하는 것이 아니라, 재조직하고 변형시켜서 받아들이므로 이로 인해 이해와 기억이 증진된다.

2) 정교화(elaboration)

새로운 정보를 기존의 지식과 연결하여 의미를 부여하면, 정보의 의미가 정밀해져서 장기기억에 오래 저장될 수 있다. 장기기억 속에 있는 기존 지식과 많은 연결고리가 형성되면 인출의 단서가 많아져 원래의 정보에 쉽게 도달할 수 있게 된다.

3) 조직화(organization)[17]

따로따로 떨어진 별개의 정보들에게 질서를 부여하면, 의미가 연결되기 때문에 더 많은 양을 오래 기억하는 데 도움이 된다. j, h, l, n, v, s, r, o, o, e, e 라는 방식보다 'John loves her'라는 문장이 쉽고 오래 기억되는 것과 같은 경우이다.

4) 맥락화(context)

(1) 정보를 장소, 특정한 날에 느꼈던 감정, 함께 있었던 사람 등과 같은 물리적·정서적 맥락(상황)과 함께 학습하면 그 정보를 기억하고 재생해내는 것이 더 쉬워진다. 즉, 정보를 맥락과 함께 학습하면 그 정보를 기억하고 재생하는 게 쉬워진다.

(2) 인출의 부호화 맥락의 효과

학습을 했던 환경과 같은 환경에서 학습한 내용을 더 잘 회상하는 현상이다.

예 잠수부들에게 40가지의 무관한 단어를 해변과 수중에서 학습시켰을 때, 그들이 학습했던 것과 같은 맥락에서 회상했을 때 기억력이 우수했다.

5) 암송(rehearsal)

정보를 내적으로 반복하거나, 소리 내어 반복해서 기억흔적을 단기기억에 유지시켜 주는 방법이다. 단기기억 내에 있는 정보를 많이 암송하면 할수록, 정보가 장기기억으로 더 잘 전이된다.

📁 기출문제 확인학습

정교화

1) 정교화는 들어오는 정보가 기존 기억과 결합되거나 통합될 수 있도록 처리되는 정도이다.

2) 정교화는 자극에 대해 우리가 알고 있는 지식을 동원하여 내용을 첨가하고 살을 붙여서 가다듬고(생성효과), 관련 내용을 의미 있게 조직화하는 등의 과정이다.

3) 결론적으로 정교화는 항목을 기억해 내는데 도움이 되기 위해 제시된 항목만을 단순히 그대로 저장하지 않고 이 항목과 관련된 것들과 연합하여 기억하는 방법으로서 이러한 정교화는 주어진 현재의 정보를 기존 지식과 관련 지음으로써 정보를 통합하고 보존하는 수단을 제공해 준다.

인지학습전략 (정교화, 조직화, 활성화 등)

1) 학습자가 습득한 학습정보를 처리하고, 기억을 위해 저장하는 방법으로서, 효과적으로 인출하는 인지과정에 관한 전략을 일컫는다.

2) Weinstein과 Mayer(1986)는 시연(rehearsal), 정교화(elaboration), 조직화(organization), 이해도 모니터링(comprehension monitoring), 정서적 전략(affective strategy) 5가지를 들고 있다.

---

17) 출처 : 이신동 외, 「최신교육심리학」, 학지사, 2011

3) 시연(rehearsal) 전략에는 유지 시연과 정교화 시연이 있다.

  (1) 단기기억에서 정보를 보존하려면 활성화된 상태를 유지해야하고 마음속으로 되뇌어야 한다.

  (2) 유지 시연

    유지 시연은 유지 되뇌임이라고도 하며, 유입된 정보를 기계적으로 반복하는 것으로 시연이라고도 한다.

    예 전화국의 안내원으로부터 안내받은 전화번호를 잊지 않기 위해 번호를 계속해서 반복하는 것이다.

  (3) 정교화 시연

    이미 알고 있는 정보, 즉 장기기억으로부터의 정보와 연합시키는 것이다.

4) 활성화된 정보를 장기기억으로 영구히 보존하는 가장 효과적인 방법은 장기기억 속에 저장되어 있는 정보와 통합하는 것으로 정교화와 조직화가 중요한 역할을 한다.

  (1) 정교화

    새로운 정보를 기존의 지식과 연결함으로써 의미를 부가하는 것이다. 즉, 기억하고자 하는 정보를 이미 알고 있는 정보와 연관 짓는 것을 정교화(elaboration)라고 한다.

  (2) 조직화(organization)

    ① 정보를 질서 있고 논리적인 관계의 망으로 저장하는 것으로, 조직화란 정보를 하위집합으로 분할하고 그 하위집합 간의 관계를 형성해 가는 과정을 의미한다.

    ② 자료의 조직화는 기억, 개념형성, 판단, 문제 해결 등과 같은 심리적 과정에 영향을 준다.

    ③ 조직화에는 두 가지 방법이 있다.

      ㉠ 하나는 자료에 의한 조직화로 학습자료 자체가 조직화된 것이다. 잘 조직된 학습 자료나 교재는 학습자의 약호화와 인출에 긍정적인 영향을 미친다.

      ㉡ 또 다른 방법은 학습자에 의해서 이루어지는 조직화이다. 제시되는 자료가 조직화되어 있지 않을 때 학습자들은 자발적으로 그 자료를 조직화하려고 한다.

5) 선택적 주의, 유지 시연, 정교화 시연, 조직화, 정교화 등에 대한 집행통제과정을 조절하기 위해 상위인지(초인지)를 적용하게 된다.

선택적 주의 (selective attention)

1) 주의는 제한된 심적 자원으로서 정보처리과정에서 감각기억으로 들어온 방대한 양의 정보는 주의를 통해 선택되어야만 계속적인 처리가 가능하다.

2) 정보의 처리에 요구되는 주의의 양은 그 정보의 처리를 얼마나 많이 연습했느냐에 따라서 달라진다.

3) 많이 연습이 된 것일수록 주의는 덜 요구되고 고도로 연습된 처리는 주의를 전혀 요구하지 않다고 생각할 수 있는데, 이렇게 고도로 연습된 정보처리과정을 자동성이라고 부른다.

---

cf 활성화

1) 장기기억에 있는 것을 끄집어 내어 단기기억에 띄우는 것을 활성화(activation)라 하며 활성화는 확산된다는 특징을 갖는다.

2) 불길 퍼지듯 관련 노드(서로 관련된 매듭, node)들을 끄집어내며 가장 최근에 활성화된 개념이, 인접한 것을 활성화시킬 가능성이 높다.

(7) 계열위치 효과(serial-position effect)

① 자유 회상에서 회상수준이 단어목록의 처음과 끝에 제시된 단어에서 제일 높게 나타난다.

② 초두효과(primary effect)

목록의 첫 부분에 있는 항목들을 더 잘 회상한다.

③ 최신효과(recency effect)

목록의 끝부분에 있는 항목들을 더 잘 회상한다.

3) 정보의 인출

(1) 인출

① 유용한 정보를 기억하더라도 필요할 때 꺼낼 수 있어야 한다.

② 장기기억에서 정보를 찾는 탐색과정이며 부호화와 밀접하게 관련되어 있다.

③ 효과적으로 부호화되지 않으면 효과적으로 인출될 수 없다.

④ 저장된 정보는 장기기억의 어딘가에는 분명 존재하고 있지만, 그 정보를 인출할 수 있느냐 하는 것은 정보에 어느 정도 접근할 수 있는가에 달려있다.

(2) 인출단서

기억 속에 있는 특정한 정보에 접근하는 것을 도와주는 자극으로서, 인출 실패 상태에 있는 기억은 인출단서를 제시함으로 되살아날 수 있다.

(3) 설단 현상(tip-of-the tongue phenomenon)

① 알고 있고 금방 기억이 날 것 같은데도 혀끝에서만 맴돌고 끝내 말을 하지 못하는 것이다.

② 장기기억에 존재하는 특정한 정보에 대해 정확하게 접근할 수 없기 때문에 발생한다.

③ 이 현상은 실제 학교 현장에서 학생에게 자주 일어나는데, 정확한 인출을 위해서 정교한 부호화가 필요하다.

(4) 맥락 단서(context cue)

어떤 사건을 사건이 일어났던 맥락 속으로 돌아가서 생각해봄으로써 기억의 인출을 돕는 것이다.

(5) 상태 의존적 기억

① 부호화할 때와 인출할 때의 상태가 일치할 때 더 잘 기억하는 현상이다.

② 장기기억을 인출할 때 인출단서가 중요하다는 것을 보여주는 현상이다.

(6) 정서 일치 효과(mood-congruence effect)

행복한 기분일 때 불쾌한 정보보다는 유쾌한 정보를 더 잘 기억하고, 슬프거나 우울한 기분일 때는 즐거운 정보보다 불쾌한 정보를 잘 기억하는 현상이다.

정보처리이론에서의 학습 과정

1) 학습자가 환경으로부터 받은 자극은 학습자의 감수기관에 영향을 주어 감각 기록처를 거쳐 신경계로 들어간다.

2) 선택적 지각에 의해 처리된 정보는 단기기억고에 저장된다.

3) 단기기억고에서의 정보는 다시 유의미하게 기호화되어 장기기억고에 들어간다.

4) 장기기억고에 들어간 새로운 정보가 이미 학습했던 내용과 부분적으로 관련이 깊을 때 다른 정보와 결합할 수 있도록 단기기억으로 재생되기도 한다.

5) 단기기억고나 장기기억고에서 나온 정보는 반응 발생처로 옮겨져서 정보를 행동으로 변형시킨다.

6) 환경으로부터 받은 자극이 행동으로 나타났을 때 실제로 학습이 이루어졌다고 말한다.

4) 망각

(1) 망각이 일어나는 이유

① 부호화, 저장, 인출과정의 결함 또는 그러한 결함들의 조합에 의해서 일어난다.

② 망각의 원인 – 소멸, 간섭, 인출실패

ㄱ. 소멸

가. 흔적 쇠퇴설(trace decay theory)

a. 망각의 원인에 대한 초기 이론으로 기억흔적이 시간이 흐르면서 희미해지기 때문에 망각이 일어난다고 본다.

b. 머릿속에 저장된 내용을 계속 사용한다면 흔적이 더욱 뚜렷해져 소멸되지 않지만, 사용하지 않거나 또는 사용의 빈도가 적으면 흔적이 점차 쇠퇴해서 망각 현상을 가져온다고 본다.

ㄴ. 간섭

가. 간섭이론(interference theory)

망각은 기억이 손실된 것이 아니고 기억 이전이나 이후의 정보에 의해서 기억정보가 방해를 받기 때문에 생기는 현상으로 설명한다.

간섭이론

1) 간섭이론은 인출실패가 망각의 원인이 된다는 이론으로서, 너무 많은 정보들이 인출단서에 연계되면 이 인출단서의 효율성이 감소되어 기억을 해낼 수 없다는 것이다. 즉, 망각은 연합된 자료들 간에 서로 간섭을 함으로써 일어난다는 것이다.

2) 자극경쟁에서 오는 간섭효과에 따라 간섭의 종류를 순행간섭(proactive interference)과 역행간섭(retroactive interference)으로 나누어 설명한다.

3) 순행간섭은 선행학습이 후속학습을 방해하는 경우이고, 역행간섭은 후속학습이 선행학습을 방해하는 경우를 말한다.

4) 일반적으로 순행간섭보다는 역행간섭이 망각에 더 큰 역할을 한다.

나. 망각을 유발하는 간섭의 종류

    a. 역행간섭

        새로운 정보가 이전의 정보의 파지를 방해할 때 발생하는 것이다.

        예 친구의 핸드폰 번호가 바뀌면 예전 번호를 기억하기 어려운 경우이다.

    b. 순행간섭

        이전의 정보가 새로운 정보의 파지를 간섭하는 것이다.

        예 몇 년간 사용하던 주차 장소가 새로 바뀐 주차장소를 기억하기 어려운 경우이다.

📁 기출문제 확인학습

순행간섭 (proactive interference)

1) 순행간섭은 이전에 학습했던 정보가 새롭게 학습한 정보를 간섭함으로 인해 기억하기 어려워지는 현상을 말한다(Keppel & Underwood, 1962).

2) 자주 이용하던 피자 가게의 전화번호가 바뀌었는데도 피자를 주문하려고 할 때 예전의 전화번호로 전화를 거는 것과 같은 현상이 순행간섭의 예라 할 수 있다.

3) 즉, 예전의 전화번호(이전에 학습한 정보)가 바뀐 전화번호(새롭게 학습한 정보)를 간섭함으로써 기억이 어려워지는 것이다.

4) 순행간섭은 비슷한 내용을 학습하는 경우나 학습하는 항목들이 개념적으로 연관이 있을 때 효과가 더 크게 나타난다고 알려져 있다.

    ㄷ. 인출 실패

        가. 기억 속에 저장되어 있더라도 제대로 인출되지 않는 것이 망각이라고 본다.

        나. 어떤 정보를 최초에 부호화하는 과정에서 같이 처리되었던 단서정보를 제시할 때 그 단서가 기억의 인출을 돕는데, 이 때 인출단서와 최초 부호화 간의 잘못된 만남으로 생기는 인출실패가 망각의 원인이라고 본다.

📁 기출문제 확인학습

인출과 망각에 영향을 주는 요인

1) 기억은 부호화, 저장, 인출의 세 단계를 거쳐 이루어진다.

2) 망각은 기억 체계의 세 가지 단계 중 어느 하나의 실패 때문에 생기는 것이다. 즉, 부호화가 부적절하거나, 저장 도중에 정보가 왜곡되거나, 저장 용량이 적거나, 찾아 끄집어낼 수가 없어서 망각이 일어날 수 있다.

3) 인출과 망각에 영향을 주는 요인

   (1) 기억 내용을 인출하는데 영향을 주는 요인

     ① 처음 정보를 기억할 때, 정보의 처리 수준

       깊은 수준으로 처리된 정보는 기억경로가 많아 인출이 쉬움

     ② 정보가 정보처리에 동원되는 정도

       정보처리에 자주 사용되는 정보는 쉽게 인출됨

     ③ 최근에 추가적 정보처리의 유무

       가끔씩 생각해보는 광고가 아니면 시간이 지날수록 잊힘

④ 경쟁정보의 양

간섭현상 - 비슷한 분야의 경쟁정보가 많으면, 기억을 방해함

⑤ 기억을 촉진할 정보의 인출단서

소비자의 상황적 단서(내부, 외부적)가 인출한 정보의 내용에 영향을 줌

⑥ 정보를 기억할 때의 감정상태

인출 시 감정상태와 비슷한 감정상태에서 처리된 내용은 기억이 잘됨

⑦ 사전지식과의 복합적 연계

사전지식과 새로운 지식을 많이 연결하거나 연합할수록 인출이 용이함

⑧ 습득한 정보나 기술을 계속적으로 학습하거나 매우 많이 연습하여 자동화단계에 이를 때 즉 반복적 사용할 때 인출이 용이함

(2) 기억의 소실(망각) 요인

① 정보의 인출 실패

② 저장되어 있으나, 적절한 인출단서를 찾지 못해 망각함(정보가 혀 끝에서 맴돌 때)

적절한 인출 단서를 찾게 되면, 성공적으로 회상 가능하며 망각 방지방법은 정보를 유의미하게 부호화하거나, 다양한 맥락에서 정보 부호화하면 됨

③ 간섭효과: 특정 정보를 학습하기 이전이나 이후에 학습한 결과가 특정정보의 기억을 방해함

㉠ 역행간섭: 새로운 정보가 이전의 정보를 회상하는데 간섭함

㉡ 순행간섭: 이전에 학습한 정보가 새로운 정보를 재생하는데 간섭함

망각 방지방법으로는 새로운 정보 학습 후, 그 내용을 선행학습과 비교하여 유사점, 차이점을 구분해 봄

📁 실력다지기

망각 방지법

1) 학습 내용을 구조화하여 기호화(encoding)할 것

2) 기존 경험과 관련시켜 학습 자료의 유의미성을 높일 것

3) 기존의 유사 경험과 관련시켜 변별성을 높일 것

4) 충분한 강도로 학습할 것

5) 최초의 학습 직후에 연습할 것

에빙하우스[18]의 무의미 철자 실험

1) 에빙하우스는 학습과 기억이라고 하는 고등 정신과정을 실험적으로 연구할 수 있다는 것을 보여주었기 때문에 심리학을 철학으로부터 해방시켰다.

2) 여러 세기를 통하여 연구자들은 결합이란 이미 형성되어 있는 것으로 전제하고 반사를 통하여 이를 연구하였지만 에빙하우스는 오히려 결합이 일어나는 과정을 연구함으로써 그는 결합발달에 영향을 미치는 조건들을 체계적으로 연구할 수 있었다.

3) 결합의 원리 가운데서 특히 중요한 것의 하나는 빈도의 법칙이었는데 에빙하우스는 여기에 연구의 초점을 두었다.

---

18) 19세기 독일의 심리학자로서, 실험심리학의 선구자로 불린다.

4) 빈도의 법칙이란 경험이 더욱 빈번하게 일어나면 날수록 그 경험은 보다 쉽게 해낼 수 있다는 것이다. 환언하면 기억은 반복을 통하여 강도를 더해간다는 것이다.

5) 이러한 생각을 검증하기 위하여 에빙하우스는 실험피험자의 이전의 경험에 의해 물들지 아니한 재료가 필요하였으며 이러한 이전 경험의 효과를 통제하기 위하여 그는 유명한 무의미 철자(nonsense syllable, 음절)를 창안해 내었다.

6) 무의미 철자란 두 자음 사이에 하나의 모음이 끼어 있는 것으로 되어 있다.
(예 gaw, jig, xuw, cew, tib)

7) 무의미 철자는 12개를 한 묶음으로 배열하는 것이 보통이었다. 그러나 그는 학습하려는 재료 크기의 함수로서의 학습속도를 측정하기 위하여 묶음의 크기를 달리하기도 하였다.

8) 학습하려는 무의미 철자의 수가 커짐에 따라서 그 재료를 학습하는 데 더 많은 시간이 걸린다는 것을 발견하였다.

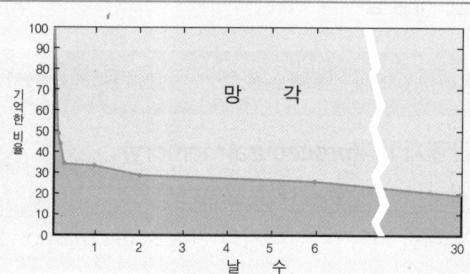

[난이도가 거의 같은 무의미한 철자를 리스트로 만들어 이를 한 번에 완전히 암송할 수 있을 때까지 외운다. 그 후 20분에서 1개월까지 다양한 시간간격으로 체크를 해 외운 비율을 조사한 것이다.]

망각곡선

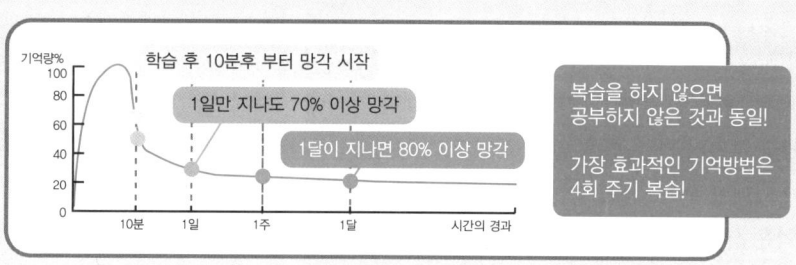

1) 에빙하우스는 망각, 기억에 대한 연구를 통하여 망각곡선을 나타내고 발표하였다.

2) 그의 연구에 따르면 학습 후 10분 후부터 망각이 시작되어, 1시간 뒤에는 50%, 하루 뒤에는 70%, 한달 뒤에는 80%를 망각하게 된다.

3) 이러한 망각으로부터 기억을 지켜내기 위한 가장 효과적인 방법은 복습이다.

4) 에빙하우스는 복습에 있어서 그 주기가 매우 중요하다는 사실도 발견하게 되었다.

5) 최초 학습 후 10 ~ 20분 뒤가 1차 복습을 해야만 효과적이다.

6) 다음날 2차 복습, 일주일 뒤 3차 복습, 한달 뒤 4차 복습까지 끝내야만 한 번 보는 것보다 더 많은 내용을 오랫동안 기억할 수 있게 되는 것이다.

7) 최초학습은 오랫동안 최대한 깊게 정독하며 이해를 하는 것이 중요하다.

8) 1차 복습 시에는 어느 정도 속도를 내면서 공부를 해서 짧은 시간 내에 복습이 이루어지도록 해야 하며 2차, 3차 복습을 할 때쯤이면 어느 정도 머릿속에 내용이 있는 상태에서 복습이 이루어지므로 그렇게 시간이 오래 걸리지 않아야 한다.

5) 중다기억 체계

(1) 절차적 기억과 서술적 기억

① 절차적 기억(procedural memory)

　ㄱ. 언어화하기 어려운 기억으로서 행위나 기술에 대한 기억이다.

　ㄴ. **예** 자전거 타기, 수영, 운전, 구두끈 매기 등

② 서술적 기억(declarative memory)

　ㄱ. 언어화하기 용이한 기억으로서 사실적 정보에 대한 기억이다.

　ㄴ. **예** 단어, 이름, 얼굴, 사건, 개념 등

📁 **기출문제 확인학습**

서술기억(declarative memory)과 절차기억(procedural memory)

1) 장기 기억은 크게 서술기억과 절차기억의 두 갈래로 나눈다.
2) 서술기억은 각자가 겪은 사건에 대한 기억인 '일화기억[19]'(episodic memory)과 객관적 지식에 관한 기억인 '의미기억'(semantic memory)으로 구분된다.
   (1) 일화기억 : 본인이 겪은 과거의 사건들에 대한 기억으로, 과거에 만난 사람들이나 작년 축제에 관한 기억, 어렸을 때 크게 다쳤을 때에 대한 기억 등등을 들 수 있으며 일종의 자서전적인 느낌이라고 할 수 있다.
   (2) 의미기억 : 흔히 '지식'이라고 말하는 것 외에도 동물 이름, 숫자 등 단순한 사실이나 개념 등을 기억하는 것이다.
3) 절차적 지식(procedural knowledge)은 절차 기억과 관련되며 절차 기억이란 행위, 기술, 조작을 위한 기억이다.
   (1) 절차(적) 기억은 예를 들면, 자전거 타는 법에 대한 지식에 대해서 생각해 볼 수 있다.
   (2) 누군가에게 자전거 타는 법을 말해 주었다고 해서 그가 곧장 자전거에 뛰어 올라서 자전거 타는 법을 알 것이라고 기대할 수는 없다.
   (3) 절차 기억은 사실을 아는 것과는 다르며 행위를 수행하는 법을 위한 기억이다.

---

(2) 의미적 기억과 삽화적 기억

① 의미적 기억(semantic memory)

　정보를 학습했을 때의 맥락과 관련이 없는 일반적 지식이다.

　예 고래는 포유류 등

② 삽화적 기억(episodic memory)

　개인적인 경험이 일어난 연대기적 기억이다.

　예 "초등학교 학예회 때 ○○ 노래를 했다.", "작년 여름에는 울릉도를 갔었다." 등

---

19) 일화기억은 특정한 시간과 장소에서 발생했던 개인의 과거 경험들의 집합이며 일화기억은 영화장면을 떠올리듯이 정보를 정신적 영상으로 저장한 것이다.

(3) 암묵기억과 외현기억

① 암묵기억(implicit memory)

무의식적이고 간접적으로 접근할 수 있는 기억이다.

예 강의시간에 교수님이 입고 왔던 옷 등

② 외현기억(explicit memory)

ㄱ. 자기가 기억하고 있다는 것을 자각할 수 있는 기억이다.

ㄴ. 의식적으로 직접적으로 접근할 수 있는 기억이다.

③ 외현기억은 기억 상실증, 나이, 약물의 투여, 간섭 등과 같은 요인들에 크게 영향을 받지만, 암묵기억은 거의 영향을 받지 않는다.

6) 기억 향상법

(1) 적절한 시연과 깊은 처리

자신의 생활이나 경험과 관련지어 봄으로써 개인적으로 의미 있는 것으로 만드는 것이 유용하다.

(2) 간섭의 최소화

유사한 내용을 서로 다른 날 학습할 때 간섭이 적게 일어나서 망각을 막는다.

(3) 언어적 기억술

① 두 문자 어법(약어, acronym)

기억할 정보의 두 문자를 따서 만든 약어를 활용해서 새로운 단어나 구절을 만드는 방법으로 가장 흔하게 사용한다.

② 이야기 만들기

기억해야 할 단어를 적절한 순서대로 포함시켜 이야기를 만드는 것이다.

(4) 시각적 심상

① 연상법(pegword)

학습할 각 단어를 이전에 저장한 목록의 단어와 연합하고, 두 단어 사이의 상호작용적 이미지를 만들어서 심상으로 연결시키는 방법으로, 이 방법은 어떤 종류의 목록이나 사건의 순서를 기억하는 데 유용하다.

② 장소법

기억해야 할 항목들을 자신에게 매우 친숙한 장소나 혹은 사물에 연결시켜 기억하는 방법이다.

③ 정보의 조직화

정보들이 잘 조직화될 때 기억하기가 더 쉽다.

핵심 단어법 (keyword method)

1) 구체적인 단어와 추상적인 단어를 연결한 다음 구체적인 단어에 대한 심상을 형성하여 기억하는 방법이다.

2) Levin과 그의 동료들은 3Rs라는 기억술을 이용해서 핵심어 기억법을 설명하였으며, 3Rs 기억술은 다음과 같다.

   (1) 학습해야 할 어휘항목을 더 친숙하고 구체적인 핵심어로 재부호화하라(Recode).

   (2) 핵심어와 해당 어휘항목의 정의를 문장으로 연결하라(Relate).

   (3) 원하는 정의를 인출하라(Retrieve).

CHAPTER 04

학습이론

제1절 | 신경생리학적 이론 - 신경생리학적 입장의 학습이론

1) 헵(D. O. Hebb)의 지능에 관한 3가지 관찰 내용

(1) 대뇌는 행동주의자 및 결합주의자들이 가정하듯이, 단순한 배전판처럼 기능하지 않는데, 만약 그렇다면 전두엽에 있는 대뇌조직이 더 많이 파괴될수록 미치는 효과는 보다 더 파괴적일 것이다.
(2) 지능이란 경험에서 생기는 것이며, 유전적으로 결정된 것이 아니다.
(3) 지능을 결정하는 데 있어서 아동기 경험이 성인기의 경험보다 더 중요하다.

2) 헵(D. O. Hebb)은 학습에 대한 신경생리학적 설명을 회피하는 데는 다음과 같은 2가지 주요한 이유가 있다고 믿었다.

(1) 과학 철학이 발달하고 과학논리에 대하여 보다 많이 알게 됨에 따라서 많은 연구자들은 관찰 가능한 행동을 생리적 사상으로 설명하는 것은 사과와 오렌지를 뒤섞어 버리는 것과 같은 것이라고 생각하였다.
(2) 행동주의에서는 동작의 성질을 관찰하며 행동주의자들은 주로 내성법에 대한 반동이었다.

📂 기출문제 확인학습

상승작용(장기강화, long‑term potentiation : LTP)

1) 에릭 캔들과 동료들(2000)은 실험을 통해 약하고 반복적인 자극을 통해 세포 간 소통의 패턴 변화가 어떻게 일어나는가를 일부 확인하였다.
2) 초기 약한 진동 직후보다 강하고 고주파인 전기 자극을 제공할 경우 세포간의 연결(시냅스)를 극적으로 향상시키며, 이러한 뉴런 배열을 헵 시냅스(Hebbian synapse)라고 부른다.
3) 장기 상승작용(long-term potentiation)은 신경세포를 동시에 자극하는 것에 의하여 두 신경세포의 신호전달이 지속적으로 향상되는 현상을 말한다.
4) 장기 상승작용(long-term potentiation)은 시냅스 전달 강도를 증가하여, 시냅스 전 뉴런과 시냅스 후 뉴런이 시냅스를 통해 신호를 전달하는 능력을 증가시킨다.
5) 장기 상승작용(long-term potentiation)은 한 시냅스 경로의 강한 테타닉 자극(Tetanic stimulation)이 복수 경로의 약한 자극이 함께 진행되는 것에 의하여 일어난다.
6) 약한 자극이 하나의 시냅스로부터 일어나는 경우 발생되는 탈분극은 장기 상승작용을 발생시키기에는 불충분하다.
7) 하지만, 약한 자극이 복수의 시냅스로부터 시냅스 후막의 일부에 집중되어 일어나는 경우, 개개의 탈분극이 모여 장기강화를 일으키는데 충분한 탈분극이 일어난다.

8) 장기 상승작용(long-term potentiation)은 토끼의 해마에서 최초로 발견된 이후, 장기강화는 대뇌피질, 소뇌, 편도체 등의 여러 신경구조에서 발견되고 있다.

헵(D. Hebb)의 법칙[1]

1) 스페인의 신경해부학자 산티아고 라몬 이 카할(Santiago Ramón y Cajal)은 새로운 신경세포의 형성을 가정하지 않고 학습의 메커니즘을 주장한 최초의 인물이다.
2) 1894년의 크루니안 강의(Croonian Lecture)에서 카할은 이미 존재하고 있는 신경세포 간의 신호전달 효과가 향상하는 것에 의하여 신경세포의 결합이 강화되어 기억이 생겨난다고 주장하였다.
3) 도널드 헵(Donald Olding Hebb)에 의하여 1949년에 주장된 헵의 법칙은 카할의 아이디어에 답하는 것이며, 신경세포는 새로운 결합의 형성이나 대사 변화 등에 의하여 그 신호전달 능력을 향상하는 것으로 여겨졌다.

3) 제한적인 환경과 유복한 환경

(1) 제한적인 환경

① 헵(D. O. Hebb)은 지적 발달에는 성인기의 경험보다는 아동기의 경험이 중요하다는 결론에 이르렀다.
② 제한적인 환경(restricted environment)은 신경계의 발달과 학습에 잠재적으로 파괴적인 무력화 효과(disabling effect)를 미칠 수 있음을 보여준다.

(2) 유복한 환경

① 만약 감각박탈이 발달이나 정상적 기능에 방해를 일으킨다면 풍부한 감각환경은 발달을 증진시킨다.
② 유복한 환경에서 제공해주는 감각적 다양성이 크면 클수록 보다 많은 수의 그리고 보다 복합적인 신경회로, 즉 신경망상(networks)을 형성하게 된다(애완용 쥐와 우리 속 쥐의 미로문제의 해결에서 애완용 쥐의 우수함).

4) 세포집합체와 국면진행

(1) 세포 집합체(cell assembly)

우리가 경험하는 하나하나의 환경적 사상(environmental object)은 세포집합체(cell assembly)라고 불리는 복잡한 뉴런들의 묶음(a complex package of neurons)을 흥분시킨다.

예 우리가 연필을 볼 때에 우리는 주의를 지우개에서 나무자루로 옮겨가는데, 이렇게 시선이 옮겨감에 따라서 다른 뉴런들이 자극을 받는다.

(2) 국면진행(Phase sequence)

① 국면진행이란 일시적으로 통합되어 있는 일련의 집합체 활동(a temporally integrated series of assembly activities)이며, 그것은 현재 일어나고 있는 사고의 흐름(the stream of thought)에 해당된다.

---

1) 출처 : 위키백과

② 동일한 대상이 가지고 있는 여러 측면들이 신경학적으로 상호 관련되어 세포집합체를 이루는 것과 같이, 세포집합체는 다시 신경학적으로 상호 관련되어 국면진행(Phase sequence)을 형성한다.

5) 각성이론 (Arousal theory)

(1) 각성이론은 망상 활동 체제(Reticular activation system : RAS)의 기능을 포함하는데, 이것은 척수 바로 위 그리고 시상과 시상하부 바로 밑의 뇌간(brain stem)에 위치하고 있는 손가락만한 크기의 부위이다.

(2) 망상 활동 체제(Reticular activation system : RAS)는 수면, 주의(attention) 그리고 정서적 행동에 관여한다.

(3) 헵(D. O. Hebb)에 의하면, 감각 수용기의 자극에 의하여 생성된 신경충격(neural impulse)은 단서기능(cue function)과 각성기능(arousal function)의 두 가지 기능을 가진다.

6) 통합과 대뇌

(1) 여러 가지의 상호 관련된 대뇌구조를 집단적으로 변연계(limbic system)라 부르는 데 이들은 여러 가지의 정서 경험에 중요하다고 생각하며 변연계 구조 중의 하나가 해마(hippocampus)이다.

(2) '서술적 기억'은 자기가 실제로 어떤 새로운 것을 학습했다는 기억을 포함한 고차적 기억을 포함하며 해마 그리고 측두엽 중간 부분에 있는 어떤 구조가 손상을 받으면 서술적 기억의 통합이 방지되지만, 다른 유형의 장기기억은 손상 받지 않는다.

7) 분리 뇌에 대한 연구

(1) 좌반구, 우반구 그리고 정보처리

① 우반구와 좌반구는 신체운동과 감각에 대한 통제가 두 대뇌 반구 간에 균등하게 나누어져 있지만, 실제의 실행은 상호 교환적으로 이루어진다.

② 좌반구는 신체의 오른쪽을, 그리고 우반구는 왼쪽을 통제한다.

③ 우반구에 손상을 입은 사람들은 주의(attention)와 지각(perception)에 관련하여 문제를 많이 보여주고 있음을 발견하였으며 우반구는 공간기능과 음악능력을 맡고 있고 정보를 동시적으로 그리고 전체적으로 처리한다.

　　예 오른쪽 대뇌 손상을 입은 개인은 심지어는 친근한 환경 속에서도 방향을 잘못 잡고 친근한 얼굴이나 대상을 재인하는 데도 문제가 있었다.

④ 좌반구는 주로 분석과정, 특히 언어의 생성과 이해에 관여하고 있는 것으로 밝혀지고 있으며 투입정보를 계열적인 방법으로 처리한다.

좌반구와 우반구의 비교

좌반구	우반구
지성	직관, 감각적
수렴적	발산적
현실적	충동적
비연속적	연속적
지시적	자유스러운
합리적	직관적
역사적	초시간적
분석적	전체적
계속적	동시적
객관적	주관적
원자론적	총체적

📂 기출문제 확인학습

우뇌에 의한 기억과 좌뇌에 의한 기억

1) 좌뇌에 의한 기억 - 논리 기억

> **사례**
> 영어를 배울 때 단어나 숙어의 의미를 기억 하는 것 또는 수학이나 물리 문제를 풀 때 공식을 활용하는 것

2) 우뇌에 의한 기억 - 영상, 심상 기억

> **사례**
> 이전에 본 풍경이나 사람의 얼굴이 머리속에 떠오르는 것, 자기 집과 타인의 집을 식별하거나 이정표를 보고 행선지를 찾아가는 것, 사람의 음성이나 멜로디, 분위기를 생각해 내는 것

직렬처리(계열처리)는 개조적, 병렬처리는 영상적

1) 좌뇌는 개조적으로 직렬처리한다.
   (1) 논리기억은 'A이면 B, B이면 C...'처럼 순서를 밟아 생각해 가는데, 이렇게 차례대로 하나씩 처리해 가는 방식을 <직렬처리 또는 계열처리>라 한다.
   (2) **사례** 문단속이 필요한 곳을 하나씩 차례대로 확인해 가는 등의 방식
2) 우뇌는 영상적으로 병렬처리한다.
   (1) 영상이나 심상은 논리와 달리 2차원이나 3차원의 넓은 범위를 가지고 있어, 이것을 세밀히 분해해서 처음부터 차례대로 보면 의미를 알 수가 없다.
   (2) 따라서 한 번에 전체를 보도록 하는 것이 병렬처리이며 순간적이다.
   (3) **사례** 축구나 농구처럼 많은 선수들이 동시에 움직이면서 경기하는 스포츠에서 한 사람 한 사람의 선수의 움직임을 차례대로 체크해 나가면 경기의 흐름을 읽을 수가 없다. 오른쪽도, 왼쪽도 동시에 보지 않으면 안 되는 운동이다.

직렬처리(계열처리)는 의식적, 병렬처리는 무의식적[2]

1) 좌뇌의 직렬처리는 의식적

> **사례**
>
> 수업을 받을 때 강사는 흑판에 글씨를 쓰면서 강의를 한다. 이때 흑판 전체가 시야에 들어와도 판서하고 있는 곳에만 의식을 집중해서 강의를 듣는다. 이것은 평소 병렬처리를 소홀히 하고 직렬처리에만 익숙해졌기 때문이다.

2) 우뇌의 병렬처리는 무의식적

> **사례**
>
> 일상생활 속에서 누구나 경험하는 일반적인 병렬처리는 경치를 바라볼 때이다. 경치 전체를 순간적으로 바라 볼 때는 세심한 신경을 쓰지 않기 때문에 상당히 무의식적이라고 말할 수가 있다.

좌뇌와 우뇌의 기능

좌뇌는 언어, 논리, 판단, 부분 지각, 오른쪽의 운동, 감각 역할을 담당하고 우뇌는 감성, 공간지각, 창의력, 전체 지각, 왼쪽의 운동 감각 등을 담당한다.

무시증후군 (Neglect Syndrome)

1) 우반구(우뇌) 손상 후에 나타나는 대표적인 인지장애이다.
2) 뇌병변 반대 측에 의미가 있는 자극을 제시하였을 때 이 자극에 대한 감지를 못하거나 반응을 하지 않는 것을 말한다.
3) **예** 우반구 손상 환자에게 검사자가 환자의 왼쪽에 서서 말을 걸 때, 오른쪽에 서서 말을 걸 때보다 훨씬 더 반응이 떨어질 수 있다.
4) 환자의 왼편에 어떤 물건을 놓고 그 물건을 잡게 하였을 때 잘 찾지 못하거나 손 움직임이 느릴 수 있다.
5) 단, 이와 같은 반응 장애가 기본적인 감각장애, 운동장애 때문이 아니어야 하는데, 예를 들어 자극을 제시하고 여기에 대한 반응을 손을 들게 하였을 때 그 반응하는 손에 심한 마비가 있다면 당연히 반응을 할 수 없을 것이다. 이와 같은 경우는 무시증후군이라고 하지 않는다.

📁 기출문제 확인학습

뇌의 각 부위별 기능

1) 두정엽
   (1) 두뇌의 맨 위에서 뒷부분에 걸쳐 있고, 고차적인 감각 처리와 언어 처리를 담당한다.
   (2) 이 부위는 두 개의 하위부위인 전후부위가 있으며, 이들 부위는 각각 다른 역할을 하면서도 상호보완적인 역할을 한다.
   (3) 두정엽의 앞부분, 즉 동작피질의 바로 뒷부분에는 체감각 피질이라는 세포들의 띠가 있다.
   (4) 우리가 언제, 어떻게 움직여야 할지에 대해 신체에 있는 근육에 정보를 보내야 할 때처럼, 우리는 우리 환경의 촉각과 온도에 대한 정보, 피부에서 오는 통각과 압각 및 사지의 위치에 대한 정보도 받을 수 있어야 한다. 이런 일들은 체감각 피질, 즉 감각자극의 수용을 담당하는 부위에 의해 이루어진다.
   (5) 신체 각 부위는 체감각피질의 표면에 있는 특수영역에 상응한다.

---

2) 출처 : http://m.blog.daum.net/dnjswkd/16896487

(6) 두정엽 부위가 손상되면, 촉각과 통각을 인식할 수도 없고 공간상에서 자신의 위치도 알 수 없다.

(7) 두정엽 뒷부분은 공간인식에 대한 감각을 제공해주기 위해 이런 모든 정보를 끊임없이 분석하고 해석한다.

(8) 두정엽의 마지막 역할은 주의를 집중하거나 공간적인 주의를 유지하는 것이며 개인이 특정 자극에 주의 집중할 때나 주의를 바꾸어야 할 때 두정엽이 활성화된다.

2) 전두엽

(1) 전두엽은 피질의 가장 넓은 부위로, 가장 복잡한 기능을 수행한다.

(2) 두뇌의 앞부분에서 정수리에 이르는 전두엽은 과거에 비해 급속도로 확대되었고, 우리를 인류의 조상들과 가장 분명하게 구분해주는 부위이다.

(3) 신체부위를 마음대로 움직이고 과거에 대해 사고하고 미래를 계획하며 주의를 집중하고 반성하며 문제를 해결하고 결정하며 대화에 참여하는 것은 우리 뇌에 이 부위가 있기 때문이다.

(4) 대뇌피질의 전두엽 덕분에 우리 인간이 모든 사고와 행동을 의식적으로 인식할 수 있으며 전두엽은 감각 동작 처리와 인지로 나누어진다.

> 대뇌 피질 영역 중 전두엽은 영유아 시기에 발달이 완성되는 것이 아니라, 3세에서 6세인 학령전기가 전두엽이 집중적으로 발달하는 시기이다. 전두엽은 인간의 종합적인 사고기능과 인간성, 도덕성, 종교성 등 최고의 기능을 담당한다. 종합적인 사고기능은 한 가지 사물을 여러 각도에서 보고 많이 느끼고 생각하는 것을 말한다. 따라서 단순한 암기식 지식교육보다는 종합적이며 다양한 사고력을 발달시키는 교육을 해야 한다.

3) 후두엽

(1) 뇌 뒷부분의 중심부 아래에 있으며, 시각 자극을 처리하기 위한 두뇌 센터이다.

(2) 후두엽은 여러 개의 작은 부위들로 나뉘며, 외부세계에서 뇌에 들어오는 시각자료를 처리하는 데 중요한 몫을 한다.

(3) 자극이 시각피질에 이르면 먼저 일차적인 시각영역에서 처리되는데, 그것은 이 부위가 여러 가지 시각을 처리하기 위해 설계된 부위이기 때문이다.

(4) 입력된 정보가 이들 부위에 모아지면, 2차적인 시각영역 또는 시각연합영역으로 가서, 그 정보를 전에 본 적이 있는 정보와 비교하여 우리가 오렌지를 보고 있는지, 나무를 보고 있는지 알게 해준다.

4) 측두엽

(1) 귀 바로 윗부분의 양쪽에는 후두엽에서 전두엽 아래로 구부러져 있는 두 개의 엽이 있다.

(2) 이 부위가 바로 측두엽으로, 그 주요 기능은 청각처리와 언어처리이다.

(3) 측두엽의 일차적인 청각영역이 자극을 받을 때 소리를 감각하게 된다.

(4) 청각연합영역은 일차적인 청각영역 및 다른 두뇌부위들과 연결되어 있어서, 청각정보에 대한 자각을 도와주어 우리가 무엇을 듣고 있는지를 알게 해준다.

(5) 중요한 두 부위의 뉴런집단은 소리의 크기, 음도 또는 음색을 등록하는 것과 같은 특수한 일을 한다.

(6) 좌측 후두엽, 두정엽 및 측두엽의 연결부위에 베르니케라라는 세포집단이 있다.

(7) 좌반구에 있는 베르니케 영역은 언어를 이해하고 해석하는 일에 관여하며, 말을 할 때 단어를 정확히 구문으로 종합해 준다.

(8) 이러한 기능을 주로 하는 베르니케와는 달리, 브로카 영역은 주로 말하기를 담당한다.

> ### 📌 정리
>
> 1) 전두엽 : 생각, 계획, 생각과 판단에 따른 몸 움직임 담당
> 2) 두정엽 : <u>감각의 정보를 통합</u>
> 3) 측두엽 : 언어 기능, 청지각 처리, 장기기억과 정서 담당
> 4) 후두엽 : 시지각의 처리, 시각인식

실어증

1) <u>브로카 영역의 이상으로 오는 실어증 유형으로 발음장애, 실(失)명칭, 실(失)문법이 있다.</u>
2) <u>베르니케 영역 이상으로 오는 실어증 유형으로는 소리재연, 즉 소리를 따라하지 못하는 경우, 단어의 의미를 해석하지 못하는 경우, 생각을 단어로 말하지 못하는 경우가 있다.</u>
3) **정리** Wernicke 실어증 : 수용성 실어증 / Broca 실어증 : 표현실어증

8) 실제 세포와 실제 세포집합체

(1) 축색돌기의 끝은 아세틸콜린(acetylcholine)이나 도파민과 같은 신경전달물질(neurotransmitter)을 시냅스(synapse, 뉴런들 사이의 미세한 공간)에 방출하여 활동전위의 도착에 대하여 반응한다.

(2) 수상돌기의 수용기(receptors)와 주변에 있는 세포의 세포체는, 자신의 식역수준으로 향하거나 거기서 벗어나게 하는 화학반응을 함으로써, 방출된 신경전달물질에 반응한다.

(3) 대뇌세포는 수백 또는 수천의 다른 세포들과의 관계 속에서 존재한다.

(4) 이들 개별적인 흥분활동 및 제지활동은 주변 세포에서 오는 화학적 정보를 계속하여 총합(summation)해 낸 결과이다.

(5) 학습이란 어떤 보내주는 발신세포가 방출해 낸 신경전달물질에 대하여 그것을 받아들이는 수용세포의 반응이 변화되는 것으로 이루어져 있다.

수상돌기　축색돌기　세포체　수상돌기　축색돌기　세포체

두 개의 뉴런을 보여주는 그림

시냅스

1) 시냅스는 한 뉴런의 축색돌기 말단과 다음 뉴런의 수상돌기 사이의 연접 부위이다.

2) 시냅스의 발달

(1) 임신 5개월에 시작해서 1세까지 지속 증가하여 사춘기에 감소한다.

(2) 모든 층에서 거의 동시에 시냅스가 발달한다.

(3) 피질 영역별로는 감각-운동 피질에서 먼저 형성되고 연합 피질에서는 더 늦게 형성이 완료된다.

(4) 시냅스의 과잉형성 및 회로의 중복성으로 인해 발달 초기에는 미분화된 반응이 나타난다.

(5) 시냅스 생성(synaptogenesis : 뉴런 간의 시냅스 연결 생성)의 과정은 뇌 성장이 급등하는 동안 급속하게 이루어진다. 보통의 영아는 성인들보다 훨씬 많은 뉴런과 뉴런의 연결을 갖는다.

<임신 7주~20주> 뉴런의 증식	<출생 시까지> 뉴런의 이동	<임신 5개월~1세까지 지속> 시냅스 발달: 과잉형성	<사춘기까지 지속> 시냅스와 뉴런의 선택적 소멸: 수초화

3) 수초화 과정

(1) 임신 4개월부터 1세 사이에 시작하여 2세 무렵에 가장 활발하고 이후 10대 중반까지 점진적으로 진행한다.

(2) 과잉형성 후 선택적 소멸 : 과잉형성은 유전자 명령에 의해, 선택적 소멸은 환경과의 상호작용에 의해 이루어짐 - 이후에 학습은 뇌 구조에 영향을 미친다.

(3) 민감기 : 환경에 민감하게 반응하는 시기로 이때 솎아내기(가지치기)가 많고 최적화된다.

4) 시냅스의 가소성(끊임없는 가지치기)

(1) 뇌는 발생유전학적 프로그램에 따라 발생된다. 세포의 증식, 신경세포로의 분화, 사멸, 표적세포로의 이동 등 역동적인 과정을 거치면서 신경회로망이 형성된다.

(2) 복잡하고 정교한 신경회로망은 경험적 혹은 환경요인에 의해서 유아기는 물론 성인이 되어서도 역동적인 재구성이 이루어진다. 즉, 끊임없는 가지치기를 통해 신경세포들 간의 시냅스는 새롭게 형성되거나 제거되고 때로는 강화된다.

(3) 이와 같이 시냅스의 구조적, 기능적 유연성을 시냅스의 가소성이라고 한다. 이는 신경과학의 가장 중요한 개념이자, 신경기능을 포괄적으로 설명하는 기본 틀이다. 시냅스의 가소성은 환경, 경험에 의해서 역동적으로 재구성될 수 있다.

📁 실력다지기

대뇌 편재화

대뇌피질은 감각과정과 운동과정, 지각, 지적 기능을 통제한다. 좌반구는 신체의 오른쪽 부분을 통제하며 말하기, 듣기, 언어기억, 의사결정, 언어처리, 긍정적인 감정의 표현을 담당하는 중추를 가지고 있다. 우반구는 신체의 왼쪽 부분을 통제하며 시공간 정보, 음악과 같은 비언어적 소리, 촉각의 처리와 부정적 감정의 표현을 담당하는 중추를 갖는다. 대뇌 편재화(cerebral lateralization)는 한쪽 손이나 신체의 한쪽 부분을 다른 쪽보다 선호해서 사용하는 것도 포함된다. 성인들의 약 90%는 쓰고, 먹고 운동하는 데 오른쪽 손(혹은 좌반구)을 사용하는 반면에 왼손잡이인 대부분의 사람들에서는 위와 동일한 활동들이 우뇌의 통제 하에 있다.

🔖 정리

1) 세포 집합체란 환경적 대상과 결합되어 있는 신경패키지(neural package)이다.

2) 국면진행이란 상호 관련되어 있는 일련의 세포집합체들이다.

3) 헵(Hebb)이 제시한 두 종류의 학습

   (1) 인생의 초기에는 세포집합체와 국면진행은 서서히 구축된다.

   (2) 성인생활을 특징짓는 보다 통찰적인 종류의 학습이 있으며 성인학습에는 세포집합체와 국면진행의 발달보다는 이들의 재
      배열이 포함된다.

4) 각성이론은 환경적 단서가 두 가지의 기능을 가지고 있다고 말한다.

   (1) 환경에 대한 정보를 전달하는 단서 기능

   (2) 망상활동체제(RAS)를 자극하는 각성 기능

      → 최적의 지적 기능을 할 수 있기 위해서는 각성은 너무 높지도 너무 낮지도 않아야 한다.

5) 단기기억과 장기기억

   (1) 1분 이상 지속하지 않으며, 이것은 환경적 사상(環境的 事象)이 일으킨 반향 신경활동과 결합되어 있다.

   (2) 만약 경험이 충분히 자주 반복되면 그것은 장기기억에 저장된다.

   (3) 단기기억이 장기기억으로 전환되는 과정을 통합이라 부른다.

   (4) 만약 통합과정(해마가 중요한 역할을 함)에서 외상적인 경험이 일어나면 단기기억이 장기기억으로 전환되는 것이 방해를
      받는다.

화심리학적 학습이론에서의 개념들

1) 적소 논증(niche argument) - 기출

볼스(R. Bolles)는 학습을 이해하기 위해서는 그 유기체의 진화 역사를 이해하여야 한다고 하였다. 동물들은 자신들의 적소(niche)[3]에 의존하는 것과 사물들에 대한 전반적 도식에 맞추는 방법을 학습하거나 학습하지 않을 의무 즉, 필수사항(imperative)을 가지고 있다. 우리는 어떤 종류의 경험이 학습에 반영되고 어떤 것은 반영되지 않을지 기대한다. 자기 적소에 대한 동물의 선험적인 생물학적인 의무를 위반하는 학습과제는 변칙적인 행동을 산출할 것이다. 또한, 특정한 방식으로 행동하는 동물의 선험적인 소인을 활용하는 학습과제는 성공할 가능성이 크다. 그것이 적소 논증(niche argument)이다.

2) 굴절 적응(exaptation)

버스와 동료들(1998), 굴드(1991)는 적응주의자의 설명을 과잉 사용하는 것을 경계한다. 특정 목적을 위해 현재의 생물학적 구조를 사용하는 것이 그 구조가 해당 목적을 위해 진화되었음을 의미하는 것은 아니다. 예를 들어, 굴드는 새가 날기 위해서 깃털을 사용하는 것을 지적한다. 굴드에 의하면 깃털은 새 몸의 열을 조절하는 기제로 진화되었고, 이후에 비행에 도입되었다. 굴드는 유용하지만, 관련 없는 목적(열 조절이 아닌 비행)을 위해 적응(깃털)에 가담한 것을 '굴절 적응(exaptation)'이라고 일컫는다.

3) 본능 표류(instinctive drift)

브릴랜드 부부는 조건화된 행동보다 본능적 행동이 더 우세하다는 것을 돼지 실험을 통해 발견하였다. 즉, 생득적 행동양식이 학습한 행동양식을 점차 대체해가는 경향성을 '본능 표류(instinctive drift)'하고 하였다. 브릴랜드 부부는 14년 동안 계속해서 수천 마리의 동물들을 조건화하고 관찰한 후, 동물들의 본능적 행동양식, 진화 역사, 생물학적 지위에 관한 지식 없이는 어떤 종의 행동도 적절히 이해, 예측, 통제할 수 없다는 결론을 내렸다.

4) 등위성(equipotentiality) = 등가 잠재력의 경험적 원리

도미안(1997)에 따르면, 손다이크, 왓슨, 스키너와 헐이 발전시킨 전통적으로 경험적인 학습이론들의 결함은 '등가 잠재력의 경험적 원리'에 가정한다. 이 가정에 따르면, 학습의 법칙은 '어떤 유형의 자극이나 반응에도 동등하게 적용된다.' 그러므로 '등가 잠재력의 경험적 원리'는 연구자들이 어떤 종에서 그 종의 진화역사를 고려하지 않고 학습을 연구하도록 이끌게 된다. 더군다나 한 종(예 쥐)에서 관찰된 학습현상이 전부는 아니지만, 대부분의 다른 종들에게 일반화될 수 있다는 것은 잘못된 가정이다.

5) 포괄적 적합성(inclusive fitness)

다윈은 유기체가 생산한 후손의 수에 근거하여 '적합성'을 정의하였다. 1964년 윌리엄 해밀튼은 '포괄적 적합성'이라는 개념을 제안하면서 다윈의 협의를 확대했다. '포괄적 적합성'에서의 초점은 어떤 종의 개별 구성원의 번식 성공에서부터 특정 개체의 유전자와 그 종의 다른 구성원들과 공유하는 유전자의 영구화로 확대된다. 우리는 가족집단 내에서 부모행동이나, 협동적 행동들을 적응적인 것으로 보는데, 이는 그것들이 생존과 개별적인 유전자보다 공유된 유전자의 번식 성공을 증진시키기 때문이다. 신 다윈이론 내에서 '포괄적 적합성'의 개념은 극히 발견적이다. 이타적 행동에 대한 설명과 함께 그것은 자살이나 동성애와 같은 다양한 주제를 설명하는 데 사용될 수 있다.

---

3) 적소(niche)의 원뜻은 '유기체가 생존하기에 가장 적합한 장소'를 뜻한다.

CHAPTER 05 동기와 학습

제1절 | 동기와 정서

1 동기와 정서

1) 동기의 개념

(1) 유기체가 욕구를 충족시키기 위해 유인가를 찾는 과정이다.

(2) 행동을 일으키는 원동력이며, 유기체의 활동을 가능케 하는 심리적 에너지이다.

2) 동기유발의 개념

(1) 행동의 근원이 되는 힘인, 동기를 일으키는 것이다.

(2) 유기체의 목표 지향적인 행동을 하도록 하는 것이다.

(3) 학습동기 유발은 학습과 관련하여 학습하고자 하는 경향이 생기게 하고 적극적인 학습활동을 하도록 하는 것이다.

(4) 동기유발은 개체 내에서 발생하는 동인(drive)과 환경이 갖고 있는 유인가(incentive)와의 상호작용에 의해 그 과정이 달라진다.

3) 동기의 기능

(1) 행동 촉진 기능

동기는 유기체의 행동을 촉진시킨다.

(2) 목표 지향 기능

동기는 유기체의 행동 방향을 결정지어 준다.

(3) 선택적 기능

동기는 유기체의 행동을 선택케 하는 기능을 한다.

4) 성취동기[1]

(1) 맥클리랜드(D. C. McClelland)의 성취동기이론

① 성취동기(achievement motive)가 높은 개인이나 집단이 학업, 사업, 발명, 연구 등에서 현저한 업적을 보인다.

② 인간의 행위를 유발할 수 있는 잠재력을 가진 요소를 성취 욕구, 권력 욕구, 친교욕구로 파악한다.

③ 성취욕구의 속성

ㄱ. 맥클리랜드는 성취 욕구를 중시하였다.

ㄴ. 성취 욕구가 강한 사람은 스스로 달성할 목표를 정하기 좋아하고 도전적 목표를 선호한다.

ㄷ. 성취 욕구가 높으면 문제해결에 대한 책임을 회피하려고 하지 않고 수행에 대해 즉각적이며 효과적인 피드백을 선호한다.

✄ 보충

성취동기가 높은 사람의 특징

성취동기란 장애를 극복하고 자신의 능력을 발휘하여 곤란한 일을 해결해 목표를 달성하려는 욕구(H.A. Murray, 1938), 또는 도전적이고 어려운 과업을 훌륭히 성취하고 싶어하며 성취결과보다 성취과정에서 만족을 얻으려는 내적 의욕이다. 즉, 어려운 문제를 해결함으로써 만족을 얻고자 하는 욕구에서 나오는 동기로서, Murray가 처음 소개하고, McClelland가 체계화하였으며, 측정에 주제통각검사(T.A.T)를 이용하였다.

1) 과업지향적 성향	2) 적절한 모험성
3) 정력적이고 혁신적인 활동	4) 자신감과 자기 책임감
5) 미래지향적 경향	6) 결과를 알고 싶어하는 경향

7) 정확한 판단과 조속한 환류(feedback)

다시 말해서, 성취동기가 강한 사람들은 학업성취, 업적, 명성, 재산과 같은 외적인 보상이나 성취결과에 연연해 하지 않고 어려운 일을 훌륭히 성취하는 과정 자체에서 만족을 얻고자 한다. 성취동기와 관련된 행동 특성으로는 과업지향성, 적절한 모험심, 자신감, 정력적, 혁신적 활동성, 자기 책임감, 결과에 대한 지식, 미래 지향성 등을 들 수 있다.

📁 기출문제 확인학습

성취목표 지향성 유형 중 수행목표(performance goal)를 가진 학습자의 특징

1) 수행목표는 자신의 유능함과 능력이 다른 사람의 능력과 어떻게 비교되느냐에 초점을 둔 목표(타인과의 상대적 비교를 기준으로 성공 여부를 판단)로서, 수행접근목표와 수행회피목표로 구분된다.

2) **예** 과학 실험수업에서 발표를 가장 잘함으로써 동료에게 유능하고 지적으로 보이기를 원하는 학생의 목표는 수행접근목표이지만, 단지 멍청하고 무능하게 보이는 것을 원하지 않는 학생의 목표는 수행회피목표이다.

3) 수행목표는 부정적이고 비적응적인 귀인과 관련되며 숙달목표를 가진 학생은 성공 및 실패 장면에서 노력귀인을 하고 능력이 노력에 비례한다고 생각한다.

4) 수행목표를 가진 학생은 성공 및 실패 장면에서 능력귀인을 한다.

---

[1] 개인이 도전적인 과제와 성취의 수월 수준을 스스로 정해 놓고, 이것을 성취해 나가는 과정에서 만족을 갖는 동기를 성취동기라고 지칭하였다.

5) 수행목표를 가진 학생은 능력과 노력이 반비례한다고 생각하기 때문에 능력과 자기 가치감을 보호하기 위해 노력을 회피하는 경향이 있다.

6) 수행목표를 가진 학생은 피상적인, 기계적인 학습전략을 활용하는 경향이 있다.

7) 수행목표를 가진 학생은 학습과제에 대해 가치를 부여하지 않고 외재적 동기가 높다.

8) 수행목표를 가진 학생은 위험부담 경향이 낮기 때문에 쉬운 과제를 선호하고, 새로운 과제나 도전적인 과제를 기피한다.

9) 수행목표를 가진 학생은 다른 사람의 도움을 받는 것은 능력이 부족하다는 사실을 나타낸다고 보고 다른 사람의 도움을 적극적으로 요청하지 않는다.

10) 수행목표를 지향하는 학습자들은 학습을 자신의 능력을 보여주는 수단으로 여기기 때문에 학습결과에 치중하는 경향이 있다.

실력다지기

캐롤 드웩(Carol Dweck)은 목표에는 수행목표와 숙달목표가 있다고 했다. 지능의 실체 이론을 믿는 사람에게는 수행목표가 있다. 반면 지능의 증가이론을 믿는 사람에게는 숙달목표가 있다. 수행 목표란 어떤 것을 이루어내려는 수행력에 주목하지만 숙달목표는 배워나가는 학습력에 주목한다. 만약 영어 수업을 들으면서 A학점을 받아 친구들로부터 높은 평가 받기를 중시한다면 이는 수행목표이다. 반면 영어로 의사소통이 가능할 정도로 공부해보겠다고 한다면 숙달목표를 가진 것이 된다. 드웩은 이 두 가지 목표가 모두 성취의 원동력이 될 수 있다고 말한다. 그러나 이들 중 숙달에 이를 수 있는 것은 숙달목표이다. 숙달목표를 가진 학생들은 자신이 무엇인가를 잘한다고 느끼지 않아도 계속 노력한다. 그들의 목표는 자신의 영리함을 증명하는 것이 아니고 계속 학습하는 것이기 때문이다.

cf 규준 지향평가(상대평가)는 숙달목표지향성 발달에 부정적 영향을 미친다. 그 이유는 숙달목표지향성은 준거 지향평가를 선호하기 때문이다.

(출처 : 신태식, 교육논술학)

성취목표 지향성[2]

1) 성취목표 지향성이란 학습자들이 학습활동에 어떻게 접근하고 참여하는지를 결정하는 일련의 행동적 의도(Meece 외, 1988) 또는 학습자가 어떤 목표를 채택하면서 생기는 유입 정보 처리에 대한 일련의 관심이나 준거(Dweck, 1986)로서, 성취지향적인 행동의 인지적 측면과 정의적 측면을 통합하여 인지과정을 동기화시키는 중요한 요소이다(Ames, 1992).

2) 성취목표이론(achievement goal theory) 혹은 목표지향성이론(goal-orientation theory)은 지난 20년여 년 이상동안 성취목표지향성에 관한 연구에서 하나의 이론적 틀이 되어왔을 뿐 아니라 최근에 와서 특히 주목을 받으며 연구가 활발히 이루어지고 있다.

3) 성취목표이론은 한 개인이 동기가 있는가, 없는가에 관심이 있는 것이 아니라, 그 자신이 과제를 수행하는 이유와 의도에 대하여 어떻게 생각하는가에 초점을 맞춘다(Ames, 1992).

4) 이 이론은 인간의 성취행동 중에서도 특히 학교장면의 학업관련 과제에 있어서의 학생의 학습과 수행을 설명하기 위해 발달심리학자, 동기심리학자, 교육심리학자들에 의해 개발되어 온 것으로(Pintrich·Schunk, 2002), 학습자가 어떠한 이유로 과제에 참여하는가에 직접적으로 초점을 맞추고 있는 이론이다.

---

2) 출처 : 윤선희 외, 청소년의 성취목표지향성과 불안이 진로결정수준에 미치는 영향, 한국청소년연구, 2009

5) 성취목표지향성의 개념은 숙달목표와 수행목표로 두 가지 유형으로 분류하는 것으로 시작하여 점차 세분화되는 방향으로 발달하였다.

6) 성취목표지향성의 최근 모델은 2×2 성취목표지향성 모델로 성취목표지향성은 유능성을 정의하는 방식(수행/숙달)과 능력에 대해 가치평가하는 방식(접근/회피), 이 두 가지 기준으로 나누는 것이다.

7) 수행목표는 타인과의 비교를 통해 개인의 유능성을 정의하는 것을 말한다.

8) 숙달목표는 과제 자체나 개인의 과거 수행을 기준으로 개인의 유능성을 정의하는 성향을 말한다.

9) 이러한 각 목표는 성공에 대한 접근 또는 실패에 대한 회피성향에 따라 수행접근, 수행회피, 숙달접근, 숙달회피의 4가지로 분류할 수 있다(김아영·이주화, 2005).

10) 수행접근은 타인과의 상대적인 유능성을 획득하려는 목표인 반면, 수행회피는 상대적인 무능력을 회피하려는 목표이다.

11) 숙달접근은 과제의 숙달이나 능력의 발전을 달성하려는 목표이지만, 숙달회피는 자신의 능력이 감소하거나 숙달이나 학습에 실패할 부정적인 가능성을 회피하려는 목표이다.

5) 외재적 동기 & 내재적 동기 (데시)

(1) 내재적 동기

① 어떤 행동을 하는 그 자체가 목표이기 때문에 행동이 유발되는 동기이다.

② 개인이 가진 흥미, 호기심, 자기 만족감과 성취감 등에서 비롯되는 동기이다.

③ 강화와 관계없이 활동 그 자체나 그로 인한 성취감이 보상으로 작용하기에 지속력이 강하다.

(2) 외재적 동기

① 행동 그 자체와는 상관없이 행동의 결과 주어지는 강화나 처벌 때문에 비롯되는 동기이다.

② 행동 결과 강화나 처벌이 주어질 때만 작동하는 동기이기 때문에 지속력이 없다.

📁 실력다지기

내재적 동기 & 외재적 동기 비교

구분	내재적 동기	외재적 동기
형태	자연 발생적	인위적 발생
주체	자기 자신	타인
방법	능동적	수동적
지속	장기적	단기적
방법	호기심, 즐거움, 보람, 기쁨, 성취동기 등	칭찬, 상벌, 보상, 강화 등

🗀 기출문제 확인학습

과잉정당화 (over - justification)[3)]

1) 1970년대에 미국 심리학자들은 3 ~ 5세나 초등학교 아이들을 상대로 여러 가지 실험을 했다. 아이들에게 그림을 그리거나 수학 문제를 풀게 하면서 아주 잘했다는 걸 알리는 리본 등과 같은 보상을 주는 경우와 그렇지 않은 경우를 비교했다. 그랬더니 놀랍게도 보상을 받은 아이들은 처음엔 재미있게 하던 일에 급격히 흥미를 잃는 일이 벌어졌다. 왜 그랬을까?

2) 우리 인간이 하는 일은 스스로 내켜서 하는 경우와 외부의 보상이나 처벌 때문에 하는 경우로 나눌 수 있다. 스스로 내켜서 하는 것은 '내적 동기(intrinsic motivation)', 외부의 보상이나 처벌 때문에 하는 것은 '외적 동기(extrinsic motivation)'라고 한다.

3) 내적 동기로 인해 하던 일에 보상이 주어지면 내적 동기가 약화되면서 흥미를 잃게 된다. 자기 행동의 원인을 보상으로 정당화하는 것인데, 이를 그 정당화가 지나치다는 의미에서 '과잉정당화 효과(over-justification effect)'라고 한다.

4) 즉, 자신이 어떤 행위를 한 이유를 내적인 욕구나 성격 등에서 찾는 것이 아니라, 눈에 확 띄는 보상 등 외적인 동기에서 찾는 현상이다.

5) 보상이 오히려 역효과를 낸다는 점에서 보상의 '구축 효과(crowding-out effect)', 보상이 내적 동기를 약화 또는 손상시킨다는 점에서 '언더마이닝 효과(undermining effect)'라고도 한다.

🗀 기출문제 확인학습

자기결정이론

1) Deci, Connell, Skinner와 동료들

인간은 자율적이고자 하는 욕구를 갖고 있고 스스로 원하기 때문에 활동에 참여한다고 간주하였다.

2) 가정

(1) 자기결정은 의지와 다르다.

의지(will)는 인간 유기체가 자신의 욕구를 어떻게 만족시킬 것인지 결정할 수 있는 역량이며, 자기결정성은 자신의 의지를 활용하는 과정이다.

(2) 자기결정성을 갖기 위해서는 자신의 장점, 한계를 인정하고 자신에게 작용하는 힘을 인식하고 선택을 하며, 욕구를 만족시킬 방법을 결정할 수 있어야 한다.

(3) 3가지의 기본적으로 타고난 심리적 욕구가 행동의 기저에 있다고 제안한다. 즉, 유능(competence), 자율성(autonomy), 관계(relatedness)에 대한 욕구이다.

(4) 내재적 동기는 환경과의 관계에서 유능하고 자기결정적이고자 하는 인간의 욕구(Deci, 1980)이다.

3) 동기과정

(1) 동기과정은 인지평가이론으로 알려진 하위이론에 의해 설명된다.

(2) 인지평가이론은 인간 행동의 내재적 동기 부분을 설명하기 위해 개발되었다.

(3) 자기결정성을 발휘할 수 없을 때 내재적 동기는 손상을 입는다.

(4) 지각된 통제는 내재적 동기의 중요한 결정요인이다.

---

3) 과잉정당화(over - justification)는 내재적으로 동기화된 과제를 수행할 때 외적 보상을 받게 되면, 자신의 과제수행 이유를 외적 보상으로 귀인하여 내재 동기가 감소하는 현상은 과잉정당화(over - justification)라고 한다. 즉, 과잉정당화 효과(Over - justification effect)는 외부에서 귀인되는 많은 요인들로 인하여 내적 요인의 효과가 감소하는 것을 말한다(출처 : 강준만의 칼럼방 홈페이지).

4) 자기결정성을 높이는 긍정적 요소

   선택권의 허용 정도, 유능감 및 자기효능감에 대한 긍정적 피드백

5) 자기결정성을 저해하는 부정적 요소

   위협과 마감기한, 평가와 감독

6) 매슬로우(Maslow)의 욕구위계 이론

(1) 인간에게 여러 종류의 욕구가 있으며 그 가운데 어떤 것은 다른 것보다 더 우선적으로 충족되어야 한다고 보는 이론이다.

(2) 이러한 욕구들이 충족되지 않은 상태에서 인간은 그것을 충족시키고자 동기부여된다.

(3) 하위욕구가 충족되어야 그 위의 상위욕구 충족을 위해 동기화된다고 본다.

(4) 결핍 동기(= 박탈 동기)와 성장 동기

   ① 박탈 동기(= 결핍동기, deficiency motives)

      ㄱ. 생리적, 안전, 소속과 애정, 자기존중의 욕구들은 인간발달을 위한 필요한 것으로서 박탈됨으로 동기화된다고 보았다.

      ㄴ. 인간이 무엇이 부족해서 그것을 충족시키려고 하는 욕구가 발생하며 이 때 생기는 동기를 결핍동기라고 한다.

      ㄷ. 이 속에는 호흡, 갈증, 배고픔, 성욕과 같은 생리적 욕구가 주된 것이기 때문에 기초적 동기라고도 하고 생존동기(survival motives)라고도 한다.

   ② 성장 동기(growth motives)

      ㄱ. 자아실현의 욕구는 인간의 잠재능력을 실현하려는 동기이다.

      ㄴ. 기본적 욕구가 충족되어도 무엇인가를 탐구하고 찾고 이루어보려는 사람이 있다.

      ㄷ. 이러한 동기를 성장동기 또는 실존동기(being motive)라고 한다.

📌 정리

매슬로우(A. H. Maslow)의 욕구 5단계설

1) 매슬로우(A. H. Maslow)는 인간은 욕구충족을 위해 동기가 유발된다고 보고 5단계의 욕구로 구분하였다.

2) 인간은 저수준부터 고수준의 순서로 욕구를 충족시켜간다고 주장하였다.

3) 한 욕구가 충족되면 위계상 다음 단계의 욕구가 충족을 요구한다.

4) 일단 충족된 욕구는 동기유발요인으로서의 의미를 상실한다.

5) 욕구단계

1단계	생리적 욕구	생물학적 생존의 욕구	결핍 동기
2단계	안전의 욕구	안정, 안락, 평온, 평정의 욕구	박탈 동기
3단계	소속과 애정의 욕구	사회적 욕구	기본 동기
4단계	존경의 욕구	타인으로부터 존경의 욕구·자존의 욕구	생존 동기
5단계	자아실현의 욕구	잠재능력 실현 욕구	성장 동기 메타 동기 실존 동기

동기(욕구)이론

고차적 욕구 ↑↓ 기본적 욕구	허즈버그 - 동기위생이론	매슬로우 - 욕구이론	알더퍼 - ERG이론
	동기요인 (만족요인)	자아실현의 욕구	성장의 욕구
		존경의 욕구	
	위생요인 (불만족요인)	소속과 애정의 욕구	관계의 욕구
		안전의 욕구	존재의 욕구
		생리적 욕구	

📁 실력다지기

켈러의 동기유발

켈러의 동기유발 기능 4가지

1) 활성적 기능

   동기는 행동을 유발시키고 지속시켜 주며, 유발시킨 행동을 성공적으로 추진하는 힘을 주게 되는데, 이것을 활성적 기능이라고 한다.

2) 지향적 기능

   동기에 따라 행동의 방향이 결정되기 때문에 이를 지향적 기능이라 한다.

3) 조절적 기능

   선택적 목표 행동에 도달하기 위해서는 필요한 다양한 동작이 선택되고 이를 수행하는 과정을 겪는데, 이러한 과정에서 동기는 조절적 기능을 한다.

4) 강화적 기능

   동기에 따라 그 행동이 일어날 확률을 증가하기도 하고 감소하기도 한다. 즉, 행동의 결과로 어떠한 보상이 주어지느냐에 따라 동기유발의 수준이 달라지는 것이다.

켈러(J. M. Keller)의 학습동기유발이론: ARCS이론

1) 주의(Attention)

   주의집중(Attention)은 동기의 요소로서 어떻게 하면 학습자의 주의를 끌고 그것을 유지시키느냐에 관심을 두며, 학습의 선수조건으로서 어떻게 하면 학습자를 자극에 집중시키느냐에 관심을 둔다.

2) 관련성(Relevance)

   관련성은 학습자들이 왜 이 과제를 공부해야 하는가에 대한 의문과 개인적인 필요에 대한 긍정적인 해답을 제시하는 것이다.

3) 자신감(Confidence)

   자신감은 학습자가 스스로 학습상황을 조절할 때 느낄 수 있는 학습의 자아조절의 의미로, 강화를 관리하고 자기통제가 가능하도록 한다.

4) 만족감(Satisfaction)

   만족감은 적용의 기회를 주거나, 긍정적 피드백과 보상을 제공하여 동기를 계속 유지시키는 역할을 한다.

학습동기 (learning motivation)

1) 학습동기는 학습활동을 가치 있는 것으로 보며 학습활동을 열심히 하려는 경향성으로서, 학습자로 하여금 어떠한 학습목표를 향하여 학습행동을 하게 하는 학습자의 모든 심리상태를 의미한다.

2) 동기의 발생 원인에 따라 내재적 동기와 외재적 동기로 구분된다.

3) 내재적 동기

   (1) 과제나 학습 그 자체에 재미와 흥미를 느끼고, 학습 그 자체가 궁극적인 지향점인 동기이다.

   (2) 즉, 학습과제에 대한 욕구, 흥미, 호기심, 즐거움 때문에 학습자가 자발적으로 학습하려는 의욕을 갖는 것이다.

   (3) 내재적으로 동기화되어 있는 경우는 그 활동 자체가 보상으로 작용하기 때문에 어떤 유인물이나 처벌이 필요하지 않다.

4) 외재적 동기

   (1) 학습 그 자체가 아닌 학습이 가져오는 결과물에 관심을 갖는 것이다.

   (2) 무동기(amotivation)보다는 외재적 동기가 학습을 돕긴 하지만, 일회적 학습이 아닌 꾸준한 학습습관으로 연결되기 위해서는 내재적 동기의 유발이 반드시 필요하다.

2 동기와 정서

1) 정서의 지표들

(1) 언어적 보고

사람들에게 단어로 그들의 정서를 말하게 하는 것은 정서를 연구하는 아주 인기 있는 방법이었지만, 이 방법은 주로 개념들(그리고 어휘)에 의존하기 때문에, 정서의 보편적 속성에 대한 연구에는 적합하지 않다.

(2) 표현 반응

정서를 연구하는 두 번째 방법은 정서를 경험하는 사람들을 관찰하는 것이다.

(3) 생리적 반응

언어적 보고와 얼굴표정으로 한 개인의 정서를 언제나 정확하게 읽을 수는 없기 때문에, 연구자들은 생리적 반응을 정서지표의 세 번째 유형으로 잡는다.

2) 정서 이론

(1) James-Lange 이론

① 슬프기 때문에 눈물을 흘리는 것인가 아니면, 눈물을 흘리기 때문에 슬픈 것인가의 경우 James-Lange는 후자의 입장이다.

② 1800년대 말경 미국의 심리학자 William James는 정서 때문에 신체적 변화가 오는 것이 아니라, 어떤 상황에서 신체적 변화가 우선 오고, 우리가 이러한 변화를 지각하게 될 때 특정한 정서를 느끼게 된다고 주장하였다(슬프기 때문에 눈물을 흘리는 것이 아니라 눈물을 흘리기 때문에 슬픔을 느낀다는 것이다).

③ 덴마크의 생리학자 Carl Lange도 같은 시대에 이와 비슷한 주장을 하여 이 이론을 James-Lange 이론이라고 한다.

> 사건 → 각성과 생리적 변화 → 생리적 변화에 대한 해석 → 정서경험

(2) Cannon-Bard 이론

① James-Lange 이론은 즉각적으로 공격을 받았으며 생리학자 Walter Cannon은 3가지 주요한 측면에서 James-Lange 이론의 이론을 반박하였다.

　ㄱ. 정서의 종류는 광범위함에도 불구하고 자율신경계의 반응은 거의 동일하다.

　ㄴ. 신체기관의 반응은 위협적인 상황이나 분노를 느끼게 하는 상황에서 경험되는 정서를 설명하기에는 그 속도가 너무 느리다.

　　cf **예** 슬픈 장면을 보더라도 곧 바로 눈물이 나지 않는 경우가 많다.

　ㄷ. 뇌와 신체기관을 연결시켜주는 신경을 절단하고 난 뒤에도 정서를 느낄 수 있다.

② 결과적으로 사태가 생리적 반응과 정서의 지각 둘 다 유발시킨다고 주장하였다.

③ 이들 반응들은 시간상으로 근접해서 발생하지만, 둘 다 외적 자극의 부산물이며, 서로 직접적으로 연계되어 있지는 않다.

④ Cannon의 연구는 주로 정서의 신경적 측면에 관심을 두고 Bard(1934)에 의해서 계속되어 그 이후로 이 이론은 정서의 Cannon-Bard 이론으로 알려지게 되었다.

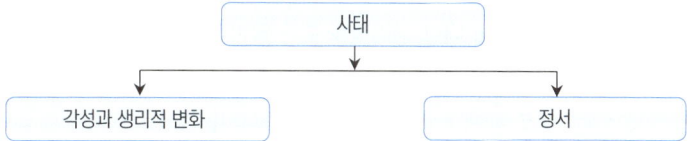

(3) Schachter-Singer 이론

① 사고 과정이 정서경험에서 중요한 역할을 한다.

② Schacheter와 Singer는 사람은 외부 자극에 의해서 각성되며, 이러한 각성을 인식하고, 각성이 발생한 이유에 대한 단서를 환경에서 찾게 되고, 그 단서에 적합한 정서 명칭을 붙이게 된다고 제안하였다.

③ Schacheter와 Singer의 결과는 정서의 가장 중요한 구성요소는 각성과 인지임을 시사한다.

> 사태 → 각성과 생리적 변화 → 맥락에 따른 해석 → 정서경험

3) 기분 (Mood)[4]

(1) 기분과 기억

① Bower는 선택적 기억이라고 하는 현상에 관심을 가졌으며 사람들이 회상하는 정도는 사건이 발생했던 그 시기의 기분과 그들이 그 사태를 회상하고자 할 때 그들이 처했던 기분에 달려 있는데, 이것을 기분-의존 학습이라고 하였다.

② 사람들의 기억은 처음에 기억할 때 빠져 있었던 기분과 동일할 때 더 잘 기억하는데, 즉 기억은 학습할 때의 기분과 회상할 때의 기분이 일치할 때 더 좋아진다.

③ Bower 연구의 일반적인 결론은 한 사람이 다른 사람을 평가할 때마다 그리고 그 평가가 기억에 의존하게 될 때마다, 평가자가 평가를 내리는 그 순간의 기분 상태가 그 평가에 영향을 주게 될 가능성이 있다는 것이다.

(2) 기분과 친사회적 행동

① Isen은 친사회적 행동이 기분의 결과라고 보아, 기분이 좋은 사람은 기분이 나쁜 사람보다 다른 사람을 도와줄 소지가 더 많다고 주장했다.

② Isen은 후속 연구에서, 친사회적 행동은 기분의 영향(성공의 결과)뿐만 아니라, 기대하지 못했던 보상이나 선물을 받은 결과일 가능성도 있다는 것을 보여주었다.

4) 동기에 대한 접근

동기에 대한 접근은 욕구, 유인 접근, 인지적 접근의 3가지가 있다.

(1) 욕구

사람들은 반드시 충족되어야만 하는 특정한 신체적 욕구를 가지고 있다는 것으로 생물학적 접근이다.

> **욕구이론**
> 1) 인간 동기의 근원을 내부의 생리적 요구(need)에 있는 것으로 본다.
> 2) 즉, 음식이나 물이 결핍되면 음식이나 물에 대한 생리적 요구가 일어나는데 이러한 생리적 요구에 의한 긴장상태는 심리적 요구(drive)를 일으킨다.
> 3) 이러한 심리적 요구(drive)는 유기체로 하여금 요구(need)를 충족시키는 방향으로 움직이도록 한다.
> 4) 다시 말하면, 유기체가 생존하고 기능하는 데 필요한 내적, 생리적 상태가 있는데 이에 벗어나게 되면 심리적 요구(drive)가 생겨 이를 감소시키는 방향으로 행동이 활성화된다는 것이다.

---

4) 특정한 정서 경험에 대한 일반적인 쾌 혹은 불쾌이며 유쾌한 정서경험은 행복, 좋은 기분 혹은 긍정적인 기분과 연합되고 불쾌한 정서경험은 슬픔, 나쁨 혹은 부정적인 기분과 연합된다.

(2) 유인 접근

사람으로 하여금 지향하도록 끌어당기는 목표의 특징에 중점을 두는 것으로 대상에 초점을 둔다.

> **유인이론**
>
> 1) 동기화된 행동의 특징 중 하나는 얻고자 노력하는 목표 대상이 있다는 것이다.
> 2) 이러한 목표대상의 특징은 현재가 아니라, 미래와 관련해 예측된다는 것이다.
> 3) 미래를 향하도록 하는 목표의 특징을 유인가(incentive)라 한다.
> 4) 유인은 사람을 목표를 향해 밀어 붙이는 추동이론과는 정반대의 개념이다.

(3) 인지적 접근

인지적 접근에서는 행동의 시작, 지향, 강도 및 종결은 그 사람이 갖고 있는 계획이 무엇인지, 그가 특정 행위의 결과에 대해 어떤 신념을 갖고 있는지, 특정 행위가 특정한 효과를 갖고 있다고 얼마나 확신하고 있는지를 앎으로써 가장 잘 이해할 수 있다고 강조한다.

> **인지적 접근**
>
> 1) 유인동기에서 나온 기대(expectancy)는 분명히 생각의 일종이며, 이러한 인지적 동기가 추동이론과 대비되어 있다.
> 2) 무엇인가 생각이 있으니까, 즉 생각에 의한 동기화가 되어서 행동한다는 접근이다.

5) 동기와 연관된 문제들

(1) 동기이론은 에너지를 어떻게 사용할지 우리가 하는 선택에 관한 것이다.

(2) 대개의 선택은 갈등상황이다.

(3) 사례

① 결혼을 하면 좋아하는 사람과 평생 있을 수 있다는 장점이 있지만, 다른 사람(이성)을 포기해야 하는 단점이 있다.

② 자동차를 사는 것은 좋지만, 2 ~ 3년 동안 할부금을 내는 것은 끔찍하다.

(4) 이러한 접근/회피 갈등은 목표와의 거리가 멀수록 접근이 강하지만, 가까워질수록 회피의 성향이 강해진다.

(5) 사례

학기 초에는 열심히 공부해서 좋은 성적을 받기 원하여 열심히 공부하고 얼른 시험을 봤으면 하지만, 정작 시험에 가까울수록 시험이 연기되기를 바란다.

제2절 | 동기와 인지 - 스트레스 원인을 중심으로[5]

1) 동기의 표현형식

(1) 동기는 유기체가 달성 혹은 유지하고자 하는 목표상태를 포함하며, 목표상태에 대한 소망 혹은 당위의 형태로 표현된다.

(2) 일반적으로 당위는 소망보다 동기강도가 더 강하고 융통성이 적다.

(3) 소망은 어떤 목표 상태였으면 좋겠다는 것이고 아닐 수도 있다는 것이 포함되지만, 당위는 어떤 목표상태가 반드시 달성되고 유지되어야 한다는 것이다.

(4) 목표상태는 목표상태의 대상에 따라 크게 자기 자신의 상태나 행위에 대한 소망/당위와 다른 사람이나 세상의 상태나 행위에 대한 소망/당위로 구분된다.

(5) 표현형식은 정적 표현과 부적 표현으로 나눌 수도 있다.

① 정적 표현

ㄱ. 달성하고자 하는 목표상태와 관련해서 소망의 경우

'…였으면 좋겠다.', '…이고 싶다.'(이상 상태에 대한 소망), '…했으면 좋겠다.', '…하고 싶다.' (이상 행위에 대한 소망) 등

ㄴ. 달성하고자 하는 목표상태와 관련해서 당위의 경우

'…이어야 한다.'(상태에 대한 당위), '…해야 한다.'(행위에 대한 당위) 등

② 부적 표현

ㄱ. 주로 유지하고자 하는 목표상태와 관련이 있으며, 유지하고자 하는 목표상태가 위협받거나 좌절되었을 때 목표상태를 유지 혹은 회복하고자 하는 동기와 관련이 있다.

ㄴ. 소망의 경우에는 '…가(이) 아니었으면 좋겠다.', '…이고 싶지 않다.', '…하지 않았으면 좋겠다.', '…하고 싶지 않다.' 등

ㄷ. 당위의 경우에는 '…이어서는 안 된다.' 등

2) 인지의 특징

(1) 인지는 자기 자신을 포함한 이 우주의 모든 삼라만상에 대한 지식, 의견, 생각, 판단, 믿음 등을 의미한다.

(2) 동기에 강도의 차이가 있듯이, 인지의 경우에는 그 인지에 대한 확신도에 차이가 있을 수 있다.

(3) 사실에 대한 지식에 있어서는 그 사실을 확실하게 혹은 불확실하게 알 수 있고, 판단이나 믿음의 경우에도 그 판단이나 믿음을 얼마나 확실하게 신뢰하느냐에 있어서 차이가 날 수 있다.

3) 인지의 표현형식

(1) 인지는 주로 상태나 행위에 대한 기술, 판단(혹은 믿음)으로 그 표현형식은 주로 '… 는 … 이다./하다.'처럼 단순 문이거나, '…해야 … 이다./하다', '…면 … 이다./하다', '…하려면 … 해야 한다.'처럼 조건문의 형태를 갖는다.

---

5) 김정호, 스트레스의 원인으로 작용하는 동기 및 인지, 학생생활연구(덕성여대), 제16집, 1999(재인용)

(2) '… 해야 한다.'의 표현형식은 앞에서 동기의 표현형식에서 다룬 '당위'와 관련지어 설명을 하면, '… 해야 한다.'
는 당위의 표현은 경우에 따라서는 동기의 표현형식이 될 수도 있고 혹은 인지의 표현형식이 될 수도 있다.

4) 동기, 인지, 및 스트레스

(1) 동기와 스트레스

스트레스는 동기와 관련된 상태로 정의할 수 있는데, 크게 두 가지 상태로 구분되는데, 하나는 동기의 목표를
유지하지 못하거나 달성하지 못한 상태인 '동기좌절'이고, 다른 하나는 아직 동기좌절의 상태는 아니지만 동기
좌절이 예상되는 상태인 '동기위협'이다.

(2) 동기와 인지

① 일반적으로 동기는 인지와 밀접하게 관련이 되어 있다.

② 동기와 인지는 서로 서로 그 형성에 영향을 주는데, 특정한 동기가 특정한 인지의 형성에 영향을 주기도 하
고, 반대로 특정한 인지가 특정한 동기의 생성에도 영향을 준다.

ㄱ. 동기가 인지에 영향을 주는 사례

좋아하는 사람에 대해서는 좋게 보려는 동기가 강해서 그 사람의 장점은 더 크게 인식하고 단점은 더
작게 인식하는 경향이 있으며, 싫어하는 사람에 대해서는 나쁘게 보려는 동기가 강해서 그 사람의 장점
은 더 작게 인식하고 단점은 더 크게 인식하는 경향이 있다.

ㄴ. 인지가 동기에 영향을 주는 사례

남자들은 얌전한 여자를 좋아한다는 믿음을 갖고 있는 여성은 적어도 남자들 앞에서는 얌전하게 보이
려는 동기를 갖게 된다.

③ 인지는 동기의 상태를 결정하는 데에도 관여한다.

> **사례**
>
> 반쯤 남은 술잔을 바라보며 벌써 반이나 없어졌다고 판단하는 경우에는 동기좌절이지만, 아직도 반이나 남아있다고 판단하는 경우에는
> 동기충족인 것이다.

📂 기출문제 확인학습

기대 – 가치(expectancy – value) 이론 : 에클스와 위그필드(Eccles & Wigfield)

1) 기대 : 미래의 성공에 대한 개인적 신념을 말하며 학습과제를 성공할 수 있을 것이라는 기대이다(성공 확률에
대한 신념).

2) 가치 : 그 성공으로부터 얻는 것이 가치 있다는 판단(주관적인 가치판단)이며 가치는 4개의 하위범주로 나눌
수 있다. 즉, 성과 가치(획득가치, 정체성이나 자아의 중요성 - 과제를 잘하는 것에 대한 중요성), 본질적 가치
(내재가치, 즐거움이나 흥미 - 과제를 수행할 때 경험하는 흥미), 실용(효용)가치(유용성이나 타당성 - 미래 목
표 측면에서 개인이 과제에 가지는 유용성) 그리고 비용 가치(시간의 손실, 지나치게 많은 노력의 요구, 가치
있는 대안의 상실 또는 스트레스와 같은 부정적인 정신적 경험)이 그것이다.

3) 학업성취 행동은 기대와 가치라는 두 개의 요인으로 예측될 수 있다.

4) 정서적 기억은 목표와 자기도식을 매개로 개인의 기대에 영향을 미친다.

5) 일반적으로 Eccles와 동료들은 개인의 기대와 가치를 결정하는 여러 요소들을 다음과 같이 넓은 범위로 관련 지었다. 즉, 문화적 환경, 사회 활동을 하는 사람의 믿음과 행동, 개인의 소질/적성의 차이, 경험과 관련된 이전의 업적, 사회적 믿음에 대한 개인의 지각/인식, 경험에 대한 개인의 해석, 감정적인 기억(정서적 기억), 일반적인 목표, 자아개념이 그것이다.

📂 기출문제 확인학습

상황적 흥미

Hidi(1990)는 흥미를 개인적 흥미(individual interest)와 상황적 흥미(situated interest)로 구분하였다. 개인적 흥미는 개인이 비교적 지속적으로 느끼는 특정한 영역이나 주제, 활동 등에 대한 선호도를 말하며, 상황적 흥미는 특정 자극이나 상황에 대해 일시적으로 느끼는 자극의 정보처리 결과이다.

여키스-도슨 법칙[6]

1) 미국의 심리학자인 로버트 여키스(Robert Yerkes)와 존 도슨(John Dodson)은 스트레스의 수준과 일의 효율성 간의 상관관계를 연구하였다.

2) 여키스와 도슨은 미로 상자에 쥐를 풀어놓고 어느 정도의 전기 자극을 주어야 쥐가 가장 빨리 출구를 찾는지 알아보는 실험을 했다. 그 결과 전기 자극이 아주 약하면 쥐들은 출구를 찾아 천천히 돌아다녔지만, 자극이 강해질수록 눈에 띄게 민첩해졌다. 하지만 실험을 더 진행시켜 전기 자극을 매우 강하게 주자, 쥐들은 두려움에 사로잡힌 나머지 미로의 규칙을 기억하지 못하고 이전보다 못한 학습 결과를 보였다.

3) 여키스-도슨 법칙'에 따르면 사람들이 일을 할 때 성취동기가 너무 강하면 과도한 스트레스를 받아 자기 능력을 충분히 발휘하지 못해 성과가 낮아지고, 반대로 성취동기가 너무 약하면 집중력이 떨어져 역시 능력을 발휘할 수 없게 된다.

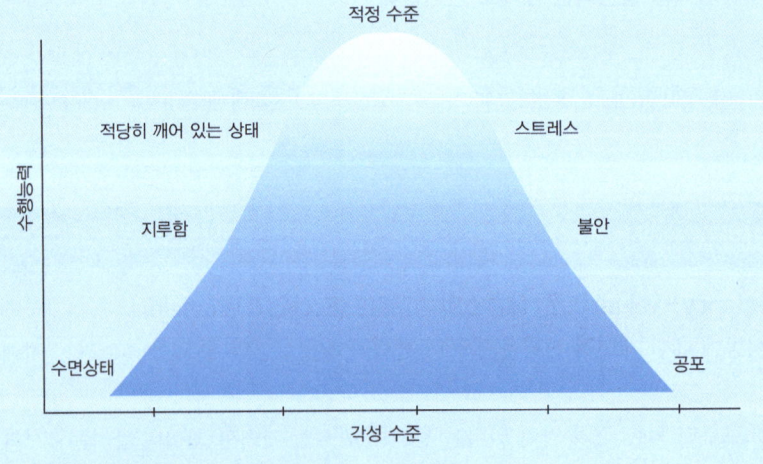

여키스-도슨 곡선
일의 효율성은 스트레스가 중간 수준일 때 가장 높아진다.

---

6) 그림 출처 : MEDIA SK, [행복론] 스트레스도 때론 힘이 된다. (재인용)

CHAPTER 06

기타

제1절 | 기타 학습이론에 관한 사항

1 와이너(Weiner)의 귀인이론

1) 학생들이 그들의 성공과실패를 어떻게 설명하는가에 대해 연구하였다.

2) 귀인이론의 기본가정

인간은 자신의 성공과 실패의 원인을 알고자 하는 특성이 있다.

3) 귀인의 4가지 요소: 능력, 노력, 과제난이도, 운

학습이론에서 100점을 맞은 학생의 귀인 사례

1) 능력

"난 원래 머리가 좋으니까 100점 맞은 거야! 당연해!"

2) 노력

"강의 중에 열심히 이해하고 필기하고 복습도 열심히 했더니 점수가 잘 나왔네."

3) 과제난이도

"이번에는 시험 문제가 너무 쉽게 나왔네."

4) 운

"별로 공부도 안하고 다 적었는데 운이 좋아서 100점이네."

---

4) 귀인의 세 가지 차원

(1) 원인의 소재: 내부 - 외부

① 성공과 실패의 책임을 내부에 두는가 또는 외부에 두는가의 여부이다.

② 결과에 대한 책임을 노력과 능력에 돌리면 내적 요인에 두는 것이다.

③ 결과에 대한 책임을 과제난이도와 운으로 돌리면 외적 요인에 두는 것이다.

(2) 안정성(stability) : 안정 - 불안정

① 실패나 성공의 원인이 시간이 지나면 변화하는지 또는 아닌지의 여부이다.

② 노력으로 귀인하면, 의지에 따라 노력은 달라질 수 있으므로 불안정적이다.

③ 능력은 비교적 고정적이라고 생각되는 안정적 요인이다.

(3) 통제가능성 : 통제 가능 - 통제 불가능

① 성공과 실패의 원인이 개인에 의해서 통제될 수 있느냐의 여부이다.

② 개인이 통제할 수 있다고 귀인하면 자부심을 느끼고 다음에도 비슷한 결과를 기대할 수 있다.

③ 통제 불가능한 요인에 귀인하면, 차후 비슷한 결과를 기대하기 어렵다.

사례 이번에는 운이 좋았어! → 다음에도 운이?)

📌 정리

Weiner의 귀인모형(1979)

1) 원인 소재성의 차원(dimension of locus)

(1) Heider가 내·외적 요인으로 나눈 것인데 Rotter를 비롯한 사회심리학자들이 이를 통제부위 또는 귀인성향이라고 불렀다.

(2) 성취결과에 대한 원인 지각 중에서 능력이나 노력은 학생 자신에서 발생한 것이므로 내적 귀인성향이며, 운, 타인의 도움, 우연, 교사의 편견, 과제 난이도(과목 특성) 등은 학생의 외부에서 발생한 것이기 때문에 외적 귀인성향으로 구분한 것이다.

2) 안정성의 차원(dimension of stability)

(1) Weiner에 의해 성공과 실패에 대한 원인을 안정과 불안정으로 분류한 것이다.

(2) 능력이나 과제 난이도, 교사의 편견은 상대적으로 안정되고 변하지 않는 것임에 비해 운, 기분, 타인의 도움 등은 때와 장소에 따라 수시로 변할 수 있는 불안정 요인으로 분류하였다.

3) 통제성의 차원(dimension of controllability)

(1) Rosenbum이 의도성을 제시하면서 의도적인 것과 비의도적인 것으로 분류한 것을 Weiner가 수정한 것으로, 노력부족으로 귀인된 실패는 실패할 의도가 없었던 것이므로 노력의 의도성 차원임은 합리적이지 못하다고 논박하면서 이를 통제 가능과 통제 불가능으로 분류하였다.

(2) 통제 가능 요인으로는 노력, 교사의 편견, 타인의 도움 등을 들었고, 통제 불가능 요인으로는 능력, 기분, 과제 난이도, 운 등을 들었다.

귀인 차원에 따른 귀인 분류

차원 \ 귀인	능력	노력	운	과제 난이도	타인의 도움	교사의 편견
원인 소재	내부	내부	외부	외부	외부	외부
안정성	안정적	불안정적 (일시적)	불안정적	안정적	불안정적	안정적
통제 가능성	통제 불가능	통제 가능	통제 불가능	통제 불가능	통제 가능	통제 가능

📁 실력다지기

귀인의 방향

1) 가장 주된 귀인방향은 '내부적-외부적' 귀인이다.

(1) 내부적 귀인(internal attribution)

행동을 한 당사자, 즉 행위자의 내부적 요인(성격, 능력, 동기)에 그 원인을 돌리는 것이다.

(2) 외부적 귀인(external attribution)

행위자의 밖에 있는 요소, 즉 환경, 상황, 타인, 우연, 운 등의 탓으로 돌리는 경우를 의미한다.

2) 귀인의 두 번째 방향은 '안정적-불안정적' 귀인이다.

(1) 안정적 귀인(stable attribution)

그 원인이 내부적인 것이든 외부적인 것이든 시간이나 상황에 상관없이 비교적 변함이 없는 원인에 돌리는 경우를 말한다.

(2) 불안정한 귀인(unstable attribution)

① 자주 변화될 수 있는 원인에 돌리는 경우이다.

② 내부적 요인 중에서도 '성격이나 지적 능력'은 비교적 안정된 요인이라고 할 수 있지만 '노력의 정도나 동기수준'은 변화하기 쉬운 것이다.

3) 귀인의 또 다른 방향은 '전반적-특수적' 귀인(global-specific attribution)이며 이 차원은 귀인요인이 구체적으로 한정되어 있는지의 정도를 의미한다.

(1) '이성에게 거부당한 일에 대해서 성격이라는 내부적-안정적 귀인을 할 경우'에도 그의 성격 전반에 귀인할 수도 있고 그의 성격 중 '성급하다'는 일면에만 구체적으로 귀인할 수도 있다.

(2) '수학 과목에서 성적이 나쁘게 나와 자신의 능력 부족에 귀인할 경우'에는, '나는 머리가 나쁘다'고 일반적인 지적 능력의 열등함에 귀인할 수 있고, '나는 수리능력이 부족하다'고 구체적인 지적 능력에만 귀인할 수 있다.

귀인이론 정리

1) 귀인이론의 개념 : 행동의 결과, 특히 성공과 실패를 설명하는 방법에 관한 인지적 접근을 귀인이론이라고 한다.

2) 귀인이론과 교육의 관계

교육상황이 끊임없이 학생들에게 성공과 실패를 가져다준다는 점에서 귀인이론은 중요한 교육적 의미를 함축하고 있다.

3) 귀인이론의 성향

(1) 성공 및 실패의 원인에는 능력, 노력, 과제 난이도, 운의 네 가지 이유가 있다.

① 능력과 노력 : 내적 요인이며, 능력은 비교적 안정적이고 변화되기 어렵다. 그러나 노력은 경우에 따라 어느 정도의 차이가 있다.

② 과제 난이도와 운 : 외적 요인이며 과제 난이도는 근본적으로 안정적 특성이다. 그러나, 운은 비안정적이며 예측 불가능하다.

(2) 학생들의 성패 원인의 분류

내부적 또는 외부적 요인, 안정적 또는 비안정적인 요인, 통제 가능한 또는 통제 불가능한 요인으로 분류된다.

① 안정성의 차원은 미래에 대한 기대와 밀접하게 관련이 있다.

② 통제성 차원은 자신이 결과를 통제할 수 있다는 믿음과 관련이 있다.

③ 내적, 외적 차원 - 귀인 성향 분류의 가장 일반적인 준거이다.

셀리그만에 의해 귀인을 강조하는 개정된 무기력 이론에 의하면, 사람들은 부정적인 생활사건의 탓을 내부적으로 안정적이거나, 보편적인(전반적인) 원인으로 돌릴 때 우울해진다고 주장하고 있다(이상심리학, 시그마프레스, 2005 제9판).

📌 정리

학습 영역에서의 흥미

학습 영역에서의 흥미는 상황적 흥미(Situational Interest)와 개인적 흥미(Individual Interest)의 두 가지 하위 영역으로 제안되어 왔다(Krapp, Hidi, & Renninger,1992).

1) 상황적 흥미는 주변 상황에서 받는 자극에 대한 일시적인 주의집중과 정서적 반응을 나타내는 심리적 상태로서, 교수의 교수 강의기법, 교육 기자재의 활용 등이 그 것이다.

2) 개인적 흥미는 학생들이 과목에 지속적으로 관여하고 관심을 가지고 싶어 하는 심리적 상태를 의미한다.

골렘 효과(golem effect)[1]

1) 교육심리학에서 심리적 행동의 하나로 교사가 학생에 대해 부정적인 기대를 갖고 있을 경우 학습자의 성적이 떨어지는 것을 말한다. 즉, 특정 학생에 대한 교사의 기대 수준이 낮으면 그 학생은 그 기대에 부응하기 위해 노력을 하지 않으므로, 성취도가 낮아진다. 자기실현적 예언의 한 종류로 분류된다.

2) 골렘이라는 명칭은 유대 신화 속의 랍비 로위가 만들었다는 골렘에서 유래되었다. 골렘은 본디 유대인들을 보호하기 위해 창조되었으나, 점차 흉포한 성향으로 변해가며 모든 것을 파괴하기에 이르렀다.

🗂 기출문제 확인학습

귀인 편향의 유형[2]

1) 기본귀인오류(fundamental attribution error)
   결과와 부분적으로, 혹은 훨씬 더 인과적으로 연관성을 가질 수 있는 환경적 요인을 무시하고 다른 사람들의 행동을 그들의 특성이나 개인적 요인으로 귀인하는 것을 의미한다.

2) 자기접대(self-serving) 혹은 쾌락편향(hedoic bias)
   성공적인 결과에 대해서는 개인적인 책임감에 귀인을 하고(자기고양 편향), 실패한 결과에 대해서는 개인적인 책임감을 부인하는 경향성(자기보호 편향)을 의미한다.

3) 자기중심 편향(self-centered bias)
   실제적인 성공이나 실패와는 상관없이, 함께 만든 결과에 대해서 자신이 더 많은 책임감을 느낄 때 나타난다.

4) 잘못된 일치효과(false consensus effect)
   자신의 신념과 행동이 대부분의 사람들처럼 전형적이라고 생각하는 것으로, 이 효과에 대해서는 다양한 설명이 가능하다.
   (1) 사람들이 비슷한 관점을 가진 타인들을 찾으려 하며 그들과 친밀한 관계를 맺고 지내는 경향
   (2) 자신의 의견만을 강조하고 다른 관점들은 무시하는 경향
   (3) 새로운 상황을 과거의 믿음이나 미리 결정된 행동으로 해석하는 경향
   (4) 자신의 신념이 옳고 좋으며 전형적이라고 해석하는 경향 등

5) 행위자-관찰자 관점 편향(actor-observer perspective bias)
   (1) 행위자가 그들의 행동을 상황적 특성에 귀인하는 반면, 관찰자는 행위자의 행동을 개인적 특성이나 기질적 특성에 귀인한다고 제시한다.
   (2) 이 편향은 교실 상황에서 어떤 일에 대한 원인을 학생은 교사의 개인적 특성으로, 교사는 학생의 개인적 특성으로 귀인하도록 유도하기도 한다.

---

1) 출처 : 위키백과

2) 신종호(2013), 학습동기 - 이론, 연구 그리고 교육, 학지사, 재인용

2 학습장애

1) 학습장애의 정의

(1) 정상 또는 정상 이상의 지능지수를 보여주고 정서적 또는 사회환경적 문제가 없음에도 학업성취도가 떨어지는 아동들을 일컫는다.

(2) 시각장애, 청각장애, 운동장애, 지적장애, 자폐증 등으로 인한 학습결손, 환경, 문화, 경제적 결핍으로 인한 학습결손은 학습장애에 포함시키지 않는다.

2) 학습장애의 원인

(1) 학습과 관련된 뇌기능의 특정 영역이 결함을 보이거나 발육지연 또는 장애를 가지고 있기 때문이다.

(2) 후천성 뇌손상, 유전적 원인, 신생아 초기 영양실조, 신경학적 문제 등으로 인한 것이다.

📌 보충

학습장애

1) 학습장애란 정상 또는 정상 이상의 지능지수를 보여주고, 정서적이나 사회환경적으로도 문제가 없음에도 불구하고 학업성취도가 떨어지는 증상을 말한다.

2) 학교에서 학습에 참여하는데 기본능력인 읽기, 쓰기, 셈하기 등의 기술을 익히는데 문제를 가져오는 학습장애가 아동기 후기에 발생할 수 있다.

3) 학습장애는 정신지체 때문에 일어나는 것이 아니며, 시력이나 청력과 같은 장애 때문에 일어나는 것도 아니다. 이것은 뇌가 정보를 받아들이고 처리하여 사용하는 방식에 있어서 발생하는 증상이다(Zastrow & Kirst-Ashman).

4) 구체적으로는 학습장애는 언어문제, 시각과 인식에 관련된 문제, 운동 장애, 과잉행동으로 구분할 수 있다.

5) 학습장애는 읽기, 산술, 쓰기를 평가하기 위해 개별적으로 시행된 표준화 검사에서 나이, 학교교육 그리고 지능에 비해 기대되는 수준보다 성적이 현저하게 낮게 나올 때 진단된다.

---

3) 학습장애 아동의 특성

(1) 주의산만, 기억장애, 지각장애를 보인다.

(2) 말로 표현하고 타인의 말을 이해하는 기술에 결함이 있다.

(3) 읽기장애, 쓰기장애, 수학 장애, 학습에 대한 낮은 동기유발이 특징이다.

(4) 공격성, 학습 회피행동이 나타난다.

(5) 그 밖에도 ① 과민한 행동과 마음을 졸이는 모습, ② 조화와 균형의 결핍, ③ 집중성의 결여, ④ 산만함과 비조직성, ⑤ 수행력과 과제 완성력의 결여, ⑥ 과목 간의 불균등한 수행 등이 있다.

4) 주의력 결핍 과잉행동장애[3] (ADHD)

(1) 주의산만, 과잉행동, 충동성, 부주의 등의 특성을 보인다.

(2) 주요 증상

① 과업 수행에 실패를 보인다.

② 교사나 친구들과의 대화를 청취하는 데 어려움을 보인다.

③ 주의가 산만해진다.

④ 교사의 수업에 주의집중이 어렵다.

⑤ 충동적인 행동양태를 보인다.

⑥ 수업의 진행을 위해서 지나칠 정도로 과도한 감독을 필요로 한다.

⑦ 교실에서 큰 소리로 떠들고 차례 지키기를 어려워한다.

📌 보충

공황장애 (Panic disorder)

1) 정의

공황장애는 특별한 이유 없이 예상치 못하게 나타나는 극단적인 불안 증상, 즉 공황발작(panic attack)이 주요한 특징인 질환이다. 공황발작은 극도의 공포심이 느껴지면서 심장이 터지도록 빨리 뛰거나 가슴이 답답하고 숨이 차며 땀이 나는 등 신체 증상이 동반된 죽음에 이를 것 같은 극도의 불안 증상을 말한다. 공황장애는 광장 공포증이 동반되는 경우가 있는데 광장 공포증은 백화점 같은 공공장소에 혼자 놓여 있게 되는 것을 두려워하는 것이다.

2) 증상

(1) 첫 번째 공황발작은 흥분, 신체적인 활동, 성 행위, 감정적 상처 등에 뒤따라서 생길 수 있으나 이유 없이 자발적으로 생기는 경우가 흔하다. 증상이 발생하면 보통 10분 안에 증상의 정도가 최고조에 이른다.

(2) 공황발작이 나타나기 전에 반복해서 있었던 사건이 있다면(예 커피, 술, 담배를 복용했거나 수면 변화, 식사 변화, 과도한 조명 등이 있은 후에 발작), 이러한 조건에 대해 자세히 조사해 봐야 한다.

(3) 주요한 정신 증상은 극도의 공포와 죽음에 이를 것 같은 절박한 느낌이다. 보통 환자들은 이러한 공포의 원인을 알지 못하고 혼돈스러워하고 집중력이 떨어진다. 빈맥(빠른 맥박), 심계항진, 호흡곤란, 발한과 같은 신체 증상(자율신경계 증상)이 나타나는데 대개 발작은 20~30분 지속되고 1시간을 넘기는 경우는 거의 없다.

(4) 예기 불안이 또 다른 주요 증상인데, 한 번 발작을 경험하게 되면 다음 발작이 있지 않을까 하는 두려움에 불안해하는 것을 말한다.

(5) 심장과 호흡문제와 관련된 신체증상이 공황발작 시 환자가 가장 걱정하는 문제이며, 자신이 곧 죽을 것이라는 생각에 응급실을 방문하는 경우가 많다. 다섯에 한 명 정도는 공황발작 시 실신에 이르기도 한다.

(6) 공황발작과 흔히 동반되는 광장 공포증은 자신이 남에게 도움을 받기 어렵다고 판단되는 장소를 가지 않으려고 하는 공포증을 말한다. 번잡한 거리, 번잡한 가게, 밀폐된 공간(터널, 다리, 승강기), 밀폐된 차량(지하철, 버스, 비행기)에 가거나 이용하는 것은 반드시 친구나 가족과 동반하려 한다. 심한 경우엔 아예 집을 나가려고 하지도 않는다.

외상 후 스트레스 장애 (post traumatic stress disorder, PTSD)

1) 정의

외상 후 스트레스 장애는 사람이 전쟁, 고문, 자연재해, 사고 등의 심각한 사건을 경험한 후, 그 사건에 공포감을 느끼고 사건 후에도 계속적인 재경험을 통해 고통을 느끼며 거기서 벗어나기 위해 에너지를 소비하게 되는 질환으로, 정상적인 사회생활에 부정적인 영향을 끼치게 된다.

---

3) 자세한 내용은 [심리측정 및 평가]의 내용을 참고하길 바란다.

2) 증상

외상 후 스트레스 장애의 주된 증상은 충격적인 사건의 재경험과 이와 관련된 상황 및 자극에서 회피하는 행동을 보이는 것이다. 질환은 사건 발생 1개월 후 심지어는 1년 이상 경과된 후에 시작될 수도 있다. 환자는 해리 현상이나 공황발작을 경험할 수도 있고 환청 등의 지각 이상을 경험할 수도 있다. 연관 증상으로는 공격적 성향, 충동조절 장애, 우울증, 약물 남용 등이 나타날 수 있다. 집중력 및 기억력 저하 등의 인지기능 문제가 나타날 수도 있다.

특성불안

1) 비교적 지속적인 일종의 성격특성이며 생리적 각성에 의해 수반되는 걱정, 공포, 긴장에 의해 특정 지워지는 감정상태이다.

2) 성격의 한 측면으로서 개인적 특성 및 기질로 설명할 수 있다.

3) 즉, 객관적으로 위협적이지 않은 상황에서도 그것을 위협적으로 지각하여 객관적 위협의 정도와 관계없이, 상태불안 반응을 나타내는 행동경향으로 정의된다.

4) 특성불안이 높은 사람은 위협이 있을 때 더 많은 상황을 불안하게 의식하게 되고 이와 같은 상황은 심리적 반응 강도를 더 높게 할 것이다.

5) 특성불안이 높은 사람은 높은 수준의 상태불안을 경험하게 되어 현재의 상황을 보다 더 위협적인 것으로 느끼고 더 높은 상태불안 반응을 보이게 된다.

5) 학습장애 학생을 위한 학습방법

(1) 통합교육(mainstreaming)

학습장애 학생들을 따로 분리하지 않고 일반학급에서 일반학생들과 같이 공부하게 하는 것을 말한다.

(2) 전략훈련(strategy training)

학습장애 학생들에 대한 보다 직접적인 교수 처치로서 학습하는 방법, 즉 자신에게 가장 적절한 학습전략을 가르치는 것이다.

📁 **실력다지기**

학습방법[4]

1) 학습 시간에 따른 분류 - 집중법과 분산법
　(1) 집중법 : 학습 내용을 쉬지 않고 계속해서 반복하는 학습방법이다.
　　① 시, 산문, 유의미 철자의 기억 등 자료가 쉽고 짧은 경우
　　② 깊은 사고와 광범위한 탐색을 요구하는 학습과제인 경우
　　③ 적극적 전이가 가능한 경우
　　④ 학습하기 전에 준비운동이 필요한 경우
　　⑤ 학습자료가 의미 있고 생산적인 경우
　　⑥ 잘 알고 있거나 어느 정도 이해하고 있는 학습 자료일 경우 등
　　⑦ 짧은 시간에 많은 내용을 학습해야 할 때

---

4)　출처 : http://cafe.naver.com/motive2004.cafe

(2) 분산법 : 일정한 휴식시간을 사이에 두고 몇 회로 나누어 학습하는 방법이다.

① 학습과제에 유의성이 없는 경우

② 학습 과제나 작업량이 많은 경우

③ 학습내용이 복잡하고 학습자의 수준에 비해 어려울 때

④ 학습의 초기단계인 경우

⑤ 학습자의 준비도가 낮고 노력과 시간의 투입이 많이 필요한 경우

⑥ 무의미 철자나 숫자의 기억 등 자료가 길고 어려운 경우 등

2) 학습과제의 양에 따른 분류 - 전습법과 분습법

(1) 전습법 : 학습과제를 하나의 전체로 묶어서 학습하는 방법이다. 망각이 적고 반복이 적으며 병합·연합 작용이 생기고, 시간과 노력이 적게 든다.

① 지능이 높은 경우나 고학년

② 연습이 어느 정도 이루어진 후

③ 논리적 순서가 뚜렷하고 구조화가 잘 되어 있는 학습과제

(2) 분습법 : 학습과제를 몇 부분으로 나누어 조금씩 학습해 가는 방법이다. 주의와 집중력의 범위가 좁아서 연습의 초기, 저능아, 끈기 없는 아동, 저학년, 내부적 연관성이 적고 무의미한 자료이거나 길고 곤란한 자료일 때 적당하다.

① 순수한 분습법(Pure part method)

교재의 각 부분 A, B, C를 따로따로 학습하고 일정한 수준에 달하면 각 부분을 전체로 하여 학습하는 것을 말한다.

② 점진적 분습법(Progressive part method)

A 부분과 B 부분을 따로따로 학습하고 일정한 수준에 달한 다음 A와 B를 하나로 하여 학습하고, 그 다음에 C부분을 학습하는 것을 말한다.

③ 반복적 분습법

A부분을 먼저 학습하고 나서 A와 B를 함께 학습하고 그 다음에 A와 B와 C를 함께 학습하는 것을 말한다.

3) 연습의 원리

(1) 학습자에게 연습의 필요성을 알도록 한다.

(2) 연습의 의미와 효과를 이해시킨다.

(3) 학습의 결과 또는 진전상태를 옳게 이해시킨다.

(4) 개인차를 고려해서 연습시킨다.

(5) 학습자료의 내용을 분석해서 그에 맞는 연습방법을 사용하여 연습시킨다.

(6) 연습목표를 성취하려는 동기를 갖도록 지도한다.

(7) 분산적 학습일 때는 전습법을 사용하고 집중적 학습법일 때는 분습법을 사용하는 것이 유리하다.

(8) 일반적으로 집중법보다는 분산법이 효과적이다.

(9) 일반적으로 연습기간이 짧은 것이 보다 큰 학습량을 갖게 한다.

(10) 일반적으로 연습기간이 길수록 휴식시간도 긴 것이 바람직하다.

(11) 운동기능학습에 있어서는 휴식시간이 짧은 것이 비교적 효과적이다.

(12) 짧은 연습기간과 짧은 휴식시간은 학습과제의 도입단계에서 유효하며, 학습의 정도와 성질에 따라서 점차적, 단계적으로 연습기간을 연장하는 것이 좋다.

(13) 새로운 학습과제는 가능한 소량으로 학습자에게 소개되어야 한다.

베르트하이머의 생산적 사고 학습

1) 베르트하이머(형태주의 심리학자)의 학습과정 분석에 따르면, 아동들은 모두 문제를 좀 더 좋은 형태로 재구성했다.

2) 형태 심리학에 있어서, 학습자가 주어진 상황에서 지각하게 되는 애매함의 정도는 처벌이나 보상보다는 학습을 증진시키는 데 더 많이 작용한다.

3) 학습자는 보상과 같은 외적 요인에 의해서가 아닌, 인지적 조작에 의해서 애매성을 줄이는 동기를 유발받게 된다.

4) 베르트하이머는 기계적 암기를 위주로 하는 학습은 학습자가 사실과 법칙을 이해하지 않고 배우기 때문에 쉽게 잊어버리므로 기계적 암기학습의 전이는 상당히 제한적인 것이라고 보고 있으나, 형태주의 원리를 기초로 사고하면, 제시된 것들의 관계와 의미를 재구조화하여 생산적 사고를 유도할 수 있다고 하였다.

5) 오래 전부터 무조건적 교육이 실행되어 온 사회에서 이러한 연구는 곧 교육 현실을 더욱 더 발전시키게 하는 큰 계기를 마련하고 학습자나 교사의 입장에서는 서로 내용을 보다 용이하게 받아들일 수 있다.

6) 생산적 사고(productive thinking)는 과거의 경험을 이용하여 미지의 새로운 결론이나 새 발명을 끌어내는 사고과정을 의미한다.

7) 생산적 사고를 창조적 사고 또는 산출적(産出的) 사고라고도 하며 사고과정은 대체로 문제발생을 초기단계, 해결을 종결단계로 하는 일련의 심적 과정(心的過程)인데 이 중간과정에서 수단으로 이용되는 기존에 획득한 지식이나 경험이 변모됨으로써 새로운 결론이나 문제해결이 가능해지는 경우를 생산적 사고과정이라 한다.

3 기타 이론

1) 조셉 울피(Joseph Wolpe)의 상호제지 이론

(1) 이완훈련, 주장훈련, 체계적 둔감법에 활용한다.

(2) 불안을 유발시키는 자극이 존재할 때, 이 불안과 반대되는 한 반응이 일어나서 이 반응이 불안반응을 완전히 혹은 부분적으로 억압할 수 있다면, 이 불안자극이 불안반응을 야기하는 힘은 약화될 것이라는 원리이다.

2) 거스리 (Guthrie) – 습관

(1) 자극과 반응 간의 근접관계

① 근접의 법칙

ㄱ. 어떤 자극의 연합에 수반되는 행동은 나중에 자극이 다시 생길 때 또 발생하는 경향이 있다는 것이다.

ㄴ. 습관형성을 자극과 반응의 근접이라고 보았다는 점에서 초기 행동주의와 비슷하다.

ㄷ. 차이점은 보상이나 강화를 학습에 있어서 필수적인 것으로 보지 않은 것으로 강화 없이도 습관형성이 가능하다.

ㄹ. 사례

가. 개가 다가와서 먹이를 주었다. (강화)

나. 다음 번에도 그 개가 나에게 온다. 강화 때문에?

다. 이는 아니라고 보는데, 개가 다가온 것은 그 상황에서 개가 지난번에 했던 마지막 행동을 반복한 것으로 본다.

예 습관 제법

소진 기법을 사용하며 나쁜 습관을 싫증날 정도로 계속 반복하게 하여 그 상황에서 나쁜 습관을 더 이상 반복하지 않는 마지막 행동이 되게 하는 것이다.

📂 실력다지기

거스리(Guthrie)의 접근적 조건화이론

1) 기본전제
 (1) 동작을 유발한 자극은 다시 그 동작을 유발한다.
 (2) 어떤 상황에서 어떤 행동을 하여 상황을 바꾼 경우, 또 그와 같은 상황에 놓이면 같은 일을 다시 반복한다.
 (3) 조건형성에 있어 접근율이 무조건 자극과 조건자극이 연결되어 자극으로 제시된 횟수 못지않게 중요하다는 점을 강조하였다.
 (4) 학습이 일어나는 것은 바로 자극과 반응이 근접해서 제시되기 때문이며, 이것은 습관의 형성이라는 것이다.
2) 학습의 법칙
 (1) 근접(인접)의 법칙: 자극과 반응으로 결합된 행동에 동일한 자극이 주어지면 그 자극에 결합된 반응도 따라 일어나 결합된다는 것이다.
 (2) 1회 시행 학습의 법칙: 쏜다이크의 무수한 시행착오를 거부하고 인접한 자극과 반응이 한번 짝지어지면 실무율적(all-or-none)[5]으로 일어나는 것이지, 연습에 의해 영향을 받지 않는다.
 (3) 최신의 법칙: 여러 행동 중 가장 최근에 일어난 자극과 반응의 결합이 재현될 확률이 가장 높다는 원리이다.

---

3) 학습의 전이 [transfer of learning]

힐가드(Hilgard)는 "전이(transfer)란 이미 학습된 것이 새로운 상황에서 갖는 효과이다."라고 정의하였다. 이처럼 학습이전에 형성된 습관이 어떤 습관을 획득하거나 재학습하는데 영향을 나타내는 과정으로, 앞에서 행해진 학습·훈련이 뒤에 행해진 학습이나 훈련에 영향을 주는 것을 말한다. 다시 말하면 우리의 일상생활에서 과거에 얻어진 학습경험이 새롭게 배우려는 과제 학습에 크게 영향력을 행사하여 더욱 학습을 용이하게 하는 경우로서 하나를 배우면 열을 알 수 있는 능력이라고 할 수 있다.

(1) 전이의 종류 중 긍정적 전이(positive transfer)

① 하나의 학습·경험이 다른 학습을 이행하는데 있어서 학습을 촉진시켜 주며 쉽게 영향을 미치는 경우를 긍정적 전이(positive transfer)라고 한다.

② 사례
 ㄱ. 프랑스어·독일어를 공부할 경우 ⇒ 영어를 잘 아는 사람이 학습하는데 유리하고 도움이 되는 경우
 ㄴ. 물리·화학분야를 학습할 때 ⇒ 수학을 잘 아는 학생이 학습의 이해 속도가 빠르고 촉진시키는 힘이 작용한다.

---

5) 실무율(all-or-none)이란 자극의 세기가 역치 이상에 이르면 더 크게 주어도 수용기 세포의 반응은 더 커지지 않고 일정한 현상을 말한다.

📁 기출문제 확인학습

학습의 전이

1) 개념

새로운 정보가 작업기억으로 들어올 때마다 장기기억은 새로운 정보와 관련된 선행지식을 찾아 선행지식이 존재한다면 기억연결망은 활성화되고 새로운 정보가 장기기억에 잘 저장되도록 도와 선행학습이 새로운 학습에 영향을 미치는 것이다.

2) 긍정적 전이

선행학습이 새로운 학습의 이해를 촉진시키는 현상으로서, 바이올린 연주자가 피아니스트보다 비올라를 더 쉽게 배울 수 있다는 것이 사례이다.

3) 부정적 전이

선행학습이 새로운 학습의 이해를 방해해서 혼란 또는 오류를 낳는 현상으로서, 예전에 학습했던 영어단어는 불어단어를 새롭게 학습하는데 혼란을 줄 수 있는 것이 사례이다.

4) 수평적 전이

한 분야에서 학습한 것을 다른 분야 또는 실생활에 적용하는 것으로서, 수학시간에 가감승제를 배우는 일은 물리시간에 배우는 공식을 이해하는데 도움이 되는 것이 사례이다.

5) 수직적 전이

기본학습이 이후의 고차원적이고 복잡한 학습에 적용되는 것으로서, 수학에서 가감승제를 배우는 일은 이후에 방정식을 푸는 데 기초가 되는 것이 사례이다.

6) 전이의 질은 초기학습의 질과 맥락의 영향을 많이 받는다.

7) 기계적 학습(단편적인 지식)은 전이를 촉진시키지 않으나 이해(포괄적인 법칙이나 개념이해)를 동반한 학습은 전이를 촉진한다.

8) 정교화, 조직화, 심상과 같은 부호화 전략을 통해 정보를 저장하도록 유도해야 한다.

9) 전이는 학습되었던 상황과 전이가 일어날 상황이 비슷할 때 더 쉽게 발생한다.

10) 학습 내용과 실생활 간의 유사성이 클수록 전이가 촉진된다.

11) 수업방법 및 학습태도에 따라 전이 정도가 달라진다.

12) 기본적 원리를 확실히 이해할수록 전이가 촉진된다.

13) 구체적 사실을 학습을 했을 때보다 일반적인 원리를 학습할 때 학습 전이가 수월하다.

14) 구체적인 사례들을 다양하게 학습하고, 학습한 것을 다양한 상황에서 연습해 볼 기회를 많이 제공할수록 전이가 수월하다.

15) 동일한 학습 내용을 학습하는 데 더 많은 시간을 투자할수록 학습 전이가 수월하다.

> 학습의 전이 정도는 학습자의 연령, 지적 능력, 학습태도, 수업방법 등에 따라 다르다. 즉, 연령이 높을수록, 우수한 아동일수록, 보다 쉽고 원활히 전이가 이루어진다. 또한 자신이 배운 내용과 수업방식이 효용성이 있다고 믿는 경우 전이는 향상된다.

학습전이의 유형[6]

1) 과제의 복잡성 - Gagne

   (1) 수평적 전이(lateral transfer) : 훈련과정에서 배웠던 과제와 복잡성 정도가 유사한 과제에 전이

   (2) 수직적 전이(vertical transfer) : 훈련과정에서 배웠던 과제보다 더 복잡한 과제에 전이

2) 추상화 유무 - Salomon & Perkins

   (1) 저도 전이(low-road transfer) : 의도적 인지활동이 없는 전이가 자동적으로 발생

   (2) 고도 전이(high-road transfer) : 적용하는 상황 간에 추상화 활동을 통해 전이가 발생

3) 전이시점 - Axtell, Maitlis & Yearta

   (1) 단기 전이(immediate transfer) : 훈련 종료 후 단기간에 발생(훈련 이후 2주나 1개월 정도)

   (2) 장기 전이(long term transfer) : 훈련 종료 후 6개월, 1년 정도 경과한 후에 확인

근전이와 원전이의 분류 기준

학자	구분의 특징	근전이의 개념	원전이의 개념
Clark & Voogle	지식의 차이	구체적인 형태로 특정 직무에 제한되어 사용되는 지식이 전이됨	전이되는 지식이 다양한 상황에서 활용되기 위해 일반적이고 광범위하게 사용
Laker	학습상황과 전이 상황의 유사 정도	학습이 발생하던 상황과 유사한 상황에 학습을 적용	원래 학습이 발생하였던 상황과 유사하지 않은 상황에 학습을 적용
Holton & Baldwin	원전이에 '학습 내용의 일반화'라는 요소 포함	학습이 발생한 직무상황과 유사한 직무상황에 학습내용을 활용	학습된 내용을 새로운 상황에서 일반화하여 적용

📂 실력다지기

전이이론 – 손다이크의 동일 요소설, 코프카의 형태 이조설 등

1) 형식 도야설(Formal discipline theory)

   (1) 로크(J. Locke)가 주장한 것으로 전이의 효과는 일반적이라고 주장하는 능력심리학을 계승한 것이다.

   (2) 사람들은 기본능력(기억력, 추리력, 의지력, 상상력 등)만 잘 훈련되면 그 효과는 여러 가지의 특수한 분야에 걸쳐서 일반적으로 전이된다는 설이다.

   (3) 즉, 수학을 배우면 수학 자체의 내용을 배우는 것이 중요한 것이 아니라, 수학을 배우는 과정을 통하여 추리력, 상상력 등이 발달되어 이것이 다른 문제 상태에 전이가 된다는 것이다.

2) 동일 요소설(Identical elements theory)

   (1) 손다이크(Thorndike)가 주장한 것으로, 선행학습과 후행학습 사이에 같은 요소가 있을 때에만 전이가 가능하다는 설이다.

   (2) 이 설은 두 과제나 상황이 동일요소를 포함하고 있어야 하기 때문에, 전이가 일어날 수 있는 범위는 형식 도야설에 비해 훨씬 좁아진다.

   (3) 그러나 형식 도야설에 비해서 보다 실제적인 전이의 근거를 마련해준다.

3) 일반화설(Generalization theory)

   (1) 주드(C.H. Judd)가 주장한 것으로 동일 원리설이라고도 한다.

---

6) 출처 : 금혜진(2005), 기업의 e-Learning 프로그램에서 학습의 근전이와 원전이의 예측변인 규명, 재구성

(2) 두 가지 학습(선행학습과 후행학습) 사이에 놓여 있는 일반적인 원리가 유사할 때 전이가 가능하고, 또한 원리를 가르치면서 실제 시험을 해 보이면 원리만 가르치는 것보다 전이가 잘 일어난다는 것이다.

(3) 즉, 전이가 일어날 수 있는 중요한 조건은 학생들이 새로운 장면에 적용하거나 일반화할 수 있는 일반법칙이나 원리를 학습하는 것이다(학문중심 교육과정에서 중시).

4) 형태 이조설(Transposition theory)

(1) 주드의 일반화설이 확장된 것으로 게슈탈트 학파 코프카(K. Koffka)에 의해 주장된 것으로 형태전이설이라고도 한다.

(2) 이 이론은 어떤 상황에서의 완전한 형태의 수단-목적 관계를 이해하는 것이 원리를 이해하는 것보다 전이가 더 잘 일어나도록 한다는 것이다.

5) 전문가-초보자 이론

(1) 전문가-초보자 이론은 자신과 전문가의 과제 수행을 지속적으로 비교하며 초보자가 전문가의 수준에 도달할 때까지 계속 자신의 과제 수행을 통제할 수 있도록 한다.

(2) 콜린스(Collins)는 사회적 참여를 통해 교사 혹은 전문가가 지닌 논리적 사고 방법 및 인지 전략 등의 인지적 구조를 모방하고, 학습 영역의 지식과 기술의 습득과 전수를 교육의 목적으로 한다.

4) 가네의 8가지 학습위계론 (지적 기능의 영역)

(1) 개요

① 가네는 어떤 학습과제를 성공적으로 학습하기 위해서는 여러 가지로 구성되어 있는 하위 차원의 전 단계를 학습해야 한다고 주장한다.

② 인간의 모든 능력은 몇 개의 하위능력으로 구성되어 있는데, 이 하위능력도 여러 가지 하위 능력들을 전제로 하고 있다.

③ 가네는 이 같은 가정에 기초하여 지적 기능의 영역을 8가지로 상호 구별하여 서로 위계적 성격을 띤 능력으로 세분하여 제시하였다.

(2) 위계-기능들의 심리적 조직의 기본개념

① **학습소인** : 학습과제 분석을 통해 세분화된 학습과제

② **학습구조** : 세분화된 학습과제가 구성된 것

③ **학습위계** : 구조화된 학습과제

(3) 기본가정

어떤 학습과제든지 세분화할 수 있다.

① 세분화된 내용단위는 서로 상하의 위계관계를 가지고 형성되는 구조를 이룰 수 있다.

② 효율적인 학습을 위해서는 하위능력에서부터 순차적으로 학습해야 한다.

③ 어떤 과제든지 나중의 학습을 위해 필요한 단순능력과 개념이 미리 완전하게 학습될 수 있도록 위계적으로 배열되어야 한다.

④ 수업목표는 그 도달을 위한 절차와 관련된 학습의 형태에 따라 분석되어야 한다.

⑤ 수업의 절차는 각 학습형태별로 요구되는 학습조건을 기초로 구성되어야 한다.

(4) 8가지 위계적 학습형태

① **제1유형** : 신호학습

가장 단순한 형태로 고전적 조건형성의 과정을 통해 무의지적으로 행동이 획득되는 것을 말하며, 인간의 감정적 반응을 학습하는 것이다.

🔲 구석진 방도 공포반응을 유발한다.

② **제2유형** : 자극 – 반응 연결학습

자극, 반응의 단순한 결합으로 도구적 조건형성과 같으며 이 때의 반응은 의지적이고 능동적이란 점에서 신호학습과 구별된다.

🔲 어린이의 바람직한 행동에 대해서 즉각적으로 칭찬한다.

③ **제3유형** : 연쇄학습

운동기능에서의 자극과 반응의 결합이 연쇄적임을 의미한다.

🔲 자동차 시동 걸기, 글씨 쓰기, 걷기, 뛰기 등

④ **제4유형** : 언어 연상학습

제3의 유형과 유사하나, 언어를 사용하는 능력에서의 연결을 의미한다.

🔲 우리 말 단어와 같은 뜻을 가진 외국어 단어를 학습하기

⑤ **제5유형** : 변별학습

비슷한 여러 대상을 구별할 수 있는 능력, 자극 간의 차이를 구별할 수 있는 능력을 말한다.

🔲 여러 모양의 삼각형, 사각형, 오각형을 제시했을 때 삼각형을 구별해 낼 수 있는 능력

⑥ **제6유형** : 개념학습

변별학습은 자극 간의 차이를 구별할 수 있는 능력이며, 개념학습은 자극 간의 공통성, 유사성에 대해 반응하는 것이다

🔲 단수, 복수, 중력, 힘 등 사물의 공통적 성질 또는 추상적 성질을 분류하는 것이다.

⑦ **제7유형** : 원리학습

원리란 두 개 이상의 개념의 연결로 개념 간의 의미 있는 관계를 나타내는 것이며 원리 또는 규칙의 방식대로 주위의 장면에 구별해서 반응하는 것이다.

🔲 사각형의 넓이를 구하려면 가로와 세로의 길이를 곱하면 된다.

⑧ **제8유형** : 문제해결학습

원리를 조합하여 문제해결의 아이디어를 생각해 내는 것으로, 고등규칙을 사용하여 문제 해결의 상태에서의 사고에 동원한다.

🔲 공식을 말로 바꾸기, 간단한 원리의 직접 이용 등.

참고

가네가 제시한 학습의 구성요소 - 5가지 학습의 영역

1) 언어정보 영역

   학교학습의 가장 기본적인 영역으로, 명제적 지식 또는 선언적 지식으로 어떤 사실이나 사건에 대해 구두로 말하거나 글로 진술하여 쓰는 것이다.

2) 지적 기능의 영역

   무엇을 하는 방법을 아는 것으로서 방법적 지식 또는 절차적 지식으로 구어(말하기), 읽기, 쓰기, 수의 사용 등과 같이 기호나 상징을 사용하여 환경과 상호작용할 수 있는 능력을 말한다.

3) 인지적 전략 영역

   학습자들이 이전에 경험하지 않았던 문제 상황에 자신이 가지고 있는 지식과 기능을 사용하는 방법이다. 즉 학습방법, 사고방법, 독서방법 등을 독자적으로 개발하는 사고전략으로 자신의 머리를 활용하는 방법이다.

4) 태도의 영역

   학습자가 여러 종류의 활동들, 대상들, 사람들 중에서 어느 것을 선택하도록 하는 어떤 사람의 내적, 정신적 경향성을 의미한다.

5) 운동기능 영역

   인간 활동의 작업과 관련되어 학습되는 기능으로 어떤 일을 수행하기 위한 몸의 움직임을 말한다.

가네의 목표별 교수

1) 가네는 학습과제의 종류와 수준에 따라 다른 학습지도가 행해져야 한다고 주장하였다.

2) 학습과제의 종류를 운동기능(motor skills), 언어적 정보(verbal information), 지적 기능(intellectual skills), 인지전략(cognitive strategy skills), 태도(attitudes)로 분류하였다.

3) 선행학습의 중요성을 강조하면서, 학습의 위계성과 목표성을 강조하였다.

4) 학습발생의 내적·외적 조건을 동등하게 중시한다.

5) 정보처리이론에 비추어 수업의 과정을 설명하였다.

독립변인		종속변인
외적 조건 (교사의 수업 절차, 교수과정)	내적조건 (학습자의 내적 정보처리과정)	학습
• 강화: 보상, 만족 • 접근: 시·공간적 접근 • 연습: 반복 +	• 선행학습 • 학습동기 • 자아개념: 자신감 • 주의력: 집중력 ⇒	• 획득 • 파지 • 전이

학습이론에서의 암시[7]

1) 심리학 용어인 암시는 최면상태에서 행해질 때도 있고 각성(覺醒) 상태에서 행해질 때도 있다.

2) 피암시자(被暗示者)는 암시자의 언사나 행위를 무비판적으로 받아들이며 그것이 타인으로부터 전해진 것이라는 생각을 하지 않고 마치 자기 자신이 생각해낸 것 같이 믿고 거의 자동적·일방적으로 어떤 태도를 취하거나 판단을 내린다.

3) 암시는 특정 개인이 행할 때도 있지만, 어떤 집단이 암시를 주는 경우도 있다.

4) 또한 자기 자신이 암시자가 되어 자기 자신이 주는 자극에 반응하여 암시를 받는 수도 있는데, 이것을 자기암시라고 한다.

5) 어떤 사소한 신체적 징후(徵候)를 발견하고는 마치 중병에라도 걸린 것 같이 생각하고 자리에 누워버리는 것은 자기암시의 한 예이다.

6) 암시를 받아들인 결과 의식적 또는 무의식적으로 자신의 의견 또는 태도를 변경하는 것을 피암시성(被暗示性)이라고 한다.

7) 일반적으로 암시현상은 자아의 축소성(縮小性)과 이에 따르는 비판력의 상실에 기인하는 것이므로 지능이나 교양의 정도가 높은 피암시자보다 낮은 피암시자의 피암시성이 크다.

🗀 기출문제 확인학습

기능주의 학습이론

1) 기능주의(functionalism) 학습이론은 William James의 기능주의로서, 의식의 기능과 작용에 초점을 둔다.

2) 의식을 요소로 환원할 수 없으며 의식은 환경과의 관계에서 끊임없이 생성, 소멸하는 과정이다.

3) 그리고 인간의 의식은 하나의 통일체로 기능하며 다윈의 진화론의 영향을 받았으며 인간의 환경에 적응해 나가는 정신적 기능을 연구대상으로 한 학습이론이다.

4) 내성법(자신의 마음속에 일어나는 것을 가만히 생각해 보게 하는 방법)을 어느 정도 인정하였다.

🖈 심화/참고

다윈(C. Darwin)의학 : 진화의 중심 – 자연선택[8]

1) 말은 말을 낳고 돼지는 돼지를 낳는 것처럼 모든 종(種)이 각각 자기 고유의 종에 대한 유전 프로그램을 사용하는 특유의 유전 설계도를 가지고 있다. 때로는 다음 세대에 새로운 유전자 배열을 나타내는 돌연변이나, 자연선택과 같은 요인에 의해서 유전정보 프로그램의 변화를 시도하는 개혁적 의미의 진화를 나타내는 경우도 있다.

2) 진화적인 의미에서 어떠한 종도 영원할 수는 없으며 그 수명에 한계가 있다. 진화는 끊임없는 생성과 소멸의 반복이다.

3) 찰스 다윈은 진화의 메커니즘은 전지전능하신 창조주의 원리가 아닌 단순한 자연원리 즉, 자연도태, 자연선택의 원리로 설명했다. 그 원리는 진화와 선택이라는 개념으로 어떤 생물은 보존되고, 어떤 생물은 소멸되어버리는 기계적인 법칙의 의한 자연 철학적 조직으로 되어 있다는 점이 강조된 주장이다.

4) 자연 속에서는 기본적으로 자원이 충분치 못하기 때문에 생물들의 생존을 위해서 먹을 것이 제한되어 생존경쟁이 발생하며 그때마다 주어진 환경에서 가장 잘 적응하는 자만이 적자생존을 하며 나머지는 모두 도태되어 버린다. 이렇게 많은 세대를 거치는 동안 종의 변이 즉, 진화 과정에서 자연선택이 이루어진다.

---

7) 출처 : 네이버 백과사전

8) 출처 : 최상묵, 서울대학교 명예교수, 재인용

기능주의

1) 다윈(C. Darwin)의 학설에 많은 영향을 받은 윌리엄 제임스는 심리학자들이 마음의 '기능들'에 주목해야 한다고 주장했다.

2) 이른바 '기능주의'로 명명된 심리학적 방법론은 마음이 함유하는 요소적인 특성보다는 마음이 수행하는 기능에 초점을 맞추었다.

3) 기능주의에 따르면 마음은 진화의 산물이며, 그것은 개체의 생명을 보존시키고, 후세에 더욱 많은 유전자를 전달하는 데에 효율적이기 때문에 현재와 같은 모습을 띄게 된 것이다.

4) 즉, 마음은 환경에 대한 유기체의 적응을 돕는다.

구성주의 학습이론

1) 최초의 심리학 학파인 구성주의는 19세기에 생겨났으며 분트가 1879년 독일의 라이프치히 대학에 세계 최초의 심리학 실험실을 설치한 것을 시작으로 심리학이 발달되었다.

2) 이는 과학 이전의 상태였던 경험적 심리학을 실험법의 도입으로 본격적인 과학의 길을 열었고, 심리학이 철학으로부터 독립해 독자적인 학문으로 자리매김하는데 중요한 이정표 역할을 담당하였다.

3) 구성주의자들은 물질을 분석하고 세포, 원자, 분자로 분류하는 생물학자, 화학자, 물리학자들의 영향을 받고 생겨났다.

4) 이러한 영향으로 구성주의자들은 마음을 구성요소를 통해 분석하고 이러한 구성요소가 어떻게 상호 작용하는지 알아내려고 하였다.

5) 주된 연구방법으로 '내성법'을 사용하였으며 내성법이란 자신의 마음속에 일어나는 것을 가만히 생각해 보게 하는 방법으로써 초창기의 심리학에서 많이 쓰였다.

6) 내성법은 그냥 자기 마음에서 무슨 일이 일어나는가를 보고하기만 하면 되는 것이다.

7) 분석적 내성법을 이용한 전형적인 한 연구에서 티치너(Titchener)는 피험자에게 소리와 같은 자극을 제시한 후에 피험자로 하여금 그 소리로 인해 생겨나는 심상, 느낌, 감각에 대해 보고하도록 하였다.

8) 그러나 분석적 내성법은 꼼꼼하고 지루한 절차여서, 피험자가 연구에 참여하기 위해서는 그 전에 만 번의 내성을 하여야 했다. 그런 후에 1~2초간 주어지는 자극에 대한 반응의 내성적 보고를 위해 20분이나 소요되었다.

9) 구성주의는 최초로 등장한 학파인 반면 형태주의의 비판으로 가장 먼저 모습을 감춘 학파이기도 하는데, 그 이유는 연구가 연구실에만 제한이 되었고, 이성적이고 언어적으로 능숙한 성인의 의식적인 정신적 경험을 연구하는데 제한된 내성법에 지나치게 의존하여 일반화의 문제를 가졌기 때문이다.

분트와 구성주의의 발달

빌헬름 분트는 심리학이 공식적으로 출현하는데 크게 기여한 인물이다. 그는 과학적 심리학은 의식(consciousness), 즉 세계와 마음에 대한 사람들의 주관적 경험을 분석하는 데 초점을 두어야 한다고 믿었다. 이를 위해 그는 구성주의라는 접근 방식을 이용하여 마음을 구성하는 기본 요소들을 분석하려고 노력했다. 그는 내성법(introspection)이라는 방식으로 그것을 분석했는데, 이는 자기 자신의 경험을 주관적으로 관찰하는 것을 의미한다. 분트는 또한 반응 시간 기법을 사용하여 의식적 과정의 객관적 측정법을 제시하려 했다. 이러한 실험들은 심리학이 과학 기술을 사용할 수 있다는 것을 보여준 실험들이었다. 주의주의는 주지주의(主知主義)에 대립하여 의지가 지성(知性)보다 우위에 있다고 생각하는 철학상의 입장으로, 주의설(主意說)이라고도 한다. 의지가 세계나 세계 안의 여러 현상의 본질이며 본체라고 보는 A.쇼펜하우어는 형이상학적 주의주의의 대표자이며, 의지를 인간의 마음의 근본기능으로 보고 의식이나 감정도 모두 의지에 입각한다고 생각하는 W. M. 분트는 심리학적 주의주의의 대표자이다. <u>이를 수정 계승한 학자는 티치너이다.</u>

티치너가 구성주의를 미국으로 가져오다.

영국에서 태어난 티치너는 2년 동안 분트와 함께 연구한 후 미국으로 와서 코넬대학교에 처음으로 심리학 실험실을 만들었다. 구성주의의 주요 연구 방법 중의 하나였던 내성법은 이후 구성주의의 영향력을 약화시키는 요소로 작용하게 되는데 그 이유는 내성법은 반복 관찰을 거의 불가능하게 하며 이것이 여러 심리학자들로 하여금 의식적 경험의 기본 요소에 동의하는 것을 어렵게 만들었기 때문이다. 이러한 회의론자 중 한 명이 바로 윌리엄 제임스(기능주의 학자)였다.

✎ 심화학습

구성주의 학습관과 전통적 학습관

1) 구성주의와 지식

(1) 구성주의(constructivism)는 지식의 인식과 획득에 관한 새로운 관점이며 이론으로, 상대주의 인식론, 주관주의 인식론에 기반을 둔다.

(2) 지식은 학습자의 삶의 맥락(context)에 따라 주관적으로 구성되는 것이다.

(3) 또한 지식은 학습자, 즉 유기체인 개인에 의해 삶의 맥락에 적합하게 구성되고 삶의 맥락이 달라지면 끊임없이 재구성되는 개인(또는 인간)의 구성물이다.

전통적인 지식관

1) 구성주의에 대비되는 절대주의 인식론, 객관주의 인식론을 취한다.

2) 지식은 학습자와는 별개로 학습자의 외부에 객관적인 진리의 형태로 존재한다.

3) 지식의 객관적 진리성, 보편적 합리성, 불변성을 강조한다.

4) 지식은 발견하고 표상하는 것으로서, 맥락에 적합하게 구성하거나 형성하는 것이 아니다.

2) 구성주의적 학습

(1) 구성주의적 학습관의 특징

① 학습은 자신의 삶에 적합한 지식을 창조(creation)하거나 구성(construction)하는 것이며, 학습과정은 이러한 창조 또는 구성의 연속적인 과정이다.

② 외부에 존재하는 지식의 단순한 수용이나 발견을 학습으로 보는 전통적 학습관과 대비된다.

③ 구성주의적 학습관은 맥락성(context), 실제성(authenticity), 적합성(viability), 학습자 주도성(self-directed learning) 등을 강조한다.

(2) 구성주의적 학습원리

① 학습은 구성적·능동적 과정으로, 학습자의 자율성, 자기 주도성, 능동적인 참여가 중요하다.

② 학습은 반성적 능력을 통해서 추진되는 것으로, 자신의 경험 들여다보기, 반성적 글쓰기 등을 활용한다.

③ 학습은 사회적·대화적 활동으로, 교육자와 학습자, 학습자와 학습자 간의 대화가 중요하다.

④ 학습은 적절한 불균형에 의해서 촉진되는 것으로, 학습자의 능력보다는 과제의 수준이 조금 더 높은 인지적 불균형이 학습을 촉진하는 계기가 된다.

⑤ 학습은 도구와 상징을 통해서 촉진되는 것으로, 학습에서 다양한 상징체계를 활용한다.

⑥ 학습은 앎의 방법을 알게 하는 과정으로, 학습에서 앎의 내용(WHAT)보다는 앎의 방법(HOW)을 알게 하는 것이 중요하다.

📁 기출문제 확인학습

구성주의 학습이론

1) 피아제(인지적 구성주의)

(1) 아동은 스스로 세계를 구성하고 이해하는 존재

(2) 아동 스스로 환경에 적응

(3) 논리적 구조의 형성은 개인 내의 평형화 작용

(4) 발달은 보편적, 불변적 순서에 따라 이루어짐

(5) 사고가 언어에 반영(행동 → 사고 → 언어 순으로 발달)

(6) 발달의 개인차에 관심이 없음

2) 비고츠키(사회적 구성주의)

(1) 아동은 타인과의 관계에서 영향을 받으며 성장하는 사회적 존재

(2) 인간 이해에 있어서 역사적, 문화적 환경에 관심

(3) 대인 간 과정 → 개인 내 과정 → 대인적 과정

(4) 사회구조와 유기체 구조 간의 역동적 산물

(5) 발달의 개인차에 관심이 있음

(6) 학습이 발달을 초래함

(7) ZPD(근접발달영역)[9]

(8) 언어습득을 아동발달의 중요한 변인으로 강조

---

9) 근접발달영역(zone of proximal development, ZPD)은 레프 비고츠키가 제시한 아동의 인지발달 이론이다. 곧 아동이 스스로 도달할 수 있는 능력과 주변의 도움을 받아 도달할 수 있는 능력을 구분하여, 아동이 새로운 인지발달을 이룩하기 위해서는 근접발달영역 안에서 정교한 교수활동이 일어나야 한다는 것이다. 이 이론은 정신의 발달을 과거의 성과가 아닌, 미래지향적인 잠재적 능력으로 본다는 점에서 기존에 서구 학계에서 지배적이었던 피아제의 인지발달 이론과 대비된다.

4 초인지(메타인지, meta cognition)[10]

1) 초인지(meta cognition)의 개요

(1) 초인지는 인지 전략을 효과적으로 선택하고 처리하는 능력이다.

(2) 초인지에 대한 최대 관심은 그것이 학습을 촉진할 것이라는 점이다.

(3) 대부분의 초인지 모형들은, 초인지란 인지 활동을 점검, 관리, 조정하는 특수하고도 복잡한 인지 양식으로서, 특히 문제 해결, 노력이 필요한 학습, 기타 주의력을 필요로 하는 인지 활동 등이 요구될 때 필요하다고 가정한다.

(4) 교육자와 심리학자뿐만 아니라 정상적인 발달을 하는 아동들도 인간의 사고 과정에 대해 어느 정도 알게 되며, 적응을 잘 하기 위해 이 지식을 발현하여 사용할 수 있음을 발견하게 된다.

(5) 즉, 아동들은 실행하기 전에 선택, 결정, 판단, 계획 등의 정신 활동이 수반된다는 것을 알게 되고, 그와 같은 사실을 알고 있다는 것을 알며, 이에 대해 종종 토의를 한다.

(6) 이러한 자기 지식(self-knowledge)은 다른 사람들이 자신이 하는 것처럼 행동하는 이유나 방법을 설명하기 위한 추론에 의해 일반화된다.

(7) 즉, 우리는 다양한 인지과정을 사용하고 있음을 '알고', 또한 다른 사람들이 하는 것을 추정한다.

(8) 역사적으로 볼 때, 이론가들은 초인지를 두 가지 유형의 기술, 즉 언제, 어떻게 계획되어야 하는가를 아는 기술, 효과적인 전략들을 선택하는 기술, 진행 중인 전략적 행동을 점검, 관리하는 기술로 구분하였는데 최근에는 이 두 가지 하위 영역에 복잡한 상호 작용적 요소들이 첨가되어 초인지 이론은 더욱 정교화 되었다.

(9) 초인지 기술의 첫 번째 유형인 계획과 효과적인 전략 선택은, 아는 것에 대해 아는 것, 사람, 과제, 전략 변인들에 대한 인식, 아는 방법에 대해 아는 것의 공유된 인식, 인지적 자기 평가(self-appraisal), 자기 자신의 인지과정에 대한 정보, 일반적인 전략 지식 등으로 다양하게 기술되어 왔다.

(10) 전략적 행동의 점검(monitoring)은 인지 조정(regulation of cognition), 실행적 기능(executive functioning), 초통제적 기술(metacontrol skills), 전략 지식 점검 등으로 다양하게 언급되어 왔다.

2) 초인지 학습전략

자신의 사고과정에 대한 지식과 관련이 있으며, 이것은 인지에 대한 지식과 인지에 대한 조정을 포함하고 있다.

(1) Meichenbaum과 그의 동료들은 상위인지(meta cognition)를 사람들이 '자신의 인지 장치와 그 작동법에 대해 갖는 인식'이라고 기술하였다. 상위인지는 문자 그대로 인지에 대한 인지를 의미한다.

(2) 이 지식은 추리, 이해, 문제해결, 학습 등의 인지과정을 점검하고 조절하는 데 사용되는 고등인지이며 사람들은 상위인지 지식과 기술에 차이가 있기 때문에 학습을 얼마나 잘하고 빨리 하는가에서 차이가 나타난다.

(3) 상위인지에는 세 가지의 지식이 있다. 상위인지는 목표를 달성하고 문제를 해결하기 위해 이러한 선언, 절차, 조건지식을 전략적으로 적용하는 것을 가리킨다.

① 선언 지식

자신이 어떤 학습자인지, 자신의 학습과 기억에 어떤 요인들이 영향을 미치는지, 그리고 과제를 수행하는데 어떤 기술, 전략 및 자원이 필요한지에 대한 선언지식이다. 즉, 무엇을 해야 하는지를 아는 것이다.

---

10) **출처**: Anita Woolfolk, 「교육심리학 제10판」, 박학사, 2007

② 절차 지식

전략을 어떻게 사용해야 하는지를 아는 절차지식이다.

③ 조건 지식

과제를 완수하기 위한 조건지식으로, 언제 그리고 왜 필요한 절차와 전략을 적용해야 하는지를 아는 것이다.

(4) 이러한 상위인지 지식은 사고와 학습을 조절하는 데 사용된다. 이를 가능하게 하는 세 가지 필수적인 기술로 계획, 감찰(점검), 평가가 있다.

① 계획

과제에 어느 정도의 시간을 들여야 할지, 어떤 전략을 사용할지, 어떻게 시작할지, 어떤 자원을 수집해야 할지, 어떤 순서로 처리할지, 어떤 것은 대충 넘기고 어떤 것은 자세히 살펴보아야 할 지 등을 결정하는 것이다.

② 감찰(점검)

현재 자신이 제대로 과제를 하고 있는가에 대한 인식이다. '이게 말이 되는 건가? 내가 너무 빨리 해치우려고 하고 있는 것 아닌가? 공부를 충분히 했는가?' 등을 자문할 수 있다.

③ 평가

사고 및 학습의 과정과 결과에 대해 판단을 내리는 것으로 '전략을 바꿔야 하는가? 도움을 받아야 하는가? 지금이라도 그만둬야 하나? 이 논문은 완성된 것인가?' 등의 질문을 할 수 있다.

📁 기출문제 확인학습

메타인지 (metacognition, 초인지, 상위 인지)

1) '한 단계 고차원'을 의미하는 메타(meta)와 어떤 사실을 안다는 뜻의 인지(recognition)를 합친 용어로서, 자신의 생각에 대해 비판적 사고를 하고, 한 차원 높게 자신을 객관적으로 바라보는 능력이다.

2) 포괄적인 의미에서 인지 그 자체를 대상으로 하는 지식이며, 인지 그 자체에 대한 이해라 할 수 있다.

3) '자신의 인지 또는 사고에 관한 지식'과 '자신의 인지 또는 사고에 관한 조절, 조정'의 두 가지 측면을 포함하는 인지이다.

4) '자신의 인지 또는 사고에 관한 지식'은 자신의 사고 상태와 내용, 능력에 대해 알고 있는 지식(메타인지적 지식)을 말하며, '자신의 인지 또는 사고에 관한 조절, 조정'은 문제해결 과정에 있어 계획하고 적절한 전략을 선택·사용하며 과정을 점검·통제하고, 결과를 반성·평가하는 사고 기능(메타 인지적 기능)을 말한다.

　例 계획하기(planning), 점검하기(monitoring), 수정하기(modifying), 평가하기(evaluating), 예견하기(predicting)

자기조절학습을 하는 학습자의 특징

1) 인지전략보다 메타인지전략을 더 많이 사용한다.

Corno(1986)는 메타인지의 개념에 기초하여 자기조절학습의 개념에 접근하였다. 그는 적합한 인지전략을 선택, 활용할 수 있는 메타인지전략을 사용하는 능력이 바로 자기조절학습 능력임을 주장한다. 그에 따르면 효율적인 인지전략을 지니고 있다 할지라도 메타인지 통제를 잘 하지 못하면 학습에 실패할 수 있게 된다.

2) 인지, 동기, 행동을 적극적으로 조절한다.

3) 내재적으로 동기가 유발된다.

4) 학습목표를 잘 설정하고 스스로 학습한다.

5) 학습과정에 대한 점검활동이 있다.

> **공동조절학습**
>
> 1)아동의 학습장면에서 성인과 아동이 여러 측면에서 학습과정의 주도권을 공유하는 것을 흔히 볼 수 있다.
> 2)예를 들면, 성인과 아동은 한 학습과제에 대한 특정 목표를 같이 설정할 수 있고, 성공적인 학습에 대한 준거를 성인이 결정하고 그에 맞추어 아동이 자신의 수행을 평가해 보게 할 수도 있다.
> 3)아동의 학습이 진전되면서 성인의 도움(scaffolding)은 점차 사라지는 것이 좋다.

마이켄바움(D. Meichenbaum)과 굿맨(J. Goodman)의 자기조절행동 향상 단계

1) 1단계: 인지적 모델링(과제를 수행할 때 자기 자신에게 말하면서 배우는 인지훈련 방법의 하나) 단계
   성인 모델이 큰 소리로 말하면서 과제를 수행하고 아동은 관찰한다.
2) 2단계: 외현적 지도 단계(타인에 의한 외현적 안내)
   성인 모델이 하는 말을 아동이 큰 소리로 따라서 말하면서 과제를 수행한다.
3) 3단계: 외현적 자기 지도 단계(외현적 자기 안내 단계)
   아동이 혼자서 큰 소리로 말하면서 과제를 수행한다.
4) 4단계: 외현적 자기 지도의 감소 단계(외현적 자기 안내 점진적 소멸)
   아동이 작은 소리로 혼잣말을 하면서 과제를 수행한다.
5) 5단계: 내재적 자기 지도 단계(내면적 자기 안내)
   아동이 마음속으로 혼잣말을 하면서 과제를 수행한다.

Dale Schunk와 Barry Zimmerman의 자기조절 단계[11]

1) 교육 심리학자인 Dale Schunk와 Barry Zimmerman는 Bandura의 3단계를 확장시켜 자기 조절의 사회적 교육적 변수의 영향을 연구했다.
2) 짐머만 등은 특정한 전략이 개인의 학습과정을 어떻게 향상시키는지 또한 이러한 향상이 어떻게 자기 조절과 성취 과정을 지향하는지 자세히 연구하였다.
3) 짐머만 등은 성취 과정에 자기관찰, 자기평가, 자가반응 외에 자기효능감을 포함시켰다.
   (1) 자기관찰(Self observation)은 불충분한 요소라고 여겨질 수도 있다. 왜냐하면 동기는 개인의 결과에 대한 기대나 효과에 따라 달라지기 때문이다.
   (2) 자기평가(Self evaluation)는 자신의 현재 행동을 자신의 이상향과 비교할 때 나타나는데, 짐머만 등은 특정한 목표는 성공을 위해 필요한 노력의 양을 구체화하고 자기효능감을 신장시킨다고 말했다.
   (3) 자기반응(Self reaction)은 타인의 반응에 영향을 받아 동기부여가 될 수 있으며, 예를 들어, 특정한 행동으로 인해 타인에게 긍정적인 피드백을 많이 받게 된다면 그 사람은 자기효능감을 느끼게 될 것이다.
   (4) 자기효능감(Self efficacy)은 목표에 도달한 것이 그 자체만으로 충분한 동기가 되었다는 믿음이다.

---

11) 출처 : 위키백과

5 라이언과 데시(Ryan & Deci)의 자기결정성 정도에 따른 자기조절 유형 수준[12]

암기법 무외/부확/통재

1) 자기결정이론은 사람들의 타고난 성장경향과 심리적 욕구에 한 사람들의 동기부여와 성격에 대해 설명해주는 이론으로, 자기결정은 사람들이 외부의 영향과 간섭 없이 선택하는 것에 대한 동기부여와 관련되어 있는 것으로 보며, 자기결정이론은 개인의 행동이 스스로 동기부여 되고 스스로 결정된다는 것에 초점을 둔다.

2) 자기결정성 정도에 따른 자기조절 유형 수준

(1) 무동기(amotivation)

행동의 의지가 결핍된 상태로 행동을 전혀 않거나 의도 없이 수동적으로 움직인다.

(2) 외적 조절(external regulation)

외재적 동기 중 자율성이 가장 낮으며 외부의 압력, 강요가 주된 이유가 되고, 보상에 의해 움직이거나 처벌을 피하려 하는 차원이다.

(3) 부과된 조절(내사적 조절, introjected regulation)

조절의 힘이 개인 내부에 있으나, 죄책감, 불안 같은 타율적인 압력에 기초한 것으로, 죄의식, 수치심을 피하거나 타인의 인정을 받거나 비판, 회피를 위해 행동한다.

(4) 확인된 조절(identified regulation)

앞의 두 가지와 다르게, 내면화의 깊은 수준에 도달한 상태로, 개인적 중요성이나 목표에 부합된다고 판단되면 스스로 선택, 행동하는 것이다. 과제 자체의 기쁨이나 만족보다 목적달성을 위해 행해지기 때문에 외재적인 부분이 있지만, 높은 자율성의 지각을 수반하면서 내적인 부분도 갖는다.

(5) 통합된 조절(integrated regulation)

외재적 동기 중 자율성이 가장 높으며, 앞서 확인된 조절이 자신의 가치, 목표, 욕구, 정체성 등과 조화를 이루며 통합될 때 발생한다. 내재적 동기와 특성이 비슷하지만, 과제 자체의 즐거움보다 개인적으로 중요한 결과를 얻고자 행해지기 때문에 외재적인 부분이 있다.

(6) 내재적 동기(intrinsic motivation)

활동에 참여하는 과정에서의 즐거움과 재미, 만족을 얻으려는 것으로 자율적이고 자기결정적인 행동의 원형이다.

---

12) 순서 나열 문제가 출제됨

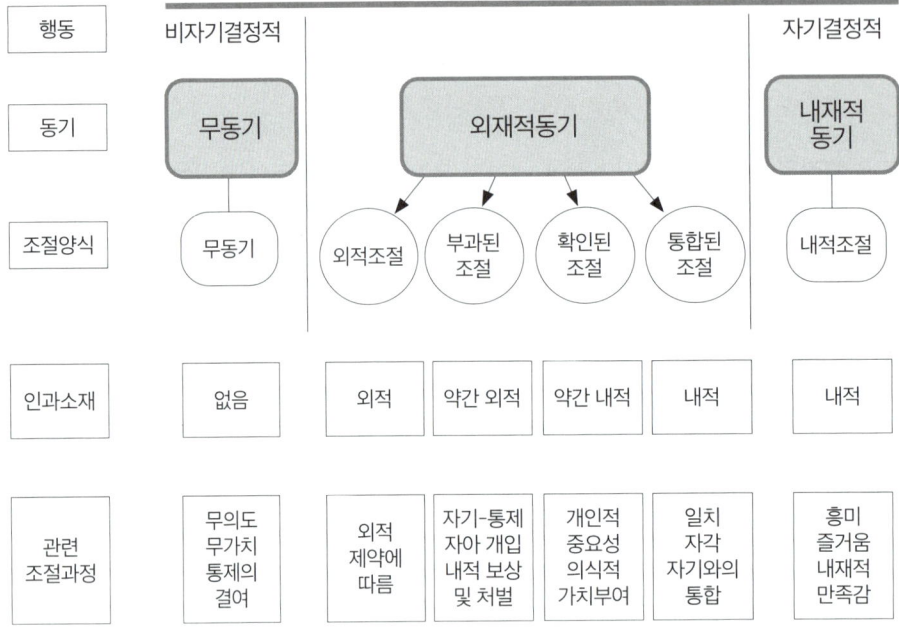

자기결정성 연속선(Ryan & Deci, 2000)

📁 **기출문제 확인학습**

레퍼와 호델(Lepper & Hodell, 1989)의 내재적 동기 발달

1) 내재적 동기는 어떤 활동 그 자체를 위해 그 활동을 하고자 하는 동기로서, 레퍼와 호델(Lepper & Hodell, 1989)은 내재적 동기로 '도전, 호기심, 통제, 상상'의 4가지 원천(**암기법** 통상호도)이 있다고 제안하였다.

2) 이 중에서 도전은 중간정도 난이도에서 내재적 동기를 갖게 된다.

 (1) 도전

   난이도(어려움이 정도)는 지속적으로 높아지도록 하며, 도전적 목표의 달성으로 학습자는 점점 자신이 유능해지고 있다는 정보를 얻게 된다.

 (2) 호기심

   현재 지식 또는 믿음과 일치하지 않거나, 놀라워 보이거나 모순되어 보이는 정보 또는 생각을 제시되는 활동을 제공하며, 적당한 수준의 부(不)일치성이 가장 효과적인데, 호기심도 기존 배경지식이 있어야 가능하다.

 (3) 통제

   활동에 선택권을 주고 규칙과 절차를 확립하는데도 일정한 역할이 부여되면 통제의 지각을 형성할 수 있다.

 (4) 상상

   학습자에게 시뮬레이션이나 게임을 통해 가상세계에 참여하게 하면, 내재적 동기를 활성화시킬 수 있으며, 상상은 주의를 집중시키고 인지적 노력을 증가시킨다.

> [상상]의 사례 - 기출
> 최 교사는 역사수업에서 역대 대통령의 복장과 목소리를 흉내 낸다. 그는 자신이 묘사하고자 하는 사람을 현실감 있게 표현하면 학생들이 그 인물에 관심을 가지고 학습할 수 있다고 생각한다.

제2절 | 최신 기출내용

1 인지주의 학습이론의 특징

1) 학습 환경을 고려한다.

2) 경험의 결과보다 정신적 과정을 중시한다.

3) 객관적 입장보다 주관적 입장을 강조한다.

4) 형태주의 심리학에 기초하고, 전체는 부분의 합 이상이다.

5) 시행착오적 문제해결보다 통찰적 문제해결을 강조한다.

6) 내성법을 통하여 인간의식의 기본요소를 분석하고 확인하는데 목적을 둔다.

7) 인간 행동의 습득·조형에는 복합적인 정신적 과정이 중요한 역할을 한다.

8) 두뇌 속에서 벌어지는 외부 감각적 자극의 변형, 기호화 또는 부호화(encoding), 파지(retention), 재생 또는 재인(recall)이라는 일련의 정보처리 과정을 연구한다.

9) 학습은 인간이 새로운 통찰, 인지구조를 획득하는 상호작용 과정이다.

2 헐(C. Hull)이 제시한 공리(postulates)와 정리(theorem)

1) 헐(C. Hull)은 공리(postulates)와 정리(theorem)의 논리적인 구조를 이상적인 이론으로 보았다.

2) 공리(postulates)는 행동의 다양한 측면을 말하는 것이며 스스로 증명되는 것이 아니며, 증명의 출발점으로서 기능을 한다.

3) 이런 공리들로부터, 정리(theorem)라 불리는 다양한 진술들이 논리적으로 도출된다.

4) 각각의 정리(theorem)들은 몇몇 공리(postulates)의 조합으로 부터 논리적으로 논의함으로서 증명될 수 있다.

5) 이론이 실제 세계에 대한 기술로서 가치를 가지려면 정리(theorem)들을 실험에 의해 결정된 행동의 실제적인 법칙과 비교해야 한다.

6) 다시 말해, 이론은 정리(theorem)가 공리(postulates)를 따르는 논리에 의해 결정한 후에, 그는 그들이 진실인지 실험하여 결정한다.

7) 이론가들은 진실일 수도 아닐 수도 있는 공리(postulates)로 시작해야 한다.

8) 공리(postulates)가 사실이면 어떤 정리(theorem) 또한 사실이고 그들은 논리적으로 사실임이 증명된다.

> 헐(Hull)의 이론구성에 대한 접근법을 가설 연역적(hypothetical deductive) 접근방법이라고 부른다. 먼저, 공리(postulates)란 하나의 이론에서 증명 없이 바르다고 하는 명제, 즉 조건 없이 전제된 명제를 말한다. 예를 들어, 수학에서 '이론의 기초로서 가정한 명제'를 그 이론의 공리(postulates)라고 한다. 그리고 정리(theorem)란 공리(postulates) 또는 정의를 바탕으로 하여 사실로 증명된 일반적인 명제를 말한다. 정리하면, 경험적 관찰 → 일차적 원리인 '공리' 생성 → 관련 선행조건의 조합과 추론을 통해 '정리' 생성 → 경험적 결과의 일치와 불일치에 따라 수용되거나 기각 또는 수정된다.

주요 이론적 개념(공리)[13]

1) [공리 1] : 외적 환경의 감각과 자극 흔적

외부자극은 구심성(감각) 신경충동(neuron)을 활성화시킨다. 이로 인해 환경자극이 보다 오래 지속된다.

자극 흔적(stimulus trace : s) : 자극이 사라진 후에도 몇 초간 지속되는 존재

헐(Hull)은 자극 흔적의 존재를 가정하였다. 이러한 구심성 신경충동이 반응과 연합되기 때문에 그는 자극 흔적을 토대로 전통적인 S-R 공식을 S-s-R로 바꾸었다. 헐(Hull)은 s와 R 간의 연합에 관심을 가졌다. 자극 흔적은 원심성(운동) 신경 반응(r)인 외현적 반응을 일으킨다. 결과적으로 S-s-r-R을 얻게 된다. 여기서 S는 외현적 자극, s는 자극흔적, r은 운동신경의 점화, 그리고 R은 외현적 반응이다.

2) [공리 2] : 감각 충동들 간의 상호작용

감각충동들 간의 상호작용(interaction of sensory impulses)은 자극의 복잡성과 그로 인해 행동예측이 어렵다는 것을 나타낸다. 하나의 자극에 의해 발생하는 행동은 거의 없다. 많은 자극들이 유기체에 영향을 주어 행동이 나타나게 된다. 많은 자극들과 각각 자극흔적들이 서로 상호작용하고 통합되어 행동을 결정한다.

3) [공리 3] : 학습하지 않은 행동

헐(Hull)은 유기체는 욕구가 생길 때 유발되는 학습하지 않은 행동(unlearned behavior), 즉 반응 위계를 가지고 태어난다고 믿었다. 만일 눈에 이물질이 들어가면 자동적으로 눈을 깜빡이고 눈물을 흘리게 될 것이다. 이물질에 인한 고통을 감소시켜 줄 가능성이 가장 높은 생득적 반응을 촉발시킨다. '위계적'이란 단어는 이러한 반응들을 지칭할 때 사용하는 말인데, 하나 이상의 반응이 일어날 수 있기 때문이다. 만약 첫 번째, 두 번째 생득적 반응이 욕구를 감소시키지 못하면 또 다른 형태의 생득적 반응이 나타난다. 만일 생득적 행동이 욕구를 효과적으로 감소시키지 못한다면 유기체는 새로운 반응 형태를 배워야 한다. 반면에, 생득적인 반응 혹은 앞서 학습한 욕구를 만족시키는 한 새로운 반응을 학습할 이유는 없다.

4) [공리 4] : 학습을 위한 필요조건으로서의 인접과 추동 감소

만일 자극이 반응을 유도하고 반응이 생리적 욕구를 만족시키면 자극과 반응 간의 연합은 강화된다. 자극과 욕구 충족을 이끄는 반응이 자주 짝지어질수록 자극과 반응 간의 관계는 더욱 강해진다. 헐(Hull)에 의하면 일차적 강화(reinforcement)는 욕구 충족 또는 헐(Hull)이 추동 감소(drive reduction)라고 말하는 것을 포함해야 한다. 자극에 뒤이어 반응이 나타나고, 그 반응 이후에 강화가 따라오면 자극과 반응 사이의 연합은 강화된다고 말할 수 있다. 그 자극에 대해 그 반응이 일어나게 하는 '습관'이 강해진다고 말할 수 있다. 습관 강도(habit strength)는 자극과 반응 간의 연합 강도를 말한다. 자극과 반응 간의 짝지음이 강화를 받는 횟수가 증가할수록 습관 강도는 높아진다.

5) [공리 5] : 자극 일반화

헐(Hull)은 어떤 자극(조건화 과정에서 사용된 자극이 아닌)이 조건 반응을 인출해 내는 능력은 그 자극이 훈련을 시키는 동안에 사용된 자극과 유사한 정도에 의해 결정된다고 말한다. 따라서 습관 강도(sHR)는 두 자극이 유사한 만큼 한 자극에서 다른 자극으로 일반화 한다. 자극일반화(stimulus generalization)에 대한 이 가정은 이전의 경험이 현재의 학습에 영향을 미치는 것을 나타낸다. 헐(Hull)은 이를 일반화된 습관 강도(generalized habit strength)라 부른다. 이러한 공리는 학습전이에 대한 손다이크(Thorndike)의 동일요소 이론과 같다.

6) [공리 6] : 추동과 연합된 자극

유기체가 생리적으로 결핍되면 추동(drive : D) 상태가 되는데, 각 추동은 특정 자극과 연합된다. 예를 들면 기아의 고통은 기아 추동을, 그리고 마른 입, 입술, 목은 갈증 추동을 수반하는 것을 들 수 있다. 구체적인 추동 자극이 존재하기 때문에 동물들에게 어떤 한 추동에서는 어떤 식으로 행동하고 다른 추동 아래에서는 다른 식으로 행동하도록 가르칠 수 있다. 예를 들어, 동물에게 배고플 때는 T-미로에서 오른쪽으로 돌도록 가르치고 목이 마를 때는 왼쪽으로 돌도록 가르칠 수 있다.

---

13) **출처** : 김영채 역(2001). 학습심리학, 박영사 / 김효창 외 공역(2009). 학습심리학, 학지사.

7) [공리 7] : 추동과 습관 강도의 함수로서 반응 잠재력

주어진 상황에서 학습된 반응이 발생할 가능성을 반응 잠재력(reaction potential : sER)이라고 한다. 반응 잠재력은 습관 강도와 추동에 의해 결정된다. 학습된 반응이 발생하기 위해서는 추동에 의해 습관 강도가 활성화 되어야 한다. 추동이 직접적으로 행동을 유발하지는 않는다. 추동은 행동을 자극하고 강력하게 만든다. 추동이 없으면 자극과 반응 간의 짝지음에 대해 여러 차례 강화가 주어진다고 하더라도 유기체는 학습된 행동을 하지 않을 것이다. 동물 먹이를 얻기 위해 스키너 상자(Skinner box)에 있는 막대를 누르는 것을 학습하는 것에서도 훈련을 아무리 잘 받았다고 하더라도 배가 고프지 않다면 막대를 누르지 않을 것이다. 반응 잠재력은 얼마나 자주 반응이 강화를 받았느냐와 추동이 어느 정도냐에 의해 결정된다. 습관 강도나 추동 중 하나라도 0이 되면 반응 잠재력은 반드시 0이 된다.

8) [공리 8] : 반응은 피로를 유발하며, 피로는 조건반응의 인출을 방해함

반응은 활동(work)을 필요로 하며 활동은 피로를 유발한다. 결과적으로 피로는 반응을 방해한다. 반응 제지(reactive inhibition : IR)는 근육 활동으로 인한 피로에 유발되며, 작업량과도 관계된다. 반응 제지는 피로와 연관되어 있기 때문에 유기체가 수행을 중지하면 자동적으로 사라진다. 이런 개념은 소거 후에 나타나는 조건화된 반응의 자발적 회복을 설명하기 위해 사용되었다. 동물은 반응제지가 쌓여가기 때문에 반응을 멈춘다. 휴식을 취하고 나면 반응제지가 사라지고 다시 반응을 시작한다. 반응제지는 또한 휴지 후에 수행이 향상되는 회상효과(reminiscence effect)를 설명하는 데 사용된다. 회상효과란 지속적 훈련을 통한 학습이 어느 정도 수준에 도달하고 나서 잠시 휴식을 취하도록 하고 다시 훈련을 시작하게 되면 이전 학습 수준을 넘어서게 된다는 것이다. 잠시 휴식을 취하고 나면 피로가 사라지고 수행이 향상된다. 반응제지에 대한 헐(Hull)의 주장을 지지하는 추가적인 증거는 집중훈련과 분산훈련간의 차이에 관한 연구에서도 찾아볼 수 있다. 시간 간격을 길게 하면서 분산훈련을 실시하면, 시간 간격을 짧게 해서 집중훈련을 하는 것보다 수행이 더 우수하다는 사실이 일관되게 확인 할 수 있다. 훈련 시행 사이에 휴식을 취하는 훈련 대상은 한 시행에서 다음 시행을 즉시 실시하는 실험 대상보다 더 높은 훈련 수행에 이른다.

9) [공리 9] : 반응하지 않은 것의 학습

피로는 부적 추동상태이기 때문에 피로 상태에서 반응하지 않는 것이 강화적인 속성을 갖는다. 반응을 하지 않음으로써 반응제지가 사라지고, 이로 인해 피로로 인한 부적 추동이 감소하게 된다. 반응하지 않는 것의 학습을 조건화된 제지(conditioned inhibition : sIR)라고 한다. 반응제지와 조건화된 제지 모두 학습반응을 방해하기 때문에 반응 잠재력(sER)에서 제거해야 한다.

3 션크와 루드(D. Schunk & H. Rude)가 제시한 효과적인 모방학습 모델의 특성

일반적으로 모방학습은 일관성 있게 자신이 생각하는 모델의 행동을 관찰할 때 모방학습이 자주 나타난다. 션크와 루드(D. Schunk & H. Rude)에 따르면, 학습자는 모델이 자신의 상황과 조건(성별, 연령 등)과 유사할 경우, 그리고 모델의 능력(역량)과 지위가 높을 경우 효과적인 모방학습이 증가한다고 주장하였다.

출처 : 남희림(2016), 항공사 객실승무원의 멘토링이 서비스일관성, 긍정적 정서표현, 서비스 유연성에 미치는 영향, 박사학위논문

4 뇌의 발달

보통 침팬지나 포유류는 아기의 뇌가 어른 뇌의 45% 정도 크기가 됐을 때 세상에 태어난다. 하지만 인간은 성인 뇌의 25%에 불과할 때 세상에 나온다. 신생아의 뉴런의 숫자는 1천억 개로 성인의 뉴런 숫자와 같다. 20대가 되면 뇌세포는 매일 10만 개씩 줄어드는 반면, 새로 생기는 뇌세포는 극히 적다. 즉, 뇌세포의 숫자는 태어날 때가 가장 많다. 그런데도 뇌는 커지고 성장한다. 태어날 때 350g에 지나지 않는 뇌가 생후 1년이 되면 거의 1,000g에 이르게 된다. 그렇다면 도대체 왜 뇌가 커질까? 뇌세포의 숫자는 거의 고정돼 있지만, 세포와 세포 사이를 잇는 회로가 발달하기 때문이다. 이 회로가 복잡해지고 정교해지면서 뇌의 부피와 밀도가 증가하고 지능과 감정이 발달한다.

출처: 사이언스 타임즈

5 기억

1) 앳킨슨(Atkinson)과 쉬프린(Shiffrin)의 다중 저장소 모형

1960년대에 정보처리 관점에 근거하여 기억체계의 기본 구조가 여러 개의 기억 저장고로 이루어진 것으로 보는 다중기억이론(기억의 이중구조 모형)이 제안되었는데, 이것이 앳킨슨(Atkinson)과 쉬프린(Shiffrin)의 다중 저장소 모형(이중구조 모형)이다. 기억 저장고들은 감각기억, 단기기억, 장기기억의 3가지가 있으며, 이들은 시간 흐름상 배열된 일련의 단계로 입력 정보가 차례로 경유하게 되어 순차적(계열적) 정보처리와 관련이 있다.

2) 병렬 분산처리 모형(Parallel Distributed Processing model, PDP-model)

병렬 분산처리 모형(parallel distributed processing model), 즉 PDP 모형이라고 부르는 기억 모형은 가장 최근에 제안된 기억 모형들 중 하나로, 앳킨슨(Atkinson)과 쉬프린(Shiffrin)의 다중 저장소 모형이나 작업기억 모형과는 다른 방식으로 기억을 설명하고 있다. 병렬 분산처리 모형은 연결주의적 관점에서 비롯된 것으로, 마디들의 연결로 이루어진 네트워크를 통해서 기억을 설명하고자 하는 시도이다.

> **📌 심화/참고**
>
> **회상(recall)과 재인(recognition)**
> 기억 인출 방식들 중 회상(recall)과 재인(recognition)이라는 것들이 있다. 회상(recall)은 기억해내야 할 대상(target)을 직접 보지 않는 상태에서 간접적 단서에만 의지하여 표적을 인출하는 방식이며, 재인(recognition)은 표적을 직접 보고 있는 상태에서 그것을 사전에 접하였는지 판단하는 인출 방식이라 할 수 있다. 예를 들면, 주관식 시험은 회상검사에 해당되고, 객관식 시험은 재인검사에 해당된다.

6 코빙튼(M. Covington)의 자아가치이론(self-worth theory)과 에클스(J. Eccles)의 기대가치이론(expectancy-value theory)

1) 코빙튼(M. Covington)의 자아가치이론(self-worth theory)

(1) 이 이론에 의하면 사람들은 자존감을 지키기 위해 실패했을 때 자신이 능력과 노력이 부족했다는 생각으로부터 자기가치를 보호하려는 동기를 가진다. 즉 실패한 이유에 대해 변명을 한다.

(2) 사례 : 내가 지난 시험 성적이 나빴던 이유는 하필 그날 배탈이 났기 때문이다.

→ 성적이 나빴던 이유가 시험공부를 안해서가 아니라 배탈이 나서 시험을 잘못 봤다고 귀인하고 있다.

2) 에클스(J. Eccles)의 기대가치이론(expectancy-value theory)

(1) 이 이론에 따르면 기대는 성공확률에 대한 신념이며, 가치는 그 성공으로부터 얻는 것이 가치가 있다는 주관적인 가치판단이다.

(2) 사례 : 나는 남들보다 뛰어난 사람이라고 믿기 때문에 남들보다 더 어려운 과제를 골라서 도전한다.

→ 자신이 남들보다 뛰어난 사람이라고 믿고, 뛰어난 사람이 되고 싶다는 기대가 있기 때문에 어려운 과제를 골라서 도전하는 일이 가치가 있다고 느낀다.

7 하이더(F. Heider)의 균형이론(인지 평형설)

1) 하이더(F. Heider)의 균형이론(인지 평형설)은 개인 자체(P)와 다른 사람 (O), 그리고 객체(X)의 관계에 의해서 개인의 인지적인 구조는 균형 또는 불균형 상태로 메시지를 받아들이게 된다.

2) 사례

새 학기를 시작하기 전에 A는 화학 과목을 별로 좋아하지 않았다. 그러나 새로운 화학 선생님에게 호감을 느낀 A는 학기가 끝날 때쯤에는 화학 과목을 좋아하는 학생이 되었다.

→ A는 개인 자체(P), 화학 선생님은 다른 사람(O), 화학 과목은 객체(X)가 된다. P, O, X의 세 개의 구성요소가 모두 긍정적 관계(A의 화학 선생님에 대한 호감 및 화학 과목에 대한 선호)일 때 인지적 균형을 이루게 된다.

8 뇌의 구조와 기능

1) 뇌의 국소화(localization)는 출생 후 2~3년에 걸쳐 이루어진다.

> 뇌의 국소화(localization) 또는 대뇌 편재화는 출생 후 2~3년에 걸쳐 이루어진다. 대뇌 편재화는 대뇌의 국소화와 같은 개념으로서, 좌뇌와 우뇌의 역할 분할을 말한다. 즉, 좌뇌는 언어, 논리, 판단, 부분 지각, 오른쪽의 운동 감각 역할을 담당하고 우뇌는 감성, 공간지각, 창의력, 전체 지각, 왼쪽의 운동 감각 등을 담당한다.
>
> cf 참고로 신경가소성(neuroplasticity)은 뇌가 경험한 결과들을 재조직하거나 수정하는 능력이며, 대뇌 편재화(뇌의 국소화, localization)에 따라 뇌 가소성 또는 신경가소성(neuroplasticity)이 감소된다.

2) 신경가소성(neuroplasticity)은 뇌가 경험한 결과들을 재조직하거나 수정하는 능력이다.

대뇌 편재화에 따라 뇌 가소성이 감소된다. 뇌 가소성(신경 가소성)이란, 뇌의 신경세포(뉴런)는 재생이 안 되지만, 몸의 다른 학습에 의해 기능 회복이 가능한 성질을 말한다. 즉, 좌측 또는 우측의 뇌 중에 한쪽을 손상을 당하면 나머지 뇌에서 손상당한 뇌의 기능까지도 대신하려고 하는 성질을 말한다.

3) 해마의 손상은 외현기억의 응고화를 방해할 수 있다.

외현적 기억정보와 해마[14]
외현적 기억정보는 의미 중심으로 정교하게 처리되면 해마에서 장기기억으로 전환하여 비교적 안정적으로 저장된다. 현대의 기억 연구자들에게 많은 관심의 대상이 되고 있는 시스템 (재)응고화 이론은 외현적 장기기억의 역동적 특성을 강조한다. 즉, 해마에서 형성된 외현적 장기기억의 흔적은 시간이 경과함에 따라 점진적으로 대뇌피질로 옮겨가 저장되며, 이 기억이 재활성화되는 경우에는 다시 해마로 복귀해 새로운 정보를 통합하고 또 다시 대뇌피질로 이동함을 반복한다.

4) 도파민은 강화중추와 관련 있는 호르몬이다.

쾌락 중추에서 형성되는 신경전달물질인 도파민은 짜릿한 쾌감을 주는 행동을 기억하고 반복하게 만드는 기능을 한다. 뇌 안에서 도파민은 실행(executive function), 운동(motor control), 동기부여 (motivation), 각성(arousal), 강화 (reinforcement), 보상(reward) 등을 조절한다[15].

9 학습에서의 전이(transfer) 유형

1) 정적(positive) 전이

정적 전이는 선행학습이 후행학습을 촉진할 때 일어난다. 예를 들면, 배드민턴을 친 경험이 테니스를 치는 것에도 도움이 되는 경우이다.

2) 부적(negative) 전이

부적 전이는 선행학습이 후행학습에 지장을 주거나, 그것을 더 어렵게 만드는 것을 의미한다. 예를 들면, 한글 2벌식 타자를 친 경험이 이후 한글 3벌식 타자를 치는데 방해가 되는 경우이다.

3) 근접(near) 전이

근접 전이는 원래의 맥락과 전이 맥락이 유사하며 기능 숙달과 관련되는 것이다. 이는 상황들 간에 많은 중첩이 있고, 원래의 맥락과 전이 맥락이 매우 유사한 경우 기능 숙달과 관련되는 것이다. 예를 들어, 분수법을 가르친 후에 학습자가 동일한 형식의 내용에 관해 시험을 보는 것을 들 수 있다.

---

14) 신맹식(2010). 시스템 응고화 이론에 의한 내측 측두엽 손상 환자들의 기억 인출 또는 실패에 대한 역동적인 해석. 한국심리학회지: 인지 및 생물. 22(4): 549 – 571.

15) 출처: 서울대 의과대학(2004). 생리학 제7판

4) 원격([far] 전이

원격 전이는 상황들 간에 중첩이 적은 것으로, 원래의 맥락과 전이 맥락이 덜 유사한 것이며, 예를 들어, 분수법을 명시적으로 배운 적도 없는 완전히 다른 상황에 적용해 보도록 하는 경우를 들 수 있다.

5) 무(zero)전이

무 전이는 어떤 형태의 학습이 후행학습에 별다른 영향력을 미치지 않음을 의미한다.

6) 특수(specific)전이

특수 전이는 선행학습과 후행학습 간의 구체적 요인(특수요인)에서만 일어나는 것이다.

7) 일반(non-specific)전이

일반 전이는 일반적인 원리의 이해가 전이를 일으키는 현상으로, 학습하는 방법을 학습함으로써 다른 방면에도 두루 전이의 현상이 일어나는 것이다.

8) 수평적(lateral) 전이

수평적 전이는 훈련과정에서 배웠던 과제와 복잡성 정도가 유사한 과제에 전이가 일어난다. 예를 들면, 수학에서 배운 지식과 원리가 물리나 화학에도 잘 응용되는 경우이다.

9) 수직적(vertical) 전이

수직적 전이는 훈련과정에서 배웠던 과제보다 더 복잡한 과제에 전이가 일어난다. 예를 들면, 덧셈과 뺄셈을 배운 것부터 시작해서 이차방정식을 푸는 것이다.

10) 축어적(literal) 전이

축어적 전이는 원래대로의 기능 혹은 지식이 새로운 과제에 전이되는 것이다. 예를 들면, 학습자들이 분수법을 학교 안팎에서 사용하는 경우이다.

11) 도해적(figural) 전이

도해적 전이는 어떤 문제에 대해 생각하거나 학습하기 위하여, 일반적인 지식의 몇 가지 측면들을 특별한 문제에 비추어 생각하거나 사용하는 것이다. 예를 들면, 학습자들이 학습에 직면했을 때, 자신들이 관련 분야에서의 선행학습을 숙달하기 위해 사용했던 것과 동일 학습전략들을 사용할 때 일어난다.

10 부분강화효과

1) 연속강화계획상에 있었던 행동에 비해 간헐적 강화로 유지된 행동이 소거가 더 어렵고, 이를 부분강화효과라고 한다.

2) 부분강화효과의 이유는 변별가설, 좌절가설, 순서가설 등으로 설명할 수 있다.

(1) 변별가설

소거와 연속강화를 구별하는 것보다 소거와 간헐적 강화를 구별하기가 더 힘들기 때문이다. 예를 들어, 연속강화의 경우 고양이가 레버를 누를 때마다 먹이가 나오기 때문에 누를 때 먹이가 안 나오는 소거의 경우와 강화의 경우가 구별이 더 쉽다. 반면에 부분강화는 레버를 눌렀을 때 줄 때도 있고, 안 줄 때도 있기 때문에 먹이가 안 주어지는 상황이 소거인지, 강화 중에 일어나는 일인지를 변별하기가 어렵다.

(2) 좌절가설

암셀(Amsel)은 이전에 강화 받던 행동에 대한 비강화가 좌절을 준다고 주장하였다(1958, 1962). 좌절은 혐오적인 정서상태이며 좌절을 감소시키는 것은 무엇이든 강화적일 것이다. 연속 강화에서는 좌절이 없는데, 그 이유는 비강화(레버를 누를 때 먹이가 안 주어지는 상황)가 없기 때문이다. 반면, 부분강화에서는 먹이를 줄 때도 있고 안 줄 때도 있기 때문에 좌절상태를 고양이가 경험을 하고 그 상태에서도 수행을 하게 되면 언젠가 먹이가 나왔다. 좌절상태에서의 수행을 강화하게 되어, 소거 상황(먹이를 계속 안주는 상황)에서도 좌절을 경험하지만, 그 상황에서의 수행이 강화되었기 때문에 한 동안은 레버 누르는 행동을 계속하게 되어 소거가 잘 안 된다.

(3) 순서가설

카팔디(Capaldi)는 훈련 시의 단서들의 연속적 순서가 다름에 따라 부분강화효과가 생긴다고 주장한다(1966, 1967). 소거 시에는 지렛대를 눌러도 강화가 나오지 않고, 지렛대 누르기에 대한 중요한 단서(즉, 강화의 존재)가 없어진다. 연속강화 이후 소거가 신속하게 진행되는 이유는 수행을 위한 중요한 단서가 없기 때문이다. 반면, 간헐적 강화 시에는 지렛대를 누르면 어떤 때에는 강화가 뒤따르고, 어떤 때에는 비강화가 뒤따른다. 즉, 강화와 비강화의 연속적 순서가 지렛대를 누르기 위한 신호가 되는 것이다. 쉽게 말해, 연속강화는 강화-강화-강화의 순으로 나타나고, 부분강화는 강화-비강화-강화-비강화의 순으로 나타나기 때문에 소거상황에서도 비강화 후에는 강화가 있어 왔기 때문에 계속 레버를 누르는 행동을 해서 소거가 잘 이루어지지 않는다.

11 코빙튼(M. Covington)의 성취동기 유형

1) 코빙튼(M. Covington)의 성취동기 유형은 ① 성취욕구의 정도와 ② 과정에서의 실패 회피 여부에 따라 4가지로 구분한다.

2) ① 성취욕이 강하면서 과정에서의 실패를 회피하지 않는 사람(성공지향자), ② 성취욕이 강한 반면, 과정에서의 실패에 대한 회피가 높은 사람(과잉노력자), ③ 성취욕은 낮은 반면, 과정에서의 실패에 대한 회피가 높은 사람(실패회피자), ④ 성취욕도 낮고 과정에서의 실패에 대한 회피도 낮은 무기력한 사람(실패수용자)이 그 것이다.

3) 사례 : 학생 A는 성취를 위해 공부를 매우 열심히 하지만, 과정에서의 실패에 대한 회피가 높아 항상 불안해하고 스트레스를 받고 있다면 '과잉노력자'에 해당한다.

12 효과적인 처벌

1) 처벌 전 사전 경고를 하는 것이 효과적이다.

2) 처벌하는 이유를 분명히 말한다.

3) 잘못을 한 직후에 처벌하는 것이 더 효과적이다.

4) 즉흥적이고 충동적으로 처벌하지 않는다.

5) 처벌 받는 행동은 분명하고 구체적인 용어로 제시되어야 한다.

6) 다른 사람 앞에서 처벌하면 반감을 갖는다.

7) 기분에 좌우되지 않고 일관성을 유지한다.

8) 대상에 따라 행동 변화를 효과적으로 유도할 수 있는 처벌방법을 찾아본다.

9) 단호하되 가혹하지 않게 한다.

10) 일단 경고를 한 후 그래도 문제가 되면 처벌한다.

11) 문제 행동을 처벌하되 대안을 제시한다.

12) 처벌받는 행동을 구체적으로 제시한다.

13) 잘못을 인정하거나 뉘우쳤을 때는 온화한 태도로 바꾼다.

13 비고츠키(Lev Vygotsky)의 사회문화적 인지발달이론

1) 인지발달: 문화적 맥락은 인지 과정의 유형을 결정함

2) 인간관: 아동들이 '발판(스캐폴딩)'과의 상호작용을 통해서 발달함

3) 학습과 발달: 학습이 발달을 주도함

4) 상호작용: 사람들과의 상호작용이 유아의 사고를 결정함

5) 언어와 인지발달: 언어(사적 언어)는 인지발달에서 주도적인 역할을 함

6) 환경: 사회적이고 역사적인 환경을 강조함

7) 문화 환경과 인지발달의 관계: 문화적 맥락이 아동의 인지과정의 유형을 결정함

8) 협동학습: 또래 간의 협동이 가능한 시기는 정해져 있지 않으며, 새로운 인지 능력은 모든 연령에서 가능함

9) 언어관: 언어는 인지발달에 중대한 역할을 하며 유아의 정신기능의 핵심임

10) 유아관: 학습은 문화적 맥락에서 일어나며 발견되는 대상과 발견하는 수단은 모두 '인류 역사와 문화의 산물'임

11) 지식관: 문화적 지식을 내면화하는 것이 유아의 인지발달에 중요한 역할

12) 학습발달에 미치는 효과: 학습과 발달의 관계가 훨씬 복잡하고, 지식의 종류나 내용, 유아의 연령에 따라 한 걸음의 학습이 두 걸음의 발달을 의미함

14 파이비오(A. Paivio)의 이중부호이론[16]

1) 이중 부호화(dual coding)는 수업에서 학습자들에게 어문적 자료(verbal materials)와 시각적 자료(visual materials)를 함께 제공하는 것을 말한다.

2) 이중부호화이론은 정보가 어문적 부호화(verbal encoding)와 시각적 부호화(visual encoding)를 통해 동시에 처리되고 저장되는 것을 설명하는 이론이다.

3) 이렇게 이중으로 부호화(encoding)된 정보는 어느 한 가지로만 부호화되는 경우에 비해 더 쉽게 기억되고 더 쉽게 인출될 수 있다.

4) 사례

'개'를 부호화할 때, '개'라는 단어뿐만 아니라 이미지(외모, 소리, 냄새 등의 감각 정보)로 저장한 경우, 이 둘은 연결·통합되기 때문에 단어나 이미지 중 하나만 인출해도 두 가지 모두 재생할 수 있다.

15 학습에 관한 뇌과학적 설명

1) 도파민

도파민은 정적 강화를 받을 때 분비되는 신경전달 물질이다. 새로운 지식, 정보를 흡수하거나 목적을 달성하면 뇌는 도파민이라는 신경전달물질을 분비한다. 뇌에는 '쾌감보수 시스템'이라는 것이 있는데, 성취감이 쌓일수록 그 쾌감에 대한 보너스로 도파민을 분비시키고 뇌를 강화시켜 준다.[17]

2) 신경생성

프랭크랜드의 연구결과, 뇌에서 새 신경이 만들어지는 '신경생성(neurogenesis)'이 성인보다 훨씬 빠른 속도로 일어나는 유아기에 집중했다(성인의 뇌가 하루 약 700개의 신경세포를 만드는 반면, 유아기의 뇌는 하루 약 2100~2800개의 신경을 만들어낸다)고 밝혀졌다. 그리고 청소년기 이후에 중단되지 않고 어른이 되어서도 신경이 생성되지만, 청소년기에 비해서는 그렇게 활발하지 않다.

3) 편도체

편도체는 정서기억에 관여하기 때문에 어떤 사건이나 정보를 기억할 때 그 기억에 감정을 결합시키는 역할을 한다.

4) 베르니케 영역

베르니케 영역은 언어의 의미를 이해하는 데 중요한 기능을 하며, 브로카 영역은 언어표현과 관련되어 중요한 기능을 한다.

---

16) **이찬승(2023). 학습과학 새 연재(17)**: 효과적인 수업 기술-이중 부호화(dual coding)와 멀티미디어 학습경험 설계 원칙의 적용.

17) **출처**: 오세웅(2017). 자기혁신 칼럼 - 뇌가 좋아하는 일. 기술과 혁신

---

5) 신경 가소성

신경 가소성(neural plasticity)이란 뇌가 신경연결을 재조직하거나 수정하는 능력으로, 뇌의 신경세포가 새로운 자극에 의해 일생동안 자라고 변할 수 있는 능력을 말한다. 신경가소성을 좀 더 엄밀히 정의하면 "뇌가 새로운 학습이나 경험에 따라 기존의 신경망을 새롭게 구축하면서 그 형태를 바꾸어 나가는 특성"을 말한다(이찬승, 2021).

16 칙센트미하이(M. Csikszentmihalyi)의 몰입(flow)

1) 칙센트미하이(M. Csikszentmihalyi)가 제시한 몰입(flow)은 사람들이 전체적으로 어떤 일이나 활동에 빠져들어 완벽하게 몰두하는 총체적 감흥이라고 주장했다.

2) 몰입에 빠지려면 3가지 조건이 있다. 첫째, 명확한 목표를 가질 것, 둘째, 하고자 하는 일이 적절한 수준의 난이도를 가질 것, 셋째, 결과에 대한 피드백이 빨라야 한다는 것이다.

3) 몰입은 일의 난이도가 능력이나 역량과 제대로 부합할 때 발생한다. 즉, 너무 쉬우면 지루하다고 느끼고, 너무 어려우면 불안해지고 일 처리능력이 급격히 감소한다.

4) 몰입은 외적 동기(부모님께 칭찬받기 위해 공부하는 것)보다 내적 동기(원하는 꿈을 달성하기 위해 공부하는 것)에 의해 유도된다.

memo

2교시

6과목

청소년 이해론

나눔복지교육원 동영상 강의

CHAPTER 01

청소년 심리

제1절 | 청소년 발달 이론

1 청소년 발달의 역사적 조망을 중심으로

1) 고대 희랍시대 - Platon과 Aristoteles

(1) 플라톤(Platon)

① 아동기 초기에는 지적인 면이 아니라, 성격적인 면이 발달되어야 한다.

② 성격 형성에서 후기 경험의 중요성을 간과하지는 않았지만, 초기 경험의 중요성을 강조했다.

(2) 아리스토텔레스(Aristoteles)

① 청소년 연령기의 가장 중요한 측면을 선택능력의 발달이라고 주장하였다.

② 청소년 초기의 개인들은 성숙한 사람에 비해 불안정하고 인내심이 부족하며 자기 통제능력이 부족하다고 생각하였다.

③ 청소년기 자기결정의 중요성을 기술하기 위해 독립, 성, 정체감, 직업선택과 같은 용어를 사용한다.

> ⊘ **부연**
>
> **청소년기 발달이론과 심리특성 – 플라톤(Platon)과 아리스토텔레스(Aristoteles) 중심으로**
>
> 1) 플라톤은 그의 국가론(the Republic)에서 인간발달에는 세 가지 국면이 있는데, 그것은 욕망, 정신, 이성이라고 하였다. 가장 낮은 수준의 욕망(desire)은 오늘날 본능, 욕구, 충동으로도 표현되며, 프로이트(S. Freud)의 정신분석 이론에서 말하는 원초아의 개념과도 비슷하다. 플라톤에 의하면 욕망은 주로 신체적 욕구만족과 관련되어 있다. 그 다음 수준인 정신(spirit)은 용기, 확신, 절제, 인내, 대담과 같은 개념이며, 최고의 수준인 신성(divine)은 초자연적이고 영원하며 우주의 본질을 이루는 것으로 진정한 의미의 정신으로서 오늘날 이성으로 표현된다.
>
> 2) 아리스토텔레스는 플라톤의 제자였지만, 스승의 이론에 많은 도전을 하였다. 특히 육체와 정신을 분리해서 이해한 플라톤에 반대하여 정신과 육체는 분리될 수 없으며, 구조와 기능 면에서 서로 관련되어 있다고 주장하였다. 그러나 정신세계의 세 가지 다른 수준에는 동의하였는데 생물학적, 진화론적 관점에서 정신구조를 이해하였다. 그는 사고할 수 있는 능력과 더불어 논리 및 이성을 활용할 수 있는 힘이 인간발달의 궁극적인 목적이고, 인간의 본질이라고 보았다.
>
> 3) 아리스토텔레스는 청소년기가 시작될 무렵에는 청소년들이 참을성이 없고, 안정감이 없으며, 자제력이 결여된 것으로 보았다. 그러나 21세쯤 되면 대부분의 청소년들은 보다 나은 자기통제력을 갖게 된다고 보았다. 그는 청소년기의 가장 중요한 발달 측면은 자기결정(self - determination)이라고 보았는데, 이것은 오늘날 말하는 독립심이나 자아정체감과 비슷한 개념이다. 아리스토텔레스는 또한 청소년들의 성공에 대한 욕망, 낙천주의, 신뢰감, 과거가 아닌 미래에 대한 관심, 용기, 동조행위, 이상주의, 우정, 공격성 등에 관해서도 논의했는데, 이와 같은 주제는 오늘날에도 여전히 청소년 심리학에서 주요한 주제가 되고 있다(정옥분, 1998).

2) 중세와 계몽기

(1) 중세기 동안 아동 및 청소년에 대한 사회의 시각은 매우 냉소적, 비인격적인 존재로 취급하였다.

(2) 엄격한 교리주의적 전통은 아동의 비이성적이고 반문화적인 행동을 그들의 마음 속에 악령이 내재되어 있기 때문이라고 해석하여 혹독한 훈육과 체벌, 노동을 통해 악령을 몰아내야 한다고 생각하였다.

(3) 청소년은 견습공 또는 하급 기술자에 지나지 않았으며 그들 나름의 독자적인 문화와 사고방식은 허용되지 않았다.

(4) 18세기 루소(Rousseau)의 견해

① 청소년에 대한 보다 계몽된 견해를 제시하였다.

② 어린이가 성인과 동일하게 취급받아서는 안 된다는 신념을 펼치는 데 주력하였다.

③ [에밀]이라는 저서에서 '독립된 인격체'라고 주장하였다.

④ 아동기와 청소년기의 발달이 일련의 4단계로 진행된다고 생각하였다.

3) 근대 말과 20세기 초

'청소년'이란 말이 등장하는 시기로서 19세기 말과 20세기 초는 우리가 지금 '청소년'이라고 말하는 개념이 창안된 중요한 시기이다.

(1) 스탠리 홀(G. Stanley Hall)의 견해 - 청소년에 대한 과학적 연구의 아버지

① 청소년은 질풍노도를 경험하고 있는 퇴폐적인 문제의 원인 제공자이다.

② 많은 청소년들이 수동적인 존재로 보이지만, 그들은 내적으로 상당한 혼란을 경험하고 있다.

③ 진화론자인 다윈(Charles Darwin)의 영향을 크게 받았다.

④ 청소년 발달연구에 과학적·생물학적 측면을 적용하였다.

⑤ 유아기와 아동기의 발달은 유전적으로 결정된 생리학적 요소에 의해 통제되며 환경은 발달에 최소한의 역할을 수행할 뿐이다.

⑥ 청소년의 발달은 생의 초기보다는 환경의 영향력이 더 크며 유전과 환경과의 상호작용이 청소년의 발달을 결정한다.

⑦ 발달 4단계: 유아기 - 아동기 - 청소년 전기 - 청소년 후기

⑧ 청소년기

ㄱ. 14세 ~ 25세까지의 연령 범위에 해당된다.

ㄴ. '질풍과 노도'는 청소년기가 갈등과 정서혼란으로 가득 찬 격변기임을 나타낸다.

ㄷ. 청소년의 사고, 감정, 행동은 자만과 겸손, 선과 유혹, 행복과 슬픔 사이를 왔다갔다 한다.

⑨ Hall의 견해 의의: 청소년 분야의 거장으로서 단순한 사변과 철학을 초월하여 청소년 발달을 이론화하고 체계화하고 의문을 제기하였다.

⑩ Hall의 견해 비판: 교육에 대한 발달심리학적 견해는 주로 과학적 자료보다 사변적인 이론에 의존하고 있어 매우 취약하고 불확실한 의문들을 내포하고 있다.

스탠리 홀(S. Hall)의 인간발달에 관한 주장

1) 청소년기에는 생물학적 과정이 사회성 발달을 유도한다.
2) 청소년기는 아동에서 성인으로 옮겨가는 과도기로 불안정과 불균형을 경험한다.
3) 인간의 발달단계를 유아기, 아동기, 청소년 전기, 청소년 후기로 보았다.
4) 성욕은 청소년기를 '질풍노도의 시기'로 만드는 원인 중 하나이다.
5) 홀은 청소년에 대한 과학적 연구의 아버지이자 청소년분야의 거장으로서, 단순한 사변과 철학을 초월하여 청소년 발달을 이론화하고 체계화하고 의문을 제기하였다.
6) 질풍과 노도는 청소년기가 갈등과 정서혼란으로 가득찬 격변기임을 나타내며 다윈의 영향을 받아 과학적이고 생물학적 측면을 적용하였다.
7) 홀은 생의 초기보다 청소년기는 환경의 영향력이 더 크다고 보았으며 유전과 환경과의 상호작용이 청소년의 발달을 결정한다고 보았다.

(2) 마가렛 미드(Margaret Mead, 1928)의 사회 문화적 견해

① 청소년의 기본적인 성질은 Hall의 생물학적인 특징을 지닌 것이 아니라, 사회 문화적 특징을 지니고 있다.
② Mead의 사모아 섬의 청소년들에 대한 관찰은 청소년의 삶이 질풍노도와 비교적 거리가 멀다는 사실을 보여주었다
③ Mead는 청소년들에게 성관계를 관찰할 수 있도록 허용하고 아기 출산을 지켜볼 수 있도록 하며 죽음을 자연적인 것으로 간주하도록 하고 중요한 일을 하는 등의 문화가 청소년들을 스트레스로부터 비교적 자유롭게 한다고 주장했다.

(3) 창조주의자의 견해

① 청소년에 대한 창조주의적 견해의 20세기 초의 사회 역사적 상황
　도제기간의 축소, 산업혁명 동안 기술의 증가, 노동의 최신 기술과 전문화된 분업의 요구, 가정과 직업의 분리, 도시화, YMCA나 보이스카우트와 같은 청소년단체의 출현, 연령에 따라 구분된 학교 등
② 학교, 직업, 경제는 청소년에 대한 창조주의적 견해의 중요한 요소들이다.
③ 청소년에 대한 법을 만듦으로써 성인의 권력구조는 청소년의 선택을 제한하고 의존성을 높이고 청소년들을 직업세계 속에 묶어 두어 더욱 편리하게 관리할 수 있도록 하는 방향으로 청소년을 복종적인 지위자로 만들었던 것이다.

4) 20세기의 청소년

(1) 1920년에서 1950년까지 청소년은 많은 복잡한 변화들을 겪었던 만큼 사회에서도 보다 현저한 지위를 획득하였다.
(2) 청소년의 생활은 1920년대에 보다 좋은 방향으로 전환되었으나 1930년대와 1940년대에는 어려운 시기를 겪었다.
(3) 성인의 지도성에 따른 수동성과 순응성은 동료들의 영향에 따른 자율성과 순응성으로 대치되었다.
(4) 젊은이들이 성인들의 행동을 모방하기보다 반대로 성인들이 젊은이들의 스타일을 모방하기 시작하였다.
(5) 1950년대에 청소년을 연령으로 구분한 발달심리학적 기반이 확립되었다.

(6) 청소년의 신체적·사회적 정체성에 주목하도록 하였을 뿐만 아니라 법적 관심을 불러일으켰다.

(7) 청소년의 정치적 저항운동은 1960년대 말과 1970년대 초에 절정에 달했다.

    – 미국의 비합리적인 베트남 전쟁 개입에 격렬하게 반대

(8) 1960년대 10대들의 약물남용에 대해 많은 관심을 가졌으며 미혼남녀의 성행동, 동거생활, 금지된 성행위의 증가 등을 보였다.

(9) 1970년대 중반 경에 고등학교나 대학교 또는 직업훈련학교에서의 엄격한 교육을 통해 성취 지향적 직업이나 지위 상승적 직업에 관심을 갖게 되었다.

(10) 1970년대 가장 큰 저항은 여성운동과 관련된 것으로 1970년대 청소년에 대한 기술은 남성에 못지않게 여성에 대한 비중이 높았으며 여성의 사회적 지위 향상과 성역할의 변화에 많은 관심이 모아졌다.

5) 현대의 청소년

(1) 청소년의 현행 지위

① 오늘날 대부분의 청소년들은 긍정적인 자아개념을 가지고 있으며 다른 사람과의 긍정적인 관계를 유지하고 있다.

② 현대의 연구결과들은 청소년기를 인생주기에서 매우 혼란스럽고 극도로 긴장된 시기로 묘사하지 않는다.

③ 오히려 대다수의 청소년들은 아동기에서 성인기로의 이행을 가치 있는 도전과 기회 및 성장을 제공하는 신체적·인지적·사회적 발달의 시기로 생각하고 있다.

④ 높은 이혼율, 청소년층의 높은 임신율, 가족의 잦은 이사는 청소년의 삶에서 안정성을 위협하는 요인이 되고 있다.

⑤ 인종, 문화, 성, 사회 및 경제, 연령, 생활양식의 차이는 각 청소년의 실제적 생활궤도에 영향을 미친다.

(2) 이상적인 청소년상과 청소년에 대한 사회의 양면적 메시지

다음의 예들은 성인이 보는 이상적인 청소년상과 청소년에 대한 사회의 양면적인 메시지가 청소년 문제에 어떻게 작용할 수 있는지를 제시한다.

① 많은 성인은 청소년의 독립성을 소중하게 생각하면서도 청소년이 그들의 삶에 대해 자율적이고 유능하게 의사결정을 할 수 있을 만큼 성숙되어 있지 않다고 고집한다.

② 청소년에 대한 사회의 성적 메시지는 특히 양면적인 성격을 많이 지니고 있다. 즉, 청소년은 성적으로 거의 무지에 가까운 존재로 기술되는가 하면, 한편으로는 성적으로 상당한 지식이 있는 존재로도 취급된다.

③ 법은 청소년들의 음주, 흡연, 기타 약물사용을 금지하고 있으며 성인들은 청소년의 약물사용을 강도 높게 비난한다. 그러나 청소년의 약물사용에 대해 비판하거나 잘못된 편견을 가지고 있는 성인들 가운데 많은 사람들이 약물남용자이거나 상습적인 흡연자이다.

(3) 청소년 발달의 복잡성과 사회 문화적 맥락

① 청소년 발달에 영향을 미치는 사회 문화적 맥락에 대한 관심이 점차 증가되고 있다.

② '맥락(context)'이란 발달이 일어나는 장면이며 역사적·경제적·사회적·문화적 요인들에 의해 영향을 받는 환경이다.

③ 많은 청소년 연구자들이 특별히 관심을 가지고 있는 3가지 사회 문화적 맥락은 문화, 민족성, 성(gender)이다.

  ㄱ. 문화

    가. 세대에서 세대로 전달되는 특정 집단의 행동 형태, 신념 그리고 그 밖의 모든 산출물이다.

    나. 산출물은 사람들의 집단과 여러 해에 걸쳐 이루어진 그들 환경 간의 상호작용으로부터 파생된 것이다.

  ㄴ. 민족성

    가. 문화적 유산, 국민성, 종족, 종교, 언어 등에 기초한다.

    나. 민족적 정체성 발달의 핵심적인 부분으로 공유된 언어, 종교, 관습, 가치, 역사, 종족집단에의 소속감을 의미한다.

  ㄷ. 성(gender)역할

    성(gender)역할은 남자와 여자가 되어가는 사회문화적 국면인 반면, 성(sex)은 남자 또는 여자의 생물학적 국면이라고 할 수 있다.

2 청소년의 의미와 발달적 특징

1) 청소년의 의미

(1) 청소년은 아동의 특성과 성인의 특성을 부분적으로 가지고 있으면서 양자의 어디에도 속하지 않는 과도기적인 존재이다.

(2) 청소년은 생식능력을 갖고 있지 못한 소년(소녀)과는 구별된다.

(3) 청소년은 성장이 완료된 청년과는 의미상 구별된다. 청년이라고 하였을 때는 신체적·지적·정서적 특성의 발달이 안정 상태에 도달함과 동시에 젊음과 힘을 상징하는 존재로 생각할 수 있지만 청소년은 신체적·지적·정서적 특성의 발달이 미성숙의 상태에서 성숙의 상태로 진행되고 있는 자이다.

(4) 청소년은 생애발달 과정의 어떤 시기와도 다른 독특성을 지님과 동시에 한 인간으로서의 인격적 존엄성을 지닌 존재이다.

2) 청소년기의 범위 및 특성

(1) 아동기의 종착점은 사춘기의 시작이며 청소년기의 종착점은 청년기의 시작이다.

(2) 사춘기는 생물학적으로 결정되지만, 청소년기는 사회학적 의미로 결정된다는 점에서 양 지점을 명확하게 구분하고 비교하는 데 어려움이 있다.

(3) 청소년기의 시작을 알리는 사춘기는 일반적으로 11 ~ 12세경부터인데, 여자의 경우 10세경부터, 남자의 경우 12세경부터 사춘기적 징후가 나타난다.

(4) 사춘기의 외형적인 특징으로는 신체적인 급성장, 즉 성장폭발 현상이 나타난다.

(5) 사춘기에는 신체적 급성장과 함께 성호르몬의 급격한 변화가 이루어진다.

(6) 성적 성숙은 신체적 급성장과 함께 사춘기 청소년의 심리적 발달에 큰 영향을 미친다.

(7) 청소년기는 아동기의 자기중심적 행동에서 벗어나 남을 의식할 뿐만 아니라 동료의식을 갖게 되면서 시작되며 사회적 자립과 함께 마무리된다고 할 수 있다.

(8) 청소년기는 사춘기부터 청년기 이전까지의 기간을 말한다.

(9) 청소년이란 지적·정서적·신체적인 제반 특성이 미성숙한 상태에서 성숙한 상태로 변화해 가는 과도기에 있는 자이다.

(10) 청소년의 구체적인 특성들

① 신체·생리적 특성

ㄱ. 일반적으로 여자 10세, 남자 13세를 전후해 성장 급등기를 맞이하다가 여자 13세, 남자 15세경이 되면 성장 속도가 둔화되기 시작한다.

ㄴ. 신체발달과 함께 성호르몬의 발달 및 2차 성징의 발달이 이루어진다.

② 지적 특성

ㄱ. 청소년의 지능은 12 ~ 14세까지 대체로 급상승하다가 그 이후에 발달속도가 완만해지며 17 ~ 18세경에 정점에 달한다.

ㄴ. 청소년기는 지능의 우열에 의해 상황에 대한 적응력의 차이가 크게 나타난다.

ㄷ. 형식적 조작의 사고를 할 수 있어 가능한 모든 대안을 통해 문제를 해결할 수 있고 구체적인 사물에 의존하지 않고도 연역적 또는 가설적 사고를 할 수 있으며 자신에 대해서도 깊은 추리와 탐색을 할 수 있게 된다.

③ 정서적 특성

ㄱ. 청소년은 성충동의 급격한 증가로 인한 정서적 혼동을 경험한다.

ㄴ. 정서적 혼동은 불안감과 과민성을 증대시키며 이는 신체적 에너지와 심리적 긴장감을 수반한다.

ㄷ. 청소년 후기가 되면서 정서적 혼동으로 인한 불안감과 긴장감이 감소되고 감정의 양가성이 점차 줄어들게 된다.

④ 가정환경 또는 부모와의 관계와 관련

ㄱ. 청소년들이 정체감 위기경험을 하고 있는 동안 그들의 부모도 정체감 위기를 경험한다.

ㄴ. 청소년의 정체감 혼미에 따른 갖가지 문제행동은 그들 부모의 정체감 위기가 가세되면서 더욱 심각한 상황에 이르게 된다.

⑤ 사회적 특성

ㄱ. 청소년은 부모, 학교, 사회에 대한 의존적인 태도나 보호에서 벗어나 독립적인 대인관계를 구축한다.

ㄴ. 아동기의 무조건적 교우관계에서 벗어나 선택적인 교우관계를 형성하고 동년배와의 연대의식을 형성하며 부모나 교사, 기성세대에 대한 비판적 안목과 배타적 성향을 갖게 된다.

연장된 의존기란?

10대의 의존적 청소년기와 20대의 반의존적 청소년기 사이에 위치한 것으로 보는 입장을 취한다. 이를 연장된 의존기라고 할 수 있다(최윤진, 2000).

프로이트의 심리성적 발달이론 (Psycho sexual theory) - 생식기 (12세 ~ 성인기 이전)

1) 리비도(Libido)가 자신을 떠나 동년배 이성에게로 집중되면서 자기자리를 찾는다.

2) 잠복기에 확립되었던 원초아, 자아, 초자아 간의 균형이 갈등과 혼란을 겪으면서 균형을 잃는다.

3) 자아와 초자아의 부적절한 발달로 청소년 자살, 비행, 정신이상을 야기한다.

4) 자아는 억압과 같은 방어기제를 통해 원초아의 욕구를 부정함으로써, 또한 지성화, 합리화, 금욕주의, 퇴행 등의 방어기제를 통해 초자아를 진정시킴으로써 이러한 갈등에 대처한다. +

5) 청소년의 이성애의 대상은 남아는 어머니와 유사한 인물, 여아는 또래가 아닌 연상이기 쉬운데, 이것은 오이디푸스적 소망을 수용할 수 있는 비근친상간적 대상으로 어머니나 아버지 같은 사람이다.

6) 청소년기에 나타나는 반항적 성향은 아직도 해결되지 못한 오이디푸스적 콤플렉스의 영향이라고 본다. 좌절학습을 경험하지 못하면 어려운 일을 극복할 힘을 갖지 못한다.

제2절 | 신체·성 발달

1 신체적 발달

1) 사춘기의 신체·생리적 발달

(1) 사춘기의 의미

① 사춘기는 생물학적 변화로 인해 한 개인이 생식능력을 갖게 되는 시기를 말한다.

② 마샬(Marshall, 1978)이 제시한 사춘기의 신체·생리적 변화

ㄱ. 신장과 체중의 급격한 증가

ㄴ. 남성의 고환과 여성의 난소와 같은 생식선 또는 성선(sexual gonads)의 발달

ㄷ. 생식기와 가슴의 변화, 음모와 수염의 출현과 같은 2차 성징의 발달

ㄹ. 지방질과 근육 같은 신체 구성요소의 변화

ㅁ. 신체의 순환계통과 호흡기의 변화로 인한 운동능력의 증가

③ 사춘기의 신체·생리적 변화는 청소년기의 모든 발달을 선도하며 청소년의 정서와 성격, 인지능력, 사회관계 등 모든 측면에 중요한 영향을 미친다.

(2) 사춘기 신체·생리적 발달의 특징

① 사춘기는 신체적으로나 정신적으로 급격한 변화를 보여주는 시기로서 사춘기의 급속한 신체발달은 운동능력의 현저한 발달을 가져온다.

② 운동능력의 발달은 근육 및 신경계의 발달과 밀접하게 연결되어 있으며 인간의 구체적인 생활과 활동의 기초가 될 뿐만 아니라 청소년의 사회적 적응에 중요한 역할을 한다.

③ 사춘기의 신체·생리적 발달은 단순히 외형상의 양적인 변화만을 의미하는 것이 아니라 성인됨을 향한 질적인 변화를 의미한다.

④ 사춘기의 신체·생리적 발달의 중심적인 특징

ㄱ. 청소년기 전기, 즉 사춘기를 맞이하면서 성장폭발(growth spurt) 현상이 일어난다.

ㄴ. 성장폭발이 일어나는 시기가 시대에 따라 점차 빨라지고 있는데 이를 신체·생리적 발달의 가속화 현상이라고 한다.

ㄷ. 사춘기의 신체적 발달은 다른 어떤 시기보다 불균형 현상이 심하다. 즉, 청소년 전기의 아이들은 신체의 각 부분이 고루 자라지만, 특히 다리와 팔의 길이가 동체에 비해 매우 큰 경우가 많다.

ㄹ. 청소년기의 신체·생리적 발달은 다른 어떤 시기보다도 개인차가 심하다.

2) 사춘기의 신체 발달 ('남녀의 차이'가 중요한 출제포인트)

(1) 신장과 체중의 발달

① 사춘기의 신체적 성장은 대체로 신장과 체중의 급성장으로부터 시작된다.

② 신장의 경우 급성장 시기는 여학생이 11세, 남학생이 13세이며 대체로 여자가 남자보다 2년 정도 빠르다.

③ 남자의 급성장 시기인 13세경부터는 남자가 훨씬 많이 성장하여 성인 남자의 키는 성인 여자의 키보다 훨씬 크다.

④ 체중 증가는 남녀 모두 신장 증가 곡선을 따르는 경향이 있지만 약간의 차이가 있다.

⑤ 청소년 초기에 여자는 남자보다 체중이 더 많이 나가지만 나중에는 남자의 체중이 여자의 체중을 능가하게 된다.

⑥ 체중의 증가는 골격의 성장과 근육이나 지방조직의 증가를 반영한다.

(2) 신체구조의 발달

① 신장과 체중의 급성장은 신체구조상의 변화를 수반한다.

② 성인과 비슷한 크기로 발달하는 최초의 신체부위는 머리와 손발이며 이어서 팔과 다리가 길어지고 몸통과 어깨가 가장 늦게 성장한다.

③ 청소년기의 신체변화와 더불어 얼굴에 남아 있던 어린아이의 모습이 사라지기 시작한다.

④ 골격구조의 변화

어린아이였을 때에는 연골과 섬유조직으로 되어 있어서 스폰지처럼 부드럽고 탄력적이었던 골격이 청소년기가 되면서 단단하게 굳어지게 된다.

⑤ 청소년기 근육과 지방조직의 변화

ㄱ. 근육의 발달은 남자와 여자 모두에 있어서 신장의 증가와 함께 급속도로 증가한다.

ㄴ. 근육발달의 최고점은 신장의 최고점 바로 직후에 나타나며 남자의 증가 속도가 여자보다 더 빠르다.

ㄷ. 반면 지방조직의 발달률은 청소년기의 급성장 시기에 감소하며 신장의 최고점 시기에 지방감소율도 최고에 달한다.

ㄹ. 근육발달의 가속화는 팔의 미는 힘이나 끌어당기는 힘과 같이 수치로 측정되는 힘의 증가를 수반한다.

3) 사춘기의 생리적 변화 - 호르몬 작용 중심으로

호르몬은 내분비선에서 분비되어 체액과 같이 체내를 순환하며 모든 신체기관에 여러 가지 중요한 작용을 하는 물질로서 특히, 신체 내부에서 뇌를 특정방식으로 조직화하고 활성화시키는 역할을 한다.

(1) 사춘기에는 내분비선의 급격한 성장을 나타낸다.

(2) 사춘기와 관련이 있는 내분비선은 뇌하수체와 성선이다.

(3) 사춘기의 신체·생리적 발달에 가장 강력한 영향을 미치는 것은 뇌하수체 전배엽이며 이는 생식선의 활동을 자극한다.

(4) 뇌하수체는 다른 많은 내분비선의 활동을 자극하거나 억제하기 때문에 중요하다.

(5) 뇌하수체는 전배엽, 중배엽, 후배엽으로 구성되어 있다.

(6) 뇌하수체 전배엽은 6가지의 호르몬을 분비하는데 그 중 3가지가 생식선의 활동을 자극한다.

(7) 생식선을 자극하는 세 가지 호르몬을 향생식선 호르몬이라고 하며 나머지 3가지를 부신피질을 자극한다고 하여 향부신피질 호르몬이라고 한다.

(8) 사춘기가 되면서 뇌하수체 전배엽은 중요한 자극 호르몬을 분비하는데 이유는 시상하부의 자극 때문이다.

(9) 시상 하부 → 뇌하수체 → 생식선의 관계는 사춘기 이전부터 작용하지만 사춘기가 되면서 이 체제가 더욱 활성화된다.

(10) 생식선 또는 성선은 향생식선 호르몬의 자극에 의해 자체 호르몬을 분비하게 되는데, 남성 호르몬은 안드로겐(androgen)이라 하고, 여성 호르몬은 에스트로겐(estrogen)이라고 한다.

(11) 안드로겐은 음경의 발달, 프로스트레이트선, 정액, 2차 성 특징을 담당한다.

(12) 에스트로겐은 자궁, 질, 나팔관, 유방, 여성의 2차 성 특징의 발달에 관여하며 월경주기와 정상적인 자궁 수축 및 유선조직의 성장을 통제한다.

(13) 인간성장 호르몬은 체강영양 호르몬이라고도 불리며 인간의 성장과 골격형성에 중요한 영향을 준다.

(14) 인간성장 호르몬이 지나치게 많으면 거인증에 걸리고 지나치게 적으면 왜소증에 걸린다.

(15) 향생식선 호르몬은 뇌하수체 전배엽에서 분비되는 호르몬으로 3가지 향생식선 호르몬은 다음과 같다.

  ① 난포자극 호르몬(FSH)

  난소에서 성숙된 알의 모양으로 성장하는 그라피안 포리클을 자극하며 남자의 경우 정자를 생산하는 택환(정소)의 수정관 성장에 영향을 준다.

  ② 황체형성 호르몬(LH)

  여성의 경우 난소에 의한 여성발정 호르몬인 에스트로겐과 황체 호르몬인 프로게스테론의 생산과 공급을 통제한다.

  ③ 간세포자극 호르몬(ICSH)

  남성의 경우 고환에 의한 남성 호르몬, 즉 테스토스테론의 생산과 공급을 통제한다. 남성의 정자 형성을 자극하는 책임을 지고 있다.

읽을 거리

청소년 발달의 이론적 관점 중 생물학적 이론

생물학적 이론들은 주로 청소년기의 신체적인 변화에 초점을 맞추고 있다. 청소년기에 관한 홀의 이론에서는 개인의 성장과 발달에 영향을 미치는 요인으로 문화적이고 상황적인 요인을 전혀 무시하지는 않았지만, 보다 중요한 것은 유전적으로 결정된 생물학적 요인이라고 견해를 내세웠다. 따라서 사회적 구조, 부모의 가치관, 동료와의 관계, 생물학적 변화에 대한 문화적인 해석 등과 같은 환경적인 조건은 인간의 행동에 크게 영향을 미치지 못한다고 하였다.

홀의 견해에 적지 않은 비판과 오류를 지적하는데 중요한 비판으로는,

첫째, 생물학적 요인을 과도하게 강조한 반면 환경적 요인을 과소평가하였다.

둘째, 비정상적이고 문제 있는 행동에 대해 부모나 성인의 간섭이 오히려 문제를 악화시킨다는 것은 잘못된 견해이다.

셋째, 청소년기를 질풍노도의 시기로서 이 시기 혼란은 불가피한 것이라 했지만, 최근 연구들은 청소년기가 발달시기에 비해 특별히 혼란스럽지 않다는 것을 밝히고 있다.

홀 이외에, 청소년 발달에서 생물학적 요인을 강조한 학자로 게젤(Gesell, 성숙이론), 맥캔들스(McCandless, 추동이론) 등을 들 수 있는데, 맥캔들스는 생물학적 요인을 강조하였지만, 사회문화적인 상황이나 타인의 기대도 무시하지 않았다.

청소년기 신체발달에 관한 설명

1) 청소년기 성장급등 시기는 여자가 남자보다 빠르다.
2) 남성의 2차 성징은 안드로겐의 영향으로 나타난다.
3) 체력과 지구력이 최고조에 달한다.
4) 여성의 성적 성숙의 뚜렷한 변화는 초경의 시작이다.
5) 급격히 증가하는 성호르몬은 생식기관의 극적인 성장을 초래한다.
6) 사춘기는 신체적으로나 정신적으로 급격한 변화를 보여주는 시기로서 사춘기의 급속한 신체발달은 운동능력의 현저한 발달을 가져온다.
7) 청소년기 전기, 즉 사춘기를 맞이하면서 성장폭발현상이 일어난다.
8) 사춘기의 신체적 발달은 다른 어떤 시기보다 불균형 현상이 심하다.
9) 사춘기의 신체적 성장은 대체로 신장과 체중의 급성장으로부터 시작된다.
10) 청소년기는 여자가 남자보다 2년 정도 빠르며(여자 11세, 남자 13세) 남성의 2차 성징은 안드로겐의 영향으로 나타나고 여성의 2차 성징은 에스트로겐의 영향으로 나타난다.

2 성(性)역할 (성적 발달)

1) 성역할의 개념 및 변화

(1) 성(gender)이란 무엇인가?

① 성별(sex)이란 용어가 남성이나 여성의 생물학적 영역을 나타내는 말이라면, 성(gender)은 남성 또는 여성의 사회문화적 영역으로 간주된다.
② 청소년의 정체감 발달과 사회적 관계 형성에 있어서 가장 중심적인 위치에 있는 것이 성역할(gender role)이다.

(2) 성 집중화 가설(gender intensification hypothesis)

① 청소년 초기 동안 성별의 신체적인 성장에 있어서 성인 수준에 이르며 신체적 성장과 더불어 남녀 청소년들은 사회로부터 강도 높은 성 관련 기대를 부여받는다.
② 성 집중화 가설은 청소년 초기가 되면 사회가 청소년들에게 전통적인 남성과 여성의 성역할에 동조하도록 사회화 압력을 증가시킨다는 것으로서 이를 통해 남자와 여자의 심리적·행동적 차이가 크게 나타난다.
③ 청소년기에 성역할 집중화가 일어나는 이유는 생물학적·사회적·인지적 요인의 변화 때문이다.
④ 청소년 초기에 작용하는 성 집중화 현상은 다른 사람들, 즉 부모, 동료, 선생님에게 동조하려는 사회화의 징표라고 볼 수 있으며 그것은 청소년이 성인기로 접근하고 있음을 나타낸다.
⑤ 청소년 후기가 되면 성역할 집중화 현상이 감소되지만 모든 청소년들이 다 그러한 것은 아니다.
⑥ 성역할 집중화 현상이 융통성 있는 양성성의 성역할로 발달되는 데에는 사회 환경이 주요한 역할을 한다.

2) 성역할 고정관념

(1) 성역할 고정관념은 남성과 여성에 대한 인상과 신념을 반영하는 광범위한 개념이다.

(2) 남성과 여성이 겪게 되는 성역할 사회화의 과정은 그들을 사회의 일원으로 무리 없이 살아가도록 이끌어 준다.

(3) 그러나 지나친 성 고정관념과 정형화된 성역할의 강요는 남녀 모두에게 긍정적이지 않다.

(4) 예 남성성에 대해 터치다운(풋볼게임)을 하는 것이나 긴 얼굴, 수염 등이 생각나고 여성성에 대해 인형을 갖고 노는 것이나 립스틱을 바르는 것과 같은 행동이 예상된다.

(5) 성역할 고정관념은 발달에 따라 변화될 수 있으며 그 사례로는 성에 대한 고정관념적 신념은 취학 전 시기 동안 증가되고 초등학교 초기에 절정에 달하며 그 이후 초등학교 중기와 후기에 감소된다.

3) 성 유사성과 차이성

(1) 성별 간의 몇 가지 차이에 대해 생물학적 측면과 인지적 측면에서의 검토

① 생물학적 측면

임신에서부터 죽음에 이르기까지 신체적 질병뿐만이 아니라 정신적 질병에 대해서도 여성이 남성보다 가능성이 더 적다고 본다.

② 신체적인 측면

남성과 여성의 신체적 측면의 차이가 많다.

③ 인지적인 측면

남성은 수학기능과 시간 및 공간적 능력(건축가가 빌딩의 각도와 차원을 설계하는 데 필요한 기능)에서 더 우수한 반면, 여성은 언어능력에서 더 우수하다.

④ 성(性) 측면

많은 연구자들은 성 인지적인 면에서 여성과 남성 간에 차이보다 유사성이 더 많다는 사실을 지적한다.

(2) 대부분의 남성들은 대부분의 여성들보다 더욱 적극적이고 공격적이다.

(3) 조력행동 측면

여성의 성 역할은 양육이나 보호의 조력행동을 촉진하는 반면, 남성의 성역할은 기사도와 같은 분야에서 조력을 촉진한다.

4) 양성성의 발달

(1) 대부분의 사회와 문화권에서 전통적으로 남성은 남성적이고 여성은 여성적인 것이 건강한 것으로 인식되어 왔다.

(2) 그러나, 대부분의 남성과 여성들은 전적으로 남성적이지도 않고 전적으로 여성적이지도 않으며 상대성의 성역할을 포함하고 있다.

(3) 개인의 성역할 정체성 속에 남성적 역할과 여성적 역할을 조합해서 지니고 있는 사람들을 '양성성 소유자'라고 하고 양성성이란 하나의 유기체 내에 여성적 특성과 남성적 특성이 공존하는 것을 의미한다.

(4) 심리적 양성성

　　한 사람이 남성성과 여성성을 동시에 가질 수 있기 때문에 상황에 따라 도구적 역할과 표현적 역할을 수행할 수 있는 보다 효율적인 성역할 개념이다.

(5) 모든 인간에게는 기능성과 친화성이 어느 정도 공존한다고 하면서 개인이나 사회가 생존하기 위해서는 이 두 가지 특성이 균형을 이루어야 한다.

📂 기출문제 확인학습

성역할 사회화에 대한 전통적인 견해가 성별의 양극개념을 초래한다고 보는 성역할 발달 이론 : 성역할 초월이론

1) 성역할 초월이론

　(1) 헤프너 등(Hefner, Rebecca and Oleskansky, 1975)에 따르면 아직 남녀를 구별하지 못하는 아주 어린아이는 성역할이 분화되지 않은 상태에서 일반적인 사고를 하고, 경험이 늘고 사고가 발달하면서 어린이는 성역할에 대해서 양극적인 개념을 가지게 되어 자신의 성역할을 기꺼이 받아들이고 그 반대는 배격한다.

　(2) 여자아이는 여성적이 되고 남자아이는 남성적이 되는 것이다.

　(3) 개인에 따라 이 단계에서 성역할 발달이 그치는 사람도 있고 다음 단계로 넘어가는 사람도 있는데, 세번째 단계는 성역할 초월(sex-role transcendence)로서 양극적인 사고를 초월하여 더욱 개성적이고 적응적인 상태로 들어가는 단계를 의미한다.

2) 성별 도식이론

　(1) 벰(Bem, 1981)의 성별 도식이론은 인지과정에 초점을 두어 개인의 성역할 특성을 그의 정보처리과정과 연결 지어서 고찰하였다.

　(2) 성 정형화된 사람에 비해서 양성적인 사람은 정보처리과정에서 성별구분을 별로 하지 않으며, 나아가서 주어진 상황에서 어떤 행동이 여성 또는 남성에게 적합한 행동인가에 대해서 아예 의식조차 하지 않는다.

콜버그(Kohlberg)의 아동의 성역할 발달 3단계

인지발달 이론가인 콜버그(Kohlberg)는 아동의 성역할 발달을 세 단계로 구분하여 설명하였다.

1) 성(性) 동일화

　(1) 동일시를 통해 성 역할이 발달되는 것이 아니라, 아동이 자신의 신체적 현실을 인정하는데서 성역할 발달이 시작된다고 하였다.

　(2) 성(性) 동일화란 아동이 자신의 생물학적인 성을 인식하는 것으로 3세 정도가 되면 성동일화를 깨닫는다.

2) 성(性) 안정성

　성(性) 안정성이란 자신의 성은 변하지 않으며 커서도 여자 또는 남자가 될 것이라는 것을 아는 것이다.

3) 성(性) 항상성

　(1) 성(性) 항상성이란 머리모양, 옷 모양, 행동이 달라도 언제든지 같은 성이라는 것을 인식하는 것이다.

　(2) 피아제의 보존개념이 획득되는 6~7세가 되어야 성 항상성을 얻게 된다.

　(3) 아동이 일단 성 역할 자아개념을 확고히 형성하게 되면, 성(性)역할 정체감이라 불리는 성(性) 유형화된 선호성과 가치관을 발달시키기 위해 자아개념을 이용한다.

제3절 | 사회성·인지·정서 발달

1 사회적 발달

1) 사회성

(1) 다른 사람이나 주변 환경과 관계를 맺어가는 특성이다.

(2) 사회생활을 하려고 하는 인간의 근본 성질. 인격, 혹은 성격 분류에 나타나는 특성의 하나로, 사회에 적응하는 개인의 소질이나 능력, 대인관계의 원만성 등을 말한다.

2) 사회성 발달

(1) 사회성 발달의 특징

또래 친구와의 친밀감이 강해지며 부모로부터 정서적으로 독립하려 하여 인간관계의 범위가 넓어진다.

(2) 부모와의 관계

부모의 보호에서 벗어나려는 독립성이 강해지고 솔직하며 진지한 대화로 서로를 이해하도록 노력한다.

(3) 선생님과의 관계

예의를 지키고 존경하는 마음을 가지며 긍정적인 유대관계를 갖는다.

(4) 또래 친구와의 관계

청소년기는 친구들과 관계가 가장 친밀한 시기이며 가치관 형성에 도움을 주고, 정서적 안정감을 느끼며 위안이 되기도 하지만, 지나친 동조는 문제행동을 일으키는 요인도 된다.

> 📁 실력다지기
>
> **청소년기 사회적 맥락의 이해 – 브론펜브레너(Bronfenbrenner)의 생태학적 모형**
>
> 브론펜브레너(Bronfenbrenner)의 생태학적 모형은 청소년의 발달에 영향을 미치는 맥락적 요인들을 거시적이며 종합적으로 이해할 수 있는 틀을 제공해 주고 있다. 다섯 가지의 사회 문화적 주도체계(미시체계, 중간체계, 외체계, 거시체계, 시간체계)와 이들 체계 내에서의 상호작용을 이해하는 것은 청소년기 발달을 연구하는 중요한 배경이 된다.
>
> 1) 미시체계(=소속체계)
>   (1) 청소년들이 직접 접촉하는 친밀한 물리적 환경으로서 청소년의 발달에 강력한 영향력을 행사한다.
>   (2) 생애 초기에는 집과 가족이 미시체계를 대표하지만 나이가 들면서 놀이터, 학교, 또래친구, 여름 캠프, 교회 등이 중요 미시체계가 된다.
>   (3) 이들 요인들은 청소년과 지속적이고 의미 있는 상호작용을 갖는다.

(4) 일반적으로 청소년기의 또래 미시체계는 다양하고 강력한 영향력을 행사하는데 지위와 특권, 우정, 인기, 수용의 측면에서 사회적 보상을 제공하기도 한다.

(5) 건강한 미시체계는 부모의 풍부한 정보 제공과 안정적인 애착 제공, 또래집단의 가치 있는 규범 수용, 성역할 정체성 확립 등을 포함하는 것으로 이것은 청소년의 발달을 촉진하며 미래 성공의 기회를 제공하게 된다.

2) 중간체계

(1) 미시체계 사이의 관계나 상황들 사이의 연관성을 나타낸다.

(2) 사례

① 가족경험과 학교경험의 관계, 학교생활과 직장생활의 관계, 가족환경과 또래 우정 형성의 관계 등을 들 수 있다.

② 가정에서 부모에 의해 거부된 청소년들은 학교에서 교사들과 긍정적인 관계를 형성하는 데 어려움을 겪게 된다.

(3) 중간체계는 미시체계처럼 실제적인 대인관계에 초점을 두지만 서로 다른 미시체계 간 연결고리 또는 상호 호혜적 상승관계를 일관성 있게 강화하거나 갈등적인 형태로 작용할 수 있다.

(4) 사례

부모와 또래친구의 가치관이 조화로울 수도 있고 갈등적일 수도 있으며 또래들이 학업을 방해하고 부모가 자녀의 학업을 지원해 주지 않는다면 청소년 개인의 학업적 성취를 일관되게, 조화로운 형태를 저해하게 된다.

3) 외부체계

(1) 청소년이 외부체계 의사결정에 직접 참여하지 않을지라도 이러한 의사결정은 청소년의 삶에 직접적 또는 간접적(부모나 학교를 통해)으로 영향을 미친다.

(2) 외부체계의 의사결정은 청소년이 무엇을 하고 무엇을 할 수 없을지에 영향을 준다.

(3) 사례

부모의 직장세계와 직장상황은 청소년이 살아가는 조건에 강력한 영향을 주며 부모의 직장 상사는 부모가 어디에서 일할지, 무슨 일을 할지, 얼마만큼 벌지, 여가를 얼마나 갖게 될지 등을 결정한다.

4) 거시체계

(1) 개인이 속한 각 문화적 특유의 이념 및 제도의 일반적 형태이다.

(2) 구체적으로 일반적인 문화, 정치, 사회, 법, 종교, 경제, 교육에 대한 가치관, 공공정책 등이 포함되어 있다.

(3) 사례

메마른 체형을 미와 성적 매력과 동일시함으로써 청소년들로 하여금 신경성 식욕 부진증(거식증)이나 신경성 폭식증과 같은 섭식장애를 초래하도록 할 수 있는데 이와 같은 문제행동은 거시체계, 즉 외모에 대한 문화적 기준의 왜곡 때문이라고 볼 수 있다.

5) 시간체계

(1) 환경에서 일어나는 사건과 사회 역사적 환경의 양식을 포함한다.

(2) 사례

① 이혼이 자녀에게 미치는 영향을 연구할 때 연구자는 이혼 후, 첫 일 년이 부정적인 영향이 최고조에 달하고 그 영향은 딸보다는 아들에게 더 부정적이라는 것을 발견하게 된다.

② 이혼 후 2년쯤 지나면 가족 간의 상호작용은 덜 혼란스럽게 되고 안정을 되찾게 된다.

③ 사회 문화적 맥락에서 볼 때 오늘날의 소녀들은 20 ~ 30년 전과는 달리 직업을 갖도록 장려되고 있다.

스턴버그가 제시한 사랑의 구성요소 (열정, 친밀감, 헌신)

1) 스턴버그는 사랑이 어떠한 요소로 구성되어 있는가에 대해 '뜨거운' 측면인 열정, '따뜻한' 측면인 친밀감, 그리고 '차가운' 측면의 헌신(의지)의 세 가지 요소를 제시하였다.

2) 유형 8가지

(1) 친밀감만 있는 경우에는 '호감'이다.

이는 친구관계에서 느끼는 우정과 같은 것으로, 뜨거운 열정과 상대에 대한 헌신적 행동은 없지만, 가깝고 따뜻하게 느끼는 상태를 말하는 좋아함이다.

(2) 열정만 있는 경우는 '홀린 사랑'이다.

대표적인 예가 첫눈에 빠진 사랑이며, 이 유형의 사랑은 상대를 있는 그대로 보지 않고 이상화시키는 경향이 있다.

(3) 열정이나 친밀감은 없고 헌신만 있는 경우에는 '공허한 사랑'이다.

오랜 기간 서로가 감정적인 몰입이나 매력을 전혀 느끼지 못하는 정체된 관계 속에서 사랑 없이 결혼 생활을 하는 부부를 예로 들 수 있다.

(4) 서로 친밀하여 열정은 느끼지만, 의지가 없는, 즉 결혼과 같은 미래에 대한 약속이나 확신 없이 서로를 사랑하는 경우에는 '낭만적 사랑'이다.

영화 타이타닉의 남녀 주인공처럼 처음 보자마자 강한 전류에 감전된 것처럼 일시에 사랑의 불꽃이 타오르는 특징이 있다.

(5) 열정을 느끼고 결혼할 결심은 섰지만, 친밀감이 형성되지 못한 경우는 '얼빠진 사랑'이다.

흔히 헐리우드식 영화에서 볼 수 있는 사랑으로, 만난 지 며칠 만에 열정을 느껴 약혼하고 곧바로 결혼으로 이어지는 식의 사랑을 말한다.

(6) 친밀감과 의지는 있으나, 열정이 없을 경우는 '우애적 사랑'이다.

영화 '해리가 샐리를 만났을 때'의 남녀 주인공처럼 상호 협조하는 친구 같은 감정을 갖는 사랑이다.

(7) 사랑의 세 요소가 모두 결핍된 사랑으로, 정말로 사랑하지 않는 '가식적 사랑'이다.

우리 주위에서 볼 수 있는 사랑의 관계는 대체로 열정, 친밀감, 헌신 중 하나나 두 가지 요소만이 존재하면서 지속되는 경우가 많다.

(8) 사랑의 세 요소가 모두 균형 있게 존재할 때 이를 '성숙한 사랑 혹은 완전한 사랑'이라고 한다.

세 요소 중 열정은 관계 형성 초기에도 생길 수 있으나 친밀감이나 헌신 요소가 형성되기 위해서는 어느 정도의 시간이 필요하다. 따라서 세 요소를 두루 갖춘 완전한 사랑을 경험하기 위해서는 상당한 시간이 흘러야 한다. 즉, 사랑도 뿌리내릴 시간이 필요하다는 것이다.

스턴버그(R. Sternberg)의 사랑의 이론

사랑의 세 가지 요소는 열정(passion), 친밀감(intimacy), 헌신(책임, commitment)이다.

1) 열정

  (1) 열정적인 감정, 신체적인 매력, 성적인 욕구를 증진시키는 동기를 포함하며 사람을 생리적으로 흥분하고 들뜨게 만든다.

  (2) 그러나 열정은 강렬한 만큼 그리 오래 지속되지 못한다.

  (3) 시간이 지나면 식어서 사라지거나 다른 형태로 발전하게 된다.

2) 친밀감

  (1) 상대방과의 정서적인 연결감을 말한다.

  (2) 친밀한 관계에서는 상대방과 함께 있으면 편안함을 느끼고 서로를 의지하고 잘 이해한다.

  (3) 친밀감을 형성하는 데는 시간이 걸리나 일단 형성된 친밀감은 바로 사라지지 않고 서서히 사라진다.

3) 헌신(책임)

  (1) 사랑의 사고적이고 인지적인 측면을 말한다.

  (2) 의식적인 결단을 통해서 상대방과의 관계를 유지하려는 결단과 책임감을 말한다.

  (3) 헌신에는 상당한 시간이 걸리나, 일단 약속이 이루어졌다고 해서 그 순간부터 구속력을 갖는 것은 아니다.

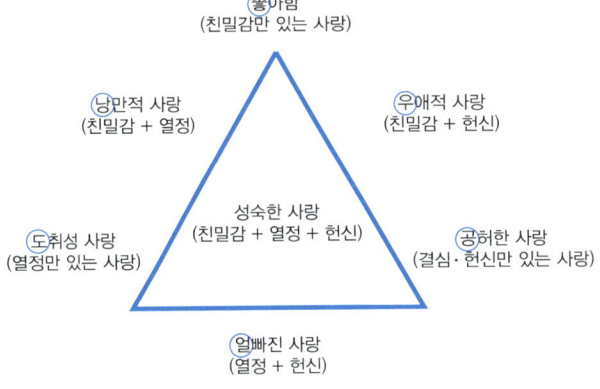

발달시기	연령	대인관계 욕구
유아기	2, 3세	• 타인과의 접촉욕구와 양육자로부터 사랑 받고자 하는 욕구가 생김 • 기본적인 생존욕구를 양육자로부터 공급, 초기 대인관계 형성
아동기	6, 7세	• 놀이에 성인의 참여를 희망하고, 성인이 원하는 행동을 함 • 특정친구를 선택하지만, 관계는 가상적이며, 공상적임
소년/소녀기	10세	• 또래 친구를 얻고자 하며, 또래집단 참여하고자 하는 욕구가 커짐 • 친구관계에서 보다 친밀한 진정한 첫 친구를 사귀고 학교를 통해 대인관계 폭이 넓어지게 됨
전 청소년기	14세	• 동성친구와 1:1의 관계를 갖고자 하는 욕구가 생김 • 폭넓은 대인관계서 1;1의 친밀한 관계를 통해 생각, 느낌을 공유하게 됨
청소년 초기	18세	• 성적 접촉욕구가 생기며, 자신과 비슷한 생각을 가진 친구가 생김 • 이성친구와의 친밀 욕구와 본능적 욕구 충족에서 갈등함
청소년 후기	성인기까지	• 성인사회에의 통합욕구를 가짐 • 성적욕구와 친밀감의 욕구가 통합됨 • 애정에 입각한 지속적이고 안정적인 관계 유지

설리반(Sullivan)의 대인관계 발달과정 (6단계)

2 인지적 발달

1) 청소년기 사고의 질적 특징

(1) 청소년기는 현실 지향적 사고에서 가능성 지향적 사고로의 변화가 일어난다.

가능성 지향적 사고는 어떤 문제를 틀에 박힌 사고로 해결하려는 것이 아니라, 다양한 측면에서 대안을 동원하여 해결하려는 원동력을 제공한다.

(2) 경험 귀납적 문제해결에서 가설 연역적 문제해결로의 발달이 이루어진다.

형식적 조작기가 되면 경험적인 세계에 제한되어 있는 것이 아니라, 직접 관찰하지 않은 간접적인 대상과 추상적인 사건에 대해서도 가설을 생성할 수 있으며 그것을 검증하는 데 있어서도 연역적인 추론을 사용할 수 있게 된다.

(3) 2차적 추상화 수준에서 3차적 추상화 수준으로의 발달이 이루어진다.

① 구체적 조작기의 논리적 사고는 사고의 직접적 대상에 국한될 뿐 일반적이지 못한 특징이 있다.

② 형식적 조작기의 3차적 추상화 수준에 이르러서야 응집성과 일관성의 일반화된 규칙체계가 출현한다.

③ 논리적 문제에 대해 논리적으로 사고할 수 있고 사고체계에 대해 체계적으로 사고할 수 있다.

(4) 형식적 조작기의 청소년들은 자신의 믿음, 즉, 종교, 정치, 도덕, 교육 등에 대하여 논리의 일관성을 검토하게 된다.

피아제(J. Piaget)의 형식적 조작기에 나타나는 사고의 특징

1) 형식적 조작사고

구체적으로 존재하지 않는 사상이나 아이디어에 대해서도 사고할 수 있으며, 실제와 다른 가설적인 상황에 대한 사고도 가능한 인지능력을 말한다.

2) 추상적 사고

개별적 사례들로부터 일반적 개념이나 원리를 형성하는 사고이다. 자료들을 비교, 대조하거나, 사실적 설명을 가하는 것은 구체적 사고에 속하는 반면, 자료에 근거하여 추론을 하거나, 유추를 하거나, 추론된 내용들 간의 논리적 관계를 설정하는 것은 추상적 사고이다.

3) 가설 - 연역적 사고

일반적인 명제(전제)를 토대로 하여 구체적인 명제(결론)에 도달하는 사고이다. 다음과 같은 삼단논법은 가설 - 연역적 추리의 대표적 예이다. ① 모든 사람은 죽는다. ② 소크라테스는 사람이다. ③ 따라서 소크라테스는 죽는다. 가설연역적 추리에서의 전제는 대개 귀납적 사고를 토대로 해서 나온 것들이다.

4) 이상적인 사고 또는 가능성의 사고

대부분 언어적인 형태로만 표현되며 실제 행동까지 수반되는 경우는 특히 초기 청소년기의 경우 매우 드물어 말과 행동이 불일치하는 양상을 보이기도 한다. 이러한 행동의 증가는 구체적 사실만이 아닌 가능성을 사고할 수 있는 형식적 조작기의 특징이라고 이해된다.

5) 사고과정에 대한 사고

청소년기에는 또한 생각에 대한 생각, 소위 메타인지(meta cognition)능력이 급증하는 시기이기도 하다. 즉, 청소년기는 자신의 생각에 대해 사고하는 능력이 강하게 발달하는 시기인데, 자신에 대해 지나치게 몰두하다 보면 청소년기의 특수한 신념인 청소년기 자아중심적 사고(adolescent egocentric reasoning)를 발달시키기도 한다.

📌 **정리**

형식적 조작기의 사고의 특징

1) 가설 연역적 추론 : 가능성에 대한 인식 가능, 이상주의로 확대됨

2) 추상적 사고 : 추상적인 개념을 사용해서 논리적으로 사고하는 능력

3) 형식적 조작기에서는 '사고에 대한 사고'가 가능하고 사고내용에 대해 성찰을 할 수 있으며, 이를 반성적 추상화(reflective abstraction)라고 함.

4) 명제적 사고 : 'A인 동시에 B', 'A이지만 B는 아님', 'A도 아니고 B도 아님'과 같은 3가지의 명제를 바탕으로 가설을 설정하고 논리적으로 추론해가는 능력

5) 조합적 사고 : 문제를 해결할 수 있는 모든 가능성에 대해 논리적이고 체계적으로 시험해 보는 사고

2) 청소년기 사회·인지능력의 발달

(1) 청소년기의 자아중심성 – 엘킨드(Elkind, 1984)의 청소년기의 자아중심적 사고 특징

① 자아중심성은 개인적 우화의 형태로 나타난다.
- ㄱ. 청소년들은 자신이 특별하고 독특한 존재라고 생각하며 자신의 감정이나 경험세계는 다른 사람의 그것과 근본적으로 다르다고 믿는다.
- ㄴ. 개인적 우화는 이처럼 청소년 자신의 독특성에 대한 비합리적이고 허구적인 신념을 지칭한 것이다.
  - 예 "엄마는 내가 어떤 기분인지 조금이라도 아나요? 이 기분은 아무도 모를 거예요"
- ㄷ. 개인적 우화의 부정적인 측면
- ㄹ. 청소년들이 흔히 음주운전이나 폭주, 마약, 성 문란 등의 파괴적인 행동을 범하는 것이다.
- ㅁ. 개인적 우화현상은 청소년에게 현실검증 능력이 생기면서 자신과 타인의 실체를 객관적으로 인식하고 타인과의 친밀한 관계를 정립하게 되면서 사라진다.

② 청소년의 자아중심성은 "상상의 청중[1]"의 형태로 나타난다.
- ㄱ. 과장된 자의식으로 인해 자신이 타인의 집중적인 관심과 주의의 대상이 되고 있다고 믿는 것이다.
- ㄴ. 늘 자신을 지켜본다고 생각하는 타인이 바로 상상 속의 청중이 되는 것이다.
- ㄷ. 청소년들은 상상의 청중을 즐겁게 하기 위해 많은 힘을 쓰며 타인은 전혀 의식하지 않는데도 불구하고 자신의 작은 실수로 번민하게 된다.

③ 청소년의 자기중심적 사고의 다른 다양한 특징들

청소년은 권위적인 인물에게서 결점을 찾는 경향이 있는데, 이는 자신이 지금까지 존경해 왔던 권위적 인물이 자신의 이상형이 아님을 인식함과 동시에 자신의 이상주의적 사고가 허구적이 아님을 증명하고자 하는 것이다.

📁 기출문제 확인학습

청소년기 자기중심성에 관한 설명

1) 청소년기의 보편적 현상이다.
2) 엘킨드(Elkind)는 초보적인 형식적·조작적 사고의 결과로 보았다.
3) 사회적 상호작용을 통해 타인의 관심사와 경험을 이해하게 되면서 사라진다.
4) 자기도취적이고 요란한 옷차림을 하며 눈에 띄고 싶은 것이나, 타인들이 자신을 열광적으로 바라보고 있다고 생각하는 것은 '상상의 청중' 현상이다.
5) 청소년기 자기중심성은 개인적 우화의 형태로도 나타나는데, 개인적 우화는 음주운전, 폭주, 마약, 성문란 등의 파괴적인 행동으로 나타난다.

---

1) 상상의 청중이란 청소년기의 아이들이 마치 자신이 무대에 선 주인공이고 모든 사람들이 자신을 보고 있는 관중인 것처럼 생각하는 경향이다. 잠시 집 앞의 가게에 심부름을 갈 때도 먼저 거울 앞에서 머리모양을 만지고 오늘은 얼굴의 여드름이 더 심하지는 않은지, 옷은 색깔이 맞는지를 점검하는 데 한참 걸린다. 또는 거울 앞에서 보이지 않는 관중들에게 자기의 모습을 뽐내며 도취되곤 한다.

셀만(R. Selman)의 역할수용 발달단계[2]

1) 0단계 : 자기중심적 역할수용

2) 1단계 : 주관적 역할수용

3) 2단계 : 자기 반성적 역할수용

4) 3단계 : <u>3자적 역할수용</u>

> 자신과 타인의 조망을 동시에 고려, 동일한 상황을 각기 서로 다르게 볼 수 있음, 자신을 주체 및 객체로서 바라볼 수 있음

5) 4단계 : 심층적 사회적 - 상징적 역할수용 - 가장 높은 단계의 조망수용능력이다.

(2) 청소년의 정치·사회적 사고[3] - 청소년의 정치적 사고에 관한 세 가지 특징

① 청소년의 정치적 사고는 14세를 전후하여 발달적 변화를 보인다.

→ 14세 이전의 청소년기 초기는 구체적인 사람이나 상태에 의존하는데 반해 ,14세경의 청소년들의 정치적 사고는 추상적인 원리에 근거하고 있다.

② 청소년들의 정치적 사고는 연령이 증가함에 따라 보다 이상주의적으로 변모해 가는 경향이 있다.

→ 14세 이후부터 대부분의 청소년들은 정치·사회적 이상향을 머릿속에 그리고 있으며 자신이 지각하는 현실의 정치·사회적 상황이 그들의 이상향과 일치하지 않는 데 대해 좌절과 분노를 느낀다.

③ 사회적 통제에 대한 관점은 14세 이전의 청소년들의 경우 처벌 지향적이지만, 연령이 증가함에 따라 개선과 재활의 중요성을 깨닫게 된다.

3) 인지능력의 심리 측정적 접근[4]

(1) 지능과 적성

① 일반적으로 지능은 일반적인 지적 능력이라고 하고 적성은 특수한 지적 능력이라고 한다.

② 지능은 지적 행동 중에서 모든 교과목에 가장 보편적으로 영향을 미치는 변인으로서 대개 표준화된 검사를 통해서 측정된다.

③ 표준화 검사는 집단규준을 가진 검사로서 표준적인 절차와 방법으로 실시되는 검사이다.

  📌 지능지수(IQ ; Intelligence Quotient)

④ 적성은 지능을 각 요인별로 측정할 때 지능의 각 요인을 말한다.

(2) 감성지능

감성지능이 청소년의 학습에 어떻게 영향을 미칠 수 있고 어떻게 개발 가능한 것인가?

---

2) 양정숙(2012), 석사학위논문

3) Adelson(1972)은 미국, 독일, 영국의 10대 청소년들 수백 명을 면접 조사하여 정치 영역에 대한 청소년들의 사회인지적 사고를 분석하였다.

4) 더 구체적인 부분은 [심리측정 및 평가]에서 참고하길 바란다.

① 감성지능이란 인간의 감성적 능력, 즉 자신의 감정을 조절하는 능력을 말한다. 머리와 가슴의 균형, 즉 지성적인 마음과 정서적인 마음의 균형이 핵심적인 특징이다.

② 청소년의 감성지능 개발과 관련하여 제안할 수 있는 다섯 가지

    ㄱ. 자신의 감정을 아는 것(knowing one's emotions)

    ㄴ. 자신의 감정을 다루는 것(managing emotions)

    ㄷ. 스스로 동기화하는 것(motivationing oneself)

    ㄹ. 다른 사람의 감정을 알아차리는 것(recognizing emotions in others)

    ㅁ. 대인관계 능력(handling relationships)

(3) 창의성

① 창의성은 한 아이디어를 산출하거나, 전통적인 사고유형에서 벗어나 새로운 유형으로 사고하는 능력이다.

② 창의적 사고는 지적으로 우수한 자에게만 있는 것은 아니어서 어떤 학생들에게도 창의적 잠재력을 개발할 수 있다.

③ 창의적 사고의 교육적 가능성은 매우 높으며, 부모나 교사는 학생들의 창의성 개발을 위해 더 많은 관심을 기울여야 한다.

④ 엘론(Yelon)과 웨인스테인(Weinstein)이 제안한 창의성 개발 기법

    ㄱ. 청소년들에게 다양한 경험을 제공하고 이를 결합할 수 있도록 하며 여러 가지 지적 영역에서 개방성을 조장한다.

    ㄴ. 어떤 원리를 새로운 장면에 적용할 수 있도록 도와준다.

    ㄷ. 비범한 질문이나 아이디어가 더 귀중한 것임을 인정하고 이를 수용한다.

    ㄹ. 솔선하여 스스로 무엇을 행할 수 있는 기회를 마련해 준다.

    ㅁ. 압력을 줄이도록 한다. 브레인스토밍 기법과 같이 비판을 줄이고 자유로운 사고를 권장한다.

    ㅂ. 반추(反芻)하여 생각할 시간을 마련해 준다.

    ㅅ. 개인차를 존중한다.

    ㅇ. 창의적 사고를 진행하는 동안의 무질서를 인정한다.

    ㅈ. 자신이 원하는 것을 명확히 시사해 주는 것은 창의적 사고에 중요한 자극 요인이 된다.

    ㅊ. 창의적 행동모형을 제시한다.

3 정서적 발달

1) 정서의 의미와 발달

(1) 정서란 일반적으로 어떤 자극에 의하여 개인의 내부에서 일어나는 강한 감정을 말한다.

(2) 정서란 희로애락에 대한 감정의 흥분상태를 의미하는 것으로 외적 자극이나 내적 조건에 의해서 일어난 변화를 계기로 동요되고 흥분될 때에 경험하는 심리적 상태를 말한다.

(3) 생리·심리학적인 관점에서 정서

어떤 일정한 생활 상태에 있어 전 생활체에 발생한 혼란한 동요상태이며 의식적으로는 강한 감정이 중심이 되고 신체적으로는 내장기관 및 생활기능의 변화와 운동적 표현이 수반되며 비교적 단기간의 경과를 거치게 된다.

(4) 청소년기의 정서

① 다른 어떤 시기보다 그들의 감정적 기복이 강하고 불안정한 정서적 변화를 경험한다.

② 청소년기의 정서는 불안정하고 충동적이고 수줍어하고 민감하고 열중하는 특징이 있다.

③ 청소년들의 생리·신체적 변화와 심리적 혼동, 사회적 역할의 변화와 가치 체제의 변화 등이 그들의 정서에 큰 영향을 미친다.

④ 정서의 불안정은 청소년의 학교학습과 사회 적응, 인간관계 등에 직접적인 영향을 미치며 그들의 삶의 질을 좌우하는 요인이 되기도 한다.

2) 청소년기의 정서 변화 - 청소년기의 단계별 정서적 변화

(1) 청소년기 초기 또는 사춘기의 정서적 특징

① 급격한 신체적·성적 성숙과 더불어 성에 대한 의식과 이성에 대한 관심이 높아지지만 수치심을 강하게 보이고 이성에 반발하며 주위 사람들에게 허세적인 반항을 하는 등의 이중적 정서를 표출한다.

② 정서는 일관성이 없고 불안정하며 정서의 기복이 아동기에 비해 비교적 크고 격렬하다.

(2) 청소년기 중기(중학교 후반부터 고등학교까지)의 정서적 특징

① 초기보다 더욱 강렬해지지만 직접적인 표출을 억제하는 경향이 높다.

② 성적인 것이나 기타의 정서에 있어서 의식적인 억압 작용이 활발하게 나타나며 이러한 억압으로 인하여 자기혐오와 열등감을 가지게 된다.

③ 자아의식이 더욱 높아지면서 독선적이고 우월을 과시하고 현실을 부정하고 혐오하는 경향이 짙게 나타난다.

④ 이상주의적 사고는 기성세대와 기존의 사회구조를 부정적이고 회의적으로 인식함과 동시에 자신의 인생을 낭만적이고 화려하게 계획함으로써 이상과 현실의 부조화를 강화시켜 주고 있고 높은 이상을 가지며 이성(異性)에 대해서도 낭만적이고 감상적인 생각을 갖는다.

⑤ 사회의 도덕과 법률에 대해서도 의혹을 품고 자기 나름대로의 독특한 비판과 논리를 전개하면서 급진적인 사고를 한다.

(3) 청소년기 후기(고등학교 이후)의 정서적 특징

① 정서는 사회적으로 안정을 나타낸다.

② 이상을 추구하지만 현실에 대한 적응을 위해 노력하며 자신을 합리적으로 통제한다.

③ 주관과 객관의 결합, 자기와 사회와의 타협, 현실과 이상의 조화를 발전시키면서 완성된 자아의식을 갖게 된다.

④ 이성을 사모하는 마음과 연애의 경험은 정서를 더욱 풍부하고 윤택하게 만드는 계기를 마련해 준다.

⑤ 정서적 안정과 발달은 그들 나름대로의 인생관과 세계관을 수립하는 데 크게 기여한다.

3) 정서발달의 영향 요인

(1) 성숙

① 정서의 발달은 선천적인 성숙 요인에 의해 설명될 수 있다.

② 성숙설에 따르면, 유기체 내에 잠재되어 있는 정서적 요인이 시간의 경과와 더불어 구체적인 형태로 나타나게 된다.

(2) 학습

문화적 배경의 차이에 따라 얼굴표정이나 몸짓으로 나타나는 정서행동의 차이를 관찰할 때 우리는 정서발달에 있어서 학습의 영향이 크다는 사실을 알게 된다.

4) 청소년기 정서의 특징과 형태

(1) 청소년기 정서의 특징

① 청소년의 정서는 격렬하고 쉽게 동요하는 속성이 있다.

② 청소년의 정서표현은 아동기와는 달리 내면적이고 영속적이어서 정서가 기분과 정조로 발전하는 경우가 많다.

　ㄱ. 청소년의 정서와 아동의 정서를 구별할 수 있는 특징 중 하나는 정서의 내면화이다.

　ㄴ. 아동의 정서표현은 직접적이고도 일시적이어서 오래 지속되지 않는다.

　ㄷ. 청소년이 되면 그들의 정서가 외부에 표출되기보다는 내부에 숨겨진다든가 방어기제에 의하여 변화된다든가 하여 외부에서는 쉽게 알 수 없게 된다.

③ 청소년기의 정서적 변화에 가장 크게 영향을 미치는 요인들로 신체·생리적 변화와 심리 사회적 변화를 들 수 있다.

　ㄱ. 청소년기의 생리적 변화는 내분비선의 활동과 신경계의 변화, 즉 호르몬의 급상승과 교감, 부교감 신경계의 변화를 들 수 있다.

　ㄴ. 청소년들의 심리사회적 조건도 정서적 변화에 크게 영향을 미친다.

(2) 청소년의 욕구불만과 정서

① 인간의 욕구는 유기적 욕구와 사회적 욕구로 구분된다.

　청소년기가 되면서 사회적 욕구가 현저하게 증가한다.

② 유기적 욕구(organic needs)

　자기의 신체를 유지하기 위한 욕구로서 식욕과 수면욕 등이 포함된다.

③ 사회적 욕구는 자기의 사회적 신분을 유지하려고 하는 욕구로서 안정감과 승인에 대한 욕구를 포함한다.

④ 욕구의 만족과 불만족, 성공과 실패 등은 객관적으로 결정되기보다 주관적인 평가에 의해 결정된다.

⑤ 부모로부터의 무관심이나 부정적인 관심을 경험하고 있는 청소년들은 애정에 대한 욕구와 기본 신뢰 및 안정에 대한 욕구가 침해당함으로써 욕구불만을 해소할 수 있는 탈출구로 반사회적이고 비도덕적인 또는 자기 파괴적이고 자기 은폐적인 행동을 하게 된다.

⑥ 부모의 자녀에 대한 관심은 말로만 훈계하기보다 활동을 통해 경험을 공유하는 형태로 이루어져야 하고 권력적이거나 독선적인 방법이 아닌 허용적이고 민주적인 방법으로 전개되어야 하며 자녀를 가능성의 존재로 신뢰하고 인정해 주는 태도를 가짐으로써 긍정적인 효과를 나타낼 수 있다.

(3) 청소년기 정서의 여러 형태

① 분노
　ㄱ. 분노는 개인의 요구가 어떠한 형태로든 방해를 받고 있을 때 나타나며 불쾌감과 함께 나타나는 정서적 반응이다.
　ㄴ. 청소년기의 분노
　　가. 자신의 욕구실현의 실패 원인이 자기 자신에게 있다고 반성하고 자신에 대하여 분노를 느끼는 경향이 많아진다.
　　나. 이는 귀인이론(atttibution theory)에서 실패의 원인을 자기 내적으로 귀속시키려는 특성과도 관계가 있다.

② 기쁨과 애정
　ㄱ. 기쁨은 요구한 것이 충족되었을 때 경험할 수 있는 정서이다.
　ㄴ. 청소년기 때 기쁨을 얻는 상태들
　　가. 개인의 능력에 알맞은 환경에 놓여 있을 때
　　나. 익살맞은 상태에 당면하였을 때
　　다. 긴장, 억압된 상태에서 갑자기 해방되었을 때
　　라. 자신의 우월감에 잠겨 있을 때
　ㄷ. 청소년들의 능동적이고 건설적인 애정을 결정하는 요인 10가지
　　기본 욕구의 충족, 사랑의 가치에 대한 긍정적인 견해, 좌절에 대한 강한 인내심, 자기애, 숙련, 건강한 자아구조, 현실접촉, 안전감의 요구, 합리적인 이상, 부모로부터의 해방감

③ 질투
　ㄱ. 질투는 분노, 공포, 애정, 자존심, 경쟁의식 등이 결합된 하나의 정서적 상태 또는 반응이다.
　ㄴ. 질투에 수반되는 행동은 청소년의 정서적 성숙 정도에 따라 달라지며 질투심은 대체로 내향적인 사람보다 외향적인 사람에게서 많고 지능이 높은 사람에게서 많으며 여학생이 남학생보다 많은 경향이 있다.

④ 호기심
　ㄱ. 호기심이란 새로운 것, 진귀한 것, 미지의 것을 탐색하려고 하는 욕구이다.
　ㄴ. 청소년기의 탐색적인 호기심은 그들이 이미 많은 사물을 경험하고 학습하고 있기 때문에 어느 정도 통제된 형태를 취할 수 있으며 사물의 감각적인 신기성보다도 지적인 인과율(因果律)에 대한 탐색이 주가 된다.

5) 청소년기 정조의 발달

(1) 정조는 정서 가운데 가장 분화된 고등 감정으로서 지적 활동에 수반되는 조용하고도 고상한 지적 감정이며 가치감정이다.

(2) 현실생활에 있어서 직접적인 이해관계로부터 벗어난 높은 차원의 감정 활동이며 깊이 있는 자아임과 동시에 높여진 태도이며 순화된 감정이다.

(3) 청소년들이 갖는 네 가지의 정조

① 지적 정조(intellectual sentiment)

논리적 정조라고도 하며 인지작용에 따른 감정의 총칭으로 진리탐구의 정열이며, 모순과 의문에 대한 불만과 투쟁이며, 과학적이고 논리적인 관계를 탐구하려는 자아의 태도인 것이다 .

② 윤리적 정조(ethical sentiment)

도덕적 정조라고도 하며 도덕적·사회적 행동과 규범에 기초하여 타인 또는 자기의 행동을 평가할 때의 감정을 말한다. 뿐만 아니라 그와 같은 규범에 자기 스스로 따르려고 하는 감정이며 의지나 행동의 선악에 대해서 선을 좋아하고 악을 미워하는 감정이다.

③ 심미적 정조(aesthetic sentiment)

예술적 정조라고도 하며 자연계의 미적 가치를 감상할 때나 미술, 음악 등의 예술을 감상할 때에 일어나는 감정을 말한다.

④ 종교적 정조(religious sentiment)

현실적으로 무력하고 약소한 인간이 자기의 유한성을 자각하고 현실을 초월한 세계의 절대자를 믿고 의지하여 안정을 얻는 데서 오는 것이다.

6) 청소년기 정서장애와 스트레스

(1) 청소년기의 정서장애

① 일부 청소년들에게 있어서 정서적 불안정이 지속되고 심화되면서 적응장애로 발전한다.

② 청소년기에 흔히 보는 정서장애로는 불안과 공포, 강박관념, 우울 등이 있으며 심각할 경우 정신분열로 발전되기도 한다.

(2) 청소년기의 스트레스와 건강

① 스트레스에 대한 개념모형 세 가지

ㄱ. 스트레스를 자극으로 보는 관점

새롭거나 강렬하거나 급작스러운 상황의 변화와 피곤이나 권태 등으로 인한 자극의 결핍을 대표적인 스트레스 유발요인이라고 하였다.

ㄴ. 스트레스를 반응으로 보는 관점

자극 자체가 상해의 원인이 될 수도 있지만 유기체가 이러한 위험에 어떤 반응을 보이는가 하는 것이 곧 스트레스의 표현이라고 보는 관점이다.

ㄷ. 스트레스를 역동적 상호작용으로 보는 관점

스트레스를 환경과 개인의 복잡하고 역동적인 상호작용으로 보고 개인의 능동적인 심리적 과정에 초점을 두는 관점이다.

② 오늘날 청소년들의 역할갈등과 발달상의 긴장, 학업성적과 입시로 대표되는 경쟁적 생활구조는 그들의 스트레스 반응을 결정짓는 강력한 자극제가 되고 있으며 이러한 스트레스가 그들의 건강과 심리적 부적응을 위협하는 요인이 되고 있다.

> 📁 **기출문제 확인학습**
>
> **청소년기 정서의 특징**
> 1) 격렬하고 쉽게 동요하는 경향이 있다.
> 2) 정서표현이 아동기보다 더 직접적이고 일시적인 형태는 보이지 않는다.
> 3) 신체·생리적 변화는 강렬한 정서적 불안정성을 유발한다.
> 4) 심리·사회적 압박은 강한 정서적 불만이나 갈등을 유발한다.
> 5) 정서를 자극하는 것은 부모와의 갈등 등 주로 대인관계 문제이다.
> 6) 청소년기 정서표현은 급격한 신체적·성적 성숙과 더불어 성에 대한 의식과 이성에 대한 관심이 높아지지만 수치심을 강하게 보이고 이성에 반발하며 주위 사람들에게 허세적인 반항을 하는 등의 이중적 정서를 표출한다.
> 7) 정서는 일관성이 없고 불안정하며 정서의 기복이 아동기에 비해 비교적 크고 격렬하다.

제4절 | 도덕성·정체감 발달

1 도덕성 발달

청소년기에는 추상적 사고를 할 수 있는 등의 지적 능력이 발달하면서, 도덕성의 수준도 높은 단계에 도달하며 청소년기의 도덕성 발달은 청소년들이 사회에 적응하고 부모님이나 선생님, 친구들과의 관계를 원만하게 유지해 나가도록 하는 기초가 된다.

1) 청소년기 도덕성의 발달 특징

(1) 자신의 신념과 양심에 따라 자율적으로 판단하고 행동하며, 스스로 선택한 행동에 책임을 질 수 있다(아동기에는 어른들의 칭찬이나 가르침을 옳고 그름의 판단 기준으로 삼음).

(2) 자신의 양심에 의해 만들어 놓은 기준을 어길 경우 심한 죄책감을 느낀다.

(3) 규칙이나 법률도 상황에 따라 다르게 적용될 수 있다는 것을 알게 되고, 규칙, 약속 등을 서로 합의하면 변경할 수 있다고 생각한다.

(4) 어떤 행동의 결과보다는 동기나 과정을 중요하게 여긴다.

2) 도덕성의 발달에 영향을 끼치는 요인

청소년의 도덕성 발달에 영향을 끼치는 요인은 부모의 양육 태도·또래 집단의 영향·부모의 행동·대중 매체의 영향 등을 들 수 있다.

3) 도덕성 발달을 위한 노력

청소년기의 자기중심적 사고(개인적 우화, 상상의 청중 등)를 극복하고, 다른 사람의 생각과 입장을 이해하기 위해 노력해야 한다.

📂 기출문제 확인학습

콜버그의 도덕성 발달단계

1) 전(前) 인습적[5] 수준

(1) 전 인습적 수준에 있는 사람은 사회규범이나 기대를 잘 이해하지 못한다.

(2) 이 수준에 있는 아동은 매우 자기중심적이어서 다른 사람의 입장을 이해하지 못하고 자신의 욕구충족에만 관심이 있다.

(3) 9세 이전의 아동이나 일부 청소년, 그리고 성인 범죄자들이 이 수준에 있다.

(4) 1단계: 벌과 복종 지향의 도덕

① 이 단계의 아동은 결과만 가지고 행동을 판단한다.

② 즉, 보상을 받는 행동은 좋은 것이고, 벌 받는 행동은 나쁜 것이며, 이 단계에서 아동은 벌을 피하기 위해 복종한다.

예 준이는 부모에게 야단맞을까 봐 차가 달리는 거리에서 뛰어다니지 않는다.

---

5) 인습적이란 말은 사회규범, 기대, 관습, 권위에 순응하는 것을 뜻한다.

(5) 2단계 : 목적과 상호교환 지향의 도덕 (도구적 상대주의)

① 자신의 흥미와 욕구를 만족시키기 위해 규범을 준수한다.

② 이 단계에서 아동은 다른 사람의 입장을 고려하기 시작하지만, 대부분 자신이 원하는 것을 얻기 위해서다.

예 준이는 어머니가 약속한 용돈 때문에 찻길에서 뛰어다니지 않는다.

2) 인습적 수준

(1) 이 수준에 있는 아동이나 청년은 다른 사람의 입장을 더 잘 이해하게 되고, 이제 도덕적 추론은 사회적 권위에 기초하며 보다 내면화된다.

(2) 사회관습에 걸맞은 행동을 도덕적 행동이라 간주한다.

(3) 대부분의 청소년과 다수의 성인이 이 수준에 있다.

(4) 3단계 : 착한 아이 지향의 도덕(대인관계 지향)

① 다른 사람들의 기대 때문에, 그리고 다른 사람으로부터 인정을 받기 위해 착한아이로 행동한다.

② 이 단계에서는 동기나 의도가 중요하며, 신뢰, 충성, 존경, 감사의 의미가 중요하다.

예 영희는 동생 준이가 자기를 믿기 때문에, 준이가 담배피우는 것을 부모님께 말씀 드리지 않는다.

(5) 4단계 : 법과 질서 지향의 도덕

① 추상적 사고를 할 수 있는 능력으로 인해, 청년은 이제 자신을 사회의 일원으로 생각하게 되고, 그래서 사회기준에 따라 행동을 평가하게 된다.

② 사회질서를 위해 법을 준수하는 행동이 도덕적 행동이라고 생각한다.

예 준이 아빠는 사회의 법과 질서를 준수하기 위해 보는 사람이 없더라도 '멈춤' 표지판 앞에서 차를 멈춘다.

3) 후인습적 수준

(1) 후인습적 수준에 있는 사람은 사회규범을 이해하고 기본적으로는 그것을 인정하지만, 법이나 관습보다는 개인의 가치기준에 우선을 둔다.

(2) 일반적으로 20세 이상의 성인들 중 소수만이 이 수준에 도달한다.

(3) 5단계 : 사회계약 지향의 도덕

① 법과 사회계약이 '최대 다수의 최대 행복'이라는 전제하에 만들어졌다는 것을 이해하고, 모든 사람의 복지와 권리를 보호하기 위해 법을 준수한다.

② 그러나 때로는 법적 견해와 도덕적 견해가 서로 모순됨을 깨닫고 갈등상황에 놓인다.

(4) 6단계 : 보편원리 지향의 도덕

① 법이나 사회계약은 일반적으로 보편적 윤리기준에 입각한 것이기 때문에 정당하다고 믿는다.

② 따라서 만일 이러한 원칙에 위배될 때에는 관습이나 법보다는 보편원리에 따라 행동한다.

③ 보편원리란 인간의 존엄성, 인간의 평등성, 정의 등을 말한다.

길리건의 도덕성 발달이론[6]

1) 길리건(Carol Gilligan)은 콜버그(Kohlberg)의 이론이 성차별적이라고 비판한다.

2) 길리건(Carol Gilligan)은 남성의 도덕성이 정의 지향적이라면, 여성의 도덕성은 대인 지향적이라고 주장하였다.

3) 길리건(Gilligan,1982)은 도덕성이 정의와 배려라는 두 개의 상호 의존적인 요소로 이루어져 있으며, 이 요소들은 도덕적 문제를 파악하는 특수한 방식을 나타냄과 동시에 각각의 요소들은 서로 다른 발달 유형을 보여준다고 주장하였다.

---

6) 출처 : 위키백과

4) 길리건은 성적 갈등, 낙태 등의 문제와 관련되는 상황에서 청소년들의 도덕적 판단을 분석한 결과를 가지고 배려의 윤리라는 3수준의 여성 도덕성 발달 단계를 제안하였다.

5) 제1수준은 자기 중심적 단계, 제2수준은 책임감과 자기희생의 단계, 제3수준은 자신과 타인에 대한 배려의 단계로 구분하였다.

2 정체감의 발달

1) 자아정체감의 의미와 속성 - 에릭슨(Erikson)[7]이 제시한 정체감의 의미

(1) 자아정체감은 ' ~ 로서의 나' 간의 통합감을 의미한다.

(2) 자아정체감은 과거의 나와 현재의 나, 미래의 나 간의 연속감이나 일관성을 의미한다.

(3) 자아정체감은 주체적 자아(I)와 객체적 자아(Me) 간의 조화감을 의미한다.

(4) 자아정체감은 '나는 나다'라는 실존의식을 의미한다.

→ 위의 자아정체감에 대한 4가지 정의 방식은 상호 밀접한 관련성이 있다.

(5) 정체감의 구체적 모습들

① 발달적 정체감

인간은 성장 발달하면서 각 단계 또는 시기마다 그 나름대로 자부심이나 사명감을 갖게 되는데 이 때의 자부심 또는 사명감을 정체감이란 말로 표현할 수 있다.

② 부정적 정체감

ㄱ. 문화적 기대나 요구는 젊은이들에게 사회의 규범과는 전혀 다른 모순 투성이의 자기상을 갖도록 한다.

ㄴ. 사회에 대한 공헌이나 성공의 가능성이 전혀 없다고 판단하는 청소년들은 '자기 정의'로서 이러한 부정적인 말을 받아들여 그것을 더욱 굳히는 행동을 계속함으로써 부정적 정체감(negative identity)을 강화시킨다.

③ 성역할 정체감

ㄱ. 성 정체감은 제2차 성징의 발현과 호르몬의 분비가 있기 훨씬 이전부터 명확하게 나타난다.

ㄴ. 성 정체감 발달의 세 가지 형태

가. 자신을 남자 또는 여자로 인지하는 것이다.

나. 남녀의 구별에 기초하여 남자다움(남성성) 또는 여자다움(여성성)을 익혀서 남성적 역할 또는 여성적 역할을 하는 것이다.

다. 성애(性愛)의 대상으로서 이성을 선택하는 것이다.

---

7) Erikson의 자아정체감 발달이론은 [발달심리]를 참고하길 바란다.

성 정체감의 구분

1) 성역할 정체감(gender or sexidentity)

개인이 살고 있는 사회와 문화권이 받아들이고 있는 남성으로서의 남자다움 또는 여성으로서의 여자다움을 의미한다.

2) 성별 정체감(sex or sexual identity)

생물학적·해부학적 성 차이로서 남자와 여자를 구별하는 것이다.

④ 집단정체감

ㄱ. 개인이 자기 민족의 역사가 이룩한 독특한 가치 및 이상들과 내적 결속성을 갖는 것을 말한다.

ㄴ. 집단정체감(group identity)을 민족적 또는 국가적 정체감(national identity)이라고도 한다.

2) 청소년기의 정체감 위기와 형성과정

(1) 청소년기 정체감 위기의 문제 필연성과 정체감 확립의 중요성

① 청소년기에 들면서 내적 충동의 질적·양적 변화가 일어나기 때문

ㄱ. 청소년은 사춘기의 시작과 더불어 급격한 신체발달과 성적 성숙의 발달이 이루어진다.

ㄴ. 이러한 양적인 변화와 함께 신체 내부에서는 여러 가지 질적인 변화가 일어난다.

ㄷ. 양적인 변화는 쉽게 관찰할 수 있는 부분이지만 질적인 변화는 다소 복잡한 양상을 띠게 된다.

ㄹ. 청소년들은 자아의 힘이 부족하고 자아구조를 통합할 능력이 부족하기 때문에 근본적으로 자기 존재감에 대해 회의적이고 부정적임과 동시에 나는 누구인가?, 나는 어디서 와서 어디로 가는 존재인가를 반문하게 된다.

② 청소년이 경험하는 상충적인 사회적 요구 때문

ㄱ. 청소년은 아이도 성인도 아닌 이른바 주변인으로서의 존재적 특성 때문에 많은 양가적인 상황(ambivalent situation)에 처하게 된다.

ㄴ. 가정에서 청소년들은 아직 미혼이며 경제적 독립이 성취되기 전이기 때문에 어쩔 수 없이 부모에게 의존적일 수밖에 없다.

ㄷ. 그러나 다른 한편으로 어른들은 나이와 체구에 걸맞게 독립적이기를 기대하고 책임 있는 행동을 요구한다.

③ 청소년기가 되면서 선택을 강요받게 되기 때문

ㄱ. 진학을 할 것인가 포기할 것인가, 진학한다면 어떤 전공을 택할 것인가, 만일 취업을 한다면 어떤 직종을 택할 것인가 등의 선택적 상황을 수 없이 경험한다.

ㄴ. 이와 같은 상황에서 청소년들은 잠정적인 결정이든 최종적인 결정이든 간에 자기 스스로 결정을 내려야 한다.

ㄷ. 아직 완전한 성인은 아니지만 이전 시기처럼 전적으로 부모나 혹은 다른 성인에 의지할 수만도 없다.

④ 청소년기에 증대되는 인지 능력 때문

ㄱ. 청소년기는 인지능력에 있어서 이전 시기와는 질적으로 다른 발달 양상을 보인다.

ㄴ. 시간적 제한은 현재에 제한되지 않고 과거와 미래로 확장되는데 이것은 그들의 사고가 현실적 구속을 벗어나 가능성의 세계로 확대됨을 의미한다.

ㄷ. 인지적 능력의 발달은 자기 자신에 대한 탐색과정, 예를 들어 자신의 위치, 역할, 가능성, 가치 및 이념 등에 대한 검토와 확인, 재규정 등에 영향을 미치게 된다.

⑤ 동일시 대상의 변화 때문

ㄱ. 청소년은 지금까지 자신의 심적 참조 체계로서 간직해 왔던 이전의 동일시 대상들이 그 유용성을 상실하게 됨으로써 새로운 대상을 동일시하거나 이전 동일시 대상들을 새로운 참조체제로 통합하게 된다.

ㄴ. 사람들은 성장하는 과정에서 자기가 좋아하거나 중요한 의미를 부여하는 사람을 동일시하여 그들의 행동양식, 기호, 가치 등을 내면화해 가기 마련이지만 청소년기가 되면서 좋아하는 인물이나 의미 있는 대상이 크게 바뀜으로써 정체감의 위기를 경험하게 되는 것이다.

(2) 청소년기의 자아정체감 형성과정

청소년기의 정체감 형성과정에 대해 마르샤(Marcia, 1966)는 정체감 지위(identity status)이론을 제안하였다. 마르샤(Marcia)는 각 발달단계에서 긍정적 발달과업의 획득을 위해 공통적으로 필요한 두 가지 요소, 즉 위기와 관여를 근거로 정체감 형성과정을 정체감 혼미, 조기완료, 지불유예, 정체감 성취의 네 가지 지위로 구조화하였다.

① 정체감 혼미

ㄱ. 발달과업의 성취를 위한 위기의식이나 대안이 없으며 또한 개인의 관여도 이루어지지 않고 있다.

ㄴ. '나는 누구인가?'라는 질문을 하였을 때 이들은 대체로 '나는 아무도 아니다.', '나는 내가 누구인지를 모른다.', '나는 내가 아니다.' 등의 혼란스러운 반응을 보인다.

ㄷ. 심리적인 유동상태에 있기 때문에 어떠한 유혹이나 영향력에도 쉽게 노출되고 자신의 성격을 확신하지 못하고 대인관계에 일관성이 없는 등의 심리적 특성을 나타낸다.

② 조기 완료(＝정체감 유실)

ㄱ. 가치와 직업, 개인적 이념 등에 관여는 하고 있지만 위기의식은 없는 상태이다.

ㄴ. 사춘기의 심리적·사회적·육체적 혼미로 인한 정신적 고통을 일시적으로 회피하기 위하여 부모나 기성세대 또는 동료에 의해 만들어진 기존의 가치체제를 그대로 수용하려고 한다.

ㄷ. 외형상으로는 안정된 상태인 것처럼 보이지만 가치체제가 고착화되어 있고 권위주의적인 태도를 보이며 자신의 정신적 지주라고 할 수 있는 성인(부모)에게 절대적으로 의존하는 경향이 높다.

ㄹ. 조기완료 상태가 지속되면 자신의 진정한 자아와 삶의 주체성을 상실하게 되며 융통성이 결여되게 된다.

ㅁ. '나는 누구인가?' 라는 질문에 대해 나는 아빠의 귀여운 딸이다.', '나는 형님의 동생이다.' 등의 의존적 반응을 나타내서 자신을 타인과의 관계에 의해서만 정의하고자 하는 것이다.

③ 지불유예(정체감 유예)

ㄱ. 관여는 거의 이루어지지 않지만 위기 상황을 경험하고 있는 상태이다.

ㄴ. 자기 삶의 주체성과 독립성을 주장하기에는 무언가 불안하고 또 자신감도 없는 까닭에 아동도 아니고 성인도 아닌 어중간한 청소년으로서의 특권을 계속 유지시켜 나가는 일종의 정체시기라고 할 수 있다.

ㄷ. 자신의 태도를 고정시켜 놓고 기존의 가치체계나 권위주의에 대해 도전하고 비판하고 모험을 감행함으로써 나름대로 위기를 경험하고 있는 것이다.

ㄹ. 마르샤(Marcia)는 이를 정체감 성취의 전제조건이라고 주장한다.

④ 정체감 성취

ㄱ. 위기와 관여를 모두 경험한 상태를 말한다.

ㄴ. 정체감 성취가 이루어진 청소년은 자신감과 성취의욕이 높으며 일반적으로 인지능력과 과업수행능력도 높다.

ㄷ. 대인관계가 원만하고 융통성이 뛰어나며 유머감각도 우수하다.

ㄹ. 심리적으로 안정되어 있으며 독자적인 삶을 개척해 나갈 수 있는 용기와 책임의식을 가지고 있다.

ㅁ. 집단 리더로서의 충분한 자질을 발휘하며 또래들의 부정적 영향에 쉽게 유혹되지 않는다.

3) 레빙거(로에빙거, Loevinger)의 자아발달단계 이론 – 자아발달단계 여섯 단계와 세 가지 전환기

> **레빙거 이론이 에릭슨, 레빈슨과 구별되는 특화점**
> 1) 각 발달단계는 개인마다 다를 뿐만 아니라 연령에 의해 구획되어 있지 않다는 점이다.
> 2) 또한 다음 단계로 넘어가는 발달 속도도 같지 않다는 점을 규명한 점에서 발달 단계를 획일화 하지 않았다는 데 의미가 있다.
> 3) 즉, 레빙거(J. Loevinger)는 연령이 같더라도 자아발달단계는 다를 수 있다고 가정한다.

(1) 전사회적 공생단계

① 자아발달의 초기 단계는 두 개의 하위단계로 나누어진다.

② **전사회적 단계** : 주변의 생물과 무생물이 아직 분화되지 않은 자폐적 단계이며 이 단계의 영아는 주변의 욕구와 기대를 인식하지 못하며 자신의 욕구충족에만 관심을 갖는다.

③ **공생적 단계** : 어머니(또는 대리인)에 대해 강한 공생적 의존관계가 형성되기 시작하는 시기로서 이 수준의 아동은 어머니와 환경을 구분할 수는 있으나 자기와 어머니 사이는 아직 구별하지 못한다.

(2) 충동적 단계

① 충동적 자아라고 불리는 이 수준은 아동 초기에 전형적으로 나타나며 때때로 중학교 시기에서도 보이지만 청소년 후기나 성인기에서는 외상적 경험이나 특정한 문제가 있는 경우를 제외하고는 거의 나타나지 않는다.

② 충동적 개인은 진정한 자아기능이 보다 낮은 수준에 있다고 할 수 있으며 충동적 지향성이 높은 아동은 다른 사람을 자신의 개인적 이익을 위한 잠재적 원천으로 인식한다.

③ 이 수준은 개인적 욕구, 신체적 욕구, 자기 마음대로 하는 것 등의 욕구만족에 초점을 두며 내적 통제는 믿을 만하지 못하거나 비효과적이다.

④ 비행청소년들의 경우 일반적으로 충동적 단계에 많이 속해 있다.

(3) 자기 보호적 단계(= 기회주의적 단계 = 델타, 제1전환기)

① 기회주의적·쾌락주의적 전환단계에서 주요 관심사는 여전히 자아 및 즉각적인 충족과 관련이 있으나 자아 통제가 출현하기 시작한다는 점에서 다소 차이가 있다.

② 타인에 대한 통제와 지배에 대한 욕구가 나타난다.

③ 쾌락·고통의 원리가 여전히 행동을 지배하는 것처럼 보이지만, 아동은 이제 규칙이 있음을 이해하고 개인적 이익을 위해 규칙을 조종한다.

④ 잘못에 대해서도 개인은 책임을 떠맡기보다는 적대적인 유머감각을 사용하여 자신을 보호하고 타인을 비난한다.

(4) 순응주의자 단계

① 보편적으로 청소년 초기(중학생 수준)에 나타나는 특성이다.

② 순응주의자는 자신의 복지를 타인의 복지와 동일시하며 타인이 자신들을 어떻게 생각하는지에 대해 몰두한다.

③ 순응주의자의 자아의식은 거의 전적으로 타인으로부터 받는 평가적인 피드백에 근거한다.

④ 신체적 외모, 물질적 소유 및 명성은 순응주의자가 타인을 평가하는 기준이 되어 물질적인 것에 많은 관심을 갖는다.

⑤ 순응주의자는 대인관계를 감정이나 동기가 아닌 행동과 구체적인 사건의 측면에서 인식하고 자기 집단 내의 타인을 모방하고자 한다.

(5) 자아 인식 단계(제2전환기)

① 양심적·순응주의자 수준으로도 불리는 전환적 단계로서 의식적인 자아인식이 가능해지면서 순응주의자 단계의 특성인 타인 인식을 대체하기 시작한다.

② 자신의 개성과 개인차를 인식하기 때문에 대인 간 상호작용에 보다 민감해진다.

③ 남성성과 여성성에 관심을 나타내기도 한다.

④ 개인과 규범 사이를 신중하게 구별하게 되면서 이전에는 집단 가치와 승인을 강조했지만 점차 개인적 가치에 관심을 두기 시작한다.

(6) 양심적 단계

① 대인관계 면에서 보다 복잡한 세계관이 출현하며 대인관계 면에서 행동보다 감정과 동기가 더 중요해지며 다른 사람들에 대해 관용적이다.

② 양심적인 사람은 이전 단계의 특성인 기회주의적 특성이 없다.

③ 보다 명확한 내적 자아의식이 형성되며 내면화된 도덕적 책임은 집단이 인정한 규칙들보다 더 중요해진다.

④ 자아비판 능력이 확대되고 어떤 일에 대해 장기적 목표를 가지고 몰두하게 된다.

⑤ 책임감은 가족과 친구의 범위를 넘어서 보다 큰 사회로 확장되며 청소년 후기의 사람들에게서 일반적으로 나타난다.

(7) 개인주의적 단계(제3전환기)

① 개별성에 대한 존중과 각기 다른 유형의 사람에 대한 관용이 더욱 증가하게 된다.

② 각기 다른 사람들은 서로 다른 역할을 충족시킨다는 실제적 인식을 하게 된다.

③ 이 수준의 자아발달은 보다 성숙한 청소년 후기의 사람들에게만 나타난다.

(8) 자율적 단계

① 자율적인 개인은 다른 사람에 대해 보다 더 관용적이며 개인 내적 충동을 조절하는 것은 너무나 쉽다.

② 내부 지향적인 행동을 보이며 모호성을 참아내고 내적 갈등을 다룰 수 있는 능력을 가지며 갈등을 인간사회에서 발생될 수밖에 없는 불가피한 것으로 인식하기 시작한다.

③ 자율적인 개인은 갈등을 무시하거나 타인에게 투사하지 않고 이를 받아들이고 다루려는 용기를 가지고 있다.

(9) 통합적 단계

① 대부분의 사회집단에서 1% 이하의 사람들이 통합적 단계에 속한다.

② 매슬로우(Maslow)가 언급한 '자아실현을 달성한 사람'에 해당되며 개인이 자신의 동기와 행동 모두에 대해 책임을 진다.

③ 강력한 개인적 정체감을 가지고 있으며 자신의 개인적 욕구를 사회적 현실과 통합할 수 있게 된다.

④ 이 마지막 단계는 매우 드물어서 대부분의 발달단계는 자율적 단계에서 끝난다.

📁 **실력다지기**

청소년기의 자아발달

1) 청소년은 자기 보호적 단계(제1전환 단계)부터 개인주의적 단계(제3전환 단계)에 이르기까지 다양한 범위의 단계에 있다.

2) 청소년이 전 순응주의적 단계에 속하는 경우는 비교적 드물지만 마찬가지로 이들은 자율적 단계나 통합적 단계에도 거의 속하지 않는다.

3) 연령이 증가하면서 타인을 모방하는 단계(순응주의자)를 지나 가치를 내면화하는 단계(양심적)로 옮겨간다는 사실과 더불어 대부분의 청소년들은 일관되게 순응주의자 단계와 양심적 단계 사이에 있는 것으로 분류하는 경향이 있다.

4) 점차 그들은 독립적인 결정을 하게 되고 자신을 행동의 주도자로 생각하며 자신의 행동에 대한 책임을 받아들인다.

📁 기출문제 확인학습

청소년기 자아개념 발달

1) 아동기와 달리 신념, 특성, 동기로 자신을 묘사한다.

2) 청소년기 초기의 자아개념은 청소년기 후기보다 모순되고 변화가 심하다.

3) 청소년기 초기에는 아동기에 비해 더 긍정적 자아개념을 가지는 것이 아니라 부정적인 개념을 가지는 경향이 있다.

4) 청소년기 중기에는 청소년기 후기보다 현실적 자아와 이상적 자아 간의 불일치가 높다.

청소년의 자아정체감 성취를 지연시키는 요인

1) 역할실험 기회의 감소

2) 선택할 수 있는 대안의 증가

3) 취업을 위한 준비기간의 연장

4) 의사결정할 수 있는 영역의 다양화

5) 아동기와 성인기의 문화적 불연속성의 증가

제5절 | 진로 발달 및 선택

1) 진로지도의 구체적인 목표

(1) 자신에 관한 보다 정확한 이해의 증진

① 복잡한 직업세계에서 자신에게 가장 적합한 직업을 선택하고, 성공적인 직업생활을 영위하기 위해서는 무엇보다도 자기의 가치관, 능력, 성격, 적성, 흥미, 신체적 특성 등에 대하여 올바르게 이해하는 일이 필수적이다.
② 진로지도는 학생의 자기이해의 증진을 중요한 목표로 삼아야 한다.

(2) 직업세계에 대한 이해의 증진

① 과학기술의 발전으로 인한 산업의 분화와 고도화에 따라 직업의 종류도 양적으로 팽창하였고, 일의 내용도 복잡해졌으며, 고도로 전문화되어 가는 추세에 있다.
② 직업세계의 변화에 영향을 미치는 몇 가지 주요 요인

기술 환경의 변화, 산업구조의 변화, 지식기반 정보화 사회, 정부의 경제정책 변화(지식기반 정보산업을 육성하는 정책 시행, 정보기술 분야와 생명공학 분야의 약진), 생활수준과 생활방식의 변화, 세계화, 환경과 안전에 대한 인식의 변화 등

(3) 합리적인 의사결정능력의 증진

① 자신에 대한 정보, 직업세계에 대한 정보를 바탕으로 합리적인 결정을 내리느냐, 그렇지 못하느냐에 따라 자기에게 적합한 진로를 선택할 수도 있고 그렇지 못할 수도 있다.
② 아무리 훌륭한 능력과 정보를 가지고 있어도 최선의 선택을 할 수 있는 의사결정 기술을 갖추고 있지 않으면 올바른 진로결정을 하기는 어려운 것이다.
③ 진로지도는 진로에 관한 의사결정 과정에 초점을 두고 의사결정능력을 증진시키도록 조력하는 것을 중요한 목표로 삼아야 한다.

(4) 정보탐색 및 활용능력의 함양

① 진로지도 및 진로상담에서는 '정보제공'이 큰 비중을 차지하고 있다.
② 교사는 단순하게 학생들이 원하는 정보를 제공해 주는 일도 해야 하지만, 학생들 스스로가 필요한 정보를 탐색하고 활용하도록 안내하는 역할을 할 수 있어야 한다.
③ 학생들 스스로가 정보를 탐색할 수 있는 방법을 알려주고 실행에 옮겨보도록 함으로써 학생들로 하여금 진로에 관한 정보의 탐색 뿐 아니라 삶의 모든 영역에서 자기가 필요한 정보를 수집해서 활용하는 능력을 키워주는 것이 필요하다.

(5) 일과 직업에 대한 올바른 가치관 및 태도 형성

① 진로지도의 중요한 목표 중의 하나는 학생들로 하여금 일과 직업에 대한 올바른 가치관 및 태도를 갖도록 하는 것이다.

② 일 자체를 목적으로보다는 수단으로 여기는 생각에서 벗어나도록 해야 하고, 특정한 종류의 직업에 대한 편견을 버리도록 해야 하며, 성역할에 대한 고정관념에서 벗어나도록 조력하는 일은 소홀히 다룰 수 없는 중요한 일이다.

📁 **기출문제 확인학습**

긴즈버그(Ginzberg)의 직업선택이론

1) 직업선택은 일생, 즉 장기간에 걸쳐서 이루어지며 직업선택 과정은 비가역적이고 개인의 욕망과 현실 사이에서 타협적으로 이루어진다.

2) 진로발달단계 (**암기법** 환잠현)

기간	연령	특징
환상기	유년기 (11세 이전)	① 현실적인 여건에 대해 고려하지 않고 주관적, 환상적이며 자신이 바라는 욕구와 행동을 직업선택과 동일시하는 단계이다. ② 놀이중심 단계로서 다양한 직업적 역할이 놀이를 통해서 나타난다.
잠정기 (시험기)	초기 청소년기 (11세 ~ 17세 미만)	① 흥미기: 좋아하는 것과 그렇지 않은 것에 대한 분명한 결정이 있고 자신의 흥미나 취미에 따라 직업을 선택하려고 한다. ② 능력기: 자신의 능력을 깨닫게 되는 단계로서 자신의 능력을 시험해 보며 직업의 다양성과 직업에 따른 근로조건이 다르다는 것을 처음으로 인식하게 된다. ③ 가치기: 자신의 직업 스타일에 대한 명확한 이해와 직업선택 시 여러 가지 다양한 요인을 고려해야 함을 인식하게 된다. ④ 전환기: 직업선택에 대한 결정과 진로선택에 수반되는 책임의식이 생기며 현실적인 외부요인에 눈을 돌려 자신의 결정이 장래의 생활에 영향을 미칠 것이라는 현실인식을 하게 된다. ⑤ 현실적인 요인에 대해 적당하게 고려하여 희망하는 직업을 잠정적으로 선택하는 단계이다.
현실기	청소년 중기 (17세 ~ 성인초기)	현실적인 요인과 개인적, 주관적 요소와 타협이 이루어지는 단계이다. • 탐색: 진로선택을 2-3가지 정도로 좁혀가며 취업기회를 탐색하고 취업하려고 노력한다. • 구체화 단계: 자신의 직업목표를 구체화하고 직업선택의 문제에서 내외적 요인들을 고려하게 되며 이 단계에서는 타협이 중요한 요인이 된다. • 특수화(정교화) 단계: 자신의 결정을 구체화하고 보다 세밀한 계획을 세우고 고도로 세분화, 전문화된 의사결정을 하게 된다.

홀랜드(J. Holland)의 이론 – RIASEC 6각형 모형 (암기법 현탐예사진관)

1) 현실형 : 기계, 도구, 동물에 관한 체계적인 조작활동을 선호하지만, 사회적 기술 부족(기술자)

2) 탐구형 : 분석적이고 호기심 많고 조직적이며 정확하지만, 리더십 부족(과학자)

3) 예술형 : 표현이 풍부하고 독창적이며 비순응적이고 심미적인 사람이지만, 규범적 기술 부족(음악가, 시인)

4) 사회형 : 다른 사람과 함께 일하거나 돕는 것을 즐기지만, 질서정연하고 조직적인 활동 싫어함(상담사, 유치원 교사).

5) 진취형 : 조직 목표나 경제적 목표달성을 위해 타인을 조작하는 활동을 즐기지만, 상징적이고 체계적인 활동을 싫어하며 과학적 능력 부족(영업사원, 정치가)

6) 관습형 : 체계적으로 자료를 처리하고 기록정리, 자료 재생산하는 것을 선호(공인회계사, 은행 사무원)

피그말리온 효과 (자기충족적 예언)

1) 교사의 긍정적 기대는 학생의 긍정적인 자기충족적 예언을 실현하는 데 도움을 준다.

2) 교사가 학생을 기대하고 믿어주면, 그 기대와 믿음의 결과가 학생에게 나타난다.

수퍼의 진로발달단계 (암기법 성 - 탐 - 확 - 유 - 쇠)

1) 성장기 : 출생에서 14세까지의 시기로서 욕구와 환상이 지배적이지만 점차 흥미와 능력을 중시한다(환상기, 흥미기, 능력기).

2) 탐색기 : 15 ~ 24세까지의 시기로서 자아를 검증하고 역할을 수행하며 직업탐색을 시도한다(잠정기, 전환기, 시행기).

3) 확립기 : 25세 ~ 44세까지의 시기로서 자신에게 적합한 분야를 발견해서 종사하고 생활의 터전을 잡으려 노력한다(수정기와 안정기).

4) 유지기 : 45 ~ 64세까지의 시기로서 개인은 안정된 속에서 비교적 만족스런 삶을 영위하며 직업세계에서 자신의 위치가 확고해지며 자신의 자리를 유지하기 위해 노력하며 안정된 삶을 살아가는 시기이다.

5) 쇠퇴기 : 65세 이후의 시기로서 모든 기능이 쇠퇴함에 따라 직업세계에서 은퇴하게 되기 때문에 자신이 해 오던 일의 활동이 변화되고 또 다른 자신의 일에 대한 활동을 찾게 되는 시기이다.

CHAPTER 02 청소년 문화

제1절 | 청소년 문화 관련 이론

1) 청소년 문화의 유형

(1) 주류문화와 하위문화

① **주류문화** : 사회의 성인 다수의 집단에 의해 향유되는 문화

② **하위문화** : 사회의 특수한 부분, 영역에서 특징적으로 나타나는 문화

(2) 표현된 문화와 내재된 문화

① **표현된 문화** : 관찰 가능한 영역의 문화(독특한 복장, 학년 표지, 머리 형태 등)

② **내재된 문화** : 직접 관찰이 불가능한 영역의 문화(엄숙, 단정, 질서, 절도의식 등)

(3) 이상문화와 실재문화

① **이상문화** : 이상적으로 바라고 있는 상태의 문화(한국사회에서 어른을 공경하며, 예의를 지키는 효의 문화가 내재되어 있음)

② **실재문화** : 실제 현실에서 나타나고 있는 문화(실제로 지하철이나 버스 등에서 노인이 타고 있어도 자리를 양보하지 않거나, 노인을 공경하지 않는 사회적 분위기)

(4) 물질문화와 비물질문화

① **물질문화** : 구체적으로 보고 만질 수 있는 물질적 업적과 사용기법

② **비물질문화** : 물질적이지 않은 모든 문화(예 정신문화, 행동문화)

문화의 개념의 역사적 변천 순서

문화의 개념을 역사적 변천 순서에 따라 나열하면 ① 땅이나 곡물의 경작, 가축의 사육 → ② 마음이나 정신의 수양, 예술 → ③ 사회발전의 일반적 과정 → ④ 특정 사회구성원이 공유하는 의미, 가치, 생활양식 → ⑤ 의미를 생산하는 실천으로 개념이 변화되어 왔다.

문화의 두 가지 관점

1) 사회학에서는 총체론적 입장과 관념론적 입장, 크게 두 가지 관점으로 문화를 정의하고 있다.

2) 총체론적 관점은 어떤 문화 요소를 이해할 때에는 항상 전체와의 연관성 속에서 다른 문화 요소들과의 상호 관련성까지 파악하며 문화를 이해하려는 총체론적 관점이 필요하다.

3) 관념론적인 입장에서 문화를 보는 사람들은 실제적인 행동으로서의 말과 그것을 지배하는 규칙(문장에서의 문법에 해당) 또는 원리를 구별하여 문화라는 말을 단지 후자만을 지칭하는 것으로 한정시키고 있다.

문화의 특징 - 문화는 거시체계 중 하나

1) 축적성: 문화는 다양한 상징적 수단을 통해 세대와 세대를 이어 간다.

2) 공유성: 개개인의 독특한 취향과 성격, 버릇, 기질 등은 문화로 보기 어렵다.

3) 학습성: 문화는 유전적인 특질이 아닌, 후천적으로 습득되는 성질의 것이다.

4) 총체성: 문화란 인간이 획득한 지식, 도덕, 법, 관습 등을 포함하는 복합체이다.

읽을 거리

구디너프(Goodenough)의 문화 정의 - 관념론적 입장

인류학의 다양한 전문분야 중에서 구조주의 인류학, 인지인류학 및 상징인류학 등에서 우리는 주로 관념적인 입장에 기초한 문화의 개념을 발견할 수 있다. 인류학자 Goodenough의 견해는 이 개념에 대한 좋은 예를 제시한다. 그에 의하면, 문화란 사람의 행위나 구체적인 사물 그 자체가 아니라, 사람들의 마음속에 있는 모델이자, 그 구체적인 현상으로부터 추출된 하나의 추상에 불과하다.

한 사회의 모든 구성원들이 똑같이 행동할 수 없다는 사실은 분명하다. 즉, 그들 각자가 외계의 사물에 대해 어떻게 인식하는지, 어떻게 느끼고 어떠한 태도로 임하는지 또한 그것에 대해 어떻게 행동하는지는 똑같을 수가 없다. 그러나 우리는 사회마다 그 성원들의 행동에서 공통적으로 나타나는 기준 또는 규칙을 발견할 수 있다. Goodenough는 한 사회의 성원들의 생활양식이 기초하고 있는 관념체계 또는 개념체계를 문화로 간주하고 있다.

여기서 한 가지 분명히 해 두어야 할 것은 구체적으로 관찰된 행위유형이 아니라 그런 행위를 위한 또는 그런 행위를 규제하는 규칙의 체계가 곧 문화라는 것으로 사람들은 이 규칙에 따라 행동하게 된다.

2) 청소년 문화 관련 이론

(1) 대중 사회론[1]

① 대중 사회론에서 살펴보는 대중문화의 속성

ㄱ. 단순하고 저급한 취향의 문화

---

[1] 대중은 저급한 취향을 갖고 있으며 고급문화를 대중들에게 널리 전파하여 교육시킬 것을 강조하고 문화적 수용과 향유에 초점을 맞춰 대중문화의 의의를 옹호하기도 하였다.

ㄴ. 대중매체에 의해 대량으로 산출되는 대량문화

ㄷ. 획일적이고 조작이 가능한 문화

② 대중 사회론의 하위 이론들

ㄱ. 엘리트주의적 비판론

가. 현대사회가 산업사회로 들어서며 나타나는 사회적 도덕률이 상실됨으로 인해 도덕적인 무질서, 곧 아노미가 발생한다는 이론이다.

나. 대책으로 전통문화를 복구 계승하도록 노력하거나 고급문화를 대중들에게 널리 전파하여 교육시킬 것을 강조한다.

ㄴ. **아놀디즘(Arnoldism)** : 아놀드학파

가. 사회를 귀족층과 중간층 그리고 평민층으로 구분하였으며 중간층이나 귀족층에서 잘 유지된 인간본성이 지속될 수 있도록 안내하는 것을 강조한다.

나. 노동자 계급이 지닌 무질서하고 사회에 도움이 되지 않는 문화를 전통문화로 바꾸는 것을 강조하여 대중문화의 확산을 우려하면서 오히려 전통문화를 육성해야 한다고 주장한다.

다. 무질서한 문화를 교정하는 것이 곧 문화교육이며 국가가 교육을 통해 적극적으로 문화교육을 실시함으로써 대중사회 등장이후 증폭되는 노동자 계급과 같은 피지배계급의 저항을 효과적으로 감소시켜야 한다고 보았다.

(2) 다원주의적 문화론

① 다원주의적 문화론자들은 기본적으로 문화적 다양성을 주장하면서 대중의 취향과 관련하여 대중문화의 의의를 옹호한 긍정론자들이다.

② 여기에는 문화수준론을 주장한 에드워드 쉴즈(E. Shils)와 취향문화론을 주장한 허버트 갠스(H. Gans) 등이 있다.

③ 다원주의적 문화론의 하위 이론들

ㄱ. 쉴즈의 문화수준론

범속한 문화는 우수한 문화의 동일한 장르에서 작업이 이루어지지만 우수한 문화만큼의 독창성이 결여되고 보다 모방성이 강한 산물들이다.

ㄴ. 갠스의 취향문화론

가. 상급문화

고도의 전문적 감식안을 지닌 창작자들과 그 주변의 소수 후원집단이 향유하는 고급문화이다.

나. 중상급문화

교양인과 문화인을 지향하는 중상류층 사람들의 취향과 밀접한 문화로써 상급문화의 창작품들을 일부 차용하기도 하며 유명 저널리즘 매체의 수용, 브로드웨이 연극 감상, TV 다큐멘터리 프로그램 시청 등이 여기에 포함된다.

다. 중하급문화

미국 사회의 지배적인 취향문화로 사무직, 초등학교 교사, 저급 정신노동자 등이 주요 소비자 계층이며 상급문화나 중상급 문화의 작품들을 개작하여 통속화시킨 TV드라마, 쇼 등이 여기에 속한다.

라. 하급문화

숙련공이나 준숙련공, 서비스 노동자, 준숙련 사무원들이 주요 소비자 계층이며 화려하고 원색적인 장식과 치장을 선호하지만 내용으로는 저급한 TV프로그램, 선정적인 신문, 잡지매체, 영화 등이 여기에 포함된다.

마. 유사 민속 하급문화

민속 문화와 2차 세계대전 전(前)의 상업적 하급문화의 혼합물, 비숙련노동이나 서비스업에 종사하며 초등학교 졸업정도의 학력밖에 없는 사람들이 주 소비자 계층이며 하급문화와 거의 같은 문화를 수용하되, 좀 더 단순한 내용의 민속문화적 표현과 속성을 갖고 있다.

(3) 마르크시즘(마르크스주의)[2]

① 프랑크푸르트학파

ㄱ. 당시 전체주의화되는 자본주의 사회의 지배질서를 해명하는데 있어 '문화산업'이란 개념을 핵심적인 개념으로 사용하고 있다.

ㄴ. 대중문화를 생산하는 주요 기제인 대중매체를 소수 지배계급이 강력한 지배수단으로 활용함으로써 대중문화는 대중의 욕구와 행위를 조종 또는 조작하는 수단이 될 수 있음을 의미한다.

ㄷ. 상품화된 문화는 자본주의적 생산관계에 있어 상부구조이자 동시에 상부구조에 영향을 미치는 토대라고 본다.

ㄹ. 상품화된 문화가 어떻게 대중을 통제하고 지배하는지에 대해서도 관심을 가진다.

📁 **실력다지기**

구조주의와 후기구조주의의 공통점과 차이점

1) 공통점
   (1) 구조주의와 후기구조주의 모두 '구조(structure)'에 대해 공통적으로 이론적 관심을 모으고 있다.
   (2) 여기서 구조라 함은 겉으로 드러나는 표피적 현상의 밑바닥에 존재하면서 그 표피적 현상을 가능케 하는 체계라고 할 수 있다.

2) 차이점
   (1) 구조주의
   구조에 관심을 갖는 구조주의는 숨겨져 있으면서 현상에 작동하는 심층구조를 찾아가는 접근법이며 구조주의자들의 문화 분석은 겉으로 표현된 문화적 표상 속에 숨겨져 있는 구조를 드러내는 일로 모아지고 여기서 구조는 표상 속에 숨겨져 있는 의미를 안전하게 잡아주는 체계이다.

   (2) 후기구조주의
   후기구조주의자들은 의미를 안전하게, 그리고 만족스러운 상태로 잡아둘 수 있는 숨겨진 구조가 있다는 생각을 거부하고 있으며 의미는 항상 변화하여 의미를 해석한다는 것은 끊임없는 흐름의 순간적 정지일 따름이라고 생각한다.

---

2) 경제적 토대가 사회의 나머지 부분의 성격과 구조, 곧 상부구조를 어느 정도 결정하는가가 마르크스주의의 핵심이다.

실력다지기

문화 연구이론가 – 기어츠

1) 기어츠는 인간행동의 미묘한 차이들(subtlety)이 의미하는 상징들 속에서 문화의 의미를 찾으려고 노력하고 있다.

2) 그에 의하면 문화란 지극히 맥락적(contextual)이고 상황적인 것이다.

3) 기어츠는 문화란 다분히 추상적이며 동시에 구체적이며 그 해석학적 입장에 따라 충분히 다르게 이해될 수 있는 성질의 것이라는 입장을 견지하고 있다.

4) 상징과 의미체계로 문화 개념을 설명한다.

5) 특정 사건이나 현상에 대한 심층적 기술(thick description)을 강조한다.

6) 사회적으로 특정 사건이나 상황에 부여하는 의미를 문화 이해의 중요한 핵심이라고 본다.

기출문제 확인학습

발터 벤야민 (W. Benjamin)

1) 문화산업이 등장한 시대에 들어서면서 예술작품의 복제가 가능하게 되었고 예술작품의 복제는 아우라(aura)의 파괴를 가져왔다고 주장한 학자이다.

2) 발터 벤야민(W. Benjamin)의 아우라[3] 붕괴[4]

(1) '아우라 붕괴'는 벤야민이 20세기 예술작품이 처한 상황을 파악하는 기본 개념이다.

(2) 단적으로 말하면 기술적 복제 시대에 예술작품이란 바로 아우라 붕괴를 가리킨다.

(3) 「예술작품」에서 벤야민은 변화된 기술적 복제 양식을 검토하면서 바로 아우라 개념을 도입한다.

(4) 아우라 개념은 예술작품이 역사 속에서 갖는 독특한 현존을 가리킨다.

(5) 벤야민은 유명한 구절에서 아우라를 다음과 같이 정의한다. '우리는 자연적 대상의 아우라를 아무리 가까이 있더라도 멀리 떨어져 있는 어떤 것의 일회적인 현상이라고 정의한다. 어느 여름날 오후 휴식 상태에 있는 자에게 그늘을 드리우고 있는 지평선의 산맥이나 나뭇가지를 따라갈 때 - 이것은 우리가 산이나 나뭇가지의 아우라를 숨 쉰다는 뜻이다.'

(6) 위 인용문은 현재 문화 예술 전반에서 통용되고 있는 아우라 개념의 가장 직접적인 전거이다.

(7) 벤야민에게서 아우라 개념이 임의적으로 정의되고 사용될 수 있는 '개념'인가를 생각해 볼 수 있으며, 이런 물음 자체가 벤야민의 예술론에서 논쟁적 주제이다.

(8) 즉, 아우라 개념은 그 해석에 있어서 여러 난점(難點)들을 동반한다.

(9) 일단 연구자들 사이에서 어느 정도 공통적인 인식은 「예술작품」에서 벤야민은 아우라 붕괴를 긍정적인 맥락에서 논의하고 있다는 점이다.

(10) 다시 말하면, 벤야민에게서 아우라란 부정적 함축을 갖고 있는 개념이며, 비판적 개념이다.

(11) 하지만 현재는 아우라 개념이 양가적인(Ambivalenz) 함축을 갖고 있다는 주장이 제기되고 있으며, 더욱이 벤야민적인 사유가 현재의 전자복제시대에도 여전히 유의미하다는 입장에서는 아우라 개념이 갖는 양가적인 함축이 더욱 강조되는 경향이 있다.

---

3) 아우라는 미학 용어의 하나로, 예술 작품에서 흉내 낼 수 없는 고고한 분위기를 의미한다. 독일의 철학가 발터 베냐민의 예술 이론에서 사용되었다. 아우라의 원천은 원본성 / 오리지널리티(복제품에는 아우라가 없다고 본다), 유일한 현존성(시공을 초월해 감상할 수 있는 사진이나 영화에는 아우라가 없다고 본다)이다.

4) 기술복제시대에서 일상경험과 예술경험의 가능조건 - 발터 벤야민의 아우라 개념을 중심으로 -, 고현범, 2008

1) 청소년 문화[5]의 성격과 문제점

(1) 청소년 문화의 성격

① 청소년 문화를 미숙한 문화로 보는 입장

어른의 시각으로 청소년문화를 보고자 하는 입장으로서 고대로부터 한결같이 내려오는 관점이며 부모의 입장에서 어른들의 눈에 청소년들은 언제나 모자라고 미숙하게만 보이는 것이다.

② 청소년 문화를 비행문화로 보는 입장

청소년들이란 공부나 일보다는 놀기를 좋아하고 어른의 눈을 속여 나쁜 짓하는 것을 대범한 행동으로 인식하고 있다는 입장으로 청소년들은 항상 부모나 교사의 감독 하에 있어야 하며 그들끼리 어울리게 해서는 안된다는 사고방식을 갖는다.

③ 청소년 문화를 하위문화로 보는 입장

청소년 문화는 다른 여러 문화와 마찬가지로 사회 전체 문화의 하위문화에 불과하다고 본다.

④ 청소년 문화를 대항문화 또는 반(反)문화로 보는 입장

청소년들은 기성세대의 문화를 거부하고 자신들의 새로운 문화를 대안으로 내세우면서 개혁과 변화를 요구한다고 보는 것이다.

> **대항문화**
>
> 1) 기성세대의 문화를 주류문화라고 한다면, 청소년들은 기성세대의 문화를 거부하고, 기성문화에 대항하는 문화를 만들면서 개혁과 변화를 요구한다고 보는 시각이다.
> 2) 청소년들이 기성세대에 대해 비판하고 반항하는 것은, 그들이 미숙하거나 삐뚤어졌기 때문이 아니라, 기성세대와는 다른 인생관과 역사관을 갖고 있으며, 부모세대와는 다른 삶의 방식을 추구하기 때문이라고 생각한다.

⑤ 청소년 문화를 새로운 문화로 보는 입장

'새 술은 새 부대에'라는 식으로 새로운 세대는 그들 나름의 새로운 문화를 창조하고 형성하여 살아간다는 것이다.

(2) 청소년 문화의 문제점

① 청소년 문화 공간이 없다.

청소년들이 여가를 활용하여 자신의 감정을 표출시킬 수 있는 문화시설이나 공간은 거의 없는 상태이다.

② 성인세대의 상업주의가 청소년의 불건전한 퇴폐문화를 조장하고 있다.

노래, 비디오, 만화, 전자오락, 방송 등 청소년들이 자주 접촉하는 모든 것들에 경쟁적 상업주의가 침투하여 청소년 퇴폐문화의 온상이 되고 있다.

---

5) 청소년 문화는 청소년들이 공유하고 있는 청소년 세대 특유의 삶의 방식으로서 청소년 집단 간에 명시적, 잠재적 사회화를 통해 형성되고 전수되는 청소년 세대의 행동방식과 정신적 지표로 젊음을 풍기는 영상, 젊은이다운 행동, 젊은이 나름대로 쓰는 말을 통해 표출된다.

③ 교육제도와 노동조건에 문제가 있다.

청소년들의 잠재적 성장 가능성과 개성을 무시하고 있는 교육과정, 학생들을 존중하고 수용하기는 커녕 무시하고 거절하는 교사의 태도, 성적 우수자에 대한 특혜만을 계속 강조하고 있는 학교정책 등과 각종 유흥업소에서 청소년을 고용하여 퇴폐영업을 하고 금전만능과 향락적 사고를 조장하는 등의 문제가 있다.

④ 청소년 간의 문화 불평등이 문제가 되고 있다.

남녀, 직업, 계층 간의 불평등은 청소년들에게도 그대로 전파되며 학업성취도 수준에 따른 불평등과 신체적 외모나 운동능력에 따른 불평등을 경험한다.

📁 기출문제 확인학습

청소년 문화의 특성

1) 다양한 하위문화가 존재한다.
2) 대중문화에 대한 의존성이 강하다.
3) 기본적으로 학교문화와 밀접하게 관련되어 있다.
4) 청소년은 단순한 문화소비자가 아닌 문화생산자로 문화현장에 참여한다.

문화의 가변성

1) 문화의 가변성이란 문화가 정체되어 있는 것이 아니라 항상 변하고 있다는 것을 의미한다.
2) 청소년 문화 역시, 지속적으로 변화하고 있다는 점을 염두에 두어야 하는데, 과거 1960년대, 1970년대의 청소년문화와 2000년대를 살고 있는 청소년문화는 확연히 다르다는 것을 쉽게 알 수 있다.
3) 예컨대, 과거 70, 80년대에는 청바지에 통기타를 든 문화가 신세대문화를 대변했다면, 1990년대에는 서태지 신드롬을 필두로 빠르고 강한 비트의 랩과 댄스음악 등 새로운 대중문화를 선구적으로 받아들이면서, 한국 대중음악의 주류로 부상하기도 하였다.
4) 최근에는 휴대형 컴퓨터와 디지털, 모바일기기 등 최첨단 정보통신기기를 활용하여 기성세대들이 이해할 수 없는 새로운 문화를 만들어내고 있다는 점을 쉽게 알 수 있다.

---

2) 청소년 여가 문화

(1) 여가의 기능

① 단조롭고 지루하며 틀에 박힌 생활에서 탈피하고 싶어 하는 해방감을 충족시켜 준다.
② 자기존중감, 자유, 도전, 성취 등과 같은 측면에서 자기실현을 하기 위한 가치 추구 또는 가치 지향적인 행동을 촉진시켜 준다.
③ 순수한 즐거움과 유쾌함을 위한 창조적인 바탕을 제공한다.

(2) 청소년 여가문화의 의미

① 청소년들에게 여가는 특별한 활동이나 노는 시간이 아니라, 그들의 마음 속에 있는 안정적이고 평화로움의 상태이며 일상생활 그 자체이다.

② 학업을 하든지, 친구와 대화를 하든지, 음악을 듣든지, 여행을 하든지, 집안일을 돕든지 이 모든 행위들에서 그들 스스로 인식하는 자유로움과 즐거움이 곧 여가인 것이다.

③ 청소년들에게 진정한 의미의 여가시간과 여가 공간, 여가활동 등을 보다 많이 제공할 때 청소년들의 학교성적을 향상시키고 적극적인 활동을 조장하고 집단 내 협동심과 공동체감을 증대시키며 심리적 안정감과 인간관계를 개선시키는 효과를 가져올 뿐만 아니라, 청소년들이 인식하는 여가활동은 그들만의 고유하고 가치 있는 문화를 창조하고 개발하는 데 중요한 역할을 한다.

(3) 청소년 여가의 형태

① 활동형

운동, 낚시, 등산, 여행, 견학, 답사, 봉사활동, 종교활동, 동아리활동, 단체활동, 예능활동 등

② 소극형

독서, 음악 감상, 사색, 공상, 라디오 청취, 텔레비전 시청, 바둑, 장기, 영화나 연극관람, 스포츠 관람, 잡담 등

③ 중간형

집안일 돕기, 산책, 쇼핑, 데이트, 취미활동, 공작활동, 수예, 뜨개질 등

④ 부정형

전자오락, 낮잠, 당구장, 음주, 화투, 카드놀이 등

3) 청소년 대중매체 문화 (대중문화)

(1) 대중매체의 특징과 문제점

① 대중매체란 다양한 많은 사람들에게 신속하고 효과적으로 메시지를 전달하는 조직화된 수단이다.

② 대중매체의 확산에 따른 문제점

ㄱ. 정보의 홍수 문제

현대사회를 정보의 시대라고 말할 정도로 현대인들이 접해야 될 정보는 매우 많지만 다양하고 복잡한 정보를 자기 것으로 수용하여 이를 소화하고 이용할 수 있는 개인의 능력에는 한계가 있다.

ㄴ. 언어의 편향적 섭취 문제

각종 대중매체는 현대인들에게 이미 구두적인 언어보다는 청각적인 언어에 더 잘 적응하도록 만들고 있으며 이러한 현상은 대중매체를 통한 의사전달의 일반화 속에서 개인 간의 내적 감정이나 사상을 주고받는 인간적인 대화나 만남의 장이 거의 사라져 가고 있다.

ㄷ. 공간개념의 확장에 따른 문제

인간의 정신적 성장에 필요한 일정 기간의 시간을 갑자기 생략해 버림으로써 보이는 내적 갈등과 충격이 정신적 공허함과 심리적 우울을 야기할 수 있으며 자연에 대한 직접적 경험이 아닌 간접적 경험만으로 세계를 인식, 이해하는 세대에 있어서 불균형적 성장을 초래한다.

ㄹ. 수용자의 자세를 획일화하고 있는 문제

가. 대중매체의 근본적인 존재 이유는 공통성을 창조하기 위한 것인데 공통성이란 문화와 행동의 통일성을 내포하고 있으며 이것은 획일성과 문화적 구속을 의미한다.

나. 문화적 구속이란 그 사회의 문화가 구성원들에게 갖는 구속력을 의미하는 것으로 모든 사람이 그 문화가 규정한 행동을 동일하게 할 것을 요구하는 것이다.

ㅁ. 대중매체의 허구성 문제

가. 실제의 세계와 매스미디어를 통한 세계는 이와 같이 큰 차이가 있음에도 불구하고 많은 사람들은 이를 현명하게 판별하지 못하고 있다.

나. 여기에 대중매체의 경쟁적 상업성이 더해지면 모든 사람의 오감(五感)은 마비되고 허구와 퇴폐성은 극도에 이르게 된다.

ㅂ. 대중매체의 중독성 문제

가. 각종 대중매체는 인간의 이성을 마비시킬 수 있는 환상의 세계를 창출하고 있다.

나. 대표적인 환상의 세계는 드라마, 공상만화, 스포츠 등을 들 수 있다.

ㅅ. 가치관 전도와 물질만능 현상을 조장하는 문제

가. 인간의 생에 대한 근본 의지를 권력과 불의에 대한 탐욕으로 바꾸어 놓고 있는 현상 등에서 대중매체가 갖는 가치관 전도 또는 물질만능 기능이 나타난다.

나. 대중 매체로 인한 가치관의 전도는 비인간화 현상을 더욱 확대시킬 수 있으며 그 결과 흉악해진 청소년 범죄와 비윤리적 패륜 범죄, 한탕주의와 찰나주의가 만연된다.

(2) 청소년 문제에 대한 대중매체의 영향 - 대중매체가 청소년 문제의 원인일 것으로 가정되는 이유

① 현대사회 청소년 비행의 특성, 원인, 정도에 관한 정보가 대중 매체를 통하여 유포될 뿐만 아니라, 비행의 많은 부분이 뉴스시간에 확대 보도됨으로써 비행에 대한 수용자의 주의력, 공포감, 참여감 혹은 기대감을 조장하고 있다는 것이다.

② 대중매체의 청소년 비행에 대한 잘못된 보도와 정보 제시는 비행에 대한 가치기준을 저하시키고 비행행위 현실을 왜곡시킬 뿐만 아니라, 비행행위의 합법성을 제시하고 폭력이나 악에 대한 자의적 수용태도를 증대시킬 수 있다.

③ 대중매체 중에서도 TV 매체는 교육 수준에 무관하게 모든 연령층에 쉽게 수용될 수 있다는 사실과 프로그램 내용의 많은 부분이 비행과 관련된 폭력이나 그와 유사한 내용을 포함하고 있다.

청소년 문제의 개념[6]

1) 청소년 문제의 정의

청소년 문제란 청소년에 의해 유발되는 사회문제적 행동인 청소년 비행이라고 말할 수 있다.

2) 협의의 청소년 문제의 개념

협의로는 청소년비행으로 보는 것이다.

3) 광의의 청소년 문제의 개념

청소년 문제를 광의로는 청소년에 관한 사회문제라고 정의할 수 있다. 즉, 영향력 있는 집단에 의해 그 사회의 가치관을 위협한다고 판단되고 다수의 사회성원들에게 영향을 미치며 공동의 노력에 의해 해결될 수 있는 청소년에 관한 사회현상이라 할 수 있다.

4) 최(最)광의의 청소년 문제의 개념

가장 넓은 의미로서의 청소년 문제는 사회의 성인 또는 영향력 있는 집단에 의해 사회의 가치관을 저해한다고 규정되는 현상뿐만 아니라 청소년 스스로가 지신들의 가치관 또는 인간적인 삶을 위협하고 있다고 규정하는 문제까지도 포함하는 내용이다.

대중매체가 청소년 비행의 직접적인 원인으로 해석할 수는 없지만 간접적 혹은 잠재적 영향요인이라는 연구결과

1) 대중매체의 동일한 내용이라도 일반 청소년들은 오락적 수단이나 시간 소비적 수단으로 이용하는 데 반해, 비행집단은 자신의 범죄행위를 합리화하거나 보강하는 방향으로 이를 이용할 가능성이 높다.

2) 비행청소년이나 비행행위를 호의적으로 보는 청소년은 호화로운 가정환경이나 아름다운 사랑 장면 등과 같이 현실과 지나치게 괴리되거나 이상적인 내용이 그들의 비행행동을 유발하거나 동기화시킬 수 있다.

3) 한 부모 또는 고아 등과 같이 결손가정의 청소년들이 폭력적 장면이나 호화로운 가정환경 장면에 대해 이를 비행과 관련지어 생각하려는 경향이 높다.

4) 청소년 비행의 유발요인 가운데는 TV를 비롯한 전자매체뿐만 아니라 혼자서 은밀히 보고 생각할 수 있는 도색잡지나 저속한 종류의 잡지, 성인만화 등도 포함된다.

(3) 대중가요와 청소년 - 청소년들이 대중가요 시장을 독점하다시피 하고 있는 이유

① 청소년들은 육체적 참여를 통해 그들만의 욕구를 해소하고 있다고 볼 수 있다.

② 자신만의 상상적 공간으로 도피하고 있다고 볼 수 있다.

③ 특정 가수의 스타일을 동일시하면서 대리만족을 추구한다.

④ 또래집단에의 소속감을 강화시키며 이를 통해 집단정체성을 발달시킨다.

⑤ '새로움'과 '남다름'을 추구하도록 한다.

⑥ 가수를 성적 대상으로서 선호하는 경향이 있다.

(4) 대중매체 환경의 개선방안

① 대중매체는 청소년들이 자신의 가치관을 명료화하고 확립할 수 있도록 도와주어야 한다.

② 대중매체는 청소년들의 독특한 정서와 사고, 생활양식과 태도 등을 인정하고 그들의 세상을 존중하는 태도를 취해야 한다.

③ 대중 매체의 성격과 역할, 기능 등에 대한 지속적인 교육을 실시할 필요가 있으며 이와 더불어 올바른 시청 방법이나 매체의 사용방법에 대해서도 체계적인 교육이 이루어져야 한다.

---

6) 출처 : 한국 청소년 개발원

4) 청소년 인터넷 문화

(1) 인터넷 관련 문제행동 가운데 청소년들에게 광범위하고 지속적인 영향을 주는 것은 인터넷 중독(internet addiction)이다.

(2) 인터넷 중독(internet addiction)은 병리적이고 강박적인 인터넷 사용을 의미하는 것으로 하위 유형으로 사이버 섹스 중독, 사이버 교제 중독, 인터넷 강박증, 정보 중독, 컴퓨터 중독을 포함하는 복합적인 개념이다.

(3) 인터넷 중독의 증상

가상과 현실의 혼동, 게임 관련 문제행동(절도, 폭력), 폭력물에의 둔감, 잘못된 성 의식이나 가치관, 폭력 모방, 신체적 및 심리적 부작용, 성매매의 증가 등

(4) 청소년의 삶과 행동에 대한 인터넷의 긍정적인 영향

의사소통의 증진과 학습속도의 증진, 가치 있는 정보의 공유, 경험의 확대 등

(5) 인터넷 환경은 발달적 이행기에 있는 대부분의 청소년들에게 부정적인 영향을 준다.

타인의 상실, 소외감의 증가, 음란물과 폭력물에의 접촉과 유통, 전자 상거래를 통한 소비욕구 및 허위욕구의 증가, 놀이성의 상실과 문화의 폐기, 사회규범의 위반과 규범 경시사상의 증대, 인간적인 유대관계의 약화, 인터넷 몰입으로 인한 중독현상 등

(6) 합리적인 대책

① 청소년들이 자기조절 능력을 갖도록 하는 것이며 이를 통해 스스로의 행동과 감정을 통제하도록 지도하는 것이다.

② 인터넷에 대한 청소년들의 요구와 인식, 중독성향 등을 지속적으로 정확하게 조사하여 이를 근거로 건설적이고 생산적인 인터넷 환경을 제공해 주는 것이다.

5) 청소년의 춤과 패션

(1) 청소년의 춤

① 힙합

ㄱ. 힙합은 'Hip(엉덩이)' + 'Hop(몸을 흔들어 추는 춤)'의 복합어다.

ㄴ. 힙합(Hip-hop)은 단순히 춤의 장르만을 지칭하는 것이 아니라 1970년대에 미국의 빈민가 흑인지역으로부터 시작되어 지금은 전 세계로 퍼져 있는 독특한 문화이다.

ㄷ. 힙합에는 음악을 비롯하여 춤, 미술, 철학, 생활양식 등이 모두 포함되어 있다.

② 테크노

ㄱ. 인간적인 기계음으로 알려진 테크노는 1990년대 후반에 이르러 유행하였다.

ㄴ. 힙합이 주로 10대 청소년들 사이에 유행했다면 테크노는 20대의 감성에 호소하고 있다.

ㄷ. 테크노란 전자음악과 그에 부합되는 춤을 지칭하며 전자음악이란 컴퓨터, 신디사이저 등 다양한 전자기기를 이용하여 만들어 낸 음악을 말한다.

(2) 청소년의 패션문화와 유형

① 청소년들은 자신들만의 독특한 패션문화를 지니고 있으며 의상을 통해 기성세대에 반발하려는 경향이 있다.

② 또래들과 비슷한 옷을 입음으로써 동질감과 유대감을 느끼려고 하며 이를 통해 그들만의 문화를 만들어가고 있다.

청소년 의복문화의 특성

1) 정체성 형성도구로서의 의복문화 수용

　의복으로 소속한 집단에 동조 열망이 강함 : 소속감, 사회적 승인, 자신감 강화 → 정체성 형성 도구

2) 타인 지향적 의복문화 수용 : 대중매체 지향적, 타인 의식적

　(1) 청소년기 의복 행동 : 동일시 욕구에 영향

　(2) 연예인의 외모 동경 : 대중스타들이 중요한 준거집단 → 의복문화가 대중매체 지향적인 특징

3) 차별화식 의복문화 수용 : 개성 차별화식, 고급 차별화식

　(1) 소비는 차별화에 중요한 기제이며 청소년들은 하위집단별로 의복문화를 수용하는 정도에 차이 있음

　(2) 차별화 기제

　　개성 차별화 : 자기만의 개성을 추구 / 고급 차별화 : 부유함을 나타내고자 함

4) 비합리적 의복문화 소비 : 소비적, 물질주의적, 충동적

　(1) 소비적인 의복문화 : 새로운 스타일을 추구하는 과정(쓰던 물건들을 쉽게 버리고, 새것을 구입)

　(2) 물질주의적 의복 소비현상 : 유명상표를 선호하는 청소년들의 비율 증가

　　과시성 수준은 남학생보다 여학생이 상대적으로 높음, 청소년들은 고가의 의류를 많이 소유함

　(3) 충동적 의복 소비현상 : 학년이 올라갈수록 친구들과 함께 의복을 구입하면서, 계획에 없었던 구입이 이루어짐

5) 주체적이고 창의적 의복문화 실천의 부족

　유행에 수동적, 소비주체로서의 자주적, 책임감 있는 소비자의 역할을 다하지 못함

아비투스 (habitus)

1) 프랑스의 사회학자 부르디외가 제창한 개념으로 일정하게 구조화된 개인의 성향체계를 말한다.

2) 아비투스는 무의식에 속하며 상속이 가능하다.

3) 아비투스는 구조주의의 구조와 개인을 연결시켜주는 역할을 하며 개인의 행동의 통계적 규칙성을 예측 가능케 해준다.

4) 쉽게 말해 개인의 문화적인 취향과 소비의 근간이 되는 성향(취향)을 의미하는 말이며, 타고난 천성과 기질을 의미하는 말이 아니다.

5) 아비투스는 사회적 위치, 교육 환경, 계급 위상에 따라 후천적으로 길러진 성향을 의미한다.

6) 사람들은 흔히 자신이 똑똑하기 때문에 수준 높은 문화적 취향을 가지고 있다고 생각하지만, 문화적 취향을 사실 자신이 속한 계급의 문화적 취향일 뿐인데, 이를 부르디외 식으로 말하자면 타고난 것이 아니라 후천적인 아비투스가 행동으로 나타난 것일 뿐이다.

헤게모니

문화 패권 또는 문화 헤게모니는 지배집단의 문화를 피지배집단이 수용하도록 조작된 이념이다. 이는 현대의 지배를 정당화하는 이데올로기로서 이러한 지배집단의 이데올로기가 일상생활과 사회에 깊이 스며 사회를 통제한다고 보는 이론이다.

6) 학교문화[7]와 교육

(1) 문화는 주체와 구조의 상호작용, 주체 간의 상호작용의 과정에서 모순과 타협, 지배와 저항이 함께 존재하는 역동적인 쟁투의 공간이다.

(2) 주체와 문화적 구조와의 상호 관계를 통해서 문화구조는 새로운 형식의 문화 구조로 변화하게 되며, 이 과정을 통하여 주체 또한 새로운 주체로 변화하게 된다.

(3) 주체와 문화 구조는 상호 작용을 통해서 서로를 변화시키며, 자기 자신 또한 변하게 된다.

(4) 문화란 이러한 주체와 문화적 구조 사이의 상호작용의 관계를 통해서 역동적으로 변화하고 있는 특성을 포함한 여러 가치 규범의 투쟁의 장이며, 충돌하는 의미들의 관계 속에서 드러나는 것으로 이해할 수 있다.

(5) 학교문화는 "학교라는 공간을 둘러싸고 형성되어 있는 주된 가치 규범"이라고 정의할 수 있을 것이다.

(6) 학교라는 공간에도 현재의 주류적 문화 구조에 대해서 모두가 능동적으로 체화하거나 받아들인다기보다는, 이에 대해서 소극적으로 편입하거나, 소극적 혹은 적극적으로 저항하는 집단이 있으며, 이러한 각 집단들의 담론 쟁투의 과정에서 현재의 학교 문화의 특성이 드러나게 된다.

(7) 현재의 학교라는 공간이 운영되는 원리, 목적, 방식 등은 각 집단들의 쟁투의 과정에서 결정되는 것이며, 이에 대한 각 집단의 편입과 저항의 정도가 각각의 하위 집단의 문화, 즉 교사문화, 학생문화, 학부모문화의 분화와 그 분화된 문화의 특성을 결정하게 된다.

📁 기출문제 확인학습

학자 윌리스(P. Willis)에 대한 설명

1) 버밍엄(Birmingham) 학파의 일원으로 청소년문화를 하위문화로 개념 짓고, 이를 계급과의 관련 하에 본격적으로 연구하였다.

2) 영국의 노동계급 청소년들을 대상으로 민속지적 방법을 통해 청소년들의 문화를 생생하게 연구하였다.

3) '학교와 계급 재생산(Learning to Labour)'을 발간하였다.

> 『학교와 계급재생산 — 반(反)학교문화, 일상, 저항』의 지은이 폴 윌리스는 해머타운 아이들과 직접 만나 인터뷰를 하고 그것을 분석한다. 이 책의 원제 '노동자가 되기 위한 배움, 노동자의 자녀들이 노동자가 되기까지 (Learning to labour — How working class kid get working class jobs)'처럼 문제아 12명의 고등학교에서의 마지막 2년과 직장 생활(주로 육체노동을 하는) 초기를 아우르며 아이들의 생생한 말과 행동을 담았다.

---

7) 소비문화

청소년 소비문화의 동인과 특성을 살펴보면 다음과 같다.

(1) 기성세대와 학교에 대한 거부를 토대로 한 청소년의 반(反)문화는 상업화된 대중문화로의 순응으로 나타난다.

   ① 청소년의 순응성은 그들의 우상인 연예인이나 운동선수, 또 그들의 또래집단에 대하여 나타난다.

   ② 이는 취사선택이나 비판적 수용이 아니라 맹목적이고 감각적인 추종 현상으로, 그들의 입은 옷, 말씨, 생활 태도, 헤어스타일 등이 그 대상이 된다.

(2) 청소년 소비문화는 자생적인 것이라기보다 상업적 노력의 산물이다.

---

7) 진보적 교육이념과 학교문화 재구성의 방향, 홍은광(교육문화실장) - 일부 재인용

① 청소년들이 추구하는 스타일이나 유행은 계층이나 지역에 따라 다양한 것이 아니라 대부분 서구지향적인 것이다.

② 청소년들의 광고와 대중매체에 대한 친화성을 고려해 볼 때 청소년 소비문화 형성에 있어서 마케팅의 영향력은 지대하다고 할 수 있다.

(3) 청소년들은 다양한 영상매체와 친숙하며, 광고나 영상매체는 소비문화를 다수의 청소년들에게 확산시키는 역할을 한다.

① 청소년들은 다양한 영상매체, 즉 비디오게임, 컴퓨터 통신과 게임, 뮤직비디오 등의 미디어 문화와 친숙하다.

② 영상매체나 광고는 소비문화를 다수의 청소년들에게 확산시키는 역할을 하는데, 예를 들어, 청소년들에게 TV는 주요한 오락수단이면서 세계를 보는 창이며, 청소년의 95%는 상품 선택 시 광고의 영향을 받는다고 인식하고 있다.

(4) 청소년들은 차별성과 정체성 획득의 수단으로 소비를 이용한다.

정체성 위기에 시달리는 젊은이들이 남들과 구별할 수 있는 기준을 찾아내고자 하는 차별성과 정체성의 획득이 바로 특정 생활양식 또는 스타일의 소비를 통해서 추구되는 동기이다.

(5) 청소년들은 제품이 지위를 상징한다고 인식하고 제품을 통해 타인의 인정을 받으려는 경향이 높다.

청소년 소비자는 제품의 지위 상징성을 인식하는데 있어 친구나 연예인과 같은 우상의 영향을 가장 많이 받고, 다음으로 물질주의 가치와 광고수용도의 영향을 크게 받는다.

(6) 청소년의 즉흥적·충동적 소비 경향은 계속 새로운 상품을 구매하도록 한다.

① 청소년들은 매사에 금방 싫증을 느껴 한 가지에 만족하지 못하고 새로운 것을 계속 추구하는데, 이들은 새로운 상품이나 서비스에 관심이 많고 신제품이 나오면 남보다 먼저 사는 성향을 보인다.

② 청소년을 대상으로 하는 제품의 수명주기가 점점 짧아져, 심지어 오디오 제품의 수명주기가 6개월 내지 1년에 불과한 것으로 나타나고 있다.

(7) 청소년들이 소비문화를 향유하기 위해서는 경제력이 뒷받침되어야 하는데, 이에 따른 문제점 발생이 예상된다.

① 청소년들이 소비문화를 향유하기 위해서는 경제력이 뒷받침되어야 한다.

② 따라서 경제력이 부족한 청소년들은 소비문화의 두드러진 행동양식을 나타내기 어렵고, 매체를 통해 소비문화가 사회적으로 확산될수록 이들이 느끼는 상대적 박탈감이나 소외감은 깊어질 것이라고 예상할 수 있다.

📁 기출문제 확인학습

베블렌(T. Veblen)의 과시소비이론 – 베블렌 효과 (veblen effect)

1) 가격이 오르는 데도 일부 계층의 과시욕이나 허영심 등으로 인해 수요가 줄어들지 않는 현상을 베블렌 효과라고 한다.

2) 이는 상류층 소비자들에 의해 이루어지는 소비 형태로, 가격이 오르는 데도 수요가 줄어들지 않고, 오히려 증가하는 현상을 말한다.

3) 더욱이 과시욕이나 허영심을 채우기 위해 고가의 물품을 구입하는 사람들의 경우, 값이 오르면 오를수록 수요가 증가하고, 값이 떨어지면 누구나 손쉽게 구입할 수 있다는 이유로 구매를 하지 않는 경향이 있다.

4) 이런 점에서 다수의 소비자가 구매하는 제품을 꺼리는 소비현상으로, 남들이 구입하기 어려운 값비싼 상품을 보면 오히려 사고 싶어 하는 속물근성에서 유래한 속물효과와 비슷하다.

5) 한국에서는 대학생들 사이에 명품 소비 열풍이 일면서 일명 명품족으로 불리는 럭셔리 제너레이션[8]도 등장하였는데, 2000년대 이후에는 극소수의 상류층 고객만을 상대로 벌이는 마케팅전략인 VVIP마케팅도 등장하였다.

📁 기출문제 확인학습

문화이론

1) 문화기능주의적 관점 : 내부 결속과 안정성을 유지하기 위한 복합적인 체계로 사회를 바라보는 관점이다.
   (1) 상호의존과 균형을 중시함
   (2) 전반적인 사회질서를 흐트러뜨리지 않고 유지하려 함
   (3) 콩트(A. Comte)와 스펜서(H. Spencer)에 의해 기초가 형성되었음
2) 문화진화론적 관점 : 찰스 다윈의 진화론에 근거하여 사회 변화를 설명하려는 관점이다.
3) 문화갈등론적 관점 : 사회현상을 조화와 합의보다는 갈등과 분열로 설명하는 관점이다.
4) 문화상대주의적 관점 : 각 집단의 문화 형성 배경을 상대적으로 바라보는 관점이다.
5) 관념론적 관점 : 실체는 근본적으로 정신적이거나 비물질적이라고 주장하는 철학적 관점이다.

📁 기출문제 확인학습

N세대(N – Generation)의 일반적 개념

1) Network Generation : 인터넷을 자유로이 사용할 수 있는 세대
2) New Generation : 새로운 문화를 창출하는 세대
3) Next Generation : 다음 세대

M세대(Mobile Generation)

모바일 세대를 의미하며 휴대전화를 이용하여 무선 인터넷 서비스에 접촉하는 사람들을 지칭한다.

C세대

컴퓨터의 보급이 일반화되면서 탄생한 '컴퓨터(computer) 제너레이션', '사이버(cyber) 제너레이션'을 지칭한다.

X세대

1990년대 중반에 신세대를 이르는 말로 가장 많이 쓰였던 명칭으로, 이들은 물질적인 풍요 속에서 자기중심적인 가치관을 형성했으며, 처음에는 TV의 영향을 받다가 점차 컴퓨터에 심취하기 시작했으며, X세대라는 말은 1991년 캐나다 작가 더글러스 커플랜드의 소설 「X세대 : Generation X」에서 유래되었다.

Y세대

1997년, 미국에서 2000년, 즉 Y2000의 주역이 될 세대를 부르면서 생겨난 용어로, 나이는 13~18세 정도였기 때문에 '1318세대'라고 부르기도 했다. 새천년 세대는 앞 세대들보다 덜 반항적이며, 더 실용적인 생각을 갖고 개인의 가치보다는 집단의 가치를, 권리보다는 의무를, 감정보다는 명예를, 말보다는 행동을 중시하는 경향이 있다고 특징지었다.

---

8) 럭셔리 제너레이션(Luxury Generation) : 명품소비를 통해 자아의 정체성을 찾는 세대이다.

P세대

기성세대와는 커다란 차이를 보이는 젊은 세대를 일컫는 것으로, 사회 전반에 걸친 적극적인 참여(Participation) 속에서 열정(Passion)과 힘(Potential Power)을 바탕으로 사회 패러다임의 변화를 일으키는 세대(Paradigm-Shifter)란 의미를 가지고 있다.

> ### 팬덤(fandom) 문화
>
> 팬덤(fandom)이라는 단어는 광신자라는 패내틱(fanatic) 혹은 팬(fan)이라는 영어단어에 영토를 뜻하는 돔(dom)이 합쳐져서, 아이돌 스타 같은 인물을 열성적으로 좋아하는 집단을 팬덤, 그런 흐름을 팬덤 현상 혹은 팬덤 문화라고 한다. 이는 적당히 좋아하는 것이 아니라 아예 특정 스타에게 '빠져드는' 것이다. 즉, '열광적으로 추종한다'는 의미로 청소년들이 스타와 같은 특정 대상에 몰두하여 자신이 좋아하는 대상을 공유하는 사람들끼리 스타일을 함께함으로써 자신의 정체성을 드러내고 싶어 하는 현상이다.

히키코모리(일본어: 引き籠もり) 문화

사회 생활을 극도로 멀리하고, 방이나 집 등의 특정 공간에서 나가지 못하거나 나가지 않는 사람과 그러한 현상 모두를 일컫는 일본의 신조어이다.

리셋증후군(reset症候群)

컴퓨터가 원활히 돌아가지 않거나 제대로 작동하지 않을 때 리셋 버튼만 누르면 처음부터 다시 시작할 수 있는 것처럼 현실세계에서도 리셋이 가능할 것으로 착각하는 현상을 일컫는 말이다. 리셋 증후군 환자들은 문제가 있을 때 리셋버튼만 누르면 없던 일처럼 할 수 있는 컴퓨터와 같이 현실에서 실수를 하거나 잘못을 하더라도 리셋 버튼만 누르면 해결될 수 있다고 생각하고 행동하게 된다.

보보스 문화

미국의 새로운 상류 계급을 나타내는 용어로 부르주아(bourgeois)와 보헤미안(bohemian)의 합성어이다. 부르주아적인 특성들로는 물질주의나 합리주의, 또는 기술주의 같은 것들이 있다. 한편 보헤미안적인 특성들로는 예술주의나 비합리주의, 영적 기질을 들 수 있다.

차브(chav) 문화

1980년대 중반 영국에서 시작된 고급브랜드 및 상류문화를 저질스럽게 즐기는 하층민 출신 비행청소년 집단의 문화이다.

CHAPTER 03
청소년 복지

| 제1절 | 청소년 복지 기초

1 청소년기본법[1]

1) 청소년복의 정의는 청소년과 복지의 합성어이기 때문에 '청소년'과 '복지'를 어떻게 정의하느냐에 따라 좌우된다.

2) 청소년복지에 대한 정의는 청소년을 보는 관점, 한 사회가 가지고 있는 청소년복지의 여건 등에 따라서 달라질 수 있다.

3) 한국 사회에서 청소년복지는 잔여적 모형 혹은 소극적 측면에서의 청소년복지에 가깝지만, 제도적 모형 혹은 적극적 측면에서의 청소년복지를 지향하고 있다고 볼 수 있다.

4) 청소년복지에 대한 정의는 청소년복지의 이념적 기초가 되고 있는 청소년의 권리에 대한 각성과 청소년의 권리를 실현하기 위한 구체적인 실천방법과 제도화, 그리고 각국의 청소년복지의 역사와 밀접히 관련되어 있다.

5) 노 혁은 '청소년복지는 청소년의 올바른 성장과 발달을 목표로 청소년에게 일정한 사회적 역할과 책임을 부여하는 동시에 현재의 삶의 질을 제고할 수 있는 환경을 조성해주고, 나아가 미래에 긍정적인 자아실현과 자립기반을 조성할 수 있도록 청소년과 성인의 참여와 공동노력을 통해 청소년의 능력을 향상시키고, 다양한 삶의 기회를 마련해 주는 제반의 복지활동이다'라고 정의한다.

6) 소극적인 측면에서의 청소년복지는 '사회적으로 소외되거나 적응에 실패한 청소년에게 사회복지정책과 개별 서비스의 전달을 통해 사회구성원으로서 정당하게 생활하고 나아가 신체적·심리적·사회적 자립능력을 갖도록 돕는 복지'이며 적극적인 측면에서의 청소년복지는 '성과 능력, 신체 및 정신과 사회적 조건에 관계없이 모든 청소년이 인간답게 생활하는데 필요한 권리와 책임을 갖게 하여 청소년으로서의 삶을 풍요롭게 누릴 수 있고 잠재적 능력을 개발하도록 돕는 복지'로 구분하고 있다(노혁, 2002).

2 현대 사회에서 청소년복지의 필요성

현대 사회에서 청소년복지가 요청되는 요인은 크게 3가지로 살펴볼 수 있다.

하나는 양육비의 증가와 부모의 결손 등으로 청소년이 자라기에 가족의 양육환경이 적절하지 못한 경우이고, 다른 하나는 청소년이 고민을 가지거나 문제행동을 하는 경우이며, 마지막으로 연령차별과 유해환경과 같이 사회환경에 문제가 있는 경우이다.

1) 가족 양육기능의 보완

(1) 청소년기는 부모의 보호를 받으면서 살아가는 시기이기 때문에, 부모가 없거나 한쪽 부모밖에 없는 경우 결손 가족이 될 수 있다.

---

[1] 한국복지교육원(시민과 함께 꿈꾸는 복지공동체 카페)의 자료 인용

(2) 청소년복지사업은 아동복지의 하나인 아동양육시설을 중심으로 이루어져 왔으며 가정에서 이탈된 요보호아동은 아동상담소를 거쳐서 아동양육시설에 입소하고, 아동양육시설에서 퇴소한 아동은 바로 혹은 자립지원시설을 거쳐서 사회에 진출하게 되었다.

(3) 1985년부터 소년소녀가장지원사업이 도입되면서, 요보호아동과 청소년에 대한 거택보호가 새롭게 인식되었다.

2) 청소년 문제의 예방과 치료

(1) 청소년기는 신체적·정신적으로 성장하는 시기이기에 자신의 몸과 마음의 변화에 대해서 민감하고, 자신의 욕구를 충족시키고자 노력하지만, 적절한 자원을 찾지 못한 경우가 많다.

(2) 정부는 청소년상담을 체계화하기 위하여 시·도 단위에 청소년종합상담실, 시·군·구 단위에 청소년상담실을 설치하고, 이들을 지원하기 위하여 한국청소년상담원을 설립하였다.

(3) 상담기관에서는 전화상담과 면접을 통하여 청소년에게 다양한 상담을 실시하고, 부모교육 등을 통해서 청소년에 대한 이해와 관심을 촉구하기도 한다.

(4) 최근 중·고등학교에서 집단따돌림, 학교폭력 등이 심각하게 인식되면서, 청소년문제를 예방하거나 조기에 치료할 수 있도록 학교사회사업이 도입되어야 한다는 주장이 일고 있다.

(5) 부모의 이혼, 별거, 가출, 사망 등으로 인하여 아동과 청소년들이 가정에서 적절히 보호받지 못하는 사례와 함께, 청소년가출이 끊임없이 일어나고 있으며 과거에는 가족의 빈곤 때문에 취업을 겸한 탈출형 가출이 많았지만, 최근에는 입시위주의 교육환경에서 벗어나고 유흥업소 주변에서 즐기려는 추구형 가출이 많아지고 있다.

(6) 청소년복지와 관련하여 청소년비행과 문제행동을 줄이기 위해서는 단순한 수용보호보다는 치료형 보호시설이 필요하다.

3) 사회문제의 예방과 피해자 원조

(1) 청소년복지를 모색할 때, 가장 근본적인 쟁점 중의 하나는 연령차별이다.

(2) 전통사회는 청소년을 미성년자로 보고, 청소년의 보호와 복지는 부모의 책임으로 간주하였지만, 청소년을 하나의 인격체로 인식하자는 사회사조는 힘을 얻어서, 1989년에 유엔총회는 '아동의 권리에 관한 국제협약'을 채택하고 최선의 이익을 보장하기 위해서 청소년의 의견을 존중하고, 청소년의 참여를 보장할 것을 천명하였다.

(3) 청소년의 성장과 발전을 해치는 공격성을 자극하고 성적 수치심과 성충동을 조장하는 폭력적이고 음란한 대중매체, 청소년에게 음주, 흡연, 성행위를 부추기는 유흥업소 등의 유해한 환경을 바꾸지 않고는 청소년의 복지를 실현시킬 수 없다.

(4) 정부는 학교보건법, 풍속영업에 관한 규제 법률 그리고 청소년보호법 등에 의해서 유해한 업소의 출입, 유해매체의 이용 등을 통제하고자 하지만, 그 성과는 크지 않았다.

(5) 유해환경에 대한 규제가 소극적인 대책이라고 볼 때, 청소년시설의 건립과 운영, 청소년카드제의 도입 등 유익한 환경의 조성은 적극적인 복지대책이다.

(6) 청소년의 노동력을 착취하거나 청소년에게 성적 서비스를 강요하는 유흥업소 혹은 변태업소에서 청소년을 고용하는 것을 엄격히 규제하고, 청소년의 심야노동에 대한 근로감독을 강화하며, 청소년의 능력과 흥미에 맞는 일거리를 많이 개발해서 소개하는 직업알선과 창업을 장려해야 한다.

제2절 | 청소년 복지 실체 - 청소년복지와 관련된 법률을 중심으로

1 청소년복지의 정의[2] (1991년 제정)

1) 정의: 이 법에서 사용하는 용어의 정의는 다음과 같다.

(1) "청소년"이란 9세 이상 24세 이하의 자를 말한다. 다만, 다른 법률에서 청소년에 대한 적용을 달리할 필요가 있는 경우에는 따로 정할 수 있다. (단, 소년법상 청소년은 19세 미만)

(2) "청소년육성"이란 청소년활동을 지원하고 청소년의 복지를 증진하며 근로 청소년을 보호하는 한편, 사회여건과 환경을 청소년에게 유익하도록 개선하고 청소년을 보호하여 청소년에 대한 교육을 보완함으로써 청소년의 균형 있는 성장을 돕는 것을 말한다.

(3) "청소년활동"이란 청소년의 균형 있는 성장을 위하여 필요한 활동과 이러한 활동을 소재로 하는 수련활동·교류활동·문화활동 등 다양한 형태의 활동을 말한다.

(4) "청소년복지"란 청소년이 정상적인 삶을 영위할 수 있는 기본적인 여건을 조성하고 조화롭게 성장·발달할 수 있도록 제공되는 사회적·경제적 지원을 말한다.

(5) "청소년보호"란 청소년의 건전한 성장에 유해한 물질·물건·장소·행위 등 각종 청소년 유해환경을 규제하거나 청소년의 접촉 또는 접근을 제한하는 것을 말한다.

(6) "청소년시설"이란 청소년활동·청소년복지 및 청소년보호에 제공되는 시설을 말한다.

(7) "청소년지도자"란 제21조에 따른 청소년지도사 및 제22조에 따른 청소년상담사와 청소년시설·청소년단체·청소년 관련 기관에서 청소년육성에 필요한 업무에 종사하는 자를 말한다.

(8) "청소년단체"란 청소년육성을 주된 목적으로 설립된 법인 또는 대통령령으로 정하는 단체를 말한다.

2) 청소년의 권리와 책임

(1) 청소년의 기본적 인권은 청소년활동·청소년복지·청소년보호 등 청소년육성의 모든 영역에서 존중되어야 한다.

(2) 청소년은 인종·종교·성별·연령·학력·신체조건 등에 따른 어떠한 종류의 차별도 받지 아니한다.

(3) 청소년은 외부적 영향에 구애받지 아니하면서 자기 의사를 자유롭게 밝히고 스스로 결정할 권리를 가진다.

(4) 청소년은 안전하고 쾌적한 환경에서 자기발전을 추구하고 정신적·신체적 건강을 해치거나 해칠 우려가 있는 모든 형태의 환경으로부터 보호받을 권리를 가진다.

(5) 청소년은 자신의 능력을 개발하고 건전한 가치관을 확립하며 가정·사회 및 국가의 구성원으로서의 책임을 다하도록 노력하여야 한다.

3) 청소년특별회의의 개최

국가는 범정부적 차원의 청소년육성 정책과제의 설정·추진 및 점검을 위하여 청소년분야의 전문가와 청소년이 참여하는 청소년특별회의(이하 특별회의)를 매년 개최하여야 한다.

---

[2] 청소년 기본법 제1조 (목적) : 이 법은 청소년의 권리 및 책임과 가정·사회·국가·지방자치단체의 청소년에 대한 책임을 정하고 청소년정책에 관한 기본적인 사항을 규정함을 목적으로 한다.

4) 청소년의 달

청소년의 능동적이고 자주적인 주인의식을 드높이고 청소년육성을 위한 국민의 참여분위기를 조성하기 위하여 매년 5월을 청소년의 달로 한다.

5) 청소년시설의 종류

청소년활동에 제공되는 시설(이하 청소년활동시설), 청소년복지에 제공되는 시설(이하 청소년복지시설), 청소년보호에 제공되는 시설(이하 청소년보호시설)에 관한 사항은 따로 법률로 정한다.

6) 청소년시설의 설치·운영

① 국가 및 지방자치단체는 청소년시설을 설치·운영하여야 한다.
② 국가 및 지방자치단체외의 자는 따로 법률이 정하는 바에 의하여 청소년시설을 설치·운영할 수 있다.
③ 국가 및 지방자치단체는 청소년시설을 청소년단체에 위탁하여 운영할 수 있다.

7) 청소년시설의 지도·감독

국가 및 지방자치단체는 청소년시설의 적합성·공공성·안전성에 대한 국민의 신뢰를 확보하고, 그 설치와 운영을 지원하기 위하여 필요한 지도·감독을 할 수 있다.

8) 청소년상담사

성평등가족부장관은 청소년상담사 자격검정에 합격하고 청소년상담사 연수기관에서 실시하는 연수과정을 마친 자에게 청소년상담사의 자격을 부여한다.

9) 청소년육성전담공무원

(1) 특별시·광역시·도(이하 시·도), 시·군·구(자치구를 말한다) 및 읍·면·동 또는 제26조에 따른 청소년육성전담기구에 청소년육성전담공무원을 둘 수 있다.
(2) (1)의 청소년육성전담공무원은 청소년지도사 또는 청소년상담사의 자격을 가진 자로 한다.
(3) 청소년육성전담공무원은 그 관할구역 안의 청소년 및 다른 청소년지도자 등에 대하여 그 실태를 파악하고 필요한 지도를 하여야 한다.
(4) 관계 행정기관, 청소년단체 및 청소년시설의 설치·운영자는 청소년육성전담공무원의 업무 수행에 협조하여야 한다.

10) 청소년유해환경의 규제

(1) 국가 및 지방자치단체는 청소년에게 유해한 매체물과 약물 등이 유통되지 아니하도록 하여야 한다.
(2) 국가 및 지방자치단체는 청소년이 유해한 업소에 출입하거나 고용되지 아니하도록 하여야 한다.
(3) 국가 및 지방자치단체는 청소년을 폭력·학대·성매매 등 유해한 행위로부터 보호·구제하여야 한다.

2 청소년복지지원법 (2004년 제정)

1) 청소년증

(1) 특별자치시장 · 특별자치도지사 또는 시장·군수·구청장(자치구의 구청장을 말한다)은 9세 이상 18세 이하의 청소년에게 청소년증을 발급할 수 있다.

(2) 청소년증은 다른 사람에게 양도하거나 빌려주어서는 아니 된다.

(3) 누구든지 (1)에 따른 청소년증 외에 청소년증과 동일한 명칭 또는 표시의 증표를 제작·사용하여서는 아니 된다.

📁 **기출문제 확인학습**

청소년증에 관한 내용

1) 발급에 필요한 사항은 성평등가족부령으로 정한다.

2) 다른 사람에게 양도해서는 아니 된다.

3) 9세 이상 18세 이하의 청소년에게 발급할 수 있다.

4) 특별자치도지사, 또는 시장·군수·구청장이 발급할 수 있다.

5) 누구든지 동일한 명칭의 증표를 제작해서는 아니 된다.

2) 지역사회 청소년통합지원체계의 구축·운영

(1) 지방자치단체의 장은 관할구역의 위기청소년을 조기에 발견하여 보호하고, 청소년복지 및 「청소년기본법」에 따른 청소년보호를 효율적으로 수행하기 위하여 지방자치단체, 공공기관, 「청소년기본법」에 따른 청소년단체 등이 협력하여 업무를 수행하는 지역사회 청소년통합지원체계(이하 통합지원체계)를 구축·운영하여야 한다.

(2) 국가는 통합지원체계의 구축·운영을 지원하여야 한다.

3) 위기청소년 특별지원

(1) 국가 및 지방자치단체는 대통령령으로 정하는 바에 따라 위기청소년에게 필요한 사회적·경제적 지원(이하 특별지원)을 할 수 있다.

(2) 특별지원은 생활지원, 학업지원, 의료지원, 직업훈련지원, 청소년활동지원 등 대통령령으로 정하는 내용에 따라 물품 또는 서비스의 형태로 제공한다. 다만, 위기청소년의 지원에 반드시 필요하다고 인정되는 경우에는 금전의 형태로 제공할 수 있다.

청소년복지지원법 시행령 7조 위기청소년 특별지원 내용 등

1) 청소년이 일상적인 의·식·주 등 기초생활을 유지하는 데에 필요한 기초생계비와 숙식 제공 등의 지원
2) 청소년이 신체적·정신적으로 건강하게 성장하기 위하여 요구되는 건강검진 및 치료 등을 위한 비용의 지원
3) 「초·중등교육법」에 따른 학교의 입학금 및 수업료, 「초·중등교육법 시행령」에 따른 중학교 졸업학력 검정고시 또는 고등학교 졸업학력 검정고시의 준비 등 학업을 지속하기 위하여 필요한 교육 비용의 지원
4) 취업을 위한 지식·기술·기능 등 능력을 향상시키기 위하여 필요한 훈련비의 지원
5) 폭력이나 학대 등 위기상황에 있는 청소년에게 필요한 법률상담 및 소송비용의 지원
6) 그 밖에 청소년의 건전한 성장을 위하여 필요하다고 성평등가족부장관이 인정하는 비용의 지원

4) 청소년상담복지센터

(1) 특별시장·광역시장·특별자치시장·도지사 및 특별자치도지사(이하 시·도지사) 및 시장·군수·구청장은 청소년에 대한 상담·긴급구조·자활·의료지원 등의 업무를 수행하기 위하여 청소년상담복지센터를 설치·운영할 수 있다.

(2) 특별시·광역시·특별자치시·도 및 특별자치도에 설치된 청소년상담복지센터는 시·군·구의 청소년상담복지센터의 업무를 지도·지원하여야 한다.

(3) 시장·군수·구청장은 시·군·구에 설치하는 청소년상담복지센터를 「청소년활동진흥법」에 따라 시·군·구에 설치하는 지방청소년활동진흥센터와 통합하여 운영할 수 있다.

(4) 시·도지사 또는 시장·군수·구청장은 청소년상담복지센터를 청소년단체에 위탁하여 운영하도록 할 수 있다.

(5) 시·도지사 또는 시장·군수·구청장은 청소년상담복지센터를 법인으로 설치할 수 있다.

5) 청소년복지시설의 종류

「청소년기본법」에 따른 청소년복지시설의 종류는 다음과 같다.

(1) 청소년쉼터

가정밖 청소년에 대하여 가정·학교·사회로 복귀하여 생활할 수 있도록 일정 기간 보호하면서 상담·주거·학업·자립 등을 지원하는 시설

(2) 청소년자립지원관

일정 기간 청소년쉼터의 지원을 받았는데도 가정·학교·사회로 복귀하여 생활할 수 없는 청소년에게 자립하여 생활할 수 있는 능력과 여건을 갖추도록 지원하는 시설

(3) 청소년치료재활센터

학습·정서·행동상의 장애를 가진 청소년을 대상으로 정상적인 성장과 생활을 할 수 있도록 해당 청소년에게 적합한 치료·교육 및 재활을 종합적으로 지원하는 거주형 시설

(4) 청소년회복지원시설

「소년법」에 따른 감호 위탁 처분을 받은 청소년에 대하여 보호자를 대신하여 그 청소년을 보호할 수 있는 자가
상담·주거·학업·자립 등 서비스를 제공하는 시설

📁 기출문제 확인학습

청소년쉼터에 관한 내용

1) 9세 ~ 24세의 가정밖 청소년을 대상으로 주거·학업·자립 등을 지원한다.

2) 청소년의 가출예방을 위한 거리상담 지원활동을 한다.

3) 청소년쉼터는 가정밖 청소년에 대하여 가정, 학교, 사회로 복귀하여 생활할 수 있도록 일정 기간 보호하면서
상담, 주거, 학업, 자립 등을 지원하는 시설이다.

4) 중장기쉼터는 가정밖 청소년을 사회의 유해한 환경으로부터 보호하고 쉬게 해 주며 숙식을 제공하고, 의료지
원은 물론 각종 상담 및 교육, 훈련 프로그램을 통한 서비스를 제공해 자립할 수 있는 기반을 조성해줌으로써
사회 속에서 각자의 삶으로 되돌려 보내기 위한 청소년 시설로서 3년간 보호하고 1년 연장이 가능하다.

5) 국가나 지방자치단체에서 직영하거나 민간단체에 위탁하여 운영하기도 한다.

구분		주요기능	입소기간
청소년 쉼터	일시쉼터	거리상담, 가출예방, 일시보호 및 단기쉼터 연계 등	7일 이내
	단기쉼터	신속한 가정복귀 및 유관시설 연계 등	3개월 이내(2회 연장가능)
	중장기쉼터	사회복귀를 위한 학업 및 자립 지원	3년 이내(1년 연장가능)
청소년자립지원관		주거안정 기반의 자립 사례관리	1년 이내(최대 2년)
청소년회복지원시설		훈육, 생활지원 및 자립지원	6개월(법원결정을 통해 6개월 이내, 1회 연장 가능)

국립중앙청소년디딤센터

청소년복지지원법상 학습·정서·행동상의 장애를 가진 청소년을 지원하기 위해 설치한 거주형 청소년치료재활
센터이다.

청소년복지지원기관

제22조 한국청소년상담복지개발원, 제29조 청소년상담복지센터, 제30조 이주배경청소년지원센터가 있다.

다문화가족의 청소년을 위한 지원

1) 청소년복지지원법 제18조(이주배경청소년에 대한 지원)

국가 및 지방자치단체는 다음의 어느 하나에 해당하는 청소년의 사회 적응 및 학습능력 향상을 위하여 상담
및 교육 등 필요한 시책을 마련하고 시행하여야 한다.

(1) 「다문화가족지원법」 제2조제1호에 따른 다문화가족의 청소년

(2) 그 밖에 국내로 이주하여 사회 적응 및 학업 수행에 어려움을 겪는 청소년

2) 청소년복지지원법 제30조 (이주배경청소년지원센터)

성평등가족부장관은 이주배경청소년 지원을 위한 이주배경청소년지원센터를 설치·운영할 수 있다.

6) 청소년복지시설의 설치

(1) 국가 또는 지방자치단체는 「청소년기본법」에 따라 청소년복지시설을 설치·운영하여야 한다.

(2) 국가 또는 지방자치단체 외의 자는 청소년복지시설을 설치·운영하려면 해당 시설이 있는 지역을 관할하는 특별자치도지사 또는 시장·군수·구청장에게 신고하여야 한다.

(3) 청소년복지시설을 설치·운영하는 자는 대통령령으로 정하는 바에 따라 청소년복지시설을 이용하는 청소년의 생명·신체에 손해가 발생하는 경우 이를 배상하기 위한 보험에 가입하여야 한다.

3 청소년활동진흥법 (2004년 제정)

1) 정의: 이 법에서 사용하는 용어의 정의는 다음과 같다.

(1) "청소년활동"이란 청소년기본법에 규정된 청소년활동을 말한다.

(2) "청소년활동시설"이란 수련활동·교류활동·문화활동 등 청소년활동에 제공되는 시설을 말한다.

(3) "청소년수련활동"이란 청소년이 청소년활동에 자발적으로 참여하여 청소년 시기에 필요한 기량과 품성을 함양하는 교육적 활동으로서 청소년지도자와 함께 청소년수련거리에 참여하여 배움을 실천하는 체험활동을 말한다.

(4) "청소년교류활동"이란 청소년이 지역 간·남북 간·국가 간의 다양한 교류를 통하여 공동체의식 등을 함양하는 체험활동을 말한다.

(5) "청소년문화활동"이란 청소년이 예술활동·스포츠활동·동아리활동·봉사활동 등을 통하여 문화적 감성과 더불어 살아가는 능력을 함양하는 체험활동을 말한다.

(6) "청소년수련거리"란 수련활동에 필요한 프로그램과 이와 관련되는 사업을 말한다.

(7) "숙박형 청소년수련활동"이란 19세 미만의 청소년(19세가 되는 해의 1월 1일을 맞이한 사람은 제외)을 대상으로 청소년이 자신의 주거지에서 떠나 청소년수련시설 또는 그 외의 다른 장소에서 숙박·야영하거나 이동하면서 숙박·야영하는 청소년활동을 말한다.

(8) "비숙박형 청소년수련활동"이란 19세 미만의 청소년을 대상으로 제10조제1호의 청소년수련시설 또는 그 외의 다른 장소에서 실시하는 청소년수련활동으로서 실시하는 날에 끝나거나 숙박 없이 2회 이상 정기적으로 실시하는 청소년수련활동을 말한다.

2) 청소년활동시설의 종류

(1) 청소년수련시설

① **청소년수련관**: 다양한 수련거리를 실시할 수 있는 각종 시설 및 설비를 갖춘 종합수련시설

② **청소년수련원**: 숙박기능을 갖춘 생활관과 다양한 수련거리를 실시할 수 있는 각종 시설과 설비를 갖춘 종합수련시설

③ **청소년 문화의 집**: 간단한 수련활동을 실시할 수 있는 시설 및 설비를 갖춘 정보·문화·예술중심의 수련시설

④ **청소년특화시설**: 청소년의 직업체험·문화예술·과학정보·환경 등 특정 목적의 청소년활동을 전문적으로 실시할 수 있는 시설과 설비를 갖춘 수련시설

⑤ **청소년야영장**: 야영에 적합한 시설 및 설비를 갖추고 수련거리 또는 야영편의를 제공하는 수련시설

⑥ **유스호스텔**: 청소년의 숙박 및 체재에 적합한 시설·설비와 부대·편익시설을 갖추고 숙식 편의제공, 여행청소년의 활동지원을 주된 기능으로 하는 시설

(2) 청소년이용시설

수련시설이 아닌 시설로서 그 설치목적의 범위에서 청소년활동의 실시와 청소년의 건전한 이용 등에 제공할 수 있는 시설

3) 수련시설의 설치·운영 등

(1) 국가 및 지방자치단체는 청소년기본법에 따라 다음과 같은 수련시설을 설치·운영하여야 한다.

① 국가는 둘 이상의 시·도 또는 전국의 청소년이 이용할 수 있는 국립청소년수련시설을 설치·운영하여야 한다.

② 특별시장·광역시장·특별자치시장·도지사·특별자치도지사(이하 시·도지사) 및 시장·군수·구청장은 각각 청소년수련관을 1개소 이상 설치·운영하여야 한다.

③ 시·도지사 및 시장·군수·구청장은 읍·면·동에 청소년 문화의 집을 1개소 이상 설치·운영하여야 한다.

④ 시·도지사 및 시장·군수·구청장은 청소년특화시설·청소년야영장 및 유스호스텔을 설치·운영할 수 있다.

(2) 국가 또는 지방자치단체는 허가를 받아 수련시설을 설치·운영하는 자(이하 수련시설을 설치·운영하는 자)에게 예산의 범위에서 그 설치 및 운영에 필요한 경비의 일부를 보조할 수 있다.

4) 청소년이용시설

(1) 청소년이용시설을 설치·운영하는 국가 또는 지방자치단체·그 밖의 공공기관 등은 그가 설치·운영하는 시설을 그 시설의 운영에 지장이 없는 범위에서 청소년활동에 제공하도록 하여야 한다.

(2) 국가 또는 지방자치단체는 청소년이용시설을 설치·운영하는 개인·법인 또는 단체에 대하여 청소년활동프로그램의 제공, 그 밖의 필요한 지원을 할 수 있다.

(3) 국가 또는 지방자치단체는 예산의 범위 안에서 그 시설의 운영에 필요한 경비의 일부를 보조할 수 있다.

⚓ 심화학습

청소년 관련법 제정순서

산업체의 근로청소년의 교육을 위한 특별학급 등의 설치 기준령(1977) → 한국 청소년 연맹 육성에 관한 법률(1981) → 청소년기본법(1991) → 청소년보호법(1997) → 청소년의 성보호에 관한 법률(2000.2) → 청소년활동진흥법(2004. 2, 수련시설 근거), 청소년복지지원법(2004. 2, 청소년 쉼터 근거) → 아동·청소년 성보호에 관한 법률(2009)

청소년쉼터에서 하는 업무 – 청소년쉼터의 업무(한국 청소년 쉼터 협의회)

1) 일시보호활동

무료 숙식 및 의료 서비스 제공 / 가정밖 청소년을 위한 상담 및 심리검사 / 생활지도 등

2) 상담 프로그램

(1) **내용**: 가출 및 이성교제, 친구관계, 가족관계, 학교 부적응 등

(2) **방법**: 전화, 서신, 면접상담, 개인 및 집단상담

(3) 대상: 가정밖 청소년 및 학부모, 일반청소년, 교사

3) 조사연구 활동: 청소년 가출 실태조사 연구 등

4) 기타활동: 청소년 문제 예방프로그램, 문화프로그램 등

청소년 노동시간 (청소년 고용) - 근로기준법 상 청소년의 노동보호 조항

1) 18세 미만자는 연소자 - 노동보호 대상

2) 도덕상, 보건 상 유해, 위험한 사업에 사용하지 못함

3) 갱내 근로를 시키지 못함

4) 15세 이상 18세 미만인 자의 근로시간은 1일 7시간, 일주일 40시간을 초과하지 못함

5) 사용자와 협의하더라도 1일에 1시간, 1주에 6시간을 한도로만 연장할 수 있음

   (다만, 15세 미만자는 특별히 인가받은 경우 외에는 근로금지)

6) 본인의 동의와 고용노동부장관의 인가를 받은 경우 외에는 야간근로(밤 10시 - 아침 6시 사이)나 휴일근로를 시키지 못함

청소년 특별회의

1) 청소년 특별회의 개념

   (1) 청소년기본법 제12조에 의하여 청소년대표 및 청소년전문가들이 연간 토론과 활동을 통하여 청소년의 시각에서 청소년이 바라는 정책과제를 발굴하여 정부에 건의하여 정책화하는 청소년 참여기구이다.

   (2) 성평등가족부 및 지방자치단체 청소년참여위원회 위원들과 청소년추진단으로 구성되어 있다.

2) 청소년특별회의에 참여할 수 있는 방법은 청소년특별회의에는 매년 2 ~ 4월경 성평등가족부를 비롯한 각 시·도 청소년참여위원회 위원 및 청소년추진단 공개 모집 시 지원하여 선발될 경우 참여 가능하다.

3) 그 동안 청소년특별회의를 통해 제안되었던 정책과제들은 해당 부처의 협의를 거쳐 국가정책에 반영되어 왔으며, 2010년에는 지난 5년간의 정책과제에 대한 이행 여부를 점검하였고, 2011년에는 '우리 사회의 건전한 성문화, 건강하게 성장하는 청소년'이라는 정책의제로 3개 부문 41개 세부과제를 정부에 제안하였다.

각종 위원회

1) 학교폭력대책위원회 - 국무총리 소속

2) 학교폭력대책지역위원회 - 시도에 설치

3) 학교폭력대책심의위원회 - 교육지원청에 설치

4) 청소년보호위원회 - 성평등가족부장관 소속

5) 청소년정책위원회 - 성평등가족부에 설치

   cf 학교에 두었던 학교폭력대책자치위원회는 삭제됨.

📁 **기출문제 확인학습**

소년법 제32조 (보호처분의 결정)

1) 소년부 판사는 심리 결과 보호처분을 할 필요가 있다고 인정하면 결정으로써 다음의 어느 하나에 해당하는 처분을 하여야 한다.

   (1) 보호자 또는 보호자를 대신하여 소년을 보호 할 수 있는 자에게 감호 위탁 → 1호 처분

   (2) 수강명령

   (3) 사회봉사명령

   (4) 보호관찰관의 단기(短期) 보호관찰

(5) 보호관찰관의 장기(長期) 보호 관찰

(6) 「아동복지법」에 따른 아동복지 시설 이나 그 밖의 소년보호시설에 감호 위탁

(7) 병원, 요양소 또는 「보호소년 등의 처우에 관한 법률」에 따른 의료재활소년원에 위탁

(8) 1개월 이내의 소년원 송치

(9) 단기 소년원 송치

(10) 장기 소년원 송치 → 10호 처분

　　⇒ **암기문장** 보호자감호 / 수사 / 단장(관찰) / 시설감호 / 의료보호 / 1단장(송치)

소년분류심사원의 정의와 업무

위탁소년의 자질과 비행행동을 과학적으로 진단하여 적합한 처우지침을 수립하고, 그 결과를 가정법원 소년부에 송부하여 심판의 자료로 사용토록 하는 기관이다.

업무

1) 법원소년부로부터 위탁된 소년의 수용·분류심사 및 주간출석 상담조사, 법원의 조사·심리자료로 제공

2) 소년원장 또는 보호관찰소장이 의뢰한 소년의 분류심사

3) 검사가 조사를 의뢰한 소년의 품행 및 환경 등의 조사

4 학교 밖 청소년 지원에 관한 법률 (2014년 제정)

1) 정의

(1) '청소년'이란 「청소년 기본법」 제3조 제1호 본문에 해당하는 9세 이상 24세 이하인 사람을 말한다.

(2) '학교 밖 청소년'이란 다음의 어느 하나에 해당하는 청소년을 말한다.

　① 「초·중등교육법」 제2조의 초등학교·중학교 또는 이와 동일한 과정을 교육하는 학교에 입학한 후 3개월 이상 결석하거나 같은 법에 따라 취학의무를 유예한 청소년

　② 「초·중등교육법」 제2조의 고등학교 또는 이와 동일한 과정을 교육하는 학교에서 같은 법에 따른 제적·퇴학처분을 받거나 자퇴한 청소년

　③ 「초·중등교육법」 제2조의 고등학교 또는 이와 동일한 과정을 교육하는 학교에 진학하지 아니한 청소년

(3) '학교 밖 청소년 지원 프로그램'이란 학교 밖 청소년의 개인적 특성과 수요를 고려한 상담지원, 교육지원, 직업체험 및 취업지원, 자립지원 등의 프로그램을 말한다.

2) 학교 밖 청소년 지원계획

국가와 지방자치단체는 「청소년 기본법」에 따라 연도별 시행계획을 수립하는 경우 다음의 사항을 포함하여야 한다.

(1) 학교 밖 청소년에 대한 사회적 편견과 차별 예방 및 사회적 인식 개선에 관한 사항

(2) 학교 밖 청소년 지원 프로그램의 개발 및 지원에 관한 사항

(3) 학교 밖 청소년 지원을 위한 관련 기관 간 협력체계 및 지역사회 중심의 지원체계 구축·운영에 관한 사항

(4) 학교 밖 청소년 지원을 위한 조사·연구·교육·홍보 및 제도개선에 관한 사항

(5) 「청소년복지 지원법」의 위기청소년 특별지원 등 사회적 지원방안

(6) 학교 밖 청소년 지원을 위한 재원 확보 및 배분에 관한 사항

(7) 그 밖에 학교 밖 청소년 지원을 위하여 필요한 사항

3) 실태조사

(1) 성평등가족부장관은 학교 밖 청소년의 현황 및 실태 파악과 학교 밖 청소년 지원 정책수립을 위한 기초자료로 활용하기 위하여 2년마다 학교 밖 청소년에 대한 실태조사를 실시하고, 그 결과를 공표하여야 한다.

(2) 성평등가족부장관은 실태조사 중 학업중단 현황에 관한 조사는 교육부장관과 협의하여 실시한다.

(3) 성평등가족부장관은 실태조사에 필요한 경우 관계 중앙행정기관의 장, 지방자치단체의 장 또는 「공공기관의 운영에 관한 법률」에 따른 공공기관의 장, 그 밖의 관련 법인·단체에 대하여 필요한 자료 제출 또는 의견 진술을 요청할 수 있다.

4) 학교 밖 청소년 지원 위원회

(1) 학교 밖 청소년 지원에 관한 다음의 사항을 심의하기 위하여 성평등가족부장관 소속으로 학교 밖 청소년 지원 위원회(이하 지원위원회)를 둔다.

① 학교 밖 청소년 지원정책의 목표 및 기본방향에 관한 사항

② 학교 밖 청소년 지원을 위한 법령 및 제도의 개선에 관한 사항

③ 학교 밖 청소년 지원계획의 수립에 관한 사항

④ 관련 기관 간 협력체계 및 지역사회 중심의 지원체계 구축에 관한 사항

⑤ 그 밖에 학교 밖 청소년 지원에 관하여 협의가 필요한 사항

(2) 지원위원회는 위원장 1명과 부위원장 1명을 포함한 15명 이내의 위원으로 구성하고, 위원은 당연직 위원과 위촉직 위원으로 구성한다.

5) 상담지원

국가와 지방자치단체는 학교 밖 청소년에 대하여 효율적이고 적합한 지원을 할 수 있도록 심리상담, 진로상담, 가족상담 등 상담을 제공할 수 있다.

6) 교육지원

국가와 지방자치단체(교육감을 포함한다)는 학교 밖 청소년이 학업에 복귀할 수 있도록 다음의 사항을 지원할 수 있다.

(1) 「초·중등교육법」의 초등학교·중학교로의 재취학 또는 고등학교로의 재입학

(2) 「초·중등교육법」의 대안학교로의 진학

(3) 「초·중등교육법」에 따라 초등학교·중학교 또는 고등학교를 졸업한 사람과 동등한 학력이 인정되는 시험의 준비

(4) 그 밖에 학교 밖 청소년의 교육지원을 위하여 필요한 사항

7) 직업체험 및 취업지원

(1) 국가와 지방자치단체는 학교 밖 청소년이 자신의 적성과 능력에 맞는 직업의 체험과 훈련을 할 수 있도록 다음의 사항을 지원할 수 있다.

　① 직업적성 검사 및 진로상담프로그램

　② 직업체험 및 훈련프로그램

　③ 직업소개 및 관리

　④ 그 밖에 학교 밖 청소년의 직업체험 및 훈련에 필요한 사항

(2) 국가와 지방자치단체는 학교 밖 청소년을 대상으로 취업 및 직무수행에 필요한 지식·기술 및 태도를 습득·향상시키기 위하여 직업교육 훈련을 실시할 수 있다.

8) 자립지원

(1) 국가와 지방자치단체는 대통령령으로 정하는 바에 따라 학교 밖 청소년의 자립에 필요한 생활지원, 문화공간 지원, 의료지원, 정서지원 등을 제공할 수 있다.

(2) 국가와 지방자치단체는 경제교육, 법률교육, 문화교육 등 학교 밖 청소년의 자립에 필요한 교육을 지원할 수 있다.

(3) 국가와 지방자치단체는 지원이 필요한 학교 밖 청소년에게 「청소년복지 지원법」에 따른 위기청소년 특별지원을 우선적으로 제공할 수 있다.

9) 학교 밖 청소년 지원센터[이하 지원센터]

(1) 국가와 지방자치단체는 학교 밖 청소년 지원을 위하여 필요한 경우 학교 밖 청소년 지원센터(이하 지원센터)를 설치하거나 다음에 해당하는 기관이나 단체를 지원센터로 지정할 수 있다.

　① 「청소년복지 지원법」의 청소년상담복지센터

　② 「청소년 기본법」의 청소년단체

　③ 학교 밖 청소년을 지원하기 위하여 필요한 전문인력과 시설을 갖춘 기관 또는 단체

(2) 지원센터는 다음의 업무를 수행한다.

　① 상담지원, 교육지원, 직업체험 및 취업지원, 자립지원

　② 학교 밖 청소년 지원을 위한 지역사회 자원의 발굴 및 연계·협력

　③ 학교 밖 청소년 지원 프로그램의 개발 및 보급

　④ 학교 밖 청소년 지원 프로그램에 대한 정보제공 및 홍보

　⑤ 학교 밖 청소년 지원 우수사례의 발굴 및 확산

　⑥ 학교 밖 청소년에 대한 사회적 인식 개선

　⑦ 그 밖에 학교 밖 청소년 지원을 위하여 필요한 사업

(3) 지원센터에는 학교 밖 청소년 지원 업무를 수행하기 위하여 관련 분야에 대한 학식과 경험을 가진 전문인력을 두어야 한다.

10) 지역사회 청소년통합지원체계와의 연계

지원센터는 학교 밖 청소년 지원업무를 수행함에 있어「청소년복지지원법」의 지역사회 청소년통합지원체계를 구성하는 기관과 연계 및 협력하여야 한다.

11) 지원센터에의 연계

(1) 「초·중등교육법」 제2조의 각급 학교의 장은 소속 학교의 학생이 학교 밖 청소년이 되는 경우에는 해당 청소년에게 학교 밖 청소년 지원 프로그램을 안내하고 지원센터를 연계하여야 한다.

(2) 「청소년복지 지원법」에 따른 지역사회 청소년통합지원체계에 포함된 기관 또는 단체의 장은 지원이 필요한 학교 밖 청소년을 발견한 경우에는 지체 없이 해당 청소년에게 학교 밖 청소년 지원 프로그램을 안내하고 지원센터를 연계하여야 한다.

(3) 학교 밖 청소년을 지원센터에 연계하는 경우 학교장 및 단체장은 해당 청소년에게 다음의 개인정보의 수집·이용 목적, 수집항목, 보유·이용 기간 및 파기방법을 고지하고 개인정보를 수집하여 지원센터에 제공할 수 있다. 다만, 질병 또는 출국을 사유로 학교 밖 청소년이 되는 경우는 제외한다.

① 학교 밖 청소년의 성명
② 학교 밖 청소년의 생년월일
③ 학교 밖 청소년의 성별
④ 학교 밖 청소년의 주소
⑤ 학교 밖 청소년의 연락처(전화번호 · 전자우편주소 등)
⑥ 학교 밖 청소년의 법정대리인 연락처(전화번호 · 전자우편주소 등)

(4) 지원센터의 장은 개인정보를 제공받은 날부터 6개월 이내에 해당 청소년 또는 청소년의 법정대리인에게 개인정보동의고지사항 및 개인정보의 처리정지 요구 권한을 고지하고 동의를 받아야 한다. 이 경우 해당 청소년 또는 청소년의 법정대리인이 개인정보의 처리정지를 요구하거나 개인정보를 제공받은 날부터 6개월 이내에 동의를 받지 못한 경우에는 즉시 개인정보를 파기하여야 한다.

CHAPTER 04 청소년 환경

제1절 | 가족 · 지역사회

1 가족과 청소년

1) 청소년기 가정환경의 변화

(1) 자녀가 아동에서 청소년으로 성숙됨에 따라 청소년 자녀와 가족구성원과의 관계도 커다란 변화를 겪는다.

(2) 이러한 변화는 청소년기에 나타나는 생물학적·인지적·정서적 변화에 기인한다.

(3) 청소년 자녀의 변화와 더불어 부모 역시 중년으로서의 새로운 변화를 겪는다(중년의 위기).

　중년기의 변화는 대체로 두 가지 측면에서 생각해 볼 수 있다.

　① 청소년 자녀가 신체적·성적으로 성숙하고 상승적인 변화를 경험할 때 중년의 부모는 자신이 과거에 비해 약해지고 덜 매력적으로 변했다고 생각한다.

　② 청소년 자녀는 자신의 미래에 대해 긍정적인 사고를 하고 장래에 선택할 수 있는 대안이 많이 있는데 반해, 중년의 부모들은 자신이 선택할 수 있는 대안이 제한되어 있다는 것을 실감하게 된다.

(4) 중년의 변화는 가족관계에도 중요한 영향을 미치는데 가족관계에서 역할의 변화는 신체적, 사회적으로 위축되어 있는 중년의 부모에게 스트레스로 작용하며 중년기 우울을 가중시키는 요인이 되기도 한다.

(5) 이혼이나 별거 등으로 인한 가족구조의 변화

　청소년 자녀는 아동기 자녀에 비해 인지능력이 발달하여 부모와의 갈등과 이혼의 복잡성을 잘 이해할 수 있다.

　→ 청소년은 어린 아동보다 부모에게 덜 의존적이며, 가족 외의 다른 사람들에게 정서적 지지를 찾을 수 있기 때문이다.

2) 청소년기의 부모 - 자녀관계

(1) 청소년기 부모 - 자녀관계에 대한 전통적 견해 두 가지

　① 청소년기는 아동기까지 지속되던 부모에 대한 의존과 동일시로부터 벗어나 자율성과 책임감을 획득해야 하는 심리적 이유의 시기이다.

　② 청소년기의 부모 - 자녀관계는 갈등을 수반하며 이러한 갈등은 청소년기 발달에 바람직하지 못한 영향을 미친다.

(2) 전통적 견해에 대한 생태학적 접근의 비판

청소년기 부모-자녀 간에 나타나는 가벼운 갈등은 그들의 심리적 발달에 긍정적인 영향을 미쳐 생태학적 접근에서는 모든 갈등을 나쁜 것으로만 해석하려는 기존의 관점에서 벗어나 갈등의 정도와 지속성에 관심을 갖는다.

📁 **기출문제 확인학습**

바움린드(D. Baumrind)가 제시한 부모 유형 4가지

1) 민주적 양육태도(authoritative, 권위적)
   (1) 민주적 양육태도를 지닌 부모들은 자녀에게 온정적이며 자녀의 요구에 대한 수용도가 높고 민감하게 반응한다.
   (2) 자녀에 대해 허용적이면서 적절한 자율성을 인정하여 자녀가 스스로 선택할 수 있는 범위 안에서 스스로 결정할 수 있도록 돕는다.
   (3) 권위적 부모 아래 자라난 자녀는 자기조절 능력과 인내심을 갖고 과업을 수행하며, 학업성취가 높고, 부모에게 협조적이며, 부모의 입장에 대해 민감하며, 사회적, 도덕적으로 성숙된 모습을 보인다.
2) 독재적 양육태도(authoritarian, 권위주의적)
   (1) 독재적인 부모는 자녀에게 지나친 억압과 간섭을 하면서 자녀의 요구에는 관심이 없다.
   (2) 자녀를 대신하여 모든 결정을 하고 자녀는 부모의 지시에 대해 무조건적인 복종을 해야 한다.
   (3) 권위주의적 부모 아래 자라난 자녀들은 행복감을 갖지 못하고 항상 불안을 느끼게 되며, 결과적으로 낮은 수준의 자존감과 자기신뢰감을 형성하게 된다.
3) 허용적 양육태도(permissive)
   (1) 허용적인 부모들은 자녀의 행동 통제나 자신의 권력 사용에 별다른 관심을 보이지 않고 지나치게 자유방임적인 태도를 취한다.
   (2) 온정적이고 수용적이지만, 자녀의 요구에 대해 지나치게 관대하거나 관심이 없어서 행동 통제를 거의 하지 않는다.
   (3) 허용적인 부모 아래 자라난 아이들은 충동적이거나 불복종적이고 반항적이며, 어른들에게 의존적이고 과도한 요구를 하는 경우가 많다.
4) 방임적 양육태도(uninvolved, 무관심형, 거부적, 무시적)
   (1) 방임적 부모는 자녀의 의견에 대한 수용이나 통제는 없고 최소한의 관심만을 보인다.
   (2) 자녀 양육을 편한 방법으로만 하고자 하며 자녀 양육에 대한 참여 의지도 희박하다.
   (3) 방임적 부모 아래 자라난 아이들은 낮은 학업 성취도와 우울, 분노, 그리고 반사회적 행동을 보인다.

---

2 지역사회와 청소년

1) 지역사회 개념

(1) 지역사회는 넓은 뜻을 가지고 있는 개념이지만 일반적으로는 사람들이 가족과 함께 정착하여 직업을 가지고 생활해 가는 일정한 지역적 공간을 의미한다.

(2) 지역사회에는 각종 행정기관, 시장, 병원, 은행 등 일상생활에 필요한 기관이 있어야 하지만, 지역사회의 본질적 특성으로 중요한 것은 이러한 것 외에 함께 생활한다고 하는 공동의식, 오랫동안 생활해온 공동의 문화유산, 지리적 공간에 대한 애착심 등이 있어야 한다.

2) 지역사회의 구비요건

물질환경으로 둘러싸여 있고, 주민들로 구성되어 있으며, 일자리와 봉사를 제공하고, 상호소통과 교통통신망이 이루어져 있으며, 전통과 가치기준을 갖고 있고, 사회계층 조직을 갖고 있으며, 주민들은 집단을 통하여 자기표현을 하고, 주민 간에 상호접촉이 얽히는 곳이며, 사회통제의 수단이 되고, 끊임없는 사회변화가 이루어진다.

3) 지역사회와 청소년

(1) 지역사회는 가장 직접적인 생활의 장으로서 청소년들이 만나는 사람과 활동하는 장소를 제공해준다.

(2) 그리고 일정한 문화와 행동양식을 공유하기도 하며, 전통적인 틀을 유지하면서 시대적인 사회변화를 수용해 새로운 형태의 문화를 잉태하는 교화기능을 갖기도 한다.

(3) 뿐만 아니라 지역사회는 청소년들에게 교육적 기능을 통해 인격과 전문성을 겸비한 성인으로 성장할 수 있는 터전이 되기도 한다.

(4) 결론적으로, 청소년은 자신의 성장·발달과 인간성 형성을 위하여 지역사회가 필요하고, 지역사회는 지역사회 대로 현 상태를 유지하고 발전시키기 위하여 청소년을 필요로 하기 때문에 청소년은 지역사회를 떠나서는 존재할 수 없으며, 지역사회 역시 청소년 없이는 존재할 수 없다.

(5) 이러한 맥락에서 볼 때 지역사회는 청소년들을 위하여 충분히 투자해야 하며, 지역사회는 지역사회 내에서 이루어지는 각종 문제해결의 과정에 청소년들을 참여시켜야 한다.

1 또래집단(교우관계)과 청소년

1) 청소년기의 교우관계

(1) 교우관계의 중요성과 발달

① 청소년들은 그들의 가족과 함께 지내는 것보다 또래친구들과 함께 지내는 것을 더 선호한다.

② 청소년은 아동보다 부모의 통제를 더 많이 느끼고 이에 저항하기 시작하며 평등한 부모-자녀관계를 원한다.

③ 비록 또래가 현재의 활동이나 여가생활에 큰 영향을 주기는 하지만, 교육이나 진로 등과 같은 미래 지향적인 영역에서는 여전히 부모의 영향이 크게 나타난다.

④ 반사회적 청소년들은 친구들과의 상호 작용에 대해 질이 낮고 지속시간이 짧으며 불만이 많으며 종종 적대적으로 끝나기도 한다.

⑤ 청소년들이 타인의 관점을 고려하게 됨에 따라 감정이입적인 이해를 할 수 있게 되고 친구들과 좀 더 가까워지고 친구들에게 친절하게 대하며 자기노출을 통해 타인과 친밀감을 형성한다.

(2) 교우집단의 형성과 특징

① 거의 모든 청소년들은 친구들과 함께 어떤 활동에 참여하기를 원하고 친구들과 자신의 생각이나 견해를 교환하기를 원한다.

② 이러한 성향은 안정된 또래집단을 형성하고 유지하게 만들며 집단 구성원 간의 상호 유사성을 증진시킨다.

③ 초기와 중기 청소년기 동안 대부분의 청소년들은 최소한 하나 이상의 또래집단에 소속되어 있다.

④ 관계 방해 요소들

어떤 청소년들은 관계를 시작하거나 지속시키는 데 필요한 사회적 기술이나 자신감이 부족하기 때문에 학교 밖의 친구관계를 형성하지 못할 수도 있으며 불편한 교통수단, 인종, 성별 차이 등은 학교 밖의 친구관계 형성을 방해하는 요소가 될 수 있다.

⑤ 청소년기의 교우관계를 이해하는 데 가장 핵심적인 개념은 집단 동조압력이다.

> 📁 실력다지기
>
> **집단 동조압력**
> 청소년으로 하여금 집단의 바람직한 가치규범에 동조하게 함으로써 그들이 성인기의 사회생활을 준비하는 데 도움이 되는 긍정적인 면이 있는가 하면, 집단의 바람직하지 못한 규준에 동조하게 함으로써 문제행동을 유발시키는 요인이 되기도 한다.

⑥ 또래관계는 청소년들의 자아개념과 자아정체감의 발달, 사회적 성취와 사회적 기술의 획득, 갈등해결 능력, 장래 직업적 성취, 가족생활, 성역할 확립 등에 긍정적인 영향을 미친다.

청소년 또래집단의 동조행동

1) 청소년의 언어, 가치관 등 모든 면에 영향을 미친다.
2) 부정적인 동조행동으로 속어나 비어 사용 등이 있다.
3) 동조행동에 대한 또래집단의 압력은 청소년기에 가장 강력하다.
4) 또래집단 내에 높은 지위에 있거나 자신감 있는 청소년은 동조행동의 영향을 덜 받는다.
5) 부모와 또래집단의 가치가 상충될 경우 청소년은 부모보다 또래의 영향을 더 크게 받는다.

2) 청소년기의 이성관계

(1) 청소년기 이성관계의 의미와 특징

① 청소년들에게 있어서 주요 발달적 과제 세 가지

   ㄱ. 그들만의 독특한 정체성(identity)을 확립하는 것

   ㄴ. 이성과의 만남 관계를 통해서 친밀감을 발달시키는 것

   ㄷ. 새로운 성적 욕망 및 충동을 조절하는 것

② 이성관계는 넓은 의미의 사회관계 및 또래관계의 한 유형으로서 청소년기의 사회적 조직망의 확대와 함께 복잡하고 다양한 변화를 겪게 된다.

③ 청소년들의 이성 관계에 포함된 우정은 개인이 복합적인 사회적 조직망에 적응하는 데 매우 중요한 요소이다.

④ 성인 초기의 이성 관계에서 우정은 그들에게 이성 성원들이 어떻게 생각하고 느끼고 행동하는지에 대한 내적 조망을 제공해 주며 남녀 상호 간의 의사소통을 증진시킨다.

⑤ 청소년들 역시 이성 간의 우정관계에서 이와 유사한 효과를 나타내며 이성에 대한 그들의 태도는 성인 초기보다 덜 고착화되어 있고 이성 관계에서 그들의 욕구 및 의견을 표현하는 데 더 유능하다.

(2) 청소년기 이성관계의 영향

① 청소년기의 이성관계는 청소년의 정신건강과 적응에 중요한 영향을 미친다.

② 청소년기의 이성관계가 발달 및 적응에 미치는 영향

   ㄱ. 청소년기 이성친구와의 관계는 자신의 애착인물 집단을 확장시킴으로써 정서적 욕구를 충족시키는 데 유용한 가치가 있다.

   ㄴ. 청소년기의 이성 관계는 청소년들에게 성적 정체감과 성역할 형성에 중요한 영향을 준다.

   ㄷ. 이성 간의 우정 또는 연애관계를 확립한 청소년들은 성역할에 대해 전통적인 성 고정관념에서 탈피한 비교적 융통성 있는 성 태도와 양성성의 개념을 형성하고 자기 성(性)의 가치와 의미에 대한 확신감과 이성을 이해하고 수용할 수 있는 능력을 발달시키게 된다.

   ㄹ. 이성관계로의 개입과 함께 혼합 사회적 관계망의 확대는 청소년의 정신 건강 및 적응에 의미 있는 영향을 미친다.

2 학교와 청소년

1) 학교 요인

(1) 학교 크기와 관련된 연구

학생 수가 많은 과대한 학교는 학생들을 효율적으로 통제하는 데 한계가 있으며 학생들은 학교에 대한 소속감을 덜 느끼고 자신의 행동에 대한 책임감이 적어 무단결석이나 반사회적 행동을 더 많이 하는 것으로 보고되고 있다.

(2) 교사

청소년기의 학생들에게 지식 전달자로서 뿐만 아니라 가끔은 부모 대행자로서, 정서적 지지자로서 중요한 역할을 한다.

2) 청소년 학습장애

(1) 일반적으로 듣기, 생각하기, 말하기, 쓰기, 철자법, 셈하기 등에 문제가 있으며 지능검사로 측정되는 지적능력과 성취검사로 측정되는 실제 수행 간에 큰 차이가 있을 때 학습장애로 진단된다.

(2) 학교에서 주의 집중력이 부족하고 토론학습에 잘 참여하지 못하며 과제를 해내지 못한다.

(3) 공부습관이 좋지 못하고 시험 치르는 기술도 부족하며 사회적 기술의 부족으로 인하여 다른 사람의 기분을 제대로 파악하지 못하고 부적절하게 반응하고 놀이에서 규칙을 제대로 이해하지 못한다.

📁 실력다지기

청소년 방과 후 아카데미[1]

1) 청소년 방과 후 아카데미란?

　(1) 국가의 정책사업 과제로 성평등가족부와 지방자치단체에서 공적 서비스를 담당하는 청소년수련시설(청소년수련관, 청소년문화의집)을 기반으로 청소년들의 건강한 방과 후 생활과 삶의 질 향상을 위해 가정이나 학교에서 체험하지 못했던 다양한 청소년활동 프로그램 운영, 청소년 생활관리 등 청소년을 위한 종합서비스를 지원하는 국가정책지원 사업이다.

　(2) 2005년 9월부터 46개소를 시범운영하여, 2006년 전국적으로 확대, 2021년 기준 332개소가 청소년수련관, 청소년 문화의 집 등의 지자체 공공시설에서 방과 후 아카데미가 운영되고 있다.

2) 청소년 방과 후 아카데미 정책 비전 및 목표

　(1) 중앙·지방 및 학교와 가정·지역사회가 연계하여 방과 후 돌봄이 필요한 '나홀로 청소년'을 대상으로 가정과 공교육을 보완하는 공적 서비스 기능 강화

　(2) 맞벌이·한 부모·장애·취약계층 가정의 '나홀로 청소년'을 활동·복지·보호·지도를 통하여 스스로 자립할 수 있는 역량배양 지원

　(3) 여성의 경제참여 지원, 저소득가정 사교육비 절감, '나홀로 청소년'의 범죄·비행 노출 예방 등

---

1)　출처 : http://www.youthacademy.or.kr

3) 청소년 방과 후 아카데미의 기능

    (1) '방과 후 나 홀로 청소년'을 위한 안전하고 안정적인 공간의 기능

    (2) 건전한 놀이·문화지도 및 체험을 실천하는 기능

    (3) 보호자·청소년·지역사회가 원활하게 소통할 수 있도록 돕는 기능

    (4) 학교교육만으로 부족한 인성 및 창의성 개발 지원 기능

4) 청소년 방과 후 아카데미 운영 방향

    (1) 학습위주의 교육이 아닌 청소년의 건전한 성장을 위한 다양한 체험활동 진행

    (2) 지역사회 차원에서 청소년 활동·복지·보호체계 구축

    (3) 지역사회의 인적·물적 자원의 연계 활용을 통하여 통합적인 청소년 지원체계 구축

    (4) 가정·학교와 지역사회의 상호 신뢰 및 연계 복원 계기

    (5) 가정의 입장에서 함께 청소년 성장을 도모할 수 있는 신뢰감 형성

    (6) 학교교육 보완 기능으로서, 공교육과 방과 후 아카데미와의 상호연계

    (7) 「청소년방과후아카데미 지원협의회」 구성을 통하여 상시적인 운영 지원

    (8) 청소년의 성장발달에 부합하고, 청소년·부모의 눈높이에 맞는 내용과 질 담보

📁 기출문제 확인학습

청소년 방과 후 아카데미에 관한 내용

1) 시행은 성평등가족부와 지방자치단체가 공동 운영한다.

2) 지원대상은 원칙적으로 초등학교 4학년부터 중학교 3학년까지이다.

3) 실시장소는 청소년수련관, 청소년 문화의 집 등을 활용한다.

4) 취약계층 등 방과 후 홀로 시간을 보내는 청소년들에 대한 건전한 성장지원을 목적으로 한다.

5) 청소년 방과 후 아카데미는 국가의 정책사업 과제로 성평등가족부와 지방자치단체에서 공적 서비스를 담당하는 청소년수련시설(청소년수련관, 청소년 문화의 집)을 기반으로 청소년들의 건강한 방과 후 생활과 삶의 질 향상을 위해 가정이나 학교에서 체험하지 못했던 다양한 청소년활동 프로그램 운영, 청소년 생활관리 등 청소년을 위한 종합서비스를 지원하는 국가정책지원 사업이다.

6) 지원대상은 청소년이면 가능하고 실시장소는 다양한 기관이며, 꼭 취약계층 청소년이 해당되는 것은 아니다.

CHAPTER 05 청소년 문제와 보호

제1절 | 청소년 비행 이론

1 청소년의 위험행동

1) 위험행동의 개념

(1) 위험행동(risk behavior)이란 일반적으로 신체적·심리적·법적·경제적 부담을 감수하는 행동이다.

(2) 청소년기의 위험행동은 일반적으로 사회적 규범에 반대되는 행동으로 자신의 신체적 건강을 위협하는 행동과 사회·경제적 지위를 위협하는 행동으로 구분된다.

2) 위험행동의 특징

(1) 위험행동은 일반적인 발달적 경로를 따른다.

예 성적 활동, 약물남용, 위험한 자동차 운전은 청소년기 동안 연령의 증가와 함께 그 비율이 높아진다.

(2) 위험행동들은 다른 행동을 예측 가능하게 한다.

예 성적으로 활발한 10대들은 그렇지 않은 10대들에 비해 알코올과 마약을 사용할 가능성이 더 높다.

(3) 위험행동은 비슷한 심리적·환경적·생물학적 선행조건을 공유한다.

3) 위험행동의 동시 발생성

(1) 위험행동은 한 가지만 단독으로 행해지는 것이 아니라, 예측 가능한 방향으로 다른 행동들과 동시에 행해지는 경향이 있다.

(2) 한 가지 형태의 위험행동에 개입하게 되면 시간의 경과와 함께 다른 종류의 위험행동에 보다 쉽게 그리고 보다 적극적으로 개입하게 된다는 것이다.

4) 위험행동의 원인

(1) 생물학 이론

생물학 이론은 위험행동이 호르몬, 불균형적인 사춘기 시기 또는 유전학적인 소인 등에 기인한다는 이론이다.

(2) 심리학적·인지적 이론

심리학적·인지적 이론은 위험행동이 자존심(자존감) 결여, 인지적인 미성숙, 정서적 불평형, 높은 감각추구 성향 등에 기인한다는 이론이다.

(3) 사회적·환경적 이론

① 사회적·환경적 이론은 위험행동이 가족 및 동료와의 상호작용, 지역사회와 사회적인 규범에서 기인한다는 이론이다.

② 청소년들에게 중요한 세 가지 사회·환경적 요소는 가족, 친구, 사회이다.

③ 부모는 청소년 자녀의 행동에 강력한 영향을 미치며 청소년기를 통해 또래집단의 영향이 커짐에 따라 부모의 영향은 감소하게 되고 이러한 변화는 문제행동의 경향성을 증가시킨다.

④ 매스미디어나 사회적 규범과 같은 사회적인 영향과 문화적인 기대 또한 청소년의 위험행동에 영향을 준다.

(4) 통합적인 모형

① 위의 세 가지 이론적 관점을 조합한 것이 통합모형(생물·심리·사회적 모형)이다.

② 청소년의 위험행동은 생물학적 성숙의 시기가 청소년의 인지 범위, 자기 인식, 사회환경의 인식, 개인적인 가치관에 영향을 미치며 이러한 요인들이 위험인식과 또래집단의 영향을 중재하게 된다.

> 📁 **기출문제 확인학습**
>
> **청소년 비행 중 지위비행**
> 1) 지위비행은 성인들에게는 용납이 되는 행동이 청소년이라는 지위로 인해 비행으로 분류되는 행동이다.
> 2) 종류로는 가출, 흡연, 음주, 유흥업소 출입, 관람불가 영화보기 등이 있다.

2 비행이론

1) 범죄인론

롬브로소(Lombroso)에 의하면, 범죄자는 신체적 특징에서 비범죄자와 다르며 신체적 이상이란, 조상으로부터의 복귀적 징후이고 퇴화적 산물로 본다.

2) 아노미[1] 이론

(1) 머튼(Merton)은 사회구조적인 입장에서 빈곤과 범죄는 연관이 있다는 사실을 밝혀내고 있다.

(2) 사회를 구성하는 기본적인 기둥을 문화구조와 사회구조의 개념으로 파악하고 이 이론에 의하면 빈곤한 가정에 태어나 사회구조적으로 매우 불리한 입장에 있는 청소년들은 그들이 원하는 지위를 사회적인 배경 때문에 성취할 기회가 상대적으로 제약되어 있기 때문에 그들의 목적을 비행과 범죄라는 수단을 통해서 얻어내려고 한다는 것이다.

---

[1] 아노미란, 사회적 기준이나 규범, 가치관을 상실하여 정신적인 불안상태에 빠져 확신을 잃고 정신적 혼란을 가져오는 현상을 말한다. 머튼은 아노미란 문화적으로 규정된 목표와 그 목표를 달성하기 위한 제도적 수단이 일치하지 않는 상태로서, 이러한 경우에 비행이 발생한다고 하였다. 현대 사회에서는 많은 사람들이 추구하는 목표가 있는데, 그 목표를 달성하기 위한 합법적인 수단을 얻는 기회는 대부분이 사람들에게는 제한되거나 경우에 따라서는 완전히 배제되기도 한다. 이와 같이 제한을 받는 사람들은 비합법적인 수단을 사용하여 목표를 달성하려고 할 수 있다. 여기에서 비행의 원인을 찾을 수 있다.

아노미 이론

1) 머튼은 아노미란 문화적으로 규정된 목표와 그 목표를 달성하기 위한 제도적 수단이 일치하지 않는 상태로서, 이러한 경우에 비행이 발생한다고 하였다.

2) 사회를 구성하는 기본적인 기둥을 문화구조와 사회구조의 개념으로 파악하고 이 이론에 의하면 빈곤한 가정에 태어나 사회구조적으로 매우 불리한 입장에 있는 청소년들은 그들이 원하는 지위를 사회적인 배경 때문에 성취할 기회가 상대적으로 제약되어 있기 때문에 그들의 목적을 비행과 범죄라는 수단을 통해서 얻어내려고 한다는 것이다.

📁 **기출문제 확인학습**

머튼(Merton)의 아노미 이론 (긴장이론) – 비행이론 중 하나

동조형 (conformity)	1) 정상적인 기회 구조에 접근할 수는 없지만, 문화적 목표와 제도화된 수단을 수용하는 적응방식이다. 2) 정상적인 방법으로 목표를 달성하고자 노력하며 반사회적인 것은 아니다.
혁신형 (innovation)	1) 문화적 목표는 수용하지만, 제도화된 수단은 거부하는 적응방식이다. 2) 비합법적인 수단으로 사회적으로 가치 있는 목표를 달성하려고 하는 대부분의 범죄, 횡령, 탈세, 매춘, 강도, 절도 등이 해당된다.
의례형 (ritualism)	1) 문화적 목표를 거부하고 제도화된 수단만을 수용하는 적응방식이다. 2) 조직의 목표보다는 절차적 규범이나 규칙만을 준수하는데 치중하는 무사 안일한 관료가 대표적이다.
도피형 (retreatism)	1) 문화적 목표와 제도화된 수단을 모두 거부하고 사회로부터 후퇴 또는 도피해 버리는 적응방식이다. 2) 만성적 알코올중독자 또는 마약상습자 등이 해당된다.
반역형 (rebellion)	1) 기존의 문화적 목표와 제도화된 수단을 모두 거부하면서 동시에 새로운 문화적 목표와 제도화된 수단으로 대치하려는 적응방식이다. 2) 사회운동가 등이 여기에 해당한다.

3) 차별적 접촉 이론

(1) 서덜랜드(Edward H. Sutherland)는 기본적으로 범죄행위는 학습된다고 가정한다.

(2) 이 이론은 범죄 청소년들이 살고 있는 주변 환경이 하층민들이 많이 모여 사는 열악한 빈민가라는 점에 착안하여 빈민가에 만연되어 있는 범죄에 대하여 비교적 우호적이고 동질적인 가치를 가진 친밀한 집단인 가까운 또래 친구들을 통해 범죄나 비행을 배울 기회가 많아 범죄소년이 된다는 것이다.

기출문제 확인학습

차별접촉이론 (Edwin Sutherland)

1) 서덜랜드는 차별접촉이론은 왜 지역마다 범죄율이 다르고, 특정한 개인이 범죄자가 되는가의 문제를 제기하였다.

2) 서덜랜드는 범죄도 일반적인 행위와 마찬가지로 학습을 통해 배우게 되고, 이것은 주로 친밀한 사람들과의 상호작용 속에서 이루어진다고 주장하였다.

3) 서덜랜드는 일탈에 대한 부정적 정의에 비해 긍정적 정의에 많이 노출될수록 일탈 가능성이 높다고 주장하였다.

4) 차별접촉이론(서덜랜드)의 9가지 명제

   (1) 범죄행동은 학습된다.

   (2) 범죄행동은 타인과의 상호작용 속에서 의사소통과정을 통해 학습된다.

   (3) 범죄행동 학습의 주된 부분은 친밀한 1차 집단들 내에서 일어나며 라디오·TV·영화·신문·잡지 등과 같은 비인격적 매체는 범죄행위의 학습과 관련이 없다.

   (4) 범죄행동이 학습될 때 그 학습은 ① 범행의 기술(때로는 매우 복잡하고 또는 매우 단순한 기술에 이르기까지 다양) ② 동기, 충동, 합리화 및 태도의 특정한 지향을 포함한다.

   (5) 동기와 충동의 특정한 지향은 법규에 의해 긍정적 혹은 부정적인 것으로서 학습된다.

   (6) 어떤 사람이 범죄자가 되는 것은 법 위반에 대한 긍정적 정의가 법위반에 대한 부정적 정의를 초과하기 때문이다.

   (7) 차별접촉은 빈도(frequency), 기간(duration), 우선순위(priority), 그리고 강도(intensity)에 있어 다양한 형태를 띤다.

   (8) 범죄적, 반범죄적 패턴과의 접촉을 통해 범죄행동을 학습하는 과정은 일상생활 속에서 이루어지는 다른 행위의 학습과정과 동일한 메커니즘을 이룬다.

   (9) 범죄행동은 사회의 일반적 욕구와 가치의 표현이기는 하지만, 범죄행동은 일반적 욕구와 가치만으로 설명될 수 없다. 그 이유는 준법행동도 같은 욕구와 가치의 표현이기 때문이다.

정리

차등적 접촉 이론

범죄행위도 일반 행위와 마찬가지로 배워서 한다는 것이다. 배우는 내용은 범죄 기법뿐 아니라 범죄에 대한 태도가 포함되는 것이며, 법을 위반하는 것이 나쁘다고 배우면 범죄를 하지 않게 된다는 것이며, 위반하는 것이 나쁘지 않다고 배우면 위반하게 된다는 거의 순환논리에 가까운 단순한 이론이다.

4) 비행 하위문화 이론

(1) 코헨(Cohen)은 빈곤 지역의 청소년들은 중산층의 문화가 지배적인 미국 사회에서 자신들의 지위를 획득하기가 힘들어 자기들에게 유리한 문화를 형성하게 되었다고 주장하였다.

(2) 즉, 이들이 만드는 비행 하위문화는 중산층 문화에 대한 반동에서 형성된다. 따라서 이 문화가 바로 중산층 문화와 대립되는 성격을 갖고 있어 중산층 문화가 규율과 준법 정신을 강조한다면, 비행 하위문화에서는 법 위반에 대한 허용적인 태도를 형성하고 그 특징은 비공리성, 악의성, 부정성을 갖는다.

하위문화 이론

1) 코헨의 하위문화 이론

비행소년집단의 문화는 사회의 주도적인 중산층문화에 대항적인 성격을 가지고 있다고 한다. 비행소년들은 그 집단의 독특한 방식에 따라 행동하고 문제를 해결하려고 한다. 비행하위 문화는 사회 전체의 이익에 대한 고려가 없고, 기성세대의 가치를 부정하고, 장기적 목적에 대한 관심보다는 단기적인 쾌락을 추구하는 경향이 있다고 본다. 이러한 가치관으로 인해 기존의 규범을 무시하고 비행을 저지르기 쉽다는 것이다.

2) 밀러의 하위문화 이론

하층계급 사회에는 그들만의 특징적인 가치와 생활방식이 오랫동안 존재해오고 있으며, 이 문화의 규범에 따르는 것은 사회 전체의 가치와 규범을 위반하게 된다는 것이다. 하층계급문화의 특성은 사고를 저지르는 데 대한 관심과 관대함, 강인함과 힘, 남을 속여서라도 목적을 달성하는 것을 강조하고, 자극과 모험을 선호하고 간섭받기를 싫어하며, 운명주의적인 생각에 빠지는 경향이 있다고 한다. 따라서 하층계급 사회에서는 비행을 저지르는 것이 다른 사람의 관심을 끌고 인정을 받는 중요한 방법이 된다고 한다.

5) 낙인 이론

(1) 낙인 이론에서 사람들은 누구나 우연한 기회에 사소한 일탈의 가능성에 놓이게 되는데, 이러한 일탈이 범죄로 규정되고 그 행위자에 대해 범죄자로서의 낙인이 주어지게 되면 그 행위자는 더욱 심각한 범죄를 저지르게 된다는 것이다.

(2) 낙인 이론은 범죄자를 만들어 가는 과정에 관한 이론으로서 베커(Becker)는 사회적 지위로서 일탈은 행위의 특성이 아닌 다른 사람이 범죄인에게 법과 제재를 적용한 결과이며 결과적으로 준법과 일탈은 상대적이라고 주장하였다.

청소년비행에 관한 낙인 이론(labeling theory)의 관점

1) 어떤 행위에 대한 선악의 평가는 사회적으로 이루어진다.
2) 일탈의 원인보다는 일탈행동을 규정하는 규범과 처벌하는 과정에 더 관심을 가진다.
3) 일탈자로 규정된 사람은 그 낙인을 벗어나기 힘들기 때문에 계속 다른 일탈행위를 하게 된다.
4) 낙인이론은 일탈을 생산하는 것이 곧 낙인이라는 이론이다.
5) 벡커에 따르면 규칙위반 행위와 일탈은 다르다. 규칙을 위반한 사람일지라도 사회적으로 인식되거나 낙인찍히지 않으면 일탈자가 되지 않으며 규칙을 위반하지 않았을지라도 일탈자로 낙인찍힐 수가 있다.
6) 따라서 이러한 관점에서 보면 일탈이란 한 사람의 행위에 대한 타인의 반응의 결과이므로 규칙위반 행위가 일탈로서 성립하려면 사회적 반응 혹은 낙인이 필수요건이 된다. 그러므로 일탈을 생산하는 것은 곧 낙인이라고 볼 수 있다는 것이다.

(3) 또한 레머트(Lemert)는 일차적 일탈과 이차적 일탈로 구분하여 한 개인이 일차적 일탈을 저지르고 난 후 그 개인에게 사회적 상호작용 안에서 효과적으로 부인되는 경우에 이차적 일탈이 발생된다고 하였다.

6) 사회통제 이론 (사회유대 이론)

(1) 허쉬(Hirschi)에 의해 제시된 사회통제 이론에 의하면 인간은 누구나 선천적으로 일탈 및 비행 성향을 갖고 태어난다고 보고 비행의 원인보다는 비행 성향을 갖고 있는 인간이 어떠한 이유로 비행을 안 하게 되는가에 대한 원인을 설명하려고 한다.

(2) 허쉬는 비행을 저지르지 못하게 하는 사회유대 요소로서 애정(attachment), 집착(commitment), 몰두(involvement), 신념(belief)을 들고, 이들 네 가지 요소는 유기적으로 관련되어 있으며 전체적으로 지극히 약화되면 범죄나 비행에의 확률이 높아진다고 한다.

(3) 특히 청소년의 사회화에 있어 중요한 가정, 학교, 친구와의 유대를 강조하고 결국 청소년이 비행을 하게 되는 이유는 그들이 가정, 학교, 친구와의 유대가 약화되었기 때문이라고 본다.

📁 실력다지기

허쉬(Travis Hirschi)의 사회유대이론 (social bonding theory)

1) 인간은 모두 동물이며 자연적으로 누구든지 범죄를 저지를 수 있다.

2) 범죄를 저지를 잠재적인 가능성은 사람들에게 상존하는 것이므로 범죄문화, 범행동기 등과 같이 구체적인 범죄동기를 규명하기 위한 기존이론들의 노력은 불필요하다. 따라서 범죄에 대한 동기는 모든 사람들이 가지고 있으므로 왜 범죄를 하지 않는가를 밝혀야 한다고 주장한다.

3) 사람들이 범죄를 저지르지 못하게 하는 통제요인은 사회적 유대를 통한 통제 때문이고, 유대의 약화로 인하여 범죄행위가 발생한다.

4) 사회적 유대는 크게 네 가지, 즉 애착(attachment), 헌신(commitment), 참여 (involvement), 신념(belief)으로 구성되어 있다.

　(1) 애착(attachment) : 중요한 타자나 조직 등에 대한 애정적 결속

　(2) 헌신(commitment) : 인습사회 활동에 대해 투자하는 정도, 예를 들어 직업적 성취열망이 강하다면, 이러한 열망으로 인해 해가 될까봐 비행에 참가하지 않음

　(3) 참여(involvement) : 헌신(commitment)의 결과로서, 인습사회 활동에 시간적으로 얼마나 실제로 참여하고 있는가의 정도

　(4) 신념(belief) : 법 또는 사회규범을 받아들이는 정도

7) 중화 이론 (Techniques of Neutralization Theory)

(1) 맛차와 사이크스는 비행청소년도 비행이 나쁘다는 것은 알고 있지만 비행을 정당화하는 구실을 찾으므로 비행을 저지르게 된다고 하였다.

(2) 비행청소년들이 비행을 정당화하는 유형에는 다른 것에 원인을 돌리는 책임의 부정, 피해자의 과실과 책임을 탓하는 피해자 부정, 비행을 비난하는 사람들은 더 비난받을 행동을 한다고 주장하는 비난자 비난, 자기 소속 집단에 대한 의리와 충성심의 강조 등이 있다.

범죄학에서의 중화이론 – 맛차(David Matza)와 사이크스(Gresham Sykes) 이론

비행청소년도 합법적이고 바람직한 규범을 알고 있음에도, 위법행위에 대한 정당화 기술을 통해 준법의식을 마비시키고 위법행위를 하게 되는데, 그럴 때 동원되는 다섯 가지 방식의 자기 정당화를 설명한다.

1) 자기 책임 부정

   범죄를 저지르려는 마음은 없었는데, 주위환경 때문에 어쩔 수 없이 범죄를 저질렀기 때문에 자기 잘못이 아니라는 주장이다.

2) 가해 부정

   어느 누구에게도 손해를 입히지 않았다는 주장이다. 예를 들면 기물 파괴는 장난이고, 자동차 절도행위는 빌린 행위이며, 불량집단 간의 싸움은 사적인 다툼일 뿐이고, 방화로 소실된 물건은 보험회사에서 보상해 주므로 자신의 행위는 어떠한 피해도 야기하지 않았다는 변명이다.

3) 피해자 부정

   나쁜 것은 오히려 피해자 쪽이라는 주장이다. 침해는 피해자가 응당 받아야 할 피해라는 식이다. 예를 들면 피해자가 범죄를 자초했다고 여기거나 유혹했다고 변명하거나 상대가 나쁜 놈이라서 맞았다고 주장한다.

4) 비난자(예 통제기관) 비난 ≠ 비난자 부정

   사회통제기관을 부패한 자들로 규정하여 자기를 심판할 자격이 없다고 함으로써 범죄행동을 정당화한다.

5) 고도의 충성심 호소

   패거리에 대한 충성심 때문에 범죄를 저질렀다고 주장한다.

⊘ 보충

비행청소년의 심리적 특성

1) 비행청소년들은 자기에 대한 만족 및 수용 정도가 낮아 자신이 못나고 열등하며, 쓸모없고 사랑받을 만한 존재가 아니라고 느끼고 자신의 가정에 대한 만족도가 낮다.

2) 자신의 감정이나 욕구를 충분히 경험하거나 조절하는 데 어려움이 있다. 이는 비행청소년들의 과잉활동성(hyperactivity)과 관련이 있는 데 멍하니 있거나 쉴 틈 없이 움직이는 행동 경향이다.

3) 비행청소년의 많은 경우가 삶의 초기에 부모와의 관계에서 거부, 학대, 상실의 경험이 있어 타인과의 의미 있는 관계를 맺는 것을 힘들어 한다. 타인의 배려와 양육을 불신하고 자신과 비슷한 또래 청소년들에게 의지하려고 한다.

4) 비행청소년들의 공통적인 행동 특징은 충동적이고 주의가 산만하고, 자주 움직이며, 쉽게 흥분하고, 적은 자극에 예민하게 반응하는 경향이 있다.

5) 타인의 권리와 감정을 공감하지 못하거나 무시하여 죄의식을 발달시키지 않는다.

6) 삶이나 미래에 대한 장기적인 계획이나 목표를 수립하는 장기적인 조망 능력이 부족하며 대체로 가치관의 혼란을 경험하고 있다.

7) 비행집단은 일반집단에 비해 더 많은 문제를 겪거나 스트레스를 경험하지만 이에 비해 스트레스 대처능력이나 문제해결 능력은 떨어진다.

8) 지속적인 좌절 경험으로 인해 대체로 부정적 자아 개념과 자아존중감이 낮다.

9) 비행청소년들은 인지 능력 특히, 지능과 도덕성의 발달에 장애가 있다.

2차 비행 – 낙인이론 (1차 비행은 범죄)

1) 낙인이론(labeling theory)의 의의

일탈을 생산하는 것은 곧 낙인이라는 이론이다. 베커에 따르면 규칙위반 행위와 일탈은 다르다. 규칙을 위반한 사람일지라도 사회적으로 인식되거나 낙인찍히지 않으면 일탈자가 되지 않으며, 규칙을 위반하지 않았을지라도 일탈자로 낙인찍힐 수가 있다. 따라서 이러한 관점에서 보면 일탈이란 한 사람의 행위에 대한 타인의 반응의 결과이므로, 규칙위반 행위가 일탈로서 성립하려면 사회적 반응 혹은 낙인이 필수요건이므로 일탈을 생산하는 것은 곧 낙인이라고 볼 수 있다는 것이다.

2) 낙인이론의 연혁

낙인이론(라벨링 이론)은 일반적으로 1938년 역사학자 탄넨바움(Tannenbaum)의 생각에서 비롯된 것으로 알려져 있다. 현대의 낙인이론은 1951년 리머트(Lemert)가 제1차적 일탈과 제2차적 일탈을 구별하여 제2차적 일탈의 분석에 중점을 두어야한다는 견해를 제시함으로써 시작되었다고 한다. 게다가 1963년 베커(Becker)의 주장이 등장한 후 1960년대부터 1970년대의 초에 걸쳐 많은 사회학자에 의해 채용되었고 북유럽을 위시하여 독일, 오스트리아, 스위스 등에서 주목을 받고 있다.

제2절 | 학교 부적응 · 학업중단

1 학교 부적응의 문제

1) 개념

학교 부적응이란 학교생활의 적응과정에 있어서 욕구불만이나 갈등이 심하여 이로 인한 긴장을 해소하기 위해서 학교생활에서 이탈하려는 행위이다.

2) 학교 부적응 청소년들의 행동특성

(1) 퇴행적 행동

평소에 말이 없고 지나치게 수줍어하며 친구가 없다.

(2) 공격적 행동

이기적이고 난폭하여 싸움이 잦고 파괴적인 행동을 예사로 한다.

(3) 미성숙 행동

주의가 산만하고 환경적 요구에 대처하는 능력이 부족하여 단체생활에 잘 적응하지 못한다.

(4) 방어적 행동

거짓말을 자주 하며 실패나 비판을 두려워하며 매사에 소극적이다.

(5) 신체적 징후

어렵고 힘든 일을 당하면 어쩔 줄 몰라 하며 손톱을 깨물거나 말을 더듬으며 두통이나 복통 등 신체적 증상을 호소한다.

3) 학교 부적응의 요인

(1) 개인적 요인

① **신체장애** : 지체 부자유, 시각장애, 청각장애, 음성 또는 언어기능장애 등
② **지적 능력 결핍** : 정신지체(지적장애) 등
③ **정서적 문제** : 높은 자기기대, 낮은 자아 존중감, 낮은 대인관계 신뢰 등
④ **사회화 문제** : 대인관계의 어려움 등

(2) 가정적 요인

① **결손가정** : 가정에 대한 불만, 애정 결핍, 부모의 무관심, 가족과 미래에 대한 부정적 태도 등

② **빈곤가정** : 부모의 무기력, 생활의 무질서 등

③ **위기가족** : 가족 간의 감정, 이해, 가치관 등 심리적 갈등과 인간관계 결여 등

④ **부적절한 양육태도** : 거부적이고 일관성이 없는 양육태도 등

⑤ 가족과의 공유시간의 부족과 가정교육 기능의 약화

(3) 학교적 요인

① **부적절한 교육제도** : 입시위주의 교육제도, 과도한 경쟁, 인성교육의 무시 등

② **교과과정의 문제** : 획일적 교육 등

③ **교사의 부정적인 영향** : 교사와 학생 간의 갈등적인 관계 등

④ **교우의 부정적인 영향** : 불량적인 또래친구나 단체 등

(4) 지역사회적 요인

① **가치관의 혼란** : 사회구조의 급격한 변화로 인한 가치관의 혼란

② **비교육적 환경** : 전자오락실, 만화방, 전화방, 심야극장, 러브호텔 등

③ **사회계층 간의 갈등** : 하류층 청소년들의 상대적 박탈감과 비행 하위문화

④ 유해한 대중매체

4) 학교 부적응에 대한 대책

(1) 가정

① 부모는 자녀에게 학교가 중요하다는 신념을 전달하고 학교 교육에 있어서의 책임감과 협력관계가 필요하다.

② 왜 청소년이 학교에 가지 않으려고 하는지 이해하려고 하고 처방과 방향을 제시하여야 하며 학교에 출석할 수 있도록 동기를 제공하는 보상을 준다.

(2) 학교

① 학생을 중심으로 하는 학교를 위하여 특별활동을 강화하고 평가체제를 다원화한다.

② 학생과 교사 사이의 바람직한 역할 정립이 필요하다.

③ 또래친구들과의 바람직한 교우관계를 유지하도록 기회를 확장한다.

④ 학교 내의 여러 가지 문제점을 해결하기 위한 교육상담의 기능을 확대한다.

(3) 사회

청소년을 사회의 당당한 구성원으로 인정하고 자신을 발산하고 표현할 수 있는 시간적, 공간적 기회를 제공해 준다.

2 학업중단

1) 개념

중퇴 혹은 중도탈락과 유사한 뜻으로 사용되며, 정규학교를 다니다가 비행, 질병, 가사, 기타의 이유로 학교를 졸업하기 전에 학업을 중단하는 것을 의미한다.

2) 학업중단의 원인

(1) 개인적 요인

낮은 자아존중감, 장기 조망능력 부족 및 학업흥미나 학업성적 저하, 공격적 성향, 질병, 낮은 지능 등

(2) 가정환경적 요인

바람직하지 않은 부모의 양육태도, 부모-자녀 갈등이나 부부갈등, 경제적 빈곤, 결손가정, 부모의 빈약한 교육지원 등

(3) 학교요인

학업 동기나 흥미의 부족, 학교활동에 대한 비(非) 참여, 장기 무단결석, 학교에 대한 소속감 부족, 성적 저하, 징계경험, 비행경험 또는 처벌경험이 있는 친구와의 교제

3) 학업중단 관련문제

(1) 인적 요인보다 학교, 사회요인 등 환경적 요인이 크게 작용한다.
(2) 문제아 또는 실패자라는 사회적 낙인으로 소외감과 좌절감을 경험하고, 이는 결과적으로 비행이나 범죄로 연결될 가능성이 높다.
(3) 비행문화로의 유입은 복교나 취업을 위한 준비활동 등 건전한 사회복귀를 더욱 어렵게 한다.
(4) 학업을 중단한 청소년은 주로 아르바이트 등을 하게 되어, 취업 상 지위가 일반적으로 매우 불안정하고 불리한 조건에 있게 된다.

4) 학업중단 정책대안

(1) 종합적이고 지속적인 지원이 가능한 정책적 접근이 필요하다.
(2) 학교 밖 지역사회에서도 청소년을 종합 관리하는 기구를 구성한다.
(3) 학력인정기반 프로그램을 마련한다.
(4) 직업훈련 프로그램을 확대한다.

제3절 | 폭력 · 자살 · 가출

1 폭력

1) 청소년 폭력

(1) 청소년 폭력은 친구나 선배, 불량배 등을 통해 이루어지는 악성폭력의 형태가 많으며 그 밖에도 부모나 교사의 체벌도 상당부분을 차지하고 있다

(2) 청소년 폭력을 비롯한 범죄가 저연령화되고 있다.

(3) 청소년 폭력이 더욱 잔인하고 비인간적인 방법으로 이루어지고 있다.

(4) 청소년 폭력의 가해자는 다양한 얼굴을 지니고 있다.

(5) 피해 학생의 경우 그 사실을 부모나 선생님에게 잘 알리지 않는다.

2) 집단 괴롭힘

(1) 집단 괴롭힘의 의미

주로 학교 장면에서 일어나는 학교폭력의 일종으로, '한 명 이상의 학생이 약한 입장에 있는 학생을 지속적으로 고립시키고 괴롭히는 것'을 말한다.

(2) 집단 괴롭힘의 원인과 대책

① 집단 괴롭힘은 초등학교에서부터 중학교, 고등학교, 대학이나 직장생활에서까지 광범위하게 발생하고 있다.

② 집단 괴롭힘은 남학생보다 여학생에게 더 보편적이다(중학교와 고등학교에서 두드러짐).

③ 청소년기 집단 괴롭힘의 가해와 피해행동을 유발하는 중요한 원인 가운데 하나는 이들 청소년들이 다양한 상황에서 더 많은 폭력장면을 목격해 왔기 때문이다.

④ 집단 괴롭힘은 청소년들의 집단 동조압력에서 비롯된다.

⑤ 입시위주의 교육과 경쟁적 풍토를 조장하고 있는 학교환경이 청소년들에게 강력한 스트레스를 주게 되며 이것이 집단 괴롭힘을 가속화시킨다고 할 수 있다.

⑥ 대책

ㄱ. 집단 괴롭힘이 어느 한 가지 원인만으로 발생하는 것이 아닌 만큼 대책 역시 가장 이상적인 어떤 한 가지 방안만을 제시할 수는 없다.

ㄴ. 청소년 초기의 인지적 성숙을 촉진시키고 스트레스 대처전략을 개선하도록 지도하며 사회적 기술과 대인협상 전략의 발달을 촉진시키고 사회적 지지 체계를 강화하며 부모와의 안정적인 애착관계를 유지 발전시키고 청소년 개인의 자기 존중감을 향상시킬 수 있는 방법을 종합적으로 마련해야 한다.

교사가 파악할 수 있는 학교폭력의 징후[2]

1) 갑자기 옷이 지저분하거나 단추가 떨어지고 구겨져 있다.

2) 안색이 좋지 않거나 평소보다 기운이 없다.

3) 친구가 시키는 대로 그대로 따른다.

4) 항상 힘겨루기 대상이 되고 패자가 된다.

5) 발표를 하거나 무슨 일을 할 때 전에 없이 자주 흠칫거린다.

6) 친구 심부름을 하는 경우가 많아진다.

7) 혼자 지내는 모습이 두드러지게 많아진다.

8) 험담을 들어도 발발하지 않는다.

9) 몸이 아프다며 결석과 양호실 출입이 잦다.

10) 성적이 갑자기 떨어지고 이유를 잘 말하지 않는다.

2 우울과 자살

1) 청소년의 내적 문제행동

(1) 내적 문제행동의 의미

비행, 행동장애, 반사회적 행동은 문제를 행동화하기 때문에 외향적인 것으로 간주되는 반면, 우울, 자살, 섭식 장애와 같은 문제들인 정신적인 장애는 문제가 내적으로 지향된다는 점에서 내향적인 성격을 지니고 있다.

(2) 우울

'우울한 기분'은 청소년기 동안 슬픔의 공통된 감정으로 간주되며 이러한 감정은 주로 일시적이다. 반면, '임상적 우울'은 일상생활의 다양한 측면에서 기능하는 개인의 능력에 실질적인 영향을 미치는 것으로 부정적 감정과 태도가 더욱 크고 더욱 지속적인 상태를 의미한다.

① 청소년기 우울증의 특징

ㄱ. 지속적으로 슬픈 감정을 보이며 이전에 좋아하던 활동을 하지 않으며 활동 자체가 감소되어 있으며 화를 잘 내고 두통이나 복통과 같은 신체적 증상을 자주 호소하며 학교를 자주 결석하거나 성적이 저조하고 숙제를 하지 않는 경향이 많으며 권태감이나 낮은 활동력 및 낮은 주의집중을 보이며 식사나 수면 패턴의 변화를 보인다.

ㄴ. 친구들과 같이 어울리는 시간이 줄어들어 혼자 지내거나 친구들과의 놀이에 흥미를 잃는 경우가 많으며 죽고 싶다는 말을 하거나 자살에 대해서 이야기한다.

② 성차

ㄱ. 여자 청소년은 남자 청소년보다 우울한 기분이 더 많이 나타나고 있다.

ㄴ. 여자 청소년에서 많이 나타나는 이유

---

2) 출처 : http://cafe.daum.net/ahagsam

가. 호르몬 원인론

나. 청소년 초기의 '사회적 변화' - 사춘기적 변화와 관련된 사회적 변화는 초기 여자 청소년들로 하여금 좁게 규정된 성 고정관념의 방식으로 자신을 표현하고 처신하도록 압력을 가함으로써 여자들을 사회적 변화에 매우 취약하게 만들 수 있다.

다. 여자 청소년들의 '신체에 대한 불만족'

라. 중다 스트레스 요인 인자들

마. 스트레스에 대한 반응의 '내재화' 경향

③ 치료 및 예방

ㄱ. 청소년의 우울증 예방 방법은 스트레스 상황에 대처할 수 있는 능력을 증진시키고 문제해결 능력이나 생활기술을 가르치도록 계획된 프로그램이 효과적이다.

ㄴ. 기본적으로 모든 청소년들이 적어도 우울한 정서 상태를 경험할 수도 있다는 가정에 기초하여 전체 청소년에 대하여 예방 서비스를 제공하여야 한다.

ㄷ. 우울증으로 진단된 부모의 자녀들이 우울증을 보이는 경향이 높으므로 이들에 대한 예방 프로그램이 동시에 제공되어야 한다.

ㄹ. 부모의 우울을 이해하고 대처하는 데 필요한 정보를 가족구성원들에게 제공하는 것도 바람직하다.

(3) 청소년의 사회적 문제행동 중 자살

- 일반적으로 자살행동은 자살생각, 자살시도, 자살로 구분된다.

- 자살생각은 우리가 살아가면서 누구나 한 번쯤 일시적으로 갖게 되는 것으로 '인생이 가치 없다.' 또는 '죽고 싶다.'는 생각과 같은 보편적인 현상에서부터 자신이 정말 죽으려고 구체적인 계획을 세우는 것까지 포함한다.

- 자살시도는 정말 죽으려는 의도를 가지지 않고 자살행동을 통해 다른 목적(예 타인의 관심을 끌거나 다른 사람에 대한 위협 수단)을 달성하려는 것에서부터 죽으려고 하였으나 다른 사람의 개입으로 인해 결과적으로 그 목적을 달성하지 못한 경우까지 매우 다양하다.

① 성차

ㄱ. 청소년 여자들은 남자보다 자살 시도율이 3배나 더 많다.

ㄴ. 완전한 자살은 남자가 여자보다 자살 성공 가능성이 4배 더 많다.

② 위험요소

ㄱ. 생활 스트레스 인자 - 자살시도 집단은 다른 청소년들보다 주요 우울증으로 진단될 가능성이 18배나 더 많았다.

ㄴ. 사회적 위험요소 - 자살시도자의 가족들은 다른 청소년들의 가족보다 종종 비조직화되어 있고 응집성이 결여되어 있으며 갈등이 더 높았다.

③ 치료와 예방

ㄱ. 자살에 대해 말하는 청소년과 이전에 자살을 시도한 청소년들은 매우 심각하게 취급될 필요가 있으며 그들이 재빨리 도움을 얻을 수 있도록 해 주어야 한다.

ㄴ. 자살각성 프로그램인 '다시 생각하기' 운영과 학교 구역들과 지역사회가 친구의 자살 이후에 청소년들에 대한 정서적 지원을 제공해 줄 필요가 있다.

청소년 자살에 대한 이해[3]

1) 청소년 자살의 특성

발달 단계적 특성상 자살 시도율이 높은 시기이다.	• 전두엽 발달이 완전하지 못하여 종합적 사고가 어려운 시기 • 신체적, 정서적 많은 변화로 인한 격동의 시기 • 지적변화로 기존의 가치나 규범에 도전하는 시기 • 자아정체성이 확립되지 않은 정체성 혼란의 시기 • 학교생활과 학업 스트레스가 많은 시기
계획적인 경우보다 충동적인 경우가 많다.	• 무가치하다고 생각될 때 충동적으로 선택 • 부모나 주변 어른들의 잔소리가 싫어질 때 충동적으로 선택 • 여러 사람 앞에서 비난이나 꾸중을 들을 때 충동적으로 선택
자기 나름대로의 분명한 자살동기를 갖는다.	• 자살을 준비하던 중 "나가 죽어라"라는 말이 방아쇠가 되어 바로 시도 • 고통의 끝이나 문제해결의 대안으로 선택 • 분명한 이유를 만들어 합리화하는 경향 • 남을 조정하거나 보복하려는 동기로 선택
동반자살 및 모방 자살 가능성이 있다.	• 피암시성이 강함 • 자살사이트를 통한 관심 • 연예인이나 추종자의 죽음으로 연쇄 자살
죽음에 대한 환상을 갖고 있다.	• 판타지 소설류나 인터넷 게임의 영향 • 대중매체가 전하는 자살소식을 여과장치 없이 받아들임 • 죽음을 문제해결방법으로 잘못 생각

2) 자살징후 및 관련 요인

  (1) 자살징후

    자살징후는 언어적, 행동적, 상징적 표현 등이 다양하게 나타난다. 따라서 여러 가지 단서에 대해 미리 알고 이를 세심하게 관찰하여 대처하는 것이 중요하다. 만약 작은 징후라도 발견되면 학부모에게 알리고 필요한 경우 전문가의 도움을 받도록 안내하고 학생과 가족과의 상담내용을 기록해 둔다.

  (2) 자살 위험요인

    위험요인이란 개인을 둘러싸고 있는 내·외적 환경이나 개인의 특성 중 부정적인 영향을 미치는 요인을 말한다.

    ① 위험요인을 가진 취약한 학생은 자살 위험이 낮다가도 갑자기 높아질 수 있다.

    ② 자살경고 징후에 관한 완벽한 리스트는 없다.

    ③ 자살은 항상 다차원적이다.

    ④ 만약 위험요인을 줄일 수 있다면 자살위험성을 줄일 수 있다.

  (3) 자살 보호요인 - 보호요인이 많을수록 자살의 위험은 줄어들 수 있다.

    보호요인이란 개인의 발달에 부정적인 영향을 감소시키고 개인의 위험요인을 감소시킬 수 있도록 도와주는 요인을 말한다.

    ① 주어진 상황에서 오는 자극과 스트레스를 잘 견디고 해결해 나갈 수 있는 능력을 기르는 것이 중요하다.

    ② 가족 간에 긍정적인 가치관을 가지고 서로를 지지하는 분위기를 만드는 것이 가장 중요하다.

---

3) 청소년상담사 연수자료 중에서

③ 교사의 지지와 허용이 가장 중요하며, 위험을 감지하고 처리할 수 있는 관리체계 구축이 필요하다.

④ 위험에 처해 있는 청소년들에게 구조적으로 도움을 줄 수 있는 사회지지 기관과 제반 법률들이 구성되어야 한다.

📁 실력다지기

자살

자살 경고적 징후

1) 타인에게 자살할 것이라고 위협을 하거나 죽고 싶다는 말을 자주 하는 것

2) 죽음에 대해 지나치게 생각하거나 몰두하는 것

3) 충동적으로 행동하는 것

4) 지속적인 슬픔을 느끼거나 가족 상실로 인한 슬픔이 지속되는 것

5) 친구 또는 좋아하는 활동을 포기하는 것

6) 학교 성적이 갑작스럽게 떨어지는 것

7) 섭식 또는 수면습관이 급작스럽게 변하는 것

8) 심각한 죄의식과 수치감을 갖는 것

9) 자신의 가치에 대해 회의감을 갖는 것

10) 약물을 남용하는 것

11) 자살을 시도하는 것

12) 아끼는 물건을 다른 사람에게 주거나 버리는 행위 등

에밀 뒤르켐의 자살론[4] - 뒤르켐이 제시한 자살의 종류 4가지

자살이란 뒤르켐(E. Durkheim)의 정의에 의하면 "희생자 자신이 행한 적극적 또는 소극적 행위가 그러한 결과를 가져오도록 노력한 것으로부터 직접 또는 간접적으로 발생한 모든 경우의 죽음"이라고 할 수 있다(민문홍, 2001).

1) 4가지의 자살은 이기적 자살, 이타적 자살, 숙명론적 자살, 아노미적 자살이다.

2) 이기적 자살

  (1) 대가족 사회가 붕괴되고 규범과 질서를 배울 수 있는 큰 어른의 존재가 없어지면서 개인은 자신이 옳지 않은 방향으로 행동하려는 데에 대한 방어막을 잃게 되어 행해지는 자살이다.

  (2) 사회의 통합하는 힘이 약해서 개인주의가 팽배함으로 생겨나는 것이 '이기적 자살'이며 자신이 속해 있는 집단(예를 들면, 가족)에 대한 책임성과 의존성을 포기하고 자신의 이기적인 생각만 하게 만드는 사회 분위기가 문제이다.

3) 이타적 자살

  (1) 이기적 자살의 반대로서, 이는 자신보다 사회와 공동체에 큰 비중을 두게 되면서 극단적으로는 자신의 목숨까지 끊게 되는 것을 말하며 다른 사람의 목숨을 살리기 위해 자신을 기꺼이 희생하는 것이다.

  (2) 사회의 통합하는 힘이 너무 강할 때 하게 되는 것이 '이타적 자살'이며 집단에 대한 충성심이 강해서 집단의 이익이나 명예를 위해 기꺼이 목숨을 버리는 경우가 이에 해당한다.

  (3) 노쇠, 질병 등에 당면했을 때의 남자들의 자살, 남편의 죽음을 당한 여자의 자살, 족장의 죽음에 있어 추종자들과 시종들의 자살도 사례가 될 수 있다.

---

4) 에밀 뒤르켐의 자살 이야기 중에서

4) 숙명론적 자살
  (1) 사회가 더 이상 자신의 뜻대로 돌아가지 않으리라는 것을 깨닫고, 그 결과로써 나타나는 자살이다.
  (2) 사회의 규제하는 힘이 너무 강할 때 생겨나는 것이 '숙명적 자살'이며 이것은 사회가 개인의 자유를 심하게 통제할 경우 이것을 견디지 못하고 하게 되는 자살 유형이다.
  (3) 노비 또는 노예의 자살을 사례로 들 수 있다.
5) 아노미적 자살
  (1) 사회의 혼란과 연관된 개념으로 이 때 아노미에 대해서 먼저 정의내릴 필요가 있는데, 이는 인간의 행동을 규제해 줄 사회의 규범 또는 가치관이 혼란스러운 상태를 말한다.
  (2) 아노미적 자살은 개인이 뒤따를만한 규범이 혼란스러운 아노미 시대에 돌입하면서 행동의 옳고 그름을 제대로 판단하지 못해서 발생한다.
  (3) 즉, 사회의 규제가 너무 약할 때 생겨나는 것이 '아노미적 자살'이며 정당한 수단이나 방법, 그리고 법과 규범이 무시되는 혼란스러운 사회상황에서 하게 되는 자살이다.
  (4) 뒤르켐은 특히 경제와 관련해서 아노미현상이 일어나기 쉽다고 생각하였으며 경기침체가 발생하거나 심각한 대규모 실업사태가 생겼을 때 자살률이 급격히 높아지는 상태, 또는 경기가 호황일 때에도 급격히 높아진 사람들의 기대와 욕구에 현실이 미치지 못하면서 발생하는 자살률의 증가가 그 예가 된다.
  (5) 입시의 과중한 부담을 이겨내지 못하고 죽어가는 고3 수험생들의 자살도 여기에 해당한다.

3 가출

1) 청소년 가출의 원인

(1) 정신병리학적 이론가의 입장

가출이 쾌락적 충동의 통제 부족, 신경증, 해소되지 않은 오이디푸스 콤플렉스, 심한 자기애적 인격장애, 낮은 자아개념 등에 의해 발생하는 개인적 정서장애의 한 형태라고 주장한다.

(2) 맥락주의적 이론가의 입장

심각한 정서장애나 가족병리가 없는 다수의 청소년도 가출을 한다는 사실에 주목하고 가출은 가정의 해체나 갈등, 부모의 학대, 학교나 또래집단의 압력, 사회 유해환경으로부터의 유혹 등이 복합적으로 상호작용해서 발생된다.

(3) 가출유형을 통해 가출의 동기를 밝히고자 한 접근

Roberts(1982)는 가출유형을 세 가지로 정리하였다.
① 참을 수 없는 가족상황에서 벗어난 사람
② 모험을 추구하는 사람
③ 학교문제가 있는 사람

기출문제 확인학습

가출의 유형

1) 가출 인원 기준

　(1) 개인적인 가출: 한 명의 청소년이 홀로 감행

　(2) 집단적인 가출: 여러 명의 청소년이 공동으로 감행

　(3) 연쇄적인 가출: 먼저 가출한 청소년이 다른 청소년을 끌어들이면서 발생

　(4) 재가출: 가정으로 복귀했던 청소년이 다시 집을 나가는 경우

2) 가출의 결과 또는 의도 기준

　(1) 시위성 가출: 가족의 관심을 끌거나 자신의 주장을 표명하기 위해 일어나는 가출

　(2) 도피성 가출: 불만족스러운 가정환경으로부터 탈출하기 위해 집을 떠나는 것

　(3) 축출성(추방성) 가출: 청소년이 가정으로부터 버림받거나 쫓겨난 경우

3) 준비 정도 기준

　(1) 충동적 가출: 즉흥적으로 이루어진 경우

　(2) 계획적 가출: 준비를 해서 집을 나간 경우

4) 횟수 기준

　(1) 일과성 가출: 가출이 일회에 그치는 경우

　(2) 만성 가출: 반복해서 이루어지는 경우

5) 기타

　(1) 유희성 가출은 친구들과 어울려 놀고 싶은 충동에 의해 가출

　(2) 방랑성 가출은 밖에서 생활하는 것이 좋아 떠돌면서 사는 것

　(3) 생존형 가출은 가족으로부터 신체적·심리적·정신적 학대를 받고 생존을 위해 도망쳐 나온 유형

2) 가출 청소년(가정밖 청소년)에 대한 지도대책

(1) 청소년이 가출을 문제해결의 수단으로 선택하지 않도록 하기 위해서 청소년의 문제해결 선택과정을 조력하기 위한 합리적인 지도대책이 마련되어야 한다.

(2) 가출 예방을 위한 대책으로 개인의 생물학적 특성과 사회 문화적 환경요인을 개선하는 일도 중요하다.

(3) 위험행동 선택의 중개 변인으로 작용하는 가출에 대한 지식, 관리기술 또는 대인협상 전략, 가출에 대한 개인적 신념 등을 개선 또는 강화시킬 수 있는 방안을 마련해야 한다.

(4) 관리기술을 발달시킴으로써 부모, 교사, 친구들과의 보다 원만하고 생산적인 관계 형성을 촉진시킬 수 있도록 한다.

(5) 가족의 강점을 개발하고 가족 의사소통과 갈등관리 방법을 향상시키고 가족을 위한 시간을 만들며 가족 응집성을 증가시키고 가족 역할 기대와 융통성을 향상시키고 부모에게 청소년기를 이해하고 이에 대처할 수 있는 기술을 향상시키도록 도와주는 프로그램을 개발한다.

청소년 귀가 후 대처방법

1) 편안하게 맞이하기
  (1) 마음 준비하기 : 가출했던 자녀가 집으로 들어오면 부모는 여러 마음이 교차하는데, 반갑기도 하고 원망스러운 마음이 들기도 하지만 이러한 마음을 접어두고 중요하게 생각해야 할 것은 돌아온 아이를 편안하게 맞이하는 것이다.
  (2) 따뜻하게 받아들이기 : 자녀를 따뜻하고 진정으로 반기는 마음으로 안아주거나 등을 쓰다듬거나 손을 꼭 잡아준다.
  (3) 반겨주는 말 표현하기 : 자녀에게 애정 어린 말을 한다.
2) 정서적으로 안정을 찾을 수 있도록 돕기
  (1) 신체적 상태를 관심 있게 살피기 : 잘 먹이고, 쌓였던 피곤을 풀 수 있도록 목욕을 시키거나 충분히 자게 하고 다친 곳은 없는지 세심하게 살펴본다.
  (2) 안정된 시간 갖기 : 서로의 감정을 가라앉히기 위해서는 어느 정도 안정할 시간이 필요하며 이때 가출한 동안 있었던 일과 이유에 대해 다그쳐 묻거나 아이의 눈치를 보면서 어쩔 줄 몰라 하면 서로 간의 긴장을 더 높이게 된다.
3) 가출하게 된 자녀의 밑 마음 알아보기
  부모 자신의 놀란 마음을 전달하거나, 자녀를 교육, 설득하기에 앞서 자녀가 왜 집을 나갔는지에 대한 밑 마음을 이해하고 적절한 대처방안을 찾아야 한다.
4) 부모의 기대를 분명히 전달하기
  가출에 대한 부모의 의견을 분명히 이야기하고 부모 자신이 가정 내 변화를 위해 어떤 노력을 할 것인지를 약속하며 가출만 하지 않으면 무엇이든 다 해주겠다는 태도를 절대 보여서는 안 된다.
5) 새로운 계약 맺기와 힘 북돋아주기
  가출하지 말자는 새로운 계약과 가출에 대처할 수 있는 방법들을 같이 정한다.
6) 가출 자녀를 둔 부모의 감정 읽기
  (1) 부모는 자녀의 가출 사실을 다른 사람들에게 비밀로 하는 경우가 많고, 상황을 수습하느라 자신의 감정을 정리할 경황이 없다.
  (2) 불안, 두려움 : 자녀에게 무슨 나쁜 일이 일어나지 않을까 하는 불안과 걱정이 크다.
  (3) 실망, 분노, 배신감 : 어쩌면 이렇게 부모 속을 썩일 수 있나 생각하며, 아이에 대해 몹시 화가 나고 실망하고 배신감을 느낀다.
  (4) 당혹감, 무력감, 좌절감 : 아이의 돌출 행동에 대해 당혹스럽고, 자녀교육에 실패했다는 생각에 무력감과 좌절감을 느끼게 된다.
  (5) 슬픔, 우울, 수치심 : 시간이 지나면서 실망과 분노, 좌절감이 수치심과 슬픔, 우울한 감정으로 변하게 된다.
  (6) 부모들의 감정들이 충분히 정리되지 않을 때 부모는 우울증이나 무기력증에 빠질 수 있고, 자녀가 귀가했을 때 감정적으로 퍼부을 가능성이 높다.

미혼모 발생 원인

1) 성과 피임에 대한 지식 부족
2) 충동, 강간, 설득 등 준비되지 않은 성관계 증가
3) 미혼부에 대한 도덕적, 제도적 제재 미비
4) 가출의 증가와 성경험의 저연령화
5) 임신 중절 기회상실 및 임신 중절에 대한 죄의식
6) 가족해체와 가족 기능의 퇴색 등으로 생활규범 문란

성폭력을 당한 학생의 징후[5]

1) 신체적 손상, 비뇨기와 관련된 질병이나 두통, 위장장애와 같은 신체적 질병의 징후

2) 평소와 다르게 까다롭거나 갑작스러운 극도의 수줍음

3) 안정감 상실과 정상적인 시간표에 부적응이 생기며 학교생활에 변화가 옴

4) 음식을 거부하거나, 선호하는 오락, 텔레비전 프로그램, 활동 등을 즐기지 못함

5) 낯선 사람에 대한 지나친 공포, 어둠에 대한 갑작스런 공포

6) 잠들기 어렵거나 악몽에 시달림

7) 생식기를 자주 씻음

8) 고민이 있는 것처럼 보이며 불안해하고 잦은 분노감정의 폭발

9) 우울, 자살 경향, 술이나 약물 중독, 가출 등

📁 기출문제 확인학습

청소년 자살의 특징

1) 모방자살이 많다.

2) 학교생활과 관련된 자살이 많다.

3) 친구와의 동일시로 인한 집단자살이 많다.

4) 자살은 계획적인 경우보다 충동적인 경우가 많으며 무가치하다고 생각될 때, 부모나 주변 어른들의 잔소리가 싫어질 때, 여러 사람 앞에서 비난이나 꾸중을 들을 때 충동적으로 자살을 선택한다.

5) 가정불화를 자신 탓으로 생각하는 죄책감으로 인한 자살이 많다.

6) 청소년 여자들은 남자보다 자살 시도율이 3배나 더 많다.

7) 완전한 자살은 남자가 여자보다 자살 성공 가능성이 4배나 더 많다.

---

5) 모학교의 가정 통신문 중에서

제4절 | 중독(약물 · 인터넷 · 게임 등)

1 약물 등의 중독

1) 모든 청소년들이 약물사용으로 인한 심각한 합병증의 위험에 처해 있는 것은 아니다.
2) 일부 청소년들의 경우 청소년기에 약물사용은 실험적이고 순간적이며 일시적인 경험이다.
3) 위험은 약물사용이 다른 문제행동을 발생시킬 수 있는 가능성에 있다.
4) 어떤 청소년들의 경우 약물사용은 무모한 운전, 성적 접촉의 증가, 성병의 위험, 약물사용과 관련된 임신과 태아 합병증, 학교생활의 어려움 또는 실패와 관련되어 있다.

(1) 청소년 약물사용의 원인

청소년 약물사용의 원인은 매우 다양하고 복잡한 양상을 나타낸다.

① 유전적 요인

알코올중독이나 약물남용의 가족력에서 볼 때 유전적 요인이 자녀들의 약물사용이나 알코올사용에 관여한 다는 관점이다.

② 가족 환경적 요인

ㄱ. 가족의 구조와 기능은 청소년들의 약물시도, 사용, 남용에 대한 수용 가능성과 관련이 있다.

ㄴ. 부모나 손위 형제들이 약물남용을 해 온 가족에서 양육된 청소년들은 약물남용자가 될 확률이 높으며 가정 불화, 가족 붕괴, 부모의 거부적 태도, 부모의 이혼 등이 영향을 미친다.

③ 지역사회와 사회적 환경 요인

사회·경제적 상태가 낮거나 소외집단에 속한 사람들은 현실적이고 보상이 될 만한 대안이 없으며 합법적인 역할모델의 결핍 때문에 약물복용을 매력적으로 느끼고 보다 쉽게 선택하는 경향이 있는 것으로 보고되고 있다.

④ 동료와 매스컴 요인

청소년에게는 동료의 압력이나 영향이 약물사용의 시작과 지속성에 중요한 영향을 미치며 최근에는 매스 컴의 영향력도 매우 크게 작용한다.

⑤ 심리학적 및 정신 역동적 요인

ㄱ. 약물남용이나 의존이 어떤 인격적 요인이나 정신역동적 요인에 의해 초래된다.

ㄴ. 정신역동학에서는 약물남용이 자아병리(ego pathology)와 관련이 있음을 시사하고 있다.

(2) 약물의 치료 및 예방

① 집단요법, 인지 – 행동 요법, 단기정신치료, 가족치료 등이 약물중독자에게 필요하다.
② 치료의 초기 동안에는 치료적 관계형성을 확립하기 위해 관심 있는 태도와 지지적인 감정이입이 유용하다.
③ 약물 남용 문제에 대한 맞닥뜨림 방법도 제공될 수 있다.
④ 치료자의 위엄과 권위적 태도는 청소년 약물남용 환자의 치료에 중요한 장애 요인이 될 수 있다.

⑤ 치료자는 정신치료를 통하여 환자의 죄책감 및 실패감을 감소시켜 주며 매일의 활동계획과 대인관계 양상을 바람직한 방향으로 변화시켜 주어야 한다.

⑥ 약물남용 환자가 주로 사용하는 방어기제로는 부정, 투사, 합리화 등인데 이에 대해서는 직접 직면하지 말고 방어기제에 내재되어 있는 환자의 고통을 공감하고 강력한 지지와 희망을 갖도록 해 주어야 한다.

📂 **기출문제 확인학습**

청소년의 약물남용

1) 일단 약물을 남용하게 되면 성인보다 빠른 속도로 약물중독에 이르게 된다.

2) 장기적으로 볼 때 정신질환 등 각종 질환을 일으킬 수 있다.

3) 내성이 생김에 따라 사용하는 약물의 용량이 증가한다.

4) 낮은 자존감, 심리적 스트레스와 관련성이 높다.

5) 한 가지 약물에서 시작하여 여러 가지 약물을 복합적으로 남용하게 된다.

6) 모든 청소년들이 약물사용으로 인한 심각한 합병증의 위험에 처하는 것은 아니지만 일부 청소년들의 경우 청소년기 약물사용은 실험적이고 순간적이며 일시적인 경험이다.

7) 약물사용은 다른 문제행동을 발생시킬 수 있는 가능성이 있으며 청소년기 약물사용은 무모한 운전, 성적 접촉의 증가, 성병의 위험, 약물사용과 관련된 임신과 태아합병증, 학교생활의 어려움 또는 실패와 관련되어 있다.

8) 청소년 약물사용의 원인은 유전적 요인, 가족 환경적 요인, 지역사회와 사회적 환경 요인, 동료와 매스컴 요인, 심리학적 및 정신역동적 요인으로 다양하다.

약물중독(drug addiction), 약물남용(drug abuse), 약물의존(drug dependence), 물질남용(substance abuse)[6]

약물의 과다한 사용을 의미하는 전문용어들로서는 약물중독(drug addiction), 약물남용(drug abuse), 약물의존(drug dependence), 물질남용(substance abuse) 등이 있다.

1) 약물남용

일정기간 동안 의사의 처방 없이 자신의 정신적 쾌락을 추구하기 위해 약물을 사용하는 것을 의미한다.

2) 약물중독

(1) 아편이나 신경안정제 또는 알코올과 같은 약물에 대한 신체적인 반응을 지칭한다.

(2) 약물중독은 세 가지 차원을 갖는데 그것은 내성, 금단증상 및 습관화이다.

① 내성 해당 약물의 복용량을 증가시키고 싶어 하는 신체의 욕구를 의미한다.

② 금단증상

특정 약물의 사용이 여의치 않을 때 예측 가능한 신체적 반응을 의미한다.

③ 습관화

특정 약물에 대한 심리적 욕구를 의미한다.

(3) 약물중독은 이러한 세 가지 차원을 갖고 있는 상태를 지칭하는데, 때로는 약물의 사용으로 인한 통제력의 상실을 의미하기도 한다.

---

6) 출처 : 대한 임상건강증진학회 홈페이지

3) 약물의존

약물에 대한 신체적, 정신적 의존상태를 나타내는 용어로서 최근에는 약물남용이나 약물중독이란 용어대신 많이 사용되고 있다.

4) 물질남용

약물남용과 동의어로 사용되기도 하지만 약물이 아닌 화학물질(예를 들어 시너, 부탄가스 등)의 남용현상을 지칭할 때 적합한 용어이다.

기출 약물오용 : 약물을 의학적인 목적으로 사용하지만, 의사의 처방에 따르지 않고 임의로 사용하거나 처방된 약을 지시대로 사용하지 않는 것은 잘못 사용하는 개념

📁 기출문제 확인학습

중추신경 억제제 : 진정제로 중추신경을 억제시키며, 진통 효과가 있다.

1) 헤로인 : 모르핀을 아세틸화하여 만든 합성 물질이다.

2) 모르핀 : 아편에 들어있는 알칼로이드이다.

3) 바비트레이트산염 : 진정 및 항경련 효과가 있다.

4) 벤조다이아제핀 : 신경안정의 효과가 있다.

5) 알코올(술) : 의학적으로는 뇌나 척수의 활동을 저하시키는 억제제로 설명된다.

6) 덱스트로메토르판 : 대표적으로 러미라로 알려진 진해 거담제에 들어있는 아편계열 알칼로이드이다.

> **참고**
>
> 중추 신경 흥분제
>
> 1) 코카인, 암페타민(필로폰), 카페인(커피), 니코틴(담배) 등이 있다.
>
> 2) 이러한 약물은 신경계의 활동을 증가시키고 신체 작용을 활성화시키는 작용을 한다.
>
> 3) 그러나 이런 약물들을 조금씩 계속 복용하다보면 건강을 해칠 수도 있으며, 중독을 유발할 수 있다.
>
> 4) 코카인에 중독되면 도취 행복감, 폭력 행위, 구역질, 몸서리, 환각 등의 증상이 나타나게 된다.
>
> 5) 암페타민(필로폰)에 중독되면 부유감(들떠 있는 느낌), 불안, 폭력, 적대감, 심각한 편집병, 환각, 발한(식은땀) 등의 증상을 보이게 된다.
>
> 6) 이러한 약물을 갑자기 끊게 되면 금단현상이 나타나게 되는데, 금단 현상으로는 피로감, 길고 힘든 수면, 성급함, 우울, 폭력 등의 증상이 나타난다.
>
> 7) 중추 신경 흥분제는 정신적·육체적 장애를 가져올 뿐만 아니라 심각한 사회적 문제를 일으키기도 한다. 그러므로 이런 약물들로 인한 피해를 직시하여 사용을 금하며, 취미 활동이나 스포츠 활동을 통하여 건전한 삶을 생활화하도록 노력해야 한다.

2 인터넷 등의 중독

1) 컴퓨터 몰입 및 중독 의미와 영향

(1) 청소년들이 장시간 인터넷이나 컴퓨터 통신을 사용함으로써 정신건강을 해치고 대인관계의 장애를 가져오는 일련의 문제행동이다.

(2) 컴퓨터 중독이 되면 컴퓨터에 장시간 몰입함으로써 일상생활을 제대로 하지 못하고 컴퓨터를 사용하지 못할 경우 심리적 불안감과 우울증 등을 경험하게 된다.

(3) 수면부족과 불규칙한 생활습관으로 인해 체력 저하와 집중력 저하를 겪게 되고 면역체계가 약화되며 눈의 통증 등을 경험한다.

(4) 학업이나 업무상의 손실, 통신비용과 같은 경제적인 손실, 대인관계 및 가족관계에서의 문제 등을 경험한다.

(5) 컴퓨터나 인터넷을 통한 가상공간에서의 삶은 특히 청소년들에게 정체감 형성을 크게 위협할 수 있는 요인으로 지적되고 있다. - 가상 공간은 실제로 성 관련 정보와 매춘문제, 사회규범 해체와 관련된 해킹의 문제, 인권 침해 등은 청소년 초기 정체감 혼미를 더욱 가중시킨다.

2) 사이버 범죄

(1) 기존의 실생활 범죄가 정보통신매체를 수단으로 하여 발생되거나 사이버 공간 내에서 타인의 명예 손상과 재산상의 손실 등을 의도적으로 야기하는 행위 일체를 말한다.

(2) 청소년이 피해자가 되고 있는 사이버 범죄의 유형으로는 사이버 성폭력, 인터넷 매춘 알선, 인터넷 도박 등이 있다.

3) 사이버상의 부적절한 행위 유형

동일하거나 특별한 내용적 가치가 없는 정보의 연속적 게재, 정보의 내용과 동떨어진 제목의 게재, 정보의 중복 게재, 지나치게 긴 장황한 글의 게재, 출처가 불명확하거나 부정확한 정보의 게재, 욕설 등의 무례하거나 적대적인 언어 사용, 인신공격 및 인격모독적인 발언, 과대 허위광고 게재, 음란, 외설, 폭력 등의 불건전 정보의 게재 등

4) 사이버 일탈행동의 지도대책 - 청소년의 사이버 일탈을 예방하고 극복하기 위한 방안

(1) 자율규제 활동을 강화 - 사이버 공간의 역기능과 유해 정보는 이를 공유하는 네티즌(netizen)들의 자율적인 노력으로 차단되고 예방되는 것이 최선의 방책이다.

(2) 네티켓 교육의 확산

(3) 부모의 사이버 참여 증진

(4) 정보기술 관계법과 청소년 법 보완

📁 실력다지기

인터넷 중독 등

인터넷 중독의 의미

중독증(addiction)이란 단순한 대상 탐닉에 그치는 것이 아니라 대상에 몰두해서 그 대상으로부터 만족감과 편안함을 찾는 대상 의존성, 시간이 지남에 따라 점점 의존의 강도가 높아지는 내성현상, 그 대상에 몰두하지 않으면 나타나는 금단현상을 수반하는 것을 말한다.

사이버 팸

사이버와 패밀리(family)의 합성어인 사이버팸이 인터넷 동호회, 채팅 사이트 등을 중심으로 생겨나기 시작한 것은 1999년 말부터이다. 그 이후 사이버팸은 같은 취미나 성향 등을 가진 청소년들이 '가족'을 형성하여 나이차와 성별 등에 따라 서로를 아빠, 엄마, 삼촌, 이모 등으로 부르면서 가족처럼 지내는 모임 정도로 치부돼 왔다. 그러나 최근에는 일부 청소년들이 집단 가출해 팸 멤버끼리 모여 살거나, 가출 후 생활비 마련을 위해 함께 원조교제 등 탈선의 길로 빠지는 경우도 흔하게 발생하고 있다.

(출처 : 네이버 백과사전)

제5절 | 청소년 보호 - 청소년보호와 관련된 법률을 중심으로

1 청소년보호법 [1997년 제정]

1) 정의: 이 법에서 사용하는 용어의 뜻은 다음과 같다.

(1) "청소년"이란 만 19세 미만인 사람을 말한다. 다만, 만 19세가 되는 해의 1월 1일을 맞이한 사람은 제외한다.

(2) "매체물"이란 다음의 어느 하나에 해당하는 것을 말한다.

① 「영화 및 비디오물의 진흥에 관한 법률」에 따른 영화 및 비디오물

② 「게임산업진흥에 관한 법률」에 따른 게임물

③ 「음악산업진흥에 관한 법률」에 따른 음반, 음악파일, 음악영상물 및 음악영상파일

④ 「공연법」에 따른 공연(국악공연은 제외)

⑤ 「전기통신사업법」에 따른 전기통신을 통한 부호·문언·음향 또는 영상정보

⑥ 「방송법」에 따른 방송프로그램(보도 방송프로그램은 제외)

⑦ 「신문 등의 진흥에 관한 법률」에 따른 일반일간신문(주로 정치·경제·사회에 관한 보도·논평 및 여론을 전파하는 신문은 제외), 특수일간신문(경제·산업·과학·종교 분야는 제외), 일반주간신문(정치·경제 분야는 제외), 특수주간신문(경제·산업·과학·시사·종교 분야는 제외), 인터넷신문(주로 정치·경제·사회에 관한 보도·논평 및 여론을 전파하는 신문은 제외) 및 인터넷뉴스서비스

⑧ 「잡지 등 정기간행물의 진흥에 관한 법률」에 따른 잡지(정치·경제·사회·시사·산업·과학·종교 분야는 제외), 정보간행물, 전자간행물 및 그 밖의 간행물

⑨ 「출판문화산업 진흥법」에 따른 간행물, 전자출판물 및 외국간행물(⑦ 및 ⑧에 해당하는 매체물은 제외)

⑩ 「옥외광고물 등 관리법」에 따른 옥외광고물과 ①부터 ⑨까지의 매체물에 수록·게재·전시되거나 그 밖의 방법으로 포함된 상업적 광고선전물

⑪ 그 밖에 청소년의 정신적·신체적 건강을 해칠 우려가 있어 대통령령으로 정하는 매체물

(3) "청소년유해매체물"이란 다음의 어느 하나에 해당하는 것을 말한다.

① 청소년보호위원회가 청소년에게 유해한 것으로 결정하거나 확인하여 성평등가족부장관이 고시한 매체물

② 각 심의기관이 청소년에게 유해한 것으로 심의하거나 확인하여 성평등가족부장관이 고시한 매체물

(4) "청소년유해약물 등"이란 청소년에게 유해한 것으로 인정되는 다음 ①의 약물(이하 청소년유해약물)과 청소년에게 유해한 것으로 인정되는 다음 ②의 물건(이하 청소년유해물건)을 말한다.

① 청소년유해약물

ㄱ. 「주세법」에 따른 주류

ㄴ. 「담배사업법」에 따른 담배

ㄷ. 「마약류 관리에 관한 법률」에 따른 마약류

ㄹ. 「유해화학물질 관리법」에 따른 환각물질

ㅁ. 그 밖에 중추신경에 작용하여 습관성, 중독성, 내성 등을 유발하여 인체에 유해하게 작용할 수 있는 약물 등 청소년의 사용을 제한하지 아니하면 청소년의 심신을 심각하게 손상시킬 우려가 있는 약물로서 대통령령으로 정하는 기준에 따라 관계 기관의 의견을 들어 제36조에 따른 청소년보호위원회(이하 청소년보호위원회)가 결정하고 성평등가족부장관이 고시한 것

② 청소년유해물건

ㄱ. 청소년에게 음란한 행위를 조장하는 성기구 등 청소년의 사용을 제한하지 아니하면 청소년의 심신을 심각하게 손상시킬 우려가 있는 성 관련 물건으로서 대통령령으로 정하는 기준에 따라 청소년보호위원회가 결정하고 성평등가족부장관이 고시한 것

ㄴ. 청소년에게 음란성·포악성·잔인성·사행성 등을 조장하는 완구류 등 청소년의 사용을 제한하지 아니하면 청소년의 심신을 심각하게 손상시킬 우려가 있는 물건으로서 대통령령으로 정하는 기준에 따라 청소년보호위원회가 결정하고 성평등가족부장관이 고시한 것

ㄷ. 청소년유해약물과 유사한 형태의 제품으로 청소년의 사용을 제한하지 아니하면 청소년의 청소년유해약물 이용습관을 심각하게 조장할 우려가 있는 물건으로서 대통령령으로 정하는 기준에 따라 청소년보호위원회가 결정하고 성평등가족부장관이 고시한 것

(5) "청소년유해업소"란 청소년의 출입과 고용이 청소년에게 유해한 것으로 인정되는 다음 ①의 업소(이하 청소년출입·고용금지업소)와 청소년의 출입은 가능하나 고용이 청소년에게 유해한 것으로 인정되는 다음 ②의 업소(이하 청소년고용금지업소)를 말한다. 이 경우 업소의 구분은 그 업소가 영업을 할 때 다른 법령에 따라 요구되는 허가·인가·등록·신고 등의 여부와 관계없이 실제로 이루어지고 있는 영업행위를 기준으로 한다.

① 청소년 출입·고용금지업소

ㄱ. 「게임산업진흥에 관한 법률」에 따른 일반게임제공업 및 복합유통게임제공업 중 대통령령으로 정하는 것

ㄴ. 「사행행위 등 규제 및 처벌 특례법」에 따른 사행행위영업

ㄷ. 「식품위생법」에 따른 식품접객업 중 대통령령으로 정하는 것

ㄹ. 「영화 및 비디오물의 진흥에 관한 법률」에 따른 비디오물감상실업·제한관람가비디오물소극장업 및 복합영상물제공업

ㅁ. 「음악산업진흥에 관한 법률」에 따른 노래연습장업 중 대통령령으로 정하는 것

ㅂ. 「체육시설의 설치·이용에 관한 법률」에 따른 무도학원업 및 무도장업

ㅅ. 전기통신설비를 갖추고 불특정한 사람들 사이의 음성대화 또는 화상대화를 매개하는 것을 주된 목적으로 하는 영업. 다만, 「전기통신사업법」 등 다른 법률에 따라 통신을 매개하는 영업은 제외한다.

ㅇ. 불특정한 사람 사이의 신체적인 접촉 또는 은밀한 부분의 노출 등 성적 행위가 이루어지거나 이와 유사한 행위가 이루어질 우려가 있는 서비스를 제공하는 영업으로서 청소년보호위원회가 결정하고 성평등가족부장관이 고시한 것

ㅈ. 청소년유해매체물 및 청소년유해약물 등을 제작·생산·유통하는 영업 등 청소년의 출입과 고용이 청소년에게 유해하다고 인정되는 영업으로서 대통령령으로 정하는 기준에 따라 청소년보호위원회가 결정하고 성평등가족부장관이 고시한 것

ㅊ. 「한국마사회법」 제6조제2항에 따른 장외발매소(경마가 개최되는 날에 한정한다)

ㅋ. 「경륜·경정법」 제9조제2항에 따른 장외매장(경륜·경정이 개최되는 날에 한정한다)

② 청소년 고용금지 업소

ㄱ. 「게임산업진흥에 관한 법률」에 따른 <u>청소년 게임 제공업 및 인터넷 컴퓨터 게임시설 제공업</u>

ㄴ. 「공중위생관리법」에 따른 <u>숙박업, 목욕장업, 이용업 중 대통령령으로 정하는 것</u>

ㄷ. 「식품위생법」에 따른 <u>식품접객업 중 대통령령으로 정하는 것</u>

ㄹ. 「영화 및 비디오물의 진흥에 관한 법률」에 따른 <u>비디오물 소극장업</u>

ㅁ. 「유해화학물질 관리법」에 따른 <u>유독물 영업</u>. 다만, 유독물 사용과 직접 관련이 없는 영업으로서 대통령령으로 정하는 영업은 제외한다.

ㅂ. 회비 등을 받거나 유료로 만화를 빌려 주는 <u>만화대여업</u>

ㅅ. <u>청소년유해매체물 및 청소년유해약물 등을 제작·생산·유통하는 영업</u> 등 청소년의 고용이 청소년에게 유해하다고 인정되는 영업으로서 대통령령으로 정하는 기준에 따라 청소년보호위원회가 결정하고 성평등가족부장관이 고시한 것

(6) "유통"이란 매체물 또는 약물 등을 판매·대여·배포·방송·공연·상영·전시·진열·광고하거나 시청 또는 이용하도록 제공하는 행위와 이러한 목적으로 매체물 또는 약물 등을 인쇄·복제 또는 수입하는 행위를 말한다.

(7) <u>"청소년폭력·학대"란 폭력이나 학대를 통하여 청소년에게 신체적·정신적 피해를 발생하게 하는 행위를 말한다.</u>

(8) <u>"청소년유해환경"은 청소년유해매체물, 청소년유해약물 등(청소년유해약물 등이란 청소년에게 유해한 것으로 인정되는 약물과 청소년에게 유해한 것으로 인정되는 물건을 말함), 청소년유해업소 및 청소년폭력·학대를 말한다.</u>

2) 인터넷게임 이용자의 친권자등의 동의

「게임산업진흥에 관한 법률」에 따른 게임물 중 「정보통신망 이용촉진 및 정보보호 등에 관한 법률」에 따른 정보통신망을 통하여 실시간으로 제공되는 게임물(이하 인터넷게임)의 제공자(「전기통신사업법」에 따라 부가통신사업자로 신고한 자를 말하며, 같은 조 제1항 후단 및 제4항에 따라 신고한 것으로 보는 경우 포함)는 회원으로 가입하려는 사람이 16세 미만의 청소년일 경우에는 친권자등의 동의를 받아야 한다.

3) <u>인터넷게임 제공자의 고지 의무</u>

인터넷게임의 제공자는 16세 미만의 청소년 회원가입자의 친권자등에게 해당 청소년과 관련된 다음의 사항을 알려야 한다.

(1) 제공되는 게임의 특성·등급(「게임산업진흥에 관한 법률」에 따른 게임물의 등급)·유료화정책 등에 관한 기본적인 사항

(2) 인터넷게임 이용 등에 따른 결제정보

4) 인터넷게임 중독 등의 피해 청소년 지원

성평등가족부장관은 관계 중앙행정기관의 장과 협의하여 인터넷게임 중독(인터넷게임의 지나친 이용으로 인하여 인터넷게임 이용자가 일상생활에서 쉽게 회복할 수 없는 신체적·정신적·사회적 기능 손상을 입은 것을 말한다) 등 매체물의 오용·남용으로 신체적·정신적·사회적 피해를 입은 청소년에 대하여 상담·교육 및 치료와 재활 등의 서비스를 지원할 수 있다.

청소년보호법 시행령 제19조 (청소년 시청 보호시간대)

1) 법 제18조에 따라 청소년유해매체물을 방송해서는 아니 되는 방송시간은 평일은 오전 7시부터 오전 9시까지 와 오후 1시부터 오후 10시까지로 하고, 토요일과 「관공서의 공휴일에 관한 규정」 제2조에 따른 공휴일 및 성 평등가족부장관이 정하여 고시하는 「초·중등교육법」 제2조에 따른 초등학교·중학교·고등학교의 방학기간에 는 오전 7시부터 오후 10시까지로 한다. 다만, 「방송법」에 따른 방송 중 시청자와의 계약에 의하여 채널별로 대가를 받고 제공하는 방송의 경우에는 오후 6시부터 오후 10시까지로 한다.

2) 1)에 따른 방송시간에 방송되는 청소년유해매체물의 예고 방송에는 법 제9조 제1항 각 호에 따른 내용을 포함 해서는 아니 된다.

관계부처의 청소년 흡연예방 정책 주요 내용[7]

1) 성평등가족부
   - 한방의료기관을 통한 청소년 건강상담 및 무료금연침 시술 사업 지원
   - 위기청소년 흡연예방 교육
   - 청소년 대상 담배 불법판매 모니터링 강화 및 유통업자 종사자 교육
   - 유통업체, 시민단체와 협력하여 신분증 확인 캠페인 전개
   - 청소년 대상 흡연예방 교육 및 다양한 홍보 실시
   - 제1차 청소년보호종합대책 추진(2013 ~ 2015)
   - 제2차 청소년보호종합대책 추진(2016 ~ 2018)
   - 제3차 청소년보호종합대책 추진(2019 ~ 2021)
   - 제4차 청소년보호종합대책 추진(2022 ~ 2024)

2) 보건복지부
   - 국민건강증진법 제정·운영
   - 보건소 금연상담 및 금연치료프로그램 제공(금연교실, 금연지도자 교육, 보건소 금연클리닉, 금연상담 등)
   - 매스미디어 홍보(언론매체, 인터넷, 금연월간지, 스티커 등)

3) 교육부
   - 흡연 실태에 대한 주기적 파악
   - 전국 초·중·고등학교 대상 흡연·음주예방 교육 실시(금연학교 운영)
   - 학생건강정보센터를 통한 유해약물에 대한 정보 제공

4) 문화체육관광부
   - 청소년 관람가 영화 속의 흡연장면 노출문제 개선(영상물등급분류소위원회 운영규정 보완)

5) 재정경제부
   - 담배사업법 제정·운영

6) 과학기술정보통신부
   - 인터넷상의 청소년 유해약물 유통 규제 방안(인터넷상의 청소년 유해약물 유통 심의강화 및 기준보완)

---

7) 2016 청소년백서

7) 경찰청
- 백화점, 대형마트, 편의점, 슈퍼 등 단속 강화
8) 방송미디어통신위원회
- TV방송 3사(KBS, MBC, SBS)의 드라마 흡연장면 노출문제 개선
9) 지방자치단체
- 담배판매 업소 특별계도 및 단속

2 아동·청소년의 성보호에 관한 법률 (2009년 제정)

1) 정의: 이 법에서 사용하는 용어의 뜻은 다음과 같다.

(1) "아동·청소년"이란 19세 미만의 사람을 말한다.

(2) "아동·청소년의 성을 사는 행위"란 아동·청소년, 아동·청소년의 성(性)을 사는 행위를 알선한 자 또는 아동·청소년을 실질적으로 보호·감독하는 자 등에게 금품이나 그 밖의 재산상 이익, 직무·편의제공 등 대가를 제공하거나 약속하고 다음 각 목의 어느 하나에 해당하는 행위를 아동·청소년을 대상으로 하거나 아동·청소년으로 하여금 하게 하는 것을 말한다.

① 성교 행위

② 구강·항문 등 신체의 일부나 도구를 이용한 유사 성교 행위

③ 신체의 전부 또는 일부를 접촉·노출하는 행위로서 일반인의 성적 수치심이나 혐오감을 일으키는 행위

④ 자위 행위

2) 아동·청소년대상 성범죄의 신고

(1) 누구든지 아동·청소년대상 성범죄의 발생 사실을 알게 된 때에는 수사기관에 신고할 수 있다.

(2) 다음의 어느 하나에 해당하는 기관·시설 또는 단체의 장과 그 종사자는 직무상 아동·청소년대상 성범죄의 발생 사실을 알게 된 때에는 즉시 수사기관에 신고하여야 한다(직무상 신고의무자).

① 「유아교육법」의 유치원

② 「초·중등교육법」의 학교

③ 「의료법」의 의료기관

④ 「아동복지법」의 아동복지시설

⑤ 「장애인복지법」의 장애인복지시설

⑥ 「영유아보육법」의 어린이집. 육아종합지원센터 및 시간제보육서비스지정기관

⑦ 「학원의 설립·운영 및 과외교습에 관한 법률」의 학원 및 교습소

⑧ 「성매매방지 및 피해자보호 등에 관한 법률」의 성매매피해자등을 위한 지원시설 및 성매매피해상담소

⑨ 「한부모가족지원법」에 따른 한부모가족복지시설

⑩ 「가정폭력방지 및 피해자보호 등에 관한 법률」의 가정폭력 관련 상담소 및 가정폭력피해자 보호시설

⑪ 「성폭력방지 및 피해자보호 등에 관한 법률」의 성폭력피해상담소 및 성폭력피해자보호시설

⑫ 「청소년활동진흥법」의 청소년활동시설

⑬ 「청소년복지 지원법」에 따른 청소년상담복지센터 및 청소년쉼터, 「학교 밖 청소년 지원에 관한 법률」에 따른 학교 밖 청소년 지원센터

⑭ 「청소년 보호법」의 청소년 보호·재활센터

⑮ 「국민체육진흥법」에 따른 대한체육회, 시·도체육회 및 시·군·구체육회, 대한장애인체육회, 시·도장애인체육회 및 시·군·구장애인체육회, 한국도핑방지위원회, 서울올림픽기념국민체육진흥공단

⑯ 「대중문화예술산업발전법」에 따른 대중문화예술기획업자가 대중문화예술기획업 중 대중문화예술인에 대한 훈련·지도·상담 등을 하는 영업장

(3) 다른 법률에 규정이 있는 경우를 제외하고는 누구든지 신고자 등의 인적사항이나 사진 등 그 신원을 알 수 있는 정보나 자료를 출판물에 게재하거나 방송 또는 정보통신망을 통하여 공개하여서는 아니 된다.

3) 신고의무자에 대한 교육

(1) 관계 행정기관의 장은 기관·시설 또는 단체의 장과 그 종사자의 자격취득 과정에 아동·청소년대상 성범죄 예방 및 신고의무와 관련된 교육내용을 포함시켜야 한다.

(2) 성평등가족부장관은 기관·시설 또는 단체의 장과 그 종사자에 대하여 성범죄 예방 및 신고의무와 관련된 교육을 실시할 수 있다.

4) 피해아동·청소년 등의 상담 및 치료

(1) 국가는 피해아동·청소년 등의 신체적·정신적 회복을 위하여 상담시설 또는 「성폭력방지 및 피해자보호 등에 관한 법률」의 성폭력 전담의료기관으로 하여금 다음의 사람에게 상담이나 치료프로그램(이하 상담·치료프로그램)을 제공하도록 요청할 수 있다.

① 피해아동·청소년

② 피해아동·청소년의 보호자 및 형제·자매

③ 그 밖에 대통령령으로 정하는 사람

(2) 상담·치료프로그램 제공을 요청받은 기관은 정당한 이유 없이 그 요청을 거부할 수 없다.

5) 상담시설

(1) 「성매매방지 및 피해자보호 등에 관한 법률」의 성매매피해상담소 및 「청소년복지 지원법」에 따른 청소년상담복지센터는 다음의 업무를 수행할 수 있다.

① 범죄 신고의 접수 및 상담

② 대상아동·청소년과 병원 또는 관련 시설과의 연계 및 위탁

③ 그 밖에 아동·청소년 성매매 등과 관련한 조사·연구

(2) 「성폭력방지 및 피해자보호 등에 관한 법률」의 성폭력피해상담소 및 성폭력피해자보호시설은 다음의 업무를 수행할 수 있다.

①(1)의 업무

②아동·청소년대상 성폭력범죄로 인하여 정상적인 생활이 어렵거나 그 밖의 사정으로 긴급히 보호를 필요로 하는 피해아동·청소년을 병원이나 성폭력피해자보호시설로 데려다 주거나 일시 보호하는 업무

③피해아동·청소년의 신체적·정신적 안정회복과 사회복귀를 돕는 업무

④가해자에 대한 민사상·형사상 소송과 피해배상청구 등의 사법처리절차에 관하여 대한변호사협회·대한법률구조공단 등 관계 기관에 필요한 협조와 지원을 요청하는 업무

⑤아동·청소년대상 성폭력범죄의 가해아동·청소년과 그 법정대리인에 대한 교육·상담 프로그램의 운영

⑥아동·청소년 관련 성보호 전문가에 대한 교육

⑦아동·청소년대상 성폭력범죄의 예방과 방지를 위한 홍보

⑧아동·청소년대상 성폭력범죄 및 그 피해에 관한 조사·연구

⑨그 밖에 피해아동·청소년의 보호를 위하여 필요한 업무

6) 아동·청소년대상 성교육 전문기관의 설치·운영

(1) 국가와 지방자치단체는 아동·청소년의 건전한 성가치관 조성과 성범죄 예방을 위하여 아동·청소년대상 성교육 전문기관(이하 성교육 전문기관)을 설치하거나 해당 업무를 전문단체에 위탁할 수 있다.

(2) (1)에 따른 위탁 관련 사항, 성교육 전문기관에 두는 종사자 등 직원의 자격 및 설치기준과 운영에 관하여 필요한 사항은 대통령령으로 정한다.

참고

소년분류심사원[8]

1) 법원소년부(가정법원 소년부 또는 지방법원 소년부)가 결정으로써 위탁한 소년을 수용하여 그 자질(資質)을 분류심사하는 시설이다.

2) 분류심사는 의학·심리학·교육학·사회학·사회사업학 등의 전문적인 지식과 기술에 근거를 두고 보호소년의 신체적·심리적·환경적 측면을 조사·판정한다.

3) 소년분류심사원은 법무부장관이 관장하며, 그 명칭·위치·직제 기타 필요한 사항은 대통령령으로 정한다(소년원법 3조).

4) 법원소년부에서 소년보호사건을 조사·심리할 때는 소년분류심사원의 분류심사결과와 의견을 참작하도록 하고 있다.

5) 법원소년부 판사·소년원장·보호관찰소장 및 갱생보호회 이외의 자가 소년의 분류심사를 요청한 때에는 이에 응할 수 있으며, 이 경우에는 법무부장관이 정한 바에 따라 실비를 징수할 수 있다(소년원법 26조).

6) 소년분류심사원이 설치되지 아니한 지역에서는 소년분류심사원의 업무를 소년원에서 행하고, 가위탁(假委託)된 소년은 소년원의 구획된 장소에 수용한다(소년원법 52조).

7) 요컨대 소년분류심사원에서의 분류심사는 소년법이 지향하는 소년사건 처리의 과학화 요청에 부응하여 소년의 신체·성격·소질·환경·학력 및 경력과 그 상호관계를 규명하여 보호소년의 교정에 관한 최선의 방침을 수립하는 것을 목적으로 하는 것이다.

---

8) 네이버 백과사전

1) 지역사회 위기청소년 지원을 위해 원스톱으로 상담·보호·의료·자립 등 맞춤형 서비스를 제공하는 성평등가족부 청소년복지정책이다.

2) 청소년안전망은 위기청소년 보호지원을 위한 프로그램으로서 지역사회 시민 및 청소년 관련 기관, 단체들이 위기상황에 빠진 청소년을 발견·구조·치료하는데 참여하여 건강한 민주시민으로 성장하도록 지원하기 위해 협력하는 연계망으로, 위기청소년을 위한 사회안전망이다.

3) 2019년 CYS-Net(지역사회 청소년 통합지원체계)의 사업명칭이 청소년안전망으로 변경되었다.

3 학교폭력예방 및 대책에 관한 법률 (2004년 제정)

1) 정의

(1) "학교폭력"이란 학교 내외에서 학생을 대상으로 발생한 상해, 폭행, 감금, 협박, 약취·유인, 명예훼손·모욕, 공갈, 강요·강제적인 심부름 및 성폭력, 따돌림, 사이버폭력 등에 의하여 신체·정신 또는 재산상의 피해를 수반하는 행위를 말한다.

(2) "따돌림"이란 학교 내외에서 2명 이상의 학생들이 특정인이나 특정집단의 학생들을 대상으로 지속적이거나 반복적으로 신체적 또는 심리적 공격을 가하여 상대방이 고통을 느끼도록 하는 모든 행위를 말한다.

(3) "사이버폭력"이란 정보통신망을 이용하여 학생을 대상으로 발생한 따돌림과 그 밖에 신체·정신 또는 재산상의 피해를 수반하는 행위를 말한다.

(4) "학교"란 「초·중등교육법」에 따른 초등학교·중학교·고등학교·특수학교 및 각종학교와 같은 법에 따라 운영하는 학교를 말한다.

(5) "가해학생"이란 가해자 중에서 학교폭력을 행사하거나 그 행위에 가담한 학생을 말한다.

(6) "피해학생"이란 학교폭력으로 인하여 피해를 입은 학생을 말한다.

(7) "장애학생"이란 신체적·정신적·지적 장애 등으로 「장애인 등에 대한 특수교육법」에서 규정하는 특수교육이 필요한 학생을 말한다.

2) 기본계획의 수립 등

(1) 교육부장관은 이 법의 목적을 효율적으로 달성하기 위하여 학교폭력의 예방 및 대책에 관한 정책 목표·방향을 설정하고, 이에 따른 학교폭력의 예방 및 대책에 관한 기본계획(이하 기본계획)을 학교폭력대책위원회의 심의를 거쳐 수립·시행하여야 한다.

(2) 기본계획은 다음의 사항을 포함하여 5년마다 수립하여야 한다.

① 학교폭력의 근절을 위한 조사·연구·교육 및 계도

② 피해학생에 대한 치료·재활 등의 지원

③ 학교폭력 관련 행정기관 및 교육기관 상호 간의 협조·지원

④ 전문상담교사의 배치 및 이에 대한 행정적·재정적 지원

⑤ 학교폭력의 예방과 피해학생 및 가해학생의 치료·교육을 수행하는 청소년 관련 단체 또는 전문가에 대한 행정적·재정적 지원

⑥ 그 밖에 학교폭력의 예방 및 대책을 위하여 필요한 사항

(3) 교육부장관은 학교에서 학교폭력에 효과적으로 대응할 수 있도록 학교폭력 사안처리 및 예방교육 등에 관한 안내서를 개발 · 보급하여야 한다.

(4) 교육부장관은 대통령령으로 정하는 바에 따라 특별시 · 광역시 · 특별자치시 · 도 및 특별자치도 교육청의 학교폭력 예방 및 대책과 그에 대한 성과를 평가하고, 이를 공표하여야 한다.

3) 학교폭력대책위원회의 설치·기능

학교폭력의 예방 및 대책에 관한 다음 각 호의 사항을 심의하기 위하여 국무총리 소속으로 학교폭력대책위원회를 둔다.

(1) 학교폭력의 예방 및 대책에 관한 기본계획의 수립 및 시행에 대한 평가

(2) 학교폭력과 관련하여 관계 중앙행정기관 및 지방자치단체의 장이 요청하는 사항

(3) 학교폭력과 관련하여 교육청, 학교폭력대책지역위원회, 학교폭력대책지역협의회, 학교폭력대책심의위원회, 전문단체 및 전문가가 요청하는 사항

4) 학교폭력대책지역위원회의 설치

(1) 지역의 학교폭력 문제를 해결하기 위하여 시·도에 학교폭력대책지역위원회(이하 지역위원회)를 둔다.

(2) 특별시장·광역시장·특별자치시장·도지사 및 특별자치도지사는 지역위원회의 운영 및 활동에 관하여 시·도의 교육감과 협의하여야 하며, 그 효율적인 운영을 위하여 실무위원회를 둘 수 있다.

(3) 지역위원회는 위원장 1인을 포함한 11인 이내의 위원으로 구성한다.

5) 학교폭력 조사·상담 등

(1) 교육감은 학교폭력 예방과 사후조치 등을 위하여 다음의 조사·상담 등을 수행할 수 있다.

① 학교폭력 피해학생 상담 및 가해학생 조사

② 필요한 경우 가해학생 학부모 조사

③ 학교폭력 예방 및 대책에 관한 계획의 이행 지도

④ 관할 구역 학교폭력서클 단속

⑤ 학교폭력 예방을 위하여 민간 기관 및 업소 출입·검사

⑥ 그 밖에 학교폭력 등과 관련하여 필요로 하는 사항

(2) 교육감은 조사·상담 등의 업무를 대통령령으로 정하는 기관 또는 단체에 위탁할 수 있다.

(3) 교육감 및 위탁 기관 또는 단체의 장은 조사·상담 등의 업무를 수행함에 있어 필요한 경우 관계 기관의 장에게 협조를 요청할 수 있다.

(4) 조사·상담 등을 하는 관계 직원은 그 권한을 표시하는 증표를 지니고 이를 관계인에게 보여주어야 한다.

(5) 조사 등의 결과는 학교의 장 및 보호자에게 통보하여야 한다.

6) 전문상담교사 배치 및 전담기구 구성

(1) 학교의 장은 학교에 대통령령으로 정하는 바에 따라 상담실을 설치하고, 「초·중등교육법」에 따라 전문상담교사를 둔다.

(2) 전문상담교사는 학교의 장 및 심의위원회의 요구가 있는 때에는 학교폭력에 관련된 피해학생 및 가해학생과의 상담결과를 보고하여야 한다.

(3) 학교의 장은 교감, 전문상담교사, 보건교사 및 책임교사(학교폭력문제를 담당하는 교사를 말한다), 학부모 등으로 학교폭력문제를 담당하는 전담기구를 구성한다. 이 경우 학부모는 전담기구 구성원의 3분의 1 이상이어야 한다.

(4) 학교의 장은 학교폭력 사태를 인지한 경우 지체 없이 전담기구 또는 소속 교원으로 하여금 가해 및 피해 사실 여부를 확인하도록 하고, 전담기구로 하여금 학교의 장의 자체해결 부의 여부를 심의하도록 한다.

(5) 전담기구는 학교폭력에 대한 실태조사(연 2회 이상 실시)와 학교폭력 예방 프로그램을 구성·실시하며, 학교의 장 및 심의위원회의 요구가 있는 때에는 학교폭력에 관련된 조사결과 등 활동결과를 보고하여야 한다.

(6) 피해학생 또는 피해학생의 보호자는 피해사실 확인을 위하여 전담기구에 실태조사를 요구할 수 있다.

(7) 국가 및 지방자치단체는 실태조사에 관한 예산을 지원하고, 관계 행정기관은 실태조사에 협조하여야 하며, 학교의 장은 전담기구에 행정적·재정적 지원을 할 수 있다.

(8) 전담기구는 성폭력 등 특수한 학교폭력사건에 대한 실태조사의 전문성을 확보하기 위하여 필요한 경우 전문기관에 그 실태조사를 의뢰할 수 있다. 이 경우 그 의뢰는 심의위원회 위원장의 심의를 거쳐 학교의 장 명의로 하여야 한다.

7) 학교폭력 예방교육 등

(1) 학교의 장은 학생의 육체적·정신적 보호와 학교폭력의 예방을 위한 학생들에 대한 교육(학교폭력의 개념·실태 및 대처방안 등을 포함)을 학기별로 1회 이상 실시하여야 한다.

(2) 학교의 장은 학교폭력의 예방 및 대책 등을 위한 교직원 및 학부모에 대한 교육을 학기별로 1회 이상 실시하여야 한다.

(3) 학교의 장은 학교폭력을 예방하기 위하여 교사·학생·학부모 등 학교구성원이 학교폭력에 대한 책임을 인식하고 실천할 수 있도록 필요한 사항을 정하여 운영할 수 있다.

(4) 학교의 장은 학교폭력 예방교육 프로그램의 구성 및 그 운용 등을 전담기구와 협의하여 전문단체 또는 전문가에게 위탁할 수 있다.

(5) 교육장은 학교폭력 예방교육 프로그램의 구성과 운용계획을 학부모가 쉽게 확인할 수 있도록 휴대전화를 이용한 문자메시지 전송, 인터넷 홈페이지 게시 및 그 밖에 다양한 방법으로 학부모에게 홍보하여 참여가 활성화될 수 있도록 노력하여야 한다.

(6) 교육부장관은 학교폭력 예방 및 대책 등에 관한 홍보영상을 제작하여 방송사업자에게 배포하고 송출을 요청할 수 있다.

8) 학교폭력의 신고의무

(1) 학교폭력 현장을 보거나 그 사실을 알게 된 자는 학교 등 관계 기관에 이를 즉시 신고하여야 한다.

(2) 신고를 받은 기관은 이를 가해학생 및 피해학생의 보호자와 소속 학교의 장에게 통보하여야 한다.

(3) 통보받은 소속 학교의 장은 이를 심의위원회에 지체 없이 통보하여야 한다.

(4) 누구라도 학교폭력의 예비·음모 등을 알게 된 자는 이를 학교의 장 또는 심의위원회에 고발할 수 있다. 다만, 교원이 이를 알게 되었을 경우에는 학교의 장에게 보고하고 해당 학부모에게 알려야 한다.

(5) 누구든지 학교폭력을 신고한 사람에게 그 신고행위를 이유로 불이익을 주어서는 아니 된다.

📁 **실력다지기**

학교폭력대책심의위원회의 설치·기능 – 신설

1) 학교폭력의 예방 및 대책에 관련된 사항을 심의하기 위하여 「지방교육자치에 관한 법률」 및 「제주특별자치도 설치 및 국제자유도시 조성을 위한 특별법」에 따른 교육지원청에 학교폭력대책심의위원회(이하 심의위원회)를 둔다. 다만, 심의위원회 구성에 있어 대통령령으로 정하는 사유가 있는 경우에는 교육감 보고를 거쳐 둘 이상의 교육지원청이 공동으로 심의위원회를 구성할 수 있다.

2) 심의위원회는 학교폭력의 예방 및 대책 등을 위하여 다음의 사항을 심의한다.
   (1) 학교폭력의 예방 및 대책
   (2) 피해학생의 보호
   (3) 가해학생에 대한 교육, 선도 및 징계
   (4) 피해학생과 가해학생 간의 분쟁조정
   (5) 그 밖에 대통령령으로 정하는 사항

3) 심의위원회는 해당 지역에서 발생한 학교폭력에 대하여 조사할 수 있고 학교장 및 관할 경찰서장에게 관련 자료를 요청할 수 있다.

4) 심의위원회의 설치·기능 등에 필요한 사항은 지역 및 교육지원청의 규모 등을 고려하여 대통령령으로 정한다.

학교폭력대책심의위원회의 구성·운영

1) 심의위원회는 10명 이상 50명 이내의 위원으로 구성하되, 전체위원의 3분의 1 이상을 해당 교육지원청 관할 구역 내 학교(고등학교 포함)에 소속된 학생의 학부모로 위촉하여야 한다.

2) 심의위원회의 위원장은 다음의 어느 하나에 해당하는 경우에 회의를 소집하여야 한다.
   (1) 심의위원회 재적위원 4분의 1 이상이 요청하는 경우
   (2) 학교의 장이 요청하는 경우
   (3) 피해학생 또는 그 보호자가 요청하는 경우
   (4) 학교폭력이 발생한 사실을 신고 받거나 보고받은 경우
   (5) 가해학생이 협박 또는 보복한 사실을 신고 받거나 보고받은 경우
   (6) 그 밖에 위원장이 필요하다고 인정하는 경우

3) 심의위원회는 회의의 일시, 장소, 출석위원, 토의내용 및 의결사항 등이 기록된 회의록을 작성·보존하여야 한다.

4) 그 밖에 심의위원회의 구성·운영에 필요한 사항은 대통령령으로 정한다.

학교폭력예방 및 대책에 관한 법률 제17조 (가해학생에 대한 조치)

학교폭력 대책 심의위원회는 피해학생의 보호와 가해학생의 선도·교육을 위하여 가해학생에 대하여 다음의 어느 하나에 해당하는 조치를 할 것을 학교의 장에게 요청하여야 하며, 각 조치별 적용 기준은 대통령령으로 정한다. 다만, 퇴학처분은 의무교육과정에 있는 가해학생에 대하여는 적용하지 아니한다.

1) 피해학생에 대한 서면사과
2) 피해학생 및 신고·고발 학생에 대한 접촉, 협박 및 보복행위의 금지
3) 학교에서의 봉사
4) 사회봉사
5) 학내외 전문가에 의한 특별 교육이수 또는 심리치료
6) 출석정지
7) 학급교체
8) 전학
9) 퇴학처분

학교폭력예방 및 대책에 관한 법률 제16조 (피해학생의 보호)

심의위원회는 피해학생의 보호를 위하여 필요하다고 인정하는 때에는 피해학생에 대하여 다음의 어느 하나에 해당하는 조치(수 개의 조치를 병과하는 경우를 포함)를 할 것을 학교의 장에게 요청할 수 있다. 다만, 학교의 장은 피해학생의 보호를 위하여 긴급하다고 인정하거나 피해학생이 긴급보호의 요청을 하는 경우에는 심의위원회의 요청 전에 제1호, 제2호 및 제6호의 조치를 할 수 있다. 이 경우 심의위원회에 즉시 보고하여야 한다.

1) 심리상담 및 조언
2) 일시보호
3) 치료 및 치료를 위한 요양
4) 학급교체
5) 삭제 (전학이 삭제됨)
6) 그 밖에 피해학생의 보호를 위하여 필요한 조치

학교폭력 신고 대표전화 번호 - 117

제6절 | 청소년 인권과 참여

1) 청소년 인권

(1) 청소년 인권은 인간이기 때문에 누려야 할 보편적인 권리이며 청소년이기 때문에 요청되는 특수한 권리를 포함하는 개념이다.

(2) 국제사회에서 청소년 인권이 핵심의제로 다루어지기 시작한 것은 1993년 세계인권회의였다.

2) 청소년 인권의 세부영역

(1) 생존권

고유의 생명권	출생, 생명, 사망 등
신체적 생존권	수명, 빈곤, 질병, 영양, 신체충실도, 건강, 치료, 안전, 사고 등
질적 생존권	자살, 가족, 사회보장 등

(2) 보호권

학대 및 착취로부터의 보호	신체적 학대, 성매매 및 성적 착취, 경제적 착취 등
차별로부터의 보호	성, 민족, 지역, 연령, 고용, 장애 등
위기·응급상황으로부터의 보호	대안적 양육, 범죄, 가출 등
유해환경으로부터의 보호	유해환경 등

(3) 발달권

인지적 발달	인지발달 기회, 인지능력 등
정서적 발달	정서발달 환경, 정서적 안정 등
사회적 발달	사회성 발달기회, 사회성 발달정도 등
직업적 발달	진로준비기회, 직업능력 등
신체적 발달	신체발달 기회, 신체적 능력 등

(4) 참여권

자기결정권	종교, 교육 및 진로, 문화 및 여가활동 결정권 등
표현의 자유	사적취향의 표현, 학생으로서 의견 표현 등
결사·집회의 자유	학교 내에서의 결사·집회, 학교 외에서의 결사·집회 등
정보접근권	도서에 대한 접근, 인터넷 접근 등
사회참여 및 참정권	사회참여, 참정권 등

(5) 인권 인프라

청소년인구	청소년인구, 특수 청소년인구
법·제도 구축	청소년인권 관련법의 정비 및 기능, 중앙행정조직의 정비 및 활동노력
비정부조직	인권 관련 비정부조직(NGO), 비정부조직의 활동 노력

🗂 기출문제 확인학습

아동과 청소년의 권리의 유형에 대해 Franklin(1986)과 Freeman(1983)은 다음과 같은 4가지 유형으로 분류하고 있다(Franklin, 1986, 14 ; Freeman, 1983, 40). 암기법 **프랭클린 등 : 성인 보복 / 부모 대응**

1) 복지권(welfare rights)

   모든 아동 및 청소년들의 생존과 복지를 위한 기본권적 성격의 권리를 의미하며 영양, 의료, 주거, 건강, 교육 등의 권리가 이에 속한다.

2) 보호권(protective rights)

   아동이나 청소년이 부적절한 양육, 방임, 착취, 학대, 유해환경으로부터 보호받을 권리를 의미한다.

3) 성인권(adult rights)

   사회정의 차원에서 아동·청소년이 성인과 부당하게 차별받지 않을 권리를 의미하며, 투표, 노동, 결혼, 운전, 표현의 자유 등과 관련된 권리들이 이에 속한다.

4) 부모에 대응되는 권리(rights against parents)

   아동·청소년이 부모의 과도한 통제를 받지 않고 자신과 관련된 사항에 대한 자율성과 독립적인 자기결정을 할 수 있고 독립적으로 행동할 수 있는 권리를 의미하는 것으로서 사소하게는 자신의 두발·외모에 관한 결정에서부터 진로선택, 의료조치, 거주지 등과 같은 중대한 사안에 대한 결정 등에 있어서의 아동·청소년의 자율적 판단과 대안선택, 결정, 그리고 행동의 권리를 의미한다.

> **cf** 콜(B. Cole)은 청소년권리의 영역을 천부권, 보호권, 의사표명권, 권능부여권 등 4가지 영역으로 제시하였다.

---

3) 청소년 인권 정책

(1) 모든 청소년을 대상으로 해야 하며 모든 삶의 영역을 포괄해야 한다.

(2) 성별이나 신분, 언어, 능력, 재산, 인종, 민족, 종교, 출신, 의견이나 신념 등에 관계없이 모든 청소년들을 대상으로 하고 가정, 학교, 사회 등 모든 삶의 영역에서의 최상의 이익을 증진하는 데 목적을 두어야 한다.

4) 청소년 참여

(1) 자신의 삶에 영향을 주는 그리고 자신이 살고 있는 지역사회에 영향을 주는 의사결정을 공유하는 과정이다.

(2) 청소년들이 참여하는 기술이나 책임감에 대한 경험 없이 갑자기 책임감 있게 참여하는 성인이 되기를 기대하는 것은 비현실적이다(Hart, 1997).

---

5) 청소년 참여의 효과

청소년을 사회구조에 통합(fitting in)하고 청소년의 사회적 영향력과 권한을 강화하는 수단(empowerment)이며, 청소년들에게 자질 있고 독립적이며 책임감 있는 시민으로 발달하도록 기회를 제공하는 수단(education in democratic citizenship)이 된다.

6) 청소년 참여모델 사다리 [Hart] - 8단계

(1) 하트(1997)는 14세 이하의 청소년이 정책 또는 의사결정에 참여하는 수준을 8단계로 나누어 제시하고 있다.

(2) 이 8단계는 ① 조작(Manipulation) → ② 장식(Decoration) → ③ 명목상 참여(Tokenism) → ④ 역할 부과와 정보제공(Assigned but informed) → ⑤ 자문과 정보제공(Consulted and informed) → ⑥ 성인 주도하에 의사결정 공유(Adult - initiated, shared decision with children) → ⑦ 청소년 주도 및 감독(Child - initiated and directed) → ⑧ 청소년 주도 및 성인과 의사결정공유(Child initiated, shared decisions with adults)이다.

(3) 여기서 ①, ②, ③단계는 청소년의 참여가 이루어지는 수준이라기보다는 청소년들이 성인 정책가나 의사결정자들에게 이용당하는 비참여 수준이라 할 수 있다.

(4) ④, ⑤, ⑥, ⑦, ⑧단계에서 청소년의 참여가 이루어진다고 할 수 있다.

(5) 이 중 ④, ⑤단계는 청소년의 참여가 형식적 차원에서 존중되지만 실질적인 의사결정권은 성인 정책가나 의사결정자가 가지는 형식적 참여 수준이라 할 수 있다.

(6) ⑥, ⑦, ⑧단계는 청소년이 실질적으로 의사결정권을 가지거나 상당 수준의 영향력을 행사하는 실질적 참여 수준이라 할 수 있다.

✒ 심화학습

하트의 청소년 참여의 8단계

성인이 청소년을 이용하는 1단계에서 성인이 청소년을 명목상으로 참여시키는 3단계까지는 '비참여 단계'로 분류하고, 성인이 지시하지만, 정보는 제공받는 단계인 4단계부터 '참여단계'로 분류하였다.

1) 1단계: 성인이 이용하는 단계

사업이 성인에 의해 주도되고 운영된다. 청소년은 프로그램이나 활동과 행사의 이슈에 대한 이해가 전혀 없다. 성인은 청소년을 이용하지만 그들을 이해관계자로 인정하지 않는다.

2) 2단계: 장식처럼 동원되는 단계

사업이 성인에 의해 주도되고 운영된다. 청소년은 행사나 활동들에 대해 제한적으로 이해하며 조직화 과정에서 참여도 없다.

3) 3단계: 명목상으로 참여하는 단계

사업이 성인에 의해 주도되고 운영된다. 청소년은 자문을 제공할 수는 있으나, 의제를 형성하거나 환류에 대한 기회는 제공받지 않는다. 성인들은 청소년을 이해관계자로 여기는 척 할 수 있다.

4) 4단계: 성인이 주도하지만 정보는 제공받는 단계

참여가 시작되는 단계이다. 사업은 성인이 주도하고 운영하지만, 청소년이 그 의도를 이해하며 누가, 왜, 어떠한 결정을 내린 것인지 알고 사업을 이해한 후에는 사업에서 의미있는 역할을 담당하며 사업에 참여한다.

5) 5단계: 성인이 정보를 제공하고 협의하는 단계

성인이 사업을 고안하고 운영하지만, 청소년의 의견이 진지하게 다루어지며 청소년은 과정을 이해하고 자문을 제공한다.

6) 6단계: 성인주도로 청소년과 의사결정을 공유하는 단계

　　진정한 참여가 시작되는 단계이다. 성인이 사업을 주도하지만, 청소년과 의사결정을 동등하게 공유한다. 청소년은 사업의 핵심 관계자로 간주된다. 이때 성인이 청소년 참여에 대한 유능성이나 확신을 갖지 못하면 다음 단계로 넘어가기 어렵다.

7) 7단계: 청소년이 주도하고 감독하는 단계

　　청소년이 성인의 참여 없이 사업을 시작하고 운영하는 단계이다. 성인은 관찰자로 존재하면서 청소년의 활동에 대해 인식을 하지만, 통제는 하지 않는 단계이다.

8) 8단계: 청소년 주도로 성인과 의사결정을 공유하는 단계

　　청소년이 사업을 주도/관리하고 성인과 의사결정을 공유하며 관련기술에 대해 성인을 지도자와 코치로 활용하는 단계이다.

📁 기출문제 확인학습

하트 (Hart)의 청소년참여 사다리 모델 (the ladder of participation model)

1) 청소년참여의 가장 높은 8단계를 항상 지향해야 하는 것은 아니다.

2) 청소년은 참여의 조작적 단계(manipulation)에서 프로그램이나 행사와 같은 쟁점에 대해 이해하지 못하며, 성인으로부터 이해관계자로 인정받지 못한다.

3) 청소년은 참여의 명목적 단계(tokenism)에서 의제에 대해 자문을 제공할 수 있지만, 의제형성이나 피드백 기회를 제공받지 못한다.

4) 청소년참여 원리 중 가장 중요한 것은 '정보가 주어진 상태에서의 선택권(informed choice)'이다.

'아동의 권리에 관한 국제협약' (약칭 아동권리협약) – 법적 구속력 있음

1) 개념

　　아동권리협약은 스스로 자기의 주장을 완전하게 할 수 없고 스스로의 욕구를 충족시킬 수도 없는 사회적 약자인 아동을 권리의 주체로 규정하고, 당사국이 이들의 권리를 보장하기 위하여 이행하여야 할 바를 규정한 국제적 조치이다.

2) 과정

　　1924년 국제연맹총회의 5개 항목으로 구성된 '아동의 권리에 관한 제네바선언'에서 출발하여 이후 1959년 유엔총회에서 제네바선언을 기초로 한 10개 항목의 아동권리선언이 채택되었고, 1989년 11월 20일 국제 연합 총회에서 채택되었으며, 1990년 9월 2일 발효되었다. 2010년 5월 5일까지 193개국이 비준하였다 '아동권리협약'이라고도 한다. 대한민국은 1990년 9월 25일 아동의 권리에 관한 협약에 서명하고, 1991년 11월 20일 비준하여 조약당사국이 되었다.

> * 아동권리협약 채택 (유엔)-1989년 / 발효-1990년
> * 한국 아동권리협약 서명 (가입)-1990년 / 비준-1991년

3) 아동권리협약[9](1989)의 일반원칙(개인차 원칙은 없음)

　(1) 무차별의 원칙

　　　비준국은 아동을 인종, 피부색, 성별, 언어, 종교, 정치적 의견 등 어떠한 종류의 차별 없이 협약에 규정된 권리를 존중하고 각 아동에게 보장하여야 하며, 국가는 모든 형태의 차별이나 처벌로부터 아동을 보호하도록 모든 적절한 조치를 취하여야 한다.

---

9) 아동권리협약은 아동의 생존권, 보호받을 권리, 발달권, 참여권을 규정하였다.

(2) 아동의 최선의 이익의 원칙

공공 또는 사적 사회복지기관, 법원, 행정당국 등에 의해 실시되는 아동에 관한 모든 활동에 있어서 아동의 최선의 이익이 최우선적으로 고려되어야 한다.

(3) 아동의 생명존중 및 발달보장의 원칙

비준국은 모든 아동이 생명에 관한 고유의 권리를 가지고 있음을 인정하며, 가능한 한 최대한도로 아동의 생존과 발달을 보장하여야 한다.

(4) 아동의 의견존중의 원칙

비준국은 자기의 의견을 표명할 수 있는 아동에 대하여 그 아동에 영향을 주는 모든 사항에 대하여 자유로이 자기의 의견을 표명할 권리를 보장하면서 이때 아동의 권리는 그 연령 및 성숙에 따라 중시된다.

4) 아동의 생존권, 보호받을 권리, 발달권, 참여권 (**암기법** 생보발참)을 규정하고 있으며, 발달권에는 초등교육의 무상 의무교육, 중등교육의 장려, 고등교육의 개방이 포함된다.

7) 공식적인 청소년 정책 참여 기구

청소년특별회의, 청소년참여위원회, 청소년운영위원회, 청소년소리기자단[10], 청소년옴부즈맨[11], 청소년의회 등

(1) 청소년특별회의

① 청소년기본법 제12조

국가는 범정부적 차원의 청소년육성 정책 과제의 설정, 추진 및 점검을 위하여 청소년분야의 전문가와 청소년이 참여하는 청소년특별회의를 매년 개최하여야 한다.

② 문제점

청소년특별회의 구성원의 대표성 문제, 정책의제에 대한 전반적인 공감대 부족, 추진일정의 가변성, 대국민 홍보부족, 구성원의 명확한 역할 정립 미비를 들 수 있다.

(2) 청소년참여위원회

① 청소년참여위원회는 중앙부처와 지방자치단체에 청소년정책이나 활동에 대한 정책자문 및 건의와 다양한 자율, 참여활동을 시행하는 청소년으로 구성된 자치기구이다.

② 문제점

공개선발과 단체 추천 등을 통하여 선발된 소수의 청소년 참여위원이 다양한 계층의 청소년 의견을 대변할 수 없는 한계가 있다.

---

10) 청소년보호 정책에 대한 청소년들의 건전한 의견을 수렴하고자 결성된 모임

11) 청소년 옴부즈맨은 우선 청소년의 권리가 침해당하고 있는 가정·학교·지역사회 등 다양한 사회적 상황과 언론 등에서 나타나고 있는 침해 사례로부터 청소년들이 스스로 자신들의 권리를 찾을 수 있도록 모니터하는 일을 맡는다.

(3) 청소년운영위원회

① 청소년활동진흥법 제4조

청소년수련시설을 설치, 운영하는 개인, 법인, 단체 및 수련시설 운영단체는 청소년활동을 활성화하고 청소년의 참여를 보장하기 위하여 청소년으로 구성되는 청소년 운영위원회를 운영하여야 하며, 수련시설 운영단체의 대표자는 청소년운영위원회의 의견을 수련시설 운영에 반영하여야 한다.

② 문제점

일부 청소년운영위원회를 제외하고는 대부분 청소년들의 실질적인 참여가 보장되지 못하고 있고, 운영위원의 대표성에 문제가 제기되고 있다.

📁 **기출문제 확인학습**

대한민국 청소년 박람회

1) 청소년의 달(5월)에 개최하는 국내 최대 규모의 청소년축제의 장이다.

2) 청소년의 참여와 체험, 소통을 위한 주제별 공간을 마련하여 청소년들에게 새로운 문화콘텐츠를 공유, 창출, 확산하는 기회를 제공한다.

제7절 | 아동, 청소년 자립지원[12] - 취약계층 아동, 청소년의 자립을 중심으로

1) 현 실태

(1) 우리나라는 취약계층 아동, 청소년의 자립을 지원하기 위해 「아동복지법」과 「청소년기본법」, 「청소년복지 지원법」 등에 이러한 청소년자립지원을 명시하고 있으며, 이를 통해 아동양육시설 및 가정위탁청소년 등을 대상으로 디딤씨앗통장 등의 경제지원, 자립생활관을 통한 주거지원이 실시되기 시작하고 있다.

(2) 고용노동부의 '청년층 뉴스타트 프로젝트' 서비스 등을 통한 직업훈련과 취업지원 등도 실시하고 있으며, 양육시설을 중심으로 한 '자립준비 프로그램'과 학업중단청소년(학교밖 청소년)을 대상으로 한 '꿈 드림 프로그램' 등도 효과적으로 평가되고 있다.

2) 아동, 청소년 자립지원의 필요성

(1) 취약 아동, 청소년들이 건강한 자립을 달성하기 위해서는 물질적 지원뿐 아니라 심리적 및 환경적 지원을 포괄하는 다양한 영역에서의 체계적인 자립지원 서비스가 필요하다.

(2) 이러한 맥락에서 국내외 연구자들에 의하여 크게 자립에 기초를 이루는 심리, 정서, 신체의 건강과 이를 바탕으로 한 직업 유지 및 지속적인 학업 등의 자립지원 서비스 영역이 제안되었다.

(3) 특히 제안 중에는 다른 사람들과의 관계와 지역사회 자원을 잘 활용하여 스스로의 독립상태를 건강하게 잘 유지할 수 있도록 사회성 기술, 대인관계 기술, 지역사회 자원 활용 등의 내용을 포함하고 있는 경우가 많았으며 이러한 서비스 영역은 가정 내 지원이 어려운 양육시설, 그룹홈(공동생활가정), 가정위탁 청소년과 학교 내 지원이 어려운 가출청소년, 학업중단청소년(학교밖 청소년)에게 다양한 종류의 자립지원 서비스가 필요함을 강조하고 있다.

(4) 취약 아동, 청소년에 대한 통합적이고 체계적인 자립지원 정책 방안과 구체적인 자립지원 서비스 내용에 대한 현실적 요구가 증가하고 있으며, 이를 정책적으로 구현하기 위한 종합적 논의가 필요한 상황이다.

(5) 특히, 시설보호 청소년을 중심으로 마련되기 시작한 자립지원방안을 기초로 하여 그룹홈(공동생활가정), 가정위탁, 가출청소년과 학업중단청소년(학교밖 청소년) 등의 취약 아동, 청소년의 자립을 지원하기 위한 방안을 모색해 보고, 특히 이들에게 지원될 수 있는 지원들의 공통적이고 차별적인 지원 내용 및 인프라, 서비스 내용을 구상해 볼 필요가 있다.

---

12) 배주미 외, 취약아동 청소년자립지원 정책 및 서비스에 대한 현장전문가 델파이조사, 한국청소년연구, 2011, 수정 인용

1) 개념

지역주민, 기관, 단체 등 지역 내 활용가능한 자원의 연계를 통해 청소년안전망(지역사회청소년통합지원체계)을 구축하여 위기상황에 처한 청소년들을 발견하고 통합적인 상담복지 서비스를 제공하는 사업이다.

2) 주요 사업연혁

(1) 2006년 위기청소년사회안전망 시범운영(5개 시·도 청소년상담복지센터)

(2) 2009년 「지역사회청소년통합지원체계 구성 및 운영에 관한 규정」(총리훈령) 공포·시행

(3) 2011년 지역사회청소년통합지원체계(CYS-Net) 운영의 법적근거 마련 (「청소년복지지원법」전부개정)

(4) 2019년 「CYS-Net」사업 명칭이 「청소년안전망」으로 사업명 변경

(5) 2019년 지자체 청소년안전망 선도사업 시범운영 시행

(6) 2021년 위기청소년통합지원정보시스템 추진

3) 서비스대상

9 ~ 24세 청소년 및 학부모

4) 추진방향

(1) 지역사회 기반의 청소년사회안전망 확대

(2) 위기청소년 발견·보호·지원을 위해 '헬프콜 청소년전화 1388' 및 '청소년동반자' 운영 확대

(3) 지역사회 청소년 유관기관 및 단체 등 협력체계(1388청소년지원단) 강화

5) 추진절차

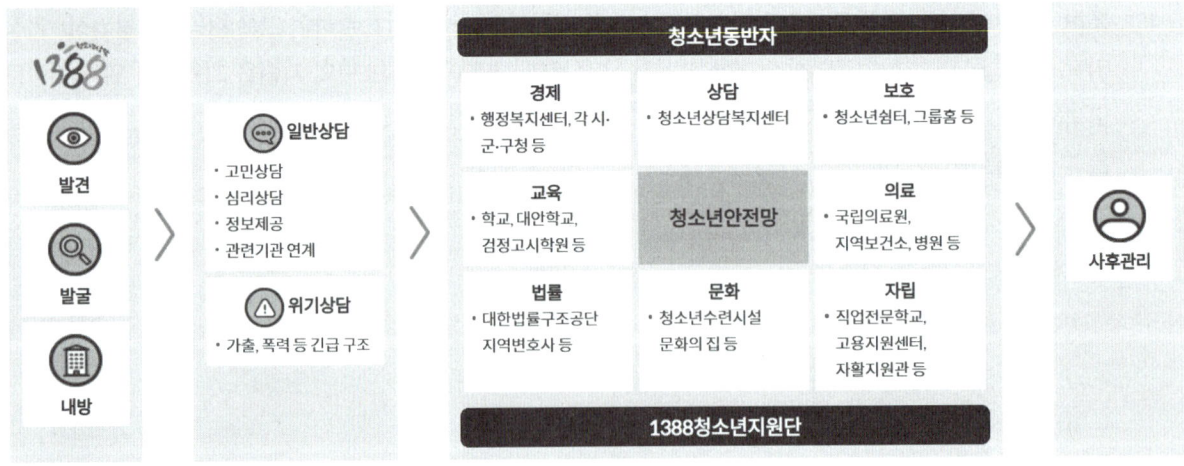

---

13) 출처 : 한국청소년상담복지개발원 홈페이지 수정인용

6) 주요 내용

청소년 가출, 폭력 등과 같은 위기문제나 심리정서적 문제로 도움이 필요한 경우, 언제든지 지역내 청소년상담복지센터를 통해 위기개입, 긴급구조, 일시보호 등 다양한 청소년안전망 서비스를 제공 받을 수 있다.

(1) 청소년전화 1388

- 365일 24시간 청소년과 관련된 고민상담에서부터 긴급한 위기문제 해결까지 종합적인 서비스를 받을 수 있는 청소년전화1388을 운영·지원한다.

(2) 청소년동반자

- 도움이 필요한 위기청소년을 직접 찾아가 정서적 지지, 심리상담, 지역자원 및 기관연계 등 필요한 서비스를 제공하는 청소년동반자(Youth Companion) 프로그램을 운영·지원한다.

(3) 1388청소년지원단

- 위기청소년을 조기에 발견하고 지원하는 역할을 수행하기 위한 민간의 자발적 참여조직으로서 전국의 청소년상담복지센터에 소속되어 '발견·구조', '의료·법률', '복지지원', '상담·멘토' 등의 다양한 활동을 수행한다.
- 지역사회 내 약국, 병원, PC방, 노래방, 택시회사, 학원, 자원봉사자, 변호사, 교사 등이 참여하여 위기청소년에 대한 맞춤형 서비스를 제공하고 있다.

제1절 | 기타 청소년 이해론에 관한 사항

1 청소년학의 연구방법

1) 청소년 연구의 일반적 단계

(1) 논리적 단계

① 문제발견

연구자는 지적 호기심과 의문을 갖고 사상을 주의 깊게 관찰해야 한다.

예 청소년들은 왜 다른 연령의 사람들보다 또래집단의 영향을 더 많이 받는 것일까?

② 문헌고찰

ㄱ. 연구하려는 문제가 어느 정도 구체화 되면 그 문제와 관련된 이론이나 선행연구를 고찰한다.

ㄴ. 관계 문헌을 고찰하는 주요 목적은 가설을 형성하기 위한 근거를 찾는 데 있다.

ㄷ. 연구문제와 관련된 문헌만을 체계적으로 수집하고 분석해야 하며 이는 연구에 대한 상당한 경험과 지식을 필요로 한다.

③ 가설설정

ㄱ. 가설이란 변인과 변인 간의 관계를 진술한 것으로 연구자가 내린 잠정적인 결론이다.

ㄴ. 가설은 변인 간의 관계로 진술하되, 경험적으로 검증될 수 있는 것이어야 한다.

ㄷ. 문헌고찰을 통해 독립변인과 종속변인을 명료화한 다음 기대되는 결론을 논리적으로 추론하여 진술해야 한다.

(2) 방법론적 단계

① 연구설계

ㄱ. 연구문제의 해결방안이나 가설검증 방법을 체계적으로 계획한 것이다.

ㄴ. 연구자가 고려해야 할 핵심적인 사항

연구대상의 표집, 자료수집 방법과 분석방법, 연구 설계의 실행방안 등에 관한 것이다.

② 도구제작

ㄱ. 도구란 크게 두 가지의 의미가 있다.

가. 어떤 현상이나 행동특성을 관찰하고 조사하는 데 사용되는 측정도구이다.

　　　　나. 연구의 조건이나 상황을 제시하고 규정하는 실험처치의 내용이다.

　　　ㄴ. 연구자가 직접 측정도구를 제작하거나 기존의 도구들 중에서 특정한 것을 선택할 때는 도구의 타당도와
　　　　신뢰도 등을 고려하여 최적의 도구를 선정하여야 한다.

　　　ㄷ. 실험처치 도구를 고안할 때도 처치의 상황이나 조건을 구체적으로 명시하고 객관화시켜야 한다.

　③ 자료수집

　　　ㄱ. 연구설계 안에 따라 실험연구이면 실험을, 조사 연구이면 조사를 수행한다.

　　　ㄴ. 유의할 점은 조건통제를 엄격하게 하여 연구의 타당성을 높이는 일이다.

　　　ㄷ. 미리 설계된 방법과 도구를 가지고 필요한 자료를 수집하게 되는데 객관적인 절차에 의해 자료를 수집해야 한다.

　　　ㄹ. 관찰이나 면접을 통한 자료수집에서는 사전에 훈련을 잘 받은 사람들이 이를 담당해야 한다.

(3) 결론도출 단계

　① 자료 분석

　　　ㄱ. 연구자는 수집된 자료를 체계적으로 정리하고 의미 있게 재조직하고 분석하는 작업을 해야 한다.

　　　ㄴ. 자료 분석이란 관찰이나 실험 또는 조사 등의 방법으로 수집한 정리되지 않은 상태의 원 자료에 대해 어
　　　　떤 질서를 부여하는 일이다.

　　　ㄷ. 연구 설계를 할 때 자료를 어떤 기준으로 분석·조직하고 어떤 통계방법을 이용하여 가설을 검증할 것인
　　　　가 등에 관한 사전계획에 따라 체계적으로 자료를 분석한다.

　② 결과 평가

　　　ㄱ. 연구결과의 평가는 연구에서 발견한 사실을 바탕으로 가설의 긍정 여부를 판단하고 연구를 진행하는 과
　　　　정에서 있었던 문제들을 전반적으로 검토하고 논의하여 연구의 결론을 도출하는 것이다.

　　　ㄴ. 연구자는 지적으로 정직해야 하며 개방적인 자세로 연구에 임하여야 한다.

　③ 결과 보고

　　　ㄱ. 다른 사람들에게 자기가 수행한 연구결과를 알려 주기 위하여 보고서를 작성한다.

　　　ㄴ. 보고서 작성은 실제 연구를 수행하는 일 못지않게 중요한 작업이다.

　　　ㄷ. 연구보고서에는 연구목적과 연구문제, 연구방법과 절차, 결과 및 해석 등을 포함시키되, 논리적이고 체
　　　　계적인 방법으로 진술되어야 한다.

　　　ㄹ. 연구보고서는 솔직하고 간결하게 오직 사실대로만 기술되어야 한다.

2) 연구유형

(1) 상관연구

　① 상관연구(correlational study)란 인간의 심리 및 발달에 영향을 미치는 여러 변인들의 상호 관련성을 밝히기
　　위한 연구를 말한다.

　　　예 청소년의 TV 시청 시간과 사회성 발달수준 간의 관계, 가정의 심리적 환경과 청소년의 공격적 행동과의
　　　　관계 등

② **변인 간에 부적 상관** : TV를 보는 시간이 길수록 청소년의 사회성이 낮다는 연구결과를 얻었을 경우

(2) 실험연구

① 실험연구는 인간 심리에 영향을 미치는 변인들 간의 인과관계를 밝히기 위한 연구이다.

② 실험집단과 통제집단의 설정 - 무작위 할당, 조작, 비교의 3요소가 필요하다.

③ 실험연구는 독립변인의 처치조건을 다양화함으로써 여러 형태의 인과관계를 밝혀볼 수 있는 장점이 있다.

④ 실험연구는 변인들 간의 인과적 관계를 보여주는 가치 있는 방법이기는 하지만 실험조건의 인위성으로 인해 많은 문제점을 노출시키기도 한다.

(3) 사례연구

① 사례연구란 한두 명의 조사 대상자를 대상으로 얻은 연구결과를 바탕으로 발달 및 심리기제의 일반적인 양상을 추론하는 연구방법을 말한다.

② 상담이나 심리치료 분야에서 소수 내담자의 문제행동 치료과정에서 상담관계와 상담기술 및 개선과정을 자서전적 방법으로 상세히 기술하여 보고하게 함으로써 이와 유사한 증상의 다른 내담자에게 특정 상담방법을 적용할 수 있다.

③ **사례연구의 장점** : 관찰, 실험, 면접 등 다양한 기법을 동시에 사용하여 개인의 발달과 심리적 특징의 변화과정을 면밀히 분석해 낼 수 있다.

④ **사례연구의 단점** : 소수의 사례를 전체 대상에게 일반화하는 등에 따른 문제점이 있다.

3) 자료수집 방법

(1) 자기 보고법

① 자신의 생각, 태도, 관점 등을 스스로 평가하고 보고하는 형식으로서 개인의 심리적 특성에 관한 자료를 수집하는 데 많이 사용되는 방법이다.

② 각종 검사, 질문지, 면접 등이 자기보고에 해당된다.

③ 장점

ㄱ. 타인이 식별해내기 힘든 개인의 내재적 특성을 진단해 낼 수 있다.

ㄴ. 짧은 시간에 많은 정보를 수집할 수 있다.

ㄷ. 보고결과의 수량화를 통한 과학적 분석이 용이하다.

④ 단점

ㄱ. 조사 대상자 자신의 주관적 판단이 작용할 수 있다.

ㄴ. 반응의 허구성을 완전히 차단하기 어렵다.

ㄷ. 내적 성찰능력이 부족하거나 언어능력에 한계가 있는 조사대상자들에게는 적용하기 어렵다.

(2) 관찰법

① 관찰법은 처치의 효과를 연구자가 직접 확인할 수 있으며 비교적 자연스러운 상황에서 진실된 반응을 수집할 수 있어 연구결과의 신뢰성을 높일 수 있다.

② 관찰법의 종류

　ㄱ. **자연적 관찰법** : 자연스러운 상황에서 피험자의 반응이나 행동을 확인하는 방법

　ㄴ. **실험실적 관찰법** : 인위적 상황에서 피험자의 반응과 행동을 확인하는 방법

　ㄷ. **참여 관찰법** : 연구자가 피험자의 생활환경에 직접 참여하여 피험자의 보다 진실된 반응을 확인하는 방법

③ 자연적 관찰법

　ㄱ. **장점** : 일상적 장면에서 피험자의 행동을 있는 그대로 관찰하는 방법으로 가장 진실되고 정확한 자료를 수집할 수 있다.

　ㄴ. **단점** : 관찰하고자 의도한 행동을 쉽게 관찰할 수 없다는 점과 시간과 노력이 많이 소요된다.

④ 참여 관찰법

연구자가 피험자의 생활환경에 직접 참여하여 피험자들과 같이 생활하고 행동함으로써 더욱 진실되고 심층적인 반응을 확보하기 위한 방법이다.

⑤ 실험실적 관찰법

자연적 관찰법의 한계를 극복하기 위하여 관찰하고자 하는 상황을 인위적으로 만들어 놓고 그 상황에서 일어나는 행동을 관찰하는 것이다.

4) 연구의 윤리적 문제

(1) 연구자가 반드시 지켜야 할 의무는 연구의 대상이 되는 모든 청소년에게 복지와 품위, 권위를 지켜 주는 것이다.

(2) 윤리성에 관한 질문들

① 연구자가 청소년들에게 질문지를 통해 그들 부모의 양육방법과 가족 내 대화 정도를 묻는다면 그것이 대상 청소년이나 그들 부모에게 프라이버시 침해가 되지는 않는가?

② 실험을 하면서 실험대상에게 좌절이나 스트레스를 주는 것이 윤리적으로 합당한 행위인가?

③ 자연 상황에서 그들의 동의 없이 특정 행동을 관찰하는 것이 윤리적으로 가능한가?

⊘ **보충**

청소년 연구에 있어 윤리적 규칙을 위한 제안

1) 연구자는 자신의 권리보다 청소년의 권리를 우선으로 생각해야 한다.

2) 연구자는 연구 참여 청소년들에게 연구의 의도와 절차 및 참여자로서의 역할 등에 대해 사전에 충분한 정보를 제공해야 한다.

3) 연구자는 육체적으로나 심리적으로 해를 줄 수 있는 조작은 하지 말아야 한다.

4) 연구자는 연구결과의 학문적 가치와 관계없이 그것이 청소년의 성장과 실제 행동에 나쁜 영향을 미칠 수 있다고 판단될 경우 이를 대중에 발표하지 않아야 한다.

5) 연구자는 과학적인 태도와 더불어 도덕적 성실성, 정직성, 타인의 권리에 대한 존경심 등을 갖추어야 한다.

제2절 | 최신 기출내용

1 진로선택 및 진로발달을 설명하는 학자와 주요 개념

1) 로우(A. Roe)의 욕구이론

부모의 양육방식(회피형, 정서집중형, 수용형)과 가정 분위기(따뜻한 부모–자녀관계, 차가운 부모–자녀관계)가 직업선택에 영향을 미친다.

2) 긴즈버그(E. Ginzberg)의 진로발달단계 및 직업선택이론

환상기 – 잠정기 – 현실기로 구분하였다.

3) 블라우(P. Blau)와 밀러(Miller)의 사회학적 이론

개인을 둘러싼 가정, 학교, 사회·문화적 환경 등 개인이 통제할 수 없는 사회적 요인이 개인의 직업선택과 발달에 중요한 영향을 미친다.

4) 수퍼(D. Super) 이론

생애진로발달단계로 성장기 – 탐색기 – 확립기 – 유지기 – 쇠퇴기의 순서를 제시하였으며, 생애역할은 생애진로 무지개이론을 통해 9가지 역할을 제시하였다.

5) 크럼볼츠(J. Krumboltz)의 사회학습 진로이론

유전과 특별한 능력, 환경적 사건, 과제접근 기술, 학습경험이 직업선택에 영향을 미친다.

6) 데이비스와 롭퀴스트(Dawis & Lofquist)의 직업적응이론

직업적응이란, 개인과 환경이 요구하는 것과 개인의 욕구의 조화를 통해 직무에 만족하고 유지하고자 하는 것이다.

7) 갓프레드슨(L. Gottfredson)의 진로포부이론

개인이 자신에 대해서 인식하는 자아개념(고유한 내적 자아 지향성)에 일치하는 직업을 선택한다.

2 문화변동의 유형

1) 문화전계(Cultural transmission)

지도와 학습을 통해 문화가 세대와 세대에 걸쳐 전달, 전수되는 현상이다.

2) 문화접변(Acculturation)

특정 문화유형이 다른 문화유형과 상호작용을 거쳐 또 다른 제3의 문화유형을 만들어 내는 현상이다.

3) 문화이식(Cultural Transplantation)

특정 지역 혹은 특정집단의 지배문화가 다른 지역 혹은 집단에게 급속하게 전파되는 현상이다.

4) 문화결핍(Cultural Deprivation)

특별히 행동 형성의 준거가 되는 문화적 요소가 부족하거나 박탈되어 있는 상태이다.

5) 문화지체(Cultural Lag)

문화를 구성하는 요소들 간의 변동의 차이로 인해 시간이 경과함에 따라 이들 문화요소들 간의 간격이 점점 벌어지는 현상이다.

3 소년법상 보호처분에 관한 설명

소년법 제32조(보호처분의 결정)

① 소년부 판사는 심리 결과 보호처분을 할 필요가 있다고 인정하면 결정으로써 다음 각 호의 어느 하나에 해당하는 처분을 하여야 한다.

  1. 보호자 또는 보호자를 대신하여 소년을 보호할 수 있는 자에게 감호 위탁

  2. 수강명령

  3. 사회봉사명령

  4. 보호관찰관의 단기(短期) 보호관찰

  5. 보호관찰관의 장기(長期) 보호관찰

  6. 「아동복지법」에 따른 아동복지시설이나 그 밖의 소년보호시설에 감호 위탁

  7. 병원, 요양소 또는 「보호소년 등의 처우에 관한 법률」에 따른 의료재활소년원에 위탁

  8. 1개월 이내의 소년원 송치

  9. 단기 소년원 송치

  10. 장기 소년원 송치

② 다음 각 호 안의 처분 상호 간에는 그 전부 또는 일부를 병합할 수 있다.

  1. 제1항 제1호·제2호·제3호·제4호 처분

  2. 제1항 제1호·제2호·제3호·제5호 처분

  3. 제1항 제4호·제6호 처분

  4. 제1항 제5호·제6호 처분

  5. 제1항 제5호·제8호 처분

③ 제1항 제3호의 처분은 14세 이상의 소년에게만 할 수 있다.

④ 제1항 제2호 및 제10호의 처분은 12세 이상의 소년에게만 할 수 있다.

⑤ 제1항 각 호의 어느 하나에 해당하는 처분을 한 경우 소년부는 소년을 인도하면서 소년의 교정에 필요한 참고자료를 위탁받는 자나 처분을 집행하는 자에게 넘겨야 한다.

⑥ 소년의 보호처분은 그 소년의 장래 신상에 어떠한 영향도 미치지 아니한다.

소년법 제33조(보호처분의 기간)

① 제32조 제1항 제1호·제6호·제7호의 위탁기간은 6개월로 하되, 소년부 판사는 결정으로써 6개월의 범위에서 한 번에 한하여 그 기간을 연장할 수 있다. 다만, 소년부 판사는 필요한 경우에는 언제든지 결정으로써 그 위탁을 종료시킬 수 있다.

② 제32조 제1항 제4호의 단기 보호관찰기간은 1년으로 한다.

③ 제32조 제1항 제5호의 장기 보호관찰기간은 2년으로 한다. 다만, 소년부 판사는 보호관찰관의 신청에 따라 결정으로써 1년의 범위에서 한 번에 한하여 그 기간을 연장할 수 있다.

④ 제32조 제1항 제2호의 수강명령은 100시간을, 제32조 제1항 제3호의 사회봉사명령은 200시간을 초과할 수 없으며, 보호관찰관이 그 명령을 집행할 때에는 사건 본인의 정상적인 생활을 방해하지 아니하도록 하여야 한다.

⑤ 제32조 제1항 제9호에 따라 단기로 소년원에 송치된 소년의 보호기간은 6개월을 초과하지 못한다.

⑥ 제32조 제1항 제10호에 따라 장기로 소년원에 송치된 소년의 보호기간은 2년을 초과하지 못한다.

⑦ 제32조 제1항 제6호부터 제10호까지의 어느 하나에 해당하는 처분을 받은 소년이 시설위탁이나 수용 이후 그 시설을 이탈하였을 때에는 위 처분기간은 진행이 정지되고, 재위탁 또는 재수용된 때로부터 다시 진행한다.

4 청소년복지 지원법령상 청소년부모에 대한 가족지원서비스 및 복지지원

청소년복지 지원법 제18조의2(청소년부모에 대한 가족지원서비스)

① 국가 및 지방자치단체는 청소년부모에게 다음 각 호의 가족지원서비스를 제공할 수 있다.

1. 아동의 양육 및 교육 서비스
2. 「지역보건법」 제11조 제1항 제5호 사목에 따른 방문건강관리사업 서비스
3. 교육·상담 등 가족 관계 증진 서비스
4. 그 밖에 대통령령으로 정하는 청소년부모에 대한 가족지원 서비스

청소년복지 지원법 시행령 제10조의2(청소년부모에 대한 가족지원서비스 및 복지지원)

① 법 제18조의2 제1항 제4호에서 "대통령령으로 정하는 청소년부모에 대한 가족지원 서비스"란 다음 각 호의 서비스를 말한다.

1. 자녀양육 지도, 정서지원 등의 생활도움 서비스
2. 청소년부모에 필요한 서비스 연계 등을 통한 통합지원관리 서비스

② 법 제18조의3 제2항에서 "생활지원, 의료지원, 주거지원, 청소년활동지원 등 대통령령으로 정하는 내용"이란 다음 각 호의 내용을 말한다.

1. 청소년부모와 그 자녀의 의식주 등 기초생활을 유지하는 데에 필요한 지원
2. 청소년부모와 그 자녀의 건강관리를 위한 의료기관 연계 및 상담서비스 지원
3. 청소년부모에게 필요한 법률상담, 소송대리 등 법률구조서비스 연계 지원
4. 그 밖에 청소년부모의 성장과 그 자녀의 안정적 양육을 위하여 필요하다고 성평등가족부장관이 인정하여 고시하는 복지지원

③ 법 제18조의2 제1항에 따른 가족지원서비스 및 법 제18조의3 제1항에 따른 복지지원은 「국민기초생활 보장법」, 「긴급복지지원법」, 「의료급여법」, 「사회복지사업법」, 「아이돌봄 지원법」, 「영유아보육법」 및 「유아교육법」 등 다른 법령에 따라 동일한 내용의 지원을 받지 않는 청소년부모를 대상으로 한다.

④ 법 제18조의2 제1항에 따른 가족지원서비스 및 법 제18조의3 제1항에 따른 복지지원 대상자는 가구소득이 「국민기초생활 보장법」 제2조 제11호에 따른 기준 중위소득의 일정 비율 이하인 사람 중에서 재산정도 및 취업상태 등을 고려하여 선정한다. 이 경우 해당 비율은 성평등가족부장관이 정하여 고시한다.

⑤ 법 제18조의2 제1항에 따른 가족지원서비스 및 법 제18조의3 제1항에 따른 복지지원 기간은 1년으로 하며, 필요한 경우 성평등가족부장관이 정하여 고시하는 바에 따라 연장할 수 있다. 다만, 지원 대상자가 지원 기간 중에 24세에 도달하는 경우 지원 기간은 해당 연도의 마지막 날까지로 한다.

5 청소년복지 지원법령상 청소년의 건강보장

청소년복지 지원법 시행령

제2조(청소년의 건강 증진 및 체력 향상을 위한 시책)

국가 및 지방자치단체는 법 제5조 제1항에 따른 청소년의 건강 증진과 체력 향상을 위한 시책으로서 청소년이 참가하는 체육대회를 장려하고, 청소년 스포츠 동호인 활동을 적극 지원하며, 예산의 범위에서 체육대회 개최 및 동호인 활동에 필요한 경비를 지원할 수 있다.

제3조(청소년 건강·체력 기준의 설정·보급)

성평등가족부장관은 법 제5조 제2항에 따라 청소년의 건강·체력 기준을 설정하고 보급하여야 하며, 청소년의 성장 환경을 고려하여 5년 이내의 기간마다 청소년의 건강·체력 기준을 새로 설정하여야 한다.

6 청소년복지 지원법령상 청소년 우대 대상

청소년복지 지원법 시행령 제1조의2(청소년의 우대)

① 「청소년복지 지원법」 제3조제1항 또는 제2항에 따라 이용료를 면제받거나 할인받을 수 있는 시설의 종류는 다음 각 호와 같다.

1. 「대중교통의 육성 및 이용촉진에 관한 법률」 제2조제2호에 따른 대중교통수단
2. 「청소년활동 진흥법 시행령」 제17조제1항에 따른 청소년이용시설

② 법 제3조제1항 또는 제2항에 따라 이용료를 면제받거나 할인받을 수 있는 청소년은 다음 각 호의 어느 하나에 해당하는 청소년으로 한다.

1. 9세 이상 18세 이하인 청소년
2. 「초·중등교육법」 제2조에 따른 학교에 재학 중인 18세 초과 24세 이하인 청소년

7 청소년복지 지원법령상 생리용품 지원을 받을 수 있는 여성청소년

청소년복지 지원법 시행령 제3조의2(생리용품 지원의 대상과 방법 등)

① 국가 및 지방자치단체는 법 제5조제3항에 따라 다음 각 호에 해당하는 사람 또는 그 사람의 가구원인 여성청소년을 대상으로 생리용품을 지원한다.

1. 「국민기초생활 보장법」 제2조제10호의 차상위계층에 해당하는 사람
2. 「국민기초생활 보장법」 제7조에 따른 생계급여, 주거급여, 의료급여 또는 교육급여의 수급자
3. 「한부모가족지원법」 제5조 및 제5조의2에 따른 지원대상자
4. 그 밖에 성평등가족부장관이 생리용품 지원이 필요하다고 인정하는 사람

② 국가 및 지방자치단체는 제1항에 따른 여성청소년에게 생리용품을 직접 지급하거나 생리용품의 이용권[생리용품을 이용할 수 있도록 금액이나 수량이 기재(전자적 또는 자기적 방법에 의한 기록을 포함한다)된 증표를 말함]을 지급할 수 있다.

③ 국가 및 지방자치단체는 지원 대상 결정 등 생리용품 지원 업무를 수행하기 위하여 「사회보장기본법」 제37조 제2항에 따른 사회보장정보시스템을 연계하여 사용할 수 있다.

④ 제2항에 따라 생리용품 또는 생리용품의 이용권을 지급받으려는 여성청소년은 성평등가족부령으로 정하는 바에 따라 특별자치시장·특별자치도지사 또는 시장·군수·구청장(자치구의 구청장을 말한다)에게 신청해야 한다.

⑤ 제1항부터 제4항까지에서 규정한 사항 외에 지원에 필요한 신청 절차 및 방법 등에 관하여 필요한 사항은 성평등가족부령으로 정한다.

8 청소년복지 지원법령상 지역사회 청소년통합지원체계에 반드시 포함되어야 하는 필수연계 기관

청소년복지 지원법 시행령 제4조(지역사회 청소년통합지원체계 구성 등)

① 법 제9조제1항에 따른 지역사회 청소년통합지원체계는 다음 각 호의 기관 또는 단체(이하 "필수연계기관"이라 한다)를 반드시 포함하여 구성하여야 한다.

1. 법 제29조에 따른 청소년상담복지센터 및 법 제31조에 따른 청소년복지시설
2. 「성매매방지 및 피해자보호 등에 관한 법률」 제9조제1항제2호에 따른 청소년 지원시설
3. 「청소년기본법」 제3조제8호에 따른 청소년단체
4. 「지방자치법」 제2조에 따른 지방자치단체
5. 「지방교육자치에 관한 법률」에 따른 특별시·광역시·특별자치시·도 및 특별자치도 교육청 및 교육지원청
6. 「초·중등교육법」 제2조에 따른 학교
7. 「국가경찰과 자치경찰의 조직 및 운영에 관한 법률」 제13조에 따른 시·도경찰청 및 경찰서
8. 「공공보건의료에 관한 법률」 제2조제3호에 따른 공공보건의료기관
9. 「지역보건법」 제10조에 따른 보건소(보건의료원 포함)
10. 「법무부와 그 소속기관 직제」 제39조의2에 따른 청소년 비행예방센터
11. 「고용노동부와 그 소속기관 직제」 제19조 및 제23조에 따른 지방고용노동청 및 지청
12. 「학교 밖 청소년 지원에 관한 법률」 제12조제1항에 따른 학교 밖 청소년 지원센터
13. 「보호관찰 등에 관한 법률」 제14조에 따른 보호관찰소(보호관찰지소 포함)

9 학교폭력 피해학생과 보호자가 심의위원회 개최를 원하지 않을 때, 학교폭력예방 및 대책에 관한 법률상 학교의 장이 자체적으로 해결할 수 있는 경미한 학교폭력 사건

학교폭력예방 및 대책에 관한 법률 제13조의2(학교의 장의 자체해결)

① 제13조제2항제4호 및 제5호에도 불구하고 다음 각 호에 모두 해당하는 경미한 학교폭력에 대하여 피해학생 및 그 보호자가 심의위원회의 개최를 원하지 아니하는 경우 학교의 장은 학교폭력사건을 자체적으로 해결할 수 있다. 이 경우 학교의 장은 지체 없이 이를 심의위원회에 보고하여야 한다.

  1. 2주 이상의 신체적 · 정신적 치료가 필요한 진단서를 발급받지 않은 경우

  2. 재산상 피해가 없는 경우 또는 재산상 피해가 즉각 복구되거나 복구 약속이 있는 경우

  3. 학교폭력이 지속적이지 않은 경우

  4. 학교폭력에 대한 신고, 진술, 자료제공 등에 대한 보복행위(정보통신망을 이용한 행위 포함)가 아닌 경우

② 학교의 장은 제1항에 따라 사건을 해결하려는 경우 다음 각 호에 해당하는 절차를 모두 거쳐야 한다.

  1. 피해학생과 그 보호자의 심의위원회 개최 요구 의사의 서면 확인

  2. 학교폭력의 경중에 대한 제14조제3항에 따른 전담기구의 서면 확인 및 심의

③ 학교의 장은 제1항에 따른 경미한 학교폭력에 대하여 피해학생 및 그 보호자가 심의위원회의 개최를 원하는 경우 피해학생과 가해학생 사이의 관계회복을 위한 프로그램(이하 "관계회복 프로그램")을 권유할 수 있다.

④ 국가 및 지방자치단체는 관계회복 프로그램의 개발 · 보급 및 운영을 위하여 필요한 경우 행정적 · 재정적 지원을 할 수 있다.

⑤ 그 밖에 학교의 장이 학교폭력을 자체적으로 해결하는 데에 필요한 사항은 대통령령으로 정한다.

10 학교 밖 청소년 지원에 관한 법령상 학교 밖 청소년 실태조사에 포함되어야 할 사항

학교 밖 청소년 지원에 관한 법률 시행규칙 제2조(실태조사의 내용과 방법)

① 「학교 밖 청소년 지원에 관한 법률」 제6조제1항에 따른 학교 밖 청소년에 대한 실태조사에는 다음 각 호의 사항이 포함되어야 한다.

  1. 학교 밖 청소년의 학업중단 시기와 그 원인

  2. 학교 밖 청소년의 신체적 · 정신적 건강상태

  3. 학교 밖 청소년의 가족관계 및 친구관계

  4. 학교 밖 청소년의 경제상태

  5. 학교 밖 청소년의 진로

  6. 학교 밖 청소년 지원 프로그램 활용 현황

  7. 그 밖에 성평등가족부장관이 학교 밖 청소년 지원을 위하여 필요하다고 인정하는 사항

② 제1항에 따른 실태조사는 표본조사의 방법으로 할 수 있다.

③ 성평등가족부장관은 실태조사를 효율적으로 추진하기 위하여 필요한 경우에는 「고등교육법」 제2조에 따른 학교 또는 청소년 정책 관련 연구기관 · 법인 · 단체에 의뢰하여 실시할 수 있다.

④ 성평등가족부장관은 법 제6조제1항에 따라 실태조사의 결과를 성평등가족부의 인터넷 홈페이지에 게시하는 방법으로 공표해야 한다.

⑤ 제1항부터 제4항까지에서 규정한 사항 외에 실태조사 실시에 필요한 세부 사항은 성평등가족부장관이 정한다.

11 청소년 여가활동

1) 신체적 여가활동 : 달리기, 자전거 타기 등 신체를 활용한 심신단련을 목적으로 하는 여가활동을 말한다.

2) 진지한 여가활동 : 독서모임, 토론모임, 문화예술공연 등 창작활동을 목적으로 하는 여가활동을 말한다.

3) 소극적 여가활동 : TV시청 등 미디어 소비나 단순 휴식을 목적으로 하는 여가활동을 말한다.

4) 사회적 여가활동 : 종교 활동, 봉사활동, 댄스동아리, 교회 청년모임 등 사회공헌이나 사교를 목적으로 하는 여가활동을 말한다.

5) 구조화된 여가활동 : 청소년캠프 참가, 문화유적지 방문 등 계획이 세워진 일련의 프로그램으로 구성된 여가활동을 말한다.

12 성역할 관련 개념들

1) 성역할 집중화

성역할 고정관념이란 특정 집단(성별)에 속하는 모든 사람이 성별에 따라 동질적인 특징을 갖는다고 보는 관점이다. 예를 들어 '여성은 의존적이고, 남성은 독립적이다' 와 같은 것이다. 청소년기의 남성과 여성은 자신들의 성역할에 대해 스스로 새로운 정의를 내리고 그에 관한 관념을 구체적으로 형성한다. 이와 같이 청소년기에 있어서 성역할에 대한 고정관념의 증가 현상을 '성역할 집중화' 라고 한다. 청소년기는 성별의 신체적인 성장에 있어서 성인 수준에 이른다. 청소년들은 신체적 성장과 더불어 사회로부터 성 관련 기대를 부여받게 된다. 이 시기 사회가 청소년들에게 전통적인 남성과 여성의 성역할에 동조하도록 사회화 압력을 증가시키는 '성역할 집중화' 현상이 일어난다.

2) 성역할 분리화

남성과 여성의 일이 정해져 있다는 것, 예를 들어 '남성은 집밖의 일(회사)을 하고 여성은 집안 일(가사노동)을 담당한다.'는 사고이다.

3) 성역할 정체감

한 개인이 사회가 여(남)성에 적절하다고 규정하는 태도, 특성, 흥미 등의 사회적 역할 기대를 내면화 하는 과정이다.

4) 성역할 동일시

개인이 자신이 남성 또는 여성임을 알고, 자기가 좋아하거나 존경하는 남성 또는 여성의 태도, 가치관, 행동 등을 받아들이는 것이다.

5) 성역할 유형화

개인이 한 사회에서 성역할에 대한 특정한 행동을 기대 받는 것이다.

6) 성역할 사회화

한 사회의 구성원으로서 필요한 성역할을 학습하는 과정이다.

13 **청소년 보호법 제27조(인터넷게임 중독 · 과몰입 등의 예방 및 피해 청소년 지원)**

① 성평등가족부장관은 관계 중앙행정기관의 장과 협의하여 인터넷게임 중독 · 과몰입(인터넷게임의 지나친 이용으로 인하여 인터넷게임 이용자가 일상생활에서 쉽게 회복할 수 없는 신체적 · 정신적 · 사회적 기능 손상을 입은 것을 말한다) 등 매체물의 오용 · 남용을 예방하고 신체적 · 정신적 · 사회적 피해를 입은 청소년과 그 가족에 대하여 상담 · 교육 및 치료와 재활 등의 서비스를 지원할 수 있다.

② 제1항에 따른 지원에 관하여 구체적인 사항은 대통령령으로 정한다.

청소년 보호법 시행령 제23조(인터넷게임 중독 · 과몰입 등의 예방 및 피해 청소년 지원)

① 성평등가족부장관은 법 제27조제1항에 따라 다음 각 호의 사업을 할 수 있다.

1. 청소년의 인터넷게임 중독 · 과몰입 여부 진단
2. 청소년의 인터넷게임 중독 · 과몰입 예방을 위한 교육 · 상담 및 프로그램 개발 · 운영
3. 인터넷게임 중독 · 과몰입 청소년과 그 가족의 치료 · 재활을 위한 프로그램의 개발 · 운영
4. 인터넷게임 중독 · 과몰입 청소년과 그 가족의 치료 · 재활을 위하여 협력하는 병원의 지정
5. 「청소년기본법」 제22조에 따른 청소년상담사 등에 대한 인터넷게임 중독 · 과몰입 전문상담 교육

② 성평등가족부장관은 제1항 각 호의 사업을 수행하기 위하여 관련 기관 및 단체의 장에게 자료의 제출 등 협조를 요청할 수 있다.

③ 성평등가족부장관은 제1항 각 호의 사업을 「청소년기본법」 제3조제8호에 따른 청소년단체 중 청소년 보호를 주된 사업으로 하는 단체에 위탁할 수 있다.

---

memo

청소년 상담사 3급

부록

나눔복지교육원 동영상 강의

CHAPTER 01 청소년상담사 윤리강령

제1절 | 청소년상담사 윤리강령

서문

청소년상담사는 청소년의 인지, 정서, 행동, 발달을 조력하는 유일한 상담전문 국가자격증이다. 청소년상담사는 항상 청소년과 그 주변인들에게 인간으로서의 존엄성을 높이고자 노력하고, 청소년이 스스로 결정할 수 있도록 도와주며, 청소년의 아픔과 슬픔에 대해 청소년상담사로서의 책임을 다한다. 청소년상담사는 청소년이 사랑하는 가족, 이웃과 더불어 행복하게 살아갈 수 있도록 지원하기 위해 다음과 같이 윤리규정을 숙지하고 준수할 것을 다짐한다.

가. 제정 목적

1. 청소년상담사의 책임과 의무를 분명하게 제시하여 내담자를 보호한다.
2. 청소년상담사가 직무 중에 발생하는 문제를 처리할 수 있는 기준을 제공한다.
3. 청소년상담사의 활동이 전문직으로서의 상담의 기능 및 목적에 저촉되지 않도록 기준을 제공한다.
4. 청소년상담사의 활동이 지역사회의 도덕적 기대에 부합하도록 준거를 제공한다.
5. 대한민국 청소년들의 건강 성장을 책임지는 전문가로서의 청소년상담사를 보호하는 기준을 제공한다.

나. 청소년상담사로서의 전문적 자세

(1) 전문가로서의 책임

가) 청소년상담사는 청소년 기본법에 따라 청소년의 권리와 책임을 다할 수 있게 지원해야 한다.

나) 청소년상담사는 자기의 능력 및 기법의 한계를 인식하고, 전문적 기준에 위배되는 활동을 하지 않도록 한다.

다) 청소년상담사는 검증되지 않고 훈련 받지 않은 상담기법의 오·남용을 하지 않도록 유의한다.

라) 청소년상담사는 청소년과 관련된 정책, 규칙, 법규에 대해 정통해야 하고 청소년 내담자를 보호하며 청소년내담자가 최선의 발달을 이루도록 노력해야 한다.

(2) 품위유지 의무

가) 청소년상담사는 전문상담자로서 품위를 손상하는 행위를 하지 않는다.

나) 청소년상담사는 현행법을 우선적으로 준수하되, 윤리강령이 보다 엄격한 기준을 설정하고 있다면, 윤리강령을 따른다.

다) 청소년상담사는 상담적 배임행위(내담자 유기, 동의를 받지 않은 사례 활용 등)를 하지 않는다.

(3) 보수교육 및 전문성 함양

가) 청소년상담사는 자신의 전문성을 유지·향상시키기 위해 법적으로 정해진 보수교육에 반드시 참여 한다.

나) 청소년상담사는 다양한 사람들을 상담함에 있어 상담에 필요한 이론적 지식과 전문적 상담 및 연 구능력을 향상시키기 위해 교육, 자문, 훈련 등 지속적인 노력을 기울여야 한다.

다. 내담자의 복지

(1) 내담자의 권리와 보호

가) 청소년상담사는 내담자의 복지를 증진하고 존엄성을 존중하는 것에 최우선 가치를 둔다.

나) 청소년상담사는 내담자가 상담 계획에 참여할 권리, 상담을 거부하거나 개입방식의 변경을 거부할 권리, 거부에 따른 결과를 고지 받을 권리, 자신의 상담 관련 자료를 복사 또는 열람할 수 있는 권리 등을 보장해 주어야 한다. 단, 기록물에 대한 복사 및 열람이 내담자에게 해악을 끼친다고 판단될 경우 내담자의 기록물 복사 및 열람을 제한할 수 있다

다) 청소년상담사는 외부 지원이 적합하거나 필요할 때 의뢰를 요청할 수 있으며 이를 청소년 내담자 및 보호자(만 14세 미만 내담 청소년의 경우)에게 알리고 서비스를 받을 수 있도록 노력한다.

라) 청소년상담사는 자신의 질병, 죽음, 이동, 퇴직 등으로 인하여 상담을 중단해야 하는 경우 이에 대한 적절한 조치를 취해야 한다.

마) 청소년상담사는 청소년 내담자에게 무력, 정신적 압력 등을 사용하지 않는다.

(2) 사전 동의

가) 청소년상담사는 상담을 시작할 때 내담자가 충분한 설명을 듣고 선택할 수 있도록 적절한 정보를 제공해야 하고, 상담자와 내담자 모두의 권리와 책임에 대해 알려줄 의무가 있다.

나) 청소년상담사는 내담자에게 상담 과정의 녹음과 녹화 여부, 사례지도 및 교육에 활용할 가능성에 대해 설명하고, 내담자에게 동의 또는 거부할 권리가 있음을 알려야 한다.

다) 청소년상담사는 내담자가 만 14세 미만의 청소년인 경우, 보호자 또는 법정대리인의 상담 활동에 대한 사전 동의를 구해야 한다.

라) 청소년상담사는 내담자에게 상담의 목표와 한계, 상담료 지불 방법 등을 명확히 알려야 한다.

(3) 다양성 존중

가) 청소년상담사는 모든 인간의 기본적인 권리, 존엄성, 가치를 존중하며 성별, 장애, 나이, 성적 지향, 사회적 신분, 외모, 인종, 가족형태, 종교 등을 이유로 내담자를 차별하지 않는다.

나) 청소년상담사는 내담자의 다양한 문화적 배경을 이해하고, 청소년상담사 자신의 고유한 문화적 정 체성이 상담과정에 영향을 주지 않도록 노력해야 한다.

다) 청소년상담사는 자신의 개인적 가치, 태도, 신념, 행위를 자각하고 내담자에게 자신의 가치를 강요 하지 않는다.

라. 상담관계

(1) 다중관계

가) 청소년상담사는 법적, 도덕적 한계를 벗어난 다중 관계를 맺지 않는다.

나) 청소년상담사는 내담자와 연애 관계 및 기타 사적인 관계를 맺지 않는다.

다) 청소년상담사는 내담자와 상담 비용을 제외한 어떠한 금전적, 물질적 거래 관계도 맺지 않는다.

라) 청소년상담사는 내담자와 상담 이외의 다른 관계가 있거나, 의도하지 않게 다중관계가 시작된 경우에는 적절한 조치를 취해야 한다.

(2) 부모/보호자와의 관계

가) 청소년상담사는 부모(보호자)의 권리와 책임을 존중하고, 청소년 내담자의 건강한 성장을 위해 부모(보호자)에게 상담자의 역할에 대해 설명하여 협력적인 관계를 성립하도록 노력한다.

나) 청소년상담사는 내담자의 성장과 복지에 필요하다고 판단되는 경우, 내담자의 동의하에 부모(보호자)에게 내담자에 관한 최소한의 정보를 제공한다.

(3) 성적 관계

가) 청소년상담사는 내담자 및 내담자의 가족, 중요한 타인에게 자신의 지위를 이용하여 성적 접촉 및 성적 관계를 가져서는 안 된다.

나) 청소년상담사는 이전에 연애 관계 또는 성적인 관계를 가졌던 사람을 내담자로 받아들이지 않는다.

마. 비밀보장

(1) 사생활과 비밀보장의 의무

가) 청소년상담사는 내담자와 부모(보호자)의 사생활과 비밀보장에 대한 권리를 최대한 존중해야 한다.

나) 청소년상담사는 상담기관에 소속된 모든 구성원과 관계자 슈퍼바이저 주변인들에게도 내담자의 사생활과 비밀이 보호되도록 주지시켜야 한다.

다) 청소년상담사는 청소년 내담자 상담 시 사전에 상담에 대한 내담자의 동의를 받고 상담 과정에 부모나 보호자가 참여할 수 있으며, 비밀보장의 한계에 따라 정보를 제공할 수 있음을 알린다.

라) 청소년상담사는 청소년 내담자 상담 시, 상담 의뢰자(교사, 경찰 등)에게 내담자 및 보호자(만 14세 미만 내담 청소년의 경우)의 동의하에 정보를 제공할 수 있다.

마) 청소년상담사는 비밀보장의 의미와 한계에 대하여 청소년 내담자의 발달단계에 적합한 용어로 알기 쉽게 설명해주어야 한다.

바) 청소년상담사는 강의, 저술, 동료자문, 대중매체 인터뷰, 사적 대화 등의 상황에서 내담자의 신원 확인이 가능한 정보나 비밀 정보를 공개하지 않는다.

(2) 기록 및 보관

가) 청소년상담사는 내담자에게 전문적인 서비스를 제공하기 위해 상담 내용을 기록하고 보관한다.

나) 기록의 보관은 공공기관이나 교육기관 등은 각 기관에서 정한 기록 보관 연한을 따르고, 이에 해당하지 아니한 경우에는 3년 이내 보관을 원칙으로 한다.

다) 청소년상담사는 기록 및 녹음에 관해 내담자의 사전 동의를 구한다.

라) 청소년상담사는 면접기록, 심리검사자료, 편지, 녹음 및 동영상 파일, 기타 기록 등 상담과 관련 된 기록을 보관하고 처리하는 데 있어서 비밀을 준수해야 한다.

마) 청소년상담사는 원칙적으로 내담자 및 보호자(만 14세 미만 내담 청소년의 경우)의 동의 없이 상담의 기록을 제3자나 기관에 공개하지 않는다.

바) 청소년상담사는 내담자와 보호자가 상담 기록의 삭제를 요청할 경우 법적, 윤리적 문제가 없는 한 삭제하여야 한다. 상담 기록을 삭제하지 못할 경우 타당한 이유를 내담자와 보호자에게 설명 해 주어야 한다.

사) 청소년상담사는 퇴직, 이직 등의 이유로 상담을 중단하게 될 경우 기록과 자료를 적절한 절차에 따라 기관이나 전문가에게 양도한다.

아) 전자기기 및 매체를 활용하여 상담관련 정보를 기록 관리하는 경우, 기록의 유출 또는 분실 가능성에 대해 경각심과 주의 의무를 가져야 하며 내담자의 정보보호를 위해 적극적인 노력을 해야 한다.

자) 내담자의 기록이 전산 시스템으로 관리되는 경우, 접근 권한을 명확히 설정하여 내담자의 신상이 공개되지 않도록 조치를 취한다.

(3) 상담 외 목적을 위한 내담자 정보의 사용

가) 청소년상담사는 자신의 사례에 대해 보다 나은 전문적 상담을 위해 내담자 및 보호자(만 14세 미만 내담 청소년의 경우)의 동의를 구한 후 내담자에 대해 사실적이고 객관적인 정보만을 사용하여 동료나 슈퍼바이저에게 자문을 받을 수 있다.

나) 청소년상담사는 교육이나 연구 또는 출판을 목적으로 상담 관련 자료를 사용할 때에는 내담자 및 보호자(만 14세 미만 내담 청소년의 경우)의 동의를 구해야 하며, 신상 정보 삭제와 같은 적 절한 조치를 취하여 내담자에게 피해를 주지 않도록 한다.

(4) 비밀보장의 한계

가) 청소년상담사는 상담 시 비밀보장의 1차적 의무를 내담자의 보호에 두지만 비밀보장의 한계가 있는 경우 청소년의 부모(보호자) 및 관계기관에 공개할 수 있다.

나) 비밀보장의 한계가 있는 경우는 다음과 같다.

① 청소년상담사는 내담자의 생명이나 사회의 안전을 위협하는 경우 비밀을 공개하여 그러한 위험의 목표가 되는 사람을 보호하기 위한 합당한 조치 등 안전을 확보한다.

② 청소년상담사는 법적으로 정보의 공개가 요구되는 경우 내담자에게 그 사실을 알리고 최소한의 정보만을 제공한다.

③ 청소년상담사는 내담자에게 감염성이 있는 치명적인 질병이 있을 경우 관련 기관에 신고하고, 그 질병에 노출되어 있는 제3자에게 정보를 공개할 수 있다.

다) 청소년상담사는 아동학대, 청소년 성범죄, 성매매, 학교폭력, 노동관계 법령 위반 등 관련 법령에 의해 신고 의무자로 규정된 경우 해당 기관에 관련 사실을 신고해야 한다.

바. 심리평가

(1) 심리검사의 실시

가) 청소년상담사는 심리검사를 실시하고 해석할 수 있는 능력을 배양해야 한다.

나) 청소년상담사는 심리검사 실시 전에 내담자 및 보호자(만 14세 미만 내담 청소년의 경우)에게 사전 동의를 받아야 한다.

다) 청소년상담사는 검사 도구를 선택, 실시, 해석함에 있어서 모든 전문가적 기준을 고려하여 사용한다.

라) 청소년상담사는 내담자에게 적절한 심리검사를 선택해야 하며 검사의 타당도와 신뢰도, 제한점 등을 고려한다.

마) 청소년상담사는 다문화 배경을 가진 내담자를 위한 검사 선택 시 내담자의 사회문화적 맥락을 신중히 고려해야 한다.

(2) 심리검사의 해석

가) 청소년상담사는 심리검사 해석에 있어 성별, 나이, 장애, 성적 지향, 인종, 종교, 문화 등의 영향 을 고려하여 검사 결과를 해석한다.

나) 청소년상담사는 청소년이 이해할 수 있도록 심리검사의 목적, 성격, 결과에 대한 설명을 제공한다.

다) 청소년상담사는 심리검사 결과를 다른 이들이 오용하거나 외부에 유출하지 않도록 하여야 한다.

사. 슈퍼비전

(1) 슈퍼바이저의 역할과 책임

가) 슈퍼바이저는 사례지도 방법과 기법들에 대한 교육과 훈련을 지속적으로 받음으로써 사례지도 역량을 향상시키기 위해 노력한다.

나) 슈퍼바이저는 전자 매체를 통하여 전송되는 모든 사례지도 자료의 비밀 보장을 위해서 주의하고, 필요한 조치를 취한다.

다) 슈퍼바이저는 사례지도를 시작하기 전에, 진행 과정에 대해 충분히 설명한 후 동의를 받음으로써 슈퍼바이지의 적극적 참여를 독려할 책임이 있다.

라) 슈퍼바이저는 슈퍼바이지에게 전문가적 윤리적 규준과 법적 책임을 숙지시킨다.

마) 슈퍼바이저는 지속적 평가를 통해 슈퍼바이지의 한계를 파악하고, 그가 자신의 한계를 인식하고 보완할 수 있도록 돕는다.

(2) 슈퍼바이저와 슈퍼바이지의 관계

가) 슈퍼바이저는 슈퍼바이지와 상호 존중하며 윤리적, 전문적, 개인적 그리고 사회적 관계를 명료하 게 정의하고 유지한다.

나) 슈퍼바이저와 슈퍼바이지는 성적 혹은 연애 관계, 그 외에 사적인 이익관계를 갖지 않는다.

다) 슈퍼바이저와 슈퍼바이지는 상호간에 성희롱 또는 성추행을 해서는 안 된다.

라) 슈퍼바이저는 가족, 친구, 동료 등 상대방에 대한 객관성을 유지하기 힘든 사람과 슈퍼비전 관계 를 맺지 않는다.

아. 청소년 사이버상담

(1) 사이버상담에서의 정보 관리

가) 운영 특성 상, 한명의 내담자가 여러 명의 사이버상담자를 만나게 되는 경우 상담자들 간에 정보를 공유할 수 있음을 내담자에게 알린다.

나) 사이버상담 운영기관에서는 이용자가 다른 사람의 신분을 도용하지 않도록 절차를 마련해야 한다.

(2) 사이버상담에서의 책임

가) 사이버상담자는 만약에 있을지 모르는 위기개입 등의 상황을 대비하기 위해서 내담자의 신분을 확인할 방법을 가지고 있어야 한다.

나) 사이버상담이 내담자에게 부적절하다고 간주될 경우, 상담자는 대면상담 연계 등 이에 적합한 서비스 연계를 하여야 한다.

자. 지역사회 참여 및 제도 개선에 대한 책임

(1) 지역사회를 돕는 전문가 역할

가) 청소년상담사는 경제적 이득이 없는 경우에도 청소년의 최선의 유익을 위하여 지역사회의 기관, 조직 및 개인과 협력하고 사회공익을 위해 전문적 활동에 헌신함으로써 사회에 공헌하도록 한다.

나) 청소년상담사는 내담자가 다른 정신건강 전문가와 상담을 받고 있음을 알게 되면, 내담자의 동의 하에 그 전문가와 긍정적이고 협력적인 관계를 맺도록 노력한다.

(2) 제도 개선 노력

가) 청소년상담사는 청소년 및 복지관련 법령, 정책 등의 적용과 개선을 위해 노력한다.

나) 청소년상담사는 자문을 요청한 내담자나 기관의 문제 혹은 잠재된 사회문제를 규명하고 해결하는데 도움을 준다.

차. 상담기관 설립 및 운영

(1) 상담기관 운영자의 역할

가) 청소년 상담 기관을 운영하고자 할 경우, 운영자로서의 전문성 및 역량을 갖추도록 노력해야 한다.

나) 상담기관 운영자는 직원이나 학생, 수련생, 동료 등을 교육, 감독하거나 평가 시에 착취하는 관계를 가져서는 안 된다.

다) 상담기관 운영자는 자신과 현재 종사하고 있는 직원의 전문적 역량 향상에 책임이 있다.

라) 상담비용은 내담자의 재정 상태 등을 고려하여 합리적으로 책정한다.

마) 상담기관 운영자는 직원 채용 시 자격 있는 사람을 채용해야 한다.

(2) 상담기관 종사자의 역할

가) 청소년상담사는 자신이 종사하는 기관의 목적과 운영방침을 따라야 하며, 기관의 성장 발전을 위 해 노력해야 한다.

나) 청소년상담사는 고용기관에 손해를 끼칠 수 있는 상황이나 기관의 효율성에 제한을 줄 수 있는 상황에 대해 미리 알려주어야 한다.

카. 연구 및 출판

(1) 연구 활동

가) 청소년상담사는 청소년 문제 해결을 위해 윤리적 기준에 따라 과학적인 방법으로 연구를 계획하고 수행한다.

나) 청소년상담사는 연구 대상자를 심리적, 신체적, 사회적 불편이나 위험으로부터 보호하여야 한다.

다) 청소년상담사는 연구 참여자들에게 연구의 본질, 결과 및 결론에 대한 정보를 제공하는 것이 과학적 가치와 인간적 가치를 손상시키지 않는 한, 연구 참여자들이 이에 대한 정보를 얻을 수 있는 기회를 제공한다.

(2) 출판 활동

가) 청소년상담사는 연구 결과를 출판할 경우에 자료를 위조하거나 결과를 왜곡해서는 안 된다.

나) 청소년상담사는 투고논문, 학술발표원고, 연구계획서를 심사할 경우 제출자와 제출내용에 대해비밀을 유지하고 저자의 저작권을 존중한다.

타. 자격취소

1. 청소년상담사는 청소년기본법 제21조의2(자격의 취소)에 해당하는 경우 자격이 취소된다.

가) 청소년기본법 제21조의 결격사유에 해당하게 된 경우

① 미성년자, 피성년후견인 또는 피한정후견인

② 파산선고를 받고 복권되지 아니한 사람

③ 금고 이상의 형을 선고받고 그 집행이 끝나거나 집행을 받지 아니하기로 확정된 후 3년이 지나지 아니한 사람

④ 금고 이상의 형을 선고받고 그 집행유예의 기간이 끝나지 아니한 사람

⑤ 3호 및 4호에도 불구하고 다음 각 목의 어느 하나에 해당하는 죄를 저지른 사람으로서 형 또는 치료감호를 선고받고 확정된 후 그 형 또는 치료감호의 전부 또는 일부의 집행이 끝나거나(집행이 끝난 것으로 보는 경우를 포함한다) 집행이 유예·면제된 날부터 10년이 지나지 아니한 사람

　ㄱ. 「아동복지법」 제71조제1항의 죄

　ㄴ. 「성폭력범죄의 처벌 등에 관한 특례법」 제2조의 성폭력범죄

　ㄷ. 「아동·청소년의 성보호에 관한 법률」 제2조제2호의 아동·청소년대상 성범죄

⑥ 법원의 판결 또는 법률에 따라 자격이 상실되거나 정지된 사람

나) 거짓이나 그 밖의 부정한 방법으로 자격을 취득한 경우

다) 자격증을 다른 사람에게 빌려주거나 양도한 경우

파. 청소년상담사 윤리강령 제·개정 및 해석

1. 한국청소년상담복지개발원은 청소년상담사 윤리강령 교육·보급을 위해 노력해야 한다.

2. 한국청소년상담복지개발원은 청소년상담사 대상 의견 수렴 및 전문가 토론회, 자격검정위원회의 보고 등 자문을 통해 청소년상담사 윤리강령 개정안을 수립한 후 청소년상담사 윤리강령을 개정할 수 있다.

3. 윤리강령과 관련하여 의견이 있거나 공문 등을 통해 윤리적 판단을 요청할 경우, 한국청소년상담복지 개발원에서 전문적 해석을 제공할 수 있다.

📌 참고문헌

전공 도서

- 고려대학교행동과학연구소(2005), 통합접근 집단상담학술대회 원고 중에서
- 강문희 외(2003) 아동학의 이해, 양서원
- 강경미(2005), 아동발달, 대왕사
- 강진령 역(2017), 상담심리치료 수퍼비전, 학지사
- 권대훈(2009), 교육심리학의 이론과 실제(2판), 학지사
- 권준수 외(2015), DSM-5, 학지사
- 권중돈(2005), 인간행동과 사회환경, 학지사
- 김갑중 외(2010) 애착장애로서의 중독, 도서출판 NUN
- 김계현 외(2012), 상담과 심리검사, 학지사
- 김동민 외(2013), 심리검사와 상담, 학지사
- 김정택 외(1997), 상담과 심리치료를 위한 변화, 중앙적성출판사
- 김귀환 외(2005), 사회복지조사방법론, 나눔의 집
- 김정희 외(2000), 심리학의 이해, 학지사
- 김기원(2002), 사회복지조사론, 나눔의 집
- 김애순 역, 남자가 겪는 인생의 사계절 - Levinson 著
- 김태련 외(2004), 발달심리학, 학지사
- 김충기 외(2001), 현대 상담이론과 실제, 교육과학사
- 금혜진(2005), 기업의 e-Learning 프로그램에서 학습의 근전이와 원전이의 예측변인 규명, 재구성
- 남기철 외(2005), 사회복지실천기법과 지침, 나남출판
- 대한신경정신의학회 편, 신경정신과학, 하나의학사
- 박소현 외 공역(2004), 학습과 행동, 시그마프레스
- 변영계(1999), 교수 학습이론의 이해, 학지사
- 변영휘, 한의학적 실전 성장 치료, 초락당
- 서울대 의과대학(2004). 생리학 제7판
- 설동훈(전북대 사회복지학과), 다문화 가족에 대한 사회적 인식
- 송명자(1995), 발달심리학, 학지사
- 심수명(2001), 평신도 상담자를 위한 집단상담, 서로사랑
- 이성진(2009), 교육심리학 서설(제3판), 교육과학사
- 이신동 외(2011), 「최신교육심리학」, 학지사
- 이영애 역(1998), 학습심리학 : Winfred F. Hill 著, 을유문화사
- 이용교 외(2000), 현대청소년복지론, 양서원
- 이원택 외, 「의학신경해부학」
- 이장호(2005), 상담심리학의 기초, 학지사
- 이장호(2006), 상담심리학, 박영사
- 이장호(2001), 상담심리학의 기초, 학문사
- 이장호 외(2003), 집단상담의 원리와 실제, 법문사
- 이정모 외, 기억의 본질 : 구조와 과정적 특성, 인지심리학의 제 문제 (I) : 인지과학적 연관

- 이형득 외(2002), 집단상담, 중앙적성출판사
- 이형득(1992), 상담이론, 교육과학사
- 임규혁 외(2007), 교육심리학(학교학습 효과를 위한), 학지사
- 임인재 외(2003), 심리측정의 원리, 학연사
- 엄명용(2005), 사회복지실천의 이해, 학지사
- 염태호 외(1990), 성격요인검사 - 실시요강과 해석방법
- 은소희 등(2008), 주의력결핍 과잉행동장애
- 조현춘 외(2012), 심리상담과 치료의 이론과 실제, 센게이지러닝
- 정옥분(2004), 발달심리학, 학지사
- 전재일(2004), 사회복지실천기술론, 형설출판사
- 정태신(2000). 인간행동과 사회환경, 광주대학교 출판부
- 학지사 / 상식, 빠진 곳 찾기, 어휘 등의 15개 소검사를 이용해 아동의 전반적인 인지기능 평가
- 한상철(2004), 청소년학, 학지사
- Anita Woolfolk(2007), 「교육심리학 제10판」, 박학사
- Flores, P. J.(2004년). Addictions as an Attachment Disorder.
- Hergenhahn(2015), 학습심리학인간의 사고, 정서, 행동의 이해, 학지사
- John R. Graham(2007, 이훈진 외 공역), MMPI-2 성격 및 정신병리 평가, 시그마프레스
- Kaufman & Lichtenberger(1999). Essentials of WAIS-III Assessment
- Matthew H. Olson, 학습심리학, 학지사
- Segal, Z. V., Williams, J. M. G., & Teasdale, J, D. (2006). 마음 챙김 명상에 기초한 인지치료[Mindfulness-based Cognitive Therapy for Depression : A new approach to preventing relapse]. (이우경, 조선미, 황태연 역). 서울 : 학지사.
- Winfred F. Hill(1990), Learning : A Survey of Psychological Interpretations, 5th ed, HarperCollins.

수험도서

- 김형준(2024), 청소년상담사2급 이론서, 나눔book
- 김형준(2024), 임상심리사 2급 이론서, 나눔book
- 김형준(2024), 직업상담사 2급 이론서, 나눔book
- 김형준(2024), 사회복지사 1급 이론서, 나눔book
- 김형준(2024), 심리학 이론서, 메가공무원

논문

- 고익한(1998), MBTI를 통해 분석한 독어독문학과 학생들의 성격유형과 진로지도 방안 모색, 독일언어문학연구회
- 신맹식(2010). 시스템 응고화 이론에 의한 내측 측두엽 손상 환자들의 기억 인출 또는 실패에 대한 역동적인 해석. 한국심리학회지: 인지 및 생물. 22(4): 549-571.
- 윤선희 외(2009), 청소년의 성취목표지향성과 불안이 진로결정수준에 미치는 영향, 한국청소년연구
- 이경숙(2007), 놀이치료에서의 애착이론적 접근
- **호**알상담연구회·고려대학교행동과학연구소(2005), 통합접근 집단상담학술대회 원고

간행물

- 김영천, 질적연구방법론, 문음사
- 메리언 다이아몬드 외,「매직트리, 뇌 과학이 밝혀낸 두뇌성장의 비밀」
- 바버라 스트로치,「십대들의 뇌에서는 무슨 일이 벌어지고 있나」
- 신종호(2013), 학습동기-이론, 연구 그리고 교육, 학지사
- 최영희, 인제의대 서울백병원
- 허승희 외. 질적연구방법과 설계, 문음사
- Ian Stewart, Vann Joines 공저, 현대의 교류분석, 학지사
- Updates to DSM-5 Criteria & Text
- 2019 청소년백서

인터넷 사이트

- (사) 한국예술치료학회 광주지부 홈페이지
- [헤아림] 심리연구소 홈페이지
- 보건복지부 홈페이지
- 국가데이터처 홈페이지
- 법제처 홈페이지
- 한국청소년상담원 홈페이지
- 성평등가족부 홈페이지
- 대한 임상건강증진학회 홈페이지
- 네이버 및 다음 사이트
- 네이버 백과사전
- 위키 백과사전
- 심리학용어사전(2014), 한국심리학회
- 특수교육학 용어사전(2009), 국립특수교육원
- 한국 아동발달심리센터 홈페이지
- 한국에니어그램교육연구소 홈페이지
- 맑은 아이 상담센터 홈페이지
- 한국상담연구원 상담연수 자료
- (주) 마음사랑 발표자료
- 한국청소년상담복지개발원 홈페이지
- 한국복지교육원(시민과 함께 꿈꾸는 복지공동체 카페)
- http://cafe.naver.com/social86
- http://cafe.naver.com/motive2004.cafe
- http://www.youthacademy.or.kr
- http://cafe.daum.net/ahagsam
- MEDIA SK, [행복론] 스트레스도 때론 힘이 된다.
- 기타: 학지사, 시그마프레스, (주) 마음사랑 등 다양한 자료에서 인용함

김형준 교수

| 학력 및 경력
○ 사회복지학 박사 / 교육학 박사 / 심리학 박사
○ 현) 오산대학교 사회복지상담학과 겸임교수
○ 현) 노량진 메가공무원학원 심리학 전임교수
○ 현) 서울복지상담협동조합 이사장
○ 현) 대한민국가족지킴이(비영리 사단법인) 등기이사
○ 현) 현) 나눔복지교육원, 나눔book 대표
○ 현) 에이치알디이러닝 (주) 대표이사

| 주요 저서
○ 김형준 나눔 사회복지학개론 공무원 기본이론서 (배움)
○ 김형준 뫼비우스 사회복지학 기출문제집 (배움)
○ 김형준 포커스 사회복지학 핵심요약집 (배움)
○ 김형준 원샷원킬 사회복지학 실전문제집 (배움)
○ 사회복지직 공무원 면접가이드 (공저, 배움)
○ 사회복지사 1급 이론서 / 기출문제집 / 핵심요약집 / 실전문제집 (나눔씨패스)
○ 청소년상담사 1급 필기 기출문제집 (공저, 나눔book)
○ 청소년상담사 2급 이론서 / 실전문제집 / 기출문제집 / 면접가이드 (공저, 나눔book)
○ 청소년상담사 3급 이론서 / 실전문제집 / 기출문제집 / 면접가이드 (공저, 나눔book)
○ 청소년지도사 2급 / 3급 면접가이드 (나눔씨패스)
○ 임상심리사 1급 필기 기출문제집 / 실기 기출문제집 (공저, 나눔book)
○ 임상심리사 2급 이론서 / 필기 기출문제집 / 핵심요약 및 실기 기출문제집 (공저, 나눔book)
○ 직업상담사 2급 필기 이론서 / 필기 기출문제집 / 핵심요약 및 실기 기출문제집 (공저, 나눔book)

유상현 교수

| 학력 및 경력
○ 상담학 박사 / 전문상담사 1급(No. 847)
○ 전) 천안보호관찰소 상담위원
○ 현) 제페토상담센터 센터장
○ 현) 한국법무보호복지공단 충남지부 상담위원
○ 현) 직업상담사2급 전임교수(직업상담학, 나눔복지교육원)
○ 현) 직업상담사1급 전임교수(고급직업상담학, 나눔복지교육원)
○ 현) 단국대학교 보건복지대학원 강사

| 주요 저서
○ 청소년상담사 2급 이론서 / 실전문제집 / 기출문제집(공저, 나눔book)
○ 청소년상담사 3급 이론서 / 실전문제집 / 기출문제집(공저, 나눔book)
○ 임상심리사 2급 이론서 / 필기 기출문제집 / 핵심요약 및 실기 기출문제집(공저, 나눔book)

2026 청소년상담사 3급 이론서 전과목 통합서

초판 1쇄 발행일	2023년 1월 30일	**개정판 1쇄 발행일**	2026년 1월 2일
발행처	인성재단(나눔book)	**발행인**	조순자
편저자	김형준, 유상현		
디자인	김지원		

※ 낙장이나 파본은 교환해 드립니다.
※ 이 책의 무단 전제 또는 복제행위는 저작권법 제136조에 의거하여 처벌을 받게 됩니다.

정가 44,000원   **ISBN** 979 - 11 - 7491 - 041 - 7